上海市级专志

申能（集团）有限公司志

上海市地方志编纂委员会 编

上海社会科学院出版社

● 1997年12月,中央财经领导小组办公室副主任华建敏为申能十周年庆题词

▼ 生产经营

● 1987年12月30日，申能电力开发公司举行揭牌仪式

● 1992年12月，华能上海石洞口第二电厂两台机组全面投产运行

生产经营

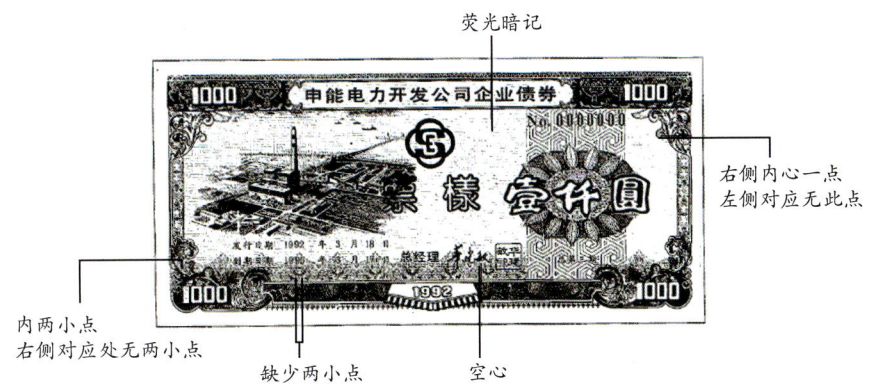

● 1992年，申能电力开发公司企业债券样票

● 1993年1月29日，召开申能股份有限公司创立大会暨第一届股东代表大会

● 1993年4月，上海申能星火热电有限责任公司建成并投产运行

● 1996年11月18日，举行东海平湖油气田钻井作业开钻典礼

● 1996年11月29日，东海天然气供应上海城市燃气工程（下游部分）在浦东新区北蔡镇举行开工典礼

● 1997年8月，上海外高桥第一发电厂全面投产运行

● 1998年7月3日，东海平湖油气田工程综合平台建设完工

● 1999年4月28日，中共上海市委、市政府领导及三方股东代表出席东海天然气工程投产暨首批居民点火用气庆典

生产经营

● 2001年5月，上海吴泾第二发电有限责任公司全面投产运行

● 2002年，浙江天荒坪抽水蓄能电站建成使用

● 2003年，秦山核电三期工程全面建成并投产运行

● 2003年10月，上海天然气管网有限公司白鹤首站建成并投产运行

● 2003年12月26日，举行上海燃气（集团）有限公司成立揭牌仪式

● 2004年，申能股份入选"上证50"

● 2004年1月1日，举行西气东输上海正式通气仪式

● 2004年7月4日，举行上海第100万户天然气用户通气仪式

生产经营

● 2004年9月，上海外高桥第二发电有限责任公司全面投产运行

● 2004年11月，上海天然气主干网SCADA系统北蔡调度中心投产运行

● 2004年11月,962777燃气服务热线开通

● 2006年7月31日,上海液化天然气有限责任公司与马来西亚液化天然气第三有限公司签订上海LNG项目资源采购合同

● 2006年12月，华东桐柏抽水蓄能电站全面建成

● 2007年，上海天然气管网有限公司对高压天然气管网实施全天候巡视

● 2007年7月22日，举行申能集团财务有限公司开业仪式

● 2008年2月27日，上海天然气主干管网二期工程在松江区新浜镇开工

生产经营

- 2008年5月10日，上海世博会事务协调局与申能（集团）有限公司签署协议，申能集团正式成为上海世博会电力生产和燃气供应高级赞助商

- 2008年7月4日，举行申能能源中心奠基仪式

● 2008年8月，上海申欣太阳能有限公司建成并投产运行

● 2008年11月16日，举行上海五号沟LNG扩建工程建成投运暨马来西亚石油首船交付仪式

● 2009年9月,上海申能新能源投资有限公司承建世博主题馆太阳能电站

● 2009年10月25日,来自马来西亚的"钻石公主一号"安全靠泊洋山LNG码头,标志着上海液化天然气公司开始运营

● 2009年12月,华能上海石洞口发电有限责任公司全面投产运行

● 2009年12月23日,以申能集团为第二大股东的中国太平洋保险(集团)股份有限公司H股在港交所上市

● 2010年3月,上海浦东煤气制气有限公司焦炉生产场景

● 2010年4月,上海上电漕泾发电有限公司建成并投产运行

● 2010年4月24日,上海申能燃料有限公司与内蒙古伊泰集团有限公司签订《世博会期间保障煤炭供应协议》

● 2010年6月3日,申能股份有限公司领导考察安徽淮北平山电厂一期工程厂址

生产经营

● 2010年8月,上海石油天然气有限公司处理厂工作场景

● 2010年12月,上海石油交易所推出液化天然气（LNG）和液化石油气（LPG）现货竞买交易

● 2011年,申能能源中心建成并投入使用

● 2011年3月,申能集团与成都市新都区政府共同设立"成都新申创投基金"

● 2011年4月,举行上海申能能源科技有限公司揭牌暨外高桥二发电综合优化节能改造项目签约仪式

● 2012年3月,上海申能临港燃机发电有限公司四台机组全面投产

● 2012年10月22日，申能集团第一艘液化天然气（LNG）运载船"申海"号完成首航

● 2013年8月30日，举行"嘉禾航运2"号散货船交船命名仪式

● 2013年9月8日，举行上海申能能源科技有限公司与华润电力控股有限公司技术合作框架协议签字仪式

● 2013年11月26日，上海外高桥第三发电有限公司完成上海市碳排放首单交易

- 2014年6月,申能集团召开深化改革促进发展工作会议,制定"改革发展33条",全面启动新一轮改革发展

- 2014年10月,上海外高桥第三发电有限公司获国家煤电节能减排示范基地称号

● 2015年3月31日，内蒙古达茂风电项目一期全部并网发电

● 2015年6月27日，申能集团举行"上海城市燃气全天然气化"仪式，宣布上海使用150年的人工煤气告别申城

● 2015年6月30日,上海市燃气管线突发事件应急救援演练成功举行

● 2015年10月22日,上海申能奉贤热电有限公司工程奠基

● 2015年11月5日,"上海燃气150周年纪念暨中国2015城市燃气发展论坛"在申能能源中心成功举办

● 2016年,上海临港海上风电二期项目建成并投产运行

● 2016年,申能在宁夏设立的吴忠热电厂建成并投产运行

● 2016年3月,淮北申皖发电有限公司两台机组投入商业运行

● 2016年7月8日，申能集团管理的东方证券H股在港交所上市

● 2016年10月，上海申能能创能源发展有限公司房产项目——成山汇郡苑结构封顶

● 2017年9月21日，举行申能安徽平山电厂二期1×1350MW超超临界发电机组三大主机合同签字仪式

● 2017年11月24日，上海申能崇明燃机发电有限公司1号机组首次并网发电一次成功

▼ 企业文化

● 1997年12月29日，申能成立十周年庆典合影

● 2011年5月，申能股份有限公司本部党支部、团支部到安徽省淮北市平山小学结对帮扶慰问

● 2011年6月,召开申能集团纪念建党90周年暨"创先争优"活动表彰大会

● 2012年,召开申能集团系统2011—2012年度精神文明建设表彰大会

企业文化

● 2012年11月,举行"申飞扬,能无限"——申能集团职工文化建设展示季启动仪式

● 2013年,举行申能集团职工文体风采展示季启动仪式

● 2015年,《今日申能》完成第三次改版

● 2015年5月,上海燃气(集团)有限公司天然气转换现场

企业文化

● 2015年5月,申能集团党委开展"三严三实"专题教育党课

● 2017年,申能集团展示厅建成开放

● 2017年起,东方证券在内蒙古莫旗连续开展"东方菇娘"产业扶贫项目

● 2017年7月28日,以"燃情·微笑"为主题的上海燃气第一届微笑服务大使评选活动启动仪式在申能能源中心举行

企业文化

● 2017年9月，举行申能创立30周年定向寻源公益挑战赛

● 2017年12月，召开纪念申能创立30周年座谈会

上海市地方志编纂委员会

主 任 委 员 周慧琳
副主任委员 翁铁慧　李逸平　朱咏雷　宗　明
委　　　员 （以姓氏笔画为序）

于　勇	于秀芬	王　平	王　宇	王　岚	王德忠	方世忠
朱勤皓	华　源	向义海	邬惊雷	刘　健	严爱云	李　谦
李　霞	李余涛	李国华	杨　莉	肖跃华	吴金城	吴海君
余旭峰	张　全	张小松	张国坤	张超美	陆　靖	陆方舟
陈　杰	陈　臻	陈宇剑	陈德荣	邵　珉	金鹏辉	周　亚
周　强	周夕根	郑　杨	郑健麟	孟文海	赵永峰	胡广杰
姜冬冬	洪民荣	姚　海	秦昕强	袁　鹰	桂晓燕	徐　枫
徐　建	徐　炯	徐　彬	徐未晚	高融昆	郭　芳	黄永平
黄德华	曹吉珍	盖博华	巢克俭	蒋怀宇	谢　峰	缪　京
薛　侃

办公室主任 洪民荣
副 主 任 生键红　姜复生

上海市地方志编纂委员会
（2007年8月—2020年6月）

主 任 委 员　殷一璀（2007年8月—2014年11月）
　　　　　　　徐　麟（2014年11月—2015年9月）
　　　　　　　董云虎（2015年9月—2018年6月）
副主任委员　（2007年8月—2011年8月）
　　　　　　　王仲伟　杨定华　姜　樑　李逸平　林　克
副主任委员　（2011年8月—2014年11月）
　　　　　　　屠光绍　杨振武　洪　浩　姚海同　蒋卓庆　林　克
办公室主任　李　丽（2008年7月—2010年10月）
　　　　　　　刘　建（2010年10月—2014年2月）
副 主 任　沙似鹏（1997年12月—2007年9月）
　　　　　　　朱敏彦（2001年1月—2012年5月）
　　　　　　　沈锦生（2007年7月—2009年2月）
　　　　　　　莫建备（2009年9月—2013年11月）
　　　　　　　王依群（2016年9月—2020年3月）

《上海市级专志·申能(集团)有限公司志》编纂委员会

主　　　　任	黄迪南
常务副主任	倪　斌
副　主　任	李竹影　周赤忠　王者洪　宋雪枫　张　芊　冯雪飞　苗启新 华士超　须伟泉　吴家骅
执行副主任	宋雪枫　苗启新　吴家骅
顾　　　问	许冠犀　李关良　杨祥海　王　坚　吴建雄　阮福林　仇伟国 葛维昌
委　　　员	（以姓氏笔画为序） 王　知　王偕勇　史平洋　成鸣峰　吕　伟　邬跃舟　刘先军 刘　炜　杜心红　李争浩　李庆丰　李松华　杨　波　吴俊豪 何瑶静　张　峰　陈　忠　陈　尉　俞雪纯　姚志坚　姚珉芳 顾建军　徐任重　徐国宝　徐建刚　奚力强　高雄伟　崔忠毅 臧　良　潘鑫军　瞿　佳

《上海市级专志·申能(集团)有限公司志》编纂办公室

主　　　任	俞雪纯
副　主　任	周燕飞　顾忠德　沈寒秋　姚　进　梅　峰　林　涛　于文新
总　　　纂	阮清华
编辑人员	（以姓氏笔画为序） 丁　琴　于乐乐　王亦巨　王国芳　王晓俐　王鹏昊　王德君 贝　蓉　牛立圆　方华俐　方　艳　方颖颖　孔庆文　孔俪人 卢祥林　史一珺　史雯宬　冯明露盈　冯　洁　朱英福　朱胜娟 朱　瑜　华　婧　刘　超　江　吴梦彦　许峥嵘　孙燕萍晗　李　煜弘 杨　芳　杨轩昊　杨振球　吴子涵　吴理成　吴盛杰秀宇　汪佩逸晨 沈裕甘　忻　铿　张　陆　张晓青　张祺伟燕　张　岳　张　炀良 张晴佳　张愫淳　林佳婷　陈亚皓　陈　罗玲玲　陈秀伟晋　陈周跋亮 陈　辉　邵莉君　周桓海　林瓒俊　周　琴　徐平华　赵　谢敏 周佳琳　周建峥　姜春梅　周柴高伟　徐小琴　徐晋芸　赵徐黄 柯　越　侯哲翼蕾　凌冬叶　董亦华　陶雪麟　舒云岳 徐商严　徐　冬密　夏萍 章兆刚　瞿妍秋　顾　萍

《上海市级专志·申能(集团)有限公司志》评议专家

组　　长　程　巍
组　　员　(以姓氏笔画为序)
　　　　　左山虎　乔丽华　任善根　孙如琪　李安定　吴新华　佟成权
　　　　　宋赤民　林卫青　蓝毓俊

《上海市级专志·申能(集团)有限公司志》审定专家

组　　长　蒋应时
组　　员　(以姓氏笔画为序)
　　　　　朱洁士　孙培兴　汪国富　汪　莹　茅伯科　林　晶　倪鹤婷
　　　　　徐夏临

《上海市级专志·申能(集团)有限公司志》验收单位和人员

验收单位　上海市地方志办公室
验收人员　洪民荣　过文瀚　黄晓明　王继杰　黄文雷

业务编辑　赵明明　肖春燕

序　言

"志以述事,事以藏往,藏往而知来也。"我国向来有撰史修志、以昭法垂镜的传统。经过三十余年的不懈努力,申能(集团)有限公司(以下简称申能集团)从一家地方能源投资企业发展成为"电气并举、产融结合"的综合性产业集团,实现了跨越式发展。新形势下,公司发展面临着全新的机遇和挑战,在这一承前启后的时刻,《上海市级专志·申能(集团)有限公司志》(以下简称《申能志》)的编纂出版可谓正逢其时,可喜可贺。

申能集团于2016年正式启动《申能志》的编纂工作。申能集团成立志书编纂委员会,设立编纂办公室,抽调专门人员组成编写组,并外聘专家团队参与其事。编纂人员广泛收集档案材料,分门别类加以认真整理,制作资料卡片数千张,形成了近千万字的资料长编,在此基础上撰写出百余万字的志书初稿,历经多轮打磨,十五易其稿,150多万字的《申能志》才得以呈现在诸位案头。这部志书凝聚着全体编纂人员、顾问、外聘专家和上海市地方志办公室领导的辛勤劳动和付出,是申能集团一项价值凸显、意义深远的巨大文化工程。

志书具有"正人心,敦风尚,明正谊,垂治规,究兴衰之由,陈利弊之要,补救时政之阙失,研求民生之荣枯"的功能,向来为"先儒所重"。在近五年的修志过程中,集团不仅详细梳理了过去三十余年发展历程,也对公司的经营理念、企业文化、社会责任以及未来的发展目标进行了全面梳理、概括和提升。申能发展的每一步都留下了坚实脚印;回望三十余载奋斗历程,有艰辛,更有荣耀,一幕幕恍如昨日,历久弥新。

申能成立于改革开放初期,是我国改革开放的产物,也是上海快速发展的参与者和见证人。其前身是成立于1987年的申能电力开发公司,注册资本5亿元,作为上海市集资办电资金的总账房,以投资电力建设项目、能源开发和节能项目为主业。1992年改制为申能股份有限公司,1993年在上海证券交易所上市,成为全国电力能源行业第一家上市公司,1996年以申能股份国有股为基础组建申能集团。

世纪之交,上海城市能源结构和供应面临新的挑战,申能秉持"锐意开拓,稳健运作"的经营理念,聚焦能源主业,不断做大做强电力产业的同时,涉足燃气产业,于2003

年控股组建上海燃气集团,集燃气生产采购、管网输配、销售服务为一体,担负起上海城市燃气安全生产和服务供应的重任。这一时期,申能集团在坚持为上海城市提供安全、清洁、高效和可持续能源供应的同时,逐步扩大对金融和能源服务等领域的投资。申能集团金融产业涉及证券、保险、银行等多个领域,参与发起设立东方证券和中国太保,并逐步成为东方证券第一大股东和中国太保单一最大股东,2016年,东方证券划归申能集团管理。在能源服务方面,申能集团先后涉足节能环保、新能源创投基金、分布式供能等新业务领域,大力拓展能源产业链。

中共十八大以来,上海发展处于全面推进深化改革的关键阶段,城市创新发展迈入继往开来的重要时期。勇当改革开放排头兵、敢为创新发展先行者,是上海当仁不让的选择。为了践行"人民城市为人民,人民城市人民建"重要思想,上海城市能源发展坚决贯彻落实创新、协调、绿色、开放、共享五大新发展理念,积极推进能源行业的改革创新。作为上海城市电、气能源的主要供应与服务商,申能集团积极应对挑战,聚焦主责主业,加快改革创新,按照市委、市政府、市国资委对公司的新定位和新要求,把握公司创新转型的战略方向,正在加快构筑战略发展新优势,努力实现发展卓越、安全卓越、创新卓越、党建卓越,打造新形势下申能发展的升级版。

鉴往事,策来者。总结过去,是为更好地前行。"不出书契而知天下者,稽之志已。"《申能志》的付梓,必将为公司"存史、育人、资政"起到积极作用。展望未来,新一代申能人身负重任,将继承优良传统,继续开拓创新,为把申能集团打造成一家立足上海、全国卓越、具有国际竞争力的综合性产业集团而努力奋斗。风来潮起,自当扬帆破浪;任重道远,更需策马扬鞭。我们愿以《申能志》出版为契机,与各界朋友以史为鉴,行稳致远,共创未来。

申能(集团)有限公司党委书记、董事长

黄迪南

2020年11月26日

凡　　例

一、本志以马克思列宁主义、毛泽东思想、邓小平理论、"三个代表"重要思想、科学发展观和习近平新时代中国特色社会主义思想为指导,实事求是地记述申能(集团)有限公司在改革开放背景下建立、发展、壮大的历史变迁过程,力求真实、客观、全面地反映30年来公司经营管理、业务发展、企业改革、文化建设等方面的基本情况和运行轨迹。

二、本志记述从1987年申能电力开发公司成立起,到2017年年底止。各主要组成单位记述以管理关系划归申能(集团)有限公司的时间为起点,进入申能(集团)有限公司前的经历从略。根据记述需要,个别章节追溯1987年前史,或酌情延伸到2017年后。

三、本志由图照、序言、凡例、目录、总述、大事记、正文、专记、附录、索引、编后记组成,采用述、记、志、图、表、录等形式,图照置于卷首,图、表随文排列。

四、本志采用现代语文体、记述体。志设总述,篇设概述,章设无题导言,提示梗概,综述全貌。

五、本志采用篇、章、节、目及子目、暗目等排列,除序言、凡例、总述、大事记、专记、附录、索引、编后记外,共分11篇,48章,190节。

六、本志采用第三人称叙述方式。申能电力开发公司、申能股份有限公司和申能(集团)有限公司每节第一次出现用全称,后面分别简称为电力开发公司、申能股份和申能集团;难以简化时用全称;事跨两个或三个公司名称阶段时,统一简称为申能。

七、本志资料主要来源于申能(集团)有限公司及下属各公司档案室或各责任部室收藏的档案、文件、部分报刊资料以及其他公开出版物中的相关资料;材料选择以档案优先,其他作为补充;收录数据以各类年终统计数据为主,部分数据由零散记录汇总而成。

八、本志中标题格式、文字标点使用、名称和时间表述、数字书写、图表处理等,均参照《〈上海市志(1978—2010)〉编纂行文规范》执行。

目 录

序言 ··· 1
凡例 ··· 1
总述 ··· 1
大事记 ··· 21

第一篇　机构与企业 ···················· 79
　概述 ······································· 80
　第一章　法人治理结构 ···················· 81
　　第一节　董事会 ························ 81
　　　一、董事会沿革 ······················ 81
　　　二、人员组成 ·························· 81
　　　三、制度建设 ·························· 82
　　　四、主要职能 ·························· 84
　　第二节　监事会 ························ 85
　　　一、人员组成 ·························· 85
　　　二、制度建设 ·························· 85
　　　三、职能行使 ·························· 86
　　第三节　总经理室 ······················ 87
　　　一、人员组成 ·························· 88
　　　二、规章制度 ·························· 89
　　　三、职能行使 ·························· 90
　　第四节　内设部室 ······················ 90
　　　一、安全管理部 ······················ 91
　　　二、综合管理部 ······················ 91
　　　三、投资管理部 ······················ 91
　　　四、资产管理部 ······················ 92
　　　五、金融管理部 ······················ 92
　　　六、财务部 ···························· 92
　　　七、审计室 ···························· 92
　　　八、监察室 ···························· 93

　　　九、人力资源部 ······················ 93
　　　十、办公室 ···························· 93
　　　十一、科技创新中心 ················ 93
　第二章　所属企业 ························ 95
　　第一节　申能股份有限公司 ·········· 95
　　第二节　上海燃气（集团）有限
　　　　　　公司 ····························· 100
　　第三节　东方证券股份有限公司 ··· 103
　　第四节　上海液化天然气有限责任
　　　　　　公司 ····························· 104
　　第五节　上海申能能源服务有限
　　　　　　公司 ····························· 106
　　第六节　申能集团财务有限公司 ··· 108
　　第七节　上海久联集团有限公司 ··· 109
　　第八节　上海申能诚毅股权投资
　　　　　　有限公司 ······················· 110
　　第九节　上海申能能创能源发展
　　　　　　有限公司 ······················· 111
　　第十节　上海申欣环保实业有限
　　　　　　公司 ····························· 112

第二篇　电力产业 ······················· 115
　概述 ······································· 116
　第一章　控股管理企业及投资收益 ··· 118

第一节　上海吴泾第二发电有限责任公司 …………… 118
第二节　上海外高桥第二发电有限责任公司 …………… 119
第三节　上海外高桥第三发电有限责任公司 …………… 120
第四节　淮北申皖发电有限公司 …… 121
第五节　淮北申能发电有限公司 …… 122
第六节　上海申能临港燃机发电有限公司 …………… 122
第七节　上海申能崇明发电有限公司 …………… 123
第八节　申能吴忠热电有限责任公司 …………… 124
第九节　上海申能星火热电有限责任公司 …………… 124
第十节　上海申能奉贤热电有限公司 …………… 125
第十一节　上海申能青浦热电有限公司 …………… 126
第十二节　上海申能新能源投资有限公司 …………… 126
第十三节　投资收益 ………………… 127

第二章　控股项目 ……………………… 129
　第一节　项目建设领导机构 ………… 129
　　一、电力建设领导小组 …………… 129
　　二、项目法人责任制 ……………… 129
　第二节　项目建设管理 ……………… 130
　　一、投资管理 ……………………… 130
　　二、质量管理 ……………………… 131
　　三、进度管理 ……………………… 133
　　四、安全管理 ……………………… 133
　　五、考核管理 ……………………… 134
　第三节　燃煤发电工程项目 ………… 135
　　一、上海吴泾电厂八期工程 ……… 135
　　二、上海外高桥电厂二期工程 …… 137
　　三、上海外高桥电厂三期工程 …… 141
　　四、安徽淮北平山电厂一期工程 …………… 144

五、安徽淮北平山电厂二期工程 …………… 148
六、宁夏吴忠热电厂"上大压小"工程 …………… 150
七、申能星火热电厂工程 ………… 151
第四节　燃气发电工程项目 ………… 153
　一、上海临港燃气电厂一期工程 …………… 153
　二、上海申能崇明燃气电厂工程 …………… 157
　三、上海申能奉贤热电工程 ……… 160
　四、青浦工业园区能源供应中心热力工程 …………… 162
第五节　新能源发电工程项目 ……… 162
　一、临港海上风电项目 …………… 162
　二、上海世博园区中国馆和主题馆太阳能光伏发电项目 …………… 165
　三、其他新能源项目 ……………… 166

第三章　参股管理发电公司及投资收益 ……………………… 169
　第一节　参股发电公司 ……………… 169
　　一、火力发电公司 ………………… 169
　　二、抽水蓄能发电公司 …………… 172
　　三、核能发电公司 ………………… 173
　第二节　投资收益 …………………… 174
第四章　电力生产运行和技术改造 …… 177
　第一节　电力生产运行 ……………… 177
　　一、发电运行 ……………………… 177
　　二、设备管理 ……………………… 180
　　三、技术监督 ……………………… 183
　第二节　科技创新与技术改造 ……… 187
　　一、科技创新管理 ………………… 187
　　二、科技创新成果（含上海石油天然气有限公司） …………… 188
　　三、技术改造管理 ………………… 202
　第三节　燃料管理 …………………… 209
　　一、机构与制度 …………………… 209
　　二、燃煤采购与储运 ……………… 209

三、燃煤接卸与运维 ………… 213
四、其他燃料采购与耗用 ………… 215
第四节 能耗管理 ………… 218
　一、能耗控制 ………… 218
　二、技术改造措施 ………… 219
　三、获得荣誉 ………… 230
第五节 安全管理 ………… 231
　一、历史沿革 ………… 231
　二、组织机构及职责 ………… 233
　三、风险管理 ………… 234
　四、应急管理 ………… 236

第五章　环境保护 ………… 239
第一节 机构与制度 ………… 239
　一、规章制度 ………… 239
　二、环境监测 ………… 240
第二节 大气污染物治理 ………… 241
　一、烟尘治理 ………… 242
　二、氮氧化物治理 ………… 243
　三、二氧化硫治理 ………… 246
第三节 废水治理 ………… 248
　一、分类 ………… 248
　二、治理 ………… 249
第四节 固废处置 ………… 250
　一、固废分类 ………… 250
　二、灰渣处置 ………… 250
　三、石膏处置 ………… 252
第五节 噪声治理 ………… 252
　一、噪声来源 ………… 252
　二、治理 ………… 252
第六节 绿化与职业卫生 ………… 253
　一、绿化 ………… 253
　二、职业健康管理 ………… 254

第六章　装机容量及发电量 ………… 256
第一节 装机容量和电源结构 ………… 256
　一、燃煤发电 ………… 256
　二、燃气发电 ………… 257
　三、核能发电 ………… 258
　四、抽水蓄能 ………… 258
　五、新能源 ………… 258
第二节 发电量 ………… 259
第三节 供热量 ………… 260

第三篇　燃气产业 ………… 261
概述 ………… 262
第一章　燃气企业 ………… 265
第一节 上海吴淞煤气制气有限公司 ………… 265
第二节 上海浦东煤气制气有限公司 ………… 266
第三节 上海石洞口煤气制气有限公司 ………… 267
第四节 上海安亭煤气厂 ………… 268
第五节 上海石油天然气有限公司 ………… 268
第六节 上海天然气管网有限公司 ………… 269
第七节 上海燃气浦东销售有限公司 ………… 271
第八节 上海燃气市北销售有限公司 ………… 272
第九节 上海大众燃气有限公司 ………… 273
第十节 上海液化石油气经营有限公司 ………… 274
第十一节 上海燃气信息经营有限公司 ………… 275
第十二节 上海金山天然气有限公司 ………… 276
第十三节 上海燃气崇明有限公司 ………… 277
第十四节 上海港口能源有限公司 ………… 278

第二章　气源 ………… 280
第一节 人工煤气 ………… 280
　一、煤制气 ………… 280
　二、重油制气 ………… 280
　三、轻油制气 ………… 281
　四、天然气掺混和改质制气 ………… 281
第二节 天然气 ………… 281
　一、东海天然气 ………… 282
　二、西气东输天然气 ………… 282

三、液化天然气 …… 282
四、西气东输二线天然气 …… 283
五、川气东送天然气 …… 283
六、江苏如东天然气 …… 283

第三节 液化石油气 …… 284

第三章 投资建设 …… 285

第一节 天然气上游项目 …… 285
一、东海平湖油气田工程 …… 285
二、东海平湖油气田扩建工程 …… 287
三、东海平湖油气田辅助平台工程 …… 288
四、上海液化天然气项目一期工程 …… 289

第二节 上海天然气主干管网工程 …… 291
一、东海天然气(下游)工程 …… 291
二、上海市天然气主干管网工程 …… 292
三、五号沟LNG事故气源备用站扩建工程 …… 295
四、上海白鹤加压站工程 …… 296
五、上海市天然气主干管网二期工程 …… 297
六、崇明岛天然气管道工程 …… 299
七、上海五号沟LNG站扩建二期工程 …… 300
八、上海市天然气主干管网临港—上海化工区天然气管道工程 …… 301
九、上海市天然气主干管网崇明岛—长兴岛—浦东新区五号沟LNG站管道工程 …… 302
十、上海市天然气主干管网五号沟LNG站—临港首站天然气管道工程 …… 302

第三节 区域性销售公司管网建设 …… 303
一、道路管网新建和改造 …… 303
二、清洁能源替换及分布式供能发展项目 …… 304

第四节 改造工程 …… 309
一、天然气掺混和改质工程 …… 309
二、轻油制气装置生产代用天然气工程 …… 310
三、石洞口燃气生产和能源储备工程 …… 310

第四章 燃气生产运行 …… 312

第一节 生产调度 …… 312
一、现代化调度系统 …… 312
二、调度运行模式 …… 316

第二节 燃气输配 …… 319
一、人工煤气输配 …… 319
二、天然气输配 …… 321
三、液化石油气储灌供应 …… 339

第三节 全天然气化 …… 342
一、天然气转换 …… 342
二、人工煤气退出 …… 343

第五章 燃气销售 …… 346

第一节 用户 …… 346
一、人工煤气用户 …… 346
二、天然气用户 …… 347
三、液化石油气用户 …… 349

第二节 计量 …… 350
一、计量设备管理 …… 350
二、抄表管理 …… 351
三、智能表使用 …… 352
四、反窃气工作 …… 353

第三节 燃气价格及收费管理 …… 353
一、上下游价格联动机制 …… 353
二、燃气价格 …… 355
三、服务收费 …… 365

第四节 天然气贸易 …… 368
一、概况 …… 368
二、"液态交易、气态交收"商务模式 …… 370
三、"液进液出、整船贸易"商务模式 …… 370
四、液化天然气(LNG)现货销售管理系统 …… 370

第六章 安全服务 … 372
第一节 安全管理 … 372
一、供应安全 … 372
二、运行安全 … 377
三、用气安全 … 383
四、应急保障 … 385
五、反恐安保 … 390
第二节 服务 … 391
一、服务网点 … 391
二、服务规范 … 398
三、业务流程 … 400
四、智慧服务 … 401
五、社会评价 … 403

第七章 关联企业 … 407
第一节 上海燃气工程设计研究有限公司 … 407
第二节 上海松江燃气有限公司 … 409
第三节 上海奉贤燃气股份有限公司 … 410
第四节 上海林内有限公司 … 411
第五节 上海富士工器有限公司 … 412
第六节 江苏如东联合管道有限公司 … 413

第四篇 金融产业 … 415
概述 … 416

第一章 金融投资企业 … 417
第一节 金融企业 … 417
一、东方证券股份有限公司 … 417
二、申能集团财务有限公司 … 422
三、其他金融企业 … 428
第二节 类金融企业 … 434
一、上海诚毅投资管理有限公司 … 434
二、上海申能诚毅股权投资有限公司 … 439
三、上海申能融资租赁有限公司 … 440
四、上海申能资产管理有限公司 … 441
五、国泰君安投资管理股份有限公司 … 441
六、申银万国证券股份有限公司 … 441
七、国泰君安证券股份有限公司 … 442
八、上海久联证券经纪有限责任公司 … 442
第三节 其他企业 … 442
一、上海电气集团股份有限公司 … 443
二、上海医药集团股份有限公司 … 444
三、上海经怡实业有限公司 … 444

第二章 金融产业管理 … 445
第一节 沿革 … 445
第二节 决策管理 … 446
第三节 金融资产动态市值管理 … 447
一、背景 … 447
二、流程 … 448
三、操作 … 448

第三章 产融结合 … 450
第一节 沿革 … 450
第二节 产融结合专项规划 … 452
一、多元融资促进能源主业创新转型 … 452
二、创新金融推动集团专业化市场化改革 … 453
三、产业发展提升金融综合竞争力 … 453
四、产融资源优化共享 … 454
五、金融布局助推能源资源市场化 … 454
第三节 产融结合案例 … 454
一、动力煤期货助力煤电企业 … 454
二、燃气集团"紫气东来"产融结合项目 … 455

第四章 金融产业创新 …………… 456
　第一节 绿色金融 ………………… 456
　　一、绿色信贷 …………………… 456
　　二、绿色消费金融 ……………… 456
　　三、碳金融 ……………………… 457
　第二节 金融创新服务实体经济 … 458
　　一、首家入驻自贸区的集团财务
　　　　公司 …………………………… 458
　　二、"集中收付"打通境外资金 … 458
　　三、建设分账核算单元 ………… 459
　第三节 金融投资模式创新 ……… 459

第五篇 能源服务与其他产业 …… 461
　概述 ………………………………… 462
　第一章 能源服务与贸易企业 …… 464
　　第一节 上海石油交易所 ……… 464
　　第二节 上海申能燃料有限公司 … 465
　　第三节 上海石洞口燃气生产与能源
　　　　　储备基地 ………………… 467
　　第四节 上海化学工业区申能电力
　　　　　销售有限公司 …………… 467
　　第五节 上海嘉禾航运有限公司 … 468
　　第六节 上海液化天然气海运有限
　　　　　公司 ……………………… 469
　　第七节 上海申能投资发展有限
　　　　　公司 ……………………… 469
　第二章 能源服务 ………………… 471
　　第一节 供能与节能 …………… 471
　　　一、区域能源供应 ……………… 471
　　　二、分布式供能 ………………… 472
　　　三、节能改造 …………………… 474
　　第二节 能源创新 ……………… 475
　　　一、基本情况 …………………… 475
　　　二、项目开发 …………………… 477
　　　三、平台建设 …………………… 478
　第三章 能源贸易 ………………… 480
　　第一节 煤炭贸易 ……………… 480
　　　一、煤炭采购 …………………… 480

　　　二、煤炭储存 …………………… 481
　　　三、煤炭管理 …………………… 482
　　　四、系统外煤炭市场 …………… 483
　　第二节 油气贸易 ……………… 485
　　　一、发展沿革 …………………… 485
　　　二、交易方式 …………………… 486
　　　三、油气经营 …………………… 487
　　第三节 能源仓储 ……………… 488
　　　一、仓储管理 …………………… 488
　　　二、仓储服务 …………………… 489
　　　三、仓储经营 …………………… 489
　　第四节 能源运输 ……………… 490
　　　一、煤炭运输 …………………… 490
　　　二、液化天然气运输 …………… 492
　第四章 房产与物业 ……………… 493
　　第一节 房产项目 ……………… 493
　　　一、成山路商品房项目 ………… 493
　　　二、东沟保障房项目 …………… 494
　　　三、祁连保障房项目 …………… 495
　　　四、浦江配套商品房项目 ……… 495
　　第二节 申能物业 ……………… 496
　　第三节 久联集团下属企业 …… 498
　　　一、上海久联集团经济发展有限
　　　　　公司 ……………………… 498
　　　二、上海华期信息技术有限责任
　　　　　公司 ……………………… 499
　　　三、上海久联物业管理有限
　　　　　公司 ……………………… 500

第六篇 科技与环保 ……………… 503
　概述 ………………………………… 504
　第一章 创新驱动 ………………… 505
　　第一节 科创规划 ……………… 505
　　　一、制度建设 …………………… 505
　　　二、激励机制 …………………… 507
　　第二节 科创保障 ……………… 508
　　　一、组织保障 …………………… 508
　　　二、经费保障 …………………… 508

三、人才保障 ………………… 509
第二章　能源科技 ……………… 512
　第一节　电力技术 ……………… 512
　　一、发电技术 ………………… 512
　　二、新能源技术 ……………… 514
　　三、海上风电综合信息化管理
　　　　系统 ………………………… 515
　第二节　油气技术 ……………… 516
　　一、天然气管网技术 ………… 516
　　二、东海平湖油气技术 ……… 517
　　三、燃气技术 ………………… 518
　　四、液化天然气(LNG)技术 … 519
　第三节　分布式供能技术 ……… 520
　　一、"公共建筑分布式供能系统关键
　　　　技术及示范工程"项目 …… 521
　　二、仁济医院南院分布式供能
　　　　项目 ………………………… 521
第三章　环保与节能技术 ………… 523
　第一节　环保技术发展与应用 … 523
　　一、环保技术发展 …………… 523
　　二、环保技术应用 …………… 525
　第二节　节能技术发展与应用 … 526
　　一、节能技术发展 …………… 526
　　二、节能技术应用 …………… 527
　第三节　申能能源科技有限公司 … 528
第四章　科创奖项与知识产权 …… 529
　第一节　科创奖项 ……………… 529
　　一、全国性奖项 ……………… 529
　　二、市级奖项 ………………… 530
　　二、集团奖项 ………………… 530
　第二节　知识产权 ……………… 532
　　一、发明专利 ………………… 533
　　二、实用新型专利 …………… 534
　　三、软件著作权 ……………… 538

第七篇　企业管理 ……………… 541
　概述 ………………………………… 542
　第一章　战略规划 ……………… 543

　第一节　规划编制 ……………… 543
　　一、公司五年发展规划 ……… 543
　　二、国资三年行动规划 ……… 548
　第二节　规划实施 ……………… 552
　　一、五年规划实施情况 ……… 552
　　二、三年规划实施情况 ……… 555
第二章　经营管理 ………………… 557
　第一节　经营体系 ……………… 557
　　一、构成 ……………………… 557
　　二、管理和运转 ……………… 558
　　三、效益 ……………………… 561
　第二节　经营计划管理 ………… 563
　　一、计划管理办法 …………… 563
　　二、计划的制订与实施 ……… 563
第三章　投资管理 ………………… 565
　第一节　投资制度建设 ………… 565
　　一、规则与实施 ……………… 565
　　二、决策程序 ………………… 567
　第二节　项目管理 ……………… 568
　　一、项目监管 ………………… 568
　　二、项目后期管理 …………… 570
第四章　财务管理 ………………… 572
　第一节　财务制度 ……………… 572
　第二节　会计制度 ……………… 574
　第三节　预算管理 ……………… 576
　第四节　资金管理 ……………… 577
第五章　安全管理 ………………… 580
　第一节　制度建设 ……………… 580
　第二节　事故与灾害预防 ……… 582
　　一、事故预防 ………………… 582
　　二、灾害预防 ………………… 584
　第三节　事故与灾害管理 ……… 586
　　一、事故处理机制 …………… 586
　　二、事故和灾害处理 ………… 587
　第四节　安全风险和隐患排查治理 …… 588
第六章　审计管理 ………………… 590
　第一节　管理体系 ……………… 590
　　一、制度建设 ………………… 590

二、审计机构和人员 …………… 591
第二节 经济责任审计 …………… 593
第三节 项目审计 ………………… 596
　一、经营审计 …………………… 596
　二、专项审计 …………………… 598
第七章 资产管理 ………………… 601
　第一节 国资管理和经营 ………… 601
　　一、国资管理 …………………… 601
　　二、国资经营 …………………… 603
　第二节 资产评估 ………………… 605
　第三节 土地与固定资产管理 …… 606
第八章 其他管理 ………………… 608
　第一节 法务管理 ………………… 608
　第二节 信息化管理 ……………… 610
　第三节 档案管理 ………………… 613
　第四节 信访管理 ………………… 615

第八篇 党群组织 ……………… 619
概述 ……………………………… 620
第一章 党的组织和党的建设 …… 621
　第一节 党的组织 ………………… 621
　　一、党组织沿革 ………………… 621
　　二、基层党组织 ………………… 622
　　三、党委办公室 ………………… 623
　　四、党员结构 …………………… 623
　　五、党代表选举和党的代表
　　　　大会 ………………………… 625
　第二节 思想政治建设 …………… 628
　　一、政治理论学习 ……………… 628
　　二、专项教育活动 ……………… 630
　　三、维护社会稳定工作 ………… 635
　第三节 组织建设 ………………… 636
　　一、领导班子建设 ……………… 636
　　二、基层组织建设 ……………… 639
　第四节 党风廉政建设和纪检监察
　　　　工作 ………………………… 646
　　一、制度建设 …………………… 646
　　二、党风廉政教育 ……………… 647

　　三、专项治理 …………………… 648
　第五节 精神文明建设 …………… 650
　　一、精神文明建设委员会 ……… 650
　　二、创建活动 …………………… 651
　　三、凝聚力工程 ………………… 651
　第六节 制度建设 ………………… 652
　　一、党委会议事规则 …………… 652
　　二、党建工作规范化 …………… 653
　　三、党风廉政建设责任制 ……… 653
　　四、纪委工作制度 ……………… 654
　　五、精神文明评选表彰办法 …… 655
第二章 工会 ……………………… 656
　第一节 基本状况 ………………… 656
　　一、组织架构 …………………… 656
　　二、工会建设 …………………… 657
　第二节 民主管理 ………………… 659
　　一、职工代表大会 ……………… 659
　　二、厂务公开 …………………… 660
　第三节 职工权益 ………………… 660
　　一、维持和改善职工生活 ……… 660
　　二、保障女工特殊权益 ………… 661
　　三、帮困送温暖 ………………… 663
　第四节 劳动竞赛与专项竞赛 …… 665
　　一、劳动竞赛 …………………… 665
　　二、专项竞赛 …………………… 666
　第五节 员工文体活动 …………… 668
　　一、组织机构 …………………… 669
　　二、文体活动 …………………… 669
第三章 共青团和青年工作 ……… 671
　第一节 共青团组织 ……………… 671
　　一、团组织沿革 ………………… 671
　　二、团的自身建设 ……………… 672
　　三、创先评优 …………………… 673
　第二节 主题活动 ………………… 674
　　一、团员意识主题教育活动 …… 674
　　二、主题团日活动 ……………… 675
　　三、志愿服务 …………………… 676
　第三节 青年工作 ………………… 676

一、青工教育 …………… 676
二、成长保障 …………… 677

第九篇　企业文化与社会责任 …… 679
概述 …………… 680
第一章　企业文化 …………… 681
第一节　标识系统 …………… 681
第二节　企业文化体系 …………… 682
一、企业文化建设 …………… 682
二、企业文化活动 …………… 684
第三节　企业文化平台建设 …………… 685
一、《今日申能》杂志 …………… 685
二、网站 …………… 687
三、微博 …………… 687
四、微信公众号 …………… 687
第四节　下属公司企业文化建设选介 …………… 688
一、上海外高桥第二发电有限责任公司 …………… 688
二、上海外高桥第三发电有限责任公司 …………… 691
三、上海石洞口煤气制气有限公司 …………… 691
四、申能集团财务有限公司 …………… 694
第二章　社会责任 …………… 696
第一节　保障民生需求 …………… 696
一、电力供应 …………… 696
二、燃气供应与服务 …………… 697
第二节　社会救助 …………… 698
一、抗震救灾 …………… 698
二、捐资助学 …………… 699
三、社会帮扶 …………… 700

第十篇　员工队伍 …………… 701
概述 …………… 702
第一章　员工概况 …………… 703
第一节　员工人数 …………… 703
第二节　年龄结构 …………… 704
第三节　文化水平 …………… 706
第四节　专业职务和技术等级 …………… 709
第二章　劳动用工 …………… 712
第一节　招聘录用 …………… 712
一、抽调、调配及内部招聘 …………… 712
二、市场招聘 …………… 712
第二节　用工形式 …………… 713
一、劳动合同制 …………… 713
二、劳务派遣 …………… 714
三、转岗、分流与再就业 …………… 714
第三节　员工考核 …………… 714
一、日常管理 …………… 714
二、年度考核 …………… 715
第四节　奖惩 …………… 716
一、奖励 …………… 716
二、惩罚 …………… 717
第三章　薪酬、福利与社会保障 …………… 718
第一节　薪酬待遇 …………… 718
一、薪酬制度 …………… 718
二、工资管理 …………… 719
三、经营者收入 …………… 720
四、津贴、补贴 …………… 721
第二节　员工补充福利 …………… 721
一、补充公积金 …………… 721
二、补充医疗 …………… 722
三、补充养老 …………… 722
第四章　教育培训 …………… 723
第一节　培训管理 …………… 723
第二节　培训计划制订 …………… 723
第三节　员工培训实施 …………… 724
一、干部培训 …………… 724
二、新员工入职培训 …………… 725
三、岗位培训 …………… 725
第五章　干部管理 …………… 728
第一节　干部管理制度 …………… 728
第二节　干部队伍建设 …………… 729
一、调整、充实集团部（室）和直属企业领导干部 …………… 729

二、竞聘上岗 …………… 729
　　第三节　后备干部管理 ………… 730

第十一篇　人物 ……………… 733
　概述 ……………………………… 734
　第一章　人物简介 ………………… 735
　　第一节　公司领导 ……………… 735
　　第二节　正高级职称员工 ……… 741
　　第三节　市级及以上劳动模范、五一
　　　　　　劳动奖章获得者 ………… 748
　第二章　人物表 …………………… 753
　　第一节　市党代会代表和市人大
　　　　　　代表 …………………… 753
　　第二节　二级企业负责人 ……… 753
　　第三节　部分三级企业负责人 … 759
　　第四节　先进集体和先进个人 … 767
　　一、全国性荣誉 ………………… 767
　　二、市（省部）级先进集体和先进
　　　　个人 …………………………… 769

专记 ……………………………… 773
　申能集团服务上海世博会 ………… 774

附录 ……………………………… 785
　申能（集团）有限公司章程 ……… 786
　申能（集团）有限公司"十二五"发展
　　规划 …………………………… 802
　申能（集团）有限公司"十三五"发展
　　规划 …………………………… 818

索引 ……………………………… 842
　主题词索引 ………………………… 842
　人名索引 …………………………… 848
　表格索引 …………………………… 851

编后记 …………………………… 857

CONTENTS

Preface ··· 1
Notes ··· 1
Overview ··· 1
Chronicle of Events ·· 21

Part One Organizations and Enterprises ··· 79
    Introduction ··· 80
    Chapter Ⅰ The Structure of Corporate Governance ···································· 81
        Section Ⅰ Board of Directors ·· 81
        Section Ⅱ Board of Supervisors ··· 85
        Section Ⅲ General Manager Office ··· 87
        Section Ⅳ Internal Department and Office ··· 90
    Chapter Ⅱ Owned Enterprises ··· 95
        Section Ⅰ Shenergy Group ·· 95
        Section Ⅱ Shanghai Gas Co., Ltd. ·· 100
        Section Ⅲ Orient Security Co., Ltd. ·· 103
        Section Ⅳ Shanghai LNG Co., Ltd. ··· 104
        Section Ⅴ Shanghai Shenergy Service Co., Ltd. ······································· 106
        Section Ⅵ Shenergy Finance Co., Ltd. ··· 108
        Section Ⅶ Shanghai Jiulian Group ·· 109
        Section Ⅷ Shanghai Shenergy Chengyi Equity Investment Co., Ltd. ······· 110
        Section Ⅸ Shanghai Shenergy Nengchuang Energy Development Co., Ltd. ······ 111
        Section Ⅹ Shanghai Shenxin Environmental Industry Co., Ltd. ··············· 112

Part Two Power Industry ·· 115
    Introduction ··· 116
    Chapter Ⅰ Holding Management Companies and Investment Income ········· 118
        Section Ⅰ Shanghai Wujing No. 2 Power Generation Co., Ltd. ················· 118
        Section Ⅱ Shanghai Waigaoqiao No. 2 Power Generation Co., Ltd. ········· 119

Section III	Shanghai Waigaoqiao No. 3 Power Generation Co., Ltd.	120
Section IV	Huaibei Shenwan Power Generation Co., Ltd.	121
Section V	Huaibei Shenergy Power Generation Co., Ltd.	122
Section VI	Shanghai Shenergy Lingang Gas Turbine Power Generation Co., Ltd.	122
Section VII	Shanghai Shenergy Chongming Power Generation Co., Ltd.	123
Section VIII	Shenergy Wuzhong Thermoelectricity Co., Ltd.	124
Section IX	Shanghai Shenergy Xinghuo Thermoelectricity Co., Ltd.	124
Section X	Shanghai Shenergy Fengxian Thermoelectricity Co., Ltd.	125
Section XI	Shanghai Shenergy Qingpu Thermoelectricity Co., Ltd.	126
Section XII	Shanghai Shenergy New Energy Investment Co., Ltd.	126
Section XIII	Investment Return	127
Chapter II	Holding Projects	129
Section I	Leadership Organization for Project Construction	129
Section II	Project Construction and Management	130
Section III	Coal-fired Power Generation Project	135
Section IV	Coal-fired Power Generation Project	153
Section V	New Energy Power Generation Project	162
Chapter III	Joint-Stock Management Power Company and Investment Income	169
Section I	Joint-Stock Management Power Company	169
Section II	Investment Income	174
Chapter IV	Power Operation and Technical Improvement	177
Section I	Power Operation	177
Section II	Technical Innovation and Technical Improvement	187
Section III	Fuel Management	209
Section IV	Energy Consumption Management	218
Section V	Safety Management	231
Chapter V	Environment Protection	239
Section I	Organizations and System	239
Section II	Air Pollutant Treatment	241
Section III	Waste Water Treatment	248
Section IV	Solid Waste Treatment	250
Section V	Noise Treatment	252
Section VI	Greening and Occupational Health	253
Chapter VI	Installed Capacity and Energy Generated	256
Section I	Installed Capacity and Power Structure	256

Section II	Energy Generated	259
Section III	Heat Supplied	260

Part Three Fuel Gas Industry … 261

Introduction … 262

Chapter I Fuel Gas Companies … 265

Section I	Shanghai Wusong Coal Gas Making Co., Ltd.	265
Section II	Shanghai Pudong Coal Gas Making Co., Ltd.	266
Section III	Shanghai Shidongkou Coal Gas Making Co., Ltd.	267
Section IV	Shanghai Anting Coal Gas Plant	268
Section V	Shanghai Oil & Gas Co., Ltd.	268
Section VI	Shanghai Natural Gas Pipeline Network Co., Ltd.	269
Section VII	Shanghai Gas Pudong Sales Co., Ltd.	271
Section VIII	Shanghai Gas Shibei Sales Co., Ltd.	272
Section IX	Shanghai Dazhong Fuel Gas Co., Ltd.	273
Section X	Shanghai LPG Operation Co., Ltd.	274
Section XI	Shanghai Natural Gas Information Operation Co., Ltd.	275
Section XII	Shanghai Jinshan Natural Gas Co., Ltd.	276
Section XIII	Shanghai Gas Chongming Co., Ltd.	277
Section XIV	Shanghai Gangkou Energy Co., Ltd.	278

Chapter II Gas Source … 280

Section I	Manufactured Gas	280
Section II	Natural Gas	281
Section III	LPG	284

Chapter III Investment Construction … 285

Section I	Natural Gas Upstream Project	285
Section II	Shanghai Natural Gas Main Network Project	291
Section III	Construction of Regional Sales Company Network	303
Section IV	Modification Project	309

Chapter IV Natural Gas Production and Operation … 312

Section I	Production Scheduling	312
Section II	Natural Gas Transportation and Distribution	319
Section III	All Natural Gasification	342

Chapter V Fuel Gas Sales … 346

Section I	Users	346
Section II	Dosage	350

Section Ⅲ　Fuel Gas Price and Charge Management ········· 353
　　Section Ⅳ　Fuel Gas Trades ········· 368
　Chapter Ⅵ　Safety Service ········· 372
　　Section Ⅰ　Safety Management ········· 372
　　Section Ⅱ　Service ········· 391
　Chapter Ⅶ　Associated Enterprise ········· 407
　　Section Ⅰ　Shanghai Fuel Gas Engineering Design Research Co., Ltd. ········· 407
　　Section Ⅱ　Shanghai Songjiang Fuel Gas Co., Ltd. ········· 409
　　Section Ⅲ　Shanghai Fengxian Fuel Gas Co., Ltd. ········· 410
　　Section Ⅳ　Shanghai Linnei Co., Ltd. ········· 411
　　Section Ⅴ　Shanghai Fuji Crafts Co., Ltd. ········· 412
　　Section Ⅵ　Jiangsu Rudong Alliance Pipeline Co., Ltd. ········· 413

Part Four　Finance Industry ········· 415
　Introduction ········· 416
　Chapter Ⅰ　Finance Investment Enterprise ········· 417
　　Section Ⅰ　Financial Enterprise ········· 417
　　Section Ⅱ　Similar Financial Enterprise ········· 434
　　Section Ⅲ　Other Enterprises ········· 442
　Chapter Ⅱ　Financial Industry Management ········· 445
　　Section Ⅰ　Evolution ········· 445
　　Section Ⅱ　Decision-making Management ········· 446
　　Section Ⅲ　Dynamic Market Value of Financial Assets ········· 447
　Chapter Ⅲ　Integration of Industry and Finance ········· 450
　　Section Ⅰ　Evolution ········· 450
　　Section Ⅱ　Special Plan of Integration of Industry and Finance ········· 452
　　Section Ⅲ　Case of Integration of Industry and Finance ········· 454
　Chapter Ⅳ　Financial Industry Innovation ········· 456
　　Section Ⅰ　Green Finance ········· 456
　　Section Ⅱ　Entity Economy of Financial Innovation Service ········· 458
　　Section Ⅲ　Innovation of Financial Investment Mode ········· 459

Part Five　Energy Service and Other Industry ········· 461
　Introduction ········· 462
　Chapter Ⅰ　Energy Service and Trade Company ········· 464
　　Section Ⅰ　Shanghai Petroleum Exchange ········· 464

Section II	*Shanghai Shenergy Fuel Co., Ltd.*	465
Section III	*Shanghai Shidongkou Fuel Gas Production and Energy Reserve Base*	467
Section IV	*Shanghai Chemical Industry Area Shenergy Power Marketing Co., Ltd.*	467
Section V	*Shanghai Jiahe Shipping Co., Ltd.*	468
Section VI	*Shanghai LNG Sea Transportation Co., Ltd.*	469
Section VII	*Shanghai Shenergy Investment Development Co., Ltd.*	469
Chapter II	Energy Service	471
Section I	*Energy Supply and Saving*	471
Section II	*Energy Innovation*	475
Chapter III	Energy Trade	480
Section I	*Coal Trade*	480
Section II	*Oil and Gas Trade*	485
Section III	*Energy Warehouse*	488
Section IV	*Energy Transportation*	490
Chapter IV	Houses and Real Properties	493
Section I	*Real Estate Project*	493
Section II	*Shenergy Property*	496
Section III	*Subordinate Companies of Jiulian Group*	498

Part Six Technology and Environmental Protection ... 503

Introduction		504
Chapter I	Innovation-driven	505
Section I	*Scientific Innovation Planning*	505
Section II	*Scientific Innovation Guarantee*	508
Chapter II	Energy Technology	512
Section I	*Power Technology*	512
Section II	*Oil and Gas Technology*	516
Section III	*Distributed Energy Supply Technology*	520
Chapter III	Environment Protection and Energy-Saving Technology	523
Section I	*Environment-Protection Technology Development and Application*	523
Section II	*Energy-Saving Technology Development and Application*	526
Section III	*Shenergy Energy Technology Co., Ltd.*	528
Chapter IV	Scientific Innovation Awards and Intellectual Property	529
Section I	*Scientific Innovation Awards*	529

Section II Intellectual Property 532

Part Seven Enterprise Management 541
  Introduction 542
  Chapter I Strategic Plan 543
    Section I Formulation of Plan 543
    Section II Implementation of Plan 552
  Chapter II Operation Management 557
    Section I Operation System 557
    Section II Operation Plan Management 563
  Chapter III Investment Management 565
    Section I Investment System Construction 565
    Section II Project Management 568
  Chapter IV Financial Management 572
    Section I Financial System 572
    Section II Accounting System 574
    Section III Budget Management 576
    Section IV Fund Management 577
  Chapter V Safety Management 580
    Section I System Construction 580
    Section II Accident and Disaster Prevention 582
    Section III Accident and Disaster Management 586
    Section IV Safety Risk and Near-Miss Troubleshooting 588
  Chapter VI Audit Management 590
    Section I Management System 590
    Section II Audit of Economic Responsibility 593
    Section III Project Audit 596
  Chapter VII Asset Management 601
    Section I State-Owned Assets Management and Operation 601
    Section II Asset Appraisal 605
    Section III Land and Fixed Assets Management 606
  Chapter VIII Other Management 608
    Section I Legal Management 608
    Section II Information Management 610
    Section III Archive Management 613
    Section IV Petition Management 615

CONTENTS

Part Eight Party and Masses ... 619
Introduction ... 620
Chapter Ⅰ Party Organization and Party Construction ... 621
- Section Ⅰ *Party Organization* ... 621
- Section Ⅱ *Political Construction* ... 628
- Section Ⅲ *Organization Construction* ... 636
- Section Ⅳ *Construction of Clean Party and Discipline Inspection and Supervision* ... 646
- Section Ⅴ *Spiritual Civilization* ... 650
- Section Ⅵ *System Construction* ... 652

Chapter Ⅱ Labor Union ... 656
- Section Ⅰ *Basic Information* ... 656
- Section Ⅱ *Democratic Management* ... 659
- Section Ⅲ *Workers' Rights and Interests* ... 660
- Section Ⅳ *Labor Emulation and Specific Emulation* ... 665
- Section Ⅴ *Recreational and Sports Activity* ... 668

Chapter Ⅲ Communist Youth League and Youth Work ... 671
- Section Ⅰ *CCYL Committee* ... 671
- Section Ⅱ *Theme Activity* ... 674
- Section Ⅲ *Youth Work* ... 676

Part Nine Enterprise Culture and Social Responsibility ... 679
Introduction ... 680
Chapter Ⅰ Enterprise Culture ... 681
- Section Ⅰ *Identification System* ... 681
- Section Ⅱ *Enterprise Culture System* ... 682
- Section Ⅲ *Enterprise Culture Platform Construction* ... 685
- Section Ⅳ *Introduction of Subsidiary Culture Construction* ... 688

Chapter Ⅱ Social Responsibility ... 696
- Section Ⅰ *Guarantee of Livelihood Needs* ... 696
- Section Ⅱ *Social Assistance* ... 698

Part Ten Employees ... 701
Introduction ... 702
Chapter Ⅰ Employee Information ... 703
- Section Ⅰ *Number of Employees* ... 703

Section Ⅱ　　Age Structure ·· 704
 Section Ⅲ　　Educational Level ··· 706
 Section Ⅳ　　Professional Title and Skill Level ··· 709
Chapter Ⅱ　Labors ··· 712
 Section Ⅰ　　Recruitment and Employment ·· 712
 Section Ⅱ　　Employment Form ·· 713
 Section Ⅲ　　Employee Performance Evaluation ·· 714
 Section Ⅳ　　Rewards and Punishment ··· 716
Chapter Ⅲ　Remuneration, Welfare and Social Insurance ·· 718
 Section Ⅰ　　Remuneration ·· 718
 Section Ⅱ　　Employee's Supplementary Welfare ··· 721
Chapter Ⅳ　Education and Training ·· 723
 Section Ⅰ　　Training Management ·· 723
 Section Ⅱ　　Formulation of Training Plan ··· 723
 Section Ⅲ　　Implementation of Employee Training ·· 724
Chapter Ⅴ　Cadre Administration ··· 728
 Section Ⅰ　　Cadre Management System ··· 728
 Section Ⅱ　　Cadre Team Construction ··· 729
 Section Ⅲ　　Reserve Cadre Management ·· 730

Part Eleven　Characters ··· 733
 Introduction ··· 734
 Chapter Ⅰ　Introduction of Characters ·· 735
 Section Ⅰ　　Company Leaders ··· 735
 Section Ⅱ　　Employees with Senior Professional Titles ·· 741
 Section Ⅲ　　Model Worker and Employees Honored with May 1st Labor Medal of
　　　　　　　　and above Municipal-Level ·· 748
 Chapter Ⅱ　List of Leaders ·· 753
 Section Ⅰ　　Representatives of Municipal Party Congress and Representatives of
　　　　　　　　Municipal People's Congress ··· 753
 Section Ⅱ　　The Person in Charge of Second-Class Enterprise ······························· 753
 Section Ⅲ　　The Person in Charge of Some Third-Class Enterprise ························· 759
 Section Ⅳ　　Advanced Collectives and Individuals ·· 767

Biography ·· 773
 Shenergy Group Serves Shanghai World Expo ·· 774

Appendix 785
    Articles of Association of Shenergy (Group) Co., Ltd. 786
    The Twelfth Five-Year Development Plan of Shenergy (Group) Co., Ltd. 802
    The Thirteenth Five-Year Development Plan of Shenergy (Group) Co., Ltd. 818

Indexes 842

Afterword 857

总 述

申能(集团)有限公司(简称申能集团)是上海市国有资产监督管理委员会(简称市国资委)出资监管的地方国有独资企业。申能集团前身是申能电力开发公司,成立于1987年,1992年改制为申能股份有限公司(简称申能股份),1993年上市;1996年组建申能(集团)有限公司(以下涉及公司不同时段内容时,统称为"申能")。截至2017年年底,申能集团注册资本100亿元,在册员工14 893人;集团总资产1 756亿元,所有者权益1 210亿元,当年营业收入384亿元,利润总额62.3亿元,连续16年位列中国企业500强。集团下辖申能股份(SH600642)、上海燃气(集团)有限公司(简称燃气集团)、东方证券股份有限公司(简称东方证券,SH600958)等11家二级全资或控股企业,基本形成"电气并举、产融结合"的产业发展格局。

申能秉持"锐意开拓,稳健运作"的经营理念,不断做大做强电力、能源主业,同时积极扩大对金融产业、能源服务与贸易行业的投资,逐步形成电力、燃气、金融、能源服务与贸易四大核心主业板块,是上海市重大能源基础设施的投资建设主体和主要的电、气能源产品供应商。

截至2017年年底,申能集团投资建成电力项目32个,在建6个,遍布上海、浙江、江苏、安徽、内蒙古和宁夏等6个省、市、自治区;集团权益装机容量944万千瓦,控股装机容量904万千瓦,当年控股电厂发电量356亿千瓦时,约占上海市总发电量的1/3。申能集团坚持奉献清洁能源,在电源结构中,煤电占比61%,燃气发电占22%,水电占8%,核电占5%,风能和太阳能发电占4%,清洁能源和新能源发电占比逐年增加。

申能集团组织实施上海城市燃气生产、销售、调度和管网建设,已建成上海城市"6+1"(西气一线、西气二线、洋山进口液化天然气、东气、川气、江苏如东和上海五号沟液化天然气应急气源)天然气多气源保障体系,形成集燃气生产采购、管网配输、销售供应为一体的完整的城市燃气产业链。2017年,天然气供应量达80.6亿立方米,占上海市场份额90%以上。截至2017年年底,申能集团拥有燃气用户680万户,地下管线超过2.3万公里,其中主干网750多公里;五号沟应急气源储备基地二期工程建成,上海天然气储备能力达到20天。燃气集团"智慧燃气"建设取得重大成果,"智能管网"完成地理信息系统(GIS)平台一期和管网压力检测系统,"智能调度"升级调度信息系统和应急处置系统,"智能服务"实现上海市政府实事项目确定目标。

申能集团金融投资涉及保险、证券、银行等多个领域。集团组建申能集团财务有限公司(简称申能财务公司)、申能融资租赁有限公司(简称申能租赁)和申能诚毅股权投资有限公司(简称申能诚毅);参与发起设立东方证券和中国太平洋保险(集团)有限公司(简称中国太保),是东方证券的第一大股东和管理人,是中国太保第二大股东。此外还先后出资参股海通证券股份有限公司(简称海通证券)、中国光大银行股份有限公司(简称光大银行)、上海浦东发展银行股份有限公司(简称浦发银行)、交通银行股份有限公司(简称交通银行)、国泰君安证券股份有限公司(简称国泰君安)、申银万国证券股份有限公司(简称申银万国)等金融机构。截至2017年年底,申能集团金融资产市值达872.8亿元,资产证券化率超过80%。

申能集团大力推动能源产业链拓展,先后涉足节能环保、能源贸易、新能源创投基金、分布式供能等新业务领域。集团大力整合资源,构建能源贸易平台,促使公司能源贸易产业链不断延伸,在油气仓储、煤炭贸易、能源运输、天然气贸易等领域不断加快市场化步伐。2017年，申能集团油品仓储容量超过116万吨；申能股份占股49%的上海嘉禾航运有限公司（简称嘉禾航运）承运煤炭约900万吨，煤炭市场化销售量700多万吨；申能自运的液化天然气（Liquefied Natural Gas，LNG）119船，占全年进口LNG的50%多；天然气贸易量2.07亿立方米。

随着中国改革开放事业的进一步深化，申能集团积极应对挑战，主动改革创新，明晰主业板块，在新的历史阶段提出"电气并举，产融结合，创新引领，转型提升"的总体战略。申能坚持一手抓改革促发展、一手抓创新促转型，以制度建设为重点，进一步完善科技创新体系；以人才养成为核心，进一步营造良好的创新生态环境；以项目推进为抓手，进一步提升科技创新水平和能级；以平台搭建为依托，加快促进科技创新成果产业化。读史明智，识古知今，梳理、回顾和总结申能集团30年发展历程，更好迎接新时代，开创新局面。

一

1987—1992年是申能电力开发公司成立和起步阶段。在此阶段，为改变上海市电力供应不适应社会经济发展需要的状况，申能抓住国家电力管理体制改革和投融体制改革的机遇，打破电力建设投资体制的传统格局，集资办电，积极参与上海电力建设。

1949年中华人民共和国成立以后，上海作为全国现代工商业最为集中的城市，成为全国工业建设的支撑和支柱，在人力、物力和财力上持续不断地支持全国各地工业建设，并且成为中央财政收入的主要来源地。改革开放以前，上海的工业总产值、出口总值、财政收入、工业全员劳动生产率、人均国民生产总值等多项经济指标均排名全国第一，财政收入占全国财政收入的1/6，工业企业上缴利润占到全国的1/4。

自1976年"文化大革命"结束到20世纪80年代前期，上海经济改革主要是压缩基本建设投资、调整工业结构等方面，取得较快的发展和增长，1982年上海工业总产值比1976年增加51.4%，平均每年递增7.2%。1981—1985年国家"六五"计划时期，上海电力装机容量从232.3万千瓦增加到319.2万千瓦；发电量从1981年的147.81亿千瓦时增加到1985年的195.6亿千瓦时；装机容量增加30%多，发电量增加20%多。

但是上海电力工业建设和发展速度与整个上海社会经济发展仍然不相适应。1985年前后，上海工业总产值占整个上海GDP的比重在70%左右，上海经济主要依靠工业，而且主要是现代工业；二次能源主要依靠电力，其发展严重依赖电力。改革开放以后，上海一直面临能源和原材料供应不足的瓶颈，其中电力能源不足更是严重影响全市社会经济的发展。据估计，当时上海大约有20%的生产能力由于电力供应不上而放空。上海电力工业发展速度严重落后于国民经济发展速度，电力供应不足的矛盾非常突出。

改革开放初期，上海电力建设面临两个大问题。一是电力工业是资金密集型产业，建设资金严重不足；二是电力工业管理体制是高度集中的计划经济体制，严重制约电力工业的发展。20世纪80年代，上海地方建设资金非常短缺，无钱搞电力建设；同时电力工业管理方法主要是电厂归国家所有，电力工业建设由水利电力部集中投资，电厂、电网由水利电力部独家规划建设，输配电由水利电力部统一调度。

这两个重大问题成为制约上海和全国其他各地经济发展的瓶颈。随着改革开放和社会经济的不断发展,各种创新、改制办法陆续推出。1981年11月,国务院批准山东省集资办电,由中央和地方政府以及地方企业集资在山东省龙口市建设电厂,开创集资办电先河,带动整个胶东半岛经济的快速发展。"龙口经验"为各地突破"一家办电"格局开创新局面。1982年,中央决定成立上海经济区,国务院设立上海经济区规划办公室,协调区域经济协同发展。1983年,上海经济区规划办公室向中央财经领导小组提交报告,"建议用征收电力建设基金的方式,弥补电力建设资金不足,加快发展电力工业",并得到原则同意。同年,水利电力部与上海市政府合资建设闵行电厂一台12.5万千瓦燃煤机组,开创上海地方政府参股部属电厂投资新格局。1984年3月,云南省鲁布革水电站利用世界银行贷款兴建发电厂,这是水利电力部第一个利用外资兴建的水电站,为电力建设打开一扇新的筹资大门。同年5月,为调动各方面办电积极性,补充国家电力建设资金不足,水利电力部颁发《关于筹集电力建设资金的暂行规定》,欢迎各部门、各地方和企事业单位投资电力工程,并可按投资比例分享用电指标。1985年,国务院颁发《关于鼓励集资办电和实行多种电价的暂行规定》,进一步明确政策;同年11月,国务院下达《关于江苏、浙江、安徽和上海市集资办电问题的批复》,批准华东三省一市实行工业用电征收电力建设资金办法。1986年,华东三省一市开始试行每度工业用电征收2分钱电力建设基金的办法筹集办电资金。同时中央规定,以1987年计划用电量为基础,中央在地方的新建企业增用电量由中央投资建电站解决,其他企业、市政生活和农业需要增加的用电量,由地方投资建电站解决。由此,在电力建设的投资体制方面打破国家出钱、独家办电的格局,逐步形成多部门、多层次、多渠道办电的新局面。

为应对办电新局面,同时也为用好、管好"二分钱"电力建设基金[①],并开辟其他筹资、融资渠道,1987年8月15日,申能电力开发公司(简称电力开发公司)完成工商注册,注册资本额为1亿元;1987年12月30日挂牌。申能电力开发公司由上海市综合经济领导小组和电力建设领导小组领导,归口市计划委员会管理,为副局级事业单位,承担上海集资办电资金"总账房"功能;其主要任务是统筹、融通及滚动使用上海市集资办电的资金,负责管理上海地区电力建设、能源开发和节能项目的投资;主营电力建设,兼营电力之外的能源筹资及投放。

1987年9月,电力开发公司与上海市财政局达成协议,规定电力建设基金作为预算外专项基金,专款专用于上海电力能源建设;电力建设基金、基金存款利息、基金缴纳的产品税、加工电差价结余资金等由市财政局拨给电力开发公司账户;闵行电厂贷款收回的本金9 000余万元划归电力开发公司。这些资金构成电力开发公司首批资金,共计20余亿元。

1987年12月29日,申能电力开发公司参与投资的上海石洞口电厂1号机组建成投产发电。石洞口电厂于1985年7月动工,安装4台30万千瓦发电机组,由水利电力部和上海市政府共同投资建设;申能成立后接收上海市政府集资投入的4.2亿元资金股权,取得1号机组的用电权和经营权。1号机组采用国产30万千瓦设备,同时引进部分关键配套设备,使国产机组达到新的水平,缩小与世界同类型机组的差距。1988年2月12日,1号机组投入运行;12月22日,2号机组投入运行。1988年2台机组共发电17.28亿千瓦时,提前93天完成国家指令性发电计划,创产值8 169万元。1990年4台机组全部建成发电。

1988年6月,上海石洞口第二电厂(简称石洞口二厂)一期工程破土动工,由中国华能集团有限公司(简称华能集团)和申能电力开发公司共同投资兴建。石洞口二厂是中国大陆首个使用超临界

[①] 1987年12月21日,为解决全国严重缺电和电力建设资金不足的问题,国务院批转《国家计委关于征收电力建设资金的暂行规定》,决定自1988年1月1日起,对所有企业用电每度加征2分钱的电力建设资金,作为地方电力建设的专项资金,专款专用,有偿滚动投资,为中国电力建设事业开辟一条新的筹资渠道。

机组的电厂,主要设备从瑞士、美国和加拿大进口,规划装机总容量为240万千瓦,一期工程120万千瓦,安装2台60万千瓦超临界燃煤发电机组。1992年年底一期2台机组建成投产。

1989年,申能参与上海吴泾发电厂六期(简称吴泾六期)工程投资。吴泾六期工程建设2台30万千瓦燃煤机组,1992年建成投产。项目总投资15.3亿元,为世界银行贷款项目,申能出资50%。到1992年年底,申能成立后的6年时间内,参与投资建成的电厂(石洞口一、二厂一期和吴泾六期)装机容量为300万千瓦。而自1882年上海第一个正规电厂建立以来,到1986年上海100多年才完成300万千瓦的电厂建设,相当于申能用6年的时间完成过去上海在电力建设方面100年走过的路。

1989年,申能参与投资的上海星火热电厂建设规划获批,1991年开工建设。1990年,申能参与上海崇明发电厂改造项目。1991年,申能参股25%的浙江天荒坪抽水蓄能电站(简称天荒坪电站)获国家计委批复同意,计划总装机容量为6台30万千瓦水力机组,这是申能第一次参与水电建设。1992年10月,上海外高桥发电厂一期(简称外高桥一期)工程开工,工程建设4台30万千瓦火力发电机组,总装机容量120万千瓦,总投资54亿元,由申能、国家能源投资公司和上海市电力局共同出资建设,申能占比50%。

1991年4月,为筹集建设资金,申能第一次发行面额为2 980万元的两年期贴现债券;11月发行2 980万元三年期贴现债券,1992年3月发行2 950万元三年期贴现债券,4月发行1亿元五年期浦东建设债券。1992年4月,申能参股交通银行,首次涉足金融领域投资;随后又投资浦发银行、国泰君安和国际信托投资公司等金融、证券机构,逐步扩大对金融产业的投资。

1992年9月,为合资开采东海石油天然气资源,申能与地质矿产部上海海洋地质调查局(现为中国石油化工股份有限公司,简称中国石化)和中国海洋石油有限公司(简称中国海油)联合组建上海石油天然气公司(简称石油天然气公司或SPC)。上海石油天然气公司注册资本9亿元,申能、中国石化和中国海油分别占比为4∶3∶3,申能业务开始进入石油、天然气产业领域。

与此同时,申能积极开拓投资渠道,迈出多元投资步伐,尝试在房地产、水泥、特钢、贸易等方面进行投资。

二

1992—1995年是申能根据市场环境变化和城市社会经济发展需要的改制上市阶段。在此阶段,申能开展多元投资,实行一业为主、多种经营的方针,按照现代企业制度要求进行投资和建设,朝着规范化、市场化方向发展。

1989年,申能电力开发公司成立咨询室,聘请相关领域专家开展《申能发行股票预可行性研究》。1992年,电力开发公司向上海市计划委员会提交《关于申能电力开发公司改组为申能股份有限公司的请示报告》,提出开拓筹资渠道、降低筹资成本、理顺产权关系、发行股票并上市交易的要求。1992年,邓小平发表南方谈话后,中央决定进一步加快改革开放步伐;申能抓住机遇,积极准备改制上市。同年5月30日,市计委同意申能由事业单位转为企业单位;6月24日,市计委同意申能电力开发公司进行股份制试点,改组为申能股份有限公司,并在1992年内向社会发行个人股3 000万元,法人股发行控制在2亿元额度之内;7月批准增加法人股到2.5亿元。

1992年8月1日,经中国人民银行上海市分行批准,申能股份有限公司发行股票总额240 273.67

万元,每股10元,计24 027.37万股。其中申能电力开发公司以原国有资产折股21 228.57万股,向社会法人公开发行2 500万股,向社会个人公开发行298.5万股(含公司内部职工优先认购的59.76万股),每股发行价为28元。公司注册资本总额240 273.67万元,其中原申能电力开发公司以其全部账面资产净值212 285.67万元投资入股为国家股,占公司股本金总额的88.35%,经上海投资咨询公司、上海会计师事务所重估,并经上海市国有资产管理局确认,国有资产净值升值为433 316.8万元,增值221 031.13万元,增值率为104.12%;向社会法人公开发行股票25 000万元,占股本金总额的10.41%;向社会个人公开发行股票2 988万元(含公司向内部职工发行的597.6万元),占股本金总额的1.2%。

1993年4月16日,申能股份有限公司股票在上海证券交易所上市交易,股票代码600642,为全国电力能源行业第一家上市公司。公司总股本240 273.67万股,其中国家股212 285.67万股,法人股25 000万股,社会公众股2 988万股,共向市场筹资78 366.4万元。同年7月13日,经上海市证券管理办公室批准,申能股份的国家股5 976万股定向有偿转让给社会个人股股东(含内部职工股股东),国家股比例由88.35%下降为85.86%。

申能股份上市后,继续加大电力、能源投资,坚持做大做强主业。1993年9月,为投资开发东海平湖石油和天然气资源,申能股份有限公司、上海久事公司(简称久事公司)和上海国际信托公司(简称国际信托)合资组建上海申能联合发展有限公司,申能股份持股60%,久事公司和国际信托各占20%股份。1994年3月,申能股份参与投资的浙江天荒坪抽水蓄能电站动工开建,项目注册资本7.2亿元,申能股份持股25%。同年年底,申能股份公司投资的外高桥发电厂一期工程第一台机组并网发电。同期申能股份开展对投资上海吴泾发电厂第八期(简称吴泾八期)工程2台60万千瓦燃煤机组的设计预审,1995年8月吴泾八期工程动工开建。

1992—1996年间,申能股份改制上市,先后投资电力项目新增外高桥一期、吴泾八期以及天荒坪电站,拟建上海金山联合电厂和上海星火热电厂(简称星火热电)后两炉一期工程。申能改制后着重转换经营机制,建立现代企业制度,初步界定吴泾六期工程等电力项目产权关系,对拟建中的项目力求按现代企业制度要求进行投资和建设,初步打破计划经济下传统的电力建设投资体制,朝着规范化、市场化方向发展。

申能股份确立"一业为主,多元经营"的方针,开展多元投资,提高股东投资回报率。1993年10月,申能股份第一家全资子公司上海申能房地产公司成立,注册资本5 000万元;申能开始参与上海房地产项目建设,先后建成申能国际大厦、华能联合大厦、申能龙阳花苑、平阳住宅小区等项目。1994年1月,上海申能金华实业公司改制为上海申能金华实业股份有限公司,申能股份持股29.3%,为第一大股东。1995年8月,上海申能科技发展有限公司(简称申能科技)成立,主要从事信息、生物医药、环境技术等领域的项目投资。

三

1996—2002年是申能集团组建、加快整体发展阶段。申能集团大力发展电力主业,开始进军石油天然气市场,继续参与金融投资及其他产业,逐步发展成以投资经营电力、能源项目为主的综合性能源集团公司。

1996年5月27日,上海市人民政府批复同意以申能股份国有股为基础组建申能(集团)有限公司,作为市属国有投资公司和上海市电力能源行业投资主体。申能集团注册资本60亿元,先由市计划委员会监管;市国有资产监督管理委员会(简称市国资委)成立后,由市国资委监管,为国有独资有限责任公司。上海市政府和市综合经济委员会任命集团主要领导人员,集团按照现代企业制度要求,组建集团董事会,建立集团党委、纪委,设立总经理室等企业经营管理和党务机构。

申能集团按照集团化管控要求,与申能股份先后依据"三分开""五分开"的原则,逐步清理产权,理顺关系,将申能股份有限公司调整为申能集团下属二级企业,建立起母子公司的管理架构。为适应企业发展的新形势,申能集团和申能股份以及其他控股企业按照统一部署和上级部门的安排,继续贯彻"一业为主,多元经营"的方针,进一步拓宽投融资渠道,加快集团整体发展步伐。

在主业电力、能源领域,1996年8月,申能集团签署参与上海外高桥电厂二期工程(简称外高桥二期)投资协议;同年10月,中国证监会批准申能股份向全体股东实行配股方案,募集资金7.22亿元,用于建设外高桥一期、天荒坪电站和吴泾八期等项目。1997年11月,为配合中央企业华能国际电力股份有限公司(简称华能国际)上市,申能股份将持有的上海石洞口第二发电厂一期49.34%股权转让给华能集团;申能实际投资石洞口二厂18亿元,转让价格35亿元,实现投资收益17亿元。1998年6月,秦山核电三期工程2台70万千瓦机组开工,2003年7月建成投产,申能集团持股10%;2004年,申能股份以1.06亿元价格收购集团持有的10%股份。1998年7月,申能股份持有申能星火热电有限公司(简称星火热电)股权增至90%;同年9月,星火热电划归申能股份管理。1999年,按照电力体制改革和投资体制改革以及建立现代企业制度的有关规定,申能股份与上海市电力公司就外高桥一期、吴泾八期项目在投资、产权与管理权方面明确双方权责关系,最终确定外高桥一期中申能占股49%,电厂归市电力公司管理。同年,吴泾八期组建上海吴泾第二发电有限公司(简称吴二发电),申能占股50%;2002年1月,申能股份增持到51%,电厂归申能股份管理,申能股份首次直接管理其投资的大型电厂;吴泾六期两者各占股50%,由市电力公司管理。2000年3月,各投资方确定外高桥二期项目组建上海外高桥第二发电有限责任公司(简称外二发电),申能股份占股40%;2001年7月,外二发电项目开工建设;2002年申能股份成为外二发电最大股东;2004年9月,电厂建成后归申能股份直接管理;外二发电安装2台90万千瓦超临界燃煤机组,是当时国内建成投产机组中容量最大的机组。2000年12月,申能股份投资华东桐柏抽水蓄能发电有限公司(简称桐柏发电),占股20%,2008年增加到25%。2002年,上海化学工业区热电有限责任公司成立,申能股份占股30%,2005年建成投产。2003年11月,申能持股20%的安徽池州九华发电有限公司2台30万千瓦机组开工建设,2005年12月建成投产。

申能集团成立后,开始投资石油、天然气开采。1996年11月,上海石油天然气有限公司东海平湖油气田项目海上工程开工,这是上海首次参与一次能源开采。1999年3月,中共上海石油天然气总公司党组织关系由市建设委员会划归申能集团;申能集团首次直接管理大型企业,开始由投资公司向投资与实业兼顾的大型企业集团转变。同年4月,东海平湖油气田向上海浦东供应天然气,实现上海一次能源生产"零"的突破,上海城市燃气开启从单一人工煤气向多气源供应格局的转变。2000年2月,国务院批准"西气东输"工程启动,上海市迎来能源结构大调整和天然气市场大发展的良好契机,从而加快城市燃气改革步伐。同年8月,在上海市政府召开的"落实国家西气东输会议精神,加快调整上海能源结构工作会议"上,申能股份和上海市政资产管理有限公司合资成立上海天然气管网有限公司(简称"管网公司"),申能股份占股60%,主要从事上海天然气主干网投资、建设和经营。管网公司的成立,有利于实现城市燃气行业"网运分离",是燃气改革的创举性动作,表明上海燃气改革走在行业前列。申能集团公司以此为契机,进一步积极参与上海城市燃气供应业务,成为上海城市燃气全天然气化的重要推动者。

2000年9月,上海市政府批复同意《关于深化上海燃气行业改革的方案》,决定推进燃气行业裂变重组、探索多元投资、盘活存量及推进体制、机制创新等改革,启动上海城市燃气行业新一轮改革和发展序幕。2002年3月,管网公司接引西部天然气进入上海城市天然气管网的总管线工程开工;同月,上海市政府召开城市燃气体制改革会议,首次提出将燃气行业全部划归申能集团管理的动议,标志着申能集团参与城市燃气行业建设取得的成就获得中共上海市委和市政府的高度肯定。

在金融投资领域,秉承适当投资金融业的战略需要,申能集团及下属公司先后投资多个金融项目。1997年6月,申能集团、上海外滩房屋置换有限公司与中国人民银行抚顺市分行签署《关于收购抚顺证券公司之协议》,筹建东方证券;同年12月,由上海市财政局、申能集团等15家单位发起设立东方证券有限公司,注册资本10亿元,其中申能集团出资1亿元,持股占比10%;2001年申能集团以每股1.21元价格,受让上海国资经营公司持有的东方证券2.1亿股股权,持股比例上升至31%,由此成为东方证券第一大股东。

1999年7月,申能集团出资4.48亿元,受让上海市政府持有的中国太保3.009 58亿股,同年与中国太保等其他4家股东共同发起设立中国太平洋人寿保险股份有限公司(简称太保寿险)、中国太平洋财产保险股份有限公司(简称太保财险);2002年,申能集团出资7.526亿元,参与中国太平洋保险(集团)股份有限公司(简称中国太保)增资,认购3.01亿股;至此,申能集团持有中国太保6.019 58亿股,持股比例13.999%。

2000年,申能集团与申能股份共同出资2亿元组建上海申能创业投资有限公司,其中集团持股占比51%、申能股份持股占比49%,2002年公司更名为上海申能资产管理有限公司(简称申能资产),注册资本金增至3亿元,主要从事资产管理业务。此外,2000年,申能集团出资4.6亿元参股海通证券,出资1亿元参股国泰君安证券,出资2亿元参股申银万国证券。

在其他产业领域,1996年8月,上海市计委决定将上海物产有限公司党政关系划归申能集团管理,这是集团成立后接收的首家企业。同年12月,上海申能房地产公司与申能科技发展有限公司合资组建上海申能物业管理有限公司(简称申能物业),投资物业管理领域。1997年6月,为使申能股份进一步集中投资于电力能源主业,申能集团决定收购申能股份全资子公司申能房地产公司和申能股份控股90%的申能科技发展公司等8家非电力企业资产。2000年8月,申能集团出资4亿元参与组建上海磁浮交通发展有限公司,持股20%。2001年6月,申能集团参与农工商集团改制重组;2004年5月,农工商集团重组完成,申能集团出资2亿元,占股8%。2001年12月,申能集团投资2 000万元,受让上海地铁建设有限公司20%股权;2004年12月,申能集团转让所持该公司20%股份,退出投资。2001年,申能集团收购部分上海置地广场商厦物业。2002年8月,申能集团注资6 000万元,投资上海朱家角投资开发有限公司,持股20%。

申能集团成立后,逐步理顺与申能股份的关系,初步建立起集团管控模式;同时继续支持申能股份以电力能源为主业开展运作,积极投资石油天然气开采、城市燃气供应项目;继续投资金融资产,不断拓宽投资渠道,在短期内取得较大发展。2002年,申能集团首次入选中国企业500强。

四

2003—2007年是申能集团全面参与城市燃气供应、扩大能源市场份额、增加金融产业比例的阶段。在此阶段,申能集团一方面继续在电力能源主业方面推进各个项目建设,同时积极加大对城市燃气采供销和安全保障工作,组建申能集团财务有限公司(简称申能财务公司),在金融投资和多元产业方面保持进取势头。

在电力能源主业方面,电力建设项目继续推进,燃气方面则推进全产业链建设。2004年,申能集团参股主要经营热电联供的上海漕泾热电有限责任公司(简称漕泾热电),持股36%。2005年2月,由申能股份有限公司(40%)、国电电力发展股份有限公司(30%)、上海电力股份有限公司(30%)共同投资组建的上海外高桥第三发电有限责任公司(简称"外三发电")工商注册成立,2006年2月开工,2008年3月投产。2005年4月,申能股份持有30%股权的华能上海燃机发电有限责任公司3台30万千瓦燃气机组项目开工,2006年7月建成投产。2007年4月,为响应国家"上大压小"政策,申能股份持股35%的上海上电漕泾发电有限公司(简称上电漕泾)成立,项目建设2台百万千瓦燃煤机组,2010年建成投产。2008年7月,申能股份持股50%的华能上海石洞口发电有限责任公司成立,建设2台66万千瓦燃煤机组,2009年建成投产。

为更好地为上海提供可靠的清洁能源,保护城市环境,申能集团积极利用新技术,开发和建设新能源发电项目。2007年10月,上海申能新能源投资有限公司全资子公司上海申欣太阳能发电有限公司成立,申能首次进军太阳能发电领域。2008年12月,申能新能源持股35%的华能启东风力发电一期项目并网发电,申能开始进军风力发电领域。

随着申能集团逐步参与东海石油、天然气开采和城市燃气主干管网建设等项目,申能的主业也从以电力能源为主,向"电气并举"发展。根据上海城市燃气气源结构调整和天然气市场化发展的需要,市政府决定进一步深化燃气行业改革。2003年5月,市政府强调上海要形成多气源格局,明确要求申能集团承接全市燃气产业,抓紧推进进口液化天然气(LNG)项目。同年12月,市政府原则同意组建上海燃气(集团)有限公司,归申能集团管理。

2003年12月26日,上海燃气(集团)有限公司(简称燃气集团)成立,集燃气生产采购、管网输配、销售服务、调度管理为一体,整合上海燃气行业的3家制气公司、5家燃气销售公司和1家天然气管网公司,注册资金42亿元,申能集团出资23亿元,占55%,上海市城市建设投资开发总公司(简称城投公司)占股45%;2009年申能集团支付23亿元收购城投公司所持燃气集团股份,燃气集团成为申能集团全资子公司。申能集团承担全市燃气供应和管理任务以及燃气集团的成立,进一步加快上海城市燃气全天然气化的步伐。

申能集团承接上海燃气产业后,成为上海城市能源最主要的建设者和供应商,集团总资产、企业规模和在上海城市中的地位都进一步提升。为更好地承担保障城市电力、燃气供应的社会责任,保证国有资产保值增值,同时为各投资方提供更好的回报,申能集团将经营方针调整为"电气并举,多元发展",在继续坚持电力建设投资的同时,按照市政府《进一步深化上海燃气行业改革方案》和《上海天然气主干管网系统规划》,加快城市燃气体制改革,加快天然气管网建设,多渠道引进优质天然气,逐步构建多气源供应格局,增强城市燃气供应储备和保障,促进城市燃气事业安全、快速、健康发展。

在城市燃气生产和供应方面,燃气集团成立之初,紧紧围绕"聚精会神抓好主业发展"主题,着力于打好"扭亏、降差、多经整合"三大硬仗,到2006年年底基本实现既定目标,企业亏损得到有效控制、产销差进一步下降,按照"产权清晰、规范可控、数量骤减"要求,完成169家多种经营企业的清理整合。2007年,燃气集团确立新一轮"发展与管理"两大主题,着力于"安全供气、科学管理、优化服务、良性发展"四大目标,为上海城市燃气产业发展开辟新局面。

2003年年底,上海市政府确定新一轮燃气改革的基本目标模式为"X+1+X",即上游多气源供应＋中游一张网输配＋下游多网点销售,确保城市燃气充足供应,安全输送,市场化销售。2004年1月1日,市政府举行西气东输上海通气仪式,天然气管网公司与中国石油天然气集团有限公司(简称中国石油)签署《西气东输天然气销售协议》,上海天然气供应获得一个新的稳定气源。同年2月,燃气集团接收上海市政资产经营发展有限公司持有的管网公司40%股权,管网公司成为申能集团下属公司子公司。与此同时,西气东输工程与浦东地区东海天然气高压输配管道连通,基本形成"东西互补、南北贯通、两环相连"的上海天然气主干管网系统。

为进一步开辟天然气供应渠道,保障城市燃气供应,上海在2000年以前就开始规划进口液化天然气,最终确定在洋山深水港区建设液化天然气(LNG)接收站;同时选择与中国海油合作组建合资公司,充分利用中国海油的资质和技术,保证上海液化天然气项目的成功。2005年2月,申能集团与中国海油合资成立上海液化天然气有限责任公司(简称LNG公司),申能集团持股55%。LNG公司主要负责上海液化天然气接收站和输气管线项目建设。2006年7月,LNG公司与马来西亚石油液化气公司签署25年资源供应协议,每年购买300万吨LNG,为上海提供新的可靠气源。

随着上海天然气进入上海城市燃气供应链,为应对各类管道输送突发事件,上海同时开始天然气应急储备站和相关配套设施建设。1999年11月底,管网公司建成上海五号沟LNG事故气源备用站,2000年4月开始投入运营。2006年,五号沟LNG气源备用站扩建两座5万立方米的LNG储罐和相应设施。2007年1月洋山LNG接收站开工,一期建设规模为每年300万吨。2008年3月,新疆广汇和广东珠海两地LNG资源成为上海天然气补充气源和事故备用气源,确保LNG储备充足、供应稳定。同年11月,马来西亚LNG运抵新建成的五号沟天然气备用站扩建工程现场,标志着上海进口LNG项目获得成功,显著提升上海天然气供应能力。2008年12月,上海天然气日供应量达到1 012万立方米,首次突破千万立方米大关,创上海市天然气日供应量历史纪录。

2006年11月,管网公司与中国石化签署"川气东送"项目《天然气销售和购买意向书》,着手开辟新的天然气供应渠道。同月,东海平湖油气田扩建二期投产,东海气源产能扩大。2007年12月,管网公司与中国石油签署《西气东输二线天然气买卖与输送框架协议》,为上海多气源格局的形成提供支持和保障。到2008年年底,上海天然气市场已经初步形成西气一期、东海油气、进口LNG等多气源供应格局,西气二期和川气也在积极筹划引进中。

2005年3月,为实现上海燃气"X+1+X"战略目标,理顺天然气销售上下游关系,天然气管网公司与上海大众燃气有限公司(简称大众燃气)、上海燃气市北销售有限公司(简称市北销售)、上海燃气浦东销售有限公司(简称浦东销售)3家销售公司及上海浦东煤气制气有限公司(简称浦煤制气)、上海石洞口煤气制气有限公司(简称石煤制气)、上海吴淞煤气制气有限公司(简称吴煤制气)3家制气公司分别签署《天然气购销合同》,明确各自权责和利益。2007年4月,燃气集团与奉贤、南汇、青浦、松江和金山5家郊区燃气销售公司签署天然气购销合同及用气管理委托协议,迈出搭建上海市燃气结算平台、规范燃气结算关系的重要一步。2008年2月,天然气主干网二期工程开工,朝着全市一张网的目标继续迈进。

在金融产业方面,申能集团一方面强调"产融结合",通过各种筹融资渠道为主业发展提供资金支持。2005年2月,为确保上海天然气主干管网工程的顺利进行,申能集团发行10亿元十年期企业债券,筹集资金用于主干管网建设。2006年6月,为保证电力和燃气项目的顺利推进,申能股份实施公募增发股票,成功募集资金11.59亿元,成为股改后首家公募增发的上市公司。2008年12

月集团发行20亿元短期融资券,筹集资金投入建设。另一方面为保障国资保值增值,投资优质资产。2007年,东方证券增资扩股(配股)获批,集团出资4.1亿元认购3.017亿股;同年东方证券向全体股东每10股送1股红股,截至2007年年底,申能集团持有东方证券9.65亿股,持股比例为29.31%,继续保持第一大股东地位。2007年5月,申能集团增资太平洋保险公司,出资28.875亿元认购6.76亿股,持股比例升至19.07%,成为中国太保第二大股东。申能资产公司继续在资本市场上开展相关业务,到2007年年底,申能资产累计实现净利润19.5亿元。

2007年7月,根据集团发展需要,申能集团、申能股份和比利时富通银行联合组建申能集团财务有限公司(简称申能财务),初始注册资本金5亿元,申能集团持股65%、申能股份占比25%、比利时富通占比10%。这是上海第一家经中国银监会批准设立的中外合资财务公司,同时也是上海近10年来获批成立的第一家财务公司。申能财务业务范围主要包括为申能集团成员单位提供结算、存款、贷款等金融服务。截至2007年年底,申能金融股权投资净值为65.7亿元,占集团长期股权投资的34.36%。

在多元投资方面,2005年7月,申能科技发展有限公司重组,更名为申能新能源投资有限公司(简称新能源公司),主要从事风能、太阳能等新能源项目投资。申能集团增资5250万元,占股50%,申能股份占30%、燃气集团占20%。2008年,新能源公司增加注册资本金至4亿元;2011年,新能源公司增加注册资本金至6亿元;2012年,新能源公司增加注册资本金至9亿元,各股东出资比例均保持不变。

2006年6月,上海申欣环保实业有限公司(简称申欣环保)成立,由申能新能源公司控股,为全国首家电力环保第三方治理企业。2008年6月,申能股份与国电电力合资组建上海申源燃料有限公司,主要为申能系统电厂燃料采购和运输提供服务;2009年更名为上海申能燃料有限公司(简称申能燃料),申能持股60%。

截至2007年年底,申能集团总资产523.6亿元,净资产356.4亿元,国家所有者权益205亿元。全年实现销售收入135亿元,净利润12.86亿元,净资产收益率6.46%,员工总数1.2万人;连续7年被列为全国500强企业。申能集团控股装机容量超过500万千瓦,可控装机容量占上海本地的1/3;燃气产业占据上海燃气市场份额的90%以上,拥有燃气用户500多万户,1.6万公里燃气管线,控股管理东海油气田和进口LNG两大气源点,并积极引进西气一期,筹划二期和川气引进。申能集团的金融股权投资额已占对外股权投资总额的1/3,在2007年的集团净利润12.86亿元中,金融板块净利润为8.42亿元,约占68%。至此,申能集团初步形成"电气并举、产融结合"的经营格局。

五

2008—2017年,是申能集团进一步明确主业发展领域和方向、资产规模迅速增加的阶段。在此阶段,申能集团继续加大对电力、油气等能源项目建设和金融产业投资,管理东方证券有限公司,明确将能源贸易与服务业作为公司四大主业之一,发展成涉足电力、燃气、金融、能源服务与贸易四大领域的大型集团公司。

2008年8月,市国资委确认申能集团主业为两大类:一是电力、燃气为主的能源产品生产和供应;二是能源及相关服务业、金融股权的投资和资产管理。同年11月,申能集团制定《主业发展和非主业调整三年行动计划(2008—2010)》,提出按照城市能源发展规划,通过投资、建设和经营管理电力、燃气等能源产业项目,满足上海能源需求和安全保障供应,促进上海能源结构调整和可持续发展;同时加强金融股权投资和资产管理,为能源产业发展提供服务和支撑,促进产业资本与金融资本的互动融合发展,努力发挥国有资本在上海市能源基础设施产业和金融产业的主导作用。申能集团首次明确将金融产业作为主业,要求加强发展;同时提出金融产业为电力、燃气发展服务,进一步加强"电气并举、产融结合"的经营格局。

在电力项目建设方面,以申能股份及新能源公司为投资主体,继续推进前期已经在建和筹建项目,并积极寻找新的建设项目。申能股份专注于热电投资,2009年6月上海临港燃气电厂一期工程开工,工程建设4台40万千瓦燃气-蒸汽联合循环机组,是国内一次核准建成的最大规模燃机电厂,申能股份持股65%,2012年全部并网发电。2009年8月,申能集团与中国电力投资集团(简称中电投)签署《战略合作框架协议》,并揭牌双方合作的上海漕泾整体煤气化联合循环发电(Integrated Gasification Combined Cycle,IGCC)示范工程项目筹建处。2013年,申能股份独资成立申能崇明发电公司;2014年6月,申能淮北申皖发电有限公司成立,申能股份持有51%股权;2015年8月,申能奉贤热电有限公司成立,申能股份持有51%股权;同年12月,申能股份收购国电电力吴忠热电有限责任公司股权,2016年6月公司工商登记变更为申能吴忠热电有限责任公司。

申能新能源公司主要投资风电、太阳能发电等新兴清洁能源项目。2009年6月,新能源公司独资组建上海申能长兴风力发电有限公司,注册资本0.438亿元,这是上海首个公开招标的陆上风电场特许权项目,装机容量2万千瓦;2010年并网发电。2010年4月,上海申欣风力发电有限公司1.37万千瓦项目开建,新能源公司持有项目55%股权,2010年9月并网发电。2010年5月,申能能源中心大楼52.8万千瓦太阳能发电项目开工,2011年1月并网发电。2011年6月,新能源公司投资的内蒙古达茂风力发电项目开工建设,2015年一、二期工程先后并网发电。另外,新能源公司还先后投资上海世博园区中国馆和主题馆太阳能光伏发电项目、华港风力发电项目、启动风力发电、上海太阳能科技公司等10多家新能源企业。

在城市燃气、石油产业建设方面,申能集团一方面积极推广天然气等清洁能源的使用,扩大清洁能源储备基地,并逐步淘汰和关停人工煤气制气企业,推进人员转岗分流;另一方面全力推进燃气输送一张网建设,先后启动或完成天然气主干网二期工程和崇明岛主干网工程,并将西气一期、二期和川气输送工程连接起来,多点气源共享输送管道。2009年11月,洋山LNG站向上海供气,并与上海天然气管网并网,进口LNG成为上海城市天然气供应的第三个主要气源。2010年3月,管网公司上海青浦区练塘首站及相关管线投入运营,"川气东送"开始向上海供气,上海获得第四个优质、稳定天然气气源。2010年5月,石洞口燃气生产和能源储备项目开工建设。2011年1月6日,上海天然气日供应量达2 049万立方米,首次突破2 000万立方米,再创新高。2012年,上海天然气主干管网崇明岛管道工程启动;同年2月,燃气集团与上海市申江燃气有限公司签署《资产收购与业务交接协议》,崇明三岛天然气供应统一经营格局形成。2012年6月,管网公司金山卫首站及相关管线建成投运,标志着西气东输二线天然气入沪;同年11月,上海天然气主干管网二期工程全面建成,西气东输一线、二线和川气东送联通互保,上海天然气供应五大气源格局基本形成。2013年4月,上海市重大工程项目石洞口燃气生产和能源储备二期开工。2015年3月,申能集团和中国石油、江苏洋口港三方合资组建江苏如东联合管道有限公司,负责运行如东—海门—崇明岛天然气管道。2017年10月,如东—海门—崇明岛80多公里的长输天然气跨江管道全线贯通,成为

"西气东输"向上海供气的第三条战略通道,基本形成上海城市燃气"6+1"供应、保障体系。

随着上海天然气供应多气源格局的形成和各大气源之间的联通互保,天然气逐渐取代人工煤气成为上海主要燃气,煤气制气公司开始走上转型发展和二次创业道路。2011年6月,上海首家制气企业燃气服务部——吴煤制气燃气服务部(闸北站)挂牌运行,上海燃气制气企业转型发展跨出具有探索意义的一步。2011年9月,按照上海市能源发展和燃气"十二五"规划中关于"人工煤气平稳退出,全市管道燃气实现全天然气化"的要求,东方燃气服务中心在浦煤制气揭牌成立,标志着上海燃气转型转岗实质性工作进入加速阶段。2012年2月,石煤制气2号生产线停产。至此,石煤制气煤气生产装置全面停用,煤气生产使命完成。2012年4月,长兴岛LNG气化站试运行,成功迈出制气企业"整建制"转型的第一步。同年12月,浦煤制气停产;石煤制气改扩建码头对外开放,进一步转型发展。2015年5月,全市最后一个人工煤气制气企业——安亭煤气厂停产,人工煤气退出上海燃气历史舞台。同年6月27日,申能集团举行"上海实现城市燃气天然气化"仪式,宣布上海使用150年的人工煤气就此告别申城。从1999年东海天然气第一次进入浦东,到2015年上海实现全市燃气全天然气化,申能集团为保障上海清洁高效能源的供应作出巨大贡献。

申能集团明确金融产业作为主业之后,加大金融产业的投资,不断扩大业务范围,同时积极开展金融创新,搭建创新平台,设立股权投资公司和创投基金,开展新式金融业务。2009年1月,申能财务获准发行财务公司债券、承销成员单位企业债券,开展股权投资和有价证券投资业务。2011年8月21日,申能财务"申财通"现金管理系统累计完成交易量1 062亿元,首次突破千亿元大关,成为集团成员单位资金结算和现金管理的主要平台;截至2017年,申财通现金管理系统交易量稳步增长,已近6 000亿元。申能财务公司先后于2010年和2015年完成两次增资,注册资本金增至15亿元,股东单位持股比例不变。2008年9月,申能集团发行15亿元短期融资券;2009年4月和9月,集团发行两期中期票据,共筹集资金70亿元,用于补充营运资金和改善公司债务结构;同年12月,申能股份发行20亿元短期融资券。2010年10月,申能股份实施公募增发2.63亿股,募集总资金额22亿元,主要投向上海临港燃气电厂一期工程项目、上海漕泾电厂"上大压小"新建工程项目及上海嘉禾航运有限责任公司等项目。2011年,根据集团发展战略以及市场环境变化和市国资委有关规定精神,申能资产管理公司注销,累计为集团获得利润32亿元。

2010年,申能集团涉足创投领域。同年4月,集团成立上海申能诚毅投资管理有限公司(简称诚毅投资),注册资本4 000万元,经营范围为股权投资管理、创业投资管理、投资管理、投资咨询。诚毅投资在上海国资系统首家先行先试跟投制度,相关经验被写入上海国资国企改革20条。2011年7月,申能集团与国家发展和改革委员会、国家财政部等合作设立诚毅新能源创业投资有限公司,这是全国首批20家新兴产业创投基金之一,重点聚焦新能源、节能环保及其他相关行业的高科技成长型企业。2011年8月,申能集团出资4 000万元,组建成都市新申创业投资有限公司,注册资本金1亿元,申能集团占股40%,经营范围为项目投资、投资管理及咨询。

申能集团作为东方证券的第一大股东,积极支持东方证券发展。2010年5月7日,东方证券全资子公司、首家券商系资产管理公司——上海东方证券资产管理公司获得中国证监会批复,注册资本为3亿元,业务范围为证券资产管理业务,包括合格境内机构投资者境外证券投资管理业务(QDII业务)。2010年9月22日,东方证券全资子公司——东方金融控股(香港)有限公司在香港开业,东方证券国际化战略迈出坚实的一步。2011年1月,集团通过无偿划拨方式受让久事集团持有的东方证券2.99亿股,顺利完成"参一控一"监管要求;同年11月,东方证券实施增资扩股(配股),申能集团出资17.07亿元认购3.79亿股,增资完成后集团持有东方证券16.43亿股,持股比例为38.38%。2015年3月23日,东方证券在上海证券交易所挂牌上市,代码600958;2016年6月,东方证券管理关系划归申能集团;同年7月8日,东方证券H股在香港联合交易所有限公司(香港联交所)主板挂牌上市,代码3958。随着东方证券公司整体加盟申能集团,申能集团在资产规模、盈利能力、业务体系、员工队伍等方面都跃上一个新台阶。

2014年,申能股份在上海自贸区全资设立上海申能投资发展有限公司(简称申能投资),经营范围包括实业投资、国内贸易(除专项许可外)、环保技术领域内技术开发等。2017年,申能股份设立上海申能融资租赁有限公司(简称申能租赁),围绕申能股份产业融合大局,抓住机遇,以产业为核心,开拓产业协同发展战略,拓展公司融资渠道,降低资金成本。

在能源服务与能源贸易产业领域。申能集团逐步调整在三大主业之外的投资领域,聚焦于与电力、油气主业相配套、相协调的能源服务与能源贸易领域,整合资源,开拓能源上下游交易、运输和相关企业的节能环保市场,明晰申能第四大主业板块内容。2009年1月,申能集团、申能股份和燃气集团共同投资组建上海地区首家整合型能源服务企业上海申能能源服务有限公司(简称申能能服),注册资本5 000万元,申能集团占比40%,申能股份、燃气集团各占30%。申能能服主要从事项目投融资、合同能源管理和产业经营,重点推广天然气节能利用和能源系统优化,开展节能改造、分布式供能和区域供能项目建设。申能能服成立后,先后控股组建上海市张江高科技园区新能源技术有限公司(简称张江供能)、上海虹桥商务区新能源投资发展有限公司、上海虹桥商务区能源服务有限公司、上海申能新虹桥能源有限公司等多家子公司,开展各项相关业务,取得不错收益。

2009年11月,上海市国资委将上海久联集团有限公司(简称久联集团)全部资产无偿划转申能集团。按照市国资委要求和申能集团整体战略部署,久联集团积极调整产业结构和发展方向,重点向能源贸易与服务方向转型。2010年12月,久联集团下属上海石油交易所推出国内第一笔LNG电子化现货竞买交易。2012年7月,石油交易所推出调峰天然气交易,这是国内首次采用市场化方式解决天然气动态调峰需求的重要措施。2012年12月,石油交易所推出全国第一笔准"天然气管输交易",创新天然气现货交易方式。

2010年2月,上海嘉禾航运有限公司(简称嘉禾航运)成立,注册资本2.4亿元,主营国际国内沿海及长江中下游各港间货物运输,申能股份持有49%股权。2010年10月,申能股份出资组建申能能源科技有限公司(简称申能科技),注册资本2 000万元,主要从事煤电企业节能环保科技服务推广申能控股电企成熟的节能创新技术等业务。2015年10月,申能股份合资成立上海化工区申能电力销售有限公司,筹划开展售电业务。2015年,申能集团收购新能源公司持有的申欣环保股权,申欣环保实业有限公司成为集团二级企业;同年,申欣环保实施走出上海战略,承接淮北申皖发电机组脱硫脱硝业务,开始开拓市外市场。2016年9月,随着市场环境变化和申能集团发展战略调整,集团决定变更上海申能房地产有限公司股权结构,成立上海申能能创能源发展有限公司(简称申能能创),作为集团存量土地综合利用和开发的平台公司,也是推进上海能创中心建设的平台公司。2017年,申能集团决定继续调整其他产业板块,逐步聚焦于能源服务与能源贸易领域,形成与公司电力、燃气和金融并列的第四大主业板块,为公司新的发展指明方向。

六

申能成立30年来,秉持"锐意开拓、稳健运作"的经营理念,乘着改革开放的春风,从无到有、从小到大地快速发展起来。回顾30年发展历程,我们发现,申能之所以在短时期内取得巨大成就,有些基本经验值得充分肯定,也必将在未来继续指引申能前进。归纳来说,申能在发展过程中,始终重视党组织在企业发展中的政治领导作用,狠抓企业党建工作,推进企业精神文明建设和企业文化建设,为公司发展提供思想和组织保证;重视人才作用,着力抓好人才培养和员工队伍建设;重视企业管理,通过改革不断引领创新,推进企业的现代化建设;强调科技兴企,努力为城市提供安全、优质清洁能源,积极参与环境保护,努力发挥科技创新在企业发展中的积极作用。

加强党的建设 申能党组织聚焦企业改革,促进转型发展,把握企业定位,做优公共服务,积极推动服务型党组织建设。申能集团建立党委,下设党委办公室,建立、健全纪委、工会、共青团和妇联等机构。申能党委认真贯彻中央、市委、市国资委等上级党委的各项指示,认真抓领导班子建设,坚持抓好领导班子政治理论学习,每月一次或两月一次的党委中心组学习制度,召开各种形式的学习讨论会,举办各种形式的培训班,开展不同内容的专题讲座,努力提升集团和系统企业领导班子政治理论水平,确保党的政策在企业发展中得到切实贯彻落实。2010年,市委第三巡视组对申能集团进行为期2个月的巡视检查,集团党委认真反馈各项情况,虚心接受巡视组的意见,坚决落实整改巡视组指出的问题。

在企业党建工作中,以争创"两优一先"为主要载体,加强党的组织建设。1998年以来,申能集团逐步形成两年一次的"争创优秀党员和优秀党务工作者、创建先进党组织"活动。集团党委每年结合企业形势任务确定创先争优活动主题,围绕"五好""五带头"标准,结合深化改革、转型发展、项目攻坚、保障供应、和谐稳定等重点工作,建立健全公开承诺、岗位践诺、主题实践等活动载体,发动集团系统广大党员攻坚克难、建功立业。发电企业以"党员示范岗"带动"党员责任区"建设,在推进中心工作中体现党员主体作用。燃气行业以燃气窗口为主体,认真践行创先争优窗口服务承诺,深入推进"为民服务创先争优",组织开展"微笑服务年""三亮三比三评"等活动,创建优质服务品牌。燃气行风测评满意率位居服务行业前列,多家集体、个人被评为"十佳"服务窗口、服务明星,赢得市民的赞誉。集团坚持两年一届组织开展争创和表彰"两优一先"活动,通过"支部登高""党员绩效考核""党员岗位行动"等载体,推动争创工作常态化,形成申能系统党建品牌活动。

申能党委重视党风廉政建设,坚持开展党风廉政教育,每年开展"形式与廉政教育月"活动,并从制度建设入手,建立党风廉政建设和反腐败工作长效机制。1997年,申能集团党委制定《党风廉政建设责任制实施办法》,2002年加以修订,明确一级抓一级、一级管好一级的责任制;2003年,各级领导班子签订《党风廉政建设责任书》,明确责任人及其相关责任。集团纪委坚持将纪检、监察工作作为促进企业正常发展的关口,2007年,印发《纪律检查委员会工作例会制度》,规定公司纪委每季度召开一次工作例会,集团纪委委员和系统二、三级单位纪委书记都参加。2011年,集团党委提出反腐倡廉"五要五不要"原则;2012年,建立监督部门联席会议制度;2015年,更推进"制度加科技"工作,推进风险防控机制建设,构建集团财务风险预警平台、集团土地管理系统等,加强风险防控能力。

申能党委重视精神文明建设,1995年,成立精神文明建设委员会;1996年,通过《1995—1997年精神文明建设实施意见》;1997年,集团党委印发《"九五"期间精神文明建设实施意见》《创建文明单位实施办法》等文件,将精神文明建设工作制度化,并提出明确建设目标。为加强职工队伍和企业精神文明建设,申能系统每两年举行一次"文明单位和文明员工"评选活动,与"两优一先"交替进行。实现党内党外思想教育齐抓共管、齐头并进、全员覆盖。坚持精神文明和物质文明"两手抓""两手硬",充分体现"党委统一领导,党、政、群齐抓共管"的要求,将企业精神文明建设与创建市级文明单位活动同步推进,坚持开展文明单位和文明员工的评选表彰活动。2001年,申能股份有限公司获1999—2000年度市级文明单位称号,这是系统第一个市级文明单位。此后每届市级精神文明单位评选活动中,都有申能系统单位入选,并且数量不断增加。2017年,第18届上海市文明单位评选中,申能系统有12家单位获市级文明单位称号。

申能集团党委充分发挥工会、共青团在企业发展中的作用。党组织重视工会、共青团建设,从人员安排、组织建设、经费保障以及其他方面全力支持集团各级工会和各级团组织的活动,将工会活动和团组织活动作为党建工作的重要内容,坚持党领导下开展工会、共青团各项活动。在员工福利、青工培养等诸多方面,发挥工会、团组织的作用,调动系统员工积极性,激化员工创新创造热情,共同推动企业和员工健康发展,共同进步。

加强人才培养和员工队伍建设 申能领导层深知人才是企业发展的关键,在30年发展历程中,始终注重人才队伍建设,努力为员工创造更好的工作条件,充分发挥各类人才在集团各项工作的作用。

申能重视人事制度建设,建立起一整套人才选拔、录用和考核制度,营造公平、公正的人才工作环境。1997年,公司制定《申能(集团)有限公司人事调配规定》,2002年,修订有关规定,明确人员调动原则和办法,增加员工内部流动机会,建立各种日常管理、年度考核、聘期考核以及奖惩等制度,规范各类人事考核程序,通过奖惩激励人尽其才,为公司发展发挥每个员工的积极性。1988年以来,公司先后制定《职工考勤制度》《作息制度规定》《员工行为规范》《岗位聘用制度》《岗位聘用考核暂行办法》《奖金发放暂行规定》《奖金考核及分配办法》《工资管理暂行办法》《公司奖励工资暂行办法》《公司等薪级工资方案》等数十个文件,全面规范公司员工聘用、考核、奖惩,基本做到每项工作有章可循,公平透明,为员工营造舒适、舒心的工作环境。

申能重视人才培养和后备干部选拔,为每一个优秀员工提供晋升和出彩的机会。申能有一整套员工培训制度,新员工入职有例行培训;人事部门每年按照上海市和国家的有关规定,结合集团自身工作需要,有针对性地每年制订专题培训计划。本着"学以致用、统筹兼顾,有计划、有步骤地提高员工履行岗位职责能力"的原则,积极支持各类教育培训计划,并为员工的教育培训提供时间和经费支持。1997年申能制定《员工教育培训管理办法》,对员工教育培训形成制度,其方法主要有岗位培训、继续教育、专业技术职务任职资格培训和考试、学历教育等。2001年,制定《后备干部管理规定》,建立规范的后备干部选拔、培养、使用等机制,以适应公司发展对各种层次干部需求。申能对后备干部进行系统培训、国内外进修、到企业交流学习;对已经培养成熟的后备干部,则通过竞聘上岗或直接任命的方式,选拔充实到各级领导岗位。申能各层次的领导干部,一般也从后备干部中挑选。通过各种制度建设和教育培训,为优秀员工脱颖而出创造良好条件。

重视现代企业制度建设 申能电力开发公司成立之初,按照现代企业制度要求,建立现代企业法人制度,实行董事会领导下的总经理负责制,设立财务计划部、经营技术部和办公室两部一室协助总经理处理各项事务。1989年,申能开始介入投资项目的建设,将经营技术部改为工程技术部。1990年,为使电力建设的投资更加科学化、民主化,避免大的失误,成立咨询室,聘请各方面技术和经济专家开展专题研究。

1993年,申能改制上市后,按照上市公司要求,申能股份公司成立股东大会、董事会,设置总经理、副总经理等经营层,内部设置市场部、投资部、财务部、策划部和办公室等办事机构。同时着重于机制转换,逐步规范电力、能源建设投资体制,按照现代企业制度要求,界定相关电力建设项目产权关系,打破计划经济体制下传统投资体制的局限,明确投资方向。规范股本结构,加强融资功能,逐步降低国有股份额,扩大融资规模,满足电力建设资金需求。加强内部管理,理顺内部关系,制定对各子公司、控股公司以及参股公司的管理条例,规范管理;制定各项管理规章制度,推进内部管理制度化建设。

1994年,《申能发展战略研究》明确公司中长期奋斗目标为:到2000年,将申能发展成为以投资、开发、经营电力和能源为主,多元化发展的跨行业、跨地区、跨国、跨多种经营形式的申能企业集团。

1996年,申能集团成立后,先后按照"三分开""五分开"的要求,在组织、人事、资产等方面与股份公司进行切割,逐步明晰各自权属,建立起母子公司管控关系;与此同时,集团积极做大做强主业,开展多元投资,为国有资产保值增值,扩大集团资产规模和盈利能力。申能集团按照《公司法》、市国资委相关文件精神以及公司章程,根据现代企业制度要求,设立董事会、监事会,董事会下设董事会战略委员会等专业委员会,总经理室负责公司日常经营和管理。设立专业部室,分工负责各板块业务工作,并根据申能业务发展情况进行调整,截至2017年年底,申能集团本部设安全管理、综合管理、投资管理、金融管理、资产管理、财务、人力资源七部以及审计、监察、办公室三室和科技创新中心,共计11个办事部门。在管控模式上,集团公司对主要下属企业实施控股管理,母公司主要负责战略规划、政策制定、重大项目决策和推进、安全生产和风险监控、资源统筹、财务管理等;二级公司主要负责开展专业化的产业经营和管理。对投资控股的三级企业体现市场化运作,直接参与市场竞争。对投资参股企业主要通过委派董监事等实施管理。

重视科技创新与环境保护　申能集团在国家改革开放、创新发展的背景下建立并逐步成长起来,其创建本身就是改革创新的结果,因而公司特别重视创新,在科技、环保、金融以及企业管理等领域都不断推陈出新,为公司的迅速壮大奠定坚实基础。申能开始投资的电厂,都强调尽可能采用国内外最先进的技术和设备。申能投资的第一个电厂是石洞口电厂,安装4台30万千瓦国产发电机组,是国内首个一次性建成的百万千瓦级燃煤发电厂。吴泾八期安装2台60万千瓦沪产引进型亚临界燃煤发电机组,是当时引进国外先进技术、由国内生产的最先进机组。此后,外高桥系列工程采用引进技术和设备,改进更新,并不断创新,超越原有技术,达到世界最先进水平。上海外高桥第三发电厂自主研发的新集成创新发电技术使供电煤耗进一步降低,效率指标达到世界领先水平,成为2015年国外权威杂志"世界最佳电厂"评选中唯一入选的火电厂。集团始终坚持技术改造与技术创新,通过新技术研发,不断提高燃煤清洁利用水平和排放标准,围绕国家战略发挥重要作用。

申能重视自身对科技的投入和开发,并从制度和经费上为科技攻关提供保证。2006年,集团响应国家"科教兴国"和上海市"科教兴市"的号召,编制《"十一五"技术创新战略规划(2006—2010)》,提出核心业务板块中长期技术发展目标、专利品牌等自主知识产权创造运用和保护目标,以及科技投入三项主要战略目标,并明确公司在电力、燃气、油气和新能源四大产业板块的27个重点科技项目。同年集团制定《科研资金管理暂行办法》,规定集团每年计提上年净利润的2%作为科研经费,用于能源领域的科研开发和技术创新,重点支持新能源、环保和节能项目的创新研究与开发应用。2006年以来,公司每年科研技改资金投入都在8亿~10亿元之间。2016年,集团出台《推进科技创新促进转型提升的专项规划(摘要)(2016—2018)》,决定强化考核激励,激发创新动力,鼓励下属企业建立股权激励制度,并对科技成果入股、创新项目收益提成等提出具体实施细则,激发系统企业员工进行科技攻关和创新的积极性。

申能电力系统先后完成"广义回热技术""零能耗脱硫技术""1 350兆瓦高低位布置超超临界二次再热新型发电关键技术"等一批重大科技攻关项目,在下属企业中广泛应用的同时,开始走出申能,向全国推广。燃气系统完成国家科技部863项目"东海边际气田水下生产系统关键技术研究"等一系列科技攻关和技术改造项目;燃气集团利用窄带物联网(NB-IoT)、北斗定位等新一代信息技术,按照"管网安全可控、调度高效及时、服务满足需求"的要求,建设全国领先的"智慧燃气"系统;"燃气微客服"App上线,实现燃气业务全流程的网上办理,上海燃气服务的智能化水平上一个台阶。"智慧燃气"建设适应燃气产业的智能化、互联网化发展趋势。金融产业方面创投基金的设立,石油交易所屡次创新石油、天然气交易机制等,依靠创新带动企业发展。申能集团也与腾讯公司、中科微、华东理工大学等签署战略合作协议,合作深化智慧能源和能源大数据开发利用。

截至2017年年底,申能系统累计获各项知识产权159件,并获众多各类国家级、市部级和行业级奖项。申能集团每两年举办一次的科技创新大会,已累计表彰科技创新领军人物10人,科技创新先进个人100余人,为公司培养和凝聚起强大的科研人才队伍。

30年弹指一挥间,申能集团在改革开放的大潮中,抓住机遇、勇立潮头、乘胜破浪,取得长足进步,成为上海城市电力和燃气供应的重要单位,同时在金融以及能源贸易与服务领域占据重要市场份额。截至2017年年底,申能集团拥有全资和控股企业逾100家,员工近1.5万人,集团总资产1756亿元,所有者权益1210亿元,2017年当年实现营业收入384亿元、利润总额62.3亿元,连续16年位列中国企业500强。

总结过去,是为更好地前行,新的时代,新的起点,申能全体员工在集团党委领导下,认真贯彻落实中共中央、中共上海市委、市国资委有关政策、指示,加强党的建设,坚持党管企业、党管人才的方针,认真落实市委、市政府有关规划。2017年3月,上海市政府发布《上海市能源发展"十三五"规划》,提出上海能源发展要贯彻落实创新、协调、绿色、开放、共享五大发展理念,牢固树立能源安全底线、生态环保红线、转型发展主线的"三线"思维,以深化改革和科技创新为驱动力,以节能减排和结构调整为突破口,着力保增长、补短板、惠民生。申能集团以此为指导思想,积极落实市政府规划,在新时代大步走上企业改革发展新征程。

大事记

1987 年

4月20日　上海市人民政府同意成立申能电力开发公司,为事业单位,企业经营;内设办公室、计划财务部、经营业务部,作为全市集资办电资金"总账房",负责把各种集资办电资金收好、管好、用好,统筹融通,滚动使用。

6月29日　上海市人民政府任命上海市计划委员会副主任吴祥明兼任申能电力开发公司董事长,华建敏为申能电力开发公司总经理。

7月31日　上海市计划委员会(简称市计委)任命阮福林为申能电力开发公司副总经理。

8月15日　申能电力开发公司工商注册成立,公司注册资本1亿元,办公地点江西中路180号。

9月17日　华建敏与上海市财政局签订关于电力建设基金协议书,由申能电力开发公司行使集资办电"总账房"的职能;电力建设基金系预算外专项基金,用于上海地区的电力能源建设,专款专用。

11月　华建敏带队赴浙江安吉考察天荒坪抽水蓄能电站站址。

12月16日　市计委任命秦子龙为申能电力开发公司副总经理。

12月19日　中共上海市计划委员会党组(简称中共市计委党组)同意成立中共申能电力开发公司支部委员会,由秦子龙负责。

12月30日　申能电力开发公司和上海久事公司在上海展览中心举行成立大会。会议由市计委副主任吴祥明主持。全国政协副主席刘靖基和上海市人大常委会主任胡立教为两家公司举行揭牌仪式,上海市副市长黄菊、李肇基等领导分别作讲话。

是日　上海石洞口电厂投产发电。上海石洞口电厂安装4台30万千瓦机组,1号机组于1985年7月动工,申能电力开发公司共投资5.64亿元。1992年,申能电力开发公司改制为申能股份有限公司(简称申能股份)后,该资产归属申能股份。2000年,申能集团以8.12亿元价格向申能股份收购石洞口电厂1号机组的资产。

1988 年

1月20日　申能电力开发公司首次发行2 950万元一年期申能电力债券。

5月28日　申能电力开发公司搬迁至曹杨路500号7楼办公。

7月20日　核电秦山联营有限公司(简称秦山核电)成立,注册资本24亿元,申能电力开发公司参加联营,持有12%股权。1996年,申能集团成立后由集团持股,2004年4月,转让给申能股份。秦山核电项目1号机组于2002年4月15日投入商业运行,是中国自主设计、自主建造、自主运营的首座60万千瓦压水堆核电站。2号机组于2004年5月3日投入商业运行,成功实现中国自主建造核电站由原型堆向商业堆的重大跨越。2006年4月28日,秦山核电扩建的2台65万千瓦压水堆核电机组开工建设;2011年12月29日,全面建成投产。

10月8日　申能电力开发公司总经理华建敏代表公司签订浙江天荒坪抽水蓄能电站投资协议书。该电站建设规模为6台30万千瓦机组,为亚洲最大的水电站。

1989 年

5月20日　上海吴泾热电厂六期(简称吴泾六期)工程2台30万千瓦燃煤机组开工。1992年11月,吴泾六期工程全面建成投产。2002年1月24日,上海吴泾发电有限责任公司成立,注册资本5亿元,申能股份有限公司持有50%股权。

9月14日　市计委同意上海星火热电厂建设,规模为2台1.2万千瓦汽轮发电机组,4台75吨/时煤粉炉,采用次高压参数。

11月28日　申能电力开发公司总经理华建敏兼任华能国际上海分公司副总经理,代表申能电力开发公司参与上海石洞口电厂一期、二期的投资建设、经营和管理。

是年　申能电力开发公司牵头组织上海市电力发展规划、上海市电价政策研究和上海市电力装备政策研究。

1990 年

3月19日　市计委任命邹金宝为申能电力开发公司副总经理。

4月11日　申能电力开发公司总经理华建敏与上海市星火工业区开发公司就合资经营上海星火热电厂项目签订协议。

5月15日　华建敏与崇明电力公司就崇明14号机改造项目签订合资协议。

10月22日　申能电力开发公司作为发起人,在上海召开第一次全国贯彻集资办电政策研讨会,辽宁、江苏、安徽、山东、江西五省和天津、上海二市地方集资办电机构参加会议。会议由华建敏主持,副总经理秦子龙、阮福林、邹金宝出席会议。

11月9日　中共申能电力开发公司支部换届改选,中共市计委党组同意邹金宝、肖美琪、陈铭锡为支委成员,邹金宝为支部书记。

1991 年

4月8日　申能电力开发公司发行两年期第一期贴现债券,总计面额2980万元。

6月1日　华建敏调任市计委副主任,继续兼任申能电力开发公司总经理。

7月1日　上海星火热电厂前两炉一机机组开工,总投资13 675万元,由申能电力开发公司(68.65%)和星火开发公司(31.35%)合资组建。

8月9日　国家计划委员会(简称国家计委)批复同意建设浙江天荒坪抽水蓄能电站,项目建设总装机容量为6台30万千瓦可逆式抽水蓄能机组。申能电力开发公司持有25%股权。

8月13日　上海外高桥发电厂一期工程4台30万千瓦机组由国家计委批准,总投资27.7亿元。由申能电力开发公司(50%)、国家能源投资公司(40%)、上海市电力局(10%)共同出资建设。

11月17日　申能电力开发公司发行三年期第二期贴现债券,总计面额2 980万元。

12月6日　浙江天荒坪抽水蓄能电站董事会成立,由11人组成,申能华建敏、阮福林为董事,华建敏为副董事长,之后陈光华、吴建雄、余永林先后任副董事长。天荒坪抽水蓄能电站的建设开创跨省市集资办电的先河。

1992年

3月18日　申能电力开发公司发行三年期第三期贴现债券,总计面额2 950万元。

4月1日　申能电力开发公司发行五年期浦东建设债券1亿元。

是月　申能电力开发公司参股交通银行,开始涉足金融业,到改制后的申能股份参股浦发银行、国泰君安证券、上海国际信托、上海银行、申银万国证券等,属于申能投资金融的起步发展阶段。

5月30日　市计委同意申能电力开发公司由事业单位转制为企业单位,以利加快上海电力能源建设。

6月12日　由华能上海分公司和申能电力开发公司共同投资建设的上海石洞口第二电厂(简称石洞口二厂)1号机组投产,是中国首座采用超临界压力蒸汽参数的电厂;2号机组于1992年12月26日投产。

6月24日　市计委批准申能电力开发公司转制为申能股份有限公司,并同意向社会公开发行股票。

7月17日　上海市国有资产管理委员会确认并同意:截至1992年4月30日申能电力开发公司账面净资产总额为212 285.67万元,全部折成国家股,投入股份制企业。

7月27日　上海市人民政府任命陈光华为申能电力开发公司总经理;市计委任命吴家骅为公司副总经理。

7月28日　申能股份有限公司举行股票承销签字仪式,上海市副市长庄晓天,市计委副主任华建敏等参加。

是日　为联合开发东海天然气,解决上海城市燃气用气问题,上海市公用事业管理局、地质矿产部上海海洋地质调查局、中国海洋石油总公司东海石油公司签订《上海石油天然气公司联营合同》,联合组建上海石油天然气公司,公司注册资本4亿元,三家单位分别认缴40%、30%、30%。8月29日,由申能股份有限公司代替上海市公用事业管理局参与投资组建上海石油天然气公司,此前各方签署认可、承诺的有关文件、投资条件等均维持不变。

7月29日　市计委批复同意公司发行的法人股从2亿元增加到2.5亿元。

8月　申能股份有限公司公开发行A股240 273.67万元,每股面值10元,计24 027.367万股,其中申能电力开发公司以原国有资产折股21 228.567万股,向社会法人公开发行2 500万股,向社会个人公开发行298.8万股(包括内部职工股59.76万股),每股发行价格为28元。

9月8日　上海石油天然气公司开业典礼在上海西郊宾馆举行。上海市副市长夏克强、国家地矿部副部长张宏仁、中国海洋石油总公司总经理钟一鸣出席。

10月　上海外高桥电厂一期工程4台30万千瓦机组开工。1997年8月,4台机组全部并网发电。1996年5月,上海外高桥发电有限责任公司成立,注册资本18.03亿元,申能股份和上海电力各占50%。2002年1月,变更出资比例,申能股份和上海电力分别持有49%和51%的股权。

11月27日　市计委任命严成俊为申能电力开发公司副总经理。

12月22日　中共市计委党组同意增补严成俊为中共申能党支部委员会委员，并任党支部书记。

是月　上海申能金华实业公司成立，由申能股份有限公司(50%)、金华市资源开发总公司(17%)和浙江建行信托投资公司金华办事处(33%)联合组建，注册资本8000万元。

1993年

1月14日　申能股份有限公司工会成立，严成俊当选为第一届工会主席。

1月19日　申能股份有限公司创立大会暨第一届股东大会在上海建国宾馆召开。会议通过公司章程，选举产生第一届董事会成员9名：鲍友德、郁子冲、陈光华、阮福林、吴家骅、邹金宝、胡泰利、张建华、李慧珍；选举产生第一届监事会成员3名：曹臻、俞梦兰、叶弈平（由职工代表选举产生）。

是日　申能股份召开一届一次董事会会议，选举鲍友德为董事长，陈光华为副董事长兼总经理，郁子冲为副董事长。

是日　申能股份召开一届一次监事会会议，选举曹臻为监事长。

3月3日　经总经理室决定，申能股份设立策划部、投资部、市场部、财务部、办公室五个部门。

4月12日　申能股份有限公司召开一届三次董事会会议，经总经理提名，聘任吴家骅、严成俊为公司副总经理。

4月16日　申能股份有限公司股票在上海证券交易所上市交易，股票代码600642，为全国电力能源行业第一家上市公司。上市后，每股面值拆细为1元，公司总股本240 273.67万股，其中国家股212 285.67万股，法人股25 000万股，社会公众股2 988万股，共向市场筹资78 366.4万元。

7月13日　经上海市证券管理办公室批准，申能股份的国家股5 976万股定向有偿转让给社会个人股股东（包括内部职工股股东），持有公司股权的社会个人股股东（包括内部职工股股东），可以按照1∶2，转让价格为每股3.50元。转让后，国家股比例由88.35%下降为85.86%，进一步优化股权结构。

9月25日　为投资开发东海天然气，上海申能联合发展有限公司成立，申能股份持股60%，上海久事公司和上海国际信托公司各占20%股份。1998年，申能股份收购其他两家股东股权，使其成为申能股份的全资子公司。2002年9月，解散注销申能联合发展有限公司。

10月9日　上海申能房地产公司成立，注册资本5 000万元，是申能股份有限公司第一家全资子公司。

是年　共青团申能股份有限公司支部成立，由柏茂森任支部书记。

1994年

1月　上海申能金华实业公司改制为上海申能金华实业股份有限公司，股权变更为申能股份有限公司(29.3%)、金华市资源开发总公司(25.5%)、沪光国际上海发展投资有限公司(25%)、中国人民建设银行信托投资公司(5%)和企业内部职工股(15.2%)。

3月1日　浙江天荒坪抽水蓄能电站工程启动，注册资本7.2亿元，申能股份有限公司持有股权25%。2000年12月底，天荒坪抽水蓄能电站6台30万千瓦抽水蓄能机组全部建成投产。

3月8日　上海申能房地产有限公司投资的申能国际大厦项目开工建设,项目位于上海市黄浦区复兴中路1号,占地1.25公顷,总建筑面积8.9万平方米,1997年6月28日竣工。

5月20日　上海申能房地产有限公司参建华能房产公司在浦东陆家嘴建造的华能联合大厦项目开工,总建筑面积7.19万平方米,公司投资1.09亿元,占20％股份。华能联合大厦项目于1997年12月28日竣工。

6月23日　上海市建设委员会(简称市建委)批复同意上海石油天然气公司更名为上海石油天然气总公司。

9月27日　上海市副市长蒋以任到外高桥电厂建设基地指导工作,要求在今后的电力建设中重视建立现代企业制度。

10月23日　《今日申能》创刊,市计委主任华建敏为刊物题词。

12月　申能股份有限公司编印《申能股份有限公司内部管理规章制度汇编》。

1995年

1月20日　中共上海市委决定建立中共申能股份有限公司委员会,仇伟国任书记。

1月25日　为加快上海能源建设,申能股份有限公司向上海市计委、市国有资产管理办公室请示设立申能(集团)有限公司,并提交相关设想方案。

2月14日　申能股份有限公司注册使用公司司标。1996年,申能集团成立后,进一步完善司标内涵和使用,以"锐意开拓　稳健运作"为经营理念。公司品牌标识以多维、多元的红黑不规则原点有机组合,代表着鲜明的产业特征和能源行业特色;红、黑标准色搭配寓意着一次能源和二次能源的融合发展,通过由小变大渐变的红色圆组成对称轴,象征着围绕企业价值体系的核心精神和团队凝聚力,凸显锐意进取之意,体现企业勇于开拓、不断创新的精神内涵和蓬勃发展的态势;原点组合成规则的正方形,刚柔相济,浑然一体,代表稳健运作的核心经营理念。

2月22日　申能股份有限公司召开一届六次董事会会议。会议聘任仇伟国、刘承泽为公司副总经理。

3月8日　申能股份总经理陈光华、副总经理吴家骅参加上海市副市长华建敏主持召开的关于上海吴泾发电厂八期工程(简称吴泾八期)外资谈判工作汇报会议。

3月17日　中共市计委党组决定陈光华任中共申能股份有限公司委员会副书记。3月20日,经中共上海市计划委员会直属机关委员会同意,中共申能股份有限公司委员会由仇伟国、陈光华、吴家骅、刘承泽四人组成。

3月18日　申能股份有限公司搬迁至常德路175号7楼办公。

4月21日　申能股份有限公司召开第三次股东大会。审议通过《公司1994年度董事会工作报告》《公司1994年度财务决算报告》和《公司1994年度监事会工作报告》等5项决议。大会选举仇伟国、胡岳义为公司董事。

5月11日　陈光华会见日本丸红公司代表,商谈ELF融资事宜。

5月15日　吴家骅陪同上海市市长徐匡迪会见美国友邦公司总裁。

6月1日　上海市副市长华建敏、市计划委员会副主任杨雄来公司视察。

6月26—29日　刘承泽会见日本丸红公司、法国阿尔斯通公司代表,洽谈电厂合作事宜。

7月4日　陈光华会见摩根士丹利代表。

7月10—14日　陈光华会见山一证券公司、怡富公司、瑞士联合银行和浩威证券等公司访问团。

8月28日　上海申能科技发展有限公司举行揭牌仪式,华建敏为公司揭牌、题词。申能科技公司注册资本5000万元,申能股份有限公司持有90%股权。2005年2月8日,公司改制更名为上海申能新能源投资有限公司,成为申能集团的二级企业。2015年4月28日,申能新能源公司成为申能股份全资子公司。

10月13日　市计委主任韩正到公司指导工作。

11月14日　吴家骅参加上海市副市长夏克强召开的天然气工作会议,研究开发东海天然气事宜。

11月28日　陈光华、吴家骅等参加华建敏召开的吴泾八期工程专题会议。

11月30日　吴泾八期工程举行打桩仪式,华建敏召开工程现场协调会,韩正、杨雄等领导出席会议。

1996年

5月3日　申能股份副总经理吴家骅、刘承泽参加上海市副市长华建敏主持召开的电力专题会议。

5月15日　申能股份总经理陈光华、副总经理刘承泽等会见世界银行集团国际金融公司(IFC)副总裁。

5月27日　上海市人民政府批复同意以申能股份国有股为基础组建申能(集团)有限公司(简称申能集团),作为市属国有投资公司和上海市电力能源行业投资主体,成为以电力、能源项目投资经营为主的综合性能源集团公司。

6月14日　中共上海市委任命许冠华为中共申能(集团)有限公司委员会书记。

6月28日　申能股份召开第五次股东大会。审议通过《公司1995年度董事会工作报告》等6项决议。审议通过刘承泽、许冠华、牟继祥、陈光华、陈铭锡、承纪福、沈芳珍、吴家骅、胡泰利、涂光协十人组成第二届董事会;审议通过仇伟国、王知、俞梦兰组成第二届监事会。

是日　申能股份召开二届一次董事会会议,许冠华当选为董事长,陈光华为副董事长兼总经理,吴家骅、刘承泽任副总经理。

是日　申能股份召开二届一次监事会会议,仇伟国当选为监事长。

7月4日　上海市人民政府批复同意许冠华任申能集团董事长、陈光华任集团副董事长兼副总经理,仇伟国、吴家骅任集团副总经理。

7月15日　中共上海市综合经济工作委员会决定建立中共申能(集团)有限公司委员会,委员会由许冠华、仇伟国、陈光华、吴家骅、刘承泽、周建六人组成,许冠华为书记,仇伟国为副书记。同时建立中共申能(集团)有限公司纪律检查委员会。

7月17日　吴家骅陪同上海市副市长华建敏赴电力部商谈有关电力体制改革及电力建设项目等工作。

7月25日　中共上海市综合经济工作委员会发文,决定申能(集团)有限公司董事会由许冠华、陈光华、仇伟国、吴家骅、刘承泽、陈铭锡六人组成,许冠华任董事长,陈光华任副董事长。

8月22日　市计委决定将上海物产有限公司党政关系由市计委划归申能(集团)有限公司

管理。

8月26日　陈光华、刘承泽参加外高桥二期投资协议签字仪式。

8月30日　吴家骅参加上海市副市长夏克强召开的国家地矿部、中国海洋石油总公司、上海市政府三方高层会议,研究加快东海石油天然气开发事宜。

9月3日　申能股份有限公司第六次股东大会审议通过公司"10配8转10"的配股方案。10月24日,经中国证监会批准,向全体股东实施配股。向全体老股东按每10股配8股,配股价每股3.20元。同时,社会公众股股东还可按10:10比例受让国家股和法人股股东转让的部分配股权,每股配股价3.20元,转让费每股0.15元,本次配股后公司总股本26.33亿股,其中国家股21.13亿股,募集法人股2.69亿股,社会公众股2.51亿股(含转配股8 964万股)。本次配股共募集资金7.22亿元,用于建设上海外高桥电厂一期、浙江天荒坪抽水蓄能电站和吴泾第二发电厂(即吴泾八期,简称吴二发电)等项目。

11月18日　申能股份控股的上海石油天然气有限公司东海平湖油气田项目海上工程举行开工典礼。

11月19日　东海平湖油气田钻井作业开钻典礼在"南海六号"半潜式石油钻井船上举行,夏克强等市领导参加开钻典礼。

11月21日　申能集团召开一届一次董事会会议,讨论并确认公司章程、董事长人选;聘任陈光华、仇伟国、吴家骅为公司副总经理。

12月17日　申能股份参与投资的华能上海石洞口第二电厂被电力工业部命名为"一流火力发电厂"(全国共5家)。国家电力工业部部长史大桢、上海市副市长夏克强以及华东电业管理局、上海市电力公司、申能股份等领导参加命名和揭牌仪式。

12月28日　上海申能房地产公司与申能科技发展有限公司合资组建上海申能物业管理有限公司,申能房产公司占80%股份,申能科技发展有限公司占20%股份。

是日　申能集团向上海市社会帮困基金会捐赠50万元。

1997年

1月1日　上海申能物业管理有限公司接管第一个项目申能国际大厦,该项目实现一年创"市优",两年创"国优"的目标。

1月21日　东海平湖油气田天然气处理厂奠基典礼在上海市南汇区举行,上海市人大常委会副主任孙贵璋、副市长夏克强、市政协副主席陈正兴为奠基典礼剪彩。

2月4日　中共上海市综合经济工作委员会发文,决定程静萍兼任申能(集团)有限公司监事长。

5月5日　申能股份总经理陈光华率金山项目设备考察团赴英国、美国和日本访问。

6月6日　申能集团召开一届二次董事会会议,审议通过董事会工作报告;决定收购申能股份持有的上海申能房地产有限公司(申能股份占100%)、上海申能科技发展有限公司(申能股份占90%)等八家非电力资产企业,使申能股份进一步集中投资于主业电力能源企业。

6月12日　国家财政部与国际复兴开发银行签订贷款协议,贷款总额为4亿美元,用于实施由申能股份参与投资的上海外高桥第二发电厂项目。

6月15日　申能集团、上海外滩房屋置换有限公司与中国人民银行抚顺市分行签署《关于收购抚顺证券公司之协议》，为东方证券公司成立奠定基础。

6月27日　申能集团召开一届三次董事会会议，审议通过关于参与收购抚顺证券公司并发起设立东方证券股份有限公司（筹）的决议。

是日　申能集团第一届工会委员会成立，刘承泽任工会主席，周燕飞任副主席。

6月28日　申能国际大厦项目获中国建筑工程鲁班奖、上海市建设工程白玉兰奖。

7月17日　共青团申能（集团）有限公司委员会召开第一次团员大会，选举产生第一届团委会。

7月29日　中共中央政治局委员、上海市委书记黄菊在上海外高桥电厂召开现场会议，研究上海电力建设规划，集团董事长许冠庠、申能股份总经理陈光华出席会议。

9月8日　上海石油天然气总公司注册资本增至9亿元，其中上海申能联合发展公司出资3.6亿元，占40％；地质矿产部上海海洋地质调查局出资2.7亿元，占30％；中国海洋石油东海公司出资2.7亿元，占30％。2002年8月16日，公司名称变更为上海石油天然气有限公司，占股比例为申能股份40％，中国石化30％，中国海油30％。

10月9日　申能集团召开全体党员大会，选举许冠庠为上海市第七次党代会代表。

是日　上海申能房地产有限公司武宁路颐宁苑项目开工，总投资3.62亿元，总建筑面积9.4万平方米，由公司全额投资。颐宁苑项目于1999年9月29日竣工。

10月18日　中国人民银行批复同意由申能集团等单位发起筹建东方证券公司。

10月29日　申能集团召开一届四次董事会会议，审议并通过购买申能国际大厦5 182平方米办公用房的决议。

11月11日　东方证券公司召开第一次股东大会暨第一届董事会、监事会。选举产生第一届董事会、监事会，通过关于由全体股东增资弥补抚顺证券公司收购成本等决议。

11月21日　申能股份公司召开二届六次董事会会议，审议并通过公司投资外高桥电厂二期工程和将持有的华能上海石洞口第二电厂一期资产协议转让的决议。

11月29日　申能集团和申能股份搬迁至复兴中路1号申能国际大厦办公。

12月26日　申能股份第八次股东大会审议并通过公司投资外高桥电厂二期工程和将持有的华能上海石洞口第二电厂一期资产协议转让的决议。申能股份转让持有的石洞口第二电厂49.34％股权，转让价格35亿元，申能电力开发公司实际投资额18亿元，实现投资收益17亿元。

12月29日　申能召开公司成立10周年座谈会暨举行向上海市老年基金会捐赠仪式。上海市委常委、市政府副秘书长韩正，市计划委员会副主任杨雄等出席会议。

是月　申能成立10周年，中共中央政治局委员、上海市委书记黄菊，市委副书记孟建柱发来贺信；中央财经领导小组办公室副主任华建敏，市委副书记、市长徐匡迪，副市长蒋以任等为公司题词祝贺。其中，华建敏题词"锐意开拓、稳健运作"。

是年　共青团申能（集团）有限公司委员会召开第一次团员大会，选举第一届集团团委会，张芊任团委书记。

1998年

1月15日　申能集团董事长许冠庠、申能股份副总经理刘承泽等会见比利时动力集团访问团。

是月　许冠庠当选上海市十二届人民代表大会代表。

2月9日　刘承泽等接待比利时动力集团访问团，商谈化学工业区热电厂事宜。

是日　刘承泽接待上海投资咨询公司和香港凯利公司商谈崇明电厂项目合作事宜。

3月3日　东方证券有限责任公司成立，3月9日挂牌营业。注册资本10亿元，申能集团作为发起人之一，出资10%。2002年，东方证券改制增资后，申能集团持股比例增至28.2%，成为第一大股东。2007年，东方证券再次增资扩股，申能集团持有东方证券9.65亿股，持股比例增至29.31%，继续保持第一大股东位置。

6月8日　秦山第三核电有限公司2台70万千瓦机组开工。2003年7月24日，工程全面建成投产，申能集团持有10%股权；2004年，申能股份以1.06亿元的价格收购申能集团所持有的10%的股权。

6月15日　上海申能房地产公司更名为上海申能房地产有限公司，改制为国有独资公司，由申能集团全额投资，注册资本增至1亿元。

7月1日　申能集团举行"争先创优"表彰大会，此后每两年举办一次，成为推进企业精神文明建设的重要抓手。

7月8日　上海申能星火热电厂改制并更名为上海申能星火热电有限责任公司，股权变更为申能股份有限公司（90%）和上海农工商（集团）星火开发总公司（10%），注册资金6 000万元。9月28日，划归申能股份有限公司管理，党的关系划归申能集团党委管理。

8月7日　为规范公司管理，集团颁发《申能（集团）有限公司规章制度管理办法》。

1998—2003年　申能股份有限公司连续6年入选《上市公司》杂志"沪市上市公司50强"名单。

1999年

2月15日　经世界银行与国家有关部门批准，申能股份与各投资方和德国西门子（SIEMENS）公司及德国阿尔斯通（ALSTOM）公司就外高桥二发电项目签订的主岛供货合同生效。

3月15日　上海市计委主任李良园到公司宣读市委、市政府关于杨祥海担任申能集团党委副书记、副董事长以及市综合经济工作党委关于提名杨祥海为申能集团总经理人选的决定。3月16日，申能集团召开一届七次董事会会议，同意聘任杨祥海为总经理。

3月29日　中共上海市委组织部宣布上海石油天然气总公司党组织关系由市建委划归申能集团，业务仍由市建委管理，这是申能集团首次直接管理大型企业。

4月28日　东海天然气工程投产及首批居民点火用气庆典仪式在上海石油天然气公司天然气处理厂举行，东海天然气工程全面建成投产。中共上海市委常委、副市长韩正等领导出席庆典。

6月8日　申能股份有限公司召开第十次股东大会，表决通过《公司1998年度董事会工作报告》等6项决议。会议选举产生第三届董事会，由王益民、王敏文、许冠庠、史兴祥、牟继祥、刘承泽、陈光华、何怀芥、陈铭锡、沈芳珍、吴家骅、杨祥海12名董事组成；选举产生第四届监事会，由仇伟国、张行、王知（职工监事）3名监事组成。

是日　申能股份有限公司召开三届一次董事会会议，选举杨祥海为公司董事长，吴家骅为副董事长兼任总经理。

是日　申能股份有限公司召开三届一次监事会会议，选举仇伟国为监事长。

7月7日　中共上海市委副书记、市长徐匡迪，中共上海市委常委、副市长韩正，市委秘书长黄跃金到申能集团检查指导工作。

7月22日　申能集团为第六届全国少数民族传统体育运动会拉萨分赛场捐款20万元。

是月　申能集团根据金融业管理相关规定及公司适度投资金融业的战略,在市计委(发改委)协调下,向中国太平洋保险公司[2001年更名为中国太平洋保险(集团)股份有限公司,简称太保集团]投资4.584亿元,并于2002年和2007年两次分别增资7.526亿元和28.8亿元,共计持有太保集团12.78亿股,持股比例为19.08%,成为太平洋保险集团的主要股东,公司主要领导出任太保集团副董事长。

8月4日　中共上海市委主要领导召开专题会议,研究正大广场资金问题,会议确定由申能集团和陆家嘴公司各借资8 500万美元,借资可获固定回报,以股权作担保。

8月12日　申能集团召开一届九次董事会会议,同意聘任邹金宝为公司副总经理;同意参股国泰君安证券有限公司7 000万股。

8月25日　申能集团召开一届十次董事会会议,同意受让上海市财政局所持中国太平洋保险公司2亿股股权。同年12月21日,集团一届十三次董事会会议同意再次受让市财政局所持2亿股太平洋保险公司股权。在中国太保增资扩股后,申能实际共持有中国太平洋保险公司3.01亿股,占15%股权。

10月18日　申能集团召开一届十一次董事会会议,审议通过公司减持所持申能股份10亿股国家股。减持后集团所持申能股份比例由80.25%减至68.16%。

是日　申能股份召开三届三次董事会会议,同意回购并注销10亿股国家股,交易金额为25亿元。

10月27日　按照电力体制改革和投资体制改革的有关规定,经协商,申能股份与市电力公司举行外高桥一期、吴泾八期工程项目公司合资合同、公司章程、委托管理合同签字仪式。

11月2日　《东海平湖油气田开发工程研究》获上海市科学技术进步奖一等奖。

11月8日　举行上海外高桥电厂二期工程打桩典礼,中共上海市委常委、副市长蒋以任出席。

11月22日　申能股份有限公司召开第十一次股东大会,表决通过《公司回购并注销10亿股国家股方案》等7项决议。

11月30日　上海吴泾第二发电有限责任公司经工商注册登记成立,由申能股份有限公司与上海电力股份有限公司各持股50%合资组建。2002年1月,公司股权变更,申能股份有限公司和上海电力股份分别拥有吴二发电51%和49%的股权,公司归申能股份有限公司管理。

12月21日　申能股份实施回购并注销10亿股国家股,回购价格为每股2.51元。回购后公司总股本16.33亿股,其中国家股11.13亿股,社会法人股2.69亿股,社会公众股2.51亿股(含转配股8 964万股)。本次国家股回购为中国证券市场首例。

12月31日　徐匡迪、蒋以任到上海吴泾第二发电有限责任公司工地现场考察,并慰问一线建设者。

是年　中华人民共和国建设部授予上海申能物业管理有限公司申能国际大厦管理处优秀大厦称号。

2000年

3月22日　上海外高桥第二发电有限责任公司合资合同签字。合同规定该公司由中国华东电力集团公司(20%)、上海市电力公司(40%)、申能股份有限公司(40%)共同投资组建。2002年1月6日,上海市电力公司将其拥有的外高桥二期20%的出资权转让给上海电力股份有限公司。同年1

月8日,国家电力华东公司、上海市电力公司各自将其拥有的外高桥二期20%的出资权转让给国电电力发展股份有限公司。

4月4日　申能(集团)有限公司召开一届十四次董事会会议,审议通过申能集团与申能股份有限公司进行资产置换的决议;同意申能集团出资4 000万元投资上海久联证券经纪有限公司,占该公司注册资本1.8亿元的22.22%;同意申能集团出资5 000万元作为发起人参股上海申花股份有限公司,占该公司注册资本4亿元的12.5%;同意《申能集团投资组建上海申能创业投资有限公司的报告》。

4月10日　东方证券获经营股票承销业务资格证书。6月1日,根据中国证监会发文,东方证券获经营外资股业务资格证书。至此,东方证券公司具备经营沪、深两地B股业务的各项条件。

4月20日　由申能集团持股51%、申能股份持股49%的上海申能创业投资有限公司成立。

5月27日　《今日申能》获中国企业联合会企业管理工作委员会、中国企业报社、企业管理杂志社和中国企业新闻信息网4家单位联合评选的"中国企业内部报刊(通讯)评选"一等奖。

是月　申能集团和申能股份参与海通证券增资扩股,共受让海通证券58 143万股股权。2007年,海通证券借壳上市,申能集团、申能股份共持有其21 546.8万股,占总股本6.36%。

6月8日　申能集团工会第二次代表大会召开,选举邹金宝为工会主席、周燕飞为工会副主席。

6月17日　许冠庠参加中国电力企业联合会组团赴澳大利亚、新西兰考察电力改革。

7月10日　吴泾八期首台60万千瓦国产火电机组建成投产。7月14日,举行投产仪式,中共上海市委常委、副市长蒋以任主持仪式,中共中央政治局委员、上海市委书记黄菊等市领导会见工程建设功臣,对上海建设工业新高地所取得的这一标志性成果表示祝贺。中共中央政治局委员、国务院副总理吴邦国发来贺电。上海市委、市人大、市政府、市政协领导徐匡迪、王力平、沙麟等和建设工程的代表们参加投产仪式。2001年5月6日,八期二号机组投入商业运营。

8月9日　上海市政府召开"落实国家西气东输会议精神,加快调整上海能源结构工作会议",中共上海市委常委、副市长韩正为上海天然气管网有限公司成立揭牌。

8月25日　上海磁悬浮交通发展有限公司举行签约和揭牌仪式。磁悬浮线项目总投资约69亿元,注册资本金20亿元,申能集团出资4亿元,占注册资本金的20%。

9月3日　申能集团举行党内"讲学习、讲政治、讲正气""三讲"学习教育活动动员大会。

10月11日　许冠庠、杨祥海、吴家骅向韩正汇报有关东海平湖海管突发事故及供气处置方案。韩正要求全力做好事故善后工作,并提出申能集团全面进入燃气行业投资的设想。

10月25日　副总经理邹金宝出访德国,考察磁悬浮项目。

10月27日　国家计委副主任张国宝到上海外高桥电厂二期工程项目进行现场调研,听取该项目是否移地建设的意见,公司配合市政府积极汇报,对保留该项目起到重要作用。

11月4日　许冠庠、杨祥海、吴家骅参加韩正主持召开的研究上海市天然气管网建设规划专题会议。

11月29日　许冠庠会见比利时动力集团一行。

12月27日　华东桐柏抽水蓄能发电有限责任公司成立,注册资本8.4亿元,申能股份有限公司持有股权20%。该公司拥有4台30万千瓦抽水蓄能机组,工程于2006年12月27日全面建成。2008年12月,申能股份以4 878.3万元的价格受让天台县水电综合开发有限公司持有的华东桐柏抽水蓄能发电有限责任公司5%股权,合计持股25%。

是年　申能集团团委召开第二次代表大会,增补团委委员,增设团委干事,进一步充实团委班子。

2000—2001年　申能股份有限公司连续两年成为上海市公司重组领导小组办公室、上海证券交易所评选的"上海本地上市公司盈利15强"首强。

2000—2004年　申能股份有限公司连续入选由《中国证券报》和亚商企业咨询股份有限公司共同举办的"中证亚商中国最具发展潜力上市公司50强"。

2001年

1月23日　由申能集团参与投资的上海磁悬浮快速列车工程设备供货及服务合同签字仪式在上海举行,中共上海市委副书记、市长徐匡迪,科技部常务副部长徐冠华,铁道部常务副部长孙永福,外经贸部副部长张祥以及中共上海市委常委、副市长韩正等出席签字仪式。

2月28日　申能控股的上海天然气管网公司与中国石油天然气股份有限公司在北京签订《西气东输项目天然气购销及管道运输意向书》,国家西气东输工程建设领导小组组长、国家发展计划委员会副主任张国宝出席会议并讲话,重申确保西气东输工程在2001年下半年及时开工,2003年按时向上海供气。

3月4日　申能集团总经理杨祥海随中共上海市委常委、副市长韩正出访欧洲,考察法国燃气公司等项目。

3月30日　申能集团召开一届十七次董事会会议,审议通过《关于公司投资上海磁悬浮交通发展有限公司的报告》《公司投资申银万国证券股份有限公司的报告》《关于公司借款给陆家嘴集团3.2亿元用于正大广场项目建设的报告》《关于公司购置上海置地广场部分楼层的报告》等决议。

4月2日　申能集团董事长许冠庠,副总经理邹金宝会见来访的黄浦区区长徐建国。

4月11日　上海市财政局任光辉出任申能集团财务总监。

4月12日　上海市政府授予申能股份有限公司市级文明单位称号。

4月24日　上海市国资办主任陈步林来公司调研,公司领导杨祥海、吴家骅、邹金宝参加。

5月9日　申能股份有限公司召开第十三次股东大会。会议审议通过关于公司投资上海天然气高压输气管网一期工程、浙江桐柏抽水蓄能电站等11项决议。

5月17日　申能集团召开董事会会议,决定将上海申能房地产有限公司注册资本增至2亿元。

5月21日　申能集团置换完成2.1亿股东方证券股权。申能集团累计持有东方证券31%的股权,成为其第一大股东。

6月9日　许冠庠参加墨西哥总统福克斯与上海企业家座谈会。

6月14日　上海石油天然气总公司被上海市高新技术企业认定办公室认定为上海市高新技术企业。

6月18日　经上级批准,吴家骅担任申能(集团)有限公司副董事长,不再担任副总经理职务。

7月3日　许冠庠会见中国石油化工股份有限公司董事长李毅中。

7月5日　许冠庠会见澳大利亚液化天然气公司总裁Arthur Dixon。

7月18日　上海外高桥电厂二期工程开工。中共中央政治局委员、上海市委书记黄菊,中共上海市委副书记、市长徐匡迪等为工程奠基。上海外高桥电厂二期工程建设2台90万千瓦超临界发电机组,国内单机容量最大燃煤机组,项目计划投资106亿元,由申能股份有限公司、国电电力和上海电力股份公司按40%、40%和20%的比例出资。项目利用世界银行贷款4亿美元。

是月　申能集团召开董事会会议,决定投资2亿元参与上海农工商(集团)有限公司改制,持股比例为7.3%。

8月16日　上海市政府副秘书长杨雄和市计委副主任蒋应时等到申能调研天然气规划以及上海市燃气体制改革问题。

9月21日　许冠庠、杨祥海、邹金宝等出席收购置地广场部分楼宇协议签字仪式。

11月2日　杨祥海参加中共中央政治局常委、国务院总理朱镕基和德国总理施罗德出席的上海磁悬浮列车示范运营线轨道梁启运仪式。

12月10日　韩正召开天然气管网体制专题会,市政府副秘书长吴念祖、杨雄以及市计委、上海市市政管理局(简称市市政局)负责人等参加,会议明确天然气管网公司的业务界面等问题。

12月12日　申能集团董事会决定,集团将持有的申能股份6 000万股国家股交换上海国有资产经营有限公司持有的东方证券2.1亿股。之后,上海国有资产经营有限公司将该6 000万股国家股转让给国泰君安证券股份有限公司。转让完成后,国泰君安持有股份公司6 000万股,该部分股份性质为国有法人股。

12月31日　上海天然气管网有限公司成立,由申能股份有限公司和上海市政资产经营管理有限公司共同投资组建,注册资本金15亿元,其中申能股份占60%,以现金投入;上海市政资产经营管理有限公司占40%,以其所属上海天然气输配公司现有的浦东天然气高压输气管网和相应门站、储气设施折价入股。

是月　申能集团签署产权交易合同,出资2 000万元,受让上海地铁建设有限公司20%股权;2004年12月,申能集团转让所持该公司20%股份,退出投资。

2002 年

1月17日　上海化学工业区热电联供项目合作协议签订。3月22日,上海化学工业区热电有限责任公司成立。2004年3月10日,公司更名为上海漕泾热电有限责任公司,申能股份有限公司持有股权30%。2005年12月,公司全面建成投产,拥有一台33万千瓦和一台32.8万千瓦的燃气发电机组。

2月1日　申能股份有限公司增发1.6亿股,发行价格为每股10.50元,实际募集资金16.47亿元,用于天然气主干管网一期工程、上海外高桥二厂、桐柏抽水蓄能电站和上海化工区热电联供等项目建设。

3月18日　上海天然气管网有限公司"二站一线"管线工程开工,该工程是由青浦区白鹤镇至嘉定区江桥镇的引西部天然气进入上海城市天然气管网的总管线,总投资约1.9亿元。

3月21日　中共上海市委常委、副市长韩正召集集团总经理杨祥海、副董事长吴家骅谈上海市燃气体制改革问题。韩正提出将燃气全部划归申能集团,市市政局与企业脱钩,作为行业管理者。

3月28日　申能(集团)有限公司召开一届二十四次董事会会议,通过《申能(集团)有限公司"十五"发展规划》;同意将公司注册资本金由30亿元增至60亿元;同意注销上海申能联合发展有限公司,将公司在上海申能联合发展有限公司中的8%权益转让给申能股份有限公司。

4月25日　申能股份有限公司召开三届十三次董事会会议,同意成立董事会战略委员会、审计委员会以及薪酬与考核委员会。

是月　申能集团与久事公司联合承办中国投资协会国有投资委员会年会。

是月　上海申能创业投资有限公司更名为上海申能资产管理公司。该公司为集团开拓新的业务、实现国有资产保值增值，提供资本运作方案，探索市场化用人机制等，发挥重要作用。

6月6日　申能股份有限公司召开第十四次股东大会。大会表决通过《申能股份有限公司2001年度董事会工作报告》等13项决议。会议选举产生第四届董事会，由王益民、王敏文、许冠庠、孙金富、孙铮、杨祥海、吴家骅、吴建雄、陈铭锡、赵宇梓10名董事组成；选举产生第四届监事会，由仇伟国、张行、陈伟芳、余永林（职工监事）、俞雪纯（职工监事）5名监事组成。

是日　申能股份有限公司召开四届一次董事会会议，杨祥海当选为董事长，吴家骅当选为副董事长兼总经理。

是日　申能股份有限公司召开四届一次监事会会议，仇伟国当选为监事长。

7月1日　申能(集团)有限公司召开一届二十五次董事会会议，同意增资东方证券有限责任公司，出资金额为2亿元左右，增资后占东方证券的股权比例不低于20%。

7月9日　杨祥海会见澳大利亚西澳洲发展部部长Cliver Brown。

7月17日　申能集团组建国家安全小组，由仇伟国兼任组长，吴建雄等四人为组员。

8月16日　东海平湖油气田扩建工程开工典礼暨海上工程委托协议签字仪式举行。中共上海市委副书记、副市长韩正，中国人民解放军东海舰队参谋长吴福春少将等领导参加此次活动。

8月22日　申能集团召开干部大会，市委组织部副部长周鹤龄宣读市委、市政府关于李关良任中共申能(集团)有限公司党委书记、董事长的通知和市委组织部关于同意宋振林任申能(集团)有限公司副总经理的批复。

是月　2002年中国企业500强排名揭晓，申能集团位列第459名，同时以净利润10.15亿元列500强企业利润排名第44名，以收入利润率45.43%列500强企业第一名，人均利润第4名，人均资产第10名。

是月　申能集团签署《上海朱家角投资开发有限公司增资扩股及股权转让合同》，出资6000万元，占该公司注册资本的20%；2006年，申能集团转让所持该公司20%股份，退出投资。

10月9日　中共上海市委常委、常务副市长蒋以任到申能集团检查、指导工作。

10月28日　许冠庠等参加由申能集团捐款25万元兴建的江西省吉安市申能希望小学竣工仪式。

12月22日　中央财经领导小组副秘书长华建敏发来贺信，祝贺申能成立15周年。

2002—2003年　申能股份有限公司连续两年入选《经济时刊》杂志"中国上市公司100强"。

2003年

1月7日　国家电力监督委员会主席柴松岳到上海吴泾第二发电有限责任公司视察工作。

3月　上海浦东煤气制气有限公司天然气改质项目立项，总投资7389万元。项目于2004年6月14日建成投产，生产规模为日产城市煤气230万立方米。项目的建设对上海市改善能源结构，大规模使用天然气作为主体气源取代其他气源，实施"早用、多用、用足"天然气的方针原则，提高城市煤气供应的可靠性，提高上海市大气环境质量有着重要意义。到"十五"末期，上海人工煤气的最大生产能力保持在日产930万立方米的水平。

4月1日　中共上海市委常委、副市长周禹鹏和市计委领导等到申能集团检查、指导工作。公司提出新一轮电气能源项目投资设想,包括市内电源点、安徽电源点、气源点(LNG)。

5月8日　周禹鹏到上海天然气管网有限公司白鹤首站调研。

5月10日　中共上海市委副书记、市长韩正,市委常委、副市长周禹鹏,副市长杨雄召开专题会议研究上海市天然气供应问题,市计委、市建委、市市政局、申能领导等参加会议,强调上海要形成多气源格局,明确申能作为地方主要的能源企业,应将燃气全部承接下来,抓紧推进液化天然气(简称LNG)项目。

5月14日　中共浙江省委书记习近平赴申能股份控股的上海石油天然气有限公司岱山石油储运分公司调研并检查工作。

5月20日　周禹鹏率市计委、市经委干部对上海外高桥发电有限责任公司二期建设进行视察和调研。

5月22日　家住浦东高桥镇学前二村、战斗在抗击非典第一线的市第七人民医院护理部主任刘忆菁女士成为浦东地区第60万户天然气用户。

5月29日　中共上海市委副书记、市委组织部部长王安顺,市委常委、副市长冯国勤召开会议,明确申能党的关系划转到市国资办。

7月2日　经中国证监会核准,东方证券成为综合类证券公司。

7月23日　中共上海市委常委、市委秘书长范德官,副市长唐登杰到上海吴泾第二发电有限责任公司慰问一线职工。

是月　上海吴泾第二发电有限责任公司获国家环保总局授予的"国家环境保护百佳工程"证书。

8月1日　申能集团董事长李关良、总经理杨祥海陪同韩正、周禹鹏会见马来西亚国家石油公司总裁哈桑和香港嘉里集团董事长郭鹤年。

8月5日　2003年度中国500强企业发布会在北京人民大会堂举行,申能集团位列第435位,比2002年上升24位。

8月21日　李关良等会见英国石油公司(BP)中国天然气、发电和上游企业业务总裁威博丹。

9月8日　上海市发展和改革委员会主任蒋应时等到申能集团调研。

9月22日　申能(集团)有限公司召开一届二十九次董事会会议,为确保上海天然气主干管网工程的顺利建设,拓宽公司融资渠道,同意发行申能(集团)有限公司企业债券,发行规模为10亿元,发行期限为15年,年利率为4.5%左右。

是日　经中国证监会核准,东方证券增资扩股并改制更名为东方证券股份有限公司,公司增资扩股后注册资本达21.4亿元。

10月7日　列入国家重点工程的西气东输一线全线贯通,天然气首抵上海白鹤分输站。

10月16日　东海平湖油气田扩建一期工程投产,供气能力由日供天然气120万立方米提升至180万立方米。

11月14日　李关良等会见高盛公司董事总经理Gonzalo Garcia。

11月18日　安徽池州九华发电厂2台30万千瓦机组开工建设,2005年12月全面建成投产。安徽池州九华发电厂注册资本6.4亿元,申能股份有限公司持有股权20%。2011年11月6日,申能股份转让安徽池州九华发电有限公司20%股权。

12月15日　上海市政府副秘书长洪浩召开燃气集团组建会议,申能、市市政局、城投公司参加,明确行政关系交接、资产划分、年内挂牌等主要事项。

12月22日　韩正、周禹鹏、杨雄以及市政府有关委办领导视察在建的上海外高桥第二发电有限责任公司90万千瓦火力发电机组现场。调研中同时明确燃气集团年内挂牌，与配合西气上游签订合同，抓紧上报LNG项目等重大事项。

12月23日　燃气集团召开一届一次董事会会议，选举杨祥海为公司董事长，聘任葛维昌为公司总经理。

12月25日　中华人民共和国国家发展和改革委员会（简称国家发改委）能源局局长白荣春来沪召开西气东输合同协调会，要求申能与西气管道公司抓紧签署合同文本，为2004年1月1日商业通气做好准备。

12月26日　上海燃气（集团）有限公司（简称燃气集团）成立揭牌仪式在市政府三楼会议室举行，杨雄和洪浩为公司揭牌。燃气集团集制气、销售、调度、管网为一体，注册资金42亿元，申能集团出资23亿元，占55％，城投公司占45％。

是日　中共申能集团党委决定，宋振林担任中共上海燃气（集团）有限公司委员会书记。

12月29日　上海市国有资产监督管理委员会（简称市国资委）批复同意葛维昌任申能集团副总经理，兼燃气集团总经理。

2004年

1月1日　上海市政府举行西气东输上海通气仪式，中共上海市委副书记、市长韩正，国家发改委副主任、西气东输工程领导小组组长张国宝，国家计委、中国石油和有关部门领导出席，申能集团董事长李关良、申能集团总经理兼燃气集团董事长杨祥海、申能集团副董事长吴家骅、燃气集团总经理葛维昌等参加仪式。会上，上海天然气管网有限公司和中国石油集团签署《西气东输天然气销售协议》。

1月6日　燃气集团召开一届二次董事会会议，通过《上海燃气（集团）有限公司合资合同》和《上海燃气（集团）有限公司章程》。

1月21日　中共上海市委副书记、组织部部长王安顺，市委常委、副市长周禹鹏到上海吴泾第二发电有限责任公司现场慰问一线员工。

是日　全市人工煤气输气量和天然气供气量分别达到1 142.87万立方米和290.34万立方米，创历史新高。

2月12日　燃气集团接收上海市政资产经营发展有限公司所持有上海天然气管网公司40％的股权。

2月19日　燃气集团召开2004年度工作会议，李关良、杨祥海出席会议，会议部署全年总体工作和清产核资工作，与下属单位分别签订安全和党风廉政责任书。

2月28日　燃气集团下属大众燃气有限公司对徐汇区桂林西路4 000多人工煤气用户实施天然气转换，标志着西气入沪后，上海市浦西地区大规模转换工作全面启动。

3月2日　申能（集团）有限公司召开一届三十次董事会会议，决定投资上海燃气（集团）有限公司，具体方案为：上海燃气（集团）有限公司注册资本金42亿元，申能集团投资23.1亿元，占55％股权。决定投资上海电气集团有限公司，具体方案为：上海电气集团有限公司注册资本金90.1亿元，申能集团以现金方式出资5亿元，占5.55％股权。决定向申能股份转让持有的核电秦山联营有限公司12％股权，转让秦山第三核电有限公司10％股权，转让安徽池州九华发电有限公司20％股权。

3月5日　上海燃气浦东销售有限公司职工张群成为上海市第32位捐献造血干细胞志愿者，同时也是申能集团第一例成功配对的造血干细胞志愿者。

3月17日　燃气集团总经理葛维昌接待日本林内株式会社会长山崎善郎。

3月22日　申能集团总经理助理吴建雄出席第14届国际LNG年会。

3月31日　2004年上海国际燃气技术与设备博览会在上海展览中心举行，杨祥海、葛维昌出席开幕仪式。

4月20日　上海大众燃气有限公司在崇明举行上海崇明大众燃气有限公司揭牌仪式。

5月1日　周禹鹏到燃气调度中心和燃气市北销售公司慰问节日期间坚守岗位的燃气职工。

是日　上海市副市长杨晓渡到上海外高桥第二发电有限责任公司慰问节日期间坚守岗位的外二发电职工。

5月13日　中国石油化工股份有限公司总裁王基铭访问申能集团，商谈有关投资LNG项目事宜。

是日　上海市副市长唐登杰赴上海外高桥第二发电有限责任公司调研。

5月18日　国家电力监管委员会主席柴松岳视察上海外高桥第二发电有限责任公司。

5月25日　中共中央政治局常委、国务院总理温家宝在韩正及国家有关部委领导的陪同下，视察上海外高桥第二发电有限责任公司。

是日　申能股份有限公司召开第十六次股东大会。审议通过《公司投资上海外高桥第三发电厂项目的报告》《公司2004年度增发A股的报告》等8项决议。大会选举增补陈光华为公司第四届董事会独立董事。

5月27日　上海市副市长胡延照到上海吴泾第二发电有限责任公司调研。

6月8日　申能股份实施2003年利润分配方案：以2003年度末总股本17.93亿股为基数，每股分配现金红利0.30元，送红股0.2股，资本公积金转增股本0.3股，方案实施后公司总股本增至26.90亿股。

6月10日　申能集团副总经理葛维昌分别接待日本丸荣液化气公司和苏格兰工商委能源部一行。

6月14日　申能集团副董事长吴家骅、总经理助理吴建雄赴马来西亚出席亚洲石油大会。

6月16日　葛维昌接待世界液化气协会副主席陈远慰。

6月30日　上海市政协主席蒋以任到外高桥第二发电有限责任公司视察慰问。

7月4日　上海燃气市北销售有限公司在宝山区富浩花园举行第100万天然气用户通气仪式，上海市天然气发展进入新的发展阶段。

7月7日　燃气集团提出要用3年时间打赢扭亏、降差、整合"三大硬仗"。

7月15日、30日　周禹鹏在杨祥海、葛维昌等陪同下，到乐客多超市七宝龙城店和扬子饭店调研上海市燃气空调工作。

7月15日　上海申能房地产有限公司参与上海安居房工程，开发建设浦东新区周浦基地4号地块汇腾苑住宅项目。该项目总投资3.9亿元，总建筑面积14.9万平方米，由申能房产公司全额投资；2005年8月20日开工建设，2007年1月21日竣工。此后，公司又多次参与上海安居房工程。

7月17日　李关良赴伊朗德黑兰参加"博鳌亚洲论坛能源论坛"。

7月26日　胡延照到上海外高桥第二发电有限责任公司调研。

8月3日　李关良、吴家骅等接待中国海洋石油总公司副总经理蒋龙生。

8月23日　上海市总工会批复同意仇伟国担任申能(集团)有限公司工会第三届委员会主席，周燕飞、谈金龙任副主席。

8月24日　李关良、杨祥海向上海市副市长杨雄汇报燃气集团工作。

8月30日　上海市政府召开常务会议，要求3年内净增600台燃气空调，为今后用绿色能源替代燃煤燃油锅炉、减少城市污染排放奠定基础。

9月5日　"2004年中国企业500强发布会暨高层论坛"在重庆举行，申能集团位列第427位，比2003年上升8位。

9月6日　东方证券股份有限公司与美国雷曼兄弟(欧洲)公司签署有关合格境外机构投资者境内证券投资代理的经济协议和服务标准协议。公司成为雷曼兄弟在深圳交易所和上海交易所两市挂牌交易证券的指定交易代理机构。

9月16日　上海吴淞煤气制气有限公司4台重油制气炉改制项目投入运行，公司日生产煤气能力从180万立方米提高到210万立方米。

10月1日　中共上海市委常委、市委组织部部长姜斯宪在李关良、宋振林等陪同下，到上海浦东煤气制气有限公司慰问节日加班职工。

10月15日　国家发改委同意上海外高桥第三发电厂工程开展前期工作。2005年12月26日，国家发改委核准批复上海市发展和改革委员会(简称市发改委)《关于上海外高桥电厂三期工程项目可行性研究报告的请示》。

10月30日　李关良陪同韩正会见伊朗石油部部长赞甘内(Bizhan N. Zanganeh)一行。

是日　李关良陪同周禹鹏会见壳牌集团董事局副主席马博德。

11月1日　962777燃气热线开通，提供燃气故障报修、服务咨询、液化气送瓶、投诉受理等一站式服务，实现与上海市应急联动中心的并网联动。

11月2日　申能(集团)有限公司召开一届三十二次董事会会议，同意根据2004年9月3日公司与中国海洋石油总公司签署的《合作建设上海LNG接收站和海底输气干线项目原则协议》抓紧筹建合资公司，公司与中国海洋石油总公司在该合资公司中的出资比例分别为55％和45％。

11月17日　上海市国资委批复同意吴建雄为申能(集团)有限公司副总经理。

12月1日　吴家骅参加中国电力监督委员会华东电力市场领导小组会议。

是日　经中国证券业务协会从事相关创新活动评审，东方证券成为从事相关创新活动的试点证券公司。

12月2日　李关良陪同周禹鹏会见伊拉克石油部部长加德班。

12月30日　国家西气东输工程建设领导小组办公室在北京人民大会堂举行西气东输工程投产庆典暨表彰大会，上海天然气管网有限公司获全国五一劳动奖状，管网公司常务副总经理张十金获国家西气东输工程建设先进个人称号。

12月31日　申能集团与中国海油成立合资公司——上海液化天然气有限责任公司，召开首届一次股东会会议和首届一次董事会。股东双方签署合资合同和合资公司章程。上海液化天然气有限责任公司由申能(集团)有限公司持股55％，中海油气电公司参股45％，主要负责上海液化天然气(LNG)接收站和输气管线项目。2005年2月28日公司挂牌。2007年1月22日，上海液化天然气项目接收站主体工程开工，一期建设规模为300万吨/年。该项目的建成，对保障上海燃气安全供应，形成多气源格局具有重要意义。

2005 年

1月4日　申能股份有限公司入选"上证红利样本股"。

1月12日　经中国证券监督管理委员会批复,东方证券股份有限公司为主发起的汇添富基金管理有限公司获准开业。

1月21日　上海液化天然气有限责任公司完成工商注册登记。2月28日,上海液化天然气有限责任公司在市政府会议室举行挂牌仪式,中共上海市委副书记、市长韩正,市委常委、副市长周禹鹏,中国海油总经理傅成玉,申能集团董事长李关良、总经理杨祥海等出席仪式。

2月1日　上海燃气(集团)有限公司的标志设计方案确定。整款标志由绿色背景图案和黄色前景图案两个部分组成。背景图案呈"1"字形,传承上海燃气百余年发展历史,稳健而具活力,示意其深厚的企业文化底蕴和争创行业领先的信心。

2月2日　申能集团成功发行10亿元十年期企业债券,为公司天然气管网建设筹措资金。2005年7月18日,企业债券在上海证券交易所上市。

2月5日　上海外高桥第三发电有限责任公司工商注册成立。由申能股份有限公司(40%)、国电电力发展股份有限公司(30%)、上海电力股份有限公司(30%)共同投资组建。

2月22日　李关良陪同周禹鹏会见澳大利亚驻华大使唐茂思和澳大利亚伍德赛能源公司首席执行官Don Voelte。

是月　上海市国资委任命王寿芝为申能(集团)有限公司监事会主席、党建督察员。

3月1日　上海申能物业管理有限公司物业管理资质由物业三级跃升至物业一级资质,成为上海首批26家一级企业之一。

3月3日　杨祥海等接待高盛公司亚洲区主席Mike Evans。

3月16日　李关良陪同韩正会见美国康宁公司代表团。

3月18日　杨祥海陪同周禹鹏会见英荷壳牌公司代表团。

是日　中共申能集团委员会会议通过《申能股份管理体制调整的实施方案》,明确集团与申能股份管理关系的基本原则。

3月21日　杨祥海、宋振林、葛维昌等申能、燃气集团领导就燃气集团当前主要工作向上海市副市长杨雄作专题汇报。

3月25日　为理顺集团与申能股份的管理关系,中共申能(集团)有限公司委员会批准成立中共申能股份有限公司委员会和中共申能股份有限公司纪律检查委员会。仇伟国任党委书记、吴家骅任党委副书记。

3月31日　上海燃气(集团)有限公司官方网站开通。网站开设企业介绍、组织结构、企业动态、服务导航、科技常识、专业论文和962777热线等栏目。作为申能集团最大的对外服务窗口,燃气集团官网的开通有利于塑造企业形象,更好地与市民沟通,为用户服务。

是日　为理顺天然气销售上下游关系,上海天然气管网有限公司与大众燃气、市北销售、浦东销售三家销售公司及浦煤制气、石煤制气、吴煤制气三家制气公司分别签署《天然气购销合同》。此举是燃气集团落实沪府指示精神,实现"X+1+X"战略目标的重要环节。

4月1日　申能股份有限公司召开第十七次股东大会。会议表决通过《申能股份有限公司第四届暨2004年度董事会工作报告》等4项决议。选举王根和、王敏文、孙铮、任光辉、张建伟、吴家骅、杨祥海、何晓斌、陈铭锡、赵宇梓、徐国宝11人为第五届董事会董事,其中王根和、孙铮、任光辉、赵宇梓为独立董事;选举仇伟国、张行、陈伟芳为第五届监事会监事,与经职工大会选举产生的职工监事卢为民、李颖共同组成第五届监事会。

是日　申能股份有限公司召开五届一次董事会会议,吴家骅当选为董事长兼总经理。

是日　申能股份有限公司召开五届一次监事会会议,仇伟国当选为监事长。

4月8日　华能上海燃机电厂3台30万千瓦级燃气蒸汽联合循环机组项目开工,该工程于2006年7月底全面建成投产。申能股份有限公司持有股权30%。

4月27日　李关良等接待卡塔尔国家石油公司代表团来访。

5月　上海浦东煤气制气有限公司工会被全国总工会授予全国模范职工之家称号。

是月　上海石油天然气有限公司被市政府评为2003—2004年度上海市文明单位,此后多次获此荣誉。

6月1日　燃气集团修订《对外服务承诺》《规范服务标准》《规范服务用语》和《服务质量征询办法》,并于当日起实施。

是日　上海市国资委批复同意王敏文担任申能(集团)有限公司副总经理。

6月10日　上海市天然气主干网郊环线最后一个标段(宝山段)暨华能上海燃机发电配套工程在石洞口开工兴建。

6月17日　燃气集团向社会推出"燃气营业网点代收公用事业费"便民服务举措,市民可至上海燃气营业网点,缴纳水、电、气、电信等各类公用事业费。

6月20日　申能股份有限公司被中国证监会确定为股权分置改革第二批试点公司。

6月27日　韩正、周禹鹏与市政府副秘书长沈骏等召开市政府常务会议,听取申能洋山LNG、五号沟LNG项目进展汇报。

7月7日　申能(集团)有限公司召开一届三十四次董事会会议,同意上海申能科技发展有限公司重组方案,并更名为上海申能新能源投资有限公司;同意公司增资5 250万元,增资后公司、申能股份有限公司、上海燃气集团分别占上海申能新能源投资有限公司50%、30%、20%股权。2008年,新能源公司增加注册资本至4亿元;2011年,新能源公司增加注册资本至6亿元;2012年,新能源公司增加注册资本至9亿元,各股东出资比例均保持不变。

7月28日　由申能集团、申能股份与上海燃气(集团)共同投资组建的上海申能新能源投资有限公司举行揭牌仪式,周禹鹏、市委副秘书长李良园出席揭牌仪式。申能新能源投资有限公司主要从事风能、太阳能等新能源项目投资。

是月　申能集团党委开展保持共产党员先进性教育活动,历时3个多月。集团党委及下属党组织(含离退休党员)参加此次教育活动。

8月10日　申能股份有限公司召开第十八次股东大会。大会表决通过《申能股份有限公司股权分置改革方案》。

8月12日　燃气集团总经理葛维昌会见来沪访问的印度天然气部部长助理塔尔米兹·阿哈米德等。

8月15日　韩正、周禹鹏、市政府秘书长杨定华以及上海市发改委、市国资委领导到申能集团调研,要求申能进一步突出能源主业,抓紧液化天然气等大型能源项目建设,积极参与上海市能源重大问题研究。

8月17日　申能股份有限公司实施股权分置改革。国家股股东申能集团和国有法人股股东国泰君安证券股份有限公司以其持有的部分股份作为对价，支付给流通股股东，以使公司的非流通股份获得上市流通权。社会法人股不支付对价，也不获得对价。根据公司股权分置改革方案，流通股股东每持有10股获得3.2股股价的对价。股权分置改革完成后公司总股本仍为26.9亿股，其中申能集团持股13.93亿股，占公司总股本的51.79%。

8月21日　2005年中国企业500强名单发布，申能集团位列第412名，比2004年上升15位，同时位列中国服务企业500强第136名，列电力、热力、燃气等生产供应服务业第14名。

8月25日　韩正召开会议研究上海市"十一五"能源规划，上海市副市长冯国勤、周禹鹏、杨雄、胡延照等参加。明确"十一五"期间上海市重点发展天然气，做好能源储备、建设多个能源项目等重大方针；要求申能集团主动承担全市能源安全保障责任。

8月30日　申能集团举行以"弘扬企业文化，构建和谐企业"为主题的纪念上海燃气140周年活动开幕式，燃气系统的老同志、申能系统的劳动模范和优秀党员代表应邀出席；申能系统19家单位的1 400余名员工参加开幕式。杨祥海为开幕式致辞。在整个历时两个月的纪念活动中，还举行巡回图片展、企业文化交流会、"十佳"评选、为民服务暨安全宣传、专题纪念网页和职工文艺汇演等一系列活动。

9月4日　李关良拜会来沪访问的马来西亚副总理达图·斯里·纳吉布·敦·拉扎克。

9月10日　周禹鹏视察上海天然气管网有限公司江桥外环线管道穿越施工现场。

9月15日　第十八届世界液化石油气论坛大会开幕，杨雄到会祝贺，世界液化气协会主席Francis Jan和杨祥海分别致辞。本届论坛大会由世界液化气协会和上海燃气（集团）有限公司共同主办，主题是"液化石油气——无处不在的现代能源"。

9月26日　上海市应急联动中心在南汇区大治河沿线举行燃气应急演练，市政府副秘书长柴俊勇，燃气集团领导李关良、葛维昌以及上海市政府应急管理办公室、上海市应急联动中心、上海市安全生产监督管理局、上海市市政工程管理局等部门的领导出席。

是月　燃气集团和上海林内有限公司通过慈善基金会，联合举行向上海市贫困家庭无偿发放200台林内牌带熄火安全保护装置的台式系列燃气灶、100台强排式热水器的活动，并提供相应的专业配套安装施工服务回报社会。

10月26日　李关良陪同周禹鹏会见澳大利亚工业旅游及资源部部长。

11月6日　杨祥海、吴建雄赴马来西亚进行液化天然气采购谈判。

11月29日　《平湖油气田花港组油藏剩余油分布及调整措施的研究与实践》获上海市科学技术进步奖二等奖。

12月22日　周禹鹏以及上海市发改委、上海市经济委员会、上海市建设委员会、上海市市政局有关领导到燃气集团调度中心调研，了解当前燃气保高峰供应工作。

12月25日　周禹鹏和上海市发改委主任蒋应时在燃气集团领导杨祥海、葛维昌陪同下，到青浦区中石油西气东输管道公司白鹤末站和上海天然气管网公司白鹤首站，慰问在燃气保高峰供应的职工。

12月26日　申能（集团）有限公司召开一届三十六次董事会会议，通过《申能（集团）有限公司"十一五"发展规划》。

12月27日　被列入2006年上海市政重大工程的上海白鹤加压站建成投运。

是年　申能集团制定《申能（集团）有限公司职工帮困专用资金管理章程》和《申能（集团）有限公司职工帮困专用资金管理（试行办法）》，建立系统三级职工帮困网络和长效机制。

是年　申能股份有限公司入选由中央电视台经济频道《中国证券》举办的"2005年度最具价值的上市公司"评选活动最佳公司治理奖前五名。

2006年

1月18日　集团董事长李关良、总经理杨祥海向中共上海市委副书记、市长韩正，中共上海市委常委、副市长周禹鹏汇报与马来西亚石油公司LNG资源采购合同谈判进展（情况）。

2月16日　上海外高桥电厂二期工程竣工典礼和三期工程开工仪式同时举行。国家发改委副主任张国宝，上海市副市长周禹鹏，市政府副秘书长李良园、徐建国以及市政府各有关委办负责人等参加庆典。

2月20日　周禹鹏、杨祥海等到外交部，向外交部副部长武大伟汇报上海向马来西亚采购LNG资源工作。

3月21日　燃气集团召开一届六次董事会会议，审议并通过《上海燃气（集团）有限公司2005年工作总结暨2006年工作要点》《关于大众公用股权分置改革方案的意见》《关于大众公用法人股更名的意见》；听取上海燃气（集团）有限公司清产核资情况汇报。

3月22日　申能集团信息工作会议召开，要求系统各单位充分认识信息工作的重要性，并决定创刊《综合信息》。

3月23日　日本大阪煤气公司野村明雄会长拜访燃气集团。

是月　申能集团出台《申能（集团）有限公司科研资金管理暂行办法》，规定集团每年计提上年净利润的2%作为科研经费，用于能源领域的科研开发和技术创新，重点支持新能源、环保和节能项目的创新研究和开发应用。

4月20日　上海市应急联动中心和上海燃气集团在闵行区紫月路联合举行上海市首次高压天然气管道突发事故应急处置实战演练。

4月26—28日　由中国企业文化研究会主办的首届中国企业文化传媒论坛在北京人民大会堂举行，《今日申能》获中国企业文化传媒优秀内刊二等奖。

5月　上海燃气市北销售有限公司"杨代表热线"设立第8年，热线创始人杨国良获得全国五一劳动奖章；上海石油天然气有限公司被上海市总工会授予上海市五一劳动奖状。

6月2日　申能股份有限公司实施公募增发股票，成为股改后首家公募增发的上市公司。发行价格为每股5.92元，发行数量为2亿股，发行完成后的总股本为28.9亿股，公司实际募集资金11.59亿元。

6月7日　中共上海市委副书记刘云耕，市政府副秘书长洪浩以及中共上海市政法委员会、上海市人民政府办公厅、上海市公安局、中国人民武装警察部队上海市总队等有关领导，到燃气集团检查"上海合作组织峰会"燃气保障准备工作情况。刘云耕到访燃气调度中心和962777热线平台，了解燃气生产、供应、服务以及应急处置情况。

6月26日　李关良陪同周禹鹏等市领导接待安徽省发展和改革委员会、淮北市人民政府、马鞍山市人民政府、安贵生能源集团有限公司领导来访。

6月28日　上海申欣环保实业有限公司成立，由上海申能新能源投资有限公司、申能股份有限公司工会委员会和上海世澄环保工程有限公司共同出资组建，分别占股60%、20%和20%，是全国首家电力环保第三方治理企业。

6月30日　中共东方证券股份有限公司委员会被评为全国先进基层党组织、上海市先进基层党组织和上海金融系统先进基层党组织。

7月8日　国家发改委副主任张国宝在中国中煤能源集团有限公司(简称中煤集团)大楼召开煤制二甲醚会议,确定由申能集团代表上海参股。

7月20日　申能集团召开首届科技创新大会,并举行燃气集团科研培训中心揭牌仪式。

7月31日　上海液化天然气有限责任公司与马来西亚石油LNG公司签订25年的资源供应协议,马来西亚石油LNG公司每年为上海供应300万吨液化天然气。签约仪式举行前,韩正会见马来西亚石油公司董事长哈桑。

8月8日　上海液化天然气有限责任公司与由日本石川岛播磨重工有限公司、台湾中鼎工程股份公司和五环科技股份有限公司组成的联合体签订接收站EPC合同。

8月11日　申能集团参与投资和建设的内蒙古鄂尔多斯300万吨二甲醚及其配套工程全面启动。该工程由国家发改委直接倡导和推动,由申能集团、中国中煤能源集团公司、中国石油化工股份有限公司等共同投资约210亿元,申能集团占股12.5%;2007年9月24日中天合创举行揭牌仪式,2009年12月22日申能集团将所持中天合创股份转让给申能股份有限公司。

是月　上海天然气管网有限公司五号沟LNG气源备用站扩建工程开工,项目投资10亿元,新建2座5万立方米的LNG储罐和相应的专用码头和气化等附属设施。

是月　上海吴泾第二发电有限责任公司被评为2006年全国电力行业QC小组活动优秀企业。

9月2日　"2006年中国企业500强发布会暨高层论坛"在河南郑州举行。申能集团位列中国企业500强第269名,比2005年上升143位;同时位列中国服务企业500强第84名,比2005年上升52位;列电力、热力、燃气、给水等供应服务业第3名,比2005年上升11位。

9月7日　申能(集团)有限公司召开一届三十八次董事会会议,同意公司与申能股份有限公司、比利时富通银行共同出资设立申能集团财务有限公司,注册资本为人民币5亿元,其中公司占财务公司总股本的65%。

是日　申能集团党委决定,仇伟国担任中共上海燃气(集团)有限公司党委书记。

9月11日　申能集团副董事长吴家骅赴美国、德国、荷兰考察IGCC项目。

9月21日　申能集团领导杨祥海、王敏文分别代表申能(集团)有限公司、申能股份有限公司与富通银行执行董事兼商人银行执行总裁Filip Dierckx在比利时首相府签署《关于成立申能集团财务有限公司的出资及股东协议》。中共中央政治局委员、国务院副总理曾培炎和比利时首相伏思达共同出席并见证签字仪式。经过一年的谈判,申能集团、申能股份和富通银行成功完成关于合资组建财务公司协议的签署工作,标志着申能财务公司的筹建工作取得重大进展。

9月22日　美国埃克森美孚天然气及发电公司总裁到访申能集团。

11月1日　上海天然气管网有限公司与中国石化股份公司签订川气东送项目《天然气销售和购买意向书》,表达对川气资源的需求意向。

是日　为加强环境保护工作,上海吴泾第二发电有限责任公司2台60万千瓦燃煤发电机组烟气脱硫工程开工,上海市第一套60万千瓦燃煤发电机组实施脱硫改造项目启动。2008年6月1日,公司2台60万千瓦机组脱硫系统全部建成并投入运行。

11月3日　东海平湖油气田扩建二期工程八角亭区块投产,实现产能部分接替。2013年8月16日,东海平湖油气田辅助平台建设工程启动。2016年6月21日,东海首口大位移井ZG1井进入流程生产,标志平湖油气田中山亭中一中断块的成功开发和平湖油气田辅助平台工程的实际建成投产。

11月6日　周禹鹏视察东海平湖油气田扩建工程。

12月8日　上海液化天然气项目获得国家发改委的核准。

12月11日　五角丰达商住楼项目开工建设,上海申能房地产有限公司与上海英达莱房地产有限公司合资组建上海和济房地产有限公司,双方各占50%股份。开发建设杨浦区五角场镇316号街坊五角丰达商住楼项目。2011年8月30日,公司受让上海和济房地产有限公司50%股权,全资经营管理五角丰达二期商办楼项目,项目于2012年5月31日竣工。

12月28日　申能集团设立申能财务公司的申请获得中国银行业监督管理委员会批复。

是月　根据市物价局通知,上海市从12月起实施燃气价格形成机制方案,并分步出台燃气价格调整措施。先行出台非居民用户人工煤气调价措施,每立方米基准价拟上调0.35元;同时,实行季节性差异价格,高峰季节(12月至次年3月)在基准价基础上每立方米加价0.20元,平谷季节(4月至11月)在基准价基础上降价0.10元。对公益性较强的燃气用户,价格暂不作调整。

是年　申能股份有限公司入选由人民网、新华网、搜狐网等多家权威网站公众投票参与产生的"第三届中国能源电力行业十大影响力品牌"。

是年　申能股份有限公司荣列由中国证券报社评选的"2006年中证上市公司综合百强""2006年中证上市公司主营百强"和"2006年中证上市公司市值百强"。

2007 年

1月10日　中共上海市委常委、副市长周禹鹏,市政府副秘书长李良园、沈骏到液化天然气(LNG)接收站施工现场视察。

1月11日　申能集团召开一届三十四次监事会会议,审议通过《关于科技创新工作的专项检查报告》《申能(集团)有限公司监事会2006年度工作总结》和《申能(集团)有限公司监事会2007年度工作要点》。

1月12日　申能集团总经理杨祥海陪同周禹鹏去浙江省,与浙江省副省长王永明及有关部门商谈上海LNG建设有关事项。

1月17日　中国银行行长李礼辉访问申能集团。

1月22日　上海液化气项目一期工程举行开工仪式,中共上海市委代理书记、市长韩正,市委常委、副市长周禹鹏,副市长杨雄以及国家发改委、外交部等国家部委和浙江省、上海市、舟山市等省、市政府有关部门领导,中国海洋石油总公司、马来西亚石油、日本石川岛播磨等公司代表出席。

1月24日　燃气集团召开管理创新工作交流推进会,并举行燃气集团《管理与创新专题汇编》首发式。

2月12日　申能集团与上海临港经济发展(集团)有限公司签署合作备忘录,申能集团决定在临港产业区配套建设160万千瓦燃气发电厂;建设天然气主干管网临港LNG首站等项目。

2月15日　申能股份有限公司编印《申能股份有限公司管理制度汇编》,共上、中、下三册。

2月16日　申能财务公司第一次股东大会召开,审议并通过《申能集团财务有限公司公司章程的议案》和《关于选举公司董事并成立董事会的议案》。

2月26日　在上海市平安建设推进大会上,市综治办将燃气管道占压整治列为上海市2007年"平安建设"实事工程专项整治特殊项目。

2月27日　为配合川气东送和进口LNG工程的实施,天然气主干网二期工程开工,项目投资

15.04亿元。

3月16日　上海液化天然气有限责任公司与中国银行股份有限公司上海市分行为牵头行的银团签署融资合同,中共上海市委常委、常务副市长冯国勤出席签约仪式。

3月23日　国家电监会主席尤权在华东电监会、申能股份领导的陪同下,到上海外高桥第二发电有限责任公司参观考察。

是日　冯国勤,市政府副秘书长姜平、市国资委主任杨国雄等到申能集团调研。

4月12日　申能集团在上海市电力工业"上大压小"、节能减排工作会议上签订《关停小火电责任书》,明确申能集团关停崇明16.5万千瓦小火电机组,新建40万千瓦燃机的"上大压小"任务,以及南市热网、杨树浦热网的供热衔接和配套燃气供应任务。

4月23日　申能集团与上海市科学技术协会签署《"申能杯"青少年动手大赛合作协议》,申能集团赞助大赛15万元,取得赛事冠名权。

4月26日　召开中共申能集团系统党员代表会议,选举仇伟国、高玉珍为中共上海市第九次代表大会代表。

是日　上海上电漕泾发电有限公司成立,注册资本14.4亿元,申能股份有限公司持有股权35%。该项目是集团公司响应国家"上大压小"政策而建设的2台百万千瓦燃煤机组,两台机组分别于2010年1月和4月顺利投产。

4月29日　燃气集团与奉贤、南汇、青浦、松江及金山五家郊区燃气销售公司签署天然气购销合同及用气管理委托协议,迈出搭建上海市燃气结算平台、规范燃气结算关系的重要一步。

5月9日　申能集团召开一届董事会2007年第二次临时会议,聘任陈铭锡为公司财务总监。

5月14日　马来西亚国家石油公司总裁兼首席执行官哈桑访问申能集团。

5月23日　燃气集团与大阪煤气公司签署《技术交流合作基本协定书》,进一步扩大和加强双方的技术交流和合作。

5月25日　申能集团增资太平洋保险(集团)股份有限公司,持股由此前的6.02亿股增加到12.78亿股,占总股本的比例则由14%增加到19.08%,成为中国太保第二大股东。

6月6日　五号沟液化天然气(LNG)事故应急气源备用站扩建项目储罐升顶暨专用码头开工仪式举行,冯国勤出席仪式并宣布升顶开始,标志着扩建工程取得阶段性进展。

6月19日　申能集团与奉贤区青村镇经济薄弱村丁夏村签订"结对帮扶"协议书,向困难党员、群众赠送慰问金,并将就增进村级经济造血功能及促进村级社会发展等方面开展工作。2008年5月,集团向丁夏村捐赠50万元,用于修建村级道路等。

是日　"2007燃气企业高峰研讨会"在沪召开。会议由中国城市燃气协会和上海燃气(集团)有限公司共同发起,来自中国城市燃气协会、上海市燃气管理处以及北京、天津、上海等城市燃气企业的领导与会,围绕会议主题"天然气,让城市生活更美好"以及共同关注的行业发展问题展开研讨。

6月25日　杨祥海任中国太平洋保险股份公司副董事长。

是月　随着天然气转换工作的推进,上海市市区居民天然气用户已达到210.7万余户,比人工煤气用户多出近3 000户,首次超过人工煤气用户数,上海市天然气发展取得阶段性成果。

7月2日　申能股份有限公司入选"沪深300公用事业指数样本"。

7月11日　上海市副市长胡延照及市政府副秘书长周波、市经委主任王坚、市国资委主任杨国雄等到申能集团调研。

7月22日　申能集团财务有限公司经中国银监会批准开业。这是上海第一家经中国银监会批准设立的中外合资财务公司,同时也是上海近10年来获批成立的第一家财务公司。中国银监会副主席蔡鄂生,中共上海市委常委、常务副市长冯国勤出席开业仪式并揭牌。申能集团财务有限公司注册资本金5亿元,申能集团、申能股份和富通银行的出资比例分别为65%、25%和10%。公司业务范围主要包括为申能集团成员单位提供结算、存款、贷款等金融服务。

7月30日　由申能集团精神文明委员会主办、《今日申能》编辑部承办的申能集团企业文化征文活动圆满结束。该活动历时一年,系统内20家单位参与,共选送104篇作品。

8月1日　李关良、杨祥海向韩正汇报宝钢直排天然气管道、临港燃机、崇明电厂建设项目等工作。

8月2日　上海市安全委员会办公室常务副主任、市安全生产监督局局长谢黎明率队到申能集团下属上海石油天然气有限公司、上海天然气管网有限公司、外高桥发电厂三期等督查隐患排查治理工作。

9月1日　"2007年中国企业500强发布会暨中国大企业峰会"在武汉举行,申能集团列第286名,列服务业企业500强第92名,列电力、热力、燃气、给水等供应服务业第3名。

9月24日　东方证券股份有限公司承销的中国债券史上首只公司债券——长江电力股份有限公司公司债在上海交易所上市交易。

9月29日　随着瑞金医院、第九人民医院、妇产科医院、金玉兰广场和色织三厂5家大用户和另外14家单位用户全部完成通气切换,南市热网转换工作宣告顺利完成。

10月18日　上海申欣太阳能发电有限公司举行成立揭牌仪式,该公司是上海申能新能源投资有限公司全资子公司。

10月19日　燃气集团总经理葛维昌接待来访的日本林内株式会社会长内藤,双方就业已开展的合作及共同关心的新一轮发展问题进行深入交流。

10月23日　国务委员兼国务院秘书长华建敏发来贺信祝贺申能成立20周年。

11月1日　燃气集团推出《燃气服务收费手册(居民用户部分)》,集团统一服务收费工作迈出实质性一步。

11月4日　华建敏在杨雄陪同下,到上海外高桥第二、第三发电有限责任公司视察指导电力生产和工程建设情况。

11月10日　中国质量协会发布2007年度全国实施用户满意工程先进单位名单,燃气集团"销售服务"项目获2007年全国用户满意服务称号,这是燃气集团成立以来首个以集团名义获得的全国性对外服务荣誉称号。

11月24日　因燃气集团液化气经营公司下属太平洋有限公司违规转发包,施工方操作不当,致中石油浦东浦三路加油站发生爆炸事故,造成4人死亡、多人受伤的严重后果。事故有关责任人受到行政开除、行政记过等处分。

11月26日　全国政协副主席、中国工程院党组书记、院长徐匡迪为庆祝申能成立20周年题辞:"电气并举,加快发展,立足上海,走向全国。"

是月　共青团申能(集团)有限公司委员会召开第三次代表大会,选举新一届团委委员,选举瞿佳为团委书记。

12月10日　申能集团副董事长吴家骅接待联合国前副秘书长莫里斯·斯特朗来访。

12月20日　上海天然气管网有限公司与中国石油天然气股份有限公司签署《西气东输二线天

然气买卖与输送框架协议》，为上海多气源格局的形成提供支持和保障。

12月27日　庆祝申能成立20周年歌咏会在上海音乐厅举行。

是月　中共上海市委副书记、市长韩正发来贺信，指出申能成立20年来，出色完成一大批与上海社会经济发展和人民群众生活密切相关的重大能源基础设施项目，为上海能源事业发展和保障上海城市能源安全供应发挥重要作用，取得经济效益和社会效益的双丰收。

2008年

1月8日　上海LNG一期1号罐升顶成功，至此上海LNG一期工程三个储罐的升顶顺利完成。

1月11日　"东海边际气田水下生产系统关键技术研究"被国家科技部列入国家863计划海洋技术领域重点项目。

1月16日　申能集团2008年第一期短期融资券发行，规模20亿元，发行期限271天，利率4.89%，较同期银行贷款利率减少2.5个百分点。这是上海地区首只AAA级短期融资券产品。

1月21日　申能股份入选"沪深300价值样本股"。

是月　上海天然气管网有限公司分别与新疆广汇液化天然气有限责任公司和马来西亚液化天然气公司签署LNG供应合同，燃气集团总经理葛维昌出席。

2月23日　东证期货公司开业典礼在上海期货大厦举行。上海市证券监督管理局、各期货交易所领导出席本次典礼。

2月27日　上海市天然气主干管网二期工程开工仪式在松江区新浜镇举行。

3月18日　上海五号沟液化天然气（LNG）事故备用站扩建工程LNG槽车装卸区顺利投入试运行，新疆广汇和珠海两地的LNG资源成为上海天然气补充气源和事故备用气源。

是日　燃气集团各营业窗口对所有的居民燃气新装用户提供新装"二次上门"检查服务。

3月26日　上海外高桥电厂三期工程7号机组顺利通过168小时连续满负荷试运行。2008年6月7日，8号机组通过168小时连续满负荷试运行，投入生产。

4月24日　中共上海市委组织部、市国资委党委在申能集团领导班子调整会议上宣布由杨祥海担任集团公司党委书记、董事长，吴建雄担任集团公司党委副书记、总经理。

5月8日　申能股份有限公司召开第二十二次股东大会。会议表决通过《申能股份有限公司第五届董事会工作报告》等7项决议。会议选举仇伟国、宁黎明、孙忞、朱荣恩、杜志淳、张建伟、吴建雄、须伟泉、徐国宝、葛维昌、薛钟甦11人为第六届董事会董事，其中宁黎明、朱荣恩、杜志淳、薛钟甦4人为公司独立董事；选举张行、陈铭锡、邬跃舟3人为第六届监事会监事，与另经职工大会选举产生的职工监事谢峰、闻松青共同组成第六届监事会监事共5名。

是日　申能股份有限公司召开六届一次董事会会议，选举仇伟国为公司第六届董事会董事长，同意聘任徐国宝为公司总经理。

是日　申能股份有限公司召开六届一次监事会会议，会议选举陈铭锡为公司第六届监事会主席。

是日　中共申能（集团）有限公司委员会同意中共申能股份有限公司委员会委员由仇伟国、徐国宝、须伟泉、奚力强、余永林、宋雪枫6人组成，仇伟国任书记，徐国宝、须伟泉任副书记。

5月10日　申能集团与上海世博会事务协调局签署协议，申能集团成为2010年上海世博会电力生产和燃气供应高级赞助商。中共上海市委常委、常务副市长、上海世博会执委会常务副主任杨雄等出席仪式。

5月15日　上海申源燃料有限公司工商注册成立,6月19日公司举行揭牌仪式。申源燃料公司由申能股份有限公司(60%)和国电电力发展股份有限公司(40%)合资组建,注册资本5000万元。2009年12月9日,上海申源燃料有限公司名称变更为上海申能燃料有限公司。

5月19日　燃气集团召开一届九次董事会会议和二届一次董事会会议,吴建雄当选为燃气集团董事长。

5月20日　为帮助四川地震灾区抗震救灾,申能集团系统单位和员工个人捐款合计近1300万元。其中,申能集团通过上海市民政局向四川地震灾区捐款800万元,投入都江堰市友爱学校建设。该学校于2009年8月竣工,9月1日开学迎新。

5月21日　吴建雄接待来访的瑞典哥德堡市市长岳冉·约翰松及哥德堡商业大区执行总裁、哥德堡能源公司总裁。

5月26日　申能股份有限公司入选"中证红利样本股"。

5月29日　上海燃气援助四川地震灾区车队从上海出发,开赴绵阳灾区。于5月31日下午2时左右平安抵达绵阳。

6月12日　上海吴泾第二发电有限责任公司二号机组获国家电力监管委员会颁发的2007年度全国发电可靠性金牌机组(火电60万千瓦级)荣誉称号。2009年5月,一号机组获2008年度全国发电可靠性金牌机组(火电60万千瓦级)荣誉称号。

6月20日　燃气集团成功举行奥运燃气应急处置演练。

是月　上海天然气管网有限公司被命名为上海市国资委基层党建示范基地,上海燃气浦东销售有限公司第一营业所被命名为上海市国资委党支部建设示范点。

7月3日　申能股份、液化天然气公司和上海天然气管网公司分别与临港集团签署临港燃机电厂一期、LNG陆上输气管线工程和管网临港首站、LNG临港末站等5个土地补偿协议,为推进集团各单位在临港新城的项目奠定基础。

7月4日　上海申能房地产有限公司在闵行区虹井路地块建造的申能能源中心项目开工,总投资3.14亿元,总建筑面积4.57万平方米,由申能集团投资。该项目于2010年12月18日竣工。

7月15日　住房和城乡建设部副部长黄卫,公安部副巡视员肖健到浦煤制气公司、管网公司检查和督导奥运安全保卫工作。

7月29日　申能股份总经理徐国宝、申源燃料公司总经理华士超参加市政府代表团走访山西、内蒙古落实煤炭资源。

7月30日　华能上海石洞口发电有限责任公司成立,注册资本9.9亿元,申能股份有限公司持有50%股权。公司拥有2台66万千瓦级燃煤机组,工程于2008年6月开工建设,两台机组分别于2009年10月15日和11月15日建成投产。

8月16日　杨雄召开申能集团LNG项目建设推进会,讨论海域开放,海管、陆管开工点,渔政利益等诸多重要问题,明确特事特办、加快进度的要求。

8月22日　国家建设部督查组到上海浦东煤气制气有限公司检查安保反恐怖工作。

8月25日　上海吴泾第二发电有限责任公司《探索创新管理,落实节能减排——提高火电厂煤污水综合利用》成果获得全国电力行业企业管理创新成果二等奖。

是月　杨祥海随中共上海市委副书记、市长韩正率领的上海市代表团出访阿联酋、土耳其和西班牙，出席巴塞罗那市参展上海世博会合同签字仪式及上海—伊斯坦布尔结好20周年纪念活动等。

9月5日　申能股份有限公司召开第二十三次股东大会，会议审议通过《申能股份有限公司关于拟发行短期融资券的报告》。公司由承销机构以余额包销方式在全国银行间债券市场公开发行注册规模不超过人民币40亿元的短期融资券。

9月25日　申能集团2008年第二期短期融资券发行，规模为15亿元，利率4.57%，期限365天。

9月27日　申能集团召开2007—2008年度科技创新、节能减排大会。

10月14日　"申能集团迎世博600天行动动员大会暨世博园区燃气配套通气点火仪式"在世博园区中国馆馆址前举行。上海世博局副局长黄健之，上海市迎世博600天行动城市管理指挥部办公室主任花以友和申能集团总经理吴建雄共同点燃象征世博园区顺利实现天然气通气的火炬，世博园区燃气配套工程管网全线贯通。Ⅰ、Ⅱ标段获上海市文明工地称号。

10月22日　中共上海市委常委、组织部部长沈红光到申能集团调研企业党建与法人治理结构等工作。

是日　日本石川岛播磨重工业株式会社副社长武井利郎访问集团。

10月28日　吴淞制气公司迎来建厂70周年，吴建雄、仇伟国、葛维昌等出席纪念仪式。

11月4日　全国政协副主席、国家科技部部长万钢，科技部副部长杜占元到上海外高桥电厂三期工程（简称外三工程）视察并作外三工程节能减排科技创新经验要向全国推广的重要讲话。

11月15日　马来西亚LNG运输船"阳箭轮"顺利靠泊五号沟LNG专用码头，开创液化天然气船在内河港口卸液的国际先例。16日，五号沟液化天然气（LNG）气源备用站扩建工程建成投运暨马石油首船交付仪式在工程现场举行。上海市人大常委会副主任周禹鹏出席仪式并宣布工程建成投运。该工程建成投运使上海天然气安全保障能力显著提升。

11月18日　中共申能集团党委决定，谈金龙担任中共上海燃气（集团）有限公司委员会书记。

11月20日　上海世博局与申能集团签署开发建设"中国馆、主题馆太阳能并网发电项目"协议。该项目以申能新能源公司为建设主体，在世博园区的中国馆和主题馆建设总规模3 127千瓦的建筑一体化世博太阳能光伏发电装置。2009年9月28日项目竣工并开始发电；2010年1月11日并网发电。

12月5日　上海天然气日供应量达1 012万立方米，首次突破千万立方米，创上海市天然气日供应量历史纪录。

12月6日　中共中央政治局委员、上海市委书记俞正声，中共上海市委副书记、市长韩正，市人大常委会主任刘云耕，市政协主席冯国勤和常务副市长杨雄等市级领导视察洋山岛LNG项目建设情况，现场听取LNG项目汇报。

12月15日　俄罗斯达兴能源金融工业集团公司执行总裁卡罗列夫·安德烈访问申能集团。

12月18日　上海华能启东风力发电有限公司一期项目（9.15万千瓦）并网发电；2011年，二期项目（9.4万千瓦）并网发电。上海申能新能源投资有限公司持股该项目35%。

是日　申能股份获准公司短期融资券注册，注册金额40亿元，有效期至2010年12月15日，可在有效期内分期发行。本次短期融资券发行已经在2008年9月5日召开的公司第二十三次股东大会上审议通过。

12月26日　申能股份有限公司发行首期短期融资券20亿元，发行利率2.2%，是债务融资工具创设以来最优惠利率。

是月 燃气集团获2008年度"全国用户满意企业"称号。

是年 申能集团工会举办"迎庆奥运"运动会,5—10月间先后开展篮球、羽毛球、乒乓球、足球以及拔河、跳绳等系列比赛活动。

是年 申能股份有限公司荣列《中国证券报》评选的"第十届中国上市公司金牛奖A股市值百强"。

2009年

1月6日 由申能集团、申能股份和燃气集团共同投资组建的上海申能能源服务公司(简称申能能服)成立,中共上海市委常委、常务副市长杨雄出席仪式并揭牌。申能能服注册资本5 000万元,申能集团占比40％,申能股份、燃气集团各占比30％,是上海地区首家整合型能源服务企业。

是日 在首届"上海慈善大会"上,申能集团被上海市民政局授予抗震救灾捐赠特别奖,中共中央政治局委员、上海市委书记俞正声等市领导会见获奖集体和个人。

1月15日 申能财务公司获中国银监会批复新增四项业务:发行财务公司债券,承销成员单位的企业债券,对金融机构的股权投资,有价证券投资。

2月 上海吴淞煤气制气有限公司重油制气炉停止生产,结束历史使命。

3月19日 上海外高桥第二发电有限责任公司90万千瓦机组模型作为国内同类型火电机组先进代表应邀参加"中国国际节能减排和新能源科技博览会",并被摆放在上海展览馆中央位置。博览会期间,国家副主席习近平到公司展台,了解公司科技创新和节能减排工作情况。

是月 申能集团党委深入开展学习实践科学发展观活动,活动历时半年多。

是月 申能集团党委以"坚持科学发展,做强能源主业"为主题,开展学习实践活动。

4月1日 上海市国资委任命乔志刚为申能(集团)有限公司副总经理。

4月2日 申能集团完成首期30亿元中期票据发行工作。此次发行的中票期限为5年,发行利率3.45％。8月21日发行年内第二期40亿元中期票据,发行期为3年,利率3.6％,募集资金主要用于补充营运资金和改善债务结构。

4月13—14日 申能集团总经理、液化天然气公司董事长吴建雄率上海LNG公司代表团赴马来西亚拜访马液化天然气公司,协商液化天然气年度进口计划。会后双方签署备忘录。

4月15日 燃气集团召开"迎世博对外服务工作推进会",总结上阶段集团系统迎世博工作,部署下一个迎世博百日活动计划。

4月16—17日 吴建雄参加中共上海市委副书记、市长韩正率领的上海市政府代表团赴安徽省学习考察。

4月27日 上海市五一劳动奖状、奖章表彰大会在上海展览中心举行,上海外高桥第三发电有限责任公司总经理冯伟忠作为上海市五一劳动奖章获得者上台领奖。

5月12—14日 中国电力建设企业协会对上海外高桥第三发电有限责任公司进行行优测评。5月26日,外三工程以最高总分荣登2009年度中国电力优秀工程奖第一名。

5月20日 上海外高桥第二发电有限责任公司5号机组获全国火电大机组(600兆瓦级)竞赛"十大金牌机组"竞赛一等奖。2010年5月20日,6号机组获三等奖。公司5号和6号机组同时被评为"全国火电600兆瓦级超临界机组能效水平对标供电煤耗标杆先进机组"。

6月3日　上海石洞口煤气制气有限公司2号生产线油改气生产调试顺利并网出气,标志着石洞口制气开始使用天然气为原材料替代轻油(石脑油)生产人工煤气,为优化人工煤气制气方式、降低制气原材料成本、优化上海市能源结构等创造良好条件。

是日　国家发展和改革委员会下发《国家发展改革委关于上海临港燃气电厂新建工程项目核准的批复》。

6月5日　申能集团与上海电气举行战略合作协议及发电设备合同签字仪式,杨雄及市政府相关部门领导出席仪式。申能集团根据招投标结果向电气集团采购4台F级燃机设备和单机容量为2兆瓦的风力发电机组。

是日　上海申能长兴风力发电有限公司(2万千瓦)成立,为上海市首个公开招标的陆上风电场特许权项目。公司注册资本0.438亿元,为上海申能新能源投资有限公司全资子公司,2009年8月31日,开工建设;2010年1月18日投产运营。

6月11日　世界首台百万千瓦燃煤机组上海外高桥第三发电有限责任公司"零能耗脱硫"系统经过168小时的试运行,投入运行。

6月18日　举行上海临港燃气电厂一期工程开工仪式,杨雄出席并宣布工程开工。

6月19日　申能集团与上海城投公司举行燃气集团股权划转签字仪式,城投公司将持有的燃气集团45%的股权划转申能集团,申能集团支付城投公司23亿元,燃气集团成为申能集团全资子公司。

6月24日　装载着2.2万吨LNG资源的意大利籍LNG船由马来西亚抵达五号沟LNG码头,这也是五号沟LNG站专用码头首次顺利靠泊中型LNG船"北极精神号"(Arctic spirit)。

是月　上海市天然气主干网二期工程"两站三线"完成天然气置换、升压通气,进入生产试运行状态,上海市天然气主干网二期首期工程交付使用,全市天然气高压管网运行得到进一步完善和优化。

7月3日　上海燃气世博服务中心揭牌启用。

7月8日　吴建雄接待西门子股份公司能源领域首席执行官沃尔夫冈·德恩(Wolfgang Dehen),双方就燃机、整体煤气化联合循环发电系统(IGCC,是将煤气化技术和高效的联合循环相结合的先进动力系统)和风电方面的合作与发展进行交流。

8月5日　申能集团与中电投在上海市发改委的主持和见证下签署战略合作框架协议,杨雄和中电投集团总经理陆启洲等出席签约仪式并为双方合作的上海漕泾IGCC示范工程项目筹建处揭牌。

8月8日　全国人大常委会副委员长华建敏在杨雄的陪同下,到上海外高桥第三发电有限责任公司视察。

8月25日　杨浦区检察院和上海燃气市北公司联合召开"盗用燃气案件专题研讨会",就上海首例偷盗燃气案、盗窃气立法等问题进行研讨。

9月5日　由中国企业联合会主办的2009年中国企业500强发布会召开,申能集团位列第294名,比2008年上升46位。同时,申能还位列中国服务企业500强第89名,比2008年上升15位。中国企业500强连续8年上榜。

9月23日　上海市总工会授予上海燃气浦东销售有限公司上海市五一劳动奖状。

9月28日　上海世博会主题馆举行竣工、移交布展暨太阳能发电启动仪式,杨雄出席仪式并扭动太阳能发电启动钥匙。

是日　上海市国资委发文将久联集团的资产监管关系和党组织关系等由市发改委调整至申能集团。

10月10日　上海申能房地产有限公司全额投资组建上海申能汇枫房地产有限公司,开发建设宝山区大场镇祁连基地A1-02地块汇枫景苑住宅项目。该项目总投资15.1亿元,总建筑面积22万平方米,由申能房产公司全额投资;2011年10月28日开工建设,于2015年4月30日全面结构封顶。

10月12日　申能集团召开"十二五"规划编制工作启动大会,确定编制原则、主要内容和重点课题。

10月19日　满载13.5万立方米LNG的船舶"钻石公主一号"自马来西亚启航,10月25日安全靠泊LNG码头并顺利完成卸船工作。这是上海LNG项目接收的首船液化天然气,标志着LNG码头、航道等港口工程建设基本满足原设计要求,具备靠泊、接卸大型LNG运输船舶的能力,同时标志着LNG项目一期工程开始试运营。

10月29日　燃气集团单向增资管网公司,增资后,管网公司注册资本金由15亿元增加至18亿元,申能股份与燃气集团各持股50%。

是日　上海市国有资产监督管理委员会印发《关于上海久联集团有限公司企业国有产权无偿划转的批复》,同意上海久联集团有限公司全部资产无偿划转至申能(集团)有限公司,资产划转以2008年12月31日为基准日。

10月31日　国家发改委副主任、国家能源局局长张国宝率领能源局电力司、国际司,在上海市政府副秘书长、市发改委主任周波等陪同下,视察上海LNG项目接收站。

11月2日　东方证券股份有限公司直接投资业务试点获中国证监会批准,公司设立全资控股子公司——上海东方证券资本投资有限公司开展直接投资业务,注册资本3亿元。

11月5日　全国政协副主席、国家科技部部长万钢视察2009年中国国际工业博览会申能集团展台。

11月7日　"迎世博、保供应、安全用气百日活动"启动,同时明确将每年的11月7日确定为"安全用气宣传日"。

11月16日　洋山LNG接收站向上海供气。次日,与上海城市天然气管网并网供气,进口LNG成为上海继东气、西气一期之后的又一个主力气源。

11月19日　申能集团董事会审议并通过有关公司整体接收上海久联集团、发起设立上海新能源产业基金及组建相关投资管理公司等议案。

11月30日　申能股份有限公司召开第二十六次股东大会。会议表决通过《关于公司本次增发A股方案的议案》和《公司募集资金管理制度》。拟发行股票数量不超过35 000万股。

是月　上海市第一起因盗窃燃气获刑案件——"欣梦酒家盗窃燃气案"开审。

是月　吴淞制气公司启动富余人员转岗分流工作。

12月2日　集团董事长杨祥海、总经理吴建雄接待马来西亚国家石油公司总裁哈桑。

12月15日　中国国电集团总经理朱永芃访问申能集团。

12月22日　申能股份有限公司受让申能(集团)有限公司中天合创项目12.5%股权交易完成,股权转让价格12 642万元。该项目规模为2 500万吨煤矿、420万吨甲醇(中间产品)、300万吨二甲醚(最终产品),2×13.5万千瓦热电车间和鄂尔多斯至京唐港1 200多公里管道。

12月24日　申能财务公司获中国人民银行上海分行举行的2009年度上海市中资金融机构金

融统计工作考核评比一等奖。

12月28日　中共上海市国资委党委副书记、纪委书记蒋苏平等到申能集团宣布周嘉琦任集团党委委员、纪委书记。

12月29日　中国施工企业管理协会在北京召开"加强重大工程安全质量管理,创建国家优质工程表彰大会",上海外高桥第三发电有限责任公司获国家优质工程金质奖。

是月　上海外高桥第三发电有限责任公司获《亚洲电力》评选的"2009年度最佳环保电厂金奖"。

是月　根据市场环境变化以及申能集团发展战略,上海申能资产管理有限公司清算终止。2011年2月14日,申能资产注销,累计实现利润32亿元。

是年　申能集团党委以"坚持科学发展,做强能源主业"为主题,开展学习实践活动。申能集团开展精神文明创建评比表彰活动,表彰集团系统文明单位和优秀员工。

是年　申能股份有限公司获《中国证券报》主办的"2009年度上市公司收入百强金牛奖"并入选"2009年度上市公司金牛百强公共事业行业榜"。

是年　上海吴泾第二发电有限公司等4家单位被评为第十四届上海市文明单位。

2010年

1月5日　申能财务公司取得首次公开发行股票询价对象资格,被银监会和证监会列入中国证券业协会询价对象名录。此资格的获得,使财务公司可以开展网下新股投资业务,进一步拓宽公司证券投资范围和渠道。

1月14日　由上海燃气浦东销售有限公司负责的西营路、上南路、雪野路最后3条道路的燃气排管工程顺利实现通气,世博园区浦东4个标段,长达20多公里的道路排管工程全线通气。

1月21日　在2010年上海世博会倒计时100天之际,中共中央政治局委员、国务院副总理王岐山接见上海世博会各赞助商代表。公司总经理吴建雄代表申能集团出席本次接见活动。

是日　申能集团董事长杨祥海接待LNG接收站EPC联合体日本IHI丸山睦执行董事、中国台湾中鼎工程股份有限公司、五环科技股份有限公司负责人。

1月31日　中共上海市委常委、市委组织部部长沈红光等至吴泾第二发电有限公司考察工作。

2月23日　上海嘉禾航运有限公司注册成立,注册资本2.4亿元,主营国际国内沿海及长江中下游各港间货物运输,申能股份持有49%股权。3月1日公司举行揭牌仪式。

3月2日　上海天然气管网有限公司练塘首站及相关管线投运,"川气东送"开始向上海地区供气。

3月8日　美联社、路透社、《华尔街日报》等19家世界顶级媒体的23人西方记者采访团,进行以上海外高桥第三发电有限责任公司2台百万千瓦机组自主科技创新以及节能减排实际成效为主题的专题采访;3月10日,《华尔街日报》头条刊发该报记者所采写的长篇文章《世界最高效的燃煤发电厂在上海》。

3月19日　上海市国资委发文,任命申能集团新一届董事会人员,内部董事:杨祥海、吴建雄、陈铭锡,外部董事:李若山、李鹤富、邱国富、张培璋。经公司职工大会选举,4月6日公司党委发文,同意仇伟国担任申能集团新一届董事会职工董事。

3月24日　申能财务公司作为金融机构获得银行间市场交易商协会会员资格。

3月29日　世博局中国馆项目部和燃气集团代表携手引燃位于中国馆员工餐厅的天然气灶，中国馆成为浦东新区第100万用户。

3月31日　申能集团召开系统"迎世博"工作临战动员大会。

4月6日　上海燃气世博保障中心举行揭牌仪式并启用，这是燃气集团为保障世博园区燃气安全供应，确保世博园区燃气供应保障做到"快速响应、快速控制、快速处置、快速恢复"的重要举措。

4月7日　上海诚毅投资管理有限公司成立，注册资本4 000万元，经营范围为股权投资管理、创业投资管理、投资管理、投资咨询。这是上海国资系统首家先行先试跟投制度的公司，相关经验被写入上海国资国企改革20条。

4月15日　上海外高桥第三发电有限责任公司脱硫岛零能耗系统设计优化节能改造项目获上海市节能技改示范项目称号。

4月18日　上海外高桥第三发电有限责任公司"基于FCB机组的上海500千伏电网黑启动"试验一次成功。这是上海地区第一次成功模拟由孤岛运行的发电机组向系统送电的"黑启动"，对于保障电网安全具有里程碑意义。

是日　上海申欣风力发电有限公司（1.37万千瓦）开工建设。公司注册资本2 600万元，上海申能新能源投资有限公司持有55％股权。2010年9月3日，并网发电。

4月27日　申能集团召开二届一次董事会会议，审议通过2009年财务预决算报告和利润分配预案、公司发行短期融资券和开发燃气集团"退二进三"地块等议案；成立公司董事会战略与投资委员会、审计与风险控制委员会、薪酬与考核委员会。

4月29日　上海申能临港燃机发电有限公司完成工商注册登记。公司由申能股份有限公司（65％）与上海电力股份有限公司（35％）合资组建，建设4台40万千瓦级燃气-蒸汽联合循环机组，是国内一次核准建成最大规模的燃机电厂。

5月7日　东方证券全资子公司、首家券商系资产管理公司——上海东方证券资产管理公司获中国证监会批复，注册资本为3亿元，业务范围为证券资产管理业务，包括合格境内机构投资者境外证券投资管理业务（QDII业务）。

5月19日　申能集团总经理吴建雄接待美国杜克能源公司首席技术官戴维·莫勒。

5月20日　石洞口燃气生产和能源储备项目开工建设。该项目于2009年1月列入市重大工程项目计划，并于同年12月获上海市发改委核准。

是日　上海外高桥第三发电有限责任公司被上海市总工会命名为上海市职工科技创新示范基地。

5月21日　申能集团财务公司注册资本金由5亿元增加至10亿元，公司股权结构保持不变。2016年公司再次增资，注册资本增加至15亿元。

5月27日　吴建雄接待英国石油公司（BP）中国天然气总裁金墨士。

是月　上海申能新能源投资有限公司申能能源中心大楼太阳能发电项目（52.8千瓦）开工建设。2011年1月12日，并网发电。

6月11日　吴建雄会见罗马尼亚能源部部长。

6月18日　市委巡视组进驻申能集团，开展为期两个月的巡视工作。

是日　上海申能燃料有限公司与澳大利亚BHP签订首个煤炭采购合同。

6月21日　国家电监会安全监管局局长杨昆、华东电监局副局长何昌群等到上海吴泾第二发电有限责任公司，对世博保电及"安全生产月"等工作开展情况进行专项督查。

6月22日　吴建雄、申能集团副总经理乔志刚会见法国巴黎银行主席特别代表（欧洲复兴和发展银行原行长）Jean Lemierre来访。

是日　上海外高桥第三发电有限责任公司获上海市科学技术委员会（简称市科委）、上海市财政局、上海市国家税务局、上海市地方税务局联合颁发的高新技术企业证书，为全国发电企业首家。

6月24日　中共上海市纪委副书记顾国林、市国资党委副书记蒋苏平到申能集团调研，杨祥海、仇伟国、周嘉琦参加汇报。

7月1日　申能集团召开"创先争优"表彰大会，表彰集团系统"四好"班子创建集体、先进基层党组织、优秀共产党员和优秀党务工作者。

7月13日　申能集团召开二届二次董事会会议，审议通过《申能集团规范董事会建设工作方案》《董事会会议及议事规则》《董事会有关决策事项的授权办法》等一系列董事会运作制度及《关于公司开展金融资产投资管理的议案》《关于公司落实"一参一控"政策处置相关证券公司股权的议案》，并对公司章程的修改建议进行讨论。

7月21日　申能集团与申虹投资发展有限公司举行虹桥商务区能源项目合作签约仪式。

7月23日　国家能源局副局长刘琦赴上海调研LNG项目。

8月31日　申能集团与上海城建集团签署长风地块合作协议。

9月4日　"2010年中国企业500强发布暨中国大企业高峰会"在安徽省合肥市举行，申能集团位列第286名，位列中国服务企业500强第96名。

9月6日　澳大利亚必和必拓公司代表团到访上海申能燃料有限公司。

9月8日　上海吴泾第二发电有限责任公司首台60万千瓦机组烟气脱硝工程EPC合同签约仪式举行，上海市燃煤电厂第一个实施烟气脱硝改造减排示范性工程的全面启动，成为上海市减排的"排头兵"。

9月9日　申能集团召开2009—2010年度科技创新和节能减排表彰大会，市科委主任寿子琪等出席。

9月14日　杨祥海赴美国参加第十届中美油气工业论坛。

9月16日　由上海燃气集团协办的中国城市燃气协会（简称中燃协）理事长会议在沪召开。中燃协理事长王天锡及天津市燃气集团有限公司、上海燃气（集团）有限公司、香港中华煤气有限公司等副理事长单位与会。

9月22日　东方证券全资子公司——东方金融控股（香港）有限公司在香港开业，东方证券国际化战略迈出坚实的一步。

10月9日　吴建雄会见法国苏伊士环能集团首席执行官Gerard Mestrallet。

10月11日　中共上海市委常委、常务副市长杨雄会见马来西亚国家石油公司总裁兼首席执行官Dato' Shamsul Azhar Abbas，杨祥海、葛维昌陪同会见。

10月19日　俄罗斯西伯利亚煤炭能源公司（SUEK）代表团到访上海申能燃料有限公司。

10月25日　上海申能能源科技有限公司成立，公司注册资本2 000万元，为申能股份全资子公司。

10月29日　申能股份有限公司实施公募增发2.63亿股，发行价格为每股8.39元，募集总资金额22亿余元，发行完成后总股本31.53亿股，募集资金主要投向上海临港燃气电厂一期工程项目、上海漕泾电厂"上大压小"新建工程项目及嘉禾航运公司等项目。

10月31日　中国2010年上海世界博览会闭幕。至此，历时184天的世博会燃气安全运营保障工作圆满结束。

是月　申能股份有限公司获中华环保联合会颁发的低碳发展突出贡献企业奖。

11月3日　《上海外高桥第三发电有限责任公司1000兆瓦超超临界机组系统综合优化和节能减排关键技术研究及应用》和《东海平湖油气田薄油层开发技术研究及应用》获上海市科技进步奖一等奖。

是月　集团投资上海虹桥商务区新能源投资发展有限公司,参与上海虹桥商务区区域供能项目的建设及配套工程。

12月16日　中共申能(集团)有限公司第一次代表大会召开。25家选举单位选举产生的120名党代会代表,代表全系统2838名共产党员行使民主权利。出席大会的代表以无记名投票方式,差额选举产生中共申能(集团)有限公司新一届委员会7名委员和新一届纪律检查委员会5名委员。其后举行的第一次党委会、纪委会分别选出集团党委正、副书记和纪委书记。新一届党委委员：杨祥海、吴建雄、仇伟国、葛维昌、周嘉琦、乔志刚、王知；党委书记：杨祥海；党委副书记：吴建雄、仇伟国。纪委书记：周嘉琦。

12月17日　久联集团下属上海石油交易所推出液化天然气(LNG)现货竞买交易,这是中国LNG第一笔电子化市场化交易,被《中国能源报》列为中国2010年天然气行业大事之一。

12月18日　申能能源中心举行竣工仪式。该工程分别获国家优质工程银质奖、上海市白玉兰奖。

12月21日　上海世博会保电工作总结座谈会暨表彰会议在上海隆重召开。公司系统发电企业上海吴泾第二发电有限责任公司和上海外高桥第二发电有限责任公司分别被授予世博保电先进单位称号。

12月28日　燃气集团召开标准体系发布会暨体系宣传贯彻培训,企业标准体系在集团系统启动试运行。

是年　申能房产公司世博园区非洲联合馆项目总经理吴为民获中共上海市委颁发的"五带头"共产党员称号,以及上海市总工会颁发的五一劳动奖章。

是年　申能股份入选由中国上市公司百强高峰论坛、中国企业改革与发展研究会、华顿经济研究院联合颁发的中国上市公司百强奖。

是年　上海申能物业管理有限公司成为上海世博场馆8家物业服务供应商之一。2011年3月申能物业公司世博大厦会务组获上海市五一巾帼奖；11月,上海申能物业管理有限公司获上海世博会服务保障功勋奖。

2011年

1月6日　上海天然气日供应量达2049万立方米,首次突破2000万立方米,创上海市天然气日供应量历史纪录。

1月12日　上海外高桥第二发电有限责任公司被授予"2010年度上海市实施卓越绩效管理先进企业",成为本年度上海电力行业唯一获奖企业,也是申能系统中首次获评卓越绩效先进的单位。

1月18日　由申能股份与上海电力分别以65%和35%比例出资建设的上海临港燃气电厂一期工程1号机组并网发电,投入商业运营。临港燃气电厂一期建设规模为4台40万千瓦燃气-蒸汽联合循环发电机组,2011年11月底,2号、3号机组分别并网发电。2012年3月21日,4号机组建成投产。

1月30日　燃气集团召开二届四次董事会会议，选举葛维昌为董事长，聘任王者洪为总经理；审议通过公司"十二五"发展规划。

1月31日　中共上海市委常委、组织部部长沈红光等赴吴泾二发电考察并慰问，申能集团总经理吴建雄陪同。

是月　虹井路159号申能能源中心启用。申能集团(3月21日)、燃气集团(2月26日)和申能股份(3月17日)三家单位本部相继搬入新址办公。

2月11日　吴建雄陪同国务院研究室司长唐元、国家能源局副司长丁志敏等在上海开展"国内天然气分布式能源发展状况"调研活动。

2月25日　上海申能房地产有限公司组建上海汇郡投资有限公司，开发建设浦东新区高行镇朱家浜30丘地块住宅项目(东沟项目)、北蔡镇105街坊13/1宗地住宅项目(成山路项目)和嘉定区安亭镇民丰路722号地块住宅项目(安亭项目)。

3月12日　国家能源局批复上海市发改委同意上海崇明燃机电厂新建2台40万千瓦级的"F"级单轴联合循环机组项目。2012年12月31日，国家发改委下发项目的核准批复文件。

3月17日　申能集团捐资100万元在四川省自贡市富顺县建立互助镇友爱希望小学，并为自贡市留守学生之家捐赠100台电脑。

3月18日　申能集团与成都市新都区政府签署合作备忘录，共同设立"成都新申创投基金"，上海市人大常委会副主任胡延照、成都市市长葛红林、集团总经理吴建雄、副总经理乔志刚出席签字仪式。

4月1日　上海外高桥第二发电有限责任公司被授予"2010年度上海企业文化建设优胜单位"；《责任为本，感恩为魂》企业文化成果获2010年度上海企业文化优秀成果称号。

4月11日　申能能源科技公司举行揭牌暨外高桥二发电综合优化节能改造项目签约仪式，市科委主任寿子琪等参加仪式。

4月26日　上海外高桥第三发电有限责任公司"应用于燃煤发电机组的脱硫烟气余热回收系统"项目获第六届上海市发明创造专利奖。

是月　上海市燃气调度应急指挥中心成立，上海燃气调度中心信息系统实施全面升级改造。

5月17日　上海燃气行业安全服务官方微博——"和气"在东方网上线。

5月23日　国家发改委副主任、国家能源局局长张国宝等到上海外高桥第三发电有限责任公司考察。

5月26日　申能股份有限公司召开第二十九次股东大会，审议通过《公司2010年度暨第六届董事会工作报告》等9项决议。大会选举于新阳、宁黎明、孙苾、刘宪权、朱荣恩、张建伟、吴建雄、须伟泉、徐国宝、葛维昌为第七届董事会董事，其中于新阳、宁黎明、刘宪权、朱荣恩为公司第七届董事会独立董事。上述10名董事与经职工大会选举产生的职工董事周燕飞共同组成第七届董事会董事共11名；选举邬跃舟、宋雪枫、张行为第七届监事会监事，与另经职工大会选举产生的职工监事周承斌、徐任重共同组成第七届监事会监事5名。

是日　申能股份有限公司召开七届一次董事会会议，选举吴建雄为董事长、徐国宝为副董事长。聘任徐国宝为总经理。

是日　申能股份有限公司召开七届一次监事会会议，选举宋雪枫为第七届监事会主席。

5月31日　为配合申能集团"一参一控"要求，经上海久联集团有限公司董事会决议，同意将公司持有的航天证券有限责任公司10%的股权通过上海联合产权交易所公开挂牌转让。

是月　分布式供能示范项目——申能能源中心竣工,并通过验收。

6月8日　申能新能源公司下属达茂风力发电有限公司一期项目(4.8万千瓦)开工建设。2015年2月13日,并网发电。2015年6月10日,二期项目(4.95万千瓦)开工建设。2015年12月15日,并网发电。申能新能源达茂风力发电有限公司注册资本17 200万元,为上海申能新能源投资有限公司全资子公司。

6月10日　国家发改委副主任彭森在中共上海市委常委、浦东新区委书记徐麟陪同下视察上海外高桥第三发电有限责任公司。

6月15日　上海首家制气企业燃气服务部——吴淞煤气制气公司燃气服务部(闸北站)挂牌运行,上海燃气制气企业转型发展跨出具有探索意义的一步。

6月20日　申能股份公布2010年度利润分配方案:以2010年年底总股本31.53亿股为基数,向全体股东每股派发现金红利0.10元(含税),送0.2股,资本公积金转增0.3股。实施后总股本增至47.29亿股。

6月24日　燃气集团召开三届一次董事会会议,聘任王者洪为公司总经理,崔忠毅为公司常务副总经理;审议通过《上海燃气(集团)有限公司章程(修订稿)》。

6月30日　申能集团董事长杨祥海、总经理吴建雄接待马来西亚石油公司执行副总裁兼马来西亚石油液化天然气公司董事长 Datuk Anuar Ahmad 等。

是日　申能集团召开"纪念建党90周年暨创先争优活动"表彰大会,表彰集团系统红旗党组织、党员先锋岗和优秀党务工作者。

是月　申能新能源公司下属上海华港风力发电有限公司一期项目(1.95万千瓦)投产运营。二期项目(4.8万千瓦)于2013年开工,2015年2月并网发电。

7月12日　上海诚毅新能源创业投资有限公司注册成立,注册资本80 000万元。诚毅新能源创投基金为国家发展改革委、财政部参股设立的全国首批20家新兴产业创投基金之一,重点聚焦新能源、节能环保及其他相关行业的高科技成长型企业。

7月20日　杨祥海赴澳大利亚参加博鳌亚洲能源论坛。

7月21日　申能集团召开二届七次董事会会议,审议通过《关于修订申能(集团)有限公司章程的议案》《公司经营班子业绩考核及薪酬管理暂行办法》《关于上海申能房地产有限公司收购上海和济房地产有限公司50%股权的议案》等。

7月29日—8月1日　吴建雄率队拜访陕西省能源局探讨能源项目合作事宜,并参加新能源公司达茂百灵庙一期风电项目开工仪式。

8月4日　全国人大常委会副委员长华建敏到申能集团考察调研,上海市人民代表大会财政经济委员会主任袁以星陪同。

8月15日　东方证券获全国模范劳动关系和谐企业称号,是上海16家获奖企业中唯一一家金融机构。东方证券党委书记、董事长潘鑫军出席在北京人民大会堂举行的先进表彰暨经验交流会,并受到中共中央政治局常委、中央书记处书记、国家副主席习近平等中央领导的接见。

8月18日　申能集团与中国华能集团有限公司签署战略合作框架协议及合作备忘录,中共上海市委常委、常务副市长杨雄,市政府副秘书长、市发展改革委主任周波,中共华能集团党组书记黄永达,申能集团杨祥海、吴建雄、仇伟国等出席签字仪式。

8月21日　申能集团财务公司申财通现金管理系统累计完成交易量1 062亿元,首次突破千亿元大关,成为集团成员单位资金结算和现金管理的主要平台。随后几年中,公司申财通现金管理系统交易量稳步增长,截至 2017 年已近 6 000 亿元。

8月29日　成都市新申创业投资有限公司成立,注册资本金 1 亿元,经营范围为项目投资、投资管理及咨询。

8月31日　中共上海市委副书记、市长韩正,市政府副秘书长周波、肖贵玉以及市国资委、市发改委、市经济信息化委等部门的领导到申能集团考察调研。韩正要求公司加强能源发展趋势宏观研究。

9月27日　申能集团召开二届八次董事会会议,审议通过《公司三年行动规划纲要(2011—2013年)》《2011年度公司经营班子业绩考核目标及薪酬标准》及聘任王者洪、孙忞为公司副总经理等议案。

9月28日　按照上海市能源发展和燃气"十二五"规划中关于"人工煤气平稳退出,全市管道燃气实现全天然气化"的要求,东方燃气服务中心在浦煤制气揭牌成立,上海燃气转型转岗实质性工作进入加速阶段。

11月4日　韩正召开国有企业激励机制座谈会,国资委及投资类企业上海久事公司、上海城投(集团)有限公司、上海申通物流公司、申能集团、上海地产(集团)有限公司 5 家公司参加,明确申能集团按投资类企业考核。

11月20日　上海申能燃料有限公司装载着 14 万吨澳洲煤炭的"海洋号角"号超大型煤船运抵营口港。公司第一次尝试以指数定价方式开展外贸业务、第一次使用 CAPE 型超大型船舶进口煤炭运抵营口港。

11月21日　上海申能燃料有限公司与俄罗斯矿商 SUEK 公司签订年度采购合同。

11月28日　上海申能新能源投资有限公司获国家能源科技进步奖。

12月6日　上海申欣环保实业有限公司被评为高新技术企业。

12月13日　经中国人民银行上海分行审批同意,申能财务公司首笔再贴现业务顺利完成,这也是上海地区首家财务公司成功办理再贴现业务。通过再贴现业务的开展,申能财务公司进一步拓宽主动融资渠道,充分利用自身金融优势,吸收低成本资金,不仅提高公司的经济效益,也进一步增强公司服务集团和成员单位的能力。

12月23日　上海外高桥第三发电有限责任公司获国务院颁发的 2011 年度国家科技进步奖二等奖。

12月27日　申能集团召开二届十次董事会会议,听取《公司 2011 年经营情况预测和 2012 年面临环境初步分析》《关于执行 2011 年度公司经营班子业绩考核和薪酬兑现的有关情况的报告》和《关于董事会相关决议执行和有关情况的报告》。

12月28日　申能集团召开第四次会员代表大会,选举产生新一届工会委员会,谈金龙为工会主席,周燕飞为副主席。

12月30日　上海外高桥第三发电有限责任公司获国家工程建设质量奖审定委员会颁发的"国家优质工程奖 30 年经典工程"。

是月　由上海燃气市北销售有限公司联合上海市司法部门共同推进的《关于办理盗窃燃气及相关案件法律适用的若干规定》,经上海市高级人民法院、上海市人民检察院、上海市公安局、上海市司法局联合印发施行。

是年　上海外高桥第二发电有限公司、上海天然气管网有限公司等 6 家单位被评为第十五届上海市文明单位。

2012 年

1月9日　申能集团党委决定，申能集团纪委书记周嘉琦兼任燃气集团党委书记。

1月11日　东方证券获中国证监会核准设立合资证券公司——东方花旗证券有限公司。

1月12日　中共上海市委常委、市政法委书记吴志明莅临申能集团指导工作。

是日　上海天然气主干管网崇明岛管道工程启动大会在崇明县政府办公楼召开，崇明管道建设工程启动。

1月14日　国家环保部污染防治司司长赵华林视察上海外高桥第三发电有限责任公司。

2月5日　上海石洞口煤气制气公司2号生产线停产。至此，石煤制气公司煤气生产装置全面停用，煤气生产使命完成。

2月9日　中共上海市委组织部、市国资委到公司宣布茅明贵担任申能（集团）有限公司监事会主席。

2月13日　申能集团董事长杨祥海接待新加坡淡马锡公司来访。

2月15日　申能集团董事长杨祥海，总经理吴建雄，副总经理王者洪接待马来西亚石油公司来访。

2月24日　燃气集团与上海市申江燃气有限公司签署《资产收购与业务交接协议》，崇明三岛天然气供应统一经营格局形成。

2月29日　上海外高桥第三发电有限责任公司总经理冯伟忠获上海市市长质量奖，中共上海市委副书记、市长韩正为其颁发荣誉证书。

3月1日　上海市副市长赵雯及市妇儿工委、市总工会的领导等到浦煤制气公司视察女工工作，并慰问患病女职工。

3月9日　上海外高桥第二发电有限责任公司总经理工作部被授予2012年上海市档案工作先进集体荣誉称号，是上海发电行业中唯一获此荣誉的企业。

3月12日　中共申能（集团）有限公司委员会决定须伟泉为中共申能股份有限公司党委书记。

是日　申能集团工会召开第三次女职工代表大会，选举产生第三届女职工委员会委员。

4月11日　申能集团召开党代表会议，选举吴建雄为中共上海市第十次代表大会代表。

4月20日　上海市国资委党委书记、主任王坚到申能集团调研。

4月24日　长兴岛LNG气化站试运行，成功迈出制气企业"整建制"转型的第一步。

5月1日　上海外高桥第三发电有限责任公司总经理冯伟忠被中华全国总工会授予全国五一劳动奖章称号。

5月2日　燃气集团党委发文，任命李松华为公司党委副书记、纪委书记。

5月7日　吴建雄接待摩根士丹利亚太区电力和公共事业行业主管Chris Huang。

5月28日　上海申能能源科技有限公司"百万千瓦超超临界机组系统优化与节能减排关键技术产业化（一期）"项目列入上海市2012年度科技成果转化项目。

是日　秦皇岛港股份公司、大同煤矿集团煤炭运销朔州矿业公司、上海嘉禾航运公司与申能燃料公司共同签署《秦皇岛港煤炭准班轮运输协议》。王坚出席签约仪式。

5月30日　杨祥海、王者洪等赴马来西亚参加第25届世界燃气大会。

5月31日　申能房产开发的五角丰达商务广场二期项目获上海市白玉兰奖。

是月　上海申能长兴第二风力发电有限公司(4.8万千瓦)开工建设。公司注册资本1.04亿元,为上海申能新能源投资有限公司全资子公司。2014年4月11日投产运营。

6月7日　吴建雄、宋雪枫接待瑞士信贷亚太地区首席执行官Osama Abbasi。

6月21日　中国工程院院长周济等考察外高桥第三发电有限责任公司。

6月28日　申能集团召开纪念七一暨创先争优活动总结表彰会。

是日　金卫首站及相关管线建成投运,上海气源结构中,又增添西气东输二线中亚国家天然气。

是月　上海市发改委、市经济信息化委、市环保局、市财政局、市建社交通委、市技监局六部门联合发出通知,要求推进上海市燃煤(重油)锅炉清洁能源替代,加快锅炉节能减排,改善大气环境质量,优化上海市能源结构。该政策由燃气集团参与牵头制定。

7月2日　上海石油交易所市场化调峰天然气上市交易,吴建雄、王者洪参加仪式。这是中国首次采用市场化方式解决天然气动态调峰需求的重要举措。

7月19日　申能集团召开二届十二次会议董事会会议,审议通过《关于公司申请发行保障房中期票据》和《发行中期票据及短期融资券》等两项融资事项,批准对上海磁浮交通发展有限公司股权投资等三项资产进行财务核销的事项。

8月13日　申能集团与上海张江(集团)有限公司举行张江中区集中能源供应项目合作共建签约仪式。

9月3日　申能集团与上海城建(集团)公司签署《长风生态商务区8号西地块项目合作协议》。

9月4日　上海市常务副市长杨雄,市政府副秘书长、上海市发改委主任周波等视察临港燃机和液化天然气洋山LNG接收站。

9月24日　申能集团召开二届一次监事会会议,通报上海市政府对监事会主席的任命、市国资委党委对监事会副主席和监事的任命以及申能集团2名职工监事的选举结果,审议通过《申能(集团)有限公司监事会议事规则》和《申能(集团)有限公司监事会工作制度》。

是月　燃气集团系统所有单位通过国家企业安全生产标准化管理二级标准,实现达标"全覆盖",安全标准化建设迈出坚实的一步。

10月4日　上海申能临港燃机发电有限公司获2012年亚洲电力奖年度最佳燃气发电项目金奖。

10月10日　申能财务公司成立业务连续性管理委员会。公司业务连续性管理的目标,是建立与公司战略目标相适应的业务连续性管理体系,通过对各种风险和灾难等突发事件进行评估,确定关键业务、业务恢复时间及恢复策略、确定与建设业务持续性计划、设计开发持续性和灾备预案、预案演练,实现公司业务持续、稳定运营。

10月15日　2012年度亚太质量奖颁奖典礼在斯里兰卡首都科伦坡举行,上海外高桥第三发电有限责任公司获2012年全球卓越绩效金奖,这也是中国企业迄今为止在卓越绩效领域所获的最高奖。

10月16日　国家电力监管委员会授予上海吴泾第二发电有限责任公司电力安全生产标准化一级企业称号。

10月19日　全国人大常委会副委员长华建敏到临港燃机及洋山LNG接收站视察调研,杨祥海、申能集团监事会主席茅明贵等参加调研。

10月22日　上海LNG公司在接收站举行"上海液化天然气(LNG)项目运行3周年、接卸500

万吨暨申能集团参股的LNG船'申海'号首航接船见证仪式",这是上海LNG首次采用"FOB"模式运输。

11月8日　上海天然气主干管网二期工程全面建成,西气东输二线气源直接入沪;西气东输一线和川气东送联通互保,上海市天然气主干管网的输送能力和安全保障能力得到进一步提高。

11月19日　东方证券全资另类投资子公司——上海东方证券创新投资有限公司成立。

11月20日　申能股份有限公司召开第三十一次股东大会。会议审议并表决通过《关于以集中竞价交易方式回购本公司股份的报告》。在回购资金总额不超过10亿元、回购股份价格不超过每股4.5元的条件下,预计回购股份约2.22亿股,占公司总股本约4.7%,占社会公众股约9.2%。

11月23日　申能股份有限公司首次实施以集中竞价交易方式回购股份。截至2013年5月19日,从二级市场回购1.77亿股A股,占公司总股本的比例为3.74%,购买的最高价为4.50元/股,最低价为4.10元/股,支付总金额7.63亿元。本次回购股份完成后,公司总股本从47.29亿股减少至45.52亿股。

是月　人力资源和社会保障部、国家发展改革委、环境保护部、财政部联合授予上海吴泾第二发电有限责任公司全国减排先进集体称号。

12月10日　2012年上海市重大工程——上海外高桥第二发电有限责任公司6号机组烟气脱硝装置顺利完成168小时试运行,投入运行。2013年6月12日,5号机组烟气脱硝装置顺利投入运行。

12月18日　申能财务公司获金融时报社、中国社会科学院金融研究所评选的"2012年度中国金融机构金牌榜·金龙奖年度最佳服务财务公司"。

是日　上海浦东煤气制气有限公司焦炉停产,投运26年的人工煤气焦炉生产线结束其历史使命。

12月22日　上海外高桥第三发电有限责任公司获国家级企业管理创新成果二等奖。

12月26日　上海石洞口煤气制气有限公司改扩建码头对外开放口岸通过验收,今后可以在扩建的3万吨级危险品码头停靠外轮。

是日　上海市燃气隐患管网改造工作会议召开,副市长沈骏参加。作为上海市2012年市级督办重大事故隐患项目及重点协调推进项目的燃气隐患管网改造获得重大进展,超额完成2012年改造目标,年内共计完成163公里的改造。

12月27日　上海临港海上风力发电有限公司举行揭牌暨委托业主协议签署仪式。

12月28日　上海石油交易所首次推出迎峰度冬液化天然气管道交收专场交易,这是中国第一笔准"天然气管输交易",为天然气现货交易的创新发展揭开新的一页。

是月　共青团申能(集团)有限公司委员会召开第四次代表大会,选举新一届团委,顾建军当选为团委书记。

是年　上海燃气集团下属天然气管网公司"1+5"应急网络体系建成投运,各销售公司应急网络布点工作基本落实,初步实现30分钟快速响应工作要求。

2012—2013年　申能股份有限公司连续两年入选普氏能源资讯全球能源企业250强。

2013年

1月8日　申能集团与中国石油、江苏洋口港股份公司签署《关于成立合资公司建设和运营如东—海门—崇明天然气管道合作框架协议》。

1月15日　上海申能燃料有限公司首船47 500吨低热值印尼煤通过"画眉号"海轮运抵外二发电公司码头。

1月18日　上海市国资委党委书记、主任王坚在申能集团总经理吴建雄等陪同下到液化天然气洋山LNG接收站及天然气管网临港首站考察调研。

1月31日　崇明岛天然气管线工程银团签约仪式在天然气管网公司举行，上海天然气管网公司崇明岛天然气管道工程项目银团组建成功，贷款金额为12亿元。

2月6日　洋山LNG临时加气站开始试运行，上港物流运输分公司启用场内25辆LNG运营集卡。

3月5日　申能财务公司计财部获2011—2013年市三八红旗集体称号。4月，申能财务公司获上海市总工会上海市五一劳动奖状。

4月8日　上海市副市长周波到申能集团调研，提出申能产业结构以能源为主，同时有限适度多元经营；在规划允许下，可开展对煤气地块"退二进三"开发利用。

是日　上海市重大工程项目石洞口燃气生产和能源储备项目二期工程开工建设。

5月10日　962777燃气热线新平台启用。新平台大幅提升热线接听工作效率，同时实现与12345等市级服务热线及110、119公安热线无缝对接联动，新增网络服务和舆情监控处置功能。

5月21日　申能集团召开二届十六次董事会会议，审议通过《申能集团第二届董事会任期工作报告（草案）》，批准《关于公司向东方证券出借次级债务的议案》及《关于公司发行超短期融资券的议案》。

是月　市重点工程五号沟LNG站扩建二期工程获上海市发改委核准。五号沟LNG站二期工程新建2座10万立方米的LNG储罐，总投资11.66亿元。

6月5日　上海外高桥第二发电有限责任公司5号、6号机组分获2012年度全国火电600兆瓦级超临界机组竞赛二、三等奖。

6月28日　申能财务公司获中国人民银行上海分行评选的"2012年度上海市银行业A等机构"。申能财务公司历年在执行中国人民银行宏观审慎管理政策方面表现突出，多次获表彰。

7月1日　全国人大常委会副委员长华建敏在上海市人大常委会副主任杨定华等有关领导的陪同下，视察建成投产的青草沙水库及上海申能新能源投资有限公司在建的青草沙风电场。

是日　申能股份有限公司入选"上证380指数样本股"。

7月2日　"上海市气电联调运行机制研究"课题通过专家组评审结题，明确天然气管网与电网应优化调度、精心安排、错峰运行，确保管网与电网的安全运行。

7月8日　燃气集团与日本林内株式会社、株式会社琦酸签署关于上海林内有限公司新的合资合同和章程，一致同意将上海林内有限公司合营期限再延长20年。

7月18日　申能集团召开精神文明建设表彰大会，围绕"推动集团'十二五'发展"，命名表彰集团系统2011—2012年度文明单位和优秀员工。

7月24日　上海市政协主席吴志明、副主席周太彤等到上海燃气市北销售公司慰问一线员工。

是月　燃气集团获全国"安全生产月"活动先进单位称号，并在2013年全国"安全生产月"活动总结交流会上受到表彰，为此次上海市唯一获此荣誉的企业。

8月27日　申能集团副总经理孙悫接待世界银行中国局副局长华玛雅女士、财政部国际司副司长杨英明等。

8月28日　申能集团党委召开党的群众路线教育实践活动动员大会,杨祥海作动员报告,市国资委党委第五督导组组长黄岱列出席会议并讲话。

9月8日　上海申能能源科技有限公司与华润电力控股有限公司在上海签署技术合作框架协议。

9月15日　吴建雄、孙忞、宋雪枫接待世界银行行长金墉。

是月　申能股份获由中国质量协会、中华全国总工会、中华全国妇女联合会和中国科学技术协会联合颁发的"2013年全国质量管理小组活动优秀企业"。

是月　经第十一届詹天佑奖审定委员会审定,上海天然气主干管网系统工程获中国土木工程詹天佑奖。

10月30日　上海石油交易所推出中国第一笔液化天然气现货仓单交易。该交易方式可大幅降低天然气供销双方的运营成本,大幅提升调峰效果。

是月　申能股份修订《申能股份有限公司管理制度汇编(2013版)》,共上、下两册。

11月26日　上海市碳排放权交易在上海环境能源交易所开市。上海外高桥第三发电有限责任公司作为191家碳排放交易试点企业之一,在交易中拔得头筹。售出5 000吨碳配额,成功完成2013年度首笔碳排放权的交易。

11月29日　杨祥海、王者洪接待香港中华煤气总裁陈永坚。

12月16日　上海石油交易所作为大宗商品市场首批入驻自贸试验区,入驻方式为设立上海石油交易所全资子公司,名称为"上海国际石油天然气交易中心"。

12月18日　上海申能崇明发电有限公司工商注册成立,注册资本3亿元,由申能股份有限公司独资建设。

12月20日　寻找"中国美丽电厂"颁奖典礼举行。上海外高桥第三发电有限责任公司获中国美丽电厂荣誉称号和科技美单项奖。

12月25—30日　上海申能崇明燃气电厂项目获得国家能源局批准首批电力建设工程"基建安全标准化一级达标"工程。

12月26日　燃气集团召开集团成立10周年座谈会,对集团10年来的工作进行回顾与分析。

12月27日　上海申能临港燃机发电有限公司一期工程获2012—2013年度中国优质工程金奖。

是年　外高桥二发电、天然气管网等7家单位被评为第十六届上海市文明单位。

2014年

1月17日　英国燃气专业学会(IGEM)主席克里斯·莫瑞、学会秘书长萨博·巴加瓦以及中国香港中华煤气关育才到访燃气集团。

1月24日　上海申能能源科技有限公司与神华集团有限责任公司在北京签署技术合作框架协议。

1月29日　东方证券获得上海证券交易所50ETF期权的首批做市商资格。

1月30日　上海申能崇明燃气电厂工程获"2013年度上海市文明示范工程"荣誉称号。

是月　中国电力设备管理协会评定上海吴泾第二发电有限责任公司"60万千瓦发电机组深度优化运行降低厂用电率关键技术研究及应用项目"为第四届全国电力行业设备管理创新奖一等奖。

是月　燃气集团获2013年度上海市治安防范先进集体称号。

2月11日　中共上海市委组织部、市国资委到申能集团召开系统干部会议,宣布王坚担任申能集团董事长、党委副书记职务。

是日　上海天然气日供应量达3 097万立方米,首次突破3 000万立方米,创上海市天然气日供应量历史纪录。其中发电用气达1 082万立方米,占比35%。

2月13日　申能集团召开党的群众路线教育实践活动总结大会。

3月12日　申能集团和临港集团举行战略合作框架协议签字仪式,申能集团董事长王坚、监事长茅明贵、总经理吴建雄、副总经理孙峜参加签字仪式。

3月20日　上海市政府副秘书长、市国资委主任徐逸波到申能集团调研。

3月21日　上海诚毅新能源创业投资有限公司成为上海市国有资产监督管理委员会首批"探索创新优化评估管理试点创新单位"。

是月　中华人民共和国国家建设部授予上海申能物业管理有限公司申能能源中心管理处全国物业管理示范大厦称号。

4月2日　上海市副市长蒋卓庆、市政府副秘书长黄融到申欣环保脱硫脱硝运营管理项目上海外高桥第二发电有限公司调研第三方治理工作。

4月10日　上海燃气浦东销售有限公司被评为全国六五普法先进单位,为上海市国资委系统中唯一获此荣誉的单位。

是日　申能股份有限公司入选"红利100指数样本股"。

4月17日　申能股份有限公司控股的淮北申皖发电有限公司揭牌仪式在淮北市举行。淮北市委书记、市人大常委会主任肖超英,申能集团董事长王坚共同为公司成立揭牌。

4月21日　申能集团领导王坚、杨祥海、吴建雄、王者洪、孙峜接待中国船舶工业集团公司董事长胡问鸣等。

5月3日　上海申能房地产有限公司代建上海林内热能工程有限公司建设的奉贤生产研发基地项目(一期)开工,总建筑面积为6.8万平方米,于2015年8月25日竣工。

5月4日　申能投资发展有限公司成立,公司注册资本为1 000万元,由申能股份有限公司全资控股。

5月8日　全国政协副主席张庆黎等到申能集团调研,王坚、杨祥海、吴建雄等参加。

5月15日　亚洲相互协作与信任措施会议第四次峰会在上海召开。燃气集团调配精干力量充实一线应急保障队伍,有力保证亚信峰会期间燃气供应安全。

5月20日　申能股份有限公司召开第三十三次股东大会。审议通过《申能股份有限公司2013年度董事会工作报告》等10项决议。选举于新阳、孙峜、吴建雄、张建伟、李增泉、赵宇梓、须伟泉、徐国宝、臧良、颜学海10人为第八届董事会董事,其中于新阳、李增泉、赵宇梓、颜学海4人为公司独立董事,上述10名董事与经职工大会选举产生的职工董事周燕飞共同组成第八届董事会;选举邬跃舟、宋雪枫、张行为第八届监事会监事,与另经职工大会选举产生的职工监事周承斌、徐任重共同组成第八届监事会。

是日　申能股份有限公司召开八届一次董事会会议,选举吴建雄为董事长,聘任徐国宝为副董事长、总经理。

是日　申能股份有限公司召开八届一次监事会会议,选举宋雪枫为第八届监事会主席。

5月26日　燃气集团召开三届五次董事会,选举王者洪为公司董事长,聘任崔忠毅为公司总经理。

5月27日　全国人大常委会副委员长陈昌智到上海外高桥第三发电有限公司调研。

5月28日　上海吴淞煤气制气有限公司人工制气全线停产。

6月4—6日　燃气集团与法国GDF－SUEZ（法国苏伊士环能集团）举办多项技术交流活动，双方签署《"技术合作及培训交流"合作备忘录》，加强在燃气技术交流、专业培训、培训中心建设等方面的合作，提升上海燃气专业管理水平。

6月5日　王坚、杨祥海、吴建雄等接待上海电气集团党委书记、董事长黄迪南等来访。

6月6日　王坚接待安徽省能源集团公司董事长张飞飞等。

6月17日　上海市城乡建设和管理委员会设施处、燃气处、建管委科技委、燃气集团等就杂散电流事宜召开协调会，确定以课题的形式对轨道交通杂散电流对天然气管道隐患进行研究，在国内第一次真正意义上建立起管道公司与地铁公司的相互沟通和协作机制。

6月26日　五号沟LNG站扩建二期工程开工。

6月27日　国家发改委副主任、能源局局长吴新雄到外三发电调研煤电节能减排工作。

6月30日　淮北申皖发电有限公司工商注册成立。注册资本6亿元，由申能股份有限公司（51％）、安徽省皖能股份有限公司（24.5％）和安徽申源煤化工有限公司（24.5％）合资组建。公司拥有2台66万千瓦级国产超超临界燃煤机组。2015年12月24日，一号机组建成投产。2016年3月30日，二号机组建成投产。

7月4日　申能财务公司获国家外汇管理局批复，获准开展外汇远期结售汇业务。

7月17日　申能集团与上海电气集团举行战略合作框架协议签约仪式。

7月22日　石洞口燃气生产和能源安全储备基地建设项目二期投入试运行。二期工程新增26万立方米的各类油品储罐以及总容量1.2万立方米的液化气球罐。

7月24日　中共上海市委书记韩正到外三发电调研，强调申能要坚持走拥有自己核心技术的道路，力争做好新一代高效清洁燃煤发电机组示范项目。

7月30日　王坚、杨祥海、吴建雄、王者洪等接待上汽集团股份有限公司董事长、党委书记陈虹等来访。

是月　申能财务公司票据贴现累计金额突破100亿元。公司票据贴现业务存量在上海14家财务公司中排名第一。

8月7日　申能集团与三峡集团签署战略合作框架协议。上海市副市长周波，市政府副秘书长兼市国资委党委书记、主任徐逸波，集团王坚、吴建雄、孙忞等出席签字仪式。

8月15日　中共上海市国资委经中共上海市委备案同意，决定宋雪枫任申能（集团）有限公司副总经理。

8月16日　中共上海市委常委、浦东新区委书记沈晓明到天然气管网公司调研。

8月19日　申能财务公司为张江中区集中供能项目向财政部清洁发展基金申请的清洁发展委托贷款放款到账。清洁发展委托贷款是财政部清洁发展机制基金向节能减碳项目提供优惠利率的委托贷款。清洁发展委托贷款的成功发放，标志着公司绿色金融创新又一成果落地。

9月2日　上海申能能源科技有限公司与中国大唐集团有限公司在北京签署《节能减排技术合作框架协议》，中国能源研究会理事长柴松岳等出席签字仪式。

9月10日　上海申能新能源投资有限公司与上海绿色环保能源有限公司就上海临港海上风力发电公司10％股权转让事项签订产权交易合同，成为上海临港海上风力发电公司第一大股东。

9月17日　王坚、杨祥海、王者洪等接待市建委主任汤志平、副主任邓建平等。

9月18日　申能财务公司入驻中国(上海)自贸试验区，成为全国首家首批入驻上海自贸区的企业集团财务公司。

是月　上海诚毅新能源创业投资公司以协议转让方式完成首单挂牌转让。嗣后，又完成多项投资和协议转让、企业回购等方式退出投资，获取投资收益。

10月9日　全国煤电节能减排升级与改造动员电视电话会议召开，会上外高桥第三发电公司被国家能源局授予唯一国家煤电节能减排示范基地称号。

10月17日　王坚、王者洪等接待中海石油气电集团有限责任公司党委书记兼总经理王中安等。

10月21日　申能集团召开二届二十一次董事会会议，审议通过《申能(集团)有限公司三年行动规划(2014—2016年)》《申能(集团)有限公司资产减值准备财务核销管理暂行办法》和《关于聘任宋雪枫同志为申能(集团)有限公司副总经理的议案》等决议。

10月29日　吴建雄任东方证券股份公司副董事长、董事；宋雪枫任监事会主席、监事。

10月31日　申能集团总经理吴建雄与苏伊士环能集团董事长兼首席执行官梅斯特雷举行会谈并签署合作备忘录。

11月1日　吴建雄陪同上海市市长杨雄会见苏伊士环能集团董事长兼首席执行官梅斯特雷。

11月6日　申能集团批量采购的上汽新能源汽车交付，这批新能源汽车作为申能集团旗下上海燃气集团的服务用车，用于城市燃气应急、巡检等工作。

11月14日　申能财务公司成为上海环境能源交易所机构会员。公司以此为基础，于2015年8月与申能集团系统的吴二发电、外二发电、外三发电以及临港发电合作开展上海市首单借碳业务。

11月17日　申能股份入选"沪股通指数样本股"。

12月　上海燃气市北销售有限公司获得由世界卫生组织健康城市合作中心颁发的健康单位称号。

是年　上海燃气(集团)有限公司引入神秘顾客调查指数模型，首次神秘顾客调查评价指数为76.3分。

2015年

1月4日　中共上海市委副书记、市长杨雄和副市长周波到申能集团上海燃气调度中心现场检查，察看全市燃气管网运行和应急响应体系建设情况，强调确保上海市燃气管网安全运行，坚决清除管线占压。市政府秘书长李逸平，市政府副秘书长、市国资委党委书记、主任徐逸波，市安监局局长齐峻等陪同。申能集团董事长王坚、党委书记杨祥海、总经理吴建雄、副总经理王者洪参加。

1月6日　申能集团党委任命王者洪担任中共上海燃气(集团)有限公司委员会书记。

1月18日　上海申欣环保实业有限公司获"2014年中国烟气治理行业领航者企业"。

1月19日　国务院安委会安全生产第九综合督查组到申能集团检查指导"城市燃气管网安全"工作。

2月16日　申能新能源老港二期风电场24台风机并网发电。老港风电场权益总装机容量达6.75万千瓦，成为上海陆上单体最大的风电场。

是月　燃气集团顺利完成338公里道路隐患管道改造任务，为实现上海城区全天然气化打下基础。

3月9日　申能集团和中国石油、江苏洋口港三方在上海举行江苏如东联合管道有限公司合资合同签约仪式,申能集团王坚、吴建雄参加仪式。该公司负责运行如东—海门—崇明岛天然气管道。2017年10月11日,如东—海门—崇明岛80多公里的长输天然气跨江管道全线贯通,成为"西气东输"向上海供气的第三条战略通道。

是日　上海申欣环保实业有限公司2015年度第一次股东会通过《上海申能新能源投资有限公司转让其持有的66.66％股权至申能(集团)有限公司》议案。

3月10日　周波到申能集团调研企业创新转型和国资国企改革工作,上海市政府秘书长、市国资委党委书记、主任徐逸波陪同,申能集团王坚、吴建雄接待调研。

是日　上海诚毅投资管理有限公司第十次股东会同意变更股东,由申能(集团)有限公司、上海东方证券资本投资有限公司和上海浦东科技投资有限公司,变更为申能(集团)有限公司、上海东方证券资本投资有限公司和上海浦东新兴产业投资有限公司。

3月23日　东方证券在上海交易所举行首次公开发行A股上市仪式。中共上海市金融工作委员会书记孔伟庆,中国证监会前主席周道炯,申能集团总经理吴建雄、副总经理宋雪枫等出席。

3月26日　申能能源科技有限公司协办亚太经合组织(APEC)"提高燃煤火电效率创新技术论坛",APEC清洁化石能源专家组主席Scott M. Smouse,全国政协经济委员会副主任、国家能源局原局长吴新雄,中国能源研究会理事长柴松岳出席。

4月1日　上海中心大厦综合燃气管道工程顺利完成埋地钢管镶接作业,大厦锅炉和三联供通气进入调试阶段,标志着上海中心已成功实现通气,并再次刷新天然气供气新高度,达到557.94米。

4月14日　国家工业和信息化部副部长刘利华到申能集团调研,视察上海燃气调度中心,王坚、吴建雄陪同调研。

4月15日　上海石洞口煤气制气有限公司取得国家商务部颁发的成品油仓储经营批准证书,获从事汽油、煤油、柴油的仓储业务资格。

4月16日　美国商务部和能源部代表团访问申能集团,共同就能源环保技术及市场等进行交流探讨。

4月20日　土耳其总理府对外投资代表到访申能股份。

4月21日　法国道达尔集团2015年全球干部培训班赴外三发电考察调研。

4月29日　申能集团与上海地产(集团)有限公司在崇明横沙岛举行合作框架协议签字仪式。王坚和地产集团董事长冯经明为上海申能滩涂风电开发有限公司揭牌。

5月11日　中共上海市委组织部、市国资委到申能集团宣布王坚任集团党委书记。

5月13日　申能集团党委任命崔忠毅为中共上海燃气(集团)有限公司委员会副书记。

5月20日　中共中央政治局委员、中共上海市委书记韩正在申能集团上报的《关于上海市管道燃气实现全天然气化有关工作情况的报告》上作出重要批示:"燃气供应是城市的生命线。经过十多年的不懈努力,全市已基本构建形成多气源供应保障,一张输配网络体系,市场化多元销售格局,为全市社会经济健康发展,持续改善市民用气水平与质量作出贡献。希望发扬成绩,在确保城市用气安全、继续改善城市能源结构、提升服务水平方面继续作出新成绩。"

是日　中共上海市委副书记应勇到申能集团调研,表示保障城市能源供应及安全运行责任重大。王坚、吴建雄陪同调研。

5月22日　上海浦东煤气制气有限公司安全停产,上海城区人工煤气生产结束历史使命。

5月26日　申能集团召开系统党员领导干部大会,集团系统"三严三实"专题教育启动。王坚作党课动员。

5月28日　上海诚毅创业投资管理有限公司从中国证券投资基金业协会取得私募投资基金管理人登记证明,成为首批获得私募投资基金管理人登记证明的私募投资基金管理人之一。

5月31日　安亭煤气厂安全停产,上海市最后的人工煤气生产全面停产。

6月2日　上海燃气市北销售有限公司水电路园区原用于储存人工煤气的4座湿式气柜启动拆除(开顶)工作,湿式气柜退出历史舞台。

6月5日　英国坎特伯雷大主教韦尔比为团长的英国圣公会代表团等11人在国家宗教事务局有关人员的陪同下,到上海外高桥第三发电有限责任公司进行参观访问。

6月16日　上海市副市长蒋卓庆、市政府副秘书长黄融到外高桥第二发电有限公司调研超净排放改造项目建设,并组织召开上海市燃煤电厂超低排放升级改造工作现场会。

6月27日　上海实现城市燃气天然气化仪式在申能能源中心举行,蒋卓庆出席。其宣告上海全面实现城市管道燃气天然气化,使用了150年的人工煤气就此告别申城。

6月29日　申能财务公司自贸区分账核算单元FTU通过中国人民银行上海总部验收,成为国内首批获得开办自由贸易账户业务资质的非银行金融机构之一。

7月1日　上海市副市长周波及市安监局、市经信委等市相关职能部门领导到上海液化石油气经营有限公司闵行储配管理中心,实地检查闵行储配的安全生产工作。

7月8日　由申能集团与上海国际港务(集团)股份有限公司(简称上港集团)共同出资组建的上海港口能源有限公司在上港集团举行揭牌仪式。港口能源公司注册资本6 000万元,申能集团与上港集团各占50%股份。

7月30日　上海LNG公司与中国石油化工股份有限公司上海东海天然气销售部签署《宁波气田群(一期)天然气销售和购买框架协议》。

8月4日　上海市政协主席吴志明,副主席周太彤、蔡威到申能集团所属上海外高桥第三发电有限公司调研科技创新和节能减排工作,吴建雄陪同调研。

8月5日　申能财务公司获批开展成员单位产品的消费信贷、买方信贷及融资租赁业务资格。至此,公司已获得《企业集团财务公司管理办法》的全部业务范围,成为拥有全牌照的财务公司之一。

8月17日　上海申能奉贤热电有限公司工商注册成立。注册资金4亿元,申能股份有限公司持有股权51%,公司建设2套40万千瓦级燃气-蒸汽联合循环供热机组。

8月28日　上海市副市长蒋卓庆到宝山区月浦镇现场调研天然气管道占压情况。

是日　王坚任中国太平洋保险股份公司副董事长。

8月29日　"上海燃气微客服"公众号和手机微客服平台上线运行,由燃气集团、上海华期信息技术有限责任公司联合开发,实现燃气抄表、查询、付费、服务信息查询、液化气预约送瓶等传统燃气服务项目自助完成,这是公用事业服务企业借助移动互联网技术推出的便民举措。

9月1日　上海国际能源创新中心(筹)在吴淞制气公司挂牌。

9月2日　金砖国家新开发银行(New Development Bank)行长卡马特,副行长祝宪、卡兹别科夫等8人参观访问上海外高桥第三发电有限责任公司。

9月6日　申能房产公司在成山路13-03地块建造的一期商品房项目开工,总投资43亿元,总建筑面积31.15万平方米,由公司全额投资。2016年12月10日,结构封顶;2016年12月29

日,成山路项目二期开工。

  是日 申能能源服务公司仁济医院南院分布式供能项目被评为2015年度中国分布式能源优秀项目一等奖。

  9月10日 上海市国资委党委批复,决定朱宗尧、张芊任申能(集团)有限公司副总经理。

  9月28日 五号沟LNG站扩建二期工程2号罐完成升顶,10月26日,1号储罐罐顶亦顺利升顶。

  是月 燃气集团对下属浦销公司、吴淞制气等全资子公司法人治理结构做出调整,撤销其董事会、监事会,设立执行董事。

  10月13日 上海化学工业区申能电力销售有限公司注册成立,注册资金5 000万元,申能股份有限公司持有股权51%。

  10月20日 申能集团党委同意成立中共上海液化天然气有限责任公司委员会,上海液化天然气有限责任公司党组织建制从党总支升格为党委。

  10月31日 燃气集团与法国ENGIE中国公司在上海签署《联合建设上海燃气培训创新中心合作框架协议》。申能集团董事长王坚与法国ENGIE集团董事长兼执行总裁Gerard Mestrallet参加签字仪式。

  是月 上海外高桥第三发电有限责任公司入选美国《电力杂志》评出的2015年度世界顶级火力发电厂,是中国火电厂中唯一获奖企业。

  11月3日 申能集团召开精神文明表彰大会,弘扬社会主义核心价值观,命名表彰集团系统2013—2014年度文明单位和优秀员工。

  11月5日 上海临港海上风力发电有限公司二期项目海上工程在项目现场举行开工仪式。

  11月6日 申能集团召开纪念上海燃气150周年座谈会,回顾上海燃气150年的辉煌历史,展望未来发展蓝图。

  11月14日 蒋卓庆在上海市环保局局长张全陪同下,对上海吴泾第二发电有限责任公司环保管控预案和减排措施落实情况进行突击检查,充分肯定相关工作。

  11月16日 中共上海市委第三巡视组巡视申能集团工作动员会召开,组长杜志淳出席会议并讲话。

  11月21日、28日 燃气集团纪念上海燃气150周年纪录片——《城市记忆:上海燃气150年》在上海广播电视台纪实频道播出,该片由上海电视台《大师》栏目组制片人王韧指导制作。

  11月25日 上海外高桥第二发电有限责任公司6号机组超净排放改造项目投入运行,实时排放指标取得显著节能减排成效,成为申能股份系统第一家完成超净排放改造项目的发电企业。

  是月 燃气集团成立工程建设管理中心和物资管理中心。

  12月7日 申能科技公司承担的"百万千瓦超超临界机组系统优化与节能减排关键技术产业化(一期)"通过工信部国家重大科技成果转化项目验收。

  12月8日 申能集团与中国石化销售公司上海石油分公司签署《液化天然气(LNG)加气项目合作框架协议》,推进液化天然气在上海交通用能清洁的应用发展。王坚、吴建雄、王者洪出席签约仪式。

  12月18日 申能股份以30 363万元价格收购国电电力吴忠热电有限责任公司,此次交易后申能股份持有国电电力吴忠热电有限责任公司95%的股权。2016年6月17日,公司名称变更登记为申能吴忠热电有限责任公司。

12月22日　国电电力吴忠热电有限责任公司股权转让交接会在吴忠市盛悦宾馆召开。宁夏回族自治区吴忠市副市长杨金海,申能股份总经理徐国宝,国电电力总经理、党组副书记冯树臣出席会议。

是月　在中共上海市委宣传部等多部门共同主办的上海企业创新文化品牌展示展评系列活动中,申能财务公司获年度上海企业创新文化优秀品牌称号。

是年　上海申能临港燃机发电有限公司陈伟庆、上海天然气管网有限公司苏杰斌、东方证券股份有限公司陈光明被评为上海市劳动模范。

是年　申能财务公司、外二发电、天然气管网等9家单位被评为第十七届上海市文明单位。

2016 年

2月4日　市委第三巡视组向申能集团反馈巡视情况。集团党委对照巡视反馈问题,梳理四个方面16项主要问题,制定"16+1"整改工作方案。

2月16日　上海市国资委党委发文,决定盛裕若任中共申能(集团)有限公司委员会委员、副书记、纪律检查委员会书记。

是月　上海燃气市北销售公司完成分流转岗工作,其中安亭煤气厂69名职工2016年踏上用气安全检查新岗位,调度车间职工成功转型为天然气高中压门站管理和高中压管线巡检工作。

3月11日　国家863计划海洋技术领域重点项目"东海边际气田水下生产系统关键技术研究"通过国家科技部验收。

3月30日　上海申欣环保实业有限公司中标上海市环境监测中心道路扬尘在线监测服务项目。

3月31日　上海天然气管网有限公司完成所有122处高压管道占压点整治。其中63处被列入市级督办事故隐患治理项目于2015年年底提前完成。

是月　按照"面向未来,面向发展"的要求,申能集团党委组织3个专项调研组对集团本部及各直属二级、三级共32家企业,开展后备干部选拔推荐,形成"两个批次"共121人名单。

4月20日　淮北申皖发电有限公司QC成果获中国电力建设企业协会2016年度QC成果评审一等奖3项、二等奖5项、三等奖2项。

4月23—25日　第四届中国(上海)国际技术进出口交易会在世博展览馆举办,申能集团展示"智慧燃气"及技能环保第三方治理、分布式供能等技术成果。

5月中旬　森兰·外高桥能源中心4台40多吨重的大型制冷机组全部安装就位。该项目综合利用电厂余热、区域能源集中供应、冰蓄能等技术,以提高综合能效,服务于外高桥自贸区建设。

5月17日　燃气集团与上海电力公司、上海城投水务公司电、水、气"三表集抄"智能化应用战略合作协议签约,6月在虹口区投入试点。6月,新一代(水、电、煤)无线三表合抄在虹口区投入试点。

5月25日　申能集团党委召开"两学一做"学习教育工作座谈会。按照"基础在学、关键在做"的总要求,在集团系统深入开展"学党章党规、学系列讲话,做合格党员"学习教育。

5月30日　由来自非洲22国的22名记者和南亚5国的7名记者组成的记者团,在外交部等有关人员的陪同下,到上海外高桥第三发电有限责任公司参观访问。

是日　中国财务公司协会公布2015年度财务公司行业评级结果。申能财务公司获评全国68家A级财务公司之一。

5月31日　上海燃气(集团)有限公司与苏州天然气管网股份有限公司、无锡华润燃气有限公司、常州港华燃气有限公司共同签署《长三角天然气管道联通线项目合作备忘录》。长三角联通线初期目标为实现由上海市至江苏省常州市金坛区的多样化互联互通,结合输气管线、LNG接收站、地下储气库和沪苏庞大的市场,为资源合理流动创造条件。

是月　962777热线服务平台及管网、浦销、市北、大众等公司的多家集体与个人获全国青年文明号、上海市青年文明号及上海市优秀共青团员等先进荣誉。

6月7日　上海市金融党委和申能集团举行东方证券管理关系交接仪式,东方证券划归申能集团管理。

6月13日　上海市发改委同意核准上海申能奉贤热电工程项目。2016年12月28日,上海申能奉贤热电项目桩基开工。

6月16日　上海市节能环保服务业协会举办上海市节能服务产业峰会暨合同能源管理创新发展论坛,申能能源服务公司获"十二五"上海市合同能源管理服务品牌企业。

6月28日　上海临港海上风力发电有限公司在"奋进号"吊装船甲板上举行临港海上风电二期项目(10.08万千瓦)海上风机的吊装启动仪式。

7月8日　东方证券在香港联合交易所H股发行上市。申能集团副总经理宋雪枫,东方证券党委书记、董事长潘鑫军,党委副书记、总裁金文忠等出席上市仪式。

7月28日　国家安监总局副局长孙华山到LNG接收站督导调研并进行高温慰问。

8月1日　黄浦区液化气钢瓶"全配送"试点工作启动。此举有利于保障城市安全运行规范液化气市场秩序。

8月18日　申能股份有限公司全资子公司星源能源发展有限公司在新加坡注册成立,注册资本270万新加坡元。

8月19日　上海(国际)能源创新中心举办2016上海能源创新论坛,邀请国家发改委能源研究所所长韩文科等专家学者共聚上海,围绕"能源创新与油气改革"主题进行研讨交流。2017年11月18日,以"创新发展与能源革命"为主题的2017年上海能源创新论坛在沪举办。

8月24日　上海市国资委党委发文,决定盛裕若任申能(集团)有限公司监事会副主席。

9月19日　上海市科协第十四届学术年会开幕式暨第七届"全国优秀科技工作者"(上海地区)颁奖仪式举行,冯伟忠获全国优秀科技工作者称号。

9月21日　上海石油天然气公司承担的市科委项目"平湖海管路由浅层气探测和研究"通过专家组验收。该研究成果不仅为平湖海管浅气层区的综合治理提供重要基础和依据,同时也是国际上首个针对海管浅层气专项研究。

9月22日　申能集团决定变更上海申能房地产有限公司股权结构,成立上海申能能创能源发展有限公司,明确新公司是申能集团存量土地的综合利用和开发的平台公司,也是推进上海能创中心建设的平台公司。

9月28日　申能(集团)有限公司工会召开第五次会员代表大会,选举产生新一届工会委员会和经审委员会,须伟泉当选工会主席,周燕飞、李松华、杜卫华、王偕勇当选工会副主席。

10月8日　上海燃气服务中心展厅投入运营。展厅集中展示智慧管网、智慧调度和智慧服务组成的上海燃气安全、服务保障网,是智慧燃气在保障市民生活领域综合运用的集中展示。

10月13日　申能集团和中海石油气电集团就优化液化天然气公司管理体系签署备忘录,重申申能集团对液化天然气公司的管理关系,公司干部员工实行属地化管理;并对公司法人治理结构、党政领导班子及管理体系调整。

10月18日　崇明岛天然气管道工程项目竣工验收。

10月31日　中共中央政治局委员、中共上海市委书记韩正就推进燃气专业化市场化改革作出重要批示:请副市长周波牵头,会同有关部门研究提出意见报市委、市政府决策。燃气集团专业化市场化改革启动。

11月8日　上海申能租赁有限公司注册成立,注册资金10亿元,申能股份有限公司持其60%的股权。2017年2月,上海申能租赁有限公司更名为上海申能融资租赁有限公司。

11月11日　申能集团与青浦区政府签署战略合作备忘录。双方就共同推进青浦工业区能源供应中心项目建设,实施燃气体制改革,加大燃气设施建设投入,实现能源供应优化提升等事项达成一致。申能集团党委书记、董事长王坚,党委副书记、总经理吴建雄,副总经理王者洪、朱宗尧等出席签约仪式。

11月16日　上海液化天然气有限责任公司在洋山港举行上海LNG储罐扩建工程开工仪式。申能集团、中海石油气电集团、浙江省发展改革委、上海市发展改革委等相关领导出席开工仪式。

11月19日　申能吴忠热电有限责任公司1号机组建成投产。11月26日,2号机组完成试运行,公司2台350兆瓦机组全部建成投产。

11月23日　上海燃气市北销售有限公司作为"中国国家日"虹口区的现场参观点之一,接待前来参加第九届全球健康促进大会的中外嘉宾。

11月24日　中共上海市委副书记、常务副市长应勇到申能集团系统企业天然气管网公司考察天然气设施建设和供应保障工作,关心指导燃气行业发展。

是日　《上海市级专志·申能(集团)有限公司志》(简称《申能志》)编纂动员部署工作会议召开,启动《申能志》编纂工作,上海市地方志办公室党组书记、主任洪民荣,副主任王依群,集团副总经理、编委会执行副主任宋雪枫,编委会执行副主任吴家骅出席会议。

11月30日　上海市副市长周波、副秘书长金兴明召集上海市发改委、市住建委、市国资委、申能集团等相关部门和单位,研究燃气改革工作,明确由上海市发改委牵头,各相关部门参加,共同研究燃气行业企业改革方案,按照专业化、市场化、国际化的要求,将上海燃气建设成为一个国际一流的燃气供应商、服务商。

12月16日　申能集团召开党员代表大会,选举增补王者洪、宋雪枫、须伟泉三位同志为中共申能(集团)有限公司委员会委员。

是日　燃气集团下发文件明确停止收取"空置容量费"。

是日　国家环保局副局长、中央第二环保督查组副组长黄润秋到上海外高桥第二发电有限责任公司进行环保工作视察。

12月18日　申能财务公司和燃气集团联合推出的商品分期绿色消费信贷——"和气生财"之"绿能贷"发布,这是申能财务公司首款面向公众推出的零售金融产品。

12月27日　上海申能诚毅股权投资有限公司成立,注册资本金10亿元。经营范围为股权投资、创业投资、股权投资管理、投资管理、投资咨询、资产管理。

12月28日　国家能源局核准同意安徽淮北平山二期工程建设一台135万千瓦高低位双轴二次再热超超临界高效洁净燃煤发电机组。该工程由申能股份有限公司独资建设,工程动态投资

53.89亿元。2017年5月5日,安徽淮北申能发电有限公司工商注册成立,注册资本10.8亿元。是年8月,项目工程开工建设。

2017年

1月16日 上海申能电力科技有限公司注册成立,注册资本6 000万元,由申能股份(52%)与驭辰电力(48%)合资组建。

1月20日 全市日用气量创3 664万立方米,其中燃机电厂日用气达到1 397万立方米,双双创历史新高。

2月27日 申能集团董事长王坚、总经理吴建雄会见香港中华煤气行政总裁陈永坚,并参加上海燃气(集团)有限公司与香港中华煤气有限公司签署《天然气战略合作框架协议》签约仪式。

是日 张江中区区域集中供能一期能源中心建设开工。

3月16日 申能股份召开总经理会议,原则同意成立淮北申能发电有限公司,由公司持股100%,注册资本按总投资的52.08亿元的20%,即10.416亿元认缴,一期资本金2亿元,其余资本金根据工程进度及实际总投资安排出资计划。

3月23日 太平洋财产保险公司董事长顾越等到申能集团与吴建雄等洽谈合作并签署合作备忘录。

3月28日 上海申能青浦热电有限公司注册成立,由申能股份持股100%,注册资本按一期总投资1.7亿元的20%,即3 400万元认缴。

3月30日 国家能源局市场监管司司长向海平等到申能集团调研,听取集团关于油气管网设施公平开放情况专题汇报并开展座谈。

4月6日 申能集团召开党代表会议,选举吴建雄、王海东、韩英杰三位同志为中共上海市第十一次代表大会代表。

是日 申能集团举行应急指挥平台项目启动会暨项目签约仪式。该项目是2017年集团重点信息化项目,也是落实集团"十三五"信息化专项规划的重要举措之一。

4月21日 申能集团与腾讯公司举行《申能(集团)有限公司与深圳市腾讯计算机系统有限公司"互联网+能源战略合作协议"》签约仪式,中共上海市委常委、常务副市长周波,上海市政府副秘书长、市国资委主任金兴明等出席签约仪式。协议规定双方将在建设能源创新中心、加快智慧燃气建设、确保城市能源安全、提高能源效率和推进产融结合等多个领域开展合作,落实安全混合云、能源数据治理、"智慧燃气"体系、互联网金融和能源创新中心等具体合作内容。

是日 根据申能集团《关于臧良等同志职务任免的函》,燃气集团董事会聘任臧良为公司总经理。

5月23日 申能股份有限公司召开第三十七次股东大会。会议选举朱宗尧、刘浩、刘运宏、吴力波、吴建雄、杨兵、杨朝军、须伟泉、奚力强、臧良10人为第九届董事会董事,其中刘浩、刘运宏、吴力波、杨朝军4人为公司独立董事。上述10名董事与经职工大会选举产生的职工董事周燕飞共同组成第九届董事会;选举邬跃舟、宋雪枫、陈尉3人为第九届监事会监事,与经职工大会选举产生的职工监事刘先军、周昌生共同组成第九届监事会。

是日 申能股份召开九届一次董事会会议,选举吴建雄为公司第九届董事会董事长,聘任奚力强为公司总经理。

是日　申能股份召开九届一次监事会会议,选举宋雪枫为监事会主席。

5月26日　由中国城市燃气协会主办,上海燃气集团承办的第三届中国智慧燃气发展论坛在上海召开。

6月7日　中共安徽省委副书记信长星到申能股份控股的淮北申皖发电有限公司调研。

6月13日　申能集团召开科技创新工作会议,本次会议上发布申能集团首批众创基金项目。

6月20日　上海市人大常委会副主任薛潮到申能调研。

6月26日　上海燃气集团与法国ENGIE中国投资公司在法国巴黎签署《上海中法燃气职业技术培训咨询有限公司合资合同之主要条款》,王坚、申能集团副总经理王者洪参加签字仪式。

6月30日　上海申欣环保实业有限公司2017年度第一次股东会通过增加注册资本的决议,注册资本由1 000万元增加至5 000万元。

是月　中共申能股份有限公司委员会获评上海市国资委系统红旗党组织。

7月2日　申能集团党委决定中共上海申能房地产有限公司总支部委员会更名为中共上海申能能创能源发展有限公司总支部委员会。10月27日,申能集团党委同意成立中共上海申能能创能源发展有限公司委员会,上海申能能创能源发展有限公司党组织建制从党总支部升格为党委。

7月3日　申能集团和闵行区政府签署战略合作框架协议,双方就共同加快闵行区天然气发展,推动区域集中供能等事项达成一致。王坚、吴建雄参加仪式。

7月10日　上海市副市长周波、市政府副秘书长黄融召开燃气行业企业改革专题会会议,听取并原则同意燃气集团专业化市场化改革方案。

7月27日　上海市副市长许昆林到申能集团调研,王坚、吴建雄接待。

8月10日　新加坡兰亭能源有限公司执行总裁佘文民到访申能集团。王坚、吴建雄等参加接待。

8月22日　上海诚毅新能源创业投资有限公司被投企业"成都爱乐达航空制造股份有限公司"完成IPO创业板上市。

8月28日　申能集团参加国务院国资委和上海市政府举行的"央企对接上海　共赢科创未来"活动。王坚出席会议,并代表申能集团与中国远洋海运集团签署战略合作协议。

是日　申能集团党委系统第一期中青年干部培训班在中共上海市委党校开班,为期两周。王坚出席开班仪式并作讲话。

8月30日　中共上海市委副书记、市长应勇同意上海市发改委《关于推进上海燃气集团专业化市场化改革方案研究有关情况的报告》。报告明确燃气集团专业化市场化改革将以"保障有力、服务优质、管理科学"为基础,以"立足上海、内外并举、上下延伸、创新高效"为主线,以保障城市燃气供应为使命,以专业化市场化为方向,全面提升燃气集团经营管理和服务水平,力争到2020年,将燃气集团打造为拥有一流的保障供应能力、一流的用户服务体验、一流的运营管理效率、一流的创新引领水平、一流的品牌价值形象的国际一流智慧燃气服务商。

8月31日　申能集团召开干部会议,中共上海市委组织部副部长冷伟青宣布黄迪南任申能集团董事长、党委副书记。

9月20日　申能集团召开二届三十四次董事会会议,选举黄迪南为申能集团董事长。

是月　在首届"中国(上海)自由贸易试验区制度创新十大经典样本企业"发布会上,申能财务公司作为唯一一家财务公司入选"制度创新样本企业"。

10月18日　申能集团认真组织集团系统广大党员干部职工收听收看中共十九大开幕式。集团及直属单位领导班子成员集中收看开幕式实况。

10月27日　中共申能集团党委决定成立中共上海久联集团有限公司委员会。至11月末,申能集团党委10个直属单位,有6个党委单位(申能股份、燃气集团、东方证券、液化天然气、久联集团、申能能创),2个党总支部单位(申欣环保、财务公司),2个党支部单位(申能能服、诚毅投资)。

11月10日　申能集团举办中共十九大精神学习报告会,邀请市国资委系统中共十九大代表张彦作辅导报告。集团党委副书记、纪委书记盛裕若对集团系统学习贯彻十九大精神提出要求。

11月17日　申能集团召开系统党组织书记会议,王坚对集团系统中共十九大精神学习宣传贯彻工作进行全面动员部署。

11月27日　上海五号沟LNG站二期扩建工程竣工投产。黄迪南、王者洪出席投产仪式。扩建后,五号沟总罐容达到32万立方米。

12月20日　申能集团举行纪念申能创立30周年座谈会,主题为"不忘初心、牢记使命、继续前行",申能老领导代表,来自申能股份、燃气集团、东方证券的先进代表,集团系统深化改革企业代表和集团系统青年员工代表分别进行交流发言。

4—12月　申能集团开展创立30周年纪念活动,以"回顾过去、展望未来,不忘初心、继续前行"为活动目的,开展四大系列的纪念活动和成果展示。

是年　申能集团财务公司、吴泾第二发电有限公司、上海天然气管网有限公司、东方证券股份有限公司长江西路证券营业部等12家单位被评为第十八届上海市文明单位。

是年　中共上海燃气浦东销售有限公司第一营业所支部委员会被评为上海市党支部建设示范点。

第一篇
机构与企业

概　　述

申能(集团)有限公司(简称申能集团)是在中国改革开放大背景下,因应上海城市社会经济发展需要而组建并不断发展的企业。1987年,申能电力开发公司作为上海电力建设"总账房"成立,是归口上海市计划委员会(简称市计委)管理的事业单位。1992年为改制上市,电力开发公司改为企业单位,1993年改制为申能股份有限公司(简称申能股份)。1996年,为适应公司业务发展并保证国有股股东权益,以申能股份国有股为基础组建申能(集团)有限公司。

申能成立30年来,按照现代企业制度的要求,建立健全企业法人治理结构,建立董事会、监事会,实行董事会领导下的总经理负责制。根据企业发展需要,设置权限清晰、分工明确的职能部室,截至2017年年底,申能集团设立"七部三室一中心",即安全管理部、综合管理部、投资管理部、资产管理部、金融管理部、财务部、人力资源部、审计室、监察室、办公室和科技创新中心。

申能集团依据产权关系管理所属企业,并根据集团发展需要和上级部门的要求,组建或参与组建新的企业,接收和管理其他企业和企业集团,积极拓展新的业务领域,促进企业持续健康发展。截至2017年年底,申能集团拥有申能股份有限公司、上海燃气(集团)有限公司、东方证券有限公司、上海液化天然气有限责任公司、上海申能能源服务有限公司、上海久联集团有限公司、上海诚毅投资管理有限公司、上海申能诚毅股权投资有限公司、上海申能能创能源发展有限公司和上海申欣环保实业有限公司等11家二级企业。

第一章　法人治理结构

申能成立后,为保证上海城市能源供应安全、稳定,确保国有资产保值、增值,不断完善企业法人治理结构,探索建立现代企业制度,努力提高企业经营效益和社会效益。申能成立初即建立董事会、监事会、总经理室以及总师室等法人治理机构。并根据中共中央、中共上海市委、中共上海市国资委党委以及中央和上海市的相关政策,以及《中华人民共和国公司法》(简称《公司法》)和申能公司章程等的规定,及时调整、充实申能领导班子和领导队伍,充分发挥现代企业制度优势和经理人员的能动性、自主性,引导企业做强做大,承担国有资产保值增值责任。

第一节　董事会

一、董事会沿革

申能建立之初,按照现代企业制度要求,建立健全法人治理结构。1987年申能电力开发公司成立,上海市人民政府任命董事长、副董事长,组建董事会。根据《申能电力开发公司章程》规定,董事会是申能的权力机构,决定申能办事方针,制定、解释和修改公司章程等。申能电力开发公司实行董事会领导下的总经理负责制。

1993年,申能电力开发公司改制为申能股份有限公司,同年1月19日申能股份有限公司召开第一届第一次股东代表大会,选举产生申能股份第一届董事会和第一届监事会。根据《申能股份有限公司章程》规定,股东代表大会是公司的最高权力机构,董事会为其常设执行机构,向股东代表大会负责。

1996年7月,经中共上海市综合经济工作委员会讨论决定成立申能(集团)有限公司董事会,并任命董事长、副董事长。根据《申能(集团)有限公司章程》规定,申能集团是由国家单独出资、由上海市人民政府授权上海市国资委履行出资人职责的国有独资公司,公司不设股东大会,由出资人依法履行职权。申能集团实行董事会领导下的总经理负责制。董事会、监事会和总经理各自根据《公司法》和公司章程规定行使相应权力,履行相应责任。集团公司党委是企业的政治核心,领导集团党的建设、思想政治工作和精神文明建设,坚持党管企业、党管干部原则,参与公司重大问题的决策和重要人事考核、任免等工作。

二、人员组成

1987年6月29日,市政府任命吴祥明兼任申能电力开发公司董事长,明志澄、陈松泉兼任申能电力开发公司副董事长。7月22日,申能电力开发公司召开第一次董事会,通过公司章程;确定由吴祥明、明志澄、陈松泉、程静萍、华建敏、阮福林6人组成公司第一届董事会。董事会是公司的权力机构,对国家授权经营范围内的国有资产负有保值增值责任;同时作为上海市地方能源国企,申能董事会还负有保障上海电力、燃气等能源供应等责任。1993年1月19日,由鲍友德、郁子冲、陈光华、阮福林、吴家骅、邹金宝、胡泰利、张建华、李惠珍9人组成申能股份有限公司第一届董事会,鲍友德任董事长,陈光华、郁子冲任副董事长。1996年7月,经中共上海市综合经济工作委员会讨论决定由许冠庠、陈光华、仇伟国、吴家骅、刘承泽和陈铭锡6人组成申能(集团)有限公司董事会,许冠庠为董事长、陈光华为副董事长。1999年,杨祥海进入集团董事会,并担任集团副董事长。2001年吴家骅任集团副董事长。2002年,上海市人民政府任命李关良为集团董事长,9月2日,申能(集团)有限公司一届二十六次董事会全体会议决议同意新任董事长人选。2003年,陈士杰进入董事会,并出任副董事长,其时董事会由李关良、杨祥海、陈士杰、吴家骅、仇伟国、陈铭锡6人组成。2008年,杨祥海接任集团董事长,吴建雄进入董事会。

为加快国资国企改革,提高国企管理水平,市国资委决定派遣具有经济、财务、法律、企业管理等专业特长的外部董事进入国企董事会,加强国有企业董事会制度和组织建设。申能集团作为市国资委加强董事会建设第二批试点单位,于2010年3月成立申能(集团)有限公司第二届董事会,由李若山、邱国富、张培璋、李鹤富4名外部董事,杨祥海、吴建雄、陈铭锡3名内部董事和1名职工董事组成。同年4月1日,申能集团召开职工大会,全票选举仇伟国为新一届董事会职工董事,第二届董事会成立。2014年,上海市人民政府任命王坚为申能集团董事长。2017年,黄迪南出任集团董事长。

表1-1-1　1987—2017年申能董事会人员变化情况表

名称	时间	董事长(任职时间)	副董事长(任职时间)	董事
申能电力开发公司董事会	1987年—1989年	吴祥明(1987年6月—1989年8月)	明志澄(1987年6月—1989年8月) 陈松泉(1987年6月—1989年8月)	吴祥明　明志澄　陈松泉　程静萍　华建敏　阮福林
申能股份有限公司董事会	1993年—1996年	鲍友德(1993年1月—1996年6月)	陈光华(1993年1月—1996年6月) 郁子冲(1993年1月—1996年6月)	鲍友德　郁子冲　陈光华　阮福林　吴家骅　邹金宝　胡泰利　张建华　李惠珍
申能集团第一届董事会	1996年—2010年	许冠庠(1996年7月—2002年8月) 李关良(2002年8月—2008年4月) 杨祥海(2008年4月—2010年)	陈光华(1996年7月—1999年8月) 杨祥海(1999年3月—2008年4月) 吴家骅(2001年6月—2008年8月) 陈士杰(2003年12月—)	许冠庠　陈光华　仇伟国　吴家骅　刘承泽　陈铭锡
申能集团第二届董事会	2010年—	杨祥海(2010年—2014年2月) 王坚(2014年2月—2017年8月) 黄迪南(2017年8月—)	—	李若山　邱国富　张培璋　李鹤富　杨祥海　吴建雄　陈铭锡　仇伟国　王坚　黄迪南

三、制度建设

申能董事会依据《公司法》和公司章程开展工作,行使权力,履行职责。1987年,申能制定《申能电力开发公司章程》,确定申能是统筹、融通、滚动使用上海市集资办电资金的总账房,负责上海地区电力建设和能源开发的投资,是副局级事业单位,属上海市综合经理领导小组和电力建设领导小组领导,归口市计委管理。该章程规定,董事会由市计委、经委、电力、财政等有关部门组成,设董事长1人,副董事长2人,董事若干人。该章程赋予公司董事会决定公司办业方针,制定、解释和修改公司章程,并监督正、副总经理实施章程,审定公司组织机构,审议和批准公司的发展规划,审议和批准公司的年度预算计划,审定公司的年度工作报告以及接纳董事等职权。董事会由董事长召开,每年召开一次,必要时可临时召开。

1993年,申能电力开发公司改制为申能股份有限公司并上市,第一次股东代表大会审议通过的《申能股份有限公司章程》规定董事会是股东代表大会的常设执行机构,并向股东代表大会负责。申能股份有限公司董事会由9名董事组成,由股东代表大会选举产生,任期3年,可连选连任。董事长由代表政府的部门或机构提名,董事会设董事长1名,副董事长1~2名。董事长和副董事长由全体董事会出席的董事会会议选举和罢免;每年召开1~2次会议,审议和决定公司各项重大事项。此份章程主要针对上市的股份公司,与此前和此后的章程有所不同,其董事会职责和权限也有区别。

1996年,申能集团组建后,制定《申能(集团)有限公司章程》,明确董事会是公司最高权力机构,决定公司的重大事项。董事会由5~7名董事组成,且应有由职工民主选举产生的职工董事,其余董事由市国资委委派或更换;董事长和副董事长由市国资委指定。董事会职权除决定公司经营计划等外,增加决定公司财务预决算、弥补亏损、利润分配、增减注册资本、发行公司债券等方案;增加聘任或解聘正、副总经理及财务负责人并决定其薪酬事宜等权限。

2004年11月,申能集团第二届董事会修订《申能(集团)有限公司章程》,规定集团公司是由上海市国有资产监督管理委员会出资并进行监管的,在电力、燃气、能源等领域进行投资经营活动的国有独资有限责任公司,依法自主经营、自负盈亏,具有独立的法人资格。该章程规定,集团公司董事会是公司的最高决策机构,在出资人规定的范围内行使职权,决定公司的重大事项,除前述职权外,增加董事会决定公司合并、分立、变更公司形式、解散等方案的权限。

修订后的章程规定,董事会由5~9名董事组成,职工董事由公司职工民主选举产生,其他由市国资委任免,董事任期3年,可连任;设董事长1名,副董事长1~3名,分别由市政府、市国资委派。董事会每年至少召开两次会议,如遇工作需要,可以召开临时会议。董事会会议由全体董事参加,如遇工作需要,董事会可以采用通信方式联络、表决的会议形式。会议召开前应当提前10天书面通知全体董事;临时召开董事会,应提前3天通知全体董事。董事会会议表决实行"一事一决",采用举手表决的方法,并实行一人一票;董事会决议必须经1/2以上的全体董事通过,方能生效;但当赞成票和反对票数相等时,董事长有权作最后决定。涉及集团公司注册资本增减、分立、合并、中止、清算、修改章程等重大事项,应经过全体董事2/3以上通过方为有效。董事应当对董事会决议承担责任,并签字;对决议有异议的董事,应在签字时将意见记载于董事会决议。

2006年,申能集团修订章程,董事会的职权新增向出资人报告工作、执行出资人的决定两条;明确董事会在投融资、担保等事项上的权限,要求不得越权。新章程规定出资人委派的董事中应包括外部董事,并规定其任职资格、职责、工作方式与义务等。同时规定,董事会可以设立战略委员会、审计委员会等专门委员会作为公司董事会咨询机构。2007年3月,董事会成立战略委员会,由李关良、吴家骅、葛维昌、吴建雄、周慈铭等组成,李关良为主任。战略委员会为董事会下属的咨询机构,对公司长期发展战略和重大投资决策进行研究并向董事会提出建议。

2007年12月,申能集团董事会修订《董事会工作制度》,进一步明确董事会职权和办事规则,进一步规范董事会运作。修订后的《董事会工作制度》明确规定董事会为公司最高经营决策机构,对出资人上海市国有资产监督管理委员会负责;增加召开临时董事会会议的具体4种情况;明确应有1/2以上董事出席方可举行会议等详细规定。

2010年4月27日,申能集团第二届董事会召开第一次会议,决定成立董事会战略与投资委员会、审计与风险控制委员会以及薪酬与考核委员会的决议,并决议适时设立提名委员会。战略与投资委员会由5名董事组成,第二届董事会第一次会议选举杨祥海为主任委员,吴建雄、张培璋、邱国富、李鹤富为委员。审计与风险控制委员会由3名董事组成,主任委员由外部董事担任,委员构成外部董事占多数。第二届董事会第一次会议选举李若山为主任委员,李鹤富、陈铭锡为委员。薪酬与考核委员会由3名董事组成,主任委员由外部董事担任,委员有1名外部董事、1名职工董事。第二届董事会第一次会议选举邱国富为主任委员,张培璋、仇伟国为委员。2010年11月,集团第二届董事会第四次会议决议设立董事会提名委员会,杨祥海为主席,邱国富、张培璋为委员。

2011年,根据上海市国资委下发的《董事会试点单位公司治理指引(2010年版)》等文件精神,申能集团董事会对《申能(集团)有限公司章程》进行修订,并制定《申能集团有限公司董事会会议和议事规则》(简称《董事会议事规则》)。新章程明确董事会设董事长1名,副董事长1名,由出资人在董事会中指定;明确董事会决定和完善公司风险管理体制机制,对公司风险管理的实施进行总体监控的职权;建立对公司经理班子的问责制;接受监事会的监督等。《董事会议事规则》规定董事会每年召开不少于4次定期会议;明确出资人、1/3以上董事、1/2以上外部董事,可以提议召开董事会临时会议。董事会审议涉及年度财务预决算、利润分配方案、重大决策、重大资产处置及重要人事任免等重大事项,不应采取通信表决方式等。

根据《申能(集团)有限公司章程》及各专业委员会工作制度等规定,战略与投资委员会和薪酬与考核委员会每年至少召开两次会议,应有1/2以上委员出席;审计与风险控制委员会每年至少召开4次会议。专门委员会通过的决议以书面形式提交给董事会审议或供参考。提名委员会主要负责研究确定公司高级管理人员人选,以及选聘标准、程序和方法,并向董事会提出建议。为协助董事会各专门委员会开展工作,发挥职能,公司指定相关业务部门为董事会各专门委员会的具体业务承办部门。董事会战略与投资委员会的承办部门为综合管理部,审计与风险控制委员会的承办部门为财务部和审计室,薪酬与考核委员会的承办部门为人力资源部,提名委员会的承办部门为综合管理部。

四、主要职能

申能董事会根据《公司法》《申能(集团)有限公司章程》以及《董事会议事规则》《董事会工作制度》等相关规定,在职责范围内开展工作。董事会审议决定申能集团中长期发展规划、项目投资方案、资产置换整合、重大财务政策、重大资金处置、领导层人事变动等重大事项。另外,董事会负责审定公司每年的工作报告、财务预决算、年度工作计划等常规事项,同时对公司资本金增减、重大投资计划以及公司章程修订等事项进行审议。董事会设立日常工作机构董事会办公室,由董事会秘书负责,为董事会会议的召开准备相关文件,发布开会通知,准备开会事宜,并布置做好董事会会议记录、表决统计和相关文件的审核、归档等工作。董事会秘书协助董事长制定、修订和完善涉及董事会运作的各项规章制度、协助草拟董事会年度工作计划和向出资人提交的年度董事会工作报告；协助董事会专门委员会会议和活动的筹备；负责与市国资委董监事工作处的联络与沟通。

第二节 监事会

1993年，申能电力开发公司转制为申能股份有限公司，并在上海证券交易所上市。根据《申能股份有限公司章程》和上市公司相关法律、法规规定，为进一步完善公司法人治理机构，申能股份成立监事会，依法行使对公司的监督权。申能集团成立后，市政府任命集团监事长或监事会主席，市国资委指派人员组成集团监事会。监事会根据公司章程和相关法律、法规开展工作，行使职权，监督国有资产的保值增值。

一、人员组成

1993年1月19日，申能股份有限公司召开第一届第一次股东代表大会，选举曹臻、俞梦兰、叶奕平3人组成申能股份有限公司第一届监事会，曹臻为监事会主席。1996年6月，申能股份有限公司第二届监事会成立，由仇伟国、王知、俞梦兰组成，仇伟国为监事长。1997年1月，市政府任命程静萍兼任申能（集团）有限公司监事长；同年2月，市综合经济委决定由程静萍、吴鸿玫、周建3人组成申能（集团）有限公司监事会。2005年，市政府任命王寿芝担任申能（集团）有限公司监事会主席、党建督察员，监事会成员包括吴鸿玫、周建。2012年，市政府任命茅明贵担任申能（集团）有限公司监事会主席；市国资委党委决定茅明贵、周嘉琦、张伟敏、邬跃舟、俞雪纯5人组成第二届申能集团监事会，茅明贵为主席，周嘉琦为副主席。2012年9月，第二届监事会第一次会议聘任徐龙为监事会秘书。2016年，盛若裕被任命为集团监事会副主席。

二、制度建设

1993年，《申能股份有限公司章程》规定，监事会由3人组成，其中2人由股东代表大会选举产生，1人由公司职工推举或选举。监事会设监事长1人，监事会成员不得兼任公司行政职务。监事每届任期3年，可连选连任。监事会对董事会及其成员和经理等高级管理人员行使监督职能，列席公司董事会，检查公司经营和财务资产状况，核对各项股东代表大会财务资料，在必要时建议召开临时股东代表大会。监事会必须经2/3监事同意方可作出决议。

申能集团组建后，作为国有独资企业，集团不设股东代表大会，由上海市国资委作为出资人行使职权。1996年，集团章程规定监事会由3名监事组成，其中2名由市国资委委派或更换，1名由职工民主选举产生。1998年，集团监事会设立日常工作机构监事室，加强监事会对公司经营活动的监督。2004年，《申能（集团）有限公司章程》规定，监事会由3~5名监事组成，实行"外派为主、内外结合"的原则，监事会主席由政府委派，对出资人负责，依法行使出资人监督职能；1~2名专职监事由市国资委委派或者更换，内部职工代表监事由职工民主选举产生。监事会依法行使对集团公司的监督权，按照市国资委的要求制定监事会议事规则和报告制度。监事会主要职权包括监督检查集团公司国有资产保值增值情况，检查集团公司财务情况；监督检查公司董事会、产权代表、董事和高级管理人员经营行为；监督检查公司内部监控制度、风险控制、监督网站的设立和运行情况等。

此外,还包括获取公司主要经济信息,提议召开临时董事会,列席董事会会议等。监事会应经全体监事半数以上同意方可作出决议。

2005年,根据上海市国资委下发的《上海市国有企业监事会暂行办法》的要求,申能集团监事会制定《申能(集团)有限公司监事会工作制度》(简称《监事会工作制度》)。《监事会工作制度》规定监事会下设办公室(简称监事室),负责监事会日常事务及文秘、联络工作。公司设监事会秘书一名,兼任监事室主任。《监事会工作制度》还详细规定监事会的职权、工作原则和监督方式,监事会工作报告的撰写、监事会定期会议、专题会议和临时会议的具体召开办法等。2012年,集团监事会修订《监事会工作制度》,规定监事会成员不少于5人,其中需有外部监事、内部监事和职工代表监事,并规定应有一名财务会计、审计和经济管理方面的专业人员。修订后的《监事会工作制度》细化监事会工作原则,明确其职责和义务等。

2005年,申能集团制定《监事会议事规则》,规定监事会定期会议一般每年召开两次,分别在公司上半年财务报告和公司年度财务报告形成后一个月内召开,并规定不同会议议题的讨论方式等。监事会会议必须有2/3以上监事出席,由监事会主席主持。同时还规定监事会与董事长、总经理的关系和合作方式。2008年和2012年,监事会两次修订完善《监事会议事规则》,规定监事会办公室作为常设机构,由集团审计室兼任并承担监事会办公室职能,协助监事会主席处理监事会日常工作事务等。修订后的规则对监事会各项事务作详细规定。

2006年,为提升公司的治理水平,建立信息沟通、资源共享、力量整合、工作协调的监管机制,提高监管的效率和效果,申能集团监事会制定《申能(集团)有限公司监管部门联席会议制度(暂行)》(简称《联席会议制度》)。联席会议由公司纪委、监察室、人力资源部、综合管理部(法务)、财务部、审计室、监事室、工会等有关部门组成,是公司各监管部门横向沟通和力量整合的平台。《联席会议制度》规定联席会议的议事主题、议事方式等,通过联席会议,各监管部门可以互通信息,共享资源,专题研讨,案例分析,提升监管水平。工作原则是相容不抵触、研讨不决策、整合不替代。

2011年,申能修订章程,规定公司监事会由5名监事组成,其中3名由出资人委派,2名由职工代表担任;同时规定,在监事会人数不足章程规定的情况下,已经委派或选举产生的监事会主席、监事单独或共同行使本节规定的监事会职权。修订后的章程细化监事会职权、议事规则、表决方式等。根据新章程,监事会修订《监事会工作制度》,规定监事会组成、工作原则、职责与义务以及议事方式等,规范集团监事会工作。

三、职能行使

申能监事会遵循加强监督、规范运作、认真探索、稳步推进的指导思想,按照《公司法》和市国资委办、市国资委等关于监事会工作的要求,根据公司章程和相关监事会工作制度和议事规则,开展各项工作。监事会对董事会贯彻出资人意志、决策的合法合规性和企业日常经营活动进行监督。通过查阅相关资料,获取重大经济信息,开展专项检查和工作调研,对集团公司的经营业绩和经营行为作出年度监督评价报告。发现紧急、重大情况时,采取专项报告和主席专报的方式向市国资委报告。其主要工作包括常规性工作和专项工作。

【常规性工作】

申能监事会成员根据公司章程列席公司董事会,了解公司重要决策的依据、资产处置原则、重大投资项目的决策过程,听取董事会审议公司年度工作报告和年度工作打算,年度财务决算报告和预算报告等,监督董事会运作过程。

召开监事会会议,审议公司年度工作完成情况,听取公司财务决算报告及会计师事务所年度报表鉴证审计报告;听取公司年度工作设想及财务、资金预算框架;对公司主要经营业绩指标、年度工作目标完成情况进行评价。

进行年度例行监督评价工作。监事会每年向市国资委报送关于申能集团公司的年度评价报告,并抄送集团董事会。年度评价报告实事求是地对公司年度经营状况、董事会决策程序、公司资产质量、经济指标和其他工作目标完成情况,以及公司董事和高层管理人员职务行为等进行评价,肯定成绩,指出不足,并提出相关改进思路供市国资委和集团董事会决策参考。

【专项工作】

申能监事会根据公司运营实际情况和上级指示,采取召开专题会议和采取专项调研等方式,行使监督职权。2001年9月,监事会在上海石油天然气处理厂现场召开一届六次监事会专题会议,重点了解投资效益好的上海石油天然气总公司和绩效较差的申能房地产开发公司,提出有针对性的决策思路建议。2002年监事会专题调研上海天然气能源结构调整的深层次问题,建议公司把天然气的发展纳入市政府环境保护政策进行筹划,运用行政、经济、法律的手段维护公司利益;专题了解对投资项目委派董事、监事的管理,推动被投资项目现代公司制运作,维护公司投资利益和合法权益。2003年,监事会遵照市国资委要求,对申能集团和所属全资、控股子公司以及核心企业申能股份的全资、控股子公司作调研,向市国资委提交《关于申能(集团)有限公司基本情况的检查报告》。2004年,监事会结合申能集团"电气并举"的发展战略,对新组建的上海燃气(集团)有限公司的企业改革情况进行专项检查,形成《关于上海燃气(集团)有限公司改革的专项检查报告》,供市国资委和申能集团决策参考。同年,监事会还组织对公司的股票、期货融资性投资活动进行专项自查和核查;对公司投资项目委派(推荐)董监事的管理进行专项调研检查,形成《关于申能(集团)有限公司投资项目委派(推荐)董监事管理工作的专项检查报告》;对投资性公司的投资活动进行专项调研检查,形成《关于申能(集团)有限公司投资活动的专项检查报告》。

2006年,根据市国资委规定,国有大中型企业监事会主席兼任党建督察员,申能集团监事会当年开展燃气保障体系、薪酬管理、审计整改、项目决算和科技创新5项专项检查,并对系统企业党建工作开展督察。2007年开展预算管理、重大投资项目、大额资金、下属公司监事会组建和运作情况4项专项检查。2012年,监事会联合纪委、审计室以及二级公司的相关职能部门,共同开展实物资产处置专项检查。2013年开展重大工程项目建设、重大资金使用、企业创新转型情况、合格供应商管理制度执行情况4项专项检查。2014年对企业合同管理开展专项检查。2015年开展重大事项专项调研和检查。

第三节 总经理室

申能实行董事会领导下的总经理负责制。公司章程规定,公司总经理、副总经理、财务负责人为公司高级管理人员,组成公司日常管理机构。公司设立总经理室,由总经理、副总经理组成,下设总师室,聘任副总经济师、副总会计师各1名,协助总经理编制和拟定集团发展战略、参与重大投资决策以及资金和财务管理工作。总经理室下设立各部室,分工负责总经理交办的各项事务(具体职权见本章第四节)。

一、人员组成

1987年,上海市政府任命华建敏为申能电力开发公司总经理。1992年,市政府任命陈光华为申能电力开发公司总经理;1993年,申能改制后,陈光华任申能股份有限公司总经理;1996年,申能集团成立后,陈光华兼任集团副总经理。1999年,市政府任命杨祥海为申能集团总经理。2008年,市政府任命吴建雄为集团总经理。

表1-1-2　1987—2017年申能历任总经理、副总经理情况表

名　称	职　务	姓　名	任　职　时　间
申能电力开发公司	总经理	华建敏	1987年7月—1992年7月
		陈光华	1992年7月—1993年1月
	副总经理	阮福林	1987年7月—1996年10月
		秦子龙	1987年12月—1994年4月
		邹金宝	1990年3月—1993年4月
		吴家骅	1992年7月—1993年4月
		严成俊	1992年11月—1993年4月
申能股份有限公司	总经理	陈光华	1993年4月—1996年7月
	副总经理	吴家骅	1993年4月—1996年7月
		严成俊	1993年4月—1994年12月
		仇伟国	1995年2月—1996年7月
		刘承泽	1995年4月—1999年12月
申能(集团)有限公司	总经理	杨祥海	1999年3月—2008年4月
		吴建雄	2008年4月—2018年12月
	副总经理	陈光华(主持工作)	1996年7月—1999年8月
		仇伟国	1996年7月—2013年4月
		吴家骅	1996年7月—2001年6月
		邹金宝	1999年8月—2003年12月
		宋振林	2002年8月—2006年9月
		葛维昌	2003年12月—2014年7月
		吴建雄	2005年6月—2008年4月
		王敏文	2005年6月—2007年4月
		乔志刚	2009年4月—2013年5月

〔续表〕

名　　称	职　务	姓　名	任　职　时　间
申能(集团)有限公司	副总经理	王者洪	2011年10月—
		孙 焱	2011年9月—2015年7月
		宋雪枫	2014年8月—
		朱宗尧	2015年9月—2018年4月
		张 芊	2015年9月—

二、规章制度

1987年,《申能电力开发公司章程》规定,公司实行董事会领导下的总经理负责制。申能设总经理1人,主持公司工作;设副总经理1~2名,协助总经理进行工作。正、副总经理是公司行政机构负责人,根据公司章程制定公司规章制度和行政措施,编制和执行公司发展规划和年度预算计划,领导和管理公司业务工作,任免部室负责人,规定其任务和职责,审定行政机构编制,管理工作人员;向董事会负责并报告工作。1993年,《申能股份有限公司章程》明确总经理由董事会聘任,经董事长授权,总经理可代行法定代表人的职权。副总经理由总经理提名,协助总经理工作,由董事会任免。总经理负责组织实施股东代表大会和董事会的决议,并向董事会报告工作,新增拟定公司年度财务预决算和利润分配方案的职权。

1996年,申能集团成立后,集团章程规定公司设总经理1人,副总经理若干人。总经理负责划分集团公司和各成员公司在计划、财务、资金、人事(含主要干部任免)、劳动工资等方面的管理职权,并按有关经济目标责任制对各成员公司进行管理、考核、奖惩。2004年,申能集团修订章程,更加明确和具体化总经理权限。2006年,申能集团修订章程,规定总经理、副总经理、财务负责人为公司高级管理人员,并规定其任职资格和任期要求;同时规定出资人可以决定公司其他人员为高级管理人员。新章程规定总经理、副总经理和财务负责人的各自职权;取消总经理制定公司利润分配方案和财务预决算方案的权力;明确总经理可以根据章程设立总经理办公室,其人员由总经理聘任、解聘,对总经理负责。

2011年申能集团董事会再次修订公司章程,新章程规定总经理可以根据董事会决定的公司经营计划和投资方案,批准一定额度的经常性项目费用和长期投资阶段性费用;要求建立总经理办公会制度,召集和主持总经理办公会议,协调、检查和督促各部门、各下属公司的日常经营工作等。

申能集团坚持实行总经理会议制度,并不断修订和完善制度。1999年,申能集团制定《总经理会议制度》,规定总经理会议是贯彻和落实董事会决议、研究决定公司重要工作和重大事项、研究决定提交董事会审议事项的会议;规定由集团董事长,集团公司和股份公司总经理、副总经理出席会议;并规定集团公司和股份公司总经理助理、总经济师、总会计师、董事会秘书,集团公司纪委副书记以及与会议内容相关的人员列席会议。《总经理会议制度》规定总经理会议由总经理主持,每4周召开一次,如遇有重要事项需研究决定,可随时召开。2001年,集团董事会修订《申能(集团)有限公司总经理会议制度》,规定总经理会议出席人员为集团公司董事长、总经理、副总经理;列席人员为集团公司总经理助理、总经济师、总会计师、董事会秘书,集团公司纪委负责人以及与会议内容相关的人员;取消股份公司相关人员参加和列席总经理会议的规定。总经理会议以集体讨论为原则,达成共识,形成决定;如遇意见不一致的情况,以会议主持人的意见为准。2008年,公司再次修订《总经理会议制度》,明确总经理会议可以决定的重大项目的具体含义:投资额占公司上年末净资产1‰以下的能源类(不含新能源)投资项目,以及投资额为5 000万元以下的非能源类(含新能源)项目。同时增加监事会主席、公司财务总监、总工程师为列席会议人员,以增加对总经理会议决议的监督和透明度;明确会议表决方式,增强公司决策的民主化程度。

1997年,上海市国有资产管理办公室印发《上海市国有企业财务总监管理暂行规定》,要求国有大中型企业试行。2001年,市财政局委派任光辉为申能集团财务总监,参与修订公司财务制度,参加年度财务工作会议及重大财务专题活动,审核财务报表、报告,审核年度综合预算、决算和利润分配方案,对担保、大额资金支出、贷款、重大资产转让和不良资产处理或核销等事项进行审核。同年,申能集团领导与财务总监共同制定《申能(集团)有限公司关于财务总监工作职能的实施意见(试行)》,初步规定财务总监的具体职权,明确集团公司及下属公司与财务相关规章制度、重大事项、会计报表和审计报告、综合预算、年度决算以及利润分配等文件一律报送财务总监。2006年,集团董事会聘任王鸿祥为财务总监;2007年,董事会聘任陈铭锡为财务总监。财务总监对董事会和总经理负责,保证公司财务会计活动健康运行,确保国有资产的保值增值。

1998年,申能集团颁布《总经济师岗位职责》《总会计师岗位职责》等文件,规定总经济师和总会计师在总经理室领导下开展工作,对总经理室负责,同时明确总经济师和总会计师的具体职责和工作内容。1998年,申能集团聘任周慈铭为副总经济师,聘任王鸿祥为副总会计师。

三、职能行使

申能集团总经理室实行办公会议制(总经理办公会议和总经理行政办公会议)和分工负责制。总经理办公会议每月举行一次,由经理班子成员参加,研究董事会决策事项和年度目标的落实,项目投资的实施步骤、措施,以及公司日常经营重大事项的处理。总经理行政办公会议每月举行一次,会议由公司部门以上负责人参加,检查了解各职能部门的工作完成状况,协调有关事项,部署近期工作。会议形成办公会议纪要,由综合管理部门落实。另外,总经理室根据需要召开临时会议和专题会议以及党政联席会议等,行使公司章程等赋予经理班子的相关权限,保证公司日常运营和决策的科学、民主,保障企业"锐意开拓,稳健运作"。

第四节 内 设 部 室

申能实行董事会领导下的总经理负责制,在总经理室下设各部室具体分工负责经理班子交办事务。1987年申能电力开发公司成立之初设立财务计划部、经营技术部和办公室两部一室。1989年将经营技术部改组为工程技术部。1993年,电力开发公司改制为申能股份,按照上市公司规范调整机构设置,形成市场部、投资部、财务部、策划部和办公室四部一室架构。1996年,申能集团组建后,为加强对系统企业管理,集团公司不断增设新的机构,逐步形成投资部、策划部、财务部、市场部、人事部、审计室、办公室和研究室五部三室的机构设置。2002年,公司对机构设置进行调整,形成综合管理部、投资管理部、财务部、人力资源部、审计室、研究(咨询)室和办公室四部三室设置。2006年,增设资产管理部;2007年增设安全管理部;2009年设立金融管理部。到2017年,总经理室下设七部三室共计 11 个部室。

一、安全管理部

2007年，申能集团董事会决议设立安全管理部，协助集团分管领导管理系统安全生产工作。安全管理部兼集团安全生产委员会办公室，并与系统各单位安全管理部门建立直接工作关系，形成系统安全生产管理监督网络。安全管理部的主要职责为贯彻落实国家、市有关安全生产的法律、法规和政策；依法建立和完善集团安全生产规章、制度，健全集团系统各级安全生产管理体系和应急救援体系。负责对口市安全生产监督管理局、市国资委分配保障处、市应急办以及行业安全生产管理等部门，传达、部署和贯彻、落实相关部门的精神及要求；负责拟订集团系统安全生产工作目标和计划，并组织实施；负责集团安全生产委员会会议筹备工作，并组织召开集团系统安全生产例会；监督、指导、督促和检查集团系统安全生产工作的贯彻、落实情况，掌握和了解集团系统各级安全生产状况，对涉及影响集团系统安全生产的重大事项，进行咨询、协调，及时、有效地帮助和解决集团系统各级相关重大安全生产问题。

2014年，集团制定《申能（集团）有限公司部门职责》（简称《部门职责》），将安全管理部的职责明确分为7项，包括对系统企业安全生产、劳动保护、防火、防爆、防中毒、防台防汛、防暑降温和行车安全等进行监督与管理，并向系统企业提供安全防范方面的指导性意见；开展安全生产、安全管理等工作，组织对系统企业的安全宣传和安全检查；协助、督促、组织突发性灾害事故和重特大事故的调查、处理。

二、综合管理部

1987年申能电力开发公司设立经营技术部，负责投资项目的技术规划、项目建议、技术评价、咨询和投资项目的经营、管理建议。1993年，公司改制后设立策划部，负责企业战略规划、策划研究、资产经营、计划编制等。2002年集团公司设立综合管理部，负责企业规划等工作。2014年申能集团《部门职责》明确规定综合管理部负责战略规划、策划研究、制定经营计划、董事会、产权管理、资产评估、法务管理、对外联络、企业形象9个方面的工作以及领导交办的其他工作。

三、投资管理部

1987年，申能财务计划部负责投资规划，审理项目投资的预算、概算和决算；工程技术部负责投放项目的技术规划、前期工作。1993年申能股份公司成立后，设投资部，负责对电力、能源工程项目的前期工作以及和投资、进度、质量的监控；审查项目拨款概预算和效益测算，并会同财务部监督效益回收；参与主要技术合同的谈判和招、投标工作。1996年申能集团成立后设立投资经营部，归口管理集团公司投资的项目和企业，并负责投资、经营、考核和资本回收，投资项目审定、资金管理、组织项目实施和管理等。2002年，公司设置投资管理部，接管前述相关工作，并负责公司资产经营管理以及监管安全生产等工作。2006年，投资管理部拆分为投资管理部和资产管理部，新投资管理部与安全委员会办公室合署办公，主要负责集团直接投资的能源项目的管理，下属企业能源投资项目审核、管理及向政府部门报批与审核，集团安全生产办公室日常工作和集团系统科技创新及集团科技基金管理等。2007年,投资管理部再分拆为投资管理部和安全管理部,原投资管理部安全生产等职能划归安全管理部。2014年集团《部门职责》规定投资管理部主要负责规划、技术、发展;审批集团公司大型建设与改造项目,并负责具体管理公司建设与改造项目的执行情况;负责执行政府部门编制的规划,审批下属企业规划项目,并动态跟踪;负责统计管理工作等。

四、资产管理部

1993年,申能股份公司设立市场部,负责公司除电力、能源工程项目以外的市场开发、管理和经营,及对已建、在建非电力、能源工程项目以外项目的监控,并会同财务部对投产后的效益回收。2006年,集团设立资产管理部,负责集团金融资产、非能源投资项目、资产运作以及其他对外多元投资的管理等。2014年,集团《部门职责》规定资产管理部负责多元(除能源、金融主业外)投资、发展的战略研究;负责拟定多元投资计划并贯彻执行;负责管理多元投资的股权以及对多元投资企业生产经营的监督管理;负责公司系统单位房产、地产的运作管理等工作。

五、金融管理部

2009年8月,申能集团董事会第四次会议决议设立金融管理部,主要负责公司金融主业发展战略的研究和贯彻执行,整合公司金融资源、管理金融资产和资本运作,构建集团金融产业管理体系;负责公司金融股权管理,优化金融股权投资,拟定金融产业框架;配合政府金融主管部门工作,搭建集团内综合性金融服务平台;负责对公司外派金融企业高管、董监事的人员业务管理和支持、服务;动态跟踪、分析国内外经济、金融形势和金融投资企业经营情况,为公司决策提供参考依据等。

六、财务部

1987年申能电力开发公司设立财务计划部,负责投资规划,审理项目投资的预算、概算和决算,负责资金的筹集、投放和回收。1989年,财务计划部兼管公司经营开拓业务。1993年,申能股份公司成立财务部,负责公司的筹措、融资和财务、资金管理,并按季度对公司总体经济效益分析研究,作出测算并提出措施,编制财务会计报表。1996年改称资金部,负责资金的筹措和统筹管理,财务核算和管理,对集团成员公司的财务指导和审计。2002年,再改称财务部,主要负责编制公司年度财务计划和公司财务指标;负责实施资金、资产、税务、会计制度管理;组织实施公司会计核算,编制合并会计报表、中期和年度财务报告,负责企业内部审计,并配合中介机构和国家审计部门做好审计工作;负责建立和组织实施财务信息系统管理,负责公司财务人员培训、管理、培养和推荐;负责公司价格和收费管理,定期编制价格和收费目录等。

七、审计室

1996年申能集团成立初,内部审计工作等归人事部兼管;1997年4月,集团设立审计室,将内部审计从财务部分离。审计室主要负责建立健全公司系统内部审计网络体系、编制公司系统及公司本部年度审计工作计划;组织实行公司系统重大工程项目跟踪审计、监督系统企业年度经营情况经济责任、经营者离任审计和专项审计;负责对公司系统内审人员的业务指导、岗位培训和后续教育;参与对系统企业经营运行状况及主要经济指标执行状况的经济责任考评,组织对系统企业经营管理活动、财务活动、内部控制体系和风险管理体系进行监督、检查和评价;负责公司设计信息化建设、协调工作以及法律法规规定和公司要求的其他审计事项;协调完成集团总部及系统企业固定资产投资项目审计、外部审计的接待配合、被审计单位审计整改监督检查以及集团监事会日常事务等。

八、监察室

1996年申能集团成立初期监察工作由集团人事部兼管。2004年集团设立监察室,主要负责开展企业经营效能监察,协调推进企业风险防控机制建设;配合党风廉政建设和反腐败工作,纠正行业不正之风;对监察对象进行遵纪守法、履行职责、廉洁奉公教育;调查处理监察对象的违法违纪行为,提出处理意见,督促监察建议和整改措施的落实等。集团监察工作与党的纪律检查工作合署办公。

九、人力资源部

1996年,申能集团成立后,设立人事部,负责集团管理的干部考核、培训和办理人事任免手续,有关单位的机构设置、人员编制的审定,劳动工资及离退休干部管理,归口管理集团内部出国审查报批工作,归口管理集团内部审计、监察工作。2002年改组为人力资源部,主要负责拟定公司劳动人事、干部管理各项规章制度,拟定公司人力资源规划、实施计划和行动方案,拟订公司机构、职能职责、岗位定编及岗位职责方案,编制本部及管理权限内干部的培训计划和实施;负责干部考察选拔、培养锻炼、考核使用及对系统企业领导班子和成员的考核、聘用及任免等工作,负责专业技术人员管理和职务评聘;定时计发员工工资、奖金、补贴,办理各项保险、个税服务以及参与审核直属企业工资总额计划和收入分配方案,并协助实施;负责劳动合同管理、办理退休和管理退休人员,负责人事档案、干部和劳动人事管理信息化建设及各类报表、统计分析工作等。

十、办公室

1987年,申能电力开发公司设立办公室,负责公司日常行政、文秘事务和经理班子交代的事务。集团成立后,办公室职责包括集团本部行政管理、日常事务及后勤服务,各项行政规章制度汇总,并督查系统企业的制度建设;负责公司行政办公经费的预算、使用和控制;办理相关会务工作以及各类文件、档案、信息、图书资料管理;负责对外宣传、联络和接待以及信访接待、处理;负责公司计算机网络、办公自动化建设、维护和管理以及公司办公环境管理;负责公司车辆及驾驶员的调度、管理等。

十一、科技创新中心

2017年11月,为进一步推进申能集团科技创新工作,切实加强科技创新统筹管理和服务工作,申能集团成立科技创新中心。其主要职责包括负责拟定集团创新转型战略,编制和组织实施集团科技创新和信息化规划和工作计划,创设各项信息化工作机制和管理制度;组织编制科技和信息化项目计划并监督实施,统筹集团重大课题研究和重点项目实施;研究创新方向,培育创新业务;组建创新平台,加强科技创新内外部资源管理;负责科技创新成果和知识产权保护,推动创新成果的转移转化,积极营造良好的创新环境和氛围;负责网络安全管理,维护信息系统运行,指导、监督科技创新和信息化建设等工作。

第二章 所属企业

30年来,申能不断发展壮大,由一家仅有十几位员工的事业单位逐步发展成一个综合性的现代企业集团。截至2017年年底,申能集团系统全资和控股企业逾100家,直接管理的下属二级企业11家。本章主要记述集团直接管理的11家二级企业(上海诚毅投资管理有限公司与上海申能诚毅股权投资有限公司两家企业同在第八节中记述),其他企业基本情况参见后文相关章节。

第一节 申能股份有限公司

申能股份有限公司(简称申能股份)是一家以电力、石油天然气及其相关产业链的投资建设和经营管理为主业,参与金融投资、节能环保等领域的国有控股上市公司,也是全国电力能源行业第一家上市公司,股票代码为600642。申能股份总部位于上海市闵行区虹井路159号,注册资本45.52亿元。申能股份的前身为申能电力开发公司,成立于1987年,并于1992年改制,1993年在上海证券交易所上市。1996年,上海市政府以申能股份国有股为基础组建申能股份的母公司申能(集团)有限公司。作为申能集团的核心企业之一,截至2017年年底,申能股份总资产540.47亿元,净资产254.6亿元;拥有12家控股发电企业(已投产8家,在建4家),1家石油天然气开采企业;控股装机容量907.17万千瓦,权益装机容量944.28万千瓦,电力供应约占上海市30%;累计生产原油、凝析油433.95万吨,天然气66.33亿立方米,建成天然气主干网750多公里。公司在册员工(含控股企业)2 506人,其中本科以上学历人员1 619人,约占在册员工总数的64.6%;中高级职称人员763人,约占在册员工总数的30.5%。2017年,申能股份实现营业收入324.04亿元,净利润17.38亿元。

改革开放以前,上海市财政收入约占全国的1/6,工业企业上缴利润约占全国的1/4,经济地位举足轻重。改革开放初期,上海市国民经济得到快速发展,但上海电力工业的发展速度严重落后于国民经济发展速度,电力供应不足的矛盾日益突出,严重影响全市社会经济的发展。而当时困扰上海市电力建设的主要问题是由电力工业部代表国家进行投资,"中央一家办电",投资渠道单一,"建设资金不足"。为缓和电力供需矛盾,解决上海市经济发展后顾之忧,1983年中央财经领导小组原则同意上海经济区规划办公室"建议用征收电力建设基金的方式,弥补电力建设资金不足,加快发展电力工业"的汇报;1985年,国务院颁发《关于鼓励集资办电和实行多种电价的暂行规定》,进一步明确相关政策;同年11月,又下达《关于江苏、浙江、安徽和上海市集资办电问题的批复》,批准华东三省一市实行工业用电征用电力建设资金办法。1986年,华东地区开始试行每度工业用电征收2分钱电力建设基金。在此背景下,1987年,上海市决定成立申能电力开发公司,统筹、融通及滚动使用上海市集资办电的资金,管理上海地区电力建设和能源开发投资,发行电力建设债券等,由上海市综合经济领导小组和电力建设领导小组领导,市计委归口管理。1987年8月15日,申能电力开发公司完成工商注册,并于同年12月30日挂牌成立。

1987—1992年,申能电力开发公司主要作为上海市集资办电资金的总账房,以投资电力建设项目、能源开发和节能项目为主业,先后与中央国有企业以及地方单位合作投资建设上海石洞口电厂、上海星火热电厂等多个电力工程项目,为解决上海市当时的"电荒"发挥积极的作用。截至1992年,申能电力开发公司参与投资建成的电厂装机容量为300万千瓦,用6年的时间完成过去上海在电力建设方面100年走过的路。

随着上海市经济发展和浦东开发开放,电力建设项目投资需求不断增加,资金缺口日益增大,光靠地方电力建设资金和公司的经营收益已无法满足电力建设和能源开发的资金需求,必须开拓社会筹资渠道。1989年,申能电力开发公司成立咨询室,聘请相关领域专家开展《申能发行股票与可行性研究》。1992年年初,公司向市计委提交《关于申能电力开发公司改组为申能股份有限公司的请示报告》,提出通过发行股票的方式开拓社会融资渠道,降低融资成本,理顺产权关系。同年5月,上海市计划委员会批准申能电力开发公司由事业单位转为企业单位;6月,上海市计划委员会批准申能电力开发公司改制为申能股份有限公司,并同意向社会公开发行股票;8月,经中国人民银行上海市分行批准,申能股份有限公司发行股票总额240 273.67万元,每股10元,计24 027.367万股。1993年4月,申能股份股票在上海证券交易所上市,成为全国电力能源行业第一家上市公司,股票代码为600642。上市后,总股本240 273.67万股,每股面值1元。

申能股份上市后,确定"一业为主,多元经营"方针。1992—1996年间,申能股份继续加大电力领域投资,新增上海外高桥电厂一期、上海吴泾电厂八期以及天荒坪抽水蓄能电站,并拟建金山联合电厂和星火热电后两炉一期工程。与此同时,申能股份开展多元化扩张,相继成立上海申能联合发展有限公司、上海申能房地产公司、上海申能科技发展有限公司等控股或全资子公司,开始进入房地产开发和科技环保等新领域,企业规模得到迅速发展。为顺应企业发展需要,1995年1月申能股份向上海市计委、市国有资产管理办公室请示设立申能集团,并提交相关设想方案。1996年5月,上海市人民政府批复同意以申能股份国有股为基础组建申能集团,使其成为申能股份的母公司。1997年6月,申能股份与申能集团进行资产置换,剥离上海申能房地产有限公司等所有非能源企业,专注于电力及其能源领域,主业更清晰,发展方向更明确。是年12月,申能股份将持有的石洞口第二电厂49.34%的股权转让给华能国际电力开发公司,转让价格35亿元,实现投资收益17亿元。良好的投资回报为后续项目投资提供资金支持。

世纪之交,国家电力体制改革拉开序幕,"实施厂网分开,重组发电和电网企业,设立国家电力监管委员会"等举措,为申能股份由投资公司转型为兼投资营运管理于一体的综合性能源企业提供契机。1999年,申能股份与上海市电力公司就上海外高桥电厂一期、上海吴泾电厂八期项目在投资、产权与管理权方面明确双方权责关系,双方分别持有这两家企业50%的股权。2002年1月,申能股份与上海电力股份就上海吴泾第二发电有限责任公司、上海外高桥发电有限责任公司1%的股权进行置换。置换后,申能股份和上海电力股份分别持有上海吴泾第二发电有限责任公司51%和49%的股权,持有上海外高桥发电有限责任公司49%和51%的股权。申能股份成为上海吴泾第二发电有限责任公司控股股东,对上海吴泾第二发电有限责任公司进行实质管理,这是申能股份首次管理大型实体电厂。以此为开端,申能股份不断投资控股大型、特大型电厂,承担实际运行管理,实现从单纯的投资管理模式向投资营运管理并重的模式转型。2011年和2016年,申能股份在"十二五""十三五"发展规划中分别确立"电气并举、产融结合""双轮驱动、转型发展"的战略。截至2017年年底,已形成以电力、油气为核心,能源产业链和金融产业协同发展的产业格局。

电力板块是申能股份的核心业务。截至2017年年底,申能股份拥有12家控股发电企业,参股13家发电企业,已取得核准的控股装机容量超过1 000万千瓦,权益装机容量944.3万千瓦,2017年度权益发电量约343.32亿千瓦时,电力供应约占上海地区30%。在火力发电领域,12家控股发电企业包括上海申能星火热电有限责任公司、上海吴泾第二发电有限责任公司、上海外高桥第二发电有限责任公司、上海外高桥第三发电有限责任公司、淮北申皖发电有限公司、申能吴忠热电有限责任公司、淮北申能发电有限公司7家燃煤发电企业,上海申能临港燃机发电有限公司、上海申能崇明发电有限公司、上海申能奉贤热电有限公司、上海申能青浦热电有限公司4家燃气发电企业,已建成装机容量869万千瓦。在新能源领域,上海申能新能源投资有限公司作为申能股份全资控股企业,是申能股份投资经营太阳能、风能等新能源项目的重要平台,控股建设新能源发电公司8家,已建成装机容量36.41万千瓦。随着环保和低碳时代的来临,申能股份下属的新能源发电项目会不断增加,新能源发电必然会在申能股份电力版图中占据越来越重要的地位。除控股发电企业外,申能股份在电力板块还投资参股上海上电漕泾发电、上海漕泾热电、华能上海石洞口发电、华能上海燃机发电、华电奉贤热电等多个火电工程项目及秦山核电二期、三期工程和天荒坪、桐柏抽水蓄能电站等非火电类发电项目,取得良好的经济和社会效益。

申能股份控股的火电企业除1993年4月建成投产的上海申能星火热电有限责任公司外,普遍具有单机容量大、机组参数高、性能指标优越的特点。燃气发电机组单机容量在40万千瓦级别,燃煤发电机组单机容量都在60万或100万千瓦级别,机组性能指标处于行业前列。被国家能源局批准为"国家示范工程"的淮北申能发电有限公司在建机组采用国际首创、高低位布置的双轴二次中间再热发电技术,单机容量更是达到135万千瓦,燃煤技术世界领先。另外,申能股份控股火电企业的工程管理在国内外同行中也享有较高的知名度和美誉度。上海外高桥第三发电有限责任公司2009年11月获得亚洲年度最佳环保电厂金奖,同年12月获国家优质工程金质奖,2014年被国家能源局授予全国唯一的国家煤电节能减排示范基地,2015年成为美国POWER杂志10月刊封面(最佳)电厂,2017年获得美国第四届Peabody"全球洁净煤领导者奖"的最高效率奖和最低氮氧化合物排放奖;上海申能临港燃机发电有限公司获得2012年亚洲电力奖最佳燃气发电项目金奖,获2012—2013年度中国优质工程金奖。多年来,申能股份以建设高效清洁的先锋企业为目标,坚持创新驱动,坚持可持续发展,积极利用控股发电企业作为创新平台,开展科技研发和节能改造,先后获得30余项专利。作为全国唯一一家由国家能源局授予的"国家节能减排示范基地"的上海外高桥第三发电有限责任公司机组供电煤耗2011年率先突破国际上280克/千瓦时最低整数关口,降到276.02克/千瓦时。2017年,申能股份控股发电企业平均供电煤耗降到292.37克/千瓦时,比全国同期平均水平低16.63克/千瓦时,实现社会效益和经济效益的双丰收。

石油天然气业务也是申能股份的主营业务之一。在油气板块,申能股份主要通过上海石油天然气有限公司和上海天然气管网有限公司实现自己的战略布局。上海石油天然气有限公司成立于1992年8月,系申能股份与中国石油化工股份有限公司和中海石油有限公司联合组建,主要负责东海平湖油气田的开发。东海平湖油气田是中国东海海域第一个以天然气为主的复合型油气田。1996年11月,东海平湖油气田项目海上工程开工建设,这是上海地方企业首次参与石油天然气一次能源开采;1999年4月,工程全面建成投产向上海浦东供应天然气,实现上海市天然气生产和使用零突破,为上海市调整和优化能源结构起到积极的作用;2003年10月、2006年11月,东海平湖油气田扩建一、二期工程分别投产,东海平湖油田产能扩大。截至2017年年底,上海石油天然气有限公司累计生产原油、凝析油433.95万吨,天然气66.33亿立方米,实现销售收入247.63亿元。上海天然气管网有限公司成立于2000年8月,由申能股份和上海市政资产管理有限公司合资成立,主要从事上海市天然气高压主干管网的投资、建设和经营,负责上海市天然气的输配和销售,保障上海市天然气供需平衡。2002年3月,上海天然气管网有限公司接引西部天然气进入上海城市天然气管网的管线工程开工,建成后与浦东地区东海天然气高压输配管道连通,基本形成"东西互补、南北贯通、两环相连"的上海天然气主干管网系统。2008年、2012年先后启动天然气主干网二期工程和崇明岛主干网工程建设,并将西气一期、二期和川气输送工程连接起来,多点气源共享输送管道。截至2017年年底,上海天然气管网公司建成天然气主干网750多公里,实现从单一气源发展到多气源格局的转变,天然气供应量从成立时的2.6亿立方米增长到80.59亿立方米。申能股份下属油气公司秉持申能股份创新驱动的理念,大力开展科技研发和课题攻关工作,为申能股份实现先锋企业的目标作出重要的贡献,上海石油天然气公司2001年至2015年连续被认定为上海市高新技术企业,先后获得上海市科学技术进步奖一等奖2项、二等奖2项,863项目"东海边际气田水下生产系统关键技术研究"也于2016年通过科技部验收,"上海市天然气主干管网系统消防安全关键技术研究"获得国家安全总局第五届安全生产科技成果奖三等奖。

在立足主营业务同时,申能股份也开始向能源产业链上下游发展,2008年起,相继组建上海申能燃料有限公司、上海嘉禾航运有限公司,受让中天合创能源有限责任公司股权,介入上游煤炭、运输等领域,作为保障燃料供应和市场化经营的重要举措。2010年成立的上海申能能源科技有限公司聚焦于煤电企业节能环保的科技服务,全面借鉴国内外电力企业的先进技术,积极推广已在申能股份控股发电企业验证成熟的节能创新技术。2014年,在上海自贸区全资设立申能投资发展公司,从事实业投资、国内贸易(除专项许可外)、环保技术领域内技术开发等业务。2015年10月,申能股份抓住售电侧放开的机遇,合资成立上海化工区申能电力销售有限公司,开始筹划售电业务。

金融产业作为申能股份"产融结合,双轮驱动"的重要一环,为申能股份的发展提供资金支持和利润来源。早在1992年4月,当时申能电力开发公司参股交通银行上海分行,开始涉足金融业,随后又投资浦发银行、国泰君安证券和国际信托投资公司等金融、证券机构,获得良好的资本回报。2007年1月申能股份参股申能集团财务有限公司,2017年申能股份设立上海申能融资租赁有限公司,围绕申能股份产业融合大局,抓住机遇,以产业为核心,开拓产业协同发展战略,拓展公司融资渠道,降低资金成本。同时,申能股份运用资本平台,积极参与有前景的上市公司的战略投资。截至2017年年底,申能股份持有二级市场金融资产包括"上海改革"ETF基金、海通证券、京能电力、华电国际以及浦发银行等总市值超20亿元的资产。

申能股份是第一批入选上证50、上证180、沪深300指数的上市公司,在资本运作领域,累积较为成熟的经验。早在1988年,申能股份就发行一年期申能电力债券,上市前先后发行5次债券,融资金额累计21 860万元。1993年4月,申能股份在上海证券交易所上市,成为全国电力能源行业第一家上市公司,共向市场筹得资金78 366.4万元。公司上市后,申能股份继续开展资本运作,成为第一家实施高比例配股、国有股回购、股改后再融资的上市公司。1996年10月,申能股份向全体股东实施10配8的配股方案,社会公众股东根据持股数可按10∶10比例受让法人股东和国家股东配股权,实际募集资金7.222亿元。1999年12月21日,经中国证监会批准,申能股份实施中国证券市场首例国家股回购,回购并注销10亿股国家股,回购后公司总股本16.33亿股。2005年6月,申能股份被证监会确定为股权分置改革第二批试点公司。是年8月,申能股份实施股权分置改革。国家股股东申能(集团)有限公司和国有法人股股东国泰君安证券有限公司以其持有的部分股权作为对价,支付给流通股股东,以使公司的非流通股份获得上市流通权。社会法人股不支付对价,也不获得对价。2006年6月,申能股份实施公募增发股票,发行数量为2亿股,发行完成后的总股本为28.90亿股,公司实际募集资金11.59亿元。2008年12月,申能股份有限公司发行首期短期融资券20亿元,发行利率2.2%,当时是债务融资工具创设以来最优惠利率。2010年10月,申能股份实施公募增发股票,发行价格为8.39元,发行数量为26 288.44万股,发行完成后的总股本为31.525亿股。

2015年以来,申能股份积极推进"走出去"战略,一方面加强与中央国有企业及地方省市能源公司合作,聚焦热电、新能源和煤电外送基地电源项目,另一方面积极推进海外项目,2015年成立海外项目部进行项目研究和投资拓展,2016年在新加坡注册成立全资子公司星源能源发展有限公司作为海外项目落地和投资平台,在东南亚、中亚地区积极开展布局。

30年来,申能股份秉持"锐意开拓、稳健运作"的经营理念,深耕电力和油气行业,产融结合,协同发展,2010年获得低碳发展突出贡献企业奖及中国上市公司百强奖,2011年获得国家科技进步奖,2012—2016年连续获得4届年度普氏全球能源企业250强称号,2013年获得上海市"十一五"节能减排先进集体等多项荣誉。

表1-2-1 2017年年底申能股份控股企业情况表

企 业 名 称	持股比例(%)	规 模	主营业务
上海吴泾第二发电有限责任公司	51	2×60万千瓦	电力生产及销售
上海外高桥第二发电有限责任公司	40	2×90万千瓦	电力生产及销售
上海外高桥第三发电有限责任公司	40	2×100万千瓦	电力生产及销售
淮北申皖发电有限公司	51	2×66万千瓦	电力生产及销售
淮北申能发电有限公司(在建)	100	1×135万千瓦	电力生产及销售
上海申能临港燃机发电有限公司	65	2×40+2×42.3万千瓦	电力生产及销售
上海申能崇明发电有限公司(在建)	100	2×42.4万千瓦	电力生产及销售
申能吴忠热电有限责任公司	97.43	2×35万千瓦	电力生产及销售
上海申能星火热电有限责任公司	75	2×1.2万千瓦	电力生产及销售
上海申能奉贤热电有限公司(在建)	51	2×40万千瓦	电力生产及销售
上海申能青浦热电有限公司(在建)	100	—	电力生产及销售
上海申能新能源投资有限公司	100		电力生产及销售
上海石油天然气有限公司	40	年产天然气2亿~3亿方,石油6万~7万吨	原油及天然气开采
上海天然气管网有限公司	50	高压管道约750公里	天然气传输、销售
上海申能燃料有限公司	60	年销售量1 500万吨	销售煤炭、燃料油
上海申能能源科技有限公司	100	—	能源技术开发、咨询及转让
上海申能电力科技有限公司	52	—	能源技术开发、咨询及转让
上海化学工业区申能电力销售有限公司	51	—	电力销售
上海申能融资租赁有限公司	60		租赁业务
上海申能投资发展有限公司	100		实业投资,国内贸易,合同能源管理等
星源能源发展有限公司	100		海外能源项目

表1-2-2 2017年年底申能股份参股企业情况表

企 业 名 称	持股比例(%)	规　　模	主营业务
上海吴泾发电有限责任公司	50	2×30万千瓦	电力生产及销售
华能上海石洞口发电有限责任公司	50	2×66万千瓦	电力生产及销售
上海外高桥发电有限责任公司	49	4×32万千瓦	电力生产及销售
上海华电奉贤热电有限公司	49	2×40万千瓦	电力生产及销售
上海上电漕泾发电有限公司	35	2×100万千瓦	电力生产及销售
华能上海燃机发电有限责任公司	30	3×40万千瓦	电力生产及销售
上海漕泾热电有限责任公司	30	1×32.8+1×33万千瓦	电力生产及销售
华东桐柏抽水蓄能发电有限责任公司	25	4×30万千瓦	电力生产及销售
华东天荒坪抽水蓄能发电有限责任公司	25	6×30万千瓦	电力生产及销售
核电秦山联营有限公司	12	2×65+2×65万千瓦	电力生产及销售
秦山第三核电有限公司	10	2×72.8万千瓦	电力生产及销售
安徽芜湖核电有限公司	20	4×100万千瓦	电力生产及销售
上海闵行燃机发电有限公司	35	1×45+1×75万千瓦	电力生产及销售
上海漕泾联合能源有限公司	49	—	整体煤气化联合循环发电开发
上海嘉禾航运有限公司	49	自有运力16万吨	海上、陆路、航空国际货物运输代理服务业务,货物仓储,船舶租赁
申能集团财务有限公司	25	—	金融业务
中天合创能源有限责任公司	12.5	计划年产原煤2500万吨、甲醇360万吨和烯烃137万吨	煤炭、煤化工产品和电力生产

第二节　上海燃气(集团)有限公司

上海燃气(集团)有限公司(简称燃气集团)成立于2003年12月,集燃气生产采购、管网输配、销售服务为一体,担负着上海市燃气安全生产和服务供应的重任。公司注册资金42亿元,为申能(集团)有限公司全资子公司,旗下包括1家天然气管网公司、3家制气公司、5家燃气销售公司等企业,总部位于闵行区虹井路159号。截至2017年年底,总资产249亿元,年营业收入212亿元;拥有城市燃气高、中、低压管网2万余公里,燃气客户680万户,其中天然气客户580万户,液化气客户88万户;年供应天然气80.6亿立方米,液化气5.87万吨;在册员工(含下属企业)7425人,具有大学专科及以上学历3752人,中高级职称715人,高级技能职称897人。

上海燃气始于1865年。中华人民共和国成立后,上海城市燃气不断地发展和壮大。1997年,上海燃气实现产销分离体制改革,上海市煤气公司一分为二,成立上海煤气制气(集团)有限公司和上海煤气销售(集团)有限公司;2000年,上海燃气裂变重组,成立3家制气公司、3家销售公司和上海天然气管网公司、液化气公司等9家企业;2003年,为适应"西气东输"带来的能源结构调整和天然气市场化发展的需求,根据《上海市人民政府关于原则同意进一步深化上海燃气行业改革方案的批复》,上海燃气(集团)有限公司于2003年12月26日挂牌成立,注册资金42亿元,由申能(集团)有限公司和上海市城市建设投资开发总公司共同投资,其股权比例分别为55%和45%。新组建的燃气集团隶属申能(集团)有限公司,归并各制气公司、各销售公司、天然气管网公司、液化气公司及燃气调度中心等单位,拥有人工煤气、天然气、液化气用户约450万户,燃气管网规模达到7 000多公里。2004年,燃气集团成立董事会,设置监事,通过民主程序推选集团领导班子,设置部门机构,组建公司治理架构。2009年,经上海市国资委同意,上海市城市建设投资开发总公司持有的上海燃气(集团)有限公司45%股权转入申能集团,上海燃气集团成为申能集团全资子公司。14年来,燃气集团积极完善运作模式,2005年组建综合管理部和监察室,完善系统国有独资企业董事会制度;2006年建立燃气集团财务结算平台;2007年成立技术管理部和审计室;2010年推进金山、崇明公司管理模式改革试点,完成上下管理对接;2013年成立客服中心,启动制气、销售、液化气企业转型发展机制。2014年在市国资改革精神和申能集团改革发展总体方案的指导下,燃气集团制定《深化改革促进转型发展的实施意见》,积极推进集团化、专业化、市场化改革,按照《燃气集团三年行动规划(2015—2017)》,天然气直供用户管理纳入集团统筹;建设客户管理信息系统(含账务中心);2015年建立集团账务、工程建设、物资管理、培训创新4个专业运营中心,调整浦销、市北、吴煤、浦煤、石煤和液化气公司6家二级单位的法人治理结构,撤销董事会、监事会,设执行董事、执行监事。2017年在市委、市政府的关心和支持下,燃气集团进一步明确按照"专业化、市场化、国际化"要求,将上海燃气建设成为国际一流智慧燃气服务商的改革路线图,燃气新一轮改革全面推进。

燃气集团成立之初,紧紧围绕"聚精会神抓好主业发展"主题,着力于打赢"扭亏、降差、多经整合"三大硬仗。历经3年实现既定目标,企业亏损得到有效控制,产销差进一步下降,按照"产权清晰、规范可控、数量骤减"要求,完成169家多种经营企业的清理整合。2007年集团确立新一轮"发展与管理"两大主题,着力于"安全供气、科学管理、优化服务、良性发展"四大目标;2010年12月28日发布实施企业标准化管理体系,2012年集团系统实现安全标准化建设二级达标全覆盖,2015年完善以集团公司为决策中心(利润中心)、系统单位为执行中心(成本中心)的集团化管理架构。

燃气集团成立后,按照《进一步深化上海燃气行业改革方案》和《上海天然气主干管网系统规划》(修编),紧紧围绕上游气源多元化,中、下游统一规划建设,形成"一张网"的"X+1+X"的战略目标,加快推进天然气发展,累计投入250亿元,先后完成"西气东输"下游配套工程、五号沟液化天然气事故应急备用站扩建工程、上海天然气主干管网二期工程、主干管网崇明岛管道工程等重大工程建设,积极推进浦东五号沟—长兴—崇明过江管道工程、临港—化工区管道复线工程、临港首站—五号沟LNG站管线工程等建设,不断完善上海天然气主干管网系统,基本形成东海平湖、西气东输(一线、二线)、川气东送、洋山液化天然气、如东—崇明管道天然气和五号沟液化天然气的"6+1"多气源安全供应保障格局,应急储备能力达到32万立方米(液态体积),天然气应急保障达到15天。2004年1月1日,"西气"向上海商业供气,上海天然气市场呈现出良好的增量发展态势。随着天然气供应的持续增加,燃气集团加快天然气转换和制气企业的关停转型步伐,2015年6月27日,上海全面实现城市管道燃气天然气化,使用150年的人工煤气就此告别申城。

为确保燃气安全供应和提供优质服务,燃气集团着力构建和完善燃气供应安全保障体系,加强上下游沟通,发挥气电联调机制,完成历年冬春保高峰和"迎峰度夏"供气保障任务,确保全年燃气供需平衡;建立调度中心和系统各单位应急抢修中心两级指挥平台,并与市应急指挥中心形成联动,构建快速、高效的应急响应处置网络;全面开展安全生产标准化建设,提升系统各级的安全管理水平,对输气管线实施不间断巡检和保护,对所有燃气重要目标、设施、危险源实行全覆盖管理,确保生产安全和运行安全。在全市设立100多个服务网点,先后推出的962777燃气热线、移动互联"微客服"平台,为客户提供全天候、一站式、标准化的专业服务。

14年来,燃气集团注重科技创新、科研成果应用和新技术推广,共有"天然气安全输配关键技术"等4项重点课题被列入省部级科研项目,"470MHZ频段燃气无线抄表系统"获市科委科学技术奖三等奖,系统企业有7项科技项目获得申能集团科技创新成果奖。截至2017年年底,共获得国家专利16项(其中发明专利3项,实用新型专利13项),软件著作权4项。

燃气集团秉承"上海燃气,让天更蓝"的理念,大力推进天然气发展,致力于建设国际一流的智慧燃气服务商,构建基于智能管网、智能调度、智能服务的全方位智慧燃气运营网络,为客户提供专业、周到的燃气服务,为促进上海社会经济发展、改善城市环境质量、提高人民生活水平起到积极作用。燃气集团多次获全国用户满意企业称号,集团系统单位先后获得多个全国五一劳动奖状、全国模范职工之家等荣誉。

表1-2-3 2017年上海燃气(集团)有限公司(含下属公司)控股、参股企业情况表

企业名称	企业类别	参股时间	参股金额(元)	持股公司	持股比例(%)	管理方式
上海天然气管网有限公司	参股	2004年1月	953 042 000	燃气集团	50	合营企业
上海燃气浦东销售有限公司	控股	2004年1月	779 306 114.37	燃气集团	100	子公司管理
上海燃气市北销售有限公司	控股	2004年1月	1 284 690 057.24	燃气集团	100	子公司管理
上海大众燃气有限公司	控股	2004年1月	450 754 822.31	燃气集团	50	子公司管理
上海吴淞煤气制气有限公司	控股	2004年1月	588 726 708.89	燃气集团	100	子公司管理
上海浦东煤气制气有限公司	控股	2004年1月	1 461 506 031.42	燃气集团	100	子公司管理
上海石洞口煤气制气有限公司	控股	2004年1月	1 148 533 145.40	燃气集团	100	子公司管理
上海液化石油气经营有限公司	控股	2004年1月	802 317 551.41	燃气集团	100	子公司管理
上海金山天然气有限公司	控股	2009年10月	44 837 017.43	燃气集团	100	子公司管理
上海燃气崇明有限公司	控股	2009年9月	83 674 916	燃气集团	97.6	子公司管理
上海燃气信息经营有限公司	控股	2004年1月	1 800 000	燃气集团	90	子公司管理
		2002年7月	200 000	液化气	10	
上海安亭煤气厂	控股	2015年1月	96 487 279.55	燃气集团	100	子公司管理
上海申能能创能源发展有限公司	参股	2017年1月	257 470 302.68	燃气集团	50	派出董事、监事
上海申能能源服务有限公司	参股	2008年12月	150 000 000	燃气集团	30	派出董事
上海林内有限公司	参股	2004年12月	30 521 000	燃气集团	45	派出董事、监事
上海富士工器有限公司	参股	2004年12月	8 508 024	燃气集团	40	派出董事
上海久联集团有限公司	参股	2017年1月	636 099 478.41	燃气集团	20	派出董事、监事

〔续表〕

企业名称	企业类别	参股时间	参股金额(元)	持股公司	持股比例(%)	管理方式
上海市虹口区申燃进修学校	控股	2016年12月	500 000	燃气集团	100	子公司
江苏长江石油化工有限公司	参股	2004年5月	2 400 000(美元)	燃气集团	8	派出董事、监事
上海大众公用事业(集团)股份公司	参股	1991年12月	15 383.27(万股)	燃气集团	5.21	派出董事
上海燃气工程设计研究有限公司	参股	2002年10月	2 000 000	管网公司	10	派出董事
		2002年10月	2 000 000	浦销燃气	10	派出董事
		2002年10月	2 000 000	市北燃气	10	派出董事
		2002年10月	2 000 000	大众燃气	10	派出董事
上海松江燃气有限公司	参股	2001年9月	40 000 000	大众燃气	40	派出董事、总经理
上海奉贤燃气股份有限公司	参股	2001年9月	30 000 000	大众燃气	30	派出董事、总经理
上海航天能源有限公司	参股	2001年9月	8 355 000	大众燃气	6.55	派出董事
上海液化石油气特种物流有限公司	控股	2002年6月	14 119 430	液化气	79.16	派出董事
		2002年6月	2 635 230	浦煤制气	14.77	派出监事
		2002年6月	1 082 034	石煤制气	6.07	—
上海液中油气有限公司	控股	1999年12月	1 140 000	液化气	57	派出董事、监事、总经理
上海真南油气经营有限公司	控股	2001年6月	500 000	液化气	50	派出董事、监事、总经理
上海美华液化气有限公司	参股	1996年4月	600 000	液化气	25	其他
上海东吉加气站有限公司	参股	2002年6月	300 000	液化气	10	派出董事
上海申泰物业管理有限公司	控股	2005年1月	500 000	市北燃气	50	派出董事、监事

说明:"企业类别"为"国有控股企业"或"国有参股企业","管理方式"包括派出董事、派出管理人员或其他方式参与对方管理。统计时间截至2017年12月。

第三节　东方证券股份有限公司

东方证券股份有限公司(简称东方证券),位于黄浦区中山南路119号,是一家经中国证券监督管理委员会批准设立的综合类证券公司。东方证券主要业务范围包括提供证券、期货、资产管理、理财、投行、投资咨询及证券研究等综合金融服务。截至2017年年底,东方证券注册资本69.94亿元,总资产2 318.60亿元,净资产529.86亿元。在册员工4 710人,其中本科及以上学历4 200人。2017年,东方证券营业收入105.32亿元,归属于母公司股东的净利润35.54亿元。

1998年3月9日,东方证券有限责任公司成立,注册资本为10亿元;申能集团作为公司发起人之一,出资1亿元,占10%股份。2002年8月13日上海市人民政府批准东方证券有限公司变更为东方证券股份有限公司,2003年9月12日中国证监会批复同意东方证券有限公司改制为东方证券股份有限公司。公司原股东以2002年12月31日经审计的净资产按1:1比例折股,同时申能集团、上海烟草(集团)公司、文新报业集团等10家新老股东以货币增资10亿元,整体变更成立股份有限公司。整体变更完成后,公司的注册资本为21.40亿元,其中申能集团持股比例增至28.2%,成为公司第一大股东。

2007年6月东方证券增资扩股,向全体股东按每10股配售5股的比例进行配售。增资扩股后,公司注册资本增至30.80亿元。同年9月公司实施每10股送1股红股的2006年度利润分配方案,未分配利润转增股本,公司股本总额增至32.94亿元,其中申能持股比例增至29.31%,继续保持第一大股东位置。2011年11月,公司以向股东配股的方式增资扩股,公司的注册资本增至42.82亿元。

2015年3月,经中国证监会批准,公司在上交所主板挂牌上市,公司的注册资本增至52.82亿元。2015年公司第一次临时股东大会审议通过《关于公司发行H股股票并在香港上市的议案》。2016年7月8日,公司H股首次在香港联交所主板挂牌上市并开始交易,在部分行使超额配售权后,公司注册资本增至62.15亿元。2017年12月,公司完成非公开发行A股股票7.78亿股,公司的注册资本增至69.94亿元。

东方证券的证券销售及交易业务以自有资金开展,包括权益类投资及交易、固定收益类投资及交易、金融衍生品交易业务、新三板做市业务、创新投资及证券研究服务。公司开展证券经纪业务和期货经纪业务,并为客户提供融资融券、股票质押回购及约定购回等证券金融服务。东方证券还为客户提供资产管理计划、券商公募证券投资基金产品及私募股权投资基金管理;通过公司相关职能部门和持股66.67%的子公司"东方花旗"进行投资银行业务。其他业务主要包括总部资金业务及境外业务等,总部资金业务主要包括总部融资业务和流动性储备投资。公司通过全资子公司"东方香港"开展国际化业务,业务经营地位于香港。东方香港通过其全资子公司开展证券交易、融资业务、证券承销、资产管理等业务。

经过20年的发展,东方证券成功搭建A+H股上市平台架构,顺利完成A股IPO、H股上市、A股定增,资本实力成功跨越500亿元台阶;公司总资产、净资产、营业收入、净利润等主要经营指标快速增长,2017年年底总资产、净资产排名行业第9位,营业收入、净利润排名上市券商第10位。东方证券经营效率行业领先,人均净利润一直保持行业前列,净资产收益率、收入净利率高于行业平均和上市券商平均;综合金融业务布局不断完善,证券投资、固定收益、资产管理、基金管理等传统业务继续保持业内领先地位,股票质押式回购、资产证券化、跨境投资并购、新三板做市、柜台市场等创新业务领域形成品牌效应和先发优势,子公司快速发展、收入贡献大幅提升,公司总体收入来源更加广泛,收入结构不断优化。公司建立合规风控,公司分类评级持续保持A类,合规风控经历市场、监管双重考验;持续打造"东方赢家""东方红""汇添富"等一批知名品牌,成功获得穆迪投资级国际评级。

第四节 上海液化天然气有限责任公司

上海液化天然气有限责任公司(简称LNG公司),于2005年1月成立,由申能(集团)有限公司和中海石油气电集团有限责任公司(简称气电集团),按照55%和45%的投资比例共同组建。公司负责投资、建设和运营上海液化天然气(LNG)接收站和输气管线项目,一期规模为进口天然气300

万吨/年,2009年开始供气,为构建上海天然气安全供应体系提供有力保障。

2003年11月20日上海市港口管理局原则同意上海LNG项目布置在洋山深水港区北港区支持系统功能区附近(西门堂);2004年10月3日国家发改委同意"开展包括对外招标谈判等在内的下一阶段各项工作,并按国务院投资体制改革要求编报项目有关核准文件"。2005年1月21日完成公司工商注册登记,2月28号在上海市政府会议室举行挂牌仪式,中共上海市委副书记、市长韩正为公司成立揭牌。同年6月24日国家发改委同意上海市发改委上报的资源选择方案,资源采购工作启动,并于2006年7月31日与马来西亚MLNG公司签订25年的资源供应协议。2006年12月8日国家发改委批复核准上海液化天然气项目一期工程,2007年1月22日工程开工。同年3月7日公司与上海天然气管网公司签署天然气购销合同;3月16日公司与以中国银行为牵头行的银团签署融资合同。

上海液化天然气项目一期工程由码头工程、接收站工程及输气管道工程三部分组成,其中码头和接收站位于上海国际航运中心洋山深水港区能源路8号,占地39.6公顷。一期工程于2009年11月17日实现向上海市供气,现已全面达到接卸和气化输出LNG 300万吨/年的设计规模。截至2017年年底,LNG累计接卸量超过1 500万吨,连续外输供应天然气逾200亿立方米,年供应量占上海本地天然气需求量约50%。上海LNG已成为上海市天然气供应保障和调峰应急的主力气源,为上海市的天然气健康发展和供应安全保障发挥重要作用。

随着上海天然气市场的快速发展,"十三五"期间天然气消费量上升,上海市天然气需求市场的不均匀性和不确定性进一步增加。为提高公司的供气能力和应急能力,更好地保障上海市天然气的供应和调峰,公司实施储罐扩建工程。

上海LNG储罐扩建工程于2016年5月得到浙江省发展和改革委员会与上海市发展和改革委员会的核准。扩建工程主要建设内容包括新建2座20万立方米的LNG储罐及相关配套设施等。建成后LNG总的储存能力将由现在的49.5万立方米增加到89.5万立方米,接收站最大天然气外输能力将由104万立方米/小时提升到214万立方米/小时,将大大提高项目的供应弹性和调峰能力,为上海市天然气供应市场提供更强有力的支撑和保障。

截至2017年年底,公司在册员工187人,具有大专及以上学历178人。员工中拥有中、高级职称79人,其中高级职称32人,中级职称47人,高级职称占在册员工数量17.1%,中级职称占24.6%。员工拥有中高级技能职称员工71人,其中高级技师4人,技师21人,高级工46人,高级技师占在册员工数量2.1%,技师占在册员工数量11.8%,高级工占在册员工数量24.6%。

LNG公司下设办公室、党群人事部、计划控制部、商务部、财务部、资源市场部、健康安全环保部、设备管理部、运行部、扩建工程项目部共10个部门。2017年,公司营业收入79.3亿元,净利润4.75亿元;公司共进口LNG 292万吨,销售天然气40.4亿立方米。根据公司章程,公司领导和部门经理、副经理由双方股东推荐,原则上部门经理、副经理须双方股东各占一名(或正或副),公司日常经营管理工作由总经理负责。2015年10月开始,实行董事长长驻公司。2016年12月,经双方股东同意,公司董事会对公司章程进行修订,明确公司领导班子成员不再兼任部门经理,股东方不再外派部门经理、副经理。公司干部员工(气电集团外派总经理和财务总监除外)全部实行属地化管理,与公司签订劳动合同,日常人事管理转入公司。

LNG公司获2015年和2016年中国对外贸易500强企业荣誉证书;公司运行部操作A班获2011年度上海市总工会上海市五一劳动奖状;公司运行部维修处机械维修班获2014年度全国"安康杯"竞赛(上海赛区)优秀班组。

第五节　上海申能能源服务有限公司

上海申能能源服务有限公司(简称申能能服)成立于2008年12月10日。申能能服位于上海市复兴中路1号申能国际大厦21~22层,是申能(集团)有限公司下属二级子公司,由申能集团、申能股份、上海燃气集团按4:3:3比例共同投资组建,注册资本为5000万元。公司主要从事项目投融资、合同能源管理和产业经营,重点推广天然气节能利用和能源系统优化,开展节能改造、分布式供能和区域供能项目建设。申能能服是国家首批备案的节能服务公司,同时也是中国燃气协会分布式供能专委会副理事长单位和上海市节能协会分布式供能专委会主任单位。截至2017年年底,申能能服资产总额14亿元,年营业收入2.5亿元,完成项目总投资规模达28.65亿元;共有员工125名,其中本科及以上学历占90%;拥有17名技术工程师,5名经济师以及多名高级工程师和国家一级建造师。

2011年3月30日申能能服增资1.5亿元,注册资本变更为2亿元,增资后股权结构不变。2015年1月,根据虹桥商务区一、二期供能项目和申能能服其他有关项目的资金需求,申能能服申请股东单位对公司增加资本金3亿元。增资后,公司注册资本金增加至5亿元,股权结构不变。

申能能服控股企业包括上海市张江高科技园区新能源技术有限公司(简称张江供能)、上海虹桥商务区新能源投资发展有限公司、上海虹桥商务区能源服务有限公司、上海申能新虹桥能源有限公司,其中张江供能是上海市高新技术企业。申能能服具备市政公用工程(燃气热力)专业工程咨询单位资格,在技术咨询、项目开发、工程管理、运营维护等方面具有丰富经验,在能源系统设计和生产运行领域独立拥有12项专利。

申能能服始终坚持创新驱动,紧紧围绕推广天然气节能应用这一技术路线,坚持发展区域能源供应、分布式供能及相关节能改造项目,促进清洁绿色用能,在上海区域供能已经形成"大浦东、大虹桥"的发展格局,成为上海天然气节能应用和分布式供能项目发展的引领者,也是上海区域集中供能项目的主要参与者。通过几年来的励精图治,公司形成以区域综合能源服务为重点、天然气节能改造为补充、分布式供能项目为平台的三大业务板块。

在天然气节能改造方面,申能能服大力发展清洁能源节能改造市场,重点在办公楼宇、酒店、医院、综合型商业楼宇、工商企业等领域积极推广清洁能源替代和天然气节能应用,促进上海市能源结构优化转型和节能减排工作深入开展。"十二五"期间通过合同能源管理模式共完成节能改造项目15个,项目累计替换柴油15 197吨,折合天然气用量1 866万立方米,年减排二氧化碳7 018吨。在上海商城项目建设中,完成上海首例超高层建筑外墙燃气管道敷设安装;在胜康廖氏大厦项目中,对大楼空调系统进行整体优化改造,提高空调系统性能,大幅提升用户的用能体验。世贸商城、上海商城、岳阳医院等示范项目的成功建设为申能能服在节能服务行业树立申能品牌。申能能服坚持以客户需求为导向,利用合同能源管理模式帮助客户减轻投资压力、降低技术风险,在项目推广的同时大幅提高合同能源管理和节能服务在社会中的认知接受程度,公司在锅炉油改气节能改造领域市场占有率超过50%,成为用能单位的首选合作伙伴。

在分布式供能项目方面,申能能服依托政府部门大力支持,配合有关投资建设单位,在公共医疗领域积极推进分布式供能系统项目。申能能服与奉贤中心医院、东方医院南院、五官科医院、瑞金医院北院和仁济医院南院等医院建立项目合作伙伴关系,为医院建设分布式供能系统,并提供能源服务管理。其中东方医院南院、奉贤中心医院、瑞金医院北院、仁济医院南院的项目2013年调试投运,4个项目装机共1 387千瓦,合计年节约标煤1 500吨,减排二氧化碳4 300吨。2017年五官科医院分布式供能项目安装调试完成。经过多次系统优化,申能能服所建项目运行综合效率全部达到88%以上,是上海地区运行时间最长、最稳定的分布式供能项目,也因此成为上海乃至全国范围内首批建成后进入后评估阶段的分布式供能项目,成为上海分布式供能项目的新典范。其中,仁济医院南院等项目成为全国最重要的医院分布式供能技术培训基地和行业交流平台。

为进一步提高综合能效、促进节能减排,推广各种低碳节能技术,申能能服还致力于区域供能领域的拓展。公司先后投资建设虹桥商务区集中供能、新虹桥国际医学中心能源中心,收购张江高科技园区新能源技术有限公司,推进张江中区、南区及森兰外高桥自贸区的能源优化及供应,形成西虹桥东张江的战略布局。公司投资建设的区域供能项目年节约标煤18 900吨,减少二氧化碳排放49 300吨,大幅降低园区能耗,使园区空气质量得到显著改善。申能能服已成为上海地区最大的区域能源服务供应商,投资的4个区供项目总供能面积约879万平方米,上海市场占有率近1/3,引领上海地区区域能源服务产业发展。其中,2014年建成的虹桥商务区(一期)区域供能项目获2014年度中国分布式能源优秀项目奖和全国绿色建筑创新奖。与此同时,申能能服在对项目经济性进行科学测算的基础上确定区供项目基本商务模式。通过"两个不高于"政策开展市场营销:接入费的收取不高于用户自建空调冷热源系统的初投资,能源使用费的收取不高于用户自建空调冷热源的运营成本。该营销策略确保用户以更低的价格享受更优质的能源,并且省去自己运行系统的各种后顾之忧,经过实践证明具有较强市场竞争力。截至2017年年底,申能能服已投资项目,包括鑫达大厦锅炉改造等15个节能改造项目、浦东医院等5个医院分布式供能项目和虹桥商务区一期、二期等5个区域集中供能项目,共计25个项目。累计投资28.65亿元,项目累计营业收入6.75亿元。其总体经营情况如下表:

表1-2-4 2012—2017年申能能服总体经营情况表　　　　　　　　　　单位:万元

年　份	总资产	营业收入	净利润
2012	39 082	3 359	-372
2013	39 243	9 828	757
2014	41 864	12 905	-751
2015	63 037	16 743	-211
2016	153 642	16 801	-10 253
2017	140 499	25 344	-5 258

为顺应上海"创新驱动,转型发展"的要求,申能能服在项目推进的同时,坚持科技创新同步抓。根据业务发展和项目建设的需要,积极开展科研开发。"十二五"期间完成市科委重点科技支撑项目"公共建筑分布式供能系统关键技术与示范工程",形成两项专利。公司还结合分布式供能项目运行管理实践,研发出分布式供能项目远程监测系统,实现分布式供能项目管理智能化和控制集中化。此外公司还积极发挥在分布式供能开发建设、运营管理方面积累的技术经验,配合上海市发改委参与分布式供能项目政策研究,为政策制定献计献策。公司已完成《上海市分布式供能项目政策研究》《工业领域分布式供能发展研究》等报告,并正在开展分布式供能后评估政策研究。

申能能服秉承"创新、热忱、合作、信任"的企业文化,致力于天然气节能应用和能源系统综合优化,为用能单位提供优质、增值能源服务,努力成为业内领先的综合能源服务公司,代表申能集团履行社会责任、推广节能减排。公司拥有国家工程咨询单位资格证书(丙级)。2013年获上海市"十一五"节能减排先进集体,被上海市节能服务业协会评为2011—2012年度节能服务业优秀企业、2013—2014年度最具成长性企业和"十二五"上海市合同能源管理服务品牌企业。申能能服的仁济医院南院分布式供能项目,获得2015年度中国分布式能源优秀项目一等奖和2016年上海土木工程科技进步奖三等奖。

第六节　申能集团财务有限公司

申能集团财务有限公司(简称申能财务公司)于2007年7月17日成立,7月22日获批开业,注册地址为中国(上海)自由贸易区日滨路76号E3室,营业地址为上海市浦东新区陆家嘴环路958号华能联合大厦10楼。申能财务公司性质为有限公司,是申能(集团)有限公司二级企业,为服务于申能集团主业发展和能源产业链的专业化非银行金融机构。申能财务公司是上海地区第一家中外合资的企业集团财务公司,也是首批入驻上海自贸区的财务公司。

2007年申能财务公司成立时,注册资本为5亿元,其中:申能(集团)有限公司出资3.25亿元,占65%;申能股份有限公司出资1.25亿元,占25%;比利时富通银行出资等值人民币5000万元的欧元,占10%。2010年,申能财务公司注册资本增加到10亿元,采取同比例增资的方式,股权比例维持不变。2016年,申能财务公司注册资本增加到15亿元,仍然采取同比例增资的方式,股权比例维持不变。

申能财务公司生产经营范围为:对成员单位办理财务和融资顾问、信用鉴证及相关的咨询、代理业务;协助成员单位实现交易款项的首付;经批准的保险代理业务;对成员单位提供担保;办理成员之间的委托贷款及委托投资;对成员单位办理票据承兑与贴现;办理成员单位之间的内部转账结算及相应结算、清算方案设计;吸收成员单位的存款;对成员单位办理贷款及融资租赁;从事同业拆借;经批准发行财务公司债券;承销成员单位的企业债券;对金融机构的股权投资;有价证券投资;开办成员单位产品的消费信贷、买方信贷及融资租赁业务;银监会批准的其他业务。申能财务公司业务覆盖结算、存放、信贷、资金、投资、外汇等领域,是全国经营范围最为齐全的财务公司之一。公司金融业务品种主要涉及以下几类:结算、汇兑收付、电票直联接入及多银行资金池等资金统筹和管理业务;存贷款、银团(代理行资质)及票据贴现等公司金融业务;同业存款、资金拆借、银行间及证券市场投资等资金运作业务;债券承销、财务顾问等投资银行业务;以及即期结售汇等外汇业务。

申能财务公司是中国财务公司协会第九届理事单位,上海市支付清算协会理事单位。2017年度,在全国247家财务公司中,申能财务公司净资产收益率排名第22位、总资产收益率排名第20位;同时期在上海21家财务公司中,申能财务公司的净资产收益率排名第3位、总资产收益率列第1位。

截至2017年年底,申能财务公司共有员工47人,平均年龄36岁。大学本科及以上学历46人,占97.87%。员工中有中、高级职称26人,占55.32%;拥有注册会计师5人,注册税务师1人,企业法律顾问3人,律师职业资格2人,注册信息安全专业人员2人,美国特许金融分析师1人。

申能财务公司作为法人金融机构,自2007年7月22日开业以来,始终秉承申能集团"锐意开拓、稳健运作"的经营方针,以"依托集团、服务集团、发展集团"为经营宗旨,树立"申能财务,服务申能"的服务理念,坚持规范发展、稳健发展、可持续发展的工作目标,立足申能集团系统资金集约管理,充分发挥自身在金融市场的专业优势,引进和整合内、外部资源,运用现代化金融手段为集团提供金融服务。申能财务公司以能源金融价值创造者为发展目标,以"产融结合、创新驱动"为核心,围绕集团主业发展和能源产业链,形成一头围绕集团系统内企业金融需求,一头围绕系统外金融需求的双引擎市场化模式,成为能源金融行业有一定影响力的专业金融机构和上海市名列前茅、创新能力强的财务公司。

第七节 上海久联集团有限公司

上海久联集团有限公司(简称久联集团)是根据国务院《关于进一步整顿和规范期货市场的通知》中"继续整顿、撤并期货交易所"的有关精神,并依据中国证监会和上海市政府共同批准的《上海三家期货交易所合并总体方案》的要求,在上海三家期货交易所合并的基础上,与上海期货交易所分立组建的一家综合性的投资经营型国有公司。1999年12月29日,久联集团经上海市工商行政管理局注册登记成立。2001年,公司注册资本5亿元。2009年7月,公司已拥有总资产10.2亿元,净资产超过7.4亿元。2009年上半年,实现利润总额超过1.4亿元。上海久联集团有限公司原归属上海市计划委员会领导和管理,自2009年9月起,为推进上海市现代服务业的发展和上海"四个中心"的建设,上海久联集团有限公司的资产监管关系和党的组织关系由上海市发改委调整至上海市国资委所属的申能(集团)有限公司。自成立以来,久联集团一直坚持围绕大宗商品市场服务、金融服务等现代服务业开展业务,逐步形成以石油交易中介、期货经纪、投资管理、交割仓库管理、期货商品贸易、期货信息技术服务等为主的业务经营范围。截至2017年年底,集团拥有上海石油交易所、上海久联经济发展有限公司、上海华期信息技术有限公司和上海久联物业管理有限公司4家控股公司。集团现有员工81人,其中公司本部22人,子公司59人,平均年龄44岁。具有大学本科及以上学历者共计38人,占在职人员的46.71%;中级以上职称者共计27人,占在职人员的33.33%。

为建立集团的现代企业制度,完善法人治理结构,上海久联集团有限公司设立董事会,董事会为公司的决策机构。久联集团整体划转申能集团后,根据公司业务调整、机构职能以及人员变化的需要,集团公司于2012年4月将机构设置调整为办公室(人力资源部)、党群办公室、财务部、综合管理部、金融管理部和资产管理部6个部门(室),加强与申能集团机构职能的对接,提高专业化管理水平。

根据《公司法》的有关规定,久联集团建立企业各项规章制度。2000年,集团公司下发相关文件,规范和完善公司董事会会议制度、行政班子会议制度、财务管理制度及内部审计制度建设。2001年,久联集团实施机制改革,先后起草"四定"方案、经营者业绩考核与奖惩办法、中层干部考核办法、分配与效益挂钩多种模式、人才培养与选拔5项激励机制,以及完成签订劳动合同和上岗合同的企业用工制度改革。2005年,集团公司继续推进人事制度改革。截至2012年,集团公司相继有21项制度行文下达,使得公司的制度框架初步建立。

2009年年底,久联集团整体划转申能集团,成为申能集团全资二级子公司。根据市国资委的要求,申能集团对久联集团提出以建设能源要素市场为核心的战略任务,要求久联集团主动对接申能能源主业,调整投资业务、资产结构,逐步转化为能源服务型企业。久联集团根据公司新的战略定位,进行资产调整,理顺公司与各相关方关系。调整后的久联集团经营业务主要有三大块:金融地产业务,期货仓储信息服务业务,能源要素市场。其中,在能源要素市场建设方面,2014年,上海石油交易所完成LNG交易量55.76万吨,LPG交易量5.47万吨,实现"液态交易、气态交收"的天然气交易创新。同时,石交所交易商数量由年初的161家增加到179家,为天然气市场交易规模发展奠定基础。商业房产租赁业务是久联集团转型发展的有力支撑,2014年集团公司对东方大厦七楼办公用房进行装修改造,用于上海石油交易所和公司本部办公,并于2014年年底完成搬迁工作。同时将集团拥有的良友大厦三、四层共计7 500平方米全部用于商业房产整体开发。

表1-2-5 2010—2017年上海久联集团有限公司主要经济指标完成情况表　　　单位:万元

年　份	营业收入	利润总额	净利润
2010	15 920	3 833	2 756
2011	3 718	3 405	2 190
2012	3 208	5 991	4 838
2013	3 996	6 691	6 329
2014	3 222	6 587	6 086
2015	3 473	6 169	6 198
2016	3 238	15 920	12 396
2017	3 313	3 614	3 265

第八节　上海申能诚毅股权投资有限公司

上海诚毅投资管理有限公司(简称诚毅投资)成立于2010年4月,注册资本4 000万元,由申能(集团)有限公司(出资1 800万元,占比45%)、上海东方证券资本投资有限公司(出资1 800万元,占比45%)和上海浦东新兴产业投资有限公司共同出资设立。注册地址为中国(上海)自由贸易试验区陆家嘴环路958号2502A室,是申能集团旗下的二级国有企业。公司主要业务范围为股权投资管理、创业投资管理、投资管理、投资咨询等,在上海国有创投基金行业中处于领军地位。公司在册员工数量18人,其中拥有中、高级职称和研究生以上学历的人员占职工总人数的70%以上。诚毅投资旗下各基金管理公司及其受托管理的创投基金具有基金业协会备案资质及省市级创业投资企业备案资质,公司秉承"进取、创新、稳健、高效"的经营理念,致力于协助优秀的中国创业团队打造业界领先企业,成为企业成长的加速器。

诚毅投资成立后,联合国家发改委、财政部和地方政府资金,共同组建上海诚毅新能源创投基金和成都新申创投基金两只国有创业投资基金,重点聚焦新能源、节能环保、新材料、智慧城市、先进制造、清洁技术以及其他相关行业的高科技成长型企业。2016年,申能集团设立上海申能诚毅股权投资有限公司,注册资本10亿元,由申能集团全额出资,自此诚毅投资步入2.0时代。

诚毅新能源创投基金设立于2011年7月12日,为国家发展改革委、财政部参股设立的全国首批20家新兴产业创投基金之一,重点聚焦新能源、节能环保及其他相关行业的高科技成长型企业。基金自成立以来,先后投资26个项目,累计投资金额60 055.75万元。其中,成都爱乐达航空设备制造有限公司已于2017年8月成功A股上市。公司投资的上海罗曼照明科技股份有限公司、罗美特(上海)自动化仪表股份有限公司、西安炬光科技股份有限公司、上海誉德动力技术集团股份有限公司和上海波汇通信科技有限公司等6家企业已经挂牌新三板。

成都新申创投基金由成都市新都区兴城建设投资有限公司和申能(集团)有限公司共同出资1亿元(分别出资6 000万元和4 000万元)设立,聚焦成都地区的高新技术企业。自新申创投成立以来,共投资5个项目,总投资股本金额为9 172万元,分别在2014年7月和2014年8月退出3个项目:自贡运输机械(集团)股份有限公司(协议转让,获利25%)、成都市致毅投资有限公司(清算退出)和西安炬光科技股份有限公司(协议转让,获利93%),在投2个。

2016年设立的上海申能诚毅股权投资有限公司(简称申能诚毅或诚毅2.0)作为新型股权投资平台,通过直投并与社会资本合作设立子基金的方式,实现母子基金联动。申能诚毅结合多年积累的制度、规范、团队和经验,走"产融结合,创新发展"之路,通过市场化、专业化的机制和运作,在能源、科技、节能环保领域形成良性投资生态圈。旗下规划设立多个基金,针对不同的产业领域、业务规模、上海资本市场进行投资布局。

诚毅投资作为申能集团产业链延伸的创新投资平台,坚持创新与风控两手抓。2011年,诚毅投资在上海国资系统首家先行先试跟投制度,获得上海市国资委的充分认可,相关经验被写入上海国资国企改革20条。2014年,诚毅投资成为市国资委首批探索创新优化评估管理试点创新单位。2017年,诚毅团队入股管理公司方案获批通过。通过多年创新探索,诚毅投资形成一套既高效又合规的国有资本股权投资的完整规章、制度体系和业务流程,打造一支熟悉国有资本股权投资和风险控制的专业团队,积累安全、稳健、合规运营和管理国有资本的丰富经验。

通过探索参与新三板投资、定向增发、基石投资、海外并购等多元化投资手段,诚毅投资结合申能集团的资源禀赋和创新转型,围绕产业链、价值链和下游市场开展投资业务,基本形成一整套完善的国有资本股权投资的制度、流程和方法,初步形成具有诚毅特色的国有股权投资模式。

第九节　上海申能能创能源发展有限公司

上海申能能创能源发展有限公司(简称申能能创)成立于2017年3月31日,由上海申能房地产有限公司更名而成,位于复兴中路1号申能国际大厦7楼,注册资本为2亿元,申能集团和燃气集团各持股50%。申能能创具有国家二级房地产开发企业资质,主要从事能源及节能环保科技领域内的技术开发、技术咨询、技术服务、技术转让,房地产开发经营及咨询服务,房屋租赁及置换等服务。截至2017年年底,申能能创总资产逾63.7亿元,净资产逾7.8亿元,利润总额7 060万元,净利润5 430万元;职工74人,其中中共党员23人,具有高级职称5人,中级职称38人。

1993年10月9日,申能股份有限公司组建申能能创前身上海申能房地产公司,注册资本5 000万元。1998年6月,上海申能房地产公司实行改制,更名为上海申能房地产有限公司(简称申能房产),由上海申能房地产公司、上海申电房地产开发经营公司和上海物产颐宁苑房地产开发经营有限公司(申能房地产公司占51%股份)组成,成为国有独资有限责任公司,注册资本增至1亿元。2001年5月17日,申能集团以债转股形式,将申能房产注册资本增至2亿元。2016年9月22日,根据《能创中心专题会会议纪要》精神,变更申能房产公司股权结构,采用股权转让和(或)增资的方式,增加上海燃气集团有限公司为申能能创公司股东单位,明确新组建的申能能创是申能集团存量土地的综合利用和开发的平台公司,也是推进上海能创中心建设的平台公司。2017年3月31日,申能房产公司更名为上海申能能创能源发展有限公司。

申能能创设置行政办公室、党委办公室、综合部、财务部、发展部、工程部、合约部、营销部和采招部等二室七部。截至 2017 年，申能能创控股上海申能汇腾房地产有限公司、上海申能汇颂房地产有限公司、上海申能汇枫房地产有限公司、上海和济房地产有限公司、上海汇郡投资有限公司、上海能创建设发展有限公司 6 家企业，并参股上海申能物业管理有限公司、上海丰鑫置业有限公司和上海涵远能源科技有限公司 3 家企业。

1993 年，申能房产公司成立后，开发建设项目近 30 个，总建筑面积达 200 余万平方米。第一阶段是以市场化项目为主，主要开发建设申能国际大厦、申能龙阳公寓、武泰公寓、颐宁苑、枫景苑、五角丰达商务广场等项目；第二阶段是响应保障房政策为主，主要开发建设汇腾苑、汇颂南苑、汇秀景苑、汇枫景苑、东沟等保障性住宅；第三阶段是集团存量土地综合利用为主，主要开发建设申能能源中心、上海天然气调度指挥中心、林内奉贤生产研发基地、吴淞园区、汇郡大厦、凯利海华府等项目。

申能能创公司找准市场定位，积极开展商办楼销售；落实保障房项目的资金回笼责任，加快资金回笼速度；加大租赁营销力度，确保商办用房租赁收入逐年稳步提升。2015—2017 年年底，3 年营业收入达到 29.02 亿元，净利润 0.61 亿元，期末总资产 63.75 亿元，期末净资产 5.97 亿元。申能能创先后获得国家鲁班奖、国家优质工程银质奖，多次获得上海市白玉兰奖等重要奖项。

第十节　上海申欣环保实业有限公司

上海申欣环保实业有限公司（简称申欣环保）成立于 2006 年 5 月，是申能（集团）有限公司下属国有企业，位于上海市徐汇区钦江路 333 号 38 号楼，注册资本 5 000 万元，申能（集团）有限公司出资 3 000 万元，占注册资本的 60％；上海申能新能源投资有限公司出资 1 500 万元，占注册资本的 30％；上海舜韬实业（集团）有限公司出资 500 万元，占注册资本的 10％。以燃煤电厂烟气脱硫脱硝运营管理为核心业务，以在线监测、技术培训、环保产品研发及生产为主营业务的高新技术电力环保企业。

上海申欣环保实业有限公司成立以来，坚持走科技环保之路，致力于电厂污染治理和环保技能培训，不断开拓相关业务领域。自 2006 年以来陆续承接外高桥发电有限责任公司、外高桥第二发电有限责任公司、外高桥第三发电有限责任公司、吴泾第二发电有限责任公司脱硫、脱硝业务，业务覆盖 300 兆瓦、600 兆瓦、900 兆瓦、1 000 兆瓦机组。2008 年 1 月，公司承接各燃煤及燃气电厂在线监测设备的运营管理工作。2009 年公司组建培训中心，同年 10 月，由环境保护部宣传教育中心确认申欣环保公司为地方环境污染治理设施运营培训机构，对外授课。2011 年公司组建研发中心，同年 12 月，公司获高新技术企业证书，开启对各类环保产品的研发及承担政府、院校课题研究。2015 年 8 月，公司实现走出上海战略目标，承接淮北申皖发电有限公司 2×660 兆瓦机组脱硫脱硝业务。

申欣环保始终致力于科技创新，在燃煤电厂环保领域新产品、新技术、新工艺的研究及攻关上取得多项成果，先后获得 3 项发明专利、33 项实用新型专利和 23 项软件著作权，2 款产品经过中国环保产业协会认证。公司拥有中国环境保护产业协会颁发的"污染治理设施运行服务能力评价证书""自动监控系统运行服务能力专项评价证书"、上海安全生产协会颁发的"安全生产标准化二级企业证书"、国家电力监管委员会颁发的"承装（修、试）电力设施许可证"、上海市设备管理协会颁发的"上海市设备维修企业 A 级资质证书"、上海市"高新技术企业证书"等资质证书，并通过 GB/T28001-2011 职业健康安全管理体系认证、ISO90001-2008 质量管理体系认证和 ISO14001：

2004 环境管理体系认证。

申欣环保先后获上海市环境保护先进集体、全国环保优秀品牌企业、国家能源局软科学研究优秀成果奖、环保突出贡献、电力信息化标杆企业及示范基地、中国产学研创新奖、环保三年行动计划优秀奖、企业信用 AAA 等级等多项荣誉称号。

截至 2017 年年底,申欣环保员工共计 204 人,管理和专业技术人员 95 人,运维人员 107 人,后勤人员 2 人。其中大专及以上学历 133 人;教授级高级工程师 2 人,高级工程师 11 人,工程师/技师 26 人。2015—2017 年成为申能二级企业以来,申欣环保主营业务收入总计 4.3 亿多元,净利润 1.2 亿元。

第二篇
电力产业

概　　述

电力产业是申能集团的核心产业之一。申能集团对电力产业的战略布局主要通过其控股的上市公司申能股份来实现。申能股份成立 30 年来广泛投资煤电、气电、核电、水电及新能源等项目，先后参与 40 个电力项目建设，控股 12 家发电企业，参股 13 家发电企业，控股装机容量 907.17 万千瓦，权益装机容量 944.28 万千瓦，电力供应约占上海地区总发电量的 30%。

在控股发电企业中，2001 年上海吴泾第二发电有限责任公司（简称吴二发电）2 台机组建成投产，是申能股份控股经营的第一家大型发电企业；2004 年上海外高桥第二发电有限责任公司（简称外二发电）2 台 90 万千瓦超临界进口燃煤发电机组建成投产，是国内最大单机容量火电机组；2008 年上海外高桥第三发电有限责任公司（简称外三发电）2 台 100 万千瓦超超临界燃煤发电机组建成投产，是中国首批 4 个国产百万千瓦火力发电工程之一；上海申能临港燃机发电有限公司（简称临港燃机）4 台 40 万千瓦级机组是国内一次核准建成最大规模的燃气-蒸汽联合循环电厂；淮北申皖发电有限公司（简称申皖发电）是申能股份首个沪外控股建设项目；申能吴忠热电有限责任公司（简称吴忠热电）是申能股份首个沪外并购项目；淮北申能发电有限公司（简称淮申发电）建设 1 台 135 万千瓦超超临界燃煤发电机组，被国家能源局批准为"国家示范工程"；上海申能新能源投资有限公司（上海新能源公司）是申能股份新能源投资平台，2017 年年底共拥有 8 家控股新能源项目公司。

申能股份的工程管理和技术水平在国内外同行中享有较高的知名度和美誉度。在工程项目管理领域，申能股份陆续颁布《基本建设项目工程管理办法》《基建工程投资控制管理规定》《基建工程质量管理规定（暂行）》等 10 余个工程管理制度，建立健全基建工程内控管理体系，对控股企业项目建设过程中的技术路线、工程设计、投资控制、质量安全、施工进度、奖励考核等方面实施全面管理，取得较好的成效：上海外高桥电厂三期工程获 2008—2009 年度国家优质工程金质奖，上海临港燃气电厂一期工程获 2012—2013 年度国家优质工程金质奖，安徽淮北平山电厂一期工程获 2016—2017 年度国家优质工程奖。在科技创新和节能环保领域，申能股份以建设高效清洁的先锋企业为目标，坚持创新驱动，坚持可持续发展，积极利用控股发电企业作为创新平台开展科技研发和节能改造，先后获得 30 余项专利，发电企业废物排放治理取得显著成效，燃煤技术水平行业领先。2017 年，申能股份控股发电企业平均供电煤耗降到 292.37 克/千瓦时，比全国同期平均水平低 16.63 克/千瓦时，实现社会效益和经济效益的双丰收。上海外高桥第三发电有限责任公司 2009 年 11 月获得亚洲年度最佳环保电厂金奖，2015 年成为美国 POWER 杂志 10 月刊封面（最佳）电厂，2017 年获得美国第四届 Peabody "全球洁净煤领导者奖" 的最高效率奖和最低氮氧化合物排放奖。上海申能临港燃机发电有限公司获得 2012 年亚洲电力奖最佳燃气发电项目金奖。

安全生产是电力行业的命脉。申能股份高度重视安全生产和稳定运行，成立安全生产委员会，签订安全生产责任书，有效落实安全生产责任；建立健全安全生产体系，颁布生产管理制度 8 项、安全管理制度 14 项；通过引入生产实时信息系统，对发电企业运行、检修和技术监督工作进行全过程管理；定期开展安全生产检查和设备消缺管理，及时排查安全生产隐患，发电机组性能得到较好的维护；通过大力开展安全教育培训、组织实施安全生产月活动、编制演练应急预案，员工的安全意识得到较好提升；加大安全奖惩力度、强化外包单位管理，控股发电企业的安全生产运行得到较好提升。截至2017年年底,公司控股发电企业未发生重大安全事故。

除控股发电企业外,申能股份在电力板块还投资参股上海上电漕泾发电、上海漕泾热电、华能上海石洞口发电、华能上海燃机发电、华电奉贤热电等8个火电工程项目及秦山核电二期、三期工程和天荒坪、桐柏抽水蓄能电站5个非火电类发电项目,取得良好的经济和社会效益。

申能成立30年来顺应国家电力体制、投资体制和能源结构调整的变化,在集团战略筹谋及公司几代干部职工的努力下,在市领导的关心推动下,改变上海市电力建设一元化的格局,和上海市电力部门在既有竞争又相互合作的环境下,为打造上海全新电力市场共同努力。申能立足上海将地方电力能源建设做大做强,并辐射全国多个省市,已成为上海能源企业的一块品牌。

第一章　控股管理企业及投资收益

截至 2017 年年底,申能股份控股 7 家燃煤发电公司、4 家燃气发电公司和 1 家新能源发电公司。其中:燃煤发电公司有上海吴泾第二发电有限责任公司、上海外高桥第二发电有限责任公司、上海外高桥第三发电有限责任公司、淮北申皖发电有限公司、淮北申能发电有限公司、申能吴忠热电有限责任公司、上海申能星火热电有限责任公司;燃气发电公司有上海申能临港燃机发电有限公司、上海申能崇明发电有限公司、上海申能奉贤热电有限公司、上海申能青浦热电有限公司;新能源发电企业为上海申能新能源投资有限公司。

第一节　上海吴泾第二发电有限责任公司

上海吴泾第二发电有限责任公司(简称吴二发电),位于上海市闵行区吴泾地区龙吴路 5100 号,占地面积 80.01 公顷,注册资本 20 亿元,拥有 2 台 60 万千瓦亚临界燃煤机组。2017 年,共发电 46.29 亿千瓦时,营业收入 16.54 亿元,净利润 0.45 亿元。截至 2017 年年底,吴二发电累计发电 1 057.03 亿千瓦时,累计实现净利润 35.29 亿元,累计总利税 87.62 亿元。吴二发电在册员工 282 人,具有大专及以上学历人员 260 人,中、高级技术职称 103 人,人均劳动生产率 168.60 万元/人年。

1996 年 2 月 15 日,申能股份与上海市电力公司签订《申能股份、上海市电力公司关于共同投资建设吴泾热电厂八期工程的原则协议》,决定共同投资上海吴泾电厂八期(简称吴泾八期)工程。吴二发电前身,吴泾八期工程筹建处于 1999 年 4 月 19 日成立。是年 10 月 27 日,根据国家电力体制改革的要求,上海市电力公司(简称市电力公司)将其在吴泾八期工程中投资建设的权利义务转让给上海电力股份有限公司(简称上电股份)。是年 11 月 30 日,吴二发电注册成立,申能股份和上电股份各持股 50%。2001 年 12 月 20 日,股东双方签署协议,将双方在吴二发电和外一发电所持股权中的一个百分点进行置换。股权置换后,申能股份和上电股份分别持股 51%、49%,申能股份取得控股权。根据公司章程,股东双方各自推荐人选组成公司董事会和监事会,公司董事会由 8 名董事组成,其中申能股份推荐 4 名董事、上电股份推荐 3 名董事,另一董事由公司职工民主选举,董事长由申能股份委派担任,副董事长由上电股份委派担任。监事会由 3 名监事组成,股东双方各推荐 1 名监事,另 1 名监事由公司职工民主选举,监事会主席由上电股份委派担任。

吴泾八期工程 2 台 60 万千瓦亚临界燃煤机组工程于 2001 年 5 月 6 日全部建成投产。其主设备锅炉、汽轮机和发电机为上海电气集团股份有限公司提供,引进自美国 Combustion Engineering Co. 和美国西屋(Westinghouse Electric)技术的国产设备。

吴二发电从 2003 年开始在申能系统中首先试行全面预算管理,实现"所有经济活动都必须纳入预算,所有预算收支都必须延伸到项目,所有预算项目都必须细化到月度"的管理要求。为提升企业的综合竞争力,吴二发电对设备系统持续推进技术创新、技术改造,截至 2017 年年底累计完成 60 个科技改造项目、480 个技术改造项目,不断提高机组的经济性和可靠性。2 号机组、1 号机组分别于 2008 年 6 月和 2009 年 5 月获国家电力监管委员会颁发的全国发电可靠性金牌机组（火电 60 万千瓦级）称号；"600 兆瓦发电机组深度优化运行降低厂用电率关键技术研究及应用项目"于 2014 年 1 月，获得第四届全国电力行业设备管理创新奖一等奖。

吴二发电积极履行社会责任。公司 2 台机组于 2008 年 6 月 1 日完成脱硫改造，成为上海首个实现全电厂完成脱硫改造的大型公用电厂。2010 年 10 月 8 日，吴二发电举行 1 号机组脱硝改造项目开工仪式，成为上海市第一个实施烟气脱硝改造减排示范性工程的燃煤发电公司。2017 年 2 月 24 日，上海市环保局发布 2016 年度燃煤发电企业单台机组环保排序，公司 2 号、1 号机组在 34 台机组中分别位列第一档第二、第五名。

吴二发电倡导"创新求实和谐高效"的企业精神，团结全体员工，协力建设健康和谐的企业核心价值观。2003 年获国家环境保护百佳工程；2009 年获全国电力行业优秀企业；2012 年获全国减排先进集体称号；2007 年、2009 年、2011 年、2017 年 4 次获评上海市文明单位。

第二节　上海外高桥第二发电有限责任公司

上海外高桥第二发电有限责任公司（简称外二发电），位于上海市浦东新区外高桥地区海徐路 1181 号，占地面积 42 公顷，注册资金 32.2 亿元，拥有 2 台 90 万千瓦超临界进口燃煤发电机组。2017 年，共发电 82.85 亿千瓦时，供热 27.85 万吉焦，营业收入 27.50 亿元，实现净利润 1.83 亿元（扣除汇兑收益）。截至 2017 年年底，累计发电 1 312.25 亿千瓦时，累计供热 909.22 万吉焦，累计实现净利润 59.62 亿元，累计总利税 113.13 亿元。外二发电在册员工 210 人，其中大专及以上学历 184 人，中、高级技术职称 76 人，人均劳动生产率 386.6 万元/人年。

为满足上海市国民经济发展对电力日益增长的需求，1996 年 8 月 26 日，申能股份与中国华东电力集团公司（简称华东电网）和上海市电力公司签订关于共同投资建设上海外高桥电厂二期工程（简称外二工程）的原则协议。外二发电的前身，外二工程筹建处于 1999 年 3 月 8 日成立。2000 年 3 月 22 日，申能股份与华东电网和市电力公司签订合资协议，三方按 4∶2∶4 的股权比例出资组建外二发电。同年 6 月 9 日，外二发电注册成立。根据国家电力体制改革要求，2002 年 1 月 6 日市电力公司将其拥有的 20％的出资权转让给上电股份。同年 1 月 8 日华东电网、市电力公司各自将其拥有的公司 20％的出资权转让给国电电力发展股份有限公司（简称国电电力），股权变更后外二发电投资股东申能股份、国电电力、上电股份的股权比例为 4∶4∶2。根据公司章程，外二发电委托申能股份进行日常生产经营管理，股东三方各自推荐人选组成公司董事会和监事会，公司董事会由 11 名董事组成，其中申能股份和国电电力各推荐 4 名董事，上电股份推荐 2 名董事，另一董事由公司职工民主选举，董事长由申能股份和国电电力轮流委派担任，副董事长 2 名由股东三方轮流委派。监事会由 5 名监事组成，股东三方各推荐 1 名监事，另 2 名监事由公司职工民主选举，监事会主席由申能股份和国电电力轮流推荐，经选举产生。

1997 年 5 月 21 日，外二工程项目建议书获国家发展计划委员会批准，并列入国家 1997 年利用世界银行贷款规划。工程采用世界银行招标准则进行国际分岛招标采购，其中汽机岛由西门子公司中标，锅炉岛由阿尔斯通公司中标。外二工程于 2001 年 7 月 18 日开工。第一台机组于 2004 年 4 月 20 日投入商业运行；第二台机组于 2004 年 9 月 22 日投入商业运行。

投产以后，外二发电围绕"设备、管理、队伍、效益、文化"五个一流目标创建"国际一流火电企业"，在安全管理上，建立完善安全生产监督和保障体系，形成"横向到边、纵向到底"的立体化安全管理网络,以标准化、规范化的科学管理实现本质安全。2012年7月,通过电力企业安全生产标准化一级达标。

在设备管理上,健全完善各项设备运行、管理制度,充分利用信息化管理平台规范检修、运行管理,积极探索设备寿命管理和状态检修经验,建立起一套系统完备的检修和运行管理规范体系。2008年,外二发电获评第二届全国电力行业设备管理工作先进单位。2007年外二发电主持编制行业标准《塔式炉超临界机组运行导则》,于2009年通过中电联组织的专家组验收,填补了中国火电行业超临界机组运行管理制度空白。

在节能减排工作上,累计实施各类科技技改和运行优化项目150余项,使供电煤耗降至国内同类型机组中领先水平。先后于2008年、2013年和2016年完成2台机组脱硫、脱硝、超低排放等环保改造工程,各类污染排放值均低于国家标准,环保排序位列上海地区火电企业第一档。

在经营管理工作上,2007年,外二发电在申能股份系统率先开展低热值经济煤种掺烧,在掺烧的基础上承担上海市科委"百万千瓦等级锅炉配煤技术及燃烧优化应用研究"课题研究,并于2011年顺利通过总结验收。2009年,为充分发挥大机组高效、环保的优势,在申能股份系统率先开展市内电厂发电权置换工作,与闵行电厂达成2 397万千瓦时电量发电权交易。

在企业管理工作上,作为申能股份系统试点单位,外二发电于2007年在申能股份系统第一家成功建设并上线ERP项目,2017年启动生产管理标准化系统建设,形成科学的管理手段,固化管理流程,优化资源配置,提高工作效率。

在企业文化建设上,开展视觉识别系统、理念识别系统和行为识别系统三大企业文化系统建设,形成以"责任·感恩"为核心的企业文化体系;积极履行企业社会责任,连续12年编制发布《企业社会责任报告》,塑造良好的企业社会形象。

2011年,经中国电力企业联合会根据《上海外高桥第二发电有限责任公司创建国际一流火电企业管理办法与评定标准》,并参考国家电力公司创建国际一流火力发电厂考核标准,对外二发电建设国际一流火电企业活动进行验收,认为满足全部考核和评价指标要求,通过评价验收。外二发电先后获2004—2006年度上海市劳模集体、2006年全国超临界机组电厂最佳供电煤耗奖、2007年度上海市节能先进单位、2007年首届上海市学习型企事业单位、2009年度全国电力行业企业文化优秀成果奖、2011年全国模范职工之家、2012年上海市企业文化建设示范基地、2017年上海市五一劳动奖状等荣誉。2011年和2012年先后完成职业健康安全管理(OHSAS18001)、环境管理(ISO14001)和质量管理(ISO19001)三体系贯标认证。

第三节　上海外高桥第三发电有限责任公司

上海外高桥第三发电有限责任公司(简称外三发电),位于上海市浦东新区外高桥地区海徐路1281号,占地面积为37.80公顷,注册资金18.27亿元,建有2台100万千瓦超超临界燃煤机组。2017年,共发电102.22亿千瓦时,供热88.15万吉焦,营业收入34.57亿元,净利润2.3亿元。截至2017年年底,累计发电1 000.08亿千瓦时,累计供热254.28万吉焦,累计实现净利润39.46亿元,累计总税76.37亿元。外三发电在册员工268人,具有大专及以上学历250人,中、高级职称109人,人均劳动生产率421.75万元/人年。

外三发电的前身,外三工程筹建处于2004年1月9日成立。2005年1月7日,申能股份、国电电力和上电股份签订合资合同,三方按4∶3∶3的股权比例共同出资建设外三发电,由申能股份控股管理。同年2月5日,外三发电注册成立。根据外三发电公司章程,股东三方各自推荐人选组成公司董事会和监事会,公司董事会由8名董事组成,其中申能股份推荐3名董事、国电电力和上电股份各推荐2名董事,另一董事由公司职工民主选举,董事长由申能股份委派,副董事长2名由国电电力和上电股份各自委派。监事会由5名监事组成,股东三方各推荐1名监事,另2名监事由公司职工民主选举,监事会主席由国电电力和上电股份轮流委派担任。

外三发电建设2台100万千瓦超超临界燃煤机组工程于2006年2月16日开工,2008年建成投产。工程主设备——锅炉、汽轮机和发电机均由上海电气提供,其中锅炉技术引进自阿尔斯通,汽轮机和发电机技术及关键部件引进自西门子。

在工程建设中,外三发电坚持技术创新,自主研究并实施包括"超超临界机组蒸汽氧化及固体颗粒侵蚀预防系列技术""回转式空预器接触式簧状全面柔性密封技术""节能型抽汽调频技术及汽轮机系统设计优化"等系列创新技术,使机组建成后多项技术经济指标得到大幅提高。机组性能试验的平均标准供电煤耗达到272.75克/千瓦时。机组投产当年,在负荷率为74%的情况下,2台机组的实际标准供电煤耗达到287.4克/千瓦时。2009年12月,外三工程获国家优质工程金质奖,其综合科技成果"百万千瓦超超临界机组系统优化与节能减排关键技术"获2010年上海市科学技术奖一等奖和2011年国家科学技术进步奖二等奖。

外三工程建成投产后,外三发电继续探索低成本、低能耗、高效的节能减排技术之路,突破传统高成本、高能耗减排的环保困局,实现企业效益和社会效益和谐统一。先后研发包括"零能耗脱硫技术""广义回热系列技术""节能型高效电除尘器系列技术"等多项兼顾节能与环保的创新技术,并率先在外三发电成功运行。2011年,在负荷率为81%的情况下,2台机组的实际标准供电煤耗降至276.02克/千瓦时,成为世界上第一个实际值供电煤耗低于280克/千瓦时的燃煤发电公司。2016年超低排放改造项目实施后,2台机组的烟气污染物(粉尘、二氧化硫和氮氧化物)的平均排放浓度值分别降至1.34毫克/标准立方米、10.36毫克/标准立方米、13.91毫克/标准立方米。

2009年11月,外三发电获亚洲年度最佳环保电厂金奖;2010年3月10日,美国《华尔街日报》报道中称外三发电为"当前世界最高效的燃煤发电厂";2014年,获国家能源局颁发的国家煤电节能减排示范基地荣誉称号;2015年成为美国POWER杂志10月刊封面(最佳)电厂;2017年获美国Peabody全球清洁煤领导者奖的最高效率奖与最低氮氧化物奖。

第四节　淮北申皖发电有限公司

淮北申皖发电有限公司(简称申皖发电),位于安徽省淮北市经济技术开发区梧桐大道18号,总占地面积84.11公顷,注册资本10亿元,拥有2台66万千瓦超超临界燃煤机组。2017年,共发电55.93亿千瓦时,实现营业收入16.9亿元,由于当年煤炭价格持续上扬,计划电量减少,当年净利润为-9 501.59万元。截至2017年年底,累计发电102亿千瓦时,累计净利润-6 408万元,累计利税总额3 200万元。申皖发电在册员工174人,大专以上学历174人,中、高级职称51人。

申皖发电注册成立于2014年6月30日,由申能股份、安徽省皖能股份有限公司(简称皖能)和安徽神源煤化工有限公司(简称神源煤化工)按51%、24.5%、24.5%的股权比例共同投资组建,由申能股份控股管理。根据申皖发电公司章程,股东三方各自推荐人选组成公司董事会和监事会,董事会由5名董事组成,其中申能股份推荐2名董事、其他两家股东各推荐1名董事,另一董事由职工民主选举,董事长由申能股份委派,副董事长由皖能委派。监事会由5名监事组成,股东三方各推荐1名监事监事,另2名监事由职工民主选举,监事会主席由神源煤化工委派担任。

申皖发电的2台66万千瓦发电机组工程于2013年11月开工建设,2016年3月全部建成投产。工程主设备——锅炉、汽轮机和发电机均由上海电气提供,其中汽轮机和发电机组的技术引进自西门子。

申皖发电投产后以"健全组织机构、提升管理水平、改善经营状况、加快人才培养"为四大重点工作,以机组安全经济运行、电力市场开发、平抑煤价、全面预算管理、企业标准贯标、内控体系建设、安全生产标准化达标、信息化建设规划等各项工作为抓手,使机组运行日趋稳定,供电煤耗、综合厂用电率等关键指标不断优化,各项环保指标远低于国家超低排放要求,取得安徽省第一批发放的排污许可证。在煤炭价格高企的市场环境下,申皖发电内控成本,外拓市场,截至2017年年底,经济煤种掺烧比例已达到40%以上。

2016年4月,申皖发电获2015年安徽省与中央企业合作发展优秀项目称号;同年11月,申皖发电铁路专用线获上海铁路局地铁系统安全优质专用铁路荣誉称号;2017年5月,申皖发电获中国电力优质工程奖;是年11月,获国家优质工程奖。

第五节　淮北申能发电有限公司

淮北申能发电有限公司(简称淮申发电),位于安徽省淮北市经济技术开发区梧桐大道28号,占地面积27.20公顷,注册资本10.8亿元,在建1台135万千瓦超超临界燃煤发电机组,在建工程于2017年8月23日开工,计划2020年年底建成投产。截至2017年年底,淮申发电在册员工34人,具有大专及以上学历34人,中、高级技术职称10人。

淮申发电于2017年5月5日注册成立,由申能股份独资组建,所建设的135万千瓦发电机组是申能股份组织研发的,具有自主知识产权的,属世界首创的高/低位布置双轴次中间再热高效超超临界燃煤发电机组。机组预期标准供电煤耗为251克/千瓦时。相关技术方案和工程建设方案经国家能源局组织评审后,2015年12月31日,工程由国家能源局批准列入"国家示范工程",并于2016年12月28日获得安徽省发展和改革委员会对项目的核准批复。工程的主设备——锅炉、汽轮机和发电机均由上海电气供货,其中,锅炉技术引进自GE Boiler Deutschland GmbH(原阿尔斯通,简称"GE"),汽轮机和发电机组技术及主要关键部件引进自西门子。

第六节　上海申能临港燃机发电有限公司

上海申能临港燃机发电有限公司(简称临港燃机),地处上海市浦东新区临港新城妙香路19号,占地面积13.42公顷,注册资本12.33亿元,拥有4台40万千瓦级燃气-蒸汽联合循环发电机组。2017年,共发电27.25亿千瓦时,营业收入18.56亿元,净利润2.12亿元。截至2017年年底,累计发电161亿千瓦时,累计实现利润8.75亿元,累计利税总额16.96亿元。临港燃机在册员工100人,具有大专及以上学历96人,中、高级职称人员39人,人均劳动生产率736.28万元/人年。

临港燃机注册成立于2010年4月29日，由申能股份和上电股份按65%和35%的股权比例出资组建，由申能股份控股管理。根据临港燃机公司章程，股东双方各自推荐人选组成董事会和监事会，董事会由7名董事组成，其中申能股份推荐4名董事、上电股份各推荐2名董事，另一董事由职工民主选举，董事长由申能股份委派，副董事长由上电股份委派。监事会由3名监事组成，股东双方各推荐1名监事，另1名监事由职工民主选举，监事会主席由上电股份委派担任。

临港燃机4台40万千瓦级机组建设工程于2009年6月18日开工，于2012年3月全面建成投产。机组主要技术性能指标全部优于设计值，4号机组热耗率6 030.6千焦/千瓦时，折算供电煤耗207.50克/千瓦时，厂用电率1.51%，联合循环发电效率达到59.7%，为国内40万千瓦级燃气-蒸汽联合循环发电机组效率最高的机组，处于国际领先水平。临港燃机是实现国内首个全范围开发"联合循环机组一键启停"的燃气电厂，实现不同工况下机组调峰的智能化控制，提高频繁启停的可靠、快速和经济性，年节约天然气242万立方米，节约厂用电1 125万千瓦时，并取得国家专利，对同类型机组起到示范效应。工程主设备燃气轮机、汽轮机和发电机由上海电气提供，余热锅炉由杭州锅炉集团股份有限公司提供。其中燃气轮机关键部件、汽轮机和发电机技术引进自西门子，余热锅炉技术引进自Nooter/Eriksen（简称"NE"）。工程获2012—2013年度国家优质工程金奖、2012年亚洲电力奖最佳燃气发电项目金奖。

临港燃机致力于弘扬"创新务实，稳中求精"的企业精神，积极推进技术创新、节能减排工作。获"2012年上海市实施卓越绩效管理先进企业"等省（市）级荣誉60项。2014年临港燃机通过质量、环境和职业健康安全管理体系、风险管理体系的认证，并先后获得上海市文明单位、上海市质量管理奖、ECF2016油气技术创新成果奖环保节能减耗技术创新奖等殊荣。截至2017年年底，临港燃机共取得"联合循环机组一键启停研究与应用""一种燃机燃烧自动调节系统"等实用新型专利22项，取得"联合循环机组中压旁路系统"等发明专利3项，获基于SAP平台的电厂基建ERP管理系统优化国家级、省部级科技成果30余项。

第七节　上海申能崇明发电有限公司

上海申能崇明发电有限公司（简称崇明燃机），位于上海市崇明区城桥镇推虾港路118号，占地面积9.263公顷，注册资本5.6亿元，在建2台42.4万千瓦（F级）蒸汽-燃气联合循环机组。截至2017年年底，崇明燃机在册员工64人，其中大专及以上学历64人，中、高级职称30人。

崇明燃机注册成立于2013年12月18日，由申能股份独资组建。崇明燃机建设2台40万千瓦级蒸汽-燃气联合循环机组工程，是申能集团落实市政府"上大压小""节能减排"任务和保障社会经济发展、保护生态环境投资建设的清洁能源项目。

作为上海市建设崇明生态岛总体规划的重要组成部分，崇明燃机发电机组定位为崇明、长兴、横沙三岛的社会经济发展支撑电源。工程主设备分别由上海电气和杭锅厂提供，其中燃气轮机关键部件、汽轮机和发电机引进西门子，余热锅炉技术引进自NE。

崇明燃机重视科技创新，在工程建设期间开展多项科技创新课题，其中"9F燃机进气室外锥与压气机室调整及联接技术改进研究与应用"获中电建协科学技术进步三等奖，"崇明燃气电厂建设与运营关键技术研究与应用"入选上海市科委"科技创新行动计划"应用与示范项目，"燃机电厂主厂房采光系统优化与应用"取得实用性新型专利。

崇明燃机倡导"务实、严谨、坦诚、担当"的企业文化，团结全体员工，奋发进取，积极争创燃机发电先锋企业。2013年12月,在建工程获国家能源局电力安全生产标准化一级达标工程建设项目称号;2014年1月,被评为2013年度上海市重大工程文明示范工程;2013年、2014年崇明燃机连续两次获上海市重大工程立功竞赛优秀公司荣誉称号。

第八节　申能吴忠热电有限责任公司

申能吴忠热电有限责任公司(简称吴忠热电),位于宁夏回族自治区吴忠市利通区金积工业园区银平公路东侧,占地面积25.22公顷,注册资本6.2亿元,拥有2台35万千瓦超临界间接空冷供热发电机组。2017年,共发电32.76亿千瓦时,供热390.4万吉焦,营业收入7.39亿元,净利润－1.51亿元。截至2017年年底,累计发电39.13亿千瓦时,累计供热454.08万吉焦,累计净利润－1.84亿元,累计利税总额0.08亿元。吴忠热电在册员工187人,全部具有大专及以上学历,中、高级职称54人,人均劳动生产率364.3万元/人年。

吴忠热电的前身是国电电力吴忠热电有限责任公司,于2009年7月27日注册成立,由国电电力独资组建。2015年12月18日,国电电力和申能股份在北京产权交易所通过协议转让方式,将国电电力所持95%的股权转让给申能股份,申能股份受让股权后成为吴忠热电的控股股东。2016年6月17日,吴忠热电经工商变更为申能吴忠热电有限责任公司,注册资本6.2亿元。根据公司章程,股东双方各自推荐人选组成董事会和监事会,董事会由5名董事组成,其中申能股份推荐3名董事、国电电力推荐1名董事,另一董事由公司职工民主选举,董事长由申能股份委派担任。监事会由3名监事组成,股东双方各推荐1名监事,另1名监事由职工民主选举,监事会主席由申能股份委派担任。

吴忠热电于2014年6月29日开工建设,2016年11月全面建成投产。吴忠热电的2台35万千瓦超临界间接空冷供热发电机组工程采用两机一塔间接空冷技术,主设备均由东方电气集团公司提供,与机组配套的脱硫、脱硝、高效静电除尘、湿式静电除尘、全封闭煤场等设施同步建成。投产当年吴忠热电即接入吴忠市768万平方米居民供热面积,替代吴忠市52台为吴忠市居民供热的分散小锅炉,2017年实际接入居民供热面积1435万平方米。

2017年,吴忠热电获吴忠市、宁夏回族自治区工人先锋号及吴忠市国资委四强基层党组织荣誉,以及第六届全国电力行业设备管理创新成果优秀奖。

第九节　上海申能星火热电有限责任公司

上海申能星火热电有限责任公司(简称星火热电),位于上海市奉贤区民乐路315号,占地面积13.15公顷,注册资本7300万元,拥有4台每小时蒸发量为75吨的次高压煤粉锅炉,1台1.2万千瓦抽凝式发电机组和1台1.2万千瓦背压式发电机组。2017年,共发电1.1867亿千瓦时,供热173.25万吉焦,营业收入1.69亿元,净利润－0.27亿元。截至2017年年底,累计发电32.25亿千瓦时,累计供热4880万吉焦,累计实现利润8418.21万元,累计利税总额39634.49万元。星火热电在册员工245人,具有大专及以上学历157人,中、高级职称31人,人均劳动生产率15.45万元/人年。

星火热电是一家以热定电、集中供热的区域性热电联产企业。其前身是上海星火热电厂(简称星火电厂)。1989年9月14日,上海市计划委员会下发《关于星火工业区热电厂工程计划任务书的批复》,同意建设星火电厂。星火电厂以"集资办电"形式建设,所需资金主要由申能和上海农工商(集团)星火开发总公司共同筹措。为理顺星火电厂的投资关系,改善资产及负债状况,1998年7月8日,申能股份和上海农工商(集团)星火开发总公司签订合资经营合同,更名为上海申能星火热电有限责任公司,注册资本6 000万元,申能股份和上海农工商(集团)星火开发总公司按9∶1股权比例出资。1998年6月30日,上海农工商(集团)星火开发总公司将其全部股份(10%)转让给上海浦东星火联合发展公司(简称星火联合)。由申能股份控股管理。2006年4月18日,申能股份向星火联合转让15%的股权,持股比例变更为75%和25%。2009年8月,星火热电第十次股东会同意将注册资本增加至7 500万元,股东双方按比例增资。根据公司章程,股东双方各自推荐人选组成公司董事会,董事会由5名董事组成,其中申能股份推荐3名董事、星火联合推荐1名董事,另一董事由职工民主选举,董事长由申能股份委派。监事会由3名监事组成,股东双方各推荐1名监事,另1名监事由职工民主选举,监事会主席由申能股份委派担任。

星火热电是申能股份第一家控股管理的发电企业,倡导"艰苦创业、团结奉献"的企业精神,立足开发区做优热电能源企业,努力建设成为"安全可靠、环保高效、管理一流、服务至上、队伍优秀"的热电企业。2007年12月26日,星火热电4台锅炉完成烟气净化系统改造并通过上海市环保局竣工验收,全面完成脱硫系统改造任务。2011年1月24日,4台锅炉全部实现DCS系统控制,设备运行的安全性、稳定性和可靠性进一步提高,获评电力安全生产标准化二级企业。

星火热电2000年获上海市资源节约综合利用先进企业;2011年获上海市"十一五"时期社会主义劳动竞赛先进集体,星火热电工会获上海市总工会颁发的2011年度上海市模范职工之家称号。2011—2013年连续三届获上海市文明单位称号;2013年获上海市"十一五"节能减排先进集体。2017年获上海市五星级诚信创建单位称号。

第十节　上海申能奉贤热电有限公司

上海申能奉贤热电有限公司(简称奉贤热电),位于上海市化工工业区奉贤分区内联合北路799号,占地面积9.89公顷,在建2台40万千瓦级燃气-蒸汽联合循环热电联供机组,注册资本6.28亿元。截至2017年年底,奉贤热电在册员工64人,全部具有大专及以上学历,中、高级职称30人。

奉贤热电前身申能奉贤热电厂筹建处于2015年1月22日成立。同年8月17日,奉贤热电注册成立,由申能股份有限公司(51%)、中国大唐集团公司(24%)(简称中国大唐)、协鑫智慧(苏州)能源电力投资有限公司(20%)(简称协鑫智慧)、上海杭州湾经济技术开发有限公司(5%)(简称杭州湾开发)共同出资组建,由申能股份控股管理。根据公司章程,股东方各自推荐人选组成公司董事会,董事会由11名董事组成,申能股份推荐5名董事、中国大唐和协鑫智慧各推荐2名董事,杭州湾开发推荐1名董事,另一董事由职工民主选举,董事长由申能股份委派。监事会由6名监事组成,股东方各推荐1名监事,另2名监事由职工民主选举,监事会主席由中国大唐和协鑫智慧轮流委派担任。

奉贤热电2台40万千瓦级燃气-蒸汽联合循环热电联供工程是贯彻落实国务院2013年《大气污染防治行动规划》和《上海市清洁空气行动计划(2013—2017)》,控制上海市煤炭消耗总量,消减分散燃煤和淘汰低参数燃煤锅炉,用清洁能源替代星火热电和楚华热电等周边分散小锅炉供热的

"煤改气"工程。2016年6月13日,上海申能奉贤热电工程项目获上海市发展和改革委员会核准批复。工程于2017年4月27日开工。工程主设备燃气轮机、汽轮机、发电机和余热锅炉由上海电气提供,其中燃气轮机关键部件和技术引进自Ansaldo Energia(安萨尔多)。

第十一节　上海申能青浦热电有限公司

上海申能青浦热电有限公司(简称青浦热电),位于上海市青浦工业园区内,占地面积约3.44公顷,注册资本3400万元。截至2017年年底,青浦热电在册员工35人,其中大专及以上学历35人,中、高级技术职称20人。

青浦热电于2017年3月28日注册成立,由申能股份独资组建。青浦热电在建3台50吨/小时应急供热燃气锅炉以及规划建设2台6F级燃气-蒸汽联合循环热电能供机组工程是贯彻落实国家国务院2013年《大气污染防治行动规划》和《上海市清洁空气行动计划(2013—2017)》,用清洁能源代替将关停的青浦工业园热电厂低参数燃煤锅炉,为青浦工业园供热的"煤改气"工程。2017年1月24日上海市发改委批准建造青浦工业园区能源供应中心应急热源,以满足上海市政府2018年年初关停青浦工业园热电厂的目标要求,同时保障青浦工业园的供热需求。

第十二节　上海申能新能源投资有限公司

上海申能新能源投资有限公司(简称上海新能源),位于上海市黄浦区复兴中路1号申能国际大厦23~25层,注册资本9亿元,是申能股份中以风力和太阳能可再生能源发电为主营业务的发电企业。2017年,上海新能源共发电36.41亿千瓦时,营业收入4.13亿元,归母净利润6636.23万元。截至2017年年底,上海新能源控股8家新能源发电公司和参股公司5家新能源发电公司,权益装机容量36.41万千瓦,累计发电36.41亿千瓦时,累计实现归母净利润3.57亿元,累计利税总额2.50亿元。上海新能源在册员工132名,其中大专以上学历118人,中、高级职称49人。

上海新能源前身为上海申能科技发展有限公司(简称申科发)1995年8月28日成立。2005年更名为上海申能新能源投资有限公司,注册资本2亿元,由申能集团、申能股份、上海燃气集团分别持股持有50%、30%、20%,专注于风能、太阳能等可再生能源项目的投资开发和管理,先后投资上海申欣太阳能光伏发电项目、江苏启东风电项目、长兴风电项目、青草沙风电项目等风电、太阳能项目。为满足项目开发和建设需求,上海新能源分别于2008年、2011年,2013年先后进行3次增资,注册资本增加至9亿元。

为深入贯彻申能集团深化改革促进发展的实施意见,优化集团产业布局,申能集团决定调整上海新能源股权结构,由申能股份受让申能集团和上海燃气所持的股份。2014年12月17日申能股份召开第八届董事会第四次会议审议通过《关于公司收购申能(集团)有限公司、上海燃气(集团)有限公司持有的上海申能新能源投资有限公司股权的报告》的决议,上海新能源成为申能股份的全资子公司。2015年4月7日,上海新能源完成工商注册变更,由申能股份全资控股。

2010年上海新能源建成上海世博中国馆和主题馆3.127兆瓦建筑和光伏一体化项目,其中主题馆装机容量2825 kWp。主题馆光伏电站成为当时中国乃至亚洲单体建筑最大的太阳能光伏建筑一体化电站,充分展现"科技世博"和"低碳世博"的理念。2015年上海新能源通过投标竞得临港海上风电示范项目(10.08万千瓦)的开发权,同年11月5日,工程开工建设,于2016年11月30日投产运营。2017年该项目上网电量约为3.11亿千瓦时,约能满足10万户家庭的用电,可节约标煤9.6万吨,减少二氧化硫1 581吨,氮氧化物1 494.8吨,烟尘919.9吨,对促进上海经济发展和节能环保并行起到重要作用。

上海新能源遵循申能股份"立足上海、内外并举、优化发展、注重效益"的发展战略,以"开拓、进取、创新、发展"的经营理念,经营管理水平逐年提高,形成一支比较成熟的项目开发和经营管理的专业人才队伍。

2010年上海新能源主题馆项目部获上海世博会重大工程建设建功立业劳动竞赛七彩世博杯(科技创新)先进集体荣誉称号。2011年获国家能源科技进步奖。2015年上海新能源公司共有3个集体获团市委命名表彰,在上海市各单位组建的3 331支青年突击队中获青年突击队称号。2016年上海新能源旗下临港海上风电项目二期指挥部获上海市重大工程优秀指挥部称号。

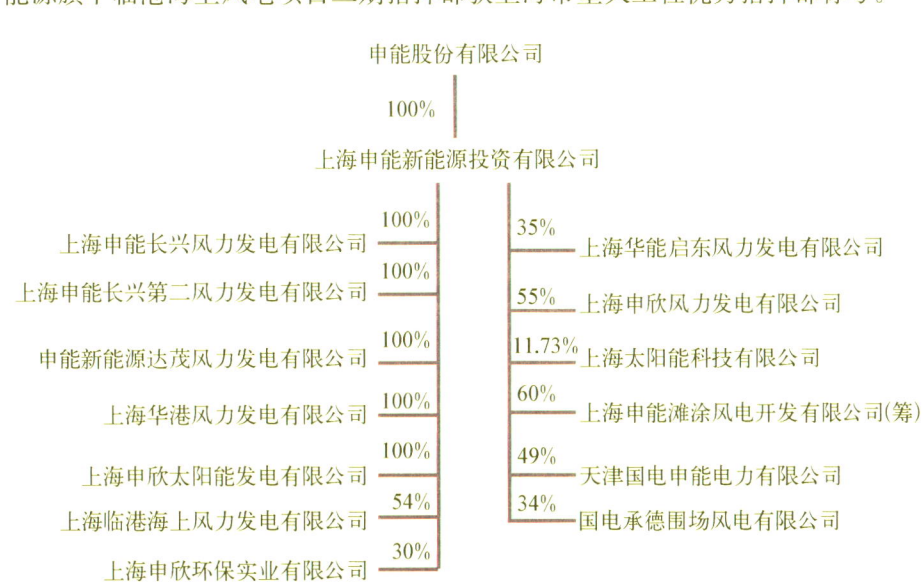

图2-1-1 2017年年底上海新能源公司投资项目

第十三节 投 资 收 益

2000年以来,申能股份有限公司先后控股管理吴二发电、外二发电、外三发电、星火热电、临港燃机、淮北申皖、吴忠热电等企业,并通过上海新能源积极控股多家风电等新能源发电企业。各控股企业历年收益情况详见表2-1-1。

表 2-1-1　2000—2017 年申能股份控股发电企业权益利润情况表

单位：万元

年度 公司	2000	2001	2002	2003	2004	2005	2006	2007	2008
吴二发电	461.30	14 724.13	19 726.34	21 167.65	20 683.38	20 728.93	18 052.55	16 257.14	-3 307.92
外二发电	—	—	—	—	1 309.15	29 130.31	21 619.81	28 092.22	12 317.57
外三发电	—	—	—	—	—	—	—	-1 318.85	-10 646.15
星火热电	91.84	117.85	650.74	825.81	987.46	1 395.02	1 340.77	419.55	-823.18
上海新能源	—	—	—	—	—	7.78	83.88	-386.86	-503.62

年度 公司	2009	2010	2011	2012	2013	2014	2015	2016	2017
吴二发电	9 780.85	-1 919.79	-7 950.31	4 910.45	18 580.15	9 452.89	11 051.18	9 455.39	2 308.01
外二发电	22 799.88	17 749.02	11 655.33	16 293.28	27 749.30	20 259.48	21 199.50	19 587.74	7 321.32
外三发电	24 238.25	15 626.69	11 591.68	21 440.54	27 622.78	19 651.60	22 085.24	19 079.33	9 188.05
星火热电	1 083.99	1 079.59	-243.43	275.98	967.18	28.01	-2 018.40	-1 358.36	-1 936.40
临港燃机	—	—	558.72	5 757.35	6 600.81	8 382.75	9 200.45	12 588.15	13 803.00
淮北申皖	—	—	—	—	—	—	-1 966.73	3 544.48	-4 845.81
上海新能源	768.58	850.66	1 109.85	1 819.95	1 538.00	1 278.97	3 477.96	4 234.04	6 636.23
吴忠热电	—	—	—	—	—	—	—	-3 308.23	-15 298.50

第二章 控股项目

申能股份自2002年转型以来,已控股投资建设19个常规发电项目,主要分布于上海市境内和安徽淮北地区,涉及燃煤发电、燃气发电、热电联供等传统火电项目,以及风力发电、光伏发电等新能源发电领域。申能股份对控股工程项目的建设过程实施全面管理,包括技术路线、工程设计、投资控制、质量安全、施工进度、奖励考核等方面。申能股份控股建设的电力工程项目上海外高桥电厂三期工程获2008—2009年度国家优质工程金质奖,上海临港燃气电厂一期工程获2012—2013年度国家优质工程金质奖,安徽淮北平山电厂一期工程获2016—2017年度国家优质工程奖。

第一节 项目建设领导机构

上海市对电力工程建设的领导分为两个阶段,1999年之前由上海市电力建设领导小组及其下设的工程指挥部负责对电力建设工程进行管理,之后实行项目法人责任制。

一、电力建设领导小组

申能电力开发公司成立后,按照上海市人民政府要求和上海市电力建设发展规划,与中央有关投资公司和上海电力部门密切合作,参与上海地区的电力建设。申能电力开发公司参与投资建设的市重大发电项目有上海石洞口电厂、外高桥电厂等,工程建设主要是由上海市电力建设领导小组领导,下设工程指挥部负责管理工程具体实施。以上海外高桥电厂为例,该工程系上海市"八五"计划期间重点电力建设工程,1992年经上海市电力建设领导小组批准成立上海外高桥电厂工程指挥部,上海市电力工业局副局长邱国富任指挥长,申能电力开发公司副总经理吴家骅等相关参建单位负责人任副指挥长,成员包括工程项目参建单位主要负责人及其上级公司相关领导。工程指挥部负责统一指挥并协调设计、制造、施工等单位开展工作,对项目建设全过程进行管理。

1993年,申能电力开发公司完成股份制改革。1996年2月15日,申能股份与上海市电力公司签订《申能股份、上海市电力公司关于共同投资建设吴泾热电厂八期工程的原则协议》,决定共同投资吴泾八期工程。项目筹建初期,上海市电力建设领导小组多次开会统筹协调工程建设问题,推动工程前期工作。1996年8月29日,专门成立吴泾八期工程建设领导小组,上海市政府副秘书长韩正任领导小组组长,市计委副主任杨雄、市电力工业局局长顾寅章任小组副组长。申能股份总经理陈光华、市经委副主任王国雄、市建委副主任盛道钧等任小组成员。同年10月吴泾八期工程指挥部成立,由上海市电力工业局副局长胡寿佛任总指挥,申能股份副总经理吴家骅等多家单位相关负责人任工程副总指挥,全面推进工程建设。

二、项目法人责任制

1996年,国家计委颁发《关于实行建设项目法人责任制的暂行规定》。1997年,国家电力部明确提出"安全可靠,经济适用,符合国情;项目法人,招标投标,工程监理;控制造价,合理工期,达标投产;强化管理,减员增效,四自两体"电力建设改革和发展的"四十八字"总体思路。同年,吴泾八期工程成立由投资方组成的项目公司筹备组,按照项目法人的规定开展工作。1999年4月19日,上海电力公司发文成立吴泾八期工程筹建处,落实建设项目法人责任制。

1999年,申能股份颁布《申能股份有限公司电力、能源项目投资管理规定》,明确公司投资项目必须组建项目法人。当时正在筹建上海外高桥电厂二期工程,为贯彻落实项目法人责任制,工程建设不再设立领导小组和临时的工程指挥部,上海外高桥第二发电有限责任公司成立之前由外二发电筹建处负责;公司成立后采取总经理负责制,由公司董事会聘请总经理组建工程的管理领导班子,负责对电厂基建运行进行全过程管理。

第二节 项目建设管理

申能股份对电力工程建设的管理分为参与管理和全面管理两个阶段。2003年之前,申能股份以投资者身份参与电力建设项目前期和工程管理,自上海外高桥电厂三期工程开始,申能股份对投资建设的电力基建项目实施全面管理。申能股份对工程项目的投资管理从参与到摸索建立自身管理体系,再到完全建立自身管理体系实现对工程建设的全面管理,历经大约10年时间。

一、投资管理

【历史沿革】

1989年,申能电力开发公司将经营业务部改为工程技术部,参与对电力建设项目的前期准备和工程质量、进度的管理。工程技术部代表公司参与新建项目前期工作,以投资者的身份,参与审定项目立项条件的可行性研究,参与初步设计任务书的初审,组织和委托有关单位对初步设计及其概算进行审批。20世纪90年代初申能参与投资开建的上海外高桥电厂一期项目,初步设计和概算由国家能源投资公司和申能共同审批,联合发文。

1993年,申能电力开发公司改制为申能股份有限公司,成立投资部,参与所投资的电力建设项目的前期准备和工程质量、进度的督促管理。

1997年,申能股份参与投资建设上海外高桥电厂二期工程。中国电力工程造价体系执行国家电力工业部1996年颁发的新版《电力建设工程概算定额》。由于上海外高桥电厂二期工程2台90万千瓦火电机组为国内首台,没有相应的定额水平,上海市电力公司定额站成立定额测算小组对概算定额进行测算,该项工作填补中国百万等级火电机组定额资料的空白,为中国百万等级火电机组建设中的造价控制提供支持。

1999年,申能股份颁布《申能股份有限公司电力、能源项目投资管理规定》,开始推行"静态控制、动态管理"的概预算管理模式,在对静态部分实行控制的同时,建立概算动态管理台账和合同动态管理台账,做到合理控制造价。

2002年,申能股份成立投资经营管理部,参与新建项目前期工作。

2003年,申能股份将原投资经营部拆分为企业管理部和投资开发部,将生产经营与投资开发职能划分开。投资开发部成立后,着手的第一个控股项目就是上海外高桥电厂三期工程。该工程是申能股份由基建开始负责,全面管理的首个大型发电项目。

2006年2月,投资开发部更名为投资部,归口负责基建项目工程管理工作。项目筹建处或项目公司作为项目管理主体接受公司的指导,并负责工程的具体实施和管理。自此,申能股份建立责权统一的项目法人制。

2007年,申能股份颁布《项目前期工作管理办法》《基本建设项目工程管理办法》《工程招标管理规定》《基建工程投资控制管理规定》《基建工程调度管理规定》5项制度,明确工程投资和管理的基本要求。

2009年5月,申能股份颁布《基建工程安全健康与环境管理规定(暂行)》《基建工程档案管理规定(暂行)》《基建工程物资管理规定(暂行)》《基建工程质量管理规定(暂行)》4项制度,进一步规范工程建设的过程管理。

2013年,申能股份统一部署对上述工程建设管理制度进行全面修订和再版。

2016年,申能股份加强基建工程内控管理,制定并颁布对控股发电企业基建期的内控体系文件,主要涵盖三个部分：1. 架构与职责,主要包括组织架构、部门职责、岗位配置及描述等相关内容;2. 内控文档,主要包括流程框架、权限总表、控制文档等相关内容;3. 制度汇编,主要包括制度清单、制度导则、核心制度及办法等相关内容。该套内控体系文件规定基建期企业基本的管理要求和权限设置。申能股份按照以上基建管理制度和内控体系文件,对控股工程建设项目实施管理。

【管理现状】

申能股份投资控股的工程项目按照公司《基建工程投资控制管理规定》和公司控股发电企业基建期内控体系文件规定,进行概预算控制和投资管理。公司投资部是基建工程投资管理的归口部门。经批准的概算是工程建设投资的最高限额,是编制工程投资计划、确定和控制建设成本的依据,也是公司进行基建筹资、拨款的重要依据。

通过招标确定的设计、咨询单位负责编制概算,其中的汇总概算委托负责工程总体设计的单位编制。概算编制完成后,公司投资部组织对概算进行初审,将审查中重大问题以及修改意见向公司汇报,并提出对送审概算的意见。经初审修改后的概算可予出版和送至有资质的第三方咨询机构审核。

在此基础上,由投资部组织每个项目公司编制工程执行概算,经公司批准后下达,对项目公司造价考核以执行概算为准。执行概算由项目公司录入SAP系统(基建管理系统),并细分至各层节点。如到节点发生超过规定的概算费用,须通过项目公司超概审批流程进行审批,经批准后实施,并抄报公司投资部。如突破执行概算总额,须报公司投资部进行审批。

项目公司建立概算动态管理台账、合同动态管理台账,并做出概算执行情况的分析报告,按月或季度以书面形式报送公司投资部。公司投资部按季度或根据需要对概算和合同的执行情况进行检查。

多年来,申能股份通过有效的工程概算管理,结合信息化手段,保证绝大部分工程项目的投资控制。

二、质量管理

【历史沿革】

申能对工程质量的管理经历部分参与到完全依托第三方监理单位,再到建立自身管理制度明确对控股工程项目质量管理的基本要求的过程。

1999年,国务院办公厅《关于加强基础设施工程质量管理的通知》中再次强调"必须实行工程监理制"。2000年国务院发布《建设工程质量管理条例》,规定工程监理单位的质量责任和义务,基础设施项目的施工必须由具备相应资质条件的监理单位进行监理。申能股份1999年12月颁布《申能股份有限公司电力、能源项目投资管理规定》,明确公司通过项目公司董事会选择监理单位对工程实施过程中的投资、工期和质量进行监督管理。同时,公司可委托审计部门对项目建设情况进行审计。

2009年5月,申能股份贯彻国家"百年大计、质量第一"的方针,制定并颁布《基建工程质量管理规定(暂行)》,强化组织策划、过程控制、流程管理和检查考核工作,保障工程建设安全、质量、进度和效益,规范申能系统全资、控股公司的基建工程项目现场管理工作的基本要求、工作程序和管理关系,实现公司系统基建工程"更安全、更环保、更规范、高质量、高效率、高效益"的目标。

【管理现状】

各项目公司是工程建设现场管理的组织实施单位和主要管理单位。项目公司和所有参建单位在工程现场实行独立法人质量责任制和合同协议委托制。项目公司总经理全面主管质量管理主体工作,负责建立各级质量工作管理体系。项目公司制定质量工作的责任制考核制度和质量保证体系运作程序。对工程产生的所有质量问题及其处理修复情况上报公司投资部备案。

根据《基建工程质量管理规定(暂行)》,工程开工前,项目实施单位组织成立"工程项目验收领导小组"和"工程项目验收工作小组",制定相应的工作规则,随工程进展不断扩充成员。该机构一般由项目实施单位总经理担任组长,分管副总经理和监理单位项目总监担任副组长,直至工程"启动验收委员会"成立终止工作。受电前,项目实施单位应组织成立工程"启动验收委员会"和"调试试运指挥部",设置工作机构,制定工作规则。一般由公司分管领导担任"启动验收委员会"的主任,审核工作机构和工作规则及人员配备,主持"启委会"会议。一般由项目实施单位总经理担任"调试试运指挥部"总指挥,主持工程调试试运工作,不定期检查"每天试运例会"情况,评估其工作成效。公司投资部将参与"启动验收委员会"和"调试试运指挥部"的工作。

项目实施单位对工程质量检查与验收进行管理。工程质量验收采用"三级检验、四级验收"的方式。参建单位项目班组自检(一级)、工地复检(二级)、项目部验收(三级)、监理单位和项目实施单位验收(四级)。单位工程预验收由监理单位组织实施,项目实施单位派人参加。监理单位验收合格后,通知建设单位该单位工程具备验收条件。单位工程验收由项目实施单位组织,监理单位参加,同时邀请工程质监站参加。

项目实施单位定期组织召开工程监视质量工作会议,公司投资部协同参加,通过质量控制活动,做到质量目标的事前预控、事中控制和事后纠偏控制,确保总体质量目标得以实现。

在公司质量严控管理下,多项电力能源项目获得全国性荣誉。2002年吴泾八期工程获得国家电力公司火电优质工程奖,2003年获得中国建筑工程鲁班奖。2009年,上海外高桥电厂三期工程先后获中国电力优秀工程奖第一名和国家优质工程金质奖。2013年,上海临港燃机一期工程获中国优质工程金奖。淮北一期工程开工伊始确立"建成国内同时期同类型机组技术水平最高,单位能耗最低,环保指标领先的一流电厂,创国家优质工程奖"的工程总目标,成立质量管理领导小组,全面推行三级质量保证体系,制定三级质量网络图,编制发布29项《质量监督检查实施细则》,汇编QC课题20余项,实行全过程质量控制,该工程于2017年11月获中国电力优质工程奖、2016—2017年度国家优质工程奖。

三、进度管理

【历史沿革】

申能股份早期参与投资建设的电力项目,工程进度以上海市电力工业局下达的要求为基准。以吴泾八期工程为例,上海市重大办每年下达八期工程里程碑进度节点计划。1995年3月,根据上海市电力工业局决定,工程定期召开协调会,每两星期一次,对工程的进度、质量及造价等方面进行协调。同年4月26日,上海电力建设领导小组会议上布置吴泾八期工程7月打桩,12月挖土的进度要求。吴泾八期工程根据机组启动目标,倒排工期,正排施工计划,确保工程里程为进度节点计划按时完成,最终1号、2号机组分别比原定计划提前21天和25天投产。

随着国家投资体制改革,社会主义市场经济逐步形成,推行项目法人责任制等改革措施,项目决策权由高度集中转向权限不断下放的过程,工程进度由市重大办下达进度节点改为由项目法人自行制定。上海外高桥电厂二期工程中,工程里程碑计划节点由项目法人制定。工程施工进度的管理模式分为三级进度管理,分别为工程总体进度管理,为由监理公司负责的一级进度管理、由施工承包商负责的二级进度管理和土建、安装、煤灰工程处的三级进度管理。上海外高桥电厂二期工程还引入美国PRIMARERA公司的P3软件,以现代信息化手段对施工进度进行控制管理。上海外高桥电厂二期工程在总建设工期的框架内,充分调动监理、建设、调试等单位,严格把关制造质量和进度,合理缩短工期,两台机组分别较计划提前71天和84天投产。

【管理现状】

2007年,申能股份制定并颁布《申能股份有限公司基建工程调度管理规定》,明确投资部负责对公司基建工程进度的归口管理,从上海外高桥电厂三期工程开始,公司职能部门在工程基建管理中发挥有效作用,进度管理日渐规范,更全面地掌握各在建工程的现场动态,提高基建进度质量,保证工程顺利进行。

公司现行《申能股份有限公司基建工程调度管理规定》(2013年版)要求,对新建项目,各建设单位自工程核准起至机组投产止,指定部门和专人负责汇报工作进度,工程进度采用公司统一报表形式。申能股份要求定期召开施工调度会和现场协调会。施工调度会一般授权施工监理单位主持,会议由建设单位、各施工标段项目负责人、设计单位项目负责人、设备监造单位项目负责人、主设备制造厂商的代表等参加,每周至少召开一次,检查一周工程进度计划的落实情况,协调和解决落实工程建设进度计划问题。现场协调会由公司主管项目建设的副总经理主持,申能股份投资部及相关部门负责人、股东方代表、建设单位负责人、各施工标段承包商负责人等参加会议,每月初在工程现场召开例会,听取各参建单位对于落实工程建设进度计划的汇报,检查工程主要里程碑的情况等。

通过对工程进度的科学管理与创新科学技术的应用,充分调动监理、建设、调试等单位,严格把关制造质量和进度,公司各项工程工期均在计划内完成。

四、安全管理

【历史沿革】

申能对工程建设的安全管理分为三个阶段。

2003年之前,申能以投资者身份参与电力建设项目前期和工程管理,工程建设的安全管理,在项目法人责任制实施前,由上海市成立的工程指挥部全权负责,之后由项目法人单位全权负责。

2004年至2009年,自上海外高桥电厂三期工程开始,申能股份投资开发部(2006年更名为投资部)对工程建设实施全面管理,包括工程的安全管理。当时,公司安全部仅负责发电生产安全监督管理,不参与工程建设的安全监督管理。

2009年,申能股份颁布《申能股份有限公司基建工程安全健康与环境管理规定(暂行)》,自临港燃机工程项目开始,公司安全部全面参与工程建设过程的安全监督管理。

【管理现状】

申能股份对基建工程建设的安全管理,贯彻"安全第一、预防为主、综合治理"的方针,2009年,制定发布《申能股份有限公司基建工程安全健康与环境管理规定(暂行)》,并于2013年修订再版,从制度上规范基建工程建设管理工作,明确安全健康与环境管理要求。

项目公司是工程建设现场安全管理的组织实施单位和主要管理单位;申能股份投资部作为安全保障体系,不定期对项目公司落实该规定情况进行工作检查;申能股份安全部作为安全监督体系,不定期对项目公司的基建工程实施工作进行监督管理及考核工作。

项目公司和所有参建单位在工程现场实行独立法人安全责任制,各级行政正职为安全生产第一责任人,贯彻"谁主管、谁负责"的原则,各自建立安全保证体系和监督体系,推行逐层签订安全责任书,在计划、布置、检查、考核、总结经营工作的同时,计划、布置、检查、考核、总结与之相关的安全生产工作。相关单位从业人员均须通过安全教育培训和考试合格上岗,确保工程建设安全健康与环境始终处于受控状态。

项目公司按照公司制度规定建立健全安全健康与环境管理工作体系,包括:保障体系(行政、技术、思想政治)和监督体系(安全监督、劳动保护、职工监督),形成安全健康与环境管理工作网络。

基建工程开工的同时,项目公司组织成立"工程建设安全委员会"。工程安委会主任一般由项目公司的总经理担任,全面主管安全生产总体工作。

基建工程安全健康与环境管理总体目标:"杜绝事故,防止伤害,规避风险"。

设计、制造、施工和调试监理单位独立行使和承担法人单位应承担的安全责任,其项目机构在业务上受工程建设安全委员会领导,组织监督各参建单位工作。

项目公司与参建单位在签订工程承包合同的同时,签订"安全协议"和"建设工程开工安全受控报告",明确甲、乙双方的安全责任,共同保证工程项目的安全施工。

安全事故报告和调查处理实行统一管理、快速上报。由项目公司安全部归口管理。事故调查坚持实事求是、尊重科学的原则,及时、准确地查清事故经过、事故原因和事故损失,做到"四不放过"。

在公司管理下,申能系统建设项目在建过程中未发生较大以上安全事故。

五、考核管理

【考核目的】

为全面推动工程建设,确保实现工程质量、安全、进度、投资等控制目标,促进党风廉政建设,充分调动项目公司及各参建单位的积极性,根据国家相关规定,申能股份针对每个在建项目制定相应的综合考核办法。

【考核流程】

申能股份对项目公司的考核办法由申能股份人事部会同投资部、安全部和党办制定并组织考核。考核内容涉及工程进度、安全、质量、投资控制以及党风廉政建设等内容。根据项目规模、类型和特点局部修改考核标准。年度各项考核得分全部在80分以上者给予奖励。投资部负责质量、进度和投资三部分考核表的制定及考核,安全部负责安全部分,党办负责党风廉政部分,不同项目根据建设项目特点制定不同的考核表,考核内容和考核要素会有所变化。

工程综合奖奖金总额根据项目总投资、建设工期和建设难度确定,奖金从工程投资结余中提取,经项目董事会审议通过后执行。

对参建单位的考核办法由项目公司负责制定和组织考核。

第三节 燃煤发电工程项目

一、上海吴泾电厂八期工程

【工程项目概况】

吴泾八期工程为解决20世纪90年代初上海的缺电状况,被列入上海市"九五"计划重大抢建工程,建设2台60万千瓦国产发电机组,采用上海电气首次制造的60万千瓦亚临界引进型燃煤机组,工程总投资57.23亿元,由申能股份和上电股份共同投资(参见第二篇第一章第一节)。1994年9月,国家计委批复同意吴泾八期工程项目建议书。1997年12月,国务院批准工程可行性研究报告。1998年,国家计委批准吴泾八期工程开工报告。2001年,工程全部建成投产。

【工程主要技术特点】

主设备均由上海电气供货。锅炉为引进CE技术的SG－2008/17.5M901型亚临界控制循环汽包炉,配6台中速磨正压直吹式制粉系统,单炉膛"Π"型、四角切向燃烧、回转式空气预热器。汽轮机为引进西屋技术,N600－16.7/538/538亚临界、单轴四缸四排汽、中间再热凝汽式汽轮机,8级非调整回热抽汽,配置3台高加、1台高压除氧器、4台低加、2台汽动给水泵和1台电动调速给水泵。发电机为引进西屋技术的QFSN－600－2发电机,额定功率600MVA,采用水-氢-氢冷却方式,同轴无刷励磁。

工程采用220千伏电压接入系统,四回出线,其中,两回到长春站,另两回到春申站。设计煤种为神府东胜煤,年用煤量约320万吨,经大秦线至秦皇岛下水运至电厂。循环水系统采用冷却塔二次循环方式,水源取自黄浦江。主厂房采用全钢结构。上煤加仓系统采用全国产化防尘型卸料小车,具备顺序加仓、低料位优先加仓、人工排序加仓、人工选择仓位加仓、手动加仓等功能。一次风机首次采用动叶可调轴流风机,是60万千瓦等级电厂中一次风机首台采用国产动叶可调轴流风机的电厂。

为保证汽轮发电机组安全运行,与上海交通大学合作进行"吴泾电厂八期60万千瓦发电机组在电网大扰动下的轴系扭振疲劳损耗研究",分析校核机端二相、三相短路重合闸时可能造成对轴系的寿命损失的问题。研究课题获2000年度上海市科技攻关振兴二等奖。

【建设施工】

工程的总体规划、勘察设计单位为华东电力设计院。施工总承包单位为上海电力建设有限责任公司,其中上海电力安装第二工程公司负责主体工程安装施工、上海电力建筑工程公司负责土建项目施工。工程监理单位为上海电力工程监理有限公司。调试单位为上海电力建设启动调整试验所。

工程于1995年11月30日开始主厂房打桩。1997年4月1日,主厂房挖土;6月1日,主厂房浇第一罐混凝土;12月1日,1号机组锅炉钢架开始吊装。1998年4月1日,主厂房钢结构开始吊装;9月15日,2号机组锅炉钢架开始吊装。1999年2月4日,主厂房钢结构封顶。

在建设过程中,上海市电力工程建设监理有限公司对工程进行过程控制、旁站监理,并对关键部位进行独立平行检测。上海市电力建设工程质量监督中心站根据《质量保证大纲》和《质量保证程序》,共进行工程质量监督检查27次。电厂工程质量监督站共组织阶段性质量监督检查96次。

【并网投产】

2000年3月9日,1号机组锅炉点火冲管;5月7日,并网发电;7月10日,完成168小时满负荷试运。2001年1月2日,2号机组锅炉点火冲管;2月28日,并网发电;5月6日,完成168小时满负荷试运。

两台机组均做到"五个一次",即一次受电成功、一次扣盖成功、一次水压试验成功、一次点火冲管成功、一次整套启动成功。

工程自主厂房浇混凝土开始,至1号机组完成168小时满负荷试运,历时37个月零10天,至2号机组完成168小时满负荷试运,总工期47个月零6天。两台机组技术性能指标均优于设计。工程投产即成为上海电网的主力发电机组。

【机组性能测试结果】

两台机组的性能试验结果详见表2-2-1吴泾八期工程1号、2号机组性能试验结果汇总情况表。

表2-2-1　2000年、2001年吴泾八期1号、2号机组性能测试结果汇总情况表

序号	考核项目	单位	保证值	测试值	
				1号机组	2号机组
1	锅炉效率	%	92.4	93.7	93.71
2	预热器漏风率(A/B)	%	8	7.5/7.4	7.3/7.0
3	主蒸汽温度(锅炉侧)(50%~100%BMCR)	℃	$541\pm^{5}_{5}$	合格	合格
4	再热蒸汽温度(锅炉侧)(50%~100%BMCR)	℃	$541\pm^{5}_{10}$	合格	合格
5	锅炉最大出力(最大输出热量)	t/h (10^6 kJ/h)	2 008 (5 205.2)	1 953 (5 203)	2 013 t/h
6	过热器压降	MPa	1.4	1.20	1.11
7	再热器压降	MPa	0.2	0.23	0.25
8	机组最低不投油稳燃负荷	MW	222	205	210
9	额定负荷汽机热耗	kJ/kWh	7 851.51	7 827.73	7 809.31

〔续表〕

序号	考核项目	单位	保证值	测试值 1号机组	测试值 2号机组
10	汽机最大出力	—	—	—	—
	设计保证工况	MW	635.28	641.998	643.579
	高背压工况	MW	600.40	604.37	611.087
	高加切除工况	MW	600.44	608.296	645.583
11	额定负荷下的厂用电率	%	4.7	4.19	4.01
12	机组供电煤耗	—	—	—	—
	600 兆瓦	g/kWh	—	315.05	311.24
	450 兆瓦	g/kWh	—	317.87	318.03
	300 兆瓦	g/kWh	—	332.94	334.74
	240 兆瓦	g/kWh	—	342.60	347.92
13	磨煤机磨煤单耗	kWh/t	—	9.06（50 吨/时出力）	10.5（45 吨/时出力）
14	电除尘器效率(A/B)	%	99.74	99.7/99.7	99.79/99.87
15	二氧化硫排放量	mg/Nm^3	2100	672	547
16	氮氧化物排放量	mg/Nm^3	650	398	369
17	机组噪音测试	—	—	达标	达标
18	机组保温测试	—	—	达标	达标
19	污水排放测试	—	—	达标	达标

【后评价】

工程共有 198 个单位工程,验收合格项目合格率 100%,优良率达到 98.48%;建设工期和工程造价受控;2000 年完成消防、环保和职业安全卫生"三同时"验收,并实现达标投产。工程相继获 2002 年度国家电力公司优质工程奖、2003 年度中国建筑工程最高奖——鲁班奖和 2003 年度国家环境保护百佳工程最高荣誉奖等荣誉。两台机组投入商业运营后运行稳定,各系统调节品质好,自动投入率高,各项技术指标达到 20 世纪 90 年代世界先进水平,为缓解上海用电紧张局势,促进上海经济的稳定发展作出应有的贡献。

二、上海外高桥电厂二期工程

【工程项目概况】

上海外高桥电厂二期工程(简称外二工程)是国家"十五"规划能源建设重点项目,建设 2 台 90 万千瓦超临界燃煤发电机组,工程总投资 96.0814 亿元,由申能股份、国电电力和上电股份共同投资(参见第二篇第一章第二节)。

外二工程为利用世界银行贷款项目,包括世界银行直接贷款 4 亿美元(实际提款 3.7 亿美元)

（主要用于支付通过国际竞争性招标和国际购买程序采购的货物，海外培训和国外咨询公司咨询等）和由世界银行牵头荷兰银行与日本国际协力银行联合融资贷款，其中，荷兰银行0.97亿欧元贷款（主要用于采购汽轮发电机及辅助设备中的出口信贷部分），日本国际协力银行104亿日元贷款［实际提款35.6亿日元，主要用于采购配套异地建设2台30万千瓦机组的烟气脱硫（FGD）设备］。

工程主设备及系统的采购，按照世界银行设备采购导则，采用分岛招标方式，通过竞争性招标，汽机岛由西门子中标，锅炉岛由阿尔斯通中标，升压站GIS由日本三菱电机株式会社中标，仪控岛由日本伊藤忠商事株式会社中标，除灰岛由德国Mueller公司中标。

1996年，国家计委同意外二工程列入国家1997财年利用世界银行贷款项目。1997年3月，世界银行完成对工程的评估工作。1997年5月21日，国家计委批准外二工程项目建议书；6月24日，世界银行执行董事会批准项目贷款。1999年2月14日，国务院批准工程可行性研究报告。2000年9月，原国家电力公司批复同意工程初步设计。2001年5月31日，国务院批准外二工程开工报告；7月18日工程正式开工。2004年，工程全部建成投产。

【工程主要技术特点】

外二工程为国内首次建设100万千瓦级超临界燃煤发电机组。

主设备通过国际竞争性招标采购。锅炉系统为阿尔斯通塔式、超临界压力、一次中间再热、扩容式启动系统、平衡通风、单炉膛、四角切向燃烧、露天布置、固态排渣煤粉炉。最大连续蒸发量2 788吨/小时，过热器出口压力25.76兆帕，温度542摄氏度，再热器出口温度568摄氏度。汽轮机为西门子超临界、一次中间加热、单轴、四缸四排汽、七级抽汽回热式汽轮机，汽机本体DEH、MEH、ETS采用西门子TELEPERM-XP分散控制系统，主蒸汽压力23.965兆帕，主汽温度538摄氏度，再热蒸汽温度566摄氏度。发电机为西门子型号THDF125/67，水-氢-氢发电机，铭牌功率90万千瓦，最大功率98.01万千瓦。仪控系统为日立HIACS-5000M分散系统，包括MCS、SCS、FSS、DAS等控制功能。

工程采用500千伏电压等级接入上海500千伏环网。设计煤种为神府东胜煤，年用煤量约360万吨，经铁路运至港口后，转海运至电厂煤码头。循环水系统采用直流循环方式，水源取自长江。主要建筑物及设备桩基础采用钢管桩、钢筋混凝土管桩。主厂房结构采用全钢结构。贮灰场使用位于电厂下游14公里川沙境内长江滩地的利民灰场，同时对灰渣进行综合利用。

工程BOP设计采取优化措施。锅炉点火系统由原设计三级点火改为二级点火，并充分利用电厂一期工程锅炉点火起动助燃油系统的卸油、贮油设施。卸煤码头在电厂一期工程卸煤码头的一侧延伸建设，共用配煤楼，并对电厂一期工程输煤控制PLC系统进行扩容，实现合并。针对"机、炉岛"承包商提供的主厂房基础荷载中水平力较大的情况，将常规设计中由桩承载水平力的方法，优化为由桩、承台和土共同承载水平力，利用承台基础侧面土的水平抗力承担部分水平力，钢管桩承担竖向荷载并协同承担部分水平力。针对取水口位置淤积较快的情况，首次采用"反S形垂直顶升取水头方案"，改善和避免因近岸泥沙淤积问题对循环水取水产生的不利影响。

【建设施工】

工程总体设计单位为华东电力设计院，负责工程勘察和总体规划设计、BOP设计和进口设备岛的业主工程师。卸煤码头的扩建及其卸煤设施的设计单位为第三航道设计院。工程设计咨询顾问单位为Sargent & Lundy，施工咨询顾问单位为Black & Veatch International。

工程将所有施工、安装及调试划分为 11 个标段,通过公开招标,1 号标段(5 号机组主厂房区域打桩工程)由上海市机械施工公司承建。1 号标段(6 号机组主厂房区域打桩工程)由上海宝钢冶金建设公司承建;2 号标段(卸煤码头施工工程)由交通部第三航务工程局承建;3 号标段(循环进排水系统隧道施工工程)由上海隧道股份有限公司承建;4 号标段(工程监理,包括设计监理)由中国电力建设工程咨询公司牵头与上海电力工程建设监理有限公司和山东诚信监理公司组成的联合体承接;5 号标段(主厂房与烟囱土建工程及 5 号机组安装工程)由上海电力建设有限责任公司承建;6 号标段(6 号机组安装工程)由安徽电力建设第二工程公司承建;7 号标段和 8 号标段(输煤/除灰系统施工工程)由上海电力建设有限责任公司承建;9 号标段(两台机组调试)由上海电力建设启动调整试验所承接;10 号标段(全厂消防系统安装)由上海电力消防工程公司承建;11 号标段(两台机组性能试验)由西安热工试验研究院承接。

1999 年 11 月 8 日,主厂房开始打桩。2001 年 12 月 28 日,5 号机组锅炉第一根大板梁吊装就位。2002 年 3 月 12 日,5 号机组锅炉受热面开始吊装;5 月 29 日,6 号机组锅炉第一根大板梁吊装就位;7 月 18 日,6 号机组锅炉受热面开始吊装。2003 年 2 月 19 日,5 号机组完成厂用电受电;5 月 9 日,5 号机组完成锅炉水压试验;7 月 15 日,6 号机组完成厂用电受电;9 月 26 日,6 号机组完成锅炉水压试验。上海电力建设启动调整试验所通过与阿尔斯通、西门子和日立等设备供应商密切合作,在调试工艺、方法、验收标准上融合进口供应商的技术要求,圆满完成调试任务。

【并网与投产】

2003 年 11 月 1 日,5 号机组点火冲管;12 月 20 日,5 号机组比原计划提前 42 天实现并网。2004 年 4 月 9 日,6 号机组点火冲管;4 月 20 日,5 号机组完成 168 小时满负荷试运;5 月 23 日,6 号机组比计划提前 54 天实现并网;9 月 15 日,6 号机组 FCB 试验成功,证明该机组具备电网故障时的孤岛运行能力;9 月 22 日,6 号机组完成 168 小时满负荷试运,比计划提前 84 天投入商业运行。

2003 年 12 月 22 日(5 号机组并网两天后),上海市市长韩正,副市长杨雄、周禹鹏等市政府领导到外二发电视察并表示祝贺。2004 年 5 月 25 日(6 号机组并网两天后),中共中央政治局常委、国务院总理温家宝到外二发电视察机组运行情况。

【机组性能试验结果】

两台机组的锅炉性能试验结果证明两台发电机组的性能均符合合同要求。5 号机组最高发电负荷达到 993 兆瓦,6 号机组最高发电负荷达到 1 000.3 兆瓦。

5 号、6 号锅炉性能试验结果与合同保证值对比情况详见表 2-2-2。

5 号、6 号汽轮机组性能试验结果与合同保证值对比情况详见表 2-2-3。

表 2-2-2 2003 年、2004 年外二工程 5 号、6 号锅炉性能试验结果汇总情况表

项　目	单　位	合同保证值	试　验　值	
			5 号机组	6 号机组
锅炉最大连续蒸发量	t/h	2 788	2 778.6*	2 776*
主汽门主蒸汽温度	℃	538	539.3	540.7

〔续表〕

项目	单位	合同保证值	试验值	
			5号机组	6号机组
主汽门主蒸汽压力	MPa	24.955	25.07	25.07
中联门再热蒸汽温度	℃	566	566.5	566.1
锅炉效率	%	93.73	94.65	94.12
锅炉出口烟气温度(未修正)	℃	130	128.4	127.9
省煤器入口至主汽门的压降	MPa	4.4	3.45	3.39
再热器喷水量	t/h	0	3.9	2.78
锅炉岛厂用电率	%	1.78	1.755	1.786
氮氧化物排放量	mg/Nm^3	650	490.2	486.7
电气除尘器出口含尘量	mg/Nm^3	100	<40	<40

注：＊指在性能试验时，虽然锅炉的蒸发量没有达到2 788吨/小时，但发电量已达到BMCR负荷。在锅炉的调试和运行中均有达到和超过2 788吨/小时的记录。

表2-2-3 2003年、2004年外二工程5号、6号汽轮机组性能试验结果汇总情况表

项目		合同保证值	试验值	
			5号机组	6号机组
额定输出功率(兆瓦)		900	903.327	912.673
最大连续力(兆瓦)(T-MCR)		936	939.370	944.649
汽轮发电机组热耗(HRT)(千焦/千瓦时)		7 602	7 533.65	7 505
汽机新蒸汽流量(吨/小时)	额定工况	2 537	2 651	2 633
	MCR工况	2 655	2 620.5	2 931
	VWO工况	2 788	—	2 931
冷却水温20℃，补给水0%，单列高加解列时汽机输出功率(兆瓦)		900	888.34	901.188 6
冷却水温33.1℃，每只凝汽器半边运行时汽机输出功率(兆瓦)		824	884.955	864
发电机氢压正常时的氢气泄漏率(立方米/天)		小于5%内部氢压	3.53%	2.91%
主要设备厂用电率(额定工况的百分比)		1.17	1.15	1.12
额定负荷最终给水温度(摄氏度)		267.7	268.1	268.5

【后评价】

世界银行认为外二工程将世界银行项目的先进管理模式与中国电站工程的建设经验相结合，

通过学习和吸收世界银行项目的管理理念和程序,开拓世界银行火电项目的"中国经验","作为国内首台单机容量百万等级的燃煤发电机组,外二工程从项目设计、实施到建成、运营,全过程积累的管理理念及相关研究成果,填补中国百万千万等级大机组的空白,不仅有效缓解上海地区电力紧缺的情况,更为中国电力工业发展提供借鉴和示范,推动中国电力装备制造能力的升级和发展,也成为孕育电力工业新一代领军人才的摇篮,同时还为中国电力大型基础设施投资提供创新型、多样化融资的成功示范"。

世界银行在后评估报告中对项目整体绩效给予"非常满意"的评价,认为外二工程是"世界银行在中国最为出色的火电项目","完全满足所有项目发展目标,出色地完成关键绩效指标,成功地建成环境友好型且高效的电厂,满足所在地区快速增长的电力需求,创造良好的经济、社会和环保效益"。

三、上海外高桥电厂三期工程

【工程项目概况】

上海外高桥电厂三期工程(简称外三工程)建设2台100万千瓦超超临界燃煤发电机组,同步安装烟气脱硫装置,并在1台机组上安装烟气脱硝装置,是当时国内首批4个国产百万千瓦火力发电工程之一,工程总投资85.3158亿元,由申能股份、国电电力和上电股份共同投资(参见第二篇第一章第三节)。

2004年10月15日,国家发展和改革委员会同意开展上海外高桥电厂三期扩建工程项目前期工作。2005年2月3日,国家环境保护总局批复原则同意外三工程环境影响评价报告。同年12月26日,国家发改委批复项目核准报告。2006年1月30日,申能股份批复同意工程开工的请示;2月16日,工程正式开工。2008年6月,工程全部建成投产。

【工程主要技术特点】

外三工程是当时首批4个国产百万千瓦超超临界机组建设项目中,唯一采用欧洲技术路线的工程,即采用塔式锅炉,带安全功能的100%高压旁路系统,汽轮发电机组采用单支点支承系统轴系。

主设备均由上海电气供货。锅炉是引进阿尔斯通技术,超超临界参数直流塔式炉、螺旋管圈水冷壁变压运行燃煤锅炉。单炉膛、二级点火、平衡通风、一次中间再热、四角切圆燃烧、带循环泵及扩容式启动系统、全钢悬吊结构、露天布置。最大连续蒸发量2955吨/小时,过热器出口蒸汽压力28兆帕,过热器出口温度605摄氏度,再热器进口压力6.4兆帕,再热器出口温度603摄氏度。锅炉系统性能设计由上海电气与技术支持方阿尔斯通联合进行,性能保证由技术支持方阿尔斯通公司负责。汽轮机是引进西门子技术,超超临界、一次中间再热、四缸四排汽、八级回热抽汽、单轴反动凝汽式双背压汽轮机。额定功率1000兆瓦,主蒸汽压力27.0兆帕,主蒸汽温度600摄氏度,再热蒸汽温度600摄氏度,最大连续出力1059.974兆瓦。高压缸采用单流轴向对分筒型积木块(H30),带抽汽口,共14级,采用小直径转子、多级数、全三维变反动度叶片级、全周进汽无调节级滑压运行模式。高压外缸为没有水平中分面的圆筒形。中压缸为反动式双流结构积木块(M30)。低压缸采用双流积木块(N30—4×12.5平方米),汽缸为多层结构,由内外缸、持环和静叶组成,以减少缸的温度应力。低压轴承、内缸通过轴承座直接支撑在基础上。发电机是引进西门子技术,水-氢-氢、无刷励磁汽轮发电机,额定功率1000兆瓦,额定电压27千伏,额定电流23 778安。汽轮机、发电机的设计由上海电气与技术支持方西门子联合进行,性能保证由技术支持方西门子负责。主控系统采用西门子DCS实现单元机组炉、机、电集控,集中控制室预留全厂辅助生产系统操作员站位置。各辅助生产系统采用PLC加上位机监控。设置水(凝结水精处理、化学取样、炉内加药系统)、煤、灰3个控制室,3个控制点联网。脱硫公用系统按二期、三期统一设置一套公用DCS系统,两台机组烟气脱硫系统吸收区设备合用一套独立的DCS系统。

工程采用500千伏电压接入系统,二回出线,到顾路站。设计煤种为神府东胜煤,年用煤量390万吨,经铁路运至港口后,转海运至电厂煤码头。循环水系统采用直流循环方式,水源取自长江。主厂房结构采用全钢结构。贮灰场使用位于电厂下游14公里川沙境内长江滩地的利民灰场,同时对灰渣进行综合利用。机组旁路系统配置100%BMCR高旁+65%BMCR低旁。给水系统配置1×100%BMCR汽泵,带独立凝汽器,无电泵,单列高加。两台机组均安装有脱硫系统,脱硫效率>95%,与机组同步投产;8号机组还建有SCR脱硝系统,脱硝效率>80%,为国内首台同步配套建设脱硝系统的百万千瓦机组。

工程采取一系列优化措施。对设备与管道设计、布置方式,汽轮机运行控制方式等各方面进行设计优化,采取"超超临界机组参数和运行方式优化""给水系统综合优化""再热系统压降优化"等措施,解决超超临界机组高温蒸汽氧化和固体颗粒侵蚀可能导致锅炉爆管、汽轮机效率下降等问题。简化系统,提高系统可靠性,取消电动给水泵,设一台汽动给水泵。全面优化"四大管道",对于再热管道系统适当增大冷再热管道的管径,将原设计弯头更改成弯管,有效降低系统阻力,提高汽轮机循环效率。优化启动方式,对直流锅炉采取蒸气加热启动和稳燃技术,降低锅炉点火耗油量,提高锅炉系统启动安全性。实现国内首个100%负荷下FCB的超超临界发电机组功能。具备在电网出现突发故障时,机组快速减负荷,带厂用电,脱离电网孤岛运行能力。

【建设施工】
工程的总体规划和勘察设计单位是华东电力设计院。

工程将所有施工、安装及调试划分为7个标段,通过公开招标。1号标段(打桩工程,包括主厂房区域及烟囱桩基础施工、非主厂房区域及烟囱桩基础施工);2号标段(码头建筑及安装工程,包括输煤码头延伸泊位建筑工程和卸船及辅助设备安装工程,含水下桩基础施工)由中港第二航务工程局承建,卸煤码头及出灰码头改造工程建设监理由上海东华建设管理有限公司承接;3号标段(循环水泵房及隧道土建工程)由上海隧道工程股份有限公司承建;4号标段(BOP建筑及安装工程)由上海电建承建;5号标段(主厂房建筑工程和7号机组安装工程),由上海电建建筑公司和上海电建一公司承建;6号标段(8号机组安装工程)由上海电建二公司承建。主体工程施工监理由上海电力-河南立新联合监理承担。脱硫系统施工由北京博奇电力科技有限公司承建;7号标段(7号、8号机组调试及试运行)由上海电力建设启动调整试验所承担;性能试验由华东电力试验研究院和西安热工研究院有限公司承担。

2005年7月14日,开始锅炉基础;12月1日,7号锅炉钢结构开始吊装。2006年7月10日,8号锅炉钢结构开始吊装。2007年5月15日,7号机组厂用系统受电;8月13日,完成7号汽轮机扣缸;11月9日,8号机组厂用系统受电。2008年2月28日,完成8号汽轮机扣缸。

在建设过程中,上海市电力建设工程质量监督中心站和电厂工程质量监督站,根据工程质量计划,共进行质量监督检查25次。经工程质量验收,两台机组的土建及安装工程所有194个单位、分部、分项、检验批一次合格率与优良率均为100%。

【并网与投产】

7号机组于2007年11月12日开始锅炉点火及冲管;12月17日,首次并网发电;2008年3月26日,完成168小时满负荷试运。8号机组于2008年3月29日,开始锅炉点火及冲管;4月27日,首次并网发电;6月7日,完成168小时满负荷试运,投入商业运行。

在2008年年初的百年一遇的特大冰雪灾害中,上海外来电力严重不足,为确保上海市的电力供应,应市政府要求,外三发电在7号机组并网不到一个月的情况下,暂停调试,满发稳发20天,因此得到上海市政府特别嘉奖。

【机组性能测试结果】

西安热工院和华东电力试验研究院有限公司分别于2008年5月14—16日和5月28—31日对7号、8号机组进行性能试验,根据锅炉热效率、汽机热耗率和厂用电率试验结果,7号汽机修正热耗率为7 298.4千焦/千瓦时,锅炉修正效率为94.36%;8号汽机修正热耗率为7 298.2千焦/千瓦时,锅炉修正效率为94.51%。

在工程建设期间,外三发电自主研究并实施"超超临界机组给水系统综合优化"等12项世界首创技术和"超超临界机组参数和运行方式优化"等6项国内首创项目,获"发电机组小旁路系统及其控制方法"等10多项专利授权。供电煤耗性能试验值分别为272.6克/千瓦时和272.9克/千瓦时;供电煤耗实际运行值约为287克/千瓦时左右(含脱硫),比2007年国内最优水平低11克/千瓦时。额定负荷厂用电率性能试验值分别为3.01%和3.22%(不含脱硫),经优化后额定负荷厂用电率实际值仅为2.7%(不含脱硫)。

7号、8号锅炉性能试验结果详见表2-2-4。

7号、8号汽轮机性能试验结果详见表2-2-5。

表2-2-4 2008年外三工程7号、8号锅炉性能试验结果汇总情况表

项　目	合同规定的保证值	试　验　值	
		7号炉	8号炉
锅炉效率(BRL工况)	93.72%	94.36%/94.2%	94.51%/94.65%
锅炉效率(800兆瓦负荷)	—	93.98%	94.56%
锅炉效率(500兆瓦负荷)	—	91.10%	93.70%
锅炉效率(385兆瓦负荷)	—	94.02%	93.43%
空预器漏风率(两台)	6.0%	3.87%/4.34%	4.63%/5.66%
NOx排放量(脱硝前)	250毫克/标准立方米	221～235毫克/标准立方米	202～242毫克/标准立方米
过热蒸汽温度	605℃	在设计范围内	在设计范围内
再热蒸汽温度	603℃	在设计范围内	在设计范围内
一次汽压降	4.3兆帕	2.93兆帕	3.25兆帕
再热器压降	0.2兆帕	0.19兆帕	0.15兆帕

表2-2-5　2008年7号、8号汽轮机性能试验结果汇总情况表

序号	参数名称	单位	试验值(不计及系统优化)		试验值(计及系统优化)		备注
			7号机	8号机	7号机	8号机	
1	汽机修正后热耗率	kJ/kWh	7 298.4	7 289.2	7 239.3	7 241.2	—
2	修正后发电煤耗率	g/kWh	266.6	265.8	264.4	264.1	—
3	修正后供电煤耗率	g/kWh	274.8	274.7	272.6	272.9	不含脱硫

【后评价】

2008年11月4日,全国政协副主席、科技部部长万钢,科技部副部长杜占元视察外三发电并作"外三节能减排科技创新经验要向全国推广"的重要讲话。

2009年5月26日,外三工程获2009年度中国电力优秀工程奖第一名,同年12月获国家优质工程金质奖。

四、安徽淮北平山电厂一期工程

【工程项目概况】

安徽淮北平山电厂一期工程(简称平一工程)是国家"皖电东送"二期电源项目,建设2台66万千瓦超超临界燃煤发电机组,同步安装烟气脱硫、脱硝装置,工程总投资54.75亿元,由申能股份、安徽省皖能股份有限公司和安徽神源煤化工有限公司共同投资(参见第二篇第一章第四节)。2003年,申能股份启动平一工程前期工作,委托华东电力设计院开展工程选址,12月份完成工程初步可行性研究报告。2005年1月委托电力规划设计总院组织对初可研报告进行审查,2005年10月完成初可研收口工作。2006年,上海市和安徽省两地政府签订《关于进一步加强合作交流的协议》,提出共同推进包括本工程在内的能源项目建设,以实现上海电力市场需求与安徽煤炭资源等优势的紧密结合,明确本工程所发电量将全部由上海电网消纳。同年4月,申能股份委托华东电力设计院完成平一工程可行性研究优化设计,并于9月11日,通过国家电力规划总院可研优化审查。2011年,国家能源局复函同意平一工程开展前期工作。2012年1月,国家电力规划设计总院组织召开平一工程补充可行性研究审查会议,2013年7月印发《关于安徽平山电厂新建工程可行性研究报告的审查意见》。2013年10月10日,平一工程获得国家发改委核准;11月14日,申能股份批复同意平一工程开工请示;11月18日,工程开工建设。2016年3月30日,工程全部建成投产。

【工程主要技术特点】

主设备均由上海电气供货。锅炉型号SG-1908/27.9-M6006,为引进阿尔斯通技术超超临界参数变压直流、一次中间再热、平衡通风、紧身封闭布置、固态排渣、全钢悬吊结构塔型锅炉,最大连续蒸发量1908吨/小时,过热器出口蒸汽压力27.9兆帕,过热器出口蒸汽温度605摄氏度,再热器进口蒸汽压力5.62兆帕,再热器出口蒸汽温度603摄氏度。汽轮机型号N660-27/600/600,为引进西门子技术超超临界、一次中间再热、单轴、四缸四排汽、反动凝汽式、双背压汽轮机,额定出力660兆瓦,主蒸汽压力27兆帕,主蒸汽温度600摄氏度,背压4.8千帕,7 294千焦/千瓦时。发电机型号QFSN-660-2,为水-氢-氢冷却、自并励静态励磁汽轮发电机,额定容量733兆伏安,额定功

率660兆瓦，最大连续输出容量不小于760.23兆伏安(684.2兆瓦)。

工程采用500千伏电压等级接入系统，二回出线，到濉溪变电站。设计煤种为淮北矿业(集团)有限责任公司下属杨柳与孙疃矿井煤，年用煤量300万吨，全部采用铁路运输。循环水系统采用冷却塔二次循环，水源采用淮北城市污水处理厂的再生水与淮河北调水相结合。

工程采取设计优化措施。烟风系统采用全单列布置方式，即采用单空预器、送风机、一次风机和引风机的系统，相应烟风道均为单列布置，引风机采用引增合一风机，取消增压风机。烟风系统单列布置后，系统简化、操作简单、不存在单侧运行启停问题。相比双列系统，整个烟风系统只有4个烟风挡板，取消空预器进口一、二次风联络风道及联络风门，送风机出口挡板门，空预器出口一、二次风门挡板，空预器入口烟气挡板门，引风机入口烟气挡板，引风机出口烟道联络门，可降低系统阻力约80帕。同时，通过优化设备选型余量，烟风道合理布置，优化设备选型等，进一步降低烟风系统阻力，降低风机容量，降低风机厂用电耗。

首次在国内大型机组上采用送风机炉内吸风技术。锅炉采用紧身封闭，送风机布置在炉侧，布置锅炉房紧身封闭外吸风口的同时增加紧身封闭内吸风口，经流场优化，室内吸风口位于紧身封闭内80米高度，有效利用锅炉房内炉膛以及管道设备的散热损失。送风机采用室内吸风可使二次风温度提高约7.9摄氏度，可有效提高锅炉效率，经估算可降低热耗约3千焦/千瓦时，节约标准煤耗约0.1克/千瓦时。

工程采用"烟塔合一"技术。每台机组布置一座淋水净面积为7200平方米的双曲线逆流式自然通风排烟冷却塔。经减小风阻、降低竖井高度等设计优化，冷却塔高径比为1.6，零米直径为106.75米，集水池外径约115.6米，较常规66万千瓦机组冷却塔集水池外径122.06米减小约6.5米，2座冷却塔共减少直接占地约2412平方米。冷却塔高170米，出口烟/气/汽混合物流速大于3米/秒，比常规240米烟囱具有更优的抬升、扩散条件，以保证在不同环境因素下(燃用校核煤种)，二氧化硫最大地面落地浓度占标率≤4.5%，二氧化碳最大地面落地浓度占标率≤7.3%。冷却塔填料采用独特的悬挂式填料，将淋水填料和配水管一同悬挂在除水器层的支撑梁下，去除一般布置中填料层的梁系，使冷却塔净扬程减小1.6米左右。首次在国内采用"1"字柱塔筒支撑，有效降低阻风面积的同时提高冷却塔的冷却效率。

在发电机出口设断路器(GCB)，取消高压厂用备用变压器，两台机组高压厂用母线设置联络，互为事故停机电源，接线简洁，节省建设和运行费用。

采用5台磨煤机的配置。在吸收国外先进设计理念的基础上，结合设计煤种情况，首次采用5台磨煤机的配置方案，较常规布置减少1台磨煤机，节省约10%~15%的磨煤机初投资费用。5台磨煤机运行，每台磨煤机对应锅炉四角切圆的两层燃烧器，锅炉燃烧器数量由6层增加到10层，每只燃烧的功率降低，燃烧效率提高，有助于实现低NO_x燃烧和防结焦。

集成应用申能自主知识产权的锅炉烟气能量梯级利用解决方案。通过利用锅炉尾部低温烟气来加热冷风，置换出的高温烟气来加热汽轮机系统较高温度的给水和凝结水，减少回热系统较高品质的加热蒸汽量，实现能量的梯级利用，以此达到最大程度节能的目的。此种烟气余热的利用方式还可以降低除尘器入口烟气温度，满足低低温电除尘的要求，而且可以降低引风机入口烟气量，节约引风机电耗。采用烟气能量梯级利用方案可降低汽轮机热耗约80千焦/千瓦时(标准煤耗约2.45克/千瓦时)。空预器及换热器出口烟气温度降至95摄氏度，烟气量减少约6%，降低厂用电320千瓦。

采用"凝聚器+静电旋转极板低温除尘+高效湿法脱硫"的烟尘排放协同治理技术。电除尘器采用高效二通道5电场低低温静电除尘器,结合高频电源技术,并在除尘器入口设置凝聚器,除尘器入口烟温约95摄氏度,5电场采用旋转极板静电除尘,保证脱硫塔入口前除尘器效率不低于99.967%。国内首次应用单塔多pH分级喷淋控制脱硫技术,脱硫效率达到99.9%,脱硫塔出口设置三层高效屋脊式除雾器,通过湿法脱硫装置的二次除尘,实现脱硫塔出口烟尘排放低于10毫克/标准立方米。

【建设施工】
工程的总体规划和勘察设计单位为华东电力设计院。

工程分为三个标段,1号标段三通一平工程又分两个子标段,A标段为厂址场地土石方工程;大、深基础和沟道爆破、开挖等施工;厂区永临结合道路、永久道路、硬化地坪及施工道路;厂区雨、污、排水设施等建筑安装工程。B标段为施工用水、取水及附属设施建筑安装工程;厂区环形供电主干线路等变电设施安装工程;厂区临时及永久围墙;临时办公设施及警卫传达室设施;进厂道路及配套雨污水管道。2号标段为主厂房区域建筑工程,全厂综合管架建筑工程,厂区道路照明和全厂接地网工程,1号机组范围内除烟气脱硫系统外全部系统的安装工程,锅炉补给水系统,净水处理系统,工业废水处理系统,循环水处理系统,储氢及供氢系统,生活水污水处理系统,油库及燃油系统,启动锅炉及系统,主厂房空气压缩机房机房及系统,烟气脱硝制氨区设施及系统,500千伏配电装置及系统,全厂消防系统等公用附属系统及设施建筑安装工程,综合办公楼及全厂生活设施建筑工程。3号标段为2号机组范围内除烟气脱硫系统外的全部系统的安装工程,排烟冷却塔建筑工程,循环水系统建筑安装工程,除灰渣系统和输煤系统建筑安装工程。

通过公开招标,安徽电建二公司、上海电建一公司、中国核工业第二二建设有限公司等中标单位负责工程各标段施工,其中"三通一平"施工由中国核工业第二二建设有限公司承建,1号机组主体及公用系统安装、土建等项目施工由安徽电建二公司承建,2号机组安装项目施工由上海电建一公司承建,冷却塔及输煤/灰系统土建施工由上海电建建筑公司承建,脱硫系统安装施工由上海电气电站集团环保工程有限公司承建,铁路专用线施工由安徽地铁公司承建,施工监理由浙江电力建设监理有限公司承担,1号机组调试由上海电力建设启动调整试验所承担,2号机组调试由安徽新力电业科技咨询有限责任公司承担。

2012年12月31日,工程"三通一平"开工。2013年11月18日,主厂房基础浇第一方混凝土;12月30日,1号锅炉钢架开始吊装。2014年4月10日,2号锅炉钢架开始吊装。2015年4月28日,完成1号烟塔结构施工;8月28日,完成2号烟塔结构施工;11月24日,铁路专用线投用;12月3日,全厂输煤系统投用。

按照《申能股份有限公司基建工程质量管理规定(暂行)》,工程成立质量管理领导小组,全面推行三级质量保证体系,制定三级质量网络图,完善有关施工质量管理规定和质量管理措施,形成全员、全方位、全过程的质量管理网络。编制发布29项《质量监督检查实施细则》,汇编QC课题20余项,定期开展质量检查,大力推行QC小组活动,实行全过程质量控制,确保工程品质一流。

【并网投产】
1号机组于2015年12月3日首次并网;12月9日首次满负荷66万千瓦;12月24日完成168小时满负荷试运,脱硫、脱硝与主机同步完成满负荷试运。满负荷试运期间平均负荷率为100.8%,机组质量指标满负荷试运考核均达到要求。

2号机组于2016年3月10日首次并网;3月16日首次满负荷66万千瓦;3月30日完成168小时满负荷试运,脱硫、脱硝与主机同步完成满负荷试运。满负荷试运期间平均负荷率为100.4%,吹灰系统实现程控投用,汽机加热器系统自动投用,热控自动投入率、保护装置投入率、主要仪表投入率均达到100%,机组质量指标满负荷试运考核均达到要求。

两台机组均做到"五个一次",即一次受电成功、一次扣盖成功、一次水压试验成功、一次点火冲管成功、一次整套启动成功。

【机组性能测试结果】

2016年5月,1号机组完成性能试验,满负荷工况试验结果为1号锅炉效率94.77%,汽轮机热耗7 288.21千瓦时,厂用电率3.92%,供电煤耗275.89克/千瓦时,烟尘排放浓度2.3毫克/标立方米,氮氧化物排放浓度7.03毫克/标立方米,二氧化硫排放浓度4.2毫克/标立方米。2016年12月,2号机组完成性能试验,满负荷工况试验结果为2号锅炉效率94.61%,汽轮机热耗7 284.71千瓦时,厂用电率2.87%,烟尘排放浓度5.68毫克/标立方米,氮氧化物排放浓度6.54毫克/标立方米,二氧化硫排放浓度5.65毫克/立方米,环保指标达标且优于超低排放要求。1号、2号机组性能试验结果详见表2-2-6。

表2-2-6 2016年平一工程1号、2号机组性能试验结果汇总情况表

	试 验 名 称	保证值	试验值 1号机组	试验值 2号机组
锅炉部分	锅炉保证效率(660兆瓦工况停运中省、低省、冷二次风换热)	94.35%	94.77%	94.61%
	495兆瓦工况锅炉效率(停运中省、低省、冷二次风换热系统)	—	94.33%	94.86
	330兆瓦工况锅炉效率(停运中、低省、冷二次风换热系统)	—	94.25%	94.83
	锅炉最大出力	1 948.6 t/h	—	—
	最低稳燃负荷	≤30%BMCR	220	250
	空气预热器漏风率	≤4.5%	5.15%	4.28
	NOx排放值(SCR入口)	≤200 mg/Nm^3 (O_2=6%)	141.5	211.1(非设计煤种)
脱硝部分	NOx脱除率	≥93.3%	97.32%	97.75%
	氨逃逸率	≤3 ppm	0.55	1.35
	SO_2/SO_3转化率	<1%	0.23%	0.188%
	脱硝系统压力损失	≤1 000 Pa	697	642.4
脱硫部分	脱硫效率	≥99%	99.49%	99.5%
	SO_2排放值	<20 mg/Nm^3	4.18	5.65
	脱硫系统总阻力	≤2 250 Pa	2 205	1 725.5
	除雾器出口雾滴浓度	≤30 mg/Nm^3	15.77	12.76

〔续表〕

试 验 名 称		保证值	试 验 值	
			1号机组	2号机组
脱硫部分	石灰石耗量	≤7.5 t/h	2.53	3.94
	脱硫电耗	≤5 045 kWh/h	4 178	2 844.4
	脱硫工艺水耗量	≤127.5 t/h	84.33	28.96
除尘器	除尘效率	99.967%	99.973%	99.98%
	除尘器出口粉尘浓度	≤12 mg/Nm³	6	9
	除尘器本体阻力	<200 Pa	184.5	176
	本体漏风率	<2%	1.61%	1.36%
污染物、环境	脱硫塔出口粉尘浓度	≤10.0 mg/Nm³	2.3	5.68
	全厂废水排放总口,污染物排放指标	符合国家污水排放标准	0	0
	环境温度为25℃时设备、管道保温结构表面温度	≤50℃	—	—

【后评价】

平一工程总工期28个月又12天,建筑及安装共215项单位工程,验收合格率100%;建设工期和工程造价受控;2016年完成职业卫生安全"三同时"验收,2017年完成消防和环保"三同时"验收;两台机组投产后技术性能指标优于验评标准;获2016—2017年度国家电力行业优质工程奖。

五、安徽淮北平山电厂二期工程

【工程项目概况】

2014年7月24日,中共中央政治局委员、上海市委书记韩正至外三发电调研,要求尽快做好9号机组前期准备工作,加快步伐,要放在"聚光灯"下进行建设,上海要成为具有国际竞争力的创新中心。同年12月,申能股份提交中国国际工程咨询公司《申能股份有限公司新型高效洁净燃煤发电项目技术方案》,进行方案论证。2015年3月10日至11日,中国国际工程咨询公司受国家能源局委托,在北京组织召开该技术方案论证会,通过技术评估。同年7月20日,淮北市市长黄晓武专程来沪访问申能集团,希望将"135万千瓦高低位双轴二次再热超超临界高效洁净燃煤发电技术方案"示范项目落地淮北平山电厂厂址。同年10月23日、24日,国家电力规划设计总院受国家能源局委托,在上海市、淮北市主持召开申能股份新型高效洁净燃煤发电示范项目方案评估会,经评估认为该项目在安徽淮北布局符合电源规划原则,拟选厂址基本具备建设1台135万千瓦燃煤发电机组的条件。同年12月31日,国家能源局复函安徽省发改委,将安徽平山电厂二期工程项目列为国家火电示范工程。

申能安徽平山电厂二期工程(简称平二工程)建设1台135万千瓦超超临界燃煤发电机组,同步建设烟气脱硫、脱硝设施,厂址位于一期工程南侧的预留规划场地上,占地面积27.2015公顷,项目动态投资 53.89 亿元,由申能股份独资(参见第二篇第一章第五节)。

2015 年 12 月 31 日,平二工程被国家能源局批准为"国家示范工程"。2016 年 11 月 23 日,申能安徽平山电厂二期工程可行性研究报告通过电力规划设计总院评审;12 月 28 日取得项目核准文书。2017 年工程开始施工。

【工程主要技术特点】

平二工程采用国际首创的高低位布置、二次再热双轴发电技术机组,包含高位汽轮发电机组和低位汽轮发电机组。其中,高位汽轮发电机组由超高压缸、高压缸、高位发电机组成,额定工况功率为 603.3 兆瓦,布置在高位机主厂房 83 米运转层,紧靠锅炉侧过热器、再热器出口联箱,从而大大缩短价格昂贵的高温高压蒸汽管道长度,显著降低管道投资,同时还可降低高温高压蒸汽管道的压力损失。而低位汽轮发电机组则按常规布置在低位机主厂房 17 米运转层,由 2 个中压缸、3 个低压缸、低位发电机组成,额定工况功率为 746.7 兆瓦。预期供电煤耗 251 克/千瓦时。

主设备均由上海电气供货。锅炉为引进 GE 技术,超超临界参数变压运行螺旋管圈水冷壁直流炉,单炉膛、二次中间再热、采用四角切圆燃烧方式、平衡通风、固态排渣、全钢悬吊结构、塔式、全封闭布置燃煤锅炉。BMCR 工况下,过热器出口蒸汽流量 3 448.8 吨/时,主蒸汽压力 32.67 兆帕(a),主蒸汽温度 612 摄氏度。汽轮机为引进西门子技术,超超临界、二次中间再热、双轴、七缸六排汽、凝汽式汽轮机。额定功率 1 350 兆瓦,主蒸汽进口压力 32.5 兆帕,主蒸汽温度 610 摄氏度,主蒸汽进汽量 3 192 吨/小时,一次再热蒸汽进口压力 8.99 兆帕,一次再热蒸汽进口温度 630 摄氏度,二次再热蒸汽进口压力 2.288 兆帕,二次再热蒸汽进口温度 623 摄氏度,排汽压力 4.00 千帕,机组保证热耗 6 897 千焦/千瓦时。发电机为高、低位发电机均为水-氢-氢冷却方式。发电机的励磁均采用自并励静止励磁。高位发电机额定功率 630.4 兆瓦,低位发电机额定功率 719.7 兆瓦。

工程采用二次循环供水系统,水源取自临海污水处理厂的中水和淮水北调;年需燃煤约 236 万吨。燃煤由电厂铁路专用线运至厂内。冷却塔采用双曲线逆流式自然通风常规排烟冷却塔。总高度 210 米,环基中心直径 167.439 米,斜支柱数 52,淋水填料顶直径 154.3 米,喉部直径 94.4 米,出口直径 94.45 米,烟道直径 9.5 米(内径),烟道高度 47.05 米。抽汽回热系统采用 11 级非调整抽汽以及一级弹性回热抽汽系统。汽机旁路系统采用高、中、低压三级串联旁路系统,高旁容量按 100%BMCR 设计,中旁容量按 100%BMCR 主蒸汽流量加减温水量设计,低压旁路按凝汽器最大接受能力 3 100 吨/时设计,旁路容量配置可满足机组 FCB 功能要求。循环冷却水系统采用单元制再循环供水系统;循环水泵采用国产蜗壳泵,按一机三泵配置,变频控制,根据负荷、季节变化进行循环水泵变频运行,可提高机组部分负荷下的运行经济性。采用给水泵与变频系统一机驱动专利技术,设置一台汽轮机驱动一台 100%容量给水泵组及一台变频发电机,将给水泵汽轮机与变频发电汽轮机合二为一。给水系统采用中压加热器及其疏水系统专利技术,将原四级高压加热器设计成三级单列中压加热器加一级双列高压加热器的系统,以提高机组循环效率并显著降低给水系统的设备投资。应用广义回热、中温省煤器、低温省煤器等一系列专利技术,进一步提高机组经济、环保、安全性能。

【建设施工】

工程设计单位为华东电力设计院有限公司。三通一平施工单位为中国核工业第二二建设有限公司。工程 A 标段(主要包括锅炉及高位机厂房土建及安装)施工单位为上海电建公司。工程项目B标段(主要包括低位机厂房、煤场、循泵房、检修楼土建及安装)施工单位为安徽电建二公司。工程C标段(排烟冷却塔、办公楼及宿舍楼)施工单位为上海电建公司。监理单位为山东诚信工程建设监理有限公司。

工程于2017年8月23日开始"三通一平"施工;计划2020年下半年机组投产。

六、宁夏吴忠热电厂"上大压小"工程

【工程项目概况】

宁夏吴忠热电厂(简称吴忠热电)"上大压小"工程为宁夏回族自治区"十一五""十二五"能源点规划重大建设项目,主要以火力发电、向吴忠市居民和工业企业集中供热、供汽,建设规模为2×35万千瓦超临界间接空冷供热发电机组,主厂区占地面积25.22公顷,灰场占地面积2.32公顷,工程总投资28.02亿元。

2006年11月1日,吴忠热电立项。2009年7月27日,国电电力吴忠热电有限责任公司成立,由国电电力全资控股。2010年8月14日,获国家能源局批准同意开展前期工作。2012年4月28日,获国家发改委核准。2014年3月22日,开工建设。2015年12月18日,申能股份和国电电力在北京产权交易所通过协议转让方式将吴忠热电95%的股权转让申能股份,申能股份成为吴忠热电的控股股东。2016年6月17日,吴忠热电更名为申能吴忠热电有限责任公司(参见第二篇第一章第八节)。

【工程主要技术特点】

主设备均为东方电气集团公司供货,国电物资集团有限公司负责设备监造。锅炉为型号DG1200/25.4-II4,超临界参数变压运行螺旋管圈直流炉,单炉膛,一次中间再热,采用前后墙对冲燃烧方式,平衡通风,紧身封闭,风冷式固态排渣,全钢悬吊结构Ⅱ型锅炉。汽轮机为型号CJK350/285-24.2/0.4/566/566,超临界、一次再热、两缸两排气、间接空冷抽汽凝汽式汽轮机。发电机为型号QFSN-350-2-20,汽轮发电机,采用水-氢-氢冷却方式,励磁系统为自并励励磁系统。

工程采用间接空冷系统,两机配一塔方案,设计背压可由直接空冷的13千帕降低到间接空冷的11千帕。

【建设施工】

工程A标段1号机组土建、安装及脱硝、升压站的施工由宁夏电力建设工程公司承接,工程B标段2号机组土建、安装及脱硝、烟囱的施工由山西电力建设第一有限公司承接,工程监理由宁夏电力建设监理咨询有限公司负责;机组调试由国电科学技术研究院负责。

2014年5月15日主厂房基础开挖;6月29日,主厂房浇筑第一罐混凝土;9月25日,主厂房主体结构开始施工;11月15日,1号锅炉钢架开始吊装。2015年1月15日,2号锅炉钢架开始吊装;7月11日,主厂房框架到顶。2016年9月9日,1号机组完成厂用电系统受电;9月10日,2号机组完成厂用电系统受电。

工程编制《工程管理策划与控制方案》,对工程质量从设计、设备和材料验收、施工各阶段进行策划和控制,落实到施工的各个环节,加强过程控制,促进工艺质量;编制《工程质量示范卡制度》,要求各施工单位以此为参照进行施工,通过实体样板、图片样板等方式,达到以施工工艺样板示范

引路全面指导工程质量控制。宁夏电力建设工程质量监督中心站根据现场进展情况,进行工程质量监督检查共 14 次,提出问题 256 条,有效保证施工质量;宁夏电力建设监理咨询有限公司重点强化工序管理,按照验收及评价规程评定对项目 94 个土建单位工程、101 个安装单位工程的单位、分部、分项、检验批进行评定,合格率、优良率均为 100%。

【并网投产】

1 号机组于 2016 年 10 月 1 日,锅炉点火吹管;10 月 23 日,汽轮机冲转整套启动;10 月 24 日,首次并网;11 月 19 日,完成 168 小时满负荷试运转。2 号机组于 2016 年 10 月 11 日,锅炉点火吹管;11 月 5 日,汽轮机冲转整套启动;11 月 11 日,首次并网;11 月 26 日,完成 168 小时满负荷试运。

项目自主厂房浇混凝土开始,至 1 号机组完成 168 小时满负荷试运,历时 29 个月又 20 天,至 2 号机组完成 168 小时满负荷试运,总工期 29 个月又 27 天。

两台机组均实现锅炉水压、汽机扣盖、锅炉酸洗、锅炉点火、厂用受电、汽机冲转、机组并网、制粉系统投运、脱硫系统通烟气均一次成功,实现安全施工 958 天,施工质量合格率达到 100%,机组各项性能指标优良,最大轴振达到国家优秀标准,并成为区内首家达到超低排放的电厂,投产当年接入吴忠市区供热面积 768 万平方米,得到吴忠市委、市政府的一致认可。

七、申能星火热电厂工程

【工程项目概况】

申能星火热电厂工程(简称星火热电工程)位于上海杭州湾经济技术开发区民乐路 315 号,是星火开发区(原为星火轻纺工业区)市政配套工程,以实现开发区企业集中供热。星火热电拥有 75 吨/时的次高压煤粉锅炉、一台抽凝式 1.2 万千瓦机组和一台背压式 1.2 万千瓦发电供热机组,供热管道总长度达 18 公里,可提供三个压力等级(2.0 兆帕~2.4 兆帕、1.1 兆帕~1.5 兆帕、0.75 兆帕~1.25 兆帕)的供热蒸汽。工程累计投资总额约为 23 509 万元,由申能股份和上海浦东星火开发区联合发展有限公司共同出资(参见第二篇第一章第九节)。

1986 年 11 月 11 日,星火热电工程经上海市计划委员会批准立项。1989 年 9 月 14 日,上海市计划委员会以《关于星火工业区热电厂工程计划任务书的批复》同意建设上海申能星火热电厂,规模为:2 台 1.2 万千瓦汽轮发电机组(1 台为抽凝机、1 台为背压机)、4 台 75 吨/时煤粉炉,采用次高压参数。为保证拟建的星火工业区内的工厂按时用汽,决定先建成其中 1 台 1.2 万千瓦抽凝发电机组和 2 台 75 吨/时煤粉炉工程(简称"两炉一机"工程)。"两炉一机"工程于 1991 年 7 月 20 日开工,1993 年 6 月 18 日移交生产。1995 年,上海市计划委员会以《关于上海申能星火热电厂续建二炉一机工程的批复》批准星火热电工程续建剩余机组。3 号炉和 2 号机建造工程于 1995 年开工至 1998 年移交生产。2005 年 1 月 10 日,申能集团同意星火热电续建 4 号炉工程。同年 8 月 5 日申能股份下发《关于上海申能星火热电厂 4 号炉续建工程初步设计的批复》;8 月 8 日,4 号炉开工建设。2007 年 8 月 3 日,星火热电工程 4 台锅炉和 2 台发电供热机组全部建成投产。

【建设施工】

工程的 4 台锅炉,均由上海锅炉厂制造,型号为 SG-75/5.3-M494,每小时蒸发量为 75 吨,为单汽包、自然循环煤粉炉。1 号机为 1 台 1.2 万千瓦次高压、单缸式单轴抽汽冲动冷凝式发电机,由武汉汽轮发电机厂制造,型号C12-50/10,额定出力1.2万千瓦,最大出力1.5万千瓦。2号机为1台1.2万千瓦次高压背压式发电机组,由上海汽轮机厂和上海电机厂制造,型号B12-50/10,额定出力1.2万千瓦。

星火热电"三炉两机"工程由上海电力设计院设计,"两炉一机"和3号炉、2号机由中国核工业总公司华昌建设公司总承包,南京绿洲设备安装公司分包安装工程。4号炉续建由上海电力建筑工程公司施工。厂外输变电送出工程由市东供电公司负责施工。

1990年9月上海市星火开发区开发总公司成立热电厂筹建处,工程开始打桩,1991年7月20日破土动工,同年7月30日主厂房基础开始浇灌混凝土。从土建动工到向第一家热用户供汽的工期为18个月。

项目施工面积共计4.5公顷,所建成的32个单体、18座构筑物经奉贤质量监察站和浦东新区第六质检站的检查,评定为合格工程。工程竣工后,经多年沉降观察,达到国家设计要求。厂房等建筑物自竣工后,未发生质量问题。

【并网投产】

星火热电"三炉两机"工程于1991年7月20日开工建设。1号锅炉于1992年9月10日完成水压试验,12月23日点火启动一次成功。1号汽轮机组于1993年2月7日一次并网成功,3月18日达到移交生产的要求。2号锅炉于1993年3月31日完成水压试验,5月7日点火启动,5月31日达到移交生产的要求。

3号锅炉于1996年8月23日完成水压试验,1997年4月20日点火,6月2日达到移交生产的要求。2号汽轮机组于1996年3月28日开工,7月11日并网成功,1998年4月20日达到额定出力,1998年12月起移交生产运行。至此,星火热电"三炉两机"工程建成投产。

星火热电三炉两机工程获热电联产审核验收并取得资格证书。总体评价是:热电建设工程审批手续齐全,生产形势稳定,企业效益逐渐提高,热电比和总热效率分别为334.5%和55.81%。

工程4号锅炉于2005年8月8日开工,12月29日水压试验成功。2006年3月16日进入调试阶段,9月12日进行整套调试,试运行成功后,9月18日由启动调试阶段转入试生产阶段。经申能股份有限公司批准,4号炉续建工程自2007年8月3日移交生产。至此,星火热电工程建设全面完成。

【热网工程】

星火热电是以热定电、集中供热的区域性热电联产企业,向开发区用户提供2.0兆帕至2.4兆帕、1.1兆帕至1.5兆帕、0.75兆帕至1.25兆帕三种压力等级供热蒸汽。热网与机组同步建设并随热用户的增加而不断扩展。热网工程可行性研究于1987年由上海核工程研究设计院负责开展,1987年6月上海市计委成立热负荷联合调研组提交《上海市星火轻纺工业区热负荷调查报告》,核实热负荷并指出"连续三班运转、负荷均匀、变化小"等特点。1989年12月上海电力设计研究室完成厂外供热管网初步设计:向东供热最远的是涤纶厂,约4公里;向东南方供应造纸厂,约1.3公里;向北供应浆粕厂,约0.3公里,范围为5.3平方公里。1990年11月22日,上海电力设计研究室提出"由电厂提供中压蒸汽、新增两台减温减压器"的方案。

星火热电外热网土建工程由华昌公司承建,安装工程由上海南市发电厂承建。1992年12月31日完成1号热网管冲管,具备供热能力,此后逐步扩展形成6根热网管。星火热电热网管参数详见表2-2-7。

表 2-2-7　星火热电热网管参数情况表

热　网　管	压力(兆帕)	温度(摄氏度)	管　　径
1 号	0.9	280	DN500
2 号	0.9	280	DN500
3 号	1.8	280	DN150
4 号	2.0	300	DN250
5 号	0.9	280	DN300
6 号	1.5	270	DN250

第四节　燃气发电工程项目

一、上海临港燃气电厂一期工程

【工程项目概况】

上海临港燃气电厂一期工程(简称临港工程)建设 4 台 40 万千瓦级燃气-蒸汽联合循环发电机组,是上海市 LNG 项目配套工程,也是上海市"十一五"重大工程建设项目。该工程主要是为增强上海电网调峰能力,优化上海的电源结构,平衡上海市天然气供需,提高城市天然气供应系统的调峰能力,为上海节能减排、调整能源结构,为上海的可持续发展奠定基础。工程总投资 43.38 亿元,由申能股份和上海电力股份有限公司共同投资(参见第二篇第一章第六节)。

2004 年 10 月国家发展改革委下发《国家发展改革委办公厅关于开展上海 LNG 项目有关工作的函》,要求抓紧开展上海 LNG 的工作,扩大天然气清洁能源的使用范围,减少上海地区对煤炭的依赖,并明确上海临港燃气电厂一期工程是 LNG 项目的下游配套建设项目之一。上海市能源发展"十一五"规划所确定的发展目标为上海将形成"5+X"电源格局,即形成五大电源基地和若干个热电联产电厂的格局。临港厂址作为五大电源基地之一,按建设 14~16 台 40 万千瓦级燃气-蒸汽联合循环机组进行规划,计划分期实施建设。在充分考虑缓解上海结构性缺电形势、更好满足电网调峰要求、能与区外来电互补运行、LNG 配套项目、改善上海环境质量等有利条件后,2009 年 6 月 3 日,国家发展和改革委员会下发《国家发展改革委关于上海临港燃气电厂新建工程项目核准的批复》,同意建设 4 台 400 兆瓦级燃气-蒸汽联合循环机组,批准建造上海临港燃气电厂一期工程,作为 LNG 配套电厂项目。临港工程于 2009 年 9 月 27 日开工,2012 年 3 月 21 日全部建成投产。

【工程主要技术特点】

主设备中燃机、汽轮机和发电机均由上海电气供货,余热锅炉由杭锅厂供货。1 号机、2 号机燃机型号 SGT5-4000F(2)。3 号机、4 号机燃机型号 SGT5-4000F(4),是国内首个应用透平动叶叶顶间隙优化技术(HCO)的工程,压气机叶片全三维设计和燃烧室热通道部件及冷却优化设计,使机组联合循环最大出力提高 27 兆瓦,发电效率提高 1.55%。汽轮机型号 LZN135.8-12.23/0.354/564/549。1 号、2 号余热锅炉型号 NG-54000F-R1,3 号、4 号余热锅炉型号 NG-54000F-R2。发电机型号 THDF108/53。

工程采用220千伏电压接入系统,四回出线,其中,两回至500千伏南汇变的220千伏母线,另两回至220千伏海洋变。采用的燃料为进口LNG,高压天然气管线至临港天然气门站,减压到6.0兆帕后,向临港燃气电厂供气。循环冷却水取用杭州湾海水,淡水由自来水厂供应。

工程创新应用多项新技术,取得处于国内领先水平的成果,其主要技术特点有:

工程选用低排放、低噪声、低能耗的设备及工艺,4台机组主要技术性能指标全部优于设计值。其中,1号、2号燃机机组的联合循环的额定出力可达403.3兆瓦,热耗约6 191千焦/千瓦时;3号、4号机组在原有基础上对燃机结构进行优化和升级,提高燃机的进、排气流量,液压间隙优化技术(HCO)减小运行透平叶顶间隙,燃烧室的改进降低冷却空气用量,使联合循环机组额定出力提高至423.3兆瓦,热耗6 135千焦/千瓦时。同时4号机组的联合循环发电效率达到59.7%,为国内F级纯凝机组效率最高。

工程是首个全范围开发"联合循环机组一键启停"的燃气电厂,实现不同工况下机组调峰的智能化控制,提高频繁启停的可靠、快速和经济性,年节约天然气242万立方米,节约厂用电1 125万千瓦时,获科技成果一等奖,申请取得国家专利。旁路系统关键技术首次彻底解决在国内西门子同类型机组中普遍存在的汽轮机旁路管道系统的高频振动问题,为机组的安全运行提供可靠的保证。获科技成果一等奖,申请取得国家专利,在国内后续同类型机组工程中得到推广。

在同类燃机电厂中,工程是首次取消高压起动变压器的,4台机组的高压厂用电系统相互携手,降低工程造价约600万元。该技术取得国家专利。同时,工程优化取水隧道直径设计,节约投资约1 600万元;采用无线变送器方案,DCS实现无线数据采集,提高DCS监控故障的应对能力;采用在线监测水汽指标(通过监测二氧化碳对蒸汽阳导的影响),起到缩短汽机启动时间、提高经济效益的作用。

工程优化主厂房设计,将厂房高度比原设计降低14.9米,主厂房可比容积仅0.1立方米/千瓦,节约4 000吨钢材。同时,通过工艺小区布置模式优化,占地从可研阶段的17.8公顷最终缩减至13.42公顷,减少用地4.38公顷,单位容量用地面积为0.078平方米/千瓦,在燃机电厂设计中处国内最优水平。在综合办公楼内采用"四机一控"的燃机电厂,集控室造型新颖,美观大方,充分体现厂区建筑与人文环境的和谐优雅及完美融合。

工程应用汽轮机组运行优化技术、高压变频调速等国家重点节能技术2项;给水泵高中压合泵技术等电力建设"五新"17项;高边坡防护技术等建筑业10项新技术中的9大项15子项。

工程利用机组建设期雏形,进一步优化改造,提高机组性能,共获专利8项,其中2项发明专利。

(1)中压旁路系统优化。自项目伊始即对中旁振动问题进行详尽的研究,对中压旁路及出口管道、控制逻辑等各方面进行设计优化,解决中压旁路阀门及其进出口管道的高频振动问题,保证联合循环机组安全、可靠、稳定运行,为后续西门子联合循环发电机组设计优化提供参考经验,现已经广泛推广应用。

(2)厂用电主接线优化。每台机组设置发电机出口断路器,从主变的低压侧离相封闭母线引接一台厂高变供自身机组厂用电,每台机组设置一段6千伏单母线,不分段。同时实现1号/2号机组之间,3号/4号机组之间的6千伏母线段互为备用,在自身机组满负荷运行工况下,具备带另一台机组紧急停机负荷的能力。该优化设计使厂用电主接线方式更加简洁可靠、运行方式灵活,节约投资930万元,年节约电费460万元,显著降低工程投资和今后的运营成本。

(3)联合循环机组一键启停(APS)的研究与应用,形成关键技术和创新点:一是首次应用,启停控制范围广,涵盖联合循环机组所有系统及公用系统,贯穿启停全过程。二是控制策略先进,逻辑结构灵活,具有各种工况最优自适应功能。能在顺控和闭环控制间无缝衔接,可自动区别机组和设备的运行状态。三是有效缩短机组启停时间,提高机组运行经济性。如:余热锅炉高、中、低压系统同时上水;冷、温态启动时采用除氧泵替代给水泵进行余热锅炉上水;有选择性地进行余热锅炉吹扫等。四是具有人性化的人机交互界面,为运行人员提供丰富的运行状态显示,并配有智能报警系统,使运行人员能方便地跟踪处理异常情况以及自如进行一键启停控制和手动操作间的切换。项目的成功实施,显著节约启停阶段的生产费用(平均每年可节省费用达1 000余万元),有效提高机组运行自动化水平、降低运行人员误操作概率。

【建设施工】

工程的总体规划、勘察、设计单位为华东电力设计院。工程分为桩基础施工、建筑工程、循环水泵房区域和安装工程4个施工标段,对应的标段施工方分别为上海宝冶集团有限公司、上海电建公司、上海市基础工程有限公司和上海电建一公司。工程监理单位为浙江电力建设监理有限公司。机组调试单位为上海电力建设启动调整试验所。

在工程开工阶段,项目公司编制《上海临港燃气电厂一期工程强制性条文实施规划》,各参建单位均针对该工程情况,编制适用于该工程的《强制性条文实施细则》和执行计划,明确责任部门和责任人。实施过程中分阶段检查,严格执行强制性条文,检查记录完整性和有效性,做好关键质量的预控和验收,实现过程控制。

2009年9月27日,临港工程1号、2号机组主厂房土建开挖;2010年5月24日,3号机组主厂房钢结构吊装开始;2011年11月24日,4号机组燃机吊装就位。

临港工程共完成196个单位工程,1 148个分部工作,3 848个分项工程的验收。其中单位工程验收:安装工程140个,土建工程56个;分部工程验收:安装工程826个,土建工程322个;分项工程验收:安装工程1 843个,土建工程2 005个。工程各单位、分部、分项工程合格率均为100%。

【并网投产】

临港1号机组于2010年11月25日首次点火成功冲转至3 000转/分钟,12月1日首次并网成功,2011年1月18日完成168小时试运行投产;2号机机组于2011年3月22日首次并网成功,同年5月18日完成168小时试运行投产;3号机于2011年10月18日,机组首次并网成功,同年12月20日完成168小时试运行投产;4号机组于2012年2月5日首次并网成功,同年3月21日完成168小时试运行投产。机组空负荷整套试运阶段60项质量验评检查项目、机组带负荷整套试运阶段98项质量验评检查项目、机组168小时满负荷试运阶段12项质量验评检查项目全部达到优良标准,优良率100%。临港工程实现公用系统及4台机组里程碑节点全部一次成功的优异成绩。

整个工程期间,一、二类安全事故发生为零,全面实现"六个杜绝"目标,安全管理总体平稳受控。临港工程大力推广新技术应用示范工程,共计实施联合循环机组一键启停等11个科技创新项目,综合办公楼"四机一控"等20个设计优化项目,其中2项为国内首创,8项为国内率先设计,共取得节地4.38公顷。

【机组性能试验结果】

临港燃机工程1号、2号机组性能试验结果详见表2-2-8。

临港燃机工程3号、4号机组性能试验结果详见表2-2-9。

表2-2-8　2011年临港燃机工程1号、2号机组性能试验结果汇总情况表

性能指标名称	单位	1号机组			2号机组		
试验工况性能指标汇总		100%负荷	75%负荷	50%负荷	100%负荷	75%负荷	50%负荷
发电机测试功率	MW	407.990	300.199	210.045	389.649	300.209	220.097
机组励磁功率	kW	974	636	442	—	—	—
机组试验功率	MW	407.016	299.563	209.603	—	—	—
机组试验热耗率	kJ/kWh	6 146.1	6 315.5	6 815.7	6 108.0	6 238.9	6 621.6
机组试验工况发电效率	%	58.6	57.0	52.8	58.9	57.7	54.4
机组厂用电率	%	1.64	2.11	2.78	1.71	2.08	2.66
机组试验发电煤耗率	g/kWh	209.7	215.5	232.6	208.4	212.9	225.9
机组试验供电煤耗率	g/kWh	213.2	220.1	239.2	212.0	217.4	232.1
机组试验发电气耗率	Nm/kWh	0.166	0.170	0.184	0.166	0.170	0.180
机组试验供电气耗率	Nm/kWh	0.169	0.174	0.189	0.169	0.173	0.185
机组修正后性能指标汇总		100%负荷	75%负荷	50%负荷	100%负荷	75%负荷	50%负荷
设计工况修正后热耗率	kJ/kWh	6 116.9	—	—	6 118.0	—	—
修正后发电效率	%	58.9	—	—	58.8	—	—
修正后发电煤耗率	g/kWh	208.7	—	—	208.8	—	—
修正后供电煤耗率	g/kWh	212.2	—	—	212.4	—	—
机组修正后发电气耗率	Nm/kWh	0.165	—	—	0.166	—	—
机组修正后供电气耗率	Nm/kWh	0.168	—	—	0.169	—	—

表2-2-9　2011年、2012年临港燃机工程3号、4号机组性能试验结果汇总情况表

性能指标名称	单位	3号机组			4号机组		
试验工况性能指标汇总		100%负荷	75%负荷	50%负荷	100%负荷	75%负荷	50%负荷
发电机测试功率	MW	436.119	311.716	221.098	435.519	315.679	220.303
机组试验热耗率	kJ/kWh	6 105.7	6 322.0	6 726.0	6 024.0	6 196.8	6 564.2
机组试验工况发电效率	%	58.96	56.94	53.52	59.8	58.1	54.8
机组厂用电率	%	1.61	2.02	2.72	1.51	1.86	2.47
机组试验发电煤耗率	g/kWh	208.3	215.7	229.5	205.5	211.4	224.0
机组试验供电煤耗率	g/kWh	211.7	220.2	235.9	208.7	215.4	229.7
机组试验发电气耗率	Nm/kWh	0.164	0.170	0.181	0.163	0.168	0.178
机组试验供电气耗率	Nm/kWh	0.167	0.173	0.186	0.166	0.171	0.182

〔续表〕

性能指标名称	单位	3号机组			4号机组		
机组修正后性能指标汇总		100%负荷	75%负荷	50%负荷	100%负荷	75%负荷	50%负荷
设计工况修正后热耗率	kJ/kWh	6 082.8	—	—	6 030.6	—	—
修正后发电效率	%	59.2	—	—	59.7	—	—
修正后发电煤耗率	g/kWh	207.6	—	—	205.8	—	—
修正后供电煤耗率	g/kWh	211.0	—	—	208.9	—	—
机组修正后发电气耗率	Nm/kWh	0.163	—	—	0.163	—	—
机组修正后供电气耗率	Nm/kWh	0.166	—	—	0.166	—	—

说明：机组气耗率计算按标准状态条件15摄氏度，101.325千帕折算。

【后评价】

临港燃机工程秉承"追求卓越、铸就经典"的国优精神，开拓创新，创造卓越的工程质量，在《亚洲电力》杂志对亚洲62个燃机电力项目的综合指标评比中，获2012年亚洲电力奖年度最佳燃气发电项目金奖，为国内首个赢此殊荣的燃气电厂；并在2013年11月获2012—2013年度中国优质工程金奖。

二、上海申能崇明燃气电厂工程

【工程项目概况】

上海申能崇明燃气电厂工程（简称崇明工程）位于崇明岛中部南侧长江岸边，厂址占地9.28公顷，一期建设2台42.4万千瓦（F级）燃气-蒸汽联合循环机组，是落实上海市政府"上大压小""节能减排"任务和保障社会经济发展、保护生态环境投资建设的清洁能源项目。工程总投资约28.7亿元，由申能股份独资建设（参见第二篇第一章第七节）。

根据上海市政府《崇明三岛总体规划》，崇明县所属的崇明、长兴、横沙等是上海21世纪可持续发展的重要战略空间，崇明县将成为经济社会协调发展的现代化生态岛。随着长兴岛国家造船基地的建设以及上海—崇明大通道的投入使用，三岛经济进入快速发展期，电力负荷增长迅速，远高于上海电网平均增长水平，但三岛电力也是上海供电保障最为薄弱的区域。随着地区负荷的进一步发展和堡镇电厂、长兴岛第二发电厂的停役，三岛供电还将出现缺口并逐年增大。为保障三岛供电安全，为三岛社会经济的快速发展提供符合环保要求的清洁发电，2006年12月22日，上海市发改委组织召开崇明三岛电力供应和电源建设专题会议，研究崇明三岛电源建设事宜，2007年4月12日，上海市发改委与申能集团签订责任书，明确由申能集团在崇明三岛建设支撑电厂，同年，申能长江口电厂筹建处成立，开始筹建三岛支撑电源，工程初选址于崇明长兴岛北侧东部沿江地区，按照上海市"上大压小"的要求，新建2台30万千瓦级燃煤火电机组。

在申能长江口电厂筹建过程中，国家提出"在特大城市适度布置和有序开工建设一批燃气调峰机组，改善空气质量"的要求，为落实国家下达的节能减排任务以及上海市"十一五"能源规划，上海市政府研究决定在崇明三岛建设支撑电源新建一座天然气电厂。2010年5月10日，上海市政府召开"崇明电力体制改革"专题会议,明确崇明岛为生态岛,确定崇明岛新建一座以天然气为燃料的燃气-蒸汽联合循环机组,确保"十一五"后期及"十二五"前期三岛用电、同时削减大气污染物排放的要求。

2010年5月20日,上海市发改委发函委托申能(集团)公司开展崇明三岛支撑电源工程前期工作;6月25日,申能长江口电厂筹建处更名为上海申能崇明燃气电厂筹建处;7月12日,上海市发改委关于崇明燃机开展前期工作的请示上报国家发改委和国家能源局。2011年3月12日,国家能源局批复同意崇明燃机电厂新建项目开展前期工作。2012年7月2日,上海市发改委有关项目核准申请报告上报国家发改委、国家能源局;同年12月31日,国家发展改革委审批通过项目核准申请,核准建设崇明工程。

该工程是上海能源发展"十二五"规划和上海市电力发展"十二五"规划工程,2012—2014年连续3年被列入上海市重大工程。

【工程主要技术特点】

工程建设2台40万千瓦级燃气-蒸汽联合循环机组。采用220千伏电压接入系统,至崇明电网堡北变。采用直流冷却系统,水源取自长江;按照设计天然气年用量约5.3亿立方米,由上海天然气管网有限公司供应,经江苏如东—海门—崇明岛输气管道供气。

工程项目从工程安全、质量、创新等方面提出建设要求,制定工程"五创"目标,即创建市重大工程文明(示范)工程、创建国家优质工程、创建电力行业达标投产工程、创建电监会基建安全标准化工程和创建市重大工程"双优"工程。基建工程期间,项目公司紧紧围绕上述"五创"目标制订详尽计划和落实推进。

主设备中燃气轮机、汽轮机和发电机均由上海电气供货,余热锅炉由杭锅厂供货。燃机为引进西门子技术,SGT5-4000F(4)型燃机,单轴、重型(工业型),其联合循环满负荷出力和效率最高,点火器环形布置,均匀分布,点火效果稳定,单轴布置大大增加机组运行灵活性,热态启动时用时短,更适合调峰。汽轮机为西门子HE型汽轮机技术,型号TCF1,三压、中间再热、单轴、无抽气纯凝式机组。汽轮机为双缸轴向排气,能与西门子燃机特性有效结合,效率高,排气阻力小,利于快速启动。发电机为引进西门子技术,THDF108/53型发电机,额定功率424.2兆瓦,主要技术指标额定容量和最大连续容量大,漏氢量控制方面较为出色。余热锅炉为引进NOOTER/ERIKSEN技术,三压、再热、无补燃、卧式、自然循环余热锅炉,型号NG-54000F-R,采用模块化设计制造,大大减少现场安装工作量,锅炉效率高,启动时间短,能较好地满足调峰需要。控制系统采用南京西门子制造的西门子T3000控制系统。

设计特点如下:采用每台机组独立汽机房结构,轴系平行布置;采用两机一控的单元控制方式,机组电气设备均接入机组DCS集散控制系统中实现顺序控制和实时监视,两台机组合用一个单元控制室,位于综合办公楼内;主厂房采用"去工业化"的外观设计,内墙面采用吸声材料和吸声装置,围护结构采用双层保温彩色压型钢板及混凝土多孔砖墙体,厂界噪声得到有效控制;主厂房的采光采用屋顶采光罩设计为自然采光与人工照明相结合,在自然采光不能解决的区域,辅助以人工照明,满足厂房照度要求;在前置模块前安装一个100%容量的天然气性能加热器,用闭冷水为加热介质加热天然气,以尽可能提高气体温度,以提高机组效率;综合管架为L形布置,即从天然气调压站至余热锅炉处再折向动力岛区,两侧集中天然气调压站、化水、废水、净水系统、启动锅炉房、空压机房、供氢站等辅助设施,靠近动力岛,线路短捷、简单。

【建设及安装施工】

工程总体规划、勘探设计单位为华东电力设计院。施工分为8个标段,其中:三通一平标段中标方为上海电力建筑工程公司;桩基工程标段中标方为上海宝冶集团有限公司;循环水取排水土建标段中标方为上海市基础工程集团有限公司;主厂房及公用设施土建标段中标方为上海电力建筑工程公司;主厂房及公用设施安装标段中标方为上海电力安装第一工程公司;取排水头部警戒装置工程标段中标方为上海海上安全技术咨询工程公司;全厂绿化景观工程标段中标方为上海卢湾园林绿化发展有限公司;监理标段中标方为上海斯耐迪工程咨询监理有限公司。机组调试单位为上海电力建设启动调整试验所。

工程于2011年6月28日开始桩基础施工;2012年4月28日主厂房基础开挖,7月6日主厂房第一罐混凝土浇筑,工程开工建设;10月29日1号主厂房钢结构开始吊装,11月18日1号余热锅炉炉架开始吊装,12月28日1号主厂房结构封顶。2013年1月4日2号主厂房钢架开始吊装,1月6日2号余热锅炉钢架开始吊装,3月29日2号主厂房结构封顶,5月6日1号燃机吊装就位,8月30日2号燃机吊装就位,10月26日2号发电机吊装就位。2014年6月30日,主体工程施工基本完成。在外部配套工程进展不明朗的情况下,工程进度进行适当的控制,2015年完成DCS控制系统的复原调试工作。2015年4月份完成除盐水系统调试,8月份完成两台余热锅炉水压试验和两台汽轮机轴系扣盖质检工作。2017年9月份完成两台机组的化学清洗工作,25日完成天然气调压站调试工作,天然气进厂;11月10日完成220千伏GIS系统受电工作;2018年4月26日和5月10日两台机组分别通过168小时满负荷试运行,移交生产,工程全面建成。

工程严格执行建设标准强制性条文,以"电力行业达标投产"为抓手,以"国家优质工程奖"为目标,推行样板引路,实行全过程质量控制,被评为高质量等级优良工程。建筑、安装单位工程141个,分部工程679个,分项工程2 408个,一次验收合格率100%;受监焊口共计13 392只,无损检测一次合格率为99.75%;桩基承载力满足设计要求,Ⅰ类桩100%;建构筑物沉降均匀、已稳定,钢结构垂直度偏差最大数12毫米、最小数2毫米;地基和结构经两次中间检查,评价优良。工程坚持"安全第一、预防为主、综合治理"的安全生产方针,全面落实各级安全生产责任制,严格规范现场施工作业行为,确保安全文明施工。工程累计开展安全和质量监督检查9次,各阶段整改意见和建议均及时整改闭环,工程质量、安全自始至终保持着可控在控状态。

【配套工程建设】

天然气配套工程 为保证崇明发电气源,根据国家发改委、国家能源局统一部署,该工程同步建设天然气过江管道,天然气自江苏如东到海门,过长江(长江宽约3公里)进入崇明岛,沿陈海公路敷设天然气主干管网,再敷设天然气支线至崇明燃机。如东—海门—崇明岛输气管道线路全长约88.77公里,2015年5月28日,天然气管线(如东—崇明)全线贯通。

220千伏出线工程 220千伏送出工程是崇明工程配套工程,由国网上海市电力公司建设,通过新建二回220千伏线路接入220千伏堡北站,线路总长23.28公里,铁塔88基。该工程于2012年2月完成接入系统的审查工作,2014年3月份完成初步设计,12月开工建设,因沿线群众担心高压线电磁辐射和动迁补偿等问题,强烈要求动迁,阻扰电力公司施工,致使220千伏出线工程建设严重受阻。为此,申能集团、申能股份多次与崇明各级地方政府、国网上海市电力公司沟通,协调推进工程进度。在上海市发改委、重大办、崇明县政府等的多次协调下,220千伏出线工程建设因外部各种因素阻碍缓慢推进,至2016年年底,共完成铁塔基础施工61基,塔架32基。2017年年初,上海市政府召开专题会议,协调崇明燃机220千伏出线工程建设推进工作,明确时间节点,220千伏出线工程建设逐步推进。截至2017年9月25日,外线施工塔架全部完成;10月15日,外线安装工程全部结束,崇明工程接入系统建设完成。

【并网投产】

2013年年底全厂主辅设备完成就位安装,2014年6月主体工程施工基本完成。受外部"接入系统"工程严重拖期的影响,2014下半年后工程建设进度不得不放缓。为减少配套工程对主体工程调试进度的影响,公司于2014年年底启动临时"调试变"充当调试电力的计划,2015年1月完成"调试变"受电工作,并围绕调试变展开各项调试工作,相继完成除凝泵、循泵、给水泵、SFC和AVR等大容量外系统的调试工作,为缩短从220千伏受电到完成机组整套启动调试的时间,做好前期铺垫工作。同时,从2013年10月起至2017年10月"接入系统"完成施工4年时间,公司利用有限资源开展设备保养工作,确保设备性能处于最优状态,为机组并网投产提供保障。

2017年10月,220千伏出线工程安装结束。同年11月10日,工程220千伏GIS及厂用电系统受电成功,机组具备整套调试条件;11月20日1号燃机点火成功;11月24日1号机组并网发电一次成功;12月16日1号机组具备168小时满负荷试运行条件。此后,为配合当时全国天然气保供大局需要,工程暂停机组168小时试运行工作。2018年1月7日,2号机组并网发电一次成功;4月26日20时09分,工程首台机组完成168小时满负荷试运行;5月10日9时16分,工程第二台机组完成168小时满负荷试运行。工程从厂用电受电成功到两台机组投产,仅用6个月时间,两台机组投产仅间隔14天。

三、上海申能奉贤热电工程

【工程项目概况】

根据上海市政府《上海市清洁空气行动计划(2013—2017)》要求,热电联产机组和集中供热锅炉等燃煤设施须于2017年完成清洁能源改造,上海申能星火热电有限公司(简称星火热电)被列入改造任务清单。申能股份积极响应市政府的要求,由公司投资部牵头于2013年5月组织星火热电开展基于星火热电厂原址的改造方案研究,并于同年10月完成装机方案研究。

在星火装机方案研究的过程中,申能股份积极向市发改委等主管部门汇报沟通。通过申能集团和申能股份领导多方努力,2014年12月22日,市发改委主持召开奉贤热电项目协调会,明确由申能股份牵头,统筹开展星火热电和上海化工区奉贤分区的上海楚华热电有限公司(简称楚华供热)燃煤锅炉改造工作,做好奉贤热电2台40万千瓦级燃气-蒸汽联合循环热电机组建设与星火热电、楚华供热关停的衔接。由于中国大唐集团有限公司上海分公司(简称大唐上海)已与杭州湾经济技术开发公司开展楚华供热燃煤锅炉清洁能源改造前期工作,因此,大唐上海也参与奉贤热电项目的开发。

根据会议要求,项目选址方向由星火开发区调整至上海化工区奉贤分区方向。明确改造方向后,申能股份对大唐上海委托华东院设计的楚华供热原改造方案及其选址方案进行研究和审议,发现原方案将厂址选在上海恒逸聚酯纤维有限公司(简称恒逸聚酯)内,将区域热电联产项目做成恒逸聚酯生产工艺环节的一部分,设想将恒逸聚酯生产流程中的导热油引入余热锅炉内进行加热。相当于未来热电厂的运行必须与恒逸聚酯的生产运行同步,这样势必难以匹配区域内其他热用户的需求,也难以满足电网调度等要求,且将易燃导热油引入余热锅炉中加热的方案,在国内外均无先例,安全风险较大。为此,2015年1月6日在杭州湾经济技术开发区专门召开专家论证会,与会专家一致认为该厂址方案不能满足区域供热要求,安全上存在较大风险,技术上的可行性较差。随后,在申能股份的主导下,重新开展在奉贤区内的选址工作。在杭州湾技术经济开发公司的配合下,经过比选和论证,最终确定浦东铁路以北、鳗鲤泾以东、联合北路以西、银工路以南的厂址。

2015年12月恒逸聚酯由于市场原因停产,事实证明当时否定原方案是正确的,避免因恒逸聚酯停产对项目建设造成影响,确保市政府清洁能源改造任务的顺利开展。

2015年1月22日,申能奉贤热电厂筹建处成立;2月14日,工程初步可行性研究报告通过评审;6月9日,工程可行性研究报告通过评审;8月17日,上海申能奉贤热电有限公司成立;10月22日,举行奉贤热电项目奠基仪式;12月18日,工程取得环境影响评价报告的批复。2016年6月13日,奉贤热电项目经上海市发改委批复核准;12月28日,工程开始打桩。2017年4月27日,工程主厂房浇筑第一罐混凝土;12月12日,厂外(星火)应急热源调试完成并试运行;12月31日,厂内应急热源调试完成并试运行,按时完成星火热电燃煤锅炉清洁能源替代、机组关停任务。

该工程被列为上海市重大工程,工程总投资3.14亿元,由申能股份51%、中国大唐集团有限公司24%、协鑫智慧(苏州)能源电力投资有限公司20%、上海杭州湾经济技术开发有限公司5%的出资比例合资建设,申能股份为控股股东。项目资本金为投资总额的20%,其余资金通过银行贷款解决。项目法人和建设单位是奉贤热电,施工单位是上海电力建设有限责任公司。

【工程主要技术特点】

主设备均由上海电气供货。燃气轮机为采用安萨尔多技术,AE94.3A型燃机重型燃气轮机,设计频率50赫兹,单转子环形燃烧室,包含24个干式低氮氧化物燃烧器,冷端驱动。单轴配置可以直接驱动压气机和发电机。AE94.3A型燃机除进气侧到压气机第九级间采用单缸设计,其余部分均采用双缸设计。双缸设计主要的优点是使缸体承受的应力与热应力分别施加在内外缸上。汽轮机为双缸(高压缸、中低压合缸)、三压再热、一拖一配F级燃机、抽凝式汽轮机、轴向排汽汽轮机,1号汽轮机型号LZC150-12.9-2.6-553/543,2号汽轮机型号LZC154.9-13.4/2.6/564/555。发电机为世界首创50万千瓦级水氢冷燃机发电机,水-氢-氢冷却方式,采用高起始响应静止励磁系统的发电机,1号发电机型号QFSN-465-2,2号发电机型号QFSN-475-2。余热锅炉为卧式三压再热自然循环炉。1号余热锅炉型号为SG-293.9(60.8)(53.3)/13.58(3.25)(0.38)-Q8107,2号余热锅炉型号为SG-296.0(60.4)(53.1)/13.71(3.27)(0.39)-Q8107。

工程采用220千伏电压接入系统,六回出线。以南竹港地表水作为生产水源。

【建设施工】

工程由华东电力设计院(简称华东院)与上海电力设计院(简称上海院)联合进行设计。其中,电厂围墙以内区域(含就地应急热源)及厂外取水泵房由华东院负责,厂外热网及厂外取水及浓盐废水排放管道由上海院负责。

施工总包单位为上海电力建设有限责任公司。工程监理单位为上海斯耐迪工程咨询有限公司。机组调试单位为上海电力建设启动调整试验所。

2017年4月27日,1号机组主厂房浇筑第一罐混凝土;6月12日,1号机组主厂房钢结构开始吊装;10月15日,1号机组主厂房结构封顶;8月8日,1号余热锅炉钢结构开始吊装;11月15日,1

号燃机就位;12月12日,厂外应急热源投产;12月19日,1号发电机就位;12月31日,厂内启动锅炉投产。

四、青浦工业园区能源供应中心热力工程

【工程项目概况】

为落实国务院《大气污染防治行动计划》《上海市清洁空气行动计划(2013—2017)》及市政府专题会要求,上海青浦工业园区热电有限公司燃煤锅炉必须限期关停。2016年11月11日,青浦区政府和申能集团签署战略合作备忘录,双方同意新选厂址建设热电厂代替原有的燃煤机组。

工程规划建设2台6F级燃气-蒸汽联合循环供热机组,为满足上海市政府2018年年初关停上海青浦工业园区热电有限公司燃煤锅炉的要求,工程先期建设3台额定蒸发量为50吨/时、额定蒸汽压力为1.3兆帕的燃气锅炉及配套附属设施,包括锅炉房、化水车间、供排水系统和水处理设施、燃气调压站及部分辅助生产设施。该项目位于张江高新技术产业开发区青浦园区内,总投资1.89亿元,年供热量约247万吉焦,由申能股份全资建设(参见第二篇第一章第十一节)。

【建设施工】

工程主设备安装由上海电建一公司承建;桩基、土建施工分别由上海宝冶集团有限公司和上海电建建筑公司承建;工程监理由上海智通建设发展股份有限公司承担。

2017年6月23日,工程开始试桩打桩;8月10日,完成厂区打桩施工。2018年2月28日,3台锅炉点火成功,标志工程主要安装及调试工作完成。

施工按照ISO9002相关质量标准,建立健全质量保证体系,确保"三检制"落实。

为确保工程施工质量,上海智通建设发展股份有限公司编制《监理规划》《监理实施细则》,确定工作范围、工作内容、工作目标,并严格执行,力争质量一次合格率100%,满足国家、上海工程验收质量标准。

截至2017年年底,两台6F级燃气-蒸汽联合循环供热机组项目尚在待核准阶段。

第五节 新能源发电工程项目

一、临港海上风电项目

【工程项目概况】

上海临港海上风电项目(简称临港海上风电项目)是上海市三个重大海上风电基地之一,由上海新能源公司与华能新能源股份有限公司共同投资建设,总装机规模约20万千瓦,分两期开发建设,主要包括海上风场和220千伏升压站及陆上集控中心两个部分。

2011年,上海新能源作为业主,与主设备和施工单位"打捆"中标临港海上风电项目。但是由于受主设备供货影响,至2014年年底,一期项目迟迟难以动工。于是提出"暂缓建设一期项目,提前启动二期项目"战略调整构想,并获得上海市政府和发改委批准,最终决定提前启动项目外部条件较为成熟的二期项目。二期项目于2015年8月取得核准批复,并于11月5日率先开工建设。

【临港海上风电二期】

上海临港海上风电二期项目(简称临港海上风电二期)是 2016 年上海市重大工程建设项目,位于南汇嘴东侧距岸 10 公里海域,共安装 28 台上海电气 3.6 兆瓦风电机组,叶轮直径 122 米,轮毂高度 90 米,总装机容量 100.8 兆瓦,总投资近 16 亿元。

临港海上风电二期由上海勘测设计研究院有限公司负责项目的总体规划设计。

二期工程于 2015 年 8 月获上海市发改委核准同意,于 2015 年 11 月开工建设,被列为 2016 年度上海市重大工程建设项目。2016 年 6 月,220 千伏升压站陆上集控中心及外送线路建成并网;同月,首台海上风机启动吊装;同年 9 月,风机基础建设全部完工;同年 11 月 30 日,28 台风机完成整体吊装,且全部并网发电,比计划提前一个月完成建设任务。

【项目建设情况】

二期工程分陆上和海上两部分建设,涵盖 220 千伏升压站及陆上集控中心、10 万千瓦海上风场和风机拼装基地 3 个施工现场及 5 个主要施工环节。主要施工任务由中交第三航务工程局有限公司承担项目的安装及土建项目施工,工程监理由广州华申工程建设咨询公司负责,机组调试由上海电气风电设备有限公司承担。

220 千伏升压站及陆上集控中心 220 千伏升压站及陆上集控中心按项目一期、二期 20 万千伏规模规划。包括综合控制楼、变电设备楼、无功补偿楼、柴发房和水泵房 5 个单体建筑楼。

海缆穿堤及海上敷设施工 海缆穿堤施工,风机四回主海缆通过采用非开挖定向钻技术完成的 8 条钢管(共计 1 920 米钢管)接入陆上集控中心。(海缆敷设总长度 103 公里,陆上敷设为排管敷设,长度约 700 米)。海上敷设施工,临港海上风电二期特别选用国内先进的专业敷设船机型,24 小时不间断海缆施工作业。(海缆路径长达 103 公里。)

风机基础施工 风机基础采用高桩低型式承台设计(采用 8 桩基础、14 米直径混凝土承台、6 米直径过渡段相结合),包括沉桩、套箱安装、过渡段安装、钢筋及预埋件施工、承台施工等主要环节。

风机陆上分体拼装及海上整体吊装施工 国内海上风电建设起步较晚,缺乏经验;恶劣的海上环境造成有效施工期短暂,严重阻碍施工进度。临港海上风电二期配备 2600T 级起重船,采用多项专利技术,制作整体柔性吊装系统,创造 2 天吊装 4 台风机的行业新纪录。

风机调试及试运行 安装完成的钢平台用于施工人员进出风机内部,完成后期调试及试运行工作。(28 台风机调试工作共动用调试专用船舶 3 艘,调试人员 42 人,备用发电机 10 台;3 天调试并网 8 台,1 个月内调试并网 21 台。)

工程投资情况 工程概算总投资约 19.13 亿元,实际完成投资近 16 亿元,节约投资 3 亿元,占比约 15.68%。

【并网投产】

2016 年 6 月 15 日,上海临港海上风电二期项目接入系统完成送电,220 千伏升压站及陆上集控中心受电成功;8 月 1 日,海上首台风机完成动态调试,并网发电;11 月 30 日,第 28 台风电机组完成并网发电,至此,临港海上风电二期 28 台风机仅用时一年就全部安全、高效、优质地并网发电,创下国内海上风电开发建设新纪录。

二期项目可研年上网电量 2.66 亿千瓦时,年等效满负荷小时数 2 642 小时,风机功率曲线考核值 95%,年平均可利用率考核值 95%。

在二期项目建设过程中,上海临港海上风力发电有限公司作为"海上风电场关键技术研究与综合示范"总课题承担单位,完成对"超大容量海上风机样机工程和综合信息系统的关键技术研究及应用""超大型海上风机安装装备与应用技术研究""超大型风电叶片制造关键工艺技术及装备研制""海上风机高桩混凝土承台设计及优化关键技术研究和应用""超大型海上风电机组检测试验研究和应用"等 5 个子课题的研究,并取得发明专利 3 项、实用新型专利 7 项、软件著作权 2 项、发表科技论文 12 篇。

二期项目投产后,2017 年度实现上网电量 3.2 亿千瓦时,超出设计电量 20%左右,年等效满负荷小时数超 3 200 小时,功率曲线考核值 100%,年平均可利用率 97.52%,各项指标均优于设计指标,被中电联评为 2017 年度上海、江苏区域唯一的 5A 级海上风电场。

【临港海上风电一期】
一期示范工程是国家能源局在上海市推出的第二个海上风电项目,2011 年 7 月由上海市发改委公开进行业主招标,上海新能源公司与华能新能源股份有限公司于同年 9 月取得该项目的特许开发经营权并开展相关前期论证工作。临港海上风电一期毗邻临港海上风电二期南侧,共安装 25 台 4 兆瓦风机,叶轮直径 136 米,轮毂高度 90 米,总装机容量 10 万千瓦,概算总投资约 17.7 亿元,由上海勘测设计研究院有限公司负责项目的总体规划设计。由于受主设备供货影响,迟于二期工程建设投产。

【项目建设情况】
一期示范工程分陆上及海上两部分建设,涵盖 220 千伏升压站及陆上集控中心设备扩建、10 万千瓦海上风场和风机拼装基地 3 个施工现场及 5 个主要施工环节。由中交第三航务工程局有限公司承担风机土建及安装工程承包,由上海东华建设管理有限公司工程监承担理,由上海电气风电集团有限公司承担机组调试。

220 千伏陆上集控中心设备扩建　220 千伏陆上集控中心原规模已建成 20 万千瓦建筑工程及 10 万千瓦电气工程,本期扩建 10 万千瓦电气设备安装工程。

海上敷设施工　临港海上风电一期特别选用国内先进的专业敷设船机型,24 小时不间断海缆施工作业。(海缆路径长达 77 公里。)

风机基础施工　风机基础采用高桩低型式承台设计(采用 8 桩基础、14 米直径混凝土承台、4.7 米直径过渡段相结合),包括沉桩、套箱安装、过渡段安装、钢筋及预埋件施工、承台施工等主要环节。

风机陆上分体拼装及海上整体吊装施工　充分总结二期项目经验,审定、优化风机拼装方案,分 3 班人员 24 小时不间断作业,使单台风机拼装时间从 6 天缩短至 3 天半,提升工效 40%;配备 2 600 吨级起重船开展海上整体吊装施工。

风机调试及试运行　工作人员通过风机基础承台上的钢平台进出塔筒,完成后期调试及试运行工作。(25 台风机调试工作共动用调试专用船舶 3 艘,调试人员 40 人,备用发电机 10 台,1 个月内调试并网 21 台。)

工程投资情况。工程概算总投资约 17.7 亿元,预计完成投资 14 亿元,节约投资 3 亿元,占比约 17%。

【建设与投产计划】

工程于2018年4月获上海市发改委同意,开始建设。2018年5月,开工建设。2018年9月,首台海上风机启动吊装;同月,1号220千伏主变倒送电。2018年11月,风机基础建设全部完工。2018年12月,4条主回路海缆送电暨首4台风机成功并网发电,海上输电主通道全部打通。

二、上海世博园区中国馆和主题馆太阳能光伏发电项目

【工程项目概况】

上海世博园区中国馆和主题馆太阳能光伏发电项目(简称主题馆光伏电站)由上海新能源公司投资建设,于2008年5月编制上报项建书,6月获上海市发展和改革委员会立项批复,9月完成主设备招标,获接入许可,通过环评,2009年1月获项目核准。该工程项目为当时中国乃至亚洲单体建筑最大的太阳能光伏建筑一体化电站,充分展现"科技世博"和"低碳世博"的理念。工程总概算资金为1.8亿元,建设容量为3.04兆瓦并网型太阳能光伏发电系统及相应配套设施,其中中国馆容量0.4兆瓦,主题馆容量2.64兆瓦。

【项目设计】

中国馆和主题馆光伏电站由上海电力设计院有限公司负责项目的总体规划设计。

中国馆和主题馆太阳能发电项目的设计立足于光伏建筑一体化(BIPV)设计,经与两个场馆建筑设计单位反复协商沟通和同步设计,通过挖掘建筑文化和元素,将太阳能发电系统与两个场馆建筑完美融为一体。凝聚光伏设计师和建筑设计师的智慧,通过组件尺寸、颜色和电池片排布的调整,以及光伏建筑一体化结构的独特设计,最终达到光伏与建筑的完美融合。在满足建筑外观整体美观的基础上,通过替代玻璃地砖,降低建筑成本,并满足建筑功能。

世博主题馆、中国馆光伏与屋顶、建筑立面、遮阳系统等建筑结构相结合。使太阳能光电屋顶与屋顶遮阳进行集成,将太阳能光电瓦板、空气间层、屋顶保温层、结构层构成复合屋顶。再以太阳能光电玻璃自遮阳的方式,使其在发电的同时也减少通过窗口进入室内的太阳辐射得热。

世博主题馆、中国馆光伏发电的应用研究将光伏发电系统完美融入场馆建筑设计,全部采用国产设备和产品,并研究应用大量光伏建筑一体化新技术和新产品,如研发多种BIPV光伏组件、500千瓦大功率光伏逆变器和高效组合技术、光伏建筑一体化电站监控系统和系统可靠性技术。2 600千伏安的非晶干式升压变压器等技术;采用大量光伏建筑一体化工程应用技术和新工艺,如大量轻质与便捷安装的结构件,与建筑安装结构相结合的安全、便捷、高效和易维护的光伏组件安装工艺,将主题馆6万多平方米屋面上16 250块光伏组件的水平安装误差控制在30毫米之内等创新技术。

通过中国馆和主题馆光伏发电项目的建设,不仅达到当时太阳能光伏建筑一体化设计技术、产品设备和工程应用的世界先进水平也是全球单体建筑最大的太阳能光伏建筑一体化电站,同时也成为上海世博会向中外游客展示中国积极推动节能减排和低碳技术发展的最佳范例。年均约可发284万千瓦时,每年可节约标煤约1 000吨,年均减排二氧化碳(CO_2)约2 500吨,二氧化硫(SO_2)84吨,氮氧化物(NOx)42吨,烟尘762吨。体现良好的社会效益和环境效益,并对中国城市公共建筑的光伏建筑一体化应用推广起到很好的示范和引领作用。

【建设施工】

主题馆施工由沈阳远大铝业工程有限公司、上海市第四建设集团有限公司、上海市安装公司负责分别承担主体工程的安装及土建项目施工,工程监理方为上海建浩工程顾问有限公司,机组调试由上海新能浦汇实业有限公司承担。

中国馆施工由上海市第二建设集团有限公司和上海市安装公司分别承担主体工程的安装及土建项目施工,工程监理由上海建浩工程顾问有限公司负责,机组调试由上海新能浦汇实业有限公司承担。

主题馆光伏电站于2009年4月进场开工,9月完成土建和设备安装,2010年1月实现并网发电,同年4月完成竣工验收。

【投产仪式及报道】

2009年9月28日,上海世博会主题馆举行竣工、移交布展暨太阳能发电启动仪式,上海市常务副市长杨雄出席仪式并开启太阳能发电启动钥匙。

三、其他新能源项目

【上海申欣太阳能光伏发电项目】

上海申欣太阳能发电有限公司成立于2007年8月,主要为投资建设上海临港新城兆瓦级太阳能光伏发电项目的项目公司。由浙江东南网架股份有限公司为钢结构平台制作安装单位,上海交大泰阳绿色能源有限公司为太阳能组件和支架系统安装单位,合肥阳光电源有限公司为光伏并网逆变器安装单位。该光伏电站于2008年8月建成投运,是上海市开发利用太阳能的重点示范工程,由上海新能源公司独资投资建设。

该项目利用上海电气临港基地联合厂房建设,装机容量为1.1兆瓦,全部采用国产化设备。作为当时全国最大单体建筑太阳能发电应用项目,申欣太阳能光伏发电项目的建设和投运,对上海市完成"太阳能三年行动计划",提升上海市高效太阳能电池及组件的技术水平,转变上海市太阳能产业纯粹外向型的不利局面,推动上海市及中国城市太阳能应用具有重大意义。

该项目接待国内外行业专家、政府相关部门和同行赴临港太阳能电站学习和考察近50批次,得到广泛好评,对国内其他光伏电站的建设起到明显的示范和引领作用。

【江苏启东风电项目】

江苏启东风电项目经华能集团公司批准,于2007年8月23日在江苏省启东市注册成立,注册资本2亿元。该项目是上海新能源公司首个在外参股风电项目,占股35%,该项目已被联合国确认为"清洁发展机制"项目。启东风电项目分为两期工程,共有108台风机,总装机容量为185.5兆瓦。

一期工程:总装机容量为91.5兆瓦(61×1.5兆瓦),61台风机于2008年12月并网发电。

二期工程:总装机容量为94兆瓦(47×2兆瓦),47台风机于2011年并网发电。

【长兴风电项目】

长兴风电项目为上海市首个公开招标的陆上风电场特许权项目,特许权期限为25年,于2007

年 11 月 30 日中标取得,由上海新能源公司投资成立上海申能长兴风力发电有限公司承担项目工程的投资建设和运营管理任务,项目建设方为上海市建工安装工程有限公司,项目监理方为上海市电力监理咨询有限公司。

项目场址位于上海市崇明县长兴岛北部沿岸地区,风机沿规划的随塘河内侧布置,每台风机间距 475 米左右。共安装 10 台单上海电气 2 兆瓦风电机组,总装机容量为 20 兆瓦,于 2009 年 8 月 31 日开工建设,2011 年 1 月 18 日投产运营。

【申欣风电项目】

申欣风电项目是由上海新能源公司、上海电气(集团)总公司共同投资建设的风电场工程项目,作为上海电气(集团)总公司风电设备机组国产化的依托和试验基地,是上海市的风电示范项目。上海新能源公司占股 55%,成立上海申欣风力发电有限公司负责工程建设的管理,施工方为上海电力建设第二工程有限公司,监理方为上海建浩工程顾问有限公司。

项目选址东海大桥西侧的临港新城保税区南侧大堤内侧,风场共安装 6 台机组(2 台上海电气 1.5 兆瓦风电机组、2 台上海电气 2 兆瓦风电机组、2 台上海电气 3.6 兆瓦风电机组),共 13.7 兆瓦,于 2010 年 4 月 18 日开工建设,2010 年 9 月 3 日并网发电。

【青草沙风电项目】

2011 年 10 月,青草沙风电项目获得上海市发改委核准,由上海新能源公司投资成立上海申能长兴第二风力发电有限公司负责工程建设的管理,施工方为华东送变电工程公司,监理方为上海市电力监理咨询有限公司。

青草沙风电项目位于上海市崇明县长兴岛北部沿岸地区,地区地域开阔、障碍物少,具有良好的风能资源开发利用价值。

项目共安装 24 台上海电气 2 兆瓦风电机组,总装机容量为 48 兆瓦,占用岸线约 12 公里。风电场场址区域内地势平坦,呈东南至西北走向。于 2012 年 5 月开工建设,2014 年 4 月 11 日投产运营。

【华港风电项目】

华港风电项目共分一期和二期项目,由上海新能源公司独资子公司上海华港风力发电有限公司负责运营管理。

华港风电一期项目位于南汇老港废弃物处置场内,共安装 13 台华锐 1.5 兆瓦风机,总容量 19.5 兆瓦,原由华电福新新能源投资有限公司与上海环境投资有限公司合资建设,于 2011 年 6 月投产运营。2012 年上海新能源公司收购上海华港风力发电有限公司 100% 股权。华港风电一期项目是国内在垃圾填埋场上建立的首个风力发电项目。一期项目施工方为上海海怡建设(集团)有限公司,监理方为上海东华工程咨询公司。

华港风电二期项目位于沧海桑田农业示范基地内,由上海华港风力发电有限公司负责建设和运营,共安装 24 台上海电气 2 兆瓦风电机组,总装机容量为 48 兆瓦。于 2013 年投资建设,2015 年 2 月投产运营。二期项目施工方为华东送变电工程公司,监理方为上海电力监理咨询有限公司。

【内蒙古达茂风电项目】

内蒙古达茂风电项目为上海新能源公司首个走出上海的独资投资建设的风电项目。项目位于内蒙古包头市达尔罕茂明安联合旗境内,为达茂旗百万风电基地规划区9号风场位置,风电项目地处干旱温凉荒漠草原区,海拔高程约为1500米左右,风能资源丰富,主导风向频率大,多数情况下风速处于可利用区域,具备良好的开发价值。由申能新能源内蒙古达茂风力发电有限公司负责投资、建设、运营,一期项目施工方为内蒙古第二建设股份有限公司,项目监理方为中咨工程建设监理公司,二期项目施工方为内蒙古建设股份有限公司,项目监理方为黑龙江润华电力工程项目管理有限公司。

  内蒙古达茂风电项目一期共安装24台湘电2兆瓦风电机组,总装机容量为48兆瓦,于2015年2月13日并网发电。达茂二期共安装24台上海电气2兆瓦风电机组,1台湘电1.5兆瓦风电机组,总装机容量为48兆瓦,于2015年4月20日列入国家"十二五"第五批计划,2015年6月10日开工建设,2015年12月底全部并网发电。

第三章　参股管理发电公司及投资收益

截至2017年年底,申能股份共参股发电公司14家,权益装机容量457.6万千瓦,当年度权益发电量为161.34亿千瓦时,约占总权益发电量的47%。根据申能股份《投资企业管理基本制度》规定,申能股份对投资企业管理模式分为"控股企业管理"和"参股企业管理"(包括财务投资型企业)。对参股发电公司的管理,主要采用三种方式:通过合资合同、企业章程明确股东各方议事规则;建立董事会、监事会议事机制;建立董事会前重大事项决策沟通机制,首创在董事会下设立相关专业委员会,为股东各方就重大管理事项进行沟通、达成共识提供平台;派出高管参与参股公司日常经营管理;建立日常经营事务信息报送联系机制,掌握参股发电公司的日常生产和经营情况。申能股份通过股东会、董事会和监事会对参股公司进行管理。各参股发电公司根据公司章程规定每年定期召开董事会和监事会,对公司章程修订、董监事和管理层委任,以及公司年度预决算、投资事项、分红事项、固定资产报废、关联交易、技改项目和年度费用投入等重大决策进行审议,维护股东各方权益。

第一节　参股发电公司

申能股份参股发电公司按其发电类型,分为火力发电公司、抽水蓄能发电公司及核能发电公司。截至2017年年底,参股发电公司中除上海闵行燃气发电有限公司、上海漕泾联合能源有限公司和安徽芜湖核电有限公司的工程处于筹建阶段外,其他均已投产。

一、火力发电公司

截至2017年年底,公司参股的火力发电公司共有9家,其中燃煤发电公司5家,燃气发电公司4家,分别为:华能上海石洞口发电有限责任公司、上海上电漕泾发电有限公司、上海外高桥发电有限责任公司、上海吴泾发电有限责任公司、上海漕泾热电有限责任公司、华能上海燃机发电有限责任公司、上海华电奉贤热电有限公司、上海闵行燃气发电有限公司和上海漕泾联合能源有限公司。

【华能上海石洞口发电有限责任公司】

华能上海石洞口发电有限责任公司(简称石二扩建)位于上海市宝山区盛石路350号,毗邻长江,拥有2台66万千瓦超超临界燃煤机组。石二扩建于2008年7月30日注册成立,注册资本11.79亿元人民币,由申能股份和华能国际电力股份有限公司(简称华能国际)各持股50%,申能股份出资额为5.895亿元。截至2017年年底,申能股份持股比例未发生变动。

石二扩建的2×66万千瓦发电工程于2008年6月1日开工,建设总工期18.5个月,主设备由上海电气供货,锅炉采用阿尔斯通引进技术,汽轮机和发电机采用西门子引进技术,工程同步建设脱硫、脱硝装置,首次新建年产量12万吨的二氧化碳捕集装置(CCS)。2台机组分别于2009年10月15日、11月15日建成投产,开创中国燃煤发电机组规模化二氧化碳捕集的先河,对于煤电行业参与温室气体减排具有示范意义。

根据公司章程,石二扩建委托华能国际进行日常生产经营管理,申能股份派任 1 名副总经理参与公司日常管理。申能股份在董事会拥有 2 个席位,其中 1 席任副董事长;在监事会拥有 1 个席位,任监事会主席。公司章程规定董事会每年至少召开一次。2017 年,石二扩建共发电 65.06 亿千瓦时,实现净利润 1.699 亿元。自 2010 年至 2017 年年底,申能股份从石二扩建累计获得权益利润约 11.926 亿元。

【上海上电漕泾发电有限公司】

上海上电漕泾发电有限公司(简称上电漕泾)位于上海市金山区漫华路 8 号,拥有 2 台 100 万千瓦超超临界燃煤机组。上电漕泾于 2007 年 4 月 26 日注册成立,注册资本 14.4 亿元人民币,由申能股份和上电股份分别持股 35%、65%,申能股份出资额为 5.04 亿元。截至 2017 年年底,申能股份持股比例未发生变动。

上电漕泾的 2×100 万千瓦超超临界燃煤发电工程是关停上海杨树浦发电厂和闵行发电厂机组的"上大压小"项目。工程于 2007 年 12 月 18 日开工,其锅炉和汽轮机、发电机为上海电气提供的引进阿尔斯通和西门子技术的国产设备。工程同步建设脱硫、脱硝装置。两台机组分别于 2010 年 1 月和 4 月投入商业运行,是上海电网主力发电机组之一。

上电漕泾由上电股份控股管理。申能股份在公司董事会拥有 2 个席位,其中 1 席任副董事长;在公司监事会拥有 1 个席位,任监事会主席。公司章程规定董事会每年至少召开一次。2017 年,上电漕泾共发电 101.62 亿千瓦时,亏损 1.69 亿元。自 2010 年至 2017 年年底,申能股份从上电漕泾累计获得权益利润约 6.627 亿元。

【上海外高桥发电有限责任公司】

上海外高桥发电有限责任公司(简称外一发电)位于上海市浦东新区海徐路 1001 号,拥有 4 台 32 万千瓦燃煤发电机组。外一发电于 1996 年 5 月 8 日注册成立,注册资本 18.0384 亿元人民币,由申能股份和上电股份各持股 50%。2001 年 12 月 20 日,股东双方签署协议,将双方在外一发电和吴二发电所持股权中的一个百分点进行置换。股权置换后,申能股份和上电股份分别持股 49%、51%,申能股份出资额 8.8388 亿元,上电股份取得控股权(参见第二篇第一章第一节)。截至 2017 年年底,申能股份持股比例未发生变动。

外一发电的 4×30 万千瓦燃煤发电工程于 1992 年 10 月开工,总投资 27.7 亿元,其锅炉和汽轮机、发电机为上海电气提供的、引进 CE 和西屋技术的国产设备,1997 年 8 月全部建成投产。该工程是国家"八五"重点工程,也是上海浦东第一批十大基础设施建设中投资规模最大的工程。

外一发电由上电股份控股管理。申能股份在公司董事会拥有 3 个席位,其中 1 席任副董事长;在公司监事会拥有 1 个席位,任监事会主席。公司章程规定董事会每年至少召开一次。2017 年,外一发电共发电 30.83 亿千瓦时,实现净利润 3345 万元。自 1999 年至 2017 年年底,申能股份从外一发电累计获得权益利润约 21.298 亿元。

【上海吴泾发电有限责任公司】

上海吴泾发电有限责任公司(简称吴六发电)位于上海市闵行区龙吴路 5060 号,拥有 2 台国产引进型 30 万千瓦燃煤机组。吴六发电于 2002 年 1 月 24 日注册成立,注册资本 5 亿元人民币,由上电股份和申能股份各持股 50%,申能股份出资额为 2.5 亿元。截至 2017 年年底,申能股份持股比例未发生变动。

吴六发电的 2×30 万千瓦燃煤发电项目为 1986 年度世界银行贷款项目。工程于 1989 年 5 月 20 日开工,其锅炉和汽轮机、发电机为上海电气提供的引进 CE 和西屋技术的国产设备,1992 年 11 月建成投产。

按照公司章程,吴六发电由上电股份负责日常生产经营管理,申能股份派任 1 名副总经理参与公司日常管理。申能股份在公司董事会拥有 3 个席位,其中 1 席任董事长;在公司监事会拥有 1 个席位。公司章程规定董事会每年至少召开一次。2017 年,吴六发电共发电 14.21 亿千瓦时,亏损 1.52 亿元。自 2002 年至 2017 年年底,吴六发电累计权益利润亏损约 1.27 亿元。

【上海漕泾热电有限责任公司】

上海漕泾热电有限责任公司(简称漕泾热电)位于上海市化学工业园区联合路 69 号,拥有 1 台 33 万千瓦和 1 台 32.8 万千瓦的燃气-蒸汽联合循环供热发电机组。漕泾热电于 2004 年 3 月 10 日注册成立,注册资本 7.99 亿元人民币,由申能股份、上电股份、上海化学工业区发展有限公司和新加坡胜科公用事业私人有限公司(简称胜科公司)分别按 30%、36%、4% 和 30% 比例持股,申能股份出资额为 2.397 亿元。截至 2017 年年底,申能股份持股比例未发生变动。

漕泾热电的工程是中国西气东输工程配套的第一座燃气-蒸汽联合循环的热电联产项目。工程于 2004 年 4 月开工,燃气轮机、汽轮机和发电机由哈尔滨-GE 联合体提供,余热锅炉由杭锅厂提供,两台机组于 2005 年 12 月建成投产,主要为化学工业园区内的企业提供电力、热能和除盐水。

漕泾热电由上电股份控股管理。申能股份在公司董事会拥有 2 个席位,其中 1 席与胜科公司的 1 席董事轮流任副董事长;在公司监事会拥有 1 个席位。公司章程规定董事会每年召开 2 次。2017 年,漕泾热电共发电 42.6 亿千瓦时,实现净利润 4.22 亿元。自 2010 年至 2017 年年底,申能股份从漕泾热电累计获得权益利润约 9 亿元。

【华能上海燃机发电有限责任公司】

华能上海燃机发电有限责任公司(简称石洞口燃机)位于上海市宝山区盛石路 298 号,拥有 3 台 40 万千瓦 F 级的燃气-蒸汽联合循环机组。石洞口燃机于 2005 年 1 月 13 日注册成立,注册资本 6.997 亿元人民币,由申能股份和华能国际分别持股 30%、70%,申能股份出资额为 2.099 1 亿元。截至 2017 年年底,申能股份持股比例未发生变动。

石洞口燃机的 3×40 万千瓦燃气-蒸汽联合循环发电工程是中国西气东输工程的配套项目之一。工程于 2005 年 4 月 8 日开工,建设总工期 15 个月,其燃气轮机、汽轮机、发电机和余热锅炉分别为上海电气-西门子联合体提供和上海电气提供,3 台机组分别于 2006 年 5 月、6 月和 7 月 31 日建成投产。石洞口燃机获得 2009 年度中国电力优质工程奖、2009 年国家优质工程银质奖和《亚洲电力》杂志评选的亚洲最佳燃气电厂奖。

石洞口燃机由华能国际控股管理。申能股份在公司董事会拥有 2 个席位,其中 1 席任副董事长;在公司监事会拥有 1 个席位,任监事会主席。公司章程规定董事会每年召开 2 次。2017 年,石洞口燃机共发电 15.5 亿千瓦时,实现净利润 1.507 亿元。自 2006 年至 2017 年年底,申能股份从石洞口燃机累计获得权益利润约 3.975 亿元。

【上海华电奉贤热电有限公司】

上海华电奉贤热电有限公司(简称奉贤燃机)位于上海奉贤区金汇镇金钱公路 1328 号,距离上海市中心 30 公里。公司东侧紧邻金钱公路,西侧为金汇港,北侧为上海奉贤燃机发电有限公司,拥有 2 台 43 万千瓦燃气-蒸汽联合循环供热发电机组和配套区域热网。奉贤燃机于 2012 年 9 月 25

日注册成立,注册资本5.45亿元人民币,由申能股份和上海奉贤燃机发电有限公司分别持股49%、51%,申能股份出资额为2.6705亿元。截至2017年年底,申能股份持股比例未发生变动。

奉贤燃机的2×43万千瓦燃气-蒸汽联合循环供热发电工程为热电联产项目。工程于2014年3月17日开工建设,其燃气轮机、汽轮机和发电机由上海电气提供,余热锅炉由杭锅厂提供,两台机组分别于2015年8月、11月建成投产,主要向上海奉贤南桥新城区域工业用户集中供热。

奉贤燃机由上海奉贤燃机发电有限公司控股管理,申能股份派出1名副总经理参与公司日常管理。申能股份在公司董事会拥有2个席位,其中1席任副董事长;在公司监事会拥有1个席位,任监事会主席。公司章程规定董事会每年至少召开一次。2017年,奉贤燃机共发电10.4亿千瓦时,完成净利润5195万元。自2015年至2017年年底,申能股份从奉贤燃机累计获得权益利润约5767万元。

【上海闵行燃气发电有限公司】

上海闵行燃气发电有限公司(简称闵行燃机)位于上海市闵行区丽江路2号(闵行电厂原址),计划建设国产燃气-蒸汽联合循环发电机组。闵行燃机于2010年5月14日注册成立,注册资本1亿元人民币,由申能股份和上电股份分别持股35%、65%,申能股份出资额为3500万元。截至2017年年底,申能股份持股比例未发生变动。闵行燃机由上电股份控股管理,截至2017年年底,工程正在筹建之中。

【上海漕泾联合能源有限公司】

上海漕泾联合能源有限公司位于上海市金山区上海化学工业区联合路69号,拟建设上海化工区IGCC工程项目,2010年5月18日注册成立,注册资本6000万元人民币,由申能股份和上电股份分别持股49%、51%,申能股份出资额为2940万元。截至2017年年底,申能股份持股比例未发生变动。上海漕泾联合能源有限公司由上电股份控股管理,截至2017年年底,项目正在筹建中。

二、抽水蓄能发电公司

截至2017年年底,申能股份参股2家抽水蓄能发电公司,即华东天荒坪抽水蓄能发电有限责任公司和华东桐柏抽水蓄能发电有限责任公司,均由国网新源控股有限公司(简称国网新源)负责管理。申能股份在2家抽水蓄能电站的股权比例均为25%。

【华东天荒坪抽水蓄能发电有限责任公司】

华东天荒坪抽水蓄能发电有限责任公司(简称天荒坪抽水蓄能电站)位于浙江省北部安吉县境内,下水库坐落在太湖流域西苕溪支流大溪上,拥有6台30万千瓦抽水蓄能发电机组,总装机容量180万千瓦。电站接近华东网负荷中心,距上海、南京、杭州分别为175、180、57公里。天荒坪抽水蓄能电站于1998年12月24日注册成立,注册资本7.2亿元人民币,由华东电网有限公司、申能股份、江苏省投资公司、浙江省电力开发公司和安徽省能源投资总公司分别按41.7%、25%、16.7%、11%和5.6%的股权比例共同投资设立,申能股份出资额为1.8亿元。国家电网2008年将华东电网有限公司持有的天荒坪抽水蓄能电站41.7%的股权无偿划转国网新源。截至2017年年底,申能股份股权未发生变动。

天荒坪抽水蓄能电站的6×30万千瓦可逆式水轮机组发电项目为1993年度世界银行贷款项目,作为秦山核电配套调峰项目,1994年开工,下水库库容877万立方米,上水库库容885万立方米,主设备可逆泵式水轮机供货商为挪威克瓦娜,发电机供货商为GE公司。6台机组于2002年全部建成投产,在当时同类抽水蓄能电站中位列亚洲之首、世界第三。

天荒坪抽水蓄能电站由国网新源控股管理。申能股份在公司董事会拥有 2 个席位,其中 1 席任副董事长;在公司监事会拥有 1 个席位。根据公司章程规定董事会每年至少召开一次。2017 年,天荒坪抽水蓄能电站共发电 26.28 亿千瓦时,实现净利润 4.54 亿元。自 1999 年至 2017 年年底,申能股份从天荒坪抽水蓄能电站累计获得权益利润约 9.18 亿元。

【华东桐柏抽水蓄能发电有限责任公司】

华东桐柏抽水蓄能发电有限责任公司(简称桐柏抽水蓄能电站)位于浙江天台山,距天台县城 7 公里,距杭州约 150 公里,拥有 4 台 30 万千瓦抽水蓄能发电机组,总装机容量 120 万千瓦。桐柏抽水蓄能站于 2000 年 12 月 27 日注册成立,注册资本 8.4 亿元人民币,由华东电网有限公司、浙江省电力公司、上海市电力公司、申能股份、浙江省电力开发公司和天台水电综合开发有限公司分别按 24%、23%、5%、20%、23%和 5%的股权比例出资设立,申能股份出资额为 1.68 亿元。国家电网 2008 年将华东电网、浙江省电力公司、上海市电力公司持有的桐柏抽水蓄能电站合计 52%的股权无偿划转国网新源。申能股份 2009 年从浙江省产权交易所公开挂牌购得天台水电综合开发有限公司持有的桐柏抽水蓄能电站 5%的股权,股权比例增至 25%,出资额为 2.1 亿元。浙江省电力开发公司 2010 年将其持有的桐柏抽水蓄能电站 23%的股权无偿划转浙江省水利水电投资集团有限公司。调整后,国网新源、申能股份和浙江省水利水电投资集团有限公司分别持有桐柏抽水蓄能电站 52%、25%、23%的股权。截至 2017 年年底,申能股份股权未发生变动。

桐柏抽水蓄能电站的 4×30 万千瓦单级可逆式水轮机组发电项目为 2000 年度世界银行贷款项目。工程于 2001 年 12 月 30 日开工,下水库库容 1 289.73 万立方米,上水库库容 1 231.63 万立方米,主设备单级可逆泵式水轮机和发电机供货商为奥地利 VA TECH 公司,4 台机组于 2006 年 12 月 27 日全面建成投产。该项目作为秦山核电站二、三期工程的同步建设配套项目,目标是满足华东电网的系统调峰要求,在华东电网中承担调峰填谷、调频调相及紧急事故备用的作用。

桐柏抽水蓄能电站由国网新源控股管理。申能股份在公司董事会拥有 2 个席位,其中 1 席任副董事长;在公司监事会拥有 1 个席位。按照公司章程规定董事会每年至少召开一次。2017 年,桐柏抽水蓄能电站共发电 16.96 亿千瓦时,实现净利润 9 717 万元。自 2006 年至 2017 年年底,申能股份从桐柏抽水蓄能电站累计获得权益利润约 1.399 亿元。

三、核能发电公司

截至 2017 年年底,申能股份参股 3 家核电公司,分别为核电秦山联营有限公司、秦山第三核电有限公司、安徽芜湖核电有限公司。申能股份在 3 家核电公司的持股比例分别为 12%、10%和 20%。

【核电秦山联营有限公司】

核电秦山联营有限公司(简称秦山二核)位于浙江省嘉兴市海盐县境内,拥有 4 台 65 万千瓦压水堆核电机组。秦山二核于 1988 年 7 月 20 日注册成立,注册资本 24 亿元人民币,先期建设 2 台 65 万千瓦压水堆核电机组,由中国核工业总公司、浙江省电力开发公司、申能股份、江苏省投资公司、中国华东电力集团公司、安徽省能源投资总公司分别按 50%、20%、12%、10%、6%和 2%的持股比例出资设立,申能股份出资额 2.88 亿元。1996 年申能集团成立,自 1997 年 9 月负责秦山二核的投资。2004年2月申能股份以资产评估值为受让价格,收购申能集团持有的秦山二核12%的股权。

秦山二核于2006年开始扩建2台65万千瓦压水堆核电机组。经股东会决议决定通过法定公积金转增资本方式筹措建设用资本金。2016年12月,秦山二核注册资本金增至53.7995亿元,中国核能电力股份有限公司、浙江浙能电力股份有限公司、申能股份、江苏省国信资产管理集团有限公司、上海禾曦能源投资有限公司和安徽省皖能股份有限公司分别持有50%、20%、12%、10%、6%和2%股权,申能股份出资额为6.4559亿元。截至2017年年底,申能股份股权未发生变动。

秦山二核是中国自主设计、自主建造、自主管理、自主运营的首座60万千瓦级压水堆核电站。工程分两期,一期工程于1996年6月2日开工,两台机组于2004年5月3日全部建成;二期工程于2006年4月28日开工,两台机组于2011年12月29日全部建成投产。

秦山二核由中国核能电力股份有限公司控股管理。申能股份在公司董事会拥有1个席位;在公司监事会拥有1个席位,任监事会主席。按照公司章程,董事会每年召开4次。2017年,秦山二核共发电211.59亿千瓦时。

【秦山第三核电有限公司】

秦山第三核电有限公司(简称秦山三核)位于浙江省海盐县螳螂山,与秦山二核毗邻,拥有2台70万千瓦级压力重水堆核电机组。秦山三核于1997年1月31日注册成立,注册资本10亿元人民币,中国核能电力股份有限公司、上海禾曦能源投资有限公司、浙江浙能电力股份有限公司、申能股份和江苏省国信资产管理集团有限公司分别持有51%、20%、10%、10%和9%股权,申能股份出资额为1亿元。1996年申能集团成立,自1997年9月负责秦山三核的投资。2004年申能股份以1.06亿元的价格,收购申能集团持有的秦山三核10%的股权。截至2017年年底,申能股份股权未发生变动。

秦山三核的2×72.8万千瓦压力重水堆核电工程是国家"九五"重点工程、中加两国合作建设的最大工程项目,采用加拿大成熟的CANDU6商用核电技术,由加拿大原子能有限公司(AECL)总承包。工程于1998年6月8日开工建设,2003年7月24日建成投产。

秦山三核由中国核能电力股份有限公司控股管理。申能股份在公司董事会拥有1个席位;在公司监事会拥有1个席位。按照公司章程,董事会每年召开2次。2017年,秦山三核共发电109.77亿千瓦时,实现净利润11.48亿元。

【安徽芜湖核电有限公司】

安徽芜湖核电有限公司(简称芜湖核电)位于安徽省芜湖市繁昌县内长江南岸,处于皖电东送通道上,毗邻长江三角洲负荷中心,拟建设芜湖核电站一期工程2台100万千瓦级压水堆核电机组。芜湖核电于2008年11月正式成立,注册资金2亿元人民币,由中国广核集团有限公司、申能股份、安徽省皖能股份有限公司、上电股份分别按51%、20%、15%和14%的股权比例出资设立。截至2017年年底,申能股份股权未发生变动。芜湖核电由中国广核集团有限公司控股管理,截至2017年年底,项目正在筹建中。

第二节 投资收益

申能股份参股各发电公司的投资收益情况详见表2-3-1和表2-3-2。根据国家《企业会计准则》,参股股权超过20%的投资收益以权益利润计列,参股股权低于20%的,投资收益以分红计列。

表2-3-1 2000—2017年申能股份参股20%及以上发电项目权益收益情况表

单位：万元

年份 公司	2000	2001	2002	2003	2004	2005	2006	2007	2008
上海吴泾发电有限责任公司	—	—	4 325.35	3 629.94	4 397.04	4 372.08	4 262.69	4 152.02	−6 720.86
上海外高桥发电有限责任公司	24 950.98	22 855.10	18 282.10	22 074.29	20 625.52	19 284.38	18 328.04	10 974.76	−9 789.55
安徽池州九华发电有限公司	—	—	—	—	—	−399.19	7.33	1.34	−4 376.27
上海漕泾热电有限责任公司	—	—	—	—	—	−641.34	1 923.88	3 133.90	2 933.36
华能上海燃机发电有限责任公司	—	—	—	—	—	—	36.75	2 023.87	3 723.39
华东天荒坪抽水蓄能发电有限责任公司	4 694.36	3 830.29	3 309.59	4 143.60	3 815.22	3 127.56	3 695.64	4 694.36	3 830.29
华东桐柏抽水蓄能发电有限责任公司	—	—	—	—	—	—	−796.37	374.63	404.51
华能上海石洞口发电有限责任公司	—	—	—	—	—	—	—	—	—
上海上电漕泾发电有限公司	—	—	—	—	—	—	—	—	—
上海华电奉贤热电有限公司	—	—	—	—	—	—	—	—	—

年份 公司	2009	2010	2011	2012	2013	2014	2015	2016	2017
上海吴泾发电有限责任公司	3 833.08	−3 522.19	−8 623.11	−4 983.80	−2 141.04	−3 878.03	−746.32	−3 486.23	−7 601.95
上海外高桥发电有限责任公司	11 836.72	3 079.59	156.76	3 526.58	10 454.82	5 281.86	8 370.63	6 250.44	1 638.90
安徽池州九华发电有限公司	−2 481.53	−3 543.39	−2 481.53	—	—	—	—	—	—
上海漕泾热电有限责任公司	5 666.76	5 899.75	8 647.99	7 370.53	8 263.33	9 231.92	11 902.91	12 968.24	12 683.54
华能上海燃机发电有限责任公司	4 500.19	3 158.54	3 982.64	3 105.73	3 065.97	3 533.44	4 110.68	3 985.51	4 521.73
华东天荒坪抽水蓄能发电有限责任公司	4 536.78	5 598.80	5 465.02	6 763.81	8 419.15	8 918.55	10 031.77	11 074.46	11 355.65
华东桐柏抽水蓄能发电有限责任公司	487.43	1 037.17	809.35	1 129.83	1 887.55	1 972.52	2 418.33	1 833.69	2 429.31
华能上海石洞口发电有限责任公司	—	3.31	2 987.39	19 632.56	27 551.83	21 627.94	22 999.32	15 963.72	8 497.56
上海上电漕泾发电有限公司	—	4 258.61	7 371.19	10 733.02	19 548.82	9 372.42	12 696.99	8 217.27	−5 925.69
上海华电奉贤热电有限公司	—	—	—	—	—	—	338.29	2 882.96	2 545.86

表2-3-2　2006—2017年申能股份参股秦山项目分红利润情况表　　　　　　　　　　单位：万元

公司＼年份	2006	2007	2008	2009	2010	2011
核电秦山联营有限公司	4 752	2 880	3 120	10 800	8 244	11 160
秦山第三核电有限公司	940	2 640	4 270	8 170	10 470	19 300

公司＼年份	2012	2013	2014	2015	2016	2017
核电秦山联营有限公司	11 772	21 720	18 408	22 920	24 264	21 828
秦山第三核电有限公司	11 400	10 600	12 110	11 110	9 950	8 970

第四章 电力生产运行和技术改造

申能股份的电力生产运行和技术改造工作由公司生技部归口管理。生技部接受公司生产副总经理的分管及领导,从运行管理、检修管理、可靠性管理、项目管理和技术监督5个条线,对控股发电企业的生产运行和技术改造工作进行管理。现行的管理制度有《申能股份运行管理办法》《申能股份发电公司可靠性管理办法》《申能股份迎峰度夏管理及考核办法》《申能股份检修管理办法》《申能股份发电公司技术监督管理办法》《申能股份技术改造和科技项目管理办法》《申能股份科技创新奖励管理办法》7项制度,涵盖发电企业运行、检修、技术监督、技术改造、燃料和节能环保等全部管理内容。

第一节 电力生产运行

一、发电运行

【历史沿革】

从2003年开始,申能股份成立公司经营管理部,对电力项目的生产安全和经营进行管理。2005年,撤销经营管理部,成立计划部、安全部、生技部等职能管理部门,《申能股份组织机构设置制度》明确公司生技部在生产运行管理、项目管理、生产技术管理、燃料管理等方面的职责。2007年,申能股份发布《申能股份发电公司运行管理制度》《申能股份可靠性管理办法》《申能股份迎峰度夏管理办法》,并于2013年修订完善后再版,进一步规范对控股发电企业的运行管理。

【组织构架】

申能股份系统实行安全生产责任制,发电运行管理组织构架如图2-4-1。公司及控股发电企业总经理是本单位安全生产第一责任人。公司生产副总经理分管具体生产和安全工作。公司生技部负责全公司具体发电生产运行的协调、管理、考核与指导。申能股份发电生产运行管理按照发电公司类型主要分为火电(包括燃煤发电、燃气蒸汽联合循环发电及供热机组)和新能源发电(包括风力发电和光伏发电)。各发电企业根据不同的发电形式一般采用集中控制和无人值守等运行管理模式。

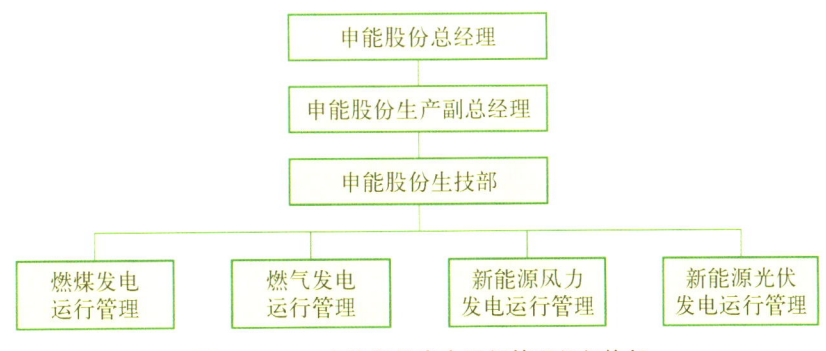

图2-4-1 申能股份发电运行管理组织构架

【管理模式】

燃煤发电运行管理 申能股份控股燃煤发电企业有上海吴泾第二发电有限责任公司、上海外高桥第二发电有限责任公司、上海外高桥第三发电有限责任公司、淮北申皖发电有限公司、申能吴忠热电有限责任公司和上海申能星火热电有限责任公司,日常生产运行均实行发电企业总经理负责制,分管生产运行的副总经理负责具体发电运行的指挥、协调、分析与管理,并根据生产和技术管理工作需要,任命总工程师或副总工程师具体分管公司技术工作。上述燃煤发电企业运行管理模式如图2-4-2,设有发电部或运行部,负责发电运行工作,并设锅炉、汽机、电气和化学环保专工等岗位,对发电运行人员进行监督、分析、指导和管理,一般发电部下设5个运行班组(甲、乙、丙、丁、戊值)以及化学班组,一般采用"五班三运转"方式(注:吴忠热电采用"五班四运转"方式),每个班组设值长、主值、副值、化学值班员、灰控值班员和巡操员等岗位。发电运行实行当班值长负责制,当班值长是企业发电生产的现场直接指挥者和组织者,在当值时间段内对发电机组所有运行操作、安全经济运行及事故处理全面负责。值长受发电部经理和生产副总经理领导,在电网调度操作上执行电网调度员命令。煤控运行包括卸煤操作和上煤操作,由燃料部煤控班组负责,接受当班值长的指令。发电机组运行控制采用机组单元集中控制,网控、煤控、化学水处理、灰控、环保脱硫等辅助系统实行分区域集中控制。

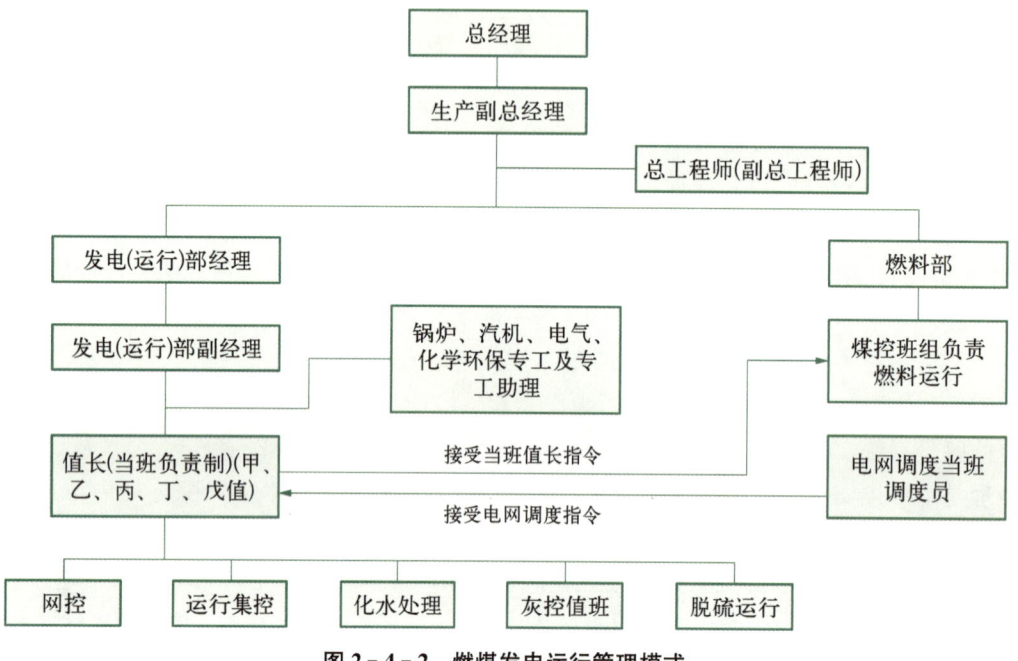

图2-4-2 燃煤发电运行管理模式

燃气发电运行管理 公司控股燃气发电企业有上海申能临港燃机发电有限公司、上海申能崇明发电有限公司、上海申能奉贤热电有限公司,运行管理模式如图2-4-3。日常生产运行均实行总经理负责制,分管生产运行的副总经理具体负责发电运行的指挥、协调、分析与管理。燃气发电企业的运行管理内容较燃煤发电企业相对简单,因其燃料为天然气,由天然气管网负责供气,较燃煤发电企业没有码头、煤场、输煤和制粉等煤系统设备,风、烟系统也相对简单,没有空预器、除尘器和脱硫系统等设备,因此不设燃料部,没有燃料运行相关班组和岗位设置。因燃机-蒸汽联合循环机组承担电网和天然气管网双调峰的作用,且以电网调峰为主,全年多数情况下采用日开夜停的运行方式,以满足电网调峰需求。燃气发电企业的发电运行由发电部或运行部负责管理,生产运行主

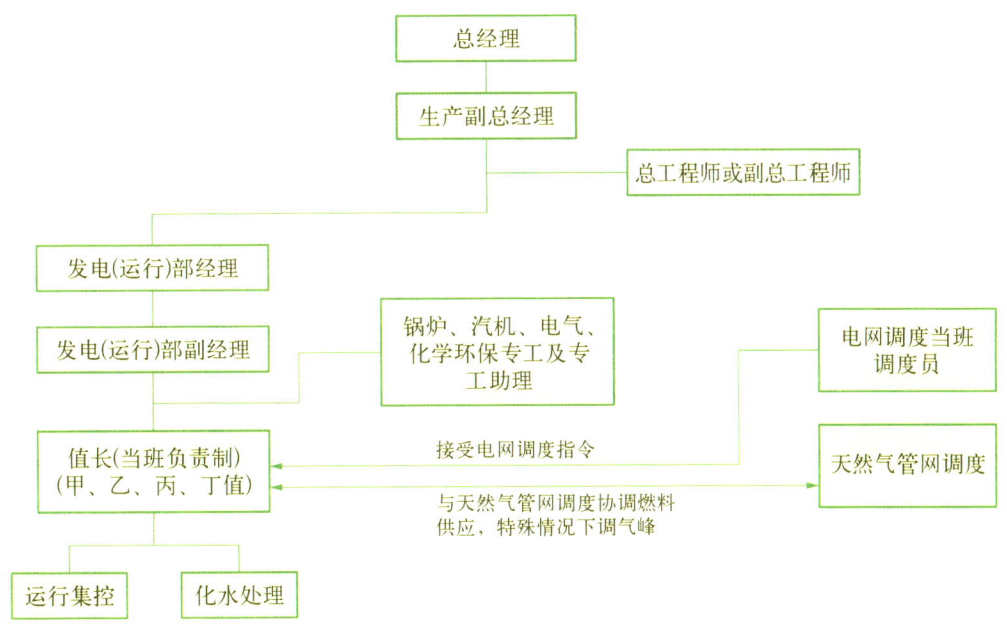

图 2-4-3 燃气发电运行管理模式

要由运行班组(甲、乙、丙、丁值)以及化学班组完成,一般实行"四班二运转"方式,每个班组设值长、主值、副值、化学值班员、巡操员等运行集控岗位,主要负责机、电、炉、化水精处理的巡检、运行操作、监盘和应急处置,化学班组主要负责取样化验以及燃料分析。发电机组的运行控制采用机组单元集中控制方式,实行当班值长负责制。

新能源发电运行管理　公司控股的新能源公司为上海申能新能源投资有限公司,其投资运营的风力发电站和光伏电站都为独立法人子公司。发电运行管理模式如图 2-4-4,由上海新能源生

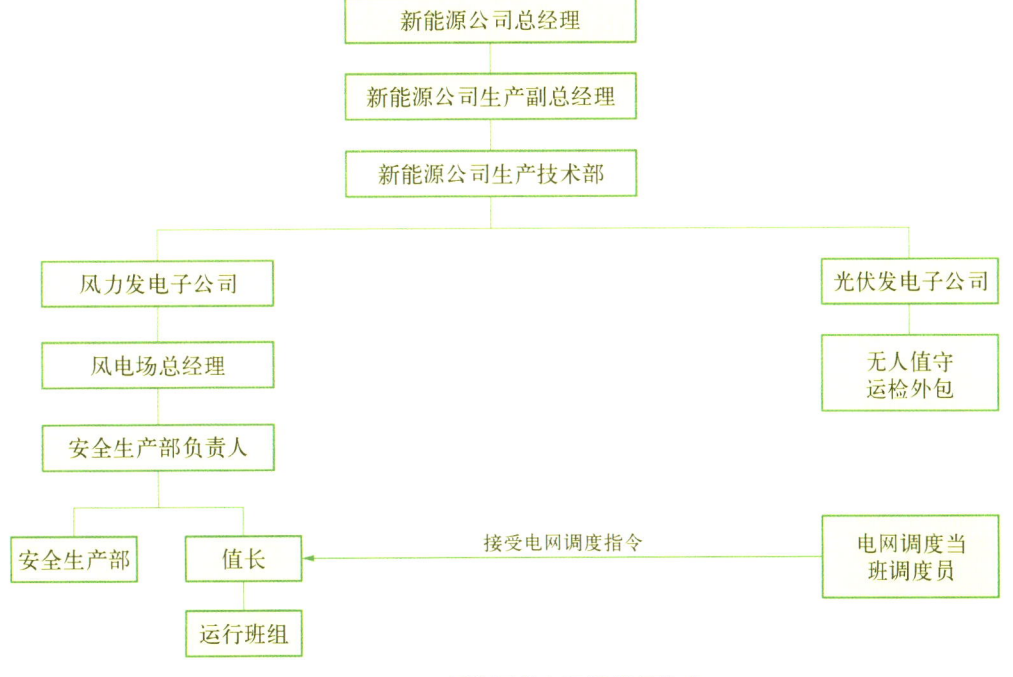

图 2-4-4 新能源发电运行管理模式

产技术部负责归口管理,各发电子公司独立运行。风力发电子公司设总经理和安全生产部负责人各1名,其中安全生产部负责人全权负责风电站日常生产运行管理工作,是生产现场运行管理工作的执行者和组织者,负责指导、指挥风电场的运行操作、安全经济运行和事故处理,监督运行值长执行电网调度指令。风电场设运行班组,实行"做四休四"的工作模式,负责风电场风机、变电站的运行、变电站故障及事故处理工作,以及生产报表统计、生产计划制定、阶段性工作总结和安全生产指标的分析等工作。光伏发电子公司发电运行采取无人值守的管理模式,子公司职能部门管理人员负责对运检外包单位进行管理,定期对光伏发电生产现场进行监督和检查。

【监督考核】

申能股份生技部设运行管理和可靠性管理岗位,负责对控股发电企业的运行工作进行指导、监督、检查与考核,开展日常运行管理、可靠性管理及迎峰度夏专项工作。2007年,申能股份生产实时信息系统建成投用,对发电机组运行情况进行实时监控。

生技部运行主管通过生产实时信息系统监控发电机组运行状态,定期汇总、梳理、分析发电企业运行情况、发电量、负荷率及能耗水平,形成运行周报、运行月报,每双月召开运行例会,组织发电企业交流汇报运行管理工作,开展经济性指标对标管理,监督检查发电企业工作票制度、热控保护投退制度、异动报告制度、运行规程和系统图定期修改制度的执行情况,并监督各类运行管理问题的整改落实,提高公司系统整体运行管理水平。

生技部设可靠性管理岗位,组建公司系统可靠性管理体系,按照国家能源局可靠性管理中心有关制度、规程及文件要求,对发电企业可靠性工作进行管理,督促发电企业可靠性管理专责人员及时、准确、完整地统计和报送各类可靠性数据和信息,对发电企业机组跳闸、非计划停机、非计划降出力等技术分析报告进行审核、指导,并监督各类反事故措施的落实。公司年初对发电企业下达机组跳机考核指标,一般小于等于0.5次/台,年末对指标完成情况进行考核。

公司总经理每年6月主持召开迎峰度夏动员会,通报当年夏季用电量预测情况、高温天和台风预测情况,以及公司系统机组检修、迎峰度夏前技术监督检查等准备情况,部署迎峰度夏专项工作。生技部持续开展迎峰度夏专项检查,实时跟踪、记录发电企业迎峰度夏期间发电机组非停非降及设备缺陷等情况,组织开展迎峰度夏考评,并根据得分情况进行奖励,9月底、10月初公司召开迎峰度夏总结会,通报迎峰度夏考评结果。

二、设备管理

【管理构架】

公司生技部设检修管理岗位,在分管副总经理领导下,对控股发电企业的设备维护、消缺、检修等管理工作进行指导、监督和检查,其设备管理主要职责如图2-4-5。按照《申能股份有限公司检修管理办法》规定,公司生技部对发电企业设备维护、检修工作年度计划进行审核、审批,下达全年生产费用预算,并进行过程控制。每双月召开检修例会,对发电企业设备管理情况和机组检修进度、质量及安全情况组织交流,进行监督、检查和指导。参加发电企业组织的设备解体分析会,收集、汇总、分析发电生产中出现的重大设备缺陷和存在的共性问题,并组织技术攻关。组织学习和推广先进的检修管理理念和方法,为发电企业提供设备维护和检修管理的技术支持。

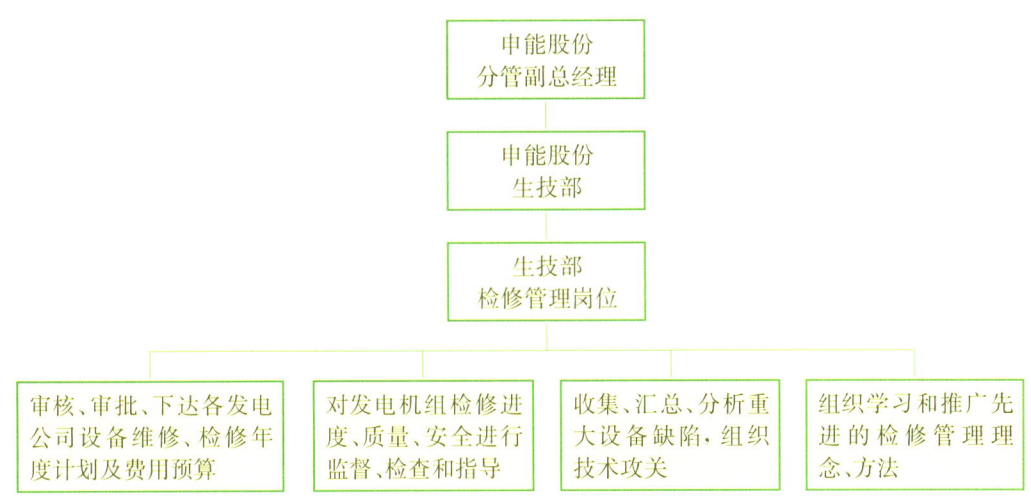

图 2-4-5 申能股份设备管理职责

发电企业在公司生技部的指导下,负责设备管理具体工作的实施,其管理构架如图 2-4-6。发电企业总经理全面负责本单位生产经营工作,发电设备维护、检修等管理工作由发电公司生产副总经理分管,主设备及其系统、辅机及系统、环保设备及系统的检维修由检修部或设备管理部具体负责管理,燃煤发电公司的码头、煤场及输煤系统的设备检维修由燃料部负责管理,新能源风力发电子公司设备检维修由安全生产部负责管理,新能源光伏发电子公司的光伏发电设备检维修由外包运检单位负责。根据发电设备生产运行的不同状态,设备维护可分为日常维护、计划检修和故障抢修。各发电公司设备维护工作以专业管理加项目外包为主,燃煤发电公司和燃气发电公司继电保护系统及整定、热工 DCS 系统及组态等核心工控系统的检维修工作由本单位电气二次继保专业和热控专业自行负责实施。

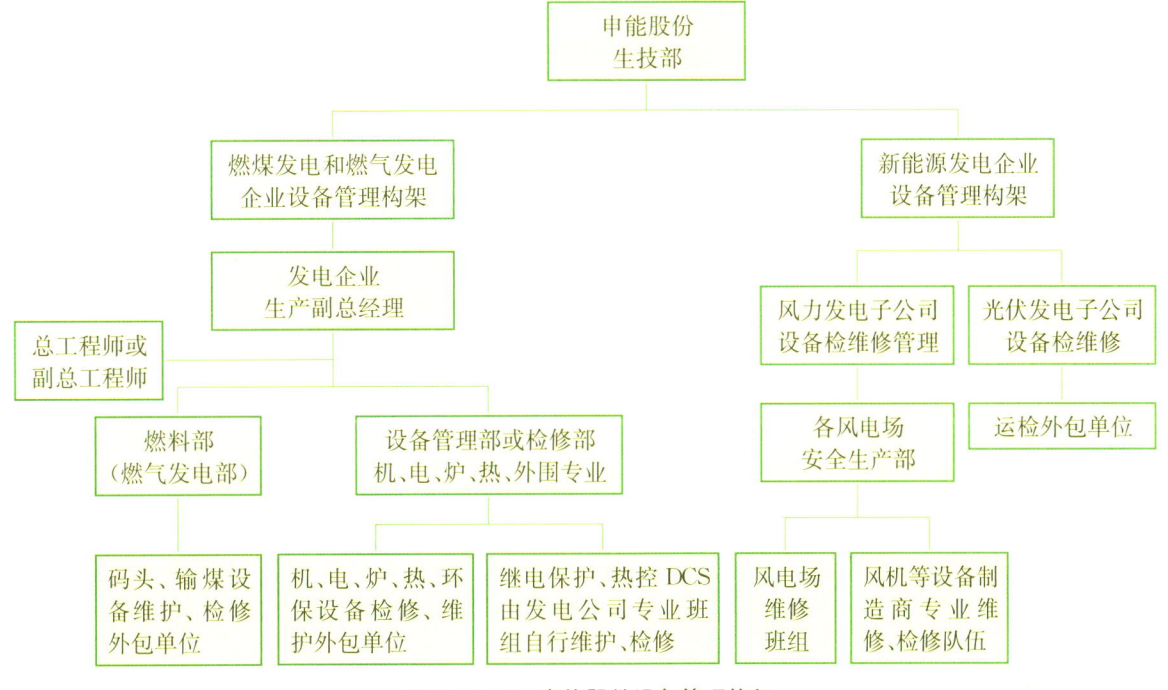

图 2-4-6 申能股份设备管理构架

【日常维护】

发电设备日常维护包括巡回检查、专项检查、设备隐患排查治理和缺陷管理等工作。燃煤发电公司和燃气发电公司发电运行部门和设备管理部门按专业分工每日进行巡检,外包维护单位按照设备维护合同规定的范围每日进行巡检。各发电公司总经理、生产副总经理带队,安全部或安环部牵头组织,开展各类专项检查,包括春季安全大检查、迎峰度夏专项检查、秋冬季安全大检查、节假日前专项检查、工控系统安全防护专项检查、涉网设备安全检查及安全生产标准化自评检查等内容,并按照《申能股份生产安全事故隐患排查治理管理办法》制度要求,组织生产部门、外包维护单位开展各类设备隐患排查,每月对设备隐患进行梳理、汇总、分析,于月末上报申能股份安全部。各发电公司都建立缺陷管理系统,由设备管理部或检修部各专业对每日巡检、专项检查、隐患排查发现的设备缺陷和设备隐患进行统计分析,建立缺陷分类台账,按照常规缺陷、备忘缺陷和停机缺陷分类型进行管理,并安排维护单位对常规缺陷进行消缺处理。备忘缺陷和需停机的缺陷列入计划检修项目。新能源风力发电子公司维护班组负责每日的设备巡检,同时风机设备供应商专业维护队伍也开展每日巡检,常规缺陷由维护班组和维护单位按规定填写工作票,及时组织消缺。

【计划检修】

发电机组计划检修按国际通用标准分为A、B、C、D四个等级,A级检修为大修包括改造性和扩大性大修,每6年一次。B级检修为中修或称扩大性小修,每3年一次。C级检修为小修,每2年一次。D级检修为设备缺陷处理,根据设备实际情况每年一次。发电企业每年9月向电网和上级公司申请下年度检修计划,并根据电网调度批复的机组计划检修时间和公司审批下达的检修任务及检修费用预算,按计划组织实施设备检修工作。计划检修由各发电企业生产副总经理牵头,设备管理部、发电部等生产部门和物供部、策划部、安环(保)部等相关职能部门共同参与。A、B级检修采用"检修项目经理制",成立检修项目组,负责检修前期策划,检修过程中的安全管理、质量验收、进度控制,以及检修后的总结、资料归档、费用决算等全面检修管理工作。涉及安全高风险项目和重大检修作业的A、B级检修,发电公司还聘请专业的检修监理单位实施第三方监检。

计划检修分为修前准备、检修过程管控和修后总结与评估三个阶段。

在检修前2个月启动检修准备工作,包括成立检修项目组、确定检修项目、开展招标工作、落实材料采购、确定检修单位和监理单位、签订工程合同及安全协议、编制检修作业指导书、做好检修施工组织设计、策划检修区域定制化管理、安排修前机组性能试验、做好检修机组与运行机组的区域划分与隔离等工作。

检修过程中,每天召开检修协调会,对检修作业中的安全、质量和进度进行盘点,协调解决具体问题。检修前期,设备管理部各专业签发工作票,发电部做好系统隔绝措施并许可,工作票签发人和运行许可人向检修施工单位进行安全技术交底,检修中期,召开设备解体分析会,设备管理部各专业汇报设备解体后发现的异常情况,商定解决方案,指导下阶段检修工作,当发现重大问题,或需变更检修方案、调整检修范围、增加费用预算和影响检修进度的,及时向公司生技部汇报。

检修后期,召开检修情况汇报会,设备管理部将检修过程发生的设备异动以及需要运行人员注意的地方向发电部进行交底,发电部根据设备系统检修完成情况,执行压票制度,安排分部调试、系统校验和机组启动。整个计划检修进行全过程质量监管,执行三级验收制和H点、W点旁站监督、检查及签证制,发现不符合项,填写不符合项通知单,并按相应程序处理,所有项目的检修质量验收实行签字责任制和质量追溯制,以保证检修质量。检修结束机组复役后,在规定时间内完成修后性能试验,并对机组检修中的安全、质量、项目、工时、材料消耗、技术监督、费用以及试运行情况等进行总结,完成总结报告并报申能股份生技部。发电机组 A、B 级检修结束重新投入运行 100 天后两周内,由发电公司完成检修自评,申能股份生技部组织复评。

新能源风力发电公司依据设备制造商提供的年度例行维护内容和风电设备运行实际情况编制年度检修计划,报经申能股份生技部和电网调度审核、批准、下达后,按计划执行。风电机组的检修,由风力发电子公司安全生产部负责管理,具体由设备制造商的专业检修队伍实施。设备检修前,根据风电场所处地理环境和发电机组检修作业特点,选取适当的检修作业时间,避开风速较高或气象条件恶劣的时段,以改善检修作业环境,确保检修作业安全,提高检修效率,降低检修成本,并减少因计划停机造成的电量损失。检修期间,例行维护作业前召开检修工作准备会,协调工作内容、控制作业进度、做好质量记录。检修工作结束后,风力发电子公司安全生产部总结维护检修计划完成情况和质量情况,对综合维护检修工作中发现的问题和维护周期内发电机组的运行状况进行分析评价,并对下一检修周期内风力发电机组的预期运行状况及注意事项进行阐述。

【故障抢修】

燃煤发电企业和燃气发电企业在发电生产运行过程中,突发重大设备缺陷,导致发电机组跳机、非计划停机或非计划降出力时,进入故障抢修状态。

发电企业的故障抢修由生产副总经理、总工程师或副总工程师主持,发电部、设备管理部、安保部及相关抢修单位共同参与配合。故障抢修分为不停机抢修、机组被迫停机抢修和机组临修。当电网负荷不允许立即停机,且发生的设备缺陷具备不停机消缺条件,经发电公司生产副总经理或总工程师批准,在确保安全的前提下,方可进行在线抢修,常见的有机组限负荷运行,单风机或单泵运行处理故障等。机组被迫停运抢修指突发设备缺陷导致跳机和紧急停机,在机组极热态或热态情况下进行故障处理,需在短时间内结束故障处理,恢复机组并网运行。机组临修是指在机组调停情况下,发现设备缺陷,临时安排的非计划检修,在电网调度批复的调停期内完成故障处理。故障抢修时,发电公司多部门、多专业、维护单位和抢修单位联动,必要时邀请外部专家参与故障诊断,快速分析故障原因、隔离故障区域、辨识安全风险、做好事故预想、制定抢修方案、落实抢修现场安全技术交底和专项安全措施。故障抢修结束后,发电公司分析原因、总结经验教训、制定反事故措施,申能股份生技部组织开展同类型设备隐患排查治理,落实反事故措施,持续跟踪、分析、评估故障处理效果,确保避免同类故障的发生。

新能源风力发电子公司生产运行中或巡检中发现重大设备缺陷,上报上海申能新能源投资有限公司,由上海申能新能源投资有限公司生产技术部牵头、安全部全程参与,与设备制造商、风机安装施工单位研究讨论,制定专项故障抢修方案,并通过专家论证后,组织实施。风电设备重大故障处理时,要落实大型起重设备、重大吊装作业专项安全措施,进行多方旁站监护,并做好相应的应急措施。故障消除后,及时总结,开展同类型设备隐患排查治理,保障风机运行安全。

三、技术监督

【管理构架】

技术监督工作以质量为中心、以标准为依据、以计量为手段,形成质量、标准、计量三位一体的技术监督体系,是提高发电设备可靠性、保证机组安全、经济运行的重要基础工作。申能股份电力生产技术监督管理实行二级管理制。

公司级技术监督管理由申能股份分管副总经理分管，公司生技部归口管理。《申能股份技术监督管理办法》规定，生技部负责公司系统技术监督日常管理、协调、检查、评价、指导和服务工作，主要包括制订公司技术监督工作年度计划，指导控股发电公司建立技术监督网络并检查、评价与考核技术监督网络各项工作开展情况，监督、检查各发电公司与受委托技术监督服务单位签订的《技术监督与技术支持服务合同》执行情况，组织公司技术监督人员参加各项技术监督活动和培训，推广先进、可靠、有效的技术监督和故障诊断新技术。公司生技部与电力试验研究（所）院合作，对10项技术监督内容都建立定期分析制度和不安全情况分析制度，定期检查各项目包含的设备状况，分析和掌握设备动态，通过分析，找出异常发生原因和存在的安全隐患，并提出技术解决措施。

各发电企业是技术监督工作的执行者，在基建向生产过渡前期，就编制发布《技术监督管理制度》，成立由发电企业生产副总经理任组长的技术监督领导小组，组建由发电企业、生产部门、专业班组构成的三级技术监督网络，其成员由生产部门负责人及各专业技术监督专工组成，各专业技术监督专职人员保持相对稳定，人员调整及时上报申能股份生技部，各专业技术监督人员实行持证上岗，负责本专业技术监督具体工作。

【工作方式】

申能股份技术监督工作实行技术分工负责制，按照依法监督、分级管理、行业归口的原则，对电力建设和生产实施全过程、全方位的技术监督管理，贯穿于电力生产建设全过程，即包括工程设计、设备选型、监造、安装、调试、试生产、运行、检修、停备用、技术改造等整个过程。技术监督形式按实施主体分为内部监督和外部监督。

内部监督主要是发电企业技术监督网络开展日常监督，建立技术监督档案，包括原始技术资料档案、专业技术档案和监督管理档案，技术资料涵盖设备制造、安装、调试、运行、检修及技术改造等全过程的技术监督原始档案和资料，并确保其准确性、完整性和连续性。内部技术监督实行分级监督、逐级报告制度。发电企业技术监督专业人员严格执行各项技术监督规程和技术检验规程，保证技术监督数据准确无误，并按规定填报各类报表，编写年度技术监督总结。发电企业技术监督领导小组组长每半年主持召开一次技术监督专题会，研究技术监督工作状态及规程、条例，反措的贯彻执行情况，对技术监督工作中出现的问题提出处理意见和防范措施，落实技术监督工作考核，确保技术监督指标的完成。技术监督中发现的设备缺陷，按发电企业"设备消缺管理制度"实施消缺。受监督设备运行中发生异常、事故，或检修中发现重大问题，立即向申能股份生技部报告，并在24小时内填报"技术监督信息快报"，公司生技部跟踪、督办问题的整改，落实闭环管理。

外部监督主要是发电企业委托电力试验研究所（院）等专业技术单位作为技术监督管理的技术支持，根据企业发电机组设备状况和特点，签订年度技术监督和技术支持服务协议。电力技术监督执行单位依据协议承担相应的职责，指导、监督发电公司按有关标准和规定开展技术监督工作，并为重大设备问题提供技术诊断，提出技术措施和整改建议，并跟踪闭环。

2008年3月6日，申能股份总工程师主持召开首次电力技术监督专题会，建立申能股份发电企业技术监督工作机制，形成申能股份独特的内三级加外三级的技术监督体系，内三级为厂部、专业、运行值，外三级为公司、电力试验研究所（院）和电调。发电企业在基建期生产准备阶段，就组建技术监督网络，发电机组投产后，各技术监督专业定期对生产数据进行分析总结，每年开展技术监督活动,委托电力试验研究所(院)等第三方每年开展技术监督专项检查,做到强制性检验项目不漏项,对技术监督检查发现的问题,各发电企业逐项落实整改闭环。

【监督内容】

电力技术监督工作从专业上划分为绝缘、金属、化学、热工、电测、环保、继电保护、电能质量、节能、汽轮机监督10个专业。

绝缘监督涵盖发电机(含电动机)、变压器、电抗器、消弧线圈、断路器、组合电器、熔断器、互感器、耦合电容器、串并联电容器、避雷器、电缆、输电线路、接地装置、封闭母线、穿墙套管等电气设备的绝缘强度(包括外绝缘防污闪)、通流能力、过电压保护及接地系统等内容。

金属监督涵盖锅炉、压力容器、高温或承压管道及部件、高速旋转部件(汽轮机或燃机大轴、叶轮、叶片、发电机大轴、护环)、金属材料的组织、性能变化、寿命评估、缺陷分析、焊接材料和工艺等内容。

化学监督涵盖水、汽、电力用油(气)、燃料品质及生产用各种药品质量,热力设备的腐蚀、结垢、积盐,热力设备停、备用保护,在线化学仪表等内容。

热工监督涵盖压力、温度、流量、重量、转速、振动检测装置的检验率、调前合格率、计量标准装置的准确率,自动调节、控制、显示、保护、联锁设备和系统的投入率、动作正确率、一次调频、AGC投运等内容。

电测监督涵盖电工测量仪表、关口计量装置(电能表、互感器、测量系统二次回路)、电量变送器、电测计量装置等的准确率等内容。

环保监督涵盖废水处理、烟气处理、噪声、粉尘治理等环保设施的运行状况及指标控制,电厂的环境现状评价及新、扩、改建项目的环境影响评价等内容。

继电保护监督涵盖继电保护(失磁、失步、低励限制、发-变组开关失灵、母线、主变电气量等)、系统安全自动装置及有关的二次回路投入率、动作正确率、发电机励磁系统性能及指标、整定参数和运行可靠性等内容。

电能质量监督涵盖电能质量运行指标(电压、频率、谐波及无功计量表计)、发电机发电力率调节范围(包括进项值)、发电机励磁参数(调差率、低励和PSS)等内容。

节能监督涵盖发电设备的效率、能耗(燃料、水)、变电设备损耗及提高效率、降低损耗的措施等内容。

汽轮机监督涵盖轴系振动特性、叶片特性、调节保安系统特性等内容。

【监督案例】

公司技术监督网络发展至今,为电力建设施工质量监督检验、发电机组跳机分析、锅炉"四管"泄漏处理等方面遇到问题,提供技术支持,提出解决方案,取得良好效果。

吴二发电 通过电气绝缘监督和化水监督技术分析,找准故障原因,解决重大设备问题。2009年4月8日,1号机组发变组保护动作,机组跳闸。解体检查发现A相定子线棒38号槽阶梯形矽钢片断齿,主绝缘损坏,经电气专业和绝缘技术监督分析找出发电机铁芯松动的原因,及时将发电机转子和励磁机返上海电机厂检测修理。技术监督于2010年至2012年连续对2台机组进行发电机铁芯紧力检查和加固,确认按新工艺标准符合运行工况。2010年5月19日和2010年8月4日,1号锅炉末级过热器爆管。2010年11月8日,2号锅炉末级过热器也发生爆管。申能股份生技部多次组织召开技术监督专题分析会,邀请华东电力试验研究院、兄弟电厂锅炉专业和西安热工院化水监督专家进行技术分析,找出锅炉末级过热器爆管原因为内壁氧化皮大量脱落导致管子堵塞过热爆管,并制定专项治理方案,分别对2台锅炉的末级过热器进行酸洗,取得成效。根据末级过热器氧化皮酸洗清理技术在实际工作中的使用效果,使其成为防止锅炉"四管"泄漏的有效手段。作为解决600兆瓦亚临界机组锅炉末级过热器氧化皮清理的公认最有效方法,已经在相关发电企业中推广使用。

外二发电 2014年,5号、6号锅炉一级过热器进口集箱疏水管道角焊缝处频繁发生泄漏,金属监督专业工程师根据现场泄漏点沿管子横断面开裂这一形貌特征,判断主要原因是疲劳失效,机组启停阶段管道振动产生交变应力,在这种交变载荷的长时间作用下产生振动后形成高周机械疲劳,最终于应力集中区域处出现裂纹而开裂,检修期间对这些管座全部更换为加强型桩头管座,彻底解决泄漏问题。2015年上半年连续两次在电动给水泵启动过程中发生一次电缆头绝缘击穿,造成零序保护动作跳闸,电气绝缘监督专业针对高压电动机电缆头绝缘损伤,进行分析并采取相应的反措,检修期间对全厂电给泵、厂高变、吸风机等大容量高压设备的一次电缆进行梳理检查,更换或重新制作对设备长期可靠运行有潜在隐患的一次电缆终端。2016年,5号主变运行中B相油中含气量超标,分析该气体是由于密封原因造成泄露导致含气量超标,检修期间对主变5B油枕进行解体检修,彻底消除缺陷。2016年,针对邻炉加热引起的管道振动问题,委托专业机构对5号机组再热冷段管道支吊架进行安全状态评估,为机组启动阶段的邻炉加热方式提供科学依据和指导方法。

外三发电 2010年在7C01和8B01机组检修中,对锅炉水冷壁T23材质问题进行专项重点检查,对水冷壁材质及其安装焊口、再热器管排弯头管弯头及其进出口集箱管座异种钢焊口进行100%着色检查,对有条件的位置进行拍片检查。对发生缺陷的管材,如有划痕和敲痕等问题,全部进行换管处理,解决水冷壁泄漏问题。2013年外三发电在7B02机组检修中,对7号机组中压主汽门和调门的在役螺栓和备件螺栓进行硬度、金相和超声波检测,发现中压调门螺栓材料为alloy-783镍基合金硬度超标,但金相和超声检测未见异常。下半年8号机组检修中发现46个螺栓断裂,4个螺栓超声检测有缺陷进行更换,其余38根螺栓硬度超标,超声检测无异常。电厂联系上海汽轮机厂对螺栓断裂原因进行分析,根据上汽厂对外三发电送检试样的测试,硬度HB390以下的螺栓室温拉伸试验合格。最终上述38根螺栓中使用22个硬度HB在380以下的。接下来几年,每次机组检修中对该材质螺栓进行跟踪检查。2015年9月15日中压调门8A拆除保温时发现中压调门8A螺栓A7和A10已经断裂,9月16日将中压调门8B和中压主汽门8A、8B的保温拆除检查汽门螺栓的断裂情况,在拆除过程中发现中压调门8B螺栓B12断裂、中压主汽门8A螺栓A18断裂,A17、A19疑似断裂。检修中对断裂螺栓和硬度超标螺栓全部进行更换,共计14根。2017年9月16日至11月4日的8号机组B级检修中按照华东能监局督办要求,整套更换新图号的螺栓(中主48个,中调40个),完成783材质螺栓隐患的治理。

申皖发电 2016年年初成立技术监督网,发布14项技术监督实施细则。申皖发电2号主变投产以来一直存在乙炔含量超标(检修前稳定在0.4μL/L左右)问题,主变高压侧B相套管CT存在匝间短路(电流互感器二次电流不平衡)问题。2016年,对2号主变油样连续送样化验,分析认为主要原因是油泵接线接反摩擦放电所致。接线整改后,乙炔含量稳定在0.6μL/L,仍偏高。2017年9、10月份2号机组B修期间,进行套管CT更换及变压器整体滤油,油样跟踪化验结果正常,油中未发现乙炔气体(乙炔含量为0)。2017年2号机组B修期间,安徽电科院采用超声波监督检测时发现2号炉二再出口3只焊口不合格,建议对超标缺陷进行消除。电厂采纳电科院特邀专家复查后的建议,对扩侧第一道焊口进行割口重焊处理,经补焊、热处理后,超声波、磁粉、光谱、硬度检测合格。申皖发电1号、2号发电机组中压主汽门、调门门盖螺栓(2×88颗/台机组)均采用国产783材质螺栓,按照华东能监局督办要求,2017年3、4月份分别对1、2号机中压汽门783螺栓进行整套更换,更换前进行各项金属检测,指标合格,解决重大设备安全隐患。

临港燃机 充分发挥金属监督在基建安装阶段和生产阶段对重要设备、部件材质性能的把关作用。2009至2010年间的设备制造阶段,金属监督安全性检验以及现场验收中及时查出锅炉高合金钢集箱20多支材质不合格、锅炉钢架焊接裂纹等隐患,立即退回制造厂返修处理,确保重要承压设备的质量安全。2013年检修中先后检查出4台锅炉再热减温水喷水管发生裂纹隐患,及时督促制造厂采用改进型喷水管,从而消除设计不足。

【获得荣誉】

申能股份技术监督管理工作得到上海市经济和信息化委员会、国家能源局华东监管局、上海市市场监督局的肯定。吴二发电获2015年度上海市并网电厂技术监督质量评价"综合优胜"单位,2015年、2017年获技术监督"创新提升"分项领先单位。外三发电获2013年度金属、电测、继保技术监督专业标杆,2014年度金属、绝缘技术监督专业标杆,2015年度金属、热工、化学、电测、继保技术监督专业标杆,2016年度化学、电测技术监督专业标杆,2017年度节能、环保、化学、继保技术监督专业标杆。吴忠热电参加2017年度宁夏并网发电企业优秀监督项目评比,其中"发电机接地刷辫改造"项目获一等奖,"皮带秤称重计量稳定性、准确性的提高"项目获二等奖。

第二节 科技创新与技术改造

一、科技创新管理

【历史沿革】

2006年9月6日,申能股份以申能集团召开首次科技创新大会为契机,组织召开申能股份电力生产技术委员会成立大会暨科技创新座谈会,汇集上海地区发电系统德、技双全的技术人才和发电生产一线各专业技术能手,组建申能股份电力生产技术委员会和专家组,以推动公司控股发电企业的安全生产、技术管理和科技创新工作。

2007年2月,申能股份颁布《技术改造、科技等项目管理办法》,明确下属发电企业根据电力行业特点和公司要求制定本单位技术改造、科技项目等年度计划和五年重点项目规划。在每年9月30日前向公司申报下一年度技术改造、科技等项目的年度计划和五年重点项目规划。五年重点项目规划每年度进行滚动并填报《申能企业技术改造/科技类项目五年规划(滚动)》。

2007年12月28日,申能股份制定《"十一五"科技创新规划(2007年修订版)》,并于2008年2月5日印发。公司"十一五"期间科技创新规划明确以"外三发电工程"的"国产1000兆瓦超超临界机组系统综合优化"发电科技项目为龙头,全面推进规划确定的26项科技重点攻关项目。通过这批项目的组织实施,经过几年时间的努力,加快形成有效的技术创新体制和机制,培育和激励创新人才,初步建立起公司系统的科技骨干队伍;建成良好的创新工作氛围;出现一批技术带头人,拿出一批具有一定技术含量的项目成果,包括获上海市科技进步奖,并争取国家级科学技术奖项。

2006至2010年"十一五"期间,申能股份每年组织科技创新成果评奖工作。

2011年12月5日,申能股份印发《申能股份有限公司科技创新奖励管理办法(8-2-5)》,公司科技创新奖项由每年一次改为每两年评奖一次。

2012年8月7日,申能股份印发《申能股份有限公司技术改造和科技项目管理办法(8-2-1)》,科技项目规划由五年规划改为三年规划,进一步规范公司科技项目管理程序。

【管理现状】

根据《申能股份有限公司技术改造和科技项目管理办法(8-2-1)》和《申能股份有限公司科技创新奖励管理办法(8-2-5)》,申能股份科技项目和科技创新奖评奖工作由公司生技部归口管理。

科技项目管理 申能股份生技部负责科技项目的日常管理工作,包括项目的审核、招投标管理、项目实施过程检查、总结和验收等。发电企业负责从项目的可行性、立项、招投标、合同管理、施工管理、竣工验收等对项目进行全过程管理,并采取项目负责人制。费用1000万元以上科技项目由公司主导。

科技创新评奖 申能股份科技创新奖分为科技进步奖、合理化建议奖、优秀科技工作者三种,科技进步奖分三个等级,合理化建议奖分两个等级,优秀科技工作者奖分三个等级。科技创新奖每两年评奖一次。申能股份科技创新和节能减排领导小组负责指导公司科技创新奖评审等工作,并审定科技创新获奖项目和人选。公司生技部为公司科技进步和优秀科技工作者奖评审、评奖的归口管理部门,工会为公司合理化建议奖评审、评奖的归口管理部门,投资部参与基建项目科技创新奖项的评审、评奖。评奖当年的6月份,公司生技部组织有关专家对上报的科技进步奖项和优秀科技工作者进行评审;公司工会组织有关专家对上报的合理化建议奖项进行评审;评审结果报公司科技创新领导和节能减排领导小组审批。公司对科技进步奖获奖项目的主要完成人员(每个项目限5名内)进行表彰和奖励;对推动技术进步成绩突出的企业、部门可授予科技工作先进集体荣誉称号;对科技创新工作取得重大成果、作出重大贡献的个人授予优秀科技工作者荣誉称号并进行奖励。

二、科技创新成果(含上海石油天然气有限公司)

【技术专利】

申能股份"十一五"期间,每年投入科技创新和技术改造的经费约1.7亿元,完成一批科技创新项目,并取得良好绩效。截至2017年年底,申能股份系统(含上海石油天然气有限公司)共获得96项专利授权,其中发明专利24项,实用新型专利73项。

表2-4-1 2008—2017年申能股份系统(含SPC)获得专利授权汇总情况表

序号	分类	专利号/申请号	专利名称	专利单位	授权公告日
1	发明专利	ZL201010600521.2	用于凝结水中压精处理混床的混合树脂	上海吴泾第二发电有限责任公司	2013年12月4日
2		ZL201310122267.3	双汽轮机循环水泵变频控制方法		2015年7月15日
3		2016108343174	一种适用于风电叶片的疲劳加载试验装置	上海临港海上风力发电有限公司	2017年1月4日

(续表)

序号	分类	专利号/申请号	专利名称	专利单位	授权公告日
4	发明专利	201310482337.6	一种用于火力发电厂直流锅炉的水冷壁有差别吹灰降低热偏差的方法	上海申能能源科技有限公司	2015年7月29日
5		201310482993.6	一种用于火力发电厂锅炉的利用蒸汽吹灰降低气温偏差的方法		2015年8月5日
6		201310480255.8	一种用于火力发电厂塔式直流锅炉的蒸汽吹灰调节再热汽温的方法		2016年5月4日
7		ZL201110252084.4	燃气-蒸汽联合循环机组的中压旁路系统	上海申能临港燃机发电有限公司	2014年7月23日
8		ZL201110276121.5	燃气-蒸汽联合循环机组的一键启停控制系统		2015年3月18日
9		ZL200710041837.0	发电机组旁路控制方法	上海外高桥第三发电有限责任公司	2008年12月3日
10		ZL200710041839.X	发电机组小旁路系统及其控制方法		2009年4月1日
11		ZL200710041838.5	发电机组热控智能保护控制方法		2009年9月9日
12		ZL200710046960.1	带炉水循环泵直流锅炉邻汽加热锅炉的启动方法		2009年11月4日
13		ZL200710046959.9	疏水扩容启动直流锅炉邻汽加热锅炉的启动方法		2009年11月4日
14		ZL200710040128.0	一种高低位分轴布置的汽轮发电组		2011年12月7日
15		ZL201110459533.2	一种用于汽轮发电机组的可调式给水回热系统2		2014年11月5日
16		ZL201010595304.9	直流锅炉的清洗方法		2015年4月1日
17		ZL201210006442.8	一种用于火力发电厂的变频总电源系统		2015年7月15日
18		ZL201310739154.8	一种超超临界机组的节能型快速启动方法		2015年7月15日
19		2009101531346	一种捕雾器	上海石油天然气有限公司	2012年2月29日
20		2011101246147	地层条件下横波测井曲线的合成方法		2012年11月21日
21		2009100551145	多底多分支井利用自流注水采油的方法		2013年1月2日
22		201010186470.3	一种原油含水率电容电导式测试仪		2013年3月20日
23		201110351773.0	一种不动管柱实现多层选压的压裂工艺		2015年1月7日
24		201410043533.8	古构造图成图方法及装置		2016年11月30日

〔续表〕

序号	分类	专利号/申请号	专利名称	专利单位	授权公告日
1	实用新型专利	2017202254711	一种带前置泵的广义变频系统	上海申能电力科技有限公司	2017年9月19日
2		ZL201620887648.X	防冲刷流装置和防冲刷流管道	淮北申皖发电有限公司	2017年4月19日
3		ZL201621090023.7	一种阀杆提升专用装置		2017年4月19日
4		ZL201120320244.X	发电厂的厂用电主接线连接结构	上海申能临港燃机发电有限公司	2012年3月28日
5		ZL201120320242.0	联合循环发电机组的给水系统		2012年4月25日
6		ZL201120320228.0	燃气-蒸汽联合循环机组的中压旁路系统		2012年4月25日
7		ZL201120320251.X	天然气差压发电装置		2012年5月2日
8		ZL201120331866.2	燃气-蒸汽联合循环机组的循环水系统		2012年5月16日
9		ZL201120349138.4	燃气-蒸汽联合机组的一键启停控制系统		2012年5月23日
10		ZL201720469121.3	火力发电厂的辅汽系统	申能股份有限公司	2017年12月2日
11		ZL201720461527.3	火力发电机组专用的节能型启动锅炉除盐水输送系统		2017年12月5日
12		ZL201720465602.3	汽轮机凝汽器的真空调节装置		2017年12月19日
13		ZL201720470024.2	汽轮机发电机组用的开式循环冷却系统		2017年12月19日
14		ZL201720463874.X	一种燃机发电装置及其冗余检测控制系统		2017年12月29日
15		ZL201720469435.X	一种燃机燃烧自动调节系统		2017年12月29日
16		ZL201220411906.9	蒸汽驱动设备备用汽源系统	上海外高桥第二发电有限责任公司	2013年4月3日
17		ZL201220411899.2	蒸汽轮机循环水启动系统		2013年4月3日
18		CN2010201090318	太阳能发电用非晶合金10千伏干式变压器	上海临港海上风力发电有限公司	2010年10月20日
19		ZL201320530076.6	超大型风电叶片可调式筋板模具		2014年4月2日
20		2016202804045	风电叶片根部打磨机		2016年10月5日
21		2016202803998	一种新型风电叶片模具快速连接装置		2016年10月5日
22		2016210685118	一种适用于风电叶片的疲劳加载试验装置		2017年11月17日
23		ZL200920072375.3	应用于回转式空预器的接触式密封结构	上海外高桥第三发电有限责任公司	2010年3月17日
24		ZL201120088018.3	锅炉烟气余热梯级回收利用的装置		2011年12月21日

（续表）

序号	分类	专利号/申请号	专利名称	专利单位	授权公告日
25	实用新型专利	ZL201220009367.6	一种用于火力发电厂的变频总电源系统	上海外高桥第三发电有限责任公司	2013年1月16日
26		ZL201120573977.4	一种用于汽轮发电机组的可调式给水回热系统		2013年4月3日
27		ZL201320026974.8	烟气脱硫吸收塔		2013年7月17日
28		ZL201320026685.8	烟气脱硫吸收塔喷淋层防喷溅结构		2013年7月17日
29		ZL201320197996.0	自动辅助盘车装置		2013年10月19日
30		ZL201320288590.3	一种改进的高压加热器疏水系统		2014年1月15日
31		ZL201320287900.X	一种带疏水泵的高压加热器疏水系统		2014年1月15日
32		ZL201320287898.6	一种改进的逐流式高压加热器疏水系统		2014年1月15日
33		ZL201320288580.X	一种带疏水泵的逐流式高压加热器疏水系统		2014年1月15日
34		ZL201320376186.1	一种带中压加热器及疏水泵的改进型给水回热及疏水系统		2014年1月15日
35		ZL201320377870.1	一种带中压加热器的改进型给水回热及疏水系统		2014年1月22日
36		ZL201320377916.X	一种带中压加热器及疏水泵的给水回热及疏水系统		2014年1月22日
37		ZL201320376138.2	一种带中压加热器的给水回热及疏水系统		2014年1月22日
38		ZL201320504033.0	一种锅炉煤粉预热的系统		2014年3月5日
39		ZL201320504090.9	一种提高制粉系统干燥出力的回热系统		2014年3月5日
40		ZL201320503581.1	一种拓宽汽轮机抽汽利用的回热系统		2014年3月5日
41		ZL201320548936.9	一种高低位布置的高温亚临界机组		2014年4月16日
42		ZL201320548970.6	一种改进型高温亚临界机组		2014年4月16日
43		ZL201320877017.6	一种节能型快速启动系统		2014年7月30日
44		ZL201320877058.5	一种应用于火力发电厂的节能型快速启动系统		2014年7月30日
45		ZL201420245755.3	一种用于火力发电厂的新型变频系统		2014年10月29日
46		ZL201420172387.4	一种中温省煤器系统		2014年11月5日
47		ZL201420858212.9	一种改进型高压加热器		2015年6月17日

（续表）

序号	分类	专利号/申请号	专利名称	专利单位	授权公告日
48	实用新型专利	ZL201420870356.6	一种高温亚临界机组	上海外高桥第三发电有限责任公司	2015年6月24日
49		ZL201420700957.2	一种用于火力发电厂的可调式给水回热系统		2015年7月22日
50		ZL201620307455.2	一种用于汽轮发电机组的广义变频系统		2016年10月12日
51		2007201085040	一种旋流式气液分离器	上海石油天然气有限公司	2008年5月7日
52		2007203101353	自升式海洋石油天然气生产平台的升降装置		2008年10月15日
53		2009202115235	卷筒式海底管道敷设作业船		2010年11月24日
54		201120120051X	一种通井规		2011年11月30日
55		2011201200435	一种井下封隔套		2011年12月7日
56		2011201994904	一种用于齿轮齿条钻机的液压动力水龙头		2012年1月11日
57		2011201994764	齿轮齿条钻机的电控系统		2012年1月18日
58		2011201994783	齿轮齿条钻机的闭式液压系统		2012年1月18日
59		2011201994919	全液压齿轮齿条钻机		2012年2月1日
60		2011201994938	一种用于钻机的钻杆处理装置		2012年2月8日
61		2011201994887	新型电驱动链传动泥浆泵组		2012年2月11日
62		2012201179246	自动自吸离心泵装置		2012年11月21日
63		201320797513.1	一种天车主滑轮总成密封结构		2014年9月10日
64		201320798395.5	海洋钻修井用环保鼠洞		2014年9月10日
65		201620180779.4	水下管汇装置		2016年7月27日
66		201620338500.0	一种模拟海底含浅层气运移规律的物探		2016年9月7日
67		201620764293.5	水下集成液压控制系统		2017年1月4日
68		201620451816.0	高压气密性测试装置		2017年1月4日
69		201620762857.1	水下输送系统的控制电路及控制系统		2017年1月4日
70		201620749021.8	高压水密气密测试台		2017年1月11日
71		20162075550045.5	高压水密性测试装置		2017年1月18日
72		201621081592.5	电磁阀的驱动电路、驱动组件及驱动系统		2017年5月3日
73		201520065032.X	一种用于燃气电厂主厂房的采光系统	上海申能崇明发电有限公司	2015年9月2日

【历年评奖】

申能股份重视在系统内营造全员创新氛围,积极培育和发掘科技创新成果,推动科技创新向生产经营转化。申能股份鼓励员工积极开展自主科学技术研究,并在实际工作中提出合理化建议,系统内每年评选科技进步奖和合理化建议奖。

表2-4-2 2005年度申能股份科技进步奖、合理化建议奖获奖项目名单情况表

序号	项目名称	项目单位	获奖等级
科技进步奖			
1	600兆瓦亚临界汽包锅炉给水加氧处理技术研究	上海吴泾第二发电有限责任公司	一等奖
2	东海平湖油气田海底输气管线陆上延伸段局部搬迁工程——不停输封堵连接	上海石油天然气有限公司	一等奖
3	600兆瓦燃煤机组维修规划和决策技术	上海吴泾第二发电有限责任公司	二等奖
4	平湖油气田重点地区勘探评价研究——中山亭构造探井(PH9井)井位部署	上海石油天然气有限公司	二等奖
5	气举电潜泵复合的采油工艺	上海石油天然气有限公司	二等奖
6	900兆瓦机组空预器密封装置完善及控制系统改进	上海外高桥第二发电有限责任公司	二等奖
7	生产管理信息系统开发应用	上海外高桥第二发电有限责任公司	三等奖
8	2号机疏水系统优化	上海吴泾第二发电有限责任公司	三等奖
合理化建议奖			
1	2号炉C层和CD层火检改造	上海吴泾第二发电有限责任公司	一等奖
2	辅助DCS系统画面改为四画面	上海吴泾第二发电有限责任公司	一等奖
3	900兆瓦机组AGC、一次调频控制策略完善及投用	上海外高桥第二发电有限责任公司	一等奖
4	900兆瓦机组炉燃烧调整及吹灰系统程序优化	上海外高桥第二发电有限责任公司	一等奖
5	2号汽轮机技术改进	上海申能星火热电有限公司	一等奖
6	火灾自动报警信息系统	上海吴泾第二发电有限责任公司	二等奖
7	财务系统辅助开发及配套功能实施	上海外高桥第二发电有限责任公司	二等奖
8	900兆瓦机组DCS报警内容优化	上海外高桥第二发电有限责任公司	二等奖
9	900兆瓦机组热控自动控制逻辑整理完善及辅机保护改进	上海外高桥第二发电有限责任公司	二等奖
10	1号励磁机系统改造	上海申能星火热电有限公司	二等奖
11	化水控制系统改造	上海申能星火热电有限公司	二等奖

表2-4-3 2006年度申能股份科技进步奖、合理化建议奖获奖项目名单情况表

序号	项目名称	项目单位	获奖等级
科技进步奖			
1	FCB功能在900兆瓦超临界机组中的成功实现	上海外高桥第二发电有限责任公司	一等奖
2	平湖油气田放鹤亭构造气藏挖潜研究——B9井成功钻探	上海石油天然气有限公司	一等奖

(续表)

序号	项目名称	项目单位	获奖等级
3	平湖油气田扩建工程八角亭平台小储量方案研究及优化	上海石油天然气有限公司	二等奖
4	信息化促进全面预算管理	上海吴泾第二发电有限责任公司	二等奖
5	900兆瓦超临界机组仿真机系统改进与完善	上海外高桥第二发电有限责任公司	二等奖
6	2号机凝泵A加装变频装置	上海吴泾第二发电有限责任公司	三等奖
7	闭冷水系统腐蚀行为及防止措施研究	上海吴泾第二发电有限责任公司	三等奖
8	布袋除尘器应用	上海申能星火热电有限责任公司	三等奖
合理化建议奖			
1	900兆瓦机组AGC完善和投运	上海外高桥第二发电有限责任公司	一等奖
2	100兆瓦差压汽轮发电机项目	上海申能星火热电有限责任公司	一等奖
3	给煤机变频改造	上海吴泾第二发电有限责任公司	二等奖
4	1号机组小摆角执行机构优化改进	上海吴泾第二发电有限责任公司	二等奖
5	煤污水闭式循环处理及全厂废水综合利用	上海吴泾第二发电有限责任公司	二等奖
6	900兆瓦机组厂用电系统改造	上海外高桥第二发电有限责任公司	二等奖
7	配合三期对公用系统改造	上海外高桥第二发电有限责任公司	二等奖
8	5号/6号炉密封风机改造	上海外高桥第二发电有限责任公司	二等奖
9	5号、6号机组灰控PAS楼直流系统改造	上海外高桥第二发电有限责任公司	二等奖
10	循泵运行方式的优化	上海外高桥第二发电有限责任公司	二等奖
11	水膜除尘器改布袋除尘器的优化布置	上海申能星火热电有限责任公司	二等奖
12	锅炉安全保护系统改造	上海申能星火热电有限责任公司	二等奖

表2-4-4 2007年度申能股份科技进步奖、合理化建议奖获奖项目名单情况表

序号	项目名称	项目单位	获奖等级
科技进步奖			
1	超超临界机组邻炉蒸汽加热启动方式	上海外高桥第三发电有限责任公司	一等奖
2	八角亭H4油藏开发调整方案研究	上海石油天然气有限公司	一等奖
3	BG1井增产技术方案研究	上海石油天然气有限公司	二等奖
4	超超临界机组启动过程的汽动给水泵全程调速	上海外高桥第三发电有限责任公司	二等奖
5	用电子絮凝器处理电厂煤污水提高水的重复利用率	上海吴泾第二发电有限责任公司	三等奖
6	超超临界机组的锅炉静压上水及热态清洗	上海外高桥第三发电有限责任公司	三等奖
7	超超临界机组高蒸汽动量带旁路交替冲洗方式	上海外高桥第三发电有限责任公司	三等奖
8	平湖油气田整体气举配气优化设计研究	上海石油天然气有限公司	三等奖

(续表)

序号	项目名称	项目单位	获奖等级
	合理化建议奖		
1	1号炉锅炉本体加装长吹灰器	上海吴泾第二发电有限责任公司	一等奖
2	燃料斗轮机B自动取料优化	上海吴泾第二发电有限责任公司	一等奖
3	给水化学工况优化	上海外高桥第二发电有限责任公司	一等奖
4	全厂辅助建筑空调系统改造	上海外高桥第二发电有限责任公司	一等奖
5	高压变频器在锅炉吸风机上的应用	上海申能星火热电有限责任公司	一等奖
6	丙烷压缩机滑油国产化	上海石油天然气有限公司	二等奖
7	1号炉DCS操作员站升级	上海吴泾第二发电有限责任公司	二等奖
8	1号炉火焰检测装置改进	上海吴泾第二发电有限责任公司	二等奖
9	1号炉再热热段出口母管加装隔绝门和再热冷段逆止门改型	上海吴泾第二发电有限责任公司	二等奖
10	1号机组加装快冷装置	上海吴泾第二发电有限责任公司	二等奖
11	电力二次系统安全防护改造暨实时系统升级	上海吴泾第二发电有限责任公司	二等奖
12	自动报警系统程序更新及硬件改造	上海吴泾第二发电有限责任公司	二等奖
13	电缆层消防喷淋改造	上海吴泾第二发电有限责任公司	二等奖
14	SAP财务系统优化	上海外高桥第二发电有限责任公司	二等奖
15	物资条形码改造	上海外高桥第二发电有限责任公司	二等奖
16	统计报表效率化信息化	上海外高桥第二发电有限责任公司	二等奖
17	防止空预器转子开裂,空预器外壳加装测温探头	上海外高桥第二发电有限责任公司	二等奖
18	双碱法脱硫系统调试及优化	上海申能星火热电有限责任公司	二等奖
19	用友软件增加采购模块后系统集成	上海申能星火热电有限责任公司	二等奖

表2-4-5　2008年度申能股份科技进步奖获奖项目名单情况表

序号	项目名称	项目单位	获奖等级
1	1 000兆瓦超超临界机组节能型抽汽调频技术	上海外高桥第三发电有限责任公司	一等奖
2	八角亭H4油藏开发调整方案研究	上海石油天然气有限公司	一等奖
3	BG1井增产技术方案研究	上海石油天然气有限公司	二等奖
4	2号炉少油点火应用	上海吴泾第二发电有限责任公司	二等奖
5	900兆瓦超临界锅炉吹灰优化专家系统	上海外高桥第二发电有限责任公司	二等奖
6	1 000兆瓦超超临界机组FCB试验及运行方式研究	上海外高桥第三发电有限责任公司	二等奖
7	中压供热系统优化	上海申能星火热电有限责任公司	三等奖
8	老井侧钻分支井钻完井技术研究	上海石油天然气有限公司	三等奖

表 2-4-6　2009年度申能股份科技进步奖获奖项目名单情况表

序号	项目名称	项目单位	获奖等级
1	2×1 000兆瓦机组回转式空气预热器全向柔性密封技术	上海外高桥第三发电有限责任公司	一等奖
2	脱硫岛零能耗系统设计	上海外高桥第三发电有限责任公司	一等奖
3	超超临界机组高温蒸汽氧化及固体颗粒侵蚀综合防治技术研究及应用	上海外高桥第三发电有限责任公司	一等奖
4	1 000兆瓦超超临界机组给水系统综合优化技术研究及应用	上海外高桥第三发电有限责任公司	一等奖
5	1 000兆瓦超超临界机组再热系统压降优化技术研究及应用	上海外高桥第三发电有限责任公司	一等奖
6	空气动力导流装置在电厂冷却塔中的应用与研究	上海吴泾第二发电有限责任公司	二等奖
7	优化运行管理，降低厂用电率	上海吴泾第二发电有限责任公司	二等奖
8	6号机凝泵变频改造	上海外高桥第二发电有限责任公司	二等奖
9	2号炉低氮燃烧器改造项目	上海申能星火热电有限责任公司	二等奖
10	平湖中心平台水处理系统优化研究	上海石油天然气有限公司	二等奖
11	东海平湖复合油气田成藏分析	上海石油天然气有限公司	三等奖
12	围填区管线沉降处理工程	上海石油天然气有限公司	三等奖
13	循环水系统的优化	上海外高桥第三发电有限责任公司	三等奖
14	500千伏出线增容改造	上海外高桥第二发电有限责任公司	三等奖
15	3号炉控制系统改造项目	上海申能星火热电有限责任公司	三等奖

表 2-4-7　2010年度申能股份科技进步获奖项目名单情况表

序号	项目名称	项目单位	获奖等级
1	平湖油气田勘探关键技术研究	上海石油天然气有限公司	一等奖
2	高频电源控制在百万机组静电除尘器上的首次应用与实践	上海外高桥第三发电有限责任公司	二等奖
3	高旁系统关键技术研究与应用	上海申能临港燃机发电有限公司	二等奖
4	循环水系统综合优化和节能降耗关键技术应用	上海申能临港燃机发电有限公司	三等奖
5	汽轮机循环冷却水系统改造及优化控制技术研究与应用	上海吴泾第二发电有限责任公司	三等奖
6	平湖B7井不动管柱选层压裂技术研究与应用	上海石油天然气有限公司	三等奖

表 2-4-8　2011年度申能股份科技进步奖获奖项目名单情况表

序号	项目名称	项目单位	获奖等级
1	东海高压低渗油气藏开发技术研究	上海石油天然气有限公司	一等奖
2	1号汽轮机节能改造	上海吴泾第二发电有限责任公司	二等奖

〔续表〕

序号	项目名称	项目单位	获奖等级
3	用PLC实现精确分仓计量方法的研究与应用	上海外高桥第三发电有限责任公司	二等奖
4	凝泵变频方式下的机组负荷响应研究与应用	上海外高桥第二发电有限责任公司	三等奖
5	平湖海管岱山登陆段仿生草防冲刷治理试验工程应用	上海石油天然气有限公司	三等奖
6	1 000兆瓦超超临界机组节能型快速启动技术开发与应用	上海外高桥第三发电有限责任公司	三等奖

表2-4-9　2012—2013年度申能股份科技进步奖获奖项目名单情况表

序号	项目名称	项目单位	获奖等级
1	广义回热技术及实施	上海外高桥第三发电有限责任公司	一等奖
2	平湖油气田花港组油藏提高采收率研究	上海石油天然气有限公司	一等奖
3	东海平湖油气田勘探开发一体化研究	上海石油天然气有限公司	一等奖
4	固定平台导管架潮差段水下油漆涂装技术研究与应用	上海石油天然气有限公司	二等奖
5	联合循环机组一键启停（APS）研究与应用	上海申能临港燃机发电有限公司	二等奖
6	600兆瓦亚临界褐煤掺烧技术的研究和应用	上海吴泾第二发电有限责任公司	二等奖
7	高加疏水系统优化研究及应用	上海外高桥第三发电有限责任公司	二等奖
8	脱硫设施新型扩容技术研究及应用	上海外高桥第三发电有限责任公司	二等奖
9	900兆瓦塔式锅炉加装脱硝及烟风系统综合优化技术研究和应用	上海外高桥第二发电有限责任公司	三等奖
10	9F燃气发电机组取排水系统设计优化与应用	上海申能崇明发电有限公司	三等奖
11	一次风机变频节能及工-变频无扰切换技术的研究和实践	上海外高桥第二发电有限责任公司	三等奖
12	机组排水回收冷却二次利用技术的研究和应用	上海申能临港燃机发电有限公司	三等奖
13	燃煤监控远程管理平台技术研究和应用	上海申能燃料有限公司	三等奖
14	补汽系统优化研究及应用	上海外高桥第三发电有限责任公司	三等奖
15	3号炉脱硫系统优化改造	上海申能星火热电有限责任公司	三等奖

表2-4-10　2014—2015年度申能股份科技进步奖获奖项目名单情况表

序号	项目名称	项目单位	获奖等级
1	自然通风冷却塔淋水构件多功能现浇移动支撑技术研究与应用	淮北申皖发电有限公司	一等奖
2	900兆瓦机组汽机高、中压主汽门、调门底座密封面修复	上海外高桥第二发电有限责任公司	一等奖
3	东海边际气田开发水下生产系统关键技术研究	上海石油天然气有限公司	一等奖
4	平湖油气田辅助平台建设总体开发方案	上海石油天然气有限公司	二等奖
5	火力发电厂集中式变频供电系统关键技术研究	上海外高桥第三发电有限责任公司	二等奖

〔续表〕

序号	项 目 名 称	项 目 单 位	获奖等级
6	联合循环启停过程燃机和汽机匹配策略研究	上海申能临港燃机发电有限公司	二等奖
7	铜山华润电力有限公司5号机组节能减排综合改造项目	上海申能能源科技有限公司	二等奖
8	基于中温省煤器的低低温除尘技术	上海外高桥第三发电有限责任公司	三等奖
9	900兆瓦机组超净排放技术的研究和应用	上海外高桥第二发电有限责任公司	三等奖
10	单塔多pH分级喷淋脱硫控制技术研究与应用	淮北申皖发电有限公司	三等奖
11	超(超)临界锅炉启动阶段高动量冲洗仿真计算程序的开发研究与应用	上海申能能源科技有限公司	三等奖
12	平湖油气田侧钻大位移井钻完井液应用研究	上海石油天然气有限公司	三等奖
13	平湖油气田油气藏开发动态跟踪研究	上海石油天然气有限公司	三等奖

表2-4-11　2017—2018年度申能股份科技进步奖获奖项目名单情况表

序号	项 目 名 称	项 目 单 位	获奖等级
1	临港天然气差压余能利用技术研究与应用	上海申能临港燃机发电有限公司	一等奖
2	崇明燃气电厂建设与运营关键技术研究与应用	上海申能崇明发电有限公司	一等奖
3	冷凝法烟气除湿减排干烟技术研究与应用	上海外高桥第三发电有限责任公司	一等奖
4	平湖海管综合研究与治理	上海石油天然气有限公司	一等奖
5	600兆瓦亚临界汽轮机降低热耗深度优化技术研究与应用	上海吴泾第二发电有限责任公司	二等奖
6	超临界锅炉多角度能耗控制策略探究与应用	上海外高桥第二发电有限责任公司	二等奖
7	一种间接空冷汽轮机高背压供热系统的应用	申能吴忠热电有限责任公司	二等奖
8	基于弹性回热的机组启动阶段脱硝技术研究	上海外高桥第三发电有限责任公司	二等奖
9	8号机组新型电能转换技术应用与优化	上海外高桥第三发电有限责任公司	三等奖
10	海上风电综合信息化管理系统的应用	上海申能新能源投资有限公司	三等奖
11	大型燃煤发电机组真空系统深度优化技术研究与应用	上海吴泾第二发电有限责任公司	三等奖
12	1号、2号机组深度调峰可行性优化研究与应用	申能吴忠热电有限责任公司	三等奖
13	基于煤泥掺烧的分层热值修正探究与应用	淮北申皖发电有限公司	三等奖
14	平湖油气田气藏深度降压增产工艺技术研究与应用	上海石油天然气有限公司	三等奖
15	平湖油气田生产动态跟踪研究	上海石油天然气有限公司	三等奖
16	平湖油气田低效气井综合治理技术应用实践	上海石油天然气有限公司	三等奖

【典型成果】

外二发电FCB功能在90万千瓦超临界机组中的成功实现(2006年度科技进步奖一等奖)

(1) 技术简介：FCB是FAST CUT BACK的缩略语，其原意是指"机组快速切回"，是指发电机组在电网或线路出现故障，机组主变出线开关跳闸，锅炉快速减少燃料量，高低压旁路快速开启，汽轮发电机组负荷快速切回至带厂用电运行,实现机组仅带本身厂用电的"孤岛运行"的运行方式。

一般发电机组在电网故障被迫停机后,若无厂用电倒送,就无法启动。如果电网内有若干机组能在电网发生大规模故障时,实现只带厂用电作"孤岛运行"(FCB功能),就能在电网消除故障后,成为电网的"星星之火","激活"电网内发电机组,并快速恢复对重要电用户的供电。但自20世纪80年代以来,国内许多火电大机组虽有FCB的设计,鲜有在100%负荷下FCB试验的成功者。

超临界发电机组的控制难度远比亚临界发电机组高,在"外二工程"的调试实践中,通过对控制系统的改进和完善,使机组成功实现FCB功能。

(2)成果推广应用情况及创造的效益:电网或机组出线发生故障,在FCB功能实现的情况下,可大大降低机组的启停次数,不必因故障带来机组的全停,导致重新启动而浪费大量的人力、物力和财力,可提高电厂设备运行的安全性和稳定性。FCB功能的实现,大大提升电网应对大规模故障的能力。可在大大降低因电网原因避免机组反复启停的同时,能有效地避免超超临界机组固体颗粒(SPE)汽轮机叶片的侵蚀。伴随着超超临界发电技术的发展,特别是温度参数的提高,新的技术问题和矛盾也摆到人们的面前。而这其中的一个会对机组的安全和经济运行产生严重威胁的突出问题——管道的蒸汽侧氧化及由此引起的汽轮机叶片固体颗粒侵蚀(SPE)需要引起业界的特别注意。由于这一问题牵涉主设备选型、系统设计、安装调试、运行方式及控制理念等诸多环节,需要进行全方位和全过程的综合防治。管道的蒸汽侧氧化及由此引起的汽轮机叶片固体颗粒侵蚀(SPE)也称硬质颗粒侵蚀(HPE),是超超临界机组面临的主要问题,并且压力和温度参数越高,这一问题越严重。但是,FCB功能的实现也是避免固体颗粒侵蚀的防治手段之一。

外三发电超超临界机组邻炉蒸汽加热启动方式(2007年度科技进步奖一等奖) (1)技术简介:利用邻炉做过功的辅助蒸汽加热待启动机组的给水,通过被加热的给水对锅炉水冷壁进行全面加热,使锅炉点火时已被均匀的加热至相当的温度,从而大大降低燃油强度和大幅缩短燃油时间,可使锅炉启动耗油量下降一个数量级。

(2)成果推广应用情况及创造的效益:蒸汽加热启动方式不再需要使用炉水循环泵,分离器疏水可根据水质情况直接排入凝汽器或进入除氧器。在燃烧系统上,不需要使用等离子点火或小油枪点火。通过简化系统,可以降低工程初期投资。以百万千瓦机组为例,粗略估计一台机组减少设备投资约1 500万元。

另外,传统启动方式,先依靠油枪的热量加热给水,不仅启动时间长,而且锅炉受热不均匀,水动力性能差,在油燃烧过程中,风机将大部分的热量带走,会造成很大浪费,在燃油价格处于高位的今天,这是一种"奢侈"的启动方式。蒸汽加热方式在将给水温度加热到250摄氏度后,锅炉可在均匀受热的情况下启动风烟系统,开始点火,从油枪的投用到风温满足投磨要求仅需1小时左右。提高锅炉的稳定燃烧特性。蒸汽加热启动方式可使炉膛在还未点火前就已处于热态,水冷壁管道温度达到250摄氏度左右,水冷壁管道均匀加热使锅炉膨胀均匀,减小热应力导致的金属疲劳损耗。一次风和二次风温经过空预器加热变成热风后进入炉膛,使得锅炉的不投油最低稳燃负荷达到19%BMCR,大大减轻空预器和电除尘的结露和积灰情况,同时也能解决脱硝催化剂的"低温中毒"问题。启动的经济性突出,每次启动燃油节省量相对常规启动方式达到90%左右。

邻炉蒸汽加热启动方式燃油量中,分为两个部分。第一部分为机组投运前调试阶段的燃油。在这一阶段,机组启动的次数很多,以每台机组平均启动25次计,不采用该方式时,每启动一次的耗油量为200吨;采用后,每启动一次的耗油量可降至20吨,一台机组启动一次的节油量达到90%。"外三工程"2台100万千瓦超超临界燃煤机组,因采用该技术,共节省调试用油9 000吨,以一吨燃油5 500元计算,可节约燃油的调试成本约5 000万元。第二部分为机组投入商业运营阶段的燃油。以每年检修停炉3次,热态启动4次为例。不采用该技术,冷态启动一次耗油量为220吨,热态启动一次耗油量为110吨;采用该技术后,冷态启动一次耗油量为20吨,热态启动一次耗油量为10吨,一台机组冷态启动一次的节油量为200吨,热态启动一次的节油量为100吨,一年的节油量为1 000吨。外三发电有2台百万千瓦的机组,2台机组一年可节省燃油量2 000吨,以一吨燃油5 500元计算,一年可节省发电成本1 100万元。

海上风电综合信息化管理系统的应用(2017—2018科技进步奖三等奖) (1)技术简介:海上风电综合信息化管理系统依托上海临港海上风电二期项目进行研究、开发和应用。该技术为通过在风场特定5台种子机的主要部件上安装监测传感器,采集不同运行状态下(正常、亚健康和故障3种状态)风机的应力载荷、振动、温度数据,并与风机控制及运行发电数据建立有效的关联,创建各个不同运行状态的数据集群;通过研究风机故障与故障特征参量(温度、振动、应力等)的对应关系,基于不断累积的数据集群,设定不同级别的报警限值,创建风机故障概率模型,实现海上风机远程故障诊断,同时随着维护大数据的累积,系统可通过学习不断提高诊断准确度;基于雨流计数法计算获得的风机等效疲劳载荷谱和风机设计载荷,创建风机剩余寿命计算模型,可预测计算风机主要部件剩余寿命;另外,利用数据集群建立风机运行数据和种子机采集数据之间的关系,从而"以点概面"推导风场其他风机的健康状态。

项目研究期为2013年7月—2016年6月,实施期为2017年4月—2018年4月。

(2)成果推广应用情况及创造的效益:提升预防性检修和故障诊断功能。按常规检修方式,10万千瓦的海上风电项目直接运维成本约为2 000万元/年,发电量损失约为3 000万元/年,检修维护出海次数约为200天/年。按照综合信息系统预期提升运维效率10%计算,可提高经济效益约400万~500万元。出海天数减少20天,运维更加安全。剩余寿命分析功能方面。根据欧洲海上风电运行数据,海上风机故障类型主要分为电气和机械故障两方面,对应发生比例约为70%和30%。其中机械类型故障具有发生概率低、维修时间长和成本高的特点,电气类型故障特点正好相反。以齿轮箱为例,行业普遍认为齿轮箱在10年左右需要更换,维修周期(含订货生产2个月)约3个月。按照海上风电场25年的运维期,风机齿轮箱预计需要更换1次,总发电量损失约为5 500万元。如果预测准确,措施得当,完全可以规避订货生产2个月时间的损失,挽回经济效益约3 500万元。分析认为,海上风电综合信息化管理系统在海上风电场的成功应用的预期经济效益良好。

SPC东海边际气田开发水下生产系统关键技术研究(2014—2015年度科技进步奖一等奖,国家863项目) (1)关键技术、创新点,以及与国内外同类先进技术的比较:本项目为国家863计划海洋技术领域"东海边际气田水下生产系统关键技术研究"重点项目,项目的总体目标是:通过课题研究,依托海上现有平台,进行平台周边边际小型气田的开发,重点突破水下生产系统总体方案设计、控制系统和水下管汇的研制与集成等关键技术,建成中国东海第一套具有自主知识产权、依托于海上现有平台的边际气田开发水下生产系统,填补空白,使得天然气可采储量5亿立方米的目标边际气田具有经济开发价值。项目于2007年开始到2015年完成,并于2016年3月顺利通过国家科技部的验收。

项目针对东海边际气田的特点,开展水下生产系统国内外广泛调研、基础研究、关键技术攻关、样机研制、单机和联合测试、海上试验等工作,突破并掌握边际气田水下生产系统总体方案设计、控制系统研制、水下管汇集成装置研制、水下生产系统地面测试技术、系统总体集成安装及调试技术5项关键技术,使得储量5亿立方米以下的边际气田具有经济开发价值,开创国内边际气田研究的先河,并具有创造性和先进性:建成国内第一套完整的水下生产系统关键技术体系,国内其他项目主要针对单独的设施或设备进行研制,本项目从最初的勘探、设计、研制到最后的安装调试,是国内第一套完整的体系,可以作为一个标准的基础,进行优化,并推广和应用;建成国内第一套完整的水下生产系统样机,包含管汇、测试、控制等装置样机;建成国内首个水下生产系统关键设备测试技术体系,包含一套水下生产系统单项设备和系统地面联合测试大纲和规程,可移动式超高压液、气测试系统;整套系统为自主设计、自主研发、自主制造,完全依靠国内的力量,在国内尚属首例。

(2) 成果推广应用情况及创造的效益:一是形成的一套技术体系,包含总体方案、管汇系统、控制系统、测试系统、安装调试等,可作为参照模板和研制基础,进行针对性改进后,可直接应用于国内水下生产系统,尤其是边际气田的水下生产系统的设计和开发。二是形成的一套水下生产系统样机,如水下管汇、控制系统,在满足设计参数的前提下,进行适当地改进,可进行实际的应用。三是研究的一套水下生产系统测试大纲、规程,为国内首创,与规范制定机构协作,修编后,可作为国内水下生产系统的规范性文件/标准/规定。四是研制的一套可移动式水下生产系统超高压气、液测试系统,可作为油气行业压力试验、测试的规范设备,进行实际应用。总体上,随着水下生产系统在海上油田开发中的逐步应用,水下生产系统,尤其是边际气田水下生产系统的重要性将会进一步显现出来。对上述水下生产系统研发中的关键技术问题开展进一步的攻关,不仅可以带动国内水下生产系统的研究工作,为中国的油气田开发工作服务,而且可以进一步为水下生产系统的应用、性能评价、维修和产业化等奠定基础,同时也必将产生明显的经济效益和社会效益。

SPC 平湖海管综合治理项目(2017—2018 年度科技进步奖一等奖) (1) 关键技术、创新点,以及与国内外同类先进技术的比较:项目的三个部分都技术含量高,实施难度大,没有成熟的案例和经验,上海油气公司在项目的开展中不断开展管理创新、思维创新、技术创新,使项目与国内外相关技术相比,具有先进性,主要包括:一是平湖海管路由浅层气探测和研究,项目的研究成果不仅为平湖海管浅层气区的综合治理提供重要基础和依据,同时也是国际上首个针对海管的浅层气专项研究,开拓海管安全防护的一个新领域,经技术查新,具有新颖性。二是平湖输气管道内检测,为了获取管道内部状况,为综合治理提供数据,公司于 2016 年 3—6 月,完成 12 个球的顺利运行,不仅实现气管投产 18 年以来的首次内检测,更开创东海海域长输气海管智能检测作业成功的先例。三是输气管道综合治理。项目对水下高压封堵技术、柔性软管技术、大弯矩法软管法兰面与机械连接器对接等技术进行集成、创新,并设计出辅助框架及"屋顶式"框架。

(2) 成果推广应用情况及创造的效益:项目的三个部分的成功实施,保障平湖海管长期的安全运行,为平湖融入、促进东海大开发提供支点,也为国内外海洋油气管道综合治理项目提供宝贵的技术资料和指导作用,具有显著的经济和社会效益。项目产生经济效益约 7.08 亿元,获得市科委的资助 150 万元。项目采用 EPC 总包、关键技术自主选择承包商的创新管理模式,在保证质量的前提下,提高承包商的竞争力,最后的 EPC 价格比计划费用降低约 3 000 万元,为项目节约大量成本。项目投运后,有效保障管道的安全稳定运输,2017 年 8 月完成管道连接并复产,管道已安全输送天然气 25 955 万立方米(约 2 元/立方米),为公司创造收益约 5.2 亿元;为气井的正常提供基础,并生产凝析油约 3 万吨(约 4 100 元/吨),为公司创造收益约 1.23 亿元。项目创新性采用高压封堵技术,与常规海管封堵方法相比,此次高压封堵技术,利用开孔封堵设备在前期不需要停产,最大程度减少停产时间,为产量提供保证。该技术的应用,减少停产时间约 21 天,其间输送天然气约 1 400 万立方米,并伴有凝析油产量约 1 800 吨,产生效益约 3 500 万元。

【所获荣誉】

在2009—2010年度申能集团科技创新和节能减排成果表彰大会上，申能股份系统冯伟忠、王卫龙二人获申能集团科技领军人物荣誉称号。

在2011—2012年度申能集团科技创新和节能减排成果表彰大会上，石油天然气昌峰获科技创新领军人物称号；石油天然气"平湖油气田勘探关键技术研究"获优秀科技项目一等奖，石油天然气"东海高压低渗油气藏开发技术研究"获优秀科技项目二等奖；石油天然气"平湖B7井不动管柱选层压裂技术研究与应用"获优秀科技项目三等奖；石油天然气公司获科技创新和节能减排先进单位。

在2013—2014年度申能集团科技创新和节能减排成果表彰大会上，石油天然气"平湖油气田华港组油藏提高采收率研究"和"东海平湖油气田勘探开发一体化研究"获优秀科技项目二等奖，石油天然气"固定平台导管架潮差段水下油漆涂装技术研究与应用"获优秀科技项目三等奖。

三、技术改造管理

【管理现状】

申能股份生技部负责技改项目的日常管理工作，包括项目的审核、招投标管理、项目实施过程检查、总结和验收等工作。各发电企业结合自身特点和公司要求制定本企业技术改造项目年度计划和三年重点项目规划。在每年9月30日前向公司申报下一年度技术改造项目的年度计划和三年重点项目规划。三年重点项目规划每年度进行滚动并填报"申能企业技术改造/科技项目三年规划（滚动）表"。每年11月底前，公司生技部组织对发电企业上报的项目计划完成初审。每年12月底前，公司生技部组织发电企业各股东方参与审查，形成审查意见，并报公司审批后下达。各发电企业负责从项目的可行性、立项、招投标、合同管理、施工管理、竣工验收等对技改项目进行全过程管理，并采取项目负责人制。费用1 000万元以上的技改项目由公司主导，负责项目招投标、竣工验收等工作。

各发电企业技术改造以强化安全、增加可靠性、提高效益、保护环境、改善劳动条件为目标，按发电公司类型分为燃煤发电技术改造和燃机发电技术改造两大类，其中部分技改项目在同行业、同类型机组中为首例改造，部分环保改造项目为上海市示范工程，对促进发电技术升级更新起到积极作用。

【燃煤发电企业技术改造】

主要包括电厂自身安全生产和提质增效的需要，以及满足环境保护等国家法律法规要求和国家标准及行业提标要求。各燃煤发电公司主要技术更新改造项目有控制系统升级改造、发电机组通流改造、高能耗落后电机改造、脱硫改造、脱硝改造、脱硫增容改造、超净排放改造等。

吴二发电发电机组DCS、DEH等控制系统整体改造 吴二发电2台机组的DCS、DEH等控制系统投运十几年已达到其使用寿命，为保证机组安全、可靠和经济运行，分别于2013年、2016年完成2台机组控制系统的整体改造。该项目改造采用的主要技术路线：是将过去多系统（DCS、DEH、MEH、ETS、旁路控制、吹灰程控）、多品牌（ABB、艾默生、戴梦得、CCI）进行集成整合，通过高性能的工业控制网络及分散处理单元、过程I/O、人机接口和过程控制软件来完成锅炉、汽机及其辅机热力生产过程、发电机、变压器组及厂用电源等系统的控制。改造采用新华成熟产品XDC800系统，可满足吴二发电重要系统充分冗余、软硬件稳定高效、方便监控操作、易于管理维护、设备满足各项行业规范标准的要求。2013年12月完成2号机组的DCS、DEH等系统整体改造；2016年12月完成1号机组的DCS、DEH等系统整体改造。机组原有的DCS、DEH、MEH、

ETS、旁路控制、吹灰程控等系统采用来自不同公司的多种品牌，系统繁杂，不利于管理。改造后实现多系统一体化集成，所有系统均采用上海新华集团的XDC800硬件，实现各系统间的无缝结合。整个DCS系统更易于组态（图形化、模块化）、易于使用、易于扩展，便于操作及监盘人员使用，提高设备维护人员的工作效率，加大一体化控制的集成度，降低整体采购、维护、管理成本。

外二发电90万千瓦机组控制系统一体化改造 外二发电90万千瓦机组控制系统一体化改造项目，包括公用控制系统改造和5号、6号机组集中控制系统改造。其中，公用控制系统改造于2017年8月17日开工，2017年9月15日调试完成，2017年9月21日通过168小时试运行；5号机组控制系统一体化改造于2017年9月4日开工，2017年12月5日调试完成，2017年12月12日通过168小时试运行；6号机组控制系统一体化改造于2018年3月19日开工，2018年6月3日调试完成，2018年6月10日通过168小时试运行。作为国内首台百万等级机组控制系统一体化改造项目，牵涉范围广、涉及设备多，并且无类似改造工程的实践经验可供参考。项目共完成34 264点I/O数据库的配置，12 242幅控制逻辑组态及4 688幅运行控制画面的组态，移除旧机柜235个，拆除信号电缆67 006根，吊装新机柜254个，敷设电源电缆290根、网线314根，恢复信号电缆线69 558根。整个施工中进度控制良好，项目完成质量出色，施工中安全交底完备，整个项目施工实现"安全零事故"。改造完成后，两台机组一次启动成功，公用系统一次投用成功，保护、自动投用率达到100%，各类控制信号的准确率达到100%。通过将原本分属于不同厂家的控制系统进行一体化改造，DCS系统中MFT等重新进行规范设计，DEH系统中SYMADIN逻辑的转换，高/中压缸调门控制的变更及机组高/低旁路、蒸汽吹灰一并纳入新控制系统，实现提高控制系统稳定性和可扩展性的目的。同时也通过采用保留现场设备、使用原来控制信号电缆的方式，降低改造的成本，并且控制系统一体化改造后，具有整体化规模优势，备件及各类维护费用也得到相应的控制和降低。2018年8月22日下午，公司召开"900兆瓦机组控制系统一体化改造"项目总结及专家评审会。90万千瓦机组控制系统一体化改造的成果得到项目组专家的高度肯定，评审组专家一致同意该项目通过评审，并认可该项目的技术创新与实践具有推广意义和价值。

吴二发电1号机组通流改造 吴二发电2台60万千瓦机组，汽轮机是由上海汽轮机有限公司与美国西屋公司合作并按照美国西屋公司的技术制造的亚临界、中间再热、四缸四排汽、单轴、凝汽式汽轮机，额定功率60万千瓦，配有2个高压主汽门和4个高压调节汽门；自2000年投产以来，运行稳定正常。但由于汽轮机受当时设计技术、制造加工能力等因素的影响，通流部分叶片为不调频叶片，级间焓降分配不合理，叶片攻角损失和二次流损失较大，经济性水平距现阶段国际国内先进水平有较大的差距。随着电力供求矛盾的逐步缓减，新的电源点不断投运，高能耗燃煤发电企业的生产和发展将受到限制，其经营形势变得非常严峻，将面临激烈的竞争。为响应中华人民共和国国家发展和改革委员会、中华人民共和国环境保护部、国家电力监管委员会、国家能源领导小组办公室以及上海市人民政府相关职能部门对燃煤机组节能降耗的总体要求，进一步提升公司2台机组的节能整体水平，保持节能先进性，以适应电力市场严峻的经营形势，公司对2台60万千瓦亚临界机组进行通流改造，进一步降低其煤耗。主要改造内容：汽轮机内部部件全部更新；汽轮机通流级数增加，转子长度不变；汽轮机高、中、低压缸内缸、持环全部更换，高压调门结构改新；发电机氢冷却器扩容；炉末再受热面扩容。2017年下半年1号机组检修期间，完成通流改造。改造后性能测试结果显示，热耗率（THA）验收工况、60%热耗率（THA）工况和加权平均热耗性能考核均优于设计值，完全达到通流改造要求。

外三发电电除尘器节能减排优化改造 2009年10月6日至2009年10月15日在8号炉C级

检修期间对电除尘器 A 侧一、二电场进行高频电源改造。2010 年 2 月 15 日至 2010 年 2 月 18 日春节检修期间对 8 号炉电除尘器 A 侧三、四电场进行高频电源改造。2010 年 3 月 14—18 日对 8 号炉电除尘器 B 侧进行高频电源在线改造。除尘器高频电源采用现代电力电子技术,通过工频交流—直流—高频交流—高频脉动直流的能量转变形式,供给电场一系列的窄电流脉冲,脉冲宽度在 5 微秒~20 微秒,脉冲频率在 20 千赫~50 千赫。高频电源在纯直流供电方式时,电压波动小,电晕电压高,电晕电流大,从而增加电晕功率,从根本上解决烟尘荷电效率低的难题(尤其是高比电阻烟尘),提高除尘效率。同时,在烟尘带有足够电荷的前提下,尽量减少无效的电场电离,从而大幅度减少静电除尘器电场供电能量损耗,达到既提效又节能的目的。7 号机组高频电源功耗下降至 254 千瓦,与改造前相比节能 70.5%;8 号机组高频电源功耗降低至 266 千瓦,与改造前相比节能 69.5%。该改造项目获 2010 年度申能股份有限公司科技成果奖,2011 年全国电力职工技术成果奖。

外三发电冷凝法烟气除湿减排干烟技术改造　　2016 年 1 月 29 日,上海市环境保护局发布地方标准《燃煤电厂大气污染物排放标准 DB31/963 - 2016》,明确要求燃煤发电锅炉应采取烟温控制及其他有效措施消除石膏雨、有色烟羽等现象。为此,外三发电研发项目团队认为传统的消除有色烟羽的方法能耗高,不符合外三发电节能减排的一贯做法,由此重点研发冷凝法烟气除湿减排干烟技术,并先后在 7 号、8 号机组进行实施。项目实施后,不仅达到上海市地方标准消除有色烟羽的要求,而且能耗低、节水效果明显,同时进一步减排外三发电烟气中的污染物。外三发电采用治理方案主要由冷凝法除湿减排和加热去烟羽两部分组成,寻找出降低酸性水雾对大气污染的办法,同时显著缓解白色烟羽的现象。该技术在 2 台百万机组上实施后获得减少排放、降低水耗等环保、经济效益,同时可以有效减除烟尘、SO_3 等多种污染物,提高烟尘等污染物达标排放的可靠性和稳定性,起到很好的环保效益和社会效益。这也是国内首次百万级大机组实现脱硫后湿烟气所含酸性水汽的工业化系统性捕集,实现低能耗的循环利用,具有很好的示范作用。该技术较传统的烟气加热技术能耗显著降低,影响机组煤耗小于 1 克/千瓦时。

环保改造　　自 2007 年,各燃煤发电公司吴二发电、外二发电、外三发电完成一系列环保改造,主要包括脱硫改造、脱硫扩容改造、脱硝改造、超低排放改造。以外二发电为例。

外二发电 5 号、6 号机组脱硫改造项目于 2007 年 5 月 18 日开工,5 号和 6 号机组分别于 2008 年 10 月 24 日和 2008 年 12 月 23 日,通过 168 小时试运行,整个工程历时 20 个月。2008 年 12 月 25 日,5 号机组脱硫通过环保验收,2009 年 5 月 18 日,6 号机组脱硫通过环保验收。项目总投资共 2.8 亿元,采用石灰石-石膏湿法脱硫工艺,由上海电气石川岛环保电站公司 EPC 方式总承包,工程在预留脱硫场地上只建设烟气系统,二氧化硫吸收系统。石灰石制粉系统、石膏脱水系统、脱硫废水处理系统等辅助系统在外三发电烟气脱硫工程中统一考虑并实施。

外二发电 5 号、6 号机组脱硫扩容增效改造分别于 2014 年 6 月和 2014 年 10 月完成。项目总投资共 2 900 万元。主要改造内容为提高脱硫吸收塔高度,增加一层喷淋层,增设 1 台浆液循环泵和增设 1 台氧化风机。改造完成后(校核煤种:含硫率 0.9%)脱硫效率保持在 97% 以上。

外二发电 5 号、6 号机组脱硝改造分别于 2013 年 6 月和 2012 年 12 月建成投运,项目总投资共 3.7 亿元。项目是在现有 2 台燃煤机组上安装 SCR 脱硝装置,配套建设还原剂尿素储存场地和还原剂制备系统。设计脱硝效率不低于 80%,年设计减排 1.2 万吨氮氧化物。面对机组低负荷运行成为常态,脱硝设施在低负荷下无法投运的不利局面,外二发电结合机组特点和运行实际,自我加压、主动开展多项试验,探索低负荷时段保证机组稳定运行并满足氮氧化物排放要求的运行优化方法,编制形成一整套延缓脱硝系统跳闸、提升脱硝投运率的运行措施,将投运脱硝设施的烟温设定自320℃降低至312℃,2台机组因低负荷导致的脱硝停运基本为零,在超净排放改造未投运的情况下实现全负荷脱硝。外二发电于2015年6月及10月对2台机组省煤器进行改造,加装给水旁路系统,真正实现全负荷脱硝。

外二发电5号、6号机组超低排放改造分别于2016年6月和2015年12月完成,2016年7月26日和2015年12月9日完成168小时试运行,2016年8月5日和2015年12月23日完成环保验收现场监测,公司成为申能股份系统第一家整体完成超低排放改造的发电企业。公司2台机组超低排放改造分别于2016年6月2日和12月14日顺利通过评估验收,指标大大优于超低排放要求,达到燃气轮机排放水平,烟囱石膏雨问题消除,"白色烟羽"现象基本消失,对环境影响降至历史最低水平,得到上海市发改委、经信委、环保局领导高度肯定。2016年6月8日《解放日报》《上海观察》及上海市政府门户网站等对公司超低排放改造进行专版报道。外二发电超低排放改造中在技术路线设计、全负荷脱硝方案、换热器管路设计优化等多个方面实现创新:包括不使用湿式电除尘实现粉尘超净排放。国内完成超低排放改造的机组,粉尘浓度小于5毫克/立方米的改造技术路线,绝大部分是采用湿式电除尘。但是湿式电除尘,投资巨大,系统复杂,还需要重新改造引风机,并且维护成本高。公司在超低排放改造中创造性地采用低低温电除尘和高效脱硫系统对粉尘的协同治理,在没有安装湿式电除尘的情况下,实现粉尘排放浓度小于5毫克/标准立方米,节约数千万元的改造投资,运营成本也大幅下降。在换热器上应用椭圆换热管避免引风机的重复改造。机组引风机在2012已进行引增合一改造,超低排放改造中如果不优化设计,引风机出力将不能满足需要。改造中,我们通过流场模型对烟道流场优化设计,在换热器上应用椭圆换热管降低烟道阻力,延长使用寿命,通过优化设计避免引风机的重复改造。运用省煤器水侧旁路实现全负荷脱硝。当机组负荷低于40%时烟温无法满足脱硝投运条件,使脱硝设施在低负荷时段运行受限,为解决这一问题,国内已建成的百万等级塔式炉上,普遍采用省煤器分离布置和加装零号高加两种方案实现全负荷脱硝,但两种方案投资都比较大,且必须具备一定的实施条件。公司方案设计上另辟蹊径,采用省煤器水侧旁路方案实现全负荷脱硝,使改造成本大大降低,仅为其他方案的30%左右,且适应性更广。公司此次改造是这项技术在国内百万等级塔式锅炉上首次成功应用。

【燃机发电技术改造】

申能股份燃机发电公司有临港燃机、崇明燃机和奉贤热电,燃机发电技术的更新改造主要是临港燃机。临港燃机的技术更新经历两个重要阶段。第一阶段为机组筹建阶段,利用机组建设期的雏形,再进一步提出可以优化改造的项目,使机组的性能进一步提高。在此期间,公司共获专利8项,其中2项发明专利。第二阶段是2014年至2017年,随着基建的完成,机组经过几年的调整、检修、消缺,机组运行也日趋平稳。公司并没有满足现状,而是积极响应国家节能减排的号召,励精图治,开拓创新,稳中求精,从公司实际生产出发,在保证机组安全、稳定、可靠运行的基础上,不断从公司的各个角落深挖可以节能减排的金矿,大到天然气差压余能综合利用项目,小到设备、办公楼的照明管理。从2014年至2017年,公司实施的科技技改项目总计43项,涉及安全、节能、减排各个方面。这些项目的改造思路新颖,创新点多,公司为此已申请专利19项,其中发明专利9项。这些项目也为机组的气耗、厂用电率的下降作出最主要的贡献。以公司的综合厂用电率为例,随着节能项目逐个完成投运,临港燃机的综合厂用电率也在逐年下降,由2014年的2.62%下降至2017年的1.86%,降低幅度达29%。

联合循环启停过程燃机和汽机匹配策略优化(2014—2015年) 受国际最新联合循环启停控

制策略启发,结合临港燃机实际运行情况,研究分析以西门子 F 级燃机为代表的联合循环启停过程燃机和汽机匹配策略,确定以下主要研究内容和目标:缩短冷态启动暖机时间及热态启动蒸汽品质合格时间的可行方法;提高汽机侧主蒸汽升温率的可行方法;燃机启动阶段暖(汽)机负荷的最优设置点;缩短联合循环停机时间的可行方法。经过多次试验、分析与逐步优化,项目最终形成以"燃机启动暖机负荷动态优化设置""综合考虑暖机模式和暖机参数的汽机最优暖机运行控制技术""燃机单循环停机过程综合优化"等为代表的创新性运行控制技术,并全部在 DCS 中实现自动化控制。项目自 2014 年 6 月开始实施,于 2015 年 12 月 21 日通过竣工验收,投入费用 69 万元。项目实施后,明显缩短联合循环机组启停时间,降低机组启停阶段气耗,经济效益极其显著,年平均节省费用达 800 余万元(机组启停次数越多,则效益越佳),机组自动化水平进一步提高,同时又增强机组调峰竞争力,可以在同类型机组上进行推广。

全厂循环水系统及运行方式优化(2014—2015 年) 机组循环水系统为母管制,原先循泵是定速运行,运行调节的主要手段就是增减泵的运行台数,所以循环冷却水的流量不是连续变化,而是阶跃变化,因此就会存在开一台流量不够,开两台流量太大的情况,无法满足使循环水量保持在最佳真空条件下运行,且厂用电耗量较大。项目是通过循出蝶阀改造、循出增加小旁路、循泵变频改造,以及基于上述系统、设备改造后的运行方式优化,使 4 台循泵针对不同季节、不同机组运行工况、不同机组负荷进行组合运行方式,实现灵活调节方式,并大大节省厂用电。项目于 2014 年 6 月开始实施,2015 年 9 月全部完成,并通过实测从 2015 年 10 月至 2016 年 10 月已节约厂用电 524.73 万千瓦,年节电效益 407.18 万元。项目的改造思路可以推广至所有火力发电机组。

天然气差压余能综合利用(2011—2017 年) 项目是国内首次将天然气透平膨胀机与 LNG 调压站技术相结合,并应用到燃气蒸汽联合循环发电厂。项目研究并实施在临港燃机安装一套和临近 LNG 末站调压单元并联的天然气透平膨胀发电机组并自带旁路调流调压装置。项目中膨胀机设计工况出力约 2.5 兆瓦,最大工况出力超过 5.6 兆瓦,其发电能力为国内之最。项目可满足 20 万~80 万立方米/小时的供气量,且在上下游 5~35 bar 的差压下均能可靠运行,覆盖输气管网一年中 90% 的输气工况。项目同时配备前置和后置换热器。在运用上游 LNG 与下游管网天然气差压膨胀做功发电的同时,还借助机组余热及海水加热天然气,同时平衡热源排放,甚至进行差压冷能利用。项目自 2014 年 9 月开始可研,2017 年 6 月完成建设,总投资 6 635.94 万元。根据运行情况,年可节省厂用电及外购电 1 586.17 万千瓦时,年收益可达 1 352.81 万元,投资回收周期 4.65 年。该项目在油气行业有气体差压工况条件,可以结合各自产业的工艺流程特点进行推广实施。

燃机给泵(高中低合泵)变频运行技术研究与应用(2014—2015 年) 给水系统是火力发电厂的重要环节,除向锅炉提供加热蒸发所用水源外,还向各减温器提供减温水。给水泵作为给水系统的心脏,在设计选型时,往往会选择出力具有一定富裕量的泵来使用,以保证机组运行安全。为简化系统布置,以临港燃机为代表的部分电厂选择带抽头的高/中/低三压合泵作为给水系统的动力源,由于要兼顾各用户,以及调峰机组低负荷运行时段较多,因此实际运行中,给泵能耗浪费严重。该项目旨在通过对高/中/低三压合泵的给水泵进行变频改造,最大限度地节能降耗。项目在增设高压变频装置、完善热控测点的基础上,通过不断研究与分析,成功开发出国内燃机电厂首套比较完善的三压合泵型给水泵的变频控制逻辑,克服变频控制对象多变量、强耦合的难点,具有较高的技术创新性。项目于 2014 年 11 月开始实施,2015 年 6 月 4 台机组的给水泵变频改造全部完成。项目投入费用 584.25 万元,年节电总量为 580.82 万千瓦时,可降低综合厂用电率约 0.22%,节电总收益(包含容量电价收益)为 476.3 万元/年。该项目可以在采用类似给水系统布置的火力发电机组上进行推广。

全厂辅汽系统及供汽运行方式优化(2015年) 项目改变原全厂辅汽由启动锅炉供应的局面,对全厂辅汽系统进行一定的改造与运行方式的优化,将机组的低压抽汽、冷再抽汽开辟为新的辅汽来源,实现机组辅汽自供给、机组抽汽供临机辅汽、机组抽汽供全厂辅汽母管、机组抽汽供化学生产,降低全厂辅汽系统对启动炉的依赖,缩短启动炉的运行时间,减少启动炉的天然气耗,增加全厂辅汽系统的安全性,进而大幅提高机组运行的经济性与安全性。项目于2015年5月开始实施,2015年12月实现所有的改造功能。项目投资费用51.93万元,年可节约天然气69.5万立方米,年节省总费用173.75万元。项目的改造思路可在火力发电机组进行推广应用。

热态启动燃机汽机同步升负荷优化(2016年) 联合循环机组启动阶段,燃机负荷低、效率低,机组气耗水平远高于正常负荷情况。因而,对于调峰机组而言,提高机组启动过程的经济性,特别是占比较多的热态启动过程的经济性,显得尤为必要。该项目在对西门子F级机组现有启动控制策略进行充分研究的基础上,因地制宜,通过缩短汽机啮合到旁路全收时间、改进联合循环负荷控制策略等措施,综合开发一种实现热态启动时燃机和汽机同步升负荷的技术。通过在临港燃机4台机组上反复测试并检验其实际运行效果,验证传统西门子F级联合循环机组热态启动燃机汽机同步升负荷的可行性。对于非西门子技术的同类型机组,也具有借鉴性。

该技术以不放开余热锅炉和汽轮机应力限制为前提,只要机组热态启动(汽轮机中压转子温度高于200摄氏度)就可以加以投用。它不仅适用于所有联合循环典型配置(汽包炉)机组,对于采用直流炉的联合循环机组,本技术同样适用,甚至还可作进一步开发。

开发该技术主要基于DCS控制逻辑修改,无任何硬件投资。采用该技术后,机组运行安全可靠,可将热态启动汽机啮合至机组启动完成时间缩短约43%,节省发电成本约70万元/年(启停次数越多则效益越佳),有效提高燃机电厂运行经济性和机组快速启动调峰性能。项目可在同类型机组中进行推广应用。该项目为2016年科技项目,并在2016年实施完成。

燃机单点保护测点及控制系统三冗余改造(2016年) 西门子F级联合循环机组燃机控制系统中,仍有部分测点采用两冗余方式,如:IGV、燃料阀开度反馈以及ESV阀前天然气压力等。采用两冗余方式的测点,基本以二取大或二取小的型式参与控制和保护,看似"冗余",实则仍是单点保护,甚至加强机组误跳闸的可能性,对机组和电网稳定运行不利。

经与燃机原厂商西门子进行沟通,该公司仅提供对IGV开度反馈进行三冗余改进技术,若包含燃料阀开度反馈改造,他们需要重新研发,4台机组改造费用需1 000多万元,价格十分高昂。对此,临港燃机专业人员对设备进行钻研,提出自己的改造思路。不仅对IGV开度反馈自行进行三冗余改造,而且对燃料阀开度反馈等38个测点及其控制回路均进行三冗余改造,还对西门子原有的报警、快速数据记录功能有缺陷之处进行完善。

该项目结合2016年检修,依次在4台机组上落实完成,改造后所有设备、控制逻辑一次投运成功,运行良好。项目全部改造费用仅80余万元,改造不仅节省费用约1 000万元,而且也显示出临港燃机自主消化国外技术并进一步改进的能力。改造的成功实施,有效避免机组可能出现的误跳闸,实现燃机的可靠运行。该项目可在同类型燃气机组上进行推广应用。

燃机预混旋流片改造(2017年) 该项目为2017年减排及安措项目。该项目在国内同类型电厂中首个将1号燃机24台预混燃烧器原9孔斜旋流器叶片更换为采用上海电气联合意大利安萨尔多能源公司提供的8孔斜旋流器叶片。同时,叶片材料从16Mo3升级到高合金钢X22CrMoV12-1。项目实施后,1号燃机燃烧不稳定情况得以有效解决,同时由于新的斜旋流片对预混孔的改造有降氮氧化物排放的作用,在1号燃机原有排放的年均值基础上下降至少3毫克/标准立方米,年节省排污费用5.1万元。项目可在西门子F级燃气机组上进行推广应用。

【风力发电技术改造】

风力发电设备机型的升级更新和风力发电设备部件、生产控制系统和信息化系统的改造,以提高各风电场生产管理效率。

上海新能源风力发电机型升级 上海新能源风力发电设备现主要采用上海电气W3600风电机组。该型号风电机组由上海电气风电设备有限公司自主开发设计,额定功率为3 600千瓦,切入风速3.5米/秒,切出风速25米/秒,极大风速(3 s)52.5米/秒,设计寿命20年。风轮直径136米,扫风面积为14 526时,装配3片长度为66.8米的玻璃纤维增强塑料叶片。以变桨速度5°/s,三轴柜电动变桨控制方式进行驱动。齿轮箱采用一级行星+两级平行轴斜齿齿轮传动型式。速比为84,额定功率为4 114.4千瓦,额定扭矩为3 069.3 kNm,采用空—水冷的冷却方式。齿轮箱配有润滑油过滤冷却供油系统。发电机为六极双馈异步发电机,极数6极,额定功率(输出)为3 828千瓦,额定扭矩(齿轮箱输出)为11.36 kNm,转速范围为983～1 983 rpm,结构形式为卧式。偏航系统采用滑动偏航结构,由4个偏航电机驱动,最大偏航速度为0.68度/秒,最大偏航圈数3圈。电子控制系统采用新型Sewind Smart Controlle·r,应用基于载荷的智能控制技术,在充分保障控制系统稳定性的同时,有效降低各极端工况下的载荷,并可实现适合各复杂地形风场的控制器参数化设计。控制系统同时采用全新的智能监控。

上海新能源风电信息化系统改造 2015年7月,经招标明确系统开发商。以上海申能新能源投资有限公司为系统主站,长兴风电场作为系统子站,开展系统建设。2016年4月,完成硬件搭建、云端部署、软件开发及调试培训。申能新能源风电信息化管理系统在长兴风电场进行试运行。2017年三季度完成一期推广工作,青草沙风场、老港一期风场、老港二期风场、申欣风场完善系统架构优化并投入使用。2018年,对系统完善和优化,开展临港海上风场接入工作。

新能源风电信息化管理系统融入云计算、大数据、移动运维等最新的信息技术。通过内、外网结构,采用混合云的系统架构。利用互联网,实现移动运维管理,不受环境限制的工作地点的最新理念。同时在运维系统处加装单项隔离,保障安全性。租借云服务器,按照实际要求来选择服务器配置,避免传统的内部服务器,减少运维成本的同时,具有良好的可扩展性及可移植性。增加移动终端支持功能,可使管理人员通过手机、平板电脑来实现派工、查询等日常管理功能。实现风电现场无纸化、智能化管理。将站内运维安排、计划、派工等业务信息化,提供自主查询或邮件提醒。将站外机组检修、安全规范、故障排查信息化,提升管理效率和工作效率。实现数据价值的可挖掘性。利用大数据分析,挖掘数据价值,提供更准确的决策支持和运行模式。实现移动运维。通过手机、平板等移动工具,可以完成不同岗位的日常工作。强化运维、检修的移动端功能,使现场管理更高效、便捷。

通过对生产系统的数据接入,能实时了解生产现场情况,并能通过手机端及时了解风场、风机情况。具备相关权限的用户可通过系统随时查看现场运行现状、回放任意历史时间段内的现场实时数据,打破时空约束。通过设备综合管理台账的开发,以设备的静态信息为基础,以设备的运维记录为重点,将设备的静态信息和动态信息进行整合,将静态的、片面的设备台账管理上升到动态的、系统化的设备综合台账管理,通过一个入口,就能查到自己想要的设备多方面的信息,能够推动设备台账管理迈上新台阶,更能全面、高效反映企业设备资产状况。规范故障管理流程,实现从缺陷填报到验收到总结的闭环管理。通过流程流转及移动端的提醒功能,实现运行与维护的协同作业。SIS系统与MIS系统融合工作,实现故障处理的闭环以及故障情况的统计功能。通过企业生产过程数字化、故障知识库沉淀生产数据,为将来大数据应用打基础。在生产数据沉淀的基础上,对人员绩效进行痕迹化管理,实现对人员考核机制的支撑。各风场的生产实时数据存储到云平台,并基于历史数据,可以自定义相关的分析模型;基于不同风场、风机数据开发企业级的分析应用,为企业的高层领导和各种类型的业务人员提供高级分析应用,帮助及时掌握生产运行情况等信息,提高电生产管理的智能化分析与管理水平,为上海申能新能源投资有限公司的业务创新提供支撑。项目自2016年12月份投入运行以来,各风场用户通过PC端和移动端积极使用系统,尤其是移动巡点检的应用,移动巡检电子化,实现无纸化巡点检,提高工作效率,降低办公成本。系统的使用频率高低可以从以下数据量上来体现,截至2017年第三季度,系统数据各季度分布情况为:静态数据132 599单,第一季度业务数据量47 546单,第二季度业务数据量60 916单,第三季度业务数据量69 900单,每季度数据量都有较大幅度的增长,从而说明系统的使用频率非常高,提高现场生产管理效率。

第三节 燃料管理

一、机构与制度

申能股份发电用燃料按种类分,主要有燃煤、燃油(主要在机组启动点火时用)和天然气,其中燃油和天然气由各发电公司负责采购、运维和管理。燃煤由申能股份统筹协调、申能燃料公司组织采购和储运,各燃煤发电公司负责接卸与运维。

申能股份燃煤管理工作由公司计划部、生技部、财务部分工协同管理。计划部负责制定公司燃煤管理规章制度;组织编制公司燃煤需求和采购计划;组织开展燃煤及相关市场的分析、燃煤信息统计与分析工作;负责年度燃煤购销合同和燃煤运输合同审核管理;负责协调公司系统燃煤合同执行的相关事宜;负责制定公司燃煤经营管理策略和实施建议方案。生技部根据市场情况指导和协调燃料选择、采购;负责分析各种燃料对电厂锅炉燃烧的影响,掌握燃料库存、亏吨、热值差以及质量波动情况。财务部负责公司系统燃料的财务结算管理。燃煤发电公司燃料管理工作一般由分管副总经理统一领导和负责。电厂计划部负责燃料计划的编制,燃料合同的签订、执行和结算,负责燃料的验收、化验、数量和质量的统计工作,负责与燃料供应单位的业务联络;燃料部或设备管理部负责燃料到公司后的接卸、采样、储存、保管、堆放、配用工作,负责燃料收、耗、存的原始记录统计,负责燃料计量器具和燃料堆场的管理工作;财务部负责燃料费用审核、支付和有关账务的处理,并做好燃料成本的计算与分析、监督盘点;发电部负责化学专业负责燃料的制样、化验工作;行政事务部负责码头、堆场燃料的保卫,负责SAP系统燃料系统的统计、分析系统的日常维护和完善;安环部负责指导燃料部对燃油、煤炭的防燃、消燃等工作。各发电公司都按要求制定健全的燃料管理制度,如《燃料管理办法》《燃料部安全生产责任制》《煤码头管理制度》《电子皮带秤管理制度》,并制定具体的燃料运行、检修规程及事故处置方案、应急预案,保证生产安全运行。

二、燃煤采购与储运

【历史沿革】

20世纪90年代中期,国民经济正由计划经济转向市场经济,国家放开部分行业、部分地区的煤炭价格,但电煤依旧实行政府指导价。1993年星火热电独营成立上海临海燃料实业公司,向当时具有电煤运营资质的公司采购煤炭,为该电厂供应煤炭。2000年,吴二发电投产后,吴二发电的煤炭供应由上海电力燃料公司(后改制为上海电力燃料股份公司)负责。2004年,由于煤炭大幅涨价,煤炭供应紧张,星火热电不再由电厂自己负责具体的燃料采购业务,改由上海电力燃料公司为其供应煤炭。

21世纪初,传统煤炭工业向现代煤炭工业转变;2004年,中国政府建立煤电价格联动机制,形成电煤价格"双轨制";2005年,煤炭订货会制度改革,政府主导的年度煤炭订货制度改为政府指导煤炭产运需衔接。外二发电成立初期,自主负责燃煤采购,采购工作由外二发电物资供应部负责。外三发电筹集期,委托外二发电物资供应部采购煤炭。随着申能股份发电企业增多,为发挥规模采购优势,降低燃料资本,保证燃料供应,提高经济效益,2008年由申能股份控股成立上海申能燃料公司(简称申能燃料),承担申能控股发电企业的燃料采购职能。申能燃料成立初期,主要为外二发电、外三发电提供煤炭。2010年后,采购供应范围扩大至星火热电和吴二发电。此后,进一步扩大至申皖发电和吴忠热电。其中,申皖发电年用煤量的75%以上采购自淮北矿业,其余部分由申能燃料采购。

【燃煤采购】

根据各电厂锅炉设计煤种、校核煤种范围,申能燃料主要采购煤种为伊泰煤、神木煤、大同煤、优混煤和进口印尼、澳大利亚、俄罗斯煤等。

表2-4-12 1995—2017年申能各发电企业历年原煤采购量情况表 单位:吨

单位 年份	星火热电	吴二发电	外二发电	外三发电	申皖发电	吴忠热电
1995	108 120	—	—	—	—	—
1996	119 196	—	—	—	—	—
1997	116 563	—	—	—	—	—
1998	116 570	—	—	—	—	—
1999	167 850	—	—	—	—	—
2000	166 303	826 786	—	—	—	—
2001	231 759	2 147 438	—	—	—	—
2002	43 360	2 610 088	—	—	—	—
2003	192 947	3 139 787	—	—	—	—
2004	241 372	3 136 149	6 013	—	—	—
2005	213 762	3 083 717	4 065 546	—	—	—
2006	199 407	2 921 522	3 938 522	—	—	—
2007	204 185	2 955 042	4 456 384	—	—	—
2008	228 833	2 950 126	4 324 405	2 963 748	—	—
2009	262 303	2 629 141	3 853 452	3 995 654	—	—
2010	257 666	2 695 516	3 733 808	3 883 704	—	—
2011	254 928	2 936 260	4 140 930	4 484 015	—	—

〔续表〕

单位 年份	星火热电	吴二发电	外二发电	外三发电	申皖发电	吴忠热电
2012	231 524	2 338 495	3 649 798	4 098 978	—	—
2013	243 754	2 569 126	4 074 748	4 315 172	—	—
2014	224 634	1 670 122	3 310 374	3 399 061	—	—
2015	213 603	1 765 462	3 282 502	3 772 200	154 150	—
2016	197 188	1 632 069	3 441 512	3 644 351	1 818 254	337 888
2017	149 057	1 948 149	3 450 242	3 972 548	2 222 820	1 918 555

【燃煤储运】

燃煤运输 发电企业燃煤运输方式主要分为陆运和水运两种。其中位于上海的发电公司主要分布在黄浦江及长江沿岸，均采用水运。位于安徽淮北市的申皖发电主要依靠铁路运输，电厂铁路站位于电厂主厂区北侧2.5公里的烈山区雷山村境内，专用线全长2.42公里，其中区间单线1公里，在区间DK0+310处布置一台不断轨动态电子轨道衡用以对铁路来煤的计量，一期设计年运量300万吨。铁路专用线工程于2015年9月4日顺利竣工，9月8日专用线通车，10月9日工程建设通过铁路局验收。位于宁夏的吴忠热电全部采用汽车运输。运输公司由4家民营公司承运，分别为：吴忠市喜运公司、灵武市速腾达公司、吴忠市坤鹏公司、吴忠市双丰源公司。运煤车辆约200辆左右，主要以半挂车（最大装载量为90吨~110吨/车）为主，另一种车型为自卸车（或称四桥车），最大装载量为45吨~55吨/车，自卸车较半挂车接卸效率快2~3倍。

燃煤验收 发电企业对燃煤的验收主要是数量验收和质量验收。

数量验收根据运输方式采用不同的计量方法。水运方式的入厂煤通过水尺计量验收，陆路方式的入厂煤采用汽车衡、轨道衡计量验收，电子皮带秤作为校核手段。入炉煤计量均以电子皮带秤为准。为使计量工作更精确，申能各发电企业自2003年起陆续在入厂煤电子秤之前的喷水抑尘管系上安装计量水表，每月底盘场使用的原始标尺、水平仪陆续改用微机盘煤仪，2012年开始使用便携式激光盘煤仪，2013—2014年对入厂煤和入炉煤皮带秤现场称量设备进行升级改造，用浮衡型电子皮带秤取代杠杆型皮带秤，并完善相关管理和校验工作，进一步提高计量设备运行的可靠性和准确性。

质量验收主要有采样、制样和分析、化验等程序。其中采样分为人工采样和机械采样。一般到厂煤的初次检验以人工采样为主。吴二发电、外二发电、外三发电煤船靠泊电厂码头后，先对煤船采取一次样进行初验，海轮分上、中、下随机采取三次人工样；在接卸过程中，发现煤炭有质量异常时增加采样次数，以保证所采取的煤样具有整船的代表性，整船卸空后在堆放场地取一次人工样进行复验。船舶每次每个仓位人工样取样量确保在20公斤以上。到厂煤及入炉煤的质量验收以机械采样作为依据。通过机械自动采煤，每条船卸煤时自动采样装置投入率应达98%以上，采样重量达20±2.5公斤，可以作为有效煤样。通过铁路运输煤炭的申皖发电，通过公路运输煤炭的吴忠热电，入厂煤都是机械采样。

煤电企业的到厂煤采制化场所都全程安装视频监控设备，保证采制化全过程无盲区监控，且可追溯、可举证。视频记录至少可追溯一个半月，并可按要求保留备份。入厂、入炉煤机械采样装置防水、防尘，集样桶应密闭。分析人员在取得分析样品后，核对样品标签，在分析结束后将样品的重量、采集的场地、样品状态及分析情况等填入分析报告内,当分析数据异常时,进行复查。所有分析报告原始数据保存3年。

采购进厂的燃油卸油前由供方代表与验收员同时在场取样验货,验货取样采用随机取样方式,取样车辆数一般不小于总数的20％。对采购进厂的轻油油质一般作机械杂质、水分、闪点(闭口)三项检测,检测结果以公司自测结果为准,如有异议,则将油样送第三方检测机构检测。

【煤耗总量】

煤电企业历年原煤消耗量见表2-4-13。

表2-4-13　1993—2017年各煤电企业历年原煤消耗量情况表　　　单位:吨

年份\单位	星火热电	吴二发电	外二发电	外三发电	申皖发电	吴忠热电
1993	73 786	—	—	—	—	—
1994	102 376	—	—	—	—	—
1995	108 580	—	—	—	—	—
1996	118 899	—	—	—	—	—
1997	130 562	—	—	—	—	—
1998	127 483	—	—	—	—	—
1999	151 212	—	—	—	—	—
2000	151 926	712 593	—	—	—	—
2001	167 946	2 122 038	—	—	—	—
2002	184 633	2 646 963	—	—	—	—
2003	188 710	3 208 769	—	—	—	—
2004	206 708	3 174 215	2 555 793	—	—	—
2005	218 580	3 092 555	3 988 027	—	—	—
2006	209 093	2 942 668	3 930 861	—	—	—
2007	205 250	2 998 763	4 392 568	—	—	—
2008	250 176	2 959 437	4 257 262	2 764 963	—	—
2009	256 052	2 647 659	3 853 873	3 946 791	—	—
2010	270 983	2 628 254	3 736 113	3 805 251	—	—
2011	255 821	2 844 033	4 032 693	4 360 388	—	—
2012	227 611	2 390 767	3 697 834	4 150 368	—	—
2013	251 342	2 580 126	4 068 534	4 327 448	—	—
2014	215 647	1 703 270	3 252 505	3 425 212	—	—
2015	210 959	1 728 883	3 256 635	3 599 233	136 748	—
2016	201 436	1 654 155	3 505 080	3 688 285	1 724 891	244 215
2017	161 110	2 003 669	3 378 806	3 851 037	2 279 292	1 944 972

三、燃煤接卸与运维

【燃煤接卸】

通过水路运输的煤炭，运送煤炭的船舶停靠电厂码头后，通过电厂卸船机、皮带机、斗轮机组成的卸煤系统进入煤场。星火热电的码头可同时停靠 3 艘 300 吨的驳船；吴二发电码头可停靠 2 万吨级船舶；外二发电、外三发电码头可同时停靠 2 艘 5 万吨级船舶。星火热电码头到煤场的输送系统采用单路 800 胶带输送机运煤系统，出力为 300 吨/时，通往煤仓层的胶带输送机在 2 号转运站采用双路 650 胶带输送机运煤系统，出力为 180 吨/时。

申皖发电的铁路专用线电厂站有 2 台翻车机进行卸车作业，具备日均卸车 300 节的能力，所有入厂煤通过管带机接卸至厂内煤场。

吴忠热电卸煤设施采用 10 档自卸式汽车卸煤沟。平均每车位卸煤量约 20 万吨/年，10 个卸车位年卸煤量为 200 万吨/年，实际卸煤沟的缓冲能力约为 190 万吨/年。卸煤沟下部设 4 台变频式叶轮给煤机，其出力为 150 吨～500 吨/时。卸煤沟下部带式输送机系统采用双路布置，一路运行，一路备用，并具备双路同时运行的条件。卸煤沟内通过皮带机送入。

输煤系统的控制方式分为程序控制和现场控制两种，以程序控制为主。在设备检修后的试转、程控操作失灵、输煤设备故障停机后的启动等情况下，输煤设备可以在征得当班运行领班同意后，由程控操作改为现场操作。

【煤炭存储】

吴二发电煤场储煤总量为 25 万吨，其中干煤棚可储煤 4 万吨，2017 年年底前，吴二发电煤场全封闭改造项目实现功能性封闭。星火热电储煤量为 1 万吨。外二发电煤场储煤总量为 23 万吨，设两块条形煤场，其中 1/4 块为干煤棚，可存煤 5 万吨，2017 年年底前外二发电煤场完成全封闭改造。外三发电煤场储煤总量为 25 万吨，2017 年年底前外三发电煤场完成全封闭改造，封闭后可储存 22 万吨煤。申皖发电设有两个斗轮堆取料机条形折返式露天煤场，煤场总面积约为 43 平方米，贮煤总量约 18.764 万吨，能满足 2 台 66 万千瓦机组锅炉约 18 天的耗煤量要求。在建项目申能安徽平山电厂二期工程新建一个条形煤场，位于一期（申皖发电）已建煤场的北侧，共计 2 个煤堆，每个煤堆堆宽 47 米，堆高 14 米，长度约 226 米，煤场储煤量 14.68 万吨。鉴于二期工程可将一期煤场作为备用，拟利用一期工程的一个煤堆堆放二期的燃煤。两者共计可满足二期 1 台 135 万千瓦机组 20.5 天要求。吴忠热电的储煤场为一个全封闭式条形煤场，存煤量最高达 10 万吨左右，可满足 2 台 35 万千瓦机组 BMCR 工况下 15 天的耗煤量要求。

燃煤的存取按照"烧旧存新、定期翻烧、合理掺配"的原则进行。来煤堆放时，根据不同煤种分区域堆放并分别标明日期、分层压实，取煤时分区域取用。燃料存放时间最长一般不超过 3 个月。燃料的正常场地库存量为 10～15 天的日耗用量，7 天需用量为库存警戒线。当存煤达到或低于库存警戒线时，要启动相应预案。库存煤量降至 5 天需用量时，有关发电企业相关部门应每日向申能股份报告煤炭供应、耗用、库存情况及采取的主要措施。库存量降至 3 天需用量时，启动应急响应程序。由发电公司相关部门联系供应商紧急催发，并向公司领导汇报，同时向申能股份报告。发电企业负责做好场存煤的保管、消防工作（洒水、防风、防涝等措施），避免煤炭自燃、尘扬、流失等现象，以降低损耗和防止污染环境，负责场地煤的归堆，负责定期测温监视煤堆温度，将煤堆温度控制在60摄氏度以内,发现煤堆超温及时采取降温措施(如浇水、翻推、压实等),防止煤炭自燃,或安排配煤掺烧以减少损失。

燃油使用油罐存储,燃油储量低于400吨时,安排进油。油罐油温控制在45摄氏度以内,并落实油区防火、防爆安全措施。油罐放水时防止跑油,处理污油并回收入库。

【运维管理】

燃料的运行维护管理主要由燃料运行和燃料检修维护组成,燃料运行主要对燃料设备进行操作、运行及系统跳闸故障的处理事宜等;燃料检修维护工作主要是对燃料主、辅设备施工、安装、维护和检修等。

燃料设备主要有卸船机、斗轮机、皮带机、油区设备、工程车辆等。运行人员接班前须对设备进行检查和试验,向交班员了解设备运行、备用、停电、检修、缺陷、试验及定期性工作等情况,查阅"运行日志簿""设备缺陷管理系统""工作票记录",了解设备状况及存在问题,检查系统所有设备设施情况,接班前向班长汇报,听取班长及上班值班员的工作交代,完成有关交接事宜,检查岗位上的各种系统监控画面,各参数、信号指示,现场设备情况等。运行人员在故障跳闸后及时迅速了解异常情况的实质,尽快限制事态发展,解除对人身、设备的威胁,改变运行方式,及时向有关人员汇报,在故障消失后,手动或自动启动设备。

燃料检修维护主要负责燃料系统设备的日常维护、大小修及改造等工作。在设备检修前,根据设备的技术状况与运行中存在的缺陷情况,列出应修项目及改进项目,组织人员,准备材料和工具。检修班组人员要熟悉设备构造或图纸,明确质量要求及检修工艺,根据设备检修工艺与质量标准进行检修,检修中落实各项安全措施和技术措施,严格执行检修工艺规程,确保检修质量和工期,监督质量控制点的检修质量,执行质量待检点检查验收制度,检修后恢复现场设备及安全设施,妥善保管检修工具及精密量具,同时进行检修总结评估、技术记录、试验报告、设备及系统变更等技术文件整理。

【掺烧管理】

煤电企业从2007年起陆续开始实行低热值燃煤掺烧工作。2007年,外二发电首先开通进口低热值煤炭相关审批流程,通过燃料公司成功组织进口印尼煤7.4万吨,并实施掺烧,实现上海地区发电公司进口零的突破。外三发电于2008年投运后也开始实行掺烧,掺烧煤种为设计煤种神府东胜煤和校核煤种大同煤。2009年起,外二发电、外三发电拓宽机组适烧煤种范围,采购并成功掺烧印尼、澳大利亚、俄罗斯煤等多种新煤种,外二发电率先开发运用"煤炭评价系统"指导燃煤掺烧工作开展。2011年,外二发电承担上海市科学技术委员会"百万千瓦等级锅炉配煤技术及燃烧优化应用研究"课题研究项目。同年,吴二发电开始试验掺烧褐煤,主要以掺烧东北褐煤为主,从2016年起,也开始掺烧印尼煤。2014年外二发电完成掺烧三仓印尼煤试验,并开展淮南煤、褐煤等新煤种试烧。2017年,外二发电根据上海市政府的相关要求开展污泥掺烧试验,在保证机组安全、稳定、环保运行的前提下共掺烧污泥330吨。自2017年年中开始至同年底,为配合申能集团控制全年原煤总量的要求,发电公司在掺烧设计煤种的同时配合掺烧超高热煤种,并停止低热值经济煤种的掺烧。

【损耗管理】

各煤电企业按要求建立耗用、结存统计台账,按正平衡计算发电、供热标准煤耗率,并以反平衡的方式对标准煤耗率进行校核。入炉煤每天 3 班,每班至少进行一次质量化验,质量以化验结果的加权平均数值为准,入炉煤数量以电子皮带秤计量数据为准。煤电企业对入厂、入炉煤热值差管理的要求为热值差一般不大于 0.42 兆焦/公斤;月度煤场储存盈亏量不得大于日平均库存量的 0.5%;存油盘点按容积法进行库存油量的核算。各发电企业燃煤损耗管理主要通过以下三项工作进行。

控制数量上的损耗。煤电企业规范入场煤、入炉煤煤秤的实物效验制度,加强入场煤及入炉煤取样装置的投用率,及时分析煤炭的综合数据,要求卸船司机卸煤运行操作中做到稳、准、快,防止煤炭撒落,清仓过程中要求全部清扫船舱使煤炭颗粒归仓。

防止煤炭自燃。煤电企业严格按照煤炭性质不同进行分类、分区域堆放的原则,对不同的煤炭进行分别处理,分别对入场煤煤堆要求分层压实,减少煤炭颗粒间的间隙,防止煤炭的自燃。同时安排运行人员对煤堆测温,对关键部位定时、定点进行多次测温,取料作业按煤炭先进先出原则,并结合煤堆温度及时制定作业方式,进一步减少煤炭热值的损耗。

进行煤场盘点。煤电企业各相关部门每月末共同对燃料进行盘点并记录盘点实际数据。编制《煤场盘存记录》,如盘点差异超过规定,查找原因,编制盘点差异报告,提交电厂总经理审批后交由财务部进行相应的账务处理。

四、其他燃料采购与耗用

【燃油采购与耗用】

燃油采购　燃油主要用于锅炉启动点火,采购油种一般为 0 号柴油。机组刚投产时,启停次数较多,一般耗油量较大,投产一年后,机组运行日趋稳定,耗油量进入正常区间。各煤电企业历年燃油采购量见表 2-4-14,历年采购总量见图 2-4-7。其中吴忠热电锅炉设计点火装置采用等离子点火,无须采购燃油。

表 2-4-14　1995—2017 年各煤电企业历年燃油采购量情况表　　　　单位:吨

年份 \ 单位	星火热电	吴二发电	外二发电	外三发电	申皖发电
1995	90	—	—	—	—
1996	200	—	—	—	—
1997	25	—	—	—	—
1998	210	—	—	—	—
1999	140	—	—	—	—
2000	120	11 742	—	—	—
2001	130	6 364	—	—	—
2002	110	2 882	—	—	—
2003	140	1 994	—	—	—
2004	190	1 501	19 650.62	—	—

〔续表〕

单位 年份	星火热电	吴二发电	外二发电	外三发电	申皖发电
2005	130	302	2 384.52	—	—
2006	160	1 512.21	1 402.64	—	—
2007	170	598.83	606.46	—	—
2008	200	0	0	1 241	—
2009	190	0	398	504.92	—
2010	200	0	800	200.2	—
2011	150	299.38	1 689	299.66	—
2012	180	0	600	0	—
2013	150	299.52	600	401.76	—
2014	160	0	700	0	—
2015	150	300	600	200.08	2 933
2016	110	0	670	199.98	2 767
2017	350	0	850	199.9	450

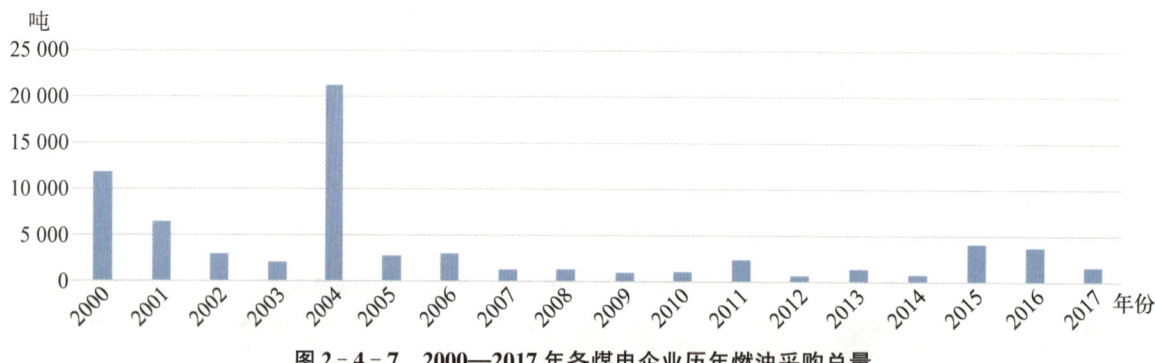

图2-4-7　2000—2017年各煤电企业历年燃油采购总量

燃油耗用　历年燃油消耗量情况见表2-4-15,燃油消耗总量见图2-4-8。2008年,吴二发电实施"少油点火项目"后,效果明显,从2007年消耗的929吨降至313吨,降幅达66.3%。外三发电投产时同步实施"节能型快速启动项目",投产当年的耗油量也仅为693.73吨。

表2-4-15　1993—2017年各煤电企业历年燃油消耗量情况表　　　　单位:吨

单位 年份	星火热电	吴二发电	外二发电	外三发电	申皖发电
1993	740.2	—	—	—	—
1994	203.84	—	—	—	—
1995	90.91	—	—	—	—
1996	196.63	—	—	—	—

〔续表〕

年份	单位	星火热电	吴二发电	外二发电	外三发电	申皖发电
1997		23.55	—	—	—	—
1998		205.29	—	—	—	—
1999		144.14	—	—	—	—
2000		120.17	9 380	—	—	—
2001		129.62	7 154	—	—	—
2002		113.19	2 556	—	—	—
2003		136.27	1 907	—	—	—
2004		189.66	1 203	16 537.64	—	—
2005		125.72	1 128	3 001.85	—	—
2006		160.76	1 124	1 403.85	—	—
2007		173	929	1 259.63	—	—
2008		203	313	889.49	693.73	—
2009		187.85	296	929.68	529.48	—
2010		203.85	184	1 198.47	305.66	—
2011		150.5	246.38	1 272.82	216.64	—
2012		175.07	78	490.02	72.97	—
2013		151.18	89.52	912.86	125.03	—
2014		160.82	169	619.96	318.32	—
2015		154.57	99	783.01	159.26	2 625
2016		110.65	129	689.65	227.04	2 555
2017		369.28	235	631.68	91.5	674

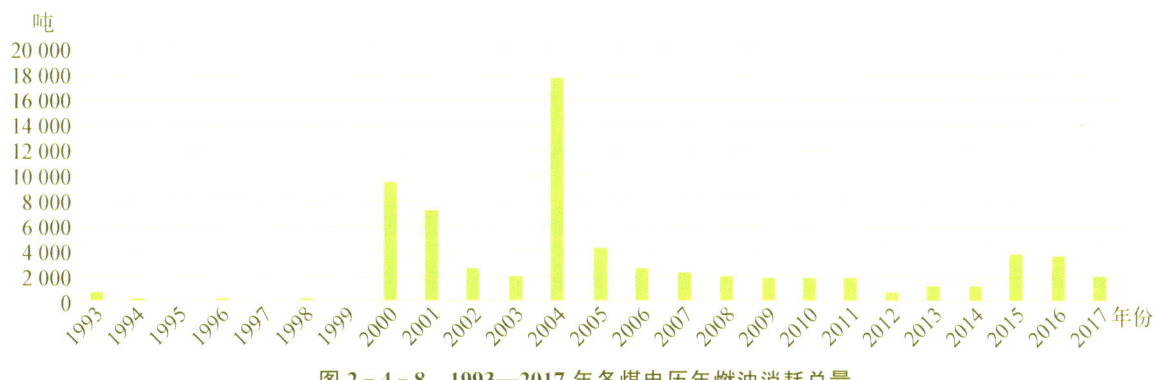

图 2-4-8 1993—2017 年各煤电历年燃油消耗总量

【天然气采购与耗用】

天然气采购 截至 2017 年年底,申能系统已投产燃机发电企业有 2 家,分别为临港燃机和崇明燃机。临港燃机建有 4 台 40 万千瓦级燃气-蒸汽联合循环发电机组,是上海市液化天然气(LNG)配套项目,采用的燃料为进口 LNG。为确保生产过程中天然气的需求,临港燃机先后与上海天然气管网有限公司、上海燃气(集团)有限公司签订长期天然气销售协议,由其负责通过管网输送供应。崇明燃机拥有 2 台 42.4 万千瓦级燃气-蒸汽联合循环机组,按照设计天然气年均用量约 5.3 亿立方米,2017 年 8 月,崇明燃机与上海(燃气)集团有限公司签订《天然气销售协议》,就崇明燃机 2 台机组发电购气达成协议,由上海天然气管网公司供应,经江苏如东—海门—崇明输气管道进行供气。天然气输气管道建设与崇明工程建设同步进行,由江苏海门过长江(长江宽约 3 公里)进入崇明岛,再从陈海公路天然气主干管网敷设专线支管至电厂。2017 年 9 月 26 日,天然气输送到崇明燃机。

天然气耗用 截至 2017 年年底,申能股份控股发电公司仅临港燃机一家消耗燃气,临港燃机历年消耗燃气见表 2-4-16。

表 2-4-16 2012—2017 年临港燃机历年燃气消耗量情况表

项目	单位	2012 年	2013 年	2014 年	2015 年	2016 年	2017 年
利用小时	小时(h)	1 394	1 687	1 663	1 622	1 567	1 703
低位热值	千焦/立方米(kJ/m^3)	36 804	36 700	36 359	36 671	36 184	36 503
天然气耗量	立方米(m^3)	39 813	48 634	47 702	45 926	44 932	48 299

第四节 能耗管理

能耗管理就是管理能耗的各项指标,控制能耗指标主要有燃煤发电企业发电煤耗、燃气发电企业发电气耗,以及厂用电率等。申能股份生技部负责监督、指导、分析各发电公司能耗管理工作,通过定期梳理、汇总、分析各发电公司能耗指标,每年年初下达各发电企业能耗考核指标。

一、能耗控制

【控制措施】

煤耗控制措施 各煤电企业主要采取以下措施进行煤耗控制,降低发、供电煤耗:合理安排运行方式,尽量达到机炉负荷的匹配,以保证机组的安全稳定运行,为节约能源提供基础和前提。控制主汽温度和主汽压力,运行人员及时调整,通过合理安排吹灰器投入顺序及时间,改变上下层给粉机投入方式以及给粉机转速,最大限度地降低受热面吹灰对传热的影响,使机组始终保持高参数运行,提高机组经济性。控制制粉系统参数,根据不同煤种,合理控制磨煤机出口和一次风温,在保证安全的前提下,通过提高磨煤机出口温度和二次风温度,缩短煤粉燃烧前的预热时间,使煤粉燃烧更加完全,有效降低煤粉的不完全燃烧损失,达到降低动力煤消耗的目的。加强煤质延伸管理,监督料场原煤取样、料场进料、消耗情况的统计工作,在煤质偏离设计煤种偏差较大时,能够及时沟通使其掌握入炉煤质情况,以便采取相应的调整方案,保证锅炉燃烧的稳定。对燃烧、调风、混风、炉温分布进行监督,掌握燃用煤质对应的磨煤机运行小时数、粉位变化幅度,以及锅炉尾部受热面的烟温变化,判断炉管积灰情况,炉膛出口烟温变化及减温水量增减判断水冷壁沾污程度,及时吹灰除焦,提高锅炉热效率。定期进行锅炉效率监测,用以指导锅炉的燃烧调整。每月进行锅炉效率监测,主要监测:主汽温度、压力、流量,给水温度、压力、流量,炉膛氧量、排烟温度、空预器入口烟温、飞灰含碳量、炉渣含碳量。根据实际采购煤种,发电部或运行部制定不同煤种、不同工况下的燃烧调整方案,根据煤质分析报告,及时对锅炉一、二次风配比进行调整,缓解锅炉受热面的结焦,提高锅炉效率;其次,通过合理的二次风配比,优化锅炉的燃烧工况,降低排烟损失和飞灰可燃物损失,使锅炉的热经济性提高,煤耗相对降低。发电机组实际运行时,一般各项参数无法达到额定工况。根据发电机组设计参数,结合历年来机组实际运行工况,制定不同负荷下的最优运行参数,并将这些参数绘制成负荷曲线,为运行人员操作调整提供依据,最大限度地提高机组的经济性,从而降低机组的燃煤消耗。

气耗控制措施 燃机发电企业一般采取以下措施降低天然气气耗:机组停运后,余热锅炉采取保温保压措施;优化厂用辅汽运行方式;优化轴封汽运行方式,机组启动过程中,当低压主蒸汽温度、压力正常后开始供应辅汽,启动炉改备用模式,机组停运后,轴封可由低压辅汽继续供应1.5~2小时,减少启动炉运行时间;性能加热器投入运行,吸收闭式水热量,提高天然气温度,降低闭式水温;加强设备维护,机组运行时保证"液压间隙优化系统(HCO)"可靠投入,每小时可增加约1.5兆瓦负荷;在保证安全、水、汽品质的情况下,减少余热锅炉高、中、低压系统热水、热气排放;积极开展设备(阀门)治理,降低系统跑、冒、滴、漏;优化汽机中速暖机方式,减少中速暖机时间;优化机组停机方式,如优化停机时余热锅炉降负荷限制,减少燃机在低负荷阶段停留时间。临港燃机自2012年商运以来,通过不断运行优化、技改科技创新,燃气-蒸汽联合发电机组发电气耗指标有所下降,2012年至2017年间发电气耗从0.1840立方米/千瓦时降至0.1769立方米/千瓦时。

二、技术改造措施

【主要工作】

2007年7月27日,申能股份首次召开"2007年科技创新和节能环保工作会议",确定公司科技创新和节能环保工作规划总体目标:力争在"十一五"期间成为国内技术领先、管理一流、能耗最低、绿色环保的能源公司。明确"十一五"期间,公司各发电企业在脱硫装置建成投运的情况下,供电煤耗不增加,并有一定幅度降低。外二发电机组能耗水平达到超临界机组全国最优;吴二发电机组能耗水平要达到全国同类机组先进水平;外三发电在基建阶段做好设备和系统的优化工作,投产后能耗水平达到全国最优。公司2010年总体供电煤耗较2005年319克/千瓦时下降4克/千瓦时,达到315克/千瓦时。"十一五"末期,公司成为全国煤耗最低的发电公司。从2007年9月起,公司出版第一期《科技创新节能环保工作信息(双月刊)》,加强对能耗控制指标的分析和管理,截至2017年年底共出版《科技创新节能环保工作信息(双月刊)》62期。

2008年,申能股份根据"十一五"节能专项规划,在系统内全面加强节能管理、加大节能投入,通过优化运行、技术推广、针对性改造、项目开发带动、管理机制完善等多方面工作,实现节能降耗目标。

2009年,各发电企业面临发电负荷率低、机组脱硫装置全部投运、机组检修周期长的实际情况,对能耗指标控制直接产生不利影响,为此公司持续加强节能投入,通过完成一批节能科技项目,如:外三发电"机组综合优化""脱硫零能耗系统",外二发电"6号机凝泵变频改造"和"空预器6A、

6B密封装置改造",吴二发电"电厂少油点火应用""空气动力涡流装置在电厂冷却塔中的应用研究"等,取得良好成果,确保全年供电煤耗等能耗指标与年度计划相比稳中有降。

2010年,公司通过实施一批节能改造项目,如"电厂锅炉吹灰-气温控制关键技术研究引用""大功率高压变频改造"和"汽轮机循环冷却水系统改造及优化控制技术研究与应用"等节能项目,促进能耗指标进一步下降。同时,公司加强节能宣传,提高节能意识,组织各发电公司积极参加"2010年上海节能周"活动,开展"电气杯"节能知识竞赛活动并获优秀组织奖。根据市政府有关部门要求,积极组织节能技改项目申报工作。完成审核汇总公司控股发电企业节能技改上报项目(共三批),三批技改项目节能量达104 141吨,节能专项奖励合同金额约3 873万元。

2011年,公司启动"广义回热扩展技术""电除尘电源及控制改进""脱硫烟道加装烟气余热回收装置""汽轮机节能改造"及"凝泵变频方式下的机组(高效、节能运行)负荷响应"等节能项目,并组织控股发电企业开展"上汽杯"节能知识竞赛活动,获优秀组织奖。根据市政府有关部门要求,完成两批共9个节能技改项目的申报工作,项目费用合计4 922万元,预计节能量37 006吨标煤/年。

2012年,公司与集团签订2012年度节能减排目标责任书,制定节能目标,落实节能责任,并将供电煤耗、万方干气电耗等节能指标纳入企业经营班子考核指标体系。继续推进"广义回热扩展技术""电除尘电源及控制改进"等节能项目。组织控股发电企业开展"华谊杯"节能知识竞赛活动,并获优秀组织奖。完成两批共9个节能技改项目的申报工作,项目费用合计23 090万元,预计节能量40 109吨标煤/年。

2013年,公司实施多项新的节能降耗措施,启动60万千瓦临界机组综合节能环保关键技术示范应用、100万千瓦机组变频电源技术研究与应用等节能科技项目,完成空气预热器改造、锅炉一级再热器增加受热面和机组高压加热器疏水系统优化等节能技术改造,通过实施一批节能改造项目,促进能耗指标进一步下降。根据市政府有关部门要求,积极组织、完成5个节能技改项目的申报工作,项目费用合计6 620万元,预计节能量18 477吨标煤/年。

2014年,公司继续推进60万千瓦临界机组综合节能环保关键技术示范应用、100万千瓦机组变频电源技术研究与应用等节能科技项目的实施,完成发电机组电除尘高频电源改造和发电机组闭冷泵变频改造等节能技术改造。申报2个项目,项目费用2 320万元,预计节能量3 067吨标煤/年。

2015年各发电企业积极实施多项新的节能降耗措施。外三发电开展"7号机组中温省煤器改造"、吴二发电实施"1号冷却塔填料优化改造"、临港燃机启动"天然气差压余能利用技术研究与示范"等节能项目,通过实施一批节能改造项目,促进能耗指标进一步下降。

2016年公司实施吴二发电机组汽轮机通流改造,完成临港燃机天然气差压余能利用技术研究与示范等节能技术改造项目。

2017年公司加快煤电节能减排升级与改造工作根据国家发改委、环境保护部和国家能源局三部委2014年9月联合发布的《煤电节能减排升级与改造行动计划(2014—2020)》,以及上海市环境保护局《第六轮三年行动计划》要求,公司积极响应,研究制定节能减排与升级改造方案和工作计划。公司系统发电单位已全部按计划完成燃煤机组超低排放改造工作并通过验收,同时积极开展吴二发电"机组汽轮机通流改造"、外三发电"新型电能转换技术研究与应用"、申皖发电"机组节能综合改造"等项目的实施,达到节能降耗目的。

【主要成效】

申能股份自2007年以来加强能耗管理和指标分析,各发电公司每月定期对发电煤耗、供电煤耗、发电气耗、综合厂用电率等技术经济指标进行分析,并将能耗指标完成情况报公司生技部。生技部撰写运行周报、月报,定期对各发电公司能耗指标完成情况进行分析和对标管理。

2007年,公司控股发电企业总发电量为1 943 771万千瓦时,同比2006年增加发电量129 805万千瓦时,增长7.16%;发电标准煤耗率为300克/千瓦时,比2006年下降4克/千瓦时;供电煤耗为312克/千瓦时,比2006年下降4克/千瓦时。2007年累计综合能源消费量为23.34万吨。

2008年,公司系统年度累计供电煤耗306克/千瓦时,较2008年计划下降6克/千瓦时。其中,外三发电下降8.56克/千瓦时,外二发电上升1克/千瓦时,吴二发电和计划持平,星火下降5克/千瓦时。具体为:吴二发电2008年实际供电煤耗完成332.04克/千瓦时,与去年同比持平(不含脱硫供电煤耗为329.32克/千瓦时,同比降低0.15克/千瓦时)。综合厂用电率完成4.77%,同比去年升高15.5%(含脱硫)(不含脱硫综合厂用电率为3.98,同比降低3.63%)。外二发电年累计供电煤耗301克/千瓦时,(不含脱硫供电煤耗为299.88克/千瓦时,同比升高0.22克/千瓦时)。综合厂用电率完成4.02%,同比去年升高6.63%(含脱硫)(不含脱硫综合厂用电率为3.79%,同比上升0.53%),导致外二发电厂用电率高的原因是为迎峰度夏和奥运保电任务,经常6台磨煤机运行(正常为5磨运行)。星火热电累计供电煤耗:345克/千瓦时,综合厂用电率:14.61%,说明随着热网用热量的增加,供电煤耗会相应降低。然而随着供热量的增加,锅炉主蒸汽流量也随之增加,不得不采用四炉两机运行模式,导致锅炉辅机用电量和脱硫用电量增加,在发电量不增加的情况下,综合厂用电率、供热用厂用电率呈上升趋势,而发电用厂用电率呈下降趋势。外三发电,累计完成供电煤耗287.44克/千瓦时,综合厂用电率4.56%,均比年度计划有大幅度下降。

2009年,公司系统年度累计供电煤耗301克/千瓦时,比计划指标下降8克/千瓦时,较2008年同期下降5克/千瓦时。其中,外三发电累计供电煤耗282克/千瓦时,比计划指标下降7克/千瓦时,较2008年同期下降5克/千瓦时;外二发电累计供电煤耗303克/千瓦时,和计划指标持平,较2008年同期上升3克/千瓦时;吴二发电累计供电煤耗331克/千瓦时,比计划指标下降1克/千瓦时,较2008年同期下降1克/千瓦时;星火热电累计供电煤耗347克/千瓦时,比计划指标下降11克/千瓦时,较2008年同期上升2克/千瓦时。公司控股发电企业2009年度综合厂用电率为4.71%,比计划指标低0.49个百分点,较2008年同期上升6.08%。其中,外三发电综合厂用电率为4.4%,比计划指标低0.3个百分点,较2008年同期下降2.85%;外二发电综合厂用电率为4.6%,比计划指标低0.2个百分点,较2008年同期上升9.83%;吴二发电综合厂用电率为5.2%,比计划指标低0.1个百分点,较2008年同期上升9.64%;星火热电综合厂用电率为14.7%,比计划指标高0.4个百分点,较2008年同期上升0.68%。

2010年,公司系统年度累计供电煤耗300克/千瓦时,较2009年同期下降1克/千瓦时。其中,外三发电累计供电煤耗279克/千瓦时,较2009年同期下降3克/千瓦时;外二发电累计供电煤耗304克/千瓦时,较2009年同期上升1克/千瓦时;吴二发电累计供电煤耗329克/千瓦时,较2009年同期下降2克/千瓦时;星火热电累计供电煤耗331克/千瓦时,较2009年同期下降16克/千瓦时。公司控股发电企业2010年度综合厂用电率为4.66%,较2009年同期下降1.06%。其中,外三发电综合厂用电率为4.33%,较2009年同期下降2.26%;外二发电综合厂用电率为4.56%,较2009年同期下降0.44%;吴二发电综合厂用电率为5.14%,较2009年同期下降1.72%;星火热电综合厂用电率为15.39%,较2009年同期上升4.62%。

2011年,公司系统年度累计供电煤耗295克/千瓦时,较2010年同期下降5克/千瓦时。其中,外三发电累计供电煤耗276克/千瓦时,较2010年同期下降3克/千瓦时;外二发电累计供电煤耗

301克/千瓦时,较2010年同期下降3克/千瓦时;吴二发电累计供电煤耗329克/千瓦时,较2010年同期下降0.3克/千瓦时;星火热电累计供电煤耗352克/千瓦时,较2010年同期上升21克/千瓦时。公司控股发电企业年度综合厂用电率为4.5%,较2010年同期下降0.2个百分点。其中,外三发电综合厂用电率为4.1%,较2010年同期下降0.2个百分点;外二发电综合厂用电率为4.4%,较2010年同期下降0.2个百分点;吴二发电综合厂用电率为5%,较2010年同期下降0.1个百分点;星火热电综合厂用电率为15.5%,较2010年同期下降0.1个百分点。

2012年,公司系统年度累计供电煤耗291克/千瓦时,较2011年同期下降4克/千瓦时。其中,外三发电累计供电煤耗276.1克/千瓦时,基本和2011年持平;外二发电累计供电煤耗298.6克/千瓦时,较2011年同期下降2.4克/千瓦时;吴二发电累计供电煤耗327.1克/千瓦时,较2011年同期下降1.9克/千瓦时;星火热电累计供电煤耗351.6克/千瓦时,较2011年同期下降0.4克/千瓦时;临港燃机累计供电煤耗241.4克/千瓦时,较2011年同期下降1.6克/千瓦时。公司控股发电企业年度综合厂用电率为4.4%,较2011年同期下降0.1个百分点。其中,外三发电综合厂用电率为4.1%,和2011年持平;外二发电综合厂用电率为4.3%,较2011年同期下降0.1个百分点;吴二发电综合厂用电率为5.1%,较去年同期增加0.1个百分点;星火热电综合厂用电率为15.3%,较2011年同期下降0.2个百分点;临港燃机综合厂用电率为4.3%,较去年同期增加0.2个百分点。

2013年,公司系统年度累计供电煤耗289.57克/千瓦时,较2012年同期下降1.18克/千瓦时。其中,外三发电累计供电煤耗276.82克/千瓦时,较去年同期上升0.68克/千瓦时;外二发电累计供电煤耗297.65克/千瓦时,较2012年同期下降0.91克/千瓦时;吴二发电累计供电煤耗329.43克/千瓦时,较2012年同期上升2.34克/千瓦时;星火热电累计供电煤耗328.24克/千瓦时,较2012年同期下降21.92克/千瓦时;临港燃机累计供电煤耗234.1克/千瓦时,较2012年同期下降7.26克/千瓦时。公司控股发电企业年度综合厂用电率为4.43%,较去年同期下降0.06个百分点。其中,外三发电综合厂用电率为3.84%,较2012年同期下降0.25个百分点;外二发电综合厂用电率为4.66%,较2012年同期上升0.39个百分点;吴二发电综合厂用电率为5.30%,较2012年同期上升0.19个百分点;星火热电综合厂用电率为15.07%,较2012年同期下降0.27个百分点;临港燃机综合厂用电率为3.74%,较2012年同期下降0.56个百分点。

2014年,公司系统年度累计供电煤耗287.91克/千瓦时,较2013年同期下降1.66克/千瓦时。其中,外三发电累计供电煤耗277.98克/千瓦时,较2013年同期上升1.16克/千瓦时;外二发电累计供电煤耗297.84克/千瓦时,较2013年同期下降0.19克/千瓦时;吴二发电累计供电煤耗331.43克/千瓦时,较2013年同期上升2克/千瓦时;星火热电累计供电煤耗382.99克/千瓦时,较2013年同期上升54.75克/千瓦时;临港燃机累计供电煤耗229.28克/千瓦时,较2013年同期下降4.87克/千瓦时。公司控股发电企业年度综合厂用电率为4.10%,较2013年同期下降0.33个百分点。其中,外三发电综合厂用电率为2.93%,较2013年同期下降0.91个百分点;外二发电综合厂用电率为4.66%,同2013年持平;吴二综合厂用电率为5.75%,较2013年同期上升0.4个百分点;星火热电综合厂用电率为15.67%,较2013年同期下降0.6个百分点;临港燃机综合厂用电率为3.52%,较2013年同期减少0.22个百分点。

2015年,公司系统年度累计供电煤耗287.37克/千瓦时,较2014年同期下降0.54克/千瓦时。其中,外三发电累计供电煤耗277.33克/千瓦时,较2014年同期下降0.65克/千瓦时;外二发电累计供电煤耗296.60克/千瓦时,较2014年同期下降1.24克/千瓦时;吴二发电累计供电煤耗332.84克/千瓦时,较2014年同期上升1.41克/千瓦时;星火热电累计供电煤耗380.02克/千瓦时,较2014年同期下降2.97克/千瓦时;临港燃机累计供电煤耗226.69克/千瓦时,较2014年同期下降2.59克/千瓦时。公司控股发电企业年度综合厂用电率为4.04%,较2014年同期下降0.06个百分点。其中,外三发电综合厂用电率为2.94%,较2014年同期上升0.01个百分点;外二发电综合厂用电率为4.68%,较2014年同期上升0.02个百分点;吴二发电综合厂用电率为5.81%,较2014年同期上升0.06个百分点;星火热电综合厂用电率为16.34%,较2014年同期上升0.67个百分点;临港燃机综合厂用电率为2.84%,较2014年同期下降0.68个百分点。

2016年,公司系统年度累计供电煤耗289.92克/千瓦时,较2015年同期上升2.55克/千瓦时。其中,外三发电累计供电煤耗280.3克/千瓦时,较2015年同期上升2.97克/千瓦时;外二发电累计供电煤耗299.22克/千瓦时,较2015年同期上升2.62克/千瓦时;吴二发电累计供电煤耗335.19克/千瓦时,较2015年同期上升2.35克/千瓦时;星火热电累计供电煤耗420.71克/千瓦时,较2015年同期上升40.69克/千瓦时;临港燃机累计供电煤耗226.36克/千瓦时,较2015年同期下降0.33克/千瓦时。公司控股发电企业2016年度综合厂用电率为4.15%,较2015年同期上升0.11个百分点。其中,外三发电综合厂用电率为3.13%,较2015年同期上升0.19个百分点;外二发电综合厂用电率为4.66%,较2015年同期下降0.02个百分点;吴二发电综合厂用电率为6.05%,较2015年同期上升0.24个百分点;星火热电综合厂用电率为17.57%,较2015年同期上升1.23个百分点;临港燃机综合厂用电率为2.71%,较2015年同期下降0.13个百分点。

2017年,公司系统年度累计供电煤耗290.72克/千瓦时,较2016年同期上升0.8克/千瓦时。公司控股发电企业年度综合厂用电率为4.49%,较去年同期上升0.36个百分点。

【2008—2017年能耗指标】

申能集团各发电企业每年制定能耗指标,并力争按计划甚至超计划完成节能降耗工作。2008—2017年申能集团各发电企业历年能耗指标如下。

表2-4-17 2008年各发电企业能耗指标完成情况表

	指标分类	计量单位	年度计划	本年累计	上年累计	本年较年度计划增减(%)
节能降耗	万元产值能耗	吨标煤	0.38	0.37	0.36	−2.63
	供电标准煤耗(含脱硫)	克/千瓦时	312	306	312	−1.92
	其中:外二发电	克/千瓦时	300	301	299.66	0.33
	外三发电	克/千瓦时	296	287	—	−2.89
	吴二发电	克/千瓦时	332	332	329.47	0
	星火热电	克/千瓦时	350	345	388.06	−1.39
	综合厂用电率	百分比(%)	4.8	4.44	3.98	−7.5
	其中:外二发电	百分比(%)	3.8	4.02	3.77	5.79
	外三发电	百分比(%)	5.2	4.56	—	−12.69
	吴二发电	百分比(%)	5.2	4.77	4.13	−8.27
	星火热电	百分比(%)	15	14.61	14.16	−2.67

表 2-4-18 2009年各发电企业能耗指标完成情况表

	指标分类	计量单位	年度计划	本年累计	上年累计	较上年累计增减(%)
节能降耗	万元产值能耗	万吨标煤	45	38	34.2	11.3
	其中：外二发电	万吨标煤	15	13.3	12.9	3.1
	外三发电	万吨标煤	16	13.38	9.39	42.49
	吴二发电	万吨标煤	12	10.19	10.6	−3.87
	星火热电	万吨标煤	1	0.63	0.74	−14.86
	SPC发电	万吨标煤	1	0.54	0.55	−1.68
	供电标准煤耗	克/千瓦时	309	301	306	−1.48
	其中：外二发电	克/千瓦时	303	303	300	0.94
	外三发电	克/千瓦时	289	282	287	−1.84
	吴二发电	克/千瓦时	332	331	332	−0.18
	星火热电	克/千瓦时	358	347	345	0.41
	综合厂用电率	百分比(%)	5.2	4.71	4.4	6.08
	其中：外二发电	百分比(%)	4.8	4.6	4.2	9.83
	外三发电	百分比(%)	4.7	4.4	4.6	−2.85
	吴二发电	百分比(%)	5.3	5.2	4.8	9.64
	星火热电	百分比(%)	14.3	14.7	14.6	0.68

备注　万元产值能耗上年累计值中不含外三发电调试用能。

表 2-4-19 2010年各发电企业能耗指标完成情况表

	指标分类	计量单位	本年累计	上年累计	较上年累计增减(%)
节能降耗	综合能源消费量	万吨标煤	37.05	38.04	−2.61
	其中：外二发电	万吨标煤	12.99	13.3	−2.28
	外三发电	万吨标煤	13.08	13.38	−2.25
	吴二发电	万吨标煤	9.84	10.19	−3.42
	星火热电	万吨标煤	0.72	0.63	13.2
	SPC发电	万吨标煤	0.42	0.54	−23.09
	供电标准煤耗	克/千瓦时	300	301	−0.4
	其中：外二发电	克/千瓦时	304	303	0.3
	外三发电	克/千瓦时	279	282	−0.98
	吴二发电	克/千瓦时	329	331	−0.62
	星火热电	克/千瓦时	331	347	−4.5

〔续表〕

	指 标 分 类	计量单位	本年累计	上年累计	较上年累计增减(%)
节能降耗	综合厂用电率	百分比(%)	4.66	4.71	-1.06
	其中：外二发电	百分比(%)	4.56	4.58	-0.44
	外三发电	百分比(%)	4.33	4.43	-2.26
	吴二发电	百分比(%)	5.14	5.23	-1.72
	星火热电	百分比(%)	15.39	14.71	4.62
	SPC单位万方干气电耗	千瓦时/万方	106.24	99.63	6.63

表2-4-20 2011年各发电企业能耗指标完成情况表

	指 标 分 类	计量单位	本年累计	上年累计	较上年累计增减(%)
节能降耗	综合能源消费量	万吨标煤	39.19	37.05	5.8
	其中：外二发电	万吨标煤	13.5	12.99	3.9
	外三发电	万吨标煤	13.66	13.08	4.4
	吴二发电	万吨标煤	10.11	9.84	2.8
	星火热电	万吨标煤	0.77	0.72	7.3
	SPC发电	万吨标煤	0.39	0.42	-7.3
	临港燃机	万吨标煤	0.76	—	—
	供电标准煤耗	克/千瓦时	295	300	-1.5
	其中：外二发电	克/千瓦时	301	304	-1
	外三发电	克/千瓦时	276	279	-1.2
	吴二发电	克/千瓦时	329	329	-0.1
	星火热电	克/千瓦时	352	331	6.3
	临港燃机	克/千瓦时	243	—	—
	综合厂用电率	百分比(%)	4.5	4.7	-0.2
	其中：外二发电	百分比(%)	4.4	4.6	-0.1
	外三发电	百分比(%)	4.1	4.3	-0.2
	吴二发电	百分比(%)	5	5.1	-0.1
	星火热电	百分比(%)	15.5	15.4	0.1
	临港燃机	百分比(%)	4.1	—	—
	SPC单位万方干气电耗	千瓦时/万方	118	106	10.6

表2-4-21　2012年各发电企业能耗指标完成情况表

	指标分类	计量单位	本年累计	上年累计	较上年累计增减(%)
节能降耗	综合能源消费量	万吨标煤	37.09	39.19	−5.36
	其中：外二发电	万吨标煤	11.91	13.5	−11.78
	外三发电	万吨标煤	13.09	13.66	−4.17
	吴二发电	万吨标煤	8.73	10.11	−13.65
	星火热电	万吨标煤	0.73	0.77	−5.19
	SPC发电	万吨标煤	0.46	0.39	17.95
	临港燃机	万吨标煤	2.17	0.76	185.53
	供电标准煤耗	克/千瓦时	290.7	295	−1.44
	其中：外二发电	克/千瓦时	298.6	301	−0.81
	外三发电	克/千瓦时	276.1	276	0.05
	吴二发电	克/千瓦时	327.1	329	−0.58
	星火热电	克/千瓦时	351.6	352	−0.12
	临港燃机	克/千瓦时	241.4	243	−0.66
	综合厂用电率	百分比(%)	4.4	4.5	−2.09
	其中：外二发电	百分比(%)	4.3	4.4	−2.95
	外三发电	百分比(%)	4.1	4.1	−0.24
	吴二发电	百分比(%)	5.1	5	2.2
	星火热电	百分比(%)	15.3	15.5	−1.03
	临港燃机	百分比(%)	4.3	4.1	4.88
	SPC单位万方干气电耗	千瓦时/万方	118.19	117.52	0.57

表2-4-22　2013年各发电企业能耗指标完成情况表

	指标分类	计量单位	本年累计	上年累计	较上年累计增减(%)
节能降耗	综合能源消费量	万吨标煤	37.63	36.99	1.7
	其中：外二发电	万吨标煤	13.07	11.91	9.7
	外三发电	万吨标煤	12.3	13.09	−6.1
	吴二发电	万吨标煤	8.95	8.73	2.5
	星火热电	万吨标煤	0.71	0.73	−3.2
	SPC发电	万吨标煤	0.31	0.37	−15
	临港燃机	万吨标煤	2.3	2.17	6.1
	供电标准煤耗	克/千瓦时	289.57	290.75	−0.4

〔续表〕

指 标 分 类		计量单位	本年累计	上年累计	较上年累计增减(%)
节能降耗	其中：外二发电	克/千瓦时	297.65	298.56	-0.3
	外三发电	克/千瓦时	276.82	276.14	0.2
	吴二发电	克/千瓦时	329.43	327.09	0.7
	星火热电	克/千瓦时	328.24	350.16	-6.3
	临港燃机	克/千瓦时	234.15	241.41	-3
	综合厂用电率	百分比(%)	4.43	4.49	-1.3
	其中：外二发电	百分比(%)	4.66	4.27	9.1
	外三发电	百分比(%)	3.84	4.09	-6.1
	吴二发电	百分比(%)	5.3	5.11	3.7
	星火热电	百分比(%)	15.07	15.34	-1.8
	临港燃机	百分比(%)	3.74	4.3	-13
	SPC单位万方干气电耗	千瓦时/万方	145.69	118.18	23.3

表2-4-23 2014年各发电企业能耗指标完成情况表

指 标 分 类		计量单位	本年累计	上年累计	较上年累计增减(%)
节能降耗	综合能源消费量	万吨标煤	26.65	37.63	-29.2
	其中：外二发电	万吨标煤	10.22	13.07	-21.8
	外三发电	万吨标煤	7.43	12.3	-39.6
	吴二发电	万吨标煤	5.75	8.95	-35.8
	星火热电	万吨标煤	0.84	0.71	18.8
	SPC发电	万吨标煤	0.31	0.31	0
	临港燃机	万吨标煤	2.1	2.3	-8.5
	供电标准煤耗	克/千瓦时	287.91	289.57	-0.6
	其中：外二发电	克/千瓦时	297.84	297.65	0.1
	外三发电	克/千瓦时	277.98	276.82	0.4
	吴二发电	克/千瓦时	331.43	329.43	0.6
	星火热电	克/千瓦时	382.99	328.24	16.7
	临港燃机	克/千瓦时	229.28	234.15	-2.1
	综合厂用电率	百分比(%)	4.1	4.43	-0.3

(续表)

	指 标 分 类	计量单位	本年累计	上年累计	较上年累计增减(%)
节能降耗	其中：外二发电	百分比(%)	4.66	4.66	0
	外三发电	百分比(%)	2.93	3.84	−0.9
	吴二发电	百分比(%)	5.75	5.3	0.5
	星火热电	百分比(%)	15.67	15.07	0.6
	临港燃机	百分比(%)	3.52	3.74	—
	SPC单位万方干气电耗	千瓦时/万方	166.02	145.69	14

表 2-4-24 2015年各发电企业能耗指标完成情况表

	指 标 分 类	计量单位	本年累计	上年累计	较上年累计增减(%)
节能降耗	综合能源消费量	万吨标煤	28.17	26.65	5.7
	其中：外二发电	万吨标煤	10.41	10.22	1.8
	外三发电	万吨标煤	7.87	7.43	5.9
	吴二发电	万吨标煤	7.06	5.75	22.8
	星火热电	万吨标煤	0.85	0.84	1
	SPC发电	万吨标煤	0.33	0.31	6.9
	临港燃机	万吨标煤	1.65	2.1	−21.4
	供电标准煤耗	克/千瓦时	287.37	287.91	−0.2
	其中：外二发电	克/千瓦时	296.6	297.84	−0.4
	外三发电	克/千瓦时	277.33	277.98	−0.2
	吴二发电	克/千瓦时	332.84	331.43	0.4
	星火热电	克/千瓦时	380.02	382.99	−0.8
	临港燃机	克/千瓦时	226.69	229.28	−1.1
	综合厂用电率	百分比(%)	4.04	4.1	−0.1
	其中：外二发电	百分比(%)	4.68	4.66	0
	外三发电	百分比(%)	2.94	2.93	0
	吴二发电	百分比(%)	5.81	5.75	0.1
	星火热电	百分比(%)	16.34	15.67	0.7
	临港燃机	百分比(%)	2.84	3.52	−0.7
	SPC单位万方干气电耗	千瓦时/万方	166.77	166.02	0.5

表 2-4-25　2016 年各发电企业能耗指标完成情况表

	指 标 分 类	计量单位	本年累计	上年累计	较上年累计增减(%)
节能降耗	综合能源消费量	万吨标煤	29.28	28.17	4
	其中：外二发电	万吨标煤	10.86	10.41	4.4
	外三发电	万吨标煤	8.56	7.87	8.8
	吴二发电	万吨标煤	7.04	7.06	−0.3
	星火热电	万吨标煤	0.94	0.85	10.6
	SPC发电	万吨标煤	0.37	0.33	9.6
	临港燃机	万吨标煤	1.52	1.65	−7.9
	供电标准煤耗	克/千瓦时	289.92	287.37	0.9
	其中：外二发电	克/千瓦时	299.22	296.6	0.9
	外三发电	克/千瓦时	280.3	277.33	1.1
	吴二发电	克/千瓦时	335.19	332.84	0.7
	星火热电	克/千瓦时	420.71	380.02	10.7
	临港燃机	克/千瓦时	226.36	226.69	−0.1
	综合厂用电率	百分比(%)	4.13	4.04	0.1
	其中：外二发电	百分比(%)	4.66	4.68	0
	外三发电	百分比(%)	3.13	2.94	0.2
	吴二发电	百分比(%)	6.05	5.81	0.2
	星火热电	百分比(%)	17.57	16.34	1.2
	临港燃机	百分比(%)	2.71	2.84	−0.1
	SPC单位万方干气电耗	千瓦时/万方	173.58	166.77	4.1

表 2-4-26　2017 年各发电企业能耗指标完成情况表

	指 标 分 类	计量单位	本年累计	上年累计	较上年累计增减(%)
节能降耗	综合能源消费量	万吨标煤	31.3	29.28	6.9
	其中：外二发电	万吨标煤	10.83	10.86	−0.3
	外三发电	万吨标煤	9.11	8.56	6.4
	吴二发电	万吨标煤	8.98	7.04	27.6
	星火热电	万吨标煤	0.7	0.94	−25.7
	SPC发电	万吨标煤	0.31	0.37	−15.9
	临港燃机	万吨标煤	1.38	1.52	−9.6

〔续表〕

指标分类		计量单位	本年累计	上年累计	较上年累计增减(%)
节能降耗	供电标准煤耗	克/千瓦时	290.72	289.92	0.3
	其中：外二发电	克/千瓦时	297.52	299.22	−0.6
	外三发电	克/千瓦时	279.73	280.3	−0.2
	吴二发电	克/千瓦时	340.87	335.19	1.7
	星火热电	克/千瓦时	459.89	420.71	9.3
	临港燃机	克/千瓦时	224.96	226.36	−0.6
	综合厂用电率	百分比(%)	4.49	4.13	0.4
	其中：外二发电	百分比(%)	4.57	4.66	−0.1
	外三发电	百分比(%)	3.09	3.13	0
	吴二发电	百分比(%)	6.2	6.05	0.2
	星火热电	百分比(%)	19.69	17.57	2.1
	临港燃机	百分比(%)	2.25	2.71	−0.5
	SPC单位万方干气电耗	千瓦时/万方	176.98	173.58	2

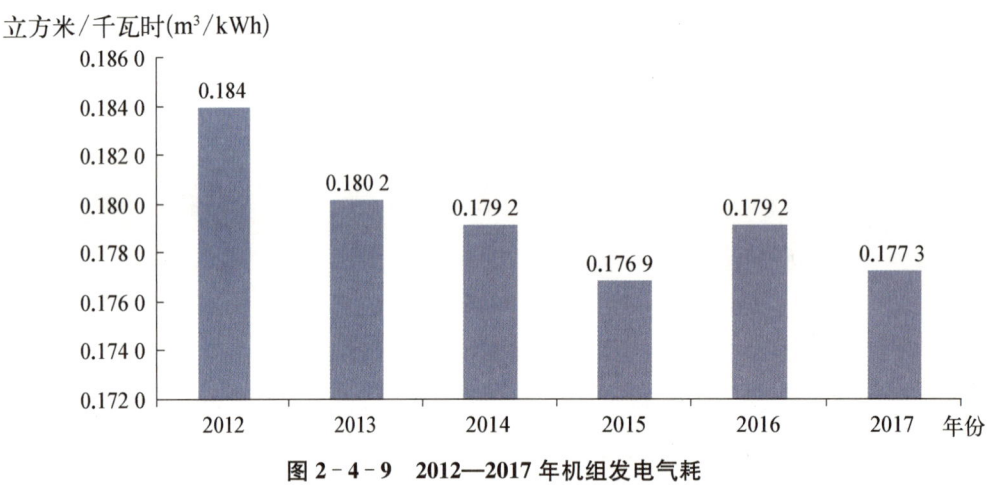

图 2-4-9 2012—2017 年机组发电气耗

三、获得荣誉

在"十一五"期间，申能股份控股发电企业外三发电和吴二发电被上海市推荐参评"十一五"全国节能减排先进集体，申能股份生技部、外二发电和星火热电被推荐参评"十一五"上海市节能减排先进集体和个人。

吴二发电自机组投产以来非常重视节能降耗工作，2002年建立由公司、部门、班组组成的三级节能管理网络，明确各级节能职责和任务，制定各种考核指标。2007年1月，获市节能协会授予的2006年度节能先进集体称号。2008年在节能方面获市级以上荣誉的有："6千伏高压变频技术在国产60万千瓦大型火电机组凝结水泵上的应用"项目获上海市总工会、上海市经济委员会、上海市国有资产监督管理委员会联合颁发的上海市职工节能减排成果优秀奖证书；"机组凝泵变频项目"被评为市节能示范工程。

外二发电的供电煤耗在国内同类型机组中始终保持领先。2006年获超临界机组电厂最佳供电煤耗奖，成为当时国内煤耗最低的超临界发电机组电厂。2007年供电煤耗降至299.66克/千瓦时，成为国内首家供电煤耗降至300克/千瓦时以内的超临界机组火电公司。2008—2012年2台机组连年被评为全国火电600兆瓦级超临界机组能效水平对标供电煤耗标杆先进机组。2015年6号机组获2015年度全国火电60万千瓦级超临界湿冷机组竞赛三等奖。2017年6号机组获2017年度全国火电60万千瓦级超临界湿冷机组竞赛AAA级证书（三等奖）。

外三发电2008年投产，供电煤耗287克/千瓦时，达到当时国内最先进水平，比"国内最优"至少低24克，比"国际最优"低15克。投产后，外三发电在节能减排技术创新方面不断取得新成绩，先后成功研发"超超临界机组节能快速启动""蒸汽氧化及固体颗粒侵蚀综合预防"等18项节能减排关键技术，其中世界首创12项，国内首创6项，已获得28项国家专利，外三发电的"零能耗脱硫""节能型全天候脱硝"和"脱硝催化剂高效延寿"等一系列创新技术，解决"低温热能回收时的硫腐蚀""脱硝装置低负荷退出运行"等多项技术难题，在显著提高机组效率的同时，大幅提高环保性能，实现"节能"和"环保"双赢，解决一大批传统火力发电及环保技术的瓶颈问题，连续多年保持在发电运行技术和绿色火电领域的领先地位。2011年，外三发电年平均供电煤耗达到276.02克/千瓦时。外三发电的综合节能项目获上海科技进步奖一等奖、国家二等奖。2014年10月国家能源局授予外三发电国家煤电节能减排示范基地称号。

临港燃机自商运以来，通过不断运行优化、技改科技创新，机组发电气耗指标有所下降。公司机组在2012年至2017年发电气耗在0.1840立方米/千瓦时至0.1769立方米/千瓦时之间。

第五节　安　全　管　理

申能股份各燃煤发电机组多是60万千瓦级以上大容量机组，占上海地区电力供应的1/3左右，特别是外二发电500千伏升压站直接接入上海500千伏环网，发电生产安全和机组稳定运行对上海电网的安全和电力稳定供应有着举足轻重的影响，所以公司高度重视发电安全管理工作，随着公司管理的发电企业逐年增加，公司也完成从投资型向管理型的转变，安全管理和监督体系逐步健全完善。

一、历史沿革

2003年，申能股份成立经营管理部，起步并加强对发电生产的安全管理和安全监督。

2005年，申能股份成立安全管理部，将安全管理职能与公司管理职能分开，并通过五方面举措，加强对控股发电企业的安全监督和管理。成立安全生产委员会，在全系统中强化安全工作目标责任制。以人为本，普及安全教育培训，2005年6月，公司组织控股发电企业总经理、分管安全生产副总经理及安监部门负责人参加"安全生产管理资格证书"培训班。系统各公司也纷纷开展全员安全生产教育培训和"安全生产月"活动；加强制度建设；加强重点项目的安全管理和监督工作。另外，集中有效力量，狠抓外高桥二期大修和星火热电 4 号炉续建等项目的安全管理；大力推进试点公司外高桥第二发电公司的安全质量标准化建设。此外，由于安全监督和管理措施进一步到位，吴泾第二发电公司在 2005 年度迎峰度夏安全竞赛中获上海电力股份公司第一名，同时被上海市电力公司评为优胜单位。

2006 年、2007 年，逐步建立和完善公司系统安全监督和管理长效机制，加强安全管理制度建设。2007 年 2 月颁布公司管理制度汇编，其中《申能股份组织机构设置制度》，明确公司安全部对公司系统安全生产监督管理的职责。《申能股份安全管理办法》《申能股份重、特大安全事故应急处理办法》《申能股份安全奖惩办法》《申能股份安全生产事故（件）信息报送管理规定》《申能股份电力公司生产事故调查规程》五项安全管理制度修订完善，进一步规范公司安全监督和管理工作。

2008 年，重点开展隐患排查治理工作、反习惯性违章专项整治活动、工程承发包专项整治工作和迎峰度夏、奥运安保专项工作。

2009 年、2010 年，围绕 2010 年世博会做好安全监督和管理工作。各发电企业等上海市重要经济目标单位安保反恐措施落实到位，发电、供热等安全生产工作正常，临港燃机基建项目、重大技改和检修项目等工程施工安全受控，公司系统职工队伍及外包工程队伍和谐稳定，系统内未发生全厂停电事故、重伤及以上人身伤亡事故，以及群体性社会事件，圆满完成与华东电监局签订的《中国2010 年上海世博会电力安全工作责任书》及与申能集团签订的《世博安保反恐维稳工作责任书》各项任务，实现"四个坚决防止发生"总体要求和"四个确保"工作目标，为 2010 年上海世博会提供安全可靠的电力和油气保障。公司世博保电工作的成绩受到国家电监会和上海市政府的肯定，吴二发电和外二发电还分获"世博保电先进单位奖"。

2011 年，加强出租厂房、场所安全监督管理，1 月份组织各发电企业对出租厂房、场所基本情况进行排摸、梳理，重点治理生产经营场所"三合一"，层层转租，违章搭建，安全设施缺失、老化、失效以及不具备条件的高危行业租赁等五大类问题，督促吴二发电两处出租场地于 9 月份全部收回统一管理。第四季度，启动安全生产标准化达标工作，10 月 26 日公司组织召开系统单位安全生产标准化建设推进会。同年，临港燃机于 12 月 10 日通过国务院安全生产督查组的专项督查，得到好评。

2012 年，全面推进安全生产标准化达标工作。公司系统三家发电公司，吴二发电、外二发电、外三发电获国家电监会授予的电力安全生产标准化达标一级公司称号，共同成为上海地区（乃至华东区域）首批电力安全生产标准化一级公司。临港燃机发电和星火热电也分别在年底前完成一级和二级达标任务。同时，顺利完成中共十八大保电任务。

2013 年，对 2012 年年底完成的 23 项《安全生产管理制度》修订版（其中安全管理制度 14 项，生产管理制度 9 项）并进行全面宣贯和培训，各发电公司（吴二发电、外二发电、外三发电、星火热电、临港燃机）和崇明、平山电力建设项目筹建处的安全和生产部门负责人、安全管理人员等，共 100 多人参加培训。为公司系统实现安全管理制度化、规范化和长效化，全面提高安全管理水平，夯实基础。同时，公司重点推进石油天然气公司、申能燃料公司和崇明基建项目的安全生产标准化达标建设，分别完成油气生产一级达标、工矿商贸三级达标和电力建设工程一级达标任务。

2014 年，重点落实保障"亚信峰会"安全生产和治安保卫各项工作，召开专题会议 2 次，开展保障"亚信峰会"专项检查 18 次，落实"亚信峰会"特殊时段保电措施、安保特别措施、领导干部值班值守和信息报送相关规定，5 月 15 日到 5 月 25 日认真执行每日信息报告制度，保障"亚信峰会"期间公司系统安全生产受控、人员和治安稳定。同年下半年，公司系统重点组织开展"六打六治"打非治违专项工作。

2015年，组织开展电力安全大检查、石油天然气管线专项检查、"六打六治"打非治违专项行动、电力建设施工质量安全专项整治、电力行业工控系统安全防护专项整治、粉尘防爆、有限空间安全管理以及今冬明春火灾防控等安全专项工作。天津发生"8·12"火灾爆炸事故后，公司立即组织开展危险化学品专项整治，进一步规范控股发电企业危化品安全管理工作。

2016年，重点围绕"G20峰会"保电工作，组织开展发电公司网络信息安全和电力工控系统安全防护专项检查，督促控股发电企业做好信息系统等保测评、GPS和北极星对时系统双重化改造等工作。峰会召开前夕，公司重点对SPC处理厂、吴二发电、外二发电、外三发电等市重要经济目标开展安保反恐专项检查，督促各单位严格执行公司特殊安保要求，落实出入口三防措施。峰会期间，公司加强值班值守和信息报送，系统发电机组严格执行保障"西湖蓝"环保调度指令，外三发电8号机组、吴二发电1号机组调停，星火热电停运2台炉，临港燃机4台机组保持热备状态，顺利完成峰会保电任务。

2017年，贯彻落实《中共中央国务院关于推进安全生产领域改革发展的意见》，进一步强化安全监督、检查和管理，7月发布《关于成立公司安全生产大检查工作组的通知》和《关于成立公司安全生产检查队的通知》，督促各发电企业严格落实安全生产主体责任。全年，公司系统组织开展"电力建设工程施工安全年活动"，顺利完成电力迎峰度夏（冬）、厦门金砖峰会和中共十九大保电任务。

二、组织机构及职责

【管理构架】

申能股份系统电力安全生产组织体系由公司安全生产委员会、相关职能部门和各发电企业组成。公司安全生产委员会成立于2005年，是电力安全生产监督管理的领导机构，由公司主要负责人、分管负责人、安全部及相关部门负责人、工会代表和控股企业总经理组成。每年根据公司发展、管控企业数量，以及下属企业主要负责人变动情况，调整安委会成员名单。2017年之前，公司安全生产委员会主任由公司总经理担任。

公司发电安全管理由公司总经理全面负责，生产副总经理分管，主要分为安全保障和安全监督两个体系。安全保障体系中公司生技部负责电力生产安全管理，公司投资部负责电力建设项目基建工程安全管理，计划部、人事部、财务部等其他职能部门按照其部门职责中有关安全生产保障的内容履行其职责。公司安全监督体系由公司安全部归口管理。2017年，公司成立安全生产大检查工作组，由公司总经理任组长，分管安全生产副总经理任副组长，对公司系统安全生产工作进一步加强管理和监督。同时，成立安全生产检查队，隶属公司安全部，履行安全检查职责，监督各发电企业落实安全生产主体责任。

各发电企业依法成立安全生产委员会，负责本单位安全生产组织领导工作。安委会由发电企业主要负责人、分管负责人、安全生产管理部门及相关部门负责人、安全生产管理人员、工会代表及从业人员代表组成。安委会主任由发电企业总经理担任。各发电企业有健全的安全生产保障体系和监督体系。

【安全职责】

公司安全生产委员会履行《中华人民共和国安全生产法》法定职责，负责协调解决公司系统安全生产工作中的重大问题,研究和审查安全生产重大事项,总结分析安全生产情况,督促相关企业消除事故隐患,部署安全生产重点工作,每季度至少召开一次工作会议。

履行安全生产保障职责,加强对技术、质量、设备和生产工艺的管理,保障安全生产所需人员、物资、费用等投入,对本质安全负责。

履行安全生产监督职责,布置、督促、落实安全工作,检查安全生产工作开展情况,纠正违反安全生产规章制度的行为,严格安全生产考核和事故(事件)调查处理。

贯彻有关安全生产、职业健康、劳动保护和消防等法律、法规,贯彻落实有关安全生产文件精神;起草公司安全管理制度,落实制度的宣贯,并监督执行;负责公司日常安全管理,制订实施公司安全管理工作计划;组织开展事故隐患排查治理工作,对排查出的隐患督促责任单位落实整改;组织编制公司应急预案,开展应急演练,参与相关突发事件的应急处置;制订实施公司安全教育培训计划;组织推进公司系统规范化、标准化的安全管理工作,积极推进安全生产标准化达标工作;组织开展"安全生产年"和"安全生产月"等活动;负责公司安全生产信息报送工作;组织或参与公司系统事故(事件)调查处理;参与对系统企业安全生产履职考核;组织和承办公司安全生产有关会议,布置落实安全重点工作;按照公司安委会部署组织开展安全生产检查和专项督查;监督系统企业落实企业安全生产主体责任。

检查系统企业安全生产主体责任落实情况,根据公司安全部确定的安全风险管控重点区域和一般区域,定期或不定期开展安全生产检查,具有勒令停工整改权和行政处理建议权。

三、风险管理

【主要内容】

安全风险管理工作主要分为两个方面。

首先,申能股份层面加强安全风险源头管理和预控。2008年,申能股份开展控股发电企业承发包项目专项整治工作,颁布公司系统生产外包承包商准入标准,并每年对各发电企业上报的外包项目承包商资质进行审核,将安全生产许可证等有关安全生产行政许可、承包商5年内安全生产情况等纳入审核准入条件,发布合格承包商名录,并建立安全警戒"黑名单",全面建立安全风险预控机制。2017年,公司开展安全生产诚信体系建设,对安全生产不良记录和系统内发生生产安全事故的外包单位实施安全警戒"黑名单"制,进一步强化安全风险源头控制。

其次,指导各发电公司、电力建设项目公司(筹建处)根据现场生产情况和施工作业动态,开展危险源辨识和风险管控。按照《上海市公司安全风险分级管控实施指南》的要求,公司安全部指导各发电公司划区域、定专业、分单元,全面开展风险辨识评估和分级管控工作,排查物的不安全状态、人的不安全行为、环境的不安全因素及管理缺陷,针对因设备老化、节能环保等方面面临的实际困难,加强风险管理和控制,进一步完善以检修规程、定期检查及巡检等管理规定、隐患排查治理等安全规章制度为重点的安全生产管理标准、作业标准和技术标准,设置"红橙黄蓝"四色风险分布图、危险点(区域)告知牌,并根据风险分布情况和级别编制工程控制措施、安全管理措施、个体防护措施以及应急处置措施4个逻辑顺序,对每一个风险点制定精准的风险控制措施。采取科学化、规范化的工作方法,准确把握公司安全生产的特点和规律,坚持风险预控、关口前移,实现把风险控制在隐患形成之前、把隐患消灭在事故发生之前。

【历年风险管控重点】

根据申能股份年度安全工作重点,结合各发电企业技改、检修项目实施情况,以及电力建设项目工程开工、进展情况,制定年度安全风险管控重点,落实过程管控。历年来,申能股份风险管控重点项目及工作情况如下:

2009年,公司强化基建项目安全风险管控,上海临港燃气电厂一期工程于6月18日开工,公司从源头加强基建项目安全风险管控,督促筹建处和各参建单位落实安全生产责任制,完善工程安全管理体制机制建设。8月13日,成立上海临港燃气电厂一期工程安全生产委员会,通过安全生产责任制的落实,促进公司基建项目安全生产体制机制建设,杜绝管理漏洞,确保工程建设安全目标的实现。

2010年,公司建立重大隐患督办机制,对"外二发电500千伏50311闸刀损坏"和"吴二发电1号发电机存在定子铁芯松动故障"两项重大隐患重点督办,督促责任单位于2010年世博会前完成隐患的整改治理,确保公司系统安全风险处于受控状态。

2011年,公司根据《上海市人民政府印发关于进一步规范上海市建筑市场加强建设工程质量安全管理若干意见的通知》和国家电监会华东电监局《电力建设工程预防安全事故专项整治工作方案》要求,进一步加强控股发电企业生产外包承包商营业执照及行政许可证照等资质的审核,强化安全风险源头管理。

2012年,公司加大安全高风险项目监控力度,重点对吴二发电、外二发电、外三发电脱硝改造施工现场进行检查,对崇明基建工程施工现场进行安全检查,通过增加安全督查频次,督促有关单位加强对高风险作业的安全预控和过程检查,确保施工安全受控。

2013年,公司重点安全风险管控项目,包括崇明工程和平一工程两个基建项目,吴二发电、外二发电、外三发电三家煤电公司的脱硫增容改造、脱硝改造和低热值经济煤种掺烧,公司提出加强脱硝改造安全管理14项具体要求和加强褐煤掺烧安全管理12项具体要求,并定期开展专项检查20次,发现问题和提出整改建议94项,有关单位都按要求落实整改和闭环管理,整改率100%。公司重点督办,治理完成"石油天然气公司平湖BA6S井复杂情况"一级隐患1项和"临港电厂西侧养虾塘防台防汛外部隐患""星火外部线路35千伏系统发生单相接地导致火电3814、3806两条联络线电缆绝缘相继被击穿,相间短路开关跳闸,星火热电小系统运行"二级隐患2项。

2014年,公司组织各发电公司对照《电力设施治安风险等级和安全防范要求》全面开展电力设施治安风险评估,经公司自评,吴二发电、外二发电、外三发电和临港燃机治安风险达到三级。对照《电力行业反恐怖防范标准(火电)》进行重要目标分类,按照标准外三发电达发电公司反恐一类重要目标,吴二发电、外二发电、临港燃机达二类重要目标,各单位现有技防、物防和人防等安保措施符合规范标准。公司重点督办消除"临港3号发电机定子接地"和"SPC海底石油管道断裂"2项二级隐患。

2015年,公司根据外三发电脱硝改造后的情况,监督、指导外三发电对已停用的液氨储罐区启动重大危险源核销程序,11月24日收到上海市浦东新区安监局《危险化学品重大危险源核销告知书》,完成液氨重大危险源核销备案手续。全年,结合控股发电企业生产实际,重点对平一工程、吴忠热电工程,外二发电燃料系统外包模式切换,外二发电、外三发电和临港燃机主要维护队伍变更,吴二发电燃料系统及1号机组检修,外二发电6号机组检修和超低排放改造,外三发电7号和8号机组检修,临港燃机4台燃机和公用系统检修,星火热电4台锅炉脱硝改造等存在较大安全风险的作业和管理工作进行重点管控。

2016年,公司对"平一工程"和"吴忠热电"两个基建项目安装、调试和投运,吴二发电、外二发电、外三发电超低排放改造,上海新能源临港海上风电安装调试等安全高风险项目进行重点管控,引入第三方安全检查和现状评估,强化安全风险管控,保障项目平稳实施。

2017年,公司在深化隐患排查治理的基础上,重点推进安全风险分级管控工作,组织专题培训,指导各发电企业完成危险源辨识和安全风险分级,形成专题报告。全年,公司对安全高风险项目(崇明、奉贤、青浦基建项目,吴二发电、外二发电、外三发电封闭煤场改造项目,外二发电5号机高压缸开缸和吴二发电1号机通流改造项目),对重大危险源(SPC天然气生产装置区、SPC岱山油罐区、申皖液氨罐区),对重点督办隐患(SPC海管隐患、超超临界机组783螺栓材质隐患),落实动态管控,监督和指导相关单位建立危化品重大危险源"一源一册"档案,完成海管综合治理和783螺栓更换工作,各项重点工作都在年内按计划完成。

四、应急管理

【应急预案】

公司对电力生产安全事故的应急管理,始于2007年。2007年2月,颁布《申能股份有限公司重、特大安全事故应急处理办法》,同年8月28日,颁布《重大安全事故应急预案(试行)》,并要求各发电企业按照文件要求,尽快制定各电厂相应的应急预案。

公司突发事件应急预案体系于2009年发布。2009年8月21日,组织召开"突发事件应急预案专家评审会",对公司编制的《突发事件总体应急预案》和《重大设备事故应急预案》等9项专项应急预案进行评审,并于同年11月23日予以发布试行。

因2010年世博会在上海召开,各发电企业完成应急预案的首次发布。2010年4月,公司按照国家电监会印发的《电力公司应急预案管理办法》要求,监督指导各发电企业开展应急预案编制、评审、发布与备案工作。世博会前,公司举办发电企业应急预案编制培训班,组织召开应急预案编制工作交流会,完成公司本部应急预案的印刷与报备工作,并指导外三发电、外二发电、星火热电和吴二发电完成应急预案编制工作,通过专家评审,按照专家评审组意见修订发布后,报送华东电监局和所在地区安监局备案。

2013年,公司组织对突发事件应急预案进行第一次全面修订,组织开展应急资源普查工作,并对12个突发事件应急预案(包括1项综合预案、10项专项预案、1项现场处置方案)进行修订和增补,其中新增《群体性突发社会安全事件专项应急预案》和《SAP ECC系统故障处置方案》,5月15日组织召开专家评审会,通过评审。11月份,建立公司应急专家库,12月5日发布《关于印发公司突发事件应急预案的通知》(申能〔2013〕第195号)。2017年年底前,公司系统对突发事件的应急响应与处置执行该版本。

2015年,按照华东能源监管局《关于做好电力公司应急预案备案工作的通知》要求,完成应急预案的网上备案工作。

2017年,公司组织开展应急资源调查、应急能力评估和应急预案演练与修订等工作。12月份,开始对生产安全事故突发事件应急预案进行第二次全面修订,与集团应急预案有效衔接,12月13日通过专家组评审。

【应急机构】

公司应急组织机构包括日常应急管理机构和应急指挥机构。

日常应急管理机构由公司应急领导小组和各职能部门组成。日常应急管理工作由公司安全部负责。

应急指挥机构由公司应急指挥部（突发事件时公司应急领导小组转为应急指挥部）、应急工作组和系统企业应急机构组成。公司系统突发事件应急组织机构图见图2-4-10。

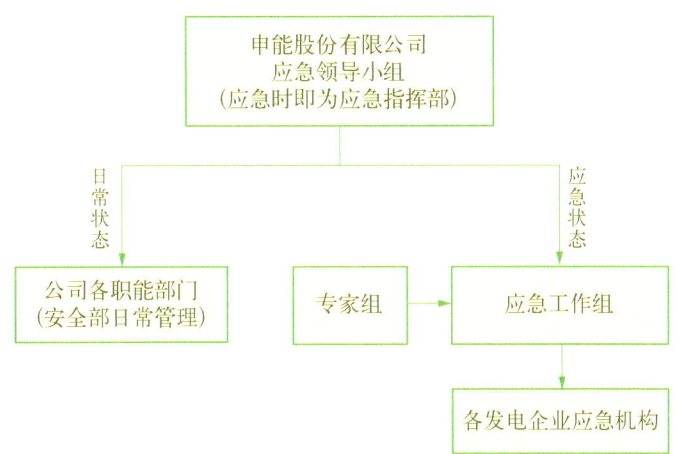

图2-4-10　公司系统突发事件应急组织机构

公司应急领导小组由公司董事长、总经理、分管副总经理及各部门负责人组成，董事长、总经理任组长，分管安全生产副总经理任副组长。在突发事件时公司应急领导小组即转为应急指挥部，应急领导小组组长任总指挥，副组长任副总指挥。

应急领导小组职责。统一部署、领导公司应急管理和应急体系建设工作。负责建立应急机构并落实应急管理人员，负责应急预案的编制和发布，落实应急资金投入、应急物资和装备等。公司安全部负责公司系统日常应急管理工作，组织或监督应急预案编制与演练等，以及应急领导小组交办的其他工作。负责安全事故、自然灾害事故预警发布、应急准备、治安管理、信息报送、事故调查处理。负责应急救援、值班记录管理、资料汇总和归档等。

应急指挥部职责。根据突发事件性质、特点和实际情况，发布应急响应启动令；成立应急工作组；实施组织指挥，决策重大应急行动；指挥调配应急资源，落实应急救援后勤保障；按照应急预案的规定，向有关部门报告、通报、联络应急信息；组织应急评估，包括升高或降低应急响应级别；请求公司外应急组织救援；发布应急响应终止令。

发生突发事件，按照图2-4-11启动相应级别的应急响应，并根据突发事件性质、严重程度成立应急工作组。Ⅰ级响应时，公司分管副总经理任组长。Ⅱ级响应时，公司相关职能部门经理任组长。其成员由公司应急指挥部决定，从各部门中抽调，成员履行各部门相应的职责。其主要职责是传达和实施应急指挥部命令，及时向应急指挥部汇报救援进展；指导、协调、组织事发单位开展应急救援；组织专家组开展应急技术咨询、方案确定等技术保障工作；评价现场的安全状态和发展趋势，对应急救援工作做出评价，为应急指挥部决策提供依据；协助事发单位做好善后处理、恢复生产、信息报送、事故调查处理等工作；按应急指挥部要求对外发布信息。

【应急演练】

公司2009年首次颁布突发事件应急预案之前，各发电企业按照电力行业规定，定期开展反事

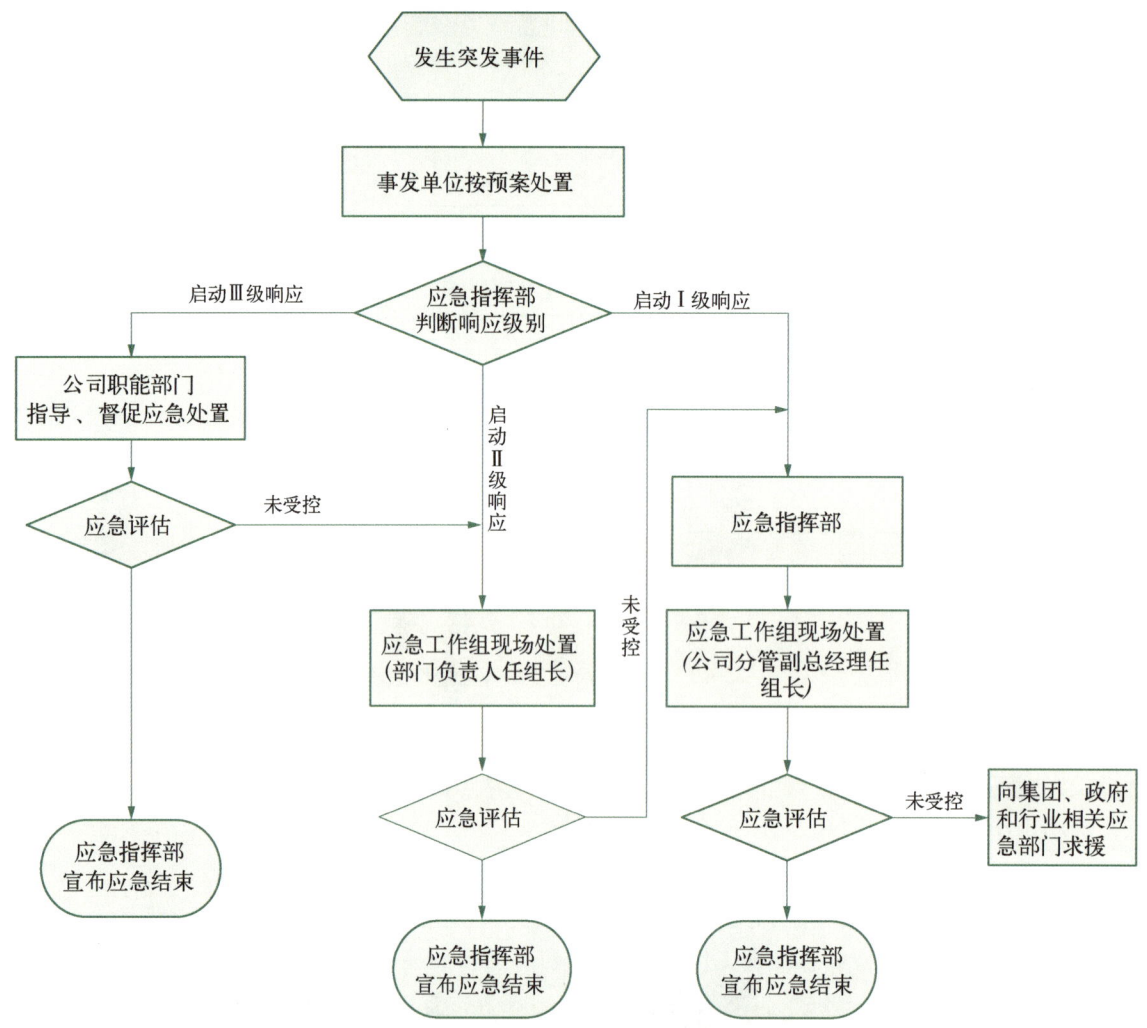

图 2-4-11　公司系统突发事件应急响应流程

故演习,或按照电网公司要求,参与电网的应急演练。

2010年世博会之后,公司开始对应急演练工作进行部署和管理。年初,各发电企业上报全年应急演练计划。每年6月份,"安全生产月"的"应急预案演练周"期间,集中开展应急演练活动。年底前,对应急预案演练工作进行总结和回顾。2010年,吴二发电组织发电部运行各值在仿真机房进行制粉系统火灾现场处置应急演练;外二发电开展"防台防汛专项应急演练",发动各部门积极参与,相关外包单位联合参演,对演练中发现的问题和隐患及时整改;外三发电分别开展防台防汛、防止全厂停电和防液氨泄漏应急演练;星火热电组织开展"强对流天气影响主设备正常运行导致供热系统出现异常的反事故演习",同时演练人身意外伤害突发事件的应对处置;临港燃机与上海外高桥造船海洋工程有限公司签订《防台风临时安置协议书》。

2011至2017年间,公司系统应急演练工作正常开展,各发电企业每年组织开展防台防汛、火灾疏散、防全厂停电、反恐防暴演习、码头应急疏散演练等活动,通过实战演习和演练评估,对应急预案进行评估、修订和完善,进一步完善应急预案的可操作性,全面提高发电企业对突发事件的应急处置能力。

第五章 环境保护

　　申能股份的环境保护工作按管理层级分为两级管理,公司级管理主要包括环保管理制度的制定,监督、检查和指导各发电企业严格执行国家环保法律、法规和排放标准,确保达标排放。各电力建设项目公司和发电企业对本单位环境保护负主体责任,严格按照国家、地方政府和申能股份对环保工作的要求,实施全面环保管理。

第一节　机构与制度

一、规章制度

　　申能股份环境保护工作由分管副总经理负责,包括电力建设项目环境保护和投运发电企业环境保护两方面内容。

　　电力建设项目环境保护由公司投资部归口管理,按照现行《申能股份项目前期工作管理办法》《申能股份基本建设项目工程管理办法》和《申能股份基建工程安全健康与环境管理规定》,对各电力项目公司或筹建处在项目建设前期、项目建设过程及项目竣工验收中的环境保护相关工作进行管理、监督、检查和指导。

　　各发电企业环境保护工作由公司生技部归口管理。按照国家现行的环境保护法律、法规、环保排放标准规定,以及政府各级环保文件要求,对各发电公司重大技改项目环境预评价与验收、环境保护设施"三同时"、环保设施建设及技改、环保设施运营及投用情况、环保排放监测、危险废弃物和固体废弃物处置等环保工作进行管理、监督、检查和指导。

　　各电力建设项目公司(筹建处)及各发电企业是环境保护工作的责任主体,具体执行国家、地方政府环境保护法律、法规和文件要求,负责环保设施建设与运维,保证达标排放。

　　申能股份投资部在电力建设项目前期初步可行性研究阶段,进行项目选址论证条件的收集和落实时,对拟选厂址周边环境进行考察、调研、论证。在项目可行性研究阶段,负责确定并委托有相应资质的咨询单位开展与厂址相关的环境影响评价专题研究,组织对环评报告进行审查。电力建设项目公司(筹建处)在电力项目建设阶段,负责牵头组织设计、监理、施工等各参建单位及设备供应商,做好配套环保设施的设计、供货和安装施工,落实施工现场噪声、粉尘控制措施,监督施工单位合法合规进行施工过程中废弃污染物的处置等环境保护工作。在生产准备阶段,设置环保部门,配备专业管理人员,组建环保网络。在竣工验收阶段,负责联系地方政府环保相关部门,组织环境保护设施验收和环评报告评审,落实项目建设环境保护"三同时"。

　　各发电企业建立环保管理机构,配备专职环保管理人员,形成厂部负责、安环部统一管理、工会监督、各部门齐抓共管的全厂环保工作管理网络,并根据本单位污染物排放限额和环保工作实际,制定环境保护管理办法、实施细则及考核标准,其中燃煤发电企业根据《环境与职业危害因素监测技术标准》《环保监督技术标准》《环境因素识别与评价控制程序》《职业安全健康工作管理标准》《废弃物管理标准》《废弃物资处置管理标准》等管理制度和企业标准,对环境和职业健康安全进行规范管理。

二、环境监测

各发电公司环境监测分为环保排放监测和职业卫生环境检测。排放监测主要是按照地方政府环保管理部门颁发给发电公司的排污许可证内容,对电力生产过程中产生的废气、废水等进行监测。职业健康环境检测主要是根据竣工验收中环境评价报告所列职业危害因素,对粉尘、噪声、高温、工频、化学毒物等职业危害因素进行控制和定期检测。

环境监测按监测方式可分为在线监测和定期检测。各发电公司职业危害因素采用定期检测的方式,按照职业危害因素检测周期要求,请第三方专业机构进行检测。煤电企业工业废水采用定期取样检测方式,对大气污染物中的烟尘、二氧化硫和氮氧化物浓度采用在线监测方式,对煤炭接卸码头煤粉尘浓度进行在线监测。2016年12月份,吴二发电、外二发电和外三发电都实现对煤炭接卸码头煤粉尘浓度的在线监测。

根据国家和上海市环境保护要求,各煤电企业从2007年开始陆续安装烟气污染物连续排放在线监控系统(Continuous Emission Monitoring System,CEMS),即在每台燃煤发电机组在脱硫系统进口、脱硝系统进口(A、B侧)及烟囱入口安装CEMS。燃气发电机组配套CEMS系统。

吴二发电 共装有8套CEMS。2台60万千瓦机组脱硫改造项目分别于2007年12月15日和2008年6月1日顺利完成168小时满负荷试运行,配套的烟气连续监测设备同时投入运行,即于2007年12月完成CEMS首次安装,之后对该系统进行升级改造,于2017年6月和2016年11月分别完成1号、2号机组的超低排放出口CEMS系统的验收,有效数据传输率达到99%以上,符合环保要求。

外二发电 共装有8套CEMS。5号、6号机组脱硫进口CEMS分别于2008年12月5日和2009年5月5日通过上海市环境监测中心联网验收;脱硝进口CEMS分别于2013年8月26日、2013年3月19日通过上海市环境监测中心联网验收;超低排放烟囱入口CEMS设备,分别于2016年6月23日和2015年12月3日通过上海市环境监测中心联网验收。

外三发电 共有8台连续监测设备,分别为脱硫进口2台、脱硝进口(A、B侧)4台、超低排放烟囱入口2台,在线设备可连续监测烟气排放情况,并通过网络进入上海市环境监测中心数据库平台,可远程掌握烟气排放情况。脱硫进口采用岛津仪器(苏州)有限公司设备,分别于2008年8月28日和2008年10月23日通过上海市环境监测中心联网验收;脱硝进口采用北京雪迪龙自动化科技有限公司设备。8号机组于2009年5月5日、7号机组于2013年7月16日通过上海市环境监测中心联网验收;超低排放烟囱入口采用上海北分仪器技术开发有限责任公司设备,分别于2017年3月27日和2017年6月28日通过上海市环境监测中心联网验收。

星火热电 共有8套CEMS(上海市烟气污染源在线监控)系统,分别安装在1～4号锅炉脱硫塔进、出口处。2007年11月,1～4号炉脱硫塔出口侧4套CEMS通过上海市环境检测中心验收,2008年12月,进口侧4套CEMS通过验收。2016年1月对原有的CEMS出口表计量程进行升级更改。

申皖发电 共装有8套CEMS,与机组同步建设,2台超超临界66万千瓦机组分别于2015年12月30日和2016年3月30日顺利完成168小时满负荷试运行,配套的烟气连续监测设备同时投入运行。各项污染物排放,均按照排污许可证要求执行,定期检测,数据公开。

吴忠热电 共装有8套CEMS系统,与机组同步建设投运,分别安装在2台机组的脱硝、脱硫进出口。其中,脱硫进出口CEMS系统已与宁夏回族自治区环保厅环保监控平台联网,于2017年

2月取得环保厅联网验收批复。吴忠热电每季度按环保要求委托有检测资质单位开展企业自行监测和CEMS比对监测,自行监测工作开展情况及监测结果上报环保厅,并及时向社会公众公开,监测结果均符合标准及规范要求。

临港燃机　共建有4台F级燃气-蒸汽联合循环发电机组,每台机组分别配置1套烟气排放连续监测系统(CEMS),具备氮氧化物(NO_x)、二氧化硫(SO_2)、一氧化碳(CO)、颗粒物浓度及含氧量(O_2)等在线分析功能,可对各台余热锅炉排入大气中的烟气成分进行实时在线全面监测。CEMS所测得数据分别以无线专网和模拟量信号方式送往上海市环境监测中心和电厂集控中心,同时由环保行政部门和生产企业对排放数据实施监测。

第二节　大气污染物治理

自1991年颁布的《燃煤电厂大气污染物排放标准》(GB13223－1991)首次对烟尘排放浓度提出限值要求以来,国家对燃煤发电机组大气污染物排放限值标准的规定日趋严格。针对不同类型的除尘设施和相应燃煤灰分制定不同的排放标准限值。1996年颁布的《火电厂大气污染物排放标准》(GB13223－1996)首次增加氮氧化物作为污染物进行控制,要求新建锅炉采取低氮燃烧措施。新建、扩建和改建中高硫煤电厂要求增加脱硫设施。2003年国家环境保护总局颁发《火电厂大气污染物排放标准》(GB13223－2003),对燃煤锅炉提出全面进行脱硫的要求。2011年颁布的《火电厂大气污染物排放标准》(GB13223－2011)对燃煤发电锅炉,提出全面烟气脱硝的要求,并对重点地区的电厂制定更加严格的特别排放限值,并首次将汞(Hg)及其化合物作为污染物。2014年6月国务院办公厅首次发文要求新建燃煤发电锅炉的氮氧化物排放限值接近燃气机组排放水平,启动中国燃煤电厂锅炉全面超低排放的进程。2015年12月,国家环境保护部、国家发改委等出台燃煤电厂锅炉在2020年前全面完成超低排放改造的具体政策要求。

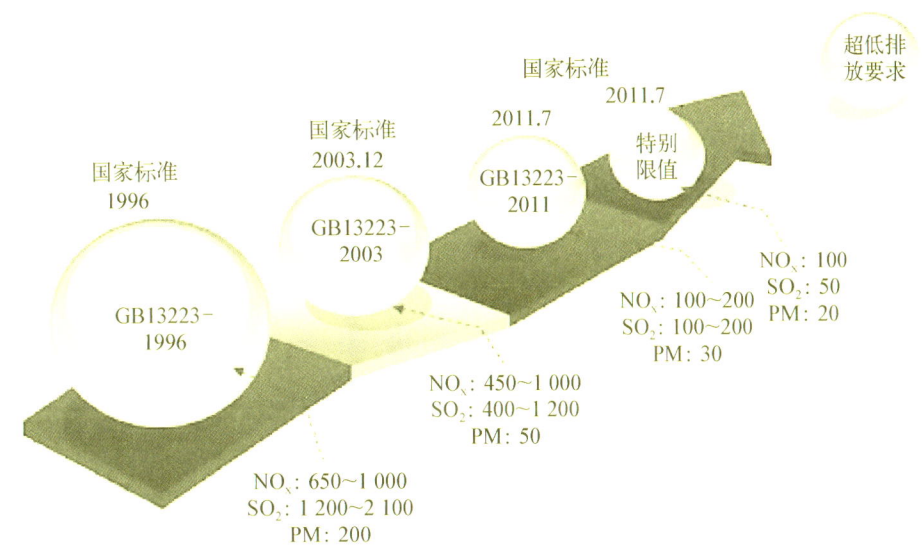

图2-5-1　燃煤电厂大气污染物排放标准对比(单位:毫克/立方米)

各发电企业严格按照国家和各地方政府关于火电厂大气污染物排放限值标准要求,积极实施大气污染物治理,确保达标排放。

一、烟尘治理

【达标排放】

2014年之前,申能股份对燃煤发电企业烟尘治理工作的重点集中在星火热电1号、2号、3号炉。吴二发电、外二发电、外三发电燃煤机组,在2000年至2008年间投产,吴二发电配置2台双室四电场除尘器、外二发电和外三发电配置2台三室四电场除尘器净化烟尘,与机组本体同步建设和运行,电除尘效率分别为99.7%、99.7%和99.8%,均符合当时国家与上海市环保对烟尘浓度的排放要求。

星火热电三炉两机于1993年至1998年间陆续投产,投产时符合当时的环保要求。2003年国家环境保护总局颁发新版《火电厂大气污染物排放标准》(GB13223-2003),对燃煤电厂烟尘排放极限值由1996年版的200毫克/标准立方米修订为50毫克/标准立方米。星火热电积极响应,在新建4号炉时采用布袋除尘和双碱法脱硫设备。接着对1号、2号、3号锅炉的烟气净化系统进行改造,拆除原水膜除尘器、增加布袋除尘器和脱硫系统。1号和2号锅炉除尘和脱硫改造工程由上海发电设备成套所研究院进行设计,3号锅炉委托上海电力设计院设计。脱硫设施改造工程由上海智方环保工程有限公司承建。2007年8月,全部完成3台锅炉的烟气净化改造,在规定时限内达到新版《火电厂大气污染物排放标准》(GB13223-2003相应时段)要求,烟气除尘效率大于90%,三炉烟尘浓度由388毫克/标准立方米、493毫克/标准立方米、540毫克/标准立方米,分别降低为25毫克/标准立方米、24.4毫克/标准立方米、15.6毫克/标准立方米,新建的4号炉出口浓度10.8毫克/标准立方米。环保治理设施得到落实,排放的污染物达到国家和上海市的排放标准。

申皖发电公司2台机组分别于2015年12月30日和2016年3月30日顺利完成168小时满负荷试运行,配套高效双室五电场静电除尘器,与机组本体同步建设和投运。高效电除尘采用高频电源供电,末级电场配套使用旋转电极。同时在静电除尘器的进口布置低温凝聚器,静电除尘器的进口和脱硫吸收塔进口布置两级串联低温省煤器,降低排烟温度,降低飞灰比电阻,有效提高静电除尘器的收尘效率。烟气除尘设计效率≥99.9%。2017年,申皖发电1号、2号机组全年烟尘排放浓度分别为4.5毫克/标准立方米和4.88毫克/标准立方米,烟尘排放量分别为44.4吨和31.08吨,远低于许可证排放的总量限值。

吴忠热电2台机组分别于2016年11月投产发电,脱硫、脱硝、除尘设施同步建设、投运,于2017年1月完成烟气治理设施先期验收监测,3月取得环保厅批复。2017年度共减排二氧化硫30.92吨,减排烟尘24.99吨。2018年4月完成固废、噪声治理设施竣工环保验收,7月完成废水、废气治理设施竣工环保验收。

【超低排放】

申能股份超低排放改造工作起步较早。2010年上海世博会前,外三发电就已完成2台机组全部电除尘器高效静电除尘改造,改造后的实际运行(非设计煤种)电除尘器出口烟尘排放浓度由改造前的35~50毫克/标准立方米降为2~10毫克/标准立方米,烟囱出口烟尘排放浓度仅5~11.5毫克/标准立方米。吴二发电2台机组分别于2011年7月(1号机组)和2012年10月(2号机组)完成电除尘器高频电源改造,提高其除尘效率,电除尘出口烟尘浓度均控制在30毫克/标准立方米之内。

根据国务院办公厅2014年印发的《能源发展战略行动计划(2014—2020年)》中关于"新建燃煤发电机组污染物排放接近燃气机组排放水平"的要求,申能股份燃煤发电公司全面推广实施超低排放改造项目。吴二发电2台机组分别于2015年11月和2016年5月进行脱硫吸收塔除尘改造,通过改造原有除雾器安装高效管束式除尘装置,降低烟尘排放浓度。改造后2台机组的烟尘排放浓度达到超低排放限值要求(小于5毫克/标准立方米)。随后又进行超低排放改造,1号机组增加水平烟道除雾器(2016年10月完成),进一步降低烟囱入口烟尘浓度;2号机组利用中温省煤器(2013年11月安装)以降低电除尘进口温度,提高除尘效果,最终降低电除尘出口烟尘浓度。改造后机组烟尘排放浓度由16毫克/标准立方米下降到3.64毫克/标准立方米和2.46毫克/标准立方米。2017年,烟尘排放量分别为23.20吨和22.78吨,远低于许可证排放的总量限值。外二发电在2016年完成对2台机组的超低排放改造,改造后出口烟尘浓度为降低到1毫米/标准立方米,当年烟尘排放量为92吨,比上年降低60%。

2014年至2016年间新建投产的申皖发电和吴忠热电均采用双室五电场静电除尘器。其中申皖发电采用高频电源供电,末级电场配套使用旋转电极,烟气除尘设计效率≥99.9%。吴忠热电一、二电场采用高频电源,三、四、五电场采用工频电源,实际运行综合除尘效率达99.99%,达到超低排放限值要求。

下表为申能股份系统燃煤发电公司2011年至2017年间的烟尘排放量和除尘效率。所有发电公司的除尘效率均符合国家与上海市环保要求,烟尘排放量也做到逐年递减。

表2-5-1　2011—2017年各燃煤电企业的烟尘排放量和除尘效率情况表

年份	指标	外三发电	外二发电	吴二发电	星火热电	申皖发电	吴忠热电
2011	除尘器效率(%)	99.8	99.7	99.7	99.93	—	—
	烟尘排放量(吨)	981	968	939	29		
2012	除尘器效率(%)	99.8	99.7	99.7	99.93	—	—
	烟尘排放量(吨)	460	802	499	19.25		
2013	除尘器效率(%)	99.8	99.7	99.7	99.94	—	—
	烟尘排放量(吨)	466	544	469	22		
2014	除尘器效率(%)	99.8	99.7	99.70	99.95	—	—
	烟尘排放量(吨)	383	365	209.00	20		
2015	除尘器效率(%)	99.8	99.7	99.72	99.96	—	—
	烟尘排放量(吨)	245	234	93.34	14		
2016	除尘器效率(%)	99.8	99.7	99.73	99.97	99.99	—
	烟尘排放量(吨)	64.3	92	52.42	10.84	89.69	
2017	除尘器效率(%)	99.8	99.7	99.73	99.97	99.99	99.99
	烟尘排放量(吨)	41.22	38	45.98	10.21	125.09	24.99

二、氮氧化物治理

公司各煤电企业脱硝技术基本采用低氮燃烧+SCR烟气脱硝技术为主,脱硝率约在80%左右,保证达标排放。

根据上海市人民政府办公厅印发的《上海市 2009—2011 年环境保护和建设三年行动计划》的通知中有关开展燃煤电厂氮氧化物控制试点工作的要求,2010 年 11 月 2 日上海市发改委能源处会同市环保局在吴二发电组织召开研究启动"十二五"燃煤电厂脱硝改造现场会,要求对已运行燃煤发电公司 20 万千瓦及以上机组加装脱硝装置,脱硝效率达到 74%～80%,投运率达 98%。20 万千瓦以下机组,加装低氮燃烧器,脱硝效率达到 30%～35%。

吴二发电 先后对两台机组实施脱硝改造,工程采用选择性催化还原法(SCR)。2010 年 9 月 8 日,公司首台 60 万千瓦燃煤火电机组烟气脱硝工程 EPC 合同签约仪式举行,标志着上海市燃煤电厂第一个实施烟气脱硝改造减排示范性工程的全面启动,成为减排的"排头兵"。2011 年 7 月 15 日,1 号机组烟气脱硝改造工程通过 168 小时满负荷试运行,并于 2011 年 11 月 4 日通过市环保局验收;2013 年 12 月 19 日,2 号机组烟气脱硝改造工程通过 168 小时满负荷试运行,并于 2014 年 8 月 26 日通过市环保局验收。2 台机组烟气脱硝系统自动、保护、程控等投入率达到要求,烟气在线监测仪表和设备配置齐全,监测系统投运可靠,氮氧化物的排放等各项指标均达到设计值和国家有关的排放标准。2014 年 1 月,上海市重点工程实事立功竞赛领导小组授予公司脱硝项目部 2013 年度上海市重大工程立功竞赛优秀集体称号。2014 年 12 月,公司"低负荷脱硝系统优化运行"项目获申能集团科技创新和节能减排金点子。2017 年,公司 1 号、2 号机组全年氮氧化物排放浓度分别为 16.53 毫克/标准立方米和 13.21 毫克/标准立方米,氮氧化物排放量分别为 85.85 吨和 109.92 吨,均远远低于 2017 年公司取得的国家版排污许可证以及《燃煤电厂大气污染物排放标准(DB31/963-2016)》的氮氧化物允许排放浓度限值。

星火热电 根据上海地方标准《锅炉大气污染物排放标准》(DB31/387-2007)对氮氧化物排放发布新要求,即"小于 300 兆瓦(兆瓦)的机组 NO_x(氮氧化物)排放小于 550 毫克标准立方米",于 2009 年至 2011 年对 4 台锅炉进行低氮燃烧器改造。改造后,锅炉的氮氧化物排放浓度均达到《火电厂大气污染物排放标准》(GB13223-2003 相应时段)要求。2015 年,根据国家环保部文件《关于印发〈长三角地区重点行业大气污染限期治理方案〉的通知》(环发〔2014〕169 号)要求,星火热电对 4 台锅炉进行脱硝改造,以实现在"煤改气"过渡阶段 NO_x(氮氧化物)减排达标。4 台锅炉的脱硝改造工程由上海发电设备成套设计研究院承建。1 号到 3 号炉采用 SNCR(选择性非催化剂还原)脱硝工艺,脱硝效率不小于 50%,在锅炉初始排放浓度 400 毫克/标准立方米,经烟气脱硝系统处理后氮氧化物排放达到 170 毫克/标准立方米。4 号炉采用 SNCR+SCR(选择性非催化剂还原+选择性催化剂还原)脱硝工艺,脱硝效率不小于 75%,在锅炉初始排放浓度 360 毫克/标准立方米,经烟气脱硝系统处理后氮氧化物排放达到 90 毫克/标准立方米。

外二发电 脱硝采用低氮技术,低氮燃烧器采用空气分级燃烧,氮氧化物排放浓度小于 450 毫克/标准立方米。2012 年、2013 年分别完成 5 号机组和 6 号机组的脱硝改造,改造后,氮氧化物的年排放量可减少 80%,即减少 11 055 吨/年,实际排放量只有 2 763 吨/年(按运行 5 500 小时/年计算)。2015 年、2016 年先后完成 2 台机组超低排放改造,通过在 SCR 脱硝装置增加一层催化剂,脱硝效率可达 90%,采用省煤器的水侧旁路方案,实现 40%低负荷条件下脱硝正常运行,氮氧化物排放浓度为 15 毫克/标准立方米。

外三发电 7 号机组采用低氮技术,低氮燃烧器采用空气分级燃烧,氮氧化物排放浓度小于 450 毫克/标准立方米。8 号机组采用低氮燃烧加选择性催化还原法(SCR)工艺。2017 年和 2018 年,外三发电 2 台机组分别进行脱硝系统深度减排优化改造,经过深度超低排放改造后,脱硝效率大于80%，进口浓度450毫克/标准立方米，出口浓度小于90毫克/标准立方米。2017年机组平均排放浓度13.91毫克/标准立方米，减排氮氧化物4 547.13吨。

申皖发电 采用选择性催化还原法(SCR)对厂区内2台锅炉烟气进行脱硝处理，该电厂1号、2号机组全年氮氧化物排放浓度分别为18.66毫克/标准立方米和19.79毫克/标准立方米，氮氧化物排放量分别为183.61吨和125.09吨，远低于许可证排放的总量限值以及《燃煤电厂大气污染物排放标准》(DB31/963-2016)的氮氧化物允许排放浓度限值。吴忠热电采用低氮燃烧器+选择性催化还原法(SCR)联合脱硝，脱硝设施实际运行效率＞85%，满足超低排放限值要求。

燃气发电以管网天然气作为燃料，在生产过程中除产生较少氮氧化物和少量的二氧化硫外，不产生烟尘。机组运行过程中，采用低氮燃烧技术，在25%～100%负荷条件下，燃气轮机燃用天然气将排放烟气中的氮氧化物排放控制在48毫克/标准立方米以下，烟气经60米烟囱排放。机组运行期间，运行人员实时监盘，密切关注氮氧化物排放趋势，当排放超标时DCS系统将发出W报警(报警值为50毫克/标准立方米)，运行人员经检查确认，通过调整机组负荷等措施，降低指标排放水平。燃机根据现有标准不需要进行脱硝，为进一步提高标准均预留场地和位置。

临港燃机 以洋山港LNG接收站气化天然气作为燃气轮机的燃料气源，气源组分较纯，主要为甲烷及少量乙烷，基本不含硫等杂质，因而燃气轮机燃烧后的烟气排放污染物主要为氮氧化物。虽然临港燃机所配套的西门子F级SGT5-4000F型燃气轮机采用干式低氮氧化物混合型燃烧器，但因为各种因素，机组在实际投产后的氮氧化物排放并未完全达到最低水平。为切实实现烟气污染减排，履行企业社会责任，临港燃机积极开展一系列减少氮氧化物排放的工作，如：在国内燃机行业中率先进行燃机燃烧动态调整优化降低氮氧化物排放。将燃机预混燃烧器由9孔改造为8孔降氮氧化物等措施。机组氮氧化物排放水平显著改善，平均值在35毫克/标准立方米以下，远低于50毫克/标准立方米的国家和地方排放标准。

表2-5-2 2011—2017年各发电企业脱硝情况表

年份	指标	外三发电	外二发电	吴二发电	星火热电	申皖发电	吴忠热电	临港燃机
2011	脱硝效率(%)	56.4	—	66.8	—	—	—	—
	脱硝投运率(%)	98.61	—	82.9	—	—	—	—
	氮氧化物排放量(吨)	10 974	9 621	8 440	846	—	—	—
2012	脱硝效率(%)	87.22	—	77.6	—	—	—	—
	脱硝投运率(%)	98.86	—	92.1	—	—	—	—
	氮氧化物排放量(吨)	7 891	9 408	4 798	741	—	—	407
2013	脱硝效率(%)	86.64	84.72	83.7	—	—	—	—
	脱硝投运率(%)	98.41	86.79	97.7	—	—	—	—
	氮氧化物排放量(吨)	2 753	3 139	5 408	829	—	—	612
2014	脱硝效率(%)	87.14	85.31	88.95	—	—	—	—
	脱硝投运率(%)	99.75	84.36	98.61	—	—	—	—
	氮氧化物排放量(吨)	773	1 929	1 228.00	707	—	—	469

(续表)

年份	指标	外三发电	外二发电	吴二发电	星火热电	申皖发电	吴忠热电	临港燃机
2015	脱硝效率(%)	90.65	86.67	87.72	67.09	—	—	—
	脱硝投运率(%)	99.89	98.07	97.40	99.21	—	—	—
	氮氧化物排放量(吨)	604	1 013	446.07	616	—	—	439
2016	脱硝效率(%)	89.67	90.45	89.26	70.99	92.51	—	—
	脱硝投运率(%)	99.91	99.72	97.93	100	98.88	—	—
	氮氧化物排放量(吨)	499.74	718	385.08	664.58	595.95	—	391
2017	脱硝效率(%)	90.15	92.53	95.60	80.09	92.6	86.23	—
	脱硝投运率(%)	99.97	99.42	99.41	100	99.5	99.21	—
	氮氧化物排放量(吨)	443.66	565	195.77	108.75	743.81	446.71	434

三、二氧化硫治理

随着《火电厂大气污染物排放标准》(GB13223－2003)的修订出台,各时段建设的燃煤机组全面纳入二氧化硫浓度限值控制,从此中国火电行业烟气脱硫进入快速发展阶段。2006年2月,市政府办公厅转发上海市"十一五"期间燃煤电厂烟气脱硫工程实施方案的通知要求,标志着上海市燃煤电厂烟气脱硫工作的全面启动。

申能股份贯彻执行上海市政府环保工作要求,于2006年11月成立脱硫项目工作领导小组和工作小组,编制颁布《公司系统烟气脱硫工作指导意见》,定期召开会议,就申能股份所属燃煤发电公司烟气脱硫工作进行协调与规划,并按市政府与申能集团要求安排脱硫改造工作进度。

星火热电 采用双碱法脱硫技术,其除尘脱硫工程于2007年8月全部建成投入运行,成为上海市第一家完成全部脱硫工程的发电公司,2007年度共减排二氧化硫1 393吨,减排烟尘约1 265吨。其他燃煤发电公司,吴二发电、外二发电、外三发电、申皖发电和吴忠热电均采用石灰石-石膏湿法脱硫技术。

吴二发电 2台机组分别于2007年12月与2008年6月完成烟气脱硫工程建设,又先后分别于2008年7月21日和2008年8月27日通过项目环保验收。该脱硫改造工程采用石灰石-石膏湿法脱硫工艺,设计脱硫效率不低于95%。工程实施后,二氧化硫的年排放量可减少90%,即每年大约可以减少二氧化硫18 423吨的排放量。2011年国家颁布实施新版《火电厂大气污染物排放标准》,上海市必须在"十二五"期间执行上述特别排放限值。吴二发电对2台机组进行增容改造,改造后1号机组烟气脱硫系统在接近满负荷工况下,入口二氧化硫浓度2 100毫克/标准立方米时,出口二氧化硫浓度小于50毫克/标准立方米,脱硫效率达到98%以上;2号机组烟气脱硫系统试验煤种满负荷工况下,入口二氧化硫浓度1 905毫克/标准立方米时,出口二氧化硫浓度40毫克/标准立方米,脱硫效率为97.9%。

外二发电 于2007年5月开始烟气脱硫工程建设,分别于2008年10月、2008年12月完成5号、6号机组的烟气脱硫工程建设,并通过168试运转。脱硫工程采用石灰石-石膏湿法脱硫工艺,脱硫效率可达95%以上,工程实施后,二氧化硫的年排放量可减少90%,即每年减少26 532吨二氧化硫的排放量,为改善上海市的环境保护作出贡献,具有较大的社会效益和环保效益。2013—2014年外二发电拆除2台脱硫设施的旁路挡板,实现物理隔离并完成2台机组的脱硫增效扩容改造,改造后脱硫效率为98%,二氧化硫排放浓度为12毫克/标准立方米。2014年,为满足GB13223-2011的排放标准,需将脱硫效率提升至97.5%,脱硫装置出口二氧化硫浓度放可降至45毫克/标准立方米,为此外二发电对脱硫系统进行超净排放改造。项目主要内容:抬高吸收塔标高和净烟道标高2米,增加1台5 172立方米每小时×89千帕的氧化风机,增加1台流量12 000立方米,扬程为24.5米,电机功率为1 200千瓦的浆液循环泵。2014年5月在6号机组6C06检修及2014年9月的5号机组5B06检修中分别完成外二发电的2台机组进行超净排放改造工作。改造完毕后,5号机组烟气脱硫系统试验煤种满负荷工况下,入口二氧化硫浓度1 980.42毫克/标准立方米时,出口二氧化硫浓度41.42毫克/标准立方米,脱硫效率为97.92%;6号机组烟气脱硫系统试验煤种满负荷工况下,入口二氧化硫浓度1 968.61毫克/标准立方米时,出口二氧化硫浓度44.16毫克/标准立方米,脱硫效率为97.75%,改造总体质量均达到设计保证值,效果良好。

外三发电 烟气脱硫系统采用日本川崎重工(KHI)喷淋塔技术,原设计为三层喷淋层。7号和8号2套全容量湿式石灰石-石膏烟气处理装置,烟气与石灰石反应后生成石膏,去除烟气中的二氧化硫。2013年,2台机组分别进行脱硫扩容改造,增加主、辅喷淋层各一层。设计煤种收到基硫份从改造前0.43%(脱硫入口浓度895.842毫克/标准立方米)提高到0.9%(脱硫入口浓度1 847毫克/标准立方米),脱硫效率≥97.3%,烟囱出口的SO_2浓度不大于50毫克/标准立方米;校核煤种按照收到基硫份从0.9%提高到1.2%,且脱硫效率≥95%。经过改造后,2台机组脱硫效率、综合效率大大提高,脱硫出口排放浓度明显降低,性能测试时,在设计煤种二氧化硫1 847毫克/标准立方米(标态干基6%含氧量),烟囱出口的二氧化硫浓度为37毫克/标准立方米(标态干基6%含氧量),脱硫效率达到98.01%。2014年年底前完成全部2台机组取消旁路的工作。此次改造分别对7号、8号炉脱硫设施旁路烟道进行物理封堵,即不拆除原旁路烟道上的旁路挡板门,保留原主烟道,将旁路挡板前后的烟道拆断,并用钢板进行封堵(净烟道封堵位置需将旁路挡板隔离在外),在原旁路挡板前的烟道有明显的断开点,原风机入口烟道及挡板门布置不变。项目实施后达到国家和申能股份公司的要求。2017年2台机组二氧化硫平均排放浓度10.36毫克/标准立方米,减排二氧化硫2.35万吨。

申皖发电和吴忠热电 脱硫工艺均采用石灰石-石膏湿法,脱硫后申皖发电1号、2号机组全年二氧化硫排放浓度分别为26.39毫克/标准立方米和25.04毫克/标准立方米,二氧化硫排放量分别为260.52吨和158.94吨。吴忠热电采用单塔双循环型式,吸收塔高49.5米,内径13.1米,内设6层喷淋,增加烟气与浆液的接触面积,提高脱硫效率,吸收塔出口设置三层屋脊式除雾器,脱硫设施实际运行效率>99.90%,实现高硫煤低浓度排放目标,排放浓度稳定满足超低排放限值要求。

表2-5-3 2011—2017年各煤电企业脱硫情况表

年份	指标	外三发电	外二发电	吴二发电	星火热电	申皖发电	吴忠热电
2011	脱硫效率(%)	92.17	93.52	94.6	95.06	—	—
	脱硫投运率(%)	99.89	99.78	99.3	98.95	—	—
	二氧化硫排放量(吨)	2 899	2 352	1 510	146	—	—

（续表）

年份	指标	外三发电	外二发电	吴二发电	星火热电	申皖发电	吴忠热电
2012	脱硫效率（%）	93.63	93.79	94.9	95.07	—	—
	脱硫投运率（%）	99.89	99.3	99.6	99.78	—	—
	二氧化硫排放量（吨）	2 691	2 171	1 393	110	—	—
2013	脱硫效率（%）	96.16	95.41	95	96.23	—	—
	脱硫投运率（%）	99.75	99.93	98.7	99.91	—	—
	二氧化硫排放量（吨）	1 464	1 691	1 635	84	—	—
2014	脱硫效率（%）	96.17	96.42	95.94	97.72	—	—
	脱硫投运率（%）	99.93	100	99.83	100	—	—
	二氧化硫排放量（吨）	1 133	914	709.00	45	—	—
2015	脱硫效率（%）	98.37	96.57	96.97	98.68	—	—
	脱硫投运率（%）	100	100	100	100	—	—
	二氧化硫排放量（吨）	472.22	605	195.85	12.18	333.35	—
2016	脱硫效率（%）	97.97	97.75	98.51	99.14	97.87	—
	脱硫投运率（%）	100	100	100	100	100	—
	二氧化硫排放量（吨）	472.22	605	195.85	12.18	333.35	—
2017	脱硫效率（%）	98.47	97.75	98.61	99.33	98.5	99.91
	脱硫投运率（%）	100	100	100.00	100	100	100
	二氧化硫排放量（吨）	323.37	453	181.27	8.03	380.89	30.92

第三节　废水治理

一、分类

各发电企业认真贯彻国家环保法和地方环保法规，积极开展废水治理，废水经分类处理后循环利用。项目产生的废水包括生活污水和工业废水。其中工业废水包括辅机冷却塔排污水、锅炉补给水处理系统废水、输煤系统冲洗废水、工业含油污水、工业废水等。

工业废水　主要为主厂房及其他车间的地面冲洗水、化学水预处理反洗排水及部分公用水等，设独立的工业废水下水道（淡水），所有工业废水集中到工业废水处理间采用澄清—气浮—过滤工艺集中处理，脱硫系统、输煤系统水力清扫、煤场喷洒、运灰汽车冲洗、干渣机喷雾、渣仓地面冲洗等。

脱硫废水　处理系统采用"石灰中和、絮凝澄清处理工艺"进行处理，但为去除一些金属离子需加入特殊的铁络合物和聚合物药品作为辅助絮凝剂。处理后废水水质达到《污水综合排放标准》（GB8978-1996）的一级标准。

生活污水　主要由厂区建筑的厕所污水、洗涤污水以及生产辅助建筑产生。污水处理采用成套的污水处理设备,其处理工艺为二级生物接触氧化法。处理后出水水质可达《污水综合排放标准》(GB8978－1996)一级标准,回收用于厂区绿化或其他杂用水。

含煤废水　主要为输煤封闭栈桥、转运站等地面冲洗水及卸煤沟雨水,主要污染物为煤尘,采用混凝沉淀法处理。含煤废水首先进入调节预沉池,经过预沉后澄清水与混凝剂一起进入CWE煤水处理设备,煤尘经过污泥浓缩器浓缩后运至煤场;经过煤水处理设备处理后的出水,经过中间水箱及中间水泵提升,进入过滤罐过滤后,进入清水池,由回用水泵升压后作为输煤系统用水重复使用。

二、治理

各发电企业按照《火力发电厂废水治理设计技术规程》(DL/T5046－2006)要求,在项目建设期,配套设计废水治理设备与设施,并于主体工程同步建设与投运,各类废水经治理后,均合法合规排放。随着环保废水排放标准的提高,各发电企业实施一系列废水治理措施,取得较好效果。

星火热电　于2004年改造完成灰水零排放工程。利用公司原养殖场的5只水池,把灰水排入水池内。经过沉淀、过滤,将过滤后的清水由回水泵打至冲灰水泵进口,作冲灰水和输煤栈桥冲洗水用,形成闭式循环,重复利用。2004年5月份基本实现废水(冲灰水)零排放。

吴二发电　配套建设的废水处理设施有:化学水处理装置、含油废水处理装置、生产废水处理系统、生活废水处理系统、生活污水处理系统、煤污水处理系统、灰码头冲洗水处理设施。根据2002年9月5日国家环保总局组织对本工程环保设施竣工验收意见,厂区工业废水总排口中COD、pH值、挥发酚、氟化物、石油类的排放浓度均符合《黄浦江上游水源保护区域污水排放标准》(DB31/199－1997)B(准水源地)中规定的排放标准;单位小时排水量符合《污水综合排放标准》(GB8978－1996)中规定的火力发电工业最高允许排水量3.5平方米/兆瓦时限值。排水污水管网的生活污水中COD、BOD5、悬浮物、动植物油、氨氮5项污染物符合《上海市污水综合排放标准》(DB31－199－1997)中三级标准。2006年11月,按照吴泾工业区环境综合整治实施规划要求完成废水纳管北排工程,完成工业废水、生活污水排放纳入上海市城镇污水管网处理系统,通过生化、化学、物理等方法处理废、污水,做到达标排放。2007年,吴二发电探索创新管理、落实节能减排,提高煤污水综合利用度,通过工业水循环利用,一年节水75 600吨,回收原煤650吨,折合收益13.15万元,该项目于2008年8月获中国电力设备管理协会颁发的全国电力企业管理一体化创新成果二等奖。2017年8月,对澄清池排水系统改造,将原排入雨水系统的水接入澄清池入口再利用,提高废污水的梯级回收利用。2017年年底前完成脱硫废水系统改造,增加一套三联箱处理工艺,提高集中处理能力,做到脱硫废水达标排放。

外三发电　对各类工业废水进行分类处理后回用。冲渣水系统高效浓缩机进行澄清处理,并在冲渣水系统中加入渣水稳定剂,循环使用。石膏脱水后的脱硫废水,经中和、絮凝和沉淀、氧化、泥浆脱水等一系列处理过程,达标后用于调湿灰用水或排放至煤场喷淋。在煤场设置2个4 000立方米煤泥沉淀池和一个含煤废水处理站,主要处理煤场喷淋水、栈桥冲洗水、雨水,以及脱硫处理合格的废水。通过煤泥废水处理装置澄清后,用于煤场喷淋和输煤系统水冲洗。煤泥采用人工或机械方式清挖并送往煤场回用。设置一座生活污水处理装置,经二级生化处理后作为厂区绿化用水。其他废水用管道送至二期废水处理系统。2014年,对脱硫废水进行扩容改造,改造后能够满足日益增加的脱硫废水处理能力,能够使脱硫系统安全正常运行,避免由于废水处理设备和污泥脱水机故障引起的排放不合格现象发生,并及时将脱硫系统中的氯离子和重金属去除。全厂废水零排放。2017年重复用水量452.50万吨。

吴忠热电 废水监测主要由三部分组成,分别为工业废水、脱硫废水、含煤废水,各废水经处理后全部回收利用,不对外排放。按环保要求每季度委托有监测资质单位对各废水处理设施出水进行监测,形成报告,作为企业自行监测内容向社会公众公开,监测结果均符合设计要求。

申皖发电 于2017年7月完成渣水系统改造,实现渣水循环利用。2017年10月,完成油库区喷淋水、工业水改造,油库区喷淋水、工业水全部回用于输煤喷雾抑尘。

临港燃机 废水主要有生产废水、生活废水和温排水。其中生产废水分为经常性废水和非经常性废水,经常性废水主要为锅炉补给水处理系统排水(包含超滤装置反洗排水、反渗透膜清洗排水等),非经常性废水主要为锅炉排污水和设备、场地杂排水等,采用集中处理方式,收集后排入2×1000立方米废水贮池,经曝气氧化、调pH值、絮凝、澄清等处理,符合上海市《污水综合排放标准》(DB31199-2018)二级标准后尽量回收利用,主要用于锅炉冷却水、绿化、卫生间冲洗等,回用率约为90%,未回用的部分排入临港新城污水处理厂集中处理。处理流程为:废水→贮存并均匀水质→pH调整→氧化反应→絮凝→凝聚澄清→最终中和→清水回用或排入新城废水管网。生活污水主要是来自公司内员工的生活和办公,经处理符合《临港新城污水处理厂废水接纳要求》后,排入临港新城污水处理厂集中统一处理。温排水主要是电厂循环冷却水排水,采用海水直流冷却系统,水源为杭州湾海水,为有效地控制循环冷却水中的微生物藻类的繁殖,进而防止冷却设备的堵塞和腐蚀现象的发生,并确保凝汽器一定的传热效率和真空度,公司设置循环冷却水加次氯酸钠处理,正常运行时加药量按3毫克/升计,控制凝汽器出口余氯量在0.2~0.3毫克/升。根据国家排污许可证要求温排水允许的余氯为0.5毫克/升,温排水的温升范围为小于7~9摄氏度。

第四节 固废处置

一、固废分类

火电厂的工业固体废弃物按其对环境造成的影响,分为危险废弃物和一般固体废弃物,俗称危废和固废。危废包括各类危化品、油品、油漆等的容器,检维修过程中沾有油污的抹布等固体废弃物。固废包括灰、渣、石膏、澄清池淤泥等。危废的处置国家有严格规定,各发电公司都是委托第三方具有危废处置资质的专业公司进行集中清运处置。固废的处置,根据实际情况,委托第三方进行清运并综合利用。

燃煤发电公司在发电生产过程中产生的主要固废是渣、灰和脱硫石膏。

二、灰渣处置

【除渣系统】

吴二发电 采用锅炉水力出渣系统,自2001年投产至2010年除渣设备运行近10年,渣管道磨损严重,设备电耗大、水耗高,根据申能股份节能减排有关要求,吴二发电于2010年、2011年先后对2号锅炉、1号锅炉出渣系统进行改造,并分别于2010年11月、2011年6月完成。该工程拆除原炉底水封渣斗,中转仓,渣泵、脱水仓、沉淀池及贮水池等整个除渣系统,重新设置机械湿式除渣系统,每台60万千瓦机组设置一套。炉底重新设置一座过渡渣井,渣井与锅炉水封插板用水封槽连接。渣井内衬耐火材料,底部设有液压关断门。渣井能储存及承载不少于锅炉燃用设计煤质MCR时4小时的排渣量。正常运行时,关断门插入刮板捞渣机槽体形成水封,底渣经渣井落入刮板捞渣机水槽,冷却裂化后,由刮板捞渣机连续捞出,从炉底输送至炉架外侧的渣仓间地面,然后经铲车转运至自卸汽车,装车运往码头区渣场堆放。在原脱水仓旁边新安装一根输送皮带,堆积的渣可通过铲车铲至新输送皮带上,通过现有灰库下的调湿灰皮带装船外运。改造后渣水系统依然采用闭式循环,无废水排放。

星火热电 早期在生产过程中(2004年之前),产生的灰渣通过混合适量水后,用灰浆泵输送至厂外奉贤新海四号塘贮灰场。2005年、2006年改造后,实现灰、渣分离,湿渣定期清捞,委托第三方资质单位清运。

外二发电、外三发电 除渣系统由炉底渣系统、渣输送系统、脱水仓系统、冲渣再循环水系统和石子煤系统等组成,炉底渣采用水浸式刮板捞渣机连续排渣方式处理,炉渣经碾压破碎脱水处理后供综合利用,渣水循环使用,整套除渣系统构成闭式回路。

吴忠热电 采用干式机械除渣系统。锅炉排出的渣采用冷风式排渣机经碎渣机送入渣库储存,每台炉设1座直径为8米的钢结构渣仓,其有效容积为90立方米,卸料设备的出力均100吨/时,渣库内的渣由汽车输送至综合利用用户或灰场。

【除灰系统】

吴二发电 除灰系统采用干灰干排,共建有4座设计容积为2 125立方米的干灰库。为防止干灰库的粉尘影响,每个干灰库均设置布袋除尘器。贮灰场采用距电厂21.8公里的奉贤灰场,该灰场经扩建后可满足2台60万千瓦机组贮灰10年。

外二发电、外三发电 除灰系统采用德国MOLLETR公司正压低速内置旁通紊流管气力输送系统,处理锅炉电除尘器、第二烟道以及空预器出口处收集的飞灰,系统设计出力65吨/小时,锅炉实际产生飞灰41.135吨/小时,飞灰密度约700公斤/立方米。除灰系统设有3座灰库,包括2个粗灰库和1个细灰库,每座灰库直径为10米,容积为2 000立方米,灰库密度约为1 400公斤/立方米。贮灰场为与外高桥一期共用灰场。

星火热电 于2005至2006年陆续对4台锅炉进行除尘器改造,通过灰库的干灰收集以及湿渣的定期清捞,固体废物被分类收集、妥善处置。除尘系统于2007年12月26日通过验收,投入使用。

申皖发电 每台机组配置一套浓相气力输灰系统,气力输灰单元主要由输送罐、输灰管、输送空气管、仪用空气管、灰斗与输送罐间的连接件以及各阀门组成,采用双套管进行气力输送。申皖发电每台炉配置4套输灰单元,分别为A侧脱硝、一电场管路DN225,A侧二、三、四、五电场管路DN200,B侧脱硝、一电场管路DN225,B侧二、三、四、五电场管路DN200。每套除灰单元将电除尘器、SCR脱硝区域的粉煤灰输送至粗、细灰库中。2台炉公用3座灰库,其中2座粗灰库和1座细灰库,每座粗灰库下设1套可伸缩干灰散装机;细灰库下应设2套干灰散装机,对灰罐车进行卸灰。

吴忠热电 每台炉配置一套正压浓相气力除灰系统,共设3座直径12米灰库,有效容积1 250吨,有效高度11米,分别为原灰库、粗灰库及细灰库,2台炉设一套出力50吨/时分选系统,采用闭路循环分选形式。除灰流程:电除尘器、省煤器灰斗的飞灰以正压浓相气力输送方式分别送至灰库储存。灰库内的干灰可通过湿式搅拌机将干灰加水搅拌为含水率15%~25%的调湿灰,然后由自卸汽车输送至灰场；也可通过干灰散装机直接装入罐车运至综合利用用户。

【综合利用】

燃煤发电公司生产过程中产生的灰、渣，经过综合开发，提供给建材生产供应商用于市政建设工程等。2000—2017年，吴二发电共产生粉煤灰约487.3万吨、炉渣约62.2万吨，综合利用率100%。2006—2018年9月外二发电、外三发电合计产生粉煤灰581.7万吨，合理利用粉煤灰501.6万吨，利用率为86.3%。

三、石膏处置

燃煤发电公司脱硫石膏主要用于建筑材料、水泥缓凝剂、粉刷石膏和制作纸面石膏板和石膏装饰板等，综合利用率接近100%。

吴泾八期工程2台60万千瓦机组脱硫年产石膏约10万吨，对石膏的处置以综合利用为首选，主要作为商品出售，用于综合利用。综合利用后，如石膏还有剩余，或者脱硫系统遇特殊情况，石膏品质暂时无法满足综合利用的要求，则通过水运将石膏堆放于公司的灰场。2010—2017年，共产生脱硫石膏443 411吨。

外二发电2008年—2018年9月合计产生石膏85.77万吨，综合利用率为100%。

吴忠热电生产的灰渣、石膏主要运至周边水泥厂、商混站和建材企业进行综合利用。受国家政策、季节以及水泥生产企业错峰生产的影响，冬季生产的粉煤灰、石膏、渣95%都不能综合利用，运至灰渣场进行贮存。

第五节 噪声治理

一、噪声来源

火力发电厂在生产过程中的噪声主要来源有，大型转动机械如燃气轮机、汽轮机、发电机、三大风机及马达等在运行时发出的噪声；压缩空气、蒸汽、天然气等介质高速流经管道产生的噪声；循环水冷却塔落水噪声等。

二、治理

治理噪声方法包括隔声、吸声、消音以及噪声防护。

对声源进行控制。在厂区总体布置中统筹规划，合理布置，将高噪声车间布置在远离对噪声敏感的区域处。在厂房建筑设计中，尽量使工作和休息场所远离强噪声源，值班室要进行噪声防护。集中控制室采用双道门、双层窗，并选用吸声性能好的墙面材料，使集中控制室内的噪声不超过65分贝（A）。在设计阶段和设备选型时，选用低噪声设备，设备噪声一般不超过90分贝（A）。管道设计考虑防振、防冲击，以减轻振动噪声。汽机、锅炉、循环水泵等大型设备采用独立基础，以减轻共振噪声。改善风管及流体输送状况，减少空气动力性噪声。

当某些设备达不到要求时，采取隔声、吸声、消声等措施。在送风机吸风口处安装消声器，以减少空气动力性噪声。在锅炉排汽口安装高效消声器,将排汽噪声控制在110分贝(A)以下。加强电厂运行管理,尽可能减少锅炉排汽次数,并尽量避免夜间排汽,以减少排汽噪声对周围环境影响。2001年,上海吴泾第二发电有限公司在1号、2号机组循环水冷却塔南侧安装隔音墙,消除冷却塔落水噪声对周边居民的影响。崇明燃机在2号余热锅炉顺烟气流动方向右侧(包括燃气轮机排气扩散段)设隔音板墙,隔音板墙高度与锅炉本体高度接近,采用内侧吸音的轻型隔声结构,墙体内侧为穿孔版,外侧为钢板,两侧钢板中间的空腔内填充100毫米细玻璃棉,隔音板墙外1米处的任意点噪声小于70分贝(A)。加强厂区绿化,在道路两旁、主厂房周围及其他声源附近,尽可能多种植高大树木,利用植物的减噪作用降低噪声水平。崇明燃机主厂房周围建有防护绿地,生产区绿地面积达26 330平方米,占整个厂区面积的28.37%。公司在主厂房北侧和东北侧,广植树木,削弱噪音传播,保证机组生产不对周边居民生活产生影响。

此外,加强厂界噪声日常监测,各发电单位委托有资质第三方检测公司每季度按要求在厂界不同点位进行检噪声检测,确保厂界噪声达标。

第六节　绿化与职业卫生

一、绿化

【绿化建设】

申能股份各发电公司在项目建设期就注重工作和生活环境建设,致力于打造现代化绿色卫生电厂,按照绿化委员会规定的《企业绿化标准设计规范》进行厂区绿化规划和建设。

星火热电　绿化面积达36 498平方米,绿化覆盖率33.3%,组织开展"绿化认养责任承诺"活动进一步提高员工绿化意识,积极贯彻全绿委提出的"绿色人生、绿色守望"全民义务植树主题活动。

吴二发电　绿化总面积391 812.1平方米,工程绿化面积213 237.7平方米,绿化率39.1%;扩建场地临时绿化面积178 574.4平方米,种植乔木、灌木、花草品种有200多种。

外二发电　占地面积44万平方米,绿化占地面积达17.91万平方米,绿地率达40.9%,绿化覆盖率达45%,土地利用率达100%,植物种类繁多达150余种,在各办公区域内,共有摆花2 000余盆。

外三发电　绿化面积为14万平方米,绿地率达37%,绿化覆盖率40.74%,土地利用率100%,植物品种数多达173种,园林小品7处,占地面积1 500平方米,全民义务植树尽责率达100%。外三发电在工程建设中绿化项目的投入不低于工程投资的1%,之后经过多次不同规模的绿化改建,按照"全国绿化模范单位"的要求,制订绿化工作规划、标准和制度。外三发电的绿化养护管理工作坚持业余和专业相结合、美化和治理环境相结合、绿化与节能环保相结合的三项原则。

申皖发电　厂区绿化按照《绿化设计规程》(DBJ08-15-89)进行厂区绿化规划,按照《园林植物栽植技术规程》(DBJ08-18-91)、《园林植物养护技术规程》(DBJ08-19-91)、《园林植物保护技术规程》(DBJ08-35-94)、《行道树栽植技术规程》(DBJ08-54-96)、《大树移植技术规程》(DBJ08-53-96)、《花坛、花镜技术规程》(DBJ08-67-97)进行建设。绿化投入率占工程的76.5%(不低于13.04万元),面积覆盖率不低于35.1%。获得宿州水文局新建电厂《水土保持》验收合格证明。全厂绿化面积约132 573平方米,其中,主厂区绿化面积112 183平方米(厂区乔木3 300株,灌木 2 074 558 株,地被 6 762 平方米,草坪 38 753 平方米);厂前宿舍区、办公楼区绿化面积 4 550 平方米(厂前区乔木 359 株,灌木 50 897 株,草坪 2 580 平方米);厂外翻车机区绿化面积 15 840 平方米(灌木 194 161 株,地被 5 684 平方米,草坪 2 001 平方米)。

吴忠热电 厂区绿化工作进行专业分析和规划设计,顺其自然,以打造和谐优美的绿色生态化厂区环境,为使厂区绿化得到完美体现,厂区绿化设计本着厂区绿化和建筑物整体协调,选用的树种、花木要适合当地气候环境,不选用过于名贵的花木,而是通过巧妙地组织地形和场地高差,和谐搭配草坪、花木,达到物美价廉、经济实用且具有一定品味的艺术效果绿化率,按照《绿地设计规程》和《城市道路绿化规划和设计规范》及国家现行相关标准的规定进行厂区绿化规划和建设,全厂绿化面积约 40 700 平方米,其中主厂区绿化面积 34 373 平方米(厂区乔木 356 株,灌木 1 083 株,草坪 7 602 平方米);厂前区宿舍区、综合办公楼区绿化面积 6 327 平方米(厂前区乔木 112 株,灌木 288 株,地被 1 300 平方米,草坪 5 027 平方米),绿化面积覆盖率不低于 18%,同时严控造价,达到优质环境和较低造价的平衡。

【所获荣誉】

吴二发电 2003 年获吴泾镇绿化先进集体;2004 年获闵行区花园单位;2005 年获上海市绿化合格单位;经过 2005 年、2006 年两年的争创活动,2007 年年初,吴二发电获上海市绿化委员会颁发的上海市花园单位荣誉称号。

外三发电 2009 年获上海市绿化合格单位,2011 年申能股份获上海市花园单位,2012 年获全国绿化模范单位。

二、职业健康管理

【管理构架】

申能股份职业健康管理由公司生产副总经理分管,公司安全部归口管理,公司投资部、人事部、生技部、工会共同参与,按照申能股份现行《职业健康管理办法》(2009 年首次发布,2013 年第一次修订发布)对控股发电公司职业卫生健康工作进行管理、监督、检查和指导。

各发电企业是职业健康管理和职业病防治的责任主体,项目建设期在公司投资部指导下,按照职业卫生"三同时",完成职业危害防护设施、防护装置的设计、安装、使用和验收,完成职业卫生设施验收评价。投产后,根据本单位环评报告中所列职业危害因素种类,填写职业危害因素申报表,报地方政府有关部门备案,并按中国职业病防治法、上海市《作业场所职业健康监督管理暂行规定》《作业场所职业危害申报管理办法》《生产经营单位职业管理现状评价的实施意见》《上海市劳动保护条例》和申能股份《职业健康管理办法》规定,建立职业病危害防治和职业健康管理各项制度,设置职业健康管理机构,明确专职或兼职管理人员,开展职业健康宣传教育培训,定期进行职业健康现状评估和作业场所职业病危害因素检测,发放符合标准的职业病危害防护用品,健全从业人员职业健康监护档案,做好职业健康日常管理工作。

【主要工作】

职业危害因素检测与告知 各发电企业均选用自动化、机械化、密闭化程度较高的生产工艺和设备,在很大程度上减轻操作人员接触有害因素的机会和程度。建设单位和设计单位针对生产中可能产生的劳动安全和职业危害因素,如防火防煤、毒物危害、粉尘危害、物理危害、电器安全、设备安全等方面,在技术上和管理上对上述职业危害因素均采取相应的防护措施,在工程建设及生产管理中予以落实,在一定程度上改善工人的生产作业环境,在试运行中发挥较好的生产保障作用。每年对作业场所职业危害定期进行检测,每年进行4次作业现场粉尘检测,1次高温监测,2次噪声检测,2次毒物(氢氧化钠、盐酸、氨)检测,1次工频电、磁场检测,对检测报告进行归档保存。在职业危害的作业场所,张贴警示标志。在存在严重职业危害的作业场所(粉尘如灰库、给煤机、碎煤机、电除尘等区域;噪声如磨煤机、碎煤机、脱硫区域等),公示相对应的危害种类、后果和防护、应急措施,对作业场所检测的相应数据公布。

劳动保护与职业病防治　各发电企业定期为员工提供个人劳防用品,每两年为员工购买工作服、工作鞋,定期更换安全帽、安全带,每季度为生产一线员工发放防尘口罩、手套、洗手液,不定期发放防护眼镜、防护手套等特种劳防用品。每年组织员工进行健康体检和女职工专项体检,组织员工听健康讲座,邀请体检单位专业人员与员工一对一交流,提高全员健康常识。不断加强环境卫生的监督检查工作,严格实施《文明生产管理标准》,对保洁单位动态考核。为接触职业危害因素的员工进行职业健康体检,并建立健全职业健康档案。同时积极监管相关外包队伍的职业健康体检情况,2013年外二发电采用"外包人员岗前体检备案制",要求凡外包单位在招聘或新录用接触到职业危害因素的新员工需提供职业健康岗前体检报告,并逐步在公司系统推广。

第六章 装机容量及发电量

申能股份电力业务板块主要分布于煤电、气电、抽水蓄能、核电、风电、光伏发电等领域。其中，燃煤发电是发电业务的主要组成部分。近年来，又加大在天然气发电、风电等清洁能源领域的投资，清洁能源的装机比重不断提高，实现电源结构多元化和电力生产清洁化。截至2017年年底，拥有权益装机容量944.28万千瓦。从类型上来看：煤电582.99万千瓦，占61.7%；燃气电207.83万千瓦，占22%；抽水蓄能75万千瓦，占7.94%；核电45.8万千瓦，占4.85%；风电及太阳能电36.4万千瓦，占3.85%。2017年公司权益发电量323.32亿万瓦时，控股发电量355.68亿千瓦时，上海发电机组的权益发电量占上海本地发电量的1/3左右。

第一节 装机容量和电源结构

一、燃煤发电

国家的资源禀赋决定煤炭是最主要的一次能源，所以在中国的电源结构中，燃煤发电占有绝对比重。同样，源于上海获得资源的供应局限，燃煤发电在申能股份投资的发电业务中占主导地位。申能股份成立之初的1987年到1997年年底的第一个10年间，投资的发电公司均为燃煤发电项目。主要包括"星火热电""华能石洞口发电""吴六发电""崇明电厂""外一发电"，1997年年底申能股份的权益装机容量为129.3万千瓦（华能石洞口权益容量已于1997年年底出售未计算入内）。从1997年到2007年申能股份的第二个10年间继续投资"吴二发电""外二发电""池州发电"等燃煤发电项目，2007年年底煤电权益装机容量增至227.72万千瓦，占总权益装机容量的58.6%。随着发电装备技术水平的提高，申能股份开始投资建设高可靠性、高参数、大容量、低污染的超临界机组。在2007年到2017年申能股份的第三个10年间，主要投资"外三发电""申皖发电""石二扩建""上电漕泾"等超超临界机组，并收购宁夏吴忠热电，2017年末煤电权益装机容量达582.99万千瓦，占总权益装机容量的61.7%。1997年、2007年及2017年申能股份燃煤发电权益装机量、占比情况及燃煤发电机组内部构成情况见图2-6-1和图2-6-2。

图2-6-1 1997年、2007年及2017年申能股份燃煤发电权益装机容量以及占比情况

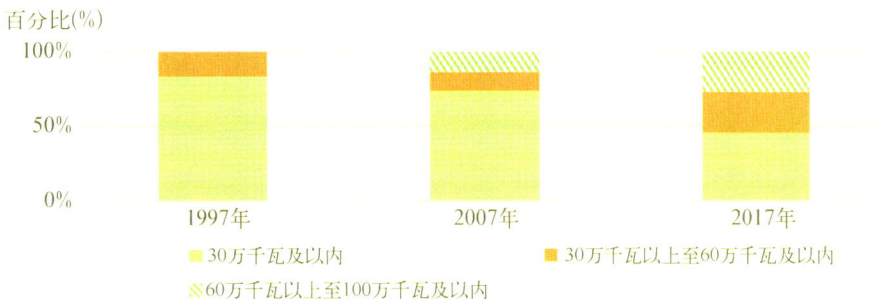

图2-6-2 1997年、2007年及2017年申能股份燃煤发电机组内部构成情况

二、燃气发电

2000年国家启动"西气东输"项目,2004年向上海供气。2009年上海LNG项目建成,2012年投产。申能股份抓住国家能源布局和上海液化天然气项目建设的机遇,积极投资配套天然气发电项目,燃气发电在申能股份投资的发电业务中成为第二大电源项目。

申能股份投资的天然气发电项目可以分为"调峰电厂"和"热电联产"两类,两者在电力运行中的市场定位不同。调峰电厂一般运行在电网的峰荷及腰荷,天然气"热电联产"项目集发电与供热于一体。"十一五"期间,为配合全市气源建设,公司参股建设第一家燃气发电企业漕泾热电,装机容量为2台30万千瓦级机组,2009年控股投资第一家燃气发电企业临港燃机,装机容量4台40万千瓦级机组,到"十一五"末期公司建成投产燃气发电机组5台,权益装机容量55.74万千瓦,占当年总权益装机容量的9.49%。"十一五"为公司燃机发电投资的起步阶段,到"十二五"期间,上海市政府规划中明确要求,加快市内燃机电厂建设,结合天然气气源、城市管网布局,在城市外围建设大型燃气发电基地。在此期间内公司新增投产2家燃机电厂共6台机组,筹建及在建3家燃气电厂。截至2017年年底申能股份控股燃气发电企业4家,分别为临港燃机、崇明燃机(在建)、奉贤燃机(在建)、青浦热电(在建),参股燃气发电企业3家,分别为石洞口燃机、奉贤燃机和漕泾热电,建成投产的燃气发电权益装机容量为207.83万千瓦,占总装机容量22%。公司燃气发电权益装机容量见图2-6-3。

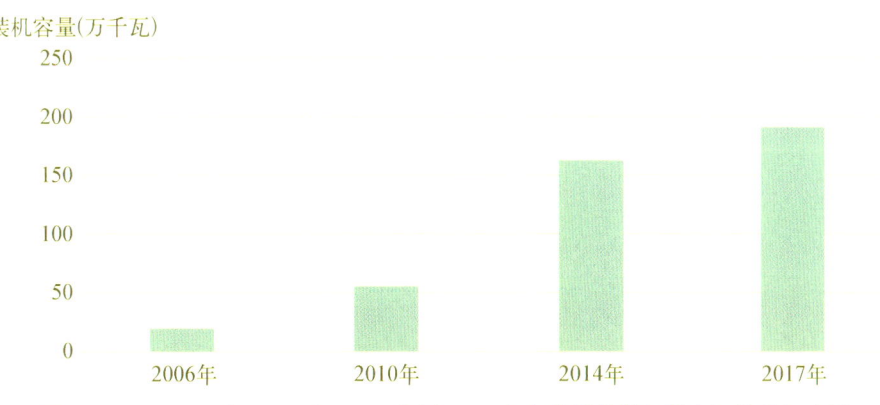

图2-6-3 2006年、2010年、2014年及2017年申能股份燃气发电权益装机容量

三、核能发电

核电与火电、水电一起构成当今世界电力工业的三大支柱。1991年,中国第一座核电站"秦山一核"工程发电并网,秦山核电一期拥有1座30万千瓦压水堆核电站,地处浙江省嘉兴市海盐县。在一期工程的经验后,中央决定集资再建2座60万千瓦级核电站,发挥现有核电生产设备能力,加大国产化率,同时适当缓解煤炭供需矛盾。申能电力开发公司作为上海市集资办电总账房代表上海市出资,与中国核工业总公司、华东电力集团及华东三省共同投资建设秦山二期2台65万千瓦机组。工程于2004年3月建成发电。二期工程是国家"八五"期间的重点工程,是中国核电发展中的重要一步,是中国第一座自主设计、自主建造、自主运营、自主管理的大型商用核电站。二期建造期间,申能还参建秦山核电三期工程,三期工程由中国和加拿大政府合作,采用加拿大提供的重水型反应堆技术,建设2台70万千瓦级发电机组,于2003年全面建成投产。2006年4月,秦山二期工程扩建2台65万千瓦压水堆核电机组,于2011年全面建成。至此,秦山核电基地运行机组数量达7台,总装机容量达432万千瓦,年发电能力为330亿~340亿千瓦时,成为中国运行机组数量最多的核电基地。

截至2017年年底,公司拥有核电权益装机容量45.76万千瓦,占总权益装机容量4.85%。

四、抽水蓄能

抽水蓄能的最大调峰能力最强,启动升负荷速度最快,是唯一具有填谷功能的电源,抽水蓄能是各种电源中运行方式最灵活的发电方式。公司从1988年开始参与筹建第一座抽水蓄能电厂,由于水力发电投资大、建设周期长,水力发电在电源结构中占比较小,且均为参股企业,截至2017年年底,公司共参股建设2家水力发电,分别为天荒平抽水蓄能电站和桐柏抽水蓄能电站,拥有水电权益装机容量75万千瓦,占总权益装机容量7.94%。这2座抽水蓄能电站均为单厂装机容量大于25万千瓦的大型水电站。其中天荒坪抽水蓄能电站拥有6台30万千瓦的机组,公司权益装机容量45万千瓦。桐柏抽水蓄能电站4台30万千瓦机组,公司权益装机容量30万千瓦。天荒平抽水蓄能电站和桐柏抽水蓄能电站的建成投产,为华东电网电力调峰及电网安全、经济、可靠运行提供保障。

五、新能源

新能源发电项目作为近年来国家发展重点,得到飞速的发展。公司主要投资的新能源项目可分为光伏发电和风力发电,其中光伏发电由于成本过高在整个电源结构中所占比重较小,而风力发电由于技术的进步和风机成本不断下降,是公司新能源投资的重点。由于新能源发电对自然条件的依赖性,所以公司的新能源发电项目分布较广,除上海以外还在江苏、河北、天津、内蒙古等沿海和中原地区布局风电项目。2008年,公司建成首批新能源发电项目,装机容量9.36万千瓦,权益装机容量3.31万千瓦。随后的10年间,公司陆续建成新能源项目9个,包括上海临港海上风电二期、江苏启东风电、长兴风电等7个风力发电项目,以及上海申欣太阳能光伏发电、上海世博园区中国馆和主题馆太阳能光伏发电2个太阳能发电项目,权益装机容量36.41万千瓦,占全部权益装机容量3.85%,已落地的在建及拟建设项目总装机规模35万千瓦,权益装机规模14.64万千瓦。

2014年国务院印发《能源发展战略行动计划(2014—2020年)》坚持加快构建清洁、高效、安全、可持续的现代能源体系的战略目标,提出2020年风电装机规模达到2亿千瓦,太阳能发电总装机将达到1亿千瓦。申能股份"十三五"规划也明确指出"新能源项目发展把握规模和效益,争取和储备项目优质资源,通过项目收购、合作开发等,加大新能源项目'走出去'力度,实现新能源阶跃性增长,力争'十三五'末期新能源权益装机容量达到180万千瓦。"根据国家发展规划、集团规划以及申能股份自身"十三五"规划,申能股份进行一系列的战略部署,计划于2018年设立申能新能源(青海)有限公司,加大在西北地区的新能源领域投资开发力度。新能源发电正在逐步成为公司电力产业的一个重要版图。

第二节 发 电 量

2005年以来,申能股份投资发电企业发电量保持稳步增长。2005年公司权益发电量173千瓦时,控股发电量189.8亿千瓦时,2008年随着外三发电项目的投产,公司当年权益发电量为212亿千瓦时,在上海的权益发电量份额由2007年的20%提高至22%,公司控股发电量273.45亿千瓦时,占上海地区总发电量的比例由2007年的1/4多增至1/3多。近年来,上海经济结构调整导致上海用电需求增速出现放缓,同时受三峡、向家坝、皖电东送等外来电挤压上海本地发电机组发电空间等因素影响,本地机组发电量有所降低。面对诸多外部压力,公司通过优化机组性能,保持竞争力。2017年,申能股份权益发电量为343.3亿千瓦时,分别为2005年和2008年的1.98倍和1.6倍,控股发电量为355.7亿千瓦时,分别为2005年和2008年的1.87倍和1.3倍。

图2-6-4 2002年、2005年、2008年、2011年、2014年及2017年申能股份控股发电量

表2-6-1 2008年、2011年、2014年及2017年申能股份上海电力市场份额情况表

单位:亿千瓦时

年　度 电　量	2008年		2011年		2014年		2017年	
	累计发电量	市场占有率	累计发电量	市场占有率	累计发电量	市场占有率	累计发电量	市场占有率
申能权益发电量(上海地区)	175.10	22.0%	271	26.6%	211	26.5%	233.54	27.5%
其他企业发电量(上海地区)	619.91	78.0%	745.8	73.4%	585.9	73.5%	616.39	72.5%
上海地区总发电量	795.01	100.0%	1 016.7	100.0%	796.9	100.0%	849.93	100.0%
公司控股发电量	273.45	34.4%	306.8	30.2%	231.8	29.1%	265.35	31.2%

第三节 供 热 量

申能股份控股发电企业中,有6家还承担对外供热任务,分别为星火热电、外二发电、外三发电、吴忠热电、奉贤热电及青浦热电,其中奉贤热电和青浦热电均为在建项目。

星火热电为申能股份最早的热电联产企业,1993年建成后开始对外供热,主要承担星火开发区内企业工业用汽任务,配有完善的供热管网。2010年,为星火热电供热高峰,供热能力达369.1万吉焦,向金奉源纸业(上海)有限公司、远纺工业(上海)有限公司等星火开发区内共计40家企业提供服务。截至2017年年底,星火热电累计供热4 880万吉焦。2017年,根据国家煤电行业淘汰落后产能的工作要求和上海市节能减排的需要,启动星火热电关停机组程序,星火开发区的供热改由在建的奉贤热电承担。

外二发电、外三发电分别从2006年、2011年起开始向上海外高桥热力股份有限公司提供热力。上海外高桥热力股份有限公司通过外一发电、外二发电和外三发电提供的热力再向上海外高桥保税区和周边区域集中供热,主要热用户包括中粮集团、嘉里粮油、外高桥造船厂等50余家单位。

吴忠热电2016年建成后开始对外供热,设计工业供热能力100吨/时、居民供热1 180万平方米。公司向吴忠市供热有限责任公司供热,然后由吴忠市供热有限责任公司向热用户供热,主要供热区域为吴忠市利通区、金积镇以及滨西新区。截至2017年年底,公司主要供热对象为居民,实际供热面积达1 435万平方米。2018年公司新增工业供热项目,预计2018年年底投运,投运后将向周边13家工业企业提供热蒸汽。

青浦热电为青浦工业园区内应急热源项目,成立于2017年3月。2018年3月,开始对外进行供气,最大供热量可达150吨/时。主要为上海协和氨基酸有限公司、上海家化联合股份有限公司、上海浔兴拉链制造有限公司、上海鹿达投资集团有限公司、先尼科化工(上海)有限公司、中纺热力、上海巴安环保工程有限公司等青浦工业区内共计76家热用户单位供热。

奉贤热电2套40万千瓦级燃气-蒸汽联合循环供热机组于2016年年底开工建设,设计最大供热能力达558.6吨/时。星火热电以及楚华热电因国家煤电行业淘汰落后产能的工作要求和上海市节能减排的需要关停机组,为保证工业区内的用户正常供热,奉贤热电外应急热源和厂内启动锅炉分别于2017年12月12日和12月31日投产,以替代星火热电、楚华热电的燃煤锅炉,向奉贤区星火开发区内帝斯曼维生素(上海)有限公司、远纺工业(上海)有限公司等30家热用户以及上海化学工业区奉贤分区内的上海万溯化学有限公司、晨光科慕氟材料(上海)有限公司、森佩理特(上海)塑胶制品有限公司等18家热用户提供蒸汽,实施清洁能源替代,促进奉贤区产业结构调整。

表2-6-2 2002—2017年申能股份控股企业供热量情况表

年 度	2002	2003	2004	2005	2006	2007	2008	2009
供热量(万吉焦)	187.35	195.35	213.02	234.93	216.73	270.00	347.93	391.94
年 度	2010	2011	2012	2013	2014	2015	2016	2017
供热量(万吉焦)	472.84	429.28	405.00	440.4	362.40	413.06	328.91	689.65

第三篇
燃气产业

概 述

一个半世纪前,伴随着工业革命的钟声和上海开埠,上海城市燃气应运而生。今天,上海燃气已经成为安全、方便、低碳的城市生态机体的重要组成部分。150多年来,上海燃气事业从无到有,从煤气灯到煤气灶,从逐渐兴起到城市全气化,从服务生活到工业应用,从人工煤气到天然气……历经一条悠久绵长、经久不衰的发展之路。

1865年11月1日,由英国伦敦查普曼公司设计的"大英上海自来火房"在泥城桥附近(今西藏中路西侧近苏州河南岸)竣工供气,日产850立方米的煤气主要用于外滩、南京路的煤气路灯和39户家庭的照明,从此标志上海现代城市燃气事业的开端。[①] 20世纪20年代起,随着上海大批公寓和里弄住宅的兴建,家庭烹饪和取暖为煤气业务提供广阔的发展空间,20世纪30年代至40年代初,杨树浦煤气厂和吴淞煤气厂先后建成投产。到1949年上海解放,全市年总供气量为2983万立方米,管线总长414公里,家庭用户1.74万户,民用煤气普及率仅为2.1%。

1949年5月,上海市人民政府接管上海吴淞煤气厂;1952年11月征用英商上海煤气公司,1953年7月成立上海市煤气公司,实现对杨树浦煤气厂和吴淞煤气厂生产经营的统一领导。在党和政府的关心下,煤气事业得到快速发展,先后对两家煤气厂进行多次改建、扩建,1958年又兴建吴泾炼焦制气厂(上海焦化总厂前身)。1972年起为补充管道煤气气源之不足,开始发展瓶装液化石油气用户。改革开放后,上海城市建设加速,煤气的需求日益增长,"逐步消灭80万只煤球炉"被上海市人民政府提到重要议事日程,上海燃气事业进入大发展阶段,1987年12月浦东煤气厂一期工程竣工,至"七五"末期,全市煤气供应比1949年增长40倍左右,全市家庭用气普及率达到57%。1990年4月,上海市委、市政府提出,用3~5年的时间,解决上海煤气供不应求的突出矛盾。其间,浦东煤气厂二期工程竣工,吴淞煤气厂扩建完工,上海焦化总厂"三联供"上马,以及石洞口煤气厂建成,到1995年全市管道煤气日供应能力达到818万立方米,液化石油气经过"三点一线"建设达到年供10万吨,同时,5年时间内发展140多万户家庭用户,至"八五"末期,全市家庭燃气用户总数达到338.2万户,气化率达到86.6%,上海基本实现城市煤气化。

1974年,地质矿产部海洋地质调查局开始对东海进行以油气为主的海洋地质调查,并从1980年开始钻探,发现平湖油气田。1978年中国拉开改革开放的序幕,1990年上海浦东吹响开发开放的号角。1992年6月国务院批准国家计划委员会上报的《关于审批东海天然气早期开采供应上海城市燃气工程项目建议书的请示》,东海天然气早期开采供应上海城市燃气工程对完善上海基础设施,促进经济建设和社会发展,改善浦东新区投资环境,转变能源结构,发挥其社会效益和经济效益等方面具有重大意义。1992年7月28日,为联合开发东海天然气,解决上海城市煤气用气问题,上海市公用事业管理局、地质矿产部上海海洋地质调查局、中国海洋石油总公司东海石油公司签订《上海石油天然气公司联营合同》,联合组建上海石油天然气公司。8月29日由申能股份有限公司代替上海市公用事业管理局参与投资组建上海石油天然气公司,9月25日为投资开发东海天然气,

---

① 《上海市级专志·申能(集团)有限公司志》主要反映申能(集团)有限公司1987年至2017年年底的企业发展历程。由于上海燃气150年发展的特殊性,并考虑到2000年前《上海公用事业志》和《上海公用事业续志》已经对上海燃气的发展有详细的描述,本次编志不再重复,只从历史延续的角度适当加以引用。

上海申能联合发展有限公司成立。同年,上海市煤气公司天然气公司(筹)成立,开始筹划实施东海天然气下游工程的建设。1996年11月18日,申能股份控股的上海石油天然气总公司东海平湖油气田项目海上工程开工。同年,11月29日,东海天然气下游配套工程在浦东北蔡启动。1999年4月,来自东海平湖的天然气开始供应浦东地区,上海燃气从此进入天然气发展的新时代。同年,《上海市燃气管理条例》出台,为行业依法管理奠定基础。至"九五"末期,上海煤气管道总长度达6 845公里,家庭燃气用户数达到486.7万户,气化率达到98%,上海城区实现燃气全气化。

随着世纪交替,上海燃气也经历"产销分离""裂变重组"和"整合优化"三轮体制改革。2003年12月7日,上海市政府以"西气东输"带来能源结构调整、天然气市场化发展需要和深化国有资产管理体制改革为契机,下发《进一步深化上海燃气行业改革方案》,明确按照市场经济客观要求,进一步深化上海市燃气行业改革,加快形成投资主体多元化,建设、运营市场化,政府监管法制化的燃气市场格局,建立良性循环、可持续发展的上海燃气"X+1+X"目标模式。2003年12月26日,上海燃气(集团)有限公司成立并归口申能(集团)有限公司管理。

2004年1月1日,上海天然气管网有限公司与中国石油天然气股份有限公司签订《天然气销售协议》,"西气东输"天然气向上海供气,并与浦东地区东海天然气高压输配管道连通,基本形成"东西互补、南北贯通、两环相连"的上海天然气主干管网系统,上海燃气开始进入天然气快速发展时期。2004年12月31日,申能集团与中国海油合资成立上海液化天然气有限责任公司,2006年7月31日,上海液化天然气有限责任公司与马来西亚石油LNG公司签订25年资源供应协议。2006年11月1日,上海天然气管网有限公司与中石化股份公司签订川气东送项目《天然气销售和购买意向书》,2007年12月20日,与中石油天然气股份公司签署《西气东输二线天然气买卖与输送框架协议》。其间,申能系统燃气企业总投入250余亿元,相继完成东海平湖油气田扩建一期工程、上海液化天然气项目、东海平湖油气田扩建工程八角亭项目、上海天然气主干管网二期工程、主干管网崇明岛管道工程以及五号沟LNG站扩建一期。2009年11月16日,上海液化天然气洋山LNG站向上海供气。2010年3月和2012年6月,川气东送、西气东输二线先后供应上海,2015年6月江苏—崇明管道通气,2017年11月五号沟LNG站扩建二期竣工投产。至此,上海建成750公里天然气主干管网及1.4万公里中、低压管网,形成"6+1"多气源保障供应的格局,天然气应急保障能力提高至15天。伴随着城市燃气天然气发展的加速,从煤气公司到上海燃气集团历经16年,相继关停杨树浦煤气厂、吴淞煤气制气公司、浦东煤气制气公司、石洞口煤气制气公司和安亭煤气厂的人工煤气生产。与此同时,上海天然气转换以浦东为起点,逐步转战浦西,从城市外围逐渐过渡到中心城区,克服重重困难,累计完成350万户人工煤气用户的天然气转换。至"十二五"末期,上海燃气在跨入150周年之际,实现城市管道燃气的全天然气化,使用一个半世纪的人工煤气就此告别申城。

2015年5月20日,中共中央政治局委员、上海市委书记韩正在《关于上海市管道燃气实现全天然气化有关工作情况的报告》上作出重要批示:"燃气供应是城市的生命线。经过十多年的不懈努力,全市已基本构建形成多气源供应保障,一张输配网络体系,市场化多元销售格局,为全市社会经济健康发展,持续改善市民用气水平与质量作出贡献。希望发扬成绩,在确保城市用气安全、继续改善城市能源结构、提升服务水平方面继续作出新成绩。"

上海燃气集团在加快天然气清洁能源发展过程中,强化"多元结构、海陆并举"的上海天然气供应体系,不断提升气源供应能力;以健全燃气管网安全运行监控、事故应急处置、社企安全用气协作为手段,确保安全生产供应;962777燃气热线、移动互联"微客服"平台、遍布全市100多个服务网点编织起的服务网络,为上海市民提供全天候、一站式、标准化的专业服务。2000—2017年,天然气供应规模从2.6亿立方米增长到80.6亿立方米,在上海市一次能源消费结构占比从0.6%上升到11%左右。随着天然气供应规模不断扩大,上海燃气集团不断拓展天然气应用领域,积极推动燃气锅炉改造、燃气空调和分布式供能推广、LNG加气站建设、天然气发电和大工业用户发展,努力践行着"上海燃气,让天更蓝"的绿色理念。

截至2017年年底,上海燃气集团拥有用户680万户,天然气高、中、低压地下管网2.3万公里,天然气年供应量80.6亿立方米,液化石油气年销售量近6万吨。

第一章 燃气企业

截至 2017 年年底,申能集团内涉及燃气产业的企业为 23 家,其中,主营天然气气源的分别是上海石油天然气公司和上海液化天然气有限责任公司,负责燃气生产、输配、销售的上海(燃气)集团有限公司管辖的企业有 12 家,另有相关燃气服务的企业 9 家。

第一节 上海吴淞煤气制气有限公司

上海吴淞煤气制气有限公司(简称吴煤公司)前身是吴淞煤气厂,位于上海市宝山区长江路 555 号。1938 年 12 月建厂,公司占地面积 27.07 万平方米,固定资产 5.83 亿,煤气最大生产能力达到日产 220 万立方米,是上海最大的煤气生产调峰型企业,系燃气集团全资子公司。自 1997 年建制至 2014 年 5 月煤气输气量累计 49.8 亿立方米,累计营业收入 67.45 亿。2014 年 5 月 28 日公司全面停产,经过积极的转型、拓展、创新,公司已成为具有燃气安检、调压器检修等多项功能的燃气专业服务型企业。截至 2017 年年底,公司在册员工 572 人,具有大专及以上学历 180 人;拥有中高级技术职称员工 108 人,其中高级职称 6 人,中级职称 47 人,初级职称 55 人。

1938 年 12 月,日伪合资筹建吴淞炼焦制气工场,之后公司经历初建、扩建、煤气大发展和创新转型的不同阶段。1949 年 5 月,解放军代表政府接管吴淞煤气厂,当时仅有 30 孔的焦炉制气设备,1961 年建设 61 型三组 72 孔小焦炉。20 世纪 70 年代,为适应城市煤气发展,煤气厂先后建造 6 台日产 10 万立方米的大型油煤气炉,5 台 3W-G-Φ3050 机械发生炉,1980 年以后又先后完成日增产 24 万立方米和 60 万立方米的扩建工程。跨入新世纪后,随着天然气进入上海城市燃气,公司积极推进天然气改制工程建设,具备 6 台天然气改制炉、7 台水煤气发生炉、5 台机械发生炉、4 台重油制气炉的生产装置,使公司燃气生产规模逐步扩大,并形成以多气源、快上快下、调峰能力强为特点的城市燃气制气企业。

1997 年 11 月 21 日,吴淞煤气厂在上海燃气行业的改革中改制为上海吴淞煤气制气有限公司,以"深化改革,强化管理,调整结构,完善体制,主副并举,减员增效"为经营方针,不断开拓新局面,2000 年 9 月公司建立董事会、监事会。2003 年 12 月根据市政府《关于进一步深化上海燃气行业改革方案》的总体要求,吴淞煤气制气有限公司划归上海燃气(集团)有限公司。面对新形势,公司提出"优化生产管理,实施改制工程,调整组织结构和产业布局"的新目标,2004 年以后随着生产结构和操作方法的调整,分别停产油炉、水炉及减少机炉生产量,实现以天然气为主要原料,以改质炉为主要生产手段的转变。2005 年按照集团"产权清晰、规范可控、数量骤减"原则,公司认真开展三产整合,历经 3 年努力,共关闭 16 家三产企业。2014 年 5 月 28 日,在上海城市燃气全天然气化的进程中,公司全面停止人工煤气生产。天然气代替人工煤气是历史发展的趋势,是社会进步的标志,公司果断抓住企业转型带来的机遇,积极探索燃气安检、调压器检修等服务的转型发展,形成"责任、合作、进取、创新"的检修精神和"安全可靠,专业服务,精益求精,持续跟进"的服务理念,保障燃气管网的安全运行。

公司秉承"发展煤气,造福市民"的经营理念和"心系吴煤,情连万家"的企业精神,在生产经营中坚持科技创新,降本增效,1998年3月通过上海市质量管理奖评审;2002—2009年先后6次获上海市工程建设优秀QC成果一等奖。公司注重企业文化建设,发布《前进中的吴淞煤气厂》《70年的历程》等画册,举办职工自编自创的"吴煤之歌"歌咏比赛,1997年以来,公司先后被市公用局、市市政局、申能集团多次命名为局级文明单位,2013年4月,油煤车间改质炉班组被中华全国总工会命名为工人先锋号。

第二节　上海浦东煤气制气有限公司

上海浦东煤气制气有限公司(简称浦煤制气)前身是浦东煤气厂,始建于1981年12月29日,位于浦东新区东塘路55号,厂区面积为76.5万平方米,是中国人工煤气发展以来,完全自行设计、建造、施工的大型城市人工煤气气源厂,系燃气集团全资子公司。从1986年投产至2015年停产,浦煤制气累计生产人工煤气130.78亿立方米,为20世纪90年代上海实现煤气城市化建设发挥重要作用。2017年年底,公司注册资本金13.88亿元,总资产1.18亿元;在册职工1161人,具有大专及以上学历243人;拥有职称等级证书141人,其中,高级职称17人,中级职称74人,初级职称50人。

1981年,为振兴上海经济、改善城市环境,加快上海煤气化进程,国家计委批准新建上海浦东煤气厂,作为当时国家的重点工程,总投资为6.7亿元。1986年,工商登记变更为上海市煤气公司浦东煤气厂。1997年11月21日,在上海燃气行业改革中进行改制,1998年2月26日登记注册上海浦东煤气制气有限公司,注册资本为4.78亿元,上海煤气制气(集团)有限公司持有100%权益。1999年5月,注册资本金增加至5.88亿元。2000年10月,浦煤制气由上海煤气制气(集团)划转至上海市政资产经营发展有限公司成为独立法人单位。2004年5月28日,上海燃气(集团)有限公司接收上海市政资产经营发展有限公司所拥有的浦煤制气100%权益。2008年5月19日,上海燃气(集团)有限公司对浦煤制气增资8亿元,浦煤制气注册资本金增加至13.88亿元。

浦东煤气厂设计总生产规模为日产城市煤气200万立方米。一期工程以焦炉煤气掺混水煤气形成日产100万立方米的生产规模,1号焦炉于1986年投产,2号焦炉于1987年年底投产;二期工程采用液化石油气掺混水煤气工艺,设计规模为日产城市煤气100万立方米,于1991年6月底建成投产。1999年4月公司采用天然气掺混水煤气工艺,实现规模为日掺混天然气40万立方米;2002年10月采用高化石油干气掺混水煤气工艺,实现规模为日掺混干气18万~27万立方米;2004年7月建成天然气改质替代水煤气工程项目,实现煤气生产能力日产120万立方米;2004年年底建成天然气改质工程排送配套项目,公司设计总生产规模扩增为日产城市煤气230万立方米,2008年2月5日,人工煤气生产量达到298.79万立方米。2008年,根据燃气集团深化多经企业整合的要求,共关闭上海安发物资运输有限公司、上海浦煤东荣实业有限公司、上海东翰物资贸易有限公司3家多经企业。

根据上海市能源发展和燃气"十二五"规划中关于人工煤气平稳退出和全市管道燃气实现全天然气化的要求,2012年12月18日,焦炉系统顺利停产,由天然气改质项目独立承担浦煤制气的煤气制气任务。2015年5月28日,天然气改质炉生产装置退出生产序列,公司实现安全停产。

随着上海市能源结构调整,天然气替代人工煤气步伐不断加快,浦煤制气有条不紊地推进转型转岗。2011年9月28日,东方燃气服务中心揭牌成立,在集团领导的关心和兄弟单位的支持下,浦煤公司陆续开展燃气专业化服务业务,形成燃气销售服务、表具检定验证和天然气输配应用三大燃气专业化服务板块,并按照集团进一步强化专业化管理的实施指导意见要求,不断提升各项业务的管理水平。

浦煤制气非常重视环境保护,厂区绿化面积达13.5万平方米以上,被上海市绿化委员会评为花园单位。1999—2006年,浦煤制气公司连续4次被上海市人民政府评为文明单位;2005年被中华全国总工会授予模范职工之家称号。

第三节　上海石洞口煤气制气有限公司

上海石洞口煤气制气有限公司(简称石煤公司)前身是石洞口煤气厂,成立于1993年,位于宝山区月浦镇煤电路1号,占地面积36万平方米,注册资金11.3亿元,系燃气集团全资子公司。石煤公司主要从事煤气生产,兼营同类化工产品及油品的储存和分装,累计为上海市供应人工煤气约25亿立方米,为燃气高峰供应和全市人民的安全用气发挥应有作用。2009年年底开始石煤公司转型为液化气、汽油、柴油、燃料油等油品的仓储经营,拥有3万吨级和千吨级的危险品专用码头各1座、总容量26万立方米的各类油品储罐27座以及总容量1.2万立方米的液化气球罐6座,配套12个油品槽车发车位和6个液化气槽车装卸位。截至2017年年底,公司在册职工154人,具有大专及以上学历98人;中高级技术职称管理人员36人、技师3人、高级工26人。

为实现上海城市煤气"八五"发展规划,石煤公司轻油制气装置于1996年12月建成投产,主体生产设备包括城市煤气制气生产线3条、1万吨级危险品专用码头和总容量为8.58万立方米的油槽各一座,公司的煤气生产以轻质石脑油为主要原料,3条轻油制气生产线采用高压催化裂解工艺。随着天然气供应量的增加,2009年起公司生产方式由石脑油为原料转变为以天然气为原料生产煤气,3条生产线最高日产城市煤气210万立方米。随着上海能源结构调整及全天然气化发展,2013年2月公司退出煤气生产序列。

为落实上海市燃气发展"十一五"规划及申能集团能源主业发展总体战略的需要,石煤公司充分利用自身资源优势,积极拓展油品经营新领域,2009年11月石洞口燃气生产和能源储备项目获得上海市发改委核准,并被列入市重大建设项目,2010年5月20日开工建设,一期工程于2012年11月投入试运行,二期工程于2014年上半年试运行。在上海燃气深化改革中,石煤公司把握机遇、勇于探索,围绕能源主业谋划发展,积极融入稳步拓展燃料油和液化石油气贸易业务,突破业务瓶颈,成功转型为能源仓储企业,全面完成转型转岗。石煤公司转变理念、主动作为,明确仓储经营企业定位目标,立足"增量提质",按照市场化运作要求,不断优化仓储运行,提升专业服务水平,逐步形成以央企等国企背景大客户为主的仓储业务局面,仓储经营实现稳中有升,有利于实现企业可持续发展。

无论是煤气生产时期肩负着保障城市燃气安全供应的社会责任,还是如今承担着确保油品仓储安全运行的重要使命,石煤公司始终绷紧安全这根弦,严格落实"党政同责、一岗双责、齐抓共管、失责追责"安全生产责任工作机制,围绕"五零一控"目标,严格落实安全生产责任制,强化安全管理体系建设,营造安全文化氛围。2000年12月公司职业安全健康体系(OSHMS)通过国家安全卫生管理体系认证中心认证;2008年公司建立安全标准化管理体系,并取得危险化学品从业单位安全标准化二级企业达标证书;2014年取得交通运输企业安全生产标准化达标二级企业证书;2015年5月通过上海质量体系审核中心的环境、职业健康安全管理体系(HSE)审核,2018年2月通过HSE换版认证。

石煤公司秉承"作风创实、服务创优、效率创高、形象创佳"的服务理念,树全员服务意识,不断规范服务标准,提升服务品质,连续3年获上海港口行业协会诚信企业称号,2017年获上海市五星诚信企业称号,向全社会展示石煤公司仓储安全可靠、诚实守信、服务优质的精神风貌和品牌形象。

第四节　上海安亭煤气厂

上海安亭煤气厂(简称安亭煤气厂)成立于1992年7月29日,位于嘉定区安亭镇星光村境内,占地面积10.89万平方米,其中主厂区为9.36万平方米,安亭镇民丰路储配站为1.53万平方米。注册资金1.05亿元,系上海燃气(集团)有限公司全资子公司。安亭煤气厂主要从事人工煤气、焦化产品的生产,液化石油气和煤气燃具的销售,燃气管道的勘测、设计、施工、维修,同时从事五金加工等业务。安亭煤气厂煤气主要用户为上海大众汽车有限公司等工商单位用户。厂内主要设备有Φ3.3M两段式水煤气制气炉3台,3万立方米、2万立方米、5 000立方米气柜各1座,400立方米液化气球罐2座,往复式煤气压送机4台,4吨燃煤锅炉3台,100吨码头1座,厂外燃气管道(DN500)约30公里。截至2017年年底,安亭煤气厂煤气总销量4.15亿立方米;注册职工84名,其中男职工76名、女职工8名。

安亭煤气厂是1991年经上海市计划委员会批准立项建设,为上海大众汽车有限公司二期工程配套的重大市政建设项目,总投资为2.24亿元,资金来源由上海市轿车国产化基金划拨。1992年,安亭煤气厂由上海市公用事业管理局重大办负责筹建并开工,自1994年12月建成投产后,由嘉定区市政管理局负责托管;2002年7月25日整体划归上海市政资产经营发展有限公司,并委托上海燃气市北销售有限公司托管;2015年整体划归上海燃气集团有限公司。

安亭煤气厂在上海燃气实现全天然气化的过程中于2015年5月31日全部停产,并退出燃气供应,厂内所有生产设备均停用封存,厂外燃气管道移交市北公司管理。在停产处置工作完成后,开始人员分流安置工作,至2015年8月底,全厂共有26人协商解除劳动合同,占到职工总数的23%,其余88名职工留厂转岗安置。2016年年初开始,安亭煤气厂开展燃气用户安检工作,为嘉定地区所有燃气用户提供定期上门安检服务。在稳步推进安检工作的同时,积极探索,抓住机遇,努力开辟新业务,依托本厂具有的技术实力和多年来的工作经验,承接原供气单位的燃气设施的维保服务,与上海大众汽车有限公司、延峰汽车内饰系统有限公司、上海大众联合发展有限公司、圣德曼铸造有限公司等8家用户签订《燃气设施委托代管(安全)协议》,确保安亭地区燃气一方平安。

第五节　上海石油天然气有限公司

上海石油天然气有限公司(简称SPC公司,曾用名上海石油天然气公司、上海石油天然气总公司)于1992年9月8日成立,由申能股份有限公司与上海海洋地质调查局、东海石油公司联合组建,注册资本4亿元,持股比例为40%、30%、30%。1997年9月8日,注册资本增加至9亿元。上海石油天然气有限公司负责开发的东海平湖油气田是中国东海海域第一个开采的以天然气为主的复合型油气田,自1999年4月起向上海市供应天然气,开辟上海新的能源领域,实现上海一次能源生产和天然气使用零的突破,为上海调整能源结构、优化自然环境起到积极作用。截至2017年年底,上海石油天然气有限公司累计生产原油、凝析油433.95万吨、天然气66.33亿立方米;累计实现销售收入247.63亿元、净利润75.53亿元,累计上缴税费44.07亿元,股东分红56.70亿元。截至2017年年底,上海石油天然气有限公司合同制员工人数158人,其中正高职称5人,高级职称21人,中级职称50人,技师级技术工人4人,高级技术工人3人,中级技术工人10人;大专及以上学历146人。

上海石油天然气有限公司总部位于上海市江宁路336号上海石油天然气大厦14~19楼。公司主要生产设施包括位于中国东海的3座油气生产平台、位于上海浦东的天然气处理厂、位于浙江舟山的石油储运分公司、总长近700公里的油气管线以及位于上海市静安区的生产指挥中心。1995年9月25日,国家计划委员会下发《印发国家计委关于审批东海天然气早期开采供应上海城市燃气工程可行性研究报告的请示的通知》,明确国务院批准东海天然气早期开发可行性研究和总体开发报告。1996年11月开始,东海平湖油气田建设各组成部分陆续开工,1998年12月26日原油投产外运,1999年4月28日东海天然气工程全面建成投产,向上海市供应天然气。2002年4月25日,国家计划委员会下发《关于东海平湖油气田扩建工程总体开发方案(代可行性研究报告)的批复》,明确同意组织实施东海平湖油气田扩建工程。2002年8月16日,东海平湖油气田扩建工程开工,2003年10月16日东海平湖油气田扩建一期工程投产,2006年11月3日扩建二期工程八角亭区块投产,供气能力得以提升。2013年8月16日,东海平湖油气田辅助平台建设工程启动,2016年6月21日,东海首口大位移井ZG1井进入流程生产,平湖油气田辅助平台工程实际建成投产,为公司长期平稳供气奠定基础。

上海石油天然气有限公司始终牢记"让天更蓝、海更蓝"的企业使命,在创造经济效益的同时,积极履行社会责任,为确保上海市不间断供气,2002年采用"边生产、边扩建"的新模式开展油气田扩建工作并顺利完成,2005年在国内首开先河采用不停输封堵连头作业完成天然气管道不停产搬迁任务。2003—2016年,公司5次被上海市人民政府评为文明单位。2006年5月被上海市总工会授予上海市五一劳动奖状。2010—2012年连续3年被评为年度全国"安康杯"竞赛优胜单位,并于2011年被评为上海市安全文化建设示范单位。2016年3月被上海市总工会评为2014—2015年度上海市劳动关系和谐职工满意企事业单位。

上海石油天然气有限公司积极践行"敢想敢为推陈出新"的创新理念,通过科技创新助力油气田勘探开发。企业自2001年至2015年连续被认定为上海市高新技术企业。"东海平湖油气田开发工程研究""东海平湖油气田薄油层开发技术研究及应用"获上海市科学技术进步奖一等奖;"平湖油气田放鹤亭开发区高产稳产研究""平湖油气田花港组油藏剩余油分布及调整措施的研究与实践"获上海市科学技术进步奖二等奖。"东海边际气田水下生产系统关键技术研究"于2008年1月被国家科技部列入国家863计划海洋技术领域重点项目,于2016年3月通过验收,为水下生产系统在国内边际气田的应用和发展起到积极推进作用。

第六节　上海天然气管网有限公司

上海天然气管网有限公司(简称管网公司)成立于2000年8月,公司总部位于上海市浦东新区华夏西路5678号,占地面积10.06万平方米。公司主要从事上海天然气主干管网的投资、建设和经营,负责上海天然气资源落实和供应、天然气的输配及销售(凭许可证经营),以及从事相关货物与技术的进出口业务。截至2017年年底,公司注册资本金18亿元,已建成高压管道750多公里,首站6座、门站7座、计量(调压)站56座,液化天然气储罐5座(燃气集团资产,委托管理),液化天然气总容量32万立方米,能保障全市15天左右应急用气量。2017年管网公司实现购气80.59亿立方米,营业收入168.9亿元,净利润3.83亿元。截至2017年年底,管网公司累计供应天然气690.11亿立方米,总资产达70.11亿元,实现净利润29.57亿元。公司在册员工425人,具有大专及以上学历368人;拥有中、高级技术职称员工100人,其中高级职称26人,中级职称74人;拥有高级技能等级员工63人,其中高级技师3人,技师10人,高级工50人。

2000年,为适应城市能源结构调整,迎接"西气东输"天然气进沪,上海市政府批复同意市建委等六委、局《关于深化上海燃气行业改革的方案》,上海燃气裂变重组,由申能股份有限公司和上海市政资产管理有限公司共同合资筹建上海天然气管网有限公司,注册资本金15亿元,申能股份有限公司以现金入股,占股60%,上海市政资产管理有限公司以上海天然气输配公司的高压管网资产作价入股,占股40%。当年8月9日,在上海市能源大会上,上海市副市长韩正为上海天然气管网有限公司成立揭牌。8月30日召开上海天然气管网公司股东会,选举产生第一届董事会、监事会。2001年12月31日,公司在浦东新区市场监管局登记注册成立。2004年2月12日,上海燃气集团接收上海市政资产经营管理有限公司所拥有的40%权益。2009年10月29日,燃气集团向管网公司增资3亿元,管网公司注册资本金增加至18亿元,申能股份与燃气集团各占股50%,公司管理权限划归燃气集团。

管网公司成立以来,按照《进一步深化上海燃气行业改革的方案》和《上海天然气主干管网系统规划(修编)》提出的打造上游气源多元化、中下游统一规划建设"一张网"的"X＋1＋X"模式,建成一个安全可靠、布局合理、具有国际一流水平的天然气主干管网系统的战略目标,主要承担上海天然气主干管网系统的统一投资、建设和管理。公司历经"西气东输"下游配套工程、五号沟液化天然气储备站扩建工程、上海天然气主干管网二期工程、主干管网崇明岛管道工程等重大工程建设,到2017年年底,上海天然气主干管网新一轮建设"一站三线"项目中五号沟LNG站扩建二期工程已基本完成,浦东五号沟—长兴—崇明过江管工程、临港—化工区管道复线工程、临港首站—五号沟LNG站管线工程全面推进,新一轮建设项目完工投运后,将基本建成覆盖全市的天然气高压输送管道网。

至2017年,管网公司从单一气源发展到多气源格局,落实东海天然气、"西气东输"天然气、"西气东输"二线天然气、进口液化天然气、"川气东送"天然气等各种气源的接收。天然气供应量呈现阶梯式增长,年供气量从2000年2.6亿立方米增长到2017年80.59亿立方米。2004年11月18日公司与上海赛科石油化工有限责任公司签订天然气销售协议,拉开大用户发展的序幕。截至2017年年底,管网公司主要向上海各区域性燃气销售公司以及燃机电厂、化工企业、大工业等用户供气。

管网公司肩负着城市高压管网安全运行的责任和上海天然气发展的社会责任,注重夯实基础管理和科学管理,不断提升精细化管理水平。2006年11月20日公司通过上海质量体系审核中心健康、安全、环境(HSE)管理体系认证;2008年1月1日公司运行"质量、健康、安全、环境"QHSE管理体系;2011年11月开始,公司全面推进内部控制管理体系建设。同时,公司积极推行"指呼法""点检制"等班组标准化管理,构建"1＋7"属地化快速联动应急处置网络。

管网公司坚持以技术进步推动企业发展,通过整合天然气输配调度管理系统(DMS)、生产输配调度监控系统(SCADA)、管网地理信息系统(GIS)、客户管理系统(CIS)、信息管理系统(ERP)等,实施"数字化"管网的控制。公司注重科研课题的研究和应用,"高压管道清管检测""轨道交通杂散电流对主干网的干扰研究"等技术达到国内领先水平,"上海市天然气主干管网系统消防安全关键技术研究"获国家安监总局第五届安全生产科技成果奖三等奖,"天然气引射调峰系统的研究开发与应用"被评为上海市科学技术进步奖三等奖。

管网公司秉承"以人为本、安全为先、责任为上、奉献为荣"的理念,以"抓管理、保安全、谋发展、创一流"为目标,坚持建管并举、安全发展,不断提升公司经营管理整体水平。2004年12月,公司被中华全国总工会授予全国五一劳动奖状;2013年6月,"西气东输"上海天然气主干管网系统工程获第十一届中国土木工程詹天佑奖;2016年6月,管网公司党委被中共上海市委评为上海市先进基层党组织;2009—2015年,公司连续7年被评为全国"安康杯"竞赛优胜企业;2005—2016年,公司连续6次被上海市人民政府评为文明单位。

第七节　上海燃气浦东销售有限公司

上海燃气浦东销售有限公司(简称浦销公司)成立于1995年,原名为上海市天然气输配公司,2000年12月,在上海燃气行业深化改革时更名为上海燃气浦东销售有限公司,2003年12月实行燃气行业改制重组后,隶属于燃气集团。公司总部位于上海市浦东新区杨高北路5588号,占地面积6 590平方米。2017年年底,公司注册资本7.86亿元,总资产约40亿元,为燃气集团全资子公司。浦销公司主要承担浦东新区地区、闵行区浦江镇、南汇康桥部分地区(杨高南路以东、罗南大道以西、秀浦路以北的康桥地区以及罗南大道以东、申江路以西、沿船港以北的康桥地区)用户的天然气业务受理、销售服务、输配管理以及施工安装等相关业务。2017年公司供气总量7.2亿立方米。公司拥有输配管线总长度为5 924公里,阀门近1.4万座,调压器4 176座,立管18.1万根。截至2017年年底,公司在册员工725人,具有大专及以上学历534人;拥有中、高级技术职称员工70人;中、高级及以上技能等级248人,其中,高级技师1人,技师15人,高级工132人。

1999年4月东海平湖天然气登陆上海首供浦东以来,天然气在浦东这块热土上发展突飞猛进,上海市天然气输配公司于1999年4月12日在浦东上海通用汽车公司拉开天然气转换序幕,历经一年半,2000年9月23日浦东最后一期转换工程——川沙地区天然气转换工作顺利完成,至此浦东地区33万户使用人工煤气的用户全部实施天然气转换,实现全天然气化。2001年12月20日浦东地区实现天然气用户50万户的突破。2010年3月29日世博园区中国馆餐厅成为浦东燃气"第100万用户"。截至2017年年底,公司实现浦东新区天然气管网的全覆盖,累计用户数133.66万户,其中居民用户131.20万户,非居民用户2.46万户(包括上海中心、国际会议中心、金茂大厦、东方明珠、浦东国际机场、张江高科园等)。

浦销公司肩负着城市管网安全运行的责任和上海天然气发展的社会责任,注重夯实管理基础,不断推进科学管理,不断提升精细化管理水平。2012年6月25日,公司通过上海市安全生产科学研究所安全生产标准化二级达标考评。2012年8月31日,公司通过上海质量体系审核中心健康、安全、环境(HSE)管理体系认证审核。

浦销公司坚持以技术进步推动企业发展,着眼于科技创新,不断更新升级系统,通过整合生产输配调度监测系统(SCADA)、管网地理信息系统(GIS)、账务管理系统(CIS)、固定资产管理系统、管网设施巡检系统、物资管理系统、工程管理系统等,实现"数字化"管理。公司注重科研课题的研究和应用,"轨道交通杂散电流对埋地燃气钢制管道防腐系统影响研究"技术达到国内领先水平,"聚乙烯管道示踪线和埋地管道防护板的研究和应用"项目获申能(集团)有限公司科技创新金点子奖,"天然气安全输配关键技术研究"被评为申能(集团)有限公司科技创新优秀科技项目二等奖。

浦销公司坚持建管并举、安全发展,不断提升公司经营管理整体水平。先后获全国"安康杯"竞赛优胜单位、上海市五一劳动奖状、上海市文明单位、上海市职工最满意企业、上海市厂务公开民主管理工作先进单位、全国模范职工之家、上海市五星级诚信创建企业、安全生产标准化达标以及HSE管理体系认证企业。

第八节　上海燃气市北销售有限公司

上海燃气市北销售有限公司(简称市北公司)成立于2000年12月29日,总部位于上海市虹口区水电路1239号,园区总建筑面积达8 654平方米,注册资本为11亿元,至2003年3月增至12.24亿元,为燃气集团全资子公司。市北公司经营范围包括煤气、天然气销售、燃气器具检修、燃气配套工程以及燃气管道的规划和施工,经营区域涵盖上海市黄浦江以西、苏州河以北的杨浦、虹口、静安(原闸北)、宝山、普陀、嘉定6个行政区域。2017年,市北公司年供气总量达到10.5亿立方米。公司拥有一套较为完整的输配供应系统,包括总长为8 560公里的高中低压燃气管网,3 299座各式调压器,9 445台阀门,以及2座30万立方米干式储气柜等。截至2017年年底,公司在册员工1 630人,具有大专及以上学历951人;拥有中、高级技术职称员工115人,其中高级职称23人;拥有中、高级及以上技能等级505人,其中高级技师10人,技师15人;高级工137人,中级工343人。

市北公司自2000年末成立以来,坚持承担起上海市北地区的燃气发展和安全保供事业,截至2017年12月底,累计燃气供应量达126.89亿立方米(其中人工煤气105.19亿立方米已按2.3∶1折合为天然气)。成立17年来,市北公司始终坚持"上海燃气,让天更蓝"的环保发展理念,以优化城市用能结构为出发点,持续推动市北地区管道用气的更新换代。2000年11月,位于黄浦江底的天然气管道成功穿越进入市北区域,2个月后,市北公司在杨浦区时代花园社区打响天然气转换的"第一枪"。此后的15年里,市北公司克服重重困难,持续不断地推动天然气转换和发展进程,实现从首批次转换1 000多户到2012年后每批次转换万余户的效率跃升,并于2015年5月在虹口、杨浦二区为市北地区乃至全市的天然气转换工程画上圆满句号,成功实现全市管道用气的全天然气化。

2005年10月1日,市北公司由西藏中路656号迁至现址。同年,启动"撤所建部"的体制改革,撤销原有营业所和输配所的两所建制,成立销售服务部与输配管理部两个职能部门,并将原两所所辖各部室与公司各部室按职能进行归并,简化公司整体管理层级,变三级管理为两级管理。经过为期两年多的改革推进,至2007年6月市北公司基本完成资源与架构的分拆整合及流程再造,形成如今18个管理部门齐头并进、11个基层单位落地执行的"扁平化"组织架构。

市北公司坚持朝着成为一流燃气运营商的目标持续奋进,提倡以创新精神驱动技术进步,以技术进步助力企业发展,先后获得"燃气密封接头锁环""带测压装置的燃气阀""燃气专用防拆三通"等实用技术专利,"专用调压器运行稳定性研究"获2015年度上海市职工合理化建议项目创新奖。公司主动对标"数字化"管理要求,分别启用"输配信息整合系统(GIS)""燃气监控及数据采集系统(SCADA)""业务与工程信息管理系统""客户信息管理系统""物资管理系统""燃气调压器运行状态预警系统""城市燃气管道风险评估系统"等,为实现上海地区"智慧燃气"建设奠定基础。

2009年11月,上海市首例因盗窃燃气获刑案件在杨浦区人民法院公开宣判,公司以此为契机联合司法机构共同推动关于盗窃气行为处置的立法化研究,2011年12月,上海市高级人民法院、上海市人民检察院、上海市公安局、上海市司法局联合印发《关于办理盗窃燃气及相关案件法律适用的若干规定》,其出台有力地打击盗窃燃气的不法行为,维护企业利益。

市北公司坚持建管并举、安全发展的方针，多次获全国用户满意企业、上海市精神文明单位、上海市五星级诚信创建企业、上海市企业文化建设示范基地、虹口区重点企业重大贡献奖、世界卫生健康单位等荣誉称号，企业经营管理整体水平不断提升。

第九节　上海大众燃气有限公司

上海大众燃气有限公司（简称大众燃气公司）成立于2001年9月，公司总部位于普陀区安远路706号。公司2001年注册资本金为8亿元，2017年增至10亿元，上海燃气（集团）有限公司与上海大众公用事业（集团）股份有限公司各自持股50％。公司生产经营范围为：煤气、天然气、燃气表灶、燃气设备用具、燃气服务设备、燃气输配、燃气工程规划、设计施工、市政公用建设工程施工、管道建设工程专业施工。公司服务区域集中于黄浦江以西、苏州河以南城区，有黄浦、徐汇、长宁、静安（苏州河以南部分）、普陀（苏州河以南部分）、闵行（不含浦江镇）、青浦（徐泾镇地区）等行政区域。2017年年底，公司拥有燃气用户182万余户，燃气管道总计6 555公里、燃气调压器2 624座、阀门7 876只，天然气年售气量达到9.79亿立方米。2017年年底公司在册员工1 230人，具有大专及以上学历715人；拥有中、高级技术职称员工119人，高级技师4人，技师15人，高级工134人。

2000年，在上海燃气行业深化改革时成立上海燃气市南销售有限公司。2001年，在上海市政工程管理局的领导和上海市政资产经营发展有限公司的主持下，对国有独资的上海燃气市南销售有限公司进行整体改制，经市人民政府批准，同年9月28日，由上海大众科技创业（集团）股份有限公司[后更名为上海大众公用事业（集团）股份有限公司]出资4亿元，参股50％，与上海市政资产经营发展有限公司共同合资组建的上海大众燃气有限公司挂牌，大众燃气也成为上海市首家混合所有制的燃气企业。2004年1月上海燃气（集团）有限公司接收上海市政资产经营发展有限公司所拥有的50％权益。成立初期，公司以"立足上海、面向华东、走向全国"作为发展战略，广泛投资各地燃气行业，2003年公司先后与南昌市政公用投资控股（集团）有限公司共同投资，组建南昌市燃气有限公司；与江苏省南通市燃气总公司签约，成立南通大众燃气有限公司；与崇明县国有资产监督管理委员会合资，组建上海崇明大众燃气有限公司。上述对外投资企业在2009年后相继转让。2017年年底，公司持有上海松江燃气有限公司40％股权、上海奉贤燃气（股份）有限公司30％股权，另有参股企业上海燃气工程设计研究有限公司和上海航天能源股份有限公司等。合资公司自成立以来，坚持与完善法人治理结构，充分发挥混合所有制优势，在安全运行、市场开拓、全面预算管理、科技与信息化建设、内控管理、对外服务等多方面取得显著成果。

大众燃气承担着服务区域内燃气发展和管网安全运行的社会责任，成立17年来，燃气供应量呈现阶梯式增长，年供气量从2001年折合4.01亿立方米（人工煤气9.21亿立方米按热值比例2.3∶1计）增长到2017年9.79亿立方米。公司经过15年持续进行的天然气转换工作，成功实现市南地区管道燃气全天然气化。公司通过不断加强安全服务意识，持续提升精细化管理水平，在2007年特奥会，2010年世博会、2014年亚信峰会等申城重大活动中提供稳定、安全的燃气供应服务，并自2014年以来连年实现社会燃气事故零死亡。

公司坚持以技术进步推动企业发展，通过整合运行数据采集管理系统、生产输配图档数字化管理系统、客户管理信息系统、燃气故障分析系统等，使各项经营管理和对外服务工作情况得以在管理平台反映，支撑公司实现管理集中、数据集中、应用集中。公司注重科研课题的研究和应用，"天然气在线检定装置"获国家发明专利。

公司秉承"真诚服务,奉献社会"的企业宗旨和"以人为本,诚信经营"的服务理念,结合复合型、多元化的企业特点,在促进安全防范、推进节能减排、建设智慧城市、保障大型活动等方面恪尽职守,在上海城市转型发展历程中发挥积极作用,多次获全国实施用户满意工程、上海市文明单位、上海市市政工程金奖、上海市节能减排与科技进步先进单位等荣誉。

第十节　上海液化石油气经营有限公司

上海液化石油气经营有限公司(简称液化气公司)成立于1976年6月,公司总部位于上海市黄浦区西藏中路728号。液化气公司是集液化气储存、灌装、运输和销售服务于一体的复合型液化气产品销售企业,注册资本金8亿余元,为燃气集团全资子公司。2017年液化气销售量5.87万吨,液化气在册用户718 189户,营业收入3.8亿元,拥有液化气供应站44个,储灌场4座,加气站2座。2000—2017年年底,公司累计销售液化气203万吨。截至2017年年底,公司在册员工732人,具有大专及以上学历261人;拥有中、高级技术职称员工53人,其中高级职称6人,中级职称47人;拥有中、高级技能职称员工63人,其中高级工3人。

液化气公司前身上海市煤气公司液化气管理所于1976年6月成立。2000年9月,在上海燃气行业"裂变重组"改革中液化气公司归入上海市市政工程管理局成为独立法人单位,上海市政资产发展经营有限公司占注册资本90%,吴淞煤气制气公司占注册资本10%,同年,公司成立董事会。2003年年底,上海燃气行业实施"多元化投资、市场化运营"的第三轮改革,液化气公司归入上海燃气(集团)管理。2015年11月,主体股东方变为上海燃气(集团)有限公司(占注册资本100%)。2017年,液化气公司架构重组方案得到申能集团批复同意,实施工作方案经液化气公司职代会审议全票通过,资产评估、股权清理、证照变更、"吸收合并"和液化气分公司注册等工作有序推进。在液化气公司发展历史中,通过控股或参股等方式对外投资71家多经企业,经过2000年的内部整合、2002年与中石化战略合作、2004—2008年燃气集团开展多经企业整顿,截至2017年年底燃气集团已完成62家企业的关停并转。

20世纪70年代上海开始使用液化石油气,最初使用的液化气来源于上海炼油厂与高桥化工厂在炼制石油过程中催化裂化装置产生的副产品。1980年上海市人民政府发文,由上海市公安局、上海市劳动局、上海市化工局、上海市公用局联合通告,全市的液化气由市煤气公司液化所统一经营管理。1988年以后,随着市场经济的发展,液化气销售也发展成多家经营,打破由市煤气公司独家经营的局面,液化气经营进入激烈的市场竞争。"八五"期间,上海液化气有较大发展,先后完成浦西储灌场搬迁扩建(新址在江杨南路)、闵行储灌场扩建、浦东储灌场简易扩建、金山至闵行47公里液化气专用管道的"三点一线"工程建设,液化气的应用逐步从民用发展到工、营、事、团用户。液化气公司从1997年开始逐步从市场上采购液化气,通过对国际、国内液化气市场的分析和总结,使液化气公司的进口液化气采购成本保持在低位运行的良好状态。1997年,液化气公司与华能阿莫科公司接触,采购年需量50%的进口液化气;1999年,液化气公司又开始采购金地进口气;2000年之后,江苏张家港东华优尼科公司6.2万立方米低温冷库落成使用后,液化气公司对于采购进口液化气有更多的选择。

液化气公司高度重视员工的质量、环境、职业健康安全意识,自2008年3月起,在原有GB/T19001质量管理体系基础上,完善HSE、GB/T24001、GB/T28001三个标准的管理体系。2009年12月通过完整性和整体的协调性、相容性的整合,得到方圆标志认证集团上海有限公司QHSE管理体系的认证。公司注重服务创新，先后推出一系列的便民举措，2016年8月1日公司在黄浦区试点钢瓶全配送服务，2017年4月底实现中心城区全配送全覆盖。同时，公司制订全配送服务规范和安全标准，建成全配送客服信息平台，形成企业、行业、政府三方联动工作机制，促进安全受控、服务提升。在企业转型发展上，公司积极探索非管输业务的整车气贸易服务，并积极参与上海石油交易所开展LPG现货竞价交易工作。

液化气公司围绕"安全、改革、管理、发展"主线，不断加强安全风险管控，推进公司架构优化转型发展。公司闵行储配管理中心工会先后获2011年度上海市模范职工小家称号和2013年度上海市模范职工小家称号，闵行储配管理中心维修组获2012年上海市团队创先特色班组荣誉。

第十一节　上海燃气信息经营有限公司

上海燃气信息经营有限公司（简称信息公司）成立于2004年11月，公司位于上海市黄浦区西藏中路656号。公司主要从事燃气报修服务、燃气器具维修服务、燃气信息经营服务、燃气器具销售，拥有"962777燃气热线"（简称燃气热线）服务品牌。截至2017年年底，公司在册员工98人，平均年龄28岁，2/3的职工具有大专以上学历，党团员占到近60%，是一个年轻化、知识化、充满活力的燃气服务团队。

为适应燃气行业发展的需要、整合燃气服务资源、提高燃气行业服务质量和服务水平，2004年11月上海燃气（集团）有限公司成立上海燃气信息经营有限公司，公司注册资本金200万元，为上海燃气（集团）有限公司全资子公司。信息公司主要负责经营和管理962777燃气热线，新开通的燃气热线具有燃气报修、服务咨询、液化气送瓶、投诉受理、账务查询等功能，同时实现与上海市应急联动中心的联动。

2014年燃气热线服务平台进行扩容，扩容后燃气热线拥有70个接线席位，20个培训席位，日均话务处理能力为1.2万次，最高可达2万次。新平台实现不同气种、不同业务统一服务，实现与12345、12319等市级服务热线的无缝对接，实现与110、119信息联动和集团调度中心信息互通，新增网络服务和舆情监控处置功能，新增短信服务平台，提供完善的报表服务，实行人性化管理。燃气热线又得到一次质的飞跃，话务人员的在线处理能力、工作效率显著提高，应急处置能力明显增强，提升燃气热线的服务品牌。

2016年4月燃气集团推出"上海燃气微客服"。面对新技术、新平台，信息公司经过层层选拔和筛选组建微客服专席，在微客服专席的工作中，燃气热线充分利用微客服的特点与优势，弥补电话服务固有的缺点，提升热线的服务质量。

燃气热线的服务宗旨是"燃气热线服务无限"，同时它更是燃气热线每名员工时刻牢记的服务理念。作为上海燃气（集团）公司对外服务窗口，燃气热线为全市600余万燃气用户提供全天24小时不间断电话服务，主要功能包括：燃气报修、服务咨询、业务申请、账务查询、液化气送瓶、投诉受理等，是燃气企业与用户沟通的桥梁。燃气热线作为上海燃气集团重要的对外服务窗口，依托先进的用户信息管理系统，实行话务集中受理，并在承诺时限内进行处理或给予用户答复。2017年燃气热线全年话务受理量达到237.5万只，日均接听电话6500只以上。

信息公司以认真的态度、热情的服务、文明规范的用语、井然有序的工作，向社会展示燃气热线和服务中心良好的窗口形象。信息公司每年坚持开展创先争优活动和先进员工评选活动，持续开展"工人先锋号""三八红旗集体""巾帼文明岗"等创先争优活动，努力创建燃气行业对外服务窗口形象;以不断创新的精神提速增效,利用智能化手段拓展和延伸热线服务项目和功能,把优质的服务提供给广大的燃气用户,让用户享受到更快捷、更便利、更放心的服务,树立上海燃气集团良好的文明形象。

信息公司成立以来,燃气热线在各类评比中多次获奖项和荣誉称号,先后被评为上海市三八红旗集体、上海市青年五四奖章集体、上海市建设交通系统窗口行业优秀服务品牌、全国实施用户满意工程先进单位,并获上海市青年文明号、工人先锋号光荣称号。2015年被中华全国总工会授予全国五一巾帼标兵岗,2017年被共青团中央和住房城乡建设部授予2015—2016年度青年文明号称号。

第十二节　上海金山天然气有限公司

上海金山天然气有限公司(简称金山公司)成立于2004年2月11日,公司总部位于金山区石化卫零北路502号(租),建筑面积2 903.12平方米,是金山区唯一获得管道燃气特许经营权的天然气输配销售、服务管理企业。公司注册资金5 000万元,为上海燃气(集团)有限公司的全资子公司。公司经营范围为管道燃气输气、销售,输配管理,天然气工程建设及管理,天然气销售,排管安装及相关技术服务(除特种设备),家用灶具安装维修,燃气设备、燃气器具及零配件销售等服务业务。截至2017年年底,天然气年供应量近1.7亿立方米(其中工业用户销售量占80%左右);天然气用户146 166户(其中居民用户占90%左右);总管线长度达到922.42公里(其中次高压管线150.45公里、中压管线330.85公里、低压管线441.12公里),各类阀门1 582座,调压器453台。2017年年底,公司在册职工178人,具有大专及以上学历148人;各类专业技术人员54人,其中高级职称6人,中级职称22人,初级职称26人;拥有各类技术等级64人,其中技师3人,高级工12人,中级工35人,初级工14人。

2003年上海燃气浦东实业发展有限公司与上海东洲天然气营销有限公司共同出资组建上海金山天然气有限公司;2005年4月,与金山区建设和管理委员会签订金山区煤气管理所交接协议书;2010年10月归入上海燃气(集团)有限公司;2012年1月与上海石化就石化城区的燃气供应签署《业务交接和资产转让协议》《委托管理协议》等,顺利实现对金山区煤气管理所和上海石油化工股份有限公司公用事业公司液化气管理所管道燃气业务交接和员工安置平稳过渡。公司现下设综合办公室、综合管理部、资金财务部、人力资源部、安全服务部、工程管理部、物资管理部、技术设备信息部、市场计划发展部9个职能部室和营业管理所、输配管理所2个基层单位,其中营业管理所设有新城区、朱泾、石化3个办事处(服务窗口),输配管理所设有石化、朱泾2个输配站和一个应急中心。

金山天然气发展从零起步。在上海燃气集团的关心支持下,金山公司依托地方政府,在社会各界、广大用户的关心支持和全体员工的共同努力下,充分发挥管道燃气特许经营优势,坚持"两个服务"(服务于上海建设重心向郊区转移的战略、服务于燃气集团的郊区发展战略)总体要求,先后完成上海市公共卫生中心、朱泾镇区、金山体育中心、廊下现代万春苑、海鸥大厦、金山医院、石化城区天然气转换和清洁能源替代等一批民生实事及企业大用户天然气配套工程建设,公司供气服务范围覆盖金山区9镇1街道2个工业区,实现"镇镇通",具备向金山区全域辐射发展天然气的能力。2017年顺利完成"金联热电""中芬热力""东冠纸业"三大集中供热清洁能源替代项目。

金山公司积极对接集团管理,参与集团市场化专业化改革,不断优化"分公司"管理模式和各业务管理流程的试点,以全力支持金山新农村建设和服务社企居民为品牌,坚持"安全工作无休日"的理念和"三查"(定期查、经常查、重点查)制度及"四个快速"(快速响应、快速控制、快速处置、快速恢复)反应的有效落实,安全生产实现"六无一控",无各类有责安全事故,2012年获上海市安全生产监督管理局颁发的《危险化学品从业单位安全标准化二级企业达标证书》;坚持"用微笑点燃金字招牌",开展"三进一送"(进社区、进学校、进家庭、送服务)志愿者队伍进社区服务活动,将用气安全的重心移到社区,做到人性化服务无障碍、规范化服务零距离,形成全方位互动、全社会关心的燃气服务保障体系;坚持企业文化建设,开展"三关爱"(关爱党员成长、关心员工生活、关注社会民生)凝聚活动,充分调动广大员工的积极性、创造力和主人翁精神,积极营造鼓励创新、精益求精的文化氛围,先后获上海市五星诚信创建企业、上海市市政行业质量管理先进集体;市、区级平安单位、安全合格单位、治安保卫先进集体、燃气安全应急管理工作先进集体;金山区反恐怖工作先进集体、重大工程实事项目立功竞赛优秀集体等荣誉称号。

第十三节　　上海燃气崇明有限公司

上海燃气崇明有限公司(简称崇明燃气公司)前身是崇明县煤气管理所,成立于1992年,公司总部位于崇明区城桥镇人民路587号,占地面积7.43万平方米,注册资本2.5亿元。公司经营范围包括管道煤气,液化石油气,煤气管道施工安装,煤气管道附属设备安装,工业与民用建筑的照明,普通设备及仪表的安装,小型化化工石油气化工项目建筑安装,燃气器具维修,燃气器具销售。主要从事液化石油气和液化天然气储存、管道液化气掺混气和管道天然气(包括区域气化站)销售,液化石油气气瓶充装、检测、运输以及销售服务和工程、急抢修等业务。2017年,崇明燃气公司销售天然气1 316.48万立方米,液化石油气8 981.12吨,主营业务收入2.06亿万元,实现净利润127.1万元。公司拥有总储存量850立方米的南门液化气储存基地和3座分布在南门、崇南、长兴岛的液化天然气(LNG)气化站,公司燃气管道约640公里,管道气用户近6万户,主要供应范围以城桥镇为主,涉及长兴岛、新河镇、陈家镇、东平镇等区域性;公司还拥有27座液化气供应站,负责崇明本岛瓶装气业务,用户18万余户。截至2017年年底,公司在册员工570名,其中事业编制人员16名、企业编制人员288名、岗位外包人员266名。具有大专及以上学历215人;拥有技术职称29人,其中包括中级(含中级)以上职称13人。

1985年4月1日,崇明县委、县政府批复同意成立崇明县煤气筹建办公室;1988年1月,上海市计划委员会同意崇明县城桥镇新建气源厂1座,规模日产燃气2.5万立方米。1989年3月15日,气源厂水平炉及辅助设施破土动工;1991年9月6日,崇明煤气厂建成,12月崇明煤气厂开始试运行,西门新村150户居民率先用上管道煤气;1992年崇明县煤气管理所成立,同年,崇明液化石油气储配站竣工运行,开始为城乡居民供应瓶装液化气。随着崇明燃气的深化改革,2003年12月28日,崇明县国有资产监督管理委员会与上海大众燃气投资发展有限公司合资组建上海崇明大众燃气有限公司,注册资本3 000万元,崇明县国资委占20%、大众燃气投资公司占80%,2006年3月4日,经股东会同意,公司注册资本金由3 000万元增加至5 000万元,县国资委占12%,大众燃气投资公司占88%。2010年上海大众燃气投资发展有限公司将股权全部转让给上海燃气(集团)有限公司,公司更名为上海燃气崇明有限公司。2012年上海燃气集团增资2亿元,增资后双方股东持股比例为上海燃气(集团)有限公司持97.6%,崇明县国有资产监督管理委员会持2.4%。

随着崇明经济的发展和百姓对燃气的需求,2004年8月,崇明燃气公司在新河镇富源住宅实现小区气化；2007年6月26日，陈家镇40立方米储量的液化天然气气化站建成投运。进入燃气集团后，崇明燃气公司发展步入快车道，2011年7月，崇南液化天然气气化站一期竣工投产；2014年11月3日，长兴岛西液化天然气（LNG）气化站一期通过竣工验收。2017年10月11日，如东—海门—崇明岛天然气输气管道全线贯通，从此结束崇明没有外来管输天然气的历史，城桥镇、新河镇、堡镇和陈家镇合计4.7万余户用户用上真正意义上的管输天然气。2017年9月8日，城桥镇、堡镇地区实现瓶装液化气规范统一配送，日均送瓶量稳定在340瓶左右，开郊区液化气全配送之先河。公司已形成"长输管线为天然气主要气源、液化天然气（LNG）为补充应急气源，天然气、液化气双轨并存"的多气源供应模式。

在燃气集团推进专业化市场化改革进程中，崇明燃气公司聚焦集团智慧燃气建设，重点推进"三表集抄"工作的开展，积极承担市科委"面向崇明世界级生态岛的智慧燃气建设研究"专题项目。公司还在长兴岛圆沙小区试行区域计量、带可切断型超声波智能表、防腐立管、手持App、压力预警远传"五合一"试点，打造智慧燃气小区。

崇明燃气公司秉承"保障有力、安全可控、服务优质、管理专业、经营高效、大局和谐"理念，以实现"尊重在崇明，收获在崇明，温暖在崇明，活力在崇明"的目标，不断提升公司的管理水平和服务水平，以实际行动融入崇明世界级生态岛建设。2017年上海市燃气管理处窗口服务质量满意度测评报告中，公司取得行业第三、集团第一的成绩，在崇明岛打造"上海燃气"品牌形象。公司还多次被评为崇明县文明单位，2010—2017年连续7年获全国"安康杯"竞赛（上海赛区）优胜单位。

第十四节　上海港口能源有限公司

上海港口能源有限公司（简称港口能源公司）成立于2015年8月，公司总部位于上海市黄浦区复兴中路1号，主要从事建造天然气加气站、加油站、天然气供气设施，燃气经营，从事能源的投资管理和资产管理，从事能源领域内的技术开发、技术咨询、技术转让、技术服务。2017年，港口能源公司实现液化天然气（LNG）销售3.29万吨，营业收入1.39亿元，净利润1000.91万元。截至2017年年底，公司员工16人，均有大专及以上学历；中、高级技术职称员工10人，其中高级职称2人，中级职称8人。

2015年7月，在深化国资国企改革的形势背景下，申能（集团）有限公司与上海国际港务（集团）股份有限公司（简称上港集团）签署《关于合资组建上海港口能源有限公司的协议》，公司注册资本6000万元，股东双方各持公司50%股份。合资公司的经营宗旨是结合和发挥合资双方的优势，加快天然气清洁能源在交通领域的应用，为上海"绿色港口"建设和大气污染防治作出积极贡献；加快港区范围内天然气加气站的布局、建设和运营，同时积极开展天然气在船舶应用领域的专题规划研究，试点和拓展沿江沿海船舶加注天然气业务。

港口能源公司成立后，依托申能集团LNG气源储存与上港集团港口码头优势以推进绿色港口建设、推进清洁能源在港区应用，建成港航物流领域清洁能源应用骨干企业作为目标，大力推进港区LNG车辆、港区机械及LNG船舶动力市场，积极探索LNG分布式供能、岸基供电、光伏发电、风电技术等在港口的应用。

港口能源公司致力于绿色港口建设，积极推进LNG在港口集卡及港区机械应用。截至2017年年底，公司在上港集团各集装箱码头已拥有7座LNG加气站，包括洋山港区冠东、盛东加气站，外高桥港区沪东、振东、明东加气站，宝山港区张华浜、军工路加气站，已实现上海港集装箱码头

LNG加气站全覆盖。洋山港区冠东、盛东加气站等级为二级，LNG储罐总容积120立方米，LNG储罐单罐容积60立方米，设计日加气规模为3.5万标准立方米/日；外高桥、宝山港区撬装设备加气站等级为三级，LNG储罐为单罐容积60立方米，设计日加气规模为2万标准立方米/日。公司下属各LNG加气站服务港区内/外场集卡数近1 300台，日均销量超过100吨。

港口能源公司积极探索LNG在水上交通用能领域，在LNG动力船舶应用上有所突破。公司承担申能集团科研项目"上海环卫行业LNG应用研究与环境实业示范项目"，在上海市市容绿化局、城投集团环境实业公司共同支持下，开展LNG清洁能源应用于城市生活固废运输领域的研究，2017年9月老港填埋场2台LNG集运试验车进入样车试验，2018年1月4日沪上第一艘LNG绿色能源生活固废集装船成功首航。上海第一座船舶岸基LNG加注站——老港固废基地LNG船舶加注示范站由公司与上海老港固废综合开发有限公司合作建设，正在同步建设中，该站可同时为老港固废基地LNG动力船舶及LNG运输车进行加注，将成为上海内河货物船舶LNG动力试点示范，为打造城市绿色环境，建设令人向往的生态之城作出贡献。

港口能源公司致力于推进港区新能源项目的开发，积极开展风光储结合智能微电网技术的调研，探索公司在电力体制改革大背景下的新机遇。公司积极对港区新能源项目包括光伏、风电、岸电、储能、微电网、售电等开展调研分析，参与上海港新能源项目研究课题，形成《上海港新能源开发利用及智能微网研究报告》，公司承担上港集团科技创新项目"分布式光伏储能一体化应用技术研究及在港区的示范应用"，并参与上港集团科技创新项目"港池光伏发电技术应用研究"。

第二章 气　　源

上海是中国最早使用人工煤气的城市，从煤制气、重油制气、轻油制气到天然气改质气，人工煤气伴随上海市民近一个半世纪。1999年4月，东海平湖天然气登陆浦东，拉开上海天然气发展的序幕；2004年元月，上海开始接收"西气东输"天然气；2009年11月，来自马来西亚的进口液化天然气来到上海；2010年3月和2012年6月，"川气东送""西气东输"二线先后供应上海市；2017年9月江苏—崇明管道天然气通气，上海形成六大气源保障供应的格局，上海燃气全面进入天然气时代。

第一节　人　工　煤　气

人工煤气由煤、焦炭等固体燃料或重油等液体燃料经干馏、汽化或裂解等过程所制得的气体，统称为人工煤气。按照生产方法，一般可分为干馏煤气和气化煤气（发生炉煤气、水煤气、半水煤气等）。人工煤气的主要成分为氢气、一氧化碳、烷烃、芳烃、氮气和很小量的氧气等可燃气体，并含有少量的二氧化碳和氮等不可燃气体，热值为16兆焦/立方米～24兆焦/立方米。

一、煤制气

从1865年英商在上海建造煤气厂开始到1999年东海平湖天然气进入上海，上海城市管道燃气主要来自杨树浦煤气厂、吴淞煤气厂、吴泾焦化厂和浦东煤气厂的煤制气。20世纪50年代到20世纪末，吴泾焦化厂和浦东煤气厂先后建造8座焦炉，日产城市煤气最高达420万立方米。吴淞煤气厂的"61"型简易焦炉于1987年拆除报废，杨树浦煤气厂的碳化炉于1999年4月12日停产。煤制气主要通过焦炉以多种精煤配煤为原料，制取冶金焦和热值较高的焦炉煤气，气化焦通过水煤气炉由蒸汽与炙热的碳反应产生一种热值较低混合气体。焦炉荒煤气经轻质焦油除尘、脱硫、除萘等工艺净化后，与水煤气掺混形成热值约为15.91兆焦/立方米的城市煤气。

二、重油制气

1970—1992年，吴淞煤气厂和杨树浦煤气厂先后分别建造10台及5台日产10万立方米煤气的大型油煤气炉，采用重油作为原料，经三筒式催化裂解制气炉，间歇制气，循环操作制成热值约为23兆焦/立方米左右的煤气，作为出厂市用煤气的富煤气气源。同时通过机械发生炉以焦炭或无烟煤为原料，空气和蒸汽为气化剂在固定床（移动床）上气化产生约4.82兆焦/立方米热值的煤气与重油制气生产的富煤气掺混形成热值约为15.91兆焦/立方米的城市煤气。其间，为提高产量，又增加水煤气炉生产的低热值水煤气和半水煤气掺混工艺，使日产城市煤气最高达180万立方米。

三、轻油制气

上海石洞口煤气制气有限公司轻油制气装置由英国巴布考克(Babcock)公司设计,以轻油为原料,采用催化富气工艺(CRG)在较低温度和较高压力条件下进行催化转化,并伴随进行一氧化碳和氢气合成甲烷反应。轻油制气装置主要设备有石脑油蒸发器、CRG 给料加热器、改质炉等。产品气成分主要是氢气、甲烷、二氧化碳。轻油制气 3 条生产线每条日最大生产能力为产品气 700 000 立方米干煤气(热值约为 17.27 兆焦/立方米)或 600 000 立方米干煤气(热值约为 15.91 兆焦/立方米)。轻油制气装置于 1996 年 12 月 17 日投入运营。

四、天然气掺混和改质制气

1998 年,为配合天然气登陆后上海气源结构的调整,上海浦东煤气制气有限公司等几家制气企业先后参与上海天然气平衡利用建设。

1999 年 4 月中旬起,东海天然气掺混进入浦东煤气厂干箱出口混合煤气总管,调节混合煤气中水煤气的掺入量,确保混合煤气总管出口的产品煤气热值符合城市煤气 5R 标准合格后,进入 20 万立方米气柜储存。2000 年 12 月 19 日,吴淞煤气制气有限公司天然气调压站及天然气掺混系统建成投产,生产的城市煤气主要由天然气、改制气、油制气、水煤气、机炉煤气混合组成,由于热值各不相同,掺混生产过程中通过调节水炉煤气量(或机炉煤气)或天然气直掺量以控制干箱出口混合煤气热值达到规定范围。

为缓解上海人工煤气转换与天然气直供之间的矛盾,采用常压天然气改质制造人工煤气后向老用户继续供气的生产方式应运而生。2001 年至 2004 年,吴淞煤气制气有限公司先后将 6 台重油制气炉改造成天然气改制炉,采用间歇循环催化裂解制气技术,通过对天然气加热积蓄热量后,与过热蒸汽进行混合进入反应器,在催化剂作用下进行改质反应,从而得到热值约为 12.60 兆焦/立方米之间的改质气,再与热值约为 40.49 兆焦/立方米的天然气混合形成热值约为 15.91 兆焦/立方米,主要成分为 CH_4、CO_2、H_2、CO、N、O_2 组成的城市燃气,总气化效率达 88%,日产 33 万立方米城市燃气。

2004 年 6 月,为迎接西气东输天然气的到来,上海浦东煤气制气有限公司天然气改质工程建成投产,该项目采用奥地利 INTEGRAL 引进的部分氧化(CCR)循环催化改质制气技术的制气装置替代原有的水煤气生产装置,生产能力 120 万立方米/日,最终在掺混焦炉煤气、高化干气、水煤气后形成日供满足互换要求的城市燃气 230 万立方米,2005 年 3 月 13 日,浦煤制气公司人工煤气生产量达到 290.108 7 万立方米,创历史最高。

2009 年,上海石洞口煤气制气有限公司对原有 3 条轻油制气生产线进行改造,用天然气作为原料及燃料替代轻油(石脑油),通过原料气的加氢脱硫、混入过热蒸汽、降温分水等工艺,再与改质炉烟气压缩机来的常温烟气及天然气混合后作为城市煤气产品送出装置。2009 年 11 月 5 日顺利并网,向外供气。

第二节 天 然 气

天然气是存在于地下岩石储集层中以烃为主体的混合气体的统称,比空气轻,具有无色、无味、无毒之特性。天然气主要成分烷烃,其中甲烷占绝大多数,另有少量的乙烷、丙烷和丁烷等。

天然气作为一种洁净气体燃料,与其他燃料(煤和油)相比,具有热值高、燃烧后无灰渣、不会产生灰尘和烟炱、废气中 SO_x、NO_x、CO_x 极少等优点,因此天然气是一种清洁、高能、优质的绿色能源,无论用于工业、发电、汽车还是民用都是理想的能源。

一、东海天然气

20世纪80年代,地质矿产部海洋地质调查局在东海平湖探明储量为天然气146.5亿立方米,凝析油和轻质原油836万吨的油气田。1992年6月,为进一步完善上海基础设施,改善浦东新区投资环境,转变上海能源结构,国务院批准国家计划委员会上报的《关于审批东海天然气早期开采供应上海城市燃气工程项目建议书的请示》,东海天然气成为上海首个天然气气源。1999年4月8日,东海天然气首期工程开始向浦东地区供气,它由东海平湖油气田经389公里的海底输气管道输送到上海,初始日供气30万立方米。2000年达到设计供气规模120万立方米/日,2003年扩建工程投产。1999—2003年,上海天然气供应仅有东海天然气单一气源,年供应量由2000年的2.16亿立方米最高增至2005年的5.95亿立方米。东海平湖天然气经过多年开采,已进入天然气开采中后期,其供应量逐年下降,至2017年年供应量约为1.7亿立方米。

二、西气东输天然气

西气东输工程是中国西部大开发的标志性工程,它以新疆塔里木天然气资源为主(据探明,新疆塔里木盆地地质储量为5300亿立方米),以陕甘宁长庆气田天然气为启动、补充和调节气源,气源储量丰富,稳定可靠,是上海市的主要气源之一。西气东输工程全长4000公里,最大供气能力为200亿立方米/年。西气东输天然气于2004年1月1日向上海商业供气,截至2017年年底,累计供应上海天然气达301.8亿立方米,其中,2017年约为26.5亿立方米。

三、液化天然气

液化天然气(Liquefied Natural Gas,LNG),主要由甲烷组成,其组分含有少量的乙烷、丙烷、氮等惰性气体。LNG是由天然气原料气经过净化(脱水、脱烃、脱酸性气体)后,经压缩、冷却至其沸点(−162摄氏度)温度后变成液体,临界温度为−84摄氏度,临界压力为4.1兆帕,通常LNG储存在−161.5摄氏度、0.1兆帕左右的低温储存罐内。LNG体积约为同量气态天然气体积的1/625,具有可调能力大,储运灵活性强,有利于供气负荷的调节平衡,有利于资源采购多元化,有较好的可靠性等特点。

上海是国内最早使用LNG的城市,2000年建成的上海五号沟LNG站就具备天然气液化、LNG储存和气化技术,拥有一套天然气液化装置,以天然气为原料采用混合制冷剂循环方法,逐步冷却生产LNG,储存在1座2万立方米LNG储罐中,作为保障当时上海浦东地区天然气应急供应10天的应急气源。2008年,上海五号沟LNG站扩建,增加2座5万立方米储罐和1座5万吨级LNG专用码头,自此,五号沟LNG站气源主要来自马来西亚等国家的进口液化天然气。2017年,上海五号沟LNG站经过扩建二期增加2座10万立方米储罐,形成总量32万立方米的储备能力,保证上海天然气应急保障达到15天。

随着上海天然气能源的快速发展,根据申能集团"十一五"发展规划,作为上海天然气多气源供应的重要组成部分,上海液化天然气有限责任公司经过国际LNG供应商的比选,2006年7月,与马来西亚LNG公司签署《LNG销售及购买协议》,合同年限25年,LNG年供应量300万吨,交付方式为DES和FOB各一半。从2009年起,马来西亚向上海供应LNG,数量从110万吨起逐年增加,2012年后达到每年供应300万吨。

2009年10月25日,"钻石公主一号"安全靠泊上海洋山港LNG码头,顺利完成首船接卸工作,接卸量为13.5万立方米,标志着马来西亚LNG供应上海。同年11月17日,上海LNG项目开始向上海市天然气管网试供气。截至2017年年底,累计向上海供应天然气240亿立方米,其中,2017年约为33.9亿立方米,占上海天然气供应总量的42%,成为上海天然气能源供应的主力气源。

四、西气东输二线天然气

2007年12月20日,上海天然气管网有限公司与中国石油天然气股份有限公司签署《西气东输二线天然气买卖与输送框架协议》,为上海多气源格局的形成提供支持和保障。西气东输二线管道设计输量为300亿立方米/年,主要来源是引进土库曼斯坦、哈萨克斯坦等中亚国家的天然气,国内气源作为备用和补充。西气东输二线干线全长4859公里,重点供应长三角和珠三角的13个省、自治区、直辖市。西气东输二线项目的金山末站于2012年6月建成,并开始向上海供气。截至2017年年底,累计向上海供应天然气52.3亿立方米,其中,2017年约为9.1亿立方米。

五、川气东送天然气

川气东送工程基于四川达州普光气田的气源,普光气田位于四川省达州市宣汉县普光镇,属超深、高含硫、高压、复杂山地气田,是中国发现的最大规模海相整装高含硫气田,已探明天然气地质储量4122亿立方米。川气东送天然气管道工程西起川东北普光首站,东至上海末站,主要承担向四川、重庆、湖北、安徽、江苏、浙江、上海等省市供气的任务,主干线长1702公里,供气规模为120亿立方米/年;2010年3月开始向上海供气,截至2017年年底,累计向上海供应天然气17.8亿立方米,其中,2017年约为6.2亿立方米。

六、江苏如东天然气

如东—海门—崇明岛输气管道由中国石油天然气股份有限公司、申能(集团)有限公司、江苏洋口港股份有限公司合资建设。该管道北起西气东输江苏如东LNG接收站外输管道如东首站,从如东洋口港开发区,途经如东、通州、海门市,穿越长江后进入崇明区。下游在崇明岛与上海市高压燃气管网的崇明燃气门站相连,成为中国石油继西气东输一线、西气东输二线上海支干线、宝钢专线管道后,向上海市供气的第四条战略通道,管道线路全长约88.77公里,设计输量18.4亿立方米/年。如东—海门—崇明岛输气管道工程于2017年9月向上海崇明岛供气,每年供气量根据上海崇明燃机电厂和崇明地区城市燃气用户的需求量确定。

第三节 液化石油气

1972年,黄浦区中华路面筋弄6户居民成为上海最早一批液化石油气用户,从1976年起,上海煤气公司先后建成浦西、浦东、闵行3个液化石油气储罐场,在上海城市煤气大发展中,液化石油气经营全面进入市场化。1998年上海市政府关于推进液化石油气汽车发展的政策出台,上海液化石油气经营有限公司最多拥有LPG加气站54座,2005年公司销售总量达到14万吨,占全市液化石油气供应量45万吨的31.1%。随着上海城市化进程和天然气高速发展,上海液化石油气市场急剧萎缩。上海液化石油气经营有限公司采购的液化石油气主要有国产气和进口气组成,本地国产气来自上海金山石化总厂和高桥化工公司;进口气主要由上海金山金地公司、碧辟太仓公司、张家港优尼科公司等提供。供应的液化石油气又分为民用液化石油气和车用液化石油气。

民用液化石油气主要成分是丙烷、丁烷和少量的丁烯、丙烯。液化石油气为无色气体或黄棕色油状液体,液态密度为0.58公斤/立方米,气态密度为2.35公斤/立方米,有特殊气味,易燃烧。

车用液化石油气是适用于点燃式内燃机使用的液化石油气。为满足发动机满负荷全工况的燃用需要,供气压力应不小于0.15百帕。为安全使用车用液化石油气,要求车用液化石油气必须具有特殊臭味。

第三章 投资建设

随着上海城市能源结构的调整,"九五"期间,东海平湖油气田开发首期工程建成投产,上海浦东地区和部分浦西地区率先用上天然气,上海燃气供应出现结构性调整。"十五"期间,上海基本建成城市天然气高压主干管网框架,西气东输天然气供应上海。"十一五"期间,上海市加快燃气基础设施建设,先后建成进口液化天然气(LNG)一期、川气东送和五号沟应急气源备用站扩建等气源接收及配套工程。"十二五"期间,上海天然气主干管网二期和崇明岛天然气管道等重大工程相继建成通气。进入"十三五",上海燃气完成五号沟LNG二期扩建,积极推进进口液化天然气(LNG)二期、崇明—长兴—浦东天然气过江管道、五号沟—临港天然气管道、临港—上海化工区天然气管道等油气管网项目建设,持续提升城市用能安全保障。2013年7月,"西气东输"上海天然气主干管网系统工程获第十一届中国土木工程詹天佑奖。

随着上海天然气的快速发展,上海燃气加快道路管网新建和改造,实现城市人工煤气到天然气的转换,并积极推进清洁能源替代项目,促进燃煤(重油)锅炉清洁能源替代(煤改气)、燃气空调发展以及分布式供能发展。

第一节 天然气上游项目

一、东海平湖油气田工程

为调整上海市能源结构、改善生态环境、提高人民生活质量,1995年9月25日,国家计划委员会下发《印发国家计委关于审批东海天然气早期开采供应上海城市燃气工程可行性研究报告的请示的通知》,明确国务院批准东海天然气早期开发可行性研究和总体开发报告。1996年11月开始,东海平湖油气田各组成部分施工陆续开展:11月18日,海上工程开工典礼在上海新锦江大酒店举行;11月19日,钻井作业开钻典礼在"南海六号"半潜式石油钻井船上举行。1997年1月21日,天然气处理厂奠基典礼在上海南汇现场举行;1月28日,原油中转站奠基仪式在浙江省岱山现场举行;10月31日,海底管线铺设开工仪式在上海南汇芦潮港举行。1999年4月28日,东海天然气工程投产及首批居民点火用气庆典在天然气处理厂举行,标志着东海天然气工程全面建成投产,中共上海市委常委、副市长韩正出席庆典。

东海平湖油气田一期工程经国家计划委员会批准的项目概算总额为51.37亿元,实际投资总额为41.16亿元。

东海平湖油气田工程由综合平台、油气管线、天然气处理厂和原油中转站四部分组成。

东海平湖油气田设一座集钻井、采油采气生产、公用、生活等功能于一体的综合平台。平台设有20口井位,其中7口气井、6口油井和7口预留井。平台油气水处理能力为:原油3 100立方米/日,天然气161万立方米/日,污水3.4万立方米/日。平湖综合平台是一座钢质桩基导管架平台,按百年一遇海洋环境进行设计,设计寿命20年,结构疲劳寿命40年。平台分为上部结构和下部基础部分,上部结构包括上、中、下和工作甲板,生活模块位于上甲板东端,可供90人居住;下部基础由导管架和钢桩组成,六腿导管架底部四角均各设3根垂直裙桩,钢桩入泥深度87米。

综合平台建设工程采用多种方式开展采办工作,其中平台制造、海上安装/运输、CFRE设备、生活模块制造等均采用国际招标形式确定承包商。平台甲板组块、导管架及钢桩由韩国现代重工制造,分别于1997年3月18日和6月2日开工,1998年4月3日和3月25日完工。生活模块由江南造船厂制造,1997年7月24日开工,1998年4月16日完工。平台海上运输与安装由荷兰Heeremac公司承担,1998年4月17日开始,同年4月29日结束。平台海上连接和试运转由韩国现代重工负责,1998年4月29日开始,同年6月30日完成。同年7月3日,平台及生活模块完工,由工程项目组移交生产作业项目组。

东海平湖油气田是中国东海海域内第一个开发的油气田,标志着东海油气勘探、开发进入一个新的阶段,掀开上海使用清洁能源——天然气的新篇章。一期工程大量采用新技术、新工艺、新方法,提高施工质量、缩短施工工期、加快工程进度。在同海域内没有类似案例可以参考的情况下,建立一套既安全可靠又经济适用的平台结构防腐蚀系统;通过采用当时新型导管架结构对平台设计方案进行优化,使用组块和导管架整体吊装技术、整桩技术、水下液压锤、卡桩器技术,大大缩短平台海上安装时间,从原计划60多天减少到14天;依靠先进的重型运输设备Heavy Transports大大缩短甲板建造时间,依靠新型热处理设施提高导管架吊轴的热处理速度和质量;通过焊接工艺的提高加快工作效率,确保建造进度;采用当时比较非常规的三甘醇一次排水/脱水方案顺利达到验收标准,为工程投产赢得宝贵的时间。工程项目组获得上海市重点工程实事立功竞赛优秀集体、"三学"先进集体等荣誉。

东海平湖油气田共有两条海底管线,油气分输。一条14英寸输气管线全长388.82公里(其中海底366.88公里,陆上21.94公里),内径333.4毫米,壁厚11.13毫米,外径355.6毫米,输送能力160万立方米/日,在上海浦东芦潮港登陆,是当时中国海底第二长的输气管线。一条10英寸输油管线全长306.81公里(其中海底302.77公里,陆上4.04公里),内径255.42毫米,壁厚8.84毫米,外径273.1毫米,输送能力3 100立方米/日,在浙江岱山岛登陆,是当时中国海底第一长的输油管线。两条管线管材均为API 5L-X52 ERW,外防腐和加强保护采用5毫米厚的煤焦油瓷漆防腐涂层和38~51毫米厚的混凝土配重层。

油气管线建设工程采用招投标、议标等方式开展采办工作,管线管材、管线涂敷、管线铺设、管线阳极制造均采用国际招标形式确定承包商。管线管材由韩国现代商社制造,1997年4月17日开工,10月25日完工。管线阳极由新加坡Cathodic Protection公司铸造,1997年3月4日开工,同年7月完工。管线涂敷由意大利SOCOTHERM公司负责,1997年7月6日开工,1998年2月16日结束。海底管线铺设由意大利Saipem/EMC公司负责,1997年10月31日开始,1998年5月4日完成。

在油气管线设计、建造过程中,通过对海底管线设计方案不断优化,包括登陆点选择、管线材料选择、防腐层和阳极块优化等措施,有效降低工程费用、施工难度。例如在满足规范的要求下,海底管线设计采用适宜的质量标准和较为经济合理的材料,节省大量的焊接预热时间,提高海上铺管速度。

天然气处理厂位于上海市浦东新区。海上综合平台生产的湿天然气通过14英寸输气管线输送进厂,经过加工处理生产出的优质干天然气进入上海市天然气管网供应上海市,同时还生产出液化气、戊烷、稳定轻烃等液体产品。天然气处理厂占地面积13.16万平方米,分为厂前区和生产区两部分。天然气处理厂最大日处理能力160万立方米,正常日处理能力130万立方米;设计操作压力4.0兆帕~5.5兆帕,最低操作温度－79摄氏度。

天然气处理厂工程采用招投标、询价和议标等方式开展采办工作。处理厂主体装置引进、2 000立方米液化气球罐球片通过国际招标确定,加拿大PROPAK公司负责主装置引进工作,日本新日铁(NIPPON STEEL)公司提供液化气球罐球片。天然气处理厂厂前区由中国第五冶金建设一公司承建,1997年1月破土动工。生产区建筑安装工程由中国石油天然气总公司第一建设公司总承包,同年9月19日开工;3座2 000立方米液化气球罐由中国化学工程第三建设工程公司承建,同年6月6日开工。天然气处理厂1998年9月8日机械完工,1999年3月26日建成。

天然气处理厂采用当时世界先进的透平膨胀制冷分离技术、辅助丙烷压缩机制冷的天然气处理工艺,工艺操作配以集散控制系统(DCS)加可编逻辑控制系统(PLC),通过这两大控制系统对全厂重要工艺装置实行监测控制,大大提高控制精度和分离效果,保证优质天然气的稳定供给。天然气处理厂广泛采用各种新工艺、新技术、新设备,通过确定合理丙烷收率、确定合理的天然气进厂温度、合理利用外输天然气的冷量等工艺优化,通过段塞流捕集器、甲烷乙烷分脱、露点控制等先进技术,通过采用新设备、建设先进完备的辅助系统,降低投资、节约能耗、充分利用天然气自身能量,是一项处于国际领先水平的新型现代化工程。

原油中转站位于浙江省舟山市岱山县高亭镇南峰村。海上综合平台生产的原油通过10英寸输油管线输送进站内油库储存,再通过油轮中转销售给国内的用户。原油中转站工程包括海底输油管线陆上延伸段4公里、油库区、2万吨级原油码头、2 000吨级工作船码头和专用油轮航道。油库区分为储罐区、辅助生产区和行政管理区,油罐区共有3座储油罐,容积共5万立方米。

原油中转站工程采用招投标、询价和议标方式。1997年1月,原油中转站奠基仪式在浙江省岱山现场举行(1996年11月开始进行前期平整工作),1998年12月26日竣工投产。油库区工程主要由中国石油天然气总公司第一建设公司承担,1997年12月25日开工,1998年10月完工。码头工程由中港第三航务工程局第四工程公司承建,1997年1月12日开工,1998年4月5日完工。专用航道工程由上海航道工程承包公司承建,1998年6月28日开工,12月18日完工。

二、东海平湖油气田扩建工程

为缓解上海市天然气供需矛盾、扩大清洁能源应用、迎接"西气东输"、保障上海市用气安全,2002年4月25日,国家计划委员会下发《国家计委关于东海平湖油气田扩建工程总体开发方案(代可行性研究报告)的批复》,明确同意组织实施东海平湖油气田扩建工程。2002年8月16日,东海平湖油气田扩建工程开工,2003年10月16日东海平湖油气田扩建一期工程投产,供气能力由日供天然气120万立方米提升至180万立方米。2006年11月3日扩建二期工程八角亭区块投产,实现产能部分接替。

东海平湖油气田扩建工程主要由扩建一期工程和八角亭工程组成。国家计委批复的扩建工程总投资为16.86亿元,其中海上工程投资14.63亿元(含综合平台扩建工程与八角亭工程),天然气处理厂投资1.75亿元。

扩建一期工程包括综合平台扩建工程和处理厂扩建工程。综合平台扩建工程主要对综合平台进行改扩建并新增4口气井,提升平湖综合平台天然气产出。天然气处理厂扩建工程是在原主装置旁另建一套规模为100万立方米/日的轻烃回收主装置和凝液稳定装置,并对处理厂部分辅助生产设施和公用系统进行整改。经过扩建,天然气处理厂的天然气处理能力提高至220万立方米/

日,最大处理能力可达到 260 万立方米/日。为保障上海市正常供气,扩建工程在"边生产、边扩建",而且保证不减产的高要求下进行,施工组织、技术要求之高在国内同类工程施工中罕见,通过加强管理、引用先进技术,成功完成"在线新老装置连接"等多项高难度施工,既保证稳定向上海市供气,又完成扩建工程。

八角亭平台位于距平湖综合平台东北方向约 7 公里处的八角亭构造上。八角亭工程主要工作内容包括建设八角亭平台、铺设 2 条平台间海底管线、铺设 1 条平台间海底电缆。八角亭平台设有 9 口井位,其中 4 口气井、1 口油井和 4 口预留井(3 口气井和 1 口油井)。平台油气水处理最大设计能力为:原油 400 立方米/日,天然气 80 万立方米/日,水 300 立方米/日,液 800 立方米/日。八角亭平台和综合平台之间有 2 根各 7 公里长的海底油气分输管线相连,八角亭平台生产的天然气经脱水后通过海底输气管线输送至综合平台直接进入外输管线,油井来液与天然气凝析液混合后不处理通过海底输油管线输送至综合平台进行处理。八角亭平台为 4 腿 8 裙桩的导管架平台,平台上部组块包括生活模块和钻机模块,综合平台通过 7 公里长的海底电缆向八角亭平台供电。八角亭工程采用招投标、议标等方式开展采办工作。八角亭工程 EPIC 总包工程合同通过邀请招标确定由海洋石油工程有限公司承担,钻机模块采办通过邀请招标确定由南阳二机石油装备(集团)有限公司承担,海管管材通过邀请招标确定由德国 VALLOUREC & MANNESMANN TUBES 公司制造,海底电缆通过公开招标确定由青岛汉缆集团有限公司制造。八角亭工程 EPIC 总包商为海洋石油工程有限公司,平台导管架由分包商深圳赤湾胜宝旺有限公司建造,2005 年 7 月 15 日开工,2006 年 2 月 22 日完工。上部组块建造自 2005 年 7 月 6 日开工,2006 年 7 月 31 日完工。导管架海上安装及海管铺设自 2006 年 2 月 23 日开始,2006 年 5 月 11 日完成。上部组块海上安装自 2006 年 8 月 12 日开始,8 月 28 日完成。海上连接调试自 2006 年 8 月 26 日开始,9 月 24 日结束。2006 年 9 月 25 日,八角亭工程机械完工,由工程项目组移交生产作业项目组。

三、东海平湖油气田辅助平台工程

为减轻平湖油气田综合平台负荷、实现周边区块的经济勘探与开发、融入东海大开发,2013 年 8 月 16 日,东海平湖油气田辅助平台建设工程启动。2013 年 9 月 23 日,《平湖油气田辅助平台总体开发方案》通过上海石油天然气有限公司董事会审查,2014 年 4 月 1 日获得国家能源局备案。2014 年 12 月 1 日《环境影响报告书》通过国家海洋局核准。2015 年 6 月 16 日,东海平湖油气田辅助平台项目机械完工。2016 年 6 月 21 日,东海首口大位移井 ZG1 井进入流程生产,标志平湖油气田中山亭中一中断块的成功开发和平湖油气田辅助平台工程的实际建成投产。

辅助平台建设项目总体开发方案为升级平湖综合平台上的平台钻机系统能力,使其具有钻 7 000 米高温高压大位移井的能力,从综合平台上打 1 口大位移井开发中山亭区块,打 1 口定向井开发放三区块。为使综合平台能满足钻机升级的要求,新建 1 座 4 腿导管架辅助平台:辅助平台设有 3 个井槽及管子堆场,并布置有钻机泥浆模块,电气房间、开排沉箱、污水处理设施、二级分离器、2 台吊机等设备。辅助平台与综合平台间通过一座 30 米的双层栈桥相连。项目开发总投资 12.24 亿元,其中工程投资约 8.19 亿元,项目实际完成投资 7.45 亿万元(暂时先实施 1 口开发井)。

辅助平台工程采用招投标、议标等形式,公开招标主发电机、应急发电机等承包商,邀请招标二级分离器、井架、顶驱、防喷器组及控制系统等承包商,议标确定导管架 EPC、上部组块 EPIC 等承包商。

辅助平台导管架由蓬莱巨涛海洋工程重工有限公司制造,2014年6月3日陆地建造开始,2015年3月15日结束。辅助平台上部组块由海洋石油工程股份有限公司制造,2014年7月30日陆地建造开始,2015年3月23日结束。辅助平台海上运输及安装调试同样由海洋石油工程股份有限公司负责,导管架海上安装2015年3月21日开始,2015年4月16日完成;上部组块海上安装2015年4月17日开始,2015年4月25日完成。2015年6月16日,辅助平台机械完工。

综合平台原井架拆除和新井架安装工作由中海油能源发展股份有限公司上海油田建设工程分公司负责,2014年3月29日海上拆装开始,2014年7月26日新井架安装完成。综合平台钻机模块等设施升级改造详设、采办、预制、安装及调试工作由中海油田服务股份有限公司负责,2014年8月27日海上施工启动,2015年8月15日生产设施升级改造完成,2015年11月28日钻机模块联合调试完成。

2015年8月4日,辅助平台建设项目工程设施(钻机模块以外部分)管理工作移交平湖作业公司。2015年11月19日,工程生产设施投运。2015年12月11日,平湖钻机模块(含辅助平台泥浆模块)通过验船检查。2016年1月7日,辅助平台项目全部工程设施操作维护、安全、管理等工作移交作业公司。

辅助平台建设工程是一个新平台建设和老平台改造同步进行、生产设施和钻机模块全面覆盖的复合型工程管理项目,界面多、风险高、难度大、工期紧是最大的难点。辅助平台工程建设过程中不断致力于技术创新,先后开展小拔杆在线自助井架拆卸、宽体双层多功能栈桥、级弯相应管线应力消除、双列并行油气分离、气浮后置污水再处理等多项关键技术的联合攻关及创新应用,不仅成功完成国内海上首个高度超过50米井架的拆卸工作,也为项目及时完工、国内外后续项目实施提供技术基础和宝贵的创新实践经验。

四、上海液化天然气项目一期工程

上海液化天然气项目一期工程由码头工程、接收站工程及输气管道工程三部分组成,建设规模300万吨/年,预留扩能达600万吨/年。码头工程及接收站工程位于上海国际航运中心洋山深水港区能源路8号,占地面积39.6公顷。输气管线全长约52公里,海底输气管道从接收站的北侧下海,在上海东海大桥东侧南汇嘴登陆。陆上输气管道至临港电厂北侧输气末站,出站后与上海市天然气高压主干管网系统相接。

上海液化天然气项目一期工程建设分陆域形成、码头工程、接收站工程、海底输气管道工程、陆上输气管道工程五大部分。

2006年12月8日,国家发展和改革委员会《关于上海液化天然气项目一期工程核准的批复》,对上海液化天然气项目一期工程予以核准,项目建设总投资701 315万元。2007年1月22日,上海市政府主持上海液化天然气项目一期工程开工仪式,中共上海市委代理书记、市长韩正,市委常委、副市长周禹鹏,副市长杨雄,以及国家发改委、外交部等国家部委,上海市政府、浙江省政府、舟山市政府等有关部门领导和马来西亚国家石油公司等单位领导出席仪式。2016年8月18日,上海液化天然气项目一期工程竣工。

【陆域形成】

接收站陆域形成工程建设内容包括:中、西门堂岛的岛屿开山、海域软基处理及回填、驳岸大堤和进港联络堤四部分。

工程内容包括：爆炸挤淤，推填加高，压脚棱体石及护底块石抛石，土工织物倒滤层铺设，扭王字块安装，岩基开挖，爆夯护底块石，土石方回填，吹填沙，陆、水上塑料排水板安放，堆载预压，强夯，堤心石理坡，护面块体及栅栏板安装，浆砌块石，现浇挡浪墙等。

竣工后，南堤东段长782.35米，地基处理采用爆破挤淤法。联络堤全长1 357.62米，地基处理采用爆破挤淤法＋塑料排水板加固法。西、北内堤全长1 470.16米(含北堤延伸段332.07米)，采用爆破挤淤法筑堤方法。全部采用斜坡堤形式。陆域地基加固采用塑料排水板＋堆载预压＋强夯。陆域形成总面积约42万平方米。

【码头工程】

码头工程建设内容包括：LNG专用码头、工作船码头与航道工程三个单位工程。

LNG专用码头　LNG接卸泊位的设计停靠船型为14.5万立方米(10万吨级)，兼靠21.5万立方米LNG船舶，泊位长420米，码头由1个工作平台(55米×34.75米)、1座引桥，以及靠船墩、系缆墩等设施和防洪堤工程组成，码头平面呈蝶形布置，通过引桥与陆域接收站连接，引桥长108.9米、宽15米。

工作船码头　该码头设计停靠船型为3 000吨运载平板驳或5 000匹港作拖轮。由工作平台、系缆墩、人行便桥及引桥等组成，泊位长110米，工作船码头平面呈"L"形布置，通过引桥与陆上连接，为连片式结构。连片式码头长74米、宽12米，引桥长79.5米、宽8米。

航道工程　LNG船舶通过位于黄泽洋水道的洋山深水港进港航道进入本港区。航道建设规模为LNG船和10万吨级及以下集装箱船全天候双向交会通航航道。进港航道有效宽度：口门外航道为800米，其余航段均为650米。航道设计水深15米，航道工程疏浚总量为302.08万立方米。

【海底输气管道工程】

海底输气管道工程(包括南北岸上段)总长度约35.8公里，除近岸段外，海底管线采用API-5L-X65钢管，壁厚20.6毫米；近岸段采用API-5L-X70钢管，壁厚22.2毫米。按中国和国际通用海底输气管道法规和标准实施。

【陆上输气管道工程】

陆上输气管道工程施工管道总长度约15.8公里，管径为$\phi 914 \times 22.5$毫米，材质为X70，全部为直缝埋弧焊管。设计压力为9.2兆帕，温度为常温。工程还包括2座线路阀室、1座输气末站、火炬放空区以及接收站内的清管器发送区。

【接收站工程】

接收站工程是上海LNG项目核心组成部分，由LNG接卸、储存、气化、天然气计量和输出等工艺设施组成，以及110千伏进线、辅助设施工程和行政办公区等组成。

一期工程主要建设3座有效容积16.5万立方米的混凝土顶全容式LNG低温储罐及其附属设施(每座储罐配套LNG罐内泵4台)，4台卸料臂(含返气臂)，4台IFV(丙烷中间介质气化器)，2台备用SCV(浸没燃烧式气化器)，2台BOG压缩机和1台再冷凝器，5台LNG高压外输泵，火炬和放空系统,海水取排水系统,中央控制室和仪表自动控制系统,110千伏进线,行政办公区和辅助设施等。

2009年10月25日,"钻石公主一号"LNG船安全靠泊LNG码头,顺利完成卸船工作。它标志着上海液化天然气项目一期工程码头、航道等港口工程以及LNG接收站工程具备靠泊、接卸大型LNG运输船舶能力,同时标志着一期工程开始试运营。2009年11月17日,上海LNG项目一期工程通过输气管道工程开始向上海市天然气主干管网试供气,当天实现供气380万立方米,及时缓解当时上海市天然气供需矛盾。

第二节　上海天然气主干管网工程

一、东海天然气(下游)工程

20世纪90年代,人口密集,能源短缺,民用燃料气化率较低(仅达57％),成为上海经济发展、浦东开发及改善城市环境质量的主要制约因素之一。因此开采东海天然气供应上海,对改善城市燃料结构、方便人民生活、减少环境污染、加快浦东开发是必要的。

1991年3月,根据上海市人民政府和地质矿产部主要领导的指示,上海市计划委员会、上海市建设委员会、地矿部上海海洋地质调查局起草《关于东海天然气早期开采,供应上海市城市燃气工程项目的立项报告》的代拟稿,上报国家计委。根据能源部和中国国际工程咨询公司两次评估调研意见,市政府组织编写预可行性研究补充修订本作为申请立项的补充报告上报国家计委。1992年6月,国家计委向国务院请示获得批准,项目立项。为使工程顺利开展,上海市煤气公司天然气公司(筹)委托中国市政工程西南设计院编制可研报告。1993年4月,可研报告报送市政公用局,经上海市环保局组织对(陆上输配系统)环境影响评价大纲评审等意见修改后,上海市煤气公司与上海市石油天然气公司就天然气的交付量、价格、天然气的质量和事故停供期的协议内容先后两次签订东海平湖油气田天然气销售原则协议。同年8月,根据中国国际工程咨询公司组织专家对工程可研报告的评审意见,市煤气公司对下游工程的有关问题进行补充和说明,向市计委上报可研报告补充报告。同年12月,对可研报告编制和工程实施有指导意义的"东海天然气早期开采供应上海城市燃气研究(陆上部分)"课题通过市科委、市建委组织的专家鉴定,课题研究成果作为可研报告依据。1995年8月,国家计委请示国务院批准工程可研报告。9月25日,国务院批准工程可研报告。

为落实工程所需外汇,早在1994年2月,上海市煤气公司就向市政公用局提出利用法国政府贷款申请,市政公用局随文上报市计委。1995年6月,市计委向国家计委报告项目资金安排设想;7月,市建委报请上海市副市长夏克强定夺天然气储存设备的工艺方案,以便解决谅解备忘录所需设备清单问题。1996年3月,国家计委批复上海市计委利用外资方案。

因工程进度要求,天然气公司先行与西南院签订初步设计意向书。可研获批后,立即委托西南院开展工程初步设计。在市建委同意勘察设计免招标后,即刻签订工程设计合同。1996年1月,市政公用局将编制完成的初步设计随文上报市建委;2月,根据专家评审意见增编初步设计补充报告;4月,初步设计获市建委批复。工程设计规模为日供气量120万立方米。下游工程主要由输配工程、现代化管理工程和后方设施工程、转换工程四大部分组成。

输配工程包括首站、门站、储配站、事故气源备用站、平衡利用装置等组成。

首站——具有接收上游来气,进行过滤、计量、分析和加臭。长输管线94公里。分东西两条管线,设计压力为2.5兆帕,采用管径为DN500、壁厚为10毫米的钢管。

门站——设川沙、北蔡两座,对来气进行过滤、调压、计量、分析后送入市区高压管网。市区高压管线125公里。最高工作压力1.5兆帕,设19座高中压调压站。分布浦东各点,来气通过调压进入中压管网,直接供应用户。

北蔡储配站——建设3500立方米球罐10台,压力为1.5兆帕,以供日、小时调峰需要。

事故气源备用站(LNG站)——建设容量2万立方米的低温储罐(-162摄氏度)及净化、气化、液化装置,总容量1200万立方米天然气(气态体积),可供浦东地区10天用量。

平衡利用装置——设在浦东制气有限公司内,设计最大日掺混天然气40万立方米,以达到供需平衡。

现代化管理工程包括管理和数据处理系统、自动化控制系统和通信系统等。

后方设施工程包括金桥生产指挥中心、生产调度监控、抢修及必要的服务网点。

转换工程包括对原人工煤气的设备、用户用具及管网的改造。

下游工程投资14.8亿元,其中引进国外贷款和调剂外汇5900万美元。1996年5月在市建委的主持下,上海市天然气输配公司与上海石油天然气总公司签署销售协议书。1996年10月,与中国银行上海市分行签订LNG站项目利用外资转贷协议。1996年11月29日,天然气下游工程建设在浦东北蔡举行开工典礼。市人大、市政府、市政协领导等出席。该工程被市政府列为"九五"期间重要城市基础设施,1996年、1997年重大建设项目和1998年重点实事工程。

该工程采用定向投标方式,确定土建工程由上海电力建筑工程公司承担,安装工程由上海工业设备安装公司承担。10座3500立方米球罐由日本新日铁公司承建。主体工程于1998年8月底前建成;1998年11月底前完成调试等生产准备工作,具备接收上游来气条件。

东海天然气早期开采供应上海天然气工程的总体规划是合理的,设计质量和施工质量总体上是好的。经上海市建设工程质量监督总站评定,工程质量一次合格率为100%,其中:北蔡球罐区LNG站被评为白玉兰奖,整个工程被评为浦东新区十年建设市政金奖。北蔡工地被评为市级文明工地。

北蔡储配站于1998年9月竣工。首站、门站于1997年3月开工,1999年2月完成安装验收,同年3月天然气首站氮气置换顺利完成。长输管线东线工程1997年3月开工,1999年1月完成分段验收,同年2月完成氮气置换。长输管线西线工程1997年9月开工,1998年10月完成整体验收和氮气置换,1999年4月投产。LNG站1999年11月建成,2000年4月投运。该工程先后通过预防性卫生、劳动安全卫生设施、环境保护"三同时"、消防、档案和规划验收。

1999年4月上海天然气下游工程开始投入试运行。上海通用汽车公司成为第一个天然气专用大户,浦煤制气开始天然气掺混。浦东第一批用户顺利用上天然气。

下游工程建设中,采用先进的施工方案,运用先进的施工材料,引进先进的工艺技术。在管道穿越施工中采用对周围环境破坏最小,在河床下能达到最大埋深,工期短,造价低的定向钻施工方案。外防腐上选用当时国内外先进施工材料的PE夹克,在定向钻穿越处选用耐磨性好的环氧粉末外防腐。LNG技术的引进在中国为第一家,不仅可以作为下游工程的事故气源,也为中国其他城市建设LNG站积累宝贵的经验,上海天然气工程LNG技术的引进,使工程整体水平居于全国前列。

二、上海市天然气主干管网工程

为积极配合国家"西气东输"工程,调整上海市能源结构,2000年11月,市计委批复《上海市天然气高压输气管网一期工程项目建议书》,工程立项。为加快建成上海市天然气高压管网系统,确保西气东输上下游工程同步推进,2001年8月,市计委批复同意《上海城市输气管网一期工程(白鹤首站—江桥站标段)项目可研报告》;根据国家西气东输工程建设领导小组第三次工作会议精神,鉴于供气压力等条件已初步明确的实际情况,2001年9月21日,市计委发函调整工程可研批复。为加快上海市天然气主干网系统建设,2002年1月市建委批复上海城市输气管网一期工程(白鹤首站—江桥站标段)项目初步设计,明确Ⅰ~Ⅹ标段管线走向。在市政府批准与国家"西气东输"工程的总体方案相衔接的《上海市天然气主干网系统规划》后,2002年3月,市计委批复同意上海市天然气主干管网工程立项;6月,航津路、外环线环东一、二大道管道排管工程扩初设计获批;9月,市计委批复同意上海市天然气主干管网工程可研报告。2003年12月,上海化学工业区管理委员会批复上海化学工区超高压天然气管网工程初步设计,市建委批复上海天然气主干管网工程有关分项初步设计,同意天然气主干管网工程根据与国家"西气东输"工程总体部署衔接要求,以及市场需求分期建设。

上海市天然气主干管网工程(2000—2005年阶段)建设规模:白鹤首站设计接受能力70亿立方米/年,设计压力6.0兆帕;江桥高压调压站设计供气规模为1000万立方米/日,出站压力为1.6兆帕;白鹤首站至江桥站天然气管道22公里,管径采用DN800,设计压力4.0兆帕;白鹤首站至郊区环线管道管径DN800,设计压力为6.0兆帕;郊环南段Ⅲ~Ⅵ标输气管道总长92公里,设计压力6.0兆帕,管径DN800;浦东、浦西外环线Ⅶ~Ⅹ和Ⅱ标延伸段输气管道工程总长约67.5公里,设计压力1.6兆帕管径为DN800和DN500;沿航津路、环东一大道、环东二大道管线15.63公里,管径DN500,设计压力1.6兆帕。对市区(市南、市北、浦东)各燃气公司供气的次高压调压站(压力为1.6兆帕至0.8兆帕)共14座,对郊区(青浦、奉贤、金山、松江)各燃气公司供气的高压调压站(压力为6.0兆帕至1.6兆帕)共4座。管道沿线设截断阀室,预留接口,并采取涂料防腐和阴极保护措施,全线采用SCADA系统监控。调度指挥中心楼总建筑面积6 248平方米。

上海市天然气主干管网工程(2000—2005年阶段)建设单位为上海天然气管网有限公司,工程概算总投资为45.35亿元。工程规划设计由上海燃气设计院和上海市城市规划设计研究院共同承担完成;工程设计由上海燃气工程设计研究院和中国西南市政设计研究院共同承担,其中,工程管线设计分工由上海燃气工程设计研究院承担,场站工程分工由中国西南市政设计研究院承担。安装施工任务由上海市安装工程有限公司、上海煤气第二管线工程有限公司、上海电力安装第一工程公司、上海煤气第一管线工程有限公司、上海电力安装第二工程公司承担。土建施工任务由八方建设集团有限公司承担,工程监理由上海宝钢建设监理有限公司、上海化工工程技术咨询有限公司负责。

2001年年初,上海市天然气主干管网工程(2000—2005年阶段)被列入当年上海市政府重大工程建设项目。为确保与西气东输同步开工,5月10日,市计委批准选择白鹤首站至江桥调压站22公里高压输气管道(简称"两站一线"标段,即Ⅰ标、Ⅱ标)先行设计,12月1日,白鹤首站的土建内部开工。2002年3月18日,"二站一线"管线工程开工,标志着西气东输上海城市输气管网一期工程全面启动。

上海市天然气主干管网工程(2000—2005年阶段)共分10个标段。浦东外环线Ⅷ标2002年4月1日开工。调压站工程中吴煤、淞滨等4座调压站土建工程于2003年7月开工,12月安装工程率先竣工。石洞口高压站于2005年8月开工,12月竣工;2006年3月投运。工业气体计量站于2005年11月开工;2006年3月竣工,4月投运。化学工业园区计量站于2006年2月开工,4月竣工并投运。调压站工程于2005年12月起,先后通过消防验收、档案验收和规划验收。

上海市天然气主干管网工程(2000—2005年阶段)Ⅰ～Ⅹ标段管道和相应站点工程施工完成后,经清管、试压、干燥验收合格,用氮气置换保压。然后又利用上海现有浦东东海天然气的有利条件,分三阶段将东海天然气倒输入Ⅰ～Ⅹ标段管道内置换氮气,保压备用。2003年7月16日,浦东外环线管道(长度26公里、压力级制1.6兆帕、管径DN500)与浦东管道相接投运。同年9月底,42.5公里的两站一线及外环线北段建成,10月中旬试压换气,10月28日升压至1.45兆帕,顺利投运。12月20—22日,郊环南段高压管道(长度94公里、压力级制6.0兆帕、管径DN800)完成氮气置换和天然气置换。2004年1月1日上午9时40分,西气东输天然气通过白鹤首站,进入上海天然气管网一次投运成功,圆满实现中央政府关于"西气东输"工程2004年元旦按时向上海供气的总体规划目标。2004年11月2日,浦东、浦西外环线天然气管道实现贯通。2005年6月28日,内环与外环连通线(9标延伸段)和刘行门站(2004年9月1日开工,2005年4月20日竣工验收)一起按时投运,向嘉定供气。

2003年9月23日,白鹤首站、江桥门站通过消防验收。2004年9月23日市环保局同意上海市天然气主干管网工程(2000—2005年阶段)投入试运行;12月6日通过市卫生局预防性卫生审核竣工验收。2005年8月9日通过环保竣工验收;10月19日Ⅰ标～Ⅹ标、Ⅱ标、Ⅳ标、Ⅶ标、Ⅸ标延伸段管线及其管线上的43个截断阀室通过消防验收。Ⅲ～Ⅵ标及Ⅱ标延长线排管工程,Ⅶ标～Ⅹ标、Ⅶ标延长线、Ⅸ标连通线排管工程分别于2006年9月4日、2007年11月30日取得档案验收合格。

上海市天然气主干管网工程(2000—2005年阶段)的SCADA系统于2002年10月开工,2004年12月交工验收。

上海天然气管网有限公司调度指挥展示中心大楼于2003年4月开工建设,2004年9月完工。同年12月通过防雷工程竣工验收。2005年1月市环保局同意投入试运行,先后通过消防卫生防护设施、档案、规划等竣工验收。

西气东输天然气进入上海后,2005年5月上海市市政局同意对上海市天然气主干管网工程部分内容进行调整。增加漕泾化工区天然气管道、吴泾二发电厂专线、柘中电厂专线、两港大道天然气管道、连通线(14标第二单元)。浦星公路DN800天然气管道原设计压力由4.0兆帕,调整为6.0兆帕。高压调压站由6座调整为4座,区域性用户调压站由12座调整为18座,大用户专用计量/调压站由6座调整为9座。2006年2月天然气主干管网工程北郊环、浦星公路段初步设计获批,天然气主干管网配套设施工程可研获批,6月两港大道高压天然气管道工程初设获批。2010年11月LNG出站管(19标)初步设计获批。

上海市天然气主干管网工程建设规模:北郊环段长约43.5公里;浦星公路段长约50.3公里。两港大道段长约22.63公里,其北端连接新港首站,西端连接规划临港门站。上述管线管道设计压力均为2.5兆帕,管径为DN800,管材均选用X52板材,沿线均设置4座DN800截断阀室及3座DN300预留阀室。LNG出站管(LNG事故气源备用站——外环线)管线长约8.03公里,管径为DN800,设计压力1.6兆帕,沿线设置1座DN800截断阀室,管道输气量33万标准立方米/时。

北郊环排管工程于2004年4月开工,2005年1月上海天然气主干网北郊环嘉定段管道投运。2005年7月北郊环13标上海华能燃机电厂配套工程开工,2006年3月工程12标、13标和石洞口高压站一次投运成功,向华能燃机电厂供气,保障2006年电力迎峰度夏的用气需求。

浦星公路排管工程于2005年1月开工,5月28日和奉贤柘中电厂计量站一起投运,向奉贤柘中电厂供气。15标(奉贤区金汇镇大叶公路——吴泾二发电厂)于2005年3月开工,2007年6月竣工验收,2008年5月27日投运。16标(浦星公路——虹梅南路双柏路)于2006年9月开工,2009年11月竣工验收,2010年1月20日投运。14标第二单位工程(西起浦星公路浦星站,向东至沪南公路西侧止)2008年6月开工,2009年11月18日投运。

两港大道排管工程于2005年6月开工,2008年9月竣工验收,2010年7月27日投运。

LNG出站管排管工程于2006年12月开工,2007年4月通过竣工验收,2008年10月21日投运。

配套设施工程浦星调压站于2007年8月2日开工,2008年4月竣工验收,同年5月27日投运,2009年7月、12月先后通过消防验收、规划验收。

15标、17标、18标、19标及浦星高压站于2008年9月通过质检验收。各调压站及附属和浦星公路标段于2009年1月档案验收合格。14~19标段及浦星路、漕宝路(属西气东输上海城市输气管网一期工程项目,2008年11月开工,2009年6月竣工)、吴泾3个调压站于2010年2月获市环保局批准投入试运行,5月通过环保验收。2010年11月罗泾主干线、14标第二单元、15标、16标浦西段、17~19标管线及相关阀室于通过消防验收,14标第二单位工程和漕宝路调压站通过质检竣工验收。

上海天然气主干网一期工程先后获上海市市政金奖工程、全国市政金杯示范工程、中国土木工程詹天佑奖等荣誉,在建设过程中,广泛应用新技术、新工艺、新材料,为实现工程建设的安全、优质提供坚实保证。主干网一期工程沿郊环线分布和浦星公路沿途的6.0兆帕天然气管道有近168公里,是当时国内城市压力级制最高输气管网。在材料上运用X60管线钢,使管道的安全性、耐久性得到提高和保证。管道外防腐上采用挤出聚乙烯三层复合结构(3PE),在管道防腐包裹工艺上广泛使用机械化生产,提高防腐层加工质量,减少加工过程中的环境污染。在施工工艺上全面采用下向焊技术,不仅在焊接时间上较上向焊减少近30%,焊接质量方面的优势愈加突出。另外,根据项目建设的特点,因地制宜运用长距离、非开挖定向穿越技术,如在两站一线工程中,首次吴淞江成功穿越1160米,创国内大口径定向钻穿越综合工程规模最大、施工难度最大的新纪录。

三、五号沟LNG事故气源备用站扩建工程

为提高上海市天然气应急调峰能力,确保天然气安全稳定供应,形成完善的天然气安全供应保障体系,2005年5月,上海市发改委批复同意LNG事故气源备用站扩建工程立项。2006年2月、2007年4月上海市发改委先后批复陆域工程和码头工程可研报告。2006年8月、2007年8月市建交委先后批复陆域部分和码头工程初步设计方案,要求形成31万立方米/时最大外输供气能力,应急储备天数大于10天。扩建工程由陆域工程和码头工程两部分组成,总投资概算为13.33亿元。

陆域工程 增建2座5万立方米全包容式预应力混凝土顶地上储罐,及相应的船用、车用卸料设备,BOG压缩和LNG气化、计量等装置,形成最大外输能力31万立方米/时(含现有7万立方米/时的能力),压力不低于1.6兆帕。

码头工程 建设内容包括:1座3万吨级LNG专用码头(码头水工结构按靠泊5万吨级LNG船舶设计),码头设计年通过能力50万吨。泊位岸线总长300米,码头通过单引桥同陆地连接,引桥长561.34米,宽10米。设计船型为2万~3万吨的小型LNG运输船,兼顾5万吨级LNG运输

船。1座码头工作平台,长195米,宽25米,上游布置3座分缆墩,由钢引桥连接至工作平台。综合控制楼(建筑面积376.7平方米)及相关给排水、供电、通信等配套工程。卸料设备:2台LNG液相卸船臂,单台能力2 500立方米/时;1台5 000立方米/时的气相返回臂。

扩建工程采用公开招投标等方式,公开招标项目包括总体详细设计、主要设备和材料采购以及项目管理的EP+PM承包商。日本东京燃气工程公司和中冶焦耐工程技术有限公司组成的联合体中标。通过公开招标,确定安装施工由上海市安装工程公司承担,安装监理由环亚监理公司承担,土建施工由上海电力建筑工程公司承担,土建监理由宝钢监理公司承担,码头工程施工由上海港务工程公司中标。勘察直接发包给上海市岩土地质研究院有限公司和上海市民防地基勘察院。

LNG储罐于2006年7月3日进行试桩,8月21日开始打桩,10月21日完成两座储罐桩基工程。2号储罐升顶暨码头开工仪式于2007年6月6日举行,上海市常务副市长冯国勤出席。2号储罐安装工程中9%镍钢底板的焊接施工于11月12日开始。3号储罐于2008年9月21日人孔封闭,2座储罐安装完工进入生产准备。公用工程中主变电所10千伏/6千伏变压器于7月17日受电,为机械传动调试创造条件。BOG压缩机、SCV鼓风机及泵、消防泵等全部传动机械于9月25日前完成单机调试。2座储罐完成冷却和LNG铺底于11月4日完成调试等生产准备工作,具备接收LNG条件。

槽车装卸区于2007年6月21日完成三通一平开始打桩。2008年2月29日不发火地面全部浇筑完成,开始生产准备工作。在市环保局批复槽车装卸站试运行后,2008年3月17日开始LNG槽车的卸液工作,3月18日上海五号沟液化天然气(LNG)事故备用站扩建工程槽车装卸站投运。

码头工程施工先后获得上海市水务局行政许可和上海市港口管理局施工许可。码头工程开工始于2007年6月25日引桥打桩。码头水工工程于2008年7月25日完成中间交工验收。9月1日完成码头卸料臂、登船梯单机调试。在码头工程通过消防验收、市环保局和市港口管理局同意码头工程试运行、市交通运输和港口管理局试运行期间从事LNG港口作业批复、海事局散装液态危险货物船舶作业单位备案证明及市港口局同意"阳箭"轮临时停靠五号沟LNG码头等投运条件后,11月15日来自马来西亚的首船LNG船顺利停靠五号沟LNG码头,LNG事故备用站扩建工程竣工投运。11月16日举行工程建成投运仪式,市人大常委会副主任周禹鹏出席。

LNG事故气源备用站扩建工程中槽车装卸区于2008年4月8日率先通过消防验收。陆域工程于11月14日通过消防验收。扩建工程自2009年6月起先后通过市卫生局、市安监局、市环保局、市消防局、市城市建设档案馆有关职业病防护设施、安全设施、环保设施、消防设施、竣工档案等专项竣工验收。码头工程于2009年8月25日通过市交通运输和港口管理局验收,获得港口工程竣工验收证书。

五号沟LNG储备站扩建工程采用国际先进技术、先进设计方式(三维工艺管道PID图)和先进的管理模式,扩建后的五号沟LNG储备站功能齐全,既有液化和气化输出功能,又有接收车载液化天然气、船运液化天然气气化外输、应急储备和调峰等功能,并在川气、上海液化天然气项目的天然气抵沪之前发挥补充气源的作用。该工程建成投运,储气规模达12万立方米,使上海天然气事故应急保障能力由2天提高至10天左右。

四、上海白鹤加压站工程

上海白鹤加压站工程是上海市天然气主干管网工程调整项目之一,是为确保上海市天然气安全、稳定供应,解决天然气管网系统的调峰问题而确定的建设项目,被列入2006年市政重大工程。

由于"西气"供气压力小于"上海市天然气主干网系统规划"所要求的6.0兆帕,致使上海已建成的郊环线100多公里6.0兆帕高压天然气管道的储气能力无法发挥作用。建设白鹤加压站,将西气东输的天然气由来气压力4.0兆帕加压到6.0兆帕,进入郊环线高压管网(约168公里,DN800),发挥高压管网储气调峰能力(6.0兆帕高压管网的调峰能力可增加$170×10^4$立方米),同时采用高压球罐和LNG气化站等手段联合调峰,能解决上海市2008年前天然气调峰问题。

2005年8月31日可行性研究报告获市建交委批复后,项目先后通过市消防局设计方案审核、市环保局环境影响报告审批。2005年11月7日、2006年4月24日、9月8日先后取得市规划局"一书二证"——《建设项目选址意见书》"建设用地规划许可证""建设工程规划许可证"。

鉴于当时国内只有中国石油天然气管道工程有限公司承担过此类加压站工程的设计,上海岩土工程勘察设计研究院通过公开招标已在主干网工程中承担勘察任务,上海市建设工程招标投标管理办公室同意直接发包。由于八方建设集团有限公司、上海市安装工程有限公司和上海化工工程监理有限公司是白鹤首站的原施工方,故上海市工程设备监理招标投标中心和上海市工程设备监理招标投标中心同意工程勘察、施工和监理续标,完成招投标在市招标投标管理办公室备案。

2005年7月1日上海白鹤加压站工程初步设计上报燃气集团,经市建交委科技委组织专家评审,2006年1月25日市建委批复白鹤加压站工程初步设计,设计规模进站压力4.0兆帕,出站压力6.0兆帕,最大加压能力37万立方米/时;设三台压缩机组,并视上游来气量采用"一用两备"和"两用一备"两种方案,最大轴功率2 680千瓦。该项目新征地用地面积8 256.8平方米,总投资为1.7亿元。

为确保加压站在2006年冬高峰发挥作用,必须在2006年3月下旬开工土建,为此管网公司于2006年3月16日在白鹤首站现场邀请市规划局市政规划管理处、市消防局建审处、市安监局监督管理一处、市市政局规划处、市房地局、市技监局特种设备监查处以及市建筑建材业受理服务中心、市建设工程安质监总站和公用事业分站、市卫生监督所等相关职能部门,就工程内容以及开工准备工作进行专题汇报,随后向上海市规划局监督检查处提出放样复验申请,为加压站土建开工符合建设程序规范创造条件。2006年4月30日施工图审查合格,2006年9月9日获得上海市建筑业管理办公室施工许可。经过参加单位的共同努力,2006年12月27日白鹤加压站建成投运,实现年内开工、年内投运的目标。

加压站项目整个建设过程规范运作,证照齐全。2006年11月29日白鹤加压站项目防雷设施率先通过上海市气象局竣工验收,紧接着消防、环保、卫生设施、档案、规划等竣工验收相继完成,2008年12月29日白鹤加压站工程举行竣工验收备案会,会后完成市市政局竣工验收备案。

白鹤加压站工程在当时国内所有城市燃气项目中占据"三最",即最高运行电压4 160千伏,最大电机功率2 680千瓦,最高出站压力5.8兆帕,实现当时国内首例变频电驱动压缩机在城市燃气工程中应用,发挥出6.0兆帕高压燃气管线应具有的作用,增加主干管网的调峰及储气能力,解决城市燃气小时调峰的部分矛盾。

五、上海市天然气主干管网二期工程

根据《上海市天然气主干管网系统规划(修编)》,上海市天然气主干管网二期工程是上海市天然气主干管网的重要组成部分,是对天然气主干管网系统的完善,为天然气用气市场的发展提供有力保障。工程分为2009—2010年项目和G15、G50及嘉松公路段项目两大部分,主要包含"川气东送"天然气主干线A15段(A30—虹梅南路)及华阳清管站、车墩高压站等场站;"西气二线"天然气主干线及金卫首站等场站;上海石化专线及上海石化站;"川气东送"天然气主干线A5、嘉松公路段(A15—A9)及华新清管站;与上海天然气主干管网应急响应系统配套的应急抢修基地。

2010年3月10日,上海市发展和改革委员会核准批复上海市天然气主干管网二期工程(2009—2010年项目)立项。2011年6月21日,上海市城乡建设和交通委员会同意上海市天然气主干管网二期工程(2009—2010年项目)初步设计批复。其中"川气东送"管线工程于2011年12月13日取得规划许可证、"西气二线"与"上海石化专线"于2011年10月14日取得规划许可证。金卫首站、车墩调压站、华阳清管站分别于2011年11月10日、2012年5月22日、2012年6月12日取得规划许可证。管线工程分为2个标段,于2011年12月29日取得施工许可证,场站工程于2012年4月1日及2012年7月2日取得施工许可证。二期工程2009—2010年项目被列2009—2010年市重大工程项目,总投资约12.06亿元。

二期工程2009—2010年项目管线施工单位为上海市安装工程有限公司、上海煤气第二管线工程有限公司;管线监理单位为上海电力监理咨询有限公司;场站施工单位为上海市安装工程有限公司,场站监理单位为上海化工工程监理有限公司,设计单位为上海燃气工程设计研究有限公司和中国市政工程西南设计研究总院,勘察单位为上海岩土工程勘察设计研究院有限公司。

"川气东送"管线工程分为2个标段,全长约31公里,设置5座阀室。其中1标段自大港门站沿A15高速公路绿化带向东至车墩调压站,设计压力等级为4.0兆帕,管径为DN800,长度约17.8公里。2标段自车墩调压站沿A15高速公路绿化带向东至虹梅南路,设计压力等级为1.6兆帕,管径为DN800,长度约13.2公里。车墩调压站设计规模为6亿立方米/年,占地面积约1.4万平方米,具有接收清管/管道内检测装置的功能,负责将4.0兆帕高压天然气降压至1.6兆帕,并敷设1.6兆帕天然气管继续向东送至闵行虹梅路地区。华阳清管站占地面积约1.5万平方米,该站负责进行清管和管道腐蚀监控,除具备清管功能外,还将天然气分输至两个不同的方向:向北至沪宁高速公路方向,向东至车墩调压站方向。

"西气二线"管线工程自金卫首站接出,沿金石公路东侧向南至杭金高速公路,再沿杭金高速公路北侧,向东北至A4—A6立交,并沿A6高速公路西南侧的规划绿化带折向西北,与该处现有6.0兆帕超高压天然气管线预留口相接。设计压力等级为6.0兆帕,管径为DN800,长度约2公里,设置阀室1座。金卫首站为"西气二线"气源枢纽站,设计规模为20亿立方米/年,占地面积约3.04万平方米,主要功能包含接收、过滤、计量、加压、调压及流量控制等。

"上海石化专线"自"西气二线"主干线的金石公路、杭金高速公路管线阀室接出,沿金石公路东侧向南至上海石化厂区内的上海石化站。设计压力等级为6.0兆帕,管径为DN500,管线全长约5.1公里,设置阀井1座。

二期工程G15、G50及嘉松公路段项目管线施工单位为上海电力安装第二工程公司,管线监理单位为上海宝钢建设监理有限公司,场站施工单位为上海市安装工程有限公司,场站监理单位为上海化工工程监理有限公司,设计单位为上海燃气工程设计研究有限公司与中国市政工程西南设计研究总院,勘察单位为上海岩土工程勘察设计研究院有限公司。

二期工程G15、G50及嘉松公路段项目建设内容所包含的管线工程、华新清管站及应急抢修基地分别于2010年12月15日、2014年10月27日、2011年12月13日取得规划许可证。管线工程分别于2012年8月9日及2013年4月17日取得2个标段的施工许可证,场站工程于2012年4月

1日取得施工许可证。

二期工程G15、G50及嘉松公路段项目被列入2010—2011年市重大工程项目,总投资约8.1亿元。G15、G50及嘉松公路段管线施工分为2个标段,管线自S32/G15公路西侧的华阳清管站引出,沿G15向北至G50,沿G50向西至嘉松公路,然后沿嘉松公路向北至G2,与G2南侧现状高压天然气管(4.0兆帕)接通,全长约37.8公里,设计压力为4.0兆帕,管径DN800,设置5座阀室。华新清管站,占地面积约2964平方米,建筑面积为97平方米,设计压力4.0兆帕,基本工艺流程为线路切断、接收或发送清管器、检测等。与上海天然气主干管网应急响应系统配套的应急抢修基地,占地面积约1.49万平方米,建筑面积3260平方米,包括办公值守用房、大型设备用房、小型设备用房、设备管理间、保安室等。

二期工程管线施工2009年8月28日在松江开工,场站工程于2010年3月18日在金卫首站举行开工典礼,标志着二期工程全面开工。2015年10月15日在上海市建设工程安全质量监督总站全程监督下,召开二期工程竣工验收会,工程质量符合设计要求和相关规范的规定,结构和安全性能及使用功能满足运行要求,达到竣工验收标准,同意通过竣工验收,并于2016年9月通气投运。

在"上海石化专线"施工中采用长距离河道排管应用"人工岛"的新措施。上海石化专线途经纬八路,路西绿带内有3.5万伏变电站、路东绿带内有6家现代企业,动迁难度极大。在规划院和市水务局的支持下,将规划管位放在河道内,由于近3公里的长度,一次穿越根本无法实施,经反复推敲,决定在河中设置人工岛,在岛上拼接管子,采用空管的浮力向两端放开,再从反方向穿越至河底下,一举成功。"人工岛"施工的新措施既节约动迁费用,又开拓规划管位的新思路。

六、崇明岛天然气管道工程

为提高崇明三岛能源保障能力,有效调整能源结构,切实改善人民生活、生产的用能条件,根据《上海市天然气主干管网规划修编(2007—2020年)》和《上海市燃气发展"十二五"规划》,2012年8月2日,上海市发展改革委《关于崇明岛天然气管道工程项目核准的批复》,同意投资建设崇明岛天然气管道工程项目,接收来自江苏南通方向的天然气资源,向崇明供应天然气。

根据《上海市城乡建设和交通委员会关于崇明岛天然气管道工程初步设计的批复》,崇明岛上西起崇明岛规划天然气门站,东至规划过长江南支的天然气主干网崇明清管站,包括主干网超高压管道、崇明电厂专线、陈家镇支线、崇明门站1座、崇明清管站1座以及安全运行配套输配调度系统设施,工程线路全长78.1公里。工程分为干线工程线路部分、干线工程场站部分及电厂专线三部分。压力级制标准:采用崇明岛上主干网调整后的6兆帕压力标准。其中,对电厂供气压力采用主干网标准,对崇明岛其他下游用户采用次高压0.8兆帕压力供气。该工程的建设对崇明岛可接续发展、崇明燃气电厂建设、完善上海市天然气主干管网系统及长三角地区天然气主干管网互通互保有着十分重要的意义。

崇明岛天然气管道工程是2012年度、2013年度上海市重大工程。该工程投资约16亿元,为确保工程的顺利推进,2013年1月31日,由工商银行上海分行和申能集团财务有限公司牵头联合8家单位组成的银团与上海天然气管网有限公司签订崇明岛天然气管道工程12亿元的贷款协议。该工程由上海燃气工程设计研究有限公司、中国市政工程西南设计研究总院两家设计单位联合设计;经招投标,管线工程1~5标施工单位分别为:上海煤气第一管线工程有限公司、上海电力安装第一工程公司、上海煤气第一管线工程有限公司、上海煤气第二管线有限公司、上海市安装工程有限公司;场站土建、安装均由上海市安装工程有限公司施工;管线工程1～3标施工监理由上海宝钢建设监理有限公司负责,5标施工监理由上海化工工程监理有限公司负责,英泰克工程顾问(上海)有限公司承担管线4标和场站的土建、安装施工监理工作。

2012年1月12日,崇明岛天然气管道工程启动,崇明县人民政府发布《关于建立上海天然气主干管网崇明岛管道工程建设联席会议制度的通知》,对该工程的实施提供大力支持。在前期准备中,经多方分工协作,天然气管道沿线施工区域内的居民房屋的搬迁签约和拆除工作顺利推进,截至2013年9月,完成拆迁量约12万平方米,搬迁绿化65万余平方米,包括军缆、电缆、通信光缆、自来水管等大批地下障碍物,及时办理各项行政许可手续,为快速推进施工进度创造有利的条件。

崇明岛管道工程建设中针对崇明土质(流沙层集中,地下水位高,土质不均)情况,建设单位积极探索施工关键技术及新技术的运用。在开沟直埋时,采用沉管法(双面/单面)施工方式,保证恶劣土质下的施工安全和质量;在非开挖现场,通过改善膨润土的配方,成功地解决回拖中最为关键的泥浆护壁问题;在焊接中,全面推广半自动下向焊代替手工焊,平均一次合格率达到99.87%,创管网建设以来历史新高;在现场防腐上,定向钻回拖管道的补口应用光固化保护套新技术。

历经3年的建设,崇明岛天然气管线工程1～4标段于2014年11月20日竣工验收,5标段于2016年10月18日竣工验收;陈家镇支线于2016年10月13日竣工验收;场站工程于2016年10月18日竣工验收。

2017年10月13日,崇明岛天然气管线工程顺利投产,天然气通过如东—崇明输气管道成功进入崇明岛,崇明岛从此结束没有外来管输天然气的历史,这条管道也成为上海燃气"6+1"多气源保障供应格局中的重要战略通道之一。

七、上海五号沟LNG站扩建二期工程

上海五号沟液化天然气站始建于2000年,是国内第一座液化天然气储备站。经过2008年的第一次扩建,拥有1座2万立方米、2座5万立方米的液化天然气储罐和配套设施,以及一个能停靠5万吨级液化天然气船的专用码头。为进一步提高上海天然气安全应急保障和调峰能力、解决天然气阶段性供需矛盾和配合上海天然气交易中心建设,根据《上海市"十二五"燃气发展规划》,2012年1月20日,上海市发改委通过五号沟LNG扩建二期工程项目预可行性研究报告兼项目建议书的请示,2013年4月28日,上海市发改委《关于上海五号沟LNG站扩建二期工程项目核准的批复》,同意建设上海五号沟LNG站扩建二期工程。

根据《上海市城乡建设和管理委员会关于上海五号沟LNG站扩建二期工程初步设计的批复》,该工程总投资12亿元,包含新建2座10万立方米的液化天然气储罐及高压泵、高压气化器、压缩机、槽车装卸车撬、调压计量站等附属设施。项目建成后,五号沟液化天然气站储存能力将从12万立方米增加到32万立方米,应急供应城市燃气的能力增加至15天。

上海五号沟LNG站扩建二期工程通过公开招投标方式,确定工程设计、勘察、施工、监理、采购等工作的合作单位。项目初步设计及详细设计等由中国寰球工程公司负责;桩基施工由上海市机械施工集团有限公司负责;项目安装及土建施工由上海市安装工程公司和上海电力建筑工程公司组成的联合体负责;上海化工工程监理有限公司负责土建施工(包括桩基施工)的监理工作;英泰克工程咨询公司负责安装施工的监理工作;其中,法利投资(上海)有限公司的9%Ni钢焊接专家作为安装监理聘请的顾问参与项目;勘察由上海岩土工程勘察设计研究院有限公司负责。

2014年5月，上海五号沟LNG站扩建二期工程开始第一根储罐桩基的灌注，标志着该工程动工。2014年12月，由992根桩组成的储罐桩基施工完成。2015年12月，储罐顺利气吹升顶，9%Ni钢板焊接拼装、膨胀珍珠岩填充、设备安装、新老管道镶接等，一个个工程难点被攻破，2017年6月，项目整体机械完工。槽车橇施工在2015年实现当年打桩、当年完成设备安装、调试的进度目标。2017年9月22日，召开质量竣工验收会议，上海市安质监总站及各参建单位参与，经现场抽查，验收小组同意该项目通过验收。2018年5月4日，扩建二期工程试生产方案通过上海市及浦东新区安全生产监督管理局专家审核，投入试运行。

该项目采用E（设计）—P（采购）—C（施工）+PMC（项目管理顾问）的全独立项目管理模式，在国内液化天然气工程建设史上开创业主全独立、全过程进行项目管理的探索先河。

上海五号沟LNG站扩建二期工程获《2017年度上海市建设工程"白玉兰"奖（市优质工程）》，建设过程中采用对混凝土配合比进行优化的"双掺"技术；储罐承台采取分块跳仓、斜面分层的浇筑方式；内罐横焊埋弧自动焊（采用交流方波电源）、立焊气体保护焊、角焊缝埋弧自动焊、自动打磨机等工艺和双层壁板同步施工工法，实现扩建二期工程"安全、优质、准点、高效"目标。

八、上海市天然气主干管网临港—上海化工区天然气管道工程

为完善上海市天然气主干管网，提高上海化工区用户的供气可靠性，满足沿线区域天然气用气市场发展的需要，根据《上海市天然气主干管网系统规划修编（2007—2020年）》和《上海市燃气发展"十二五"规划》，2016年8月24日，上海市发改委《天然气主干管网临港—上海化工区天然气管道工程项目核准的批复》同意建设临港—上海化工区天然气管道工程，该工程的建设将进一步提高天然气主干网运行稳定性和供应能力；加强上海化工区用户的供气安全性；满足临港—上海化工区沿线区域用户用气需求。

上海化工区所需天然气接自上海天然气主干网6.0兆帕超高压天然气管道，自G15公路北侧6.0兆帕超高压天然气主干管网接出，经庄胡公路管道单线供气。按照《上海市天然气主干管网临港—上海化工区天然气管道工程初步设计》，干线管道始自临港首站，经6.0兆帕超高压天然气管道送至上海化工区，成为进口LNG气源进入上海天然气主干管网向化工区管网供气的另一通道，该工程包括化工区清管站、临港门站（原临港首站）清管单元及7座阀室，6.0兆帕、管径DN800超高压天然气管道总长40.93公里，以及输配调度系统等，工程投资约17亿元。

经公开招投标，该项目由上海燃气工程设计研究有限公司和中国市政工程西南设计研究总院有限公司联合设计，监理单位为英泰克工程顾问（上海）有限公司，1标段施工单位为上海市安装工程集团有限公司，2标段施工单位为上海煤气第一管线工程有限公司，3标段施工单位为河北省安装工程有限公司。

该项目于2016年7月13日召集设计、勘察、测绘、物探等相关单位召开前期工作启动大会，经过抗震评审等工作，2017年1月获市住建委初步设计批复。在奉贤区政府及相关职能部门的大力支持下，工程前期动拆迁、施工借地等相关事宜得到有序推进。2017年9月至11月，项目各标段先后取得施工许可证，标志着"临港—上海化工区天然气管道工程"开工。截至2018年5月底，管道累计敷设17.1公里，完成42%。3个标段拍片累计平均一次合格率为99.45%，防腐补口剥离强度经监理平行检验全部合格，监理组织参建各方进行隐蔽前的联合验收及分项、分部工程报验审批，结果合格。

九、上海市天然气主干管网崇明岛—长兴岛—浦东新区五号沟 LNG 站管道工程

上海市天然气主干管网一期工程建成投运后,实现上海市"西气东输"天然气和东海天然气东西互补的双气源供应格局,初步形成"东西互补、南北贯通、两环相连"的主干管网系统。2007 年起,根据《上海市天然气主干管网系统规划修编(2007—2020 年)》,上海市天然气主干管网二期工程、崇明岛管道工程等相继完成投运。为实现《上海市燃气发展"十二五"规划》提出的长三角地区天然气主干管网互联互通,形成"规划互动、管网互通、标准互认、资源互补、保障互助、信息互享"的互助合作模式,2016 年 5 月 6 日,上海市发改委《关于上海市天然气主干管网崇明岛—长兴岛—浦东新区五号沟 LNG 站管道工程项目的核准批复》,同意由上海天然气管网有限公司负责实施该项目建设。崇明岛—长兴岛—五号沟 LNG 站管线工程项目的实施,将对崇明岛、长兴岛和浦东新区经济及市场发展、崇明燃电厂安全供气、完善上海市天然气主干管网系统及长三角区域天然气的安全供应有着十分重要的意义,更能为崇明岛、长兴岛生态岛的实现奠定基础。

根据《上海市天然气主干管网崇明岛—长兴岛—浦东新区五号沟 LNG 站管道工程初步设计》,该项目投资约 18.3 亿元,主要分隧道工程、线路工程和场站工程,天然气管线自崇明岛南岸崇明清管站开始,沿 G40 沪陕高速敷设经长兴岛至浦东新区五号沟 LNG 站。长江江域以盾构施工形成隧道,并在隧道内敷设钢管,隧道工程总长 15.2 公里,分为 A、B 两线,内径均为 Ø3 400 毫米。隧道 A 线为长兴岛北过江井(始发)至崇明岛过江井,隧道长 8.2 公里;隧道 B 线为浦东曹路过江井(始发)至长兴岛南过江井,隧道长 7.0 公里。天然气管线工程敷设 6.0 兆帕,DN800 的超高压天然气管道,总长 24.55 公里,包括主线工程和支线工程,主线工程长度约 24.5 公里,其中陆域管线工程长约 9.3 公里,隧道内管线工程长约 15.2 公里,支线工程长度约 0.05 公里。场站工程包括崇明过江井单元、长兴清管站、长兴过江井站、曹路过江井站、长兴调压计量单元、五号沟 LNG 站清管单元。

经招投标,本工程由上海市隧道工程轨道交通设计研究院负责隧道工程设计,由上海燃气工程设计研究有限公司负责天然气管线工程设计,中国市政工程西南设计研究总院有限公司负责场站工程设计及 DMS/SCADA 系统设计。隧道 A 线施工由上海市安装工程集团有限公司和上海市机械施工集团有限公司联合施工,监理单位为上海浦桥工程建设管理有限公司;隧道 B 线施工单位为河北省安装工程有限公司和上海市基础工程集团有限公司,监理单位为英泰克工程顾问(上海)有限公司。

2017 年 12 月至 2018 年 2 月,该工程先后取得隧道 A、B 线过江井(始发)施工许可证,并列入 2018 上海市重大工程项目。

为确保该工程的有序推进,上海天然气管网有限公司在项目前期组织"小直径长距离天然气管道过江隧道关键技术突破性研究"课题,针对盾构选型及针对性配置、长距离小口径隧道内天然气管道防腐及应力分析、管道变形监测及预警、隧道安全高效施工关键技术、小直径长距离隧道内焊接烟尘处理专项技术等开展专题研究。

十、上海市天然气主干管网五号沟 LNG 站—临港首站天然气管道工程

根据《上海市天然气主干管网系统规划》和《上海市天然气主干管网系统规划修编(2007—2020

年)》,上海市天然气主干网一期、二期和崇明陆域工程已建成投运,初步形成"基本覆盖全市、管网互通、多气源互补"的天然气主干网络系统。

为进一步完善上海市天然气主干管网布局,提高管网系统输配能力及供气安全性、改善管网压力工况,使全市6.0兆帕天然气管网呈环状布局,同时连通江苏省天然气主干网和上海市LNG,实现"互联互保",上海燃气(集团)有限公司自2011年下半年开始启动《五号沟LNG站至临港首站6.0兆帕天然气管道规划方案研究》。2016年10月11日,上海市人民政府核发《关于同意〈上海市天然气主干管网五号沟LNG站至临港首站天然气管道工程专项规划〉的批复》,2017年8月8日,上海市发改委《关于上海市天然气主于管网五号沟LNG站——临港天然气管道工程项目核准的批复》,同意建设上海市天然气主干管网五号沟LNG站至临港天然气管道工程,项目建设单位为上海天然气管网有限公司。

该工程总投资约27.7亿元。管道起自浦东新区五号沟LNG站,出站后沿巨峰路北侧、G1501、南芦公路南侧、泐马河西侧、D2路北侧、妙香路西侧敷设至临港门站,管道设计压力6.0兆帕,管径DN800,长度约54公里。场站工程包括盐仓调压站及临港门站二期单元。配套设施包括8座线路阀室及SCADA系统和相关辅助设施。

2018年2月,该项目1标段已完成招投标,设计单位为上海燃气工程设计研究有限公司、中国市政工程西南设计研究总院有限公司;施工单位为黑龙江省建筑安装集团有限公司;监理单位为上海化工工程监理有限公司。

第三节 区域性销售公司管网建设

一、道路管网新建和改造

1995年9月25日,经国务院批准,国家计划委员会下发《关于审批东海天然气早期开采供应上海城市燃气工程(下游部分)可行性研究报告的请示通知》,批准浦东地区天然气管网建设工程。到1999年这段时期,虽然还处于人工煤气供应阶段,但为迎接东海天然气的到来,浦东地区天然气管网进入高速建设期。这期间建设的道路主干管道项目有:浦东北路、航津路DN500钢管、杨高路(航津路—环南大道)DN500钢管、龙东大道(杨高路—川沙门站)DN500钢管、沪南公路(龙东大道—北蔡门站)、罗山路(龙东大道—杨高路)等,另外这些主干道路周边的管网配套建设也进入快速通道。

1998年年初,浦东地区开始进行涉及天然气转换项目的管网改造工程,主要有:杨高路、龙东大道、沪南公路、罗山路沿线的DN500钢质管道改造工程;浦东大道、浦东南路、成山路人工煤气出厂管道沿线中压联通管和切断阀工程;78公里低压承插式管道改造工程;北蔡、花木地区液化气用户管道工程,至1999年4月上述工程基本结束。截至1999年年底,浦东地区人工煤气管道长度共3 739.78公里,天然气管道长度共859.78公里。

从1999年4月在沪南公路沿线御桥花园开始第一个小区天然气转换,至2000年9月底,浦东地区实现全天然气化。2000年年底,天然气通过过江管登陆浦西地区,拉开浦西地区天然气发展的序幕。

2001—2005年,浦西地区主要对原有煤气管网进行完善与连通,中心城区包括徐汇区、静安区、卢湾区、黄浦区和长宁区内老旧煤气管道设施进行更新及相邻管道进行区域连通。中环线等市政道路建设配合更新改造等工程纷纷投建,杨浦新江湾城和嘉定安亭汽车城等区域性的城市建设启动,促使配套的燃气管网迅速发展起来。同时,浦东地区全天然气化后,为改善和加强燃气管网输配输送系统,浦东地区开始进入天然气管网稳定建设阶段。"十五"期间,全市共新建和更新地下燃气管网2 438.28公里。

2006—2010年,上海轨道交通线路开始大规模发展,仅2006年至2008年就有70多项配合轨道交通工程燃气管线进行搬迁和复位。同时城市房地产发展迅猛,城市规划突飞猛进,宝山工业园区、嘉定新城等区域性城市建设逐渐呈现规模,燃气管网发展也同步跟进;城市中心区包括北外滩、苏州河沿岸改造等项目的建设也纷纷启动,尤其是上海世博会的举行,促进市政道路以及小区的更新改造加速进行,浦西地区天然气转换工作也以极快的速度发展。在这一时期,浦东地区也加快燃气管网建设,主要建成的燃气管道有:川沙路(龙东大道—上川路)主干管、上川路巨峰路(川沙路—杨高北路)主干管、华夏路(北蔡门站—罗山路东)主干管、张江金科路科苑路等主干管、高科西路雪野路世博专线管、航津路嘉里油脂专线管。"十一五"期间,全市共新建和更新地下燃气管网3 931.37公里。

2011—2015年,浦西地区随着天然气转换的加速,用户数量发展迅猛,而天然气管网则在人工煤气管网的基础上不断进行着延伸。由于供气方式的变化,原本"制气厂+储罐"模式逐渐转变为"调压站+管道贮气",而人工煤气与天然气气质的差异,特别是干、湿气的变化,使得旧管网与新气源间的矛盾日益突出,老式管道材质和连接方式出现大量的安全隐患,为保障输配系统安全可靠地服务市民,新的管道工程以对旧式承插管改造和老旧小区的支管改造为重点。在这一时期,浦东地区金藏路美亚金桥专线管也建成投运。2015年,随着最后一批天然气转换工作的完成,浦西地区天然气管网全面建成,上海实现全天然气化,人工煤气退出历史舞台。"十二五"期间,全市共新建和改造地下燃气管网3 272.18公里。

2016—2017年年底,为缓解天然气供应能力的区域化差异,浦西地区主要新建西虹桥、大宁、真如高中压调压站来改善天然气供应情况,同时引入建设智慧管网的概念,在大数据基础上对于地下管网推行全生命周期管理。浦东地区也新建中环路(龙东大道—杨高北路)主干管线和唐龙路顾唐路主干管线,使得管网结构更趋合理。2016年至2017年年底,全市共新建和改造地下燃气管网908.1公里。

二、清洁能源替换及分布式供能发展项目

随着中国雾霾污染的大范围持续爆发,环境空气质量的改善已经成为政府和人民关心的重大社会问题。天然气作为清洁能源,颇受市场青睐,随着上海天然气供应逐步充沛,市政府也将加快天然气大型设备应用,以及清洁能源替代作为重点工作来加以推进。上海燃气的清洁能源替代项目主要包括燃煤(重油)锅炉清洁能源替代(煤改气)、燃气空调发展以及分布式供能发展。

【燃煤(重油)锅炉清洁能源替代(煤改气)】

上海市燃煤锅炉清洁能源替代工作起步于1999—2000年前后,处于"九五"和"十五"之间承前启后的阶段。当时,由于能源消费总量持续攀升、煤炭比重过高、燃煤锅炉量大面广、大气污染物排放体量巨大等原因以及西气东输工程的启动,为上海清洁能源替代工作的启动提供有利条件。

表 3-3-1 2000 年上海市燃煤锅炉分布情况表

分布区域	≤4 吨蒸汽/小时	>4 吨蒸汽/小时	合　计	区域面积（平方公里）	分布密度（台/平方公里）
内环线以内	552	69	621	100	6.2
内外环之间	925	131	1 056	580	1.8
外环线以外	2 022	127	2 149	5 660	0.4
合　计	3 499	327	3 826	6 340	0.6

1999 年上海市首先在卢湾区、黄浦区开展区域内的燃煤小炉灶清洁能源替代工作试点，经过试点后把小炉灶的清洁能源替代工作推广到整个中心城区。2001 年，上海市经济和信息化委员会和上海市环境保护局共同制定并发布《上海市经委、市环保局关于上海市燃煤锅炉及工业炉窑改清洁能源实施办法的通知》，标志着上海市锅炉清洁能源替代工作的全面启动。同年，上海市环境保护局出台《关于 2001 年燃煤锅炉清洁能源替代专项资金发放的通知》，规定燃煤锅炉清洁能源替代的补贴标准和条件。2002 年，上海市环境保护局出台《上海市"基本无燃煤区"区划和实施方案》，划定燃煤锅炉清洁能源替代的区域范围。

虽然上海市燃煤锅炉清洁能源替代政策一直在持续推进，但由于替代工作推进时间和天然气管网建设时间不同步、清洁能源使用成本较高、政策锁定范围以外燃煤锅炉增势明显等原因，进度相对缓慢。"十二五"初期，随着上海及周边区域灰霾污染的持续爆发，社会和公众对改善大气环境质量的呼声日益高涨，工业污染治理则是重中之重。由于此时上海市锅炉数量依然巨大，新一轮清洁能源替代工作在上海市全面推进。

2012 年，上海市政府转发市发展改革委、市环保局等 6 委办联合制定的《上海市燃煤（重油）锅炉清洁能源替代工作方案》和《上海市燃煤（重油）锅炉清洁能源替代专项资金扶持办法》，新一轮清洁能源替代工作全面启动。同年，上海市政府通过《上海市"无燃煤区""基本无燃煤区"区划和实施方案（2011—2015 年）》，为清洁能源替代工作提供政策支撑。2013 年，上海市政府颁发《关于进一步加大力度推进燃煤（重油）锅炉和窑炉清洁能源替代工作的实施意见》和《上海市清洁空气行动计划（2013—2017）》，将锅炉清洁能源替代的范围扩展到全市，并将时间节点提前到 2015 年年底。为推进燃煤清洁能源替代工作，上海市成立由市发展改革委、市经济信息委、市环保局、市财政局、市建设交通委、市质量技监局等部门组成的"上海市燃煤（重油）锅炉清洁能源替代工作小组"。市级主要推进部门落实在市经济信息化委，建立市清洁能源替代推进办公室。上海燃煤锅炉清洁能源替代项目经过 2013—2015 年 3 年奋战，全市完成 5 153 台锅炉、窑炉清洁能源替代、关停，其中，煤改气锅炉占 25%。"十二五"期间，燃气集团全面完成上海市分散燃煤（重油）锅炉的天然气替代任务，实施锅炉替代近 3 000 蒸吨，清洁能源替代取得明显成效。2015 年，上海印发《加快推进上海市热电联产燃煤锅炉清洁能源替代工作的实施方案》，要求到 2017 年年底，上海市集中供热和热电联产燃煤（重油）锅炉全面完成清洁能源替代工作。按照市政府确定的集中供热和热电联产燃煤锅炉清洁替代节点目标，上海燃气克服用户方案拖、施工周期紧、多头协调难等困难，2017 年全面完成燃气配套项目建设任务，张江热力、金联热力等提前通气，其余项目按期投运或具备通气条件。集中供热替代的完成，为市场增量压实仓底，也进一步优化上海燃气天然气市场结构。

【燃气空调发展】

燃气空调是指以天然气、液化石油气、人工煤气等燃气作为能源提供制冷、采暖、卫生热水等的空调设备及空调系统,其具备促进环境保护、提高一次性能源利用效率、维护费用低、综合利用率高、利于燃气峰谷平衡的优点。1994年,当时的上海煤气公司决定对少数单位试行推广燃气空调,煤气公司大楼、小东门车灯公司等4家单位首批用上燃气空调。1997年,随着石洞口煤气厂和上海焦化厂三联供的建成投产,上海城市煤气开始出现供大于求的局面,上海开始大力推广使用燃气空调,有关部门制定方针政策,鼓励推广使用燃气空调。1999年,东海天然气开始供应上海,为上海燃气空调的发展带来新的机遇,东方医院、通用汽车公司、浦东国际机场、国际会议中心等都在使用天然气空调。截至2000年,上海共发展燃气空调172台,其中人工煤气101台,天然气71台。1999年至2003年,上海的能源需求增长31%,上海年用电最高负荷从901万千瓦增长至1362万千瓦。2004年,上海最高电力负荷达到1600万千瓦,缺口达到400万千瓦。发展燃气空调,对夏季电力高峰和燃气低谷起到削峰填谷的作用,使全年电力和燃气的负荷趋于均匀化,有利于能源的合理使用,而且机组不使用氟利昂作制冷剂,也有利于环境保护。同时,2004年"西气东输"工程开始向上海供气,为发展燃气空调提供契机。2004年至2013年,上海市政府也先后出台一系列规划、资金扶持政策,鼓励发展燃气空调。截至2014年年底,上海市共有燃气空调项目479个,共计1402台,总制冷量1720582千瓦。2015—2017年,上海共建成通气燃气空调项目17个,共计31台,总制冷量62481千瓦。2017年,上海市政府办公厅转发市发展改革委等五部门制定的《上海市天然气分布式供能系统和燃气空调发展专项扶持办法》的通知,对发展燃气空调进行进一步扶持。

【天然气分布式供能系统发展】

天然气分布式能源系统适用于具有多种能源需求,能源消费量大且集中的地区,以及对供电安全要求较高的单位,这些用户组织性强,便于集中控制和管理,用电、用冷(热)负荷时间长,产生的效益较高,有利于资金回收,也利于发挥天然气分布式能源系统清洁、高效、可靠性高的优点。随着中国油气体制改革和电力体制改革的进一步推广,天然气分布式能源的发展前景愈发明朗,其主要有提高能源整体利用效率、减少环保压力、缓解夏季电力供需矛盾、降低运行管理投入等特点。

上海市天然气分布式供能系统的发展开始于1998年,在上海市经济委员会的支持下,当年上海第一个分布式供能系统项目——黄浦区中心医院天然气分布式供能系统投入运行。此后的发展过程中,分布式能源系统大体上走三大步:第一步是单体的楼宇型项目,走十多年,项目总体规模小,但是影响较大,积累可贵的经验;第二步是从2013年开始以办公、行政为主的区域型项目建设阶段;第三步是2015年开始的工业单体型项目建设。

上海政府对天然气分布式供能项目发展也提供大力支持,2004年9月上海市人民政府办公厅转发《关于上海市鼓励发展燃气空调和分布式能源意见的通知》,为第一轮扶持政策,初始装机补贴700元/千瓦,并由上海市发改委会同市建设交通委、市财政局、市经信委、市科委成立"上海市推进燃气空调和分布式供能系统发展工作小组",下设办公室(简称推进办)负责日常工作;2005年,颁布《分布式供能系统工程技术规程(试行)》,为业内第一份行业规范,随后两次进行修订;2008年11月上海市人民政府办公厅转发《上海市分布式供能系统和燃气空调发展专项扶持办法》,为第二轮扶持政策,初始装机补贴1000元/千瓦;2013年3月上海市人民政府办公厅转发《上海市分布式供能系统和燃气空调发展专项扶持办法》，为第三轮扶持政策，初始装机补贴3 000元/千瓦；2015年，上海物价局发布《上海市关于调整上海市天然气发电上网电价的通知》，确定上海天然气分布式能源上网电价为0.726元/千瓦时；2017年，上海市人民政府办公厅转发市发展改革委等五部门制定的《上海市天然气分布式供能系统和燃气空调发展专项扶持办法》的通知，将初始装机补贴提高到3 500元/千瓦。

截至2017年，上海共建成天然气分布式供能项目54个，覆盖医院、办公、宾馆、工厂和交通枢纽、商务区、旅游、会展中心等多个行业。

表3-3-2　2017年上海天然气分布式供能项目情况表

序号	项　目　名　称	装机容量（千瓦）	投运时间（年）	运行状况
1	黄浦区中心医院	1×1 000	1998	停用
2	浦东机场	1×4 000	2000	
3	上海舒雅健康休闲中心	2×168	2002	停用
4	上海理工大学	1×60	2003	教学试验
5	天庭大酒店（上海盛枫实业有限公司）	1×357	2004	停用
6	上海交通大学紫竹院	2×30	2004	教学试验
7	金桥联合发展有限公司	1×315	2004	停用
8	华夏宾馆	2×240	2005	
9	上海英格索兰压缩机公司	1×250	2005	停用
10	上海老港垃圾填埋场（一期）	5×50	2005	停用
11	奥特斯（中国）有限公司	1×1 160	2006	停用
12	上海航天能源有限公司	1×60	2006	
13	闵行区中心医院	1×350	2007	
14	东海啤酒厂	1×80	2007	
15	同济大学汽车学院	1×100	2008	
16	同济医院	2×250	2008	停用
17	中国电力投资集团公司高级培训中心	1×250	2008	停用
18	上海老港再生能源有限公司	2×1 250	2008	
		2×1 300	2010	
		7×1 406	2011	
19	上海燃气市北销售公司	1×65		停用
20	中国船舶重工711所	453	2008	
21	上海齐耀动力技术有限公司	1×50	2010	
22	花园饭店	1×350	2009	
23	仁济医院（西院）	1×350	2009	

〔续表〕

序号	项目名称	装机容量(千瓦)	投运时间(年)	运行状况
24	上海世博土地控股有限公司	1×50	2010	
25	申能集团	1×200	2010	
26	上海航天大厦酒店管理有限公司	2×65	2011	
27	虹桥商务区公共事务中心大厦	2×227	2011	
28	第一人民医院松江分院	3×65	2011	
29	仁济医院南院	2×232	2012	
30	虹桥商务区能源中心(一期)	8×1 400	2013	
31	第六人民医院南院	1×357	2013	
32	上海申能能源服务有限公司(浦东医院)	1×800	2013	
33	瑞金医院北院	1×334	2013	
34	东方医院南院	1×232	2013	
35	上海申能能源服务有限公司(一妇婴)	1×600	2013	
36	国际旅游度假区	5×4 400	2014	
37	上海航天技术研究院	2×130	2014	
38	诺华(中国)生物医学研究有限公司	3×3 560	2014	
39	上海竹惠五金制品有限公司	1×520	2015	
40	中国博览会展综合体(北块)	6×4 400	—	
41	上海老港工业区	5×2 000	2015	
42	世博B片区能源中心	2×3 350	—	
43	上海华电集科分布式能源有限公司	5×4 000	2015	
		1×2 000		
44	上海科技大学能源中心	3×4 400	2015	
45	上海航天设备制造总厂	1×1 084	2015	
46	华能上海大厦	2×400	2015	
47	闸北电厂	2×10 136	2016	
48	上海中心大厦	2×1 160	2016	
49	上海大众汽车厂	4×6 630	2016	
50	上海国际汽车城研发科技港	2×800	2016	
51	上海通益置业有限公司	2×2 771	2017	
52	上海环川实业投资有限公司	4×4 400	2017	
53	上海卓效能源科技有限公司	4×3 500	2017	
54	复旦大学附属眼耳鼻喉科医院	1×1 000	2017	

第四节 改造工程

一、天然气掺混和改质工程

在上海天然气发展的前期，人工煤气转型主要以生产方式的调整优化为主，制气企业在确保全市人工煤气供应的同时，担负起平衡利用天然气的特殊使命。

天然气入沪初期，由于下游市场尚未形成规模，制气企业成消纳天然气的第一大户。1999年4月起，浦东厂、吴淞厂及上焦厂的天然气掺混和改质工程先后上马，淘汰部分超役使用或污染严重的生产设施。

1999年4月12日，天然气进入浦东煤气厂进行掺混转换，以天然气、低热值煤气——发生炉煤气及水煤气掺混成城市人工煤气，供浦西地区使用。平衡天然气最大量为40万立方米/日，掺混成城市煤气量为200.1万立方米/日，正常热值为15.91兆焦/立方米。

2000年，经市建委批准，上海吴淞煤气制气有限公司采用间歇循环催化裂解制气技术，将5号、6号2台10万立方米/日三筒式重油制气炉改造成天然气改制炉，通过国产含镍催化剂改制天然气生产城市煤气，2001年5月建成投产，单炉生产能力可利用天然气15万立方米/日，达到日产33万立方米改质气，生成的改质气热值在12.14兆焦/立方米～12.98兆焦/立方米之间，单炉气化效率约为83%，掺混后总气化效率达88%左右。2003年，为加快利用天然气，适应东海天然气两期工程扩大供应和西气东输的需要，把1号—4号重油制气炉系统改造成天然气改制生产系统，总投资6580万元，2014年10月投产，吴煤公司燃气生产能力达到210万立方米/日。

至2002年，石洞口、浦东、吴淞和上海焦化厂通过天然气掺混改质生产工艺，使人工煤气的强化生产能力保持在1000万立方米/日的水平以上。

2003年3月，在西气东输到沪、上海燃气行业能源结构调整、平衡利用天然气的背景下，根据上海市建设和管理委员会《关于上海浦东煤气制气有限公司天然气改制工程可行性研究报告的批复》和《关于浦东煤气制气有限公司天然气改质替代水煤气改造工程初步设计的批复》，由上海浦东煤气制气有限公司承担的天然气改质替代水煤气改造工程立项。该项目采用部分氧化（CCR）循环催化改质制气技术的制气装置替代原有的水煤气生产装置，关键技术由奥地利INTEGRAL引进，由中国冶金建设集团鞍山焦化耐火材料设计研究总院负责设计，工程共建有4条生产线，设计总制气能力为120万立方米/日。工程于2003年6月25日开工，分两期建设，2004年1月一期改质工程竣工投运，2004年6月25日二期改质工程投运。工程总投资为7500万元。天然气改质项目建成投运后，每年消纳天然气近1亿立方米，浦煤制气生产人工煤气能力达到230万立方米/日。2012年12月18日焦炉停产至天然气改质项目2015年5月28日停产期间，天然气改制项目独立承担浦煤制气的煤气制气任务。

2009年上海石洞口煤气制气有限公司对原有三条轻油制气生产线进行改造，用天然气作为原料及燃料替代轻油（石脑油），通过原料气的加氢脱硫、混入过热蒸汽、降温分水等工艺，再与改质炉烟气压缩机来的常温烟气及天然气混合后作为城市煤气产品送出装置。2009年11月5日顺利并网，向外供气。

随着天然气的快速发展，从2014年起天然气掺混和改质项目逐步停产，2015年6月5日，浦煤制气公司天然气改制炉生产装置（最后）退出生产序列。

1999—2015年，天然气掺混和改质工程利用天然气32.78亿立方米，在平衡天然气、确保"全天然气"平稳过渡、实现上海燃气能源结构调整中发挥重要作用。

二、轻油制气装置生产代用天然气工程

依据上海市天然气发展规划，为解决西气东输供应上海市之前，东海天然气故障状态下现有备用气源不足的问题，2001年10月24日上海市发展计划委员会下发《关于上海石洞口煤气制气有限公司轻油制气装置生产代用天然气(SNG)工程可行性研究报告的批复》，同意上海石洞口煤气制气有限公司建设轻油制气装置生产代用天然气(SNG)工程。该工程建成后，作为应急气源，与现有的五号沟LNG站共同承担东海平湖天然气发生事故后的天然气供应任务。同时上海市"十五"能源发展重点专项规划也要求抓紧改建石洞口煤气制气有限公司为天然气调峰气源厂。

2002年3月8日该项目初步设计获得上海市建设和管理委员会批复，2002年9月17日上海市城市规划管理局下发项目建设工程规划许可证。

SNG项目是通过增加液化气储存等设施，改造一条轻油制气生产线，将产品煤气中二氧化碳脱除后，掺混液化石油气(LPG)增热，制得的合成天然气特性符合12T标准。项目主要包括：新建2个2 000立方米液化石油气球罐和一套变压吸附装置，改造脱盐水装置、城市煤气装置、仪表空气站、DCS系统等。生产规模为80万立方米/日（除冬季和特高峰外），项目工程概算总投资3 969万元。

项目突出特点是充分发挥公司现有装置的优势，利用制气装置自产的高热值煤气，经脱碳掺混液化生产代用天然气，并且兼顾城市煤气和SNG生产。

该项目工程分4个单位工程：储运罐区、气化掺混及管廊、变压吸附制氢、变压吸附脱碳，于2002年3月12日开工建设，同年8月19日开始加料联动试车，8月21日顺利投产。

代用天然气(SNG)工程的顺利实施，增加上海市天然气应急调峰容量，增强上海市抵御突发事件对能源供应影响的能力，为促进上海燃气安全供应体系作出贡献。

三、石洞口燃气生产和能源储备工程

石洞口燃气生产和能源储备项目是根据上海市能源规划和燃气发展规划，为提高上海市燃气调峰和应急供应能力，促进地方能源储备体系建设而实施的。项目建成后成为集汽油、柴油、液化石油气仓储于一体的综合性能源储备基地，在上海能源安全战略中发挥积极作用，有效提高上海成品油和液化石油气的安全储备和保障供应能力。

2009年11月30日，上海市发改委发布《关于石洞口燃气生产和能源储备项目核准的批复》，同意建设石洞口燃气生产能源储备项目。项目由上海燃气(集团)有限公司投资建设，工程总预算6.79亿元，项目建设由上海石洞口煤气制气有限公司具体实施。2010年4月市建交委批准项目初步设计，2010年5月市港口局下发项目配套码头工程施工许可证，2011年7月市建管办下发项目一期工程"建筑工程施工许可证"，2013年4月市建管办下发项目二期工程"建筑工程施工许可证"。该项目是2010—2014年上海市重大工程。

项目以新建大堤为界，大堤以内为陆域储罐区，由中石化上海工程有限公司设计，大堤以外为配套的危险品码头，由中交第三航务工程勘察设计院有限公司设计。项目利用石煤公司厂区和规

划岸线，扩建一座3万吨级危险品码头，设计年吞吐量191万吨，新建油品储罐19座，总储量为17.5万立方米。项目一次规划分两期实施，一期工程扩建3万吨级危险品码头1座、新建6座1万立方米储罐及配套设施，考虑一期工程投产后安全运行和该区域施工的连贯性，二期工程该区域的全部4座1万立方米、5座0.7万立方米储罐与一期工程同步实施，项目一期工程决算3.96亿元。二期工程新建4座1万立方米内浮顶储罐，并对原有储罐进行改建改造，项目二期工程决算1.41亿元。项目全部建成后，石煤公司油品储罐总容量为26万立方米。

项目内浮顶储罐浮盘采用箱式铝合金浮盘，与常用的筒式浮盘相比，箱式浮盘油品挥发空间小利于节能和环保，结构整体性强稳定性好，不易翻盘，使用寿命长；库区、码头油品计量设施均采用国际先进设备，储罐使用私服液位计，配置由质量流量计、批控仪、气动球阀组成的定量发车（船）系统；项目还开发涵盖仓储经营、仓储生产、财务等业务全过程的库区管理系统。

项目一期配套码头工程施工单位是中交第三航务工程勘察设计院有限公司、上海三航奔腾建设工程有限公司联合体，上海远东水运工程建设监理咨询公司负责码头、引桥、疏浚工程监理，上海译颢工程建设管理有限公司负责安装工程监理。项目一期陆域工程由上海市安装工程集团有限公司负责施工，上海译颢工程建设管理有限公司负责安装施工监理，上海环亚工程咨询监理有限公司负责土建施工监理。项目二期工程由上海市安装工程集团有限公司负责施工，上海申峰工程建设监理有限公司负责施工监理。

2010年5月20日项目一期配套码头工程开工打桩，2011年8月码头水工土建施工结束，2011年11月码头设备安装施工结束。2010年9月10日项目一期陆域工程开工打桩，2011年12月陆域土建施工及储罐罐体、仪表、设备安装结束，2012年4月项目一期工程整体联动调试结束，2012年项目一期工程相继获得市消防局竣工验收批文和市环保局、市安监局、市交港局等部门下发的同意试生产的批文，2012年11月27日项目一期工程开始试生产，2013年项目一期工程相继获得市环保局、市安监局、市交港局等部门竣工验收批文，2013年12月27日项目配套码头运行，标志着石煤公司从燃气生产向能源仓储经营实施整体转型迈出坚实的一步。

2013年4月8日项目二期工程开工，2014年5月土建施工及设备安装结束，2014年6月项目二期工程整体联动调试结束，2014年7月项目二期工程获得市消防局竣工验收批文和市环保局同意试生产的批文，2014年7月项目二期工程开始试生产，2017年9月15日项目二期工程获得市环保局竣工验收批文。

项目获得上海港建设工程平安工地、上海市水运优质工程、上海市重大工程文明工地、上海市建设工程金属结构金刚奖、上海市优质安装工程申安杯奖等荣誉。

第四章　燃气生产运行

燃气是现代城市必不可少的基础设施，燃气的安全运行与社会经济发展、环境保护和人民生活息息相关。上海燃气随着国家能源政策和上海能源结构调整，依托现代化的调度系统和运营模式，建立安全、可靠的燃气生产、输配系统，逐步实现从煤制气到天然气运行的转变。

第一节　生　产　调　度

一、现代化调度系统

【上海市燃气调度应急指挥中心】

上海市燃气调度应急指挥中心成立于2004年，位于上海市闵行区虹井路159号，它的前身上海市燃气调度中心源于上海市煤气公司中心调度室，主要负责调度全市燃气的生产运营和输配平衡，确保上海燃气的安全运行。

1990年10月，上海市煤气公司与市公用事业研究所在浦东地区研制成功该地区煤气管网工况运行监测系统，接着研制成功全市的煤气中压管网压力监测系统，制气厂、输配站生产工况参数遥测系统，采用数话兼容的通信系统进行数据处理，对煤气管网输配系统实行监控和优化调度。上述系统与大型工业用户居民用气测压点耗气量遥测系统，组成一个上海城市煤气生产输配调度系统。调度室配置大型模拟屏直接反映中压管网实时压力工况，在生产设备运行显示屏上反映出各输配站及部分厂（所）压送机等生产设备的启停状态。

随着科技的日新月异，现代化智能系统对于日常工作中的帮助越来越显著。上海市燃气调度中心自成立伊始，就积极探索现代化智能系统应用于生产调度和应急指挥。2003年年底上海燃气（集团）有限公司建设接驳下属各公司的VPN专用城域网络，2004年开始信息化建设，2005—2006年先后开展"基于数字化技术的上海市燃气应急指挥系统""上海燃气调度中心综合调度管理系统""上海燃气调度中心应急处置系统"科研项目研究，2007—2008年先后开展"上海燃气集团GPS车辆跟踪定位监控系统""上海燃气集团公司燃气管网信息化GIS系统""上海燃气集团公司燃气SCADA系统"项目建设，通过一系列课题研究和系统建设，逐步建立以调度管理系统、应急处理系统为核心支撑，各辅助决策系统为补充的调度中心数字化燃气调度应急指挥系统平台，并通过该平台，指导、协调下属各公司区域调度、人工煤气各制气厂调度及天然气管网调度，指导区域应急平台及时开展抢修工作，并随时掌握全市管网最新情况，监控管网运行状况。

2015年，全市人工煤气生产供应全面停止，上海进入天然气时代。调度中心对已有的信息系统进行升级改造，包括调度系统改造、应急处置系统升级、SCADA系统升级、燃气综合信息平台（Portal）改造、移动信息管理系统（App）升级。

截至2017年年底，调度中心拥有以B/S为运行架构，以SCADA系统、GIS系统、GPS系统为基础的综合调度系统。综合调度系统从实际工作需求出发，配以调度操作系统、预测系统、辅助报表系统和图形化实时报表系统等，确保整个调度系统的合理性、稳定性、先进性，为调度工作人员提供安全、便利、可靠的工作平台。调度系统的后台，配备参数权限子系统、报表自定义发布子系统等管理子系统，为系统管理提供便利的工具，为系统升级创造良好的条件。系统所提供的报表查询、分析、统计、预测等功能，也为各级领导和工作人员提供科学管理的数据支持。同时，通过"应急处置系统"，与燃气热线、上海天然气管网有限公司、各销售公司的应急抢修部门保持联系，指挥处置各类燃气突发事件。综合调度系统包括以下子系统。

综合调度管理系统：该系统是上海市燃气调度中心核心系统之一，可管理用户用气的实时变化，即时更新供气方案；根据当前燃气业务情况，实时预测天然气小时级供气、用气的平衡方案。系统保留人工煤气相关历史数据，可对所有人工煤气的历史数据进行总结分析和展示。

应急处置系统：该系统是一个基于应急处置一体化管理的信息化软件平台，其主要功能是根据燃气集团应急处置的管理需求，提供燃气事故的接报、派发、处理、归档等一系列处置流程的管理，以及事故报告的审核、发布的功能，并对事故信息进行综合统计分析。管道事故的信息主要来自市应急联动中心、962777和属地单位巡检自查3个方面，系统为3个不同来源的事故信息制定3种不同形式的专业处置流程，同时规范上报信息的时间、内容。现场的事故处置信息由现场处置人员通过移动端上报至责任单位的二级应急平台，二级应急平台对事故进行审核后，上报至燃气集团调度中心，通过系统对事故处置过程进行闭环管理。

全市SCADA系统：该系统主要基于集团各单位SCADA系统的数据支持，将全市所需的分钟级SCADA数据集中汇总，并进行标准化处理和储存，以图形化和表格化方式展现即时数据，生成即时报表，同时提供对历史数据的查询和分析。作为小时级系统的重要补充，为燃气调度的管理提供更为全面和准确的决策依据。

压力预警系统：该系统是在现有成熟的压力感知技术的基础上，结合单片机和手机模组组成的预警装置的一项综合技术，可实施检测并预警调压设备的异常情况，同时通过网络传送压力数据。当监测压力超出预先设定的安全范围后，问题设备的相关报警信息会通过网络传至区域管理人员的手机上，由区域管理人员赴现场处置问题设备，为管理人员提供有效的管理手段，确保日常燃气的安全使用。

车辆巡检系统：该系统根据管道压力级制的不同，制定不同级别的巡检样板，每日由加载北斗定位的检漏车根据样板对既定路线进行巡视检漏，并自动记录巡检车辆检漏数据、巡线轨迹数据等，并通过GIS系统将其可视化。

GPS系统：该系统通过监控终端实施对燃气集团下属公司抢修车辆的定位、跟踪、调度等管理工作，可在车辆运行后对车辆的实时轨迹进行监控，并对每日的车辆轨迹进行保存回放，为辅助指挥工作提供有力保障。

GIS系统：该系统具备基于地理信息的二三维展示能力，可将燃气集团所有管网和设施进行可视化整合，实现燃气各类数据互联、分析、管理等大数据汇集功能，同时兼具可视化特性，可直接服务于SCADA系统、车辆巡检系统、应急处置系统等众多应用系统。

应急辅助决策系统：该系统通过GIS系统与应急处置系统的无缝对接，可实现对事故地点的直接定位及查询相关信息，显示定位处周边管线情况，并自动采集事故信息，进行专业的管网分析，生成抢修辅助报告。

【上海石油天然气有限公司生产调度系统】

1998年，上海石油天然气有限公司原油投产，1999年，上海石油天然气有限公司天然气投产并供应给上海市。自生产以来,上海石油天然气有限公司的生产调度系统主要由一个调度中心和3个子系统组成。3个子系统包括位于东海的海上平台子系统、位于上海浦东的天然气处理厂子系统以及位于浙江省舟山市岱山县的石油储运分公司子系统,位于上海市江宁路336号公司总部的调度中心对这3个子系统的生产数据进行监控、实时记录,并报送生产信息、调度日常生产、发布生产指令。

海上平台利用卫星信号传输,采用服务器远程访问的方式,将平台实时数据传送至调度中心。天然气处理厂和石油储运分公司的生产数据,调度中心通过两根DDN专线采用域名访问的模式进行监控。调度中心配置大型投影仪,反映各终端重要生产环节的运行情况。

随着通信设备与调度管理工作的不断发展,高科技的智能设备在调度工作中起着越来越重要的作用。上海石油天然气有限公司致力于生产调度系统的智能化和高效化。2011年,制定并启用《生产运行即时信息报送管理办法》,使日常调度工作规范化、程序化。2013年至2014年开展《生产实时系统》项目建设,将原先各自独立的监控系统合三为一,在3个生产终端的OPC-server上安装数据采集器,依然通过卫星及DDN专线传输至新开发的生产实时数据监控系统(PI),使监控画面更简明、使用更稳定、操作更方便。历年来,通过《调度工作职责》完善、调度管理知识宣贯等措施,逐步建立一套成熟的调度体系,指导、协调各生产终端开展日常生产,随时掌握油气生产系统的最新情况,及时上报生产信息。

上海石油天然气有限公司生产管理主要包括以下系统:

生产实时数据监控系统:该系统是公司调度管理的核心系统,24小时不间断监控各终端生产情况,将数据集中汇总,并进行标准化处理和储存,以图形化和表格化方式展现即时数据,同时提供对历史数据的查询和分析。

生产安全管理系统:该系统是一个基于HSE管理的信息化软件平台,每天的生产日报及设备运转月报等信息通过该平台进行发布。

天然气处理厂生产控制系统:由一套DCS系统、2套PLC系统构成,对天然气处理厂的生产流程进行实时监控和操作。

石油储运分公司实时数据采集系统:石油储运分公司重要生产管理系统,通过PLC可编程模块与现场各类仪表及阀门链接,是分公司核心业务数据采集平台。

海上平台生产控制系统:与天然气处理厂采用同样的DCS系统,对海上平台的生产流程进行实时监控和操作。

【上海液化天然气有限责任公司生产控制系统和信息监控中心】

上海液化天然气有限责任公司(简称上海LNG公司)生产控制系统主要包括:PCS(生产过程控制系统)、SCADA(监视控制和数据采集系统)和第三方设备控制系统。PCS系统包括:DCS、ESD、FGS系统,负责对LNG接收站生产进行控制和操作,设置在接收站中控室、码头控制室和现场仪表间,SCADA系统设置在接收站中控室、输气末站控制室和阀室,负责对外输生产和管线进行监控和操作。

DCS系统(Distributed Control System):DCS构成监测和控制的核心,和其他的系统都有通讯。与输气管线SCADA系统及公司生产调度系统均有通信接口。

紧急停车系统(Emergency Shut Down System, ESD):紧急停车系统为三重化冗余容错,即可编程控制处理器冗余,电源冗余和通讯I/O模块冗余。

火气检测系统(Fire and Gas Detecting System,FGS):FGS系统探测和报告危险气体泄漏或火情发生,以及时采取相应措施,如启动消防泵阀、开启泡沫或消防喷淋装置等。

第三方控制系统:主要设备的控制系统包括:BOG、SCV、空压机、透平发电机、靠泊辅助系统、船岸对接系统、环境监测系统、罐表系统等。

SCADA系统(Supervisory Control and Data Acquisition,SCADA):SCADA系统是用于监视和控制洋山LNG接收站清管区、1号阀室、2号阀室、临港输气末站设备的控制系统。该系统包括下位控制器(FCN)和上位人机界面(FAST/TOOLS),具有对实时数据的采集、分析和处理,以及对现场设备的远程监视和操控的功能。

根据储罐扩建工程建设需要,2017年10月在确保正常生产运行情况下,公司组织完成接收站DCS、ESD系统升级改造,对操作站、辅操台、工程师站、PRM和AMS工作站进行升级更新,并计划2018年对接收站FGS系统进行更新改造,2019年对输气末站SCADA系统升级更新和SIS系统的更新改造。

随着上海LNG公司由基本建设向生产运行逐步过渡,除现场生产控制系统外,公司陆续开发建成OA办公、生产实时数据库、财务管理和海关监管信息采集等一系列公司层面的信息化应用系统,并与申能集团建立城域网专线通信和数据信息交换。2018年公司将搬迁至成山路办公楼,同时建成上海LNG公司信息监控中心,借助先进信息技术手段,实现数据采集网络化、信息管理自动化,建立上海LNG公司层面的一体化信息集成管理系统。公司信息监控中心平台主要组成如下。

应急指挥系统:通过中央控制单元将各信息系统信号接入该平台,用于显示、查询或监视所有接入信息系统的实时数据和运行管理情况,同时设置应急指挥会议室,具备会议与扩声功能、远程视频会议功能,以及与监控中心的同步画面显示功能,实现监控中心、指挥室的所有视音频的无缝切换,并为将来与集团应急指挥系统上传下达做好准备。

生产信息实时监视系统:是建立在PI实时数据库之上的一套B/S结构的管理系统,主要提供工艺流程画面展示、报表管理和报警查询功能,为实时数据库相关数据的展示提供一个方便的平台,信息监控平台提供客户端形式的访问和WEB页面形式的访问,同时具备向内网系统发布WEB的功能,可以提供公司的DCS、ESD、FGS、SCADA系统的实时数据、历史数据、事件报警信息、报表、趋势等,实现公司所有管理人员在办公室就可以根据权限对全公司生产实时监控。

CCTV工业电视远程传输系统:将公司生产现场的CCTV信号(图像信号和控制信号)进行编码,通过租用电信专线传输至本部中心机房,信号解码后输送至监控中心监视器及大屏幕系统显示。

远程视频会议系统:远程视频会议系统覆盖公司本部和生产现场,在生产现场设有子系统,可召开公司本部、生产现场多地视频会议,也可联网上级集团或其他第三方视频会议。

【上海天然气主干网综合调度管理系统】

1999年4月,东海天然气通气供应,向上海市浦东新区供气。与此同时,东海天然气下游输配工程金桥调度中心监测(SCADA)系统投运,其主要功能是监测新港首站和北蔡储备站的实时工况信息,对两站内各测点的天然气压力、温度,各台流量计的天然气流量以及各管路上电动阀门的开停状态、故障情况进行全面的监视和管理,对所采集到的工况数据进行实时整理分析、产生实时报告,提高天然气输配的管理和运作水平。

2003年10月,上海天然气主干网一期工程("西气东输"下游配套工程)白鹤首站顺利投运,上海天然气主干网输配调度数据采集与监视控制(SCADA)系统临时调度中心(白鹤分中心)同时启用。临时调度中心 SCADA 系统可实现对包括白鹤首站,江桥门站以及两站之间6座阀门站和长约 22.5 公里的高压输气管线在内的、实时工况监视和控制、实时数据采集和存储、报警等功能。

2003 年 12 月,上海天然气管网有限公司与上海城市地理信息系统有限公司签订上海市天然气主干网地理信息(GIS)系统合同。2008 年 10 月,GIS 系统投运。

2004 年 11 月,上海天然气主干网 SCADA 系统北蔡调度中心投运,青浦白鹤分中心改为实时异地备份中心,浦东金桥调度中心相关数据也一并转入。

在 SCADA、GIS 系统相继建立投运后,系统间如何趋向集成与统一、实现数据连接和共享,成为日益关注的问题。正是在这样的背景下,2008 年 11 月 10 日,上海天然气管网有限公司与悉雅特万科思自动化(杭州)有限公司签订 DMS 采购合同。2011 年 8 月,主干网综合调度管理(DMS)系统投运。

上海天然气主干管网调度管理主要包括以下系统。

主干网输配调度数据采集与监视控制(SCADA)系统:该系统是集实时监测、控制、调度管理为一体的大型计算机应用系统。作为燃气生产调度管理的核心系统,系统采用澳洲 MOX 工控平台和 RTU 产品,将各远程站传送的数据进行处理、分析,并向各远程站发送调度及控制命令,并通过与浦东金桥 SCADA 子系统的连接,实现对现有浦东高中压管网监控站、场的监测和控制,使整个系统在安全、平衡、可靠、经济有效的状态下运行,从而实现对全市天然气主干网输配系统集中统一的调度管理。系统由北蔡总调度中心对主干网门站、储配站、调压站、阀门站等主要站点的运行状态实施集中监测、控制、管理和远程数据采集,具体功能包括:对各场站实时工艺变量、工艺设备数据进行数据采集、处理、存储;建立调度信息实时和历史数据库并实现共享;实时显示各场站工艺参数、设备运行状态;向监控站下达调度指令,必要时可紧急越站控制;报警及时间显示、打印、处理;对场站 RTU 的参数可进行远程配置;根据调度业务要求打印各种报表;向有关领导和部门提供调度信息查询功能;接收总调度中心以外相关部门的有关信息。

主干网地理信息(GIS)系统:该系统以空间地理数据库为基础,结合管线地理信息、设施属性信息,实现管道空间数据、属性数据、拓扑关系的一体化管理,为燃气管网的维护维修、事故抢险、业务分析提供准确可靠的数据。其主要功能有:管线定位、属性查询,管线长度统计、测量,跟测点查询、定位;管线设施(阀门、阴极保护、管道内监测等)查询、定位;压力、管径、材料等专题图展示;巡检急抢修车辆 GPS 信息管理、轨迹回放;信息统计。

主干网综合调度(DMS)系统:DMS 平台将 SCADA、GIS 等系统进行集成,范围覆盖各首站、门站、高中压调压站、用户计量站,对燃气管网实时运行状况监控、气源协调、生产巡检维护、管线设施管理、管线地理信息维护、应急抢修指挥,使管网输配系统保持平稳状态,为用户提供高质量的供气服务,减少输配过程中的损失,最大限度延长管网的使用寿命,保障输配系统安全运行。在应用层面上,DMS 平台覆盖调度中心、应急中心、生产职能部门和所有有人场站,实现故障挂牌、重要事项发布、调度令发布和反馈、巡检和调度台账管理、手动阀门设备状态管理,风险评估的动态展示等功能。

二、调度运行模式

【上海市燃气调度中心运行模式】

1957 年 1 月,上海市煤气公司营业科改为市煤气公司营业所。负责全市煤气的业务发展、平衡调度、服务供应、用户管理。随着上海城市煤气供气规模逐步扩大,用气量时刻发生变化,为此煤气公司设置中心调度室,负责调度全市的用气、供气压力,同时调度制气厂生产,确保煤气生产与销售的平衡,确保用户安全使用煤气。

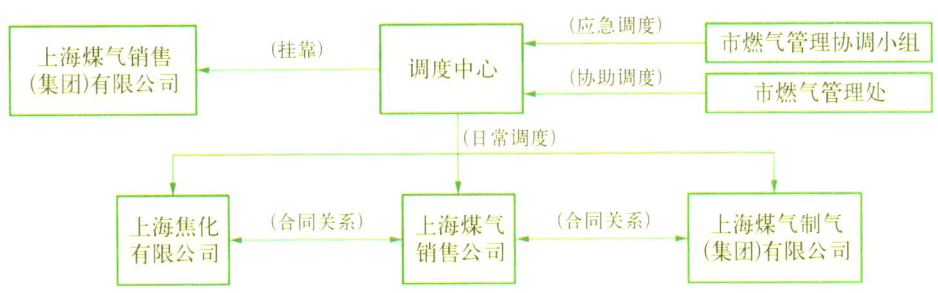

图3-4-1　原上海市燃气调度中心调度、供气关系

1997年,根据《上海市人民政府关于同意上海燃气行业体制改革方案的批复》,上海市煤气公司一分为二,组建成立上海煤气制气(集团)有限公司和上海煤气销售(集团)有限公司。调度中心挂靠上海煤气销售(集团)有限公司,实行"两块牌子、一套机构",既是市燃气管理处调度中心,又是煤气公司调度中心。该调度中心负责全市煤气生产日常调度,各制气公司按照产销合同和调度指令组织生产、供气。市燃气管理处负责指导和协调调度中心,并成立由市建委牵头,市经委、市政公用局等有关部门参加的市燃气管理协调小组,在遇到紧急、突发重大事故时,通过调度中心实施应急调度。为便于调度,确保供气,明确由石洞口制气公司承担调峰职能,以平衡和调节特殊情况下的供气矛盾。

1999年4月,东海天然气向上海市浦东新区供气,天然气调度工作由上海市天然气输配公司位于杨高北路5588号处的调度指挥中心负责。就此,燃气调度工作也随着上海燃气行业的飞速发展,逐步从单纯的人工煤气生产、输配调度,发展到多气种、多气源、跨行业的调度。

2000年,燃气行业进一步深化改革,撤销煤气制气和销售集团,分别组建相关企业。按政企分开的原则,由市市政局燃气管理处负责全市燃气的调度管理,燃气调度监测中心负责全市燃气年、季峰谷调度和应急指挥调度,监控供气压力和气质,组织制气、销售企业竞价上网。燃气调度监测中心与燃气管理处合署办公。

2003年,上海燃气(集团)有限公司成立后,原有调度机构划入燃气集团,燃气调度监测中心和天然气调度中心合并,成立上海市燃气调度中心,办公地址位于西藏中路656号,负责管理全市人工煤气和天然气的生产组织调配、预测燃气使用情况及事故应急处理。

2003年10月,上海天然气主干网一期工程白鹤首站顺利投运,同月,上海天然气主干网输配调度数据采集与监视控制(SCADA)系统临时调度中心(白鹤分中心)启用。该调度中心主要负责对包括白鹤首站、江桥门站以及两站之间6座阀门站和长约22.5公里的高压输气管线在内的实时工况监视和控制。

2004年,上海建成上海市应急联动中心,为对接处置上海市联动中心派发的各类燃气事故,燃气集团将应急管理的职能归入上海市燃气调度中心,为此调度中心开始承担处置上海市联动中心派发的各类燃气有关事故。

2004年11月,天然气主干网SCADA系统北蔡调度中心投运,青浦白鹤分中心改为实时异地备份中心,浦东金桥调度中心相关数据也一并转入,该中心主要承担天然气主干网的调度管理工作。

2015年,全市人工煤气生产供应全面停止,上海进入天然气时代。调度中心的工作重点从气源平衡逐步转移到全网优化调配、大数据分析应用、加强应急处置、完善内外部管理协调等方面。截至2017年年底,上海市燃气调度中心的调度运行模式是:

日常调度管理。上海市燃气调度中心调度人员通过综合调度管理系统管理全市天然气组织调配以及预测燃气使用情况,利用全市管网GIS系统了解管网的最新情况,通过全市SCADA系统,监控全市管网运行状况。天然气主干网的日常调度由燃气集团下属上海天然气管网有限公司北蔡调度中心负责,在上海市燃气调度中心的统一监督、指导下,通过上海天然气主干网调度管理系统,完成主干管网的供需平衡、运行监控与生产指挥。供需平衡工作主要是根据用户上报的天然气月、周、日用气预测量,结合历史用气数据、社会发展、气温等因素,制定月度平衡计划、周平衡计划和日平衡计划,并通过SCADA系统、DMS系统实时关注管网各节点压力,动态预测小时用气量、日用气总量,根据对管网运行情况的预判,与下游工业用户、电力调度中心等保持沟通联系,调节洋山LNG实时供气量,保证主干管网运行压力平稳。运行监控主要是通过SCADA系统实时监控、记录管线和无人场站的运行情况,当SCADA显示报警时,及时通知有关部门进行处置。生产指挥主要是由调度中心以录音电话或者调度令的形式,向各个生产部门/班组下达操作指令。

应急处置管理。上海市燃气调度中心负责事故信息的接报派发与监督管理职能,同时对集团的上级部门实时汇报事故信息,以及对外(例如燃气处、市政府等)及时发布重大事故处置情况。调度中心接到110应急联动中心、燃气集团客服中心的事故信息后,立即全面分析故障、事故,通过全市管网GIS系统定位事故管线,掌握临近管网的情况,并利用GIS系统的爆管分析辅助分析抢修所影响的范围;通过全市SCADA系统掌握当前事故所在管网的压力运行情况,必要时对燃气调度作相应的调整措施;在此基础上决定启动合理的应急预案,通过上海市燃气调度中心应急处置系统将信息发送至各二级应急中心,通过应急处理系统指导区域应急平台进行抢修工作,利用GPS车辆监控系统实时了解应急车辆到位情况和停气宣传车运行情况。各二级应急中心接到事故信息后立即派员赶赴现场核实情况,通过上海市燃气调度中心应急处置系统分别在到场后15分钟内将信息首报至调度中心,到场30分钟内将信息续报至调度中心,并根据情况变化、事态发展和处置工作进展等做好动态续报将信息报至上海燃气集团调度,直至应急处置结束向调度中心提交应急处置终

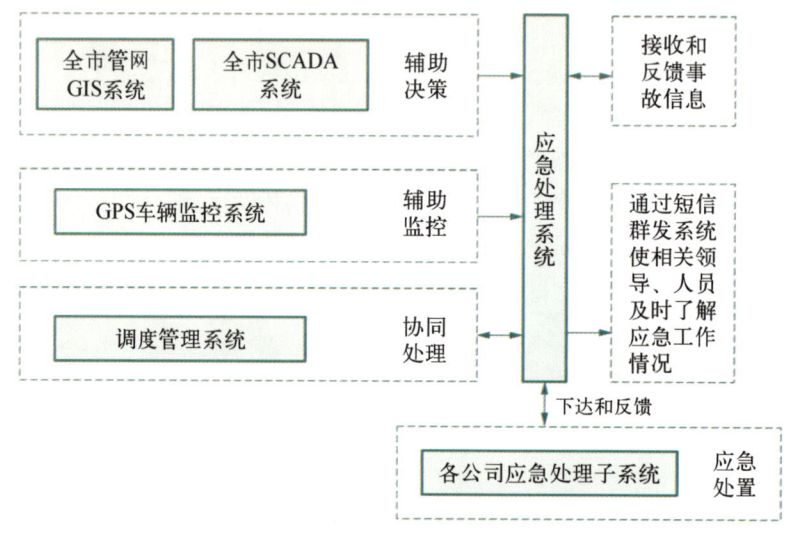

图3-4-2　上海燃气集团应急处置模式

报。在事故处置完毕后,处置单位应向调度中心提供一份事故抢修经过报告,报告突发事件的处置过程。

【上海石油天然气有限公司生产调度模式】

1992年,上海石油天然气有限公司成立(时名上海石油天然气公司),负责东海平湖油气田的开发与运营。1998年至1999年原油与天然气生产系统相继投产,以开发东海、服务上海为宗旨,向上海市供应合格天然气。为确保油气生产有序可控,1998年公司成立生产指挥中心——调度室,强化生产调度管理,细化日常调度运作,使生产组织、指挥、协调作用得到充分的发挥,保障生产系统安全、稳定、优质运行。

上海石油天然气有限公司调度工作的主要内容包括:负责生产调度值班,实时监控各生产单位的主要生产数据,了解掌握各生产单位的生产动态,对公司日常生产经营活动进行组织、协调、指挥和控制;按照公司生产安排,负责公司生产调度指令的拟定、发布和跟踪监督等工作;按要求,及时处理和报告各类生产事项与异常情况;负责各类生产数据和报表的收集、整理、编制等工作,协调各生产单位按计划完成油气产量,发现问题及时了解和报告;负责与平湖、西湖等上游生产单位及市燃气处、管网公司等部门或单位的沟通和联络,做好上情下达,保证系统平稳运行和按要求供气。

【上海液化天然气有限责任公司生产调度模式】

上海液化天然气有限责任公司主要通过长期合约从马来西亚进口LNG资源。下游用户为上海燃气集团下属上海天然气管网有限公司(简称管网公司),全部供应上海市天然气用户市场。在申能集团统一领导下,公司综合上游马来西亚液化天然气资源、液化天然气运输、全市其他气源供应以及下游用户市场需求等实际情况进行统一调度。

公司根据合同,综合资源生产、船期安排、市场需求、接收站库存,与LNG资源方、运输方、下游用户协商,制订年度、月度和周资源供应、船期安排、市场销售计划,按时颁布并动态协调、调整。公司承担生产运行和管理,负责日常调度,根据公司年度、月度和周资源供应、船期计划、市场销售计划以及生产设施状况和检修作业等相关情况,平衡生产能力,接收站与管网公司进行日常联系协调,制订并实施日和小时生产调度计划;安排组织生产调度,保障安全生产和外输供气,并使设备设施有效运转,取得最优经济效益。

公司与管网公司日常生产调度工作由LNG接收站与管网公司调度中心承担,对于管网公司提出的计划外或紧急调度需求,按规定程序报告,经批准后按紧急调度指令组织生产。

第二节 燃 气 输 配

一、人工煤气输配

【储配站】

上海煤气输配系统包括管道、储气、压送、调压及计量等组成部分,其中,阀门、聚水井、调压器等设备星罗棋布,储配站分布市区四周。储配站储气柜主要用来平衡煤气负荷的不均匀性,同时又用于稳定供气压力。输配管理系统采用计算机技术和集中控制操作方法,对站内的储气柜高度、煤气存量、压送机组的开停运行状态、站区管网压力、阀门和变压器等设备的使用情况等主要参数进行监测、处理和控制,具有限值报警和运行状态显示功能,并与煤气调度中心实行计算机联网。

在上海煤气发展过程中,先后建造西藏路储配站、水电路储配站、金沙江路储配站、漕宝路储配站、杨高路储配站、嘉定储配站、真如储配站、川沙储配站、徐泾储配站9座煤气储配站,随着1999年天然气进入上海,煤气储配站在天然气转换中逐步退出生产序列,根据上海"十二五"燃气发展规划和能源结构调整的要求,在集团"退二进三"项目中逐步被拆除。

西藏路储配站　西藏路储配站位于西藏路桥南塊东侧,原有一座3.1万立方米煤气湿式螺旋式储气柜,1937年拆除出售。一座2.8万立方米煤气湿式螺旋式储气柜,1977年报废并拆除。一座5.4万立方米煤气湿式螺旋式储气柜,生产运行到1999年9月停止使用,站内有2台罗茨式压送机。

水电路储配站　水电路储配站位于虹口区水电路1251号,拥有4座10万立方米煤气低压湿式螺旋储气柜,站内建有煤气压送机房2座,共配置18台往复式压送机。2015年5月全天然气化后停止使用。

金沙江路储配站　金沙江路储配站位于普陀区金沙江路1087号,拥有3座10万立方米煤气低压湿式螺旋储气柜,站内建有煤气压送机房1座,共配置5台L型压送机,6台往复式压送机。随着天然气转换,2010年该储配站停止使用,2013年由上海市城乡建设和交通委员会批复同意拆除。

漕宝路储配站　漕宝路储配站位于徐汇区虹漕路16号,拥有2座15万立方米和1座20万立方米煤气低压湿式螺旋储气柜,站内建有煤气压送机房2座,共配置10台G311型煤气压缩机,4台2D型煤气压缩机。2014年5月1号气柜置换,停止使用;2015年5月2号气柜置换,停止使用;2015年4月3号气柜置换,停止使用。

杨高路储配站　杨高路储配站位于浦东新区杨高路2881号,拥有4座20万立方米煤气低压湿式螺旋储气柜,站内建有煤气压缩机房2座,共配置8台2D型煤气压缩机,4台M型煤气压缩机。2011年11月陆续进行4台储气柜置换,停止使用。2012年6月完成所有拆除工作。

嘉定储配站　嘉定储配站位于嘉罗公路660号,拥有1座5.4万立方米煤气低压湿式螺旋储气柜,站内建有煤气压缩机房1座,共配置3台往复式压送机。2007年6月嘉定地区全天然气化后停止使用。

真如储配站　真如储配站位于大渡河路1912号,拥有2座30万立方米低压稀油密封干式储气柜,站内建有煤气压缩机房2座,共配置10台2D型煤气压送机。2012年4月真如储配站停止使用。

川沙储配站　川沙储配站位于浦东新区川黄路与瞿家港河交叉点的西南侧,拥有1座5.4万立方米煤气低压湿式螺旋储气柜,站内建有煤气压送机房1座,配置3台(1台备用)J477.1-S1型煤气压送机。2000年9月23日,随着最后一批天然气转换工程川沙地区天然气转换工程完成,川沙煤气储配站停止使用,2009年,该站全部拆除。

徐泾储配站　徐泾储配站位于青浦区沪青平公路2451号(徐泾镇前明村),拥有3座20万立方米煤气低压湿式螺旋储气柜,站内建有煤气压送机房1座,配置10台2D型煤气压送机。2014年9月,徐泾站3座气柜及工艺管道、设备等进行置换并退出生产序列。

【管网】

上海人工煤气管道建设始于清同治三年(1864年),由厦门路至外滩。历经150年的变迁,到2015年上海实现城市燃气天然气化而全面退出历史舞台。

上海人工煤气管网主要有中压管和低压管组成。中压管有杨树浦煤气厂出厂管 4 根、吴淞煤气厂出厂管 5 根、上海焦化厂出厂管 5 根,另外还有浦东煤气厂出厂管、石洞口煤气厂出厂管和中山路环管、嘉定线干管、黄浦江过江管、浦江两边环网管以及其他中压管等。低压管大多数为地下管,低压输配干管将煤气自调压器送至煤气供应地区,并沿途将煤气供应给各类用户;低压支管则将煤气从低压输配干管引至各类用户室内计量表前。

中压管最小口径为 200 毫米,最大口径为黄浦江过江管 2 400 毫米。煤气输送管的管材有钢管、铸铁管、有缝镀锌钢管、塑料管等。长输送管、高压管道或大口径管道,一般多使用钢管,钢管在土壤中易受腐蚀,管外壁用绝缘层保护;铸铁管具有良好的抗腐蚀性能,多用于中、低压管道。上海 100 多年来敷设煤气管道,除钢管外,都采用承插式铸铁管,1976 年研制采用 SMJ-2 型机械接口得到广泛应用。城市煤气管道的附属设备主要有阀门、水井、补偿器、过滤器等。煤气的输配管道每隔一定距离及管道分支口处等设置阀门。聚水井用于及时抽掉聚积的人工煤气冷凝水。

上海在启动天然气转换之时,已经实现城市燃气煤气化,拥有近 270 万的管道人工煤气用户,7 000 多公里人工煤气管网。随着天然气转换的推进,煤气管道逐步被替代和报废。

二、天然气输配

【东海平湖天然气处理厂】

东海平湖天然气处理厂全称上海石油天然气有限公司天然气处理厂,为东海平湖油气田重要组成部分。东海平湖天然气处理厂位于上海市浦东新区书院镇老芦公路 548 号,占地约 13 万平方米。

东海平湖天然气处理厂的发展进程分为两个阶段,分别为首期开发工程和扩建工程。为调整上海市能源结构、改善生态环境、提高人民生活质量,东海平湖天然气处理厂首期开发工程于 1997 年 1 月开工建设,于 1999 年 4 月建成投产,通过加工、输送东海平湖油气田的天然气至上海市天然气管网,实现上海市天然气使用零的突破。2002 年,为缓解上海市天然气供需矛盾、扩大清洁能源应用、迎接"西气东输"、保障上海市用气安全,天然气处理厂实施扩建工程,扩建工程于 2003 年 10

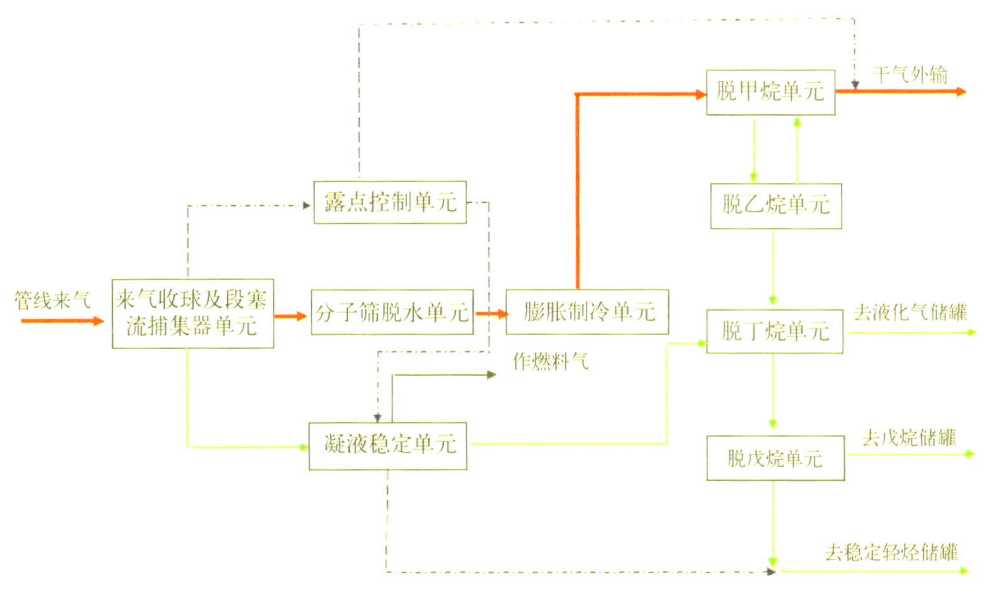

图 3-4-3　东海平湖天然气处理厂工艺流程

月建成投产，扩建后天然气处理量达180万立方米/日。

天然气处理厂基本功能包括：通过14寸海底输气管道，接收来自海上带有富液的天然气原料气；通过膨胀制冷，将原料气进行物理分离，甲烷和乙烷作为合格天然气输送至上海市天然气管网，丙烷与丁烷、戊烷和轻烃作为副产品进入储罐存贮；副产品通过槽车运输进行装运及销售。

天然气处理厂主要设备有700立方米塞流捕集器1座、膨胀压缩机2台、高速泵4台、超声波流量计3台以及LPG储罐5座、戊烷储罐10座。

天然气处理厂生产工艺流程是：海上平台管输来的天然气进入段塞流捕集器，进行天然气、轻烃、水的三相初步分离；天然气自段塞流捕集器顶部引出，到来气过滤分离器，在过滤分离器内经重力分离、捕雾、过滤，除去10微米以上的液滴及尘埃；从顶部进入分子筛干燥塔，经干燥塔内部的分子筛床层吸附掉水汽后自底部离开干燥塔，进入粉尘过滤器，将1微米以上的粉尘及液滴过滤掉；进入冷箱进行换热，温度降低后，进入低温分离器进行气液分离；低温分离器底部烃液进入脱甲烷塔，作为脱甲烷塔的液相进料。

低温分离器顶部气相进入膨胀机，经膨胀后，天然气由4 300千帕降至1 350千帕。同时天然气温度也由−38摄氏度降至−78摄氏度，进入脱甲烷塔，作为脱甲烷塔的气相进料。脱甲烷塔的塔顶气相物流，经乙烷气冷却器后，进入冷箱换热，将本身的冷量传递给分子筛来气后，进入压缩机，压力由1 350千帕升至2 000千帕，作为外输气。脱甲烷塔塔底再沸物流经冷箱换热，再经再沸器加热，回到脱甲烷塔。

脱甲烷塔塔底液相物，进入脱乙烷塔中部，进行分馏；脱乙烷塔顶气相经回流冷却器后，进入脱乙烷塔回流罐进行分离，分成气、液两相，气相进入乙烷气冷却器后再进入脱甲烷单元进一步冷却后，作为脱甲烷塔顶回流，液相经脱乙烷塔塔顶回流泵加压后，返回脱乙烷塔作为塔顶回流；塔底液相物流，作为脱丁烷塔的进料。

脱乙烷塔底轻烃与凝液稳定塔来的轻烃合并后进入脱丁烷塔；塔顶气相经回流冷却后，作为LPG产品进入液化气球罐；塔底液相输至脱戊烷塔作为进料；脱丁烷塔底来的轻烃，进入脱戊烷塔进行分馏；塔顶气相物流，作为戊烷产品进入储罐；塔底液相物流，作为稳定轻烃产品进入储罐。

【上海液化天然气项目一期工程输配系统】

上海液化天然气项目一期工程由LNG专用码头、LNG接收站、输气管线三部分组成。LNG接收站位于上海市上海国际航运中心洋山深水港区北港区能源路8号。LNG码头接卸由LNG运输船运来的LNG；LNG接收站利用储罐储存LNG并进行气化，气化后的天然气通过外输系统送至输气管线；输气管线包括海底输气管道、陆域输气管道、临港输气末站，由此连接下游管网。为保证城市用气需要，接收站常年连续运行、不停车生产。

LNG运输船经洋山深水港航道到港，在LNG专用码头靠泊，码头LNG卸料臂与运输船相联接，LNG由船上卸料泵从船舱卸入接收站LNG储罐储存。根据下游市场需求和生产调度计划，储罐内的LNG经过低压泵、高压泵两级升压输送，进入丙烷中间体介质汽化器(IFV)和浸没燃烧式汽化器(SCV)(一并气化再冷凝的BOG蒸发气)，气化后出站的高压天然气经海底输气管道、陆域输气管道输送至临港输气末站，经过过滤、加热、调压和贸易计量，供应相邻的下游用户管网公司首站。

上海液化天然气项目一期工程输配系统主要包括：

接收站卸料系统。主要有保冷循环和卸料两种运行方式。在保冷循环方式下，卸料和循环管

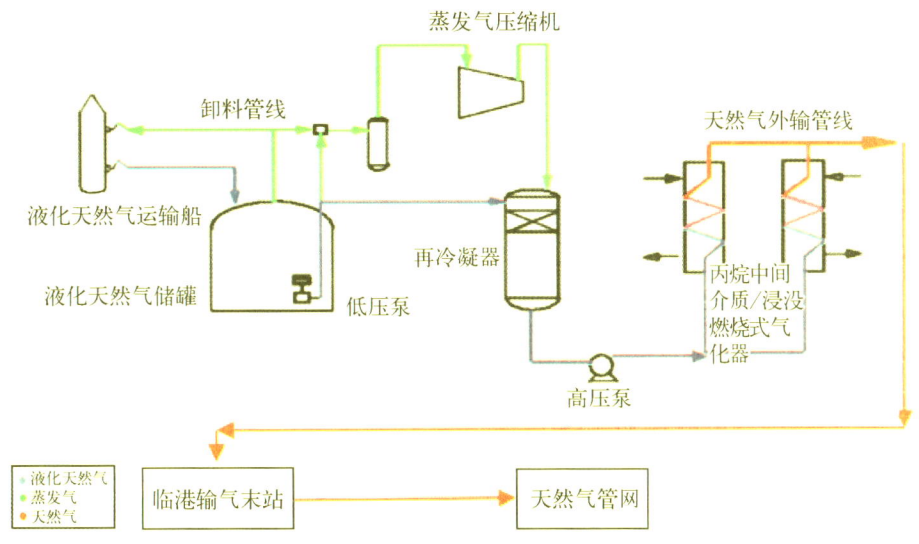

图 3-4-4　上海液化天然气一期工程输配系统

线系统在低温条件下，LNG 从储罐通过 46 英寸卸料总管到码头，然后通过 6 英寸再循环管线回到再冷凝器。在卸料方式下，靠泊码头的 LNG 运输船通过卸料臂连接收站，码头有 4 条卸料臂，包括 3 条液相臂（Y-0101A/B/C）和 1 条蒸发气返回平衡臂（Y-0102），其中 Y-0101B 既可作为液相臂用来输送 LNG，也可作为蒸发气返回平衡臂，在蒸发气返回平衡臂 Y-0102 故障时替用。LNG 由液货泵从船上输送通过 46 英寸的卸料总线及并行的 6 英寸再循环管线，进入 LNG 储罐。为保持卸料过程中 LNG 船舱压力平衡，通过蒸发气返回平衡臂输送 BOG 给 LNG 船平衡压力。两种方式运行期间，需气化的 LNG 由罐内泵、高压泵连续输送至 LNG 气化器，气化后外输。气化量可按照需求进行调整。

接收站储存系统。有 3 座有效容积为 16.5 万立方米的 LNG 储罐。LNG 储罐主要通过往复式 BOG 压缩机回收蒸发气的方法控制储罐压力。

BOG 处理系统。BOG 处理系统是为控制储罐压力，采用压缩 BOG 的方法，通过 BOG 压缩机输送到再冷凝器。如果 LNG 储罐内的压力增加出现异常，多余的 BOG 将被传送至火炬。再冷凝器包括顶部的再冷凝 BOG 固定床部分和底部的液态保冷部分，再冷凝器有两个主要功能，顶部的固定床部分是 BOG 用来和超低温 LNG 接触，超低温 LNG 来自再循环管线和储罐罐内泵输出管线。底部的液态保冷部分用来作为高压输送泵的缓冲罐。

气化和输送系统。储罐内 LNG 由罐内泵输送至再冷凝器，部分流量用于再冷凝 BOG，大部分流量通过再冷凝器旁路输出。再冷凝器底部的 LNG 被高压泵输送至丙烷中间介质气化器（IFV）和浸没燃烧式气化器（SCV）被气化，经过计量撬外输到输气管道。

输气管道系统。经过 35.9 公里海底输气管道在东海大桥东侧登陆。经过 15.8 公里陆域输气管道进入位于临港燃气电厂北侧的输气末站，供应毗邻的城市管网首站。

【天然气输配站】

上海天然气管网有限公司输配系统主要由 750 多公里天然气高压管道和 6 座首站、7 座门站、56 座计量（调压）站及 200 余座阀室、阀井组成，其中 6 座首站分别是东海平湖天然气、西气东输一线和二线、川气、洋山液化天然气、江苏如东天然气气源的接收站，7 座门站分别向 1.6 兆帕、2.5 兆帕、4.0兆帕管网供气,主要工艺有过滤、计量、调压、调流、加臭、加热等。17座有人计量(调压)站和39座无人计量(调压)站主要对上海地区性城市燃气销售公司和电厂、化工等直供用户进行燃气输配工作。

新港首站 新港首站接上游东海平湖天然气处理厂2.5兆帕的天然气,位于浦东新区大治河南岸,老果公路538号,占地面积2 666.67平方米,于1999年4月投运,设计供气量为7.5×10^4立方米/小时。主要设备有过滤器、超声波流量计、汇管、清管器发送装置、电动球阀、手动球阀、安全阀、手动闸阀等。供气范围:向2.5兆帕管网系统供气。

白鹤首站 白鹤首站是上海市接收西气东输天然气总输入站,位于上海市青浦区白鹤镇启圣路1018号,与西气东输末站毗邻,占地2万平方米,于2004年1月投运,设计供气量为80×10^4立方米/小时。主要设备有:油水分离预处理器、排污罐、过滤器、超声波流量计、汇管、清管器发送装置、电动球阀、手动球阀、安全阀、调压器、调压箱、消防水泵等。供气范围:向6.0兆帕管网系统和4.0兆帕管网系统供气。

白鹤加压站位于白鹤首站内,加压站的主要功能是给天然气加压,主体工程主要分为天然气压缩系统、空气压缩(仪表风)系统、天然气过滤和计量系统等部分。白鹤加压站设置3台电驱离心式压缩机组,按两用一备方式运行,单台机组电机输出功率为2 656千瓦。

附属管理的安亭站(自2008年起由市北公司管理转为天然气管网公司管理)位于上海市嘉定区南安德路288号,接收压力为4.0兆帕的天然气,设计供气量为11×10^4立方米/小时。主要设备有:电动球阀、手动球阀、安全阀、调压器、加臭装置、流量计、过滤器等。供气范围:安亭地区用户。

临港首站 临港首站接收上海液化天然气公司临港输气末站输出的6.0兆帕天然气,位于上海市浦东新区妙香路185号,占地面积35 866.67平方米,于2009年11月投运,设计供气量为104×10^4立方米/小时。主要设备有:过滤器、超声波流量计、汇管、清管器发送装置、电动球阀、手动球阀、安全阀、调压器、调压箱、消防水泵等。供气范围:向6.0兆帕管网系统供气。

附属管理的临港燃机站位于上海申能临港燃机发电有限公司厂区内,接收压力为6.0兆帕的天然气,设计供气量为30×10^4立方米/小时。主要设备有:电动球阀、手动球阀、安全阀、流量计、过滤器等。供气范围:向上海申能临港燃机发电有限公司供气。

练塘首站 练塘首站是上海接收"川气东送"天然气的枢纽站,位于青浦区朱枫公路7369号,占地面积30 933.33平方米,于2010年3月投运,设计供气量为33.8×10^4立方米/小时。主要设备有:过滤器、超声波流量计、汇管、清管器发送装置、电动球阀、手动球阀、安全阀、调压器、压力流量调节系统、消防水泵等。供气范围:向6.0兆帕管网供气。

练塘加压站位于练塘首站内,加压站的主要功能是给天然气加压,主体工程主要分为天然气压缩系统、空气压缩(仪表风)系统、天然气过滤和计量系统等部分。练塘加压站设置三台电驱离心式压缩机组,按两用一备方式运行,单台机组电机输出功率为2 120千瓦。

附属管理的练塘调压站位于练塘首站内,接收压力为6.0兆帕的天然气,设计供气量为2 500立方米/小时。主要设备有:电动球阀、调压器、涡轮流量计、差压式加臭系统等。供气范围:向上海金山燃气有限公司供气。

金卫首站 金卫首站是接收"西气二线"天然气的枢纽场站,位于金山区金山卫镇金石公路698号,占地面积2.8万平方米,于2012年6月投运,设计供气量为34.2×10^4立方米/小时。主要设备有:过滤器、超声波流量计、汇管、电动球阀、手动球阀、安全阀、调压器、压力流量调节系统、消防水泵等。供气范围:向6.0兆帕管网系统供气。

金卫加压站位于金卫首站内,加压站的主要功能是给天然气加压,主体工程主要分为天然气压缩系统、空气压缩(仪表风)系统、天然气过滤和计量系统等部分。金卫加压站设置3台电驱离心式压缩机组,按两用一备方式运行,单台机组电机输出功率为2 120千瓦。

附属管理的金卫调压站位于金卫首站内,接收压力为6.0兆帕的天然气,设计供气量为5×10^4立方米/小时。主要设备有:电动球阀、调压器、涡轮流量计、压力流量调节系统等。供气范围:向上海金山燃气有限公司供气。

崇明首站 崇明首站是上海接收江苏来气的枢纽站,位于新村乡新洲村1541号,占地面积约为3万平方米,于2017年9月投运,设计规模30×10^4立方米/小时。主要设备有过滤器、超声波流量计、汇管、清管器发送装置、压力流量调节系统、电动球阀、手动球阀、安全阀、调压箱、排污罐等。供气范围:向6.0兆帕管网系统供气。

川沙门站 川沙门站接收压力为2.5兆帕的天然气,位于浦东新区机场镇亭塘路58号,迎宾大道立交西南侧,占地面积4 533.33平方米,于1999年10月投运,设计供气量为14×10^4立方米/小时。主要设备有:过滤器、涡轮流量计、汇管、电动球阀、手动球阀、安全阀、调压器等。供气范围:向江镇调压站和1.6兆帕管网系统供气。

附属管理的江镇调压站位于川沙门站内,接收压力为1.6兆帕的天然气,设计供气量为4×10^4立方米/小时。主要设备有:过滤器、调压器、涡轮流量计等。供气范围:向上海燃气浦东销售公司供气。

江桥门站 江桥门站接收压力为6.0兆帕的天然气,位于嘉定区江桥镇旁,沪宁高速公路南侧,环西一大道西侧,高潮路791弄139号,占地面积5 766.67平方米,于2004年1月投运,设计供气量为60×10^4立方米/小时。主要设备有:过滤器、涡轮流量计、汇管、电动球阀、手动球阀、安全阀、调压器、加臭装置等。供气范围:向1.6兆帕管网系统供气。

附属管理的江桥调压站位于江桥门站内,接收压力为1.6兆帕的天然气,设计供气量为10×10^4立方米/小时。主要设备有:电动球阀、调压器、涡轮流量计、手动球阀等。供气范围:向上海燃气市北销售公司0.8兆帕管网系统供气。

刘行门站 刘行门站接收压力为6.0兆帕的天然气,位于嘉定区G1501高速公路南侧、陈宝路东侧,马陆镇陈宝路1638号,占地面积约5 133.33平方米,于2005年5月投运,设计供气量为60×10^4立方米/小时。主要设备有:过滤器、涡轮流量计、汇管、电动球阀、手动球阀、安全阀、调压器、加臭泵等。供气范围:向1.6兆帕管网系统供气。

附属管理的刘行调压站位于刘行门站内,接收压力为1.6兆帕的天然气,设计供气量为10×10^4立方米/小时。主要设备有:安全阀、调压器、涡轮流量计、手动球阀等。供气范围:向上海燃气市北销售公司0.8兆帕管网系统供气。

浦星门站 浦星门站接收压力为6.0兆帕的天然气,位于浦星路3040号西侧,浦星路东塔立交西南侧,占地面积15 333.33平方米,于2008年5月投运,设计供气量为60×10^4立方米/小时。主要设备有:过滤器、涡轮流量计、汇管、电动球阀、手动球阀、安全阀、调压器、加臭装置等。供气范围:向2.5兆帕管网系统和1.6兆帕管网系统供气。

附属管理的浦星调压站位于浦星门站内,接收压力为1.6兆帕的天然气,设计供气量为5×10^4立方米/小时。主要设备有:过滤器、调压器、涡轮流量计等。供气范围:向上海燃气浦东销售公司供气。

临港门站 临港门站接收压力为6.0兆帕的天然气,位于两港大道333号,规划洋山二桥公路与泐马河之间。占地面积 6 333.33 平方米,于 2009 年 7 月投运,设计供气量为 30×10^4 立方米/小时。主要设备有:过滤器、涡轮流量计、汇管、电动球阀、手动球阀、安全阀、调压器等。供气范围:向 2.5 兆帕管网系统供气。

大港门站　大港门站接收压力为 6.0 兆帕的天然气,位于松江区 A15 高速公路塔闵公路立交西北侧,张庄公路 696 号,占地面积 10 800 平方米,于 2009 年 10 月投运,设计供气量为 40×10^4 立方米/小时。主要设备有:过滤器、涡轮流量计、汇管、电动球阀、手动球阀、安全阀、调压器、压力流量调节系统等。供气范围:向 4.0 兆帕管网系统供气。

车墩门站　车墩门站接收压力为 4.0 兆帕的天然气,位于松江车墩镇,汇北公路 476 号。占地面积 13 266.67 平方米,于 2013 年 6 月投运,设计供气量为 30×10^4 立方米/小时。主要设备有:过滤器、涡轮流量计、汇管、电动球阀、手动球阀、安全阀、调压器、压力流量调节系统等。供气范围:向 1.6 兆帕管网系统供气。

石洞口站　石洞口站接收压力为 6.0 兆帕的天然气,地处上海市宝山区盛桥镇煤电路 1 号,石洞口煤气制气有限公司厂区内东北侧,占地面积约 4 066.67 平方米,于 2006 年 3 月投运,设计供气量为 34×10^4 立方米/小时。石洞口站管理石洞口调压站和华能燃机站。

附属管理的石洞口调压站位于石洞口站内,接收压力为 6.0 兆帕的天然气,设计供气量为 10×10^4 立方米/小时。主要设备有:过滤器、调压器、涡轮流量计等。供气范围:向上海燃气市北销售公司供气。

附属管理的华能燃机站位于石洞口站内,接收压力为 6.0 兆帕的天然气,设计供气量为 24×10^4 立方米/小时。主要设备有:电动调流阀、安全阀、过滤器、超声波流量计等。供气范围:向华能电厂供气。

化工园区站　化工园区站接收压力为 6.0 兆帕的天然气,位于金山区天华路 169 号,近漕泾镇和 MVA29、30 阀室,于 2007 年投运,设计供气量为 4×10^4 立方米/小时。主要设备有:过滤器、涡轮流量计、汇管、电动球阀、手动球阀、安全阀等。供气范围:向化工园区物业管理有限公司供气。

附属管理的漕泾热电站位于上海漕泾热电有限责任公司厂区内,接收压力为 6.0 兆帕的天然气,设计供气量为 19×10^4 立方米/小时。主要设备有:电动阀、安全阀、过滤器、超声波流量计等。供气范围:向上海漕泾热电有限责任公司供气。

附属管理的赛科站位于上海赛科石油化工有限责任公司厂区内,接收压力为 6.0 兆帕的天然气,设计供气量为 4.8×10^4 立方米/小时。主要设备有:电动阀、安全阀、过滤器、涡轮流量计等。供气范围:向上海赛科石油化工有限责任公司供气。

附属管理的工业气体站位于上海化学工业区工业气体有限公司厂区内,接收压力为 6.0 兆帕的天然气,设计供气量为 6×10^4 立方米/小时。主要设备有:电动阀、安全阀、过滤器、涡轮流量计等。供气范围:向上海化学工业区工业气体有限公司供气。

附属管理的德固赛站位于赢创德固赛(中国)投资有限公司厂区内,接收压力为 6.0 兆帕的天然气,设计供气量为 1×10^4 立方米/小时。主要设备有:电动阀、安全阀、过滤器、涡轮流量计等。供气范围:向赢创德固赛(中国)投资有限公司供气。

附属管理的华林站位于上海华林工业气体有限公司厂区内,接收压力为 6.0 兆帕的天然气,设计供气量为 3.6×10^4 立方米/小时。主要设备有:电动阀、安全阀、过滤器、涡轮流量计等。供气范围:向上海华林工业气体有限公司供气。

无人计量(调压)站　无人计量(调压)站共计 39 座,主要分布在上海外环线至郊环线一带,遍布松江区、金山区、青浦区、宝山区、闵行区、奉贤区、杨浦区、崇明区和浦东新区,无人计量(调压)站设计规模从6 500立方米/小时到30万立方米/小时不等,由预处理器、阀门、汇管、调压器、流量计、过滤器、排污灌、排污放散系统组成。按照城市高压管网的压力级制来划分:接入6.0兆帕等级压力管道的调压站有15座;接入4.0兆帕等级压力管道的调压站有4座;接入2.5兆帕等级压力管道的调压站有7座;接入1.6兆帕等级压力管道的调压站有13座。按下游用户来划分:12座无人计量(调压)站属于工业用户专用(如长樱站),27座无人计量(调压)站接入下游销售公司。

表3-4-1 2017年上海天然气管网有限公司无人计量(调压)站情况表

序号	站名	规模(标准立方米/小时)	进出口压力(兆帕)	投运时间
1	奉贤站	5×10^4	6.0/1.6	2003年
2	山阳站	5×10^4	6.0/1.6	2004年
3	朱泾站	5×10^4	6.0/1.6	2004年
4	松江站	5×10^4	6.0/1.6	2003年
5	青浦站	5×10^4	6.0/1.6	2003年
6	长樱站	6×10^4	6.0/1.6	2008年(用户专业站)
7	浦南站	5.5×10^4	6.0/1.6	2012年
8	宣桥站	2×10^4	0.4/0.4	1999年
9	祝桥站	8×10^4	0.4/0.4	2004年
10	航津站	5×10^4	1.6/0.8	2003年
11	合庆站	10×10^4	1.6/0.8	2004年
12	双柏路站	20×10^4	1.6/0.8	2004年
13	漕宝路站	10×10^4	1.6/0.8	2009年
14	军工站	10×10^4	1.6/0.8	2003年
15	国棉站	10×10^4	1.6/0.8	2003年
16	吴淞站	10×10^4	1.6/0.8	2003年
17	永泰站	5×10^4	1.6/0.8	2009年
18	沈杜站	0.9×10^4	2.5/0.4	1999年
19	临港重工站	10×10^4	2.5/0.8	2009年
20	北翟站	5×10^4	1.6/0.4	2010年
21	康桥站	2×10^4	1.6/0.4	1999年
22	周浦站	2×10^4	0.4/0.4	2001年
23	奉贤燃机站	20×10^4	6.0/1.0	2005年(用户专业站)
24	上焦站	2×10^4	1.6/1.6	2004年(用户专业站)
25	高桥石化站	3.5×10^4	6.0/0.8	2012年(用户专业站)

〔续表〕

序号	站名	规模(标准立方米/小时)	进出口压力(兆帕)	投运时间
26	上海石化站	14×10^4	6.0/6.0	2010 年(用户专业站)
27	新场站	6×10^4	2.5/1.0	2014 年
28	莘庄热电站	2.5×10^4	4.0/4.0	2015 年(用户专业站)
29	航改机站	1.5×10^4	4.0/4.0	2015 年(用户专业站)
30	罗泾燃机站	8×10^4	6.0/6.0	2015 年(用户专业站)
31	华阳站	10×10^4	4.0/1.6	2015 年
32	徐南站	15×10^4	4.0/0.8	2016 年
33	北蔡站	13×10^4	2.5/1.6	1998 年
34	南桥热电站	16×10^4	6.0/6.0	2015 年(用户专业站)
35	奉贤热电站	16×10^4	6.0/6.0	2017 年(用户专业站)
36	青村站	5×10^4	6.0/1.6	2018 年
37	崇明城桥站	0.65×10^4	6.0/0.4	2016 年(用户专业站)
38	崇明燃机站	16×10^4	6.0/6.0	2016 年(用户专业站)
39	崇明陈家镇站	0.25×10^4	6.0/0.8	2016 年

销售公司输配系统 城市燃气管网系统由多级压力级制的管网及调压站组成,上一级压力级制的管网通过调压站将燃气调压后输送到下一级压力级制的管网,最终由低压管网或者中压管网将燃气输送到各消费节点。在城镇燃气输配系统中,区域调压站是对特定区域进行供气的核心组成部分,区域调压站是调节压力流量的枢纽,也是下游用气安全的保障。

上海燃气的中低压区域调压站主要分布在上海燃气(集团)有限公司所属的燃气销售公司。截至 2017 年年底,上海燃气中低压区域调压站合计 10 921 座。

表 3-4-2　2017 年上海燃气浦东销售有限公司主要调压站情况表

序号	站名	规模(标准立方米/小时)	进出口压力(兆帕)	投运时间
1	金桥站	3×10^4	0.8/0.1	1999 年(2014 年改建)
2	高南站	3×10^4	0.8/0.1	1999 年(2015 年改建)
3	联洋站	2×10^4	0.8/0.1	1999 年(2016 年改建)
4	花木站	3×10^4	0.8/0.1	1999 年(2004 年改建)
5	王港站	3×10^4	0.8/0.1	1999 年(2017 年改建)
6	永泰 1 站	2×10^4	0.8/0.1	1999 年(2017 年改建)
7	永泰 2 站	2×10^4	0.8/0.4	1999 年(2017 年改建)
8	六里站	3×10^4	0.8/0.1	1999 年(2016 年改建)

〔续表〕

序号	站　名	规模(标准立方米/小时)	进出口压力(兆帕)	投运时间
9	杨东站	2×10^4	0.8/0.1	1999年
10	蔡家站	2×10^4	0.8/0.1	1999年(2015年改建)
11	张江1站	3×10^4	0.8/0.1	1999年(2018年改建)
12	张江2站	2×10^4	0.8/0.4	2004年
13	陆家嘴1站	5×10^4	0.8/0.4	1999年(2009年改建)
14	陆家嘴2站	2×10^4	0.8/0.1	2011年
15	江镇站	2×10^4	1.6/0.1	1999年
16	施湾站	2×10^4	1.6/0.4	1999年(2004年废除)
17	江海站	—	—	已规划
18	唐镇站	2×10^4	0.8/0.1	2015年
19	浦煤站	2×10^4	0.8/0.1	1999年
20	高东站	0.5×10^4	0.8/0.1	2005年
21	曹路站	1×10^4	0.8/0.1	2014年
22	北蔡站	3×10^4	0.8/0.1	2015年
23	世博1站	2×10^4	0.8/0.1	2010年
24	世博2站	2×10^4	0.8/0.1	2010年
25	通用站1	0.8×10^4	0.8/0.1	1999年(用户站)
26	通用站2	1.2×10^4	0.8/0.1	2015年(用户站)
27	申江站	0.5×10^4	0.8/0.4	2001年(用户站)
28	霍尼韦尔站	0.1×10^4	0.8/0.6	2012年(用户站)
29	上科大站	1×10^4	0.8/0.4	2015年(用户站)
30	克虏伯站	0.5×10^4	0.8/0.1	停用
31	美亚金桥1站	1×10^4	0.8/0.2	2014年(用户站)
32	美亚金桥2站	3×10^4	0.8/0.2	2017年(用户站)
33	前滩站	2×10^4	0.8/0.1	2018年

表3-4-3　2017年上海大众燃气有限公司主要调压站情况表

序号	站　名	规模(标准立方米/小时)	进出口压力(兆帕)	投运时间
1	康城站	2×10^4	0.8/0.4	2001年
2	申南路站	2×10^4	0.8/0.4	2001年
3	曹行站	2×10^4	0.8/0.4	2001年

〔续表〕

序号	站　名	规模(标准立方米/小时)	进出口压力(兆帕)	投运时间
4	双柏路站	2×10^4	0.8/0.4	2002年(2009年扩容)
5	放鹤路站	4×10^4	0.8/0.4	2004年(2017年扩容)
6	漕宝路站	10×10^4	0.8/0.4	2004年
7	元江路站	5×10^4	0.8/0.4	2005年(2008年扩容)
8	吴中路站	5×10^4	0.8/0.4	2010年
9	龙华路站	8×10^4	0.8/0.4	2014年
10	西虹桥站	10×10^4	0.8/0.4	2016年

表3-4-4　2017年上海燃气市北销售有限公司主要调压站情况表

序号	站　名	规模(标准立方米/小时)	进出口压力(兆帕)	投运时间
1	海蓝路站	2×10^4	0.65/0.05	2005年
2	沪宁高速辅道站	2×10^4	0.65/0.05	2005年
3	宝钱公路站	2×10^4	0.65/0.25	2005年
4	澄浏站	4×10^4	0.65/0.05	2005年
5	宝安公路站	2×10^4	0.65/0.2	2005年
6	汶水东路站	2×10^4	0.65/0.05	2005年
7	桃浦路站	4×10^4	0.65/0.05	2006年
8	柳营路站	4×10^4	停用	2006年
9	真华路站	2×10^4	0.65/0.05	2006年
10	宝山工业园区站	2×10^4	0.65/0.2	2006年
11	大场门站	8×10^4	0.65/0.05	1996年
12	庙行门站	8×10^4	0.65/0.05	1996年
13	罗店门站	1×10^4	停用	1998年
14	新梅共和城站	2×10^4	0.65/0.05	2002年
15	市光门站	2×10^4	0.65/0.05	2003年
16	闸殷路门站	4×10^4	0.65/0.04	2004年
17	闸殷路门站	4×10^4	0.65/0.05	2004年
18	杨北路门站	2×10^4	0.65/0.2	2006年
19	罗南门站	2×10^4	0.65/0.2	2003年
20	宝杨门站	1.2×10^4	0.65/0.08	2004年
21	友谊路门站	2×10^4	0.65/0.05	2004年
22	新建一路站	2×10^4	0.65/0.1	2006年
23	疏港站	0.5×10^4	0.65/0.1	2008年

〔续表〕

序号	站　名	规模(标准立方米/小时)	进出口压力(兆帕)	投运时间
24	平型关路站	2×10^4	0.65/0.05	2008 年
25	沪太路站	2×10^4	0.65/0.1	2008 年
26	军工路站 1	6×10^4	0.65/0.05	2009 年
27	军工路站 2	0.2×10^4	0.65/0.08	2009 年
28	园和路站	0.2×10^4	0.65/0.1	2010 年
29	市北(市场部热电联供)站	0.02×10^4	0.65/0.43	2008 年
30	五金城站	2.5×10^4	0.65/0.25	2004 年
31	百安公路站	2.5×10^4	0.65/0.25	2004 年
32	上外学校站	2.5×10^4	0.65/0.25	2005 年
33	民丰路站	2.5×10^4	0.65/0.25	2004 年
34	绿苑三邨站	2.5×10^4	0.65/0.25	2007 年
35	绿环路站	2×10^4	0.65/0.25	2009 年
36	永盛路站	2×10^4	0.65/0.25	2009 年
37	博园路站	2×10^4	0.65/0.25	2007 年
38	消防队站	0.2×10^4	0.65/0.25	2005 年
39	园亭路站	2×10^4	停用	2010 年
40	淞兴路站	2×10^4	0.65/0.05	2012 年
41	嘉行公路站	2×10^4	0.65/0.1	2011 年
42	月川路站	4×10^4	0.65/0.08	2013 年
43	金沙江路站(市南)	2×10^4	0.65/0.35	2014 年
44	金沙江路门站(市北)	6×10^4	0.65/0.05	2017 年
45	世盛路站	2×10^4	0.65/0.15	2014 年
46	大众三厂站	3×10^4	0.65/0.25	2015 年
47	大宁公园站 1	8×10^4	0.65/0.05	2016 年
48	大宁公园站 2	0.4×10^4	0.65/0.285	2016 年
49	吴淞煤气厂站	2×10^4	0.65/0.05	2016 年
50	真如站	8×10^4	0.65/0.05	2017 年

表 3-4-5　2017 年上海金山天然气有限公司主要调压站情况表

序号	站　名	规模(标准立方米/小时)	进出口压力(兆帕)	投运时间
1	新农门站	5×10^4	1.6/0.8	2006 年
2	山阳门站	5×10^4	1.6/0.8	2008 年
3	金卫站	3×10^4	0.8/0.4	2015 年

表3-4-6 2017年上海燃气崇明有限公司主要调压站情况表

序号	站 名	规模(标准立方米/小时)	进出口压力(兆帕)	投运时间
1	陈家镇站	4×10^4	0.8/0.2~0.36	2017年

五号沟LNG应急储备站 上海燃气(集团)有限公司五号沟LNG站肩负着上海天然气供应应急保障和调峰的重任,当上游长输管道或海底管道因设备损坏、人为损伤以及一些不可抗拒的自然因素的影响而引起上游向下游停止供气时,可发挥事故气源站的功能;在天然气季节用气高峰等运行特性影响时,可发挥季节调峰的功能或作为补充气源缓解上海天然气供应紧张的局面;同时还可兼顾部分远郊地区非管输天然气资源供应及支持上海石油交易所市场化调峰天然气贸易。五号沟LNG站日常运营由上海燃气集团委托上海天然气管网有限公司管理,是上海市"重大危险源"单位、上海市"消防重点"单位、上海市"反恐重点"单位。LNG站位于浦东新区曹路镇人民塘路485号,占地27.8万平方米。场站正北方向为长江口,东北方向为海域,周边企业有浦航煤油储运基地等单位。

上海五号沟LNG站始建于1999年,建有1座2万立方米LNG储罐和1套天然气液化装置,是国内最早的天然气液化装置和应急储备站。2008年,一期扩建增加2座5万立方米LNG储罐、1座5万吨级专用码头和相应生产装置。2017年年底二期扩建项目竣工,新建2座10万立方米混凝土全包容液化天然气储罐,新增2台槽车装卸橇及相关配套生产设备设施。二期扩建的实施使上海天然气储气能力保持在15天(在任一气源故障情况下,保证城市燃气用户以及80%大工业用户和40%电厂用户的用气)。

截至2017年年底,上海五号沟LNG站主要设施包括2座10万立方米、2座5万立方米、1座2万立方米的LNG储罐,1座可停靠5万吨级LNG船的码头及相关配套措施,10台低压LNG泵、2台高压LNG泵、6台BOG压缩机、6台SCV气化器(包含2台高压SCV气化器)、2套外输计量站、1套高压调压计量站、6台80立方米LNG/小时的槽车装/卸车橇及1套液化系统(已停用)。五号沟LNG站码头泊位总长度约300米,可停靠2万~7.5万立方米LNG船舶,是中国内河航道第一个停靠、接卸LNG船舶的码头。2017年年底,五号沟LNG站储存能力达到32万立方米(折合气态天然气约1.9亿立方米),气化能力达到24万立方米/小时(气态体积),码头吞吐量达到50万吨/年。

五号沟LNG站工艺流程主要是:LNG运载船靠泊后,通过卸液总管将LNG送入LNG储罐中,LNG经储罐的罐内液下泵泵出,送入LNG泵输管线。泵输管线中的LNG还可输送到气化器可进行气化,再通过计量加臭后输送到1.6兆帕(表压)等级外输管道;泵输管线的LNG还可通过高压LNG泵进行二级增压后输送至气化器,气化器在高压工况下进行LNG气化,经计量调压加臭后进入1.6兆帕(表压)等级外输管道。另外,泵输管线与槽车区可进行双向的装/卸作业。BOG总管收集所有LNG储罐中所产生的BOG,采用BOG压缩机进行BOG处理。经压缩机加压后的BOG会直接送入现有运行的1.6兆帕等级管网系统外输。

五号沟LNG站自建站以来,天然气调峰液化装置共液化天然气约5 000万立方米;截至2017年年底,接受LNG船69船次,共95万吨液化天然气;气化量达4.7亿立方米;卸载车运液化天然气3 518车,共6.8万吨;装载车运液化天然气23 348车,共45万吨。

在应急保障方面,2000年10月15—26日,应对上游海管事故,连续气化11天,共340.5万立

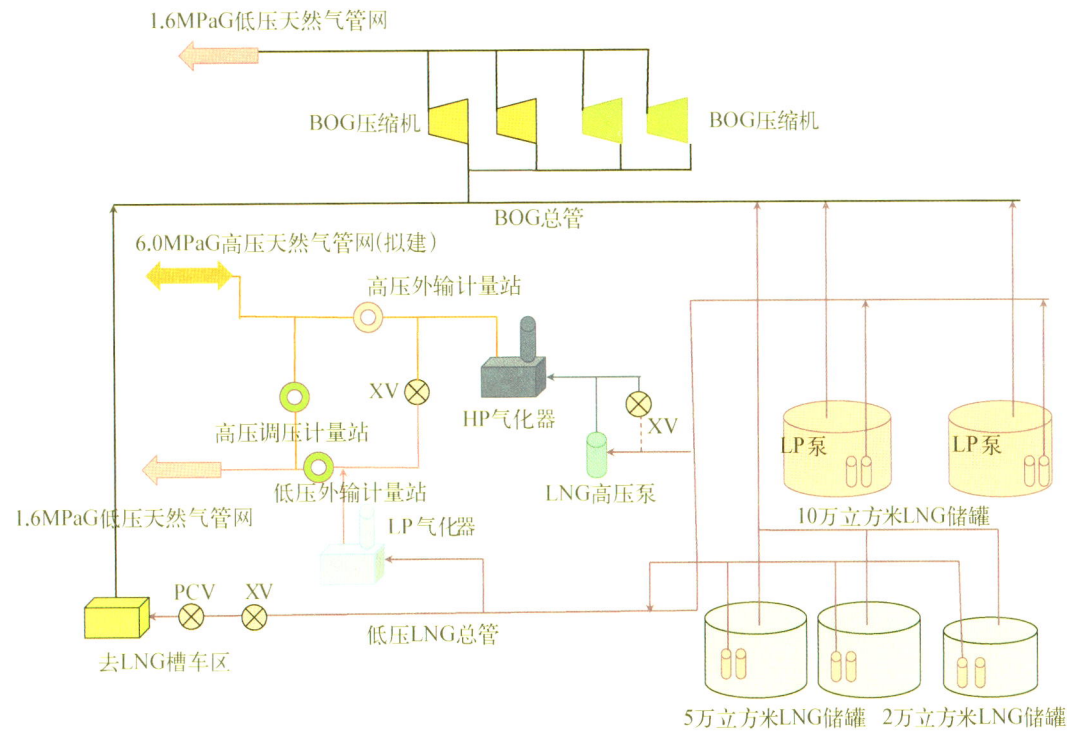

图 3-4-5　五号沟 LNG 站工艺流程

方米天然气,确保上海天然气不断供。2008 年至 2010 年,接受新疆广汇和珠海两地的 LNG 资源近 7 万吨,有效缓解上海天然气的紧缺。配合上游气体处理厂检修,共气化天然气 1 048 万立方米。配合洋山 LNG 转运,接受 10 船次,共 23.92 万吨液化天然气,气化天然气 3 亿立方米。在冬、夏保高峰期间的应急调峰逐渐成为常态。

自投运以来,LNG 站已先后启用气化装置,总气化量超过 5.214 亿立方米,在上游设备故障和检修、海上平台因台风影响而停供、输气管线发生故障以及用气高峰时,都能及时向管网供气,充分发挥备用气源的作用,体现启动迅速、调节灵活的特性,在保证向用户不间断供气中起到至关重要的作用。

【管网】

依据《上海市天然气主干管网系统规划修编(2007—2020 年)》等,上海城市天然气输配管网系统按照天然气气源供应参数、输配管网布局原则以及用户用气需求的情况,采用不同的压力级制,形成超高压—高压—次高压—中压—低压五级系统。

表 3-4-7　2017 年上海天然气输配管网系统主要压力级制情况表

名　　称	位　　置
10 兆帕超高压燃气管道	东海平台、洋山港与上海的连通管
6.0 兆帕超高压燃气管道	郊环线、崇明陈海公路
4.0 兆帕高压 A 燃气管道	郊环线与外环线之间的连通管

〔续表〕

名　　称	位　　置
2.5兆帕高压B燃气管道	新港首站至北蔡储配站、川沙门站
1.6兆帕次高压A燃气管道	外环线
0.8兆帕次高压B燃气管道	各中心城区、郊区天然气主干网
中压燃气管道	各中心城区、郊区部分地区中压天然气管网
低压燃气管道	各中心城区、郊区部分地区中压天然气管网

东海油气田到上海的油气分离海底输气管线　东海平湖油气田共有两条海底油气外输管道，输气管道直径14英寸，总长389.91公里，由平湖油气田综合平台穿越岱衢洋至上海浦东新区芦潮港登陆；输油管道直径10英寸，由平湖油气田综合平台至岱山岛后沙洋登陆。其中，东海平湖油气田到上海的油气分离海底输气管线海底段长365.94公里（1999年3月竣工时为366.88公里，2002年4月南汇世纪塘改造外扩减少0.94公里），陆上延伸段管道23.97公里（1999年3月竣工时为21.94公里，2002年4月南汇世纪塘改造外扩增加0.94公里，2005年2月因上海深水港和临港新城建设实施管道搬迁，增加1.09公里）。

海底管道设计主要依据中国能源部发布的中华人民共和国石油天然气行业标准《海底管道系统规范》（SY/T4804-1992）和1989年3月1日中华人民共和国国务院所颁发的《铺设海底电缆和管道的管理规定》等。

表3-4-8　2017年东海平湖油气田到上海的油气分离海底输气管线技术参数情况表

名　　称	数　　据
最大入口压力	1.05×10^4 千帕（表压）
最大出口压力	0.94×10^4 千帕（表压）
最大流量	1.53×10^6 标准立方米/日
最小流量	0.69×10^6 标准立方米/日
入口温度	40摄氏度
出口温度	3.5～23.8摄氏度
海底管道总长	365.94公里
管道外径	355.66毫米
管道内径	333.4毫米
壁厚	15.85毫米（平台500米以内）
	11.13毫米（平台500米以远）
管道材质	API 5LGrade X52级标准直缝钢管
内腐蚀余量	1.7毫米

海底输气管道在铺设后全线挖沟,近岸段以及航道穿越外进行人工回填,其他区域采用自然回填方式;平湖油气田综合平台处膨胀弯未挖沟,采用挠性混凝土垫覆盖保护;登陆段设计为预挖沟,铺设后采取工程回填。根据国土资源部《海底电缆管道保护规定》,设立海底电缆管道保护区:"沿海宽阔海域为海底电缆管道两侧各500米""禁止在海底电缆管道保护区内从事挖砂、钻探、打桩、抛锚、拖锚、底拖捕捞、张网、养殖或者其他可能破坏海底电缆管道安全的海上作业"。通过采取海域巡查警戒保护、船舶AIS监控、管道陆上巡线等措施,保证管道安全距离。

海底输气管线外防腐涂层采用5毫米厚的煤焦油瓷漆(CTE),立管和膨胀弯采用12.7毫米厚的氯丁橡胶涂层。海底输气管线还运用管线外混凝土配重技术和管线阴极保护系统。

洋山液化天然气到临港的输气管道　上海LNG项目一期工程输气管道从洋山LNG接收站出口到临港输气末站为止,全长约52公里。整个输气管道由海底输气管道和陆上输气管道组成,于2009年9月投运。

海底输气管道。从南汇嘴登陆点位置与世纪塘大堤交越之后第一个阀站内的绝缘接头上游端(KP-0.066)开始,到LNG接收站出口处绝缘接头连接点的下游端(KP35.79)止,全长为35.86公里。管道外径914.4毫米,设计压力9.2兆帕,工作压力6.0兆帕~8.0兆帕,运行温度5摄氏度~30摄氏度。

管线埋设采用南汇嘴登陆点区域(KP0.025至KP1.500)和西门塘入海点区域(KP33.5至KP33.6)挖沟铺设后在管线上方进行抛石护管;CP点区域管线直接铺设于海底面上部采用混凝土连锁块和抛石进行覆盖;其他区域管线设计埋深1.5米,管沟开挖后自然回淤。

海上段管道防腐采用(KP1.5至KP33.4)三层聚乙烯普通级涂层,最小厚度为2.6毫米;南汇嘴登陆段(KP-0.06至KP1.500)和西门堂登陆段(KP33.5至35.7)采用加强级防腐层,最小厚度为4.0毫米。防腐执行《埋地钢质管道聚乙烯防腐层技术(SY/T4013-2002)》要求。

管道焊接采用全自动焊接方式。管道焊口经无损检测合格后,进行管道防腐补口,管道环焊缝补口采用3层结构辐射交联聚乙烯热收缩套(带),与主体防腐层的搭接宽度大于等于100毫米。

管线全部采用牺牲阳极阴极保护,共计使用牺牲阳极块124块。

陆上输气管道。海底输气管道在南汇嘴东海大桥东侧登陆,登陆后从规划大桥公园沿规划2号河南侧向西敷设至东海天然气陆上输气管道东侧,与其并行向北敷设,穿过随塘河到万水路,沿万水路向西至妙香路西侧,沿妙香路向南敷设至临港输气末站。

陆上输气管道设计压力9.2兆帕,运行压力5.5兆帕~7.5兆帕,运行温度5摄氏度~25摄氏度。管道全部为φ914直缝埋弧焊钢管,材质为API X70级。管道焊接采用半自动焊接方式,即采用手工焊进行根焊,其余焊道采用自动焊接。

管道外防腐一般线路段采用3层聚乙烯普通级涂层;穿越段采用加强级防腐层;热煨弯管防腐采用双层熔结环氧粉末加强级外涂层防腐。管道焊口经无损检测合格后,进行管道防腐补口。埋地管道的阴极保护系统包括线路部分的强制电流阴极保护系统、特殊管段的牺牲阳极保护系统和管道的检测系统。

管线施工采用定向钻穿越、顶管穿越,非等级公路采用大开挖方式。

天然气主干管网(1.6兆帕~6.0兆帕)　上海天然气主干管网由1.6兆帕、2.5兆帕、4.0兆帕和6.0兆帕4个压力级制的高压、超高压天然气管道组成,根据上海市工程建设规范《城镇高压、超高压天然气管道工程技术规程》(DGJ08-102-2003)规定,高压、超高压天然气管道不得穿越城市中心城区、新城区(四级地区)。依据《上海市天然气主干管网系统规划修编(2007—2020年)》,上海天然气主干网6.0兆帕管线主要呈"C"字形分布在崇明县、宝山区、嘉定区、青浦区、松江区、金山区、奉贤区、浦东新区等郊环线一带,4.0兆帕管线主要分布在松江区、青浦区、嘉定区等地区,2.5兆帕管线(东海天然气下游配套工程)主要分布在浦东新区南侧郊环线,1.6兆帕管线主要呈环型绕上海外环线一带分布。2002—2006年"西气东输"下游配套工程建成管线336.61公里,2007—2010年上海市天然气主干管网二期工程建成管线135.37公里,2012—2014年主干管网崇明岛管道工程建成管线85.36公里,华电三联供工程建成管线8.7公里。加上接收移交管线189.96公里,截至2017年年底上海天然气主干管网全长756公里,基本建成覆盖全市的天然气高压输送管道网。

表3-4-9 2017年上海天然气主干管网技术参数情况表

设计压力(兆帕)	运行压力(兆帕)	主要管径(毫米)	管　　材	管道长度(公里)
1.6	1.0≤P＜1.6	DN500	SS400	199.6
		DN800	X52、L360M	
2.5	1.2≤P＜2.0	DN800	X52、L360M	145.7
4.0	3.0≤P＜4.0	DN800	X60、L415M	96.8
6.0	3.0≤P＜6.0	DN800	X60、L415M	313.9
		DN500	X60、L415M	
		DN300	Q345B	

上海天然气主干管网建设主要根据《城镇高压、超高压天然气管道工程技术规程》(DGJ08-102-2003)实施,高压、超高压管道埋设深度(管顶覆土厚度)超过1.2米。管道采用下向焊焊接工艺技术,管道焊缝进行100%全周长超声波探伤检验及100%全周长射线照相检验。管道敷设中还经常采用挖沟法、定向钻法、顶管法和盾构法4种穿越施工工艺。管线防腐方面,2002年前主要以环氧煤沥青和玻璃丝布为主,2002年后主干网全面建设期埋地钢质管道采用挤出聚乙烯三层结构普通级外防腐层的防腐方法(简称3PE)为主;穿越管道及管件采用外涂加强级双层熔结环氧涂层(双层FBE)的防腐方法。上海天然气主干网还采用外加电流阴极保护加局部辅助牺牲阳极保护,共设有28个阴极保护站,其中25个外加电流阴极保护站,3个强制排流站。为保证安全,天然气管道沿线设置线路标志和沉降监测点。

天然气次高压管线(0.4兆帕~1.6兆帕)　随着东海天然气的到来,从1995年开始,作为东海天然气(下游)配套工程的组成部分,上海燃气率先在浦东地区铺设1.6兆帕的天然气次高压管线。2000年开始,为配合"西气东输"的到来以及天然气向浦西的发展,上海浦西地区开始建设0.8兆帕的天然气次高压管线。次高压管线主要作用在于连接上游气源至0.8兆帕~0.4兆帕调压站和部分工业用户,截至2017年年底,上海天然气次高压管线总建成长度为366公里。其中,1.6兆帕天然气次高压管线109公里;0.8兆帕天然气次高压管线257公里。

表 3-4-10 2017年上海天然气次高压管线分布情况表

公 司	范 围	压力级制(兆帕)	管径(毫米)	长度(公里)	投运时间(年)
上海浦东燃气销售有限公司	龙东大道(杨高路至川沙门站)	0.8	DN500	20	1996
	沪南公路(龙东大道至北蔡门站)	0.8	DN500	6	1996
	航津路(杨高北路至浦东北路)	0.8	DN500	2.5	1996
	浦东北路(航津路至浦东煤气厂)	0.8	DN500	4	1996
	罗山路(杨高路至龙东大道)	0.8	DN500	3.5	1996
	杨高路(航津路至环南大道)	0.8	DN500	26	1997
	世纪大道(杨高路至崂山东路)	0.8	DN500	2.5	1999
	华夏路(北蔡门站至罗山路东)	0.8	DN500	2	2000
	川沙路(龙东大道至上川路)	0.8	DN500	6	2005
	上川路巨峰路(龙东大道至杨高北路)	0.8	DN500	6.5	2005
	成山路克虏伯专线管(成山路、长青路、耀华路)	0.8	DN300	6	2005
	张江区域(金科路、科苑路等)	0.8	DN300	5	2007
	高科西路雪野路(高科西路、雪野路)	0.8	DN300	5.5	2010
	航津路(杨高北路至高东路)	0.8	DN200	3	2010
	唐龙路顾唐路(唐龙路、顾唐路)	0.8	DN300	2.5	2015
	中环路(龙东大道至杨高北路)	0.8	DN500	5	2016
	东陆路(杨高路至金海路)	0.8	DN300	1.3	2018
上海大众燃气销售有限公司	金都路(虹梅南路至中春路)	0.8	DN300	5.5	2001
	中春路(莘松路至申南路)	0.8	DN300	3.0	2001
	虹梅南路(金都路至放鹤路)	0.8	DN500	5.3	2001
	双柏路(虹梅南路至龙吴路)	0.8	DN500	1.9	2001
	漕宝路(苍梧路至外环)	0.8	DN700	4.9	2004
	中春路南延伸(申南路至元江路)	0.8	DN500	3.2	2005
	元江路(虹梅南路至中春路)	0.8	DN300	5.2	2006
	漕宝路西延伸(外环至吴宝路)	0.8	DN300	2.0	2010
	吴宝路(吴中路至漕宝路)	0.8	DN300	0.7	2010
	漕宝路东延伸(苍梧路龙华西路)	0.8	DN500	3.0	2014
	龙吴路(石龙路至曹行路)	0.8	DN500	7.4	2014
	沪青平公路(徐泾储配站至蟠龙路)	0.8	DN700	4.2	2016
	蟠龙路(沪青平公路至松泽大道)	0.8	DN500	1.6	2016

〔续表〕

公司	范围	压力级制（兆帕）	管径（毫米）	长度（公里）	投运时间（年）
上海市北燃气销售有限公司	蕰川路共和新路沿线（外环线至柳营路段）	0.8	DN500	11	2005
	宝钱公路浏翔公路沿线	0.8	DN500	20	2005
		0.8	DN300		2005
	中环线沿线（军工路至金沙江路）	0.8	DN500	22	2006
	嘉定新城地区	0.8	DN500	14	2003—2017
		0.8	DN300	30	

天然气中压管线(0.01兆帕～0.4兆帕) 上海天然气中压管网是指高中压调压站至用户中低压调压器之间的配气管道，由中压A、中压B两个压力级制的管道组成，是燃气管网的重要组成部分。其来源有两个部分：一部分是原人工煤气管道经天然气改造置换后继续使用的中压管道；另一部分是天然气供应上海后，根据政府规划、企业天然气管网规划和城市发展道路建设，配套建设形成。中压燃气管道基本覆盖市区主干路、次干路、支路以及开发区道路，呈现由城区逐步向郊区延伸发展的特点，因此中心城区管道相对老旧，边远郊区管道相对较新。截至2017年年底，上海城区建有中压管线约4500公里，其建设主要依据国标《城镇燃气技术规程》(GB50494)和《城镇燃气设计规范》(GB50028)的相关规定，具体分布和参数见下表：

表3-4-11　2017年上海中压天然气管道分布及技术参数情况表

名称		压力（兆帕）	管材	主要管径（毫米）	管道长度（公里）					
					浦销	大众	市北	金山	崇明	小计
中压燃气管道	A	0.2<P≤0.4	钢管	100～500	150	801	1 233	93	0	2 277
			PE管	110～355	200	71	0	139	0	410
	B	0.01≤P≤0.2	钢管	100～500	1 050	142	130	39	7	1 368
			PE管	110～355	780	6	2	172	191	1 151
			铸铁管	200～800	0	109	372	0	0	481
合计					2 100	1 129	1 737	443	198	5 687

说明：1. 中压铸铁管实际运行压力低于0.1兆帕；2. 中压管道敷设位置以非机动车道、人行道为主。

中压管道的材质有：铸铁管、钢管和聚乙烯管，前期敷设的铸铁管留有人工煤气的印迹；天然气到来后中压管道建设逐步转向钢管，口径主要为DN200～DN500；2005年后，由于地铁等轨道交通杂散电流对钢制管道腐蚀的影响，中压管道视情况开始敷设聚乙烯管道。不同材质的燃气管道，各有其特性和优缺点。中压燃气管道作常用的管材是钢管，它包括无缝钢管和焊缝钢管，具有高强度的机械性能，抗外力破坏性能优异。其主要缺点是易发生电化学腐蚀，施工复杂，且使用寿命较短，一般为30年左右。钢管造价当管径大于300毫米时，小于聚乙烯管；小于300毫米时，大于聚乙烯管。聚乙烯管是广泛应用于中、低压天然气输配系统的地下管材，具有良好的热稳定性、柔韧性、耐腐蚀性和耐压强度，施工方便，使用寿命可达50年；主要缺点是抗外力破坏性能差，大口径造价较高。球墨铸铁管也是中、低压管道中常见的管材，具有耐腐蚀、强韧性、高强度；缺点是长期使用气密性较差，机械接口易受道路沉降和橡胶密封圈老化的影响。

中压管道埋设深度（管顶覆土厚度）一般超过0.8米。钢管采用焊接连接，管道按设计要求进行超声波探伤检验和X射线照相检验，采用环氧煤沥青和3PE防腐层工艺，并采用牺牲阳极阴极保护措施，加强管道的腐蚀防护；聚乙烯管道采用热熔焊接和电熔焊接，使用全自动焊机保证焊接过程的一致性，焊接数据要求采集归档，设置示踪线以方便今后查找确认管位，设置防护板和警示带以减少外部破坏。另外，上海市区中压管道正在逐步推行管线警示标志装置的设置，以进一步加强管道的保护。

天然气低压管线（小于0.01兆帕） 上海天然气低压管道是指中低压调压器之后到进户立管之间的配气管道，压力小于10千帕，是燃气管网的重要组成部分。低压燃气管道同样经历人工煤气发展时期和天然气发展时期，截至2017年年底，仍有部分早期的灰口铸铁管还在运行。天然气供应上海后，低压管道的材质主要选用PE管和球墨铸铁管。低压燃气管道主要敷设于居民小区道路或小区道路边的绿化内，口径以DN32至DN300为主。商业物业和工业厂区也配套建有少量的低压燃气管道。随着燃气公司对燃气安全供气的重视，以及对聚乙烯管道优异性能认同的进一步提高，聚乙烯管道在低压范围的应用呈扩大趋势。

截至2017年年底，上海城区建有低压管线约14 500公里，其建设同样依据国标《城镇燃气技术规程》（GB50494）和《城镇燃气设计规范》（GB50028）的相关规定，具体分布和参数见下表：

表3-4-12　2017年上海低压天然气管道分布及技术参数情况表

名称	压力（兆帕）	管材	主要管径（毫米）	管道长度（公里）					
				浦销	大众	市北	金山	崇明	小计
低压燃气管道	P<0.01	钢管	100～500	200	147	159	17	2	525
		PE管	110～355	2 800	2 180	2 692	440	277	8 389
		铸铁管	200～800	40	2 726	3 172	0	0.7	5 938.7
合计				3 040	5 053	6 023	457	279.7	14 852.7

三、液化石油气储灌供应

【储灌场】

1976年4月，液化所在杨浦区政修路270号建造上海市第一座液化石油气（LPG）储灌场，储存总容量为960立方米。1984年6月至9月，液化所又相继建成（昆阳路）闵行储灌场和（杨高路）浦东储灌场，储存总容量增到5 853立方米。1991年8月，液化所金山储存站建成。2002年上半年，上海市规划局发文，明确江杨南路浦西储灌场的土地性质变更为居民用地性质后，液化石油气公司实施"二场并一场"，将浦西储灌场与闵行储灌场合并成立储配分公司。2003年12月，合庆储灌基地建成。至2017年，液化石油气公司共有储灌场4个，分别坐落在闵行、金山、合庆、长兴。

1989年,浦东储灌场从法国道达尔公司引进转盘式机械化灌瓶机,每小时灌装约1 000瓶。1993年,液化所继续引进4套道达尔公司的灌装流水线。2002年2月,浦西储灌场与闵行储灌场合并,浦西东区所有站点、用户的钢瓶灌装供应任务由江杨南路浦西储罐基地负责。

根据上海城市煤气计划,"八五"规划期间上海液化石油气有较大发展。上海市人民政府投资3亿,批准液化所建设配套设施,即浦西储灌场搬迁新建、闵行储灌场扩建、浦东储灌场扩建、金山至闵行47公里专用液化石油气管道,上述4项工程简称为"三点一线"工程,列为1993年的市政府重点实事工程之一。其中金山至闵行液化石油气管线工程全长47公里,口径159毫米,总投资0.56亿元。从日本引进专用长距离输液泵和40公斤/平方厘米压力的一级泵从金山石化总厂输送至闵行储灌场,途径3个区(金山、奉贤、闵行),穿越200多条河流,其中包括穿越黄浦江600米,年输液量10万吨。该工程从1992年10月开工,到1993年10月竣工全线贯通。2014年5月,由于企业改革发展需要,47公里专用液化石油气管道暂时关闭使用。

【供应】

1976—1978年,由于液化石油气用户数量扩大,相继建成殷行路供应站、海滨新村供应站、历程路供应站、闵行地区的兰坪路供应站、宜川路供应站、景谷路供应站、红旗供应站、昆阳路供应站和露香园路供应站。1985年全市液化石油气用户数达到14万户,拥有液化石油气供应站18座。1995年"八五"末期,液化所拥有直管站点45座,代管站140座。2003年12月,液化石油气公司专门成立"拓展郊县工作指挥部",加快经营发展从市区向郊县转移的战略实施步伐。由于旧区改造、市政动迁、市政拓路、房产开发,液化石油气公司对供应站点重新整合布局,到2017年12月,液化石油气公司拥有瓶装液化石油气供应站点44个,为全市民用客户和工业客户提供燃气服务。

20世纪90年代初开始,液化所对液化石油气小区气化管道集中供应进行探索。在上海县马桥乡(现属闵行区马桥镇)进行试点,1992年12月5日,由液化所自行设计、筹建的马桥液化石油气小区供应站落成。该站是上海第一座液化石油气小区气化站。

马桥小区气化站工程设计规模4 000户,液化石油气年供应量为1 000吨。马桥小区经过几年运行,情况良好,达到预期效果。

马桥小区气化站采用热水加热式气化器,等压强制气化,低压管网输配,其工艺流程:由汽车槽车运来的液化石油气,经压缩机卸入10立方米卧式储罐。储罐内液化石油气靠自身压力流入蒸发器,在热水加热下,等压强制气化,经过气液分离后,进一级调压器,压力降到0.07兆帕,然后进行二级减压至350毫米水柱后,进入站外输配管网,至用户的灶前压力为280±50毫米水柱。经热水炉加热至80摄氏度热水进入蒸发器,加热液化石油气,使之气化。冷却后的水,经加热泵打入热水炉再加热,循环使用。热水的加热热源来自储罐内气相导入的液化石油气,经一、二级调压器逐级减压至280±50毫米水柱后,进入热水炉燃烧,加热热水。

随着上海城市天然气的不断推进,在2012年该地区采用天然气进行置换,随之该站也结束供应职能,移交上海大众燃气公司进行运营管理。

1995年,液化石油气公司开始着手研发液化石油气用于汽车。1996年5月,利用浦西、闵行两个储灌场原有的工艺管道以及分场地适当改造,增加部分设备,率先在全市建成两座加气站,并自主研发改装部分轿车和货运车辆。1998年,上海市人民政府关于推进液化石油气汽车发展的政策出台,并专门成立"上海市发展液化石油气汽车推进协调小组办公室",有计划、有步骤地发展液化石油气汽车,加大治理城市空气污染的力度,使上海城市的天空变得更蓝。这为"绿色能源"工程的发展和对液化石油气附加值的研究、推广和应用创造有利的外部条件。液化石油气公司加快加气站的建设速度。到2000年,液化石油气公司为全市设计、施工、安装的液化石油气加气站共达54座,其中投资控股加气站26座,参股加气站9座。以后,随着加气站市场的变化,液化石油气公司及时对经营政策作出调整,转让一部分加气站的股权。截至2017年,液化石油气公司现有2座加气(加油)站。

【液化石油气"全配送"】

液化石油气因其灵活性和便利性,成为管道燃气的重要补充,是不具备安装管道燃气的老城区以及部分流动人口和餐饮行业的用气选择。但液化石油气本身的特性和行业特点,决定其安全运行管理的特殊要求。2015年,根据上海市政府办公厅《关于进一步加强上海市液化石油气安全管理工作若干意见的通知》精神,结合燃气集团专业化、市场化改革总体要求,开展实施液化石油气全配送项目工作。实施液化石油气钢瓶规范统一配送,既是公司深入国企改革,向市场化、专业化发展的有效途径,也是公司向市民提供"平台预约、送气上门、安全保障"优质服务的管理目标,更是液化石油气行业强化行业管理、打击黑气、提升安全受控度的重要手段。

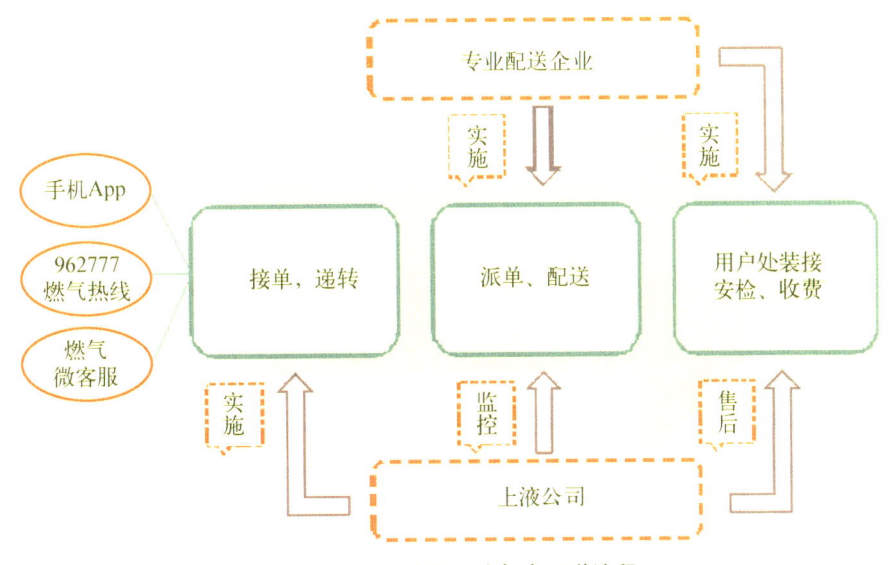

图3-4-6 液化石油气全配送流程

2016年,上海液化石油气经营公司在黄浦区政府的支持下,开始探索全配送试点工作。为确保黄浦区全配送试点的顺利启动,以及实现2016年中心城区液化石油气钢瓶的全配送目标,上液公司在2016年1月将中心城区的两个销售部合并后成立浦西销售部。并通过3个月上门设摊集中办理的方式完成对黄浦范围用户的信息梳理、核对工作。自2016年5月16日"全配送"试运行、5月26日独立操作、8月1日"全配送"试点启动,黄浦区液化石油气供应销售逐步改变原有的销售模式,用户调瓶换气只需通过拨打962777燃气热线或上海燃气"微客服"平台预约,专业的物流配送人员即为用户提供送瓶、接装、安检等服务。2016年9月26日杨浦区大连路站开始实施送瓶业务,同年10月10日杨浦区"全配送"也试运行,11月26日虹口区启动钢瓶"全配送"工作。随着中心城区全配送范围逐渐的扩大,标志着全配送工作开启新的篇章。至2017年年初,中心城区全配送范围总共覆盖7个区。2017年,根据中心城区液化石油气配送推广情况和经验,液化石油气公司研究制订出浦东新区和宝山区液化石油气配送方案并予以实施。截至2017年年底,全配送范围包括中心城区的黄浦区、徐汇区、长宁区、普陀区、静安区、杨浦区、虹口区,浦东新区内环以内,及宝山东南部地区和崇明岛。

液化石油气全配送流程为配送站点通过接收962777燃气信息平台下发的用户送瓶需求指令。工作人员按平台配送指令对瓶库满瓶扫描做出库前准备。之后,将满瓶运放至指定库位。同时,专业配送公司现场调度按平台配送指令进行配送车辆派单,并按照出库单信息至指定库位进行满瓶装车,满瓶装载完毕后,核对钢瓶数量信息无误后,双方在出库单上签字确认,然后配送车辆出站进行配送。送瓶到户后,配送人员做好安全检查,接装到位,点火成功,燃烧正常,收取费用后,用户在三联销售收据上签收确认。配送车辆在送完钢瓶回站后,将空瓶卸放至指定库位,由站点人员进行空瓶入库扫描。

第三节　全 天 然 气 化

一、天然气转换

用绿色能源天然气逐步替代人工煤气不仅具有良好的经济效益和社会效益,而且还能起到改善城市环境的作用,符合上海城市燃气发展的方向以及城市燃气可持续发展的要求。上海在启动天然气转换之时,已经实现城市燃气煤气化,拥有近270万的管道煤气用户,7 000多公里煤气管网。

1993年12月上海市煤气公司完成《东海天然气早期开采供应上海城市燃气工程(下游部分)可行性研究报告》;1995年9月25日,经国务院批准,国家计划委员会下发《关于审批东海天然气早期开采供应上海城市燃气工程(下游部分)可行性研究报告的请示通知》;1998年5月,上海市建委下发《关于东海天然气早期开采供应上海城市燃气工程(下游部分)中转换部分的初步设计的批复》,拉开上海天然气转换工程序幕。

1999年4月,东海天然气登陆上海浦东,根据《关于东海天然气早期开采供应上海城市燃气工程(下游部分)中转换部分的初步设计的批复》,浦东地区共计30多万用户需要进行天然气转换。上海市天然气输配公司结合小区天然气转换进度计划及管网条件、人力物力的配置情况,共划分40个转换小区,规模从2 000户到15 000千户,也有单纯的单位用户小区。1999年4月12日,上海天然气转换工作在浦东上海通用汽车公司拉开序幕。历经一年半,2000年9月23日,浦东最后一期转换工程——川沙地区天然气转换工作圆满完成,浦东地区实现全天然气化,其间共完成天然气转换民用户总数32.97万户,同时东方明珠、金茂大厦、国际会议中心、浦东国际机场等450家工业、营业、事业、团体单位也用上天然气。

东海平湖天然气引入浦东后,上海市政府为天然气过江定下"两翼齐飞、中心开花"的策略,即从浦东敷设三根天然气高压主干管将天然气输往浦西地区。2000年,东海天然气先后从市中心和南北两翼三路过江进入浦西;中路经杨家渡过江管达黄浦CBD区域,在黄浦区中心区域对南京东路新亚饭店等十余家商户进行转换的成功尝试,标志着天然气在浦西地区的使用已实现零的突破;南翼过江管经上焦厂达闵行外围;北翼过江管经军工路达杨浦外围,浦西地区天然气转换工程拉开序幕。2000年12月27日,上海燃气市北销售有限公司专门致函上海市杨浦区人民政府,根据新一轮上海能源结构规划中提高天然气消费比重的原则,定于2001年1月13日、14日对杨浦区新江湾城殷行路850弄(时代花苑)1 000多用户进行天然气转换,此为浦西地区首次居民用户天然气转换工作。

2001年1月18日上午,杨浦区新江湾城举行首批天然气客户通气点火仪式。同年,为贯彻国家"十五"计划"西气东输"工程的实施及加快上海市能源结构的调整,确保天然气转换、发展、服务工作的有效展开和顺利进行,上海大众燃气有限公司和市北公司分别组建市南天然气转换公司及上海市北天然气转换发展有限公司。2001年浦西地区共计天然气转换居民用户10.66万户。2002年,受东海天然气气源因素影响,浦西地区仅转换居民户数0.34万户。2003年浦西地区转换居民户数8.27万户。

2004年1月1日,西气东输工程向上海供气,紧随气源的建设,浦西地区的天然气转换开始进入大规模高速推进阶段,当年一举完成转换32.06万户,次年又是26.79万户,2004年至2007年末,浦西地区累计完成天然气转换超过90万户,转换区域也逐渐向黄浦区、徐汇区、长宁区、虹口区等中心城区挺进。2007年,市区天然气用户数达到227.75万户,首度超过人工煤气用户数。为确保转换工程的安全、有序,燃气集团在"十一五"规划的基础上,进一步细化制定2008—2012年天然气转换计划,从气源供应、用户发展、用气预测、输配状况、调峰能力、转换进度、区域划分、管网改建到投资匡算等10个方面,分别进行分析论证,提出5年完成132万户的转换目标。2008—2012年,浦西地区实际完成天然气转换147.08万户,超过5年132万户的目标,至此,燃气集团人工煤气家庭用户降至65.66万户。

根据上海市政府"十二五"燃气行业发展目标,至2015年年底,人工煤气将平稳退出,全市管道燃气实现全天然气化。2013年至2015年,浦西地区完成天然气转换户数64.31万户。2015年5月23日,全市最后一批民用户约5 000户完成天然气转换,当月31日,安亭煤气厂地下中压管道天然气置换完成,根据市政府办公厅《上海市清洁空气行动计划(2013—2017)项目清单》的要求,安亭煤气厂安全停产,标志着人工煤气退出历史舞台。历时16载,上海全市共计完成天然气转换超350万户。

2015年6月27日上午,申能集团举行"上海实现城市燃气天然气化"仪式,上海市副市长蒋卓庆,上海市发改委、市经信委、市建管委、市国资委、市交通委、市财政局、市燃气处等委办局领导,中石油、中海油、城建集团、郊区煤气公司等兄弟单位领导,以及申能集团系统单位领导,出席仪式并见证上海实现城市燃气天然气化,宣布上海使用150年的人工煤气就此告别申城。

二、人工煤气退出

【制气生产关停】

随着上海市能源结构调整和燃气"十二五"规划中关于人工煤气平稳退出,全市管道燃气实现全天然气化的要求,人工煤气逐渐被天然气所替代。

1987年,吴淞煤气制气公司"61"型简易焦炉因超龄服役过久,陈旧老化,拆除报废。

1998年7月7日,杨树浦煤气制气分公司2号碳化炉停炉,1999年4月12日,3号碳化炉停炉停产,同年8月26日杨树浦制气分公司停产。

2008年2月,吴淞煤气制气公司水煤气发生炉停运,退出人工煤气生产。

2009年2月,吴淞煤气制气公司重油制气炉全部停运,退出人工煤气生产。

2009年11月,浦东煤气制气公司水煤气炉停止运行,退出人工煤气生产。

2010年4月,吴淞煤气制气公司机械发生炉停止生产,退出人工煤气生产。

2010年下半年,配合集团"退二进三"项目,浦东煤气制气公司液化气车间整体拆除。

2011年9月6日,根据上海燃气集团《关于浦煤制气气化车间机炉工段退出煤气生产序列的批复》,浦东煤气制气公司气化车间机械发生炉(机炉)息炉,顺利退出人工煤气生产序列。

2012年5月31日,上海焦化公司最后一座焦炉停产。

2012年12月18日,根据上海燃气集团《关于同意浦东煤气制气有限公司焦炉系统退出生产序列的批复》,浦东煤气制气公司焦炉安全停炉。

2013年2月,石煤公司煤气制气装置全面停产。

2013年6月4日,根据上海市城乡建设和交通委员会《关于同意上海燃气(集团)有限公司下属浦煤制气焦炉设备、石煤公司天然气改质炉生产装置退出生产序列的批复》,浦煤制气2座42孔JN43-80型焦炉、石煤公司3台烧嘴型(WYYQ-DQ170、WYYQ-DQ90)改质炉退出生产序列。

2014年5月28日,吴淞煤气制气公司改制炉停止生产,全国最老的也是最大的人工煤气生产调度气源企业退出人工煤气生产序列。

2015年5月22日,根据《上海市城乡建设和管理委员会关于同意上海燃气(集团)有限公司下属浦煤制气公司天然气改质炉生产装置退出生产序列的批复》,浦煤制气人工煤气停产。

2015年5月31日,安亭煤气厂全部停产,退出人工煤气生产。

【制气企业转型】

随着上海市能源结构调整,天然气替代人工煤气步伐不断加快,多气源供应格局逐步形成和应用市场快速发展,"人工煤气平稳退出,全市管道燃气实现全天然气化"已成必然。

随着"西气东输"天然气的到来,面对人工煤气退出历史舞台的危机感,燃气制气企业未雨绸缪,观念先行,不断强化员工的改革意识。2005年开始,各制气公司伴随着部分生产设施的关停,加紧机构的调整缩编。2009年12月,吴淞制气公司针对富余人员的转岗分流,提出"制气板块、燃气服务板块、仓储物流板块"的企业转型框架设想。2010年4月,积极与市北销售公司合作,成立燃气安检服务部,实行煤制气车间整机制转型,接受杨浦、闸北区域17万户居民的燃气安检工作。燃气制气企业的转岗转型工作得到申能集团、燃气集团的高度重视,集团领导多次深入一线座谈、调研,提出"统一领导、统筹兼顾、分类指导、分步实施"工作原则,燃气集团按照专业化、集约化管理的要求,通过制气职工"整建制"转岗,推进制气企业向"销售服务专业化"企业转型。2011年,3家制气企业先后成立转岗转型领导小组和工作小组。吴淞制气公司以车间为单元,分别承接市北销售公司虹口办、闸北办、普陀办等办事处的抄表和安检业务。同年9月28日,浦煤制气公司"东方燃气服务中心"揭牌成立。2012年,浦煤制气公司气化车间机炉工段"整建制"转岗分流到长兴岛气化站;东方燃气服务中心就市北公司所辖虹口区30万燃气用户和大众公司所辖静安区14万、新黄浦区11万燃气用户安检工作签订《燃气居民用户安检工作委托协议》;吴淞制气公司通过对全市管网附属设备——调压器座(台)检修工作的市场调研与经营预测,开始拓展调压器检修,探索技术工人转型之路;石洞口制气公司明确仓储运行和燃气服务两大板块的转型方向,根据市场化原则,精简仓储运作配置,同时进入燃气服务市场,为职工创造岗位。2013年,石洞口制气公司检修部29名职工投入金山天然气转换项目工作;吴淞制气公司成立调压器专业检修公司;浦煤制气公司炼焦车间、备煤车间先后分别"整建制"转岗分流到市北销售公司杨浦办和浦东销售公司第二营业所从事抄表和安检工作。2014年,石洞口制气公司成立燃气服务部开始参与燃气安检抄表服务。2015年,燃气集团根据专业化管理要求,对吴淞制气公司、石洞口制气公司安检业务进行整合,石煤公司安检划转到吴淞制气公司,使专业化安检队伍得到补充,有效保证和提高服务质量。

经过几年来积极稳妥的推进,浦煤制气公司职工转岗至居民用户安检、户内安装、抄表、催账等岗位,并进一步拓展高压管道巡检、LNG加气站操作等业务;吴淞制气公司形成燃气安检、调压器两大燃气服务工作板块,逐步打造两支专业、高效、优质的燃气服务专业队伍;石洞口制气公司充分利用长江口码头岸线资源和滩涂,完成两期工程建设,并顺利开展油品仓储业务,煤气生产人员转岗为仓储作业人员。集团还有效发挥制气单位科技人才和土地资源优势,积极探索企业改革发展的新路子,2016年开始在浦煤制气公司规划建立集团培训创新中心的培训基地;同年在吴淞制气公司挂牌成立能源创新中心。2017年年底,配合申能集团整合能源贸易板块,石洞口制气公司整建制转至久联集团,为深入推进燃气改革发展创造条件,也探索出一条燃气企业转型的新途径。

【转岗分流安置】

随着上海市管道燃气实现城市全天然气化,有着150多年历史的上海人工制气已退出历史舞台。上海燃气从人工煤气时代迈向天然气时代呈现快速化、集中化的特点,天然气取代人工煤气的生产供应方式的变化,对燃气制气企业的冲击是巨大的,上海燃气(集团)有限公司下属吴淞、浦东、石洞口3家制气企业和安亭煤气厂共4 000多名职工面临着转岗分流安置。

上海燃气集团在申能集团的领导和支持下,从企业实际出发,本着对职工负责和对企业负责的高度责任性,强化顶层设计,深入前瞻思考,积极献计献策,紧握职工脉搏,推进职工转岗分流安置工作平稳有序,确保燃气安全生产供应。

首先,从转变思想观念入手,浦煤制气公司围绕"安全、转型、稳定",建立"1+6"工作机制,即落实党代表常任制五项工作制度,强化党代表定期巡视制;大事票决,完善民主集中制;开展党务公开工作,扩大党员知情权等。吴淞制气公司党组织则围绕"创、实、转"开展广泛深入的职工思想政治工作,即创造条件为职工的自身可持续发展培育新技能,创造条件为职工争取新的工作岗位。其次,积极向政府相关部门争取转岗分流方面的政策支持,与上海市人力资源和社会保障局一起积极探索研究特殊工种参照政策,由市人保局为燃气集团举办丧失劳动能力专场鉴定,企业所在区社保中心对符合从事有毒有害工种条件职工组织集中认定。再其次,在转岗分流安置方案制定和实施过程中,采用完全透明公开的方式,召开各类座谈会,让职工参与讨论,汲取职工中合理合法的诉求及建议。浦煤制气公司针对转型转岗推进要求,2012年年初下发《公司转型转岗职工思想动态问卷调查》共460份,全面了解焦炉停产后,涉及炼焦、回收、备煤3个主要生产车间职工对转岗分流的所思所想;石洞口制气公司则通过定期与职工对话,做好思想工作。再次,集团从实际出发,深度挖潜内部资源,寻求分流岗位,在燃气集团统筹安排下,采用"业务外包"的工作形式,按照"先易后难,先点后面,稳步推进"的工作思路,由制气公司承接集团下属销售公司部分对外服务业务。浦东销售公司清退岗位上使用的劳务派遣人员,市北销售公司、大众燃气公司收回部分外包业务,为制气企业职工顺利转岗创造条件。天然气管网公司、液化气公司新增业务岗位优先使用制气职工,金山天然气转换、崇明LNG气化站等业务均由制气企业承担。最后本着对职工高度负责的态度,实施集团系统的协商解除劳动合同、企业内部退养等转岗分流配套政策。

经过几年积极稳妥地扎实推进,制气企业职工人数从2009年年底的3 889人减少至2015年年底的2 098人,其中,1 483人工作在安检、抄表、调压器检修、管道巡检、LNG加气站操作、仓储运行等销售服务、新兴业务岗位上,成为集团专业化发展的"子弟兵"。2009年以来,集团系统制气企业共协商解除劳动合同953人,累计内部退养63人。

第五章 燃气销售

上海燃气的销售业务从人工煤气发展到"全天然气化",主要涉及管道燃气的销售服务、液化石油气的供应以及天然气贸易。用户涵盖城市居民用户、工营事团用户、石油化工企业、钢铁企业及天然气发电企业。

第一节 用 户

一、人工煤气用户

1987年年底上海管道煤气用户为99.7万户,城市民用燃气普及率不到50%。1990年4月,上海市政府决定,在5年内采取国家、企业、个人集资方式,增加气源326万立方米/日,发展110万用户,相当于用5年时间去完成上海燃气问世以来125年中煤气用户发展总数(1990年年底管道煤气用户114.7万户)。至1995年实际发展用户141万户,净增121万户,民用燃气普及率越过80%,基本实现城市燃气化。

"九五"期间,城市燃气普及率继续快速上升,继静安区1995年实现民用燃气全气化后,每年有3个区实现全气化,1999年8月10日,全市城区实现燃气全气化,平均气化率达到98%,提前1年零5个月实现市政府提出的任务。1999年年底,上海七区的城镇实现全气化,用户普及率达95%以上。

1999年4月,东海天然气登陆上海浦东地区,上海天然气转换工程拉开序幕,人工煤气逐渐被天然气取代。2007年,上海市区天然气用户数首度超过人工煤气户数。同年,燃气集团进一步细化制订2008—2012年天然气转换计划,至2012年年底,人工煤气居民用户降至64万户。2015年5月23日,全市最后一批民用户约5 000户完成天然气转换,当月31日,安亭煤气厂地下中压管道天然气置换完成,安亭煤气厂安全停产,人工煤气退出历史舞台。

表3-5-1 2001—2015年上海人工煤气用户情况表

年 份	居民(户)	工营事团(户)	合计(户)
2001	2 526 925	23 451	2 550 376
2002	2 648 887	30 408	2 679 295
2003	2 705 766	31 351	2 737 117
2004	2 474 303	30 759	2 505 062
2005	2 275 172	30 776	2 305 948
2006	2 206 623	31 125	2 237 748
2007	2 032 958	29 917	2 062 875

〔续表〕

年 份	居民(户)	工营事团(户)	合计(户)
2008	1 752 366	27 275	1 779 641
2009	1 407 816	22 380	1 430 196
2010	1 219 470	20 994	1 240 464
2011	906 644	17 231	923 875
2012	644 026	12 574	656 600
2013	333 418	7 204	340 622
2014	70 189	2 255	72 444
2015	0	0	0

二、天然气用户

【城市天然气用户】

1999年4月,东海天然气登陆上海浦东,浦东地区率先开始进行天然气转换工作。历时一年半,2000年9月23日浦东最后一期转换工程圆满完成,浦东地区实现全天然气化,其间共完成天然气转换民用户总数32.97万户,至2000年年底浦东地区天然气用户共计38.48万户。

2000年,东海天然气先后从市中心和南北两翼三路过江管进入浦西,浦西地区开始逐步发展天然气用户。受上游天然气气源因素影响,初期上海市天然气发展速度较缓。2003年5月22日,家住浦东高桥镇学前二村战斗在抗非第一线的市第七人民医院护理部主任刘忆菁女士成为浦东地区第60万户天然气用户。

2004年1月1日,西气东输工程向上海供气,上海天然气用户开始进入高速发展阶段。至2007年年底,市区天然气用户数达到229.82万户,首度超过人工煤气用户数。同年,燃气集团进一步细化制订2008—2012年天然气转换计划,2010年3月29日世博局中国馆项目部和燃气集团代表携手引燃位于中国馆员工餐厅的天然气灶,中国馆成为浦东新区第100万用户。至2012年年底,全市共计天然气用户数443.04万户。

根据市政府"十二五"燃气行业发展目标,至2015年年底,人工煤气平稳退出,2017年年底,上海天然气用户共计590.67万户。

表3-5-2 1999—2017年上海天然气用户情况表

年 份	居民(户)	工营事团(户)	用户合计(户)
1999	334 338	3 398	337 736
2000	380 955	3 854	384 809
2001	612 288	4 545	616 833

(续表)

年　份	居民(户)	工营事团(户)	用户合计(户)
2002	696 836	5 172	702 008
2003	868 237	6 016	874 253
2004	1 292 088	8 249	1 300 337
2005	1 677 678	11 226	1 688 904
2006	1 943 290	13 215	1 956 505
2007	2 280 504	17 688	2 298 192
2008	2 720 144	23 086	2 743 230
2009	3 215 784	30 784	3 246 568
2010	3 533 422	39 294	3 572 716
2011	3 964 405	46 153	4 010 558
2012	4 376 592	53 816	4 430 408
2013	4 835 460	65 775	4 901 235
2014	5 254 559	75 245	5 329 804
2015	5 475 091	88 144	5 563 235
2016	5 672 218	96 038	5 768 256
2017	5 804 957	101 741	5 906 698

说明：上述表格中2016、2017年数据不包含崇明地区工营事团用户数。

【直供大用户】

直供大用户主要包括部分燃气销售公司、直供大型工业用户、燃机电厂用户。上游气源天然气到达上海后，由上海天然气管网有限公司负责直接向此类用户供气。

2005年，燃气集团下属各销售公司、郊县燃气公司(除崇明公司外)分别与上海天然气管网有限公司签署《天然气购销合同》。2006年起，随着燃气集团结算平台的成立，燃气集团下属各销售公司、郊县燃气公司分别与燃气集团签署《天然气购销合同》，同时与管网公司、燃气集团三方签署《天然气购销合同的补充协议》，完成合同主体从管网公司转至燃气集团的改革。截至2017年年底，与燃气集团签署《天然气购销合同》的有：上海大众燃气有限公司、上海奉贤燃气有限公司、上海青浦煤气管理所、上海松江天然气有限公司、上海南汇天然气输配有限公司(后变更为上海益流天然气销售有限公司)。

2004年至2013年年底，共有15家大型工业用户及燃气电厂用户与上海天然气管网有限公司签署《天然气销售协议》。2014年，燃气集团推进集团化管理专项工作，将管网公司直供大用户管理纳入集团统筹，大用户、管网公司、燃气集团三方签署《天然气供销协议合同主体变更协议》，合同主体从管网公司转至燃气集团，此后发展的大用户都直接与燃气集团签署《天然气销售协议》。截至2017年年底，签署合同的直供大型工业用户和燃机电厂用户共有21家。

表 3-5-3　2004—2017 年燃气集团与首供大型工业用户及燃机电厂用户签署《天然气销售协议》情况表

用　户	与管网公司签署《天然气销售协议》时间	三方签署《合同主体变更协议》时间
上海赛科石油化工有限责任公司	2004 年 11 月 18 日	2014 年 4 月 30 日
上海奉贤燃机发电有限公司	2005 年 5 月 27 日	2014 年 3 月 31 日
上海漕泾热电有限责任公司	2005 年 6 月 20 日	2014 年 4 月 30 日
华能上海燃机发电有限责任公司	2006 年 3 月 28 日	2014 年 6 月 23 日
上海化学工业区物业管理有限公司	2006 年 4 月 5 日	2014 年 4 月 3 日
上海化学工业区工业气体有限公司	2006 年 4 月 18 日	2014 年 4 月 30 日
上海焦化有限公司	2006 年 12 月 31 日	2014 年 3 月 31 日
宝山钢铁股份有限公司	2009 年 4 月 30 日	2014 年 3 月 31 日
赢创特种化学(上海)有限公司	2009 年 9 月 10 日	2014 年 4 月 30 日
上海华林工业气体有限公司	2009 年 12 月 14 日	2014 年 4 月 30 日
中国石化上海石油化工股份有限公司	2010 年 3 月 4 日	2014 年 4 月 24 日
上海申能临港燃机发电有限公司	2011 年 2 月 28 日	2014 年 3 月 31 日
中国石化上海高桥分公司	2012 年 4 月 16 日	2014 年 3 月 31 日
宝钢不锈钢有限公司	2012 年 4 月 1 日	2014 年 3 月 31 日
宝钢特钢有限公司	2012 年 4 月 1 日	2014 年 3 月 31 日
上海华电闵行能源有限公司	—	2014 年 11 月 21 日（直接与集团签署协议）
华电通用轻型燃机设备有限公司	—	2014 年 11 月 21 日（直接与集团签署协议）
上海电力股份有限公司罗泾燃机发电厂	—	2015 年 1 月 29 日（直接与集团签署协议）
上海华电奉贤热电有限公司	—	2015 年 5 月 11 日（直接与集团签署协议）
上海申能崇明发电有限公司	—	2017 年 8 月 31 日（直接与集团签署协议）
上海申能奉贤热电有限公司	—	2017 年 12 月 15 日（直接与集团签署协议）

三、液化石油气用户

20 世纪 70 年代,正是液化石油气起步发展的时候,上海市煤气公司在全市的 10 个区中首选南市区中华路 467 号设立供应站,中华路大东门面筋弄 6 户人家成为液化气首批用户。随后以中华路供应站为圆心,在就近范围内陆续发展用户。1972 年年底,用户数为 538 户,这是上海最早的一批液化石油气用户。

1990 年,上海市人民政府制定上海"八五"煤气大发展规划,液化石油气进入用户大发展阶段。到"八五"期末,液化石油气用户总数达到 80 万户。

在上海燃气发展过程中,液化石油气公司积极做好"十一五"期间能源结构调整的替代补充工作,准确分析形势,客观制定液化石油气替代补充规划,有效地利用和整合液化石油气生产资源,为确保"十一五"期间全市能源的平衡与保障作出贡献。

2017年,随着市政动迁和天然气的快速发展,液化石油气用户量逐渐萎缩,到2017年12月31日,液化石油气在册用户718 189户。

第二节 计 量

一、计量设备管理

上海燃气(集团)有限公司燃气流量计量以体积流量为结算依据,对应的体积流量计量器具按照用途可分为居民用户、工营事团用户、各制气厂与各区域性销售公司出厂计量、天然气管网公司上下游贸易结算计量4种类型。

居民用户一般配置膜式燃气表或超声波燃气表进行计量结算,使用天然气的居民用户表能量一般配置为2.5立方米/小时,使用人工煤气的居民用户表能量一般配置为4立方米/小时。膜式燃气表量程比宽(1∶100),可承受的压力低,体积相对较大,可计量的最大流量小。超声波燃气表是近年来国际上发展最为迅速的流量测量技术之一,其工作原理为上游传感器发出超声波给下游传感器并测量时间,然后由相反方向从下游传感器往上游传感器发出超声波并再次测量时间,通过这两个由超声波传感器得到的时间差可以计算得出气体的流速。与传统的燃气表相比,超声波燃气表无机械转动部件,体积小巧,量程比宽,防窃气能力强,技术优势明显,燃气集团于2016年开始试点使用超声波燃气表。根据规定,对于最大流量小于等于10立方米/小时的膜式燃气表和超声波燃气表只作首次强制检定,限期使用,到期更换,使用期限一般不超过10年。

工营事团用户一般根据其用气设备的最大工况流量来进行流量计的选型和配置,共分为膜式燃气表、超声波燃气表、气体容积式流量计、涡轮流量计和超声波流量计5种。气体容积式流量计(罗茨表)的特点是耐高压,可计量的流量适中,量程比宽(1∶50～100),但大口径的表体积庞大,结构复杂,维护保养较困难;涡轮流量计的特点是体积小、精度高、耐高压、可计量的流量大,但量程比小(1∶20～40);超声波流量计具有测量范围宽、便于安装、易维护、影响测量因素少、准确度高、重复性好等特点,同时通过超声波反射技术,该流量计对运行过程中污沾所造成的可能变化能进行独特的分析、报警和补偿,可有效提高天然气计量技术水平。燃气集团于2013年开始试点使用超声波流量计进行计量。为确保单位用户计量表的公正、准确、可靠,根据燃气集团流量计使用情况,明确气体容积式流量计校准周期暂定为4年,涡轮流量计和超声波流量计校准周期暂定为3年。

表3-5-4 上海燃气集团非居用户计量器具选型情况表

最大流量 Q_{max} (立方米/小时)	$Q_{max} \leqslant 40$	40<Q_{max}≤250		250<Q_{max}
		设备最低用气量大于燃气表最大流量的3%	单个用气设备最低用气量小于流量计最大流量的3%或设备数量较多且用气量范围较大(如餐饮户)	
合适表型	膜式燃气表、超声波燃气表	涡轮流量计	气体容积式流量计(罗茨表)超声流量计	涡轮流量计、超声波流量计

说明:1. 本表中最大流量 Q_{max} 为工况流量;2. 超声波燃气表按集团要求进行试用。

在2015年上海实现全天然气化之前,燃气集团下属各家制气公司与销售公司之间的人工煤气出厂贸易结算主要采用的是孔板流量计,它的工作原理为当气体通过孔板节流后,产生的差压和气体的流量呈开方对应关系,同时通过温度、压力、组分(密度)补偿,计算出标准状况下气体的总量。随着天然气大规模发展,各家制气厂相继关停,孔板流量计退出历史舞台。

上海天然气管网有限公司用于上下游贸易结算计量的流量计共有涡轮流量计、超声波流量计两种。超声波流量计量程比较大,主要适用于大口径、高压、流量波动幅度较大的场站,如气源点首站、调峰电厂等;涡轮流量计主要适用于中小口径、中高压、流量波动较为平稳的场站,如区域门站、城市燃气门站等。截至2017年年底,管网公司共有东海天然气、西气东输一线、川气东送、西气东输二线、洋山LNG、西气崇明、五号沟LNG站7个上游气源以及燃机电厂、各区域性天然气销售公司、天然气直供大用户等下游用户共计61个。

截至2017年年底,天然气管网公司及各销售公司计量设备使用情况如下:

表3-5-5　2017年上海燃气集团计量设备使用情况表

表　类　型	居民用户(台)	非居民用户(台)	合计(台)
皮膜表	5 816 354	98 735	5 915 089
罗茨表	5	5 194	5 199
涡轮表	0	1 960	1 960
超声波燃气表	5 071	0	5 071
超声波流量计	0	172	172

二、抄表管理

燃气集团的抄表工作主要是由下属各家燃气销售公司负责。各销售公司在成立之初,采用的是人工见表的抄表模式,即抄表员见表后读取指数,并将指数和备注信息记录在抄表记录簿上的方式。由于大部分燃气计量表装在用户家中,这种抄表模式受用户不在家或者拒绝开门因素影响较大。如果不能入户见表,抄表员则会根据该用户以往的用气情况对其当前抄表周期内的用气量进行估计,但这种方式往往会与用户实际用气量产生误差,从而引发用户投诉,并且会对公司及时回收账款产生影响。

为加强抄表管理,提高抄表效率,各销售公司采取一系列措施。2004年10月修订并颁布《家庭办抄表员操作规程》和《工业办抄表员操作规程》,该制度明确规范抄表岗位人员从事抄表、燃气表校验申请、调表信息处理、表务信息处理等主要工作。对抄表前期准备工作,抄表工作流程和抄表后复核工作都做详细的指导和规定。2005年年初,将"减少零度表"用户的考核纳入方针目标的考核,要求抄表员针对零度表用户,必须要录入电表数和水表数掌握其实际使用情况,见到零度表和低单耗的用户,应校验燃气表小火,及时调换失效表。2005年4月,引入第三方"上海质量协会用户评价中心"的抄表质量电话回访管理体系,促进自查自纠,加大对抄表工作和计量管理的持续改进。2005年6月,各办事处执行"夜间抄表"办法,即每年6月至9月4个月的时间里,避开日间高温又利用暑假学生放假在家的特点,组织抄表员下午5点后抄表,增加进门见表的机会,提高抄见准确率,部分办事处还针对抄见率较低的用户专门采取双休日集中抄表工作。2005年下半年,在各办事处落实抄催分离工作,强调抄表员工作重心必须放在抄准表、管好表上。在账务组专门组织催账员,上门核实燃气表指数和催讨拖欠账款,提高账款回收率。2006年年初,各办事处开始执行"抄表员综合测评表",将抄表员的工作量化到每个指标(抄表户数、单耗、补收、抄见率、质量检查和用户投诉),对抄表员的工作总量及工作质量建立起一套公平公正的科学考核体系,完善其绩效考核和问责制。

随着燃气表技术的革新,抄表模式也发生变化。2005年,燃气集团开始研发并试装无线直读智能表。该表能够实现燃气表数据的无线远传,使得抄表员无须进门便能抄录用户真实燃气使用数据,大幅提高抄见率,减少因估计错误而产生的投诉次数。智能表地区全部使用手持式终端机进行抄表,通过数据线连接终端机和客户信息系统,实现燃气表指数和用户信息的上传和下载,免去抄表员手工记录抄表信息和账务员手工开账等烦琐的劳动,提高工作效率。

2015年,由于无线直读智能表的优势,燃气集团制订"十三五"内实现无线智能表覆盖率达到80%以上的实施计划,形成无线智能表从采购到安装使用的全过程质量管理规定,同时实施无线智能表组网集抄试点工作。截至2017年年底,燃气集团居民用户表数共计581.69万台,其中无线直读智能表282.49万台,覆盖率48.56%。

三、智能表使用

大力倡导创建面向未来的智慧城市,是国家关于创新驱动发展、经济转型升级的重要举措,也是上海建设"四个中心"和现代化国际大都市的重要内涵。《上海市推进智慧城市建设"十三五"规划》明确要求加快建设智能气网,推进燃气服务运营管理信息化,居民用气数据是智能气网的基础数据,传统的人工抄表方式已经明显不能适应智能气网的发展要求,以智慧城市、智慧燃气建设为导向,上海燃气集团推广民用无线智能表应用也具有重要意义。无线直读智能表相较于普通表,无须进门便能通过通讯抄表,在提高抄表效率的同时极大地降低估计户数,大幅度提高抄表抄见率,使得原本由自抄和估计造成的"消费存量"成为实实在在的消费量。此外,用户整体素质对销售量的影响也可以通过智能表的安装得到体现,办事处反馈窃气等现象普遍的地区安装智能表后销售量有明显增加。

上海燃气(集团)有限公司民用无线智能表经历433兆赫频段应用、470兆赫频段的研发和试点应用、验证平台及地方标准的建立等。2004年7月,集团下属上海大众燃气有限公司开始研发无线智能表通信频率429.00兆赫~433.00兆赫,并开始试装第一代433频率无线直读智能表。2009年,大众公司开始试点470频率无线直读智能表。2010年燃气集团制定470兆赫频段无线智能表的上海市地方标准DB31/T500-2010《燃气无线抄表系统技术规范》,建立相应的无线智能表验证平台,该标准为国内燃气行业首创,为无线智能表的应用打下坚实的基础。2011年,贸易计量专用通信频道出现后,470频率无线直读智能表开始在民用客户中逐步推广。燃气集团于2015年开始大规模推广使用无线智能表,截至2017年年底,燃气集团民用表智能化表具覆盖率48.5%。

2017年年底,集团开始试点2.0版470频率无线直读智能表(含采集器和集中器)。相较于以往的433频率无线直读智能表和470频率无线直读智能表,2.0版470频率无线直读智能表能在燃气表远传的基础上,利用现代通信技术,实现远程集中自动抄表和实时监测。能随时监控,及早发现燃气表故障,及时进行维护,且抄表时间灵活,可以根据设定自动调节抄表时段与抄表频率。

表 3-5-6　2015—2017 年上海燃气集团智能表覆盖情况表

	2015 年			2016 年			2017 年		
	用户表数（万户）	智能表数（万户）	覆盖率（%）	用户表数（万户）	智能表数（万户）	覆盖率（%）	用户表数（万户）	智能表数（万户）	覆盖率（%）
浦销	123.95	20.02	16.15	127.9	47.66	37.26	131.11	67.2	51.25
市北	236.22	75.87	32.12	243.12	107.53	44.23	250.55	127.11	50.73
大众	174.88	24.17	13.82	177.5	47.3	26.65	179.84	69.53	38.66
金山	12.34	10.45	84.68	13.36	11.98	89.67	14.37	13.12	91.30
崇明	1.58	0.86	54.43	5.3	4.82	90.94	5.82	5.53	95.02
上海燃气	548.97	131.37	23.93	567.18	219.29	38.66	581.69	282.49	48.56

四、反窃气工作

燃气集团成立以来积极推进窃气立法工作，有效打击非法窃气行为，从根本上扼制窃气现象的蔓延，切实保护燃气企业的合法权益，并进一步控制因盗窃燃气、私接管道引发的安全隐患。2009 年 8 月，上视新闻、东方广播电台、《新闻晨报》《东方早报》《解放日报》等多家媒体相继报道位于上海市杨浦区双阳路上的欣梦酒家老板夫妇因盗窃燃气被捕的新闻，该案也成为上海市首例因盗窃燃气而被追究刑事责任的案件，是进一步加大力度扼制窃气行为，加快推进、完善窃气立法课题研究工作所跨出的重要一步，对上海燃气行业维护用气秩序，打击盗窃燃气违法犯罪行为，保障用气安全，保护合法权益有着极其重要的意义与作用。2011 年 12 月 6 日，上海市高级人民法院、上海市人民检察院、上海市公安局、上海市司法局联合印发《关于办理盗窃燃气及相关案件法律适用的若干规定》，在扼制盗窃燃气违法行为方面起到震慑作用，为司法机关办理相关案件适用法律"统一思想，统一标准，准确适用"起到积极的指导作用。2012 年 10 月 9 日，犯罪嫌疑人侯文坚私自组织无资质施工队为上海虹聚坊餐饮有限公司虹聚坊大酒店厨房燃气配套工程项目办理审批、安装、验收及通气等业务，2013 年 11 月 8 日，上海市闵行区人民检察院以盗窃罪对被告人侯文坚提起公诉，最终对其判处有期徒刑 2 年 3 个月，并处罚金 10 万元。此案的司法实践，为企业从窃气证据的收集、盗窃燃气计算标准的确定，到配合司法侦查、定案中一系列法律程序，积累成功的经验。2013 年 11 月 26 日，上海电视台《案件聚焦》栏目对该案件做深度报道，更取得广泛的社会警示效果。盗窃燃气对燃气企业和城市公共安全造成极大的危害，依法治理，需要全社会的理解、支持与帮助。十几年来，上海燃气始终寻求以刑事法律进行规制，走过一段艰难探索的道路，也取得一定进步。为确保城市燃气供用气安全和燃气企业的合法利益不受侵犯，亟须进一步完善相关刑事法律、行政法规和行业规定。

第三节　燃气价格及收费管理

一、上下游价格联动机制

在中国的经济体制下，城市燃气历来具有公用服务特性，主要为城市居民提供生活用燃气，实行政府定价。随着中国特色社会主义经济体制改革开放的不断深入,燃气价格体制市场化的呼声越来越高,党和政府明确提出,中国经济体制的改革目标是建立社会主义市场经济体制,从政府指导价到天然气价格双轨制,到2012年12月1日国家发改委发布《天然气利用政策》,明确继续深化天然气价格改革,完善价格形成机制,建立并完善天然气上下游价格联动机制的燃气价格体制市场化的改革路径。

1999年东海天然气供应浦东地区,上海燃气进入人工煤气、天然气和液化石油气并存的历史时期。2000年在深化上海燃气行业改革中,上海市人民政府明确推进燃气行业改革,首先是要消除燃气行业垄断,开放市场,引入市场竞争,建立合理价格机制。2003年在进一步深化上海燃气行业改革中,市委、市政府要求燃气行业以西气东输带来能源结构调整和天然气市场化发展的需要为契机,按照市场经济客观要求,加快形成投资主体多元化,建设、运营市场化,政府监管法制化的燃气市场格局。进入21世纪,上海市多气源发展战略的实施以及能源结构的调整,天然气发电、化工、大工业等用户大量使用天然气,天然气需求呈现出强劲的增长态势,但天然气短缺也困扰着上海经济的发展。因此,完善天然气定价机制,发挥价格杠杆的调节作用,合理引导天然气消费引起各方关注。同时,随着中亚天然气进入上海,不同气源的天然气成本差异较大,也迫切需要理顺气价。

2003年12月,上海燃气(集团)有限公司成立,结束上海市城市燃气企业分散经营的局面,也为配合市价格和行业主管部门建立和理顺燃气价格形成机制奠定基础。

2005年4月8日,为支持上海化学工业区发展,上海市物价局《关于上海化学工业区内用户天然气价格的通知》明确政府指导价,首次提出天然气价格与上海市综合门站价挂钩,实行价格联动机制。同年10月,为贯彻落实《国务院关于做好建设节约型社会近期重点工作的通知》,上海市物价局对非居民天然气用户建立分类用户价格体系,并根据天然气负荷的季节特点,对城市工营事团用户实行天然气季节差异性价格。

2006年4月8日,上海市物价局、上海市市政工程管理局联合发布《关于建立完善上海市非居民用户燃气价格形成机制的通知》;2006年9月,上海市物价局组织召开上海市建立燃气价格形成机制和调价方案听证会,对上海燃气(集团)有限公司提交的《关于建立上海市燃气价格形成机制和调价方案的听证报告》听取各方面的意见。听证会上,居民用户、企业用户、燃气生产经营企业、专家学者等代表认为,在当前能源短缺和价格持续上涨的背景下,有必要建立完善燃气价格形成机制,对推进燃气价格改革及调价方案表示理解和支持。针对听证会代表提出燃气价格改革要循序渐进,充分考虑社会各方面承受能力的要求,2008年12月12日,上海市发展和改革委员会(物价局)、上海市城乡建设和交通委员会联合发布《关于建立完善上海市居民用户燃气价格联动机制的通知》,上海燃气基本建立与上游资源价格涨跌同向、促进和鼓励节能的燃气价格形成机制。

在联动机制中,人工煤气销售价格调整仅与制气原材料成本涨跌挂钩,非原材料成本涨价因素全部由燃气企业自行消化。对原材料成本的变动,居民用户和非居民用户实行差别化政策:居民用户价格只承担原材料成本变动的70%,燃气企业承担30%,价格调整间隔时间原则上不少于两年,且原材料成本累计变动需达到8%以上;非居民用户价格根据原材料成本涨跌每年联动调整一次。而居民天然气销售价格与城市综合门站价涨跌同向联动调整,调整间隔时间原则上不少于两年,且上游综合门站价累计变动需达到8%以上。在价格机制上,上海市对非居民用户实行季节性差异价格政策,并依据产业政策导向实施差别化燃气价格,对高能耗、高污染、低附加值产业实行加价,逐步实施超能耗标准和超基数加价的政策。在听证方案中拟对居民用户,逐步推行累进递增的阶梯式燃气价格机制,促进节约用气。

随着国家加快天然气价格的市场化改革进程,按照"放开两头、管住中间"的改革思路,2014年11月,上海市政府在通过召开听证会等形式广泛听取各方面意见的基础上,进一步修改完善上海市于2008年建立的居民用户燃气上下游价格联动机制,将联动条件修改为当上海市天然气综合门站价累计变动幅度达到或超过4%,将联动周期修改为距上次联动时间超过12个月。2015年12月,修改完善非居民用户天然气上下游价格联动机制,将调价周期由一年缩短为半年。2017年10月,上海市发展和改革委员会按照《中共上海市委、上海市人民政府关于上海市推进价格机制改革的实施意见》中"继续实施非居民天然气价格与上游价格联动,逐步缩短联动周期"的要求,进一步完善非居民用户天然气价格联动机制,将联动周期由"不少于半年"缩短为"不少于三个月",以增加政策工具的灵活性,及时疏导上下游价格,为今后按照国家要求逐步有序放开非居民用户天然气价格做准备。同时,为适应上海天然气多气源的格局,进一步明确综合门站价是指市管网公司采购的天然气的含税加权平均价。

建立并完善天然气上下游价格联动机制是根据国家关于节约能源和推进资源价格改革的总体要求,进一步发挥价格杠杆的作用,推进建立和完善有利于鼓励节能、多种能源平衡合理利用、确保城市能源安全供应和燃气行业健康发展的需要。合理的天然气销售价格体系,不仅有助于燃气企业的发展,而且能起到引导用户合理利用能源的作用,优化上海市的能源结构,发挥最大的经济效益、社会效益和环境效益。在建立燃气价格上下游同向涨跌联动机制的同时,上海市有关部门还相继出台一系列配套措施,包括加强对调价收入的监管。此外,落实对低收入群体的保障措施,加强市场价格监管,严肃查处各种乱涨价行为。

二、燃气价格

1999年4月,来自东海平湖的天然气供应浦东地区,上海燃气进入人工煤气、天然气和液化石油气并存的历史时期,燃气收费也同时存在人工煤气价格、天然气价格和液化石油气价格三种标准。

【居民用户燃气价格】

1999年6月28日,上海市物价局《关于取消民用燃气两步计价办法的通知》确定,自1999年7月1日起取消民用燃气两步计价办法,统一民用煤气价格:

表3-5-7　1999年7月1日起居民煤气价格情况表

分　类	价格(元/立方米)
民用煤气	0.90

1999年9月9日,随着东海天然气的到来,上海市物价局《关于核定天然气销售价格的复函》明确天然气销售价格自天然气供应之日起执行:

表3-5-8　1999年9月9日起居民天然气价格情况表

用户分类	价格(元/立方米)
民用天然气	2.10

2003年3月25日,为有利于燃气行业进一步深化改革,疏导煤气成本与价格倒挂的矛盾,上海市物价局《关于同意调整上海市管道煤气销售价格的复函》确定调整民用煤气销售价格。

表3-5-9 2003年3月25日起居民煤气价格情况表

分类	价格(元/立方米)		备注
	调整前	调整后	
民用煤气	0.90	1.05	每表每年度煤气消费量在600立方米以上的部分,仍按每立方米0.90元收取。

2008年11月4日,根据国家能源发展战略部署和能源价格政策,为促进节能降耗和确保能源供应安全,上海市发展和改革委员会(物价局)、上海市城乡建设和交通委员会《关于调整上海市居民用户燃气价格的通知》决定自2008年11月10日起调整上海市居民用户燃气价格:

表3-5-10 2008年11月10日起居民燃气价格情况表

分类	价格(元/立方米)	
	调整前	调整后
人工煤气	1.05	1.25
天然气	2.10	2.50

2014年8月4日,根据国家关于天然气价格改革的指导思想以及国家发展改革委《关于建立健全居民生活用气阶梯价格制度的指导意见》的规定,结合上海市实际,经召开听证会、座谈会等形式听取各方面意见和建议,上海市发展和改革委员会《关于调整上海市居民用户管道燃气价格的复函》决定自2014年9月1日起调整上海市居民用户管道燃气价格,并实行居民阶梯气价制度:

表3-5-11 2014年9月1日起居民管道天然气阶梯价格情况表

	户年用气量(立方米)	价格(元/立方米)	
第一档	0~310(含)	3.00	计量周期:每年9月1日起至次年8月31日
第二档	310~520(含)	3.30	
第三档	520以上	4.20	
相关措施	(1) 充值IC卡表用户按实际使用量执行阶梯气价;购买量的IC卡表用户按购买量执行阶梯气价 (2) 执行居民气价的非居民用户(学校、福利院、养老院等),暂不执行居民阶梯气价,气价按每立方米3.05元执行 (3) 户籍5人(含)以上的家庭,可申请年度增加150立方米的气量基数;7人(含)以上的家庭,可申请选择年度增加150立方米的气量基数,或申请选择按照每立方米3.05元的气价执行		

表 3-5-12 2014 年 9 月 1 日起居民人工煤气价格情况表

分类	价格(元/立方米) 调整前	价格(元/立方米) 调整后	备注
人工煤气	1.25	1.30	居民人工煤气用户不执行阶梯价格制度

【非居民用户燃气价格】

1999 年 9 月 9 日,上海市物价局《关于核定天然气销售价格的复函》明确天然气销售价格自天然气供应之日起执行:

表 3-5-13 1999 年 9 月 9 日起非民用天然气价格情况表

用户分类		年用气量(立方米)	价格(元/立方米)
非民用天然气	一般用户	实行分段定价、累进递减的方式,以每月固定日的抄表数为准,分段累计,按月结算 1~10 000	2.60
		10 001~20 000	2.50
		20 001~30 000	2.30
	大用量用户	市煤气销售公司可根据用户的用气量和供气要求,以基准价为基础,实行价格下浮,下浮幅度 20% 以内,并制定分类价格标准,报我局备案	2.30(基准价)
	锅炉用户		2.20(基准价)
	特殊用户	以售气成本为基础,供需双方协商拟定价格,报我局审批	

2003 年 3 月 25 日,为有利于燃气行业进一步深化改革,疏导煤气成本与价格倒挂的矛盾,上海市物价局《关于同意调整上海市管道煤气销售价格的复函》确定调整上海市非民用煤气销售价格。

表 3-5-14 2003 年 3 月 25 日起非居民用户人工煤气价格情况表

用户类型	调整后基准价(元/立方米) 调价前	调整后基准价(元/立方米) 调价后	备注
工业、营业、事业单位	1.20	1.35	4 月 1 日至 11 月 30 日
	1.50	1.65	12 月 1 日至次年 3 月 31 日
机关、团体、单位食堂	1.30	1.45	全年
燃煤锅炉	1.10	1.25(基准价)+(±10%)	全年

2005 年 4 月 8 日,为支持上海化学工业区发展,上海市物价局《关于上海化学工业区内用户天然气价格的通知》明确政府指导价,首次提出天然气价格与上海市综合门站价挂钩实行价格联动机制的概念。

表3-5-15　2005年4月8日起化工区天然气价格情况表

用　户	价格(元/立方米)	备　注
上海化学工业区热电有限责任公司天然气	1.35(暂定)	热电联产投入运营前,应急锅炉使用的天然气,按化工区工业用户天然气价格执行
化工区工业用户天然气	1.70(基准价)+(±10%)	具体价格由供用气双方协商确定

2005年10月28日,为贯彻落实《关于上海市贯彻〈国务院关于做好建设节约型社会近期重点工作的通知〉的实施意见》,加快上海市天然气发展,理顺天然气与替代能源的比价关系,建立相对完善的分类用户价格体系,经市政府同意,决定适当调整上海市非居民用户天然气销售价格。上海市物价局《关于调整上海市非居民用户天然气销售价格的通知》明确调整后的分类用户销售价格。

表3-5-16　2005年10月28日起非居民用户天然气价格情况表

用户分类 (年合同用气量)	价格(元/立方米)=(基准价)+(浮动幅度)			根据天然气负荷的季节特点,对城市工营事团用户实行天然气季节差异性价格。高峰季节(12月至次年3月)在基准价格的基础上提高0.20元/立方米,平谷季节(4月—11月)在基准价格的基础上降低0.10元/立方米
	2005年 11月1日	2006年 4月1日	2006年 10月1日	
500万立方米以上	2.30+(±5%)	2.45+(±5%)	2.60+(±5%)	
120万~500万立方米	2.80+(±5%)	3.10+(±5%)	—	
120万立方米以下	3.40+(±5%)	—	—	
掺混改质	1.74	—	—	
发电(除漕泾热电以外)	1.49	—	—	

说明:以上各类用户的天然气销售价格均以2005年度上海综合门站价为基础。按照价格传导机制,上海市天然气销售价格与上游门站价格实行联动。

2006年12月8日,根据国家能源发展战略部署和能源价格政策,为理顺燃气价格,有利于更好地发挥价格杠杆作用,鼓励和促进节能,按照市物价局、市市政局联合发布的《关于建立完善上海市非居民用户燃气价格形成机制的通知》的规定,市物价局发布《关于调整上海市非居民用户人工煤气销售价格的通知》决定调整上海市非居民用户人工煤气的销售价格。

表3-5-17　2006年12月8日起非居民用户人工煤气价格情况表

用户类型		月用气量 (立方米)	调整后基准价(元/立方米)		根据人工煤气负荷的季节性特点,对以上各类用户实行季节性差异价格。高峰季节(12月1日至次年3月31日)在基准价格的基础上提高0.20元/立方米,平谷季节(4月1日至11月30日)在基准价格的基础上降低0.10元/立方米
			2006年12月11日	2007年10月1日	
工营事团		全部用量	1.65	1.80	
改造后锅炉		全部用量	1.45	1.60	
燃气空调	非全天候用户	100 000及以下	1.45	1.60	
		100 001~250 000	1.40	1.55	
		250 001及以上	1.35	1.50	
	全天候用户	100 000及以下	1.40	1.55	
		100 001~250 000	1.35	1.50	
		250 001及以上	1.30	1.45	

说明:1. 改造后锅炉用户的基准价格可上下浮动5%。
2. 燃气空调用户指纳入上海市2004—2007年燃气空调推进计划、实行单独计量的空调用户,根据每月实际用气量分段计价。

2007年11月9日,根据《国家发展改革委关于调整天然气价格有关问题的通知》,为抑制工业项目用天然气过快增长和汽车用天然气的盲目发展,缩小天然气与可替代能源的价格差距,从11月10日起,全国陆上各油气田供工业用户(含天然气发电企业,不含化肥生产和独立供热企业)天然气的出厂基准价格每千立方米提高400元,各地相应调整工业用气销售价格;按照与90号汽油零售基准价格不低于0.75∶1的比价关系,提高车用天然气销售价格。上海市物价局《关于调整上海市工业等用户天然气销售价格的通知》就上海市工业用天然气和车用天然气销售价格自2007年11月10日起执行调整。

表3-5-18 2007年11月10日起工业用和车用天然气价格情况表

用户分类		价格(元/立方米)		
		调整前(基准价)	调整后(基准价)	
管网公司直供的工业用户	漕泾热电	1.43	1.83	各类用户价格中,凡实行季节差异性价格和以基准价为基础可适当浮动的,仍按原规定执行
	天然气发电	1.53	1.93	
	化学工业区	1.78	2.18	
城市燃气公司供应的工业用户	500万立方米以上	2.60	3.00	
	120万~500万立方米	3.10	3.50	
	120万立方米以下	3.40	3.80	
车用天然气(CNG)		2.15	3.58	

2008年11月4日,根据《关于建立完善上海市非居民用户燃气价格形成机制的通知》的规定,上海市发展和改革委员会(物价局)、上海市城乡建设和交通委员会发布《关于上海市非居民用户人工煤气销售价格联动调整的通知》,决定自2008年11月10日起对上海市非居民用户人工煤气的销售价格执行联动调整。

表3-5-19 2008年11月10日起非居民用户人工煤气价格情况表

用户类型		月用气量(立方米)	价格(元/立方米)		
			调整前基准价	调整后基准价	
工营事团		全部用量	1.80	1.90	根据人工煤气负荷的季节性特点,对以上各类用户实行季节性差异价格。高峰季节(12月1日至次年3月31日)在基准价格的基础上提高0.20元/立方米,平谷季节(4月1日至11月30日)在基准价格的基础上降低0.10元/立方米
改造后锅炉		全部用量	1.60	1.70	
燃气空调	非全天候用户	100 000及以下	1.60	1.70	
		100 001~250 000	1.55	1.65	
		250 001及以上	1.50	1.60	
	全天候用户	100 000及以下	1.55	1.65	
		100 001~250 000	1.50	1.60	
		250 001及以上	1.45	1.55	

说明:1. 改造后锅炉用户的基准价格可上下浮动5%。
2. 燃气空调用户指纳入上海市2004—2007年燃气空调推进计划、实行单独计量的空调用户,根据每月实际用气量分段计价。

2010年6月25日,为促进资源节约,理顺天然气价格与其他可替代能源的比价关系,引导天然气资源合理配置,根据《国家发展改革委关于提高国产陆上天然气出厂基准价格的通知》的要求,按照《关于建立完善上海市非居民用户燃气价格形成机制的通知》的规定,上海市发展和改革委员会《关于同意实施上海市非居民用户燃气销售价格联动调整的复函》,决定自2010年7月1日起执行联动调整上海市非居民用户燃气销售价格。

表3-5-20　2010年7月1日起各类非居民用户天然气销售(基准)价格情况表

用户分类		基准价格(元/立方米)		
		调整前	调整后	
管网公司直供的工业用户	漕泾热电	1.83	2.22	各类用户价格中,凡已实行季节性差价和以基准价为基础上下浮动的,仍按原规定执行
	天然气发电	1.93	2.32	
	化学工业区	2.18	2.57	
城市燃气公司供应的工业用户	500万立方米以上	3.00	3.39	
	120万~500万立方米	3.50	3.89	
	120万立方米以下	3.80	4.19	
城市燃气公司供应的营事团用户	500万立方米以上	2.60	2.99	
	120万~500万立方米	3.10	3.49	
	120万立方米以下	3.40	3.79	
掺混改质		1.78	2.17	
车用天然气		3.58	2010年7月1日　4.20	2011年1月1日　4.70	

表3-5-21　2010年7月1日起各类非居民用户人工煤气销售(基准)价格情况表

用户类型	基准价格(元/立方米)		各类用户价格中,凡已实行季节性差价和以基准价为基础上下浮动的,仍按原规定执行
	调整前	调整后	
工营事团	1.90	2.15	
改造后锅炉	1.70	1.95	

2013年7月29日,为逐步理顺燃气价格、引导资源合理配置,根据《国家发展改革委关于调整天然气价格的通知》的要求,按照《关于建立完善上海市非居民用户燃气价格形成机制的通知》的规定,上海市发展和改革委员会(物价局)发布《关于实施上海市非居民用户燃气销售价格联动调整的通知》,决定自2013年8月1日起执行联动调整上海市非居民用户燃气销售价格:

2014年9月25日,为逐步理顺天然气价格、引导资源合理配置,根据国家发展改革委《关于调整非居民用存量天然气价格的通知》的要求,按照《关于建立完善上海市非居民用户燃气价格形成机制的通知》的规定,上海市发展和改革委员会发布《关于实施上海市非居民用户天然气销售价格联动调整的通知》,决定自2014年10月1日起执行联动调整上海市非居民用户天然气销售价格。

表 3-5-22 2013 年 8 月 1 日起各类非居民用户天然气销售(基准)价格情况表

用户分类		基准价格(元/立方米)		
		调整前	调整后	
管网公司直供的工业用户	漕泾热电	2.22	2.62	各类用户价格中,凡已实行季节性差价和以基准价为基础上下浮动的,仍按原规定执行
	天然气发电	2.32	2.72	
	化学工业区	2.57	2.97	
城市燃气公司供应的工业用户	500 万立方米以上	3.39	3.79	
	120 万~500 万立方米	3.89	4.29	
	120 万立方米以下	4.19	4.59	
城市燃气公司供应的营事团用户	500 万立方米以上	2.99	3.39	
	120 万~500 万立方米	3.49	3.89	
	120 万立方米以下	3.79	4.19	
掺混改质		2.17	2.57	
车用天然气		4.70	5.10	

表 3-5-23 2013 年 8 月 1 日起各类非居民用户人工煤气销售(基准)价格情况表

用户类型	基准价格(元/立方米)		
	调整前	调整后	
工营事团	2.15	2.34	各类用户价格中,凡已实行季节性差价和以基准价为基础上下浮动的,仍按原规定执行
改造后锅炉	1.95	2.14	

表 3-5-24 2014 年 10 月 1 日起非居民用户天然气销售价格情况表

用户分类		基准价格(元/立方米)		
		调整前	调整后	
	漕泾热电	2.62	2.82	
	天然气发电	2.72	2.92	
	化学工业区	2.97	3.17	
城市燃气公司供应的工业用户	500 万立方米以上	3.79	3.99	各类用户价格中,凡已实行季节性差价和以基准价为基础上下浮动的,仍按上海市物价局《关于调整上海市非居民用户天然气销售价格的通知》的规定执行
	120 万~500 万立方米	4.29	4.49	
	120 万立方米以下	4.59	4.79	
城市燃气公司供应的营事团用户	500 万立方米以上	3.39	3.59	
	120 万~500 万立方米	3.89	4.09	
	120 万立方米以下	4.19	4.39	
掺混改质		2.57	2.77	
车用天然气		5.10	5.30	

2015年11月30日,为逐步理顺天然气价格,根据《国家发展改革委关于降低非居民用天然气门站价格并进一步推进价格市场化改革的通知》的要求,按照《关于建立完善上海市非居民用户燃气价格形成机制的通知》的规定,上海市物价局发布《关于实施上海市非居民用户天然气销售价格联动调整的通知》,决定自2015年12月1日起各类非居民用户天然气销售(基准)价格每立方米均降低0.42元。

表3-5-25 2015年12月1日起非居民用户天然气销售(基准)价格情况表

用户分类		基准价格(元/立方米) 调整后	
漕泾热电		2.40	各类用户价格中,凡已实行季节性差价和以基准价为基础上下浮动的,仍按上海市物价局《关于调整上海市非居民用户天然气销售价格的通知》的规定执行
天然气发电		2.50	
化学工业区		2.75	
城市燃气公司供应的工业用户	500万立方米以上	3.57	
	120万~500万立方米	4.07	
	120万立方米以下	4.37	
城市燃气公司供应的营事团用户	500万立方米以上	3.17	
	120万~500万立方米	3.67	
	120万立方米以下	3.97	

2017年4月10日,根据国家降低企业用能成本、完善天然气价格管理的有关要求,上海市物价局发布《关于调整上海市工业用户天然气价格的通知》,决定自2017年4月10日起下调工业用户天然气销售(基准)价格每立方米降低0.4元,实现工业、营事团用气同价;下调化学工业区工业天然气销售(基准)价格每立方米降低0.1元。

表3-5-26 2017年4月10日起化学工业区工业天然气销售(基准)价格情况表

用户分类		基准价格(元/立方米) 调整后	
化学工业区		2.65	上海市其他非居民用户天然气销售(基准)价格及管理规定仍按上海市物价局《关于实施上海市非居民用户天然气销售价格联动调整的通知》执行
城市燃气公司供应的工业用户	500万立方米以上	3.17	
	120万~500万立方米	3.67	
	120万立方米以下	3.97	

2017年10月1日,根据国家发展改革委《关于降低非居民用天然气基准门站价格的通知》的规定和国家降低企业用能成本的要求,上海市物价局发布《关于调整上海市非居民用户天然气价格的通知》,决定自2017年10月1日起上海市各类非居民天然气用户销售基准价格均下调0.11元/立方米。

表 3-5-27　2017 年 10 月 1 日起非居民天然气用户销售(基准)价格情况表

用 户 分 类		基准价格(元/立方米)	
		调整后	
漕泾热电		2.29	上海市非居民用户天然气价格实行政府指导价,实际销售价格以政府制定的基准价格为基础,由供应企业在上下 5% 的浮动幅度内确定。同时,实行季节性差价,12 月 1 日至次年 3 月 31 日在基准价基础上每立方米提高 0.2 元,4 月 1 日至 11 月 30 日每立方米降低 0.1 元
天然气发电		2.39	
化学工业区		2.54	
城市燃气公司供应的工业用户	500 万立方米以上	3.06	
	120 万~500 万立方米	3.56	
	120 万立方米以下	3.86	

【液化石油气价格】

1999 年 6 月 28 日,为进一步深化燃气改革,满足市民消费需求,上海市物价局发布《关于取消民用燃气两步计价办法的通知》,确定液化石油气价格。

表 3-5-28　1999 年 7 月 1 日起液化石油气价格情况表

时　间	分　类	规　格	价格(元)
自 1999 年 7 月 1 日起	管道液化气	立方米	7.70
	液化气	公斤	2.60
	民用瓶装液化气	15(公斤/瓶)	39

2002 年 8 月 20 日,上海市物价局依据气源价格变动、市场供求以及用户承受能力,确定瓶装液化石油气的中准零售价。

表 3-5-29　2002 年 8 月 20 日起瓶装液化石油气价格情况表

时　间	规格(公斤/瓶)	零售中准价(元/瓶)	实际零售价(元/瓶)	市场销售价(元/瓶)
自 2002 年 8 月 20 日起	14.5(±0.5)	50	中准价+(±5%)	48~53

2004 年 11 月 8 日,为缓解当前气源价格持续上涨的突出矛盾,确保市场供应秩序,同时也考虑到用户的承受能力,上海市物价局决定对民用瓶装液化气零售价格作适当调整。

表 3-5-30　2004 年 11 月 8 日起民用瓶装液化石油气价格情况表

时　间	规格(公斤/瓶)	零售中准价(元/瓶)	实际零售价(元/瓶)	计划用户零售价(元/瓶)
自 2004 年 11 月 8 日起	14.5	73	中准价+(±8%)	70

2005年10月14日,受国际市场原油价格和液化石油气价格持续上升的影响,国内液化石油气出厂价格持续走高。为缓解气价大幅度上涨带来的矛盾,根据《上海市民用液化石油气价格管理办法(试行)》等有关规定,上海市物价局发布《关于调整上海市民用瓶装液化石油气零售中准价的通知》决定适当调整民用瓶装液化石油气零售中准价。

表3-5-31 2005年10月15日起民用瓶装液化石油气(中准价)价格情况表

时间	规格 (公斤/瓶)	零售中准价 (元/瓶)	实际零售价 (元/瓶)	计划用户零售价 (元/瓶)
自2005年10月15日起	1.9	10.1	中准价+(±8%)	—
	4.8	25.5		—
	14.5	77		74
	49	260		—

2007年11月16日,根据《国家发展改革委关于调整成品油价格的通知》,从11月1日起适当提高国内成品油价格,液化气出厂价格按照油、气比价关系相应调整。为贯彻落实国家发展改革委通知要求,上海市物价局发布《关于调整上海市民用瓶装液化石油气零售价格的通知》,明确民用瓶装(14.5公斤/瓶)液化石油气零售中准价。

表3-5-32 2007年11月19日起民用瓶装液化石油气价格情况表

时间	规格 (公斤/瓶)	零售中准价 (元/瓶)	实际零售价 (元/瓶)	计划用户零售价 (元/瓶)
自2007年11月19日起	14.5	84	中准价+(±10%)	81

说明:供应营业、事业、团体用气零售价格按照《关于贯彻〈上海市民用液化石油气价格管理办法〉(试行)的通知》规定,由各经营企业按实际进价顺加销售,进销差价最高不超过每吨966元。

2008年12月25日,为进一步推进上海市民用液化石油气价格改革,充分发挥市场机制在资源配置中的作用,根据国家积极稳妥推进资源环境价格改革的总体要求和国家发展改革委发布《关于切实加强液化气价格管理保证市场供应的通知》等有关规定,上海市发展改革委(物价局)、市城乡建设和交通委发布《关于进一步完善上海市民用瓶装液化气价格机制的通知》,明确民用瓶装(14.5公斤/瓶)液化石油气零售中准价。

表3-5-33 2009年1月1日起民用瓶装液化石油气价格情况表

时间	规格 (公斤/瓶)	零售中准价 (元/瓶)	实际零售价 (元/瓶)	备注
自2009年1月1日起	14.5	92	中准价+(±20%)	各经营企业拟按规定对零售价进行浮动调整的,应提前10个工作日,报市发展改革委(物价局)公共产品价格管理处和市燃气管理处备案。每次浮动调整间隔时间一般不少于2个月,每次上浮幅度一般控制在10%以内

2013年2月26日,为促进上海市居民生活用瓶装液化气市场的健康稳定发展,兼顾上海市民用瓶装液化气生产者、经营者和消费者各方合法权益,上海市发展和改革委员会发布《关于调整上海市民用瓶装液化气零售中准价的通知》,明确民用瓶装(14.5公斤/瓶)液化气零售中准价。

表3-5-34　2013年3月1日起民用瓶装液化石油气价格情况表

时间	规格（公斤/瓶）	零售中准价（元/瓶）	实际零售价（元/瓶）	备　注
自2013年3月1日起	14.5	108	中准价+（±20%）	各经营企业拟按规定对零售价进行浮动调整的,应继续按照《关于进一步完善上海市民用瓶装液化气价格机制的通知》有关要求执行

2017年5月9日,为规范瓶装液化石油气价格行为,根据《中华人民共和国价格法》《上海市燃气管理条例》《上海市定价目录》等有关规定,上海市发展和改革委员会发布《关于进一步加强上海市民用瓶装液化石油气价格管理工作的通知》,明确上海市民用瓶装液化石油气最高零售价实行上下游价格联动机制,价格计算公式为:本期每瓶液化石油气最高零售价＝上月液化石油气平均购气成本×14.5公斤+进销差价。

表3-5-35　2017年6—12月民用瓶装液化石油气价格情况表

时间	规格（公斤/瓶）	进销差价（元）	最高零售价格（元/瓶）	备　注
自2017年6月10日起	14.5	25	78	其他包装规格的"进销差价"按每瓶实际容量折算
自2017年8月10日起			68	
自2017年9月10日起			77	
自2017年10月10日起			82	
自2017年11月10日起			90	
自2017年12月10日起			92	

三、服务收费

随着上海燃气行业的深化改革,为完善燃气及其服务价格的管理,上海市物价局、上海市公用事业管理局于2000年4月30日联合发文《关于印发〈上海市燃气及其服务价格汇编(煤气部分)〉的通知》,明确民用煤气、非民用煤气的煤气安装、煤气表拆除、检定、表具维修、安全保养、咨询服务、手续费等相关服务价格,该文件的制定对规范全市燃气服务收费发挥重要作用。

但是随着上海市天然气产业快速发展,天然气逐渐替代人工煤气。而国家相关法律法规及政策的出台与完善对部分收费项目的合理性提出疑问(如《物权法》对燃气表具维护与保养收费的影响),以及主要原材料价格的大幅变动,造成不同销售公司部分收费项目收取与否、收费名称与标准等存在差异。2003年上海燃气集团成立,为加强与规范集团系统燃气服务收费管理,减少相关投诉,提升企业整体服务形象,燃气集团2007年年初成立"统一服务收费工作组",启动服务收费规范工作,推进系统内燃气服务收费业务分类清晰、明确,收费标准合理、统一,服务具体操作规范、透明。2007年11月1日,经过与市物价局和市市政局多次沟通,在充分吸收相关意见进行修改完善后,推出《燃气服务收费手册(居民用户部分)》;2008年6月1日,推出《燃气服务收费手册(非居民用户部分)》。

随着天然气销售端价格调整及综合服务成本变化,2016年燃气集团成立服务收费手册清理工作小组,对收费项目和收费金额逐条进行梳理。在内部梳理的基础上,聘请律师事务所对集团范围内的所有服务收费项目进行合法、合规性审查,并于2017年3月30日召开服务收费专家论证会,经市价格主管部门审核,于2017年11月1日起推出《上海燃气(集团)有限公司管道燃气服务收费手册—2017年版(居民客户部分)》和《上海燃气(集团)有限公司管道燃气服务收费手册—2017年版(非居民客户部分)》。

【居民服务收费】

2007年11月1日,上海燃气集团推出《燃气服务收费手册(居民用户部分)》,2007年版居民燃气服务收费手册在2000年版《上海市燃气及其服务价格汇编(煤气部分)》收费项目基础上取消或归并19项收费项目(如上门检修费、业务手续费、成本补偿费、安全检查费、自然失效煤气表补收费、拆套费、用户所有在线灶具和热水器改装等),保留或规范调整16项收费项目(如滞纳金由3‰,调整为1‰;违规用气燃气补收金额统一调整为表具及附件费用加补收用量两部分)。

2017年11月1日,上海燃气集团推出《管道燃气服务收费手册—2017年版(居民客户部分)》,将居民服务收费标准(燃气安装服务、短期供气服务、其他服务、燃气销售结算4类)修订为新标准(燃气表安装和拆除服务、燃气管道施工、其他服务3类),收费项目取消12项(如燃气表首次安装费、表位移动施工费、自排明管堵漏费、老用户缩表、改装工料费、短期供气服务、过户费、天然气民用燃气设备转换等),移出收费手册3项(滞纳金、非正常计量、用气管供应不良排除),新增4项(不锈钢软管安装、上门服务费、燃气阀门调换、调换补偿器收费)。

表3-5-36　2017年版管道燃气居民客户服务收费(不锈钢软管安装)收费标准情况表

收费标准	工作内容	备注
不锈钢软管施工根据所用材料市场价格收费	(1) 上门测估、造价 (2) 新管安装 (3) 气密性测试	1. 购买不锈钢软管包安装 2. 旧管拆除按"燃气管道拆除收费标准"收费

表3-5-37　2017年版管道燃气居民客户服务收费(镀锌钢管安装)收费标准情况表

口径	收费标准(元)		工作内容	备注
	基价	每增加1米的价格(不足1米按1米计)		
测估费		20元/次	上门测估、造价	测估后由公司按照收费标准进行施工收费的,测估费在工程款中扣除;测估后若用户不愿公司施工的,不退还测估费

〔续表〕

口径	收费标准(元)		工作内容	备注
	基价	每增加1米的价格（不足1米按1米计）		
DN15—DN20	95	30	（1）新管安装 （2）气密性测试	（1）本收费标准包含燃气管道安装人工及材料费 （2）基价含第1米管道安装的人工及材料费，不足1米按1米计 （3）不同口径管道同时施工，基价按大口径标准收取，管道长度超过1米部分，按各口径实际排管长度计算收费
DN25—DN32	125	65		
DN40—DN50	160	100		

表3-5-38　2017年版管道燃气居民客户服务收费(燃气管道拆除)收费标准情况表

管道口径	收费标准(元/次)	工作内容	备注
DN15—DN50	30	（1）旧管拆除 （2）安装管塞、气密性测试	（1）本收费标准为燃气管道拆除人工费

表3-5-39　2017年版管道燃气居民客户服务收费(其他服务)标准情况表

收费项目		收费标准	工作内容	备注
燃气灶连接胶管夹箍、金属软管		5元/根	（1）拆除旧零件 （2）安装新零件 （3）气密性测试	（1）本标准为零配件调换人工费，材料费另计，材料价格依据上海市建筑建材业市场管理总站的燃气工程材料市场指导价格 （2）收费标准中按"副"或"对"收费的调换内容，必须按"副"或"对"调换 （3）为保证安全用气，本工程不接受客户自供零件 （4）收费项目中注明客户人为损坏的收费内容，必须明确客户损坏的事实后，方可收费；若没有损坏，但客户要求更换的参照对应收费标准收费
灶前阀		10元/只		
客户人为损坏	4立方米/小时及以下燃气表波纹管（或夹令）	15元/副		
	6立方米/小时燃气表波纹管（或夹令）	35元/副		
	10立方米/小时燃气表波纹管（或夹令）	45元/副		

收费项目		安装收费标准（元/只）	拆除收费标准（元/只）	工作内容	备注
燃气阀门调换	DN15	40	20	（1）拆除旧燃气阀门 （2）安装新燃气阀门 （3）气密性测试	（1）本标准为燃气阀门调换人工费，材料费另计，材料价格依据上海市建筑建材业市场管理总站的燃气工程材料市场指导价格 （2）为保证安全用气，本工程不接受客户自供阀门 （3）若阀门进、出口口径不同，按大口径对应的收费标准收费 （4）表前球阀拆装在客户人为损坏下收费；若没有损坏，但客户要求更换的参照对应收费标准收费
	DN20	45			
	DN25	50			
	DN32	55			
	DN40	65			
	DN50	80			

【非居民服务收费】

2008年6月1日,上海燃气集团推出《燃气服务收费手册(非居民用户部分)(试行)》,2008年版非居民服务收费手册总体上依据2000年版定额测算和燃气管理条例的相关规定拟定。以2000年版《上海市燃气及其服务价格汇编(煤气部分)》41项收费项目为基础,取消或归并13项收费项目(如燃气表检定、修理费、气种改装等),保留或规范调整28项收费项目。

2017年11月1日,上海燃气集团推出《管道燃气服务收费手册—2017年版(非居民客户部分)》,将非居民服务收费标准(燃气安装服务、其他服务、燃气销售结算、天然气转换4类)修订为新标准(燃气安装和其他服务2类),收费项目取消4项(设备卡工费、空置容量费、压力校正与燃气补差、智能化燃气表改制费),移出收费手册3项(滞纳金、非正常计量、动拆迁地区燃气设施拆除补偿费),新增1项(新工房室内支管安装)。

表3-5-40 2017年版管道燃气非居民客户服务收费标准情况表(摘要)

序号	收费项目		收费标准
1	新建住宅燃气配套费	红线外包干基地住宅配套工程	最低12.40元/平方米,最高18.30元/平方米
2	燃气工程设计预收费	地上	按照工程造价的4.6%(设计院标准),最低500元/项(含报警或调压器最低10 000元/项)(按实收取,多退少补)
		地下	按照工程造价的4.6%(设计院标准),最低10 000元/项(按实收取,多退少补)
3	住宅室内支管安装	室内支管安装	6~8元/平方米
	老工房改装管道气	室外街坊、地下管道排管施工	24.50元/平方米
4	非居民用户非定型新装管道施工		根据上海市建筑建材业市场管理总站发布的最新定额实结算
5	业务手续费		30元/表次
6	非居民客户燃气表使用费		按公司燃气表及附件进价×(1+20%)收费
7	拆除工程人工费	2.5立方米/小时~4立方米/小时燃气表	120元/表
		6立方米/小时燃气表	276元/表
		6立方米/小时以上燃气表	根据上海市建筑建材业市场管理总站发布的最新定额实结算
8	道路排管施工		根据上海市建筑建材业市场管理总站发布的最新定额按实结算

第四节 天然气贸易

一、概况

中共十八大以来,国家明确"还原能源商品属性"的目标,国务院、国家发改委密集出台一系列关于天然气市场化的政策法规,推动天然气基础设施的建设运营、公平开放、价格等领域的改革。由政府牵头组建的国家级天然气交易平台也相继成立,2012年6月,国家发改委能源局发文鼓励国内天然气供需双方进行天然气市场化改革探索,指示上海石油交易所天然气现货平台投放部分非政府定价天然气作为调峰气量,政策环境越来越有利于开展天然气贸易。

进入21世纪以来,上海燃气先后接入东海天然气、西气东输一线、西气东输二线、川气、进口LNG等多路气源,已基本形式"气源多元供应、管网基本覆盖、市场全面发展"的格局。至2014年,上海天然气年供气量超70亿立方米,用户规模超过500万户。天然气资源供应的阶梯型增长和市场消费的渐进性发展是长期存在的匹配难题。在上游气源项目逐步达产后,天然气供气合同的刚性提高。而下游市场受宏观经济、气候变化、突发事件的影响,波动难以预测,供需出现缺口或富余已成为常态化问题。随着上海产业结构调整,工业用气占比呈下降趋势,燃气发电、第三产业及生活用气占比大幅提高。2013年,全市用气结构中城市燃气与发电用气之和已占总用量的近73%。这部分消费权重的逐年上升造成需求峰谷差明显增大。面对供应和调峰规模的扩大,单纯依靠LNG储罐、管网储气等手段,已无法完全保障上海天然气的供需平衡和管网、接收站等设施的运行安全。燃气集团迫切需要一种新的天然气供需平衡手段来补充化解日益尖锐的供求矛盾。面对挑战,燃气集团及所属天然气管网公司主动出击,自2010年以来逐步实现天然气资源串换、液态槽车销售、管道转输乃至整船气贸易,在实践中摸索建立一系列配套管理制度。

2010年12月,上海石油交易所率先在国内推出液化天然气(LNG)现货竞买交易品种。为支持上海能源要素市场的建设,延伸集团产业链,燃气集团以五号沟站LNG接收、仓储和装车设施为依托,积极参与上海石油交易所LNG现货交易。经过潜心运作,燃气集团下属企业上海天然气管网有限公司已成为上海石油交易所最主要的交易商,五号沟站LNG现货的用户超过20家,天然气贸易为燃气集团延伸产业链开辟一条新的途径。

在LNG现货贸易过程中,燃气集团敏锐地意识到国内LNG需求市场的巨大潜力。一个从上海五号沟LNG站实现区域性槽车LNG销售起步,延伸至与西气等陆上管道气及洋山LNG相联动,实现LNG气化转输和跨地区整船LNG贸易的创新工作思路逐渐形成。上海发挥多气源供应优势,构筑起一条国产气与进口气相辅相成、管道气与液态气互为补充的供应链。从2010年LNG现货置换西气支援全国应对气荒,到之后的槽车LNG供应华东市场,以及近两年来气量串换供应长三角乃至广东,实践证明,这条配置合理、调节手段灵活的供应链不仅保障上海市用气需求,也为上海开展天然气贸易服务全国创造条件。

为适应天然气贸易扩大的工作要求,燃气集团不断优化内部管理机制。首先,对接政府牵头的本市气电联调工作机制,不断理顺集团与下属企业的工作职责和协作关系。及时研判掌握本市天然气需求动态,对用气低谷的富余气量作出判断并提前调整外输销售计划。其次,建立燃气集团与上海液化天然气公司的联席会议制度,分析调整进口LNG入沪船期和转运贸易计划,消纳补缺,保障洋山接收站的平稳运行。再次,规范天然气外输贸易的商务流程,建立自上而下的责任机制。从商务谈判、价格审批、合同签署和交收结算等各个环节入手,不断完善管理制度和明确工作职责,为有序实施天然气贸易提供制度保障。同时,燃气集团从初期"一事一议"的管理方式,向建立常态化、规范化管理机制转变,2012年,在天然气管网公司建立"LNG现货销售管理系统",从LNG销售的审批、交易、交收、结算和开票以及站内库存盘点等工作环节着手,实现LNG销售的电子化、信息化管理。

燃气集团经过几年来参与上海石油交易所LNG现货竞价交易的探索实践,已形成一套"多品种组合交易、交收模式适应需求"的天然气贸易方式,初步具备贸易所需的气源保障、交易平台和用户市场,为平衡供需矛盾发挥积极作用。同时天然气销售已逐步构建起以管道气销售、非管输气和LNG现货贸易相结合的营销产业链,在市场拓展上取得瞩目的成效,2011年至2017年年底,五号沟站槽车发货累计交收LNG现货约43.64万吨;2013年至2014年6月,"LNG交易、管道气交收"贸易累计完成交易合同量超14.88万吨,折合管道气交收逾2亿立方米;2014年,"液进液出、整船交易"完成2船LNG异地交收,LNG液态交收量11.3万吨,在企业经营上创造良好的经济效益。

二、"液态交易、气态交收"商务模式

由于季节采暖、用气结构等因素,国内许多城市用气峰谷差持续加大。每年冬季,当管道天然气出现紧缺,燃气公司纷纷不计成本地采购LNG,补充管道气的供应缺口。此外,中国幅员辽阔,部分地区的天然气基础设施、市场成熟度,以及销售价格与上海存在较大差异,存在跨区域调入气量的可能。2012年年底,由于需求季节性的差异,江苏省南京市天然气供应告急。当时全国缺气,中石油无法满足用户的增量需求。经上海管网、南京港华与西气东输公司协商一致,由南京购买上海LNG资源等量替换出上海的西气供应量,再由西气东输公司转输至南京分输站。通过"LNG电子交易、等量气源置换、管道气交付"的商务模式,2013年1—2月,上海向南京转输供应管道气1 500万立方米。在中石油的协助下,燃气集团开创国内天然气"液态交易、气态交收"的商务模式,供气用户遍及江苏、浙江、安徽、广东等省,为天然气资源跨区域互保互供探索出一条新途径。

三、"液进液出、整船贸易"商务模式

2014年,由于上海"凉夏"、外来电供应量充沛以及上海市电力需求增长乏力等因素叠加,造成燃气电厂用气量大幅下降,上海天然气再现阶段性供过于求,洋山接收站胀库情况频现。同年7月份,燃气集团与上海液化天然气公司携手,就借道中石油江苏如东LNG接收站转运马来西亚石油进口LNG事宜与中石油相关企业开展商务洽谈。经各方努力,同年8月初顺利完成一船进口LNG的转运试点作业,经过市场询价后,实现整船LNG货物销售。此次整船销售实现上海进口LNG合同货物的首次目的港转运,同时也是国内LNG接收站首次向第三方开放。LNG现货"液进液出、整船贸易"的商务模式,为今后开拓LNG货物的异地贸易与交收进行非常有意义的尝试。此举不仅为燃气集团开辟又一条天然气销售途径,同时也为上海市天然气供需平衡提供更灵活高效的调控手段。

四、液化天然气(LNG)现货销售管理系统

随着液化天然气(LNG)销售规模的日益扩大,销售管理工作日趋繁重。上海天然气管网有限公司于2012年2月开发建设一个集销售、交割和结算一体化的LNG现货销售管理系统。该系统包括合同管理、提货单管理、价格管理、发货单管理、结算管理和汇总统计等内容,实现人工记录及票据处理电子化。同时系统与管网公司调度管理系统(DMS)完成整合,并与ERP系统进行对接,实现数据的及时处理、传递和共享。

LNG销售管理系统投入应用后,为公司LNG销售的合同管理、票据传递、货物交收和库存管

理等业务工作提供一个信息准确、管理高效的分析和操作平台,有效整合相关流程,完善LNG进销存的信息化管理。

为适应天然气贸易扩大的工作要求,燃气集团不断优化内部管理机制。首先,对接政府牵头的上海市气电联调工作机制,不断理顺集团与下属企业的工作职责和协作关系。及时研判掌握上海市天然气需求动态,对用气低谷的富余气量作出判断并提前调整外输销售计划。其次,建立燃气集团与上海液化天然气公司的联席会议制度,分析调整进口LNG入沪船期和转运贸易计划,消纳补缺,保障洋山接收站的平稳运行。再次,规范天然气外输贸易的商务流程,建立自上而下的责任机制。从商务谈判、价格审批、合同签署和交收结算等各个环节入手,不断完善管理制度和明确工作职责,为有序实施天然气贸易提供制度保障。同时,燃气集团从初期"一事一议"的管理方式,向建立常态化、规范化管理机制转变,2012年,在天然气管网公司建立"LNG现货销售管理系统",从LNG销售的审批、交易、交收、结算和开票以及站内库存盘点等工作环节着手,实现LNG销售的电子化、信息化管理。

燃气集团经过几年来参与上海石油交易所LNG现货竞价交易的探索实践,已形成一套"多品种组合交易、交收模式适应需求"的天然气贸易方式,初步具备贸易所需的气源保障、交易平台和用户市场,为平衡供需矛盾发挥积极作用。同时天然气销售已逐步构建起以管道气销售、非管输气和LNG现货贸易相结合的营销产业链,在市场拓展上取得瞩目的成效,2011年至2013年年底,五号沟站槽车发货累计交收LNG现货12.34万吨;2013年至2014年6月,"LNG交易、管道气交收"贸易累计完成交易合同量超14.88万吨,折合管道气交收逾2亿立方米;2014年,"液进液出、整船交易"完成2船LNG异地交收,LNG液态交收量11.3万吨,在企业经营上创造良好的经济效益。

第六章 安全服务

上海燃气致力于保障城市燃气安全供应,改善城市能源结构,促进上海社会经济发展,构建与上海特大型城市发展相适应的燃气供应服务体系,形成多气源供应、输配"一张网"、多元销售于一体的业务模式,保障上海城市燃气的安全供应和安全运行。与此同时,上海燃气集团全方位提升智慧燃气服务理念,不断拓展智慧燃气服务范围,努力为客户提供专业、周到的燃气服务。

第一节 安全管理

一、供应安全

20世纪90年代以后,中央确定上海"一个龙头、三个中心"发展战略和建设成为社会主义国际大都市的定位,新定位对燃气事业的发展升级提出新要求。同时,随着国内天然气的开发利用加快步伐,以及充分利用国内、国际两种资源的政策实施,天然气逐渐成为城市燃气的主角。为确保城市能源供应的不可间断性,必须考虑用户的安全供气问题,保障燃气安全供应。

【从人工煤气到天然气的平稳过渡】

1999年4月,东海平湖天然气供应上海浦东,标志着上海城市燃气进入天然气发展时代。天然气入沪初期,由于从人工煤气转换到天然气直接供应需要经历一段过渡时期,其间必须妥善解决好天然气上游合同供气量阶梯式增加和下游用气市场渐进式发展的矛盾,解决好人工煤气生产和天然气供应转换的问题。从1999年4月起,浦东煤气厂、吴淞煤气厂及上海焦化厂的天然气掺混和改质工程先后上马,对人工煤气制气工艺逐步调整,采用天然气替代煤和油作为制气原料,通过改质、掺混生产人工煤气,消化上游阶段性多余供气量,既为实现天然气上下游供需平衡发挥积极作用,又为天然气转换工作赢得时间和空间。2003年,浦东煤气制气公司的两条天然气和液化石油气两用的改质生产线工程按期完成,增加人工煤气生产能力。"十五"中期,上海人工煤气最大制气能力达1 000万立方米/日(含焦化公司)。

2004年,随着"西气东输"天然气开始供应上海,上海市天然气进入快速发展时期,根据上海"安全、清洁、高效"的能源发展目标,部分制气企业通过调整生产方式,利用天然气掺混或改制工艺来生产人工煤气,淘汰部分超役使用并存在安全隐患或污染严重的生产设施,提高煤气质量,改善环境保护,实现清洁生产,在平衡天然气供应初期的气量中发挥不可或缺的重要作用。2004年12月31日,上海遭遇十几年未遇的一场大雪及零下6.8摄氏度低温,又恰逢西气上游设备发生故障,浦东煤气厂投入900吨液化气用于掺混,同时与高化公司和上海炼油厂沟通保障干气供应稳定,并把水煤气热备炉由6台调整到11台,以应付突发事件的发生。吴淞制气公司启用4台油炉,保高峰期间共向全市输送煤气1.56亿立方米,最高日输气负荷为210.7万立方米/日,吸收消化天然气5 923万立方米,为全市煤气的安全供应发挥积极作用。

2005年,寒潮在短短2天时间内使上海日均气温下降10摄氏度,随之而来的是人工煤气日输气量猛增140万立方米,创输气新高。在天然气掺混量不足的情况下,浦煤制气公司紧急启动LPG生产工艺,增加产量;石洞口制气公司提升生产负荷,提前启动调试轻油制气生产线,3条生产线在3天内全部到位。同时大众、市北公司输气部在日高峰供气时切换到更精确的人工观察工作方式,充分利用气柜储量。至2005年年底,上海人工煤气的制气能力保留在930万立方米/日(含焦化公司),基本满足"十五"末期上海市以天然气为主,天然气人工煤气、液化气3种气源并存和互补发展的需要,年供应能力保持在21亿立方米左右。"十五"期间,天然气掺混改质用量共计9.5亿立方米,在全市天然气总量中占比超过20%。

2006年,上海燃气集团保持人工煤气供应规模。保高峰期间天然气供需矛盾突出,浦煤制气公司克服天然气掺混量变化、干气缺口较大的困难,通过频繁切换水煤气炉、改制炉的生产方式,确保煤气产量。并对一些主要设备进行定时、定人重点监控,做到设备故障不过夜,保证生产持续稳定。吴淞制气公司提前做好环保等准备措施,保证重油炉设备开启,根据多种气源、不同产量和天然气供应量,制定多套生产方案,保证连续13天产量在180万立方米/日以上。石洞口制气公司加强原料采购供应,确保三线同时运行74天,液化气增量项目运行39天,同时巧妙抓住有利时机,边生产边完成3条线停车烧炭工作,以及3号生产线CRG催化剂切换工作,确保生产设备的完好。液化气公司加快实施天然气补充替代,全年液化气补充替代量达到4592吨。2007年,针对全年天然气气源紧张、东气检修和西气管道山体滑坡事故带来的不利影响,各制气公司优化生产方式,液化气公司克服价涨、"气荒"等矛盾,确保用户需求,实现全年燃气供应平衡。

2008年,天然气需求继续增长,供气能力不足,保高峰期间天然气供应较原计划缺口达6400万立方米,调整后缺口仍达2300万立方米。浦煤制气公司作为天然气和人工煤气主要平衡调峰单位,服从调度中心的生产指挥,调整焦炉生产模式,弥补天然气供应不足的影响,采取用水煤气炉替代改质炉生产,同时掺混液化气3151.54吨,液化气掺混量较2007年同期增加近2000吨。吴淞制气公司以4~5台改质炉组织生产,确保足量吸纳天然气,同年12月消耗天然气2139万立方米,日均达69万立方米。石洞口制气公司及时完成各项大中修任务,全面完成设备完整性检查及系统气密性试验,做好生产原料提前采购工作,对改质炉及整个生产线的稳定运行起到积极的作用。

2010年起,随着转换工作不断推进,人工煤气输气总量稳步下降。各制气公司肩负着人工煤气供应稳定和调整天然气掺混的重要任务。各制气单位积极克服低产量生产带来的各项困难,降低产量减少掺混用量,在日常人工煤气输气波动中,根据调度中心的生产调度指令,全面完成保高峰期间人工煤气安全供应的各项任务。

从2000年至2015年上海实现全天然气化,各制气企业充分利用现有设施,不断转换生产方式,共生产人工煤气251.44亿立方米,其中天然气掺混和改质工程利用天然气32亿立方米,液化石油气供应量192.34万吨,在确保"全天然气"平稳过渡和全市燃气安全供应中发挥重要的平衡互补作用。

表3-6-1 2000—2015年人工煤气、天然气、液化气的供应量情况表

年 份	人工煤气(亿立方米)	天然气(亿立方米)	液化石油气(万吨)
2000	20.45	2.16	19.1
2001	21.36	3.3	16.23
2002	22.64	4.33	13.05
2003	24.39	4.97	13.37

〔续表〕

年　份	人工煤气（亿立方米）	天然气（亿立方米）	液化石油气（万吨）
2004	23.28	10.7	13.48
2005	22.2	18.7	14.0
2006	21.1	23.7	13.9
2007	20.2	27.8	14.9
2008	19.2	29.8	11.7
2009	15.5	33.3	7.9
2010	13.5	44.9	8.5
2011	11.13	54.14	10.3
2012	8.34	62.82	10.54
2013	5.28	69.92	8.58
2014	2.5	71.55	8.32
2015	0.37	74.28	8.47

【气源多元化】

为确保上海城市供气的安全可靠，必须建立完善的天然气供应体系，而多气源供气是该体系的重要组成部分。根据国外天然气市场发展的经验教训，单气源、单供应商对城市的供气安全可靠性具有严重的局限性和缺陷，多气源供应是保障供气安全的必由之路。1999年4月，来自东海平湖油气田的天然气开始供应上海浦东地区，上海燃气进入天然气时代。东海天然气（简称东气）是上海首个天然气气源，1999—2003年这5年，上海天然气供应仅有东海天然气这单个气源，年供应量由2000年的2.16亿立方米增加到2003年的4.97亿立方米。2003年12月7日，上海市人民政府《关于原则同意进一步深化上海燃气行业改革方案的批复》明确上游气源多元化的战略目标。2004年1月上海天然气管网有限公司与中国石油天然气股份有限公司签订《天然气销售协议》，上海接收"西气东输"天然气，实现东气和西气的互补供气，上海初步形成东气和西气双气源、具备一定市场规模的天然气供应体系。西气年供应量由2004年的4.97亿立方米快速上升到2008年的25.2亿立方米，成为当时上海的主要气源。2009年11月16日，上海LNG项目一期实现供气，上海在东气和西气两大气源基础上，增加进口LNG（液化天然气）。2010年3月，川气东送供应上海。"十一五"期间，上海建成进口LNG一期、川气东送和五号沟应急气源备用站扩建等气源接收及配套工程，构建起以西气东输和进口LNG为主的"4＋1"天然气气源格局，上海成为国内气源结构最为多元化的大城市，其中国外天然气占天然气供应总量的37%，申能集团自主气源占天然气供应总量的44%。"十二五"期间，上海多气源供应得到优化，如期接收西气东输二线，建成天然气入沪北通道，联通江苏—崇明岛管道，"十二五"末期，形成由进口LNG、西气东输一线、西气东输二线、川气、东气和江苏如东六大气源构成的"6＋1"多气源供气格局，多元化的气源配置有效降低气源供应风险。

【管道输气系统网络化】

管道输气系统网络化，是以连接各气源的主干管道为纽带，与相关支、干线管道合纵连横，形成多气源贯通的供气网状管道输气系统,这是应对突发事件,实现天然气灵活调配、保障供气安全的必备手段。"十五"期间,上海建成天然气高压管线300余公里,天然气次高压管线200多公里,中低压管线3 000余公里,并对人工煤气输配系统进行调整和改造,使其适合天然气的输配供应,为天然气的大发展奠定基础。"十五"末期,上海天然气输配管网总长度达到6 370公里,加上8 468公里的人工煤气输配管网,全市燃气管网总长度达到14 838公里。"十一五"期间,按照上海市天然气主干管网系统规划,上海天然气主干管网一期工程建成投运,上海天然气主干管网二期工程有序推进,共建成主干管网近140公里,次干管网690余公里,改造旧管网1 000余公里,2010年末天然气主干管网总长达574公里,区域管网总长达1.3万公里,管网输送能力明显提升。"十二五"期间,"一张网"建设进一步完善,主干管网二期工程顺利竣工,崇明岛主干管网基本建成,新增180公里主干管网和2 000余公里中低压管网。截至2017年12月底,天然气高、中、低压地下管网2.3万公里,形成一张重要的能源生命网。

【建立安全储备】

随着天然气供应规模的日趋增长,为确保全市燃气安全供应,对天然气安全储备提出更高要求。1999年,东海天然气供应浦东时,配套建设五号沟LNG事故备用站,按当时上海市天然气供应规模,在事故情况下可保证上海市天然气基本用户10天的正常用气需求。2002年完成石洞口重油代用天然气项目;2003年建成闵行10万立方米/日代天然气调峰气源LPG掺混空气站;2004年西气抵沪后,随着市场规模的扩张,原有天然气安全储备规模仅能保证上海市天然气基本用户2天左右的用气需求,已不能满足上海城市燃气的应急保障需要,为此当年就研究启动扩建五号沟事故气源备用站工程。2008年五号沟LNG事故备用站扩建项目建成投运,将天然气应急储备量提升至7 200万立方米,加上洋山港LNG接收站新建3座LNG储罐,天然气应急储备能力从0.1亿立方米大幅提高到1.5亿立方米,全市城市燃气用户应急保障天数达到10天。2017年11月,五号沟LNG站二期扩建工程建成,在原有12万立方米液态天然气的储备能力基础上增加2座10万立方米液态天然气储罐,并在原有31万立方米/小时(输出压力1.6兆帕)气化能力基础上,增加20万立方米/小时(输出压力为6.0兆帕)的气化能力,全市城市燃气用户应急保障天数达到15天。五号沟LNG与洋山港LNG自建成以来,充分发挥日常燃气的供应和应急功能,在政府的指导和协调下,不仅保障上海天然气充足供应,还有效缓解国内用气紧张的局面,为上海应急储备运营模式的建立积累宝贵经验。

【优化主干管网调配】

上海天然气主干网主要有1.6兆帕、2.5兆帕、4.0兆帕、6.0兆帕4个压力级制的管道,长度分别占比为30%、20%、15%和35%。其特点是:6.0兆帕管道南北贯通形成"C"字形,由4.0兆帕和6.0兆帕管道向1.6兆帕和2.5兆帕两个环网供气,形成"东西互补、两环相连"的管网格局。因上海天然气主干网结构和供用气分布特点,东南面气源多、西北面少。根据用户分布情况、用气计划、预测和用气变化趋势,通过调节门站和调压站的压力设置值,结合6.0兆帕管网的储气情况,尽可能从东南面多配送天然气至用户端,将西北面气源用于对压力要求高的电厂用户,既可以减少东南面气源长距离输送造成最北段压差大的输送困难,又可使管网运行相对平稳,确保运行安全。

【协商气源方调峰支持】

根据气源特点,利用首站的接气尚未达到设计规模(输送能力有富余)的情况下,优化气源支持,即保持日供气量不变,在用气高峰时段增加小时供应量、夜间用气低谷时减少供应,这样就可增加调峰能力,最大可能满足用户用气需求。上海液化天然气有限责任公司LNG接收站承担全市多气源供应架构条件下的月、日和小时调峰任务,在用气高峰到来前,上海液化天然气有限责任公司根据下游需求,通过协商资源方适当增加或调换长约船期,或在国际LNG市场上采购现货,在全市天然气安全供应和调峰保障中发挥重要作用。2003年和2006年,根据市领导"创造条件,尽早开工"的精神,上海石油天然气公司采用"边生产,边扩建"的"双边会战"扩建模式,保证气源不中断,开创海上油气田边生产、边扩建,在短时间内投产一次成功的先河。2006年,面对上海市"迎峰度夏"发电首年大规模用气,上海燃气集团积极争取西气增量,全年西气增量1.54亿立方米。2008年,上海遭遇连续雨雪冰冻灾害天气,燃气集团顺利接收广汇、马来西亚石油LNG资源补充天然气供应。2008年11月至2009年3月,LNG运输船"阳箭轮"共4次接靠五号沟码头,五号沟LNG站接卸LNG总量33 273吨(相当于4 490万立方米天然气),气化约2 280万立方米天然气,有效缓解上海阶段性天然气供应缺口的矛盾。2009年,燃气集团落实五号沟LNG站转运马来西亚气源方案,打通五号沟中型船舶运输通道,安全接收"北极精神号"等11船共21.69万吨LNG气源,气化3.3亿立方米天然气,为全年的供气平衡发挥至关重要的作用。2011年,针对初冬春高峰期间寒冷天气异常持久及全年川气供应量大幅低于年初预期,燃气集团加强与气源方沟通协作,有效落实西气增量,弥补川气3亿多立方米的全年供应缺口。2015年,针对天然气供大于求矛盾突出,燃气集团通过加强与上游气源企业的沟通协调,合理安排西气合同量减提、进口LNG稳量、川气适当增量,确保上海天然气的安全运营。

【发挥气电联调机制作用】

燃气和电力两个行业有各自的特点,如夏季电力的迎峰度夏、冬季燃气的保高峰,有一定的互补性;但又因天然气行业上游照付不议供应的刚性,春秋季用气低谷时,可能会发生洋山LNG储罐胀库的风险或冬季用气特高峰时造成LNG储罐低库存等困难。由于燃机启停快速、用气比例较高,燃机发电是天然气管网较为理想的平衡调节天然气的手段,因此燃机可以作为可中断的大用户为天然气管网调气峰,即在冬季天然气用气高峰时段减少使用,夏季在电力高峰时段或春秋季天然气富余时多用天然气,从而对气、电运行起到双调峰的重要作用。从2005年天然气发电应用开始,政府相关部门即意识到电力和天然气作为上海市的主要能源行业,能源总平衡的重要性和复杂性,建立气电联调的协调机制。2013年7月2日,《上海市气电联调运行机制研究》课题通过专家组评审结题,明确天然气管网与电网应优化调度、精心安排、错峰运行,确保管网与电网的安全运行。每年冬季高峰和"迎峰度夏"期间,燃气集团积极争取政府部门及电力系统支持,充分发挥气电联保联调作用,确保管网运行和上海市天然气供应的安全。上海气电联调机制在电力和天然气行业发挥重要作用,在国内也属首创。

【加强需求侧管理】

1999—2003年,上海天然气供应唯一气源为东海天然气,2003年年底天然气用户数为87.6万户,天然气居民用量与工业用量所占比率基本接近。2004年,西气入沪,天然气供应规模不断扩大,应用领域不断拓展,天然气工业用量明显增加。2005年,集团确立"三个确保、三个优先"天然气业务发展原则,实施合同管理,规范市场发展。2006年,抓好需求侧管理,完成天然气大用户97%的合同签约;对大用户安装用气远传监测装置或流量调节装置完成97户,安装率达92%,管网公司对郊区5个点全部加装流量调节装置,有效缓解燃气供应压力。2008年,按照天然气多气源将持续入沪的计划,集团系统加快市场发展和培育步伐,积极开展市场发展和培育工作,全年共受理单位用户1 704项,实现供气972项户。随着上海进口LNG、川气、西气二线相继达产,上海天然气资源供应能力进一步增加,但受宏观经济形势和产业结构调整影响,下游市场需求难以同步增长,上海市天然气供应面临"总量有余、峰量偏紧"的阶段性矛盾。为此,上海燃气集团努力开拓天然气市场,在加快传统应用领域发展基础上,大力推进分布式供能和燃煤(油)锅炉等能源替代项目改造。2009—2014年,上海燃气集团配合上海市环保行动计划,共改造燃煤(重油)锅炉2 000多蒸吨,推广燃气空调350台,发展分布式供能项目14个,总装机量超过50万千瓦。2015年,上海燃气集团抓住管网开放和天然气交易市场发展的机遇,合理安排资源,积极拓展市外天然气贸易,在全国天然气供大于求、LNG现货价格一路走低的情况下,实现贸易量2.15亿立方米。同时,加快发展交通用能拓展新兴市场,确立在洋山港区等处新建4个加气站项目计划。2016年,港区加气站建设完成初步布局,全年加气量达2.2万吨。在市场拓展的同时,集团积极调整燃气价格巩固可替代市场,实施非居民气价下降联动调整,开展"天然气分布式供能(含燃气空调)供气价格机制研究",为巩固和拓展市场积极创造条件。实行季节和峰谷气价,鼓励具有双燃料的大工业(包括发电行业),或部分大用户通过全年生产计划的调整来安排夏季多用气、冬季少用气,运用价格杠杆起到错避峰的调峰作用,在高峰时段尤其在冬季降低用气负荷,从而确保天然气主干网的平稳运行、保障上海市天然气的供应安全。

二、运行安全

【安全管理目标】

随着上海城市建设的大变样,上海也迎来燃气大发展,燃气已成为必不可少的城镇基础设施之一,对上海市的经济发展、环境保护和社会进步发挥着积极的作用。然而,城镇燃气易燃、易爆、有毒的特性,也给企业的生产运营和社会的用气造成很大的影响,如:2000年9月东海天然气海底管道断裂事故,2007年11月24日上海浦三路加油加气站在停业检修时发生液化石油气储罐爆炸事故、2014年1月金山区庄胡公路高压天然气管道微泄漏事故等,以及社会用气事故还时有发生,这些教训时刻警示着,必须安全生产和安全使用燃气。上海燃气坚持抓好燃气的安全管理工作,以确保不发生有严重社会影响的重大事故、确保全市燃气安全始终处于受控状态、确保燃气事故死亡人数控制在每10万户0.75人以下为安全工作目标,提升服务水平,加强供应保障能力,促进用户端本质安全水平提升,努力实现本市燃气的安全运行。

【安全组织架构】

2000年,按照上海市政府机构改革的统一部署,燃气行业行政主管部门划转为上海市市政工程管理局,由上海市市政局燃气管理处负责对燃气全行业安全供应工作的综合管理和监控,并处理燃气行业的重大突发事件、重大灾害事故和重大服务燃气事故。各燃气企业在燃气处的统一指导下,做好安全生产和安全供应工作。2004年,上海燃气集团整合系统各单位的安全职责,成立安全服务部,负责集团系统生产(施工)安全管理、"三防"(防火、防台、防汛)安全、用电安全、车辆安全、安全用气管理等工作。2005年4月,为贯彻《上海市安全生产条例》和健全集团公司安全工作组织体系,进一步落实各级领导、生产经营单位主要负责人的安全生产责任制,燃气集团成立安全生产委员会和安全生产委员会办公室。2008年,安全保卫职能从安全服务部划出,成立单独的保卫部负责集团系统安保工作。"十一五"期间,燃气集团强化组织机构建设,落实各级安全部门的职责,建立覆盖全部生产活动的各项安全生产规章制度,安全组织机构和制度得到进一步完善。2011年,燃气集团制订完善对系统单位及公司领导班子、各职能部门的安全责任书,实现安全责任"纵向到底,横向到边"。2014年12月,集团安全服务部的服务客服职能划出,更名为安全管理部,负责公司安全管理方针、目标及安全管理保证体系的贯彻执行,实施国家和市有关安全生产和劳动保护的规定,制订年度安全工作计划和对安全考核指标的分解,开展安全生产、劳动保护、防火、防爆、防中毒、防台防汛、防暑降温、行车安全、应急处置、隐患排查整治等管理工作。

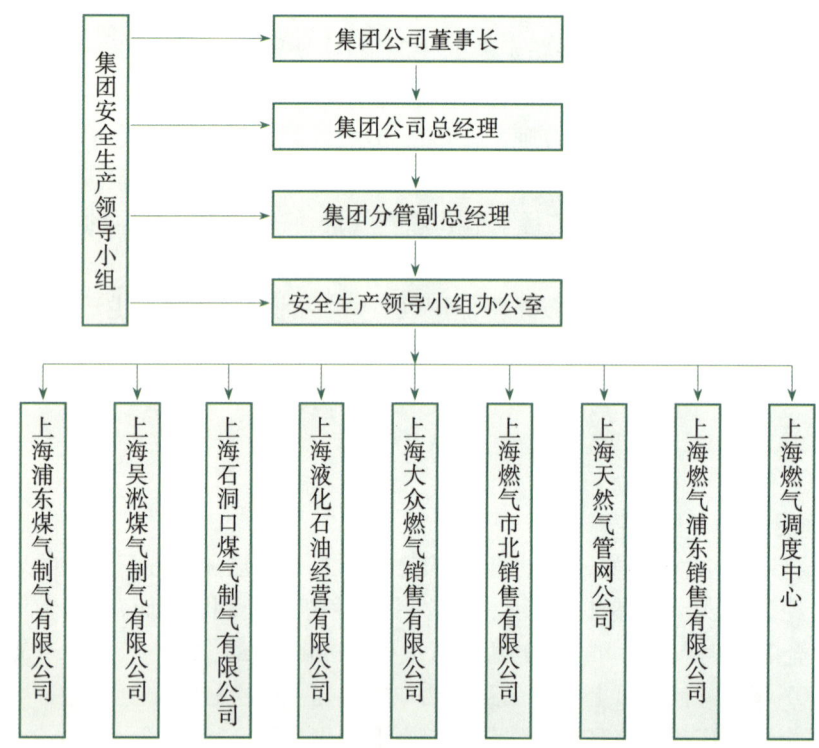

图3-6-1 上海燃气(集团)有限公司安全生产管理组织体系

【安全管理体系】

为完善上海市燃气安全的有关法规、规章,符合国家"依法行政、依法治业"的法治精神,使之与上海的经济发展相适应,上海市燃气管理处制定、清理、修改出台一系列相配套的地方性法规,如《上海市燃气管理条例》《上海市燃气管道设施保护办法》《燃气燃烧器具安全、环保技术要求》等。为符合上海燃气主管部门制定的地方性法规和标准,燃气集团制定一系列相配套的公司制度和标准。2007年,上海燃气集团开展安全标准化建设,逐步推进集团及系统单位相关安全标准和规范的编制。2008年12月,燃气集团下属上海天然气管网有限公司通过QHSE管理体系认证,2008年至2012年间,系统范围10家单位先后通过危化二级达标认证(参照标准AQ3013-2008《危险化学品从业单位安全标准化通用规范》)。2009年,制定《燃气管线工程施工安全、质量考核办法》,建立地下(半地下)室燃气泄漏报警器动态信息系统,加强监控和预警。2011年,燃气集团贯彻落实上海市政府《关于进一步规范上海市建筑市场加强建设工程质量安全管理的若干意见》等相关要求,不断规范工程质量安全管理,修订燃气工程承发包合同、施工安全协议等规范文本,制定建设工程监理管理规定,新增7项安全、保卫制度。2012年,燃气集团编制《安全管理手册》,并于2015年8月进行修订。2013年,工程安全监管进一步强化,建立健全工程信息管理平台、合格承包商管理考评、监理单位评价考核、分包单位登记备案等监管机制。"十二五"期间,上海燃气集团安全生产标准化体系不断健全,系统单位全面实现"危化二级达标";推行燃气系统运行安全评价标准,逐步实现输配站点的内部评审全覆盖。2017年,燃气集团修订《工程施工现场安全、质量管理考核办法》,建立施工违章信息通报平台,加大督查检查和违章处罚力度,对于严重违章的施工队伍坚决予以清退。

【安全运行保障】
地下燃气管道巡检 为使地下燃气管道符合输配安全运行的要求,避免管道因自然损坏、外力损坏或违章占压等导致管道损坏发生泄漏和产生其他安全隐患,保障公共安全和保护环境,燃气集团于2007年制定《地下燃气管道巡(检)标准(试行)》,规定设计压力0.4兆帕(含)以上的燃气管道原则上巡视周期1天1次;设计压力0.4兆帕(含)以上的燃气管道巡检周期每年不得少于1次。设计压力0.4兆帕以下的燃气管道巡检周期每年不得少于2次;对管道工况差(如承插式接口的铸铁管)的燃气管道、违章占压管加强巡检,每年巡检不得少于4次;对地下燃气管道安全保护范围和安全控制范围内的外施工监护,应根据实际情况加强巡视(检)频次,每周不得少于2次。其中,上海天然气管网有限公司负责对天然气主干管网(1.6兆帕~6.0兆帕)进行日常巡视(检),高压管线及相关设施被编成11个巡线样板,每个样板配备1辆巡线车以及测爆仪、对讲机等巡线工具,每天1次对所有高压管线和设施进行巡视检查。上海燃气浦东销售有限公司、上海燃气市北销售有限公司以及上海大众燃气有限公司主要承担0.8兆帕(含)以下的地下燃气管道的巡视(检)工作。根据燃气集团提出的"4+2"巡检要求,即道路巡检周期每年不少于4次,街坊巡检周期每年不少于2次。巡检工作包括道路管线巡视,对0.4兆帕及以上燃气管线按照"一日一巡"原则落实巡视;道路巡检,将道路0.8兆帕管线、0.4兆帕管线、0.1兆帕管线及低压管线按照"一年四次"原则划分道路巡检样板,主要运用激光巡检车系统,做到车巡和人巡相结合;街坊巡检,由各管线管理站根据所辖范围内街坊地下管线资料,按照"一年两次"原则划分巡检样板,进行日常巡检工作。街坊巡检工作方式分为街坊检漏车和人工巡检(人工铁棒眼结合手推式检漏仪器),街坊检漏车主要负责小区路面的地下管查漏,而手推车和人工铁棒眼则分别对街坊小区内的支立管进行巡检查漏,形成严密的街坊巡检网格,做到地下管线全覆盖,无盲点死角。

燃气管网附属设施管理 燃气管网附属设施指燃气管网附属的调压站及调压装置、聚水井、阀门、电化学保护设施等设施。这些附属设施在燃气的输送、配气中发挥着特定的作用;实现对燃气管网的总体控制和满足用户的不同用气需求,因此必须加强对附属设施的管理。根据国务院《石油天然气管道保护条例》、建设部《城市燃气管理办法》、上海市政府《上海市燃气管道设施保护办法》和《城镇燃气设施运行、维护和抢修安全技术规程》(CJJ51-2006)的相关规定,燃气集团于2008年11月制定《燃气管网附属设施管理标准(试行)》,规范和统一集团下属各公司燃气管网附属设施的日常管理、巡视和维护保养,确保附属设施保持其正常性能、发挥其特定功能,保障附属设施的正常运行,从而保证整个燃气管网的正常供气。日常巡检内容包括调压器、阀门、聚水井。

人工煤气的安全生产 人工煤气生产具有易燃易爆易中毒、连续作业的特性,因此必须要以科学化、标准化的安全管理来保证煤气安全生产供应。2000年8月,上海石洞口煤气制气有限公司首次通过危化二级达标认证,2012年3月,上海浦东煤气制气有限公司和上海吴淞煤气制气有限公司首次危化二级达标通过。在推行安全标准化管理的过程中,各制气企业形成《安全标准化管理手册》《安全标准化管理制度汇编》《危害辨识风险评价控制管理程序》等一套较为完整的制气行业危化达标程序和规范。加大安全投入,不仅使设备设施危险点、危险性作业活动的辨识设置更加醒目,有效提升生产区域的现场管理,而且通过对关键装置、重点部位的安全技术改造,尤其是对原有生产设备、设施的客观设计中存在的不安全、不合理的因素进行整改,使各类事故降到最低,最终实现企业零事故的本质安全。把事后处置转化为事前预防。通过开展岗位危害辨识工作,逐步完善关键装置、重点部位的应急预案以及日常演练,使职工的安全意识和应急处置能力大为提升。"十二五"期间,集团安全生产实现"六无一控"。

安全生产教育 燃气集团认真贯彻落实国家《生产经营单位安全培训规定》《注册安全工程师管理规定》等相关法律规定,建立《安全教育培训管理规定》,定期组织教育培训,组织各级安全管理人员、企业负责人参加考核,不断提高安全从业人员专业素质。集团安全教育培训分为各单位主要负责人、安全生产管理人员的安全教育培训和其他从业人员及外来人员的安全教育培训。各单位主要负责人必须参加具有培训资质的机构举办的安全管理知识培训,并经考核合格,获得由安全生产监督管理部门颁发的"生产经营单位负责人安全培训合格证书"后,方可任职。各单位安全生产管理人员必须参加具有培训资质的机构举办的安全管理知识培训,并经考核合格,获得由安全生产监督管理部门颁发的"安全生产管理人员安全培训合格证书",持证上岗。新上岗的临时工、合同工、劳务工、轮换工、协议工等必须进行强制性安全培训,保证其具备本岗位安全操作、自救互救以及应急处置所需的知识和技能后,并经考核合格,方能安排上岗作业。特种作业人员必须按照国家有关规定经专门的安全作业培训,取得特种作业操作资格证书,方可上岗作业。从事危险化学品运输的驾驶员、装卸管理人员、押运人员等,每年必须进行有关安全知识培训时间不少于20学时,并经所在地相关政府部门考核合格,取得上岗资格证,方可上岗作业。新工艺、新技术、新装置、新产品投产前,主管部门必须进行专门培训,培训时间不少于24学时,有关人员经考核合格后,方可上岗操作。对新从业人员,必须进行厂(公司)、车间(工段、区、队)、班组三级安全教育培训。截至2018年9月底,集团和系统单位注册安全工程师人数为81人,相关安全岗位的管理人员安全培训取证实现全覆盖。

【安全隐患治理】

隐患排查与整改 申能系统各级领导高度重视安全生产隐患治理,2003年上海燃气集团成立伊始就把燃气的安全运营列为各项工作的重中之重。2006年,燃气集团完成重大危险源排摸595处。2007年,深入开展安全隐患排查专项行动,集团系统各单位自查并上报的37处隐患全部完成整改,逐步实现隐患排查治理规范化、制度化和重大危险源监控科学化长效机制。2008年,累计自查隐患389项,全部完成整改,燃气集团组建的安全督察组累计开展督查852次,发放检查建议书49份、整改通知书39份,约见安全部门负责人和分管领导谈话5次,系统各单位按照集团《生产安全督察实施细则》的要求,分别成立安全督察队伍,积极开展安全督查,有效地促进安全生产措施落到实处。2009年,集团制定《关于贯彻落实"三项行动"的实施意见》,加强对重点环节、重点部位的检查督察,深化安全生产隐患排查治理,当年隐患排查728次,整改隐患181项,安全督查组累计开展各类安全检查799次,系统单位各级督查组共开展安全检查16 418次,及时制止和整改各类隐患,施工和生产现场安全状况得到明显改善。2010年,以"平安世博安全生产双百日"活动为抓手,开展"每月一主题"自查自纠和"三找、三定"工作,累计开展安全督查1.4万余次,不断消除各类安全隐患。2011年,依托两级督查机制,加强对"退二进三"(浦东制气液化气车间、杨高路人工煤气储配站的设备设施拆除)等重点项目的全程监管,开展检查督查1.6万余次,排查整治隐患428项。2012年,深化隐患排查治理,年内全系统开展安全督察1.7万次,自查自纠隐患385项。2013年,全面开展安全大检查,发现并消除各类安全隐患270项,试点开展燃气系统运行安全评价工作。2014年,加大隐患排查整治力度,排查管道占压252处,年内完成整治127处,其中排查高压管网占压63处,年内完成整治25处;长兴、横沙管网遗留隐患得到有效整治。2015年,全面开展危化品仓储安全管理、油气储罐防火防爆、液化气站点消防安全等安全生产大检查,针对安全检查中暴露出的问题,及时落实整改措施。2017年,针对全配送后企业安全责任延伸、用户端隐患问题突出的现状,上海液化气石油气公司建立专项推进机制,细化隐患类别和等级,累计完成隐患整改5 692户,其中514户严重隐患全部完成整改。同时采用"用户出一点、公司补一点"的方式,试点推广非安全型灶具更换。

隐患管网改造 上海城市燃气的发展已有150多年历史,相应的人工煤气管网输配系统历史久远,管网及附属设备新旧程度不同,其中存在不少承插式管道、老龄管道、腐蚀钢管等管段。随着城市燃气大规模发展,又出现被占压管段、多次抢修管段、重型车大流量管段等,对管网安全运行带来一定的隐患,安全事故时有发生。2002年以来,大治河沿岸的东气长输管线出现裸管,且长输管线大治河沿岸存在多处无证码头和堆场。经上海天然气管网有限公司多次函告南汇区政府和市有关部门请求予以关注并督促整改,2004年3月1日,由市公安局110指挥中心组织安监、消防、规划等部门到大治河沿线河岸塌方现场和违章堆场、码头进行检查并提出整改意见,要求南汇区政府尽快落实违章堆场、码头的整改工作。2004年10月17日上午,市政府副秘书长柴俊勇召开解决南汇区大治河沿线输气管道安全隐患整改协调会,并提出4条整改意见。2005年,压在天然气管线上的建筑材料和堆场,大部分得到搬迁。2007年,集团开展专项安全隐患管网的改造和治理工作,分期、分批、重点制订安全隐患管网改造计划。2011年,完成道路隐患管改造32公里、街坊隐患管改造174公里。2012年4月,为配合2015年全天然气化的到来,上海市安委办下发《关于督促落实2012年市级督办重大事故隐患项目及重点协调推进项目治理的通知》,将燃气隐患管网改造工作列为市级督办治理项目。与此同时,上海市建交委、上海市发改委联合下发《关于加快上海市城市燃气隐患管网改造和天然气转换保障城市运行安全的通知》,明确从2012年至2014年用3年时间完成浦西地区338公里隐患管网改造。2012年4月13日,燃气集团下发《上海燃气集团隐患管网改造工作计划》,成立隐患管道改造工作小组,并把改造工作列入年度方针目标考核。由于燃气隐患管网改造工作列为市级督办治理项目,各方给予高度重视,形成专项工作例会制度、专项工作信息简报制度、项目实施进度统计月报制度等,形成高效、务实的管理模式。在政府有关部门的支持下,2012全年实施隐患管网改造163公里,超额完成年度目标。2013年,完成隐患管道改造129公里,完成年度计划108%,累计完成三年改造计划的83%。2014年,圆满完成隐患管网三年改造任务,三年累计投入改造资金11亿元,改造隐患管网338公里。"十二五"期间,累计改造旧管网1 000余公里。

压力管道检测 为切实加强燃气压力管道的安全使用管理,根据《特种设备安全法》《特种设备安全监察条例》《压力管道定期检验规则—公用管道》等法律和规章,同时根据《上海市长输、公用燃气管道隐患整治专项工作会议要点》要求及燃气集团《燃气压力管道检验工作实施指导意见》,2014年,燃气集团制订压力管道检测计划,启动压力管道全面检测工作。2015年,主干管网全面检验历时两年全部完成,区域管网年内实施检验1 988公里,其中全面检验695公里,年度检查1 293公里,开挖消除隐患294处,并按照完整性评价要求,建立管网"体检"档案。2015年、2016年,共完成销售公司1 052.33公里压力管道的全面检验(其中:钢管775.35公里;PE管276.99公里),完成2 341.82公里管道的年度检查,发现埋地钢管防腐层整体质量评价较低或破损点2 687处、阀门井泄漏221处、管道电位欠保护181处,通过开挖坑检修复、阀井阀门更换修复、增加牺牲阳极等措施整改修复。在开展燃气压力管道定期检验工作中,集团将检验发现的所有问题、受检段管道的数字化信息(如管道走向、破损点、阀门井、测试桩定位数据等)纳入管道GIS系统中,为推进集团"智慧管网"建设,逐步建立燃气压力管道完整性管理体系提供基础数据保障。

占压专项整治及长效管理　随着城市发展,作为上海天然气供应的能源大动脉和上海经济生活生命线的天然气管线,由于种种原因,遗留违章占压数量多、时间长,并由于经济利益的驱动,在沿线的经济活跃带上和交通便捷中心,新的违章搭建不断冒出。上海自2004年1月开展输油气管道安全保护工作以来,在上海市委、市政府的领导下,根据全国油气田及输油气管道生产治安秩序联席会议制度精神,政府有关部门和相关企业建立联席会议和联络工作小组,推进专项整治工作的全面开展。2005年,燃气集团加大管线巡检保护力度和对占压管的整治力度,占压管隐患从1 036处减至857处,大治河管道安全保护工作取得突破性进展。2006年,占压管道整治557处,占压管总数较年初净减25.65%。2007年,上海市政府召开"燃气管道违章占压专项整治工作"动员大会,上海市综合治理办公室首次把"燃气管道占压整治工作"列入上海市"平安建设"实事工程特殊项目,上海燃气集团紧紧抓住契机,落实力量,强化机制,超额完成433处年度占压管整治目标,管网公司实现浦东、青浦、松江、金山和奉贤等区天然气高压管零占压,浦东销售公司实现高中压管零占压。2008年,上海市委、市政府把"燃气管道违章占压专项整治工作"纳入市平安建设实事工程,大大地推进违章占压的整治进程,当年整治占压管净减664处,净减率80.48%,实现天然气高压管线"零占压"和新发现占压"零增长"的整治目标。"十一五"期间,占压管隐患从原先的1 000余处,减少至不到100处,有力地消除由于占压管引起燃气泄漏而可能造成的泄漏、爆炸、中毒等燃气事故。2015年,上海燃气集团借助有利的政策环境,完成列入市级安全督办的63处高压管道占压、44处一般高压管道占压和86处中低压管道占压整治。"十二五"期间累计改造旧管网1 000余公里,累计整治管网占压隐患350处,并实现主干管线"零占压"。2016年3月底,列入市级安全督办的222处占压管整治工作全面完成,初步实现"零占压"目标。同时,根据政府部门拟定的《关于建立上海市防范治理违法占压燃气管道长效机制的指导意见》,细化落实《燃气集团占压整治长效管理实施意见》,管道巡视协管与专业化巡查相结合的管道保护机制逐步建立。2017年,占压整治的巡查发现、政企联络、协同处置等工作机制不断深化,年内共消除地下管道占压96处,基本做到及时发现、及时处置。

轨交杂散电流干扰整治　随着上海城市轨交系统的大规模建设以及天然气事业的发展,钢制燃气管道与轨交平行或交叉敷设的情况越来越多,轨交的发展在大幅提升城市运能和效率的同时,对沿线管网的运行环境、生产安全等产生潜在的影响。2006年年底,上海燃气浦东销售有限公司成立专门的项目组开始"轨道交通杂散电流对埋地燃气钢制管道防腐系统影响及相关防护对策"的课题研究,经过近两年时间的测试和实验,于2008年12月13日通过由建设部建筑节能与科技司主持的验收评审,顺利结题。项目共研发两个检测装置:基于虚拟仪表技术的杂散电流动态检测装置系统和便携式杂散电流记录仪,均能有效捕捉快速变化的杂散电流信号。专家们一致认为该项研究获得创新性的成果,研究中提出的观点、理论、方法对推动埋地燃气管道防腐的技术进步具有重大价值。2014年6月17日,市建管委设施处、燃气处、建管委科技委、燃气集团等就杂散电流事宜召开协调会,确定以课题的形式对轨道交通杂散电流对天然气管道隐患进行研究,在国内第一次真正意义上建立起管道公司与地铁公司的相互沟通和协作机制,为后续的研究及检测工作架起纽带。2017年1月12日,上海市住房和城乡建设管理委员会科学技术委员会组织召开由上海轨道交通申松线发展有限公司和上海天然气管网有限公司共同委托同济大学进行的研究课题"轨交杂散电流对天然主干管网的腐蚀与防护对策研究"成果评估会,并提出《轨道交通杂散电流对埋地钢质燃气管道干扰的评定与防护技术规程(初稿)》,为有效防止轨交杂散电流影响燃气管道的安全奠定基础。

三、用气安全

【安全事故呈逐年下降趋势】

用气事故会给人民生命财产安全造成极大危害。根据不完全统计,2000年至2002年的3年间,上海全市平均每年因燃气使用不当造成燃气事故达109起,平均死亡人数超过60人,中毒人数达143人。在上海市领导和有关部门的高度重视、社会各界共同关注下,上海燃气集团历经多年努力,通过开展安全用气宣传、入户安全检查、安全隐患整改、构建社区安全用气协作网等举措,2003年至2008年6年间,全市每年平均发生燃气事故36起,中毒49人,死亡23人,平均事故数、中毒数和死亡数分别较2000年至2002年平均数下降66.97%、65.73%和61.67%,社会用气事故数量总体下降幅度较为明显。2010年世博年后,事故死亡人数降至15人/年以下,10万户死亡比率的跌幅与10年前相比是跨越式的(2.0以上降至0.2以下)。

【安全用气宣传】

2004年,上海燃气集团推出"社区协管员""安全型社区"等社企联手的安全用气管理尝试,加强安全用气宣传,增强用户安全意识,使社会用气事故死亡率控制在0.12人/万户以下。2009年,为迎接世博会的召开,营造良好的安全用气环境,上海市燃气处和燃气集团共同启动以"迎世博,关注用气安全"为主题的迎世博保供应安全用气"百日活动",并将每年的11月7日定为"安全用气宣传日",通过广泛开展安全用气宣传,提高市民安全意识。2010年,各服务窗口深入社区开展安全用气宣传和安检工作,并开展出租房用气安全集中整治等活动,取得良好成效。用户用气安全隐患整改率同比上升7.2个百分点,安全用气事故同比下降61%,居民用气万户死亡控制率从上年0.04下降至0.006,并实现世博控制区内无事故的目标。2011年,依托覆盖全市的社企协作网平台,进一步丰富安全用气"进社区、进校园、进家庭"举措,开展"城市安全专家志愿者进社区"活动,加强用气安全宣传教育,促进隐患检查整改,社会用气事故发生数呈下降趋势。2017年11月5日,主题为"城市让生活更美好"的上海市第九届安全用气百日活动启动,自2009年开始,该活动已连续开展9年。

【用户安全用气检查及隐患整改】

1999年,上海市出台《上海市燃气管理条例》,首次提出"燃气销售企业应当每两年对燃气计量表出口后的管道及其附属设施进行一次安全检查,并对用户安全用气给予技术指导"。根据《上海市燃气管理条例》和国家建设部《城镇燃气设施运行、维护和抢修安全技术规程》要求,燃气集团负责对上海市燃气用户实施每两年一次的燃气安全检查,即每年要对超过50%的燃气用户实施免费上门安全检查。在检查过程中,通过与社区居委、物业等部门的合作,提高燃气安全检查入户率。

对于安检中发现的安全隐患,燃气集团及时告知用户整改,并将需整改项目明细清单和安检门锁清单转交安全用气协作网相关人员,请社区跟踪落实整改情况,隐患整改率由2003年的11.52%上升到2014年年底的53.47%。2017年,针对全配送后企业安全责任延伸、用户端隐患问题突出的现状,液化气公司建立专项推进机制,细化隐患类别和等级,强化严重隐患整治措施,累计完成隐患整改5692户,其中514户严重隐患全部完成整改。同时采用"用户出一点、公司补一点"的方式,试点推广非安全型灶具更换。

【社区安全用气协作网】

安全用气管理基础在社区,为将社区的区域优势和燃气企业专业优势结合起来,2002年,上海燃气市北销售公司率先与市北地区的6个行政区的54个街道(镇)政府建立安全用气协作网,"政企合作、社企联手的社区安全用气协作网"的管理新模式首次在上海市市北地区进行试点。燃气集团成立后,这一安全用气管理新模式又在全市范围内得到推广,2005年年底,集团在全市13个区建立安全用气协作网络,完成在全市范围内的建网工作。2006年起,"协作网"开始全面运行。与此同时,安全用气协作网的工作内容和工作形式也得到进一步扩展,社企双方的工作分工和工作职责得到进一步明确,这一管理新模式逐步步入正轨。协作网的构筑,实现政府支持、企业出力、社区联动的有机结合,使安全用气管理工作由被动防御向主动预防转变,由一方单一管理方式向多方协作管理方式转变,由粗放管理模式向精细管理模式转变,从而达到提高社会用气管理水平、保障人民生命财产安全、树立企业良好品牌形象、提升企业核心竞争力的目的。

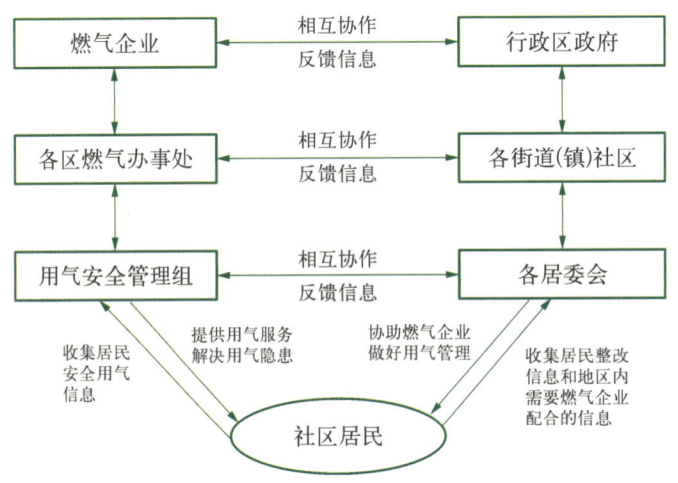

图3-6-2 社区安全用气协作网结构

【老旧热水器更换】

根据中华人民共和国标准GB 17905-2008《家用燃气燃烧器具安全管理规则》第7章规定:使用人工煤气的快速热水器、容积式热水器和采暖热水炉的判废年限应为6年;使用液化石油气和天然气的快速热水器、容积式热水器和采暖热水炉的判废年限应为8年。上海燃气各大销售公司检修人员一般通过定期安检、电话检修等方式,上门入户检查用户热水器使用情况,发现临近或超过使用年限,主动告知存在安全隐患并开具"整改建议书",提醒用户联系热水器厂家或委托燃气销售公司对老旧热水器进行更换,若用户委托燃气销售公司进行更换,按规定收取相关费用。

四、应急保障

上海燃气集团本着"确保燃气使用安全,提升用户体验"的立足点,把燃气供应、输配过程中的安全管理作为上海燃气集团的核心职责和核心管理要素,而对于突发的燃气应急事故处理是燃气安全管理中非常重要的环节。集团建立以燃气调度为中心,浦销、市北、大众、崇明、金山等区域燃气公司为依托的应急处置网络,完善应急处置流程和信息报送要求;同时针对燃气管线压力情况、重要场所管线和设施情况以及全市重大活动要求,制定和完善多项应急预案,并积极开展各类燃气应急处置实战演练,提高应急队伍的应急处置实战能力,确保一旦发生燃气突发事件,能够得到快速处置。

【组织结构和应急队伍】

应急处置工作作为一项系统工程,需要从组织上加强领导。2008年以来,集团及各下属单位在明确应急工作主管部门工作职责的基础上,同时明确各有关配合部门的工作职责,落实责任到人,定岗定责,理顺工作关系,提高工作效率,建立起"横向到边、纵向到底"的应急处置队伍网络。上海燃气集团的应急处置管理分为三个层级:第一级是燃气集团的总急修中心,第二级是各个销售公司的急修中心,第三级是各个公司的急修组人员。根据各类应急队伍所从事应急工作内容的不同,燃气集团应急队伍分为应急处置、专家咨询、停气配合、巡视等不同应急队伍,其中:巡视应急队伍负责管线及燃气设施巡视,以及时发现各类燃气隐患并及时采取措施消除隐患,防止燃气事故的发生。应急处置队伍负责燃气事故现场处置,包括泄漏、火警、爆炸等燃气事故的现场控制及受损燃气设施的修复工作等;专家咨询队伍负责在重大燃气突发事故应急处置过程中对事故的处置提出具体措施,对燃气集团的日常应急管理工作提出合理化建议等。停气配合队伍负责应急处置过程中的配合工作,如停气过程中关闭阀门、调压器,对停气影响区域进行用户停气和通气宣传等工作,以确保应急工作的顺利开展。燃气集团制定各类应急队伍之间的工作流程,理顺应急处置工作中相互之间的关系,共同做好应急处置工作。

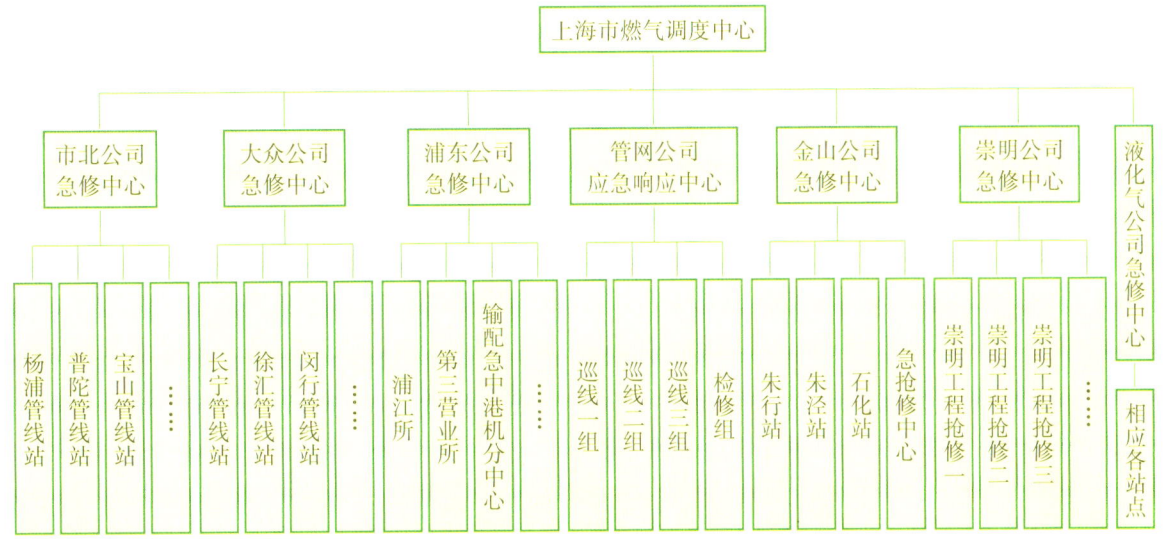

图3-6-3 2017年上海燃气集团应急处置的管理结构

表 3-6-2 2017年上海燃气集团及所属各单位应急处置职责情况表

单位组成	职责
燃气集团公司	(1) 为应急处置预案最高制定、管理、监督单位 (2) 授权燃气调度中心为常设管理机构 (3) 负责组织事故调查、总结、处理、善后协调工作
燃气调度中心	(1) 受燃气集团授权,为燃气应急指挥常设管理机构 (2) 受燃气集团委托,负责应急处置预案的编制、实施、完善工作,督促所属各单位编制、实施、完善分预案,负责燃气集团供应系统的应急调度、紧急抢修等工作 (3) 接收燃气事故的报警信息,并下达到管理责任单位或属地管理单位 (4) 根据对事故影响范围、伤亡程度及物损等情况,决定启动相应应急处置预案 (5) 预案启动后,负责协助燃气集团成立现场应急处置工作指挥部 (6) 应急处置预案启动后,负责提供相关共享资料信息 (7) 当事故处置需要其他行业或单位协助时,负责联系市应急联动中心,请求社会援助 (8) 参与事故调查并完善应急处置预案 (9) 负责收集汇总事故处置的相关信息,经集团公司审定后发送
管理责任单位	(1) 接到信息后第一时间赶赴现场,并将事故情况报燃气调度中心及行业管理部门 (2) 制定本单位的应急处置分预案,事故发生后,立即启动,视情况成立应急处置指挥部 (3) 迅速制定抢修方案,负责实施 (4) 对于需要属地管理单位或其他单位配合的,立即上报燃气调度中心请求协助,并按指令制定相应的停气方案 (5) 负责事故善后工作 (6) 按时限要求反馈相关信息并拟写事故报告
属地管理单位	(1) 接到信息后第一时间赶赴现场 (2) 到达现场后,负责做好安全防护措施,防止事故扩大 (3) 在管理责任单位抢修人员到达事故现场后,按程序将现场管理权交付管理责任单位 (4) 接指令后,配合管理责任单位制定、启动相应的停气方案,并协助管理责任单位,进行抢修工作

说明:1. 管理责任单位是指对燃气设施拥有管理权利和维护义务的燃气单位;2. 属地管理单位是指燃气设施所在自然地理区域内的燃气销售单位。

【应急预案】

2004年,作为上海市第一批应急事故处置的联动单位,上海燃气集团建立和完善应急指挥组织网络和应急处置预案,编印《燃气集团应急处置预案》及《燃气事故处置应急手册》,逐步理顺事故分级、处置程序、应急机构、职责分工。2006年,集团系统制定和完善250个应急处置预案。2010年,在原有预案基础上,集团梳理编制安保反恐、安全生产、内部维稳等五大类应急预案,强化预案可操作性,优化燃气突发事故信息报送流程,完善各级应急保障机制。2011年,完成生产安全事故应急预案的梳理、修订,全部通过评审并向政府部门备案。2016年,根据修订后的《上海市处置燃气事故应急预案》,上海燃气集团修订2016年版《上海燃气集团有限公司燃气事故处置应急预案》,围绕应急管理机制的优化完善,公司制定《应急工作管理办法》和《信息报送规定》,完成应急处置系统升级。同时在5家销售公司各增加1处应急站点,系统单位应急站点增至35处。

【应急演练】

燃气集团定期组织综合性应急处置演练,如:2008年开展奥运安保反恐演练,2009年集团系统各单位组织各类大型安全演练53次,2010年开展世博园区突发事故应急处置演练,2011年开展金山新农门站突发事故应急演练，2012年组织崇明县翠竹路高压天然气管道突发事故综合演练，2015年协同市应急办、市建管委等部门开展上海燃气管线突发事件应急大型综合演练，2016年开展崇明天然气泄漏应急处置等一系列实战演练等。在演练内容上，不仅侧重每年的应急工作重点，更侧重应急处置方式的转变，应急处置不再仅仅满足于修复受损燃气设施，而是更人性化地在尽量满足用户燃气正常供应的前提下来修复受损燃气设施；演练形式上从以前的精心准备，反复操练，向采取"不打招呼"的突袭演练过渡，通过演练检验应急预案的实用性和可操作行，提高应急队伍的实战能力。

【应急培训】

上海燃气集团根据系统各单位应急队伍员工情况，每年制订系统的工作培训计划，培训内容不仅包括燃气查漏检测、现场控制要点、燃气设施修复技术、现场处置、应急预案、应急处置系统应用等培训，也包括心理素质、临场急救、事故善后等方面的培训。燃气集团在应急队伍员工的急抢修技术培训上，引进国际先进的抢修技术，如不停气封堵技术、带压开孔技术等，并不断组织急抢修员工进行学习培训，通过实际操作进行提高，反复练习，达到消化吸收的目的，不仅提高燃气应急处置的效率，更让上海燃气的应急处置工作始终走在前沿。

【应急联动】

2008年以来，上海燃气集团依托市应急联动中心应急联动平台，提升应急队伍的应急处置效率和协同能力，如在燃气火灾、爆炸等事故中的灭火、救人、现场控制等处置提升与公安、消防、卫生等单位的协同应对能力；在主干道上的燃气泄漏应急处置提升与交警、水务、电力、绿化等部门的协同能力。在做好外部应急队伍协同的基础上，燃气集团注重做好内部系统各单位应急队伍之间的协同，如管网公司针对其管线覆盖面广、应急站点少，一旦发生燃气突发事故，到达现场时间较长的不利因素，积极与市北、浦销、大众三家区域性公司进行联动处置，确保管网公司所属燃气管线及设施发生突发事故时，燃气应急队伍能够在第一时间到达现场处置；此外，燃气集团在预案中也已明确，集团某系统单位应急处置队伍需要支援时，各单位应急队伍应无条件服从集团的统一调度，从制度上明确集团内部应急队伍之间的相互协同要求，保证集团内部应急资源的充分利用，提高集团面对重大及以上燃气突发事故的应对能力。

【应急事故处置】

上海燃气集团按照"条块结合，属地管理，统一指挥，专业救援，即报情况，跟踪落实，分级负责，先期处置"的原则，对突发和日常巡检中发现的地下管线和管线设施（包括高中低压管线以及调压器、阀门和水井等设备）泄漏、爆炸、供应不良等燃气事故和地上居民用户发生的火灾、爆炸、中毒燃气事故，及时进行应急抢修，在尽量短的时间内恢复燃气的安全稳定供应，对用户造成尽可能少的影响。应急处置的工作流程是一个从事故发生到处置完工的一个完整的闭环的管理流程，事故信息的来源是事故处理的起点。事故信息来源主要包括市应急联动中心、962777燃气热线、城建热线等其他部门的事故信息、各个公司输配部门的自查事故等。事故信息传送到上海市燃气调度中心后，调度中心按照危害程度、紧急程度，把事故分为一般事故、较大事故、重大事故和特别重大事故，按相应等级报市应急联动中心、市燃气处、申能集团和燃气集团，并通过上海市燃气调度中心应急处置系统将信息发送至各二级应急中心。2016年围绕应急管理机制的优化完善，公司制定《应急工作管理办法》和《信息报送规定》，完成应急处置系统升级，对燃气突发事故（事件）做到早发现、

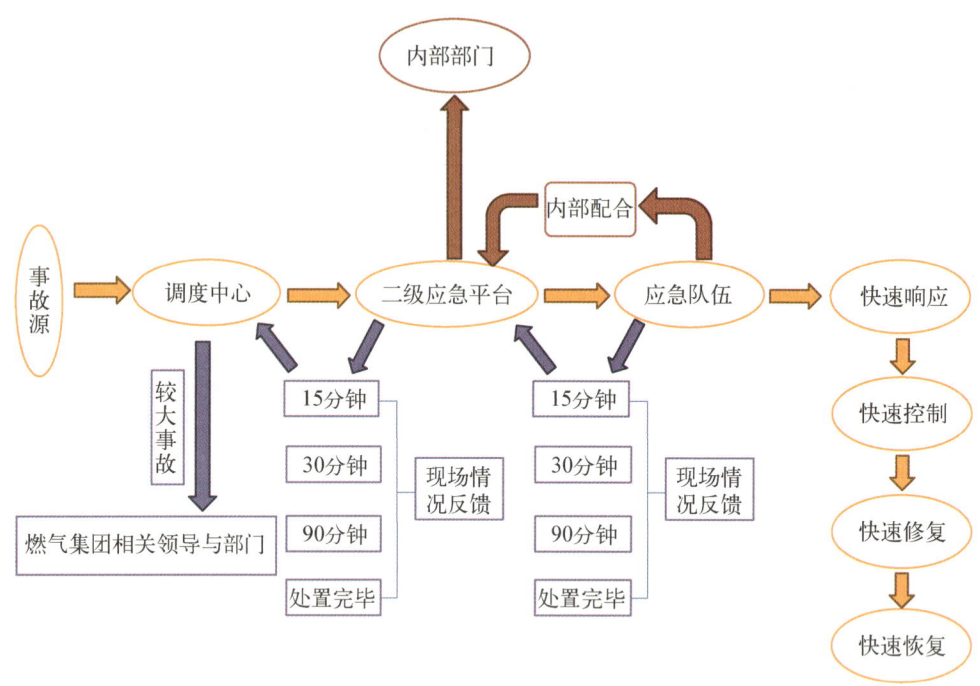

图 3-6-4 2017 年上海燃气集团应急事故处置流程

早报告、早处置、早解决,最大限度地减轻事故带来的损失和影响,维护社会稳定和保障经济持续发展,确保燃气的安全供应。

【应急站点】

为扩大应急覆盖面,提升应急处置能力,2008 年以来上海燃气集团通过科学规划、合理设置应急救援点,缩短应急响应半径,提高响应速度。2012 年,上海燃气集团下属天然气管网公司"1+5"应急网络体系建成投运,各销售公司应急网络布点工作基本落实,初步实现 30 分钟快速响应工作要求。2016 年,集团下属 5 家销售公司各增加 1 处应急站点,系统单位应急站点增至 26 处。截至 2017 年 12 月,燃气集团共设置应急站点 36 个(其中 A 类站点应配置充足的应急人员、车辆、基本物资,B 类站点应根据辖区的实际情况,配置相应的应急人员、车辆、基本物资,C 类站点作为各公司实际需要或作为大型保障活动时的保障站点,以成本最优为目的,优化对站点的配置);建立"1+7"应急响应网络(其中 1 类站点 1 个,设置在上海天然气管网有限公司北蔡本部,2 类站点 7 个,设置在上海天然气管网有限公司临港首站、化工园区站、大港门站、江桥门站、刘行门站、崇明清管站和崇明首站)。

表 3-6-3 2017 年上海燃气集团各抢修站站点情况表

队伍名称	行政区划	单位地址
崇明南门抢修组	崇明县	南门路 347 号
崇明新开河路抢修组	崇明县	新开河路 1 号
崇明裕盛路抢修组	崇明县	裕盛路 3 弄 2 号

〔续表〕

队 伍 名 称	行 政 区 划	单 位 地 址
崇明长兴岛抢修组	崇明县	丰康路19号
崇明陈家镇抢修组（新）	崇明县	晨光村兴旺868号
市北杨浦急修组	杨浦区	嫩江路5号
市北虹口急修组	虹口区	玉田路240号
市北普陀急修组	普陀区	金沙江路1329号
市北宝山急修组	宝山区	淞南路380号
市北嘉定急修组	嘉定区	嘉罗公路654号
市北江桥急修组	嘉定区	华江支路52号
水电路急修组	虹口区	水电路1239号
洪山路急抢修中心	浦东新区	洪山路850号
外高桥急抢修分中心	浦东新区	东葛路575号
川沙急抢修分中心	浦东新区	润川路376号
港机急抢修分中心	浦东新区	东方路3706号
浦江急抢修中心	闵行区	万芳路501号
金山石化急修组	金山区	龙胜路1288号
金山朱泾急修组	金山区	亭枫公路3950号
金山朱行急修组	金山区	凯乐大街172弄22号
管网公司应急响应中心	浦东新区	华夏西路5678号
临港首站	浦东新区	南汇妙香路185号
化工园区站	金山区	天华路169号
大港门站	松江区	张庄公路696号
江桥门站	嘉定区	高潮路791弄139号
刘行门站	嘉定区	马陆镇陈宝路1638号
崇明清管站	崇明区	陈家镇协隆村126号
崇明首站	崇明区	新村乡新洲村1541号
大众徐汇急修组	徐汇区	漕宝路235号
大众黄浦急修组	黄浦区	陆家浜路800号
大众长宁急修组	长宁区	番禺路267弄5号
大众闵行急修组	闵行区	景谷路24号
大众零陵急修组	徐汇区	零陵路250弄8号
大众徐泾急修组	青浦区	沪清平公路2451号
液化气平型关路急修站	虹口区	西宝兴路692弄1号
液化气白玉路机修站	普陀区	白玉路613号

五、反恐安保

燃气设施是城市的重要基础设施之一。由于燃气的易燃易爆性和设施的开放性,使得燃气设施常常成为恐怖分子袭击的目标。燃气设施一旦遭到恐怖袭击,不仅会造成重大的人员伤亡和财产损失,而且常常导致社会恐慌,对正常的社会秩序造成冲击。上海燃气集团作为上海市公安局治安总队内保处明确的市治安防范重点企事业单位,在市反恐办、市治安总队内保处指导下,明确责任、落实措施,强化企业内部安保反恐各项工作。

【制度建设】

自2003年以来,集团建立一系列安全保卫工作制度,如《治安保卫管理规定》《重要部位安全技术防范工作管理规定》《重要部位"三等级"防范工作规定》《门(警)卫管理规定》《治安保卫督查规定》《治安保卫信息报送工作规定》等。当前,集团安保工作主要遵守的法律法规及标准有:《反恐法》《城镇燃气行业反恐怖防范工作标准》《重点行业反恐怖防范系统管理规范·第2部分:燃气》《重点单位重要部位安全技术防范系统要求·第14部分:燃气系统》《内保条例》等。

【"三防"管理】

按照《企事单位内部治安保卫条例》要求,燃气集团设立9个专职保卫部门,均配有专职保卫干部。与专职安保公司签订合同,共外聘专业保安人员600余名,专职安保人员有力的加强重要部位和办公大楼的安全保卫工作。在此基础上,上海燃气集团不断强化"三防"管理,提高综合治安防范能力。加强"人防"管理,建立专业巡视队伍,每天一次对0.4兆帕以上燃气管线及设施进行安全防范检查,确保燃气管线设施安全。加强"物防"措施,对重要部位的门卫增加盾牌、钢叉等防卫设施,对市反恐办明确的10处重点目标及其他重要场所等共17处重要目标安装防冲撞装置。为危险品仓库安装具有防盗性能的大门,对外营业场所、信息控制中心、调度指挥中心、财务部等安装防盗门窗,重要生产区域还使用电子门禁卡,加强对进出人员的管理。完善"技防"设施,按照《反恐法》《技防标准》等国家法律法规和标准的要求,完成集团系统所有重要部位技防设施安装,并完成对重要目标监控系统升级改造,确保视频保存时间达到90天的要求。同时,对液化气供应站,有人值守门站和调压站、储气罐站区等重要部位加装110联网应急报警装置,遇有突发事件能保证及时向公安部门报告,确保重要部位安全防范受控。

【大型活动安保工作】

北京奥运会 2008年迎奥运期间,上海燃气集团按照市委、市政府布置的各项工作要求,补充完善各类应急预案和专案,反恐责任书签约7 279人,对257个重要部位、点加装电子围栏、红外线报警及摄像探头,建立与110联网报警装置,采取门防保卫强化措施。各销售公司对涉奥场馆的燃气设备、2公里范围内的管网设施和重要区域,实行每天巡视制度,责任到人。认真组织开展对口安保检查,执行24小时到岗值班和零报告等制度,确保万无一失。从奥运火炬上海传递至奥运会、残奥会胜利闭幕,上海燃气集团圆满地完成奥运安保各项任务。

上海世博会 2009年和2010年,上海燃气集团制定和落实燃气行业反恐防范指导意见和重要部位安全技防标准。世博会召开前,集团"18+17+X"325处重点目标防控严密,各重要目标按照技防标准实现 100% 达标，累计资金投入近 2 000 万元，并配备门卫保安 648 人、专职督察人员 94 人以及管线巡护、应急抢修、驻厂消防等 690 人，加强人防力量。世博期间，全系统对重要目标开展安保专查 4 228 次，查出并整改隐患 189 处，接受上级有关部门组织的明察暗访达 114 次，受市级通报表扬 8 次。上海燃气集团还制定落实《三等级安保方案》，在 5 月 1 日、6 月 26 日、7 月 5 日—7 日、9 月 29 日—10 月 3 日以及世博会闭幕日，按照《三等级安保方案》要求，落实安保措施，确保关键节点安保受控。

亚信峰会 2014 年，根据"亚信峰会"燃气保障要求，上海燃气集团实施多项举措，通过加大燃气工程现场突击检查密度、进行应急预案桌面推演、提升储配站等关键区域安保等级、加强管线巡视频次等，全力以赴确保一方平安。5 月 15 日，组织"亚信峰会"燃气安全保障模拟演练，围绕一起酒店突发燃气泄漏事故展开，公司接报后，依据专项预案，迅速将指令通过指挥平台群发各相关单位。相关责任人员立即响应，从不同地点向模拟演练的集合点汇合。抵达现场后快速应急处置，最终在最短时间内控制事态，恢复供应，保障用气安全。

第二节　服　　务

一、服务网点

上海燃气集团为便于客户办理燃气业务，在全市各区分设了 122 个营业服务站点，由各燃气销售公司分类管理，为居民、非居民用户提供燃气销售及相关配套服务。其中管道燃气营业网点 46 个，液化石油气营业网点 76 个。

【管道燃气营业网点】

上海燃气集团管道燃气营业网点主要由上海燃气浦东销售公司、上海燃气市北销售公司、上海大众燃气公司、上海金山天然气公司和上海燃气崇明公司按所辖区域分别管理，各居民营业网点负责居民燃气客户的燃气新装、过户、拆除、一户多人口、移、添、改业务受理及咨询、后续施工、燃气费收取；居民客户的抄表、改表、调表、安检、电话检修、地上管急抢修；停气降压安全宣传，社区安全设摊服务、拓展与燃气相关的延伸服务等。各非居民营业网点为非居民客户提供燃气设备接收、大型燃气用户和重要用户安全供气管理、抄表、安检、检修安装、配合停气、用气预测分析、报警装置保养合同管理以及优化营商环境等燃气安全保障服务。

表 3-6-4　2017 年上海燃气浦东销售有限公司营业网点分布情况表

公司	站点名称	地　　址	业务类别	营业时间
上海燃气浦东销售有限公司	市场发展部	浦东新区杨高北路 5588 号	非居民（新装）	周一至周五(8:30—16:30) 双休日、节假日(休息)
	第一营业所	浦东新区浦南路 2451 号	居民、非居民	周一至周五(8:00—18:00) 双休日、节假日(8:30—16:30)
	第一营业所北蔡站	浦东新区陈春东路 69 号～73 号	居民、非居民	周一至周五(8:00—16:30) 双休日、节假日(8:30—16:30)
	第二营业所	浦东新区新川路 629 号	居民、非居民	周一至周五(8:00—18:00) 双休日、节假日(8:30—16:30)

〔续表〕

公司	站点名称	地址	业务类别	营业时间
上海燃气浦东销售有限公司	第二营业所机场镇站	浦东新区东亭路612号	居民、非居民	周一至周五上午(8:30—16:00) 双休日、节假日(休息)
	第三营业所	浦东新区栖山路1029号	居民、非居民	周一至周五(8:00—18:00) 双休日、节假日(8:30—16:30)
	第三营业所外高桥站	浦东新区秋霞路209号	居民、非居民	周一至周日(8:30—16:30)
	浦江管理所	闵行区谈中路165号1楼(近鹤坡路)	居民、非居民	周一至周日(8:30—16:00)

表3-6-5　2017年上海燃气市北销售有限公司营业网点分布情况表

公司	站点名称	地址	业务类别	营业时间
上海燃气市北销售有限公司	虹口办事处 赤峰路营业点	赤峰路380号	居民	周一至周五(8:00—18:00) 双休日、节假日(8:30—16:30)
	普陀办事处 凯旋北路营业点	凯旋北路398号	居民	周一至周五(8:00—18:00) 双休日、节假日(8:30—16:30)
	普陀办事处 铜川路营业点	铜川路1781弄84号甲	居民	周一至周五(8:00—18:00) 双休日、节假日(8:30—16:30)
	静安北办事处 西藏北路营业点	西藏北路762号	居民	周一至周五(8:00—18:00) 双休日、节假日(8:30—16:30)
	静安北办事处 闻喜路营业点	闻喜路1189号	居民	周一至周五(8:00—18:00) 双休日、节假日(8:30—16:30)
	杨浦办事处 铁岭路营业点	铁岭路95号	居民	周一至周五(8:00—18:00) 双休日、节假日(8:30—16:30)
	杨浦办事处 国和一村营业点	国和一村82号乙	居民	周一至周五(8:00—18:00) 双休日、节假日(8:30—16:30)
	宝山办事处 永清路营业点	永清路28号	居民	周一至周五(8:00—18:00) 双休日、节假日(8:30—16:30)
	宝山办事处 杨鑫路营业点	杨鑫路426号	居民	周一至周五(8:00—18:00) 双休日、节假日(8:30—16:30)
	嘉定分公司 天池路营业点	天池路200号	居民	周一至周五(8:00—18:00) 双休日、节假日(8:30—16:30)
	嘉定分公司 江桥营业点	爱特路158号	居民	周一至周五(8:00—18:00) 双休日、节假日(8:30—16:30)
	嘉定分公司 安亭营业点	新源路621号	居民	周一至周五(8:00—18:00) 双休日、节假日(8:30—16:30)
	市北营业厅	水电路1239号	居民、非居民	周一至周五(8:30—16:30) 双休日、节假日(休息)

表 3-6-6 2017 年上海大众燃气有限公司营业网点分布情况表

公司	站点名称	地 址	业务类别	营 业 时 间
上海大众燃气有限公司	大众营业厅	安远路 706 号	非居民	周一至周五(8:30—16:30) 双休日、节假日(休息)
	黄浦区办事处 陆家浜路营业点	陆家浜路 692 号	居民	周一至周五(8:00—18:00) 双休日、节假日(8:30—16:30)
	卢湾区办事处 瞿溪路营业点	瞿溪路 800 弄 5 号	居民	周一至周五(8:00—18:00) 双休日、节假日(8:30—16:30)
	徐汇区办事处 衡山路营业点	衡山路 704 号	居民	周一至周五(8:00—18:00) 双休日、节假日(8:30—16:30)
	徐汇区办事处 虹漕路营业点	虹漕路 18 号	居民	周一至周五(8:00—18:00) 双休日、节假日(8:30—16:30)
	长宁区办事处 金钟路营业点	金钟路 500 弄 25 号	居民	周一至周五(8:00—18:00) 双休日、节假日(8:30—16:30)
	长宁区办事处 芙蓉江路营业点	芙蓉江路 102 号	居民	周一至周五(8:00—18:00) 双休日、节假日(8:30—16:30)
	静安区办事处 海防路营业点	海防路 522 号	居民	周一至周五(8:00—18:00) 双休日、节假日(8:30—16:30)
	闵行区办事处 莘沥路营业点	莘沥路 300 号	居民	周一至周五(8:00—18:00) 双休日、节假日(8:30—16:30)
	闵行区办事处 碧江路营业点	碧江路 402 弄 41 号	居民	周一至周五(8:00—18:00) 双休日、节假日(8:30—16:30)
	静安新城办事处	漕宝路 1467 弄 3 区 82 号	居民	周一至周五(8:00—18:00) 双休日、节假日(8:30—16:30)
	青浦区徐泾营业点	盈港东路 2088 号	居民	周一至周五(8:00—18:00) 双休日、节假日(8:30—16:30)

表 3-6-7 2017 年上海金山天然气有限公司营业网点分布情况表

公司	站点名称	地 址	业务类别	营 业 时 间
上海金山天然气有限公司	朱泾办事处	朱泾亭枫公路 3950 号	居民	周一至周五(8:00—18:00) 节假日(8:00—16:30) 双休日(休息)
	石化办事处	金山区石化隆安路 119 号	居民	周一至周五(8:00—18:00) 节假日(8:00—16:30) 双休日(休息)
	新城区办事处	金山区卫零北路 513 号～515 号	居民	周一至周五(8:00—18:00) 节假日(8:00—16:30) 双休日(休息)
	金山营业厅	金山区卫零北路 502 号	非居民	周一至周五(8:30—16:30) 双休日、节假日(休息)

表 3-6-8　2017 年上海燃气崇明有限公司营业网点分布情况表

公司	站点名称	站点地址	业务类别	营业时间
上海燃气崇明有限公司	市场部	城桥镇人民路 587 号	非居民	周一至周五（8:30—11:30）（12:30—16:30）双休日、节假日（休息）
	南门营业点 1	城桥镇玉环路东门新村 1 号楼	居民（开户、收费）	8:00—16:30
	南门营业点 2	城桥镇人民路 587 号	居民（收费）	8:00—16:30
	陈家镇营业点	陈家镇裕盛路 3 弄 2 号	居民（开户、收费）	8:00—16:30
	新河营业点	新河镇新开河路 762 号	居民（开户、收费）	8:00—16:30
	东平镇营业点	东平镇长江农场明华二村 35 号楼西侧	居民（开户、收费）	8:00—16:30
	堡镇营业点	堡镇堡港路 267 号	居民（开户、收费）	8:00—16:30 双休日、节假日（休息）
	长兴镇营业点	长兴镇丰康路 19 号	居民（开户、收费）	8:00—16:30
	圆沙营业点	长兴镇合作路 791 号	居民（开户、收费）	8:00—16:30 双休日、节假日（休息）
	南门站	城桥镇南门路 349 号	全配送服务（电子卡办理）	7:30—17:00
	惠民站	堡镇堡港路 227 号	全配送服务（电子卡办理）	7:30—11:30 12:30—16:30
	新河站	新河镇新开河路 85 号	门售、全配送服务（电子卡办理）	7:30—11:30 12:30—16:30
	庙镇站	庙镇镇生产资料部内	门售服务	7:30—11:30 12:30—16:30
	绿华站	绿华镇新建路 62 号	门售服务	7:30—11:30 12:30—16:30
	大新站	竖新镇大新镇向椿路 90 号内	门售服务	7:30—11:30 12:30—16:30
	三星站	三星镇草棚镇星虹路 101 号	门售服务	7:30—11:30 12:30—16:30
	江口站	庙镇镇江口宏海公路 81 号	门售服务	7:30—11:30 12:30—16:30
	竖河站	竖新镇农科站	门售、全配送服务（电子卡办理）	7:30—11:30 12:30—16:30
	向化站	向化镇陈彷公路 4420 号	门售服务	7:30—11:30 12:30—16:30
	建设站	建设镇建设公路 1742 号	门售服务	7:30—11:30 12:30—16:30
	汲浜站	中心镇陈彷公路 2550 号	门售服务	7:30—11:30 12:30—16:30

〔续表〕

公司	站点名称	站 点 地 址	业 务 类 别	营 业 时 间
上海燃气崇明有限公司	城北站	港西镇港东公路887弄6号对面	门售服务	7:30—11:30 12:30—16:30
	海桥站	三星镇海桥镇海桥公路111号	门售服务	7:30—11:30 12:30—16:30
	红卫站	向化镇北六效新圩村1069号	门售服务	7:30—11:30 12:30—16:30
	陈享站	陈家镇税务所西首	门售服务	7:30—11:30 12:30—16:30
	瀛歆站	新村乡新村供销社	门售服务	7:30—11:30 12:30—16:30
	歆效站	港西镇南盘效供销社	门售服务	7:30—11:30 12:30—16:30
	林歆站	建设镇虹桥镇西首	门售服务	7:30—11:30 12:30—16:30
	歆鳌站	城桥镇团城公路6450号	门售、全配送服务（电子卡办理）	7:30—11:30 12:30—16:30
	新民站	新河镇新民镇新江路475号	门售服务	7:30—11:30 12:30—16:30
	合歆站	港沿镇合兴镇合五公路4048号	门售服务	7:30—11:30 12:30—16:30
	兴杰站	陈家镇立新村9队	门售服务	7:30—11:30 12:30—16:30
	欣亭站	港西镇协北村东定790号	门售服务	7:30—11:30 12:30—16:30
	竖歆站	城桥镇鳌山竖中村	门售、全配送服务（电子卡办理）	7:30—11:30 12:30—16:30

【液化气营业网点】

上海燃气集团液化气营业网点主要由上海液化石油气经营公司和上海燃气崇明公司按所辖区域负责管理，液化气营业网点主要为液化气用户提供新开户、退户、换气等燃气服务，早期液化气供应站主要以站点门售液化气钢瓶业务为主。2014年起，按照市政府"规范统一配送"要求，基本实现对业务覆盖范围内用户的送瓶上门、安检、接装等服务。2016年开始，随着液化气钢瓶全配送的推进，用户只需在家中拨打燃气热线962777，便可足不出户送瓶到家，逐渐形成"集中灌装，区域瓶库，专业配送"的供应模式。站点由向各类客户零散供气转为集中交由大众物流向客户供气。同时站点功能由单一供气模式逐渐向应急出警处置、大众物流安检情况复核等多种模式转变。

表 3-6-9　2017 年液化石油气营业网点分布情况表

公司	站 点 名 称	地　　　　址	业务类别	营 业 时 间
上海液化石油气公司	徐汇区中山业务受理点	中山西路 1786 号	业务受理	周二至周六 （8:00—16:30） （国定假除外）
	徐汇区船厂业务受理点	船厂路 240 号	业务受理	
	闵行区兰坪业务受理点	宾川路 55 号	业务受理	
	普陀区白玉业务受理点	白玉路 613 号	业务受理	
	杨浦区大连业务受理点	大连路 1162 号	业务受理	
	宝山区海滨业务受理点	同济支路 151 号	业务受理	
	静安区液平业务受理点	西宝兴路 692 弄 1 号	业务受理	
	浦东新区乳山业务受理点	乳山路 94 号	业务受理	
	浦东新区东沟业务受理点	东高路 40 号	业务受理	
	徐汇区中山站	中山西路 1786 号	全配送	7:30—19:00（全年无休）
	长宁区遵义站	遵义路 803 号	全配送	
	普陀区白玉站	白玉路 613 号	全配送	
	闵行区兰坪站	宾川路 55 号	门售兼送瓶	
	闵行区昆阳站	昆阳路 110 号	门售	7:00—17:00（全年无休）
	闵行区杜行站	三鲁路 2147 号	门售	
	闵行区鲁汇站	鲁汇丰南路光继九队	门售	
	闵行区曹行站	虹梅南路 3505 号	门售	
	闵行区华漕站	北翟路 2914 号	门售	
	闵行区颛桥站	颛桥联农路 189 号	门售	
	闵行区纪王站	周泾路 2360 弄 87 号	门售	
	闵行区七宝站	联明路 101 号	门售	7:30—17:00（全年无休）
	闵行区梅陇站	东兰路 698 号	门售	
	闵行区莘庄站	莘北路 289 号	门售	7:00—17:30（全年无休）
	闵行区陈行站	三鲁路 4436 号	门售	
	杨浦区大连站	大连路 1162 号	全配送	7:30—19:00（全年无休）
	杨浦区杨浦站	黎平路 2 号	全配送	
	静安区液平站	西宝兴路 692 弄 1 号	全配送	
	虹口区汉阳站	溧阳路 359 号	全配送	7:30—19:00（全年无休）
	宝山区大场站	少年村路 270 号	全配送	
	宝山区永顺站	永顺路 81 号	门售	7:30—18:00（全年无休）
	浦东新区乳山站	乳山路 94 号	门售	7:30—19:00（全年无休）
	浦东新区历城站	历城路 89 弄 1 号	全配送	
	浦东新区沪东站	长岛路 100 号	门售兼送瓶	

〔续表〕

公司	站点名称	地 址	业务类别	营业时间
上海液化石油气公司	浦东新区海高站	海高路24号	门售	7:30—19:00（全年无休）
	浦东新区东沟站	东高路40号	门售兼送瓶	
	浦东新区草高站	清溪路540号	门售兼送瓶	
	浦东新区城镇站	华夏东路2776弄15号	门售	7:30—17:30（全年无休）
	浦东新区蔡路站	东川公路8128号	门售	
	浦东新区芦潮港站	农场场部内	门售	
	浦东新区杨园站	赵高公路1685号	门售	
	浦东新区合庆站	合庆红星三队	门售	
	浦东新区六团站	六团吴店路40号	门售	
	浦东新区唐镇站	唐陆公路2777号	门售	7:30—17:00（全年无休）
	浦东新区三桥站	金桥路2642号	门售	7:00—18:00（全年无休）
	浦东新区北蔡站	北中路348号	门售	7:30—18:00（全年无休）
	浦东新区芳草站	芳草路2153号	门售	7:00—18:30（全年无休）
	金山区龙胜站	金山龙胜路1300号	门售	7:30—17:30（全年无休）
	崇明区横沙站	横沙乡民东村1650号	门售	7:30—17:00（全年无休）
	崇明区先进站	先进村14队	门售	
	崇明区长前站	前卫支路西侧	门售	
	崇明区创纪站	创纪3队仓库	门售	
上海燃气崇明有限公司	崇明区南门站	城桥镇南门路349号	全配送	7:30—17:00
	崇明区惠民站	堡镇堡港路227号	全配送	
	崇明区新河站	新河镇新开河路85号	门售、全配送	
	崇明区庙镇站	庙镇镇生产资料部内	门售	
	崇明区绿华站	绿华镇新建路62号	门售	
	崇明区大新站	竖新镇大新镇向椿路90号内	门售	
	崇明区三星站	三星镇草棚镇星虹路101号	门售	7:30—11:30 12:30—16:30
	崇明区江口站	庙镇镇江口宏海公路81号	门售	
	崇明区竖河站	竖新镇农科站	门售、全配送	
	崇明区向化站	向化镇陈彷公路4420号	门售	
	崇明区建设站	建设镇建设公路1742号	门售	
	崇明区汲浜站	中心镇陈彷公路2550号	门售	
	崇明区城北站	港西镇港东公路887弄6号对面	门售	
	崇明区海桥站	三星镇海桥镇海桥公路111号	门售	

〔续表〕

公司	站点名称	地　　址	业务类别	营业时间
上海燃气崇明有限公司	崇明区红卫站	向化镇北六效新圩村1069号	门售	7:30—11:30 12:30—16:30
	崇明区陈亨站	陈家镇税务所西首	门售	
	崇明区瀛歆站	新村乡新村供销社	门售	
	崇明区歆效站	港西镇南盘效供销社	门售	
	崇明区林歆站	建设镇虹桥镇西首	门售	
	崇明区歆鳌站	城桥镇团城公路6450号	门售、全配送	
	崇明区新民站	新河镇新民镇新江路475号	门售	
	崇明区合歆站	港沿镇合兴镇合五公路4048号	门售	
	崇明区兴杰站	陈家镇立新村9队	门售	
	崇明区欣亭站	港西镇协北村东定790号	门售	
	崇明区竖歆站	城桥镇鳌山竖中村	门售、全配送	

二、服务规范

【服务人员规范服务共性要求】

① 符合"六个不准"基本规范,即不准"生、冷、硬、顶",不准乱收费用,不准私接私装,不准以气谋私,不准请用户代工代劳,不准强行搭售。

② 注意个人仪容仪表,规范着装、标识明显、仪容整洁、精神饱满。

③ 使用文明用语和礼貌用语,服务人员不使用粗话、脏话及不规范用语。

④ 在岗人员实行微笑服务,讲话有礼貌、有耐心,不急躁厌烦,不漫不经心,不大声训斥。根据用户需要,使用普通话接待。

⑤ 工作积极主动,责任心强,不带情绪上岗,不敷衍,不推诿。

⑥ 在岗人员熟悉业务知识,掌握一定技术本领,工作效率高。

【营业接待规范】

① 燃气业务实行一站式受理。凭证齐全当场受理;凭证不完备,一次告知、两次办结。

② 执行首问责任制,属本职范围内的业务主动办理,超出本职范围的,应及时、正确引导。

③ 服务场所设施齐全,使用状态良好。意见箱、意见簿摆放醒目。

④ 岗位标识明显,工号、照片等清晰可见,离岗后应摆放"暂停"标识。

⑤ 接待人员应礼貌待人,用户进门主动询问办理事项,态度热情、情绪饱满地面对用户。

⑥ 业务单据交代清楚,钱款当面点清。

【962777热线接听电话规范】

① 铃响三声内接听,并报清工号。

② 熟悉业务知识,掌握简单的故障的排除方法,漏气报修能给予用户必要的安全宣传。

③ 受理电话时应使用普通话,用语要规范,用户反映内容要记录准确,通话结束后应礼貌道别。

④ 遇到不能解答的问题,应说"对不起",并说明不能答复的原因,记录用户联系方式等弄清情况后再给予用户答复,不应有"生、冷、绕、推"的态度。

⑤ 在通话中遇到与对方意见不一致时,应耐心和对方交换意见,不可以大声压制对方,更不能挂断电话。

【上门服务规范】
① 上门服务前,应与用户取得联系(已约定上门时间的除外),约定上门时间段。

② 按照约定时间段到达现场,严禁迟到或无故失约。如由于特殊情况无法到达,必须提前致电告知用户,并明确上门时间。

③ 上门服务时,必须穿戴整洁,佩戴胸卡上岗。

④ 敲门或按门铃应适度,主动出示工作证件并报明身份和来意。

⑤ 进入用户家中,须事先征得用户同意,进门前应穿上鞋套(除用户同意外),摆放工具应使用垫布。

⑥ 严禁在用户家抽烟;严禁接收用户任何馈赠,不接受用户招待。

⑦ 严禁擅自使用用户电话、手机等设备,严禁向用户提出任何与上门服务无关的要求。如确实因服务需要,必须事先征得用户同意并在用户监督下进行。

⑧ 检修服务完毕后,做到工完场清,并向用户发放服务联系卡。

⑨ 抄表完毕,如出现"量高量低"等异常情况应主动提醒用户,并采取必要措施。

⑩ 遇到用户询问,应主动告知。

【上海燃气集团对外服务承诺】
① 公司不上门推销燃气器具。

② 接到漏气报修,先告知防范措施,内环线内漏气报修 45 分钟内到场处置,内环线外漏气报修 90 分钟内到场处置,一般报修 4 小时内到场,每天 19:00 至次日 8:00 之间的一般报修,次日 12:00 前到场处置。

③ 居民管道燃气客户新装燃气,从业务受理成功之日起 5 个工作日内安装完毕。上门安装做到"约时上门"。

④ 实行居民管道燃气客户跨区业务受理,新装及添、移、改装业务可在上海燃气集团任何管道燃气营业站点受理。

⑤ 瓶装液化气短斤缺两的,缺一赔十,残液超标的,有一退一。

⑥ 瓶装液化气全配送每天 12:00 前的订单当日送达,12:00 后的订单次日送达。

⑦ 维修服务备有"价目表",按规定收费。

⑧ 燃气管道维修后发生相同故障(人为损坏除外)再次修理的,3 个月内免收一切费用,6 个月内免收材料费。

⑨ 燃气服务窗口(含所有管道气、瓶装液化气服务窗口)实行全年无休。

⑩ 962777 燃气热线"7×24 小时"全时受理客户来电。

⑪ 非居民燃气接入业务客户最多跑一次。

三、业务流程

上海燃气(集团)有限公司业务流程主要分为居民用户业务和单位用户业务两大类。其中居民用户业务又分居民用户新装业务,燃气设施添、移、改业务,燃气户名过户(变更燃气户名)业务,"一户多人口"业务及燃气表拆除业务。

【居民用户业务办理】

居民用户新装业务　用户申请燃气新装的住宅已列入发展计划,提供购房合同或产权证或户口簿等有效房屋凭证及燃气户名身份证原件办理新装业务,委托他人办理的,还需提供被委托人身份证原件及书面委托证明。标准型安装,业务受理成功后5个工作日内竣工。非标准型安装,申请日起3个工作内上门测估,不涉及表后管的,测估后5个工作日内竣工,涉及表后管的,测估付款后5个工作日内竣工。

燃气新装的工作内容包括:(1) 不含表后管新装:标准型安装,与申请人约定日期上门施工。非标准型安装,按与申请人约定的日期上门测估和施工。施工内容包括拆管塞(带气),安装表前支管、表前阀、燃气表、燃气表出口波纹装管塞,气密性测试。(2) 含表后管新装:与申请人约定上门测估日期及时间,测估后按收费标准编制预算,通知申请人付款,付款后约定施工日期及时间。

燃气设施添、移、改业务　如用户需对家中的燃气管道或设施进行添装、移位、改装以及燃气表的扩容、缩小,由燃气户名本人提出申请,提供最近一期燃气账单和账单户名一致的身份证原件办理,委托他人办理的,提供被委托人身份证原件,账单户主身份证原件及书面委托证明办理。如属于公用部位的,提供共同使用者的书面同意证明或房管部门同意安装的书面证明。

燃气户名过户(变更燃气户名)业务　凡上海燃气集团所辖范围内的燃气居民用户,因燃气使用人变更均应办理过户(变更燃气户名)手续。现用户持身份证原件、户口簿或房屋有效凭证,原用户持身份证原件到场共同申请,双方签订过户协议书;若原用户无法到场,现用户持身份证原件、户口簿或房屋有效凭证单方申请,并签订过户业务确认单;如委托他人代为办理过户手续需提供委托人的身份证原件,书面委托证明,被委托人的身份证原件。双方办理过户手续时,请过户双方务必确认燃气表及燃气设施的完好性及该地址的缴费情况,以免完成过户后发生纠纷。

"一户多人口"业务　凡属上海燃气集团经营范围内的居民用户,以户籍人口为准,5人及以上的家庭,可以办理"一户多人口"用气量申请。办理"一户多人口"用气量申请的居民家庭,需持上海市公安部门核发的居民户口簿原件、燃气户名身份证原件、办理人身份证原件、近期燃气费账单原件(近期IC卡充值发票),至所属燃气营业网点申请,并与燃气公司签订《供用气合同》等。居民户口簿地址须与燃气费账单上用气地址相符。调整后的"一户多人口"年度基数自业务办理成功后执行。

申请办理成功后的户籍人口5人及以上的居民家庭按年度增加150立方米的气量基数,户籍人口7人及以上的家庭可以选择增加150立方米的气量基数,也可选择按第一阶梯、第二阶梯平均价格水平实施,即3.05元/立方米。选择确认后在双方约定期内不再变更。

约定期满前,居民用户应到所属区域燃气公司营业网点办理"一户多人口"用气量申请的续期手续。期满前两个月,燃气公司会在账单上给予提示;对于逾期未办理的,将恢复执行普通气量分档基数,直至用户重新申请办理"一户多人口"用气业务。

燃气表拆除业务　如用户因房屋出售、搬迁、停用等原因需要办理燃气表拆除业务的,提供户名本人身份证原件、户口簿或房屋有效凭证及最近一期的燃气费账单申请,如委托他人办理的,除带好上述凭证外,还需提供委托书和被委托人的身份证原件。

【单位用户业务办理】

申请材料:申请书、营业执照或组织机构代码证、申请物业产权证或租赁证明、设计资料(依情况提供)。

燃气接入业务周期:社会投资的中压及以下非居民用户的燃气供应接入服务周期,平均用时原则上不超过15个工作日。其中用户标准化制式接入的原则上不超过5个工作日;无外线工程接入的原则上不超过9个工作日;有外线工程接入的原则上不超过15个工作日,包括办理外线审批的总办理时间原则上不超过40个工作日。燃气设施及用户设施的建设依照建设工程要求予以实施。

燃气接入工作流程如图3-6-5:

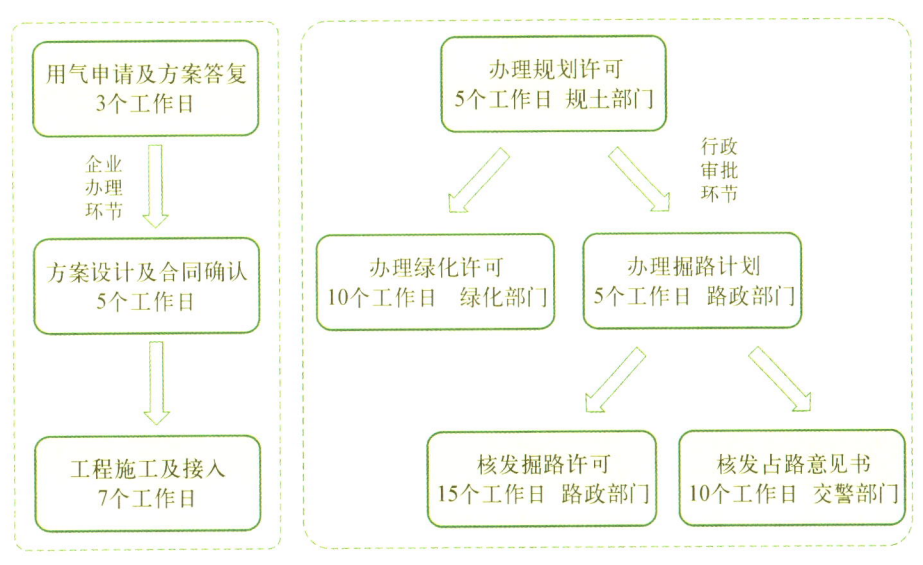

图3-6-5　燃气接入工作流程

燃气接入收费:燃气接入收费按上海市建筑建材业市场管理总站发布的最新定额标准及相关规定按实决算,涉及道路路面修复及绿化搬迁修复等的费用,以市政相关部门实际决算价为准。

四、智慧服务

【燃气热线962777】

"962777燃气热线"(简称燃气热线)是上海燃气(集团)有限公司全资子公司上海燃气信息经营有限公司(简称信息公司)旗下的服务品牌,于2004年11月1日开通,主要从事燃气报修服务、燃气器具维修服务、燃气信息经营服务、燃气具销售。经多次扩容,截至2017年年底,燃气热线拥有接线席位90个,培训席位20个,日均话务处理能力为1.2万次,最高可达2万次。截至2017年年底,上海燃气集团已拥有燃气用户660万户。2017全年,962777全年话务受理量达到225.6万只,日均接听电话近6200只,接通率达90%以上。

1999年上海煤气公司开通83777煤气热线,受理上海煤气公司所辖区域煤气用户的煤气报修服务、煤气器具维修服务、业务咨询服务和投诉受理服务,2000年,上海燃气裂变重组,上海市煤气公司"产""销"分离,"销"分为市北、大众、浦销3家销售公司,2002年上海燃气市北销售(有限)公司开通63222333(后改为962277)热线电话,受理市北公司所辖区域用户的燃气报修、服务咨询、投诉受理等业务;同年上海燃气浦东销售(有限)公司开通58995899热线电话,受理浦东公司所辖区域用户的燃气报修、服务咨询、投诉受理、账务查询等业务;上海燃气大众销售(有限)公司则使用83777煤气热线受理大众公司所辖区域用户的燃气报修、服务咨询、投诉受理等业务。3家公司各自为战,使用不同的服务热线,各公司发展有差异,服务不统一。2004年上海燃气(集团)有限公司成立,为适应燃气行业发展的需要、优化燃气服务资源、提高燃气行业服务质量和服务水平,2004年11月上海燃气(集团)有限公司整合集团旗下热线资源,开通962777燃气热线。针对各公司服务不统一的现状,新开通的燃气热线实行"统一受理,一门式服务",推出"首问责任制",力争为所有集团用户提供一样的服务。新热线具有燃气报修、服务咨询、液化气送瓶、投诉受理、账务查询等功能,同时实现与上海市应急联动中心的并网联动。

2012年燃气热线服务平台进行扩容,扩容后燃气热线拥有70个接线席位,20个培训席位。新平台实现不同气种、不同业务、市区、郊区服务区域的统一受理和派工。962777热线平台下设浦东、崇明、金山3个分中心平台,102个直连站点,确保各类信息能准确及时传送至窗口服务部门处置。新平台还实现与12345、12319等市级服务热线的无缝对接,实现与110、119以及燃气调度中心的信息互通,受理专席直接参与各类市级服务热线递转信息的处置,为市民安全用气增添服务保障。

燃气热线的服务宗旨是"燃气热线,服务无限"。作为上海燃气(集团)公司对外服务窗口,燃气热线为全市660余万燃气用户提供全天24小时不间断电话服务,主要功能包括:燃气报修、服务咨询、业务申请、账务查询、液化气送瓶、投诉受理等,是燃气企业与用户沟通的桥梁。燃气热线作为上海燃气集团重要的对外服务窗口,依托先进的用户信息管理系统,实行话务集中受理,并在承诺时限内进行处理或给予用户答复。据不完全统计,燃气热线成立以来,共接听近3000万只用户来电,以2017年上海常住人口2400万计,相当于接听每位上海居民1.25只来电。

【上海燃气微客服平台App】

上海燃气微客服平台是利用移动互联网技术开发的一项手机应用程序的建设项目,逐步将原线下需手工办理的各类燃气业务和服务项目整合并部署到手机终端上完成,有效解决客户与燃气公司之间信息不对称的问题,进而提高燃气服务效能和客户满意度。该平台是国内首家在微信、支付宝、安卓、IOS四大平台上实现全方位的移动互联网服务的公共事业服务平台。自项目上线以来,在提高效率、节约成本、增加收益、提升服务水平、行业创新、树立行业影响力等方面均取得良好的效果,已成为"智慧燃气"的重要组成部分,标志着上海燃气生活迈入互联网新时代。

上海燃气微客服平台于2015年8月29日上线,截至2017年年底共进行三期建设,其中一期、二期项目建设已经验收上线,三期项目仍在建设中。一期项目内容包括客户自助抄表、电子账单查询、燃气费缴付、燃气服务信息查询和推送、燃气知识宣传、管道气业务申请、液化气业务申请及送瓶申请、非居民用户业务申请、员工识别、燃气报修和意见建议以及通过微信和支付宝实现与

962777燃气热线平台的线上互动等功能。二期项目不仅在一期项目的基础上增加网上商城、用户实名认证、变更和扩展居民客户业务办理与非居民客户业务办理功能,还与新上线的上海液化气客服平台对接,实现液化气钢瓶全配送和物流跟踪,同时实现同上海燃气和大众燃气实时核销居民燃气费用和业务费用,业务数据和网上商城信息整合。此外,根据申能集团下属申能财务公司的"绿能贷"项目的需要,在网上商城中增加分期贷款的功能(绿能贷)。

微客服平台一期推出的客户手机拍照自动识别的抄表功能、电子账单及阶梯气价账务分析功能、二维码服务信息识别功能以及二期项目中的业务自助办理(包括申请、付费、预约服务)功能和服务信息(产品营销、计划停气、账款催缴)的定向推送功能,逐步改变传统的燃气服务方式,几乎所有的线下燃气业务功能都可以通过手机自助完成,燃气公司与客户的沟通也将变得更为密切。微客服平台的上线,填补上海燃气集团在燃气服务移动互联网应用上的空白,大大简化客户办事流程,客户办事信息公开透明,享受服务方便快捷。对燃气公司而言,绑定客户数量的增加和微客服平台使用频率的增加,增加燃气公司获取客户信息的渠道,对加强客户管理以及加大燃气产品定向营销力度等方面均有很大的帮助。此外,客户自助服务比例的提高,有效缓解热线电话和营业窗口人工服务的压力,燃气公司可以把有限的人力资源进行合理分配。而电子账单应用比例提高,加快燃气账款回收速度,降低企业纸质账单派发成本。

三期项目将完成微客服平台和门户网站整体架构优化和升级,并进一步扩展和完善非居民业务网上受理、网上商城、电子发票、报事报修、其他公用事业缴费、无线远程抄表等功能,使微客服平台采用最先进的人工智能技术,让广大用户在解决实际业务问题的基础上有更新更好的用户体验。

截至2017年年底,上海燃气微客服平台注册总人数达696 911人,绑定账户总数525 455人,微信、支付宝累计关注人数1 950 643人,各应用平台总访问量逾9 969 501次,支付总笔数373 885笔,总金额50 896 051元,日活跃用户数4 408个。

五、社会评价

【文明行业测评】

为进一步加强燃气行业窗口服务管理,提高全行业整体服务水平,规范窗口服务行为,提升服务质量和整体素质,及时跟踪把握用户对燃气行业行风及服务品质的评价,使全行业服务水平在实践中得到不断提升,上海市燃气管理处针对上海市燃气用户,从管道燃气服务、瓶装液化气服务和燃气器具安装维修服务3个系统对燃气行业的公众满意度进行综合评价。

公众满意评价调查共有10个大类别46项指标,这10个大类别分别是环境设施、举止仪表、办事告示、行业诚信、服务态度、业务水平、反应能力、工作绩效、守纪遵时和便民措施,主要评估广大用户(非居民燃气用户和居民燃气用户)对上海市燃气行业窗口服务的满意度状况,并针对历年上海市燃气用户对燃气行业行风建设各项指标的反馈情况,寻找行业的问题改进点、问题持续点及新出现的问题;为提高用户对燃气行业行风建设工作的满意度提供改进策略及意见。测评方式主要采用企业面访、入户访问及电话访问,其中企业面访主要针对非居民燃气用户,入户访问主要针对居民燃气用户,电话访问主要针对有过投诉或报修、抢修业务的特定用户。入户面访和电话访问均由上海市燃气管理处提供名单,第三方调查机构针对核心问题(燃气行业存在的主要问题及改进建议等)进行测评。

2014年,为充分掌握上海市管道燃气服务过程中社会、百姓、企业对民用管道燃气行业服务规

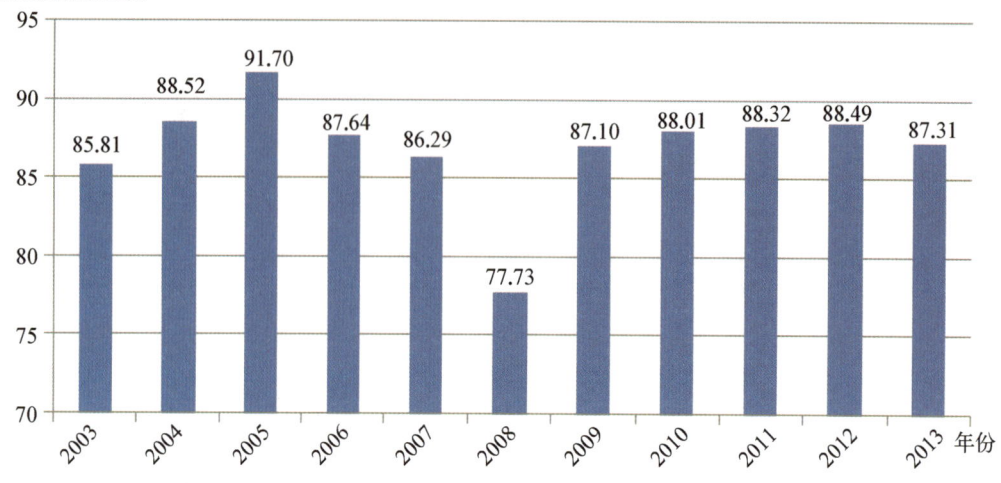

图 3-6-6　2003—2013 年燃气行业公众满意度指数总分

范、服务效率、供气质量、供气监管等方面的社会需求与期望，及时了解居民、企业对民用管道燃气行业服务过程中的意见与建议，找出燃气业务存在的薄弱环节及服务差距，提升燃气企业整体形象，制定完善民用管道燃气服务的措施，充分宣传上海市民用管道燃气行业在供气保障方面的各项措施，上海市燃气管理处开始委托上海质量认证咨询中心开展对全市范围内民用管道燃气服务质量、燃气稳定性、社会需求等方面的测评。服务质量测评模式主要根据 GB/T19038-2009《顾客满意测评模式和方法指南》国家标准，参照顾客满意指数相关的理论模型，其基本结构如下：

满意度调查分别采用问卷现场拦截、电话征询等形式进行。问卷主要根据行业管理要求，参照《上海民用燃气行业服务规范》文明窗口服务等要求进行设计，分为燃气用户信息、十大方面 41 项问题及意见与建议三大部分。调查测评的方法主要为：在不同的日期、不同的时间段，采取分层取样的方式在服务网点或居民点进行现场拦截；采用电话、传真等方式对燃气企业用户进行调查。2014 年至 2016 年，上海市燃气行业公众满意度得分分别为 81.94 分、81.15 分、82.19 分（2016 年

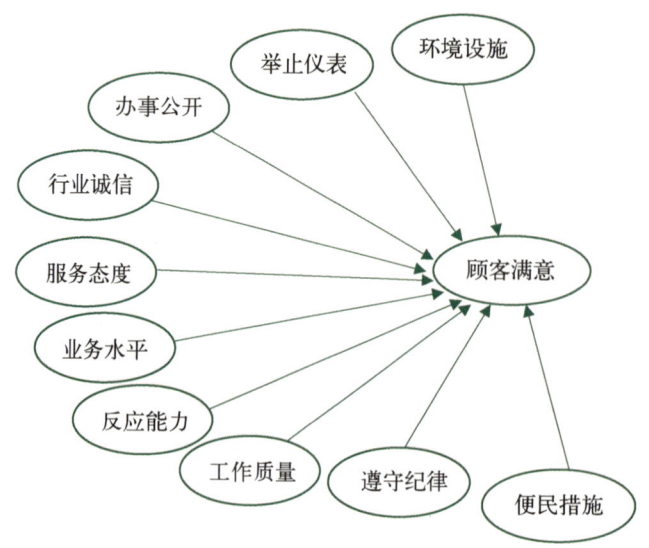

图 3-6-7　顾客满意测评模式和方法

上半年)、81.90 分(2016 年下半年),充分反映出上海燃气集团在服务态度、便民措施、行业诚信等方面所存在的短板,仍需进一步提高。

2017 年,历时 3 年,上海燃气集团下属 46 个管道气营业窗口全面完成标准化改造,现场定置化管理形成规范并试点推行。燃气服务热线接通率提高至 89.1%,较上年上升 13.5 个百分点。集团完成新版服务、业务标准规范修订,消除各服务窗口(项目)之间服务差异,增设 29 项操作指南,标准规范执行更具可操作性。按照《上海市当场办结、提前服务、当年落地"三个一批"改革实施方案》文件精神,主动提出"居民客户定型新装业务办理、过户业务办理、一户多人口业务办理"等当场办结事项,纳入第一批《上海市市级当场办结事项目录》,服务标准体系建设不断完善。微客服平台功能不断健全,居民用户线下业务基本实现网上自助办理,非居民用户业务申请也可借助微客服平台完成,智能化服务不断扩展。2017 年燃气行业公众满意度得分为 86.58 分,对外服务形象明显提升。

表 3-6-10 2014—2017 年燃气行业公众满意度指数总分情况表

年份(年)	2014	2015	2016(上半年)	2016(下半年)	2017
得分(分)	81.94	81.15	82.19	81.90	86.58

【神秘顾客测评】

神秘顾客调查是市场调研活动中获取资料最为精准的一种调查方法,在服务营销领域被广泛应用。神秘顾客调查指数是从客户或服务需求的角度,由特定的客户以暗访的方式感受服务过程,并采用多等式计量经济学模型来评价服务运行质量的一种新型服务评价指标。神秘顾客调查是一种对企业自身服务进行的第三方评估方式,通常由被调查企业委托第三方专业服务评估和顾客满意度研究咨询公司组织实施。

神秘顾客是指接受过相关培训或指导的个人以匿名的潜在客户或真实客户的身份对任意一种或多种服务质量和服务过程进行真实的体验和评价,最后通过回顾服务过程,如:填写问卷、书写报告等,详细客观地反馈其服务体验。他们常常也被称为"服务评估者"或"服务暗访者",其价值主要体现在服务评估、服务校验及服务督促三个方面。上海燃气(集团)有限公司于 2014 年引入神秘顾客调查指数模型,委托的第三方公司为上海思潮市场咨询公司(简称 IMC 公司)。上海燃气的调查模型共有三级指标。一级指标,即总分,是对被测评企业整体服务表现的总体评价。二级指标,位于一级指标之下,由"热线电话""营业厅"和"预约上门服务"3 个指标构成。三级指标,位于二级指标之下,每个二级指标对应 3 个三级指标,三级指标之下又分若干个测评项,而每个测评项对应不同测评样本,通过对每个样本的调查、分析、汇总,每级指标向上推,得出总体表现分。

IMC 公司在接受上海燃气测评项目时,派出由 5 名骨干人员组成的神秘顾客扮演者团队前往上海燃气集团客户服务中心全面学习服务规范和规程,掌握服务流程。同时与企业一起,确定测评范围,收集客户服务详细资料,如:服务窗口分布图、有预约服务的客户资料包括客户姓名和地址电话、服务窗口客户服务计划书等。在结束为期两周的专业培训后,团队成员又将测评方案进行分解,把测评要求传递到所有的 25 名神秘顾客扮演者。这些神秘顾客经过培训后,他们以准用户的身份,到被检测点进行服务体验直到调查核实结束。这种方法非常隐蔽,被调查对象几乎没有意识到自己被调查,所以反映的情况更加客观、真实。神秘顾客调查过程中,通常有两种配套取证方案,

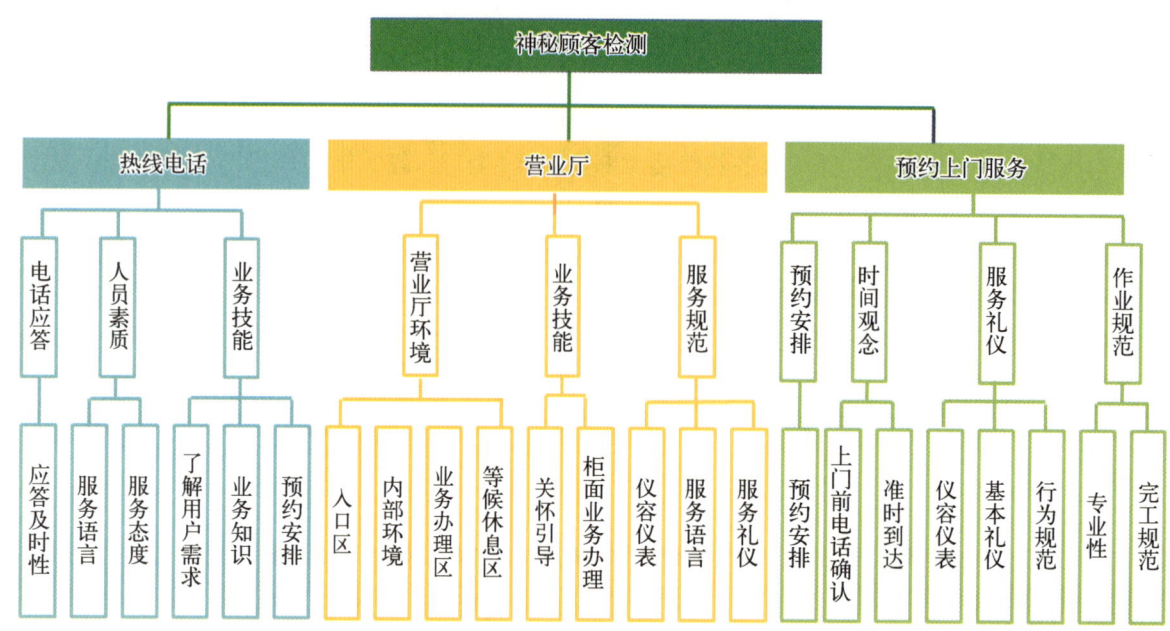

图 3-6-8 神秘顾客调查模型

一种是全程摄像,神秘顾客会携带针孔摄像机,对执行的全过程进行拍摄可以确保资料的真实性,以便对违规行为进行取证,防止个人事后的武断判断。另一种是全程录音,对一线员工所提供的各项服务进行全过程录音,记录服务用语。所有的原始记录最终都将和评价报告一起交给被测评企业,便于被测评企业评判第三方调查公司的结论公正性。

2014年,上海燃气第一次神秘顾客调查评价指数为76.30分,其中热线电话得分86.55分,营业厅得分71.27分,上门服务得分71.07分。测评结束后,针对暗访中发现的问题,尤其是上门服务中出现的问题,上海燃气集团向窗口服务单位进行数次专题反馈,各单位也出台措施进行积极整改,如服务人员服务规范培训时间和次数增加、电子化服务方式的推广使用等,使上门服务人员综合素质得到提高。经过一年的改进提高,2015年,上海燃气第二次神秘顾客调查评价指数为82.66分,其中热线电话得分85.22分,营业厅得分77.99分,上门服务得分84.78分,较第一次测评有较大幅度提高,客户普遍反映上海燃气的服务质量有明显改善。2016年至2017年,上海燃气根据神秘顾客调查中发现的短板问题,针对营业厅的业务技能和服务规范、热线电话的快速应答及上门服务的基本礼仪和作业规范等环节进行不断完善,神秘顾客调查评价指数不断提升,2016年为84.60分,2017年达到93.46分。

表 3-6-11 2014—2017年上海燃气神秘顾客调查评价指数得分情况表

年 份	总体(分)	热线电话整体(分)	营业厅整体(分)	上门服务整体(分)
2014	76.30	86.55	71.27	71.07
2015	82.66	85.22	77.99	84.78
2016	84.60	86.85	76.09	90.81
2017	93.46	98.40	91.40	90.59

第七章 关联企业

申能集团主要从事电力、燃气等能源基础设施的投资建设和经营管理,拥有的燃气产业集油气开采、燃气生产、管网调度、输配销售和进口液化气为一体,是上海地区城市燃气最主要供应商。其燃气产业链还涉及燃气设计、燃气销售服务、燃气具生产销售等相关投资企业,其中,上海(燃气)集团有限公司(含所属企业)在保障中心城区燃气供应的同时,积极拓展全市燃气市场,由上海大众燃气有限公司分别投资上海松江燃气有限公司40%股权,投资上海奉贤燃气有限公司30%股权。按照"十三五"规划,燃气集团通过资产、股权收购、合营合作等方式,推进市内区域市场的整合,实现金山、崇明燃气公司的集团控股。2016年11月11日,申能集团与青浦区政府签署战略合作备忘录,明确加大燃气设施建设投入;2017年9月22日,燃气集团与上海青浦公用事业投资控股有限公司就上海青浦燃气有限公司的股权合作签署框架协议,标志双方的合作向具体实施阶段的推进。在上海市城乡一体化进程中,燃气集团也是上海南汇天然气输配有限公司的主要供应商,基本实现上海地区城市燃气供应的全覆盖。此外,在燃气产业链里投资达到40%以上的还有上海燃气工程设计研究有限公司、上海林内有限公司、上海富士工器有限公司、江苏如东联合管道有限公司等。

第一节 上海燃气工程设计研究有限公司

上海燃气工程设计研究有限公司(简称燃气设计公司)成立于2002年10月,公司总部位于上海市浦东新区崮山路887号。公司主要经营范围是燃气及相关能源行业专项课题研究与咨询服务以及各类燃气热力项目的规划、设计和总承包业务,包括:各种压力级制的燃气输配管网以及各类商业、工业、住宅用气等供气系统;天然气储气站、门站(LNG接收站、储备库、卫星站、气化站、汽车加气站、CNG加气站等);石油及化工产品储运;城市供热管网;燃煤、燃油锅炉改造及分布式供能系统;燃料电池加氢站。

公司持有市政行业(城镇燃气工程)专业甲级设计资质、化工石化医药行业(石油及化工产品储运)专业乙级设计资质(已审核通过,等待批复中)、市政行业(热力工程)专业乙级设计资质,市政公用工程(燃气热力)甲级工程咨询资质;获得国家技术监督局颁发的GA1(1)、GA2、GB1、GB2、GC1(2)、GC2压力管道设计资质;通过ISO9001:2015质量管理体系、ISO14001:2015环境管理体系、OHSAS18001:2007职业健康安全管理体系认证;被上海市科委认定为"上海市高新技术企业";获上海市文明单位称号。

公司前身为上海市煤气公司下属的设计院,成立于1987年,2000年并入上海城建(集团)公司。2002年,国务院下达设计行业改革措施。在市建委和城建集团的指导、帮助下,公司被列入市设计院改革试点单位之一,并最终整体改制为多元投资的有限责任公司。

公司注册资本金2 000万元,其中上海隧道工程股份有限公司(上海城建集团)投资600万元,占注册资本的30%;上海燃气(集团)公司下属上海大众燃气有限公司、上海燃气市北销售有限公司、上海燃气浦东销售有限公司,以及上海天然气管网有限公司各投资200万元,各占注册资本的

10%；公司管理者团队23名自然人共投资600万元，占注册资本的30%。

2017年燃气设计公司实现合同签约额1.83亿元，营业收入2.03亿元，净利润3727万元。截至2017年年底，燃气设计公司资产总额1.66亿元。公司拥有职工138人，通过引进、培养和外聘相结合的方式，构建起一支以"上海城市天然气专家顾问室"海内外权威专家为核心，由教授级高工领衔的，涵盖总图、建筑、结构、电气、造价、给排水、自控、燃气、化工等各个专业的优秀技术团队，其中享受国务院特殊津贴1人，城市之光-市建设交通优秀人才1人，市政燃气行业领军人才1人，集团级领军人物1人，集团级科技精英1人，教授级高级工程师5人，具有高级专业技术职称人员28人，大专以上文化程度的人员比例为95%；持有注册咨询工程师、注册公用设备工程师、注册结构工程师等注册类执业资格的人员总数达到36人。

公司在国内首次提出并建设运行6.0兆帕超高压城镇燃气管网系统（主要承担上海天然气气源接收、输气、储气、调峰等功能），并与4.0兆帕、2.5兆帕、1.6兆帕等天然气管线共同构成多级并行的主干管网系统，形成"五源互补、四方贯通、多级并行"的管网系统，并编制上海市工程建设规范《城镇高压、超高压天然气管道工程技术规程》（DGJ08－102－2003　J10263－2003），公司还在国内首次提出规划和建设城市天然气小时调峰及安全应急储备体系、首次提出LNG调峰气源与高压管道储气联合调峰的方案，为上海市天然气市场发展提供强有力的支撑，为上海市能源结构调整、节能减排和大气污染防治作出积极贡献。公司迄今为止保持着燃气管道系统的垂直供应高度的世界纪录（430米）。

公司开发的"上海LNG运储销平衡系统"软件能系统地模拟LNG产业链各种可能发生事故对天然气上中下游产生的影响，并提出应对措施，填补国内LNG接收站调度运营管理方面的空白，同时扭转上海LNG在对外商务谈判中的被动局面，为上海乃至中国LNG贸易争取更大的主动权。

公司依托上海市燃气技术节能促进中心，搭建起分布式供能、锅炉改造等高效节能项目的政策宣传、技术交流、信息服务平台；能够为城市新区、城市CBD、行政中心区、工业园区和大型公共建筑等，提供科学的节能减排规划、管理咨询、先进的分布式能源站、节能环保基础设施的投资建设和运营管理方案。

公司在消化吸收国内外最新研究成果的基础上，进行深度二次开发，设计完成国内首座燃料汽车加氢站——安亭加氢站，完成世博会加氢站的设计，该站日加氢规模达600多公斤，单体规模世界第一，并率先采用四级加注取气方案，大大减少压缩功耗，节能效果显著。

公司开展"上海市天然气发展战略研究""上海市燃气专项规划""'十三五'燃气发展规划前期研究""天然气在上海构建清洁城市中的应用领域研究""上海智能燃气系统发展规划""上海天然气用气规律及应急调度研究""上海LNG接收站反输项目研究""上海LNG项目储罐扩建工程市场报告""天然气管道纳入综合管廊的关键技术研究""长三角天然气管网与储气调峰设施互联互通规划研究""城市燃气管网应急安全维抢修体系研究""地铁杂散电流对钢管燃气管道影响及应急措施研究""人工煤气管道设施利用方案研究"等研究开发项目，为上海市政府、市燃气行业管理部门和燃气企业等单位对天然气事业发展、决策提供参考和帮助。

公司主持和参与10余部国家和地方燃气技术规范、标准的编制和修订工作；成为全国燃气行业大型规划项目的首选专家评审单位；为上海市政府能源领域的研究和决策提供各类科研项目和成果报告达50多项，上述科技成果在上海燃气行业得到及时有效的转化和广泛的应用；成功获得超高层建筑燃气供应系统等近30项专利及软件著作权（其中8项发明专利，2项软件著作权）；获国家建设部优秀城市规划奖、全国优秀工程咨询成果奖、华夏建设科学技术奖、上海市科技进步奖、上海市优秀工程咨询项目奖等 30 余项省部级以上科技奖励。其中,2013 年上海市天然气主干网系统项目获第 11 届中国土木工程詹天佑奖。

第二节　上海松江燃气有限公司

上海松江燃气有限公司(简称松江燃气)位于松江区江学路 1 号,是松江区唯一获得管道燃气特许经营权的天然气输配销售、服务管理企业。公司注册资金 10 000 万元,其中上海松江城镇建设投资开发有限公司出资 6 000 万元,占注册资本的 60%,上海大众燃气有限公司出资 4 000 万元,占注册资本 40%。公司经营范围为天然气、液化石油气销售,燃气工程施工及燃气设施、燃气具的安装、维修,液化石油气存储充装,LNG、CNG 加气站等服务业务。

公司前身为"上海松江管道煤气有限公司",成立于 1996 年 7 月,主要经营管道煤气业务。2003 年 12 月,"西气东输"天然气到达松江并成功并网。2004 年 6 月,松江实现全区管网天然气化,公司更名为"上海松江天然气有限公司"。2007 年 4 月,公司吸收合并上海松江燃气经营总公司,重组为"上海松江燃气有限公司"。

公司成立后,在历届区委、区政府的高度重视下,在历届董事会、党政班子的带领下,全体干部职工奋力拼搏、团结奋斗、艰苦创业,积极改善民生、节能减排、造福人民。2012 年,启动创建学习型班组,制定三年规划,公司面貌焕然一新;2016 年启动第二轮创建,提出"五型"班组的创建目标。2013 年,公司在经过松江华阳地区"川气东送"的天然气管道边再建一座天然气门站——华阳门站;2015 年,实现松江东西两座门站同时供气的格局,大大降低供气风险。2014 年起,公司逐年加大力度对燃气灰口铸铁管进行改造更新,截至 2018 年年底,共计改造铸铁管 40 712.3 米。

20 多年来,松江的天然气管道先后进入经济技术开发区、出口加工区以及 11 个街镇的工业区,2018 年年底天然气管道顺利穿越黄浦江,延伸到浦南地区。公司还加大投入力度,改建、新建燃气安全设施,加强信息系统开发,加强对居民、非居用户的入户安检,积极推进"互联网+"等便民措施。截至 2017 年,全区地下天然气管网长达 3 000 余公里,天然气居民用户约 37 万户,液化气居民用户约 8 万户,工营事团用户 1 800 多户,公司总资产 22.8 亿元,净资产 7.7 亿元。

松江燃气设有 15 个部门,分别为计划财务部、办公室、党群工作部、安全服务部、战略投资部、技术部、审计部、市场部、输配部、物资部、工程管理部、应急指挥中心、天然气经营部、液化气经营部、储配站。

公司连续获七届上海市文明单位荣誉称号;获 2003—2004 年度上海市服务诚信单位荣誉称号;获 2013—2014 年度上海市学习型企事业单位荣誉称号;获松汇西路中压铸铁管改造 2014 年市燃气行业文明工地、市燃气管线工程文明工地领导小组称号;获人民路铸铁管改造(松汇路—中山二路)2014 年市燃气行业文明工地、市燃气管线工程文明工地领导小组称号;2016 年新南路(春九路—明华路)铸铁管改造工程上海市燃气行业文明工地称号;2016 年爱国拥军模范单位、拥军优属先进单位称号;2015—2016 年度上海市文明单位称号;光华路、彭丰路道路管工地被评为市燃气行业文明工地;7 个液化气供应站点获上海市燃气服务示范窗的称号;上海市燃气管道占压整治专项工作优秀单位称号;松江区 2016 年优秀应急演练脚本方案二等奖;新区营业所青年工作组获 2016 年度松江区青年五四奖章集体称号等。

第三节　上海奉贤燃气股份有限公司

上海奉贤燃气股份有限公司(简称奉贤燃气)是1996年11月5日注册成立的区域性燃气销售企业,公司总部办公地点位于奉贤区南桥镇运河北路1239号。2018年6月,公司注册资金调整为4亿元。公司经营范围为天然气、液化石油气销售,燃气经营,管道工程,燃气器具、厨房设备、管道配件、阀门、五金交电批发、零售,市政公用建设工程施工,建筑建设工程施工,道路货物运输,仓储服务(除危险化学品)、会务服务,物业管理,展览展示服务。截至2017年年底,天然气年供应量近1.85亿立方米,居民/非居民比例为12.5%/87.5%,其中工业用户的销售量占总销售量的80%左右;天然气用户188 461户(其中居民用户187 528、非居民用户933户);总管线长度达到1 074.32公里(其中次高压管线28.56公里、中压管线459.79公里、低压管线585.97公里),阀门2 177座,调压器763台(其中高高压1台、高中压6台、中低压756台)。截至2017年年底,公司劳动合同制职工337人,具有大专及以上学历251人;各类专业技术人员(具有职称)29人,其中高级职称2人,中级职称19人,初级职称8人;拥有各类技术等级85人,其中技师1人,高级工4人,中级工25人,初级工55人。

奉贤燃气是由奉贤县与上海市煤气公司在1996年共同出资组建成立的燃气供应专业公司,几经改革和发展,县政府70%的股份归上海奉贤交通能源(集团)有限公司,市煤气公司30%的股份归上海大众燃气有限公司。2007年11月,根据区委、区政府推进燃气体制改革实施"两气合一"的意见,公司完成对区发改委、区建交委所属1个液化气储配站、8个液化气供应站的归并工作,走上燃气气种多元化经营的道路。公司不断探索企业经营管理模式新举措,实行模块化管理,按部门属性和承担的职责,划分为营运、保障、监察、投资等模块。奉贤燃气各项管理工作不断完善和优化,经济效益和社会效益取得新突破,供气服务范围覆盖奉贤区8镇2街道,2015年完成区内燃煤(重油)锅炉改造计划中的14家企业,实现年售气量翻一番。为保障供气安全,实现两路供气,公司积极推进青村高高压天然气调压站建设,《奉贤区青村高高压天然气调压站专项规划》于2016年5月16日经上海市人民政府批复同意。收到批复文件后,公司即着手启动该项目的建设工作,该站于2018年8月29日通气启用。

根据《中共中央、国务院关于深化国有企业改革的指导意见》,以及《奉贤区鼓励企业上市的若干意见》,为进一步切实破除体制机制障碍,坚定不移做强做优做大国有企业,经集团研究和综合评估,决定启动奉贤燃气申请在全国中小企业股权转让系统挂牌项目。2018年3月,公司召开股份公司创立大会,股改工作胜利完成,标志着公司向上海资本市场迈进重要一步。

公司设立的燃气科普教育基地,是上海市燃气行业唯一一个由中共上海市委宣传部、上海市教育委员会、上海市科学技术委员会、上海市科学技术协会联合认定的燃气专业科普基地。

公司先后获上海市文明单位、上海市平安单位、上海市安全生产先进单位、上海市重点工程立功竞赛优秀公司、上海市五星级诚信创建企业、上海市模范职工之家、上海市军民共建社会主义精神文明先进集体、上海市爱国拥军模范单位、奉贤区财富百强企业等荣誉称号。客户服务部检修组获全国工人先锋号、上海市劳模集体、上海市用户满意服务明星班组、奉贤区青年文明岗、奉贤区新长征突击队等称号;客户服务部客户服务中心获全国五一巾帼标兵岗、上海市三八红旗集体、上海市巾帼文明岗、奉贤区文明窗口、奉贤区青年五四奖章集体等称号。同时,公司也涌现一批诸如"上海市劳动模范""上海市见义勇为先进分子""上海市燃气行业十佳服务明星""上海市用户满意服务明星""奉贤区道德模范"等先进个人。

第四节　上海林内有限公司

上海林内有限公司成立于1993年9月(简称上海林内),属合资企业,由日本林内株式会社持股50%,上海燃气(集团)有限公司持股45%,日本株式会社琦酸持股5%,三方共同投资建立。公司位于上海市奉贤区团青公路4500号,土地面积14万平方米,建筑面积6.8万平方米。

公司主要从事生产各类燃烧器具、燃气采暖热水炉、取暖设备、热水和蒸汽供应设备、电机和电子零部件、金属制品、抽油烟机、餐具消毒、清洗机、电热水器、温水便座及相关零部件,销售自产产品并提供相关安装和售后服务;与上述产品同类商品及林内品牌橱柜的零售、批发、进出口、佣金代理(拍卖除外),并提供相关配套业务。截至2017年年底,公司注册资本金970万美元,在全国各省市驻有24个办事处及分公司。2017年公司营业收入28亿元,2017年年底总资产规模19.05亿元,销售1 349 731台(热水器、吸油烟机、厨房产品及采暖炉总和),净利润2.57亿元。1994—2017年,累计营业收入190.35亿元,累计净利润13.25亿元。

公司在册员工3 392人(其中促销员1 479人),具有大专及以上学历644人;拥有中、高级技术职称员工28人,其中高级职称2人,中级职称26人;拥有中、高级技能职称员工26人,其中高级技师4,技师8人,高级工14人。

1993年,为进一步推动国内燃气具发展,上海燃气(集团)有限公司与日本林内株式会社、日本株式会社琦酸,三方签订协议合资建立上海林内有限公司(简称上海林内)。上海林内公司坐落在浦东,用地2.37万平方米。秉承林内集团近百年的技术底蕴,依托集团先进的设备、工艺和研发能力,上海林内于1993年便生产出第一台平衡式热水器。1994年获得日本JIA品质保证A级工厂的评价,这是对上海林内产品品质的认可。然而林内从未放松过对自己产品品质的严格要求,在1998年上海林内成功通过IOS9001国际质量体系认证。2001年获得高新技术企业认证;2016年年底,林内最新款倚天系列热水器上市。

2013年,上海燃气集团与林内续约新20年合约。

2014年上海林内建设奉贤新产业园,12月29日进行结构封顶仪式,2017年3月21日奉贤新产业园开业,一期工程有6条热水器(采暖炉)生产线、2条灶具生产线,生产能力与浦东工厂相比实现翻番,可以达到年产200万台综合热能器具的生产能力。

在公司运营方面,上海林内设立短期和中长期目标。短期目标增加采暖炉、采暖系统的销售额,加强厨房事业,2019年销售目标达到30亿元。中长期目标:成为综合热能器具制造商,不能局限于燃气器具领域,要开发使用再生能源,和其他能源的产品和系统。公司在生产制造时秉承"品质就是我们的生命",坚持"三自制"原则。控制电子基板、电磁阀、燃烧器、感应探头等重要的零部件自行生产的原则,通过"高内制率"来确保产品的品质。在林内许多工厂,一些重要的生产设备也是林内自行开发和制造的。

在科研成果方面,上海林内技术水平达到行业同类产品的领先水平。林内在热水器方面有两项发明专利:ZL201210106714.1-浴室遥控器的防水电池盒盖结构和ZL201010022445.1-热水器热量切换控制装置、热水器及其热量切换控制方法(发明专利)。采暖炉产品取得一项发明专利:ZL 201310455232.1采暖炉循环水路控制系统及其控制方法。

由于林内过硬的品质以及优良的服务态度,在市场上赢得良好的口碑。2011年,获上海市政府质量金奖;2012年6月,全国市政工程优秀质量管理一等奖;2013年12月,林内获上海家电市场

2013年度厨卫电器"十佳品牌";2014年11月林内获2014年度中国家电行业最具成长力制造商磐石奖;2015年1月27日,获评上海市燃气行业"五星级诚信创建企业";2016年获中国五金制品协会2016年中国燃气热水器十强、2016年中国燃气用具行业十强称号;2017年1月14日,第八届中国高端家电及消费电子红顶奖在北京揭晓,林内获三项大奖,其中林内倚天系列燃气热水器与神厨系列智能燃气烤箱灶分别获得燃气热水器与燃气灶品类的红顶奖,林内云智能燃气采暖炉K88 Plus获该品类红顶奖提名。

林内除在热水器方面具有骄人成绩以外,在采暖炉方面也独占鳌头,2015年5月,获评第二届中国"燃气壁挂炉十大品牌";2016年受到石家庄市人民政府办公厅表彰,被授予"2016年度煤改气工作先进单位"。

第五节　上海富士工器有限公司

上海富士工器有限公司(简称上海富士工器)成立于1997年4月,公司位于上海市浦东新区浦东北路1200号,占地面积7502平方米,厂房面积3733平方米。拥有起重、机械加工、焊接、喷涂等各类设备250套。公司主要从事1吨以下液化气压力容器、液化气小区供气配套设备的生产、销售,还生产、销售不锈钢灭菌容器和通用型压力容器设备(凭许可证经营)。公司注册资本金3.6亿日元,2017年上海富士工器生产小型民用贮槽3996台,销售小型贮槽4059台,实现营业收入4699万元。截至2017年年底,上海富士工器累计生产、销售小型贮槽11万台,累计实现销售收入11.23亿元,累计利润总额1.12亿元。公司在册员工69人,具有大专及以上学历22人;拥有中、高级技术职称员工4人,其中高级职称1人,中级职称3人;拥有中、高级技能职称员工4人,其中高级技师2人,技师1人,高级工1人。

1997年,因为日本国内能源结构调整,开放小型民用贮槽法规限制。日本富士工器株式会社、日本株式会社东海公司、日本株式会社琦酸和上海煤气公司共同出资组建上海富士工器有限公司,其中日本富士工器占45%,上海煤气公司占40%,东海公司占10%,日本琦酸占5%股份。1997年4月举行签约仪式,6月16日召开第一次董事会,产生第一届董事会成员。1997年4月3日公司登记成立,注册资本金3亿日元。1997年11月4日,公司生产流水线建成,投产。1999年4月,公司注册资本增资至3.6亿日元。

上海富士工器生产的压力容器属于强制检定产品,接受国内外双重检测,所以自投产伊始,就从抓产品质量入手,推行"质量第一、用户至上"的方针。于2002年推行ISO9000标准化建设,顺利通过上海质量体系审核中心(CQC)的质量体系审核认证。公司在2003年起取得上海市技术监督局核发的"D1D2级压力容器生产许可证",建立完备的质量保障体系。在连续3次的四年一届许可证核查过程中,均取得无任何体系缺陷的一次合格,受到技监局督察组的多次表彰。

上海富士工器坚持以技术进步推动企业发展,先后取得专利发明1项,实用新型专利5项,外观设计专利7项。公司注重科研课题的研究和应用,参与中国城市燃气协会关于《小型丙烷储罐供气技术标准》的编制工作。

上海富士工器秉承"创新、开拓、诚信"的理念,不断提升公司经营管理整体水平。1999年至2003年期间,公司连续4年获得外商投资企业双优企业称号。2013年、2014年,公司党支部连续被燃气集团党委评为"燃气集团先进基层党组织"。

第六节　江苏如东联合管道有限公司

江苏如东联合管道有限公司成立于 2015 年 7 月 2 日,总部位于江苏省昆山市人民南路 1168 号,由中国石油天然气股份有限公司、申能(集团)有限公司、江苏洋口港股份有限公司三方合资成立的独立法人公司,注册资本 4 亿元,3 家公司股权比例分别是 50%、40%、10%。公司主要业务是建设、运营如东—海门—崇明岛输气管道,是为满足上海市崇明岛用气需求,建设上海市天然气保供第三战略通道和上海洋山 LNG 接收站与江苏如东 LNG 接收站的联络应急通道。公司下设生产运行部、计划经营部、财务部、质量安全部、综合办公室和如东首站、海门分输站两座站场,截至 2017 年年底,如东—海门—崇明岛输气管道共向崇明岛输送天然气 1 216 万立方米。公司共有员工 25 人,其中大学本科及以上学历 18 人,高级职称 1 人,中级职称 11 人,党员 14 人,35 周岁以下 16 人,是一个年轻、高素质的管理团队。

公司于 2015 年 3 月在上海筹建,6 月在上海市召开第一次股东会、一届一次董事会、一届一次监事会,2015 年 7 月 2 日完成工商注册,公司成立。公司筹备期及成立之初在中国石油上海大厦临时办公,2015 年 9 月,临时办公地搬迁至上海市崇明县,2018 年 5 月,公司办公地点迁至江苏省昆山市。

如东—海门—崇明岛输气管道北起如东县长沙镇洋口港开发区的如东首站,向南经滨海园区、海门市,在海门市三厂镇孝汉村大洪河闸东侧穿越长江,然后进入崇明县,止于崇明县新村乡崇明岛燃气门站。管道全长约 88.77 公里,一般线路长度 23.22 公里,定向钻穿越长度 60.60 公里,设计压力 10 兆帕(海门站到崇明门站间为 6 兆帕),管径 610 毫米,设计输量 $18.4×10^8$ 立方米/年。线路定向钻共 63 条,其中大型穿越 1 条为长江定向钻穿越(4.045 公里),中型穿越 27 条。

沿线设如东首站(扩建)、海门末站 2 座站场及 6 座阀室(4 座监控、2 座监视)。如东首站位于如东县洋口港开发区西海堤。2015 年 6 月成立,该站作为如东—海门—崇明岛输气管道首站,在西气东输苏北管理处如东分输清管站基础上扩建,不新增人员。全站采用 SCADA 系统进行数据采集和监控,主要功能是接收上游江苏 LNG 来气,输气到下游海门分输站。海门分输站位于海门市三厂镇孝汉村。2015 年 6 月成立,2017 年进气投产。全站采用 SCADA 系统进行数据采集和监控,主要功能是接收上游如东分输站来气,经站内过滤、计量、调压后给崇明燃气、海门昆仑燃气、海门华润燃气、启东九丰燃气供气。

如东—海门—崇明岛天然气管道工程由 CPPE 上海分公司设计,委托中国石油西气东输管道公司管道工程建设项目部负责工程建设,由中国石油天然气管道局第二、第四工程分公司及辽河石油勘探局油田建设工程二公司具体施工。工程自 2014 年 11 月 15 日开工,2015 年 1 月 29 日完成长江定向钻穿越回拖工作,5 月 7 日完成 63 条定向钻穿越回拖工作,2015 年 7 月 22 日如东首站动火连头施工完成,工程顺利实现机械完工,工程建设期历时 8 个月,2017 年 9 月 16 日顺利投产。工程项目总投资 8.48 亿元。

管道投产后,是继西气东输一线、西气东输二线上海支干线、宝钢专线管道之后的第四条上海市供气战略通道,结束崇明岛没有管道天然气的历史,如东公司也进入运营期。同时,上海洋山 LNG 接收站与江苏如东 LNG 接收站的应急联络通道也将建立,对保障上海市、江苏省供气需求,进一步完善长三角地区供气网络具有重要意义。

第四篇

金融产业

概　　述

发展金融业务，开展资本经营是实现申能与上海资本市场对接、实现产业和资本两个轮子滚动发展战略、推动企业跨越式发展的重要工具和平台。1992年，申能开始涉足金融产业投资，并逐渐将其作为公司主业之一大力发展，成为实业发展的强有力支撑。通过金融这只资本运作之"手"，提高申能资本的流动性，降低筹融资成本，更加有效地支持实业发展，真正实现"双轮驱动"。

金融业的分业经营和股份化、证券化要求股东多元化，为申能投资金融业提供了契机；申能电力业务发展所积累的资金，为投资金融创造了条件。申能投金融，外有契机，内有动力。从最初的小规模、被动投，逐渐发展成主动投、重视管。申能集团在金融产业管控模式上，对控股企业的管理主要通过战略管控模式进行，即申能集团负责战略规划、政策制定、风险监控、资源统筹等；对参股企业，则通过委派董、监事等实施管理。运营管理和市场拓展由被投资企业根据各自目标开展并实施。至2017年，申能集团已逐步形成具有申能特色的金融投资管理模式：在已有董事会、总经理会议决策层基础上，为提高金融投资管理决策的专业性、审慎性及决策效率，增设金融资产管理决策委员会，构建以党委会、董事会、总经理会、金融资产管理决策委员会为核心的多级决策层。

申能集团金融产业涉及证券、保险、银行等多个领域，控股管理的金融企业有东方证券、申能财务公司，及申能诚毅、诚毅投资等国有创投类企业，此外投资中国太保、海通证券、浦发银行、光大银行等多家金融企业，同时涉足融资租赁、资产管理以及实业投资等领域。经过二十几年的发展，申能集团在立足能源主业的基础上，积极涉足金融领域，推动产业资本和金融资本有机结合，金融业务规模不断壮大。截至2017年年底，公司金融资产市值达872.8亿元，资产证券化率超过80%，累计获得金融投资分红收益约98亿元。

第一章　金融投资企业

1992年申能股份参股交通银行,拉开申能进军金融业的序幕。此后申能股份、申能集团等先后投资多家金融企业,包括浦发银行、交通银行、上海银行、上海国际信托、万国证券(现申银万国证券)、东方证券、中国太保、太保寿险、太保产险、长江养老保险、海通证券、光大银行、久联证券等,并出资设立申能资产管理公司(已关闭)、申能集团财务公司、上海诚毅投资管理公司、上海诚毅新能源创业投资有限公司、申能诚毅股权投资有限公司、申能租赁有限公司等,申能集团还在市政府协调下参股上海电气、上海医药等公司。

截至2017年年底,申能投资的主要金融企业基本实现上市,金融资产质量好,投资回报高,走出一条以"电气并举、产融结合"为发展模式,具有申能特色的上海国资国企发展路线。

第一节　金　融　企　业

一、东方证券股份有限公司

东方证券股份有限公司(简称东方证券)是申能集团直接管理的全国性综合类证券公司,成立于1998年,2016年划归申能集团管理。公司前身是东方证券有限责任公司,由申能(集团)有限公司等作为发起人股东,联合上海市财政局、上海市邮电管理局及12家大型企业集团,通过收购抚顺证券公司,受让上海浦东发展银行、上海城市合作银行所属证券经营机构,并以增资方式成立。成立初期员工586名,营业网点36家。2003年9月,公司更名为东方证券股份有限公司,经过多次增资扩股后,2017年注册资本增至6 993 655 803元。

申能集团作为发起人之一,在东方证券成立之初出资10%;2002年东方证券改制增资后,申能集团持股比例增至28.2%,成为公司第一大股东。2007年,申能集团抓住机遇,加大金融投资力度,增资4.1亿元,持股比例增至29.31%;2010年,申能集团按照证监会"一参一控"监管政策要求,退出申银万国证券和国泰君安证券,同时增持东方证券,持股比例增至38.38%;2015年,申能集团因东方证券IPO上市及履行国有股义务转持5 481.160 2万股,持股比例下降至30.08%;2016年7月,东方证券完成H股IPO,申能集团转持国有股5 481.160 2万股,持股比例下降至24.74%;2016年6月7日,国资委、国资委党委、上海市金融党委和申能集团举行东方证券管理关系交接仪式,东方证券管理关系划归申能集团。2017年12月,申能集团参与东方证券非公开发行A股,共认购2.3亿股,价格14.21元,累计使用资金32.683亿元,发行完成后,集团持有东方证券股数由15.38亿股升至17.68亿股,持股比例升至25.27%。

东方证券全资持有上海东证期货有限公司、上海东方证券资产管理有限公司、上海东方证券资本投资有限公司、东方金融控股(香港)有限公司、上海东方证券创新投资有限公司;与花旗集团合资设立并控股东方花旗证券有限公司;作为第一大股东参股汇添富基金管理股份有限公司。根据中国证券业协会2017年度对全国98家证券公司会员经审计经营数据及业务情况进行的统计,东方证券总资产、净资产排名第9位,营业收入第12位,净利润第11位。公司分类评价获评A类A

级证券公司。

截至2017年,东方证券以上海为总部所在地,在上海、北京等31个省、自治区、直辖市的76个城市设有153家分支机构,形成依托上海、立足中心城市、辐射全国的大型证券经营网络。同年末,东方证券注册资本69.94亿元,总资产2 318.60亿元,净资产529.86亿元。在册员工数量4 710人,本科及以上学历4 200人。2017年度营业收入105.32亿元,归属于母公司股东的净利润35.54亿元。

【发展历程】

从1998年到2017年,东方证券从一家业内默默无名的区域中小型券商,发展成为一家综合实力位居行业第10名左右、富于市场活力和经营特色的全国性综合类证券公司。

1998—2004年,东方证券公司是一家地方型券商,成立之初营业网点36家,大部分分布在上海。2000年4月10日,东方证券获得经营股票承销业务资格证书。同年10月12日,获得中国证监会"经营外资股业务资格证书"。2003年7月2日,经中国证监会核准,东方证券成为综合类证券公司。2004年9月6日,东方证券股份有限公司与美国雷曼兄弟(欧洲)公司签署有关合格境外机构投资者境内证券投资代理的经济协议和服务标准协议。东方证券成为雷曼兄弟在深圳交易所和上海交易所两市挂牌交易证券的指定交易代理机构。同年12月1日,经中国证券业务协会从事相关创新活动评审,东方证券成为从事相关创新活动的试点证券公司。

2005—2011年,东方证券从地方型券商发展成为区域型券商。2004年年底,东方证券获得第二批创新试点资格,先后设立汇添富基金管理公司、收购北方证券营业部、上海久联期货,设立东方金融控股(香港)公司等。2007年完成两次增资扩股,注册资本金达到32.93亿元。2007年9月24日,东方证券股份有限公司承销的中国债券史上首只公司债券——长江电力股份有限公司公司债在上海交易所上市交易。2009年11月2日,东方证券股份有限公司直接投资业务试点获中国证监会批准,公司设立全资控股子公司——上海东方证券资本投资有限公司,开展直接投资业务。2010年5月7日,东方证券全资子公司、首家券商系资产管理公司——上海东方证券资产管理公司获得中国证监会批复。2009—2010年,东方证券连续2年取得盈利,资产管理业务稳居行业龙头,经纪业务首次达到上市要求的成长性指标,"一参一控"问题顺利解决,为东方证券申请上市创造有利条件。2011年送红股后,东方证券的注册资本增至4 281 742 921元。

2012—2017年,从区域型券商发展成为全国大型综合类券商。2012年,东方证券抓住证券业创新大会之后创新发展的机遇,着力推动资产管理、证券金融业务、直接投资与并购基金等创新业务的发展,进一步优化上海东方证券资产管理有限公司(券商业内首家)、上海东证期货有限公司、上海东方证券资本投资有限公司、上海东方证券创新投资有限公司、东方金融控股(香港)有限公司;与花旗集团合资设立专业投资银行业务子公司——东方花旗证券有限公司;作为第一大股东持股汇添富基金管理有限公司(资产管理规模名列前十),同时参股长城基金管理有限公司。2014年1月29日,东方证券获得上交所50ETF期权的首批做市商资格。2015年3月23日,公司经中国证监会批准,公司在上交所主板挂牌上市,公司的注册资本由4 281 742 921元增至5 281 742 921元。2016年5月20日,公司获得中国证监会《关于核准东方证券股份有限公司发行境外上市外资股的批复》,核准公司发行不超过10亿股境外上市外资股。7月8日,公司首次公开发行的9.57亿股H股在香港联交所主板挂牌上市并开始交易,东方证券成为国内第5家实现A+H上市的大型证券公司。2017年12月,经中国证监会批准,公司完成非公开发行A股股票778 203 792股,此次非公开发行后,公司的注册资本由6 215 452 011元增至6 993 655 803元。

表4-1-1 2017年东方证券前5名股东持股情况表

股东名称	持股数量(股)	比例(100%)	股东性质
申能(集团)有限公司	1 767 522 422	25.27	国有法人
香港中央结算(代理人)有限公司	1 026 964 000	14.68	境外法人
上海海烟投资管理有限公司	345 486 596	4.94	国有法人
中国证券金融股份有限公司	272 265 592	3.89	国有法人
上海报业集团	243 267 306	3.48	国有法人

【管理制度建设】

东方证券设有党委会和董事会,根据公司章程行使职能。董事会对股东大会负责,由16名董事组成,其中独立董事人数不少于董事会人数的1/3;董事会设董事长1人,副董事长1人。董事会下设战略发展委员会、合规与风险管理委员会、审计委员会、薪酬与提名委员会等专门委员会。各专门委员会由董事组成,成员应当具有与专门委员会职责相适应的专业知识和工作经验。设总裁1名,由董事会聘任或解聘。设监事会,监事会由7名监事组成,设监事会主席(监事长)1名。1998年4月29日,成立中共东方证券有限责任公司委员会。

公司根据业务发展需要设立和调整职能部室。1998年东方证券设办公室、人力资源管理总部、资金财务管理总部、行政管理总部、信息技术中心、辽宁管理总部、北京代表处、工会、稽核总部、投资银行总部、国际业务管理总部、市场经纪管理总部、基金管理总部、研究发展总部、交易总部等部门。随着公司业务发展,公司不断增设或调整业务及管理部门,2017年设稽核查总部、合规法务管理总部、风险管理总部、战略发展总部、海外业务总部、金融衍生品业务总部、证券金融业务总部、证券研究所、财富管理业务总部、互联网金融业务总部、场外市场业务总部、证券投资业务总部、股权投资与交易业务总部、固定收益业务总部、托管业务总部、资金管理总部、计划财务管理总部、行政管理总部、系统运行总部、系统研发总部、营运管理总部、人力资源管理总部、监察室、北京办事处、工会办事机构、党委办公室、办公室、董事会办公室、监事会办公室。

东方证券成立之初,建立以公司领导联席会议制度和总裁办公会议制度相结合为主要特征的分层决策体系,及时讨论日常工作中的重大问题并作出决策;建立每季度公司总部级干部工作会议制度,按时做好每周会议安排、会议记录和会议纪要的工作。出台《实行全员劳动合同制的暂行规定》和《员工岗位聘任暂行规定》,从制度上确立"员工能进能出,干部能上能下"的动态管理机制。实施以"利润总额与分配挂钩,营业收入与费用挂钩"为核心内容的《考核激励办法》,以及与之相配套的体现"保障为基础,激励为主体"思想的"底薪+奖金"模式的《工资分配制度》。

在风险控制与开拓发展方面,公司在财务上统收统支,实行收支两条线管理;在资金上集中管理,实行法人统一授权经营;财务人员统一管理,实行统一"委派制"等。1999年,根据"双挂钩"的原则,实施《经营目标考核管理办法》;建立财务预决算制度,定期分析财务预算的执行情况;建立中央监控系统,实现对各营业部证券交易的实时监控,并积极探索建立营业部自查、主管部门检查、监督部门抽查的三级执法检查队伍,以进一步加强风险控制。

2001年,公司先后出台《党委工作条例》《总裁办公会议制度》等基础性管理制度,并根据《证券公司内部控制指引》的有关要求,对公司的业务规章制度进行清理,修订和完善《同业拆借管理条例》《营业部印章管理规定》等一系列制度,并加大对规章制度执行情况的稽查力度;按照证监会颁布的《客户交易结算资金管理办法》有关规定,公司调整和完善客户保证金的管理办法,确保客户保证金的安全;成立发展战略委员会,组织专门力量制定公司未来战略发展规划和业务发展思路。

2002年,公司设立自营投资决策委员会和受托资产管理业务投资决策委员会,制定具体的工作制度,为相关业务的风险控制提供制度保障。2003年,制定自营和资产管理投资决策委员会的工作制度,并健全包括策划、投资、交易等内容的制度体系;制定更为严谨的经纪业务标准化操作规程,建立由项目经办人、责任人和负责人组成的三级承诺制度。2005年,新设风险管理总部,成立风险资产清收办公室。2006年,初步搭建以净资本为核心的风险控制指标监控系统,强化稽核、监察的频次和力度,同步跟进业务及管理活动,保障公司合规经营;制定或修订有关印章、信息、保密、人事、风控、合同、预算、资金等100多项旨在加强公司风险管理的重要规章;建立风险管理信息交流联席会议制度;营业部风控岗全部到位,落实前后台分离的管理新模式;实施《岗位、薪酬和绩效管理优化方案》和《营业部岗位、薪酬和绩效管理试行办法》。2007年,建立风险管理部门责任制,开展投资者教育活动,落实"防火墙"、防利益冲突和防内幕交易制度,组织"证券公司综合监管报表"报送工作,集中证券投资、固定收益和资产管理业务的清算职能,实现档案电子化管理。

2011年,公司对业务部门的岗位序列和薪酬体系进行市场化改革。2012年,成立创新工作推动部。2014年,设置客户、产品、网点、技术、员工、信息隔离墙、反洗钱等专业的风险经理岗位。2017年,推进"三位一体"协同管理,新增全面风险管理评估,开展首次反洗钱分类评级工作。

【经营业绩】

东方证券成立以来,经营业绩稳步增长,公司实力逐步壮大。自加入申能集团后,东方证券继续保持良好发展势头,公司总资产、归属母公司权益、净利润等经济指标保持稳定增长。

截至2017年年底,东方证券总资产2 318.60亿元,较年初增长9.16%,归属于母公司所有者权益529.86亿元,母公司净资本437.32亿元,较年初增长29.04%;归属于母公司所有者的净利润35.54亿元,同比增加53.57%。实现营业收入105.32亿元,其中证券销售及交易39.72亿元,占比36.96%;投资管理业务28.21亿元,占比26.26%;经纪及证券金融业务45.85亿元,占比42.67%;投资银行业务15.20亿元,占比14.14%。

【子公司】

上海东证期货有限公司 2007年11月,东方证券收购上海久联期货经纪有限公司100%股权,设立全资期货子公司——上海东证期货有限公司(简称东证期货),注册资本15亿元。东证期货以金融期货与商品期货为主业,同时开展期货投资咨询,资产管理,基金销售等业务,积极开拓国内、国际两个市场。截至2017年年底,东证期货总资产1 538 734.89万元,净资产213 894.17万元;2017年实现营业收入91 200.41万元,净利润12 654.93万元。

上海东方证券资本投资有限公司 2010年2月,东方证券全资设立直投子公司——上海东方证券资本投资有限公司(简称东证资本),注册资本40亿元。东证资本主要使用自有资金或设立直投基金,对企业进行股权投资或债权投资,或投资于与股权投资、债权投资相关的其他投资基金;为客户提供与股权投资、债权投资相关的财务顾问服务以及经中国证监会认可开展的其他业务。截至2017年年底,东证资本总资产478 147.87万元,净资产387 619.08万元;2017年实现营业收入29 101.28万元,净利润9 143.52万元。

表4-1-2 2008—2017年东方证券经营业绩情况表

单位：万元

项目 \ 年份	2008	2009	2010	2011	2012	2013	2014	2015	2016	2017
1. 营业收入	49 912	375 098	309 048	257 321	242 737	328 790	549 960	1 543 471	687 694	1 053 200
手续费及佣金净收入	152 869	226 742	189 028	169 964	119 969	163 515	219 960	582 993	419 370	500 600
证券承销业务净收入	7 213	25 379	30 862	40 502	19 272	—	—	—	148 825	132 300
投资银行业务净收入	—	—	—	—	—	22 815	44 763	89 478	—	—
资产管理业务净收入	23 545	25 885	5 900	9 667	9 841	22 937	28 171	139 598	89 278	197 700
利息净收入	10 511	20 953	12 508	−7 070	−16 906	−65 252	−76 365	−25 880	−84 673	−201 000
投资净收益	97 044	74 598	110 831	115 648	13 044	233 016	379 809	950 736	361 386	552 800
公允价值变动收益	−311 711	51 632	−3 784	−22 296	8 971	−3 013	24 431	27 087	−40 170	168 700
汇兑收益	−1 085	−16	−277	−399	—	—	—	—	—	—
其他业务收入	2 459	1 189	741	1 475	875	1 169	1 716	1 571	2 644	45 000
2. 营业支出	92 290	132 259	146 504	152 283	181 872	214 103	260 968	604 026	427 351	642 700
营业税金及附加	9 131	15 001	14 776	13 103	8 308	14 429	26 254	81 825	19 906	6 600
资产减值损失	—	—	—	—	—	7 183	495	−37	28 826	43 400
业务及管理费	83 200	117 259	131 721	139 412	173 526	192 491	234 219	522 238	378 616	550 300
3. 营业利润	−142 201	242 839	162 544	105 038	60 865	114 685	288 992	939 445	260 343	410 500
加：营业外收入	11 544	1 570	3 122	12 376	14 226	4 235	5 448	12 234	22 007	31 200
减：营业外支出	451	2 710	452	506	361	370	1 072	1 770	1 018	2 800
4. 利润总额	−131 108	242 725	165 213	116 908	75 840	118 551	293 369	949 909	281 332	438 900
减：所得税费用	−42 426	53 593	33 685	21 965	6 728	16 473	57 499	212 492	38 667	78 500
5. 净利润	−88 683	189 132	131 527	94 944	69 112	102 079	235 870	732 522	231 397	355 400
6. 每股收益（元）	−0.27	0.57	0.4	0.28	0.17	0.24	0.55	1.46	0.41	0.57
7. 每股净资产（元）	2.04	2.71	3.1	3.35	3.44	3.74	4.29	6.62	6.51	7.58
8. 其他综合收益	—	—	—	−92 551	11 323	18 241	88 934	82 731	−133 391	−112 300

说明：资产减值损失从2016年开始表述为资产减值准备。

上海东方证券资产管理有限公司 2010年6月,东方证券全资成立国内首家券商系资产管理公司——上海东方证券资产管理有限公司(简称东证资管),注册资本3亿元。东证资管2012年首批获得可受托管理保险资金投资管理人资格,2013年成为业内首家获得公开募集证券投资基金业务会员资格的证券公司,主要经营证券资产管理业务、公开募集证券投资基金管理业务。截至2017年年底,东证资管总资产288 988.23万元,净资产166 110.58万元;2017年实现营业收入(主营业务收入)210 018.73万元,净利润60 085.83万元。

东方金融控股(香港)有限公司 2010年2月,东方证券全资设立香港子公司——东方金融控股(香港)有限公司(简称东方金控香港),进军国际市场,注册资本21亿港币。东方金控香港主要通过设立不同子公司分别经营香港《证券及期货条例》允许的经纪业务、企业融资和资产管理等业务。截至2017年年底,东方金控香港总资产1 844 410.36万港币,净资产191 609.17万港币;2017年实现营业收入36 748.81万港币,净利润9 896.57万港币。

上海东方证券创新投资有限公司 2012年11月,东方证券全资设立另类投资子公司——上海东方证券创新投资有限公司(简称东证创新),注册资本30亿元,主要开展金融产品投资,证券投资,投资管理和投资咨询等业务。截至2017年年底,东证创新总资产313 736.50万元,净资产305 736.80万元;2017年实现营业收入28 966.14万元,净利润12 025.26万元。

东方花旗证券有限公司 2012年6月6日,东方证券与花旗环球金融(亚洲)有限公司基于战略投资合作关系共同投资组建中外合资证券公司——东方花旗证券有限公司(简称东方花旗),注册资本8亿元,东方证券持有66.67%的股权。东方花旗主要承接东方证券投资银行业务,开展证券(不含国债、政策性银行金融债、短期融资券及中期票据)承销与保荐以及中国证监会批准的其他业务。截至2017年年底,东方花旗总资产217 608.06万元,净资产129 494.65万元;2017年实现营业收入103 938.92万元,净利润18 823.59万元。

汇添富基金管理股份有限公司 2005年2月,东方证券与文汇新民联合报业集团、东航金戎控股有限责任公司联合发起成立汇添富基金管理股份有限公司(简称汇添富基金),注册资本13 272.42万元,东方证券持有35.412%的股权。汇添富基金主要开展基金募集、基金销售、资产管理及经中国证监会许可的其他业务,是中国一流的综合性资产管理公司之一。汇添富基金总部设在上海,在北京、上海、广州、成都等地设有分公司,在香港及上海设有子公司——汇添富资产管理(香港)有限公司和汇添富资本管理有限公司。汇添富基金及旗下子公司业务牌照齐全,拥有全国社保基金境内委托投资管理人、全国社保基金境外配售策略方案投资管理人、基本养老保险基金投资管理人、保险资金投资管理人、专户资产管理人、特定客户资产管理子公司、QDII基金管理人、RQFII基金管理人及QFII基金管理人等业务资格。截至2017年年底,汇添富基金总资产898 948.34万元,净资产488 147.58万元;2017年实现营业收入334 403.87万元,净利润122 591.92万元。

二、申能集团财务有限公司

随着申能集团的快速发展,规模不断扩大,下属企业越来越多,为提升集团资金管理水平,强化投资管理和风险控制,推行全面预算管理,健全会计内控体系,规范担保行为,设立集团财务公司的必要性日渐显现。同时按照《申请设立企业集团财务公司操作规范指引》规定,"新设财务公司一般均应有丰富专业经验的境外机构投资者"要求,申能集团在财务公司的股权结构上引进外资。2006年9月21日在国务院副总理曾培炎和比利时首相伏思达共同见证下,申能(集团)有限公司总经理杨祥海、副总经理王敏文分别代表集团和申能股份公司与富通银行执行董事兼商人银行首席执行官 Filip Dierckx 在比利时首相府签署《关于成立申能集团财务有限公司的出资及股东协议》。同年12月28日,申能集团筹建财务公司的申请获得中国银行业监督管理委员会批复。2007年2月16日,申能集团财务有限公司(简称申能财务公司)第一次股东大会召开,审议通过《申能集团财务有限公司章程的议案》《关于选举公司董事并成立董事会的议案》《关于选举公司监事并成立监事会的议案》《关于公司董事会下设审计委员会、薪酬评定委员会的议案》《申能集团财务有限公司注册资本及各股东方出资情况的议案》。2007年6月20日,中国银监会批准申能财务公司开业;7月17日,申能财务公司完成工商登记;7月22日,开业。注册资本金5亿元,其中申能集团、申能股份、富通银行持股比例分别为65%、25%和10%。2009年由于次贷危机和管理失误导致富通银行分行被荷兰银行出售给荷兰和卢森堡政府,富通银行第一部分被比利时政府以47亿欧元价格收购,之后完全被比利时政府收购,并出售给法国巴黎银行。因此申能集团财务有限公司的外方股东变更为法国巴黎富通银行(简称法巴富通),法巴富通作为一家全球性的商业银行,业务种类涵盖零售银行业务和公司及机构银行业务。法国巴黎银行集团(简称法巴集团)占法巴富通99.94%的股份,其余0.06%的法巴富通的股权被少数股东持有。2010年,申能财务公司增资至10亿元,3家股东单位同比例参与增资;2016年申能财务公司增资5亿元,注册资本为15亿元,3家股东单位同比例参与增资。截至2017年年底,申能集团出资9.75亿元,申能股份出资3.75亿元,法巴富通银行出资1.5亿元。

  申能财务作为申能集团下属主要金融机构和资金管理中心,充分利用集团的内生资源向集团及成员单位提供存贷款、结算、投融资和财务顾问等综合性金融服务。通过规模化运作,提高集团系统的资金收益和安全性,并为集团筹融资提供服务,支持集团电力、燃气产业的发展,形成金融产业与主业的有效互动。申能财务公司的主要定位如下:(1)财务公司是集团内的非银行金融机构,为集团系统服务;(2)财务公司主要以提供信贷、结算、筹融资等低风险金融业务为主,并适度开展短期投资、融资租赁等业务;(3)财务公司主要利用集团系统内部的资源。

  申能财务的主要业务包括传统银行业务和投资投行及其他业务。

  传统银行业务共有11项,包括:(1)对成员单位办理财务和融资顾问、信用鉴证及相关的咨询、代理业务;(2)协助成员单位实现交易款项的收付;(3)经批准的保险代理业务;(4)对成员单位提供担保;(5)办理成员单位之间的委托贷款及委托投资;(6)对成员单位办理票据承兑与贴现;(7)办理成员单位之间的内部转账结算及相应的结算、清算方案设计;(8)吸收成员单位的存款;(9)对成员单位办理贷款及融资租赁;(10)从事同业拆借;(11)中国银行业监督管理委员会批准的其他业务。

  投资、投行及其他业务包括:(1)经批准发行财务公司债券;(2)承销成员单位的企业债券;(3)对金融机构的股权投资;(4)有价证券投资;(5)成员单位产品的消费信贷、买方信贷及融资租赁。

  申能财务作为申能集团系统内的主要金融机构之一,开展存贷、结算、融资、财务顾问、投资等相对稳健的低风险业务。存款业务主要是归集资金,形成规模优势,通过对集团成员单位提供完善服务,实现资金集中管理,提高资金归集率,加强对存款的管理,为财务公司的其他各项业务的发展奠定基础。贷款业务主要为成员单位办理贷款、委托贷款、商业汇票的承兑和贴现;办理成员单位产品的消费信贷、买方信贷;对成员单位提供担保等业务;对于投资金额较大的项目,可由财务公司牵头组建银团,为成员单位提供银团贷款。结算业务主要通过申能财务公司的网上服务系统及银行资金汇划系统,为成员单位提供安全、准确和快捷的资金结算服务。投资业务主要采用规模相对较小,风险相对较低的投资策略。申能财务公司为集团及成员单位的债券发行提供承销及顾问服务,申能财务公司也可申请发行债券,以获得成本较低的长期资金。这是申能财务公司为集团发展融资的主要途径。申能财务公司具有融资租赁权,使用租赁设备的营业税税基为毛利(收益-资金成本)而非营业额,通过为成员单位提供融资租赁服务,可降低其税收成本。申能财务公司为集团成员提供企业改制、兼并收购、项目融资及投资理财等方面的咨询和顾问服务。

【管理】

根据《公司法》、公司章程以及相关法律法规规定,申能财务公司设立股东会、董事会、监事会和公司管理层等法人治理机构,同时借鉴外方股东经验,促进公司长期稳健经营发展。申能财务公司中外合资特色的法人治理经验受到上海市国资委的认可,并被中国财务公司协会在行业中推广。董事会下设审计委员会、薪酬评定委员会和风险管理委员会;公司管理层下设贷款审查委员会和投资决策委员会。申能财务公司董事会由7名董事组成,其中2名由申能(集团)有限公司提名(其中1名担任董事长),2名由申能股份有限公司提名,2名由法国巴黎富通银行提名(其中1名担任副董事长),1名职工董事。申能财务公司监事会由3名监事组成,其中1名由申能股份有限公司提名(担任监事长),1名由法国巴黎富通银行提名,1名职工监事。

申能财务公司内部设立公司金融部、投资管理部、计划财务部、会计结算部、风险合规部、审计稽核部、信息技术部、综合管理部8个职能部门。此外,公司金融部下设外汇业务部,负责相关外汇业务。公司金融部负责企业授信、信用评级、贷款、贴现、保险、担保、银团贷款、电子银行承兑汇票和财务顾问等业务,投资管理部负责证券投资、信托投资、债券投资和银行理财产品等业务。计划财务部负责会计制度、财务管理、存款准备金、同业拆借、商业票据转贴现和资金头寸等事项。会计结算部负责存款、支付、结算和申财通管理等账户处理,风险合规部负责风险、内部控制和重大突发等内容。审计稽核部负责公司业务的审计稽核工作,信息技术部负责公司信息系统规划、管理和技术支持与协调工作,并对公司计算机信息系统、设备、人员进行管理。综合管理部负责公司具体人事、行政、后勤等管理事项。

2012年10月10日,申能财务公司成立业务连续性管理委员会。公司业务连续性管理的目标,是建立与公司战略目标相适应的业务连续性管理体系,通过对各种风险和灾难等突发事件进行评估,确定关键业务、业务恢复时间及恢复策略,确定与建设业务持续性计划、设计开发持续性和灾备预案、预案演练,实现公司业务持续、稳定运营。

【主要业务】

申能财务公司成立当年,共有47家成员单位在公司开设54个结算账户,共吸收存款32.85亿元,发放贷款21.44亿元;年结算量217亿元,年结算笔数987笔。承担申能集团短期融资券发行的财务顾问工作。联合相关银行和外高桥第二电厂,设计利率固定期限掉期(CMS IRS)业务,为外高桥第二电厂节省合计约2000万元的财务成本。加入申能集团系统内的重点建设项目——外高桥第三电厂2台百万级超超临界机组的银团贷款,争取到12亿元的贷款份额。

2008年,共有37家成员单位在申能财务公司开设45个结算账户,归集资金规模日均达到35亿元,最高时达到45亿元,资金归集率达到50%左右;年结算量近698亿,年结算笔数4535笔。同年年底,申能财务公司累计向8家成员单位发放76笔贷款,累计贷款金额达到55.3亿元,成员单位通过申能财务公司获得的贷款在申能集团对外融资中占比达30%。2008年度,申能财务公司向股东分配利润4800万元。

2009年,共有37家成员单位在申能财务公司开设50个结算账户,覆盖全部三级以上控股成员单位,资金归集率达到60%左右;年结算量1 404.97亿,结算笔数11 839笔。初步形成以燃气集团169结算账户为核心的"燃气费"结算平台、以天然气管网公司为核心的"天然气结算平台"、以申能燃料公司为核心的"电煤结算平台"。在临港燃气电厂一期项目银团中担任副牵头行和代理行。2009年年底,申能集团全部三级以上单位都安装申能财务公司的"申财通"系统。2009年申能财务公司相继获得投资资格、网下配售询价、同业拆借、支付系统行号等多项业务资格。2009年度,申能财务公司向股东分配利润4 300万元。

2010年申能财务公司顺利通过人民银行电子汇票系统验收,授予申能财务开具银行承兑汇票资格,进一步丰富申能财务金融业务品种,具有开创意义。年结算量2 369.46亿元,结算笔数25 653笔。针对成员单位不同的融资需求,设计以票据贴现、流动资金贷款、中长期贷款等相结合的金融服务方案,满足管网、外三发电、大众燃气等成员单位的融资需求。2010年1月5日,申能财务公司取得首次公开发行股票询价对象资格,被银监会和证监会列入中国证券业协会询价对象名录,此资格的获得使得财务公司可以开展网下新股投资业务。同年3月24日,申能财务公司作为金融机构获得银行间市场交易商协会会员资格。2010年度,申能财务公司向股东分配利润6 800万元。

2011年"申财通"现金管理系统推广顺利,成为成员企业现金管理的主要平台,上线累计交易量突破1 200亿元,资金内循环效率得到进一步提升,结算备付金逐步下降,为系统成员单位减少在途资金成本和汇兑费用100万元。年结算量2 736.03亿元,结算笔数37 243笔。成功取得外汇结售汇业务,实现本外币一体化结算平台。在行业内首创银团贷款"线上受托支付"功能,实现贷款资金发放与支付一体化,并以代理行身份首次实现申能系统电厂电费账户的归集。2011年年初成功接受上海外汇管理局的现场验收,取得外汇局的即期结售汇业务资格批复和综合头寸批复,7月份取得外汇交易中心和国家外汇管理局会员资格批复。同年12月13日,申能财务公司首笔再贴现业务顺利完成,这也是上海地区首家财务公司成功办理再贴现业务。2011年度,申能财务公司向股东分配利润9 500万元。

2012年申能财务公司先后推出多银行资金池、电子回单、异地结算等特色功能,成为申能集团系统内主要的支付结算平台,年结算量3 970.27亿元,结算笔数85 283笔。为配合申能集团资金集中管理办法的实施,申能财务公司2012年扩大服务范围,为燃气系统市北和大众燃气提供上门收款和票据托收服务。"申财通"系统2.0成功上线,获申能集团2011—2012年科技创新三等奖,成为财务公司行业内较为领先的综合结算服务系统。2012年,申能财务公司为申能集团系统内12家成员企业累计发放贷款61.98亿元,牵头申能集团重点项目的信贷投放,提供专业金融增值服务,开展流动资金贷款和票据贴现,方便企业"随借随用"。2012年度,申能财务公司向股东分配利润9 600万元。

2013年申能财务公司从"单纯支付结算功能"向"结算服务型、科技创新型、内控完善型"的模式转变,年结算量4 766.11亿元,结算笔数24 117笔;异地结算业务上线。信贷模式由简单的存贷款转变为提供个性化的一揽子筹融资解决方案。外汇即期业务顺利开展,全年即期业务量为5.45亿美元。2013年组织涉及外汇远期/掉期业务、页岩气、房产融资和税收政策等多个专题研讨会。2013年度,申能财务公司向股东分配利润1.5亿元。

2014年"申财通"新版登录界面上线,完成财企对账单合并优化、电票批量业务改造及与建设银行接口的升级改造。同年3月,申能财务公司取得外汇远期结售汇业务资格,成为全国第7家取得此项业务资格的财务公司。同期,申能财务公司还取得外汇交易中心批准的外币拆借资格,成为其外币拆借会员。9月18日,申能财务公司完成工商变更,成为全国首家迁至中国(上海)自由贸易试验区内的企业集团财务公司。11月,申能财务公司操盘的首单自贸区跨境人民币借款成功落地;同月,申能财务公司自主开发的首款移动金融服务平台App"申e通"一期大众版和专业版发布,为成员企业提供基于移动设备的宏观经济和能源行业最新动态和数据,并实时传送金融货币资讯。同年,申能财务公司与财政部清洁基金中心合作,为申能源服务公司张江中区项目成功申请2 000万元低成本清洁基金委托贷款,成为上海市首个地方企业申请的清洁委贷项目;成功开发上线"申盈通"多银行财商转账平台,用于集团大宗商品交易的资金清算。2014年,申能财务公司共为23家企业提供337笔信贷产品,累计发放贷款104.05亿元;向股东分配利润2.7亿元。

2015年6月,申能财务公司通过上海市财政局向财政部中国清洁发展机制基金中心申请的首期6 000万元EMC创新贷取得批复,成为清洁基金在上海开展EMC创新贷业务唯一的转贷合作机构。在上海环境交易所开立碳资产交易账户,与申能股份下属吴二发电、外二发电、外三发电以及临港电厂签约上海首单借碳交易合同,完成与宝碳首单配额与CCER(中国核证自愿减排量)置换的线上交易,完成与宝钢特钢碳配额协议转让交易。同月29日,申能财务公司自贸区分账核算单元FTU通过中国人民银行上海总部验收,成为国内首批获得开办自由贸易账户业务资质的非银行金融机构之一。6月底,申能财务公司通过中国人民银行自贸区分账核算单元验收,成为国内首批非银行金融机构分账核算单元,获得开办自由贸易账户业务的资质。申能财务公司建立的财务公司试验区分账核算单元与集中收付平台,入选上海市金融办第四批自贸区金融创新案例,并荣获上海市金融创新奖。完成"申财通"系统存款利率差异化定价功能上线,完成人民银行综合支付系统二代集团公司业务跨行资金池功能上线。结合账务中心项目开发及互联网金融创新研究,完成燃气支付大数据价值分析及应用研究课题。完成"申盈通"平台在上海石油天然气交易中心的系统开发及接入测试。8月5日,申能财务公司获批开展成员单位产品的消费信贷、买方信贷及融资租赁业务资格,成为拥有全牌照的财务公司之一。2015年度,申能财务公司结算量5 837.03亿元;向股东分配利润2.6亿元。

2016年,申能财务公司深化异地项目服务,保障集团系统能源主业和重点项目融资需求,2016年年底贷款余额86.41亿元,其中,绿色信贷余额55.51亿元,占64%,主要投向新能源海上风电、宁夏吴忠热电联供以及能源服务项目等。完成银行间即期结售汇折美元3.99亿元,为集团及成员企业节约汇兑成本超过581万元人民币。探索绿色消费金融,零息零费零首付、为期12期的商品分期贷款的首款消费金融产品——"和气生财"于2016年12月18日上线,并实现首批用户签约。同年,在上海自贸区成立3周年之际,申能财务公司在自贸区金融创新上的努力和成果得到多方肯定,公司的FTU创新案例获多个市级奖项,并入选自贸区管委会自贸区百个案例汇编,并作为十大精品案例之一上报国务院;经人民银行、上海银监局等监管部门推荐,申能财务公司自贸区创新成果在《人民日报》特刊、《新民周刊》《上海国资》等媒体作专题报道和经验介绍,作为唯一的财务公司参加自贸区3周年庆宣传片拍摄。帮助外三发电以低成本完成年度碳配额履约工作,节约近1/3履约成本。及时跟进上海碳市场最新配额结转政策,制定电厂配额结转服务方案,并成功协助完成外二发电和吴二发电存量配额的结转工作。同年12月,申能财务公司顺利完成5亿元增资工作,注册资本金由10亿元增至15亿元;2016年年底,公司存款余额为159.56亿元,比上年增加30.5%,年结算量5 873.12亿元;向股东分配利润3.15亿元。

2017年,申能财务公司年度最高存款余额185亿元,最低132亿元,存款峰谷差最大达53亿元;年结算量6 700亿元。公司年末贷款余额达104亿元,创历年新高。在市场融资利率普遍上升

表4-1-3 2007—2017年申能集团财务有限公司经营业绩情况表

单位：万元

年份 项目	2007	2008	2009	2010	2011	2012	2013	2014	2015	2016	2017
1. 营业收入	2 943	12 491	10 492	14 578	33 646	29 336	33 704	43 460	56 373	43 254	60 516
2. 利息净收入	2 435	13 005	9 554	11 923	18 931	25 368	26 966	30 477	28 585	29 388	38 439
利息收入	3 300	20 038	18 272	21 029	33 638	44 805	46 532	53 640	51 631	51 206	61 035
利息支出	865	7 033	8 718	9 106	14 707	19 437	19 566	23 163	23 046	21 818	22 595
3. 手续费及佣金净收入	296	26	2.8	−82.3	−142	−146	−148	−221	−199	−269	−199
手续费及佣金收入	380	43	11.6	4	7.7	21	33	9	16	14	46
手续费及佣金支出	85	17	8.8	87	149.7	167	181	230	215	283	245
4. 投资收益	—	—	865	2 916	4 990	3 961	6 757	12 983	27 568	13 746	21 853
5. 汇兑收益	212	−541	70.2	−178	−131	153	129	221	419	376	184
6. 营业支出	1 230	2 999	2 649	3 766	9 974	12 922	9 915	6 581	14 333	4 706	13 211
营业税金及附加	140	937	714	911	1 592	1 952	1 865	2 222	3 403	1 492	501
业务及管理费	1 090	2 062	1 935	2 855	3 251	3 756	3 806	3 800	3 800	5 877	8 204
财产减值损失	—	—	—	—	5 131	7 214	4 244	559	7 130	−2 675	4 506
7. 营业利润	1 713	9 492	7 843	10 811	13 674	16 414	23 789	36 879	42 040	38 548	47 305
加：营业外收入	—	3	406	337	447	742	823	786	1 040	2 402	6
8. 利润总额	1 713	9 495	8 249	11 142	14 021	17 155	24 612	37 665	43 080	40 949	47 311
减：所得税费用	575	2 432	1 950	2 589	2 371	4 554	3 594	6 693	9 548	5 722	7 457
9. 净利润	1 138	7 063	6 299	8 553	11 650	12 601	21 017	30 972	33 532	35 227	39 855
10. 其他综合收益	—	—	—	2 037	−2 170	2 500	797	20 832	5 634	−12 004	6 306
11. 日均贷款数	—	—	235 949	301 691	418 505	554 100	578 400	570 700	749 200	839 100	947 900
12. 日均存款数	—	—	519 755	666 923	792 860	949 600	967 400	1 135 700	1 199 600	1 408 400	1 520 500

的情况下,公司坚持服务和让利于系统企业。仅与同期贷款基准利率相比,公司为系统企业节约财务费用近5000万元。2017年,公司完成代客结售汇112笔,金额4.66亿美元,为集团节约汇兑成本733万元。2017年9月,在首届"中国(上海)自由贸易试验区制度创新十大经典样本企业"发布会上,申能财务公司作为唯一的财务公司入选"制度创新样本企业"。11月11日,核心业务系统2.0版顺利上线。2017年12月,公司顺利通过监管备案的现场验收,取得产业链业务开展的资格。公司"基于上海自贸区分账核算单元的跨境金融平台建设"获2017年上海市企业管理现代化创新成果一等奖。2017年,申能财务公司连续三年获财务公司行业评级A类评级,处于行业第一梯队;向股东分配利润3.36亿元。

表4-1-4 2007—2017年申能集团财务有限公司信贷业务"第一"项目情况表

内 容	时 间	金额(万元)	对 象
第一笔贷款买入	2007年8月31日	17 000	华能燃机
第一笔委托贷款	2007年11月13日	4 200	申能股份-星火热电
第一个担任代理行的银团合同签署	2010年7月5日	411 000	申能临港燃机电厂
第一笔纸票贴现	2008年8月26日	3 000	申能燃料-外高桥第三电厂
第一笔电票贴现	2010年8月25日	9 796	液化天然气公司-管网公司
第一笔电票承兑	2013年3月27日	1 000	外高桥第三电厂
第一笔系统外贴现(产业链金融)	2014年8月26日	400	申能能源科技-上海瑞超机电设备有限公司
第一笔受托支付	2011年2月16日	1 750	申能临港燃机电厂
第一笔保函	2012年6月5日	10 000	管网公司
第一笔担保	2012年3月29日	23 000	燃气集团-石洞口煤气制气
第一笔融资租赁	2017年2月10日	1 275	张江新能源技术有限公司
第一笔线下保理融资	2014年12月25日	1 000	华能燃机-燃气集团
第一笔线上保理融资	2015年5月14日	5 000	临港燃机-燃气集团
第一个异地贷款项目	2008年4月18日	3 000	华东天荒坪抽水蓄能有限责任公司
第一个异地银团项目合同签署	2014年12月18日	463 000	淮北申皖发电有限公司
第一笔EMC创新贷	2015年9月23日	2 300	申能能服
第一笔清洁委贷	2014年8月19日	2 000	张江新能源技术
第一个绿色消费金融产品	2016年12月18日	—	和气生财·绿能贷

三、其他金融企业

【中国太平洋保险(集团)股份有限公司】

中国太平洋保险(集团)股份有限公司(简称中国太保)总部设在上海,是国内领先的"A+H"股上市综合性保险集团。中国太保专注保险主业，围绕保险主业链条不断丰富经营范围，实现寿险、产险、养老险、健康险、农险和资产管理的全保险牌照布局，各业务板块正在实现共享发展；关注客户需求，推动实施以客户需求为导向的战略转型，"以客户需求为导向"的价值观和方法论内化成公司的生命基因；聚焦价值增长，寿险业务追求高质量的新业务价值增长，产险业务坚持承保盈利，资产管理业务实现投资收益持续超越负债成本。

中国太保前身是中国太平洋保险公司，系1991年经央行批准由交通银行筹建的股份制保险企业，设立时注册资本10亿元。1999年8月28日，按照金融企业必须分业经营的监管要求，交通银行与上海市政府签订股权转让协议书，确定转让交通银行在中国太平洋保险公司所有股权，由上海市政府安排有关企业或机构受让。2000年经保监会批准，上海市政府（由市财政局代持）将其持有的中国太保股份分别转让给久事公司、国资经营公司、申能集团和云南红塔，其中申能集团出资4.48亿元以每股1.49元价格受让30 095.85万股；2002年，中国太保增资至43亿元，申能集团出资7.526亿元以每股2.5元价格认购30 104.15万股；2007年，中国太保引入境外战略投资者并增资扩股至67亿元，申能集团出资28.88亿元以每股4.27价格认购67 623.570 5万股。至此，申能集团合计持有中国太保127 823.570 5万股，持股比例19.08%，为中国太保第二大股东。

2007年12月25日，中国太保成功发行10亿股A股在上交所上市，申能集团持股比例降至16.6%；2009年12月23日，中国太保成功发行9亿股H股在港交所上市，申能集团履行国有股划转义务，向全国社保基金划拨5 315.376 7万股，持股比例降至14.25%，仍为中国太保第二大股东。2012年，中国太保增发4.62亿股H股，总股本增至90.62亿股。

2010—2017年，申能集团根据中国太保的估值水平和股价走势，对其进行市值管理操作，累计逢低增持1 588.108 9万股，并逢高减持1 588.099 3万股。至2017年年底，申能集团持有122 508.203 4万股，持股比例13.52%。

表4-1-5　2007—2017年申能集团投资中国太保相关情况表

年　份	注册资本（万元）	持股总数（股）	持股比例（%）
2007	770 000	1 278 235 705	16.60
2008	770 000	1 278 235 705	16.60
2009	860 000	1 228 871 576	14.49
2010	860 000	1 225 081 938	14.25
2011	860 000	1 235 291 781	14.36
2012	906 200	1 235 291 781	13.63
2013	906 200	1 240 963 027	13.69
2014	906 200	1 225 082 034	13.52
2015	906 200	1 225 082 034	13.52
2016	906 200	1 225 082 034	13.52
2017	906 200	1 225 082 034	13.52

表 4-1-6 2000—2017 年申能集团人员出任中国太保职务情况表

姓 名	申能集团职务	中国太保职务	太保寿险职务	太保产险职务	任 期
杨祥海	董事长	副董事长、非执行董事	—	—	2000年7月—2015年7月
王 坚	董事长	副董事长、非执行董事	—	—	2015年8月—
周慈铭	副总经济师	非执行董事	董事	董事	2000年10月—2012年7月
吴俊豪	金融管理部经理	非执行董事	董事	董事	2012年7月—

说明：1. 杨祥海 2008 年之前任申能集团副董事长兼总经理；2. 周慈铭还担任过太保寿险副董事长、监事长，太保产险副董事长。

中国太平洋人寿保险股份有限公司　中国太平洋人寿保险股份有限公司（简称太保寿险）是中国太保旗下专业寿险子公司，总部设在上海。

1999 年，为落实《保险法》分业规定，中国太保和申能集团、上海国资经营公司、上海烟草公司、云南红塔集团签署《发起人协议》，以发起人身份控股太保寿险，注册资本为 10 亿元，其中申能集团出资 1250 万元，持股 1250 万股，持股比例 1.25%。2001 年 4 月，获保监会颁发的保险公司法人许可证，同年 11 月 9 日在国家工商局登记注册。

2008 年，申能集团参与太保寿险增资，以每股 5 元出资 4395.8655 万元认购 879.1731 万股，增资完成后太保寿险总股本为 51 亿股，申能集团持有太保寿险 2784.9506 万股，持股比例 0.5461%。2010 年，太保寿险增资至 76 亿股，申能集团出资 652.83 万元以每股 4.8 价格认购 1365.1719 万股，增资完成后申能集团持有太保寿险 4150.1225 万股，持股比例 0.5461%。2014 年，太保寿险再次增资至 84.2 亿元，申能集团出资 2498.5923 万元认购 447.7764 万股，持股比例仍为 0.5461%。

中国太平洋财产保险股份有限公司　中国太平洋财产保险股份有限公司（简称太保产险）是中国太保旗下专业产险子公司，总部设在上海。

1999 年，为落实《保险法》分业规定，中国太保和申能集团、上海国资经营公司、上海烟草公司、云南红塔集团签署《发起人协议》，以发起人身份控股太保产险，注册资本为 10 亿元，其中申能集团出资 1250 万元，持股 1250 万股，持股比例 1.25%。2001 年 4 月，获保监会颁发的保险公司法人许可证，同年 11 月 9 日在国家工商局登记注册。

2003 年、2007 年，太保产险分别通过向中国太保定向增资方式，增资扩股至 26.88 亿元，申能集团持股数仍为 1250 万股，持股比例下降至 0.465%；2008 年，太保产险增资至 40.88 亿元，其中申能集团认购 654.1119 万股，持股数增至 1904.1119 万股，持股比例 0.4660；2010 年，太保产险增资至 54.61 亿元，申能集团出资 1169.4 万元以每股 1.82 认购 642.5282 万股，增资完成后申能集团持有太保产险 2546.6401 万股，持股比例 0.4663%；2011 年，太保产险增资至 95 亿元，申能集团出资 4850.6 万元以每股 2.57 元认购 1887.414 万股，增资完成后申能集团持有太保产险 4434.0545 万股，持股比例 0.4667%。

2013 年，太保产险公积金转增股本，总股本变更为 180 亿元，申能集团持股数变更为 8401.3664 万股；2014 年，太保产险增资至 194.7 亿元，申能集团出资 946.8 万元认购 686.1078 万股，增资后申能集团持股数为 9087.4742 万股，持股比例 0.4667%。

长江养老保险股份有限公司　长江养老保险股份有限公司（简称长江养老）是中国太保旗下的

一家专业养老金管理公司。

2007年5月18日,经上海市政府批准,长江养老获批成立。成立初期,注册资本金5.69亿元,由11家大型央企和上海市市属国有企业共同发起。申能集团作为发起人之一,出资2500万元。2009年,太保寿险受让上海国际集团所持有的全部长江养老股份,并对长江养老单独增资至7.8767亿元,中国太保间接控股长江养老。

2017年,长江养老注册资本增至14.46亿元,申能集团放弃增资,持股比例1.728%。

【海通证券股份有限公司】

海通证券股份有限公司(简称海通证券)是国内成立最早的证券公司之一,其前身是成立于1988年的上海海通证券公司,注册资本金1000万元。1994年,改制为有限公司,注册资本金增至10亿元,并发展为全国性券商。2000年,海通证券增资至37.47亿元,申能集团出资4.6亿元认购4.6亿股,申能股份出资1.214 284亿元认购1.214 284亿股。

2002年,海通证券整体变更为股份公司,注册资本金调整为40.06亿元,申能集团持股数变更为48 724.414 9万股,申能股份持股数变更为13 367.113 1万股;同年末,海通证券增资至87.34亿元,申能集团与申能股份持股比例降至5.58%和1.53%。

2007年,海通证券吸收合并都市股份成功上市,注册资本金变更为33.89亿元,同年末完成非公开增发,注册资本金变更为41.13亿元,申能集团持股数调整为16 908.207万股,申能股份持股数调整为7 698.617 4万股;2008年海通证券向全体股东每10股派红股3股、资本公积转增7股,海通证券总股本变更为82.27亿元,申能集团持股数为33 816.414万股,申能股份持股数为15 397.234 8万股。

2011年,海通证券发行H股,申能集团及代申能股份履行国有股转持义务,合计向全国社保基金划转1 600.205万股,申能集团持股降至32 216.209万股。至2017年年底,申能集团持股数未有变化。2016年之前,申能集团享有海通证券一名董事席位,先后由陈铭锡、王鸿祥担任海通证券董事;2017年,调整为委派一名监事,先后由邬跃舟、徐任重出任其监事。

而申能股份根据自身经营发展需要,2010年开始陆续通过二级市场减持海通证券股份,2010年减持6 800万股,获得投资收益7.81亿元;2014年减持1 000万股,获得投资收益2.11亿元;2015年减持1 150.755 2万股,获得投资收益2.65亿元;2017年减持1 856.812 6万股,获得投资收益4.38亿元。同年,申能股份用1 370万股海通证券换购上海国企改革ETF;至2017年年底,申能股份持有海通证券3 219.667万股。

【中国光大银行股份有限公司】

中国光大银行股份有限公司(简称光大银行)成立于1992年8月,是经国务院批复并经中国人民银行批准设立的全国性股份制商业银行,总部设在北京。2009年,光大银行增资扩股,申能集团出资17.6亿元认购8亿光大银行股份,成为光大银行前十大股东,持股比例2.39%,并获得一个监事席位,这是金融股权投资列为申能集团主业后的首次自主投资项目。股权监事职务自2009年11月至2017年12月一直由申能集团金融管理部经理吴俊豪(2011年4月之前为主持工作的副经理)担任。

2010年,光大银行成功发行A股,申能集团履行国有股减持义务,向全国社保基金划转1 766.656 6万股,持股数降至78 233.343 4万股;2013年,光大银行发行H股,申能集团再次履行国有股减持,减持1 633.103 1万股,持股数降至76 600.240 3万股并一直保持至今。

【上海浦东发展银行股份有限公司】

上海浦东发展银行股份有限公司(简称浦发银行)是1992年8月28日经中国人民银行批准设立、1993年1月9日开业、1999年在上海证券交易所挂牌上市(股票交易代码：600000)的全国性股份制商业银行,总行设在上海。

1992年10月28日,浦发银行经人民银行批准由上海财政局、上海国际信托、上海久事公司、申能股份、宝钢、上海汽车等18家单位作为发起人,以定向募集方式设立,注册资本金1亿元,每股面值10元,其中申能股份出资5 000万元,持股500万股;1995年,将1股拆细为10股,注册资本金变更为10亿元,申能股份持股数5 000万股。1997年,浦发银行增资至20.1亿元,申能股份未参与增资,持股数仍为5 000万股,持股比例2.49%。

1999年,浦发银行成功登陆上交所发行A股,成为国内首家上市的股份制商业银行,申能股份持有的浦发银行标定为国有法人股,暂无法上市流通交易。2002年,浦发银行分红,每10股派5股,申能股份持股数变更为7 500万股。2006年,申能股份会同其他上海国企单位,将持有的浦发银行法人股以协议转让方式,全部转让给上海国际集团。

2015年,浦发银行发布公告,以定向增发方式收购上海信托97.33%股权,申能股份持有的1.225亿股上海信托股份,对价转换为持有浦发银行5 134.474 3万股股份。

2016年、2017年,浦发银行分别推出10转1和10转3的送股方案,申能股份持有浦发银行的股数变更为7 342.298 2万股。

表4-1-7 1999—2017年申能集团人员担任浦发银行职务情况表

姓 名	申能集团职务	浦发银行职务	任 期
杨祥海	申能集团副董事长、总经理、党委副书记,申能股份董事长	董 事	1999年5月22日—2005年9月27日
李关良	申能集团董事长	监事长	2002年6月28日—2005年9月27日
宋雪枫	申能股份总经理助理、财务部经理	监 事	2005年9月28日—2008年11月19日
何国庆	久联集团董事长	监 事	1995年5月22日—2002年6月27日
陈振平	久联集团总经理	监 事	2008年11月20日—2010年9月19日
李庆丰	久联集团党委书记、总经理	监 事	2010年9月20日—

【上海国际信托有限公司/上海上国投资产管理有限公司】

上海国际信托有限公司(简称上海信托)前身为上海市投资信托公司,成立于1981年,是国内较早成立的信托公司之一。成立初期,注册资本1亿元。至1992年,公司更名为上海国际信托投资公司,注册资本金增至10亿元。

1993年,上海信托注册资本金增至15亿元,并引入申能股份等10家投资单位,其中申能股份出资7 500万元,持股比例5%,为上海信托第三大股东单位,并享有一个董事席位;1995年,上海信托增资至20亿元,申能股份出资2 500万元,持股份额增至1亿股,持股比例仍为5%;1998年,上海信托再次增资至25亿元,申能股份出资2 500万元,持股份额增至1.25亿股,持股比例5%,仍为其第三大股东单位。

2014年,为便于浦发银行收购,上海信托进行存续分立,上海信托的法人主体存续,保留信托牌照,继续经营信托业务,同时新设上海上国投资产管理有限公司承接上海信托分立出的资产。2015年,分立完成。新的上海信托注册资本金变更为24.5亿元,申能股份持股数为1.225亿股,持股比例5%;上国投资产管理有限公司注册资本金5 000万元,申能股份持股份额250万股,持股比例5%。

2016年,浦发银行完成收购上海信托,申能股份持有的上海信托股份转换为持有浦发银行股份。

【交通银行股份有限公司上海市分行】

交通银行始建于1908年,是中国历史最悠久的银行之一,也是近代中国的发钞行之一。1987年4月1日,重新组建后的交通银行对外营业,成为中国第一家全国性的国有股份制商业银行,总行设在上海。2005年6月交通银行在香港联合交易所挂牌上市,2007年5月在上海证券交易所挂牌上市(股票交易代码:601328)。

1992年4月24日,申能股份投资交通银行上海分行,初期投资金额为1 400万元,持股数量为1 372 660股,持股比例为0.121%;1999年,增资10 981 280元,投资金额为24 981 280元,持股数量为20 589 900股,持股比例为0.149%。2010年,卖出全部股权,投资收益为143 675 849.35元。

【上海银行股份有限公司】

上海银行股份有限公司(简称上海银行)前身为上海城市合作银行成立于1995年12月29日,是一家由国有股份、中资法人股份、外资股份及个人股份共同组成的地方股份制商业银行,总行位于上海。

1995年11月30日,申能股份出资1 545万股参股上海银行(上海城市合作银行),持有1 500万股。2005年3月21日,为进一步集中资源做大做强电力、油气主业,申能股份以总价格4 605万元转让所持上海银行股份给上海联和投资有限公司,获得投资收益2 987.67万元。

2010年,为解决上海燃气集团下属3家已注销子公司持有上海银行股权问题,经上海市国资委批准,将3家已注销子公司合并持有的234.286 2万股上海银行股份无偿划拨至申能集团。2016年,上海银行公开发行A股上市,申能集团履行国有股转持义务,向全国社保基金划拨46 482股,申能集团持股数降至229.638万股。2017年年底,持股298.529 4万股。

【上海宝鼎投资股份有限公司】

上海宝鼎投资股份有限公司(简称宝鼎投资)成立于2000年12月,注册资金7 244.921 5万元,公司类型是股份制企业,地址位于上海市浦东新区芦潮港路1758号1幢8298室。公司经营范围为:软、硬件的开发建设;资产委托管理及经营;高科技投资;投资管理,投资咨询,财务咨询,企业管理咨询,创业投资;接受委托对企业进行资产重组、股份制改造、兼并收购、企业形象策划。

2000年10月,申能股份开始投资宝鼎投资,投资金额575 081元,持股数量57.5万股,持股比例为0.79%。2015年申能股份获现金红利287 540.5元,2016年获现金红利569 330.19元,2017年获现金红利414 058.32元。

【上海新世纪资信评估投资服务有限公司】

上海新世纪资信评估投资服务有限公司(简称新世纪评级)成立于1992年7月30日,评级业务覆盖境内除中国台湾、澳门地区外的全部省市和境外的部分国家和地区，涵盖全部信用评级业务品种，在诸多业务品种的评级服务上取得全国第一和多项荣誉。

2002年，新世纪评级注册资本600万元，申能集团投资额100万元，持股数量100万股，持股比例16.66%。2003年，新世纪评级注册资本增至1 000万元，申能集团持股比例10%。2007年，新世纪评级注册资本增至2 000万元，申能集团持股比例为5%。

第二节 类金融企业

一、上海诚毅投资管理有限公司

作为上海能源行业的投资主体，新能源、节能环保等领域的股权投资管理业务是申能集团在能源和金融产业链领域的延伸，也是申能集团顺应宏观经济形势、自身转型发展需要，在此背景下，2010年4月7日，由申能（集团）有限公司、上海东方证券资本投资有限公司和上海浦东新兴产业投资有限公司共同出资设立上海诚毅投资管理有限公司（简称诚毅投资），公司集中三方股东在能源投资、投资银行和创业投资方面的优势，将承担起管理国家发改委、财政部实施新兴产业创投计划而设立的新能源基金的重任，主要业务为股权投资管理、创业投资管理、投资管理、投资咨询（企业经营涉及行政许可的，凭许可证经营）。

在申能集团的统筹协调下，公司筹备组成员参与新能源创业投资基金方案上报国家发改委、财政部的工作。2010年4月15日，上海市发展和改革委员会、上海市财政局《关于推荐参股设立上海诚毅新能源创业投资有限公司的请示》，上报国家发展改革委员会及财政部。请示中明确诚毅投资作为上海市政府继上报生物医药、新材料、软件和信息服务业3只创业投资基金组建方案之外设立的新能源创业投资基金的管理公司。

同年5月17日，国家发改委、财政部发布《国家发展改革委、财政部关于确认2010年第一批产业技术研究与开发资金参股设立创业投资基金并下达资金使用计划的通知》，对参股设立新能源创投基金及资金使用计划进行批复。

按此批复，诚毅投资开始基金的募集设立工作，2011年7月12日，诚毅新能源创业投资有限公司（简称诚毅新能源创投基金）成立，这也是诚毅投资管理的首只基金。诚毅新能源创投基金是国家发改委、财政部首批20家新兴产业创投基金中规模最大的一家，总规模8亿元，由申能（集团）有限公司、上海东方证券资本投资有限公司、国投高科技投资有限公司、上海浦东新兴产业投资有限公司和上海创业投资有限公司共同设立，重点聚焦新能源、节能环保、智能电网、新能源汽车及其他相关行业的高科技成长型企业。

诚毅投资管理的第二只基金为新申基金，由申能集团和成都市新都区政府共同发起募集设立，成立于2011年8月29日，基金规模3亿元，存续期为7年，主要聚焦新能源、节能环保领域及成都市和新都区重点扶持的产业，立足于成都，并辐射整个西南地区。

截至2016年12月，诚毅投资顺利完成诚毅新能源创投基金和成都新申基金的全部投资任务。

诚毅投资公司遵循市场化运行机制，以专业和先进管理理念，借助于股东和投资人的资源优势，对受托管理资产进行投资运作，实现较高的投资回报，创造良好的社会和经济效益。按照"打造申能集团产业链延伸的重要投资平台"的战略定位，公司以"树立诚毅品牌，提升核心竞争力"为发展主线，以"制度建设、团队建设、品牌建设、信息化建设"为基础支撑，坚持"进取、创新、稳健、高效"

的经营理念。

截至2017年年底,诚毅投资公司设投资管理部、风险控制部、法律合规部、综合管理部4个部门共有工作人员18人,全部具有本科及以上学历。

【管理】

诚毅投资公司按照现代企业制度要求,建立健全完善的法人治理结构,通过专业团队在上海资本市场进行规范操作,获取收益,配合集团产融结合战略,促进企业发展。公司设立董事会,由5名董事组成;董事由股东推荐并由股东会选举产生,申能集团推荐2名,东证资本推荐2名,上海浦东新兴产业投资有限公司(2015年3月10之前为上海浦东科技投资有限公司)推荐1名。董事会设董事长1名,为公司法定代表人,由申能集团推荐并由董事会过半数选举担任。公司实行总经理负责制,设总经理1名,由东证资本推荐并由董事会聘任;根据需要设副总经理若干名。公司设监事会,由5名监事组成,其中3个投资方各推荐1名候选人并由股东会选举产生,另外2名为职工代表监事;监事会主席由东证资本推荐并经全体监事过半数选举产生。诚毅投资公司财务负责人由申能集团推荐并由总经理提名报董事会审议聘任。

诚毅投资公司以总经理办公会议为主要的工作决策形式,2010年设计"前台开拓、中台支持和后台服务"的整体架构,行使业务、风控及服务三大职能。2011年确立前、中台"找、做分开"的业务模式,构建前台开拓、中台支持和后台服务的管理架构体系:前台"找项目",即开拓渠道及项目初选;中台"做项目",即尽职调查和项目执行;后台提供服务支持。2012年建立投前管理系统,利用应用软件系统,以标准化、格式化的内容,以制度化的业务操作流程,实现对投前项目进行横向动态管理和纵向深化管理。以项目投资为中心,及时、准确地提供各部门预算执行情况、实施动态监控管理报表,为各部门、各项目成本核算提供依据;以公司资金效率为重点,优化闲散资金配置,在保障资金安全性和流动性的前提下积极创造效益。

诚毅投资积极创新,敢闯敢干,不断开拓市场。2013年公司在上海国资系统首家先行先试强制跟投制度,获得上海市国资委的充分认可,相关经验被写入上海国资国企改革20条,成为上海国资委推广的国资从事PE投资的样板。2014年公司获批上海国资探索创新优化评估管理试点单位,开始实施以创投跟投制度为先决条件的评估制度改革创新,试点内容包括允许评估后备案、探索新的评估及估值方式、允许区间估值、允许内部估值、变更评估结果确认主体和流程。2015年5月、6月,诚毅创投和上海诚毅新能源创投基金、成都诚毅和成都新申创投基金分别完成在中国证券基金行业协会的私募投资基金管理人及基金备案,并取得私募投资基金管理人登记证明和私募投资基金备案证明。2016年12月,公司顺利完成上海诚毅新能源创投基金和成都新申创投基金的全部投资任务并根据相关机制有序退出部分投资项目。之后,公司运营管理进入投后阶段。

2010年8月23日,申能集团金融管理部建议集团设立PE项目与证券投资决策委员会,主要职责是审核单项投资额占新能源创投基金7%(当时为5 600万元)以上的拟投资项目,掌握新能源创业投资业务信息,识别、评估和控制投资风险。9月13日,集团召开总经理会议,同意设立新能源创业投资决策委员会。新能源创业投资决策委员会由集团主要领导和分管领导组成,总经理和分管副总经理任正、副主任。集团派任基金公司董事、系统有关专家、相关职能部门负责人列席有关会议。组成人员为:主任吴建雄,副主任乔志刚,委员王者洪、孙恣、徐国宝。

诚毅投资公司章程明确规定公司所做出的以基金资产对外投资决策,须分别由相应基金的投资决策委员会审议通过,公司董事长负责召集投资决策委员会会议并担任会议主席。基金的投资决策委员会构成依据相应的协议确定。投资决策委员会成员按照专业化标准和市场化原则选聘，应具备较高的专业知识和相关资质，任期3年，可以连聘连任。诚毅投资公司股东会、董事会、监事会和经营管理机构既要做到各司其职、各负其责，又应当保持相互之间顺畅的信息沟通。投资项目的选定应当与基金的投资策略及规划方向保持一致。遇有特殊重大问题，在执行中需要对基金投资策略或者规划做出必要调整的，经营管理机构应当及时通报情况，并向董事会做出书面报告。

为规范托管资金的投资流程，降低投资风险、提高投资收益、兼顾决策效率，公司特别制定整套投资管理办法和项目投资决策流程中各重要环节的操作规范。根据办法规定，公司投资管理遵循项目工作小组负责项目投资的具体实施、合伙人会议负责投资的集体讨论和审核决策、投资决策委员会负责投资的最终审定，三者各有分工，各有侧重，又相辅相成的原则；投资流程按照项目开发、立项初选、项目研究及二次筛选、初步尽职调查、谈判及决策、外部尽职调查；投资决策履行初审、复审、审定三个程序，层层把关。此外，公司还制定合伙人跟投规定，明确合伙人必须按照所投项目金额的一定比例参与项目投资，以将个人与投资项目的收益、风险紧密地联系在一起。

【经营】

2010年，诚毅投资公司投资部按照企业净利润500万以上、具备可持续成长可能性的标准，共走访项目企业逾50家。在此基础上，初步建立项目信息数据库和渠道信息数据库。2011年，公司深入对接上海各区及江苏、浙江、安徽、四川等区域政府渠道，新能源投资公司等5家申能集团下属企业及东方证券投行、营业网点等股东渠道，上海会计师事务所等11家中介渠道，中国化工节能技术协会等3个行业协会渠道，并与德丰杰、IDG等同行开展互利合作，积极拓展多层次渠道资源，获取项目信息上百个、专家支持十余人次。公司受托管理的上海诚毅新能源创投基金和成都新申基金先后注册成立，公司基金管理规模达到11亿。2012年，完成新增企业拜访量666个，建设项目信息渠道219个；完成行业策略报告19个，梳理储能、膜行业、LED芯片、核电、食品安全检测产品、污水处理中的生物增效技术、卫星应用、电子商务网络营销和代运营、汽车电控系统、资源回收、激光行业、中国社交网络等行业产业地图，有效地配合公司项目的推进。2015年，新申基金投资任务全部完成，新申基金下设子基金成都致毅所投项目成本和收益全部回收。2016年，完成上海诚毅新能源创投基金的全部投资任务。公司围绕能源互联网（智能发电、智能电网、智能储能、智能用电、智能能源交易、智能管理和服务等）的发展，从能源互联网基础设施建设和改造（分布式能源、储能、数据采集、智能电表、充电桩、智能逆变器等）入手，逐步进入需求侧管理和未来的配电侧智能化领域。在天然气领域，围绕天然气终端用能、市场推广、天然气物联网应用等开展相关业务。同时，在节能环保领域，围绕低碳减排、大气、水和土壤的污染治理方面，与申能集团及相关企业形成协同。随着公司受托管理的资金全部投资完毕，2017年公司的工作重心转移至加强已投项目的投后管理工作。

2011年由诚毅投资公司管理的上海诚毅新能源创投基金和成都新申基金相继设立。上海诚毅新能源基金完成一个投资项目，投资额为2 000万元。该年度诚毅投资公司收取管理费1 091万元，利息收入82万元；支出1 523万元，净利润为－410万元。

2012年上海诚毅新能源创投基金完成投资6 500万元，投资项目2个；成都新申基金完成投资1 500万元，投资项目1个。2012年诚毅投资收取管理费2 450万元，利息收入165万元；支出2 338万元。净利润为77万元。

2013年诚毅投资收取管理费2 112.5万元，管理费支出1 515.7万元，投资收益54万元，实现净利润398.9万元。上海诚毅新能源创投基金全年完成投资项目7个，合计投资额11 786.4万元;成都新申基金全年完成投资项目3个,投资额3 700万元。

2014年诚毅投资收取管理费1 875万元,管理费支出1 847.2万元,投资收益292.47万元,实现净利润113.92万元。上海诚毅新能源创投基金全年完成投资项目8个,合计投资额15 575.05万元;退出项目3个,合计收回投资8 115.5万元,获投资收益1 184.3万元。成都新申基金退出投资项目2个,金额3 595.27万元,获投资收益595.28万元。

2015年诚毅投资收取管理费1 697.26万元,管理费支出1 742.09万元,投资收益259.68万元,实现净利润121.47万元。上海诚毅新能源创投基金全年完成投资项目6个,合计投资额15 351.3万元;退出项目2个。成都新申基金全年完成投资项目1个,投资额4 982万元,至2015年12月成都新申基金的投资任务全部完成;2015年受托管理的成都新申基金下设子基金成都致毅所投项目成本和收益全部回收。

2016年诚毅投资收取管理费1 492.07万元,管理费支出1 513.06万元,投资收益129.40万元,实现净利润47.40万元。上海诚毅新能源创投基金全年完成投资项目3个,合计投资额5 905万元,至2016年12月上海诚毅新能源创投基金的投资任务全部完成;退出项目2个。成都新申基金无投资和退出项目。

2017年诚毅投资收取管理费1 523.54万元,管理费支出1 522.25万元,投资收益162.99万元,实现净利润170.47万元。上海诚毅新能源创投基金退出项目1个。成都新申基金退出项目2个。

【上海诚毅新能源创业投资有限公司(上海诚毅新能源创投基金)】

2011年7月12日,上海诚毅新能源创业投资有限公司成立,注册资本8亿元,由申能(集团)有限公司(持股49%)、上海东方证券资本投资有限公司(持股26%)、上海浦东科技投资有限公司(持股12.5%)、国投高科技投资有限公司(持股6.25%)和上海创业投资有限公司(持股6.25%)5家公司共同出资组建。2013年10月28日,注册资本由8亿元减少为7.5亿元。2015年3月10日,股东上海浦东科技投资有限公司变更为上海浦东新兴产业投资有限公司。2015年3月31日,注册资本由7.5亿元减少为6.5亿元。上海诚毅新能源创投基金性质为公司制基金,为国家发展改革委、财政部参股设立的全国首批20家新兴产业创投基金之一,重点聚焦新能源、节能环保及其他相关行业的高科技成长型企业,经营范围为创业投资、投资管理、投资咨询,公司地址是上海市浦东新区陆家嘴环路958号2502C室。

上海诚毅新能源创投基金的主要投资方式为股权投资,即以上海诚毅新能源创投基金的名义通过认购增资、受让股权等方式向被投资企业进行投资,取得被投资企业相应比例的股权。2010年10月13日,上海诚毅新能源创投基金聘请上海诚毅投资管理有限公司为其投资行为以及投资项目的管理提供服务。但是,依据《创业投资企业管理暂行办法》和《关于豁免国有创业投资机构和国有创业投资引导基金国有股转持义务有关问题的通知》的规定,创业投资管理公司需与其管理的创业投资机构一同向上海市发改委申请备案,经备案后,国有创业投资机构方可享受豁免国有股转持义务及其他国家有关创投企业的优惠政策。根据上海市发改委的要求,申请备案的创投管理公司和创投机构的名称中必须有"创业投资"字号。鉴于此,经与上海市发改委财政金融处商议,为顺利完成上海诚毅新能源创投基金及其管理公司的备案工作,并尽早开展业务,上海诚毅投资管理有限公司专门设立全资子公司上海诚毅创业投资管理有限公司来受托管理上海诚毅新能源创投基金。上海诚毅创业投资管理有限公司由上海诚毅投资管理有限公司全额出资设立,注册资本100

万元,两者两块牌子一套班子,经营范围为创业投资管理、创业投资咨询。2011年9月8日,上海诚毅新能源创投基金聘请上海诚毅创业投资管理有限公司为受托管理公司。至此,受托管理基金的主体由上海诚毅投资管理有限公司变更为上海诚毅创业投资管理有限公司。上海诚毅创业投资管理有限公司在其内部设立"创投基金投资决策委员会",专门负责公司投资事项的决策管理。同日,上海诚毅新能源创投基金选聘为上海银行、光大银行为第三方托管机构。

上海诚毅新能源创投基金设立董事会,由9名董事组成,其中申能集团推荐4名,东证资本推荐2名,上海浦东新兴产业投资有限公司(2015年3月10日之前为上海浦东科技投资有限公司)、国投高科技投资有限公司和上海创业投资有限公司各推荐1名。董事会设董事长1名,系公司法定代表人,由申能集团推荐并由董事会选举产生。上海诚毅新能源创投基金不设监事会,仅设1名监事,由东证资本推荐并由股东会选举产生。公司设总经理,由董事会聘任或者解聘。

表4-1-8　2011—2016年上海诚毅新能源创投基金投资情况表

年份	2011	2012	2013	2014	2015	2016	合计
金额(万元)	2 000	9 438	11 786.4	15 575.05	15 351.3	5 905	60 055.75
项目数量(个)	1	3	7	8	6	3	28

表4-1-9　2011—2016年上海诚毅新能源创投基金投资项目情况表

项目名称	投资额(万元)	持股比例(%)	投资年份	备注
上海大郡动力控制技术有限公司	2 000	5.128 2	2011	
北京昆兰新能源技术有限公司	5 000	13.33	2012	
上海艾铭思汽车电子系统有限公司	1 500	6.487 9	2012	
四川省自贡运输机械集团股份有限公司	2 938	2.026	2012	
西安炬光科技有限公司	1 780	5.84	2013	新三板
天津市宏远钛铁有限公司	4 000	10	2013	
上海坤锐电子科技有限公司	1 500	7.5	2013	
成都爱乐达航空制造股份有限公司	1 980	6.6	2013	创业板
上海蓝剑科技发展有限公司	991.4	47.21	2013	
上海波汇通信科技有限公司	596	1.616 1	2013	新三板
上海誉德动力技术集团有限公司	939	4.942 2	2013	新三板
上海誉德动力技术集团有限公司(二期)	1 046.15	4.981 7	2014	新三板
上海华依动力测试技术有限公司	1 993.5	44.853 8	2014	
上海诚毅芯投资有限公司	3 468	99.085 7	2014	
上海爱数软件有限公司	1 991	3.828 8	2014	
上海大郡动力控制技术有限公司(二期)	1 993.2	4.745 7	2014	
上海新傲科技股份有限公司	1 994	2.281	2014	

〔续表〕

项　目　名　称	投资额(万元)	持股比例(%)	投资年份	备　注
上海国际汽车城新能源汽车运营服务有限公司	1 494	23.714 3	2014	
上海厚策能源科技有限公司	1 595.2	39.88	2014	
安徽省元琛环保科技有限公司	2 955	5.372 7	2015	
上海置诚城市管网工程技术股份有限公司	1 994	3.820 3	2015	新三板
上海太和水环境科技发展有限公司	3 980	7.96	2015	
瑞必科净化设备(上海)有限公司	1 554.5	28.263 6	2015	
上海厚策能源科技有限公司(二期)	2 392.8	39.88	2015	
上海金由氟材料股份有限公司	2 475	8.395 6	2015	
上海罗曼照明科技股份有限公司	2 400	6.78	2016	新三板
罗美特(上海)自动化仪表股份有限公司	2 050	16.95	2016	新三板
成都赫尔墨斯科技有限公司	1 455		2016	
合计(万元)		60 055.75		

表4-1-10　2011—2017年上海诚毅新能源创投基金退出项目情况表　　　　单位：万元

项　目　名　称	投资金额	退出金额	退出年份	退出方式	退出收益
北京昆兰新能源技术有限公司	5 000	3 006.62(部分退出)	2013	企业回购	6.62
四川省自贡运输机械集团股份有限公司	2 938	3 672.5	2014	协议转让	734.5
上海大郡动力控制技术有限公司(一、二期合计)	3 993.2	4 443.03	2015	协议转让	449.83
天津市宏远钛铁有限公司	4 000	4 400	2015	协议转让	400
上海坤锐电子科技有限公司	1 500	1 533	2016	企业回购	33
上海国际汽车城新能源汽车运营服务有限公司	1 494	4 078.6	2016	协议转让	2 584.6

二、上海申能诚毅股权投资有限公司

2016年12月27日，上海申能诚毅股权投资有限公司(简称申能诚毅)成立，注册资本10亿元，由申能集团全额出资。经营范围为股权投资、创业投资、股权投资管理、投资管理、投资咨询、资产管理。

上海申能诚毅股权投资有限公司作为申能集团产业链延伸的创新投资平台，集母基金、母管理公司功能于一体，通过直投以及与社会资本合作设立子基金的方式，构建母、子公司联动国有创投基金模式。结合诚毅投资此前积累的制度、规范、团队和经验，产融结合，创新发展，通过市场化、专业化的机制和团队建设，在能源、科技、节能环保领域形成良性投资生态圈。旗下设有多个基金，针对不同的产业领域、业务规模、资本市场进行投资布局。

2017年12月,申能诚毅先后设立成都沪蓉创业投资管理有限公司、宁波申毅投资管理有限公司。

同年,申能诚毅组建三家子基金公司:

新申二期基金:新申二期基金的实体为成都市香城兴申创业投资有限公司,目标规模约为5亿元,首期规模为1.5亿元。于2017年12月11日成立。

申毅添富基金:采用诚毅与汇添富基金共同管理的模式,目标规模为10亿元,资金分批到位。积累一批储备项目,为基金成立后的项目快速推进做准备。

申毅创合基金:申能诚毅与创合汇资本合作,由宁波申毅投资管理有限公司、上海创合汇投资管理有限公司、嘉兴创合汇通股权投资合伙企业(有限合伙)等共同发起设立、目标规模为1亿元的基金,并签署基金有限合伙协议。首期资金规模为7 000万元,主要投资与集团产业链相关的能源与环保产业中快速成长的高新技术项目。

三、上海申能融资租赁有限公司

上海申能融资租赁有限公司(简称申能融资租赁)成立于2016年11月8日,初名上海申能租赁有限公司(简称申能租赁),在上海浦东陆家嘴中国自由贸易试验区注册成立,注册资本10亿元,是由申能股份有限公司(股权占比60%)与申能集团有限公司(股权占比40%)共同出资设立的国有独资企业,是第一批上海市商委、市工商局批准成立的自贸区内资试点融资租赁企业之一。主营业务包括直接租赁、售后回租、保付代理等。2017年2月,公司更名为上海申能融资租赁有限公司。

【管理】

申能融资租赁设有业务部、风险管理部、资金财务部、综合管理部4个部门。拥有15名员工,平均年龄33岁,硕士及以上学历60%,人员结构合理,整体素质优良,是一支高学历、高素质、充满活力的工作队伍。

【主要业务】

成立以来,申能融资租赁紧密围绕股东方"十三五"规划和"产融结合"大局,抓住发展机遇,秉持"服务申能大发展,金融产业共成长"的经营理念,坚持以电力、燃气、新能源等能源产业为核心,依托股东双方和系统企业的大力支持,扎实落地系统内项目,稳健推进系统外项目。2017年与上海新能源投资、上海天然气管网、淮北申皖发电等公司签订融资租赁合同,总金额逾55亿元;实现业务投放37.5亿;为系统企业节约财务费用110多万、增值税附加费用约60万元,并实现营业收入6 000多万元,净利润1 201万元。

公司在不断拓展现有业务的同时,借助行业协会、陆家嘴金融圈等市场平台,不断外扩业务合作伙伴;逐步建立与央企和地方能源集团新能源投资平台的合作关系;与融资行业的优秀企业交流合作,聚焦新能源行业及上下游产业链,打通国内外融资渠道,搭建具备企业特色、适应企业发展的融资租赁合作生态圈。

四、上海申能资产管理有限公司

2000年4月20日,上海申能创业投资有限公司成立,注册资本2亿元,由申能(集团)有限公司(占比51%)和申能股份有限公司(占比49%)共同投资组建。2002年4月30日,根据集团公司的发展战略,经股东会批准,注册资本增至3亿元,并更名为上海申能资产管理有限公司,股东双方持股比例不变。2009年12月,根据申能集团发展战略调整,上海申能资产管理有限公司清算终止。2011年2月14日,经上海市工商行政管理局浦东分局批准,上海申能资产管理有限公司注销登记。

【管理】

2000年4月20日,公司设立3个部门,投资管理部、研究发展部及综合管理部。2001年2月14日,为拓宽业务渠道,发挥公司优势,增强盈利能力,提高综合竞争力,培育新的利润增长点,公司增设资产管理部。2002年4月1日,资产管理部更名为策划部。2003年9月1日,增设金融资产部。2006年10月20日,将研究发展部和策划部合并为研究发展部,将投资管理部和金融资产部合并为金融投资部。

【主要业绩】

申能资产管理公司从成立到解散,为申能集团管理数十亿的金融资产,累计实现税前利润总额为32.9亿元,净利润为28.2亿元,累计分配股利20.75亿元,年均净资产收益率达40.28%,缴纳企业所得税4.6亿元。在努力回报股东、实现国资增值的同时,公司利用理财资源和优势,为集团及系统单位提供理财服务,累计实现收益8.5亿元。公司在积极拓展业务的同时,还策划拟定申能集团金融产业战略规划,为集团培养金融人才,形成"国资增值,集团获益,公司发展,系统得利"的良好局面。

五、国泰君安投资管理股份有限公司

2001年,国泰君安证券公司经证监会批准分立,新设立国泰君安投资管理股份有限公司(简称国泰君安投管),注册资本金37.583亿元,申能集团获得确认的股份数为626.3867万股。

2007年,申能集团因参与国泰君安证券配股需要,出资3511.62万元获得1828.9677万股国泰君安投管股份,加上之前持有的,申能集团合计持有国泰君安投管2455.3544万股。

2001年至2014年,申能集团在国泰君安投管享有一个董事席位;2014年后,申能集团在国泰君安投管享有一个监事席位。

六、申银万国证券股份有限公司

申银万国证券股份有限公司(简称申银万国)是中国第一家股份制证券公司,由上海申银证券公司和上海万国证券公司于1996年7月16日合并组建而成。

1995年,申能股份出资2000万元参股万国证券,持股数为1000万股。申银万国合并后,申能股份持有申银万国股数调整为1 619.426 9万股。1997年,申能集团出资2亿元参股申银万国,持股2亿股。2010年,为落实证监会"一参一控"监管要求,经上海市国资委批准,申能集团将持有的2亿股申银万国股份无偿划拨至上海久事公司,获得投资收益6 757.78万元。

七、国泰君安证券股份有限公司

1992年,申能股份出资1 000万元参股国泰证券,持股1 000万股;1998年,申能集团出资6 250万元参股国泰证券。

1999年8月,经中国证监会批准,国泰证券有限公司和君安证券有限责任公司合并,两公司股东及其他投资者共同发起设立国泰君安证券股份有限公司(简称国泰君安证券),注册资本金37.271 8亿元,申能集团持有国泰君安证券7 000万股,持股比例1.88%;申能股份持有国泰君安证券766万股,持股比例0.21%。2001年,国泰君安证券重组分立,分立后国泰君安证券注册资本金变更为37亿元,申能集团持股数变更为6 948.953 4万股,持股比例仍为1.88%;申能股份持股数变更为760.414万股,持股比例0.21%。2003年,申能股份将持有的国泰君安证券股份全部转让。

2005年,中央汇金公司向国泰君安证券定向增资10亿元,申能集团持股数变更为6 166.699 8万股,持股比例1.31%。2007年,国泰君安证券出台配股方案,申能集团出资1 975.29万元获配1 828.967 7万股"增资权益",适逢证监会出台"一参一控"监管政策,国泰君安证券配股未获批准。

2010年,为解决申能集团"一参一控"问题,经上海市国资委批准,申能集团将所持有的6 199.699 8万股国泰君安证券股份无偿划拨至上海城投集团下属子公司——上海城投资产经营有限公司。2011年,申能集团将1 829.967 7万股国泰君安证券"增资权益"以每股8元价格,全部转让给上海鼎企商贸有限公司,收益12 656.451 6万元。

八、上海久联证券经纪有限责任公司

2000年,经证监会批准、上海市工商局核准,上海久联证券经纪有限责任公司(简称久联证券)成立,注册资本金2亿元,发起人包括久联集团、申能集团等6家单位,其中久联集团出资1.2亿元,持股60%,申能集团出资4 000万元,持股20%。

2005年经证监会批准,久联证券重组,并更名为航天证券经纪有限公司,中国航天科工集团持股70%,久联集团持股30%,其他股东全部退出。

2010年航天证券完成增资扩股,注册资本金由2亿元增至6亿元,久联集团未参与增资,持股数仍为6 000万股,持股比例降至10%。

2009年久联集团划入申能集团,为解决申能集团参股证券公司"一参一控"问题,久联集团于2011年和2012年将持有的航天证券股权全部转让。

第三节 其他企业

申能集团在集中力量发展能源主业的同时,为服从政府安排、提高资金效率,在防范风险、规范运营的前提下,对金融企业进行适度投资。同时,作为国有独资公司,承担部分政府出资职能,申能集团还参股上海电气集团股份有限公司、上海医药集团股份有限公司等。另外,申银万国证券股份有限公司、国泰君安股份有限公司等已退出的企业,债转股类的国泰君安资产管理股份有限公司、经怡实业有限公司等的投资情况,也在该节略述。

一、上海电气集团股份有限公司

2004年3月1日,上海电气集团有限公司(简称上海电气)获批成立,注册资本金90.1095亿元,申能集团作为其5家发起人之一,出资5亿元,持股比例5.55%。同年9月29日,上海电气集团有限公司整体变更为股份有限公司,注册资本金91.89亿元,申能持股5.09879亿股,持股比例仍为5.55%。

2005年4月28日,上海电气在香港成功发行H股,申能集团履行国有股减持义务,减持1998.711万股,申能集团持股数变更为4.8989亿股,持股比例为4.12%。2008年12月5日,上海电气吸收合并"上气股份"后在上交所上市,申能集团持有上海电气A股股数未变,持股比例下降至3.92%。

上海电气作为国内最大的能源装备制造商之一,与申能集团保持着良好的业务合作关系,特别是2006年由上海电气承接的外三发电2台百万千瓦超超临界燃煤机组投产,各项技术性能指标达到国内第一、国际一流水平。

2014—2015年,申能集团在二级市场陆续减持上海电气9899.9928万股,2017年持有上海电气39089.2194万股,持股比例2.65%。

2007年11月16日至2017年末,申能集团委派姚珉芳担任上海电气非执行董事。2007年11月16日至2017年,申能集团委派周昌生担任上海电气监事。

表4-1-11 2005—2017年申能集团投资上海电气情况表

年　份	注册资本(万元)	持股数(万股)	持股比例(%)	分红收益(万元)
2005	1 189 165	48 989.212 2	4.12	2 008.56
2006	1 189 165	48 989.212 2	4.12	2 988.34
2007	1 189 165	48 989.212 2	4.12	0
2008	1 189 165	48 989.212 2	3.92	2 988.34
2009	1 189 165	48 989.212 2	3.92	2 885.46
2010	1 282 363	48 989.212 2	3.82	3 189.2
2011	1 282 363	48 989.212 2	3.82	3 742.78
2012	1 282 363	48 989.212 2	3.82	3 120.61
2013	1 282 363	48 989.212 2	3.82	3 659.49
2014	1 282 363	43 989.219 4	3.43	2 582.17
2015	1 282 431	39 089.219 4	3.05	0
2016	1 343 116	39 089.219 4	2.91	0
2017	1 472 518	39 089.219 4	2.65	3 596.21

二、上海医药集团股份有限公司

2009年,上海医药集团股份有限公司(简称上海医药)开始实施重组,本次重组方案为上海医药吸收合并上实药业、中西药业。根据市国资委意见,申能集团与国盛集团作为战略投资方,按约定价格以现金方式受让上实药业、中西药业股东换股后的上海医药股份。其中,申能集团出资10.19亿元,受让新上海医药股份8 610.327 5万股,持股比例4.32%,并获得一个监事席位。2011年,上海医药发行H股,申能集团履行国有股转持义务,划转490.375 5万股至全国社保基金,申能集团持股数降至8 119.952万股,持股比例3.02%。2016年,申能集团用5 800万股上海医药换购上海国企ETF,申能集团持股数降至2 319.952万股,持股比例0.86%。

表4-1-12　2009—2017年申能集团投资上海医药情况表

年　份	上海医药注册资本(万元)	申能集团持股比例(%)	申能集团持股总数(股)
2009	199 264	4.32	86 103 275
2010	199 264	4.32	86 103 275
2011	268 891	3.02	81 199 520
2012	268 891	3.02	81 199 520
2013	268 891	3.02	81 199 520
2014	268 891	3.02	81 199 520
2015	268 891	3.02	81 199 520
2016	268 891	0.86	23 199 520
2017	268 891	0.86	23 199 520

三、上海经怡实业有限公司

上海经怡实业有限公司(简称经怡实业)是一家为专门处置爱建证券债务而设立的公司,于2006年6月10日注册成立。2004年2月,爱建证券爆发刘顺新"非法吸收公众存款案"。为化解风险,在有关部门的统筹安排下,采取间接债转股方式对爱建证券实施债权和债务剥离,新设债务重组平台——经怡实业,将爱建证券17.935亿元的债务剥离至经怡实业,25家债权单位成为经怡实业的股东。其中,申能集团债权额为1亿元,对应出资额为1亿元,持股份额5.57%,并享有一个董事席位。2006年7月12日,经怡实业召开临时股东会,决议批准上述债转股方案。

2012年6月5日,爱建集团完成非公开增发2.85亿股,发行价格每股9.12元,经怡实业认购7 675.43万股,限售期36个月。2015年6月解禁后,经怡实业陆续减持爱建集团股票,所实现的收益用于公司减资。2017年,经怡实业完成两次减资后,注册资本变更为9 706.944万元,申能集团对应的出资额499.2万元,持股份额5.143%,申能集团已收回债权9 501万元。

第二章　金融产业管理

申能集团在金融产业管控模式上，对控股企业的管理主要通过战略管控模式进行，即公司负责战略规划、经营预算、资源统筹、考核激励等；对参股企业，则通过委派董、监事等实施管理。运营管理和市场拓展由被投资企业根据各自目标开展并实施。

第一节　沿　革

从1992年4月申能电力开发公司参股交通银行，开始涉足金融业，到改制后的申能股份参股浦发银行、国泰君安证券、上海国际信托、上海银行、申银万国证券等，属于申能投资金融的起步发展阶段。当时正值中国金融业深化改革，同时，部分金融企业面临经营困难和生存危机，金融改革和稳定发展需要各方支持，上海市政府鼓励市国资企业参与金融企业重组，为申能投资金融提供外部契机。这一阶段累计投资4.4亿元，多由政府安排，属被动投资。

1996年，申能集团成立后，加大金融投资力度，成为中国太保、东方证券的主要股东，设立资产管理公司，参股海通证券、申银万国证券，累计投资额约25.4亿元，并对金融资产进行优化整合。

2007年之后，申能集团将金融股权投资列入集团主业，抓住机遇，快速发展。2007年，申能集团出资28.88亿元和4.1亿元分别对中国太保、东方证券增资，并积极支持中国太保实现A股上市。2009年，集团出资17.6亿元成为光大银行股东。

2010年，按照证监会"一参一控"监管政策要求，申能退出申银万国证券和国泰君安证券，同时增持东方证券，持股比例增至38.38%；申能财务公司完成增资扩股，注册资本金增至10亿元；同年集团参与太保寿险、太保产险的增资；组建诚毅投资管理有限公司；参与上海医药重组；配合光大银行完成IPO上市。

2011年，申能集团出资1.96亿元组建诚毅新能源创投有限公司，申能集团持股比例为49%；出资2 000万元发起设立成都新申创投有限公司，申能集团持股比例为33.33%。申能集团开始尝试对持有的上市公司股权进行动态市值管理，通过二级市场增持中国太保约1 020.98万股；以每股8元价格转让1 829万股国泰君安证券"增资权益"，实现国有资产的保值增值。

2013年，申能集团再次对中国太保进行市值管理操作，通过二级市场增持约567万股中国太保股份，持股比例升至13.69%。成都新申创投完成第二轮增资，实收资本由6 000万元增至1亿元，申能集团出资2 000万元，持股比例40%。

2014年，诚毅新能源创投完成最后一轮增资，申能集团出资1.96亿元，持股比例增至52.27%；分别出资2 498.59万元和946.83万元参与太保寿险、太保产险的增资。市值管理方面，申能集团在二级市场减持1 588.1万股中国太保股票，持股比例下降至13.52%。

2015年3月，东方证券成功登陆上交所，发行10亿股，募集资金100.3亿元，为2013—2015年来最大的首次公开发行，因发行新股及国有股转持5 481.160 2万股，申能集团持股比例从38.38%下降至30.08%。

2016年6月，东方证券管理关系划至申能集团；7月，东方证券成功登陆香港联交所，发行9.34

亿股H股,募集资金76.1亿元港币,申能集团因转持国有股5 481.160 2万股,持股比例从30.08%下降至24.74%。同年,申能财务公司注册资本金由10亿元增至15亿元,各股东单位同比例参与增资;申能集团通过换股方式认购上海国企ETF 16.28亿份;全资设立上海申能诚毅股权投资有限公司,注册资本10亿元,首期出资5亿元;并与申能股份共同发起设立上海申能租赁有限公司,注册资本10亿元,首期出资额5亿元,其中申能集团出资2亿元。

2017年12月,东方证券顺利完成非公开发行A股7.78亿股,募集资金110.58亿元,申能集团出资32.683亿元认购2.3亿股,发行完成后,申能集团持有东方证券股数由15.38亿股升至17.68亿股,持股比例由24.74%升至25.27%;11月24日,申能股份、财务公司以换股和现金方式认购上海改革ETF 4.95亿份,换出部分海通证券。

截至2017年年底,申能集团金融资产市值达到873亿元,资产证券化率超过80%,累计获得金融投资分红收益98亿元。

表4-2-1 2007—2017年申能集团主要金融投资企业净利润情况表   单位:亿元

单位名称\年份	2007	2008	2009	2010	2011	2012	2013	2014	2015	2016	2017
申能资产公司	8.166	2.299	2.844	—	—	—	—	—	—	—	—
申能财务公司	0.114	0.706	0.63	0.86	1.17	1.26	2.1	3.10	3.35	3.52	3.99
中国太保公司	70.847	13.30	74.73	86.65	83.93	51.3	93.95	110.49	177.28	120.57	146.62
太保寿险公司	45.475	29.05	54.26	46.1	31.93	25.26	62.19	90.84	105.8	85.12	100.70
太保产险公司	22.101	3.89	14.22	35.11	37.67	26.59	26.22	10.37	53.3	45.40	37.43
东方证券公司	43.025	-8.868	19.15	13.15	9.49	5.91	10.21	23.59	73.74	23.14	35.54
海通证券公司	53.21	33.01	46.62	38.68	32.82	32.52	42.81	77.11	158.39	80.43	86.18

第二节 决策管理

作为地方国企,申能始终以支持上海金融中心建设为己任。在早期能源主业快速发展的基础上,申能抓住金融体制改革的机遇,开始投资金融业,并由小规模、被动投资,逐渐发展成主动投、重视管;在把握机遇同时,探索资本市场规律,科学决策,严格管理,有效防范风险,取得瞩目成绩。

2007年,金融投资列入申能集团主业目录,集团金融资产规模日益庞大,金融投资管理方式随之发生变革。2009年8月,申能集团成立金融管理部;2010年9月,申能集团成立金融资产投资管理决策委员会,加强对金融投资决策管理,严控风险,确保国有资产保值增值。

至2017年,申能集团逐步形成具有申能特色的金融投资管理模式:在董事会、总经理会议决策层基础上,为提高金融投资管理决策的专业性、审慎性及决策效率,增设金融资产管理决策委员会,构建以董事会、总经理会、金融资产管理决策委员会为核心的三级决策层,全面负责处理集团重大金融投资管理事项;优化集团及系统企业的金融资产布局,在上海国资系统首创金融资产动态市值管理模式;大力推进产融结合,制定申能集团产融结合专项规划,助推金融服务能源产业、实体产业取得良好成效;全面梳理金融投资和管理流程,加大防范金融风险力度。

作为董事会、总经理会的前置专业决策机构,金融资产管理决策委员会成立以来,很好地发挥其作用。委员会由主任委员、副主任委员和相关专业委员组成,主任委员由董事长担任,副主任委员由总经理担任,相关专业委员会由主任委员提名。委员会审议的事项包括但不限于重大金融投资项目可行性方案、集团金融资产市值管理方案、集团控股及上市公司股权管理和利润分配预案、金融创新业务可行性方案及金融风险管理等。委员会会议由过半数委员出席方可举行,会后根据会议讨论结果形成会议纪要,对超出委员会职责范围的决策事项,上报总经理会议或董事会审议。截至2017年年底,金融资产管理决策委员会共召开19次会议。金融资产优化布局方面,坚决贯彻落实证监会监管要求,集团通过无偿划拨方式,有序退出国泰君安证券、申银万国证券,并增持东方证券,夯实集团作为东方证券第一大股东地位,为东方证券上市和管理关系划入创造有利条件;申能财务公司通过两次增资,资本规模和实力得到大幅提升,经营业绩稳步增长,创新业务不断获批;通过动态市值管理运作,充分利用市场波动,为集团创造可观收益;积极把握市场投资机会,通过市场化运作参股投资市外金融企业和处置金融资产,实现国有资产的保值增值。

产融结合方面,申能始终坚持实体产业与金融资本的双向融合。经过20多年的发展,申能集团基本形成以东方证券、财务公司、申能诚毅、申能租赁等机构为核心的金融版图,金融业对能源主业的支持力度不断加大,产融结合走在上海国企前列,形成若干可复制、推广的成功案例。面对实体经济和现代金融协同发展、供给侧改革、绿色金融转型、能源市场化改革等挑战和机遇,申能集团制定"十三五产融结合专项规划",按照"坚持以产为主、坚持以融促产、坚持产融共赢"的产融结合总体思路,力争形成以电气产业为核心,金融产业协同发展的产业格局,在"十三五"末期达到"四个有效"的目标,形成"四个一"的成果,成为上海国企产融结合标杆。

金融股权管理方面,金融管理部作为牵头部门按照公司战略目标、发展规划,负责公司金融主业发展战略的研究和贯彻执行;负责公司金融股权管理,优化金融股权结构,促进公司金融产业框架的形成;负责拟订公司金融投资计划并组织实施;配合政府金融主管部门做好对公司所属金融企业的监管、指导等工作;归口管理并指导公司所属金融企业相关业务,搭建集团内的综合性金融服务平台;负责对公司外派到系统外金融企业担任高管、董监事的人员的业务管理及支持和服务工作;动态跟踪和分析国内外经济动态、金融形势、金融投资企业经营情况,并为公司决策提供参考依据。

第三节　金融资产动态市值管理

一、背景

申能所投资的金融企业股权上市具备流动性。经过多年的发展,申能投资的金融企业,无论资产规模、盈利水平、管理能力都满足上市要求,随着证监会逐步放开金融企业上市融资,海通证券、中国太保、光大银行、东方证券、上海银行等都先后成功上市,申能所持有的金融股权具备流动性;

申能具有较强的二级市场投资能力。早在2000年申能就设立资产管理公司,专门从事二级市场投资,积累丰富的投资经验,培养一批专业人才。同时申能在二级市场的投资,并不是简单的高抛低吸,而是立足于对上市公司进行充分的调研分析基础上,从而得出其合理估值区间,一旦上市公司股价低于其估值、具有投资价值后才会买入,股价高于估值后才会卖出。

配合申能金融资产优化和布局。根据申能的发展战略,申能持有的金融股权,有些属于核心资产,有些则是非核心资产,核心资产意味着集团将长期持有,并在合适条件下将增持,非核心资产意味着今后逐步减持甚至退出;此外,集团作为系统内上市公司的控股股东,也有对旗下上市公司市值管理、业务支持等多方面需要,比如若上市公司股价长期低迷,集团可能通过增持等方式让其股价回归合理估值水平;在股灾时响应国资委号召积极增持等。

申能从事动态市值管理,严格遵守相关法律法规,严格控制风险。动态市值管理不是炒股票,操作范围仅限于现有的上市公司股票,是对现有上市公司的股票进行合理的市值管理;操作过程中严格按照金融资产管理委员会所规定的价格区间、数量区间、时间区间进行交易。

经充分论证和筹备,2010年4月《申能(集团)有限公司金融资产动态市值管理暂行办法》经金融资产管理委员会审议通过后执行。

二、流程

金融资产动态市值管理由分管领导具体负责,金融管理部和财务部共同操作。财务部负责公司证券账户资金划转、账户清算等;金融管理部负责所投资上市公司估值分析、交易方案及信息披露等,具体如下:

金融管理部持续跟踪研究集团投资金融企业基本面,包括但不限于:金融政策、行业趋势、上市公司经营状况、盈利预测等,判断其合理估值,并密切关注股价走势,若出现交易机会,则提出交易方案报集团金融资产管理决策委员会审议,并视投资金额决定是否报总经理会议和董事会审批。交易方案通过后,由金融管理部择机交易。

当二级市场股价达到限定的价格区间时,交易员可按照获批的投资方案,选择适当的买卖时机进行操作。如在操作过程中发现任何异常情况,应及时向部门领导汇报,提出意见或建议。执行过程中达到证券相关法规规定公开披露限制时,做好信息披露工作。抛售股票当日收盘后通知财务部,配合财务部做好次日的清算及账户资金余额的划转工作,交易交割单原件交由财务部留存。买回股份所需资金超过账户留存资金余额时,提前3个工作日向财务部提出资金使用计划。

金融管理部对执行情况应及时反馈并作出说明。如当日有交易,金融管理部收盘后应将交易清算快报提交给公司分管领导参阅。金融管理部每周提交动态简报。内容包括市场研判、公司基本面、行业评级、公司新闻、部门建议等。

三、操作

2011年,申能股份股价自年初开始持续下跌,申能集团为维护申能股份股价与市场形象,提高其市值规模和融资功能,获得安全的投资收益。同年8月开始申能集团增持申能股份,至2012年4月累计增持申能股份5 619万股,占比1.19%。同期,中国太保股价也低于其合理估值区间,投资机会显现,2012年8月申能集团出手增持中国太保股份,至年末累计增持1 021万股,占比0.11%。2013年基于对中国太保股价的合理判断,申能集团再次增持中国太保集团567股,占比0.06%。

2014年开始,上海资本市场开始回暖,中国太保股价出现快速上涨,金融管理部判断其股价已超出其合理估值,同年10月开始陆续减持之前增持的中国太保股票,至同年年底累计减持1 588万股,占比0.17%。同期,上海电气的股价也出现大幅上涨,申能集团陆续减持部分所持有的上海电气股份,至2015年上半年累计减持9 900万股,占比0.77%。

2015年下半年,证券市场出现巨幅震荡下跌行情,申能集团积极响应市国资委号召,作为申能股份控股股东,主动在二级市场增持申能股份,并将有关交易情况每日报送市国资委,至2015年年底累计增持申能股份427万股,占比0.09%。

2016年,为支持系统企业汇添富基金管理公司发行上海国企ETF,申能集团将在二级市场增持的6 046万股申能股份及持有的5 800万股上海医药换购为16.27亿份的上海国企ETF。

第三章　产融结合

申能集团积极响应国家号召，服务上海国际金融中心建设，用好金融政策，抓住金融体制改革机遇，深入探索产融结合方式，主动创新服务形式，推出新式金融产品，开创并不断推进产融结合新局面。

第一节　沿　革

申能集团产融结合的发展历史悠久，外有契机，内有动力。在能源主业快速发展的基础上，公司开始投资金融产业，并在产融结合方面积极创新突破，形成申能的特色和优势。

申能集团前身是成立于1987年的申能电力开发公司，受益于当时行业高景气度以及上海地域优势，集团能源主业得到迅速发展，资金实力日益夯实。1992年，上海国际金融中心建设被确立为国家战略，上海市政府鼓励上海市国资企业参与金融企业重组。申能积极响应国家号召，在随后的5年间先后参股浦发银行、交通银行、国泰君安证券、上海国际信托、上海银行、申银万国证券等。这一阶段是申能投资金融的起步发展阶段，特点是范围广、规模小，累计投资额4.4亿元，并且多数由政府安排，属被动投资。但这一阶段为申能日后布局金融资源、发展产融结合奠定了重要的基础。

1997年，随着国家金融体制改革，国务院提出实施银、证、保分业监管，金融市场参与主体进一步丰富。申能集团抓住改革机遇，在之后的10年间加大金融投资力度，先后成为中国太保、东方证券的主要股东，设立资产管理公司，参股海通证券，累计投资额约25.4亿元。这一阶段集团由被动投资逐渐转为有所作为，并对金融资产进行优化整合。集团投资的金融企业纷纷寻求上市，既为集团带来丰厚的投资回报，也为能源主业的发展提供更有力的支持，反哺效应开始显现。

另一方面，公司不断利用上海资本市场与金融工具助力主业发展。早在1993年，申能股份就利用上海资本市场实现上市，之后又通过增发、股改、优质资产注入等多种形式，不断壮大主业、优化资产质量。

2007年，申能财务公司的成立标志着集团进入主动探索产融结合的阶段。之后的9年间，集团分别增资中国太保、东方证券，投资光大银行，发起设立诚毅创投基金和长江养老保险公司，累计投资超90亿元；金融股权投资列入主业目录，逐步形成"电气并举、产融结合"的发展格局。集团还设立金融管理部，统筹促进能源主业与金融业的互动融合不断深化，金融投资企业之间的互利合作日益增多。

与此同时，集团还积极布局能源金融领域。2009年久联集团进入申能集团，同时申能集团先后成为上海环境能源交易所、上海石油天然气交易中心、上海数据交易中心的股东，并在自贸区金融、碳金融等领域开展创新尝试。在经济下行、能源产业景气度下滑的宏观背景下，依托金融股权投资和金融工具支持，申能集团的能源主业有较好的支撑。

随着东方证券管理关系调整到位，2016年年底，集团召开"深化产融结合推进大会"，将申能的产融结合推至全新的2.0版。集团以及各系统单位与东方证券之间展开全面对接与探索，形成产融结合"4+2"重点工作,努力推进产融结合项目落地。另外集团加大理论研究力度,对接市金融办、市工经联,完成"上海发展绿色金融的路径研究"以及"新形势下推动上海国有企业产融结合迈上新台阶"专项课题研究。

2016—2017年,集团增资申能财务公司,投资设立申能诚毅股权投资公司、申能融资租赁公司,参与东方证券定向增发,投资金额超过50亿元。集团的金融产业性质由"财务投资型+内部服务型"向"内部服务+市场化经营"转变,集团综合竞争力将得到全面提升。

经过二十几年的发展,集团在立足能源主业的基础上,积极涉足金融领域,推动产业资本和金融资本有机结合,金融业务规模不断壮大。2017年年底,集团金融资产市值达到873亿元,资产证券化率超过80%,累计获得金融投资分红收益98亿元。集团重点投资的金融企业全部实现上市,金融资产质量好,投资回报高。同时,集团基本形成涵盖东方证券、申能财务公司、申能诚毅、申能融资租赁等集团系统金融企业、战略投资中国太保,以及其他投资金融股权的金融版图,金融业对能源主业的支持力度不断加大,产融结合走在上海国企前列。

表4-3-1 2013—2017年申能集团金融资产市值规模和分红情况表

指标名称	2013年	2014年	2015年	2016年	2017年
年末金融资产市值(亿元)	317	560.3	868	714	873
金融分红收益(亿元)	7.5	9.1	13.1	21.5	13.8

集团金融业在自身发展的同时,对能源主业的反哺作用日益显现。近几年,集团电力、燃气业务受多种因素影响,盈利能力受到制约,金融业为集团净利润贡献最大部分。规模较大、流动性较强的优质金融资产,提升集团在业内的排名和地位。集团信用等级一直保持在AAA水平,在能源项目的融资过程中,增强议价能力,降低融资成本。

东方证券管理关系划归申能集团后,产融结合实力、基础完备,集团具备集团内部进一步深化产融结合的条件。作为"A+H"股上市的大型综合类券商,东方证券2008年到2017年连续获得AA级或A级评级,拥有卓越的投资管理能力、突出的创新能力和专业的人才队伍,在资产管理、基金管理方面长期保持业内领先地位。东方证券的加入为申能集团带来全新的活力,打开产融结合的新天地。

围绕服务集团能源主业,申能财务公司建成行业领先的系统资金管理和结算平台,年结算量达到6 000亿元,资金归集率达到70%。申能财务公司为系统企业提供金融服务的范围不断扩大,包括高效结算、信贷、银团贷款、财务顾问和外汇业务等,提升金融服务附加值。申能财务公司还积极拓展产业链金融、绿色金融和跨境融资业务,实现上海首单借碳交易试点,连续3年在全国同行业获A类评级,FTU业务入选自贸区金融创新案例。

集团设立诚毅新能源和成都新申创投基金,聚焦新能源和节能环保产业,初步形成一套国有资本股权投资的完整制度及强制跟投制度,成为全市首批创新优化评估管理试点单位。2016年集团设立申能诚毅,作为新型股权投资平台,进一步助力集团未来的新兴产业布局与业务转型升级。2016年11月申能租赁公司成立,2017年2月获得融资租赁牌照,依托集团的能源及相关产业链项目资源,发挥集团的品牌优势和资金优势,推动产融、融融协同发展,助力新能源产业快速扩张。

集团与东方证券及其子公司开展日益紧密的业务合作,围绕产融结合"4+2"重点工作,落实具体项目和责任分工,重点围绕加快能源与金融深度融合、实现协同发展的目标,共同发起设立能源产业子基金,开展投资银行和资产管理业务合作,积极参与投资上海国企ETF基金,探索开展碳期货、动力煤、油气等期货套期保值业务,设立能源研究所为产业战略研究提供支持,推动燃气客户共享合作,开展能源与金融行业双向交流及业务培训。集团与太保产险签订战略合作协议,全方位加强业务合作。

第二节 产融结合专项规划

2015年后,持续深化推进产融结合列为集团重点工作,集团金融管理部为牵头部门,联合集团系统企业,并聘请上海社会科学院的专家学者,共同编制完成《申能集团"十三五"产融结合专项规划》(简称《专项规划》)。

根据《专项规划》,申能集团2020年产融结合的发展目标是:基本构建形成电力、燃气、金融投资、能源服务四大板块协调融合发展的产业新格局。聚焦创新转型的工作主线,在深化上海国资改革和推进产融结合方面探索新路,争取在"十三五"末期达到"四个有效"的目标,即有效助力能源主业创新转型、有效提升集团经营管理能级、有效促进金融企业发展壮大、有效增强风险防控管理水平,形成"四个一"的成果:探索一种行之有效的推进模式;形成适用于专业化服务机构、市场化经营机构与产业企业融合发展的良性共赢模式;建立一套科学合理的机制体制,完善集团产融结合的组织架构、规章体系、流程规范等长效机制建设;总结一批效果显著的项目案例,积累可复制、可推广、效果显著、具有申能特色的样本和案例;培养一支经验丰富的人才团队,培养熟悉能源产业、金融运作、风险控制、产融结合模式的专业复合型人才。

按照《专项规划》,产融结合的重点工作为:

一、多元融资促进能源主业创新转型

集团层面整体开展融资部署,与系统内金融机构建立有效联动,开拓多元化融资渠道。发挥东方证券在证券市场的股权融资、债权融资、资产证券化;申能财务公司在银行间市场同业拆借、银团贷款;申能诚毅创投基金、产业基金,申能租赁融资租赁等多样化融资方式和资金来源,降低整体融资成本,建立集团系统资金链和流动性的双重保障。

契合国家"一带一路"发展机遇,协助集团"走出去"战略实施,推进集团境外项目配套金融服务体系建设。进一步提升东方证券、申能财务等金融企业的境外资源和经验,前瞻性地关注国内外能源金融市场的发展趋势和动态,推进申能股份、燃气集团的境外项目拓展,为集团开拓境外电力、油气合作领域提供金融支持和保障。

发挥创投基金的引领孵化功能,搭建能源创新投资新平台。以诚毅创投基金的成功经验,发挥集团内申能诚毅、东方证券等金融企业的优势,探索创投基金、产业基金等运作模式,围绕集团产业链、价值链拓展,投资布局新能源、节能环保产业,推动公司能源产业持续发展,促进电力、燃气、能源贸易板块企业的创新转型。

金融企业帮助能源企业提升对市场风险的识别、预警和应对能力。运用东方证券等金融机构汇率套保管理、股指期货、动力煤和油气期货等工具,帮助集团提升风险管理水平,有效应对市场风

险、汇率风险,支持申能"走出去"战略,适应国内国际市场化竞争,确保国有资产的保值增值。

利用融资租赁企业的市场化渠道功能,帮助新能源投资企业获取更加广泛的项目来源,发挥融资租赁企业的行业优势,采用债权股权交替先行的模式,以租带投,以投促租,充分结合融资租赁企业的融资能力和新能源投资企业项目评价、项目运作管理、资产处置的能力,创新新能源企业盈利模式,促进新能源产业发展。

二、创新金融推动集团专业化市场化改革

贯彻上海国资国企改革精神,深化落实"申能改革发展 33 条",深入推进集团燃气板块改革发展。在市国资委主导下,通过东方花旗等机构的金融服务,有序推进上海燃气混合所有制改革。加快燃气集团融入上海资本市场,坚持以改革促发展,增强企业发展活力和竞争力,创建国内领先、国际一流的智慧燃气服务商和清洁能源服务商,塑造行业排头兵地位。

把握能源改革及金融创新机遇,借助金融企业专业力量,提升申能股份资本运作能级。大力创新上海资本市场运作,发挥上市公司平台功能,开展上海资本市场再融资、引进战略投资者、大股东或高管增持等市场运作;把握新兴市场投资机会,积极参与有成长前景的公司及金融股权的战略投资;提高市值管理水平,努力创造领先的市值增长率,促进国有资产保值增值。

积极响应国家环保要求,以申欣环保为基础,加速培育集团节能环保产业。积极探索申欣环保混合所有制改革,发挥东方花旗等投行资源优势,为申欣环保市场化改革提供财务顾问等金融支持。把握市场发展先机,提供战略发展咨询服务,以资本运作方式,迅速扩大规模,加快新业务、新技术引入,逐步形成规模化、多元化经营模式,共同推进集团环保产业的快速成型。

加快推进集团能源服务板块创新转型,从上海资本市场层面设计符合战略要求的金融服务方案,促进业务健康发展。统筹系统油气贸易产业链资源,结合久联公司转型,建设集团综合性油气能源贸易平台,逐步形成集能源仓储、贸易、交易一体化的专业运营模式;积极开拓海内外能源贸易市场,提供国际金融配套支持,加快做大系统外能源贸易规模,积极构建可持续的盈利模式。

三、产业发展提升金融综合竞争力

金融企业聚焦集团能源产业创新转型,深入挖掘金融需求,推动内部业务资源协同协作,利用多层次上海资本市场各种工具,为能源企业优化资产配置提供一揽子金融解决方案。在支持能源主业发展过程中,不断完善金融企业的综合业务体系,优化业务布局,拓展业务领域,提高行业地位和市场影响力,助推金融企业进一步做大做强。

加强金融企业对能源金融的投入和资源配置,发挥东方证券、申能财务、申能诚毅等金融企业在各自业务领域的竞争优势,依托集团能源主业,打造金融企业能源金融的特色品牌。加强东方证券等金融机构能源行业研究,推进申能东方能源研究所建设,打造能源金融研究品牌,提升东方证券服务大型能源企业的专业能力;围绕集团能源产业链延伸,加快绿色债券、消费金融、新能源和环保产业基金、能源商品期货等能源金融产品落地。

统筹利用金融企业专业化的人力资源储备,为产融结合项目重点配备专业人才、组建专门团队,搭建战略客户服务平台,加强与集团能源企业的行业信息交流和业务对接沟通,积累项目经验和产业资源。利用集团的品牌、资源优势,为东方证券等金融企业拓展市场、承揽项目、培育长期客

户提供支持,提升东方证券等金融企业服务大型产业客户的能力。

四、产融资源优化共享

加强金融科技手段运用,促进集团客户资源整合和共享,提升客户服务质量。利用与腾讯战略合作契机,积极运用互联网、大数据、云计算等技术,实现客户特征分析和精准定位,推动燃气、电力等能源客户与证券、基金、保险等金融客户的交叉销售,促进东方赢家财富版 App、申财通、申 e 通、申能金融、燃气微客服等客户服务载体的相互协同,构建能源、金融、科技的良性循环生态系统。

通过集团协调,有力促进系统内金融企业之间、实体企业与金融企业之间的资源共享和业务合作。在集团框架下,搭建合作平台和建立合作机制,推动东方证券、中国太保、申能财务公司、诚毅投资等金融企业与申能股份、燃气集团、久联集团、能服公司等实体企业在网点、资金、资源、研究等领域的协同合作,促进集团四大板块协同发展,增强集团综合实力和整体竞争力。

五、金融布局助推能源资源市场化

在深化国资国企改革和能源体制改革的机遇下,继续推进集团对能源要素交易市场的战略投资布局。通过参股上海能源环境交易所、上海石油天然气交易中心等能源资源交易场所,主动参与国家能源改革进程,积极推动集团相关业务的改革部署。

依托上海能源环境交易所,加强集团在节能减排、环境保护等领域的国内国际交流和合作,积极参与全国碳交易体系,进一步推动集团系统碳资产的优化管理,加强碳资产运作平台建设;依托上海石油天然气交易中心,充分发挥市场配置资源和发现价格的功能,按照上海改革方案积极推进集团石油天然气市场化进程,开展天然气、液化石油气、石油等能源产品的现货交易,增强市场竞争力。

第三节 产融结合案例

一、动力煤期货助力煤电企业

2017年下半年,申能股份在东证期货的协助下,指导申能燃料公司积极探索开展动力煤期货套期保值业务,探索产融结合新方向,开展相关业务的研究和人才培训等工作,顺利实现年内实现首单交易。

为进一步完善套期保值业务工作方案,在申能集团的支持下,申能燃料采用"走出去,请进来"的方法,不仅与东证期货进行多次研讨、交流活动,同时积极组织参加相关期货业务培训,与多家煤炭贸易商就期货套期保值业务进行沟通,学习和借鉴外部经验。2017年8月,申能燃料公司董事会、股东会审议通过《关于开展动力煤期货业务的议案》;9月11日,制定《期货套期保值管理标准》,成立期货领导小组和工作小组,并发文明确期货工作小组的职责和分工;9月12日,完成期货账户开户工作;11月13日,期货套期保值方案取得申能股份、申能集团所有审批手续。东证期货为申能燃料开展和实施期货套期保值业务提供大量的专业指导和帮助。在套期保值业务开展过程中,申能燃料还在东证期货的协助下完成期货账户的开立,保证金的划转等工作。同时,东证期货根据申能燃料期货业务的特点编制多份套期保值方案,有力推进套期保值业务的有效开展。

在落实期货业务报备进程的基础上,申能燃料建立期货组织机构,制定《期货套期保值管理办法》和《动力煤买入套期保值方案》,确定动力煤期货套期保值关系,并在东证期货开立期货账户开展业务。根据《企业会计准则第 24 号——套期保值》的相关规定,在与公司主审会计师事务所沟通后,申能燃料将本次动力煤期货套期保值确定为现金流量套期业务,经核算本次业务抵消现货价格上涨风险 55.36 万元。

在申能燃料持有期货头寸的过程中,现货和期货市场都同步出现超预期的大幅上扬,并且期货市场上涨幅度大于现货市场,表示为期差缩小,达到期货套保的目的,防范价格上涨的风险,首单期货套保结果好于预期。

二、燃气集团"紫气东来"产融结合项目

2017 年开始,东方证券互联网金融总部与上海燃气客户服务部门、上海燃气市北销售公司以及多个营业网点合作,紧密围绕申能集团产融结合战略,联合开展以"紫气东来"为整体品牌的产融结合综合试点,先后推出三个主题项目,为集团在客户资源共享、线上线下资源整合等方面摸索出一条可持续、可复制的产融结合创新之路。

燃气集团建立独立的一体化项目品牌,将各个产融结合子项目统一在"紫气东来"品牌下,并在项目运营中采用 O2O(Online To Offline)全覆盖策略,成功实现客户的跨界连接,从而获得客户对项目的认知和接受。O2O 全覆盖策略则是根据各方业务模式特点,将线上线下资源结合起来,通过线上平台进行大面积推广,通过线下网点服务能力跟进业务引导,获得更多客户的参与。同时以东方赢家财富版 App 作为承载平台,将不同领域、线上线下场景连接起来,达到产融在客户共享层面的结合。

项目涉及燃气集团、中国太保、东方证券 3 个公司不同层面的工作人员,在东方证券内部也横跨互金、财富、营业部等多个部门,燃气集团通过多轮一线员工培训、每周一次工作会议、每月一次现场会议、每天巡查各网点、工作群即时答疑等方式方法,不断将细节执行到位,逐步将各方捏合成一个项目整体。同时,燃气集团对各方工作人员的协同配合流程、客户的参与流程不断进行大幅调整优化,最终获得 2 万多客户的成功参与。

"紫气东来·燃情夏日"项目覆盖上海燃气嘉定地区 3 个用户服务中心,宝山地区 1 个用户服务中心,共计 10 家燃气营业网点,先后 5 家东方证券营业部进行落地支持。经过跨公司和部门的紧密组织和筹备,项目自开展以来,共计 4.3 万人通过线上线下多种形式参与活动,联结 2.4 万用户下载并注册登录东方赢家财富版 App。

"紫气东来·安全月"项目联合上海燃气、中国太保共同组织实施,覆盖浦东地区上海燃气 4 个营业所、中国太保浦东支公司网点,并通过在燃气账单中植入活动宣传直接触达客户。自项目开展以来,投放约 70 万份纸质宣传单,引流至活动页面人次达 4 903 人次。

"紫气送福·锦鲤东来"项目紧扣"锦鲤"营销热点,通过整合东方证券、上海燃气、中国太保线上线下多方资源统一推广,取得较好的营销效果和产融结合品牌效应。自上线以来,共有 1.8 万人参与活动,通过东方赢家财富版 App 回复消息 8 204 条,其中 4 976 人完成报名,为东方赢家财富版 App 新增用户 2 000 多人。

第四章　金融产业创新

申能集团注重金融创新发展,在绿色金融创新、金融服务实体经济发展以及金融投资方式等领域进行广泛实践和建设,并取得丰硕成果。

第一节　绿　色　金　融

一、绿色信贷

随着全球对环境问题的日益关注,绿色金融应运而生。绿色金融是以各种金融手段促进节能减排,实现可持续发展的新兴金融产业。作为大型地方能源集团的金融平台,申能财务公司长期支持集团绿色能源业务发展,积极推动绿色金融发展和创新,支持节能低碳产业作为公司的重要发展战略。根据申能集团"绿色能源服务商"战略定位,申能财务公司对集团内各领域绿色节能产业提供多层次的信贷资金及金融配套服务。

2014年,申能财务公司与财政部清洁基金中心合作,为申能能源服务公司张江中区项目成功申请2 000万元低成本清洁基金委托贷款,成为上海市首个地方企业申请的清洁委贷项目。同时,作为全国首个金融企业试点,与清洁基金中心和上海市财政局合作探索EMC(合同能源管理项目)创新贷产品开发。

随着申能集团绿色能源产业的发展,申能财务公司绿色信贷业务投放规模和份额比例也呈稳步上升趋势,2016年年底公司绿色信贷余额为55.61亿元,占信贷总规模比例为64.36%。公司投放的绿色信贷业务涵盖清洁能源使用、节能改造、合同能源管理、区域分布式供能、风力发电、天然气发电等、绿色交通运输等多个领域的绿色项目,呈多元化发展趋势。除绿色信贷业务,申能财务公司推出清洁发展委托贷款和合同能源管理融资创新贷款、碳排放交易等一系列绿色金融创新产品,充分发挥其作为绿色金融平台的专业性优势,为集团绿色能源项目引入新的低成本融资渠道、提升业务人员的绿色金融服务专业能力。

二、绿色消费金融

围绕国家"十三五"规划中提出的"创新、协调、绿色、开放、共享"的发展理念和集团"电气并举、产融结合、创新引领、转型提升"的总体战略要求,申能财务公司一直致力于探索金融更好地服务集团能源主业的产业转型,深化产融结合,创新服务清洁能源和节能服务业终端用户的金融产品。随着2015年国内经济增速放缓、结构优化,消费对GDP增长贡献逐渐加大,消费金融市场和专业公司应运而生。2015年7月财务公司取得监管部门批准,获批开办成员单位产品的消费信贷、买方信贷和融资租赁业务资格,这为申能财务公司开发服务于燃气终端用户的绿色消费金融产品准备条件。

2016年年初,在申能集团的统一协调和部署下,在与法国巴黎银行个人金融集团(简称BNP PF)深入交流的基础上,申能财务公司开始研究借鉴BNP PF在欧洲节能领域消费金融的成功经验,开发能源消费金融产品。经过半年多的反复交流和论证,申能财务与燃气集团制定一套加大清洁能源——天然气替代和应用的绿色消费信贷产品方案。在合作初期,财务公司围绕上海地区燃气消费领域,探索通过金融工具创新,促进清洁能源替代,推广天然气使用,首款产品——"和气生财",以林内燃气设备这一商品为载体进行设计,并且配套燃气标准化、专业化安全检修增值服务。通过产融结合,一方面以金融产品推广天然气及相关设备销售,另一方面捆绑消费者对燃气专业服务的需求,同时探讨共同开发燃气大数据,用于对消费贷客户的风险评估、客群分析,以期建立申能财务公司与燃气集团未来长期、稳定、共赢的合作模式。申能财务公司"和气生财"消费金融产品的应运而生,既融合燃气的元素,又能够体现产品的金融属性,并和燃气集团共同创造新的产融结合价值链。

申能财务公司通过与燃气集团、上海林内公司的通力合作,创造性地形成新的三方合作模式:通过与燃气集团设立的线下燃气展厅(西藏中路658号)进行合作,向购买林内燃气设备的上海地区的燃气个人用户,提供"零首付、零利率、零手续费"的"三零"分期付款业务。首款推出的商品分期贷款产品以"绿能贷"命名,意在点明绿色能源贷款,授惠予消费者,提升生活品质。客户通过在燃气全新展厅近距离了解和体验燃气设备后,可以直接在展厅下单,并申请"绿能贷"分期付款业务。为倡导绿色、环保、节能理念,"绿能贷"的业务申请采用无纸化服务,通过平板电脑和手机完成。贷款审核通过后,客户将收到确认通知,林内配套送货安装服务,无须支付额外费用,客户便能够收到精心挑选的燃气设备,并安装妥当。这种结合场景的消费金融模式运营成本较高,且对自动化审批要求高,同时需要大量的地推人员进行覆盖;再加上中国征信体系尚未健全,客户信息核实难度较大。因此,申能财务公司在燃气集团账务中心的大力支持下,引入政府类服务机构及第三方征信公司的数据,力求建立多维度、多层次的风控体系,建立风控模型以保障消费金融业务的稳健可持续发展。

三、碳金融

2015年,申能财务公司在碳金融业务的产品落地、框架设计、渠道联系以及宣传推广方面开展一系列的工作,积累一定的业务理论基础与实践经验。在申能集团的统筹领导和系统企业的支持下,碳金融试点工作取得较好的效果。试点覆盖碳配额存量管理、配额与CCER(中国核证自愿减排量)置换以及新增CCER项目开发业务:在股份的统一安排下,财务公司与股份系统4家电厂完成全国首单,借碳总额达到20万吨;财务公司与一家市场机构完成首笔碳配额与CCER的置换交易,有效规避上海碳配额的政策不确定性,延长碳资产的可使用期限;以系统内的自贸区零碳项目为试点,初步形成CCER项目开发模式。通过上述对碳排放权的资产以及金融属性进行挖掘,集团内碳排放权益作为资产的理念逐渐形成。

2017年,财务公司继续深化为集团系统企业开展的碳金融服务工作,排摸系统整体配额缺口的基础上,协助系统企业完成CCER及碳配额采购,使得系统所有控排企业在按时完成履约工作的基础上,有效降低履约成本。同时,积极探索集团碳金融服务平台的设立模式,为后续成立集团碳统筹管理及市场化发展奠定基础。在探索管理模式的过程中,通过自主开发的方式,历经框架设计、模块搭建、内部测试、优化调整等阶段,于年内顺利使集团碳资产管理系统1.0版上线,为集团碳资产管理及碳金融各项业务提供有效支撑。在团队培养方面,完成首期海外培训工作后进行总结、开展内部分享,并在业务中锻炼出一支熟悉产业、扎根金融、精于服务、擅长交易的全方位复合型人才团队,为年底启动的统一碳市场做好准备。

第二节　金融创新服务实体经济

上海自贸区的金融改革试点,为各类金融机构业务创新提供一方广阔的舞台。银行、券商、保险等各类金融机构踊跃入驻,抢搭自贸金改"早班车"。申能财务公司作为申能集团内部"金融管家",也是一种非银行业的金融机构,在自贸区探索出一条助推集团"走出去"战略、深化"产融结合"、金融创新服务实体经济的"申能模式"。

一、首家入驻自贸区的集团财务公司

申能财务公司承担着连接集团产业资本与金融资本的关键角色,致力于提高集团资金使用效率、为集团企业提供专业的金融产品和服务。上海自贸区设立之初,申能财务公司就密切关注区内金融改革的推进,专门成立研究小组,努力接轨自贸区。随着自贸区金融细则逐一落地,金融创新的巨大空间开始出现,在申能集团的创新战略支持下,申能财务公司积极制定符合财务公司特点的自贸区业务拓展方案,为集团的能源金融业务构建效率更高的自贸平台。2014年9月,申能财务公司获得上海银监局批准,入驻自贸区,为申能集团全球资金融通及跨境资金管理搭建起一个全新的金融服务平台,降低集团系统企业融资成本,提高跨境资金运转效率。申能财务迁址自贸区,采取的是注册地与经营地分离的进驻方式,即企业住所(注册地址)迁至自贸区内,而经营地址仍在区外,这在财务公司经营中前所未有,成为全国首家入驻自贸区的企业集团财务公司。这是在监管机构审批过程中,企业与银监局、工商局等深入研究后实现的一项创新。采取这种方式,既可以符合相关监管规定,又能够借助与合作银行的集中收付模式,使申能财务公司在享受区内政策红利的同时,继续保持对境内系统企业服务的便捷性和高效性。

二、"集中收付"打通境外资金

入驻自贸区后,申能财务公司主动利用自身作为自贸区金融机构的优势,为集团搭建全球资金融通渠道,支持整个集团的能源产业发展。经过与监管部门的反复探讨,申能财务公司决定用好区内的集中收付政策,满足集团系统利用境外低成本资金的需求,进一步降低财务成本。根据央行支持自贸区跨境人民币使用的相关政策,非银行金融机构可以在自贸区进行跨境融资,最高跨境借款不超过注册资本的1.5倍。在人民银行的指导下,申能财务公司依据自贸区金融改革政策,作为区内主办企业,可以为集团所属企业办理经常项下集中收付。申能财务公司首先自身在区内进行跨境借款,然后通过集中收付,为申能集团下属的成员单位支付天然气款项,由此,使这笔在自贸区获得的、低成本的境外贷款真正服务于实体经济。

2014年11月,中国工商银行纽约分行和汇丰银行香港分行分别向申能财务公司发放跨境人民币借款5000万元和1.5亿元,融资成本与境内传统优惠借款利率相比,至少节省200万元。这是首单自贸区财务公司跨境人民币借款,申能财务公司也由此走通借助境外融资支持境内实体经济的一条合理路径。首单自贸区跨境人民币借款业务的成功落地,不仅丰富申能财务的流动性管理手段,使之得以用低成本资金更好地支持集团系统成员单位日常经营,申能财务公司自身也通过办理跨境业务,学习海外人民币定价和运作机制及国际金融市场规则和操作,提升联通境内外融资渠道的能力,拓宽资金来源渠道。

三、建设分账核算单元

按照央行要求,自贸区内企业都采取分账核算体系。上海地区的金融机构可以通过建立分账核算单元,为开立自由贸易账户的区内主体提供经常项目、直接投资、投融资创新等各类金融服务。相对于日趋成熟的商业银行分账核算体系,财务公司这一非银行金融机构在自由贸易账户方面仍是空白。入驻自贸区后,申能财务公司全力探索建立分账核算单元建设。经过近1年时间的努力,于2015年6月通过中国人民银行上海总部自贸实验区分账核算单位专家评审和系统验收,成为国内首批通过验收的非银行金融机构之一。

在此基础上,申能财务公司还通过自主创新,在系统和制度两方面均建立具有财务公司行业特色的、符合中国人民银行分账核算和风险审慎管理要求的财务公司自贸试验区核算创新模式,使财务公司整体的金融服务能力和业务管理能力进一步提升。通过建立具有财务公司特点的自由贸易账户架构、流动性管理、跨境资金风险管理、宏观审慎管理政策正响应机制、反洗钱和内控管理、BCM业务连续性管理及灾备管理等制度框架,并在验收过程中与中国人民银行共同探讨明确财务公司的分账核算系统架构、系统监管及报送模式,公司确立财务公司行业分账核算单元的"申能模式",得到监管部门及行业认可与肯定。

通过自贸试验区分账核算单元验收后,申能财务公司通过分账核算单元拓宽引入低成本外部资金的新渠道,为公司整体流动性管理注入新的活力。2015年12月,申能财务操作首单2亿元的人民币境外借款业务,该笔业务是申能财务公司在分账核算单元通过评审验收后,准确把握交通银行首尔分行作为中韩自由贸易区跨境人民币清算行的优势,利用其良好的跨境人民币流动性,择机而做的人民币境外借款;也是财务公司首笔在不提供额外担保的条件下,以自身信用实现的境外融资,其综合资金成本较境内传统企业融资成本约低100BP以上。申能财务公司还通过分账核算单元做很多其他创新业务。例如,2017年推进自贸试验区绿色金融债的发行,这是上海自贸试验区内首次发行绿色金融债券,募集资金来源均来自区内境外,用于支持新能源和节能减排项目建设。

依托分账核算单元面向境外的自由结算、自由汇兑政策,申能财务公司终于实现境内境外两个市场两种资源的"互联互通"。申能财务公司依托分账核算单元,打开一个金融开放的"百宝箱",为申能集团搭建集跨境借款、集中收付、结算、跨境汇兑、跨境投资、跨境融资及跨境银团等服务于一体的跨境综合金融服务平台,为申能财务公司服务于申能集团资金统筹规划管理,提升资金整体收益提供极大支撑。这些探索创新,使申能财务公司不仅实现境外低成本资金"引进来"和境内闲置资金"走出去"的集团资金统一管理和灵活调度,更实现配合集团"走出去"跨境金融服务能力的提升,成为上海国际金融中心建设和发展总部经济的鲜活案例。

2016年4月,"财务公司自贸试验区分账核算单元与集中收付平台"项目获上海市人民政府颁发的2015年度上海金融创新成果奖三等奖。2017年12月,"基于上海自贸区分账核算单元的跨境金融平台建设"获上海市企业管理现代化创新成果一等奖。

第三节 金融投资模式创新

诚毅投资作为申能集团产业链延伸的创新投资平台,坚持创新与风控两手抓。2011年,诚毅投资在上海国资系统首家先行先试跟投制度,获得上海市国资委的充分认可,相关经验被写入"上海国资国企改革20条"。2014年诚毅投资成为市国资委首批"探索创新优化评估管理试点创新单位"。2017年,诚毅团队入股管理公司方案获批通过。通过多年创新探索,诚毅投资形成一套既高效又合规的国有资本股权投资的完整规章、制度体系和业务流程,打造一支熟悉国有资本股权投资和风险控制的专业团队,积累安全、稳健、合规运营和管理国有资本的丰富经验。

通过探索参与新三板投资、定向增发、基石投资、海外并购等多元化投资手段,诚毅投资结合申能集团的资源禀赋和创新转型,围绕产业链、价值链和下游市场开展投资业务,基本形成一整套完善的国有资本股权投资的制度、流程和方法,初步形成具有诚毅特色的国有股权投资模式。

首先,在治理结构上,按照"小机构、大运作"的思路搭建架构,在母管理公司层面整合风险控制部门和后台部门,严格控制基金投向,财务、法务等风控人员直接跟进到具体项目,负责出具项目在财务和法律方面的现状、未来预期尽职调查报告。不仅如此,从资金流向上看,母、子管理公司所有资金均由诚毅投资集中统筹,并按照子管理公司实际发生费用进行拨付。

其次,在跟投制度上,由诚毅投资核心员工作为股东,设立跟投平台公司。项目团队作为强制跟投人员向跟投平台公司提供资金。跟投平台公司在收到资金后向子基金管理公司出资。在子管理公司实现非国有控股,保障核心团队投资决策的自主权。

由诚毅投资、跟投平台公司和外部重要合作伙伴(如有)共同出资设立子基金管理公司,跟投人员根据诚毅投资和跟投平台公司两者之间的持股比例,承担子基金管理公司的亏损和享有管理绩效分成,以此对母子基金管理团队的核心人员进行风险绑定和利益绑定。同时,鼓励诚毅投资团队中的前台投资人员直接跟投并持有子基金管理公司的股权,并将劳动关系转入子基金管理公司。

再次,在估值方式上,诚毅投资探索国有资产评估管理方式创新试点的估值方式。诚毅受托管理的新能源基金于2014年成为首批国有创投探索创新优化评估管理试点单位。一方面,基金在参与项目投资的过程中,不需要进行第三方评估,只需按照企业内部估值法即可,这种估值法对于知识产权或技术等无形资产的估值较第三方评估更为有效;另一方面,当资金进入被投企业之后,被投企业发生非同比例增减资时,也不再需要进行第三方评估,使用内部估值法报告即可,提高资本运作效率。

最后,在退出机制上,诚毅投资探索多样化的项目退出方式。例如,通过上市公司并购、交易所公开挂牌、协议转让等方式,实现大郡控制、自贡运机等项目的有序退出。在基金实现退出阶段,如果投资协议中已有相关约定,当未能实现预期收益目标时,由指定的其他投资机构按照约定价格购买,在产交所进行公开挂牌时,可执行简易程序,实现点对点转让。此外,在跨境投资过程中,公司探索利用自贸区独特优势,通过设立特殊目的公司投资海外架构,于2015年完成上海国资PE借道自贸区实现海外投资第一单。

第五篇

能源服务与其他产业

概　　述

为构建能源全产业链综合竞争优势，申能集团依托上海自贸区建设，积极开拓国际、国内两个市场，推动电煤贸易市场化发展；积极参与上海石油天然气交易中心建设，拓展天然气贸易渠道；开发能源仓储业务，提升能源储存、运输能力，探索成品油自营模式。

在电煤供应方面，作为上海地区主要的电煤供应商——上海申能燃料有限公司（简称申能燃料）从2008年成立至2017年年底，累计销售燃煤10 815万吨，有效保障系统电厂煤炭的充足、稳定供应。同时，申能燃料积极拓展市场化经营，取得良好的经营效益，2017年销售收入达到90亿元。

在油气贸易方面，申能集团参股上海石油天然气交易中心的建设，积极打造具有申能特色的油气贸易专业公司。在上海石油天然气交易中心开业交易之前，主要由久联集团的子公司上海石油交易所从事液化天然气（LNG）和液化石油气（LPG）现货竞买交易。2015年3月，上海石油天然气交易中心成立后，上海石油交易所将有关液化天然气（LNG）交易整体平移到上海石油天然气交易中心。上海石油交易所继续从事液化石油气（LPG）交易。2017年，申能集团为整合能源产业链资源，做大做强能源贸易板块，决定将上海石洞口煤气制气有限公司（简称石煤制气）整体建制划转久联集团；久联集团则受让系统内相关油气资产，开展以成品油、天然气为主的能源贸易业务。

在能源仓储方面，石煤制气建设的石洞口燃气生产与能源储备基地，是集油气储存、装卸、水陆发运为一体的多功能、全方位的能源储运区。至2017年，基地拥有2个危险品专用码头泊位；油品储罐总数27个，共计26万平方米，配套12个油品槽车发车位；液化气储罐总数6个，共计1.2万平方米，配套槽车装卸位6个。除扩大仓储量以外，石煤制气积极拓展仓储经营模式，通过包罐、临时租罐等不同形式为客户提供仓储服务。为进一步推进仓储经营的可持续发展，石煤制气在打造一流第三方专业仓储公司的同时，充分挖掘自身优势，将油品贸易作为发展方向，力争以仓储保贸易，以贸易促仓储，逐步形成贸易批发及进出口、终端零售为一体的油品贸易体系。

在能源运输方面，上海嘉禾航运有限公司是申能集团所属电厂最重要的煤炭承运商，为保障上海市的能源供应发挥重要作用。2017年，嘉禾航运公司以自有船和市场租船配合燃料公司运输市场销售煤炭121.70万吨。除煤炭运输外，为满足上海LNG项目的运输需求，2010年，申能集团与中国液化天然气运输（控股）有限公司（CLNG）和中海油能源发展股份有限公司共同发起组建液化天然气海运公司；2012年11月，海运公司首艘LNG运载船——"申海"号投入国际商业运营服务。"申海"轮承担着申能集团以FOB（离岸价）模式采购的国际LNG的运输任务，是申能集团能源运输的重要船舶。截至2014年年底，"申海"号累计运输LNG 50船，承运量占全部进口量近50%。

近年来，申能集团在能源服务和能源创新等方面积极探索。上海申能能源服务有限公司，借助上海"创新驱动、转型发展"的有利经济发展环境，积极致力于发展区域能源供应、分布式供能及相关节能改造项目。申能能服成为上海天然气节能应用和分布式供能项目发展的引领者，同时也是上海首屈一指的区域供能领域集成服务商，取得行业领先地位。

为推进申能集团创新转型和整体存量土地综合利用工作,充分发挥集团的能源产业优势,2015年9月,申能集团成立上海(国际)能源创新中心(简称能创中心)。能创中心将建设成为申能集团前瞻性能源产业投资布局平台以及中国能源产业科技创新孵化平台。上海申能能创能源发展公司作为推进上海(国际)能源创新中心建设的平台公司,积极致力于使用最先进的分布式能源供应系统和近零碳排放的技能标准来建设能创中心。

第一章 能源服务与贸易企业

为服务申能集团"电气并举"的能源主业发展方针,申能集团及旗下各企业围绕公司电力生产和燃气供应开展业务,先后独资或与各相关企业组建合资公司,从事煤炭、液化天然气运输、储存、销售与服务,既为公司电力生产和燃气安全供应提供强有力的保障,同时也开拓业务领域,实现国有资产保值增值。

第一节 上海石油交易所

2001年,国家商务部在"创建中国现代石油市场"课题研究中提出在上海创建石油交易所的建议。2003年,上海石油交易所创建工作被市政府列入《上海市发展服务业行动纲领》;同年国家发展和改革委员会批复同意上海市发改委报告,同意建立上海石油交易所。2004年8月,中国石油国际事业有限公司、中国石化销售有限公司、中海石油投资控股有限公司、中化国际石油公司和上海久联集团有限公司共同出资组建上海石油交易所。上海石油交易所注册于浦东新区,定位于能源要素市场,注册资本1.05亿元,其中,上海久联集团有限公司(久联集团2009年划归申能集团有限公司管理)持股比例为80%,四大石油公司各持股5%。2006年,上海石油交易所被纳入国务院批准的浦东新区综合配套改革试点单位,并于同年8月18日开业运营。上海石油交易所是国内第一家由四大能源央企与地方国企共同投资组建的能源现货交易所,设有办公室、交易交收部、结算部、财务部、市场发展部、信息技术部和能源研究所等内部机构,工作人员13名。

上海石油交易所不断加强创新工作,突破发展瓶颈,先后推出燃料油、甲醇等6个石油石化产品的市场交易。在交易方式上,交易所于2010年12月17日在国内首次推出液化天然气现货竞买交易,实现国内液化天然气第一笔电子市场化交易;同年上海石油交易所推出液化石油气现货竞买交易。上海石油交易所推出的LNG和LPG现货竞买交易对补充和保障上海的城市燃气供应发挥积极的作用,是建设区域性的能源要素市场的重要一步。《中国能源报》将上海石油交易所创新推出液化天然气现货竞买交易列为中国2010年天然气行业大事之一。在交易品种上,2011年8月17日,上海石油交易所成功上市中国石化精制液化气现货竞买交易,丰富交易品种,增加交易资源。在服务方式上,上海石油交易所在全国石油化工厂商集中的大中型城市设立客户服务中心,2009年已有四五十家客户签署授权服务机构协议书。与此同时,上海石油交易所还积极开展对外交流与合作,先后同全球最大的甲醇生厂商Methanex公司、交通银行总行、天津市政府、宁波市保税区政府、俄罗斯商品交易所等进行交流、互访,进一步扩大交易所的影响力。交易所同宁波市保税区政府签订战略合作协议书,同俄罗斯商品交易所签订战略合作意向书。

上海石油交易所注重加强规范管理和风险控制,先后出台《上海石油交易所风险控制管理办法》和《上海石油交易所套期保值管理办法》等制度和规则。同时,在日常交易交收中严格按照规定办事,辅以有效的协调沟通,严格又灵活地处理交易交收中遇到的问题,保障交易所的规范稳健运行,没有出现一起交易风险和交收违约事件。

上海石油交易所有两个交易中心,即上海石油交易所西部交易中心和宁波交易中心。西部交易中心成立于2007年11月8日,注册资本1000万元,其中上海石油交易所持有12%的股份,为西部交易中心第二大股东。2009年6月,上海石油交易所宁波交易中心揭牌。上海石油交易所宁波交易中心的建设是上海石油交易所拓展长三角市场、实现战略发展的重要战略。2017年4月17日,上海石油交易所与陕西延长化建股份签订《股权交易合同》;5月19日,上海石油交易所收到783.3万元的股权转让总价款,至此上海石油交易所西部有限公司股权转让顺利完成。

久联集团划归申能管理后,在申能、久联两级集团领导和公司董事会、能源要素市场工作小组的领导和支持下,上海石油交易所的经营业绩有所好转。在2013年实现交易所成立7年来的第一次盈利,奠定国内独一无二的LNG交易市场地位。2015年,由国家发改委和新华社联合发起设立上海石油天然气交易中心。上海石油交易所从大局出发,在2015年5月30日将有关LNG交易整体平移到上海石油天然气交易中心,LPG继续交易,石油交易所业绩随之下滑。上海石油交易所为中国天然气交易市场的发展开局并奠定良好基础,对上海石油天然气交易中心最终落户上海以及开业交易起到极大的支撑作用。

表 5-1-1　2011—2017 年上海石油交易所经营业绩情况表

年份	交易商(家)	现货竞买 LNG(万吨)	现货竞买 LPG(万吨)	营业收入(万元)	利润总额(万元)
2011	61	7.73	7.41	168.44	-824.63
2012	107	8.96	7.52	174	-149.9
2013	161	35.87	6.51	513	106
2014	179	57.76	5.47	594.5	52.5
2015	179	16.56	4.85	444	-236
2016	64	—	4.49	340	-245
2017	64	—	3.95	329	300

说明:2015 年下半年起 LNG 业务移出。

2017年11月中旬,在申能系统企业久联集团基础上组建申能集团综合性油气能源贸易平台工作启动。作为久联集团重要子公司的上海石油交易所积极参与能源贸易发展业务,努力把自己打造成以大宗能源贸易线上交易为主体,集成品油、天然气、液化石油气等能源贸易销售采购及交易结算、互联网金融为一体的综合型创新型能源交易平台。

第二节　上海申能燃料有限公司

上海申能燃料有限公司(简称申能燃料)原名上海申源燃料有限公司,由申能股份有限公司和国电电力发展股份有限公司按6∶4比例共同出资成立,于2008年5月15日完成工商登记,注册资金5000万元;2009年12月9日,更名为"上海申能燃料有限公司"。申能燃料位于上海市杨浦区昆明路518号A座16楼,以经营燃料为主,包括煤炭、重油的采购、中转及仓储,主要是为上海外高桥第二发电有限责任公司、上海外高桥第三发电有限责任公司、上海申能星火热电有限责任公司等申能股份有限公司所属火电企业提供发电用的煤炭,并适时参与煤矿、港口和运输等领域的投资及管理。申能燃料设总经理室、计划调运部、综合管理部和财务部等"一室三部";同时遵循精简高效、合理分工的原则,制定各部门的具体人员编制数,公司在册员工34名,中级以上技术职称20人。截至2017年年底,公司总资产194.8亿余元,净资产超过39.4亿元;人均劳动生产率达590万元/年。

申能燃料作为连接煤炭资源和发电企业的重要环节,通过与广大煤炭企业建立广泛的联系,并加强与铁路、港口、海运、电厂等方面的协作,发挥集中采购的优势,保障申能系统发电企业燃料安全可靠供应,降低发电成本。2008年7月在上海市政府和申能股份公司领导的带领下,申能燃料领导多次走访内蒙古、山西各贸易供应商,落实煤炭资源,主动拓展资源关系渠道。公司采购的国内煤主要有内蒙神木、伊泰,山西大同的优混,中煤集团的平朔煤系列以及吉煤集团的东北地区煤炭等。根据国内外煤炭市场供需和价格变化情况,申能燃料按照市场运行逻辑,积极拓展进口煤炭业务,先后采购俄罗斯煤、印度尼西亚煤和澳洲煤。进口煤炭补充国内煤炭供应的不足,同时有效帮助发电企业降低燃料采购成本,提高利润空间。2009年,申能燃料共采购进口煤98万吨,为电厂节约燃料成本约1亿元。

为保障上海地区电煤的供应,申能燃料还积极做好煤炭运输、中转和储存工作。国内煤炭下水港口主要集中在渤海湾各沿岸港口,如秦皇岛港、黄骅港、天津港、京唐港、曹妃甸港、营口港等;进口煤的下水港口主要有俄罗斯的东方港、印度尼西亚南加里曼丹的港口、澳洲的纽卡索港和珀斯港等。2011年3月,申能燃料与中海货轮公司签署《保障运输、优化服务合作协议》。根据合作协议,申能燃料2011年所有内贸煤炭除嘉禾航运承运部分外,全部由中海货轮公司承运。为解决煤炭堆存场地紧缺的问题,申能燃料积极在上海港内和周边地区寻找合适的储存场地,并先后在上海罗泾港码头、外高桥月亮湾堆场、江阴长宏国际码头租用中转堆场,使煤炭堆存容量增加20多万吨。2011年4月22日,申能燃料与上海申澄仓储有限公司签订长期煤炭堆存及中转合同,使电厂煤炭有一个较为固定的堆场。这些举措为上海电煤安全保供工作奠定基础。

申能燃料按照国企改制的重要战略部署,积极推进市场化经营,取得良好的经营效益。公司累计销售燃煤1亿多吨,销售收入达548亿余元,净利润近7亿元。

表5-1-2 2008—2017年上海申能燃料有限公司经营情况表

年 份	销售燃煤(万吨)	累计销售收入(万元)	净利润(万元)
2008	287.13	228 729.16	1 304.53
2009	800.48	431 916.12	4 538.15
2010	828.44	516 605.65	3 721.60
2011	945.17	665 916.84	17 207.32
2012	1 069.78	671 710.79	3 944.90
2013	1 173.43	569 892.60	8 593.35
2014	931.12	413 995.64	6 196.57
2015	1 309.85	491 151.76	6 990.21
2016	1 586.31	593 178.64	8 220.89
2017	1 883.40	900 398.28	8 731.20
累 计	10 815.11	5 483 495.48	69 448.72

申能燃料始终以"争创发电企业最佳煤炭供应商"为目标,以"保障供应、控制成本、优化服务"为核心,为上海地区的能源供应和经济发展作出积极的贡献。2011年,申能燃料被评为上海市A类财务会计信用单位;公司年度纳税名列前茅,因此被虹口区政府授予2012年度纳税特殊贡献奖和2013年度纳税重大贡献奖;2013年,公司被中国人民银行授权的信用评级单位评为贷款资信等级A级企业;2014年,申能燃料燃煤监控远程管理系统获国家软件著作权认证;同年申能燃料公司获得海关A类管理企业资质;2015年,被虹口区政府授予2015年度重点企业重大贡献奖;申能燃料公司还两次获上海地区中国质量诚信企业的称号。

第三节　上海石洞口燃气生产与能源储备基地

石洞口燃气生产和能源储备项目(简称石洞口项目)是根据上海市能源规划和燃气发展规划,为提高上海市燃气调峰和应急供应能力,促进地方能源储备体系建设而实施的;也是适应上海城市燃气全天然气化发展需要、上海煤气制气企业转型发展的项目。该项目充分利用上海石洞口煤气制气有限公司(简称石煤制气)土地、仓储、员工等资源,打造成集汽油、柴油、液化石油气仓储于一体的综合性能源储备基地,在上海能源安全战略中发挥积极作用,有效提高上海成品油和液化石油气的安全储备和保障供应能力。作为2010—2014年上海市重大工程,项目由上海燃气(集团)有限公司投资建设,工程总预算6.79亿元,项目建设由石煤制气公司具体实施。

石煤制气成立以董事长为负责人,总经理及各相关部门负责人为成员的工程筹建处,协调工程过程中需要解决的各类矛盾和问题。筹建处下设工程部,负责项目的具体设计、施工等建设过程的管理工作。石洞口项目一期配套码头工程施工单位是中交第三航务工程勘察设计院有限公司、上海三航奔腾建设工程有限公司联合体,上海远东水运工程建设监理咨询公司负责码头、引桥、疏浚工程监理,上海译颢工程建设管理有限公司负责安装工程监理。项目一期陆域工程由上海市安装工程集团有限公司负责施工,上海译颢工程建设管理有限公司负责安装施工监理,上海环亚工程咨询监理有限公司负责土建施工监理。二期工程由上海市安装工程集团有限公司负责施工,上海申峰工程建设监理有限公司负责施工监理。

2010年5月20日,石洞口项目一期配套码头工程开工打桩;2012年3月,各专项检测全部完成、设备单体试车结束;同年11月27日,开始试生产。2013年4月8日,石洞口项目二期工程开工;2014年6月,各专项检测全部完成;整体联动调试结束,同年7月试生产。2017年9月15日,二期工程获得市环保局竣工验收批文,标志着石洞口燃气生产与能源储备基地建成。截至2017年,石洞口能源储备基地拥有3万吨级和千吨级危险品码头各1座,同时拥有总容量为13.5万立方米的各类油品储罐以及总容量为1.2万立方米的液化气球罐。

石洞口项目获得上海港建设工程平安工地、上海市水运优质工程、上海市重大工程文明工地、上海市建设工程金属结构金刚奖、上海市优质安装工程申安杯奖等荣誉。工程部获上海市重大工程立功竞赛优秀集体称号。

第四节　上海化学工业区申能电力销售有限公司

2015年3月,中共中央、国务院出台《关于进一步深化电力体制改革的若干意见》,标志着国家新一轮电力体制改革开始。按照本轮电改"管住中间,放开两头"、"有序向社会资本开放配售电业务"的总体思路,为积极应对国家电力体制改革,适应电力市场发展,把握电力体制改革机遇,上海化学工业区投资实业有限公司与申能股份有限公司于2015年10月成立上海化学工业区申能电力销售有限公司(简称化工区售电公司),注册资本金5000万元。其中申能股份出资2550万元(51%),上海化学工业区投资有限公司出资2450万元(49%)。化工区售电公司是上海第一家进行工商注册的售电公司。

化工区售电公司制定化工区售电公司有关制度,初步搭建公司组织机构,并开展化工区用户调研工作与进行相关政策研究。截至2017年,公司售电业务尚未开展,一旦上海市售电侧改革方案最终确定,公司即可参与电力市场交易。

第五节　上海嘉禾航运有限公司

上海嘉禾航运有限公司(简称嘉禾航运)成立于2010年2月,位于上海市虹口区杨树浦路248号瑞丰国际大厦1708室。公司注册资本2.4亿元,其中中海发展股份有限公司出资1.224亿元,占注册资本总额的51%;申能股份有限公司出资1.176亿元,占注册资本总额的49%。主营国内沿海及长江中下游普通货船运输和船舶租赁业务,主要为申能股份有限公司所属电厂提供电煤运输服务。

嘉禾航运设董事会,由股东双方委派董事组成,每年至少召开一次董事会议;设有航运业务部、安全技术部、财务部和综合管理部4个部门。采用"自主经营、委托管理"的运营模式,船舶委托中远海运散运管理,船员由中远海运船员公司委派,船舶配套服务由中远海运集团相关专业公司保障。有陆岸管理人员13人,主要由股东双方委派。

2010年6月3日,嘉禾航运有限公司向中海发展购入"沧州"轮投入运营,实现船舶运力从无到有的突破。至同年底,"沧州"轮安全营运17个航次。与此同时,嘉禾航运积极抓住有利时机发展动力,在2010年公司成立当年就签订建造2艘5.3万吨超大灵便型散货船的合同。

2011年1月17日,嘉禾航运第一艘5.3万吨散货船在中船澄西船厂开工建造,9月5日顺利下水。5.3万吨散货船是中船澄西按照精益造船、数字造船的标准,批量建造的符合环保要求的绿色新型双壳散货船,是中船澄西的造船品牌产品,该船命名为"嘉禾航运1"轮。2012年3月26日,"嘉禾航运1"投产。"嘉禾航运1"轮满足CSR、PSPC等公约规则的要求,总长190.00米,型宽32.26米,满载吃水12.60米,载重53106吨。该轮将长期为申能股份所属电厂提供煤炭运输保障服务。2012年5月底,嘉禾航运与秦皇岛港、煤炭供应商签订煤炭准班轮运输协议。2012年8月29日嘉禾航运在中船澄西码头隆重举行"嘉禾航运2"轮命名暨交接船仪式。9月3日,该轮投产。2014年,嘉禾航运抓住中海国际改制的契机,购入中海国际旗下"振奋14""友谊20"轮,用于填补吴二发电的运力空缺。嘉禾航运在保证准班轮运输正常进行的情况下,在公司船舶运力出现富余时,积极寻求、开展市场煤炭和中转铁矿石运输业务。

嘉禾航运重视安全生产。"嘉禾航运1"轮在中海2014年度安检中取得"A","嘉禾航运2"轮获得双"A",并在中海散运"一把尺"安检中获得953分的高分,被评为2014年第一季度安全优胜船舶。所有安全检查缺陷整改率均为100%。

嘉禾航运有限公司生产安全稳定,盈利状况良好。公司成立当年实现盈利。公司历年具体收益情况如下:

表5-1-3 2010—2017年上海嘉禾航运有限公司收益情况表

年 份	2010	2011	2012	2013	2014	2015	2016	2017
净利润(万元)	103.13	716.77	839.97	2 174.95	2 837.08	3 046.20	1 747.10	1 092.38

第六节　上海液化天然气海运有限公司

上海液化天然气海运有限公司,英文名称为SHANGHAI LNG SHIPPING CO. LTD,是由中国液化天然气运输(控股)有限公司(CLNG)、申能集团和中海油能源发展股份有限公司共同发起并组建,股权比例为60%、20%、20%,注册资本为5 735万美元,注册地为中国香港,公司地址为香港干诺道中168-200号信德中心招商局大厦9楼912室。该公司是为满足上海LNG总体项目一期工程的运输需求,建造一艘舱容为14.71万立方米的薄膜型LNG船而成立的船舶资产公司,经营范围为投资、拥有、运营和管理上海液化天然气项目船舶。上海液化天然气海运有限公司主要业务为租金收入、还贷和资本金收益管理等财务管理工作。公司委托CLNG进行日常经营管理,未在香港设置常驻机构和管理人员。

上海液化天然气(LNG)项目是为适应加快上海市能源结构调整、推进节能降耗、提高能源供应安全的要求而建设的,由申能集团与中国海洋石油总公司的全资子公司中海石油天然气及发电有限责任公司(简称中海气电)共同投资建设,申能集团占55%,中海气电占45%。上海LNG项目一期工程建设包括年进口量为300万吨的LNG接收站和输气干线项目、LNG运输项目、新建燃气电厂和城市燃气管网等。上海LNG项目的进口LNG资源采购合同期为25年,采取混合型贸易方式;渐增期(2009—2012年)全部进口量和稳产期(2012年以后)每年150万吨的进口量采取DES方式,由卖方安排运输;稳产期每年153万吨的进口量采取FOB方式,由中方提供运输。根据FOB合同量,上海LNG运输项目需要投资建造、管理和经营1艘货舱容积为14.7万立方米的LNG船舶,投资总额2.4亿多美元。根据国家能源发展战略部署,国家发改委在批复上海液化天然气项目时,要求坚持进口液化天然气的运输、造船本地化方针。为此,中远集团和招商局集团投资的中国液化天然气运输(控股)有限公司(CLNG)牵头组织开展上海LNG运输项目筹备工作,并于2009年12月14日获得国家发展改革委《关于上海LNG运输项目核准的批复》,同意上海LNG运输项目由CLNG、申能集团、中海气电共同投资组建海运公司。因中国海洋石油总公司业务调整,其投资主体由原先国家发改委批复的中海气电变更为中海油能源发展股份有限公司。上海液化天然气海运公司船舶用于运输上海FOB项下的LNG货物,合同期为22年。

2010年1月20日,国家商务部批复同意大连远洋运输公司向CLNG增资,并同意在香港设立上海液化天然气海运有限公司。2010年4月22日,上海LNG运输项目投资方CLNG、申能集团、海油发展签署股东协议并确认公司章程,上海液化天然气海运有限公司成立。天然气海运公司的成立有利于促进上海LNG运输项目的顺利推进,满足上海地区对LNG的需求,同时也有利于维护国家能源安全。2012年液化天然气公司开始运营,每年按照期租协议收取租金,利润保持平稳水平。

第七节　上海申能投资发展有限公司

上海申能投资发展有限公司(简称投发公司)位于上海市黄浦区复兴中路1号申能国际大厦

1409室,为申能股份有限公司全资子公司,于2014年5月在上海自贸区注册成立。

投发公司主要业务为经销申能股份下属燃煤电厂发电所产生的粉煤灰。成立3年以来,以规范管理为要求,以稳健发展为指导,通过有效经营管理,注重细节提升,实现业务平稳过渡,经营健康发展的目标。2017年公司全年累计销售粉煤灰、渣合计77.44万吨,实现销售收入3 559万元,实现净利润2 239万元。公司于2016年先后获上海市资源综合利用协会理事单位、上海市资源综合利用协会副会长单位等称号。投发公司拥有的"创造"牌粉煤灰品牌被上海市水泥行业协会授予四星级荣誉证书及上海地区合格供应商优先推荐品牌称号。

作为申能股份在自贸区设立的首家子公司,投发公司将加强对自贸区各项政策制度的跟踪与研究,发挥政策优势,依托自贸区平台开展国内外贸易、技术服务和能源项目投资等业务,服务申能"国际化"战略和改革发展要求。

第二章　能源服务

申能集团不断延伸能源产业链,在能源服务和能源创新方面做积极探索。在能源服务方面,申能集团致力于天然气节能应用和能源系统综合优化;在能源创新方面,申能集团成立上海国际能源创新中心,这一中心成为申能集团前瞻性能源产业投资布局平台以及中国能源产业科技创新孵化平台。

第一节　供能与节能

一、区域能源供应

借助上海"创新驱动、转型发展"的有利经济发展环境,申能能源服务有限公司积极致力于区域供能领域的拓展。区域供能实现现代服务业发展与节能环保产业发展的有机结合,其作为极具发展潜力的能源服务产业创新模式得到广泛认可。公司建设的虹桥商务区、张江供能、新虹桥国际医学中心、森兰外高桥等区域供能项目,已经在上海构建起"大浦东、大虹桥"的战略格局。从项目规模、数量、影响力等来看,申能能服公司已经成为上海首屈一指的区域供能领域集成服务商,取得行业领先地位。

【虹桥商务区核心区供能项目】

虹桥商务区总占地面积86平方公里,依托虹桥综合交通枢纽,建设高端低碳的商务社区,是上海"十二五"期间"四个中心"建设重点项目。虹桥商务区核心区(一期)区域供能项目,装机规模11.2兆瓦,总投资8.8亿元,采用热、冷、电三联供,是国内最大的区域集中供能系统,供应核心区(一期)1.4平方公里内约190万平方米的用户需求。2010年12月,申能能服投资参股上海虹桥商务区新能源投资发展有限公司,参与核心区(一期)区域供能项目的建设及配套工程。项目于2011年3月26日开工建设,于2014年建成投运。与传统供能方式相比,项目年节约标煤3 900吨,减排二氧化碳约10 200吨,是虹桥商务区建设低碳商务区的重要工程。

2014年12月公司响应政府号召,申能能服投资控股虹桥商务区能源服务有限公司,开展核心区(二期)区域供能能源中心及配套管网工程建设。2016年管网全线贯通启动供能。

【新虹桥国际医学中心项目】

新虹桥国际医学中心位于闵行区北部,属于虹桥商务区拓展区范畴。园区依托虹桥综合枢纽,规划将建设成为"国内领先、亚洲一流、具备国际水准"的提供高端医疗服务的综合性国际医学中心。

新虹桥国际医学中心分布式能源站建于园区东北角市政地块内,为园区内的用户提供空调用冷(热)源、生活热水用热源、应急电源及其他一站式增值服务。能源站采用分布式供能系统与制冷制热系统相结合的供能方式,保证园区用户用能的可靠性、安全性。其中分布式供能系统采用2台2兆瓦级别内燃机发电机组和2台烟气型溴化锂机组。新虹桥能源站项目于2011年7月获得发改委批复,开展项目前期工作,2012年3月完成项目可行性研究。2012年11月申能能服控股的上海申能新虹桥能源有限公司成立,负责项目投资建设。项目于2014年取得核准,年底取得施工许可证并开工。2016年年底能源中心建成,具备供能条件。项目建成后每年预计节约标煤6 500吨,减排二氧化碳16 900吨,大幅降低整个园区能耗,推动上海能源结构进一步优化。

【张江供能及中区项目】

张江高科技园区是国内最具实力的高科技园区之一。2012年8月,申能能服出资控股张江集团下属上海市张江高科技园区新能源技术有限公司,推进张江园区能源优化及供应。公司收购张江供能后,注重发挥申能在管理理念、管理方法方面的优势,积极传播申能文化,加强对张江供能日常经营的监督管理,推动张江供能盈利能力提升,营业收入和营业利润逐年增长,为张江供能"十三五"期间的转型发展奠定坚实基础。

申能能服积极推进张江中区项目建设。张江中区总规划用地面积4.67平方公里,是张江功能区的区域中心和公共活动中心。张江中区核心区区域供能项目总投资41 878万元,管网总长度9.5公里,供应建筑面积104万平方米。2012年年底开工,2013年完成先期临时能源站建设并建成部分管线,具备20万平方米供应能力。2014年取得能源中心用地,同时完成供能管线建设。2017年2月,张江中区区域集中供能一期能源中心开工建设。

【森兰·外高桥项目】

森兰商务区占地面积5.74平方公里,是上海国际航运中心的配套项目,也是上海国际贸易示范基地的重要载体。申能能服下属张江供能开展森兰·外高桥项目投资建设。森兰·外高桥区域集中供能项目供能面积为74万平方米。为打造零碳社区,采用能源综合梯级利用的技术路线。拟通过申能控股的外高桥电厂的余热蒸汽来提供基本空调的冷热源,并通过蓄能设施来移峰填谷,优化监控调度系统,确保能源高效、综合利用。张江供能与外高桥股份合资成立项目公司,加快推进项目前期工作。2015年5月能源中心开工建设。2017年能源中心建成对外供能。

表5-2-1 2011—2017年上海申能能服有限公司区域集中供能项目情况表

序号	项目名称	项目开工日期	项目竣工日期	投资总额（万元）	截至2017年年底累计营业收入（万元）
1	虹桥商务区核心区一期供能项目	2011年3月26日	2014年5月9日	86 316.5	11 768.3
2	张江中区项目	2012年12月24日	—	41 878（概算）	48 163.2
3	新虹桥医学中心集中供能项目	2014年12月28日	—	34 500（概算）	—
4	外高桥森兰集中供能项目	2015年5月8日	—	24 300（概算）	1 277.5
5	虹桥商务区核心区二期供能项目	2015年3月18日	—	91 000（概算）	6 292

二、分布式供能

申能能源服务有限公司积极开展分布式供能服务,先后建成申能能源中心项目和"5+3+1"医院分布式供能项目。

  申能能源中心示范项目是申能能服首个节能示范性项目。申能能源中心大楼位于上海市闵行区虹井路159号,建筑面积共49 648平方米。在大楼的建设设计过程中充分体现能源供应的低碳概念和节能减排宗旨,积极推广天然气分布式供能、冰蓄冷、太阳能光伏电池和多种终端应用的建筑节能优化设计等先进能源利用技术,较好地体现企业的社会责任意识。申能能源中心分布式供能系统采用1台发电功率为200千瓦的微型燃气轮机,所发电与电力公司市电共同供应大楼使用。产生的烟气进入2台补燃型溴化锂冷暖空调机组,冬季产生温水进大楼供热系统,夏季产生冷水进大楼空调系统。项目于2011年5月投运。自竣工投运以来,申能能服充分发挥申能能源中心示范项目窗口作用,使之成为分布式供能技术培训重要基地和对外交流合作的平台。

  医院分布式供能项目是申能能服推进节能减排、实现企业价值的重要载体。公司积极把握上海"5+3+1"医院民生建设的时代机遇,在公共医疗领域精心建设分布式供能系统项目。2012年申能能服医院项目工程建设全面开展。2013年仁济医院南院、奉贤中心医院、东方医院南院、瑞金医院北院4家医院项目顺利建成投运。2017年五官科医院分布式供能项目安装调试完成。其中,瑞金医院北院项目系统改造是公司最早完成的改造工程。公司采取"先用后蓄"模式对瑞金医院北院热水系统进行优化。优化后一次能源利用率从60%升至85%,每年创造经济效益47万元,项目获申能集团2013—2014年节能减排科技创新金点子奖。

  仁济医院南院项目系统改造则取得最佳改造效果。项目原系统在过渡季节和冬季时段时两台机组同时运行时间较短。为延长冬季开机时间,公司在现有分布式供能系统功能上增加采暖功能,在冬季采暖时段利用机组多余余热进行辅助采暖,从而减少采暖用天然气消耗量,提高分布式供能系统运行时间和运行经济性。优化完成后机组冬季24小时连续运行,冬季运行时间提高480%。采暖周期内分布式供能系统总运行时间增加2 280小时,新增节能收益63.4万元,节约标煤增加192吨,二氧化碳减排量增加889吨。2013年3月4日,仁济医院南院分布式供能系统72小时满负荷不间断调试顺利完成,成为申能能服"5+3"医院项目中最早通过系统联调的项目。

  在改造全面完成后,医院项目运行稳定,能够顺利实现供能模式切换,全年运行时间得到保证。项目实施后的节能减排效果也得到院方认可。建成医院分布式供能项目每台机组全年满功率运行时间超过2 000小时,综合效率达到88%以上。其中仁济医院南院每台机组全年满功率运行近6 000小时,达到世界先进水平。

  医院供能项目优化改造完成后,申能能服工作重心转向项目运行管理,项目进入能源服务期。申能能服高度重视项目的运行管理和维护保养,在确保系统供能安全稳定的基础上,充分发挥分布式供能系统节能减排的技术优势,延长运行时间,扩大供能范围,确保运行效率。针对项目各自不同的特点,申能能服设计多种个性化优化方案,结合运行管理实践对医院项目进行深层优化调整,达到最佳运行效果。所有项目运行综合效率均超过88%,达到国际先进水平。

  申能能服所建的分布式供能系统,成为上海市首批通过第三轮政府扶持政策所规定"后评估"的分布式供能项目;申能能服也成为上海市唯一有项目进入后评估阶段的分布式供能项目建设管理单位。

表5-2-2　2013—2017年上海申能能服有限公司建成分布式供能项目情况表

序号	项目(公司)名称	建成年份	机组规模(千瓦)	投资总额(万元)	截至2017年年底累计营业收入(万元)
1	浦东医院分布式供能项目	2013	232	571.8	154.3
2	奉贤医院分布式供能项目	2013	357	466.7	299.4
3	瑞金医院(北院)分布式供能项目	2013	334	433.2	112.9
4	仁济医院(南院)分布式供能项目	2013	232×2	916.9	654.8

三、节能改造

随着国内油价始终居高不下,用户能源费用不断攀升,为规避油价高涨风险,改善环境,节能减排,燃油锅炉天然气节能改造逐渐成为社会关注热点。申能能服以客户需求为导向,在合同能源管理模式的基础上不断创新商业模式,积极推广个性化节能改造项目。2009年年底申能能服启动对鑫达大厦项目的实体改造,2010年1月全部完工。鑫达大厦项目是申能能服对合同能源管理商业模式的成功探索,标志着公司的商业运营顺利起步。2011年申能能服完成国际贸易中心、扬子江万丽大酒店、世贸商城、东亚体育中心4个锅炉节能改造项目。上述5个项目总投资1084万元,总计替换0号柴油4088吨,按热值换算,投运项目年天然气消费量达511万立方米,这些项目推动天然气清洁能源在上海市综合性商务楼宇、酒店、文化体育公共建筑领域的推广应用。

2012年能服公司继续快速复制鑫达大厦项目模式,大力推广天然气节能改造项目,在项目开发、建设、运营、储备等方面取得显著成效。同年,申能能服顺利完成国际贵都大饭店、胸科医院、岳阳医院节能改造项目,共计替换柴油2651吨;申能能服投运项目实际天然气消费量达260万立方米。申能能服通过合同能源管理模式开展天然气节能改造项目不断得到市场认可,成为节能服务行业中一个新的业务增长点。

2013年,申能能服凭借日益娴熟的市场开发能力和项目运作能力,加快节能改造项目的开展。全年共有上海造币公司、青浦中纺城等5个合同能源管理项目建成投运,累计替换柴油6610吨,折合天然气年消费量约800万立方米。其中,能源服务公司首个工业类型的合同能源管理项目——上海造币公司(封浜厂区)天然气节能改造项目于2013年7月竣工投运。此项目每年可替换柴油1600吨,新增天然气销量约200万立方,减排二氧化碳960吨。项目建成后被选为2013年节能宣传周的重要活动内容,受到普陀区和上海造币公司领导的赞扬肯定。

2013年2月6日,申能能服与上海商城举行合同能源管理项目合同签字仪式,签订能源服务合同。上海商城项目是申能能服迄今为止成功签约项目中规模最大的天然气节能改造项目,也是申能能服节能改造项目中改造难度最大的项目。项目总投资1280余万元,年替换柴油2000吨以上,每年天然气消费量可达250万立方米,减少二氧化碳排放量达1200吨,推动上海清洁能源发展和能源结构优化。

除技术上的改进外,申能能服还积极创新能源服务模式。公司从项目实际出发,从合同能源管理这一单一商业模式中解放思想,为客户提供从节能改造方案到工程建设的一站式服务,完成张江供能中区配套及哈雷路重油锅炉改造、锦沧文华酒店等一批燃气配套服务项目。同时,在前期项目建设成功基础上,公司继续推广这一新的业务模式,成功与闵盛公司签署战略合作协议,发挥自身在技术、工程、管理等方面的优势和经验,相继完成颛桥中学、闵行绿容局能源配套服务项目。2014年公司顺利完成海航大厦等配套服务项目,为 GE 张江分布式供能项目提供技术支撑。

随着气价上涨油价下跌,锅炉改造市场空间逐渐缩小。申能能服继续推动在建工程项目顺利收尾,积极谋求发展转型,坚持开拓综合节能改造市场,推广天然气节能应用。其中,岳阳医院建筑节能改造项目成功获得合同能源管理的财政奖励,为推动节能改造服务转型开了个好头,为公司将精力和人力更多转向区域供能和医院节能改造项目的技术营销、市场推广奠定了基础。

表 5-2-3　2010—2017 年上海申能能服有限公司节能改造项目情况表

序号	项目名称	建成时间	投资总额（万元）	截至 2017 年年底累计营业收入（万元）	备注
1	鑫达大厦锅炉改造项目	2010 年 2 月	276.1	1 329.2	能源费用托管型
2	国际贸易中心锅炉改造项目	2011 年 5 月	282.3	1 770.9	节能效益分享型
3	扬子江万丽大酒店锅炉改造项目	2011 年 7 月	134.8	3 164.4	节能效益分享型
4	世贸商城锅炉改造项目	2011 年 12 月	273.7	1 670.9	节能效益分享型
5	国际贵都大饭店锅炉改造项目	2012 年 9 月	199.8	1 312.1	节能效益分享型
6	胸科医院锅炉改造项目	2012 年 12 月	105.2	1 948.8	节能效益收益型
7	岳阳医院锅炉改造项目	2013 年 2 月	272.8	1 594.6	节能效益收益型
8	上海兴国宾馆锅炉改造项目	2013 年 8 月	173.9	936	节能效益分享型
9	上海造币厂锅炉改造项目	2013 年 8 月	357.3	1 040	节能效益收益型
10	华夏银行大厦锅炉改造项目	2013 年 11 月	109.1	375.5	固定投资收益型
11	胜康廖氏大厦锅炉改造项目	2014 年 6 月	628.5	426.8	固定投资收益型
12	环球富豪东亚锅炉改造项目	2014 年 6 月	332.1	1 198.8	节能效益分享型
13	青浦中纺城锅炉改造项目	2014 年 12 月	576.9	715	固定投资收益型
14	上海商城锅炉改造项目	2014 年 12 月	1 280.1	1 824	节能效益分享型
15	生物制品研究所锅炉改造项目	2015 年 12 月	612.6	679.6	固定投资收益型

第二节　能源创新

一、基本情况

2015 年 3 月,中共中央、国务院发布《关于深化体制机制改革加快实施创新驱动发展战略的若干意见》,要求加快机制体制改革,营造大众创业、万众创新的政策环境和制度环境。2015 年 4 月 2 日,为推进集团创新转型和整体存量土地综合利用工作,推动吴淞煤气制气有限公司转型发展,申能(集团)有限公司决定成立上海国际能源创新中心筹建处。2015 年 5 月,为全面落实中央关于上海要加快向具有全球影响力的科技创新中心进军的新要求,适应全球科技竞争和经济发展新趋势,立足国家战略推进创新发展,中共上海市委和上海市人民政府发布《关于加快建设具有全球影响力的科技创新中心的意见》。

为全面贯彻落实市委、市政府《关于加快建设具有全球影响力的科技创新中心的意见》,2015年9月,申能集团与宝山区人民政府合作,签订《申能(集团)有限公司宝山区人民政府战略合作框架协议》,决定共同推动上海(国际)能源创新中心建设,把能创中心建设成为上海具有世界影响力科创中心的明星项目和吴淞工业区转型发展的龙头项目。同月,能创中心在吴淞煤气制气有限公司举行揭牌仪式。申能集团和宝山区政府双方从战略层面联手打造能创中心项目,按照"政企互动、企业主体、市场运作、政府支持",以及"整体规划、统筹开发、分步实施"的原则,充分发挥双方的综合资源优势,创新政企合作模式,抓住上海建设具有全球影响力科技创新中心的战略机遇,通过吴淞煤气制气有限公司的转型发展,将能创中心打造成为吴淞工业区整体转型的引领性项目、上海战略性新兴产业的示范平台和上海打造具有全球影响力科技创新中心的重要能源创新基地。

能创中心的发展目标是建成"两个平台":建设申能集团前瞻性能源产业投资布局平台和建设中国能源产业科技创新孵化平台。为实现能创中心"两个平台"发展目标,2016年申能集团召开专题会议,决定变更上海申能房地产有限公司股权结构,燃气集团入股申能房产公司,推进能源中心建设和燃气集团专业化、市场化改革。2017年3月,申能房产公司更名为上海申能能创能源发展有限公司,作为推进能创中心建设的平台公司。申能能创成立后,制定"5+1"的发展路径,采取实质性步骤推进能源中心建设。

"5"是能创中心推动"两个平台"建设的具体抓手,"5"是指新能源、新材料科技研发中心,高校能源环境学科科研基地,中小能源科创企业孵化基地,能源科技创新展示中心,上海能源数据中心。

建立新能源、新材料科技研发中心,围绕"前瞻性"和"创新性"主题,发挥申能集团产融结合和电力、燃气全产业链发展优势,积极与具有先进技术研发能力的能源企业和科研机构合作,在能创中心联合建立研发中心,推动关键技术研发取得突破,保证相关技术先行先试。

建立高校能源环境学科科研基地。在申能集团产融结合发展战略引领下,申能能创与东方证券研究所联合发起成立申能东方能源研究所,整合申能集团、东方证券、南方电网在能源、金融研究领域资源,聚合国内外领先能源研究机构力量,打造服务申能、面向市场的一流研究机构。同时,以申能东方能源研究所为平台,切实深化与复旦大学、中国人民大学、厦门大学、北京理工大学等国内一流院校能源环境学院(学科)合作,共同建立集产学研功能为一体的能源科创研发基地,将基地建设成为中国能源环境学科的学术中心。

建立中小能源科创企业孵化基地。能创公司积极响应国务院"大众创新、万众创业"政策,充分利用申能集团产融结合发展战略优势,在能创中心建立集科研指导、路演服务、股权融资、技术应用等功能为一体的能源创新孵化器,举办全国能源科技创新者大会,按照"前瞻性"和"创新性"原则挖掘优秀能源创客团队,为优秀中小能源科创企业提供服务,同时通过股权融资、战略收购等方式与之合作,为申能集团可持续发展提供战略储备。

建立能源科技创新展示中心。能源科技的进步直接推动人类文明向前发展,能源科技理应成为大众科技普及的重要组成部分。公司致力于在能创中心建立能源科技创新展示中心,呈现人类能源科技发展伟大历程,展望人类未来能源技术发展潮流,切实推动能源科学技术普及工作。

建立上海能源数据中心。上海能源数据中心是能创中心的重要组成部分,数据中心将切实服务能源产业"智慧化""互联网化"发展趋势,直接服务上海燃气大数据应用平台,助推上海智慧燃气建设。同时,数据中心为推动上海电力体制改革提供硬件支撑,为电力大数据平台、能源互联网建设提供必要的数据存储服务。

"1"是指能创中心园区的科技创新性,即申能能创致力于使用最先进的分布式能源供应系统和近零碳排放的节能标准建设能创中心,积极推动园区能源互联网建设,打造近零碳排放园区。

二、项目开发

按照申能集团整体发展战略,结合上海燃气改革要求,申能能创依据现有政策,以上海燃气集团旗下"四厂五站"土地利用为重点,对燃气集团土地基本情况开展初步梳理,最终明确以稳定职工转岗为重点的吴淞煤气厂和虹口区政府转型需求强烈的水电路地块为主,聚焦"二厂一站",加快推进能创中心吴淞园区和水电路项目的建设。

【吴淞园区项目】

吴淞园区项目位于吴淞煤气制气有限公司内,地处宝山区逸仙路高架以西,分布在长江路两侧,土地权属面积约400亩,总建筑面积约50万平方米。2015年4月,申能集团成立上海国际能源创新中心筹建处,申能房产公司和申能能创先后参与筹建处各项工作,开展吴淞厂土地综合利用工作。

该项目的定位是依托申能集团能源产业优势及申能房产公司专业能力,使该项目成为集办公、研发、商业、工业遗址公园、展示体验、人才公寓、公共服务为一体的多元化、功能复合型创意产业园区,兼顾能源产业创意与环保的区域活动中心、历史遗存与创新融合的示范区。综合平衡控制建设节奏与中长期效益,同时做到每一阶段园区的功能完备,自成体系,把项目建设成为申能集团能源产业发展培育基地和集团存量土地资源转化为园区资源的蓄水池和利润源,吴淞工业区整体转型的引领性功能项目、地区复兴的担当者;上海战略性新兴产业的示范平台和上海打造全球科技创新中心的重要能源创新基地。

2015年9月,申能集团与宝山区人民政府签署战略合作框架协议,明确围绕上海国际能源创新中心的规划建设,在合作开发、功能定位、政策配套、协调促进等领域展开全面战略合作。2016年6月,根据宝山区委、区政府专题会议纪要精神,申能能创对吴淞煤气厂项目一期一号地块进行规划方案研究和设计,采取一期存量改造与整体建设按控规实施相结合原则,通过装饰装修改造和"拆一还一"两种方式,实施一期存量改造。一期用地面积约6.05万平方米,建筑面积约8万平方米(含构建物改造2万平方米),总投资约15亿元,到2017年年底前基本完工。

【水电路项目】

水电路项目原址为燃气市北销售公司,位于虹口区水电路以东,车站南路以南。项目规划用地面积约10公顷,其中企业自有土地面积约8.6公顷,总建筑规模约30万平方米。其中南部区域(建筑面积约9.5万平方米)以产业类为中心,集聚市北公司、管线一公司、煤气表具公司等总部办公、急抢修服务、调度中心等公共服务功能;北部区域(建筑面积约20.5万平方米)以商业类为中心,汇集众创中心、科创办公、公共文化活动中心、人才公寓及配套商务休闲等功能。

水电路项目是申能能创首个被列入上海市"12＋X"城市更新试点的项目。项目定位为上海国际能源创新的承载区，致力于区域城市更新建设，全力打造新型产业生态发展的基地，是一个集企业总部、科创产业、社区服务等复合功能一体的开放性示范社区。项目已完成规划编制，正根据虹口区政府配建租赁住房的要求，开展租赁房产品定位及方案修改工作。

三、平台建设

为将上海国际能源创新中心建设成为中国重要的能源创新和相关新技术、新业态的孵化基地，除大力推进能创中心吴淞园区和水电路项目的建设外，申能能创还在能创中心平台建设和功能实现方面以及能创中心的宣传推广方面做大量工作。

在能创中心平台建设和功能实现方面，接受国家能源局委托，与国家发展改革委国际合作中心联合开展电力应急能力建设研究工作。国家能源局印发文件，委托能创中心开展电力安全应急能力建设研究工作。在国家能源局直接领导下开展该项工作，有利于能创中心加强与国家能源主管部门沟通协作，为实现能创中心战略目标争取更多宏观层面的支持。2017年11月17日，上海（国际）能源创新中心战略咨询委员会第一次会议在申能能源中心举行。能创中心战略咨询委员会主任、国家发展和改革委员会能源研究所所长戴彦德和众委员一起就能创中心发展中战略定位、发展路径、可能的合作项目等重大问题发表意见和建议。

与新奥、晶科等有关新能源企业负责人洽谈合作。申能集团领导及申能能创领导先后走访新奥、晶科等有关能源企业，与有关企业负责人就在能创中心开展合作建立科技研发基地，在先进多晶硅组建生产、光热发电等前瞻性技术领域与申能开展多方位合作进行讨论。

深化与东方证券合作，推动产融结合在能创中心实质性落地。2017年11月18日，申能东方能源研究所揭牌。申能东方能源研究所是以申能能源创新中心为主，东方证券研究所及其他单位在科学研究、人员培养、研究体系建设等方面提供全方位支撑和支持的多维度、多视角研究平台。

切实推动与香港中华煤气名气通合作。2015年9月24日，香港中华煤气公司行政总裁陈永坚访问申能集团。集团董事长王坚、副总经理王者洪、副总经理宋雪枫等参与会谈。双方就数据中心、智慧管网等信息业务与传统能源业务融合领域的合作意向进行交流会谈；同时，上海国际能源创新中心与名气通电讯有限公司共同签署数据中心项目合作意向书。双方除在数据中心领域合作外，将进一步推动在智能表具、智慧管网等方面加强合作、探索创新。

能创中心建设注意吸收国外先进经验，积极引进国际战略合作伙伴。2017年7月28日，申能集团与英国剑桥基金签署合作备忘录。双方就上海申能（国际）能源创新中心建设与清洁能源技术国际合作进行深入考察与洽谈。根据备忘录，双方将共同设立清洁能源技术产业发展引导基金，搭建多极化资本平台，为能创中心引入相关高科技企业并进行孵化，同时集聚能源创新相关资源，加快推动清洁能源前沿技术开发和应用，共同探索、推进现有用户大数据在智慧城市方向的研究，结合上海"智慧燃气"建设，加快其在城市燃气调度、安全输配及服务提升等领域的应用。该合作备忘录的签署，确立申能集团与全球最重要科技创新中心之一的英国剑桥在环境与可持续能源领域建立战略合作关系。

在能创中心宣传推广方面，首先是赴国家发展改革委、国家能源局汇报能创中心建设发展有关工作。2016年2月，申能集团副总经理宋雪枫带队赴京向国家发展改革委（气候司、能源研究所）、国家能源局（科技司、法改司、安全司）汇报能创中心建设发展有关情况。其次是成功举办两届上海国际能源创新论坛。2016年8月19日,申能能创以"能源创新:油气行业新机遇"为主题,主办2016上海能源创新论坛,邀请来自国家发展改革委、中国社会科学院、清华大学、中石油、中石化等政府、高校、企业的专家学者共200余人参会,汇集多方智慧经验,激发创新力量,共同为中国能源革命和可持续发展建言献策;2017年11月18日,上海(国际)能源创新中心在沪举办"2017上海能源创新论坛",此届论坛以"创新发展与能源革命"为主题。与此同时,申能能创还全面推进能创中心宣传载体建设,完成宣传手册、PPT设计制作等工作。

第三章 能源贸易

申能集团积极开拓能源贸易领域业务,大力参与系统电厂煤炭采购、供应、运输和销售业务,同时开展油气贸易和能源仓储业务,在保证为系统电厂提供优质、低价、合规煤炭的基础上,积极开拓煤炭、油气能源市场,通过市场化、专业化道路,促进系统企业改革转型。

第一节 煤炭贸易

一、煤炭采购

21世纪初,随着中国经济的高速发展、人民生活水平的不断提高,社会对能源的需求也迅速增长,全国各地的燃煤发电机组大量上马,而煤炭产量和运输环节未同步发展,因此导致电力煤炭资源变得日益紧张,价格持续攀升。这些因素为火电厂的安全运行和经营都带来空前的压力。申能燃料公司成立之初面临这样的市场环境,作为连接煤炭资源和发电企业的重要环节,必须与广大煤炭企业建立广泛的联系,积极落实煤炭资源。

2008年7月在市政府和上级公司领导的带领下,申能燃料公司领导多次走访内蒙古、山西各贸易供应商,落实煤炭资源,主动增加资源关系渠道。在各主要港口积极寻找下水煤炭的同时,组织人员开拓锦州港、营口港等新的资源点,实现装港分流,加快船舶周期。由于外高桥第二、第三发电厂使用的是神木煤和山西大同煤,市场的供应量远不能满足这两个电厂的需求,燃料公司必须通过煤炭参数比较,采购其他适烧煤种来补充,配合电厂做好掺烧工作。在新煤种试烧过程中主动了解掺烧情况,邀请供货方的专家提供燃烧方面的技术支持。如2009年5月,邀请外方专家就印度尼西亚煤的掺烧配比、堆放注意事项等问题到电厂进行现场指导,解决印度尼西亚煤在掺烧过程中存在的结焦、在堆放时易自燃等问题,得到电厂的肯定。

公司采购的国内煤主要有神木、伊泰,山西大同的优混,有中煤集团的平朔煤系列、吉煤集团的东北地区煤炭等。公司针对煤场积存情况,及时调整燃煤结构。公司根据市场上国际煤炭价格低于国内煤价的现象,及时把握机遇,积极拓宽进口煤炭资源渠道,采用"走出去、请进来"的办法,派员赴俄罗斯、印度尼西亚、澳大利亚进行实地调查,洽谈进口煤相关事宜,选择采购适烧煤种,补充国内煤炭市场的不足。2009年,公司共采购进口煤98万吨,节约燃料成本约1亿元。2010年,公司先后与全球最大的矿业公司之一的澳大利亚BHP公司和俄罗斯最大的煤炭生产出口企业SUEK建立直接供应关系。

2013年煤炭定价双轨制并轨,原先计划内煤炭的价格优势不复存在。针对这一情况,申能股份实施"加大电厂低热值经济性煤种掺烧力度"的战略。为贯彻申能股份的相关要求,申能燃料将拓宽低热值经济性煤种采购渠道,积极配合电厂掺烧具有经济性优势的低热值煤种作为公司工作的重中之重。2013年1月至8月,申能燃料共计采购印尼煤20船次,约100万吨,初步建立起相对稳定的低热值煤炭供应渠道,满足电厂掺烧需求。2013年9月,申能燃料与印尼第二大煤炭生产商Adaro能源公司高层举行会谈,双方深入探讨当前中国国内煤炭市场形势以及对印度尼西亚市场的影响,表达建立长期稳定合作关系的意愿,并就煤炭采购量、定价方式、采购煤种的质量指标、贸易方式、使用船型等合作事宜进行探讨。

2014年申能燃料进一步深化与神华、伊泰、中煤等大型煤炭供应商的战略合作,保证长协煤安全稳定供应。与此同时,公司还继续推进系统企业低热值经济煤掺烧工作,进一步提升电厂掺烧比例。2014全年共采购经济性煤种210万吨,较2013年采购经济性煤种占比上升2%,较采购5 000大卡内贸煤降低燃煤成本4 419万元。2015年,随着国家《商品煤质量管理暂行办法》等新政策的陆续出台,公司原有进口煤、褐煤等经济性煤种的采购与远距离运输受到限制。为此,公司直面挑战,积极扩充经济性煤种采购渠道。2015年公司总共采购经济性煤种199.3万吨,其中印度尼西亚煤102万吨,高硫煤68.5万吨,褐煤28.8万吨。

燃料公司牢牢把握国际、国内两个市场,积极寻找质优价廉、综合实力强的新供应商。至2016年,公司直供矿方的采购比例达到50%以上。与此同时,公司进一步与印度尼西亚第二大矿方韩国三炭集团旗下的KIDECO公司建立长协合作,并拓展客来礼至(Coeclerici)公司、Enegi公司等多家国际知名贸易商作为货源的有效补充,对巩固印度尼西亚煤采购渠道,确保到厂煤质稳定性以及船期准点率起到积极的作用。2016年,公司全年采购经济煤273.2万吨。

随着煤炭市场专业化、市场化的程度日益提高,大型煤企价格调整与电煤市场形势的相互关联更加复杂多变,公司密切关注大型煤企定价方案变化,及时调整采购策略。截至2017年年底,在电厂的积极响应配合下,申能燃料当年共采购经济性煤种236.71万吨,经济煤种占到系统内到厂煤炭总量的22.9%。

二、煤炭储存

在煤炭储存方面,申能燃料成立初期采购的煤炭全部直接堆存至各电厂的煤场。由于外高桥第二电厂煤场设计容量为15万吨、外高桥第三电厂的煤场设计容量为20万吨,相对于这两家大电厂的耗用量来说,煤场设计容量偏小,即使煤场全部堆足大概仅可维持10~15天的用量,这对电厂的安全运行存在一定风险。申能燃料公司针对此情况,积极在上海港内和周边地区寻找合适的储存场地。公司先后在上海罗泾港码头、外高桥月亮湾堆场、江阴长宏国际码头租用中转堆场,使煤炭堆存容量增加20多万吨。另外,在辽宁营口港、江苏连云港、山东日照港等港口、码头建立业务关系,需要时也可作为临时堆存场地。2011年,申能燃料还与上海申澄仓储有限公司签订长期煤炭堆存及中转合同,使电厂煤炭有一个较为固定的堆场。这些举措为上海电煤安全保供工作奠定基础。

2014年,上海地区电厂持续低负荷运行,由于库存容量不足,发生船舶压港现象,为公司控制滞期费产生带来困难。为此,燃料公司充分利用中转堆场,加强电厂和租用堆场的联动,有效控制滞期费。2014年,公司全年产生滞期费1 962万元,较2013年减少221万元。

为确保紧张时段的燃煤安全稳定供应,2016年燃料公司积极探看电厂周边堆场,租用白土岗堆场。2016年全年转入中转场地的煤炭89.3万吨,转出91.3万吨,在价升量紧的供应形势下,有效提高电厂安全库存储备水平,又平抑市场价格的波动。截至2016年年底,公司供煤总计44万吨,电厂库存9万吨,电厂耗用35万吨,白土岗堆场存煤3万吨,其他堆场存煤4万多吨。

在2017年的迎峰度夏期间,受南方连续高温的影响,国内煤炭市场需求强劲,电厂负荷率远高于预期,又恰逢市内系统电厂煤场封闭改造导致库容量大幅减少。为应对这一情况,燃料公司积极落实下游中转堆场,转运近10万吨煤炭至电厂,解了电厂低库存的燃眉之急,确保迎峰度夏期间各电厂燃煤的安全、稳定、经济供应。

三、煤炭管理

2008年申能燃料公司成立前,申能股份下属4家电厂煤炭供应模式为:上海吴泾第二发电有限责任公司由上海电力燃料公司全量供应;上海申能星火热电有限责任公司由上海电力燃料公司供应部分量,其余量由星火电厂自行采购;上海外高桥第二发电有限责任公司全量自行采购;上海外高桥第三发电有限责任公司处于基建阶段,调试、试运行期间的用煤由上海外高桥第二发电有限责任公司代为采购。

2008年5月,以外二发电燃料采购队伍为班底,再从申能股份下属其他电厂抽调部分人员组建申能燃料公司(初名申源燃料),下设计划调运部、财务部、综合管理部。公司负责燃煤电厂煤炭的统一计划,统一采购,统一调运,统一分配,统一结算,与发电厂码头交接燃料的全过程管理。申能燃料成立后承担外二发电、外三发电电煤全量供应任务,其他两家电厂维持原状。2009年下半年,根据申能股份的要求,申能燃料公司逐步接手星火热电煤炭供应任务,从2010年起,开始全量保供。2012年,吴二发电纳入申能系统统一的燃料供应体系,同年申能燃料的煤炭供应量超过1000万吨,成为上海地区最大的煤炭供应商;2017年申能燃料销售燃煤高达1800多万吨。为提高管理水平,2010年9月申能燃料成功引入ERP管理软件系统,成为国内燃料行业中首家运用信息化系统的企业。

申能燃料公司始终坚持以"争创发电企业最佳煤炭供应商"为目标,紧紧围绕"保障供应、控制成本、优化服务"三大中心任务,做好申能电力能源的"粮草官"。2008年,受市场经济和计划经济转换的影响,国内煤炭价格还处于双轨制模式下,即年度长协价(俗称计划内价格)和市场价(俗称计划外价格)。由于供需关系严重不平衡,市场价不断上涨,在2008年中期,煤炭价格达到顶峰,5500大卡煤炭单价突破1000元/吨。煤炭成本占发电企业生产总成本的比例达到甚至超过80%,当年全国火力电厂遭遇行业性亏损。外三发电由于高企的煤价,又无计划内煤炭的指标,出现当年投产当年亏损的情况。但外二发电在申能燃料及各方努力下,积极应对形势,提高计划内煤炭的兑现率、降低其他成本、积极采购进口煤等,使其当年保持有盈利。

2008年以后,煤炭市场价格虽有一定程度回落,但年度长协价还在继续上涨,兑现率在下降,计划内外的价差依然较大,供需矛盾依然突出。2009年年初,申能燃料利用煤、电企业签署年度合同的有利时机,积极开展多方协商,果断采取措施,争取到更多的计划内煤炭数量,为电厂的扭亏为盈奠定基础。

质量管理一直以来是燃煤管理的重点和难点,电厂的安全运行和燃料成本结算与煤炭的质量密切相关。申能燃料公司成立初期,国内煤炭市场处于绝对卖方市场的环境下,买方往往处于弱势状态。而且,外二发电、外三发电虽然都配有机械采样装置和化验设备,但各电厂之间未有一套统一规范的煤炭质量管理体系,因此在协商处理争议事件中,申能燃料较难获取主动,结果往往不利于电厂。为充分掌握电厂需求,及时解决燃煤采制中暴露出的一些问题,确保电厂用煤安全,在申能股份相关部门的指导下,由申能燃料牵头,协同外二发电、外三发电等相关电厂,建立相关单位沟通参加的月度平衡会及专题研讨会机制,开辟有效沟通渠道,搭建信息共享平台。通过一系列调研,发现问题、找出漏洞,有针对性地制定措施,逐步构建起一套全面的燃料质量管理体系。

2008年7月1日,申能燃料公司进入运行。7月21日,建立每周一次例会制度,由公司全量保供的电厂(公司)领导参加。各公司通报近期燃煤工作情况,就下阶段工作进行沟通,总结燃煤采购、调运、质量各方面的经验教训,摆出问题,商讨解决的措施办法。2009年8月由申能股份牵头成立"燃煤采制化规范管理工作小组",从组织机制上来保证燃煤质量管理流程中的各个环节的统一协调,建立完善燃煤质量标准,切实把好质量关。

申能燃料在秦皇岛港的业务主要是船货衔接、装船前的质量控制及装船过程的监控和靠泊协调等,随着公司煤炭采购量的不断增长,从秦皇岛下水的煤炭量也不断增加。2010年3月公司第一届五次董事会决定设立驻秦皇岛办事处,同年6月驻秦皇岛办事处启用,公司选派专业人员常驻当地,在港口第一线工作,加强船货在秦皇岛港的衔接力度,提高船舶周转效率,实行煤炭装船前后的质量监控、监管、采样,全程跟踪一船从装港到卸港的采制样过程,第一时间发现问题,及时做好现场处理,为提升燃料管理总体水平迈出新的一步。2012年9月申能燃料燃煤监控远程管理平台项目完成可行性报告,通过需求调研、项目开发、环境搭建及基础数据初始化、系统培训及试运行4个阶段后,于2013年12月顺利通过专家组评审验收。该项目可以有效提升公司燃煤质量管控能力,优化服务水平。

2014年,公司进一步提升燃煤质量管理水平:运用自主设计的燃煤监控远程管理系统,加强对外包单位理货人员的管理培训,提升监装监采规范化水平;积极拓展监装监采业务范围,首次实现对黄骅港神华公司供煤的装船监督;强化采购合同条款约束、加强采购煤种追溯,减少混配煤种数量及质量差异,及时跟踪电厂使用情况。2016年,公司又逐步建立起股份系统覆盖源头采购、终端销售、中转港口等各环节的全面质量管理体系;开发建立燃煤监控远程管理平台,通过更加高效、高质的科技手段,实现监装监采数据的实时录入和上传,进一步加强燃煤验收日常比对。

燃料公司在多年实践中,逐步形成一整套煤炭管理规范化操作流程,提出采购计划制订、供应商评估和选择、发运港监装监采操作标准化、中转堆场质量监控管理、厂内采制化操作全程监控管理、协调例会制度等全过程环节的管理要求,做到所有环节有记录、可追溯。质量管理体系的建立,在发生质量争议时提供发现问题、解决问题的依据,使结算工作做到公正、公平,保障电厂的利益,树立申能燃料在市场上的信誉,提升申能股份系统的燃煤管理总体水平,为电厂安全生产提供质量上的保证。

四、系统外煤炭市场

申能燃料在保障系统电厂用煤需求的前提下,逐步开拓系统外煤炭市场,寻找商机,逐步开展煤炭加工与销售业务。在煤炭销售过程中,申能燃料积极适应市场形势,开创公司燃料经营工作的多个"第一次":从定向供应系统电厂,到第一次通过市场竞标的方式拓展客户;从对公司现有采购量的分流、消化,到第一次主动在市场上寻找销售货源;从采购煤炭全部通过海运方式运往电厂码头,到第一次建立起以青岛港为卸货港的物流链;从装港监装监采,到第一次在卸港对电厂数量、质量验收过程进行全程监督。这些"第一次"为公司在推进市场化经营的起步阶段,明确市场地位、规范销售流程、形成操作模板积累宝贵的经验。

2014年6月,申能集团出台"集团改革33条",其中明确"探索申能燃料公司适应市场化经营的激励约束机制"的总体要求。申能股份进一步明确公司"优质优价保证系统内部燃料供应的前提下积极拓展市场"的功能定位,并提出市场销售目标任务。同年9月,满载3万吨煤炭的"大明山"轮顺利靠抵青岛港大港码头,这是申能燃料向青岛热能集团所属电厂供应的第一船煤炭,也是燃料公司为落实集团改革要求,积极拓展市场的第一船外销煤炭,为公司探索包含船运、码头装卸、公路运输等运作过程,直供最终用户方式的市场化经营,迈出重要一步。

2015年,申能燃料开始尝试进行煤炭初步加工业务,通过煤炭掺配形成兼具价格、环保优势的"拳头产品"。公司采购的"伊泰3号"与"平九"煤在曹妃甸港通过双机单路方式混配后,运抵外二试烧;同时在盘锦港褐煤与铁法矿区烟煤经过混配,运往吴二发电。"平九"煤由于硫分、灰分均超上海地方环保标准,但具有较好的价格优势。褐煤具有低硫、低灰、低价等优点,但是其远距离运输受到国家商品煤管理办法的限制。通过将这些经济性煤种在近产地发运港与"伊泰3号"、铁法烟煤等高质高价煤种混合掺配,中和各自的极端特性,最终所得产品硫分、灰分等各项指标均达到环保要求,价格也相对较低。同时掺配煤也可以更好地预防电厂锅炉结焦,保障燃用安全。公司通过掺配煤抢抓市场先机,提升市场竞争力。同时,公司将煤炭自加工作为市场化经营的重要举措,积极探索为电厂提供符合环保政策要求的低价、优质煤炭。2015年7月,申能燃料盘锦港煤炭自加工基地第一套筛煤设备顺利完成受电重载试验,并完成首次加工运行,开启公司规模化煤炭加工之路。

申能燃料积极探索新的煤炭销售模式,积极开拓煤炭销售市场。2015年5月,申能燃料采购6万吨褐煤,通过铁路转汽车运输方式成功运抵华电集团旗下辽宁丹东金山热电厂,实现公司直供东北地区电厂燃煤零的突破,也实现公司在供煤物流方式上新的突破。同年10月,申能燃料开拓"海进江"销售新模式,通过"江中过驳"的运输方式实现对安徽地区的市场销售。在山东,申能燃料进一步加强对重点用户青岛热能集团的服务,在确保稳定供应的同时,强化售后沟通,充分利用申能电厂领先技术优势,提供燃料管理等方面支持服务,在2014年被评为"优质供应商"的基础上,2015年被客户评为"点对点供应商"。2015年12月,申能燃料再创上水煤转运东北地区电厂新方式,通过上水煤再汽车转运的方式,完成对华电丹东金山热电厂近6万吨煤炭的销售。

2016年4月,申能燃料完成对位于贵州六盘水的纳雍发电总厂两批次、近5万吨的煤炭销售,这是申能燃料在贵州的首家销售客户,标志着公司进一步拓展华南销售市场,有利于公司后续进一步推进新区域、新客户的销售拓展。2016年5月,申能燃料逐步与江西地区的国电黄金埠电厂、大唐国际抚州电厂、江西中电投新昌电厂、贵溪电厂等多家电厂建立起合作关系,标志着公司"海进江"销售模式进一步向内地延伸。截至2016年年底,申能燃料销售客户共计已达到57家,直供终端用户30家,销售足迹遍布16个省区。

2017年10月26日,燃料公司首批煤炭场地交货的列车在山西长城梁站装车,发往河北国投京唐港,开拓了场地交货新模式,开辟了保供控价新通道,进一步提升了公司供煤品牌内涵。为扎实开拓市场,切实增强市场竞争力,公司不断提升市场销售的质量与效益,与江苏华润、浙江德欣、湖州神福、桐乡悦通等市场用户的合作关系保持稳定。截至同年年底,公司直供终端用户达40家。除此之外,申能燃料还按照申能集团推进产融结合工作会议的要求,开展动力煤期货套保业务。动力煤期货套保业务的开展,不仅有利于对冲价格波动风险、锁定生产经营成本,同时公司有着完善的动力煤现货购销体系,对动力煤市场有较强的分析能力,为公司实现"两条腿"走路提供条件。

表 5-3-1　2015—2017 年上海申能燃料有限公司系统外煤炭市场销售情况表

年份	2015	2016	2017
市场销售量(万吨)	406	639	757
市场销售毛利(万元)	965.81	2 495.04	3 832.52

第二节　油气贸易

一、发展沿革

为加快中国现代石油市场体系的建设,2004 年 8 月,上海久联集团有限公司等出资注册成立上海石油交易所,两年后营业,主要从事燃料油、甲醇等石油石化产品的市场交易。2009 年,久联集团整体划转至申能集团,其产业结构调整到主要聚焦于能源要素市场的建设。作为久联集团子公司的上海石油交易所,于 2010 年 12 月推出液化天然气(LNG)和液化石油气(LPG)现货竞买交易,在国内外燃气市场产生积极的反应,取得良好效果,为中国能源要素价格市场化改革的积极探索迈出实质性的一步。2011 年 8 月 17 日,上海石油交易所成功上市精制液化气。精制液化气是上海石油交易所为中国石油化工集团上海石油化工股份有限公司量身打造的采用现货竞买交易模式交易的一个全新品种。精制液化气交易品种的推出,是上海石油交易所加强与国内主要石油公司深度合作的良好开端,也是上海石油交易所按照申能集团"十二五"规划中"加大能源与金融产业互动,着力建设上海石油交易所,构建区域性能源要素市场"的要求,不断创新发展,加快推进能源要素市场建设的又一重大举措。

2014 年,天然气市场低迷,为积极应对新加坡、日本等新兴石油天然气交易市场的竞争,提升中国在石油天然气行业的定价权和话语权,新华社组织十大股东成立上海石油天然气交易中心。为落实上海市政府关于大力支持上海石油天然气交易中心建设精神,上海石油交易所从大局出发,派出人员参与上海石油天然气交易中心的筹建工作小组工作。

上海石油天然气交易中心于 2015 年 3 月 4 日在上海自贸区成立,注册资本金 10 亿元。其中,申能(集团)有限公司占股 7%。2015 年 5 月,上海石油交易所将有关液化天然气(LNG)交易整体平移到上海石油天然气交易中心。上海石油天然气交易中心主要是充分利用现代信息技术,打造市场化、国际化的交易平台,开展天然气、非常规天然气、液化石油气、石油等能源产品的现货交易,提供交易相关的技术、场所和设施服务,以及咨询和信息服务。交易中心交易模式包括挂牌和竞价两种,试运行的品种主要有管道天然气(PNG)和液化天然气(LNG)两个现货的交易。上海石油天然气交易中心致力于建成立足中国、面向全球的国家级、国际性石油天然气交易平台,为广大石油天然气经营者提供一个全新的、参与中国乃至亚太石油天然气行业的大舞台。

申能(集团)有限公司除参股上海石油天然气交易中心建设外,还积极筹建具有申能特色的油气贸易专业公司。除久联集团的子公司上海石油交易所继续从事液化石油气(LPG)交易外,上海石洞口煤气制气有限公司在 2016 年将油品贸易作为发展方向,以仓储保贸易,以贸易促仓储,逐步形成贸易批发及进出口、终端零售为一体的油品贸易体系。2017 年,石煤公司稳步开展燃料油贸易业务,全年累计销售出燃料油 4 971.75 吨;同时积极拓展液化气经营贸易,打通液化气进口渠道。

2017年,申能集团为加快关键领域改革步伐,明确燃气改革工作方案,同时决定整合能源产业链资源,做大做强能源贸易板块,于是将石煤制气整建制划转久联集团。久联集团公司受让系统内相关油气资产,开展以成品油、天然气为主的能源贸易业务。

二、交易方式

2008年7月,上海石油交易所借鉴现货交易和电子化交易的优点,开始研究推出全新的现货保证金连续交易方式。这种交易方式,既是标准的现货交易,又能起到发现价格的功能,符合中国石油石化市场的实际情况。到2009年6月底,完成现货连续交易系统研发工作;2010年11月底,上海石油交易所完成现货竞买交易相关规则的制定、交易系统的开发、交易所网站的改版,开通同工商银行、交通银行、招商银行3家结算银行的银商转账系统。2010年12月17日,上海石油交易所推出的液化天然气(LNG)和液化石油气(LPG)现货竞买交易成功顺利上市。现货竞买交易,指的是通过交易所的电子交易系统,卖方公布其拟出售商品的卖出底价和相关交收信息,买方以竞买的方式,根据"价格优先、时间优先"的原则进行成交的交易模式。成交之后,买卖双方即进入实物交割环节,实物交割率为100%,是完全的现货交易。现货竞买交易流程简单高效,可充分发现价格,显著降低现货交易成本、提高交易效率。交易首日,各交易商积极参与竞价交易,交易当日所有挂单商品全部成交,液化天然气(LNG)和液化石油气(LPG)共计成交680吨,同时整个交易过程、系统运行稳定,交易活跃;闭市后,资金结算快速、无误,交易所的电子化现货竞买交易系统的安全、高效和便利得到交易商的普遍好评。

上海石油交易所以创新求发展,不断推陈出新,努力做强现货竞买交易市场。2011年4月2日,上海石油交易所首先推出现货竞买远期专场交易。现货竞买远期专场交易是依托上海石油交易所现货竞买交易平台,卖方交易商在交易所指定的日期通过交易所电子交易系统挂卖远期月份交收的一定数量的交易商品,买方交易商自主报价竞买,在规定的交易时间内以"价格优先、时间优先"的原则成交并自动生成电子交易合同的一种全新的交易模式。现货竞买远期专场交易是大宗石油石化商品贸易模式的创新和探索,给买卖双方交易商提供专场、专时的远期现货销售平台,可充分实现和满足交易各方现货商品中远期销售和采购的实际需要。

为充分实现和满足交易各方现货商品中远期销售和采购的实际需要,上海石油交易所在现货竞买交易的基础上不断推出新的交易形式。交易所在月供的基础上,于2012年4月1日推出现货竞买季供交易,全年成交LNG季供交易27 000吨;2013年7月,在月供、季供的基础上,又推出现货竞买年供交易,全年成交LNG年供交易26 400吨。至此,上海石油交易所已有日供、月供、季供、年供4种不同周期的竞买交易方式。为促进天然气市场资源的优化配置,也为推出天然气中远期交易做前期实践,上海石油交易所于2013年10月30日推出现货仓单交易,成交后的现货仓单可用于转让、提货以及交易所规定的其他用途。通过上海石油交易所的液化天然气仓单交易,卖方交易商可以根据市场反应提前增加资源供应,买方交易商则可以提前锁定天然气所需货源,有效确保用气方在天然气需求较大的尖峰时刻平稳度过。

2012年,上海石油交易所根据国家能源局有关文件精神,开展2012年迎峰度夏和迎峰度冬天然气现货交易。6月12日,成立2012年度天然气迎峰度夏市场交易工作小组。7月2日,交易所举行2012年迎峰度夏天然气交易上市仪式,这是中国首次采用市场化方式解决天然气动态调峰需求。交易首日,中石油、申能集团、广汇等公司挂卖天然气4 160吨,成交3 960吨。12月18日,交易所推出迎峰度冬天然气管道交收专场交易。这是中国天然气市场化交易的又一创举，通过管输交收可以更加及时有效地解决冬季天然气动态尖峰需求，迅速保障供应，确保平稳运行。同时，这也是中国第一笔准"天然气管输交易"，为天然气现货交易的创新发展揭开新的一页；更重要的是在本次交易中，历史性地迈出管道向第三方开放的一步，为未来天然气市场化发展、行业发展进行积极有益的探索。

2013年8月13日，上海石油交易所在现货竞买交易平台上再次推出LNG管输专场交易。这是继2012年12月28日上海石油交易所首次在现货竞买交易平台上推出迎峰度冬LNG管道交收专场交易后，为及时高效解决夏季天然气用气高峰需求再推LNG管输专场交易。本次交易由买卖双方通过上海石油交易所现货竞买系统进行液化天然气（LNG）现货交易，采用液化天然气（LNG）转换成管输天然气通过中石油"西气东输"二线长输管线进行交收，交收地为广东省广州末站。上海石油交易所此次的LNG管输专场交易的成功实现，是中国天然气市场化交易的又一次破冰之旅，中石油管道向第三方开放又迈出积极的一步，天然气夏季市场化调峰突破地域范围，由长三角地区延伸到用气最紧张的珠三角地区。

三、油气经营

2008年，上海石油交易所创新市场营销模式，与战略合作伙伴共同加强市场开发工作，新开发客户1 000多家。同时，不断采取措施活跃市场，甲醇等中远期交易品种持仓量和交易量逐步上升，交易活跃程度有所增强，带动实物交割量稳定增长。至此，上海石油交易所实现主营业务收入以会员费收入为主到以交易手续费、交割手续费收入为主的转变。与此同时，上海石油交易所积极开展对外交流合作，先后同全球最大的甲醇生产商Methanex公司、交通银行总行、天津市政府、宁波保税区政府、俄罗斯商品交易所等诸多机构进行交流、互访，进一步扩大交易所的影响力。

自2010年现货竞买交易运营以来，交易所的经营状况不断好转。2010年，交易所加大宣传和推介，大力发展交易商。一方面，加大同新华社、第一财经、《中国能源报》等媒体的广泛和深度合作，拓宽信息披露和发布的渠道，推广天然气行业的中国第一个市场化天然气价格"上海石油交易所指数"，提高上海石油交易所影响力；另一方面，加大同燃气行业内的诸多相关企业以及广东油气商会、东方油气网、易贸等咨询机构的多层次的合作，在各咨询机构组织的近十次大会上做路演推介，同时对业内重点企业通过重点拜访、上门路演培训等形式，使业内多数企业对交易所的背景和业务模式有深刻的认识。2011年上海石油交易所的交易商数量达到61家，现货竞买LNG成交7.73万吨，LPG成交7.41万吨，营业收入达到168.44万元。

2012年，上海石油交易所继续发展交易商，中石油天然气股份西气东输分公司、中石化两大LNG销售公司（川气东送、华北销售）和浙能系统13家子公司加入，使得上海石油交易所交易商总数达到107家。2013年上海石油交易所交易量、交易商总数取得大幅度增长，实现交易所成立7年来的第一次盈利，奠定国内独一无二的LNG交易市场地位。2013年，交易所实现LNG交易量35.87万吨（合计2.7亿立方米，其中管输交易20.22万吨，液态槽车交收15.65万吨），LPG交易量6.51万吨，交易总量超过前两年总和，交易规模迈上新台阶。交易商总数达161家，集聚包括中石油、中石化、申能集团、广汇能源等主要资源供应方和新奥、港华、华润、中燃等主要需求方，遍布全国。

2014年，天然气市场经历前所未有的低迷，国内液化工厂开工率严重不足，低价竞争局面长期存在,但上海石油交易所的 LNG 交易还是取得 57.76 万吨的交易量。新华社组建上海石油天然气交易中心后,上海石油交易所将液化天然气(LNG)交易移交给上海石油天然气交易中心,自己继续从事液化石油气(LPG)的交易。2017 年,上海石油交易所液化石油气双边交易量为 39 120 吨,双边交易额为 1.58 亿元。

第三节　能　源　仓　储

一、仓储管理

上海石洞口燃气生产与能源储备基地是由上海燃气集团下属石洞口煤气制气有限公司负责建设的集汽油、柴油、液化石油气仓储于一体的综合性能源储备基地。2012 年 3 月一期项目建设完成后,石煤制气开始转向能源仓储经营。2013 年,石煤制气从煤气制气企业成功转型为能源仓储企业。至 2017 年,公司拥有 2 个危险品专用码头泊位;油品储罐总数 27 个,共计 26 万平方米,配套 12 个油品槽车发车位;液化气储罐总数 6 个,共计 1.2 万平方米,配套槽车装卸位 6 个。公司仓储库区储运工艺和设施均按国内先进标准设计和配置,成为集储存、装卸、水陆发运为一体的多功能、全方位的能源储运库区。依靠库容、岸线资源及码头靠泊能力的优势,公司仓储库区被列入《上海市成品油仓储行业"十二五"发展规划》,并成为上海对外开放码头。

2012 年 11 月 27 日石煤制气投入仓储试运行后,不断完善各项制度、梳理仓储操作流程、规范生产操作,细化仓储管理系统,逐步形成并完善适应仓储经营的管理体系,岗位职工基本能熟练掌握油品及液化气的车船接卸、出库等各项操作。2016 年,公司将"增量提质"作为仓储经营工作导向,按照市场化运作要求,不断优化运行管理。为探索适合自身的仓储运行模式,实现企业的可持续发展,公司开展"优化运行模式,提高仓储效率"的管理创新课题。

石煤公司现有的仓储设备设施是申能集团响应市政府号召,为提高上海能源安全储备和应急保障支持,促进地方能源储备体系而建,属于典型的国家储备模式特征:码头吨位大泊位少,输油管线管径大数量少。设计停靠大型船舶,进出油品周期较长,单次进出油量较大,设备设施条件适宜防止资源紧缺的战略性储备模式。而大多数仓储经营企业采取的商业储备模式,具有码头吨位适中泊位多、输油管线多、进出油品周期短的明显特征。石煤制气基础设备设施条件与商业储备不相匹配,对保障仓储效率、开展仓储经营带来一定影响。

为仓储经营的顺利开展、保障仓储效率,石煤制气积极协调码头船舶靠停计划、船舶装卸作业计划和库区工艺管线状况三方面的关系。通过为船舶设立档案的办法,建立数据库,了解船舶的吨位、吃水、载重、航速、装卸速度等信息,了解码头周边锚地的状况,准确掌握每个航次的船舶航行时间和装卸作业时间,制订合理的码头船舶靠停计划。由于成品油行业受国际、国内油价波动影响,租用公司油库的客户,提供的船舶装卸业务数量呈不规则幅度变化,以致有时会产生扎堆现象。为最大限度地满足客户需求,公司业务人员积极加强业务沟通,制订合理的船舶装卸计划,尽可能地安排最多的船舶作业。在工艺管线方面,针对石煤公司油库输油管线较少,存在多家客户共用管线的问题,公司油库及时安排管线油品置换,尽量做到船舶即来即作业,为码头的周转争取宝贵的时间。石煤制气通过这些管理措施大大地提高了仓储效率。

2017 年,石煤公司着眼于"提效增量",以提升仓储运行效率为抓手,促进仓储量的提高。通过量化指标,将库容利用率纳入年度考核,收集月度数据,动态跟踪分析,挖掘潜力;通过对储罐内油品种类、数量排摸，实施管线改造，将相同品质的油品进行并罐，基本做到专罐专用的要求，减少油品管线的吹扫，每个罐组有自己独立的装车平台，减少互相的干扰，进一步规范库区油品的存放；针对客户油品仓储品种和储罐的需求，及时调整，完成清槽、置换等工作，提高罐组的周转效率，也为新客户开发作好准备。

针对液化气装卸量大幅增加，石煤公司及时调整库区人员设置，加强值班长靠前管理、强化监管；加强对油品卸船入库及装车出库作业过程的控制，及时准确做好船舶预申报和每日动态申报，合理安排作业计划，根据宝山海事油轮和散装危化品船专项检查要求，实行工作日靠泊油轮每船自检，减少双休日油船靠泊滞留问题；加强质量管理，修订完善油品取样管理办法，落实对装船、装车鹤位数据跟踪，根据对比分析偏差率，月度盘库损耗情况，及时调整鹤位流量计，有效控制油品损耗，切实维护客户的利益，提升公司的信誉和经济效益。

二、仓储服务

仓储服务是仓储企业核心竞争力的重要组成因素。石煤制气切实增强自身"软实力"，打响服务品牌，提高企业市场竞争力，努力打造成为一流的专业第三方仓储公司。在仓储"增量"的前提下，石煤制气也将"提质"作为突破口，进一步规范服务，用市场化的标准自我提升，树立全员服务意识，坚持客户至上的理念。

2016年，公司通过向客户派发"客户满意度调查表"，定期收集客户意见，走访重点客户、召开客户座谈会、电话沟通等多种形式，了解客户对油库作业管理、质量管理等方面的意见，消除误会，改进不足。客户的认可与满意，也使得公司在提高仓储单价、靠泊费、装卸费的过程中较为顺利，仓储单价与包罐仓储费都有所增加，切实提高公司仓储经营的收益，提升企业市场竞争力。

2017年，公司着力整合规范开票业务，历时半年，完成营业厅改造工程，改建发货开票系统。实施开票业务外包，落实相关培训考核及日常管理。通过规范窗口服务标准，优化工作流程，提升服务质量，从而提高公司仓储经营附加值。2017年11月16日，营业厅揭牌运营，以崭新的姿态向全社会展示石煤仓储安全可靠、诚实守信、优质服务的精神风貌和品牌形象。

三、仓储经营

石煤制气转型为能源仓储企业以来，经营模式主要为仓储经营，通过包罐、临时租罐（按实际进出量结算仓储费）等不同形式为客户提供仓储服务。

经过几年的摸索，石煤制气对仓储行业有一定的了解，开设营业厅树立对外服务新形象，调整业务发展思路，逐步形成以央企等国企背景大客户为主的仓储业务局面，向华东地区能源仓储中心方向发展。

2013年，除液化气经营公司的租罐业务外，石煤制气主要仓储品种为汽油、柴油和燃料油，进行仓储租赁合作的单位主要有中海油上海分公司（仓储品种为93号汽油和0号柴油）、太仓苏南有限公司（仓储品种为汽油）和浙江振荣能源有限公司（仓储品种为燃料油）。1—10月份，中海油上海分公司93号汽油共进15船，出45船，发车2 280次；0号柴油共进6船，出22船，发车1 387次。太仓苏南公司共进9船，出11船，发车211次。浙江振荣能源有限公司共进2船，出5船，发车311次。液化气进4船、70车，发车412次。累计仓储量18.70万吨，仓储收入469.22万元。

2014年，随着石洞口能源储备项目二期工程的建设投运，石煤制气先后与宁波华域能源有限公司、上海三鑫石油化工有限公司、大连硕源石油化工有限公司签订油品仓储合同，吞吐量和仓储收入稳步增长。2014年全年，油品累计进船82船，装船190船，发车18 033次；累计吞吐量59.26万吨，仓储量45.48万吨，仓储收入966.49万元。全年液化气共进9船、77车，发车919次，仓储量4.51万吨。

2015年，石煤制气积极拓展仓储能力，与中化石油上海公司签订临时租罐合同、与上海瑞曼达石油化工有限公司签订包罐合同。仓储客户主要有中海油销售上海公司、中化石油上海公司、上海瑞曼达石油化工有限公司、浙江华域能源有限公司及上海液化气经营有限公司。与此同时，公司还积极协助客户在不断扩大仓储量的基础上逐步增加新的仓储品种，2015年公司总的仓储品种增加至8种。2015年全年，油品累计进151船，出471船，发车21 235次，日均发车约58次；累计吞吐量120.43万吨，仓储量83.04万吨，完成年度计划的110.7%；仓储收入1 805.16万元，完成年度计划的120.34%。液化气共进4船、503车，发车1 421次，仓储量5.06万吨。

2016年，油品累计进212船，出509船，发车36 175次，日均发车约99.11次；累计吞吐量170.68万吨，仓储量108.75万吨，仓储收入2 509.46万元。液化气共进939车，发车1 940次，仓储量3.22万吨。

2017年，油品累计进243船，出491船，发车40 615次，日均发车约111次；累计吞吐量151.11万吨，仓储量115.67万吨，仓储收入3 010.88万元。液化气共进478车，进9船，发车1 936次，仓储量15 019.3吨。

为深化转型，进一步推进仓储经营的可持续发展，石煤制气在打造一流第三方专业仓储公司的同时，充分挖掘自身优势，将油品贸易作为发展方向，力争以仓储保贸易，以贸易促仓储，逐步形成贸易批发及进出口、终端零售为一体的油品贸易体系。石煤制气在煤气制气装置等区域拟建3号库区，共计16万平方米的油品储罐，以及1座6车位共12鹤位的槽车装车站；另外在公司引桥上下游侧拟分别建设1座5 000吨级和1座1 000吨级码头，共设置3个泊位。项目三期将显著扩大公司的仓储规模，解决码头泊位紧张影响仓储经营发展问题，也为开发水上加油终端零售市场创造条件。

2017年，申能集团为加快关键领域改革步伐，明确燃气改革工作方案，同时整合能源产业链资源，做大做强能源贸易板块。以久联集团为基础，集合石洞口能源储备基地资产等资源，打造综合性油气能源贸易平台，推进油库、码头等资产注入整合，加快成品油贸易专业化发展。产业升级、能源资源的整合是改革发展的必然趋势，而集团内部业务板块的整合，也为石煤制气油品仓储业务做大做强提供强有力的支撑。

第四节　能源运输

一、煤炭运输

申能燃料采购的煤炭全部通过水路运输的方式送抵各电厂码头，其中上海外高桥第二发电有限责任公司、上海外高桥第三发电有限责任公司均在长江边，大型海轮可直靠发电厂码头。上海申能星火热电厂、吴泾第二发电有限责任公司位于内河沿岸，只能将燃煤先运至长江沿岸港口后再通过转驳方式运至电厂。

国内煤炭下水港口主要集中在渤海湾各沿岸港口，如秦皇岛港、黄骅港、天津港、京唐港、曹妃甸港、营口港等；在资源供应紧张的部分时段，也有从山东日照港、江苏连云港等下水煤炭运往上海；进口煤的下水港口主要有俄罗斯的东方港、印度尼西亚南加里曼丹的港口、澳大利亚的纽卡索港和珀斯港等。申能系统电厂早期煤炭运输主要依赖外部资源，其中中海货轮公司承运国内海运的绝大部分量，内河驳运则由上海港内有资质的驳船公司承运。进口煤的采购有两种形式：第一种是以到岸价(CIF)形式交货，则船运由供货方负责；第二种是以离岸价(FOB)形式交货，则申能燃料公司以比价的方式在市场上寻找有信誉和执行力的船运公司来承运，主要有中远、中海等大型国企和有一定知名度的全球性国际航运公司。为加大煤炭运输力度，加快船舶周期，尽力减少滞期费，有效降低成本，燃料公司组织人员开掘新的港口，实现装港分流。同时，加强与铁路、港口、海运、电厂等方面的协作，发挥集中采购的优势，达到保障发电企业燃料安全可靠供应，降低发电成本的目的。

2010年2月，申能股份有限公司与中海发展股份有限公司共同出资设立上海嘉禾航运有限公司，逐步成为申能集团所属电厂最重要的煤炭承运商，为保障上海市的能源供应发挥重要作用。嘉禾航运成立后，向中海发展购入"沧州"轮。公司成立当年，即完成货运量39.7万吨、货物周转量2.72亿吨海里，实现营运收入2543万元、净利润103万元。

为实现与"沧州"轮运力报废的无空档对接，2010年8月嘉禾航运与中船澄西船舶修造有限公司签订建造2艘5.3万吨散货船的合同，单船造价2920万美元。由于新船建造周期较长，在旧船报废后新船投产前，嘉禾航运公司于2011年8月29日从中海货运期租一艘"宁安2"轮，通过租船开展运煤业务。至2012年9月底，期租船"宁安2"轮累计完成17航次，货运量62.9万吨，货物周转量4.36亿吨海里，实现营运收入3270万元(含税)。

2011年1月15日，经由朝鲜罗津港装载17290吨煤炭的"金博"号海轮靠泊外高桥第二发电厂码头，这是申能燃料公司采购的首例内贸跨境运输煤炭，也是中国东北地区物资首次通过朝鲜罗津港运往中国南方地区，还是申能燃料公司与吉林珲春矿业集团首次通过国际陆海联运方式合作的第一批煤炭，为采购东北地区煤炭开辟新的航线。这条航线的开通，扩大了中国东北和南方地区的贸易规模，有效降低了煤炭运输成本，对加强中朝间经济合作产生积极意义。

2012年5月28日，上海申能燃料有限公司与秦皇岛港股份有限公司、大同煤矿集团煤炭运销朔州矿业公司、上海嘉禾航运有限公司共同签署《秦皇岛港煤炭准班轮运输协议》。该协议的签订标志着由秦皇岛港直达上海电厂的第一条准班轮航线开通。这是运用现代物流确保煤炭供应的全新尝试，通过优化流程和创新合作，进一步加强煤矿、港口、航运和电厂之间的有效衔接，缩减煤炭供应中间用时，大幅提升船货衔接效率，形成更加安全、稳定、高效的燃料供应渠道，对确保上海地区煤炭供应、保障经济和城市安全运行具有重大意义。

2014年1月，申能燃料与内蒙古伊泰集团、呼和浩特铁路局、国投中煤同煤京唐港有限公司、上海嘉禾航运合作开通从京唐港直抵电厂的准班轮航线，该条航线是公司成功开通的第3条准班轮航线，可以保持每月3个航次的高效运转，进一步深化公司与大型煤炭供应商的合作，为公司构建起一条安全、稳定、高效的燃煤供应链，进一步提升对电厂燃煤的保供能力。

2015年，嘉禾航运公司根据申能燃料煤炭需求量提前安排运输船舶的船期及航线，最大限度地发挥运力效能。2015年全年货运量指标700万吨，实际超额完成94万吨其中：自有船"嘉禾航运1""嘉禾航运2""振奋14""友谊20"轮完成530万吨，航次租船完成264万吨。2016年，上海市发电用煤总体需求不足、进口煤比例增加，但国内煤炭供求形势剧烈变化造成北方装港资源较紧张、船舶压港严重。针对这种情况,嘉禾航运公司加强与燃料公司的协调沟通,加快自有船的周转,尽量维持几艘准班轮的正常运作。同时坚持需求导向原则,高峰时从市场寻找合适船舶以保证电厂的生产需求,运力富余时做好市场开拓和货源安排衔接,保障电厂煤炭运输,同时努力提高船舶效率。嘉禾航运有限公司还积极配合燃料公司做好成本控制和煤炭销售市场拓展工作,2016年嘉禾航运自有船完成燃料公司COA合同价外煤炭运输88万吨,自有船和市场租船配合燃料公司市场销售煤炭运输156万吨。

2017年,嘉禾航运公司全年共完成货运量888.50万吨,其中自有船(含期租船)完成413.84万吨,航次租船完成474.66万吨。2017年,实现嘉禾航运作为电煤运输服务的统一平台的运作模式,全年自有船和市场租船配合燃料公司市场销售煤炭运输121.70万吨。

二、液化天然气运输

为满足上海LNG项目的运输需求,2010年1月20日,上海LNG运输项目投资方CLNG、申能集团与中国海油能源发展有限公司共同出资在香港设立上海液化天然气海运有限公司。

2010年1月,上海液化天然气海运公司与上海沪东中华造船厂签署造船合同,建造1艘舱容14.72万立方米GT No.96型LNG船舶,主要承担申能集团以FOB(到岸交付)模式采购的国际LNG的运输任务。该船舶于2010年1月开工建造;2012年7月26日顺利完成气试(气体试验)工作,9月8日被命名为"申海"号,11月份投入国际商业运营服务,这是上海第一艘LNG运输船。"申海"号建成后由上海液化天然气海运公司租赁给上海LNG公司,由其承运FOB贸易方式下的进口LNG,形成LNG公司进口马来西亚天然气以中方自主承运为主的运输模式。2012年10月9日,"申海"轮在上海洋山港完成LNG接收站冷舱,10月16日"申海"号在马来西亚装载约14.5万立方米LNG,并于10月22日安全抵达上海LNG接收站,顺利完成"申海"轮首航,标志着国产第6艘LNG船舶开始承运。到2012年12月31日,液化天然气全年接卸进口LNG 211.35万吨(其中洋山港205.55万吨,五号沟5.8万吨),完成年计划(209.6万吨)的100.8%;全年累计向下游供应天然气28.43亿立方米,完成年计划(27亿立方米)的105.3%。与2011年完成情况相比,进口LNG较2011年(148万吨)增长42.8%,向下游供气较2011年(20.98亿立方米)增长35.5%。截至2014年年底,"申海"号累计运输LNG 50船,承运量占全部进口量近半。

"申海"轮建成并投入FOB运输,为LNG进口提供新模式和新运力。"申海"轮成为申能集团能源运输的重要船舶。

第四章 房产与物业

申能成立之初以电力开发为主,1992年以后开始走上适当多元发展的道路;申能集团成立后,多元产业得到进一步发展。随着集团主业目标逐步清晰,适应申能改革提升发展的需要,多元产业逐步调整、退出,但依然在房地产、物业管理等方面保有部分业务。

第一节 房产项目

1993年,申能房地产公司成立后,根据市委、市政府以及市国资委和申能的安排,承建、开发申能国际大厦、申能龙阳公寓、平阳住宅小区、华能联合大厦、武泰公寓、枫景苑、上海天然气调度指挥展示中心、汇腾苑、汇秀景苑、五角丰达商住楼、申能能源中心、祁连保障基地项目、成山路商品房、东沟配套商品房、浦江配套商品房等20余个房产项目,其中部分项目已经竣工交付使用。

一、成山路商品房项目

成山路商品房项目位于上海市浦东新区六里社区的西南角,北至成山路,东接中汾泾河道,西邻杨高南路,2014年5月5日开工建设,是上海市"退二进三"配套的经营性项目。项目总投资88.1亿元,总建筑面积为35.8万平方米,由17栋高层住宅和1栋综合性高档商务楼组成,定名为"成山汇郡苑"。由申能房产公司的子公司上海汇郡投资有限公司负责开发建设。其中,住宅项目分两期开发,一期项目总投资37.6亿元,总建筑面积为16.4万平方米,于2014年12月19日开工建设,2016年10月27日结构封顶;二期项目总投资50.5亿元,总建筑面积为19.4万平方米,于2017年5月22日开工建设。

2009年9月1日,申能(集团)有限公司接到上海市住房保障和房屋管理局《关于经济适用住房企业申报(第三批)项目认定的通知》,认定成山路地块为经济适用住房地块,列入2009年建设计划,要求申能集团按相关政策抓紧办理计划、土地、规划、建设等相关手续,抓紧组织实施。2010年4月2日,申能(集团)有限公司召开总经理会议,同意申能房产公司开发建设位于东沟、成山路和安亭三幅工业用地按"退二进三"政策原则,自行统筹实施经适房和商品房的开发建设。2012年6月底,项目公司取得商品房部分和商业部分的立项备案批复,2012年年底取得存量补地价评估结论。2013年3月25日,项目公司与上海市浦东新区规划土地管理局签订《上海市国有土地使用权出让合同》,明确项目公司受让的成山路地块面积、范围、受让价格等。2015年12月7日,项目公司进一步与上海市浦东新区规划和土地管理局签订合同,完成成山路住宅项目全部法律手续。

2014年5月15日,成山路项目北蔡105街坊13-02地块综合楼开工。12月19日,13-03地块住宅项目(一期)开工,该项目位于综合楼西南侧,是"退二进三"商品房项目,总建筑面积约13.5万平方米。2015年11月,13-02地块综合楼完成主体结构封顶;13-03地块住宅(一期)于2015年4月完成工程桩施工,12月完成第二道支撑并进行第三层土方开挖,年底完成扩大用地的收购工作。2016年5月,13-02地块综合楼完成室内隔墙施工,6月完成区、市优质结构评审,12月完成裙楼（售楼处）精装修施工和室外景观施工。13-03地块住宅（一期）于2016年1月完成大底板施工，5月完成拆支撑施工，10月完成结构封顶。2017年5月22日，成山路项目13-03地块住宅（二期）顺利开工，10月取得审图合格证，11月执行申领规划许可证流程并进行试桩，项目正在建设中。

二、东沟保障房项目

东沟保障房项目是申能房产公司第一个启动的"退二进三"项目，项目总面积为33.08万平方米，总投资22.64亿元，由申能房产公司下属上海汇郡投资有限公司负责项目的开发建设。项目位于浦东新区高行镇，主要地块系浦东煤气制气有限公司液化气车间，范围是东至莱阳路、南至东煦路、西至浦东北路、北至德爱路。项目包括01-03、05-01、06-01、02-01这4个地块，01-03地块和05-01地块属于项目一期工程，06-01地块和02-01地块则属于项目二期工程；项目建筑形态以17、18层板式高层建筑为主，少量配置14层板式高层建筑，总户数约3700套，主要用于浦东高行、高桥等地区动拆迁安置房源。

2011年12月3日，东沟保障房项目开工，标志着燃气集团与申能房产合作开发的集团"退二进三"第一个项目顺利启动。其中，01-03地块（海棠苑）在2012年4月27日举行桩基开工典礼，该地块由11栋15—18层高层住宅及配套公建裙房以及一个全埋式地下车库组成，总建筑面积为10.6万平方米，总投资10.24亿元。2013年5月10日，所有11幢号房全部完成结构封顶。至2014年年底，该地块全面完成11幢号楼、地下车库、配电站、门卫等单体工程土建及机电安装施工，完成一房一验工作。2015年11月17日，该地块完成竣工验收。2016年5月底，01地块（汇郡海棠苑）完成物业进场交接，7月竣工备案，9月取得入户许可证并办理业主入户手续。

2012年10月12日，05-01地块（米兰苑）开工，由7幢高层住宅组成，总建筑面积为7.5万平方米，总投资5.29亿元。2013年11月24日，所有7幢号房全部完成结构封顶。至2014年年底，该地块基本完成7幢号楼、地下车库土建及机电安装施工。2015年完成所有施工内容，于12月22日项目竣工验收。2016年5月底，完成物业进场交接，11月完成竣工备案，11月底完成取得入户许可证，12月办理小业主入户手续。

东沟保障房项目采取试点区域先行、经验积累，而后统一标准，逐步推广实施的设计事前控制；以控制防渗漏为重点，明确关键工序、工艺及质量控制要点，强调质量及技术交底，对发现的质量问题整改落实，使得项目一期工程达到整体一次验收合格率100％；01-03地块4幢单体、05-01地块2幢单体达到区优质结构标准。

2014年9月23日，东沟二期项目02-01地块（高申南苑）举行桩基工程开工仪式。该地块位于东沟一期01地块的东侧，由5栋18层高层住宅及配套公建裙房以及一个全埋式地下车库组成，总建筑面积4.12万平方米，总投资2.83亿元。2016年1月11日，该地块结构封顶。

2014年12月29日，02-01地块（高申北苑）举行桩基开工仪式。该地块位于东沟一期01-03地块东侧，由10栋18层高层住宅及配套公建裙房以及一个全埋式地下车库组成，总建筑面积为10.82万平方米，总投资7.5亿元。该地块的开工，标志着申能能创"退二进三"保障房部分建设全面落实。2016年7月9日，该地块结构封顶。东沟二期工程建设仍在进行中。

东沟保障房项目01-03地块获2013年度第一批创建上海市节能省地型"四高"优秀小区；01-03、05-01地块通过上海市建设工程绿色施工（节约型）样板工程和浦东新区文明工地评定。同时项目部还获浦东新区住宅建设实事立功竞赛通报表扬。2014年,东沟保障房项目获全国"安康杯"竞赛(上海赛区)优秀班组称号。

三、祁连保障房项目

祁连保障房项目属于上海市大型居住社区项目,总建筑面积22万平方米,总投资15.1亿元,该基地由申能(集团)有限公司牵头建设,具体由申能房产公司下属上海申能汇枫房地产有限公司负责建设。该项目名称为"汇枫景苑",位于上海市宝山区大场镇内,用地整体位于祁连保障房基地北侧,塘祁路以南、丰宝路以东、瑞丰路以西、祁华路以北。项目于2011年10月28日开工,2015年11月20日竣工。

根据上海市委、市政府关于加快推进经济适用房规划建设的总体要求,经上海市房管局和上海市规土局共同汇审,认定祁连基地(A1地块)为经济适用住房项目,并列入2011年经济适用住房建设计划。该基地地块内包含保障性住房(经济适用房)及幼儿园、九年一贯制学校教育配套项目。基地规划遵循"统一规划、统一组织、统一配套、统一管理"的原则,建成为"交通便捷、配套完善、质量可靠、和谐安居"的示范居住基地。

2013年1月11日,上海申能汇枫房地产有限公司向上海市住房保障和房屋管理局申请祁连基地A1-02地块约2344套(整街坊,约157975.2平方米)共有产权保障住房(经济适用住房)用途调整为征收安置住房(即动迁安置房)。同年4月3日,上海市住房保障和房屋管理局批复同意,由市统筹供应于上海市旧城区改建、重大工程等项目居民安置用房。2014年10月,由于上海共有产权保障住房申请家庭购房需求缺口较多,上海市住房保障和房屋管理局结合批复项目尚未办理补缴土地出让金等因素,对此前批复进行调整,决定将祁连基地A1-02地块仅保留688套房源用途调整为征收安置住房,其余房源仍作为共有产权保障住房(经济适用住房)使用。2015年12月9日,上海市住房和城乡建设管理委员会又将祁连基地A1-02地块166套约1.23万平方米共有产权保障住房(经济适用住房)用途调整为征收安置住房(动迁安置房)。

祁连保障房项目于2015年12月4日取得入户许可证,12月16日交付使用。该项目是公司保障房建设过程中的第一个毛地项目(含基地动拆迁的一级开发),基地建设困难多、任务重、工期短。通过这个项目建设,公司队伍得到锻炼,项目开发建设的综合水平得以提升。2012年,祁连保障房项目获上海市保障性安居工程建设和管理立功竞赛先进集体荣誉称号。2014年,项目被评为宝山区文明工地;8号房、9号房和学校、幼儿园被评为区优质结构;项目部被评为"2014年度上海市住宅建设实事立功竞赛记功集体"。2015年,项目公司被推荐为2015年度上海市实事立功竞赛先进单位,获"宝山杯"。

四、浦江配套商品房项目

浦江配套商品房项目位于上海市浦江镇新选址1号基地1号地块和5号地块,地块范围为:东临三鲁河、南至先新路、西至召楼路、北邻盐铁塘。项目总建筑面积36.8万平方米,占地面积21.7万平方米,总投资6.55亿元。该项目由申能房产公司下属上海申能汇颂房地产有限公司负责项目的开发建设。浦江镇1号基地1号地块(汇颂南苑)于2006年4月18日开工,2008年8月26日竣工;5号地块(汇秀景苑)于2010年11月19日开工,2013年5月20日竣工。

为加快推进中低价商品住房建设,满足上海市重大工程动迁用房及市民对中低价商品住房的需求,确保完成上海市政府实事工程,2005年5月16日,上海市房屋土地资源管理局同意上海市住宅建设发展中心在闵行区浦江镇的三鲁路以东、东塔高速公路以南、规划新汇路及闵行区与南汇区行政边界以西、盐铁塘以北地块,实施中低价"四高"示范居住区项目前期基础性开发。2005年9月,申能房产公司为上海市配套商品房闵行区浦江镇新选址1号基地5号地块的中标单位,与上海市住宅建设发展中心签订《项目协议书》和《项目协议书补充协议》。

浦江1号地块是上海市两个"1 000"万配套商品房工程,总投资6.5亿元,项目位于闵行区浦江镇三鲁路以东、向阳河以西、闵汇路以北、东塔高速公路以南,总用地11.09万平方米。2006年5月,上海申能汇颂房地产有限公司启动1号地块的建设工程,工程总建筑面积为19.3万平方米,包括新建商品住宅、配套公建和商业用宅,其中住宅建筑面积为17.47万平方米。

浦江5号地块项目总用地面积10.62万平方米,总建筑面积20.49万平方米,其中住宅面积16.40万平方米,配套公建0.41万平方米,商业1.6万平方米。总投资7.78亿元。2011年2月18日,公司取得施工许可证。同年12月底,住宅项目全部结构封顶。2012年年底,住宅部分单体工程全部完成,并验收通过。项目出售销售房源2 378套,累计资金回笼约7.5亿元。4栋高层获评"市优质结构工程"、2栋小高层获评"区优质结构工程",并获市文明工地、区文明工地称号。

第二节　申　能　物　业

上海申能物业管理有限公司(简称申能物业)成立于1996年12月,属于申能集团成员企业,注册资金1 500万元。公司位于上海市复兴中路1号申能国际大厦6楼,主要从事物业管服务,具有物业管理国家一级资质,是"上海名牌"服务企业,上海市物业服务综合能力五星企业和100强企业,上海物业管理诚信承诺AAA级企业,国家AAA级信用企业,中国物业管理协会理事单位,上海市物业管理行业协会副会长单位。公司现有职工1 089人。

申能物业成立后,经历过4次增资过程。1996年申能物业成立时,注册资金为300万元,申能房产公司占80%股权,上海申能科技发展有限公司占股20%。2001年,申能物业注册资金为500万元,申能房产公司出资400万元,上海申能科技发展有限公司出资100万元。2005年,为适应市场需要,申能物业实施第一次市场化改制,以增资扩股方式调整股本结构,公司注册资本由500万增至625万元,其中申能房产公司占64%股权,上海申能科技发展有限公司占16%股权,自然人占20%股权。2014年,为深入贯彻市委、市政府《关于进一步深化上海国资改革促进企业发展的意见》,根据集团关于国资国企改革部署要求,申能物业作为申能集团系统推进混合所有制改革的首批单位,于2014年8月启动改制工作,在申能集团、申能房产等上级主管部门和律师团队专业指导下,严格按照规范流程完成混合所有制企业改革,股东变更为申能房产公司占45%股权、上海济能资产管理中心(有限合伙)占55%股权,进一步优化现代企业制度和市场化经营机制。2017年2月,申能物业为进一步做大市场规模、做强市场品牌,注册资本增加至1 500万元。

申能物业实行董事会领导下的总经理负责制,实施公司层面和项目管理层面两级管理模式。申能物业下设市场部、物业一部、物业二部、品质保障部、人力资源部、财务部、办公室7个职能部门;投资上海申能置地物业管理有限公司和上海申泰物业管理有限公司两个子公司。申能物业于2002年通过ISO9001国际质量管理体系认证,2013年公司通过ISO9001、ISO14001、OHSAS18001整合型管理体系认证;建立一整套操作性强、高效质量管理体系和企业工作标准。

公司 ERP 运用远程网络管理依靠互联网技术手段、搭建内部管理信息共享平台,大大提高物业管理的工作效率和服务体验。科学的管理架构、健全的控制体系、科技创新的运用,使申能物业成长为上海乃至全国物业管理行业颇有影响力的专业公司。

申能物业在健全管理体系的同时,积极顺应市场需求,转变经营理念。公司坚持从客户角度思考问题、以行业趋势定位战略、用创新模式设计产品,由单一的以劳务输出为主的后勤服务保障,转化为"全方位、全过程、大后勤、大管家"的服务模式,致力于总部机构大后勤配套和智慧社区物业管家服务。申能物业以厚积薄发的成长方式,经过 20 多年的管理创新和服务拓展,积累一套成熟的物业管理经验,培养并汇聚一流的管理人才与服务产品,形成集团总部管理、新能源设备运营、智能化商办楼宇、高档住宅管家、公租房管理、园区场馆等多类型服务管理系列,成功打造申能物业的市场品牌。

纵观申能物业的发展,大致经历以下几个关键节点:公司于 1996 年 12 月成立,接管第一个项目申能国际大厦,实现一年创"市优",两年创"国优"的目标。2001 年公司开始走向市场,竞标市场项目;2002 年获得 ISO 国际质量管理体系认证,实现物业管理标准化;2005 年企业资质由三级跃升国家一级资质,成为上海首批 26 家一级企业之一;2007 年获上海品牌企业;2008 年获得 AAA 级诚信企业;2009—2015 年公司的公众满意度连续 6 年位列行业前 10 名,成为物业管理金牌服务企业;2010 年成功参与上海世博会服务保障团队,跻身上海物业管理一流企业,公司综合实力排名上海物业前 20 位;2011 年以来连续 8 年入选上海名牌企业;2013 年成为全国物业管理综合实力百强企业;2015 年完成公司内部改制,实现完全市场化经营体制;2016 年公司全方位拓展市场,实现新的服务产品转型升级,开启以"大后勤服务""园区公租房"和"物业能源管理"为专业特色的业务领域格局。

截至 2017 年,申能物业在管项目 40 余个,物业管理面积超过 400 万平方米。其中,有 3 个项目获评全国物业管理示范项目,9 个项目获上海市优秀物业管理项目称号。

表 5-4-1　2017 年申能物业主要管理项目情况表

物业类型	主要项目名称
高档商务楼	申能国际大厦、成山汇郡商务楼、国家开发银行大厦、金沙商务广场、美欣大厦、美华大厦、怡翔大楼、浦东燃气大厦、五角丰达商务广场、世博华能大厦
公众物业	中欧国际工商学院、世博非洲联合馆、后世博场馆、置地广场商厦
总部机关	申能能源中心、中广核研发中心、世博行政中心、国家开发银行上海分行、东方证券大厦、太平洋保险大厦
别墅	君临天下花园、君临颐和花园、盈嘉园、泰极国际花园
公寓	凯利海华府、阳明新城、樱桃苑、武泰公寓、国际广场公寓、汇枫景苑、襄阳公寓、汇秀锦苑、汇郡米兰苑、海棠苑、临港水岸庭、华亭茗苑、高申南苑、汇丰茗都
政府重点项目	上海天然气管网指挥中心、上海 LNG 洋山储备基地、申能崇明燃气电厂、申能奉贤燃气电厂、淮北申皖发电有限公司、市北燃气产业园
集中能源站	虹桥商务区能源站、张江高科园能源站、外高桥森兰能源站

申能物业秉承"服务尽善尽美、响应随时随地、保障无处不在、体验深刻难忘"的服务理念,实施高起点规划、高标准运作、个性化服务,将服务特色溶于精细化管理中,以专业敬业的服务团队,提

供"酒店式管理,管家式服务,大后勤保障",赢得很高的业主满意度和市场美誉度,在上海市物业行业满意度测评中,连续被评为上海市物业管理"金牌服务企业"。公司先后获得的集体荣誉主要有:上海市用户满意服务明星班组称号、上海市模范职工小家称号、上海市世博会服务保障功勋奖、上海市五一劳动奖状、上海市五一巾帼奖、上海市工人先锋号、全国巾帼文明岗、上海市青年文明号、上海市先进基层党组织、市国资委党支部建设示范点荣誉称号,以及2011、2013年、2018年全国物业管理综合实力TOP100强企业,2017年上海市建设交通行业"建设先锋"服务型党组织示范点。获得的个人荣誉主要有:2010年吴为民获中共上海市委颁发的"五带头"共产党员称号,2010年吴为民获上海市总工会颁发的五一劳动奖章,2010年吴为民、马炳获上海市世博先锋一线行动优秀共产党员称号,2013年苏月珍获上海市巾帼建功标兵称号。

第三节 久联集团下属企业

经过多次产业结构调整和股权变更,久联集团下属的子公司除上海石油交易所有限公司和新入股的石煤公司外,主要有上海久联集团经济发展有限公司、上海华期信息技术有限责任公司和上海久联物业管理有限公司3家企业。

一、上海久联集团经济发展有限公司

上海久联集团经济发展有限公司(简称久联经发)成立于1999年8月19日,位于浦东新区商城路618号良友大厦306~311室,原名为上海久联物资储运有限责任公司。2001年6月22日,经工商行政管理部门核准,完成工商变更登记,变更名称为上海久联集团经济发展有限公司,注册资本1000万元。变更后久联集团公司出资615万元,占股61.5%;上海银波实业公司出资380万元,占股38%;上海旭康实业公司5万元,占股0.5%。公司主营范围包括一般贸易、仓储管理、期货实物交割、仓单制作、货运代理以及相关的投资咨询服务。1999年8月至2007年10月经营盈利(净利润)达532万元。截至2017年年底,久联经发的资产总额为2995万元。公司拥有综合办公室、财务部和业务部3个部门,共有员工7名。

久联经发的交割储运业务主要由其控股子公司——上海期晟储运管理有限公司(简称期晟公司)所承担。该公司成立于1999年8月,注册资本为125万元,其中久联经发投资80万元,占总股本的64%;上海中储国际货运有限公司投资25万元,占总股本的20%;中储上海沪闵公司投资20万元,占总股本的16%。2003年,公司实行改制后久联经发持股比例为总股本的38.5%,上海中储国际货运有限公司为12.5%,自然人股东持股比例为总股本的49%。2009年,为规范国有企业改制中的职工持股行为,进一步增强国有资本的影响力和控制力,完善公司法人治理结构,上海期晟储运管理有限公司出让全部自然人股份。2010年,期晟公司自然人股份回购工作完成后,久联经发持有63.05%股权,中储上海物流有限公司持有24.45%股权,上海中储国际货运有限公司持有12.5%股权。

期晟公司历经10年的发展,在规模化管理、区域化发展方向取得长足的进步,管辖的指定交割仓库由1家发展到3家,交割品种由铜、铝、天然橡胶3个品种扩展到锌、螺纹钢、线材6个品种。随着期货指定交割管理业务的扩大和提升,期晟公司期货交割商品年吞吐总量和经营效益显著增加。2009年3月21日,期晟公司万林仓库成功申请成为上海期交所螺纹钢、线材指定交割仓库。

万林仓库是继期晟公司沪闵仓库、全胜仓库后第3家由期晟公司进行期货交割业务管理的上期所指定交割仓库。期晟公司成为上海期货交易所除燃料油、黄金之外品种最为齐全的一家综合性专业期货交割仓储业务管理公司。为进一步做精、做专、做强"期晟"品牌,使其不但在期货交割仓储管理业务方面有新的突破,同时也能成为能源要素市场建设中一个重要支撑,久联集团决定对期晟公司实施增资。2010年,久联集团将久联经发的注册资本增加至3 000万元,并在此次增资过程中,一并完成久联经发公司的股权变更,使久联经发成为久联集团的全资子公司;随后久联经发再实施对期晟公司的增资,将期晟公司的注册资本由200万元增加至3 000万元,其中久联经发的出资由126.1万元增加到1 891.5万元,持股比例达到63.05%,中储上海物流有限公司的持股比例为36.95%,出资额由73.9万元增加到1 108.5万元。此次经营结构的调整,明确期货交割仓储管理业务在久联经发经营业务中的中心地位。

表5-4-2 2007—2017年上海期晟储运管理有限公司期货交割仓储业务经营情况表

年 份	营业收入(万元)	利润总额(万元)	商品吞吐量(万吨)
2007	3 186	129	62
2008	2 420	177	72
2009	1 822	118	202
2010	1 114	393	194
2011	1 106	287	117
2012	791	318	131
2013	1 252	339	83
2014	364	20	52
2015	321	82	55
2016	383	79	53
2017	398	97	43

期晟公司完成增资计划后,秉承"稳健经营、创新发展"的理念,在做强现在业务的同时,配合久联集团建设能源要素市场,积极探索石油、天然气等能源商品的仓储物流业务,为久联集团的转型创新发展作出贡献。

二、上海华期信息技术有限责任公司

上海华期信息技术有限责任公司(简称华期信息)成立于1999年11月25日,位于上海浦东新区世纪大道1500号1528室。由上海久联集团有限公司出资组建,注册资本为1 500万元。2010年5月17日,公司注册资本增加到3 500万元。公司业务范围包括:移动互联网项目的开发及运营维护、IT系统开发维护、技术支持、信息产品设计制作等。公司下设系统研发部、产品运营部、网络通信部和综合管理部4个部门。截至2017年年底,公司总资产2 911万元;拥有员工24人,本科以上学历15人,平均年龄36岁。

上海华期实业公司为上海石油交易所集体性质三产企业,2002年1月31日经营期满。2003年2月,为理顺企业的产权关系和财务关系,更好地整合资源,促进企业经营工作的发展,久联集团公司领导班子决定对上海华期实业公司和上海华期信息技术有限责任公司进行合并重组。集团对华期实业的全部投资改为对华期信息的投资,华期实业予以歇业注销。华期信息增资扩股后注册资金增加到600万元,久联集团占增资扩股后公司总股本的90%。2008年6月,公司注册资本由600万元变为1500万元。2010年5月,为推进能源信息网项目建设,整合上海石油交易所的技术与信息服务资源,久联集团对华期信息增资2000万元。增资后,华期信息注册资本变更为3500万元。

2009年9月,久联集团整体划转至申能(集团)有限公司。根据久联集团建设能源要素市场的战略目标,华期信息发展定位调整为能源要素市场提供配套信息服务,并担负起建设能源信息网的重要任务。2013年,华期信息把上海石油交易所信息平台和技术平台的项目建设和运营维护作为公司的首要任务和主要工作,同时重点拓展定制化信息增值服务。2013年公司实现营业收入364万元。2014年10月,华期信息与上海燃气集团合作,启动燃气微客服平台项目,并于2015年8月29日成功上线运行。这是国内首家在微信软件及Android、IOS系统上实现全方位的移动互联网服务的公共事业服务平台。其中,手机拍照自动识别上传燃气读数的技术处于行业内首创和领先地位。截至2017年年底,上海燃气微客服平台的注册用户数为696911人,微客服绑定账户525455人,微信、支付宝累计关注人数1950643人,各应用平台总访问量9969501次,日活跃用户数(DAU)4408个,支付总笔数373885笔,总金额50896051元。

划入申能集团后,华期信息成功开发上海燃气微客服、申能集团移动办公平台、燃气集团移动办公平台、申能财务"申e通"App及微信公众号、申能财务消费金融Pad应用与管理平台、申能物业"微物业"、石油交易所交易清算系统、《申能青年》、上海期货交易历年年鉴和产品手册系列等项目。主要客户包括申能集团、燃气集团、上海期货交易所、久联集团、上海石油交易所、申能财务、申能物业、诚毅股权投资公司等。

公司始终坚持"创新进取、务实高效、以人为本、和谐发展"的企业精神,坚持"客户至上、服务至上、质量至上"的服务宗旨和"企业价值与客户价值共同成长"的经营理念。

三、上海久联物业管理有限公司

上海久联物业管理有限公司(简称久联物业)是上海久联集团有限公司下属的国有子公司,1999年8月17日成立,注册资金为200万元。公司位于上海市浦东新区商城路618号,主要经营范围是物业管理,室内装潢、装修、计算机及配件的销售,楼宇自动化管理咨询以及商务咨询。

久联物业由上海银波综合服务公司更名而成,负责原3家交易所4幢办公大楼共6万平方米商务用房的物业管理、对外协调及存量房产租赁等工作。公司主要负责良友大厦和东方大厦的部分楼宇出租,面积约8万平方米。良友大厦位于浦东商城路618号新上海商业城内,总建筑面积3.8万平方米,地下2层,地上28层,总高92.8米,是集办公房、客房、会议厅、金融、证券、期货、商务、餐饮为一体的综合性大楼。东方大厦则坐落于世纪大道1500号,位于浦东新区陆家嘴金融贸易区内,总建筑面积5.2万平方米,地面17层,总高66.40米,大厦内除有智能型高级写字楼外,各楼层均有独立公寓,可供商住两用。

2012年7月,上海银波实业公司通过无偿划转方式将其持有的上海久联物业管理有限公司

5%的股权转让给久联集团,久联物业公司成为久联集团的国有独资公司。为进一步理顺企业的股权关系,整合内部资源,聚焦能源要素市场建设的核心工作,2013年7月,久联物业公司将所持有的东方大厦物业公司50%的股权通过减资方式实施退出。退出东方大厦物业公司后,久联物业公司不再持有任何对外股权投资。同时,为进一步整合优化久联公司商业房产资源,科学合理安排好自用与出租的关系,提高公司商业房产整体出租效益,久联公司总部、上海石油交易所整体搬迁至东方大厦办公,原办公场所良友大厦3、4层则用于整体招租开发。经过优化搬迁,每年久联公司可以增加收益约473万元。

久联物业公司以"服从市场,适应市场,把握市场"的思路,在服务、环境、租赁策略上寻找对策,采取措施,攻坚克难,挽留老客户,争抢新客户,捕捉市场机遇,打造"久联"品牌,使房产出租率每年保持在93.2%左右,租赁客户每年平均116户左右。公司员工在党政班子的带领下,努力完成集团总部下达的年度经济考核指标。2011年,物业公司上交集团880万元,实现经营利润120万元。2012年,公司上交集团900万元,实现经营利润132万元。2014年,公司上交集团1 729.5万元;2015年,公司上交集团1 687.9万元;2016年,公司完成房屋租赁收入2 417万元(含税);2017年为2 432万元,物业公司保持良好的经济效益。

久联物业公司以提高管理水平、服务质量,降低管理成本为目标,树立安全第一、以人为本、服务至上、勤俭节约的理念,营造安全舒适的工作和生活环境,出色地做好集团和其他业户委托物业的保值增值任务。

第六篇
科技与环保

概　　述

申能集团重视科技与环保工作。公司自成立以来，一直致力于电力、能源、环保以及金融创新等领域科学技术的研发与应用，并取得令人瞩目的成就。公司响应国家创建创新型、环保型社会的号召，以创新促转型，以技术促发展，在科技和环保领域投入大量资源，将申能建设成为一个具有高度自主创新能力及持续发展动力的创新型、环保型企业。

集团为系统企业和员工科技创新提供良好的环境。集团以制度建设为核心，完善科技创新体系；以人才培养为重点，打造优秀科研队伍；以项目支持为动力，提升科技研发水平；以平台搭建为依托，促进成果的应用与产业化。在此基础上，申能的科技创新取得丰硕的成果；随着相应技术的推广应用，节能环保工作取得明显成效。

集团电力企业及其科研部门完成"广义回热技术""零能耗脱硫技术""1 350兆瓦高低位布置超超临界二次再热新型发电关键技术"等一批重大科技攻关项目。这些技术被集团下属各电力企业广泛应用，在脱硫脱硝、超净排放、节约能源等方面均有十分优异的表现，为煤电企业高效清洁发展树立标杆。

油气企业及其科研部门完成的国家科技部863项目"东海边际气田水下生产系统关键技术研究"，填补中国近海水下生产系统自主设计、建造、安装能力的空白，对国内边际气田的开发利用起到积极的推进作用。智慧燃气的建设顺应能源产业"智慧化""互联网化"的发展趋势，使燃气的生产、运营、服务体系更加智能、高效，能有效节约资源和提高服务质量。

截至2017年年底，集团系统各企业累计获得知识产权数量达159件。集团持续推动科技创新工作，每两年举办一次科技创新大会，表彰先进，挖掘科技人才，累计表彰科技创新领军人物近10位，科技创新先进个人100余位，为公司培养和凝聚起强大的科研人才队伍。

申能集团的科技环保成就得到国家和社会各界的广泛认可。外高桥第三发电公司的"1 000兆瓦超超临界机组系统综合优化和节能减排关键技术研究及应用"获2011年度国家科技进步二等奖。燃气集团"470HZ频段燃气无线抄表系统"项目形成的一系列技术标准上升为上海市地方标准。集团下属上海石油天然气公司、申欣环保公司、张江新能源公司等被评为高新技术企业。外高桥第三发电公司被国家能源局授予全国唯一的国家煤电节能减排示范基地称号。

集团围绕国家"创新、协调、绿色、开放、共享"的发展理念和上海市"创新驱动发展、经济转型升级"的总体要求，推动公司在科技和环保领域的发展，努力打造具有全球影响力的科创中心和环保排头兵。

第一章 创新驱动

科技创新是企业发展的核心动力。申能集团重视科技创新的推动作用,大力支持系统企业和员工进行科技研发和创新,从制度和资源层面提供坚实的保障。

第一节 科创规划

一、制度建设

2006年,申能集团根据上海市国有资产监督委员会《关于编制技术创新战略规划的通知》要求,编制《申能(集团)有限公司"十一五"技术创新战略规划(2006—2010年)》(简称《申能"十一五"规划》)。《申能"十一五"规划》包括技术进步创新现状、技术创新战略环境、技术创新中长期战略目标、实施技术创新战略的主要措施四方面内容,提出核心业务板块中长期技术发展目标、专利品牌等自主知识产权创造运用和保护目标,以及科技投入3项主要战略目标,并明确公司在电力、燃气、油气和新能源四大产业板块的27个重点科技项目。《申能"十一五"规划》的出台是响应国家"科教兴国"战略的号召,同时也是对上海市"科教兴市"战略的积极回应。

2006年是"十一五"发展规划的开局之年,在国家的发展布局中有重要的意义。"十一五"是中国全面落实科学发展观,把增强自主创新能力作为国家战略,加快经济增长方式转变,推进产业结构优化升级,为全面建设小康社会奠定基础的关键时期,是贯彻中共十六届五中全会和全国科学技术大会精神,实施《国家中长期科学和技术发展规划纲要(2006—2020年)》的开局阶段。中央和上海市大力提倡科技创新,实现科教兴国和科教兴市,是公司在"十一五"期间通过科技创新提供公司核心竞争力,实现公司可持续发展的重要机遇。

《国家"十一五"科学技术创新规划》针对中国能源、资源的有限性,大规模环境破坏的不可逆性,以及解决这些问题的紧迫性,把能源、资源和环境保护技术放在优先位置。把突破清洁、可靠、经济的能源供给与使用技术,保障国家能源安全,坚持节约优先、增储增效,提高资源安全供给能力,以及引导与支撑循环经济发展,建立环境友好型社会作为重要方向。《国家"十一五"科学技术创新规划》指出的问题以及提供的解决办法,对公司技术创新具有积极的指导意义。

《申能"十一五"规划》还提出公司在"十一五"期间科技创新工作的总体目标:以科学发展观和科教兴市主战略为指导,按照"多样、安全、清洁、高效"的上海能源发展目标,以先进技术装备应用、节能环保项目实施、管网输配安全保障、新能源项目开发为重点,大力加强能源领域新技术的应用、消化、吸收和再创新,经过5~10年的努力,力争使集团成为国内发电机组效率领先,节能环保指标领先,清洁能源和新能源比重领先,电气合一,上、中、下游为一体的综合性城市能源企业之一。

"十一五"期间,公司产业规模进一步拓展。随着上海市天然气进入大发展时期,公司承担天然气保障供应,节能降耗减排,创建环境友好型、资源节约型能源企业,提高效率,克服市场不利影响,降本增效等任务。想要顺利完成这些艰巨的任务,公司离不开先进技术的装备应用和技术创新。

技术创新成为公司可持续发展的重要保障。

2006年7月20日,申能集团召开首届科技创新大会。集团董事长李关良等出席会议,并发表重要讲话,要求公司上下要进一步统一思想,不断增强科技创新工作的紧迫感;积极探索具有申能特色的能源企业科技创新道路;加强领导,不断提升集团科技创新工作的质量和水平。各单位领导一定要形成"以创新求发展,以科技保安全,以信息强管理,以节能促效益"的共识,共同推进科技创新工作。

2010年9月9日,申能集团召开2009—2010年度科技创新和节能减排表彰大会。会议总结两年来申能系统在科技创新和节能减排工作上取得的成效,并部署公司下阶段科技创新和节能减排工作的要点。会议指出:申能集团两年来坚持依靠技术进步,树立创新标杆,围绕重大能源工程项目建设、发电机组系统优化、海上油气田勘探开发、燃气安全生产运营等重点领域,大力推进技术研究和革新改造系统,主要企业的设备技术和管理效率均处于全国同行业领先地位。公司能源企业克服人工煤气产量下降、发电机组利用小时数减少、制气和发电设备长时间低负荷运行等不利因素,通过技术改造和优化生产,提前并超额完成"十一五"节能减排目标任务。

2015年1月5日,申能集团举行2013—2014年度科技创新和节能减排表彰大会。集团董事长王坚传达中央和上海市对科技创新的新指示、新要求。习近平总书记明确提出上海要走在全国前列,走在世界前列,给上海提出"加快向具有全球影响力的科技创新中心进军"的任务。习近平指出,上海要突破自身发展瓶颈、解决深层次矛盾和问题,根本出路就在于创新。上海市委书记韩正指出,加快向具有全球影响力的科技创新中心建设,既是中央对上海工作的新要求,也为上海当好科学发展先行者指明主攻方向。明确总的方向思路,要搞清楚科技创新主战场在哪、关键抓什么、用什么方法。要始终聚焦国民经济和社会发展这个主战场。要牢牢抓住科技转化为现实生产力的体制机制不通不畅不活这个关键难题。要紧紧依靠市场配置创新资源、开放集聚辐射生产要素的方式方法。关键环节要深入研究,包括改革突破体制机制瓶颈,培育创新文化、创新环境,集聚培养创新人才,围绕国家战略谋划布局创新工程和创新项目。创新驱动发展根本是要持续健康发展。以科技创新为核心的全面创新,要围绕加快推动上海"四个中心"功能建设,加快产业结构调整。

会议还传达国家和上海市对节能减排的新要求。国家发改委等联合印发的《煤电节能减排升级与改造行动计划(2014—2020)》,要求到2020年全部新建煤机和现役60万千瓦煤机平均供电煤耗低于300克/千瓦时,东部燃煤电厂基本达到燃气轮机组的排放标准。上海发布的清洁空气行动计划将严格控制能源消费总量。新建耗煤项目实行等量替代,禁止销售和使用灰分、硫分高于上海地方标准的煤炭。申能的煤电机组在上海总体参数较好、排放较低、管理水平较高,但和国家最新的要求相比仍有一定的差距。只有通过不断地努力,加快科技创新的步伐,才能真正满足国家对环保的要求。

2017年6月,申能集团举行2015—2016年度科技创新和节能减排表彰大会。大会回顾2015、2016年度集团在科技创新制度创设方面所做的努力及取得的成就。2016年,集团制定并下发《申能集团推进科技创新促进转型提升的专项规划(2016—2018)》(简称"集团科技创新三年行动计划"),明确未来三年集团科技创新工作总体思路、推进原则、主要目标等,确定"两个一批"重点任务,即组织实施一批重大创新项目和一批重大创新工程,研究制定一系列保障措施,为集团科技创新工作指明方向。在此期间,集团和二、三级企业相继设立或明确科技创新工作管理部门,以创新为纽带,在资源投入、项目推进、成果管理和人才培养等方面形成合力,推动集团创新转型工作不断进步。东方证券加入申能集团,集团在金融板块科技创新实力明显加强。集团新成立上海申能诚毅股权投资有限公司,作为系统外创新项目的发现和培育平台。集团还积极与外部科研院所进行合作,如华东理工大学、中科院微系统所等,借用外脑帮助集团更好地跟踪能源先进技术,促进集团科技创新工作。

会上还对集团科技创新工作下阶段的发展方向做指导性的设计,其总体思路是:全面落实国家和市委市政府关于创新驱动发展战略的各项决策部署,全面落实"集团科技创新三年行动计划"明确的各项任务,以制度建设为重点,进一步完善科技创新体系;以人才为核心,进一步营造良好的创新生态环境;以项目为抓手,进一步提升科技创新水平和能级;以平台为依托,加快促进科技创新成果产业化。坚持"事前引导培育、事中管理服务、事后激励奖惩"相结合,切实加强对科技创新工作的统筹管理和服务。

二、激励机制

2006年7月,申能集团召开首届科技创新大会,表彰先进;确立2006年集团科技创新项目,与5家基层企业签订使用集团科技资金项目责任书。同时集团下发《申能集团关于进一步加强企业科技创新工作的决定》,指导和激励系统企业开展科技创新工作,调动系统企业创新热情,营造创新氛围,形成"以创新求发展,以科技保安全,以信息强管理,以节能促效益"的共识。

2006年12月,集团编制完成《申能(集团)有限公司"十一五"技术创新战略规划(2006—2010年)》,为科技创新确立明确的激励机制,其措施如下:

完善科技人员考核制度,并与职称评定、职务晋升挂钩。对科技人员建立起与经营管理岗位对等的职务序列和薪酬待遇,对高层次科技人才可以通过协商方式给予高薪待遇。

加大对科技人员的分配和奖励力度。公司每3年进行一次系统科技创新专业技术带头人评选,对获得专利授权和运用、品牌创新、科技成果转化、科教兴市重大产业科技攻关成果的科技人员授予荣誉称号,并给予一次性嘉奖(或津贴)。为保障企业一线科技人员的积极性,企业行政领导(实际参与科技项目具体研发工作的技术领导除外)不参加荣誉称号的评选。

加强科技创新成果的管理,定期总结、评审公司系统优秀科技创新成果。每年组织对企业上报的科技进步奖、合理化建议和技术改进奖项目成果进行评审,评选出公司系统的技术创新成果,并择优向行业或政府职能部门推荐申报上一级评审。公司每年召开科技创新工作会议,对上年度科技创新工作进行总结,并对科研成果获奖单位或个人进行表彰和颁奖。

2009年9月,为充分调动申能集团系统员工科技创新积极性,通过科技创新增强集团核心竞争力,公司制定出台《申能(集团)有限公司科技创新奖励暂行办法》,对优秀科技项目、科技创新"金点子"、科技创新先进单位、科技创新领军人物、科技创新优秀组织者和科技创新先进个人6个类别进行奖励。此外,凡获得国家、上海市进步奖和科技领军人物等荣誉称号(包括同等水平的国家、省市和行业其他奖励)的项目或个人,可参照集团公司评奖要求提出申报材料,由集团公司科技创新和节能减排办公室提出奖励方案并报集团公司科技创新和节能减排领导小组审议通过后在集团公司系统内进行表彰奖励。集团公司系统内获得专利的单位或个人,可提出申报材料,由集团科技创新和节能减排工作小组办公室按照专利类别(发明、实用新型等)提出奖励方案报集团公司科技创新和节能减排领导小组审议通过后给予奖励。

2016年4月,公司出台《申能集团推进科技创新促进转型提升的专项规划(2016—2018年)》

（简称《申能专项规划》），要求强化考核激励，激发创新动力，贯彻落实"上海国资国企改革20条"、《上海深化人才工作体制机制改革促进人才创新创业实施意见》《关于鼓励和支持上海市国有企业科技创新的若干措施》《市管国有企业法定代表人创新转型专项评价实施方案》等文件中关于人才引进、培养、评价和考核激励相关举措，结合"申能集团改革33条"，逐步建立与竞争类企业集团相适应、以创新为导向的考核评价体系。《申能专项规划》要求完善下属企业领导考核指标体系，用3年时间全面推进二级企业领导人员任期制契约化管理，完善系统企业领导人员选拔任用、任期考评、年度考核等制度，确保任期制契约化管理工作的战略引领作用充分发挥。

第二节　科创保障

一、组织保障

2006年7月，申能集团成立由主要领导担任组长的科技创新领导小组，全面领导和推进系统企业科技创新工作。2009年8月，集团进一步明确以科技创新促进节能减排的工作思路，把科技创新和节能减排两个领导小组合二为一，以加强系统科技创新组织领导工作；集团和二、三级企业相应设立对口专业管理部门，聚焦节能减排和重大项目前瞻性研究，提高创新管理效能。2017年10月，为进一步推进申能集团科技创新工作，切实加强科技创新统筹管理与服务，经集团研究决定，成立申能（集团）有限公司科技创新中心（简称科创中心）。科创中心的成立，使集团的科技创新工作有专业的统筹管理单位，有利于整合资源，强化管理，推进集团科技创新工作发展。

二、经费保障

2006年3月，申能集团出台《申能（集团）有限公司科研资金管理暂行办法》（简称《办法》）。《办法》规定：集团公司每年计提上年净利润的2%作为科研经费，用于能源领域的科研开发和技术创新，重点支持新能源、环保和节能项目的创新研究和开发应用，向本部及系统单位提供科研项目或科研投资企业的科研经费和专项补贴。通过鼓励和支持企业科技创新活动，增强企业技术创新能力，开发自主知识产权，促进公司能源产业的持续稳定发展。

2006年12月，申能集团编制完成《申能"十一五"规划》，明确公司每年科研资金的投入为上年度净利润的2%，并力争有所增加；申能股份及其下属公司每年科技投入力争达到上年度净利润的3%；燃气集团及其下属公司每年按主营收入预算的一定比例建立科研资金。《申能"十一五"规划》明确建立科技投入保障机制，把技术创新工作计划列入年度工作目标，把科技创新投入资金计划列入企业年度经营预算；审批立项的科技项目预算费用，编入企业年度生产经营预算，费用专款专用，年度专项审计；公司重点导向性研发项目由公司科技创新工作领导小组研究确定，统一下达，并同步落实专项资金来源。

2006年以来，集团各系统科研技改资金投入连续6年保持在8亿元左右的水平，"十一五"期间科研总投入超过40亿元。自2012年起，科研技改资金投入更增加至每年10亿元左右。2006年至2012年，集团分四批向系统内各企业下拨科研项目专项经费。2006年批准第一批共7个科研项目，拨付科研经费1240万元；2008年批准第二批7个科研项目，下拨科研经费478.7万元；2009—2010年批准立项第三批科研项目共11个，科研项目费用总额27723.70万元，集团下拨经费

744.25万元,分两次下拨,其中2011年下拨634.25万元,2012年下拨110万元;2012年批准立项第四批科研项目共14个,科研项目费用总额57 249万元,集团下拨经费517万元。这四批共计39项重点科研项目获得集团科研资金支持累计近3 000万元,科研课题屡获国家和上海市的表彰奖励,其成果转化的应用显著提升系统内各企业的生产经营水平。

2016年4月,申能集团发布《申能集团推进科技创新促进转型提升的专项规划(2016—2018年)》,决定加大创新资金投入力度,以2015年为基础,年均科技投入增长不低于集团主营业务收入增长,3年累计科技投入不低于30亿元;重点围绕高效清洁电力、智慧燃气、金融服务以及能源服务和节能环保等领域,推进1 350兆瓦新型高效洁净燃煤发电示范工程等创新项目和创新工程40项;同时要加大金融对创新的支持力度,发挥科技与金融的互补优势。与相关金融机构加强业务合作与产品创新,为集团下属创新企业提供全方位金融服务,满足多样化融资需求。积极探索跨境融资、产业链金融、碳金融等创新金融产品,有效支持集团能源主业发展。充分利用自贸区相关金融政策,提供境外融资、发行绿色债券等相关服务,降低创新企业的融资成本。探索投贷联动,向科技创新投资、股权投资机构提供短期过桥贷款。研究并设立若干创新投资基金,发现、引导集团创新方向和创新领域,并建立集团创新投资基金市场化运作评估管理制度。允许创投企业建立跟投机制,按市场化方式确定考核目标及相应的薪酬水平。鼓励企业采用跟投人员参股基金管理公司,基金管理公司参股基金的方式实施跟投。对重点项目加大资金投入,进一步提升集团科研资金和科技项目的使用效率和创新水平。对于投资较高、创新性强、意义重大的创新项目,可采用投贷联动、投研联动方式,通过"四个一块"给予资金支持,即集团科研资金支持一块、系统企业自筹一块、财务公司低息融资一块和政府相关政策申请一块。聚焦集团科技创新三年行动计划明确的重大创新项目和重大创新工程,项目推进过程中加强服务、指导和协调,在集团现有政策和后续相关配套政策制定时适当向承担"两个一批"任务的企业、团队和个人予以倾斜。

2017年,为响应中央"大众创业、万众创新"号召,集团研究设立5 000万元的"申能众创基金",鼓励系统广大员工更广泛地参与创新工作,支持有想法、想作为的员工创新和创业。同年6月首批19个项目获得众创基金支持,双创工作启动。

三、人才保障

2006年9月6日,申能股份公司召开电力生产技术委员会成立大会暨科技创新座谈会,向委员和专家代表颁发聘书,并表彰吴二发电、外二发电、星火热电、SPC等单位2005年度在科技创新中做出的成绩。集团副董事长吴家骅在会上指出:公司发展不能以规模博弈,必须靠技术和人才,要以技术、质量及精细化管理取胜。公司要搭建技术交流与学习的平台,形成学习技术的风气,营造良好的创新工作氛围;要培养和形成公司系统的技术骨干队伍,争取拿出一批具有一定技术含量的项目成果,出现一批技术带头人。

2006年12月,集团编制完成《申能"十一五"规划》,要求结合公司现状和行业特点,加快建立和完善科技创新组织体系。集团和产业公司成立科技工作领导小组,统筹技术规划、研发导向、立项审批、组织管理、成果评定、表彰激励、绩效考核等工作。鼓励技术人员科技创新,将科技工作纳入绩效评价和考核体系。《申能"十一五"规划》要求公司抓好人才培养、吸引和使用3个环节,转变观念,创新机制,优化环境,建立一支优秀的科技人才队伍。

此外,《申能"十一五"规划》还致力于推进产学研合作联盟,要求改变单向委托研究开发、咨询的方式,建立双向互动机制,扩展产学研内容和方式,在企业研究机构内聘请高校或科研院所科研人员担任客座研究员,将企业优秀人才送到高校在职进修学习,在企业基地内建立高校学生实习基地,与高校共建研究中心或培训机构。

"十一五"以来,上海迎来新一轮电力建设和城市燃气天然气化的发展机遇。公司抓住机遇,承担外三发电百万千瓦超超临界发电机组、洋山进口LNG接收站和长兴风电场等一大批重大能源项目任务。为顺利完成这些重大任务,公司积极引导和支持科技人员的创新热情,挖掘科技人员的智慧潜力,提出"鼓励创新,宽容失败"的理念。同时集中人力物力,认真调研,细致分析,科学评估创新方案的可行性,在项目建设和生产中实施应用。外高桥第三发电公司以建设世界一流机组为目标,自主研发,突破常规规范,提出一系列全新的技术措施和先进理念,并在实践中加以实施。2008年投产当年,在平均负荷率仅为74%的情况下,2台机组实际运行供电煤耗为287.44克/千瓦时,为世界最好水平;此后通过持续创新,供电煤耗连续3年下降,2011年又创造276克/千瓦时的世界新纪录。该项研究成果分别获国家科技进步二等奖和上海市科技进步一等奖。

"十二五"以来,公司在总结推广外三经验和"十一五"人才专项行动计划的基础上,打破传统思维,构建有利人才成长发展的体制机制。一方面发挥领军人物核心带头作用,建立专业创新团队,培养科研人员创新的责任心和自信心。公司在多个领域确立科技领军人物,并通过课题组织形成创新团队,形成以外三发电冯伟忠为核心的火电机组技术团队,以石油天然气公司王卫龙、昌锋为核心的油气田勘探开发团队,以燃气集团职工张明、高志敏为核心的燃气输配管理技术团队,以石煤制气李海涛为核心的煤气生产技术团队等。火电机组技术团队将创新成果应用于系统发电企业,并推广到系统外;油气田勘探开发团队创新勘测和钻探技术,再度在平湖被外界不看好的区块发现天然气、凝析油地质储量;燃气团队在制气工艺改进、管网规划建设和应急抢修等方面积极探索研究,为上海市建成互联互通、保障有力的燃气管输供应体系。另一方面加强一线员工技能人才培养,建设一支符合集团业务发展的高素质专业技术人才队伍。公司通过"金点子"征集活动发动广大职工参与创新活动。让生产一线的员工体验到,科技创新不仅是科技人员的专利,一线实践也能迸发创新的火花。2008年以来,公司征集的各类"金点子"数量达300余项,遍及生产经营、节能减排、工艺设施改进、安全运行和管理增效等各个环节,积少成多,为公司创造可观的社会经济效益,营造岗位创新的良好氛围。公司以领军人物为核心,以点带面,发动全员投身科技创新工作,激发广大员工的创新热情,科技人才快速成长,成为申能科技创新的不竭源泉。

2013年4月,按照中共十八大报告精神,集团认真贯彻市委关于加强干部人才队伍建设的各项要求,围绕"电气并举、产融结合"的总体战略目标,制定《人力资源建设三年(2013—2015)行动计划》,提出设计有利于人才成长路径,建立多渠道人才开发体系;加大领军人才队伍建设,建立首席技师带领的专业创新团队,创建技能大师工作室。同时建立完善领导人员综合考核评价体系,探索市场化激励的机制与办法,加强对重点岗位和专业技术人才的激励。

2016年4月,公司出台《申能集团推进科技创新促进转型提升的专项规划(2016—2018年)》,提出建立完善创新人才的发现、培育、交流机制,为创新工作的开展做好必要的人才储备。重点制定人才集聚计划,通过内部培养选拔、市场化招聘、猎头公司推荐等多形式多渠道发现和引入集团创新转型发展所需的各类人才,完善聚集高端人才所需的保障条件和政策举措。搭建有利于创新人才成长和交流的平台,鼓励通过创新重大项目(工程)锻炼、"产学研"合作、专家和领军人物带教等快速积累创新经验,提高创新人才在系统内的流动速率和效率,鼓励创新人才在创新企业、创新项目之间有序流动。搭建鼓励青年员工创新、创业的平台,实现优秀青年员工自我脱颖而出。对于经集团认定的青年员工和创新创业项目,集团科研资金给予支持,鼓励员工所在企业给予一定资金配套。结合对外合作交流,有针对性地引进集团急需的海内外高层次创新人才。建立与管理序列并行的技术序列晋升通道和薪酬体系,鼓励企业结合实际设立技术管理岗位。鼓励企业科技人才参与国际创新合作交流活动,并提供出国审批便利。研究利用自有存量土地,建设单位租赁房或人才公寓,妥善解决各类人才的住房等问题。

第二章 能源科技

能源产业是申能集团的核心业务,而能源产业的发展必然要依赖科技的进步。集团在能源科技的研发与应用上投入大量的资源,通过集团科研人员的不懈努力,这些资源转化成沉甸甸的科技成果,在电力、油气、分布式供能等领域都有自己的核心技术,其中一些成果还达到世界领先水平。

第一节 电力技术

一、发电技术

集团下属申能股份有限公司现有外高桥第二发电厂、外高桥第三发电厂、临港燃气电厂、吴泾第二发电厂、安徽平山电厂等30多个电源项目。截至2017年年底,集团权益装机容量达到944万千瓦,控股上海本地电厂发电量占到上海市总发电量的1/3左右。集团控股的电厂不仅发电量大,所用技术也十分先进。各电厂投建使用的时间虽前后不一,但采用的多是当时全国甚至世界领先的发电技术。

吴泾第二发电厂成立于1999年,其主要发电设备——2台60万千瓦燃煤汽轮发电机组,分别于2000年7月和2001年5月建成投产。其中第1台是上海首台自主设计、安装调试的60兆瓦亚临界发电机组,也是当时上海装机容量最大的发电机组。这标志着集团在引进、吸收、消化机组制造技术和安装、调试等方面达到先进水平,同时也标志着集团在大型火电厂的建设以及运行控制技术方面走在全国前列。

外高桥第二发电厂于2004年投入商业运行,拥有2台国内首次建设的单机容量为90万千瓦的超临界进口燃煤发电机组。2007年5月,电厂开始建设超临界发电机组的脱硫设施,采用石灰石-石膏湿法脱硫工艺,2008年建成投运后,一直保持高质量稳定运行,"十一五"期间累计投运率99.76%,脱硫效率94.0%,二氧化硫消减率在上海本地机组中名列前茅,在世博期间得到上海环保局的通报表扬。

外高桥第三发电厂拥有2台1000兆瓦超超临界发电机组,2台机组利用烟气脱硫(FGD)和选择性催化还原(SCR)技术,并分别于2008年3月和6月投入商业运行。2台发电机组在刚运行时,就在符合率74%的情况下,创造供电煤耗287.44克/千瓦时的世界纪录。

2009年,外三发电自主研发的"零能耗脱硫技术"和"广义回热技术"分别投入运行。"零能耗脱硫技术"的基本思路是在烟气脱硫之前将其中的热能通过一种特殊装置加以回收,并送回热力系统再发电,以弥补脱硫系统的电耗,再辅以相应的节电技术,最终使脱硫系统的节能量与耗能量达到平衡甚至结余。外三发电通过改进工艺和运行方式,使整个脱硫系统在额定工况下的耗电率降至0.75%以内,同时研发并加装烟气热能回收装置。根据性能试验结果,该系统能降低机组煤耗2.71克/千瓦时。"广义回热技术"是将回热媒介由单一给水拓展为锅炉输入的水、风、煤等。其中,送风回热技术,是利用回热抽汽加热锅炉的进风,进而回收抽汽热能并提高锅炉的燃烧效率;送粉回热技术,是通过对磨煤机出口的煤粉进一步干燥和加热,提高锅炉的燃烧稳定性及燃烧效率,该技术尤其适用于燃烧高水分煤种。这些技术不仅有利于锅炉的燃烧和运行,而且通过回收抽汽的热能和降低冷源损失,提高机组效率。这些技术的应用,使供电煤耗降低至282.16克/千瓦时,大幅刷新世界纪录。

2010年,外三发电又相继对2台发电机组实施"弹性回热技术"和"节能型快速启动技术"等世界首创的技术改造。"弹性回热技术"的具体原理是在设定的负荷变化范围内的任意稳定负荷时,通过调节门的调节作用,可维持调节阀后压力基本不变,从而保证末级给水加热器出口的给水温度基本不变。在低负荷运行时,弹性回热系统的使用,增加回热抽汽量,降低冷源损失。给水温度相对提高,提升锅炉平均吸热温度,从而使机组循环热效率得以提高。改造后,两台机组脱硝利用率为100%;低负荷情况下,给水温度显著升高,500兆瓦工况下,给水温度从249.2℃提高至299.2℃。"节能型快速启动技术"主要利用蒸汽代替燃油来加热锅炉。机组启动时,给水可由电厂其他机组的蒸汽来进行加热,进而锅炉可由已加热的给水和来自汽水分离器的蒸汽进行加热。当锅炉风机启动后,冷空气被已处于热态的省煤器加热,随后热空气进入空气预热器的烟气侧对冷空气进行加热,从而在机组点火前就建立起"热炉和热风"的环境。该技术加速启动过程,降低厂用电耗,并减少燃料消耗和因其产生的污染物排放量。外三发电的启动时间小于2小时(包括冷态启动),耗油量小于15吨,耗电量小于8万千瓦时,并且耗煤量低于200吨(包括用于加热的蒸汽)。这些技术的使用,使2台机组在年平均负荷率与上年相当的情况下,实现供电煤耗279.39克/千瓦时,成为世界上率先突破280克/千瓦时最低煤耗整数关口的火电厂,比2010年全国平均供电煤耗335克/千瓦时低56克/千瓦时,仅相当于中国火电厂平均煤耗的82%。

2011年,外三发电自主研发出"一种高低位分轴布置的汽轮发电机组"技术。该项技术可以在现有的材料和技术平台上,使超超临界机组在单位造价不变的前提下,能耗再降约5%,既能突破下一代更高参数大容量的高效超临界机组的发展瓶颈,又可为亚临界、超临界机组的升级改造提供新的思路。在此基础上,外三发电研发"1 350兆瓦高低位布置超超临界二次再热新型发电关键技术",该技术采用典型的高、中、低缸模块,并进行调整,组成1 350兆瓦二次再热双轴机组,使用现有的高温材料,可达到世界上超超临界机组发电效率的领先水平。此方案的付诸实施,对中国火力发电发展起到示范作用,具有实际应用价值和重要推广意义:推动绿色煤电的技术创新和技术革命,为新建火电项目提供成功的范例,使中国电力工业的节能减排煤电技术处于世界火力发电技术的制高点;为700℃参数提供发电技术的储备,一旦700℃镍基高温高压管道材料研制成功并投入商业化后,应用于此方案,将大大节约工程设备造价,在700℃参数条件下预计其发电净效率可升至52%,相应供电煤耗可降至236克/千瓦时水平;可以应用于现有亚临界300兆瓦和600兆瓦燃煤机组的技术改造,大幅度降低此类燃煤机组的实际供电煤耗;促进设备制造企业自主开发汽轮机系列产品,形成系列容量参数的标准模块,有利于提高中国装备制造业的竞争力。

申能临港燃机发电有限公司成立于2010年4月,拥有4台40万千瓦级燃气-蒸汽联合循环机组,是上海建成的最大的燃气电厂。公司在吸取同类型电厂工程设计的成功经验的基础上,结合临港工程具体特点,确定全厂总平面设计优化、循环水系统综合设计优化、厂用电主接线优化等20项设计优化项目以及联合循环一键启停、旁路系统配置设计优化等11项科技创新重点课题。

"联合循环机组一键启停"创新项目的实施是首次真正意义上实现国内"一拖一"配置容量最大的联合循环机组全范围一键启停功能,兼顾启停的快速和经济性,年节约天然气242万立方米,节约厂用电1 125万千瓦时,经济效益显著。旁路系统关键技术研究与应用首次彻底解决在国内西门子同类型机组中普遍存在的汽轮机旁路振动问题,有效保证联合循环机组安全、可靠、稳定运行。

公司在降低厂用电、气耗方面也采取一系列措施：缩短机组停机后轴封真空停用时间；优化6千伏大辅机给泵、循泵运行方式；用冷再气或低压气供辅汽停用启动炉；全厂压缩空气系统采用单泵运行的方式；全厂照明、屋顶风机开启优化；水浴炉运行方式的优化；确保满足电网调峰相应要求的前提下，优化各台机组的启停组合方式及各台机组间的负荷分配等，从而降低厂用电耗及气耗，提高机组经济性。

"旁路系统配置设计优化"项目是为解决燃气机组中压旁路阀门及其进出口管道的高频振动问题。管道的高频振动使现场噪声高达114分贝(A)，管道上安装的仪表管也多次被振断，个别机组旁路管与凝汽器的接口处因为高频振动出现裂纹，有时还发生严重的水击现象，给设备和正常运行带来严重的损害。临港燃机一期工程自项目伊始即对中压旁路及出口管道部分进行设计优化，采用如下改进措施：(1)将中压旁路阀进入凝汽器的蒸汽压力参数提升至0.4兆帕，这样流速可降至134.4米/秒。由于蒸汽流速仍较低，可避免蒸汽对管道的冲刷而导致的振动，将原有管道的材料由碳钢管改为P22，提高管道的抗冲蚀能力。另外，由于进入凝汽器的蒸汽参数发生变化，相应对消能装置的出口面积进行更改，以使消能装置出口蒸汽流速能满足凝汽器的要求。(2)对中压旁路阀进行重新设计，减压级数由2级减压增加为4级减压。并将减压减温设计为一体，适当增加中压旁路阀后至凝汽器的管道距离。这样的改进，也为中压旁路阀后增加温度测点以及压力数值的读取创造条件。阀后压力测点的增加可监视旁路的减压效果，以及进入凝汽器的蒸汽参数，可进一步保证安全运行的监控。(3)为满足中压旁路阀后至凝汽器至少需要3米～5米直管段的要求，取消原有的阀后弯头，对管道进行重新布置，采用阀后完全直管段与凝汽器接口相连接。在采取上述优化后，旁路的高频振动彻底解决，旁路系统及设备运行稳定，从未出现其他同类型电厂中压旁路出口管道高频振动的问题。该项设计优化保证联合循环机组安全、可靠、稳定的运行，也对以后的西门子联合循环工程建设带来设计及参考经验，并在同类型燃机工程中得到推广应用。

二、新能源技术

自21世纪初以来，风能、太阳能、核能等新能源的开发利用越来越受到重视，申能集团较早开始在这一领域投入资源，进行新能源技术的研发与应用。集团于2005年7月投资组建申能新能源投资有限公司，主攻风能、太阳能等新能源的开发利用。公司成立后，先后完成长兴岛、内蒙古达茂、临港等风电项目的建设。截至2017年年底，公司建成和在建风电总装机容量达60余万千瓦，在上海能源企业中，装机规模名列前茅。风电场风机可利用率为99.5%，各项指标均在同行业中达到先进水平。

2008年12月，申能集团承接世博会中国馆、主题馆太阳能光伏建筑一体化发电项目，由新能源公司作为项目具体实施单位。太阳能光伏建筑一体化工程是一种大型太阳能光伏发电系统，工程由光伏组件、汇流箱、并网逆变器、配电系统及计量装置等组成。太阳能通过光伏组件转化为直流电(DC600伏)，经汇流箱汇集电流，再通过并网型逆变器将直流电能转化为与电网同频率、同相位的正弦波电流(IAC380伏)，经配电系统升压至10千伏并入城市电网。上海世博会太阳能光伏建筑一体化工程紧密结合中国馆的设计理念、建筑造型和建筑功能，将光伏组件完美融入中国馆建筑中。在中国馆的60.6米观景平台四周挑檐的中央部位和68米平台，替代原有的部分装饰屋面板和玻璃幕墙，使太阳电池组件成为整体建筑中不可分割的建筑构件和建筑材料。这充分展示中国先进的生态建筑理念和最新的光伏建筑一体化技术水平。工程中运用若干项先进的技术，如光伏建筑一体化组件技术、高效光伏并网逆变技术和变压器技术、集中系统控制和远程监控技术等。世博的太阳能光伏组件根据建筑一体化的要求，开展与金属屋顶一体化组件、大面积透光式光伏组件、防水型光伏组件、异型光伏组件和光伏遮阳组件的研制。每种组件的研制不仅有共性方面的研究，比如安全可靠性，电学，防雷、耐压及热学匹配的研究；又各具自身的特点，如各种组件层压技术、引线技术等。世博太阳能采用一台国内最大容量的500千伏安逆变器，充分展示国内并网逆变的最新技术。太阳能发电站在日光辐照下发电，晚上处于待机的状态，因此待机损耗是不可避免的，其中绝大部分的损耗来自升压变压器的空载损耗。世博太阳能采用2600千伏安的非晶合金变压器，非晶合金材料被称为21世纪的"绿色材料"，比传统变压器降低75%左右的空载损耗，具有明显的节能减排效应。世博太阳能设有计算机监控系统，全面监控电站运行情况。监控系统通过群控器实现多路逆变器的并列运行，群控器控制多台逆变器的投入与退出，具备同步并网能力，具有均分逆变器负载功能，可降低逆变器低负载时的损耗，并延长逆变器的使用寿命。上海世博会太阳能光伏建筑一体化工程的建成，成为当时亚洲和中国总容量前列的光伏建筑一体化并网光伏电站，是中国并网光伏发电领域的成功典范，成为中国光伏建筑一体化并网太阳能发电的里程碑。2012年4月，"世博中国馆、主题馆光伏建筑一体化关键技术研究及工程示范项目"获国家能源科技进步二等奖。

  2010年，新能源公司与上海勘测技术研究院、同济大学合作研发滩涂及岸线风电场关键技术。该项研究的总目标是通过关键技术的研究，优化和开发适应于滩涂和岸线特定环境和施工条件的风机基础、风机运输与吊装设备及施工工艺，提出减少风机振动对邻近建筑物影响、控制风电场建设风险的措施，促进风电场的建设进程。该项目通过国内外调研、现场测试、室内试验、理论分析、数值模拟等手段，首创性地对滩涂及岸线风电场设计关键技术进行系统研究，取得如下创新成果：（1）优化和开发适应于滩涂和岸线特定环境和施工条件的风机基础方案、风机运输与吊装设备及施工工艺。（2）通过现场振动测试、室内动力试验及数值分析，首次系统研究风机振动对风机基础及堤坝、防渗体等邻近构筑物的影响范围、影响程度以及相应处理措施，提出风机振动影响一至五级安全等级评价标准划分。（3）首次将黑天鹅风险评估模型应用于滩涂和岸线风电场建设风险分析，建立风电场风险动态模型和动态风险管理体系。研究成果已应用于长兴岛风电场示范工程及奉贤、崇明等风电场工程，取得显著的社会、经济效益。同时，为上海市开发利用风能资源丰富、场址建设条件较为优越的滩涂和岸线风电场提供理论依据，指导上海市滩涂和岸线风电场的规划选址和规模开发。该课题的研究方法和技术手段也为国内其他地区滩涂和岸线风电场建设提供理论依据和建设经验。

  2011年，新能源公司开启"长兴岛20兆瓦风力发电开关站太阳能光伏发电应用研究"。该项目按照建筑一体化和多样化电池布置原则，在长兴风电项目开关站的屋顶和墙面等不同部位安装不同光伏电池组件，研究掌握光伏发电逐日跟踪系统特性，以及与建筑幕墙等结合的安全、便捷、高效、易维护的光伏组件安装工艺，为后续开展大规模建筑一体化光伏发电应用提供技术支撑。

三、海上风电综合信息化管理系统

  海上风电综合信息化管理系统依托上海临港海上风电二期项目进行研究、系统开发和应用。该项技术的基本原理为通过在风场特定5台种子机的主要部件上安装监测传感器，采集不同运行状态下（正常、亚健康和故障3种状态）风机的应力载荷、振动、温度数据，并与风机控制及运行发电数据建立有效的关联,创建各个不同运行状态的数据集群;通过研究风机故障与故障特征参量(温度、振动、应力等)的对应关系,基于不断累积的数据集群,设定不同级别的报警限值,从而创建风机故障概率模型,实现海上风机远程故障诊断,同时随着维护大数据的累积,系统可自学习不断提高诊断准确度;基于雨流计数法计算获得的风机等效疲劳载荷谱和风机设计载荷,创建风机剩余寿命计算模型,便可预测计算风机主要部件剩余寿命;另外,利用数据集群建立风机运行数据和种子机采集数据之间的关系,从而"以点概面"推导风场其他风机的健康状态。

项目自2013年7月开始研制,至2016年6月完成,2017年4月至2018年4月实施。该项目具有提升预防性检修和故障诊断功能。通常情况下,10万千瓦的海上风电项目直接运维成本约为2000万元/年,发电量损失约为3000万元/年,海上出海次数约为200天/年。按照综合信息系统预期提升运维效率10%计算,可提高经济效益约400万~500万元。出海天数减少20天,运维更加安全。在剩余寿命分析功能方面,根据欧洲海上风电运行数据,海上风机故障类型主要分为电气和机械故障两方面,对应发生比例约为70%和30%。其中机械类型故障具有发生概率低,维修时间长和成本高的特点,电气类型故障特点正好相反。以齿轮箱为例,行业普遍认为齿轮箱在10年左右需要更换,维修周期(含订货生产2个月)约3个月。按照海上风电场25年的运维期,风机齿轮箱预计需要更换1次,总发电量损失约为5500万元。如果预测准确,措施得当,完全可以规避订货生产2个月时间的损失,挽回经济效益约3500万元。分析认为,海上风电综合信息化管理系统在海上风电场的成功应用的预期经济效益良好。该项目获2017—2018年国家科技进步三等奖。

第二节 油气技术

油气产业是申能集团产业板块的重要组成部分,公司拥有集生产、采购、管网输配、销售为一体的油气产业链。申能集团相关企业先后投资开发东海平湖石油天然气,建成上海液化天然气接收站项目,组建形成上海多气源供应格局,完善城市燃气供应管网体系。截至2017年年底,公司拥有燃气用户680万户,拥有地下管线超过2.3万公里。集团控股或投资的油气企业有上海燃气(集团)有限公司、上海液化天然气有限责任公司、上海石油天然气有限公司、上海天然气管网有限公司、上海燃气浦东销售有限公司、上海燃气市北销售有限公司、上海大众燃气有限公司等。这些油气企业技术先进,拥有很强的科研实力,长期从事燃气技术的自主创新与研发,并在系统内外企业中加以推广,使集团的油气技术取得突破性的进展,在某些领域达到世界先进水平,在节能和环保方面有出色表现。

一、天然气管网技术

2002年,上海市科学技术委员会发布重点科技攻关项目"天然气输配与高效利用关键技术研究与示范",上海天然气管网有限公司承接其中的"'西气东输'上海输气管网沉降监测与应用研究"。该项目选取"西气东输"工程上海段先期建成的"两站一线"高压输气管道作为重点解剖区段,利用丰富的监测数据深入研究管道沉降规律和沉降影响因素,结合管道沉降理论计算和试验模拟和管道材质,提出管道沉降的预警值。根据对管道沉降现状和预测沉降趋势分析,对管道沉降变形的安全性做分析评估,指出管道沉降危险性较大区段,并对管道沉降的防治措施提出对策建议,以便在管道发生危险前采取相应对策,把事故隐患消灭在萌芽中。该成果主要创新之处:首次通过建立力学结构模型,模拟管道在外力作用下的应力和位移变化规律,为管道沉降安全性评估提供理论依据;首次结合管道实际埋设情况进行管道应力、应变、位移的大规模模拟试验,分析在不同沉降因素作用下管道的安全性;根据理论计算、试验模拟和管道沉降监测成果,结合管道材质和相关设计、施工规范,确定管道沉降预警系数,为国内外首次涉及;对管道现状沉降和今后的沉降趋势进行安全性评估,对输气管道沉降预防提出对策措施,并对今后全市主干输气管网的沉降安全防范提出指导性的建议。该项目中应用的管道沉降监测方法已推广应用于后续输气管道的沉降监测中;后续输气管道的设计、施工开始考虑沉降因素的影响,并结合本次研究成果进行相应的改进;对该研究中指出的沉降危险性较大区段的管道,相关部门着手进行相应的防治措施,以确保输气管网工程的安全运营;该项目研究方法和研究成果还可推广应用于各类埋地管道工程,对今后的各类管道在防治沉降危害方面的设计、施工建设、运营管理等具有指导意义。

2011年,上海天然气管网有限公司启动"天然气安全输配关键技术研究"项目。该项目是上海市科委2011年度"创新行动计划"社会发展领域油气开发及供气基础设施建设关键技术研究与示范专题重点科技项目。该项目共设4个研究课题,分别是"上海市天然气中远期调峰能力分析与关键技术研究""上海天然气主干网智能调度与应急抢修决策体系研究""上海高压天然气流量计量标准装置研究""高密度重要建筑群天然气管网系统的监测与应急抢修决策体系研究"。管网公司承担前3项课题的研究工作。该课题的研究成果满足上海天然气中远期调峰需求,实现智能调度和应急抢修决策辅助,为填补流量计标空白等目标的实现打下坚实基础。

二、东海平湖油气技术

2005年,上海石油天然有限公司开始进行东海边际气田水下生产系统关键技术的研究并启动863项目申请工作。经过两年多的努力,"东海边际气田水下生产系统关键技术研究"终获国家科技部批准,于2008年1月列入国家高技术研究发展计划(863计划)海洋技术领域重点项目。水下生产系统是一种海洋油气田开发新技术,与传统的海上油气田开发方式相比较,水下生产系统可以依托现有生产设施进行开发,具有开发成本低、建设周期短、开发效益高的特点。鉴于中国还没有掌握边际气田相关的水下生产系统应用和开发技术,项目实施能够初步形成中国近海水下生产系统自主设计、建造、安装能力,填补国内空白,加快东海边际气田经济有效开发。该项目于2016年3月通过国家科技部验收,为水下生产系统在国内边际气田,尤其是东海边际气田的应用和发展起到积极的推进作用。

2009年11月,石油天然气公司承担的"东海平湖油气田薄油层开发技术研究及应用"项目通过专家评审。该项目采用先进的Q-Marine地震采集技术来获取高精度的三维地震资料,利用地震资料进行叠前及叠后反演,并在以泊松比为主的反演数据体上进行了切片分析,精细刻画了油层平面分布。利用相干、蚂蚁追踪等断层识别方法,对构造进行了精细解释,为现场钻井作业提供了指导。该项目结合数值模拟技术、半解析技术、PEBI网格技术,对多分支井参数进行了优化,提出了采用自流注水与多分支井相结合开采薄油层的方法。通过改造钻修机、优化井眼轨迹、优化钻具组合、优化钻井泥浆、完善井液配方,成功地完钻了多分支井,实现了自流注水。该项目提出的地下自流注水新技术,是注水开发油田的一种新方法,具有节省费用、减少平台作业空间、自平衡注水等优势。通过该项目的研究,证实了这套地质及工程技术是成熟、可靠的,可以应用到海上边际油田、薄油层的开发中。利用多分支井开发薄油层、自流注水补充能量及钻修机钻中深井技术,对开发边际油田及缺乏天然能量的油田,可以起到很好的开发效果,不但可在海上油田的开发中推广应用,还可在陆地油田注水比较困难的情况下使用。2010年11月,该成果获上海市科技进步奖一等奖。

2010年12月,上海石油天然气有限公司与多家研究单位合作,圆满完成上海市科委科技项目"东海平湖油气田勘探关键技术研究"。该项目通过地震地质综合解释方法研究及控砂和控藏理论分析,建立了适合平湖地区的油气藏勘探技术系列,建立了适合平湖地区砂体沉积和油气藏成藏模式,取得了平湖地区油气勘探的重大突破,该项目的系列技术呈现了显著的应用效果,不仅为东海平湖油气田的勘探提供了技术支撑,也对海洋油气勘探具有重要的指导意义。经专家组评审,此项研究成果总体达到国际先进水平,该项目获2016年度中国石油和化工自动化行业科技进步奖二等奖。

三、燃气技术

2008年12月,大众燃气有限公司研发的两种燃气PE管快速抢修技术获国家专利。燃气PE管快速抢修技术的开发成功填补国内空白,该技术可在不停气(或降压)条件下完成PE管泄漏修复,为确保日益增多的燃气PE管道安全运行开创先河。同月,大众燃气有限公司的重点科研项目"无线抄表系统研制"通过专家组的项目验收。公司的科研团队研发点对点无线模块、无线远传半自动与全自动抄表,无线光电直读燃气表计数传感器等技术,建立无线抄表集中管理平台,解决传统抄表中的一系列难点。经小区试点应用,效果稳定可靠。该项目的研究成果,对推动燃气行业抄表的技术进步具有重大价值。

2012年,上海燃气集团以智能分析和移动互联网的燃气综合管理系统平台为基础,创建"上海燃气安全运营监控系统平台",以此实现:智能分析数据,准确预测趋势。即通过在已有数据上加载智能分析系统,进行监测网络的模型化动态模拟计算,并通过即时产生的数据,不断修正模拟计算来实现即时准确的趋势预测,以此来产生更为有效的预警,为及时决策和应对措施的实施提供支持;实时掌握信息,全程安全管控。即通过运用移动互联网技术,把产生的监测、预警处置以及实施措施等信息,及时地发布到相应区域,并及时地回馈到管理层,做到不论何时何地都能及时了解情况、及时决策、及时执行,并且及时反馈。同时利用移动互联网技术,将原有的文字信息,提升到视频、音频等综合信息的阶段,实现整个管理过程的全监测、全控制。创建"上海燃气安全运营监控系统平台"的重要意义在于确保燃气供应安全运营,主要体现在满足燃气供应和使用的安全性需求。即有效应对能源不足的突发情况,保障燃气供应的持续性;合理平衡气源采购、供给、储存,确保能源供应的安全边际在可控范围内;提升供气管网的安全性,控制事故发生频度,保障终端用户用气安全;健全完善事故处置机制,确保应急响应快捷有效,从而减少相关损失。基于多年的系统整合优化和管理流程改进,并借助于"申能能源中心上海市燃气调度中心信息平台"项目的实施和在集团各公司推广运行,提升平台各系统的应用功能和管理效率,体现燃气管理的核心内容,满足市级调度、应急的职能定位和管理需求,构建一个安全、先进和功能、管理齐备的现代化燃气安全运营监控系统平台,在国内同行业中处于领先水平。

2015年1月,燃气集团开始进行"470 MHz频段燃气无线抄表系统组网集抄系统的研发及其规范制定、验证平台的建设"项目的研究,为点对点抄表过渡到集中自动抄表做技术准备。该项目结合数据库技术、后台数据存储与网络数据传输等技术,其关键技术包括低功耗下超远距离多模式无线收发技术;集中器模块的设计;面向集抄模式的自动化测试软件设计;470兆赫频段数据模块的低功耗无线唤醒技术;电磁兼容技术;优异的通信协议。该项目的研发与应用可以实现用户燃气消费数据的实时采集,为向用户提供便捷、智能化、个性化服务创造条件。同时也将大大提高抄表的工作效率和及时准确性,为燃气供应企业提升对外服务形象、提高自身管理水平、控制和降低购销差、优化输配管网的运行效率提供依据,为"智慧燃气"建设准备条件。

2015年8月,大众燃气公司一项技术发明"天然气在线检定装置"获得国家知识产权局授予的发明专利证书,这是公司首次获得国家技术发明类专利。长期以来,根据上海市燃气计量相关管理规定,膜式燃气表的使用期限一般首检后不超过10年,但随着表具制造行业技术水平不断提高,燃气表的真正使用寿命可延至更长。因此,上海市技监局规定,首次使用的膜式表,使用满10年时,可通过在线检定的方式进行现场检定,合格的可延长6年使用,大众燃气与宁波忻杰燃气用具实业有限公司共同研发的在线检定装置应运而生。该项装置在全市燃气行业实施应用后,效果明显。通过在线校表,检测时间大大减少,可满足用户第一时间获知校表结果的要求,提升企业的服务水平,同时也通过延长合格表具的使用寿命,为燃气企业节约可观的换表成本。

2017年4月,为响应上海市"互联网+"行动要求,落实2015年4月上海市政府与腾讯公司签署的战略合作框架协议,顺应能源体制改革和能源互联网发展趋势,推动"互联网+能源"融合发展,申能集团与腾讯公司签署《互联网+能源战略合作框架协议》。双方战略合作的一项重要内容就是加快"智慧燃气"建设。集团的"智慧燃气"建设以现有的信息平台为基础,按照"管网安全可控、调度高效及时、服务满足需求"的总体要求,以落实"智能管网、智能调度、智能服务"建设为抓手,进一步发挥信息科技作为核心生产力的作用,以"云理念"打造基础设施和各类应用平台;借助信息科技创新,促进智能管网深化建设;依托大数据管理运用,加快智能运营能力提升,最终构筑形成智慧型燃气生产管理和服务运营体系。"智能管网"依托北斗高精度定位、管网地理信息、信息感知等技术,实现燃气管网设施数字化全生命周期管理,建立量化管网安全评估,更新改造辅助决策、实时巡线测漏等智能应用,实现管网安全可控。"智能调度"是整合集团气源、管网、客户端等供应链数据,完善燃气智能预测、管网预警、区域燃气供求实时分析等技术,做到燃气全网智能监测和平衡,从而实现调度的高效和及时。"智能服务"是推进客服平台建设,扩大客服信息系统的应用范围;全力实施液化气全配送系统建设,实现公司管道气与液化气客户数据、普通客户与超大客户数据全部归集至客服信息系统运行;推进线上"微客服"平台建设,利用互联网手段,把更多线下业务逐步部署至线上,改善客户体验,提高服务效率。

四、液化天然气(LNG)技术

2009年10月,由上海液化天然气有限责任公司负责的上海LNG项目建成并投入运营。作为当时国内自主管理建设的第二个进口LNG项目,上海LNG项目在一期工程建设中,在前期规划、研究设计以及工程实施各阶段取得一系列技术成果。其中,不乏"世界第一"和"全国之首",如,在国际上第一次在LNG接收站中采用气化能力大、操作压力高的大规模IFV,并作为基荷及调峰气化器;成功建成国内最大规模的LNG储罐,并在施工中创造国内外同类LNG储罐外罐墙体施工进度的新纪录;国内最大输气规模的输气站和海底输气管线的成功设计和建设,探索研究并采用接收站和海底输气管线共用应急火炬。另外,因地制宜探索应用水工作业相关技术,陆域形成围堤建造成功运用爆破挤淤法,LNG码头采用多种形式桩基适应多变海况条件、攻克取水口和排水口设计施工难关等;在陆上输气管道陆管世纪塘沿线段施工中成功应用水力冲沟拖管回填法。上海LNG项目获得的这一系列技术成果,为国内外同类LNG项目提供很好的工程实例,在项目定位、市场研究、技术方案、设备选型、施工建设等方面,对后续其他项目有着积极的参考示范作用。

2011年,申能集团完成"国家天然气交易市场建设架构研究"课题的研究。在该课题研究成果基础上,上海石油交易所开展LNG和LPG现货竞买交易试运行。交易平台上线后,交易系统稳定、资金结算安全、交运衔接顺利。该课题的研究与应用为上海推出天然气电子交易和期货交易奠定基础,也是中国能源要素价格市场化改革的积极探索。该课题获国家能源局2011年度软科学研究优秀成果奖二等奖。

2012年7月,上海液化天然气有限公司负责的"申海"号LNG船气体试验技术研究与实践项目顺利完成气试工作。该次气试工作由上海LNG接收站配合"申海号"LNG船完成,未对现有设施做任何改造,气试过程中正常的LNG气化供气和安全运行未受任何影响,真正做到安全、节能、经济,开创国内同类项目的先河,相对于之前同类项目的研究实践,主要的特点和创新之处包括:采用纯氮气作为液货舱的惰化干燥气体,从源头上消除二氧化碳可能对接收站内设施安全运行带来的风险,也为接收站研究置换和冷却气体回收处理的可能性增加余地。有效利用站内现有设施条件,避免接收站为本次气试实施专门的硬件改造及由此带来的安全风险并节省改造费用、时间。仅改变工艺流程和操作控制,无须进行任何动火及拆卸吊装作业就实现LNG从站内储罐到液货舱的返输功能。由于消除二氧化碳可能造成的隐患,通过充分利用站内流程和管路布置条件,接收站BOG处理系统在气试过程中也能正常运行,确保LNG储罐在压力调节始终可控的状态下安全运行,也减少气试中监测人员的数量要求。充分利用站内流程和管路布置条件,通过合理的工艺控制调节,大大减少BOG的燃烧排放,实现在确保接收站和LNG储罐安全运行的前提下减少因大量排放燃烧而产生的经济损失及环保影响。

2017年12月,上海液化天然气有限公司完成上海LNG接收站储罐大型化关键技术研究和示范应用项目。该项目的总体目标是通过LNG储罐大型化关键技术研究与单罐有效容积20万立方米规模的大型LNG储罐示范应用,提高上海LNG接收站扩建项目的技术经济效益和土地资源利用,缓解上海岸线资源紧张的矛盾,促进中国在大型LNG储罐设计建造领域的技术进步。该项目的研究成果和示范工程达到国内领先、国际先进水平。该项目的突破性技术如下:在综合考虑上海LNG接收站扩建工程拟建场地条件、特有的天然气市场需求和调峰应急储备要求、边生产边扩建等因素,紧密结合国内外最新LNG储罐应用技术和大型化的发展趋势,在国际几类大型化储罐比较的基础上,进行LNG储罐大型化可行性研究以及实施特点、技术难点和国产化分析,对大型储罐建设的设计、采办、施工、调试投产等各个环节的特点难点和关键技术进行深入分析研究,包括标准规范选用和具体应用研究、储罐大型化的结构设计关键技术研究、储罐大型化带来的9%Ni钢板加厚制造的关键技术和质量监控关键点研究、储罐大型化保温材料关键技术研究、针对加厚9%Ni钢板的焊接关键技术研究、储罐大型化的混凝土施工技术研究,以及调试投产安全技术研究等。依据项目研究成果,指导上海LNG接收站储罐扩建工程建设,开展LNG大型储罐示范工程建设的勘察、设计、制造、安装、调试等实质性工作,示范建设单罐有效罐容20万立方米及以上大型LNG储罐1座,节约上海LNG接收站扩建投资成本,有效利用土地资源,缓解上海岸线资源紧张的矛盾,推动中国LNG大型储罐建设领域的技术进步,为其他大型LNG接收站新建扩建储罐积累宝贵的经验。

第三节 分布式供能技术

分布式供能技术是指利用一种形式的一次能源同时生产冷、热、电力3种不同形式的能量来满足用户用能需求的能源集成技术。分布式供能技术被认为是最具经济性的天然气利用方式。与传统的集中供能形式不同,分布式能源技术在用户处进行3种形式能量的同时生产,可避免长距离输送的损耗,通过能量的梯级利用,将高品质的天然气有限做功,回收余热后生产冷量或热量,大大提高一次能源利用率。对于夏季需制冷,冬季需供热的建筑,以及空调负荷很大的车间,热负荷较大的加热干燥等工艺,分布式供能系统可提供更大的供能灵活性。

由于天然气分布式供能技术具有较高的能源效率、经济性和环保性能,在全球范围内获得越来越广泛的应用。申能集团在这一领域走在国内同行的前列,早在2009年就开启对分布式供能技术的研究。2011年,申能集团总部所在地申能能源中心分布式供能示范工程项目顺利通过验收。该工程的成功运行丰富能源中心绿色环保、节约能源的内涵。

一、"公共建筑分布式供能系统关键技术及示范工程"项目

2009年8月,申能能源服务有限公司启动"公共建筑分布式供能系统关键技术及示范工程"项目的研究,该项目于2012年2月通过验收。

该项目以申能能源中心分布式供能项目为依托,建成的工程项目具有示范性,开展系统数据测试工作,建成包括公共建筑分布式供能项目前期方案辅助设计软件和集运行测试分析、能效评估多功能于一体的工程应用平台。课题系统地开展分布式供能推进和产业发展政策研究,为政府修订分布式供能推进政策提供决策依据和支撑,对新一轮分布式供能发展具有示范引领作用。

该分布式供能示范工程项目有两个明显创新:系统根据微型燃气轮机排出的废热量、用户冷能、热能的需求做到有选择性地开机,实现对燃气轮机排放废热的高利用率,提高整个分布式冷热电联供系统运行的稳定性与可靠性。自控系统中开发应用负载实时跟踪系统逻辑操作控制功能,可根据楼宇实时负载调节发电机功率,有效防止逆功送电的可能性。

该项目还开发公共建筑分布式供能项目前期方案辅助设计软件。课题组针对中国缺少分布式供能规划设计工具的现状,在吸收国外一些商业软件特点的基础上,兼顾实用性、功能性,采用结构化、可扩展的原动机数据库设计,对运行模式进行优化,兼顾原动机的部分负荷特性和最低负荷率,开发分布式供能项目前期方案辅助设计软件,具有创新意义。

此外,该课题还建立分布式供能系统的技术经济评估模型。该课题对分布式供能系统的技术经济评估进行有益的探索,通过模型设计与运行数据的采集分析,对项目进行经济性分析评价。建立的模型可以作为深入研究的基础。

二、仁济医院南院分布式供能项目

2015年,受仁济医院南院委托,申能能源服务有限公司以"合同能源管理"模式对其进行燃气分布式供能改造,该项目获2015年中国分布式能源优秀项目一等奖。

该项目创新点在于,系统经过一段时间的试运行后,在原有供能方式上增加冬季采暖功能,并且在系统运行控制方面增加全自动运行功能。整个系统通过自动化控制实现需求侧热能管理,将发电、余热回收和余热分配利用进行整合。针对各个季节的热能需求特点,控制系统根据实时采集到的用能情况和预设参数,对分布式供能系统运行状态进行动态控制,优先用于制取生活热水,保证医院高、中、低3个区域24小时生活热水需求。同时兼顾空调系统用热需求,将余热用于空调系

统采暖或制冷,从而提高整个系统的综合利用效率。项目日常运行过程中采用全自动运行方式,自动化控制程序有效地保证整个系统在无人值守的条件下安全、可靠、高效地运行,并且大大降低人员成本。同时,运用网络信息化技术,将整个系统的实时运行数据传输到远方的控制中心,满足运营人员远程监控、故障分析和数据分析需求。整套分布式供能系统为医院空调系统、生活热水及电力供应提供安全、稳定、高效的清洁能源。

经过一段时间运行,节能减排效果明显。2016年,系统1号机组满负载运行6191小时,2号机组满负载运行5836小时;测算周期内系统一次能源利用效率达到89%。以上两项指标均达到国际领先水平,年经济效益提高约165万元,每年减少二氧化碳排放量约1924吨,节约标煤约728吨。项目运行实践为东方医院南院、奉贤中心医院和瑞金医院北院、五官科医院分布式供能项目建设提供系统设计思路和理论依据。

第三章　环保与节能技术

申能集团作为以能源业务为主体的企业,重视环境保护和能源节约工作,积极研发和推广环保、节能技术,并在投资企业中采用,为环境保护和能源节约工作作出贡献。

第一节　环保技术发展与应用

2006年3月,中共中央总书记胡锦涛在中央人口资源环境工作座谈会上首次提出建设环境友好型社会的号召。同年10月,在中国共产党第十六届五中全会上,中央将建设环境友好型社会确立为国民经济与社会发展中长期规划的一项战略任务。为响应中央建设"环境友好型"社会的号召,申能集团进一步加强环保方面的科研和管理力量。集团下属各公司相继组建专门机构或成立专业公司,申能股份成立"电厂脱硫工作领导小组",新能源公司与有关单位合资成立申欣环保公司,吴二发电、外二发电等电厂分别成立脱硫工作组等,有效推动集团环保工作的进行,促进环保技术的研发。

一、环保技术发展

外高桥第三发电有限公司的科研团队通过对一系列关键技术的研究和创新,于2009年发明"零能耗脱硫技术"。这一技术解决一系列诸如"烟气低温腐蚀、低温烟气热量回收"等国际火力发电技术领域的瓶颈问题,攻破长期困扰火电厂烟气脱硫系统面临的高耗能难题,掌握脱硫的核心技术。此项研究包含多项重大首创技术:低温烟气余热回收利用技术,该技术突破传统GGH对余热只回收不利用的局限性,设置专用的热量回收装置,置于脱硫塔的入口,将烟气大幅降温后再引入脱硫塔,在确保最佳脱硫效果的同时,将炉烟余热加上引风机和增压风机的做功温升,综合利用于汽轮机回热系统,显著提高机组的综合效率;传热管的低温腐蚀控制技术,该技术突破性地解决长期以来制约低温烟气余热回收的金属低温硫酸腐蚀问题,对各种金属管材的防腐蚀特性和硫酸露的凝结特点进行深入研究,研发出"材料抗腐蚀"及"控制壁温防结露"的酸腐蚀双重防控关键技术;传热管壁温自动控制系统,该技术首创性地解决机组负荷变化对传热管工况的影响,实现壁温的全程自动控制,保证换热器的运行安全性;空预器密封优化及低氧燃烧技术,全新研发的空预器自适应密封技术和锅炉低氧燃烧技术,可降低排烟量9%,在显著降低风机电耗的同时有效提高并真实反映锅炉排烟温度,为增设烟水换热器腾出宝贵的烟气压降,为余热回收系统的烟/水平均温压及运行性能的进一步提升创造宝贵条件;风机综合节能运行技术,通过对风烟系统阻力特性的深入研究,研发出风机综合节能运行技术,在降低脱硫辅机电耗的同时提高风机的运行安全性。通过该技术的应用,脱硫系统的综合能耗可降低至零甚至略有盈余,脱硫系统首次从耗能的"负担"颠覆性地转变为经济增长点,使电厂从以往的"要我脱硫"变成现在的"我要脱硫",有望彻底改变传统的被动环保意识。

为贯彻落实国家倡导的燃煤清洁高效利用的政策,申能集团积极推进高效洁净燃煤发电的技术开发工作。集团所属申能股份有限公司历时5年,依托外高桥第三发电公司的技术团队,组织相关设计单位和设备制造厂商对具有自主知识产权的"高低位分轴布置的汽轮发电机组"技术进行工程化研究,形成"新型高效洁净燃煤发电项目技术方案"。该方案采用独创的高低位方式布置1 350兆瓦双轴、二次中间再热发电机组,将高压汽轮机、第一中压汽轮机和发电机轴系高位布置在紧靠锅炉的位置。解决相关的核心技术问题,可以大大缩短高温高压蒸汽管道长度,降低主蒸汽和再热蒸汽的压力损失,最大限度地提高汽轮机的做功能力和提升机组的发电效率。大幅度提升发电效率,能够在源头上有效地减少大气污染物的排放;同时运用最先进的燃煤洁净环保技术,可以将烟尘、二氧化硫和氮氧化物等大气污染物的排放控制在与燃气轮机排放标准相当的水平。该方案将应用最先进的燃煤洁净环保技术和环保措施,以确保排放能够达到更加洁净的水平。这些技术和措施包括:在除尘方面,采用高效五电场干式静电除尘器,经湿法脱硫系统后再加湿式电除尘器的方式,使烟尘排放浓度达到不大于5毫克/立方米水平。在脱硫方面,采用高效石灰石-石膏湿法脱硫系统,确保二氧化硫排放浓度不高于15毫克/立方米。在脱硝方面,将采用外三发电首创的高效低 NO_x 燃烧技术+节能型全天候 SCR 脱硝技术+节能型催化剂延寿系列技术,通过广义回热技术的应用,在提高机组循环效率的同时,解决燃烧效率和低 NO_x 排放的矛盾,可使锅炉同时满足高燃烧效率和低 NO_x 排放(可做到飞灰含碳量0.2%的同时,炉膛出口 NO_x 控制在150毫克/立方米以内的水平);通过增加专用高压给水加热器及可调式高压抽汽,在负荷降低时增加抽汽,维持给水温度,提高低负荷时的省煤器出口烟温,使 SCR 在全负荷内的工作烟温高于其下限温度,确保其能在全负荷范围内有效工作;通过锅炉 SCR 催化剂热风预烘干启动技术等,解决催化剂效率折损的一系列问题,延长催化剂寿命、保持催化剂始终保持89%的高效率运行。确保氮氧化物平均排放浓度不高于20毫克/立方米。在煤尘治理方面,将采用全封闭煤场方案,以有效防治煤尘外逸;此外,还将采用废水、弃水回用,噪声防治等其他环保措施。

申能集团下属的申欣环保公司成立于2006年,作为一家以环保产品研发及生产为主营业务之一的高新技术电力环保企业,在环保技术研发方面取得了重要成就。申欣公司自主研发的环保技术有烟气脱硫添加剂、扬尘围栏式监控预警系统、道路扬尘监测系统、多参数环境空气监测仪等。

烟气脱硫添加剂适用于"石灰石-石膏"湿法烟气脱硫工艺,有3种复合配方。其中,脱硫节能增效剂适用于高硫烟气脱硫节能增效;石膏促进剂适用于脱硫石膏的品质保证;综合型增效剂同时起到脱硫节能增效和脱硫石膏品质保证的作用,脱硫效率提高4%~5%,节约厂用电约0.1%,达到国内先进水平。此系列烟气脱硫添加剂有效避免市场同类产品适应性差的缺点,兼顾脱硫添加剂的针对性和普适性,在燃煤电厂脱硫设施安全节能运行的实际应用过程中取得良好的经济效益和社会效益。

SXYC-508型扬尘围栏式监控预警系统是申欣环保自主研发的广泛应用于建筑工地、码头堆场、搅拌站等现场的扬尘连续监测的产品。该产品适应范围大,性能可靠,免维护,同时还提供强大的报表处理功能,满足监管部门对扬尘排放监控及治理的要求。此监控预警系统是国内第一款获得"中国环境保护产品认证证书"的扬尘在线监控产品。

道路扬尘监测系统是申欣环保自主研发的应用于道路扬尘连续监测的产品。该产品由扬尘测量主站和若干个扬尘测量子站以及远程监控平台组成,主站与子站之间进行数据通信,主站与远程监控平台通过3G网络通信,一套设备可以实现半径3公里区域的有效覆盖,实现最小的投入、最安全的使用、最多的监控数据的获得。系统以地图定位方式显示各监控点位的实时数据,用不同的颜色来提示扬尘超标和断电报警。道路扬尘监测仪具有定时自动校准功能。

多参数环境空气监测仪由申欣环保自主研发,应用于城市大气环境监测、企业环境监测、工厂厂区无组织排放污染气体监测、应急监测环境评价监测。

二、环保技术应用

集团下属各企业在对环保技术的利用方面亦有出色表现,很多先进的技术被有效应用,产生良好的环保效应。

2006年2月,外高桥电厂三期工程开工建设。按照国家环保总局、上海市政府把外三工程建成一流环保工程的要求,于12月同步建设烟气脱硫装置。该脱硫系统采用当时国际上较为流行的石灰石-石膏湿式脱硫法,脱硫效率可达95%以上。此外,外三工程还采用氨法脱硝,这在当时国内同期同类机组中还属首次,脱硝效率大于85%。2008年3月,外三工程第一台机组顺利通过168小时连续满负荷运行,同步投运的脱硫设施效率达到95.7%,烟囱出口二氧化硫烟气排放浓度为32毫克/立方米,仅为国家标准200毫克/立方米的16%。

2010年9月,吴二发电的600兆瓦机组烟气脱硝项目被列为上海市燃煤电厂烟气脱销改造的示范性工程项目。此次改造所用的脱硝装置设计脱硝效率超过80%,改造后氮氧化物排放浓度低于每立方米100毫克,每年减少氮氧化合物的排放量超过3 500吨,对改善大气环境质量发挥重要作用。

2012年,外高桥第二发电烟气脱硝工程被列入上海市重大工程。该工程采用技术成熟的SCR脱硝技术,脱硝效率达到80%。脱硝工程的投运,大大减少机组氮氧化物的排放。2015年,外二发电又启动超净排放改造项目。该项目对机组的脱硝系统做进一步改造,于省煤器的进出口管之间布置旁路管道,在低负荷阶段通过调节流经省煤器的流量来提高脱硝反应器的进口烟温。又加装一层催化剂,使脱硝效率由80%提高到90%。同时还对机组的除尘系统进行改造:在空预器和电除尘之间布置烟气冷却器,以除盐水作为热媒,将空预器出口烟气温度通过烟气冷却器从125℃降低至90℃,烟温降低后,由于粉尘的比电阻降低,从而提高电除尘的效率。吸收热量的热媒水进入脱硫吸收塔出口的烟气加热器,将脱硫出口烟气温度由50℃提升到80℃以上后通过烟囱排放,从而消除石膏雨。同年11月,完成超净排放改造的机组投运,其实时排放指标如下:烟尘排放浓度稳定控制在5毫克/标准立方米以下,多数时间控制在1.5毫克/标准立方米左右;二氧化硫排放浓度稳定控制在35毫克/标准立方米以下,多数时间控制在15毫克/标准立方米左右;氮氧化物排放浓度稳定控制在50毫克/标准立方米以下,多数时间控制在15毫克/标准立方米左右。这些指标均远低于国家超净排放标准,同时烟囱石膏雨问题消除,"白色烟雨"现象消失,取得显著的环保减排成效。

2014年年初,上海市环境保护局下发《关于开展燃煤电厂污染物深度治理试点工作的通知》,要求外高桥第三发电公司等3家单位深入开发污染物深度治理潜力,在确保污染物达标排放的基础上,消除石膏雨污染,开展技术研究和试点示范工作。面对石膏雨治理这一崭新课题,外三发电技术人员从石膏雨形成机理的探究入手,结合分析国内外类似工程经验,在短短的1个月时间内,形成外三发电独创的基于广义回热拓展技术的烟气加热方法。此技术在随后开启的外三发电石膏雨综合治理项目中应用,项目完工后,烟囱出口的液滴落地现象基本消除,达到石膏雨综合治理的预期效果。该项目于2015年3月通过上海环保局的环保验收。

2015年,外高桥第二发电公司在6号机组超净排放改造项目实施的过程中,在工程的技术设计、实施路径上进行自主创新,如换热管椭圆管设计降低烟道阻力、高效除雾器代替湿式除尘控制烟尘浓度、通过省煤器水侧旁路实现全负荷脱硝等,在国内塔式锅炉大机组上都是首次运用。6号机完成超净排放改造后12月份平均排放浓度烟尘1.07毫克/标准立方米、二氧化硫13.61毫克/标准立方米、氮氧化物16.55毫克/标准立方米,远低于超净排放国家标准,环保效果十分显著。

第二节 节能技术发展与应用

2007年10月,中共十七大报告中提出"全面协调可持续发展,建设资源节约型社会"的要求。为深入贯彻中共十七大在能源节约方面的指导精神,申能集团积极推进节能工作的开展。2008年4月,集团成立节能减排工作领导小组,对公司的节能减排工作进行统一部署和领导。在此背景下,集团系统内各用能企业在节能领域上投入更多资源,加快节能技术的开发和应用,并取得重要成就。

一、节能技术发展

吴泾第二发电公司独立研发完成"2号炉少油点火应用"节能项目,该项目实施后锅炉启停节油率达到预期的效果(≥90%),系统运行稳定可靠,能满足锅炉启动对升温升压速率的要求,具有锅炉点火后即能投入电除尘等优点,节能和环保效益显著。

外高桥第三发电公司自主研发"超超临界机组蒸汽氧化及固体颗粒侵蚀预防系列技术""回转式空预器接触式簧状全向柔性密封技术""超超临界机组新型启动技术""1 000兆瓦超超临界机组节能型抽汽(凝结水)调频技术""大型超(超)临界机组FCB(孤岛运行)技术""1 000兆瓦级超超临界广义回热技术""'DOE+PLC'模式在脱硫过程低温腐蚀控制中的应用"等一系列世界领先的节能技术。

"超超临界机组蒸汽氧化及固体颗粒侵蚀预防系列技术"从问题产生的每一个环节入手,针对性地研发包括"带旁路高动量冲洗"等一系列技术进行综合治理,在世界上首次彻底根治这一困扰行业数十年的顽症,杜绝氧化皮阻塞导致的炉管超温和爆管,消除固体颗粒侵蚀造成的汽轮机运行效率不断下降的现象,保证机组的长期安全和高效运行。

"回转式空预器接触式簧状全向柔性密封技术"利用广义迷宫密封原理,特殊柔性金属密封刷可根据不同负荷下密封间隙的变化自行改变弹性变形量,消除漏风间隙,解决这一世界难题,大大降低风机的电耗,也提高锅炉的热效率。

"超超临界机组新型启动技术"由直流锅炉蒸汽加热启动和稳燃技术、直流锅炉低给水流晕疏水启动技术等5项创新技术组成,机组的启动系统简化,投资降低,启动过程节能、快速、安全,锅炉最低稳燃负荷11.7%、冷态启动燃油消耗量仅为12吨~18吨,节能效果显著。

"1 000兆瓦超超临界机组节能型抽汽(凝结水)调频技术"消除主蒸汽调节阀和补汽阀节流损失,提高汽轮机运行效率。该技术对汽轮机主蒸汽参数、运行控制方式,主蒸汽及再热蒸汽压降,凝汽器设计压力等进行全面优化,具有明显的节能效应。

"大型超(超)临界机组FCB(孤岛运行)技术"能在电网发生大面积停电时快速向电网供电,提供电源支撑,有利于保障大容量火电厂的安全性和经济性。此外,具备FCB功能的机组,同时也能具备停电不停机、停机不停炉的功能,这就为最大限度降低锅炉停运率提供强有力的支持。外高桥三期1000兆瓦超超临界机组针对传统机组控制系统和设备配置的不足,进行包括设备配置、系统设计和控制方式等一系列的全面创新优化,最终2台机组均实现全真工况100%负荷的FCB功能。

"1000兆瓦级超超临界广义回热技术"充分利用汽轮机抽汽,与锅炉空气预热器以及锅炉尾部的低温省煤器等配合,加热锅炉空预器的进、出口风,一方面可提高空预器冷端进口风温,提升空预器冷端的平均温度,防止空预器的低温腐蚀和堵塞,另一方面可提高进入锅炉二次风温和磨煤机的出口风温,提高磨煤机出力和煤种的适应性,大大改善锅炉的燃烧效果,降低飞灰含碳量,提高锅炉燃烧效率。同时,由于抽汽量的增加,减少了低压缸排汽量,降低了汽轮机的排汽损失。由于锅炉空预器进口风温的提高,会造成空预器出口烟温的提高,但是由于锅炉尾部低温省煤器的投运,可确保最终的排烟温度比改造前的排烟温度降低,从而提高锅炉效率。

"'DOE+PLC'模式在脱硫过程低温腐蚀控制中的应用"技术属试验设计和自动化控制技术领域。该技术就如何回收低温烟气热量并加以利用、解决受热面的低温腐蚀和堵灰、建立传热管壁温自动控制系统、降低设备能耗等诸多问题进行全面的研究,突破性地解决长期以来困扰低温烟气余热回收的金属低温硫酸腐蚀问题。该技术根据试验设计的结果,控制合理的排烟温度,并按照排烟温度的水平调整换热面积,大幅度降低排烟温度,平均可降低机组供电煤耗2.5~3克/千瓦时。

外高桥第二发电公司针对机组负荷率低、经济煤种掺烧量高对节能降耗带来的考验,从运行优化入手在有限空间中挖掘节能潜力。公司科研团队分机组、分工况、分负荷、分煤种开展试验30余项,分析数据近2000条,创新出一套适合于公司机组运行的锅炉燃烧优化方案,先后实施降热一次风压、降大风箱差压、降氧量等经济运行措施,实现降煤耗2克/千瓦时以上,锅炉出口氮氧化物排放值下降20%以上。

二、节能技术应用

集团下属各企业不仅在节能技术的研发上取得杰出的成就,在对节能技术的利用方面亦有十分出色的表现。很多先进的技术被有效应用,节能效果十分显著,并被社会各界广泛认可。

2007年,集团下属各发电企业依靠科技创新,积极实施多项节能降耗措施。其中:外二发电对空预器进行改造,降低漏风率,提高空预器效率;对低加疏水泵叶轮进行技术改造,调整扩疏泵和电除尘运行方式,有效降低厂用电。外二发电和吴二发电两家电厂根据季节、气温等条件变化调整循环水泵运行方式,节省厂用电。吴二发电对2号机组实施轴封泄漏调整,提高真空严密性;对炉水泵进行三改二动态试验,对灰渣系统运行方式进行优化,节约厂用电,运行经济性明显提高。同时3家电厂对凝结水泵、风机等电机系统加装变频调节装置。

2009年,吴二发电克服机组老化等不利因素,采用先进技术,对机组进行一系列技术改造。如:为1号机组加装少油点火装置;在凝泵变频改造的成功经验基础上,对闭冷泵A进行变频改造;针对机组补水率呈上升趋势,采取有效措施降低机组补水率;根据机组出力和气温,合理调整循泵运行方式等。这些技术的应用,取得显著的节能效果。

2010年,外三发电对8号路电除尘器进行节能减排优化改造。其主要优化改造内容是将工频电源改造成高频电源。改造后,高频电源运行稳定、可靠,电除尘器的高压电源总功耗由改造前的871千瓦降低到266千瓦,节能69.5%。

同年,申能能源科技公司成立,先后与神华、大唐、华润等能源央企签订战略合作协议,承接并顺利完成淮北平山综合节能项目、华润铜山电厂节能技术改造项目、安庆电厂2台100万千瓦超超临界机组节能技术改造项目等。这些节能技改项目的完成,标志着集团的节能技术实现"走出去"的战略,并受到同行的高度认可,取得显著的社会影响和经济效益。

第三节　申能能源科技有限公司

申能能源科技有限公司(简称申能科技)成立于2010年10月28日,为申能股份有限公司全资子公司,位于上海市复兴中路1号8楼,注册资本2 000万元。主要从事电力行业节能环保和资源再生等领域内的合同能源管理以及相应的技术开发、技术咨询、技术服务、技术转让等业务。2011年3月,在上海节能服务机构登记备案,并取得上海市节能服务机构备案证书;同年4月,公司举行揭牌仪式。申能科技拥有上海市质量体系审核中心颁发的职业健康安全管理体系认证、质量管理体系认证以及环境管理系统认证等资质证书。

申能能源科技有限公司不仅为申能集团系统内的各电厂提供技术支持,还承接系统外的电力节能环保改造项目。先后与华润电力控股有限公司、神华集团有限责任公司、中国大唐集团有限公司、中国华电集团有限公司等大型央企签订技术合作框架协议,为多家发电厂提供技术改造、咨询等服务。申能科技承接的主要技术改造项目有:外二发电综合优化节能改造项目,吴二发电2×600兆瓦发电机组综合优化改造项目,平山综合节能项目,铜山华润节能减排综合改造项目,安庆电厂2×1 000兆瓦超超临界机组节能技术改造项目,湖南华电长沙发电有限公司节能减排综合改造项目等。在公司一系列先进技术的支持下,这些项目进展顺利,改造完成后取得显著的节能环保成效。作为成功案例典型之一的铜山项目,其供电煤耗较改造前下降10克/千瓦时以上。

申能科技积极推广已在上海外高桥第三发电有限责任公司验证成熟的节能创新技术,如机组蒸汽氧化及固体颗粒侵蚀预防系列技术、直流锅炉蒸汽加热启动和稳燃技术、回转式空预器全向柔性密封技术、零能耗脱硫技术、节能型全天候脱硝技术、集中式变频供电技术等。此外,申能科技拥有一支优秀的技术研发团队,为公司科技发展提供强大的智力保障;全面借鉴国内外电力企业的先进技术,根据国内现有机组情况和用户的需求,进一步研发新的节能环保技术,先后获得7项发明专利,3项实用新型专利。

申能科技公司致力于火力发电的技术研发和节能创新,将煤电机组节能高效、洁净环保、高可靠性、高可调性以及高自动化的先进理念向全行业推广。2011年12月,能源科技公司成为上海合同能源管理企业联盟首批会员;2012年5月,"百万千瓦超超临界机组系统优化与节能减排关键技术产业化(一期)"项目列入上海市2012年度科技成果转化项目;同年8月,"600兆瓦亚临界机组综合节能环保关键技术示范应用"项目,获上海市科学技术委员会项目补助。2014年6月,获上海市节能服务企业AAA信用等级铜牌。2016年6月,总经理冯伟忠获中国生态文明奖先进个人荣誉称号;同月,美国机械工程师协会向冯伟忠颁发2016年度最佳创新者奖。

第四章 科创奖项与知识产权

申能集团致力于科技创新、新技术研发与应用,取得诸多专利,并拥有 40 项发明专利和 100 多项实用新型专利,同时获得众多各类荣誉和奖项。

第一节 科创奖项

一、全国性奖项

2007 年 7 月,上海外高桥第二发电公司被授予 2006 年度全国火电大机组(600 兆瓦级)竞赛超临界机组电厂最佳供电煤耗奖。同年 10 月,该公司的"节能降耗创效益"项目获中电联颁发的 2007 年度全国电力企业管理现代化创新成果三等奖。

2009 年 12 月,上海外高桥第三发电工程凭借其在环保节能等方面的突出表现,获国家优质工程金奖,这一奖项是中国工程建设领域唯一的国家级质量奖项,是该领域的最高荣誉。同时,工程还被著名的《亚洲电力》杂志评选为 2009 年度亚洲电力最佳环保电厂金奖。

2011 年 12 月,上海外高桥第三发电有限公司的"1 000 兆瓦超超临界机组系统综合优化和节能减排关键技术研究及应用"获 2011 年度国家科技进步奖二等奖。该项目以建设世界一流机组为目标,自主研发,突破常规规范,提出一系列全新的技术措施和先进理念。该项目解决燃煤发电的关键共性技术瓶颈,具有较广泛的成果转化和产业化前景,并在实践中加以实施。2008 年投产当年,在平均负荷率仅为 74% 的情况下,2 台机组实际运行供电煤耗为 287.44 克/千瓦时,为世界最好水平;此后通过持续创新,供电煤耗连续 3 年下降,2011 年又创造 276 克/千瓦时的世界新纪录。

2013 年,临港燃机发电工程凭借其在提高效率、改善排放、环境优美、运行优化、管理先进等方面的卓越成绩,在参加《亚洲电力》的建设项目评选中获 2012 年度亚洲电力奖年度最佳燃气发电项目金奖,成为国内首个获此殊荣的燃机电厂。并在同年 12 月,获国家优质工程金奖。

2013 年 1 月,外高桥第二发电公司获国家电监会颁发的 2012 年度节能减排工作先进电力企业称号,成为华东区域受表彰的三家企业之一,也是上海地区唯一获此荣誉的发电企业。

2013 年 3 月,上海外高桥第三发电公司获"十一五"全国节能先进集体称号。

2013 年 12 月,申欣环保申报的研究项目"燃煤电厂污染物控制策略研究"获国家能源局 2012 年度软科学研究优秀成果三等奖。该项目采取多污染物综合控制的基本研究方法,在建立大气环境问题、各种大气污染物关系的统一框架下,遵循协同控制原则、一体化原则、效益最大化原则和可持续性发展原则,对加快燃煤电厂污染控制体系的建立具有重要的理论和实际意义。

2015 年 9 月,申能能源服务有限公司的仁济医院南院分布式供能项目被评为 2015 年度中国分布式能源优秀项目一等奖。

二、市级奖项

2006年5月,浦煤制气公司被评为2005年度上海市节能先进单位。

2008年6月,外高桥第三发电公司参加第三届上海国际节能减排博览会,公司的"1 000兆瓦超超临界发电机组综合优化节能减排技术"获"节能技术和产品"评比金奖。

2009年6月,上海市在节能宣传周期间开展"评选表彰2008年度上海市节能先进单位和个人"活动。在活动中,外高桥第三发电公司被评为市节能先进单位,集团本部姚珉芳、外三发电冯伟忠、浦煤制气蔡国光3人被评为市节能先进个人。

2010年7月,集团参加中国首次以"节能服务产业"为主题的2010年上海节能服务产业展览会,外三发电和新能源公司的参展项目分获金、银奖。

2011年4月,外三发电的"1 000兆瓦超超临界机组系统综合优化和节能减排关键技术研究及应用"项目获上海市科学技术奖一等奖。

2011年2月,申能集团"世博中国馆、主题馆光伏建筑一体化并网发电关键技术研究"项目组,在2010年上海世博会科技工作总结表彰大会上,获国家科技部、上海市人民政府颁发的世博科技先进集体荣誉称号。

2012年4月,申欣环保公司获2008—2010年度上海市环境保护先进集体称号,该公司总经理徐建刚被授予2008—2010年度上海市环境保护先进个人。

2013年6月,申能能源服务有限公司因其大力推广天然气节能应用和分布式供能技术,通过申能能源中心、仁济医院南院等示范项目促进先进节能技术宣传推广,被评为上海市"十一五"节能减排先进集体。

2017年6月,申欣环保公司在"上海市节能环保服务创新发展"先进评选活动中,获2016年度节能环保服务创新发展先进单位。

二、集团奖项

2011年以来,申能集团每两年举办一次科技创新大会,评选集团内部优秀科技项目,设一、二、三等奖若干名。截至2017年年底,申能集团先后举办了3次科创大会,评选出集团内部51项优秀科技成果。

表6-4-1 2011—2012年度申能集团科创大会获奖优秀科技项目情况表

序号	名　　　称	单　位
一等奖		
1	节能型全天候脱硝技术研究与应用	外三发电
2	平湖油气田勘探关键技术研究	SPC
3	世博中国馆、主题馆光伏建筑一体化关键技术研究及工程示范	新能源公司
二等奖		
4	东海高压低渗油气藏开发技术研究	SPC
5	天然气高压管道检测技术研究及应用	管网公司

〔续表〕

序号	名称	单位
6	高频电源控制在百万机组静电除尘器上的首次应用与实践	外三发电
7	公共建筑分布式供能系统关键技术及示范工程	申能能服
8	滩涂及岸线风电场设计的关键技术研究	新能源公司
三等奖		
9	"申财通"现金管理系统	申能财务公司
10	汽轮机循环冷却水系统改造及优化控制技术研究与应用	吴二发电
11	平湖B7井不动管柱选层压裂技术研究与应用	SPC公司
12	旁路系统关键技术研究与应用	临港燃机
13	1000兆瓦超超临界机组节能型快速启动技术开发与应用	外三发电
14	CRG催化剂国产化应用	石煤制气
15	凝泵变频方式下的机组负荷响应研究与应用	外二发电
16	申能能源中心信息化管理建设项目	资产管理部

表6-4-2　2013—2014年度申能集团科创大会获奖优秀科技项目情况表

序号	名称	单位
一等奖		
1	广义回热技术及实施	外三发电
2	申能财务业务连续性管理项目（BCM项目）	申能财务公司
3	国家天然气交易市场建设架构研究	申能集团
二等奖		
4	平湖油气田花港组油藏提高采收率研究	SPC
5	东海平湖油气田勘探开发一体化研究	
6	联合循环机组一键启停（APS）研究与应用	临港燃机
7	申能能源中心上海市燃气调度中心信息平台	燃气集团
8	上海LNG接收站配合"申海号"LNG船气体试验技术研究与实践	LNG
9	燃煤电厂污染物控制策略研究	申能集团、申欣环保
三等奖		
10	脱硫设施新型扩容技术研究及应用	外三发电
11	高加疏水系统优化研究及应用	—
12	900兆瓦塔式锅炉加装脱硝及烟风系统综合优化技术研究和应用	外二发电
13	固定平台导管架潮差段水下油漆涂装技术研究与应用	SPC
14	600兆瓦亚临界褐煤掺烧技术的研究和应用	吴二发电
15	小直径长距离过江天然气隧道施工关键技术研究	管网公司
16	石灰石活性评价方法与高效脱硫添加剂的研制	申欣环保

表 6-4-3　2015—2016 年度申能集团科创大会获奖优秀科技项目情况表

序号	名　　称	单　　位
一等奖		
1	东海边际气田开发水下生产系统关键技术研究	SPC
2	900 兆瓦机组汽机高、中压主汽门、调门底座密封面修复	外二发电
3	470 兆赫频段燃气无线抄表系统组网集抄系统的研发及规范制定、验证平台的改建	燃气集团
4	东方证券大自营平台	东方证券
二等奖		
5	平湖油气田辅助平台建设总体开发方案	SPC
6	自由贸易试验区分账核算单元(FTU)	申能财务公司
7	火力发电厂集中式变频供电系统关键技术研究	外三发电
8	天然气安全输配关键技术研究	燃气集团、管网公司、浦销公司
9	东方证券企业资金管理系统	东方证券
10	燃气集团客户服务信息系统、大众燃气客户管理信息系统的建设与功能深度开发	燃气集团、大众燃气
三等奖		
11	管线工程质量安全业务管理系统实时 PDA 终端研判	大众燃气
12	平湖油气田后期勘探与开采技术研究	SPC
13	机组冷态启动控制 NOx 排放综合优化	吴二发电
14	上海燃气微客服平台一期	燃气集团、久联集团
15	铜山华润电力有限公司 5 号机组节能减排综合改造项目	申能科技
16	联合循环启停过程燃机和汽机匹配策略研究	临港燃机
17	扬尘围栏式监控预警系统	申欣环保
18	单塔多 pH 分级喷淋脱硫控制技术研究与应用	申皖发电
19	仁济医院南院分布式供能项目	申能能服

第二节　知　识　产　权

截至 2017 年年底,申能集团共获得知识产权 210 件,其中发明专利 40 件,实用新型专利 126 件,软件著作权 44 件。

一、发明专利

2007—2017年,申能集团在燃气供应、节能环保以及电力生产等方面共计申请发明专利40项。

表6-4-4　2007—2017年申能集团发明专利情况表

序号	专利名称	申请日期	专利号	单位
1	一种用天然气生产煤气的催化剂及其制备方法	2007年9月14日	ZL200710045980.7	燃气集团
2	燃气调压器运行状态预警系统	2007年12月4日	200710171705.X	燃气集团
3	人工燃气	2007年12月11日	200710172082.8	燃气集团
4	无源直读光电传感器	2008年4月3日	ZL200820056913.5	燃气集团
5	间歇式GPRS无线燃气表	2008年4月3日	ZL200820056915.4	燃气集团
6	带测压装置的燃气阀	2008年9月1日	200810120670.1	燃气集团
7	液化气钢瓶	2008年12月25日	ZL200830275505.4	燃气集团
8	丝口活接头	2010年5月28日	ZL201020209459.X	燃气集团
9	燃气地下引入管	2010年9月8日	ZL201020521861.1	燃气集团
10	直流锅炉的清洗方法	2010年12月17日	ZL201010595304.9	申能股份
11	燃气立管封堵装置	2011年7月5日	201120235410.6	燃气集团
12	天然气在线检定装置	2011年8月8日	201120285240.2	燃气集团
13	燃气-蒸汽联合循环机组的中压旁路系统	2011年8月30日	ZL201110252084.4	申能股份
14	燃气-蒸汽联合循环机组的一键启停控制系统	2011年9月16日	ZL201110276121.5	申能股份
15	含氰废水的深度处理方法	2011年11月29日	201110387664.4	燃气集团
16	一种用于汽轮发电机组的可调式给水回热系统	2011年12月30日	ZL201110459533.2	申能股份
17	一种用于火力发电厂的变频总电源系统	2012年1月10日	ZL201210006442.8	申能股份
18	燃煤机组脱硫系统中增压风机的运行方法及其系统	2012年3月16日	ZL201210069601.9	申欣环保
19	脱硫添加剂及其制作方法	2013年1月11日	ZL201310011455.9	申欣环保
20	一种脱硫添加剂及其制作方法	2013年3月11日	ZL201310075736.0	申欣环保
21	双汽轮机组循环水泵变频控制方法	2013年4月9日	ZL201310122267.3	申能股份
22	一种用于火力发电厂锅炉的利用蒸汽吹灰降低汽温偏差的方法	2013年10月15日	201310482993.6	申能股份
23	一种用于火力发电厂直流锅炉的水冷壁有差别吹灰降低热偏差方法	2013年10月15日	201310482337.6	申能股份
24	一种用于火力发电厂塔式直流锅炉的蒸汽吹灰调节再热汽温的方法	2013年10月15日	201310480255.8	申能股份
25	基于云桌面平台低带宽模式下的视频图文传输调用方法	2013年12月12日	2013106808686	东方证券

(续表)

序号	专利名称	申请日期	专利号	单位
26	汽轮发电机组回热系统及其运行方法	2013年12月16日	ZL201310689229.6	申能股份
27	一种超(超)临界机组的节能型快速启动方法	2013年12月27日	ZL201310739154.8	申能股份
28	逆止阀	2015年3月10日	201510105081.6	申欣环保
29	基于分层热值修正模式的不同煤种燃煤量控制方法	2015年6月3日	ZL201510297951.4	申能股份
30	应对多煤种掺烧的机组分层热值修正方法	2015年6月3日	ZL201510297345.2	申能股份
31	一种900兆瓦电站锅炉热一次风压力优化调整方法	2016年12月30日	ZL201611250955.8	申能股份
32	一种900兆瓦电站锅炉燃烧优化配风调整方法	2016年12月30日	ZL201611250991.4	申能股份
33	一种适用于风电叶片的疲劳加载试验装置	2017年1月4日	2016108343174	申能股份
34	一种联合循环暖机负荷动态匹配方法	2017年4月28日	ZL201710294386.5	申能股份
35	变速给水泵变速运行的控制方法	2017年4月28日	ZL201710295663.4	申能股份
36	一种联合循环发电机组的燃机和汽机同步升负荷方法	2017年4月28日	ZL201710295362.1	申能股份
37	可凝结颗粒物CPM采样设备	2017年5月16日	201710343942.3	申欣环保
38	区域三联供增量优化控制方法	2017年5月16日	201710343020.2	申能能服
39	一种粉尘质量浓度值的测量方法及装置	2017年6月2日	201710407892.0	申欣环保
40	一种应急供能设备用供电终端集成装置及其应用	2017年6月9日	201710432952.4	申能能服

二、实用新型专利

2007—2017年，申能集团在燃气供应、电力生产和节能环保等领域获得实用新型专利126项。

表6-4-5　2007—2017年申能集团实用新型专利情况表

序号	专利名称	申请日期	专利号	所属二级集团
1	一种新型汽轮发电机组	2007年4月27日	ZL200720069418.3	申能股份
2	燃气密封接头锁环	2007年6月28日	ZL200720039042.1	燃气集团
3	应用于燃煤发电机组的脱硫烟气余热回收系统	2007年11月8日	ZL200720076530.X	申能股份
4	一种气相色谱分析仪	2007年12月11日	200720199100.7	燃气集团
5	低温省煤器的系统连接装置	2008年1月31日	ZL200820055258.1	申能股份
6	一种罗茨煤气排送机轴密封装置	2008年8月11日	ZL200820151789.0	燃气集团
7	杂散电流检测装置	2008年10月15日	ZL200820139179.9	燃气集团

〔续表〕

序号	专利名称	申请日期	专利号	所属二级集团
8	液化气钢瓶	2008年12月25日	ZL200820157860.6	燃气集团
9	应用于回转式空预器的接触式密封结构	2009年5月18日	ZL200920072375.3	申能股份
10	一种发电机组安全并网控制回路	2009年9月4日	ZL200920209194.0	燃气集团
11	太阳能发电用非晶合金10千伏干式变压器	2010年2月5日	CN2010201090318	申能股份
12	燃气产销差监测分析系统	2010年4月15日	ZL201020180575.3	燃气集团
13	用于液化气钢瓶的直阀堵漏器	2010年4月20日	ZL201020165158.1	燃气集团
14	燃气丝口活接头	2010年5月28日	201010187389.7	燃气集团
15	保压测试专用装置	2010年6月16日	ZL201020245417.1	燃气集团
16	锅炉烟气余热梯级回收利用的装置	2011年3月29日	ZL201120088018.3	申能股份
17	一种常压间歇式天然气的改制装置	2011年4月19日	ZL201120114832.8	燃气集团
18	真空皮带脱水机	2011年6月29日	ZL201120226151.0	申欣环保
19	浆液循环泵出口弯管	2011年6月29日	ZL201120226145.5	申欣环保
20	燃气立管封堵装置	2011年7月5日	201110187094.4	燃气集团
21	石膏滤饼冲洗导流装置	2011年7月20日	ZL201120257204.5	申欣环保
22	天然气在线检定装置	2011年8月8日	201110225695.x	燃气集团
23	天然气差压发电装置	2011年8月30日	ZL201120320251.X	申能股份
24	联合循环发电机组的给水系统	2011年8月30日	ZL201120320242.0	申能股份
25	发电厂的厂用电主接线连接结构	2011年8月30日	ZL201120320244.X	申能股份
26	联合循环发电机组的循环系统	2011年8月30日	ZL201120331866.2	申能股份
27	联合循环发电机组的中压旁路系统	2011年8月30日	ZL201120320228.0	申能股份
28	石灰石-石膏湿法烟气脱硫装置	2011年9月15日	ZL201120345244.5	申欣环保
29	燃气蒸汽联合循环机组的一键启停控制系统	2011年9月16日	ZL201120349138.4	申能股份
30	无线自动抄表系统	2011年10月26日	ZL201120440447.2	燃气集团
31	氧化风机	2011年11月16日	ZL201120454975.3	申欣环保
32	一种用于汽轮发电机组的可调式给水回热系统	2011年12月30日	ZL201120573977.4	申能股份
33	一种用于火力发电厂的变频总电源系统	2012年1月10日	ZL201220009367.6	申能股份
34	燃煤机组脱硫系统	2012年3月16日	ZL201220099111.9	申欣环保
35	一种螺杆式煤气压缩机出口管结构	2012年6月27日	ZL201220306638.4	燃气集团
36	节能型燃煤机组脱硫系统	2012年7月17日	ZL201220347503.2	申欣环保
37	蒸汽驱动设备备用汽源系统	2012年8月17日	ZL201220411906.9	申能股份
38	蒸汽轮机循环水启动系统	2012年8月17日	ZL201220411899.2	申能股份
39	湿法烟气脱硫吸收塔的喷淋层母管	2012年9月17日	ZL201220475342.5	申欣环保

(续表)

序号	专利名称	申请日期	专利号	所属二级集团
40	湿法烟气脱硫系统的除雾器冲洗水系统	2012年11月1日	ZL201220572265.5	申欣环保
41	湿法烟气脱硫系统的吸收塔石膏排浆系统	2013年1月11日	ZL201320016442.6	申欣环保
42	烟气脱硫吸收塔	2013年1月18日	ZL201320026974.8	申能股份
43	烟气脱硫吸收塔喷淋层防喷溅结构	2013年1月18日	ZL201320026685.8	申能股份
44	脱硫密封风机系统	2013年1月30日	ZL201320053974.7	申欣环保
45	石灰石-石膏湿法烟气脱硫系统的废水处理系统	2013年1月30日	ZL201320050598.6	申欣环保
46	自动辅助盘车装置	2013年4月18日	ZL201320197996.0	申能股份
47	一种改进的高压加热器疏水系统	2013年5月23日	ZL201320288590.3	申能股份
48	一种带疏水泵的高压加热器疏水系统	2013年5月23日	ZL201320287900.X	申能股份
49	一种改进的逐流式高压加热器疏水系统	2013年5月23日	ZL201320287898.6	申能股份
50	一种带疏水泵的逐流式高压加热器疏水系统	2013年5月23日	ZL201320288580.X	申能股份
51	一种带中压加热器及疏水泵的改进型给水回热及疏水系统	2013年6月27日	ZL201320376186.1	申能股份
52	一种带中压加热器的改进型给水回热及疏水系统	2013年6月27日	ZL201320377870.1	申能股份
53	一种带中压加热器及疏水泵的给水回热及疏水系统	2013年6月27日	ZL201320377916.X	申能股份
54	一种带中压加热器的给水回热及疏水系统	2013年6月27日	ZL201320376138.2	申能股份
55	一种火电厂风机优化配置系统	2013年7月15日	201320429247.6	申能股份
56	一种锅炉煤粉预热的系统	2013年8月16日	ZL201320504033.0	申能股份
57	一种提高制粉系统干燥出力的回热系统	2013年8月16日	ZL201320504090.9	申能股份
58	一种拓宽汽轮机抽汽利用的回热系统	2013年8月16日	ZL201320503581.1	申能股份
59	超大型风电叶片可调式筋板模具	2013年8月29日	ZL201320530076.6	申能股份
60	一种高低位布置的高温亚临界机组	2013年9月4日	ZL201320548936.9	申能股份
61	一种改进型高温亚临界机组	2013年9月4日	ZL201320548970.6	申能股份
62	汽轮发电机组回热系统	2013年12月16日	ZL201320830032.5	申能股份
63	一种节能型快速启动系统	2013年12月27日	ZL201320877017.6	申能股份
64	一种应用于火力发电厂的节能型快速启动系统	2013年12月27日	ZL201320877058.5	申能股份
65	超超临界机组汽轮机回热系统	2014年3月20日	ZL201420128782.2	申能股份
66	一种中温省煤器系统	2014年4月10日	ZL201420172387.4	申能股份
67	一种用于火力发电厂的新型变频系统	2014年5月14日	ZL201420245755.3	申能股份
68	皮带脱水机密封水、润滑水回收利用系统	2014年5月26日	ZL201420272666.8	申欣环保
69	除雾器冲洗水系统	2014年5月26日	ZL201420272677.6	申欣环保

〔续表〕

序号	专 利 名 称	申请日期	专 利 号	所属二级集团
70	尿素区地坑溶液回收利用系统	2014年5月26日	ZL201420272670.4	申欣环保
71	一种风烟系统	2014年6月30日	ZL201420396713.X	申欣环保
72	辅助闭冷装置	2014年6月30日	ZL201420358427.4	申欣环保
73	刮泥机力矩保护装置	2014年7月1日	ZL201420360968.0	申欣环保
74	脱硫吸收塔供浆系统	2014年7月2日	ZL201420362669.0	申欣环保
75	烟气脱硫吸收塔＋G42；G43	2014年7月17日	ZL201420396712.5	申欣环保
76	脱硫吸收塔	2014年7月17日	ZL201420396713.X	申欣环保
77	一种用于火力发电厂的可调式给水回热系统	2014年11月20日	ZL201420700957.2	申能股份
78	一种蒸汽加热启动系统的连接装置	2014年12月18日	201420804687.X	申能股份
79	一种蒸汽加热启动系统的连接装置	2014年12月18日	201420804671.9	申能股份
80	一种高温亚临界机组	2014年12月31日	ZL201420870356.6	申能股份
81	循环风机的进口调节门	2015年3月10日	ZL201520136112.X	申欣环保
82	逆止阀	2015年3月10日	ZL201520138533.6	申欣环保
83	扬尘监测系统	2015年5月29日	ZL201520365280.6	申欣环保
84	一种气封密封风烟系统	2015年8月26日	ZL201520664770.6	申欣环保
85	一种电动机的冷却装置	2016年1月27日	201620083708.2	申欣环保
86	一种压滤机脱水系统	2016年2月26日	ZL201620146584.8	申欣环保
87	一种用于汽轮发电机＋G102；G103组的广义变频系统	2016年4月13日	ZL201620307455.2	申能股份
88	一种调压器压力自动监测手持设备	2016年5月6日	ZL201620405167.0	燃气集团
89	一种管道补偿器	2016年5月6日	ZL201620405223.0	燃气集团
90	高压气密性测试装置	2016年5月17日	201620451816.0	申能股份
91	高压水密气密测试台	2016年7月15日	201620749021.8	申能股份
92	高压水密性测试装置	2016年7月15日	20162075550045.5	申能股份
93	水下集成液压控制系统	2016年7月19日	201620764293.5	申能股份
94	水下输送系统的控制电路及控制系统	2016年7月19日	201620762857.1	申能股份
95	防冲刷流装置和防冲刷管道	2016年8月16日	201620887648.X	申能股份
96	电磁阀的驱动电路、驱动组件及驱动系统	2016年9月26日	201621081592.5	申能股份
97	一种阀杆提升专用装置	2016年9月28日	201621090023.7	申能股份
98	澄清池搅拌器及澄清池搅拌器转动装置	2016年10月16日	201621125620.9	申欣环保
99	一种布袋除尘器的顶板结构与布袋除尘器	2016年11月30日	201621294027.7	申欣环保
100	板框式压滤机的滤板行走机构及板框式压滤机	2016年12月7日	201621336868.X	申欣环保

(续表)

序号	专利名称	申请日期	专利号	所属二级集团
101	一种补浆系统及吸收塔	2016年12月15日	201621375089	申欣环保
102	一种电能转换与切换系统、方法及其应用	2017年3月24日	2017202942961	申能股份
103	一种新型多端口的电能转换与切换系统	2017年3月24日	2017202941827	申能股份
104	一种实现电能转换与电动机切换的新型系统、方法及应用	2017年3月24日	2017202941831	申能股份
105	一种多母线的电能转换与切换系统	2017年3月24日	2017202941812	申能股份
106	一种高低转速汽动给水泵系统	2017年4月18日	2017204037381	申能股份
107	高压电源并联电路	2017年4月21日	ZL201720425124.3	申欣环保
108	火力发电厂的辅汽系统	2017年4月28日	ZL201720469212.3	申能股份
109	一种燃机发电装置及其冗余检测控制系统	2017年4月28日	ZL201720463874.X	申能股份
110	汽轮机凝汽器的真空调节装置	2017年4月28日	ZL201720465602.3	申能股份
111	一种燃机燃烧自动调节系统	2017年4月28日	ZL201720469435.X	申能股份
112	汽轮机发电机组用的开式循环冷却系统	2017年4月28日	ZL201720470024.2	申能股份
113	火力发电机组专用的节能型启动锅炉除盐水输送系统	2017年4月28日	ZL201720461527.3	申能股份
114	高效节能的火力发电机组循环水系统	2017年4月28日	ZL201720469972.4	申能股份
115	天然气发电余能综合利用系统	2017年4月28日	ZL201720464649.8	申能股份
116	节能型火力发电机组汽侧真空系统	2017年4月28日	ZL201720461465.6	申能股份
117	电厂用的海水取用装置	2017年4月28日	ZL201720469776.7	申能股份
118	可凝结颗粒物CPM采样设备	2017年5月16日	ZL201720540043.8	申欣环保
119	烟气喷淋系统	2017年5月16日	ZL201720540953.6	申欣环保
120	一种节能环保型湿电除雾器	2017年8月2日	ZL201720954114.9	申欣环保
121	一种湿式电除雾设备	2017年8月2日	ZL201720954142.0	申欣环保
122	一种静电吸除型湿电除尘器	2017年8月2日	ZL201720954157.7	申欣环保
123	城市燃气管网供应能力模拟方法及模拟系统	2017年10月18日	201710967231.3	燃气集团
124	除雾器冲洗系统	2017年11月28日	ZL201721613669.3	申欣环保
125	石灰石浆液排放系统	2017年11月29日	ZL201721625415.3	申欣环保
126	吸收塔事故喷淋管装置	2017年11月29日	ZL201721626505.4	申欣环保

三、软件著作权

2004—2017年,申能集团获得软件著作权44项。

表6-4-6 2004—2017年申能集团软件著作权情况表

序号	软件著作权名称	登记日期	登记号	单位
1	SHPC生产管理信息系统	2004年1月10日	2004SR03934	申能股份
2	《润金燃气公司PDA软件V2.8》计算机软件著作权	2008年12月2日	2008SR31048	燃气集团
3	《润金无线燃气表中间件软件V3.1》计算机软件著作权	2008年12月2日	2008SR31047	燃气集团
4	《润金PDA信息转换软件V2.1》计算机软件著作权	2008年12月2日	2008SR31046	燃气集团
5	上海市天然气主干网长期沉降监测管理信息系统	2011年4月8日	2011SR018589	燃气集团
6	数字化油田成果管理系统	2011年5月1日	2011SR051017	申能股份
7	申欣环保烟气脱硫仿真软件	2011年7月9日	2011SR045511	申欣环保
8	上海市天然气主干网系统场站风险评估操作软件	2011年7月25日	2011SR051650	燃气集团
9	上海申欣环保物料控制软件	2011年7月26日	2011SR051987	申欣环保
10	上海申欣环保石膏销售管理软件	2011年7月26日	2011SR051928	申欣环保
11	上海申欣环保生产技术管理软件	2011年7月26日	2011SR051873	申欣环保
12	申欣环保人事招聘软件	2011年8月20日	2011SR059117	申欣环保
13	申欣环保人员信息软件	2011年8月20日	2011SR059116	申欣环保
14	上海申欣环保双增压风机运行方式和单增压风机B运行方式互相切换控制软件	2011年9月5日	2011SR063595	申欣环保
15	上海申欣环保单增压风机B运行方式和增压风机旁路运行方式互相切换控制软件	2011年9月5日	2011SR063450	申欣环保
16	上海申欣环保双增压风机运行方式和增压风机旁路运行方式互相切换控制软件	2011年9月5日	2011SR063447	申欣环保
17	上海申欣环保双增压风机运行方式和单增压风机A运行方式互相切换控制软件	2011年9月8日	2011SR064718	申欣环保
18	申欣环保薪酬管理软件	2011年9月24日	2011SR068940	申欣环保
19	申欣环保物料采购系统	2012年12月31日	2012SR137592	申欣环保
20	申欣环保仓储管理系统	2013年1月4日	2013SR000029	申欣环保
21	申欣环保SCR尿素法烟气脱硝仿真软件	2013年7月24日	2013SR072702	申欣环保
22	申欣环保SCR液氨法烟气脱硝仿真软件	2013年7月25日	2013SR073668	申欣环保
23	东方证券策略回测分析平台	2013年9月4日	2013SR095487	东方证券
24	东方证券智能交易数据平台	2013年9月4日	2013SR095475	东方证券
25	东方证券智能交易平台	2013年9月4日	2013SR095466	东方证券
26	申燃RMJK-II燃煤监控远程管理应用软件V1.0	2013年10月21日	2014SR007348	申能股份
27	申欣第三方全能管家-火电厂环保管理软件	2015年4月7日	2015SR060200	申欣环保

（续表）

序号	软件著作权名称	登记日期	登记号	单位
28	申欣小时电价达标软件	2015年4月7日	2015SR059992	申欣环保
29	平湖油气田后期开采智能分析与优化决策软件	2015年4月30日	2015SR182301	申能股份
30	东方证券大自营平台	2015年8月25日	2015SR164442	东方证券
31	华期-燃气微客服	2016年6月29日	2016SR160173	久联集团
32	虹桥新能源分布式能源智能管理平台软件	2016年8月26日	2016SR236688	申能能服
33	虹桥新能源分布式能源供能管理软件V1.0	2016年8月26日	2016SR236777	申能能服
34	虹桥新能源分布式能源供能优化软件V1.1	2016年8月26日	2016SR236781	申能能服
35	虹桥新能源三联供系统测试分析软件	2016年8月26日	2016SR236786	申能能服
36	虹桥新能源分布式能源信息采集软件	2016年8月26日	2016SR236660	申能能服
37	虹桥新能源三联供管理系统软件	2016年8月26日	2016SR235405	申能能服
38	海上风电载荷及故障管理诊断系统V1.0	2016年12月31日	2017SR158347	申能能服
39	东方证券个股期权做市系统	2017年4月18日	2017SR121765	东方证券
40	东方证券资金流动性管理系统	2017年4月18日	2017SR121759	东方证券
41	申欣-道路扬尘监控App软件	2017年6月5日	2017SR234022	申欣环保
42	申欣-施工扬尘监控App软件	2017年6月5日	2017SR233854	申欣环保
43	申欣-小时电价App软件	2017年6月20日	2017SR287022	申欣环保
44	申欣-两票管理App软件	2017年6月20日	2017SR289786	申欣环保

第七篇

企业管理

概　　述

1987年申能电力开发公司作为投资公司成立,到20世纪90年代中期发展成投资兼生产经营型公司,再到21世纪初转变成产业集团,其发展历程经历3个重要转变。相应地,企业管理方式也发生很大改变。随着申能集团的成长壮大,公司企业管理逐步规范、日渐成熟,并建立起结构合理的现代企业治理架构,为公司的稳步发展提供有力保障。

1987年申能电力开发公司成立,公司即开始逐步摸索和试行现代管理制度。通过公司章程和系列规章制度,在公司投资、财务、审计、安全、法务、档案管理等方面开始进行专业管理尝试。公司初步设立管理部门,明确相应职责,奠定日后申能集团科学管理的基础。

1993年,完成股份制转制的申能股份有限公司,开始依据《公司法》及相关部门的要求,制定适应股份制改革的配套制度,1993年2月放弃电力开发公司的会计制度,执行股份制企业会计制度;公司内部机构由两部一室改制为四部一室等。1996年申能集团成立,企业从投资公司发展为母公司与子公司并存的局面。公司规模的增加与经营领域的多元化,对企业管理提出更高和更新的要求。依据《申能(集团)有限公司实施国有资产授权经营的方案》和《申能(集团)有限公司章程》,集团明确授权经营双方的权责,并清晰规划集团公司的组织体制、母公司与子公司的关系等核心问题。投资、财务、审计、法务、档案、安全等诸多方面的管理,都相应进行大幅调整,以理顺母公司对子公司的管理方式和有效贯彻国资委等授权部门的经营意图。由此集团公司多元化管理体系逐步建立起来。

进入2000年以后,集团更加注重依照"精简、高效"的原则设置管理机构,实现各部门间合理分工合作、上下级公司间的有效运转。同时,颁布一系列的新制度,诸如2001年12月24日,公司依据《中华人民共和国公司法》,颁布《申能(集团)有限公司对电力、能源企业经营管理的规定》。至2001年年底,公司建立一系列以监控资金运作为主线的内部会计控制制度,包括《申能集团财务管理办法》《申能集团资金管理暂行办法》《申能(集团)有限公司内部会计控制暂行规定》等,明确会计人员的选任条件、岗位责任制、回避制度、轮换制度、会计资料和会计档案的处理制度、出纳工作和印章的管理、票据发票和收据的管理、计量验收和财产清查制度以及对外担保的管理制度。2001年12月,公司依据《中华人民共和国审计法》《审计署关于内部审计工作的规定》及《上海市企业内部审计制度规定》的有关规定,结合公司实际,制定《申能(集团)有限公司内部审计制度》,颁发《申能(集团)有限公司国有资产管理暂行办法》等。这些以适应市场经济要求和国家战略目标为宗旨的新的制度建设,经不断修订、完善,最终形成申能集团现代化管理体制的重要基石。不仅如此,从2000年起,申能集团开始按照上海市委、市政府和市国资委的统一部署和要求,制定战略发展规划,为集团的发展指明方向,规定路径,明确目标,保证集团公司各项事业顺利发展。

第一章 战略规划

1989年,申能电力开发公司牵头组织开展上海市电力发展规划、上海市电价政策和上海市电力装备政策等课题研究,为申能和上海市电力工业长远发展谋篇布局。1990年10月22日,申能电力开发公司作为发起人,在上海召开第一次全国贯彻集资办电政策研讨会,这不仅对申能也对各地电力公司的发展产生深远影响。1992年5月,申能电力开发公司在充分讨论的基础上,提交改组为申能股份有限公司的可行性研究报告,指出公司的股份制改革,不仅符合政策,顺应时势,也能够解决上海电力建设和能源开发的资金平衡问题,与原有体制相比能为国家创造更大的收益。6月24日,上海市计划委员会批准申能电力开发公司转制为申能股份有限公司,并同意向社会公开发行股票。1995年1月,为加快上海能源建设,申能股份有限公司向上海市计委、市国有资产管理办公室请示设立申能(集团)有限公司,并在次年5月27日获得上海市政府批准组建。

自2000年起,申能集团开始按照上海市委、市政府和市国资委的统一部署和要求,制定战略发展规划。战略规划是指导公司各个阶段发展的总体性、纲领性文件,是编制公司年度经营(实施)计划、国有资产经营预算的基本依据。按照规划编制目的和周期,可分作公司发展规划和国资战略规划。前者每隔5年制定一次,与政府的国民经济和社会发展规划、行业专项规划周期一致。后者依据上海市国资委战略规划管理办法及有关要求进行编制,周期为3年。两类规划的周期不完全一致,但在总体发展战略和同一年度的经营目标等方面,保持一致。战略规划的制定与实施,是企业管理的重要组成部分,对公司的生存和发展影响深远。

第一节 规划编制

一、公司五年发展规划

【"十五"规划(2001—2005)】

申能集团"十五"规划工作自2000年10月启动,集团内部前后召开一系列的专题会议,在形成规划大纲的基础上,由各业务部门分头形成各专题研究报告,在此基础上形成规划报告。2002年3月28日,第一届二十次董事会会议通过《申能(集团)有限公司"十五"发展规划》(以下简称《申能"十五"规划》)。这是申能集团成立后第一次制定五年期的战略规划。

《申能"十五"规划》是在国家和上海市先后颁布国民经济和社会发展第十个"五年计划"的背景下制定的。中国加入WTO、国家继续深化经济体制改革、宏观经济环境和相关政策的变化,使申能集团将面临与以往大不相同的外部环境。规划确定申能集团未来5年的发展方向、总体目标和措施,对各产业发展的方针、具体目标加以明确,保证集团总体战略与各产业战略,总体规划与各产业具体规划的一致性和协调性。

《申能"十五"规划》集中阐述未来5年申能集团发展的总体目标、具体任务、主要经济指标以及各公司的定位。总体目标是:"十五"期间,以服务上海市能源结构调整、提高城市综合竞争力为公司发展的主线,继续坚持电力、能源投资为公司主业,巩固和扩大电力市场份额,加大天然气项目投资力度;积极培育金融产业,稳步发展房产、高新技术及其他多元化产业;推进资产和资本运作,逐步完善组织管理体系;锐意开拓,稳健运作,提升和培育申能的核心竞争力;力争把公司主业进一步做大做强,把上市公司做好做优。主要任务包括调整和优化产业结构,集中资金发展优势项目。到"十五"末期,实现电力、能源产业占60%～70%,金融产业占15%～20%,其他多元化产业占10%～15%的产业格局。巩固和扩大申能集团在上海电力市场的份额。重点投资天然气电厂和热电联供项目。加强对天然气领域的投资,发挥主导作用。通过调整整合,加强对金融资产的管理,有选择地培育金融领域的重点发展项目,形成一定规模的金融产业、房产、高科技。逐步完善经营管理体系。以加强法人治理结构为主线,落实现代企业制度。着力建设经营队伍、专业高级人才队伍和管理人员队伍。建立形象鲜明、富申能特点、内涵丰富的企业文化体系。主要经济目标是新增投资70亿～100亿元,年均净利润7亿元左右,年均国有资产保值增值率为105%。至"十五"末期,总资产250亿～300亿元,净资产160亿～200亿元。公司投资建成的发电装机容量增加到340万千瓦,天然气供应量达到20亿立方米/年。

《申能"十五"规划》对集团主要产业发展目标提出明确要求。电力产业围绕上海市经济发展和能源结构调整的需要,抓好已落实的大型燃煤机组、天然气电厂、抽水蓄能电站和核电站的建设,巩固已有电力市场份额,开发潜在市场领域,加强和提高对电力项目的控股经营管理能力。天然气产业要作为公司可持续发展的主要依托和新的增长要素,通过"十五"期间的努力,形成上中下游同步发展的局面。控股全市天然气主干输气网,实现20亿立方米天然气年供气能力,争取参与一个主力气源的投资,开展已规划的燃气轮机电厂的建立,努力建立一个较完整的天然气产业体系。金融资产将通过整合,改变投资企业类别多、数量多的局面。有进有退,通过转让、出售或置换股权等方式,将金融投资向大型综合类证券公司和大型保险公司集中,减少投资企业的数量,增加单个金融企业的投资规模,相对控股一家证券公司和一家保险公司,对外投资年平均收益达10%。在保持一定的总量和经济效益提前下,实现"有进有退"的多元化产业发展。

《申能"十五"规划》明确集团组织和管理的目标。界定及完善集团公司的管理职能,明确与所属控股及投资子公司的管理关系,进一步落实对集团公司与申能股份在人员机构上的"三分开"原则。建立现代企业制度,包括:规范现代法人治理结构运作,发挥股东会、董事会、监事会作用;建立责、权、利结合的经营机制;探索经营者长期目标与短期目标相结合的激励与约束机制。人力资源建设要在坚持精干高效原则下,着力建设"三支队伍",即各层次经营者队伍、高级专业人才队伍和管理人员队伍,使申能整个员工队伍专业结构、年龄结构、素质结构适应和满足集团发展的需要。

《申能"十五"规划》也阐明财务管理、融资、资本运作、对外合作、争取国家政策以及建立企业文化的具体目标,特别强调培育创新能力对集团长远发展的重要性。实现企业观念创新,应强化员工创新意识的培养,形成企业创新的浓厚氛围。

【"十一五"发展规划(2006—2010)】

2005年12月26日申能(集团)有限公司召开第一届三十六次董事会会议,通过《申能(集团)有限公司"十一五"发展规划》(以下简称《申能"十一五"规划》)。该规划是在公司"十五"规划全面实现的基础上制定的,深刻地反映着宏观经济形势的新变化。

《申能"十一五"规划》明确公司在未来5年的总体目标是:紧紧围绕发展能源主业的主线,到2010年,公司呈现电力、燃气两大产业并举和融合发展,一次能源、新能源开发争取有所突破,上游渗透、中游做实、下游开拓的能源产业发展新格局。吴泾、外高桥、漕泾、临港四大市内电力基地初具规模,安徽、浙江两大市外电力基地有所拓展;天然气进入大发展时期,形成较为完善城市燃气多气源安全保障体系,以及储存、调峰、管网输送和供应体系,逐步推进实现"X+1+X"目标模式。公司将联合国内外大能源集团,加大对上海市重大能源基础设施投资和建设,构筑与上海国际化大都市相适应的能源产业基础。

《申能"十一五"规划》提出公司未来5年的主要经济指标是:到2010年,公司总资产达600亿元,权益装机容量达600万千瓦,天然气年供应规模70亿立方米;"十一五"期间公司能源项目总投资800亿元左右;公司年均净利润7亿元左右。成为产业链较为完整、具有较强综合竞争力的区域性能源公司。

《申能"十一五"规划》具体制定出申能集团核心企业的"五年目标"。申能股份努力成为国内电力能源行业投资运营商中要素组合合理、资源配置优化、管理体系健全、企业文化鲜明、具有较强核心竞争力的能源类上市公司。到2010年,电力企业年权益发电量330亿千瓦时。申能股份合并总资产373亿元左右,净资产153亿元左右,年销售收入193亿元。"十一五"期间年均净利润10.6亿元左右。燃气集团实现体制完善、机制创新、管理规范、可持续发展。资本结构多元,供气优质安全,社会、经济、环保效益并举,保持国内燃气行业领先优势的燃气专业公司。力争天然气供应量70亿立方米。燃气集团总资产166亿元左右,净资产82亿元,年销售收入75亿元(行业产值销售收入138亿元),"十一五"期间逐步实现扭亏为盈。

《申能"十一五"规划》制定出企业集团未来5年的战略是:推进"电、气双业并举"的发展战略;积极开拓一次能源,培育新能源产业,加大能源技术研究和开发;进一步调整优化金融及多元投资结构;完善与公司发展战略相适应的组织管理体系。

《申能"十一五"规划》明确产业的主要目标。电力产业方面,巩固和提升公司在上海电力市场份额。"十一五"期间,全力推进上海市规划的五大电力基地建设,建设外高桥电源基地,建成漕泾、临港电源基地一期工程,完善吴泾电源基地,参与建设石洞口电源基地。实质性启动安徽电源基地及煤电一体化项目建设,创造条件参与其他坑口电源建设。适时开展电力项目和发电公司并购前期工作。优化公司电源结构,参与核电和水电投资。积极探索利用外资办成一家中外合资发电企业。煤气产业方面,"十一五"末期,基本建成天然气主次干网,逐步推进优化一张网的管理;构筑安全、可靠、高效的燃气供应网络,健全燃气安全储备和应急保障体系;形成以天然气为主,天然气、人工煤气和液化气3种气源并存供应,合理平衡与互补的气源格局;建立市场化的燃气价格机制,完善体制机制,加强企业管理,全面提升企业的核心竞争力。新能源业务方面,"十一五"战略重点是研究、投资、开发一批新能源项目,形成一定的产业基础,将申能新能源投资有限公司建设成为上海市新能源领域的一支生力军。金融业务方面,公司对金融投资规模保持在集团净资产的20%左右。以成立集团财务公司为抓手,加强集团的资金管理。调整和优化金融投资结构和规模,有进有退,盘活存量。

《申能"十一五"规划》指出应积极争取政府的相关政策支持,具体的方向包括:项目规划和行政管理;争取上海市国资委重点扶持政策、尽快理顺燃气价格机制、争取天然气发展配套政策、出台鼓励新能源发展的扶持政策。

"十一五"期间,公司将按照"规范高效、控制有力、责权明晰"的原则,建立和完善具有申能特色的投资经营与产业经营相结合,集团公司控股管理和各产业专业化管理相衔接的组织管理体系。总体目标:"十一五"期间公司将在加强集团公司董事会职能、完善集团部门组织机构及功能、完善管理制度和管理流程等方面取得实质性进展。集团系统企业组织管理体系相协调、相衔接,做到管理到位,相互协作。

到"十一五"末期,公司人力资源发展目标要达到人力资源管理体系运行机制顺畅有序、人力资源政策及管理制度完善、整体人才结构优化的总体目标。同时,积极开展对外合作。

【"十二五"发展规划(2011—2015)】

2009年10月12日,申能集团召开"十二五"规划编制工作启动大会,确定编制原则、主要内容和重点课题。2011年1月27日,在经过反复修改、广泛听取各方意见的基础上,《申能集团"十二五"发展规划纲要》(以下简称《申能"十二五"纲要》)通过董事会审议和上报上海市国有资产委员会。

《申能"十二五"纲要》是基于"十一五"规划完成情况,并在对新的经济环境及集团面临的困难和优势进行全面分析的基础上制定的。

《申能"十二五"纲要》明确公司将按照"电气并举、产融结合"的总体战略,以保障城市能源安全供应为己任,以发展方式转变为主线,以清洁能源和资本证券化为路径,以科技创新和体制机制创新为支撑,深化国资国企改革,积极寻找新的产业增长点,实现产业经营与资本运作双轮驱动,进一步做强、做大主业。总体目标是到"十二五"末期,电力建成权益装机容量1 000万千瓦,天然气经营规模达到100亿立方米,公司资本证券化率达到60%。力争实现电力、燃气、金融三大业务板块各有一家控股上市公司,公司主要经济指标位列市属国有企业前茅,继续成为一家主业突出、核心竞争力较强的能源与金融产业投资集团。经营目标是,到"十二五"末期,公司总资产达到1 500亿元左右,净资产850亿元左右,归属于母公司所有者权益600亿元左右。实现营业收入350亿~380亿元,"十二五"年均利润总额40亿元左右,归属于母公司年均净利润15亿~18亿元。"十二五"期间总投资980亿元左右,权益投资480亿元左右。公司系统年综合能源消耗总量控制在75万~100万吨。

《申能"十二五"纲要》规定集团"十二五"的六点重大任务:确保全市电、气安全稳定供应,成为上海能源转型发展的主力军;市内市外并重,推动电力产业跨区域发展;优化气源供应,基本实现上海城市燃气的天然气化;加强产业链拓展,促进产融结合;推进开放性市场化重组,提升资本证券化率;完善法人治理结构,建立科学管理体系。

《申能"十二五"纲要》明确未来5年公司产业的发展思路、目标和主要任务。电力产业重点发展燃气电厂,全面参与上海市"5+X"电源规划格局的构建和完善。积极拓展市外市场,开展煤电一体化经营,"走出去"发展取得实质性进展。开发与并购相结合,核电、水电项目投资取得新进展。拓展一次能源,延伸电力产业链,形成对常规发电的有力支撑和补充。采用资本与技术相结合的输出方式,参与国内电力资产整合。预计"十二五"末期,建成电力权益装机容量1 000万千瓦,风电权益装机容量50万千瓦,太阳能光伏累计完成5兆瓦,公司新兴能源发电(核电、水电、风电、太阳能等)装机容量比重达20%左右。公司年权益发电量350亿千瓦时左右,电煤自给率约1/3,电煤自有运力达到80%。系统电厂供电煤耗298克/千瓦时。完成政府下达的公司所属电厂脱硝工程。"十二五"期间,电力主要项目总投资约650亿元,权益投资约240亿元,新能源主要项目总投资约60亿元,权益投资约30亿元。

以"基本实现上海城市燃气天然气化"作为公司"十二五"燃气产业发展的主基调。重点完善上海市天然气管网系统,推进长三角管网互通。全力开拓天然气销售市场。加强安全保障供应储备设施建设及研究,确保安全稳定供气。燃气产业由单一的燃气生产供应向燃气能源服务转型。"十二五"末期基本实现上海城市燃气的天然气化,公司天然气经营规模力争达到100亿立方米,液化石油气经营规模达到12万吨以上,天然气购销差在5%以内。"十二五"期间,燃气主要项目总投资约160亿元,权益投资约140亿元。

到2015年,金融资产市值规模达到700亿元左右。公司牵头组建的诚毅投资管理有限公司管理基金规模力争达到40亿元,新能源创投基金投资项目至少有3家企业在创业板、中小板上市或进入申报程序。财务公司资产规模达到120亿元左右,内部资金归集率70%以上。

主业延展产业应以上海石油交易所为平台,充分整合系统相关资源并联合各方,探索能源要素市场建设,加快久联集团业务转型。做大做强能源服务公司,创新并构建具有竞争优势的业务能力,推进企业市场化运作。按照"以开发集团存量土地资产为主、以参与上海市保障型住房项目为主、以服务集团为主"推进主业配套房地产业务发展。

《申能"十二五"纲要》指出在公司资本运作和国资国企改革方面,应充分利用上海资本市场,继续支持申能股份做大做强,继续保持在上海资本市场的良好形象,进一步提升影响力。创造条件探索燃气经营性资产整合重组上市,提高公司资本证券化率。利用集团优良资信,继续发挥好集团公司的融资平台功能,支撑各项业务发展,有效降低集团总体融资成本。推进开放性、市场化重组,探索通过股权置换、股权合作等方式,在核心子公司层面引入战略投资者,带动公司相关产业向市外发展。积极稳妥做好人工煤气转型和人员分流工作。

《申能"十二五"纲要》最后提出公司管理方面的基本思路和主要内容:加强董事会建设,健全公司法人治理结构。继续完善战略控股型管理模式,集团与各级公司良性互动,形成合力。强化集团本部战略规划、资源统筹、风险控制、重大投资决策和资本运营等为核心的战略管控职能,深化下属核心企业对电力业务和城市燃气业务的专业化管理。探索集团化管控和二级公司自身法人治理运作相结合的管理方式。强化安全生产各项具体管理举措,形成长效机制。继续加强科技创新与节能减排、信息化、人力资源等各项日常管理工作,提升整体管理水平。保障和维护职工权益,构建和谐企业。

【"十三五"发展规划(2016—2020)】

集团的"十三五"规划首先明确公司未来5年的发展战略,即围绕"十三五"国家"创新、协调、绿色、开放、共享"的发展理念和上海"创新驱动发展、经济转型升级"的总体要求,按照"锐意开拓、稳健运作"的经营理念和"电气并举、产融结合、创新引领、转型提升"的总体战略,立足竞争类企业定位,以上海市能源安全保障为首要职责,以创新转型发展为工作主线,以深化国企改革为重要保障,全力推动市场化、专业化、国际化发展,重点实施安全发展、绿色低碳、创新驱动、服务拓展、产融协同、开放合作六大子战略,扬长补短,提质增效,防范风险,进一步做强做优做大能源主业,打造新形势下申能发展的升级版,努力把公司建设成为一家立足上海、走向全国、面向海外发展的综合性能源企业集团,成为上海能源发展转型、生态文明建设和打造具有全球影响力科创中心的排头兵。

主要目标是:公司创新转型发展取得重要突破,国资国企改革目标任务基本完成,基本构建形成电力、燃气、金融投资、能源服务四大板块协调融合发展的产业新格局,打造形成满足多样化市场需求的综合能源服务新体系,健全形成规范化的公司治理和现代化企业管理新模式,全力实现公司创新发展、开放发展、内涵发展、和谐发展和提升发展。

申能集团的重大任务是:全面升级能源安全体系。坚守城市能源安全底线,强化本质安全与全力消除隐患并举,适应上海特大型城市发展要求,着力打造坚强气网,构建隐患防治长效机制,推进应急响应体系网格化管理,提升供能设备可靠性水平,扎实落实安全生产责任制,大力发展绿色低碳能源,打造能源科技创新高地,加快转型综合能源服务,深入推进产融协同发展,加大"走出去"发展力度,完善落实"申能改革发展33条",大力强化干部和人才队伍建设。

战略规划明确集团未来5年的六大战略任务:实施安全发展战略,全面升级能源安全体系;实施绿色低碳战略,优化升级传统能源主业充分发挥能源技术创新和产业链资源优势,进一步优化供能结构,全面推动能源主业升级发展。实施创新驱动战略,打造能源科技创新高地,把握能源行业科技进步大方向、产业变革大趋势,大力推进科技创新,实施"两个一批"重点任务,即实施一批重大创新项目(34个项目)、布局一批重大创新工程(六大工程)。实施服务拓展战略,加快转型综合性能源服务强化系统设计、功能集成、资源共享与资本运作,大力推动能源产业链向"微笑曲线"两端延伸,加快推动节能环保、能源贸易和能源销售服务的市场化、专业化发展,培育形成一批有较强行业影响力的专精特新企业;实施产融协同战略,深入推进资源优化整合;实施开放合作战略,加大"走出去"拓展力度。

"十三五"发展规划也指出国资国企改革与企业管理的几个重要方向:完善国资国企改革、加强人才队伍建设、优化企业组织管理以及加强和改进党的领导。

二、国资三年行动规划

【2006—2008年规划】

为贯彻"五年发展规划"的中长期战略规划以及将中长期规划和年度计划有效衔接,自2006年起,公司贯彻国资委要求,开始制定"三年行动规划"。8月17日,根据上海市国资委办文件要求,申能集团结合公司实际,完成并上报《申能(集团)有限公司2006—2008年国资行动规划》。规划的总体目标是以保障能源安全供应为主线,加快实施安全为本、强化节能、环境友好、创新推动的发展战略,扎实推进重大项目建设,进一步深化改革加强管理,着力提高公司核心竞争力。到2008年,努力实现"543"目标,即公司总资产超过500亿元、建成权益装机容量超过400万千瓦,天然气年供应量30亿立方米。

电力产业方面,巩固和提升公司在上海电力市场份额。2008年外高桥电厂三期项目建设1台机组建成投产;做好LNG配套燃机电厂、安徽电源前期工作,力争尽早获国家核准并开工建设;密切关注大型核电、水电项目投资机遇,适时开展电力领域并购前期研究。2008年,公司建成权益装机容量410万千瓦,年权益发电量达230亿千瓦时,公司权益发电量占上海总用电量的比例达23%左右。脱硫后平均供电煤耗335克/千瓦时,发电机组主要技术经济指标在全国继续保持先进水平。天然气方面,形成以天然气为主,天然气、人工煤气和液化气3种气源并存供应,合理平衡与互补的气源格局;按计划建设天然气主次干网、优化"一张网"管理,健全燃气安全储备和应急保障体系,构筑安全、可靠、高效的燃气供应网络;建立市场化的燃气价格机制,完善体制机制,加强企业管理,控制管理成本,全面提升企业的核心竞争力。

重点做好上海外高桥电厂三期扩建工程、安徽煤电一体化工程(平山电厂)、整体煤气化联合循环电站(IGCC项目)、漕泾、临港燃机电厂、上海液化天然气接收站和海底输气干线项目、上海天然气主干管网工程、五号沟LNG事故备用站扩建工程等重大投资项目的规划和建设。规划也明确表明要重视科技创新和节能环保、企业管理创新、对外合作等方面,特别指出将争取市政府和市国资委对电力、天然气、新能源和节能环保项目的政策扶持、理顺上海市燃气价格机制作为主要的工作方向。

【2008—2010年规划】

为更好贯彻落实国资国企改革发展要求,加快企业改革发展步伐,做大做强公司能源与金融主业,合理调整公司非主业资产,确定好2008—2010年公司主业发展的定位、总体思路和发展目标,集团公司在2009年7月10日通过《申能(集团)有限公司主业发展和非主业调整三年行动计划(2008—2010)》(以下简称《申能计划(2008—2010)》)。《申能计划》是在结合上海能源发展现状与公司实际的基础上,依据《关于进一步推进国资国企改革发展的若干意见》和4个配套文件、发改委《关于上海市2009年发电量预期调控计划的批复》、发改委与建交委《关于印发上海市2009年天然气供需平衡计划的通知》《上海市能源发展"十一五"规划》等相关资料和文件,经过充分调研基础上编制而成。

《申能计划》共分为四个部分。第一部分主要介绍公司的基本发展情况,并对2005—2007年公司主要经营情况做全面回顾;第二部分对公司主业发展面临的宏观形势和机遇与挑战进行具体分析;第三部分是《申能计划(2008—2010)》的核心内容,对公司的战略定位和总体目标进行阐述,确定2008—2010年要达到的主要经济指标,对公司主业的发展方向与举措等作详细的描述,对能源和金融主业作明确的规划,对新能源和能源服务业的发展提出初步的思路,同时也对公司整体改革发展提出一些设想;第四部分对公司非主业业务进行具体分类,并提出3年中进行调整的思路和分类处理措施。

在最核心的第三部分,《申能计划》明确公司的战略定位是:为上海综合性能源与金融投资集团。贯彻政府意志,结合市场运作,按照城市能源发展总体规划,通过投资、建设和经营管理电力、燃气等能源产业项目,满足上海能源需求和安全保障供应,促进上海能源结构调整和可持续发展。同时开展金融股权投资和资产管理业务,为能源产业发展提供服务和支撑,促进产业资本和金融资本的互动融合发展,发挥国有资本在上海市能源和金融领域的主导作用,更好地为上海建设"四个中心"服务。

到2010年公司主业要实现的总体目标是:坚持以能源产业为核心,主动与国家能源战略对接,不断做大做强电、气产业,大力拓展上、下游能源产业链;促进能源产业与金融产业的互动融合发展,打造能源与金融双轮驱动的产业格局。在改革重组和资本运作上,坚持开放性、市场化重组联合,适时引入战略投资者,推进资产资本化和资本证券化。到2010年,力争使公司成为一家"电气并举、产融结合",有较强实力的综合性能源和金融投资集团,主要经济指标位列市国企前茅。

主要经济指标:到2010年,公司总资产850亿元左右,主营业务收入260亿元左右,2008—2010年年均归属于母公司净利润8亿元左右,年均国有权益收益率2.8%左右。电力权益装机容量600万千瓦,天然气年供应量50亿立方米左右,年均金融投资收益率12%左右。

为贯彻总体目标和落实主要经济指标,《申能计划》首要明确主业的发展目标。电力业务:到2010年,公司权益装机容量达600万千瓦,全口径发电量达456亿千瓦时,权益发电量达240亿千瓦时。脱硫后平均供电煤耗306克/千瓦时,机组主要技术经济指标继续保持全国先进水平。2010年风电权益装机容量达到10万千瓦,力争15万千瓦(在建和规划项目全部建成);太阳能光伏发电权益装机容量4兆瓦~5兆瓦。燃气业务:到2010年,公司天然气年供应量50亿立方米左右,人工煤气供应量14.5亿立方米左右,液化气销售量11万吨。天然气购销差小于5%,人工煤气产销差小于11.5%。金融投资与资产管理业务：2008—2010年累计金融投资收益23.5亿元左右，年均投资收益率12%左右。公司下属资产管理公司继续坚持稳健经营，进一步完善和创新盈利结构，并积极为能源和金融业务对外拓展提供服务；申能财务公司以服务集团为宗旨，积极开展监管部门核定的各项业务，为系统单位提供优质、高效的金融服务，力争2010年总资产达50亿元。能源服务业：2008—2010年，大力推动与能源企业运营相关的能源资源流通和贸易，进行煤炭、天然气等资源项目和资源贸易投资。探索开展与能源相关的专业技术服务，在能源产业链的各个环节拓展支持性和服务性业务，推动公司能源服务业有实质性发展。在确立业务目标的基础上，规划并详细列举出实现目标的具体举措。

从公司改革发展的宏观层面来讲，《申能计划》要求应该重点落实以下举措：利用上海资本市场，进一步做大做强主业；加强资产管理，强化金融、能源主业的互动与融合；建立并完善与公司主业结构相适应的组织管理模式；加强政策研究力度，积极争取政府政策支持。

相对于主业，公司非主业类资产规模较小，集团层面占长期股权投资6%左右。主要为政府导向项目（电气集团、光明集团和磁浮公司等）和房产公司。计划指出公司非主业的调整目标是：围绕申能集团主业发展战略，到2010年，集团内基本消除四级以下企业，达到《若干意见》提出的企业管理层级原则上控制在三级以内的要求。调整思路包括：分类处置政府导向项目、适度发展房产公司、完成燃气下属多经企业整合等主要方面。

【2011—2013年规划】

2011年9月28日，《申能(集团)有限公司三年行动规划纲要(2011—2013年)》(以下简称《申能规划纲要(2011—2013)》)编制完成，并经第二届董事会第八次会议审议通过。

《申能规划纲要》认为当前和未来一段时间，国内外社会经济发展的不确定因素仍很多，公司主业发展面临着严峻挑战，主要是：保障城市能源安全供应的压力不断增大；上游业务比重偏小，"走出去"发展新项目不确定性很大；燃气资产证券化和人工煤气转型任务艰巨；金融与能源产业结合度较弱；由于煤电、燃气上下游价格联动滞后，能源主业盈利前景和公司的利润状况不乐观；上海资本市场波动使得公司净资产等指标较难估测等。同时，公司主业发展也有机遇，包括：电力供需继续稳步增长，天然气产业发展空间广阔，金融产业发展面临新契机，国资国企改革向纵深推进等。

未来3年，集团公司将按照"电气并举、产融结合"的总体战略，以保障城市能源安全供应为己任，以转变发展方式为主线，以清洁能源和资本证券化为路径，以科技创新和体制机制创新为支撑，深化国资国企改革，积极寻找新的产业增长点，实现产业经营与资本运作双轮驱动。

2011—2013年，公司发展总体目标是：到2013年年底，公司总资产1 050亿元左右，主营业务收入310亿元左右，归属于母公司所有的年均净利润16亿元左右。2013年末电力权益装机容量850万千瓦左右(含新能源)，权益发电量330亿千瓦时左右，天然气年供应量70亿立方米左右，金融投资年均收益6亿元左右。公司成为一家主业突出、核心竞争力较强的能源与金融产业投资集团。

为实现以上目标，公司将积极推进重大能源项目建设，加大产业链拓展力度，优化电、气运营方式，不断提升全市能源保障供应能力。进一步优化金融资产布局，充分发挥集团财务公司作用，积极稳妥开展金融资产投资管理业务，提升金融投资管理水平。重点抓好新能源创投基金、能源要素市场和能源服务三大创新业务发展，积极培育新的增长点。进一步推进科技创新体系建设，加快发电技术持续创新和科技成果转化应用，加大油气技术创新力度，加强对新能源、分布式供能和天然气贸易的技术研究。大力推进开放性市场化重组,有序推进电力资产整合重组,探索公司燃气经营性资产重组改制上市,全力支持东方证券上市,推进创新业务开放性重组,基本完成非主业调整,平稳推进人工煤气转型。强化安全生产管理各项措施,不断完善公司现代企业法人治理结构,继续加强公司日常管理工作,加强人才队伍建设和探索相应激励机制,积极争取政府相关政策支持。

【2014—2016年规划】

2014年10月21日,申能集团召开第二届二十一次董事会会议,审议通过《申能(集团)有限公司三年行动规划(2014—2016年)》(以下简称《申能规划(2014—2016)》)。

《申能规划(2014—2016)》认为,未来3年,公司经营的外部环境进一步深刻变化。全球经济复苏缓慢艰难,国内经济进入增速换挡、结构调整和前期刺激政策消化三期叠加的阶段,经济新常态下,能源供需、市场环境、政策取向等发生新的变化。公司主业发展既面临难得的机遇,各种新、老挑战也交织并存,对下阶段工作产生重要影响。

《申能规划(2014—2016)》明确公司的发展战略是:秉持"电气并举、产融结合"的总体战略和"锐意开拓、稳健运作"的经营理念,围绕公共服务企业定位,以保障城市能源安全供应为核心使命,以服务水平提升为基础,以高效清洁能源和节能技术服务为方向,以深化国资国企改革为动力,着力提高市场化、专业化、国际化水平,进一步增强企业发展的活力和竞争力,努力构建成为一家立足上海、走向全国、面向海外发展的综合性能源服务供应商。

总体目标是:到2016年,公共服务水平实现新提升,气量供应、调峰能力和电气应急响应满足政府和社会要求,电力技术创新和清洁供能比重进一步提高,节能环保水平保持国内同行前列,初步构建形成安全、清洁、高效、可持续的现代城市供能体系。

主业发展力争实现"3个1"的目标,即电力权益装机达到1000万千瓦左右,天然气供应能力达到或超过100亿立方米,培育形成一批引领行业发展的重大能源科技创新工程和创新型企业。产业布局结构进一步优化,构建形成电力、燃气、金融投资与资产管理、节能环保与能源贸易四大业务板块,公司资产90%以上集中在主业,为企业持续健康发展创造条件。

国资改革和企业管理方面,力争经过3年努力,公司新一轮改革发展初具成效,成为一家产业集约、管理高效、激励约束有效,能够有效应对市场竞争、充满活力的现代能源企业。这需要重点举措的切实推进:有序发展混合所有制经济;平稳实施制气企业转型转岗工作;统筹推进系统土地资源的综合开发利用;逐步构建市场化的选人用人机制;建立一司一策的激励约束机制;优化推进公司管控模式和法人治理结构。

【2016—2018年规划】

2017年11月,申能集团公布《申能(集团)有限公司三年行动规划(2016—2018年)》(以下简称《申能规划(2016—2018)》),对接落实公司"十三五"发展规划。《申能规划(2016—2018)》分公司发展回顾与总结、公司发展面临的环境、2016—2018年发展目标及重点任务、党的建设与国资国企改革四大部分。

《申能规划(2016—2018)》认为,未来3年集团的外部环境持续深刻变化,国际政治经济走向、中共十九大新精神新要求、国家重大战略实施、新技术变革、国资国企改革、能源和金融行业改革等,将对公司经营发展产生重要影响,公司既处于创新转型的重要战略机遇期,也面临更多严峻挑战。

公司将深入贯彻中共十九大新精神、新理念和上海创新驱动发展、经济转型升级的总体要求，按照"电气并举、产融结合、创新引领、转型提升"的总体战略，以城市能源安全保障为基本职责，以市场化、专业化、国际化为改革导向，以创新转型发展为工作主线，深入推进能源和金融供给侧结构性改革，着力实施安全发展、绿色低碳、创新驱动、服务拓展、产融协同、开放合作六大子战略，牢牢把握主业、技术、品牌3个关键要素，打造新形势下申能发展的升级版。

总体目标是，公司能源供应安全可靠，创新转型取得阶段性成果，重点改革任务基本落地。到2018年年底，公司总资产达到1600亿元，规划期内年均主业利润达到53亿元，年均净资产收益率达到3.88%，盈利水平在市属国资竞争类企业集团和地方国有投资公司中排名领先。主业发展实现"四个前列"，即电力高效清洁发展水平保持行业前列，燃气保障能力和服务满意度排名行业前列，证券业务规模进入行业前列，能源服务发展水平迈向行业前列。重点任务在于：坚持安全发展，着力提升能源和金融安全管控能力；坚持绿色低碳，着力推动上海能源结构优化；坚持创新驱动，加快能源科技创新和应用示范；坚持服务拓展，着力拓展综合能源服务业务；坚持产融协同，着力提升产融融合能级；坚持开放合作，着力加大"走出去"力度。

在党的建设和国资国企改革方面，贯彻中央和市委关于全面从严治党的部署要求，充分发挥党组织的政治核心作用。落实党中央、国务院和市委、市政府关于国资国企改革工作精神，以提高核心竞争力和资源配置效率为目标，全面推进"申能改革发展33条"落地，积极推进竞争性业务混合所有制改革，完善公司治理及经营机制，优化集团管控，加大干部和人才队伍培养力度，为公司创新转型提供坚强的组织和制度保障。

第二节　规　划　实　施

一、五年规划实施情况

【"十五"规划的实施】

"十五"期间，公司抓住机遇，保持较快的发展速度和良好的经营业绩，在2005年全面完成"十五"规划既定的各项目标。

2005年公司总资产388亿元，为2000年的2.3倍；2005年公司国家所有者权益177亿元，为2000年的1.7倍；2005年公司销售收入110亿元，为2000年的6.3倍。在中国企业500强中的排名也由2001年的第459名上升至2004年的第412名。

能源产业的投资比重有所上升，至2005年年底达73.32%，其中燃气产业投资由2001年的11.85%上升至2005年的37.30%，主要是新增对燃气集团投资，燃气产业与电力产业投资额相近，显现出电、气并举的产业格局。其他产业投资结构有所优化。2005年公司的电力权益装机容量预计334万千瓦，为2000年的1.91倍，占上海电力市场的份额由2000年年底的13.42%提高到2005年年底的22.62%。

2004年西气抵沪以来，公司的天然气供应量成倍增长，2005年公司天然气供应量18.68亿立方米，为2000年的9.1倍；天然气用户数快速增长，由2000年38.1万户增加至2005年167.8万户，占全市燃气用户数35.7%。天然气主干管网基本成形，建成天然气高压管线654公里，天然气中压管线1690公里，低压管线3162公里。

"十五"期间公司筹资任务超额完成。"十五"期间公司通过上海资本市场筹资2次，完成"十五"规划提出的筹资目标。2002年2月申能股份成功发行1.6亿股新股,募集资金16.8亿元。2005年2月申能集团成功发行公司债券10亿元。

公司完成集团与申能股份"五分开",强化公司的基础管理工作,健全各项管理制度,建立覆盖全系统的安全生产管理体系;申能股份加强对下属电力能源企业在生产计划、资金财务、安全生产等方面的控股和管理,逐步由投资型公司向投资经营型公司转变。燃气集团自成立以后,建立集团的组织管理体系,提出"减亏、降低购销差、多经整合"三大工作目标,各项管理措施到位,初步取得成效。公司基本完成"十五"规划提出的以加强法人治理结构为主线,落实现代企业制度,逐步完善经营管理体系的目标。

"十五"规划的全面完成,反映公司"十五"发展规划的编制较为客观务实,目标合理。为编制和实施公司"十一五"规划奠定良好的基础。

【"十一五"规划的实施】

"十一五"期间,公司较好地完成预定的规划目标,特别在经营业绩、项目建设、金融投资、科技创新与节能减排等方面取得长足进步。

"十一五"末期,公司总资产1 069亿元,较规划目标600亿元大幅增长。归属母公司所有者权益518亿元。"十一五"年均利润总额达到29.7亿元,母公司年均净利润达到12亿元,大幅超过年均7亿元的规划目标。"十一五"期间,营业收入逐年稳步提升,"十一五"末期达到249亿元,比2005年增长一倍。

电力方面,2010年年底,公司电力权益装机容量达到622万千瓦,全面完成"十一五"确定的600万千瓦规划目标。其中,外高桥三期2007年年底建成投产。临港燃机一期2009年开工建设,1台机组2010年年底并网。"十一五"期间先后建成世博太阳能等一批新能源项目,建成风电权益装机8万千瓦,太阳能权益装机4.5兆瓦。燃气方面,上海LNG项目一期工程2009年建成投运。天然气主干管网一期工程建成投运,二期工程基本完工,覆盖全市的管网体系不断完善,供气能力大大提升。五号沟应急备用LNG项目扩建工程、世博燃气配套等一批燃气项目也相继建成。公司能源产业链进一步延伸,2008年设立上海申能燃料有限公司,2009年成立上海申能能源服务有限公司,2010年组建上海嘉禾航运公司。

2008年,金融股权投资被市国资委确定为公司主业,公司能源与金融双主业格局基本确立。"十一五"期间,公司金融投资规模约60亿元,实现金融投资收益近22亿元。"十一五"末期,公司金融资产市值规模达到400亿元左右。公司金融产业布局不断优化,2007年成立申能集团财务有限公司,同年增资中国太保28.86亿元,2009年出资17.6亿元认购8亿股中国光大银行股权,2010年发起设立上海诚毅新能源创业投资有限公司。"十一五"期间,公司通过股权融资,发行中期票据、短期融资券等,共筹措资金约210亿元,有力支持公司建设。

"十一五"期间,公司成立科技创新和节能减排领导小组,下属申能股份有限公司组建申能能源科技有限公司、上海燃气(集团)有限公司成立科培中心。公司科研和技改项目资金投入总量超过35亿元,获得各类专利授权40多项,共有13个科研课题获得上海市科委资助。其中,"东海边际气田水下生产系统关键技术"项目列入国家863计划,"世博中国馆、主题馆光伏建筑一体化"项目被国家科技部列为世博重大专项课题。上海石油天然气有限公司、上海外高桥第三发电有限公司被评为"上海市高新技术企业"。公司控股电厂供电煤耗从2005年的319克/千瓦时下降到2010年的300克/千瓦时,控股电厂脱硫工程于2008年年底全部投运,每年减排二氧化硫约7.6万吨,脱硝示范工程已启动。"十一五"期间,公司天然气购销差指标逐步好转,能源转换效率累计平均比"十五"提高4%,二氧化硫、COD、氨氮、废水排放指标显著下降。其中,外三发电通过多项自主创新,取得18项企业新纪录和9项国家专利,2010年供电煤耗279克/千瓦时,继续保持全国和世界领先水平。但是,个别指标与规划目标仍有距离。

"十一五"期间,由于受国际金融危机、上海市产业结构调整、市外来电大量增加、上游气源供应延后、市场需求变化较大等因素影响,公司天然气供应量、权益发电量期末指标未能达到60亿立方米和330亿千瓦时的规划目标。

【"十二五"规划的实施】

2011—2015年,面对一系列复杂严峻的外部形势,公司全力推进改革发展,主要经济指标较快增长,"十二五"重点规划任务圆满完成。2015年年底公司总资产1458亿元,较2010年年末增长39%;年营业收入328亿元,较2010年增长29%;"十二五"年均归属母公司净利润21亿元,较"十一五"平均水平高70%。

公司在能源供应、科技创新、节能减排、项目建设、产业转型、国企改革等诸多方面取得圆满的成绩。

"十二五"公司投入220多亿元用于重大能源基础设施建设,电、气安全保供能力大幅提升,连续5年获上海市安全生产优胜奖。燃气供应充足稳定。优化形成"6+1"多气源联保格局。电力生产安全可靠。临港燃气电厂并网,上海清洁电力供应和电、气调峰能力大大增强。建立起"党政同责、一岗双责、齐抓共管"安全生产责任体系,构建形成较完备的安全生产标准化和应急响应体系。

公司高度重视科技创新和节能减排,"十二五"主要指标再创历史最好水平。公司5年投入科技资金55亿元,累计获得知识产权115件,较2010年年底翻番,两项成果获上海市科技进步奖一等奖,一项获国家科技进步奖二等奖,4家企业获评"上海市高新技术企业"。节能环保全面达标。服务上海能源结构优化。"十二五"上海清洁能源增量中,公司贡献约1/3,年减排二氧化碳约550万吨。

电力产业务实精进,打造清洁发电标杆。公司坚持创新和绿色低碳发展,建成一批国际声誉良好、技术水平先进的高效清洁发电项目。不仅电源结构加速优化,建成一批精品电站工程,而且项目储备打开新局面。

燃气产业转型发展,实现城市燃气全天然气化。公司燃气市场拓展、服务水平和经营业绩明显提升,推动行业发展跨入一个新的阶段。

金融投资成绩斐然,产融结合深入推进。公司积极推动产融融合发展,"十二五"末期金融资产市值达到868亿元,有力支撑能源主业发展。一方面,东方证券成功上市;另一方面,构建形成内部综合金融服务平台,探索建立国资创投基金运作新模式。

公司积极延伸能源主业产业链,培育形成一批新业态、新平台。不仅电厂节能创新技术走出申能,分布式供能业务打造起行业标杆,而且环境污染第三方治理加快改革发展,能源贸易明确专业化发展方向,房地产业务提速发展。

国企改革扎实推进,公司管控能力显著提升。公司立足企业中长期发展,全面启动新一轮改革发展:一方面出台"申能改革发展33条",按照市场化、专业化、国际化导向,明确申能股份创建"先锋企业"、上海燃气打造公众公司、"一司一策"和任期制契约化管理等改革方向;另一方面一批重点改革事项落地并显现成效,企业管理不断优化。

从严管党治党,党建工作成效明显。公司围绕改革转型,深入推进企业党建各项工作,有力促进"十二五"发展。

二、三年规划实施情况

【2008—2010 年】

公司较好地完成"三年行动规划"(2008—2010 年)的各项目标任务。(1) 公司主业进一步明晰。2008 年,电、气为主的能源和金融股权投资被市国资委确定为主业,"电气并举、产融结合"的产业发展战略得到确立。(2) 公司经营业绩上一个台阶。2010 年公司总资产 1 047 亿元,超过 852 亿元的规划目标,为 2007 年的 2 倍;2008—2010 年归属于母公司所有的年均净利润 12.6 亿元,大幅超出年均 8 亿元的规划目标,是 2005—2007 年的 1.2 倍;主营业务收入逐年提升,2010 年达 246 亿元,是 2007 年的 1.8 倍。归属于母公司所有的净利润 15 亿元,权益装机容量 630 万千瓦(含新能源),天然气年供应量 44.9 亿立方米,均为 2007 年的 1.6 倍;金融投资累计收益 27.2 亿元,完成 23.5 亿元的规划目标。金融资产市值规模超过 400 亿元,较 2007 年实现大幅增长。(3) 建成外三发电、洋山 LNG 接收站等一批重大能源项目,能源保障供应能力大大提升。(4) 新一届董事会成立,"十二五"规划编制完成,公司管理进一步规范,公司集团化管理得到加强。

【2011—2013 年】

2011—2013 年,公司较好地完成规划设定的目标任务,主要经济指标实现较快增长。(1) 能源安全保障供应任务圆满完成。电力、燃气生产供应量全面完成市政府下达目标,高峰用能时期全力确保充足供应;3 年累计排除各类隐患近 3 500 处,全面构建较为完备的安全生产标准化体系和应急响应体系,初步实现市区 30 分钟应急响应工作要求,安全生产连续 5 年获市优胜单位,确保上海能源供应安全可靠。(2) 主业规模进一步壮大。2013 年公司电力权益装机容量达到 739 万千瓦,3 年增长 17%;年权益发电量 310 亿千瓦时,3 年增长 18%;临港燃气电厂全面建成并网,成为全市电力调峰主力和行业新标杆。同期,天然气经营规模达到 70 亿立方米,3 年增长 50%;上海天然气主干网二期等一批重大清洁供能项目竣工投运,进一步推进上海市管道燃气全天然气化。过去 3 年,公司年均金融投资收益近 8 亿元,超出规划目标 35%,申能财务公司、新能源创投等金融业务规模稳步扩大。(3) 科技创新与节能减排取得新成效。3 年来公司累计投入科技资金 37.2 亿元,较上个规划期增长 62%;获得各类专利授权超过 40 项,4 家企业获评上海市高新技术企业,综合能耗、供电煤耗和环保减排指标持续改善,达到历史最好水平,处于同行业领先;多项创新成果获国家和上海科技进步奖励。(4) 财务指标表现优良。截至 2013 年年底,公司总资产 1 065 亿元,主营业务收入 313 亿元,均超额完成规划目标;3 年年均归属母公司净利润 17.1 亿元,较上个规划期年均增长 36%。(5) 转型发展与管理优化工作深入推进。公司积极调整资产布局和结构,2011—2013 年累计关闭退出非主业企业 19 家。分布式供能、电力节能技术、环保第三方治理、能源贸易等业务规模进一步扩大,制气转型转岗稳步有序实施,公司综合计划、资金预算、业绩考核等集团化管控职能进一步强化。

【2014—2016 年】

2014—2016 年,全球能源格局深刻调整,中国经济发展步入新常态,面对能源供大于求、证券市场波动以及极端气候频发等严峻挑战,在市委、市政府和市国资委的领导下,公司紧扣三年规划确定的战略方向,全力确保上海能源安全供应,加快推进企业改革创新,着力做强做优主业板块,圆满完成规划设定的目标任务:主要经营指标实现较快增长,包括圆满完成城市能源安全保供任务,企业经营发展迈上新台阶;资产状况健康优良,营业收入稳健增长,2016年公司实现主营业务收入339.5亿元,3年增长8.6%,"稳增长"取得扎实成效,盈利水平创历史新高;科技创新能力进一步增强,公司累计获得专利授权134件,其中发明专利23件,国家"863"项目等一批重点科技攻关项目实施并取得良好成效;电力高效清洁发展成效显著;燃气产业转型发展步伐加快;产融融合互动发展走向深入;节能环保与能源贸易发展提速;国企改革和企业党建深入推进。

第二章 经营管理

申能(集团)有限公司采取授权经营方式,由上海市国资委授权集团公司经营上海市政府在电力、能源行业有关的国有资产。随着1996年集团公司的建立,企业业务渐次走向多元,公司也逐步建立起多元化的经营管理体系。集团公司通过对所属不同板块、不同企业实施不同方式的经营管理,来实现整个经营系统的有效运转。同时,借助经营计划管理办法的制定和实施,确保国有资产保值、增值,保证企业利润和效益的有效增值。

第一节 经营体系

一、构成

自1987年申能电力开发公司成立以来,申能的投资生产从单一投资到主业突出、多元发展,逐步建立起自己的经营体系。

1996年经市政府批准,成立申能(集团)有限公司,注册资金60亿元,由上海市国有资产监督管理委员会出资监管,为国有独资有限责任公司。申能集团作为上海政府能源投资公司,贯彻政府意志,结合市场运作,按照城市能源发展总体规划,通过投资、建设和经营管理电力、燃气等能源产业项目,满足上海能源发展需求和安全保障供应,促进上海能源结构调整和可持续发展,在上海市能源基础产业发展上发挥国有资本的主导作用。

集团核心企业之一是1992年通过对申能电力开发公司进行改制形成的申能股份有限公司。这是国内首家能源类上市公司,是集团公司在电力、能源产业领域进行市场化运作、在国内外资本市场上进行融资运作的投资经营公司。

1992年,申能联合中石化、中海油等合资组建上海石油天然气有限公司,参与东海油气田开发,开始涉足石油、天然气业务领域。1999年上海石油天然气公司开发的东海天然气开始向上海供气,实现上海一次能源生产"零"的突破。为适应上海城市能源结构调整和迎接"西气东输"天然气入沪,2000年,申能股份联合上海市政资产管理有限公司合资组建上海天然气管网有限公司,进一步涉足城市燃气供应业务。2003年年底西气抵沪,标志着上海市大规模使用天然气时代的到来,结合上海市燃气体制的深化改革,公司在2004年控股组建上海燃气(集团)有限公司,公司主业进入"电气并举"时代。到2005年年底,申能集团拥有申能股份有限公司、上海燃气(集团)有限公司两家核心企业以及上海液化天然气有限公司、申能资产管理有限公司、申能房地产有限公司、申能新能源投资有限公司共6家主要控股企业,涵盖电力(含新能源)、燃气、金融资产三大主业以及房地产等非主业门类,初步形成"电气并举,产融结合"的多元经营格局(见图7-2-1)。

2006年6月,申能新能源投资有限公司占股60%的上海申欣环保实业有限公司成立。2007年7月,申能集团财务有限公司批准开业,公司业务范围主要包括为申能集团成员单位提供结算、存款、贷款等金融服务。2009年1月,上海申能能源服务公司成立,系上海首家整合型能源服务企业。2009年9月起,上海久联集团有限公司调整至上海市国资委所属的申能(集团)有限公司。久联集团围绕大宗商品市场服务、金融服务等现代服务业开展业务,形成以石油交易中介、期货经纪、投资管理、交割仓库管理、期货商品贸易、期货信息技术服务等为主的业务经营范围。

截至2014年年底,申能系统便拥有控股企业66家,其中二级企业9家。在电力、燃气和金融投资三大业务板块基础上,围绕能源产业链拓展,在分布式供能、电厂节能与环保技术服务、煤炭和天然气贸易等领域进行积极探索。另外,公司还广泛投资于房地产、物业管理、投资管理、科技、环保、港口建设等众多领域。2015年经市国资委批准,公司功能定位优化调整为竞争类企业。到2017年,公司管理全资和控股企业102家,其中二级企业11家,员工1.4万余人,连续16年入选中国企业500强。

图7-2-1 2017年申能集团投资架构

二、管理和运转

集团公司由上海市国资委授权经营市政府在电力、能源行业有关的国有资产。集团公司通过对不同板块、不同企业实施不同方式的经营管理,来实现整个经营系统的有效运转。

【对电力、能源企业的经营管理】

电力和能源企业始终是公司的主业,公司对其经营管理高度重视,出台过一系列的政策,加以规范并使之有效运转。1999年申能集团颁发《申能(集团)有限公司对电力、能源项目管理的暂行办法》,对电力、能源项目经营进行规范。2001年12月24日,公司依据《中华人民共和国公司法》,颁布《申能(集团)有限公司对电力、能源企业经营管理的规定》(以下简称《申能管理规定》),于次年1月1日起执行。此项规定奠定申能集团电力、能源企业运转的依据和方式,截至2017年年底一直得以贯彻执行。

《申能管理规定》明确公司与电力、能源企业是以资本为纽带的、相互独立的企业法人关系。公司作为电力、能源企业的出资人享有法定及该企业章程规定的出资人应有的一切权利,并以其出资额为限承担有限责任;电力、能源企业等享有包括公司在内的所有出资人投资形成的法人财产权,依法自主经营,自负盈亏,对包括公司在内的所有出资人承担资产的保值增值责任。

公司依照《公司法》和电力、能源企业章程的规定,通过参与下属企业的股东会、董事会、监事会及公司所推荐的高级管理人员的工作来影响企业的决策,实施对企业的管理,体现公司的控制力,维护公司的合法权益。

集团投资部是负责公司对电力、能源企业进行业务管理的责任部门,是公司作为电力、能源企业的股东和委派、推荐的董事、监事对其进行管理决策和监督的日常工作部门,是负责公司委派和推荐的经营管理人员日常联系部门。集团投资部及相关部门派员参加电力、能源企业董事会、监事会有关专业委员会。

公司对电力、能源企业的管理重点是:电力、能源企业的发展战略、经营方向和经营目标、重大投资计划和融资方案、机构设置和重要人事安排、年度预算决算、年度分配方案。

根据电力能源产业管理体系的需要,公司本部相应建立对电力能源企业的党建与人事管理、产业宏观管理、资产经营管理、安全责任等管理体系,并相应配置公司的管理资源。

对于电力、能源中的公司控股企业,公司负有加强党建和人事归口管理、完善责任体系、强化董事会职能、建立产业管理制度系统、内部审计制度化等职能。对于公司参股企业,管理方式则是通过委派的董事、监事和董事会专业委员会等履行相应职能。

【对多元投资(控股)公司的经营管理】

相较于电力、能源企业,公司对多元投资公司的管理方式呈现不同特点。对于公司控股的多元投资公司,1997年8月28日,颁布《申能(集团)有限公司对已组建非电力能源企业管理实施细则》,主要内容是集团参与控股及全资子公司的重大经营方针和长期规划的确定,参与年度生产经营计划的决定,掌握重大项目的进展和投资企业的发展,分析经济活动状况和检查各项技术经济指标完成情况等。

1998年,公司为提高集团投资的非电力能源企业经营计划管理,通过对企业经营计划制订、反馈、审计、考核,强化企业管理和调动生产积极性,特颁布《申能(集团)有限公司对非电力能源企业经营计划管理暂行办法》和《申能(集团)有限公司非电力能源企业投资管理暂行办法》,针对全资和控股子公司进行计划、统计、资金财务、经济效益和经营责任审计、考核奖惩等方面的具体管理。

2002年1月18日,公司颁发《申能(集团)有限公司多元投资(控股)公司的管理制度》(以下简称《申能(控股)制度》),取代前述三项制度,进一步建立规范、系统的企业管理制度。

《申能(控股)制度》规定,集团市场部归口管理公司多元投资的全资子公司和控股公司。市场部依据下属公司年度的各项经营计划,实施经营管理督查,其主要内容包括年度各项经营计划目标的制定、财务资金预算的编制、经济考核指标的确定及日常经营管理。

具体而言,根据集团各项计划(或预算)的编制要求,市场部负责下属公司的计划(或预算)编制及计划(或预算)的平衡工作,并对下属公司年度计划(或预算)的编制进行帮助和指导。下属公司将年度各项计划(或预算)分解到月、季,并落实到责任人。在年度经营管理活动中,下属公司则严格按照年初所定的计划(或预算)目标进行,每季度做好经营情况的分析报告。在经营活动中所涉及人事管理、工资总额管理、资金的借贷及财务账户处理等,须根据集团相关的制度办理。

下属公司在召开董事会前,所准备的董事会文件在分发给各董事前先报集团市场部及有关部门进行初审,并经集团分管领导同意后再分发给各董事,董事会后所形成的董事会决议复印件报集团分管领导,并报市场部备案。

《申能(控股)制度》还明确,集团公司在多元投资的全资子公司和控股公司的对外投资、统计信息、年度审计等方面负有责任。

对外投资方面。在子公司初步确立投资价值项目后,以书面形式报集团市场部,市场部提出意见报集团分管领导同意后,由子公司立项。投资额在500万元以下,下属公司报集团市场部,由市场部提出意见,报集团分管领导同意后,下属公司再召开股东会或董事会审批同意。投资额500万元以上的项目,则须提交集团领导讨论。对外投资项目完成签约或工商登记后,前3年公司必须每年对照项目的可行性报告进行后评估,报市场部和集团领导。

统计信息方面。下属公司每月15日前要将上月的财务报表(包括财务指标的说明和分析)及主要经济指标的完成情况送交市场部,20日之前将日常的经营活动分析情况送交市场部,市场部汇总整理分析后在25日形成书面报告呈集团相关领导。

年度考核。考核由集团人事部召集市场部和有关部门进行,考核指标的确定由策划部会同市场部、人事部及子公司协商后确定。下属公司每半年对完成指标的情况及下半年预计完成情况进行分析,并将书面报送市场部,由市场部提出意见后报集团分管领导。年终,由集团人事部会同市场部及有关部门对下属公司的指标完成情况进行检查,作出对下属公司及经营者年度考核的奖惩建议,提交下属公司董事会进行决议。

审计管理。下属公司每年至少进行一次年度经营、财务审计。根据下属公司的具体情况,年内可再安排专项审计。下属公司对审计报告中提出的问题需积极整改,整改意见及时报集团分管领导,并报市场部备案。

【对多元投资(参股)公司的经营管理】

2001年1月18日,公司颁发《申能(集团)有限公司多元投资(参股)公司的管理制度》(以下简称《申能(参股)制度》),并于发文日起执行。《申能(参股)制度》明确规定,多元化投资公司管理的归口部门亦为集团市场部。参股公司的董、监事负责贯彻集团领导对参股公司的总体要求,审议参股公司年度的各项经营计划。

董、监事在参加参股公司的董事会前,将董事会召开的内容和董事会要形成决议的内容,向集团领导专题汇报,并根据集团领导的意见进行发表和表决。董、监事还负责经常同参股公司保持联系,了解各项经营计划的执行情况,送集团市场部备案,并由市场部提出意见后报集团分管领导。

参股公司在经营活动中涉及融资,除合资合同或章程有明确规定外,集团任何部门或董、监事不得对参股公司承诺借款或担保。参股公司的董、监事在召开董事会后所形成的董事会报告和董事会决议送市场部备案(复印件),并由市场部提出意见后报集团分管领导。市场部根据参股公司董事会年度利润分配的决议,负责催收所分得利润,保证资金及时到账。

《申能(参股)制度》还规定对参股公司对外投资的管理。参股公司对外投资单个项目总额在参股公司净资产20%以内,是投资额在5 000万元以内的,由集团派出董事表决。在此数额以上的单个项目,由集团派出董事先将投资的项目情况、经济效益情况报集团领导讨论决定后,派出董事才能在参股公司董事会上按集团的决定表决。

市场部每季度或半年,将参股公司的经营情况汇总、分析,书面报告提交集团领导并反馈董、监事。同时,设置相应的参股公司台账,建立参股公司的档案。《申能(参股)制度》要求参股公司每年至少进行一次年度经营、财务审计。董、监事将审计有关资料及结果送市场部备案。

三、效益

1992年邓小平"南方谈话"和中共十四大召开,成为中国历史上的一个重要里程碑。为适应市场经济大发展的形势,公司在1992进行股份制改制工作,开辟新的筹融资渠道和投资方向,开拓除电力以外的其他业务。1992年公司的经营利润为33 379.45万元,比1991年增加20 038.4万元,即增加150.2%。

进入21世纪,集团经营效益较20世纪90年代增长明显:2000年完成投资11.82亿元,实现净利润8.9亿元,总资产从1999年年底的153.53亿元增至2000年年底的170.95亿元;国家所有者权益1999年年底为97.68亿元,到2000年年底达106.64亿元,超额完成上海市国资办要求公司增值5亿元的任务。由集团控股的申能股份有限公司,2000年经营业绩上一个大的台阶,取得公司有史以来的最好业绩。全年经调整后净利润15.23亿元,每股收益达0.93元。这主要得益于公司坚持能源投资主业,特别是东海天然气和电力项目都进入收益期,同时拓展投资领域,将稳健和创新有机结合。

此后,集团经营效益不仅稳步提升,大体实现连年增长的预期目标,并在某些年份取得突出成绩:2001年全系统完成投资21.8亿元,集团实现净利润10.1亿元,超额完成市国资办要求公司增值6亿元的任务。总资产从2000年年底的170.9亿元增至2001年年底的174.9亿元;国家所有者权益从2000年年底的106.6亿元,增加到2001年年底的109.4亿元。

2002年实现主营业务收入28.2亿元,完成利润总额12.2亿元,净利润10.34亿元。每股收益为0.577元,净资产收益率达14.35%。集团首次进入中国企业联合会、中国企业家协会联合举行的全国500强企业名单,位列第459位。

2003年集团公司实现净利润约7.7亿元,顺利完成市国资办下达的6.5亿元国有资产保值增值经营指标。连续第二年位列全国500强企业名单,排名上升至第435位,净利润排名第63位(人均利润排名第9位),营业收入利润排名第8位(人均营业收入排名第49位)。

公司2004年实现主营业务收入57.34亿元,比上年增长55%;实现净利润11.60亿元,送股摊薄后每股收益0.431元,比上年增长2.2%;截至2004年年底,公司总资产179.52亿元,比上年增长17.83%;净资产89.70亿元,比上年增长7.45%;全年实现净资产收益率12.93%。集团净利润、营业收入利润率分别在全国500强企业名列第60位和第7位,盈利能力较强;人均利润、人均资产和人均营业收入分别排名第13、10和79位。

2006年公司整体经营业绩良好，利润较往年增长明显。公司实现销售收入138亿元左右，比上年增长约21%；净利润11亿元左右，比上年增长70%以上；国有资产保值增值率105.9%左右，比上年提高约2.2%。主要子公司净利润均超额完成计划，其中申能股份、申能资产实现较大幅度增长。大幅增长主要原因在于股份增收、燃气减亏和金融向好。

2007年全年实现销售收入148亿元，完成计划102%。年末国家所有者权益达到203亿元，实现国有资产保值增值率106.7%。实现净利润12.8亿元，完成计划142.2%。其中，申能股份净利润达18.2亿元，完成年度计划113.68%；燃气集团亏损0.5亿元，较计划减亏0.9亿元；申能资产净利润8.28亿元，完成年度计划275.9%。

2008年净利润达到年中董事会调整目标，集团归属母公司净利润约9.5亿元，完成年度计划100%。申能股份克服煤价同比上涨53%等困难，经营业绩优于同行；燃气集团克服原材料价格上涨等因素，亏损控制在1.2亿元以内；申能资产在市值大跌情况下实现净利润4.03亿元；金融股权投资收益6.63亿元，达到预期目标；申能财务公司完成净利润0.7亿元，申能房产实现利润0.3亿元，均高于计划。

2009年净利润超额完成计划目标。集团归属母公司净利润约10.3亿元，完成年中调整计划100.9%。申能股份有效控制经营成本，实现净利润15.8亿元，超过年初计划约57%；燃气集团克服上游天然气价格上涨等不利因素，亏损低于年初计划；集团金融股权投资收益5.98亿元，较年初计划翻番；申能资产实现净利润2.84亿元，完成计划355%；申能财务公司、申能房产、新能源公司净利润均高于年初计划目标。

2010年集团归属于母公司净利润14.9亿元，完成年初计划186%，完成年中调整预算的100%。申能股份净利润13.6亿元，完成年度计划136.4%；LNG公司实现盈利17亿元，燃气集团略亏700万元；集团金融投资分红7亿元，完成年度计划112%。申能财务公司、申能房产、新能源公司实现利润均超过计划。

2011年，公司努力克服经济增速放缓、产业结构调整、上游能源价格高位运行等困难，发电和天然气供应量大幅增长，经营业绩表现良好，经济效益指标远好于年初预期。公司全年实现营业收入292亿元左右，完成计划108%；归属母公司净利润16亿元左右，完成计划128%。受证券市场持续走低影响，公司资产类指标较年初有所下降，预计年末总资产968亿元，归属于母公司所有者权益467亿元。

2012年，公司总资产1 046亿元，主营业务收入297亿元，完成规划预定目标；归属母公司净利润13.7亿元，超额完成年度12.9亿元的预算目标。公司全年实现金融投资收益7.9亿元，超出规划目标三成，同比增长6.8%；申能财务公司日均存贷款规模同比分别增长20%和33%，入选年度全国最佳服务财务公司。

2013年，公司总资产1 065亿元，所有者权益682亿元，当年实现营业收入318亿元，净利润44亿元。归属于母公司净利润22.4亿元，超出规划目标31.8%；近3年累计达到51.4亿元，超出累计规划目标3.4亿元。

2014年，公司资产、利润指标创历史新高。年末公司总资产约1 355.6亿元，完成三年行动规划目标126.7%，较年初增长27.3%；所有者权益917亿元，当年实现营业收入308亿元，净利润40亿元，其中归母公司净利润23.5亿元，完成三年行动规划目标156.3%，连续两年创历史新高。

2015年，全年生产经营业绩表现良好，基本实现"十二五"规划目标。截至2015年年底，公司总资产1458亿元,所有者权益984亿元,当年实现营业收入328亿元,归属于母公司净利润29.4亿元,连续14年名列中国企业500强。

2016年年底公司总资产1535亿元,3年增长44.1%,资产负债率32.8%,具有良好的资产结构和持续发展能力。营业收入增长稳健,2016年公司实现主营业务收入339.5亿元,3年增长8.6%,"稳增长"取得扎实成效。盈利水平创历史新高,近3年年均归母净利润28.6亿元,较上一个规划期年均增长66.7%,为国资保值增值作出积极贡献。

第二节 经营计划管理

一、计划管理办法

申能经营计划管理是以公司发展战略为指导,以公司战略规划为主要依据,以战略规划的滚动实施以及计划年度的经营预测为基础,对公司年度主要生产、经营、投资、科技、节能和安全生产等方面进行综合性计划安排的一项管理制度。

2001年,申能制定《申能(集团)有限公司年度经营计划编制暂行办法》,进行经营计划管理。2007年,申能依据《公司法》《申能(集团)有限公司章程》和有关国资监管等法律法规,颁行《申能(集团)有限公司经营计划管理暂行办法》(以下简称新《办法》)。新《办法》强调经营计划的全过程动态管理,明确经营计划决策、组织实施和管理职能。规定董事会为经营计划的决策机构,总经理室负责经营计划的编制、组织、实施工作;综合管理部是经营计划的归口管理部门,负责经营计划的牵头编制以及执行过程中的统计、分析和报告等工作。各子公司负责做好本单位经营计划编制、下达以及执行情况的统计、分析。按规定完成集团经营计划编制的相关工作,做好经营计划实施过程分析和报告等工作。综合管理部会同投资管理部、资产管理部、财务部等有关部门,做好经营计划相关内容的编制和会审,做好经营计划与上报市政府有关部门、市国资委等专项计划/预算的衔接。各子公司及有关部门在计划编制和执行过程中,要加强协调和沟通,及时提供重要资料和信息,为经营计划的编制、分析和控制奠定基础。新《办法》明确经营计划涉及企业的范围包括集团本部、二级子公司,重要经营计划指标可覆盖至三级企业。经营计划组成体系包括经营计划综合指标和专项计划;子公司经营计划体系应涵盖公司经营计划要求。公司经营计划内容包括但不限于生产供应、经营、投资、科技、节能、安全等。

2013年,申能修订《申能(集团)有限公司年度经营计划编制暂行办法》,更名为《申能(集团)有限公司年度综合计划管理暂行办法》,内容包括综合计划编制和下达,计划执行中的统计分析,计划执行结果的评价等。明确综合计划的目的和依据,即以贯彻集团发展战略规划和任期考核目标为重点,兼顾企业经营发展中的形势和任务,包括改革任务、国资保值增值以及对标要求等。强调综合计划管理的职责包含职能部门和下属企业的管理职责;综合计划的内容包括但不限于:主要经营指标、专项计划、重点工作以及编制说明等,经营、财务、投资、股权(投资和退出)、科技(含节能环保)、安全等计划,以及重大项目及重点工作等。

二、计划的制订与实施

依据2007年颁行的《申能(集团)有限公司经营计划管理暂行办法》,公司年度经营计划制订的主要工作流程包括编制前期准备、编制经营计划初稿、编制完成经营计划、公司经营计划审批和下达4个环节。

经营计划的实施和管理应切实遵循几大步骤：首先，公司及各子公司负责做好经营计划执行情况的跟踪、统计、分析。当计划执行中出现重大变化或异常情况时，要及时查找原因、采取措施。其次，公司及各子公司建立起经营计划执行情况定期分析和报告制度。再次，加强经营计划动态分析和管理。

当经营计划执行中出现以下情况时，可考虑对公司经营计划指标进行调整。首先，政府有关方面下发文件中，涉及经营计划指标有重要调整的。其次，各公司董事会审议通过的年度经营计划指标与公司下达的经营计划指标有较大差异的。再次，公司和子公司在经营计划执行过程中，由于外部环境、内部条件发生较大变化，有必要调整经营计划的。

子公司经营计划指标的调整，则需经子公司董事会（或总经理室）审议，并上报公司。公司净利润等重要指标的调整须经公司董事会审议通过。

随着《申能（集团）有限公司经营计划管理暂行办法》的实行，2007年以来，公司在经营计划管理方面日渐成熟，在内容和形式上取得很大突破，不仅建立起月报、季报、半年报、年报制度，而且公司各单位多设立经营计划管理部门，明确管理职责、管理流程和上报要求，从而为公司经营活动分析和领导的经营决策提供重要基础和手段。

2013年以后，随着"经营计划管理"向"综合计划管理"的转变，申能集团计划的制订与实施也发生更加显著的变化：首先，综合计划的编制和下达，明确以贯彻集团发展战略规划和任期考核目标为重点，兼顾企业经营发展中的形势和任务，包括改革任务、国资保值增值以及对标要求；其次，综合计划编制和执行范围，纵向覆盖集团本部、二级子公司，横向则包括集团主要业务部门；再次，综合计划编制过程，包括一整套流程：编制要求下达→经营工作调研→集团综合计划初稿（主要指标及编制说明）→系统企业综合计划会审（提出指导性意见）→系统综合计划第二轮上报、沟通完善→提交专题会议讨论→总经理会议审议→董事会审议→综合计划下发。最后，增补综合计划执行过程的管理，包括月度、季度和年度分析报表及上报要求，综合计划评价及与考核的关系等。通过"综合计划管理"全套计划制订和实施的流程规范，申能集团在计划管理方面进入新阶段。

第三章　投　资　管　理

1993年3月，申能股份有限公司设立投资部，负责公司对外投资业务。1996年申能集团成立后，设立投资经营部，归口管理集团公司的投资项目和相关企业。通过各项管理办法、规程，公司对电力能源项目投资、电力能源企业投资、非电力能源项目投资、非电力能源企业投资和金融资产投资管理等进行制度规范，并明确电力、能源、金融、多元化项目投资的决策程序。2010年4月公司战略与投资委员会的设立，使公司投资管理更加制度化和专业化，已投资项目的事中和事后监管也日臻成熟。

第一节　投资制度建设

一、规则与实施

1993年，申能股份内部机构由两部一室改为四部一室，即投资部、市场部、策划部、财务部、办公室，投资部成为申能股份有限公司基本办事机构之一。1996年申能（集团）有限公司按"精简、高效"原则设置机构，明确规定策划部负责集团公司发展战略、项目和资金规划。投资经营部归口管理集团公司投资的项目和企业，提出并实施投资、经营、考核、回收管理，负责投资项目方案选择、审定、项目资金管理，组织投资项目的实施和管理。

申能集团建立后，多元投资进一步发展，对非电力能源投资项目的开发力度进一步加强。1997年8月28日，申能集团试行《非电力能源项目投资开发管理办法》，借以规范对非电力能源项目的投资开发行为，包括规范投资项目的发现和筛选、项目的评审和决策、合同的签署以及公司的工商登记等工作。

1998年12月29日，为规范申能集团投资的非电力能源子公司及二级子公司的投资行为，申能颁发《申能（集团）有限公司非电力能源企业投资管理暂行办法》，明确市场部为具体负责子公司的投资管理业务的职能部门。投资管理包含投资计划管理、投资项目管理和投资组建公司管理三类。其中，投资计划管理包括投资计划指标体系、审批材料、计划执行的检查、计划执行的统计等。投资项目管理包括投资项目的权限、集团预审的程序和要求、项目建设期管理、项目超预算管理、项目后期管理等。投资组建公司管理包含公司申报和预审程序、公司变更的预审制度以及公司后期管理等规范。

2001年12月24日，申能颁发《申能（集团）有限公司对电力、能源项目投资管理的规定》，指出集团投资部是负责公司对电力、能源投资项目进行业务管理的责任部门，明确作为集团最核心的主业——电力和能源项目投资的方式、投资决策、项目法人性质和选取、项目建设、项目投资后评估等关键环节。

2001年12月29日，为加强集团金融资产管理、确保公司直接对银行、证券、保险、信托等金融类企业的投资所形成的权益资产的保值增值，特制定和颁布《申能（集团）有限公司金融资产管理暂行办法》。其详尽规定金融资产经营运作管理、金融资产的日常经营管理以及金融项目投资可行性分析和决策管理。为拟投资金项目的评审分析、已投资金融企业的重大事项研究、经济活动和金融市场研究跟踪作基本的规范,使其有据可依。

2002年1月18日,申能颁布《申能(集团)有限公司多元化项目投资的管理制度》,明确多元化投资的归口部门是集团市场部,还规定多元化项目选择的原则和立项申请程序、项目的评审和决策规则、公司合资合同和章程的签署办法等内容。

经过连续多年的投资制度规范和建设,申能集团的投资管理日益合理和规范。根据上海市国有资产监督管理委员会对上海市国资营运机构监事会2004年度工作要点中开展专项检查的工作要求,申能集团监事会从2004年8—10月对集团投资活动进行专项检查。对申能集团的投资予以高度评价:"投资领域,主业突出;投资过程,规范决策;项目建设,科学有序;投资效果,业绩良好。"

2005年2月17日,鉴于上海市部分国有企业参与高风险金融投资活动给企业造成巨额亏损事件频频发生,上海市国资委下发《关于加强国有企业金融投资监管的紧急通知》,申能集团随即就金融投资监管相关事宜做出规定,要求集团所属单位不得有下述事项:违反决策原则和程序决定重大金融投资和大额度资金运作事项,授意指使财会人员违反财经纪律进行高风险金融投资,用企业资产以个人或他人名义进行高风险金融投资,利用信贷、拆借资金、私设小金库或账外资金进行高风险金融投资以及将企业投资所得利益据为己有或私分。同时要求集团控股所属二级及以下企业一律不得从事股票、期货、基金、委托理财等金融投资业务,对已参与的股票、期货、基金、委托理财等金融投资情况进行全面梳理和催讨。

2010年4月7日,申能集团组建上海诚毅投资管理有限公司,在上海国资系统首家先行先试跟投制度,相关经验被写入"上海国资国企改革20条"。

2010年4月27日,为加强公司发展战略的研究和规划,提高重大投资决策的质量和效率,完善公司治理结构,申能集团召开二届一次董事会会议,宣布成立公司战略与投资委员会,该会是董事会下属的专门委员会,对董事会负责,主要负责对申能集团中长期发展战略、重大投资决策进行研究并向董事会提出建议。

2010年8月,申能集团董事会二届二次会议决定设立私募(PE)项目与证券投资决策委员会,以提升集团对PE与证券投资决策的准确性和有效性,防范和控制投资风险,保障申能资产安全。委员会由申能集团主要领导和分管领导组成,董事长和总经理任正、副主任,集团派任基金公司董事及相关职能部门负责人列席有关会议。PE项目与证券投资决策委员会的职责主要在于:审核单项投资额占新能源创投基金7%以上的拟投资项目;审核集团年度金融资产投资管理方案;掌握新能源创业投资和金融资产投资管理业务信息,识别、评估和控制投资风险;等等。

2011年7月12日,上海诚毅新能源创业投资有限公司成立。诚毅新能源创投基金为国家发展改革委、财政部参股设立的全国首批20家新兴产业创投基金之一,重点聚焦新能源、节能环保及其他相关行业的高科技成长型企业。

2013年,诚毅投资完成7个项目约1.5亿元股权投资,投资项目中3家已经或即将完成上市股份制改造。2014年诚毅投资完成上海国资PE经由自贸区通道的首单境外投资;新能源创投基金共完成8个项目1.6亿元投资,3个项目实现退出,基金首度实现盈利。

2015年3月10日,上海诚毅投资管理有限公司第10次股东会同意变更股东,由申能(集团)有限公司、上海东方证券资本投资有限公司和上海浦东科技投资有限公司,变更为申能(集团)有限公司、上海东方证券资本投资有限公司和上海浦东新兴产业投资有限公司。2016年12月27日,上海申能诚毅股权投资有限公司成立,注册资本金10亿元。经营范围为股权投资、创业投资、股权投资管理、投资管理、投资咨询、资产管理。

二、决策程序

1996年11月申能集团成立后通过的《申能(集团)有限公司章程》明确规定：集团公司拥有重大投资决策权，全资子公司及控股子公司重大投资项目报集团公司审批，并按授权权限依法决策和报批。

根据相关规定，申能集团拟投资的项目（除短期投资外）由该项目的归口部门或筹办单位提出评估方案，并根据项目的投资金额和影响程度，决定是否聘请社会专家和中介机构予以评审。经评审后的评估报告提交申能集团投资专题会议进行论证，通过后上报总经理室，分别由董事会或总经理会议进行决策。申能集团下属的有限责任公司，在超过董事会审批投资权限时还需要提交股东大会审核、表决。

具体到各行业，投资决策不尽相同，决策程序稍有差异。

【电力、能源项目投资程序】

2001年12月24日，申能颁发《申能(集团)有限公司对电力、能源项目投资管理的规定》，明确投资部是负责公司对电力、能源投资项目进行业务管理的责任部门。申能投资电力能源项目的决策应遵循如下程序：由筹办单位或部门提出项目评估方案，集团投资部负责组织评审，根据需要，可聘请社会专家和中介机构予以评审。投资部组织提出评估报告，按照公司《经营管理决策形成程序的规定》上报公司，由申能集团董事会对是否投资进行决策。

对重大项目投资，申能实行集团决策，并依据国家基本建设程序办理。其审批流程是：公司按项目建议书、可行性研究报告和初步扩大设计报告的顺序，先后三次逐一上报上海市发改委、国家发改委，并通过国家发改委（电力体制改革之前，还要经过行业主管部门）组织审查。全部程序通过后，国务院签发开工报告，项目开工。国家投资体制改革后，公司的电力、燃气项目仍属核准制范围，审批程序由项目建议书、可行性研究报告和初步扩大设计报告的三次审批改为一次核准。

【金融项目投资程序】

2001年12月29日，申能颁布的《申能(集团)有限公司金融资产管理暂行办法》规定，集团公司金融项目的对外投资程序分为可行性分析和决策两个阶段。投资可行性分析工作由申能集团分管总经理领导，具体负责部门为策划部。策划部形成可行性研究报告后，作为金融项目投资决策的主要文件之一，报分管总经理。分管总经理将报告提交给申能集团董事会进行讨论，作为最高决策机构的集团董事会，以董事会决议方式作为金融项目投资的决策依据。

【多元化项目投资程序】

1997年8月28日，集团公司试行《非电力能源项目投资开发管理办法》，首次对非电力能源项目的投资程序作出规范，明确市场部是非电力能源项目投资开发的日常管理部门，负有相关职能。投资程序分项目筛选、评审决策、签署合同章程以及筹建公司4个阶段。其中项目筛选阶段和评审决策阶段很重要，项目筛选阶段包含投资项目的推荐和发现、调查研究、项目预可行性研究、市场部初步评估、公司审批立项、签订合作意向书等流程。评审决策阶段则建立在项目负责人、市场部经理深入调研评审基础上,经过专家评审,最终由总经理专题会议评审、决策。

1998年12月29日,《申能(集团)有限公司非电力能源企业投资管理暂行办法》颁布,主要适用于申能投资的非电力能源子公司包括二级子公司,规定集团对子公司的投资具有预审权,子公司的立项项目需子公司总经理签署书面批准文件,行文上报集团办公室,抄送集团市场部。集团分管副总经理批转市场部,由市场部组织专家对子公司提供的可行性报告进行评估,提出专家咨询意见。投资额小于1 000万元的项目,由集团内部专家评估;投资额大于1 000万元的项目,由市场部委托社会咨询机构进行专家评估。由总经理组织专题会议讨论、修改、完善、通过。

2002年11月18日,《申能(集团)有限公司多元化项目投资的管理制度》颁布,使集团层面的多元化投资程序更加明确:在前期深入调研后,市场部向集团总经理室提出立项申请,并附《项目投资初步分析报告》。立项申请经过集团总经理室同意后,市场部牵头各方草拟有限期6个月的合作意向书报集团领导审定,并制订合资公司筹建的工作计划。依据合作意向书,应成立合资公司的筹建小组,凡投资项目为500万元以下的,筹建小组在《项目投资初步分析报告》的基础上,对投资的项目再进行深入详尽的调研,并由筹建小组出具项目投资的可行性报告。凡投资项目超过500万元以上的,筹建小组委托社会咨询公司对投资的项目进行深入详尽的调研,由社会咨询公司出具项目投资的可行性报告。市场部根据项目投资的可行性报告,做好项目评审资料的准备,报总经理室组织评审。其中,投资总额在500万元以下,由分管总经理召集有关部室召开专题会议进行评审;500万元以上至1 000万元以下,由总经理召集总经理室及有关部室召开专题会议进行评审。

市场部将评审资料搜集、整理和归档,并将评审结果抄送集团策划部,由策划部报集团董事会,对项目投资进行决策。2006年,集团成立资产管理部,负责项目投资前期工作管理。公司合资合同和章程由筹建组起草,市场部会同策划部及集团的法律顾问进行审核。经审核后的合资合同和章程提交总经理室和董事长审批。合资合同和章程审批完毕后,由市场部联络筹建小组负责签署合资合同和章程的时间安排。对于政府导向项目(属多元化投资),一旦确定,即由市场部负责对项目进行分析评估,并出具项目评估报告,报集团领导。经集团领导同意后,由市场部编写项目投资简要,并附相关资料,抄送集团策划部,由策划部根据集团董事会的有关议事制度报集团董事会对项目投资进行决策。投资项目成立公司时的合资合同和章程,由市场部会同策划部和集团法律顾问进行审核。这些投资规则和决策程序在实践中根据形势进行微调,至2017年一直沿用。

第二节 项 目 管 理

一、项目监管

1992年申能电力开发公司转制为申能股份有限公司,生产经营业务从单一走向多元,公司开始探索项目管理的新方法。首先,将公司投资项目分为电力项目和非电力项目两大类,实行分类管理;其次,全程参与项目建设,进行纵向管理,做到职责分明;再次,通过年度报告、季度报告和现场调研等形式,确立项目管理的基本程序。

1996年申能集团有限公司成立,颁布《申能(集团)有限公司实施国有资产授权经营的方案》,规定投资经营部归口管理集团公司投资的项目和企业,提出并实施考核、回收管理,负责投资项目方案选择审定、项目资金管理,组织投资项目的实施和管理。

1998年12月29日,公司《申能(集团)有限公司非电力能源企业投资管理暂行办法》明确规定,在项目通过论证,进入建设期后,集团对非电力能源子公司及其二级企业项目进行管理的方式包括:子公司填报项目进度表制度(月报表);集团组织不定期检查;实施项目经济、质量监理制度;实施项目审计制度和项目超概(预)算管理。当项目超预算时,由子公司向集团呈报,集团组织有关部门审核,提出审核意见,最终集团按资金管理办法解决应予解决的资金。

作为主业的电力、能源项目,申能最早采取的监管办法主要有两类:对尚未成立独立法人机构的项目,继续沿用原管理模式,即总经理室派出项目分管总经理,投资部派出项目主管并配以一定量的专业人员,代表公司对项目实行全过程、全方位管理。对申能占小股的、已有项目公司的项目,公司通过派出的股东代表、董事,实施项目管理;投资部派出项目联系人,及时、准确地将项目现状反映给公司领导及派出董事,供决策参考。

随着申能占50%股权的外高桥发电有限责任公司和吴泾第二发电有限责任公司的成立,申能对电力项目的管理办法随之发生变化。1999年12月6日公司颁布《申能(集团)有限公司对电力能源项目管理暂行办法》,明确规定除上述两类监管办法外,对包括外高桥发电公司、吴泾第二发电公司和星火热电公司等申能占大股的、成立项目公司的项目,采取新办法,即除投资部对各电力、能源项目确定主管外,由公司对重要项目公司派去一定量的人员挂职兼任或交流担任中高级管理岗位;项目公司召开董事会前,按公司现有规定,由公司领导召开会议,派出董事、监事、投资部和有关部门参加,沟通和协调意见;由分管领导负责,组织公司有关部门和外派董、监事参加,定期(一季度一次)举行例会,商讨项目公司基建、生产经营中重大问题,并明确公司意见;由分管领导负责,有关部门及人员参加,召开专题会,商讨项目公司某一重大问题并明确公司意见,以便投资部贯彻执行;由投资部经理负责,投资部全体及项目公司有关人员参加,定期(一月一次)举行工作例会,沟通信息,汇总情况,将项目公司现状及时反映给公司领导。

2001年12月24日,申能集团颁行《申能(集团)有限公司对电力、能源项目投资管理的规定》。根据电力、能源项目公司章程规定和其他约定,集团公司通过法定程序向电力、能源项目公司委派和推荐经营管理人员包括总经理、副总经理、财务负责人和其他高级管理人员。公司委派和推荐的管理人员负责贯彻公司对电力、能源项目公司管理意图,实施直接管理、监督和沟通情况等。集团投资部是公司作为电力、能源投资项目的股东和委派、推荐的董事、监事对其进行管理决策和监督的日常工作部门,是负责公司委派和推荐的经营管理人员日常联系部门。

2001年公司修订《申能(集团)有限公司委派董、监事管理的暂行规定》,明确对作为代表公司执行项目监管的董、监事人选的遴选过程、业务培训和履行职责的考核,使董、监事人员参与项目或项目公司的监管有章可循。

2004年7月16日,国务院下发《关于投资体制改革的决定》,规定从政府到企业要加强和改进投资的监督管理。为完善集团公司系统投资项目的管理、提出改进意见、提高公司投资项目的管理水平,集团公司监事会从2006年9—10月对集团公司系统内投资项目的竣工决算情况进行专项检查。检查结果是:建设项目程序规范、项目建设进度正常、项目造价执行有效、竣工决算基本正常,但检查中也注意到在项目决算时点上没有明确文件规定,有些项目运营与决算时间较长等情况。建议在整个项目实施计划中,明确项目竣工验收和决算的时间进度表,以利于及时办理项目相关的竣工验收和财务决算,使公司的项目投资管理水平上一个台阶。

根据上海市国有资产监督管理委员会对上海市出资监管单位监事会2007年度开展重大投资项目专项检查的要求,公司监事会采用资料搜集、实地调研和个别访谈等方式在2007年5月、6月对公司重大投资项目进行专项检查。检查涉及电力、燃气投资项目,金融股权投资项目和其他投资项目。报告提出公司根据投资项目的不同控股程度和不同建设阶段,采取不同的风险控制方式。对控股的项目公司,由公司派出高级管理人员,对公司的重大合同签订、大额资金使用等高风险的业务活动进行制度规范和控制。对参观的项目公司,通过派出董事和监事实现对参股公司建设经营情况的管理和监督。定期主动向这些企业索要财务报告等相关资料,掌握最新的信息动态。对在建重大项目,公司着重从项目的"造价、进度、质量、安全环保"四方面进行控制。通过对建设项目重点环节的参与和监督,实现对风险的有效防范。

2007年10月30日,公司颁发《申能(集团)有限公司科技项目管理暂行办法》,规定投资管理部负责科技项目的管理。根据集团公司的委托和项目合同的要求,项目承办单位财务部门对科技项目课题经费的提取、使用进行监管,项目负责部门应对项目的进展情况进行监管,并负责项目验收条件的审核和申报工作。实施中遇有重大问题向集团公司汇报。项目验收包括项目实施的技术路线、关键技术选择、组织方式、协调管理、经费使用、项目取得的成果和主要技术经济指标,项目成果对相关工程建设、产业结构调整的作用和影响,项目产生的经济、社会效益,项目成果的再开发和应用前景等的综合评价。

2008年2月,国务院办公厅颁发《关于加强和规范新开工项目管理的通知》,同年8月上海市发展改革委制定颁布《上海市企业投资项目核准暂行办法》《上海市企业投资项目备案暂行办法》《上海市境外投资项目核准暂行管理办法》等文件落实国务院精神,规范企业项目核准和管理。在此影响下,并为贯彻中纪委、市纪委关于开展"4+3"专项治理的工作部署,集团在2011年6—8月在系统企业开展工程项目管理的专项检查,检查的范围是2010年1月至2011年5月新开工的工程项目以及在2010年1月前开工尚在建设期的工程项目。重点在于检查工程制度建设、招标和合同签订、建设过程监控、工程物资采购、工程造价和工程验收、廉洁从业情况等。通过自查自纠,查找管理漏洞,提升工程项目管理水平。

2014年9月22日,上海市国资委下发《关于市属国有企业投资监管办法有关内容调整的通知》,规定上海市国资委对企业投资管理方式从之前的非主业投资核准方式,统一调整为备案管理,视不同类型分别采取事前备案和事后备案。事后备案的非主业投资包括为主业发展的投融资项目、产融结合项目、增资扩股项目、套期保值业务项目等。事前备案的范围则一般指企业资产负债率超过70%的重大投资,包括申能集团在内的市属国有企业投资项目监管得到进一步加强。申能集团据此加强和规范项目监管,提升监管水平。

二、项目后期管理

项目竣工验收后的管理,称之为项目的后期管理。根据集团1998年12月颁行的《申能(集团)有限公司非电力能源企业投资管理暂行办法》,项目后期管理的主要内容是对项目审价、审计和后评估。

具体来讲,经集团预审批准的全资、控股子公司所投资的项目,由集团组织对该项目进行竣工决算审价、审计。经集团预审批准的参股子公司所投资的项目,集团派出董事须提议该公司董事会组织对项目决算审价、审计,集团派出董事参与其中并须掌握审价、审计的结果。

项目竣工后的评估要求是:项目竣工验收后3年内,每年一次对该项目进行跟踪评估。第三年对该项目进行全面综合的项目后评估。项目后评估和跟踪评估的内容为检查项目竣工后是否全面实现批准同意的项目可行性研究报告的各项指标,以及项目运行情况和完成好坏的原因分析,提出评估意见。经集团预审批准的全资、控股子公司所投资项目的后评估,由集团负责组织进行;经集团预审批准的参股子公司所投资项目的后评估由该公司控股方或董事会负责,集团方参加。

2001年12月24日申能集团颁行《申能(集团)有限公司对电力、能源项目投资管理的规定》,后评估一般在投资项目竣工决算后一年内完成。投资后评估包括投资决策、项目建设、项目经营管理和经济效益等内容,并与项目可行性研究报告、初步设计和项目合同进行比较后,由公司投资部提出后评估意见,形成投资后评估报告上报公司。

2002年1月18日公司颁布《申能(集团)有限公司多元化项目投资的管理制度》,明确规定,项目投资完成前3年,作为多元化投资管理的归口部门,集团市场部必须每年对照项目投资的可行性报告进行一次后评估分析和总结。

2011年12月20日,根据《上海市国有企业投资监督管理暂行办法》第十六条"企业应对投资项目实施后评估管理,重大投资项目的后评估报告应当报市国资委备案"有关规定和市国资委《关于组织开展重大投资项目后评估工作的通知》要求,集团投资管理部下发《关于组织开展集团系统重大投资项目后评估工作试点方案》(简称《方案》)及《有关情况的说明》,确定下述项目为考察对象:"十一五"以来列入上海市重大建设工程的投资项目;对行业和上海市经济发展、产业结构调整、节能环保有较大影响的项目;项目建成投产,完成竣工决算,且投产达2年以上。项目后评估反映的项目投资有关情况,如实提供给相关考核职能部门,作为绩效考核和责任追究的依据。《方案》结合公司实际,按照先试点,后形成制度,再逐步推开的方式,达到改善投资管理和决策的目的。

2014年8月20日,申能集团将《市国资委国有资本经营预算支出后评估管理办法(试行)》下发系统各企业,以健全项目监管环节,提高项目资金使用效果。其要求强化项目后评估环节中的资金使用监管,重点在于监察资金是否按照指定用途使用,资金投入与项目进度是否一致,项目投资是否突破预算,投资调整是否履行相关审批程序,支出项目是否按照计划进度实施,资金及支出项目核算是否及时准确。

2014年9月22日,上海市国资委下发《关于市属国有企业投资监管办法有关内容调整的通知》(以下简称《通知》),明确要求企业应当对投资项目实施后评估管理,建立完善后评估管理制度,落实对投资的监管职能。项目完成后,由监事会牵头开展重大投资项目后评估,并报市国资委备案,相关结果作为企业领导人员经营业绩考核评价的依据之一。申能集团落实《通知》精神,推进企业后评估监管制度建设。

第四章 财务管理

1987年申能电力开发公司设立财务计划部。1997年1月,集团颁行《子公司财务管理规定》,明确集团财务部负责系统财务、会计工作的计划、控制、监督、考核和管理,参与各子公司重大投资项目的财务评估和审议。2002年11月,颁布《申能(集团)有限公司财务管理办法》,进一步规范集团财务管理的基础。至2001年年底,申能集团建立起一系列以监控资金运作为主线的内部会计控制制度,特别是2009年1月开始执行的新会计制度,有助于集团公司融入国际化和提升公司效益。2002年8月21日,颁发《申能(集团)有限公司全面预算管理暂行办法》,为集团全面实施预算管理奠定基础。2011年12月26日,对《申能(集团)有限公司资金管理办法》《申能(集团)有限公司账户管理办法》《申能(集团)有限公司担保管理办法》进行修订,制定《申能(集团)有限公司资金管理系统操作细则》,不仅健全和完善集团的资金管理制度,也成为衡量申能作为现代企业的重要指标。

第一节 财务制度

1987年,申能电力开发公司成立后,下设财务计划部,在总经理领导下完成各项工作。1996年申能集团成立后,依据法律、法规和国务院财政主管部门的规定建立起集团公司的财务制度。按照《申能(集团)有限公司章程》,集团公司在每一年会计年终时制作财务会计报告,并依法经审查验证,送董事会。集团在分配当年税后利润时,应当提取利润的10%列入公司的法定公积金,并提取利润的5%~10%列入法定公益金。法定公积金不足以弥补上一年度亏损的,在依前款规定提取法定公积金和法定公益金之前,应当先用当年利润弥补亏损。

1997年1月22日,申能股份有限公司为加强对子公司的财务管理,制定《子公司财务管理规定》。明确公司财务部是公司财务管理的归口部门,负责公司系统财务、会计工作的计划、控制、监督、考核和管理,参与各子公司重大投资项目的财务评估和审议;面向公司所辖所有子公司,包含基本制度建设、财务计划和资金管理、会计核算工作、利润分配、财务资料报送、公司财务部对子公司财务工作的考核以及不定期对子公司财务人员进行业务培训等核心内容。

1997年11月,中共上海市委组织部、上海市财政局、国有资产管理办公室联合印发《上海市国有企业财务总监管理暂行规定》的通知,要求国有独资公司、国资控股有限责任公司和国资控股的股份有限公司建立由公司董事会聘任的、对公司财务活动和会计活动进行管理和监控的财务总监;并规范财务总监的任职资格、职责、聘任、解聘,以及任期、考核和奖惩等相关制度。2001年5月24日,申能(集团)有限公司下发《关于财务总监工作职能的实施意见》,明确集团财务总监的职能包含:集团各项颁布执行的财务会计制度送财务总监;集团成立后历年审计报告及集团与股份公司有关优惠政策的批文报送财务总监;公司财务部按月编制的资产负债表、利润表及中期财务报告和年度财务报告请财务总监审核;下属公司年度会计报表及审计报告送财务总监;财务部每周编制的资金周报送财务总监;集团年度的综合预算及年度决算和利润分配方案需财务总监参与拟订和审核;财务总监组织集团公司财务部对下属单位的财会和资金运作情况监督和检查;集团在研究大额资金使用、贷款担保、对外投资、产权转让及资产重组时请财务总监参与决策;公司有关经营活动需董事长签字时,请财务总监联签。集团董事会、办公会、总经理办公会及财务问题讨论会请财务总监参加;集团及下属公司财务负责人的任用、晋升、调动、奖惩由集团人事部事先征求财务总监的意见后再定等。

2002年11月25日,为建立集团财务管理体系,规范公司财务管理行为,确保集团资产安全、完整、增值、提高公司资产运营效益,颁布《申能(集团)有限公司财务管理办法》(以下简称《办法》),适用于公司本部、全资子公司及实质性控股的控股子公司。《办法》明确财务管理的原则在于:落实公司及控股子公司的资产保值、增值责任;通过资产运作、资本运营和资产质量管理优化,追求资本和资产收益最大化;建立财务预算、财务检查、财务考核和指标评价体系;谨慎、真实、完整、动态反映公司资产状况和公司经营效益。《办法》也规范公司财务管理的组织,规定公司财务部是负责贯彻落实公司财务管理办法(制度)的职能部门,对各二级控股子公司实施财务管理和监督。各二级控股子公司可制定相应财务管理办法,对其控股公司实施财务管理和监督。集团公司财务部可根据需要,就财务管理的某一项内容随时对二级控股子公司以下的各级控股子公司实施检查和监督。《办法》明确财务管理的内容包括:全面预算管理、资产管理、成本费用管理、财务基础工作管理、财务检查和财务考核与评价等方面,并按这些内容对二级控股子公司实施检查和监督。各二级控股子公司应定期将财务管理的有关信息报送公司财务部。

2004年11月,集团修订《申能(集团)有限公司章程》,在财务制度建设上做进一步规范,要求公司在每一会计年度终时制定本年度决算报告和下一年度的预算报告,与利润分配方案一起报送市国资委。强调集团公司按照上海市国资委有关规定处置国有资产收益,服从有关资产调度的决定。

2006年9月7日,申能(集团)有限公司召开一届三十八次董事会会议,同意公司与申能股份有限公司、比利时富通银行共同出资设立申能集团财务有限公司,注册资本为人民币5亿元,其中公司占财务公司总股本的65%。9月21日,申能集团领导杨祥海、王敏文分别代表申能(集团)有限公司、申能股份有限公司与富通银行执行董事兼商人银行首席执行官Filip Dierckx在比利时首相府签署了《关于成立申能集团财务有限公司的出资及股东协议》。国务院副总理曾培炎和比利时首相伏思达共同出席并见证了此次签字仪式。经过一年的谈判,申能集团、申能股份和富通银行成功完成了关于合资组建财务公司协议的签署工作。12月28日申能集团设立财务公司的申请获得中国银行业管理监督委员会批复。2007年7月22日,申能集团财务有限公司经中国银监会批准正式开业。这是上海第一家经中国银监会批准设立的中外合资财务公司,同时也是上海近10年来获批成立的第一家财务公司。公司业务范围主要包括为申能集团成员单位提供结算、存款、贷款等金融服务。

2009年1月15日,申能财务公司获中国银监会批复新增四项业务:发行申能财务公司债券,承销成员单位的企业债券,对金融机构的股权投资,有价证券投资。同年12月24日,申能财务公司获中国人民银行上海分行举行的"2009年度上海市中资金融机构金融统计工作考核评比"一等奖。

2010年9月,为进一步加强企业防范风险的能力、促进企业持续健康发展,根据市国资委下发的《关于做好2010年财务风险预警工作的通知》《关于进一步明确〈关于做好2010年财务风险预警工作的通知〉中有关事项的通知》要求,结合公司的实际情况,初步形成《申能集团系统财务风险预警工作方案》(以下简称《方案》)。《方案》初步搭建起公司财务预警工作的组织框架,明确责任分工:其中,董事会负责财务风险预警体系的建立完善,有效实施和评价追踪;审计和风险控制委员会监督财务风险预警体系的有效实施;监事会对董事会建立与实施财务风险预警体系进行监督;经理层组织领导财务风险预警体系的建设和开展,总经理为集团财务风险预警工作领导小组组长。财务部门负责组织协调财务风险预警体系的建设和日常工作;信息部门负责财务风险预警信息系统的建设和维护工作;内审部门对财务风险预警体系有效性进行监督检查。《方案》以关键财务风险为起点,以集团财务管理信息系统为平台,通过量化的预警指标和区间,设定相应的风险应对程序,通过3年时间,实现对包括债务、现金流、盈利能力、投资等重大财务风险的预警管理,并形成长效运作机制。

2011年12月13日,经人民银行上海分行审批同意,申能财务公司首笔再贴现业务顺利完成,这也是上海地区首家财务公司成功办理再贴现业务。通过再贴现业务的开展,申能财务公司进一步拓宽主动融资渠道,充分利用自身金融优势,吸收低成本资金,增强公司服务集团和成员单位的能力。

2012年10月10日,申能财务公司成立业务连续性管理委员会,建立与公司战略目标相适应的业务连续性管理体系,通过对各种风险和灾难等突发事件进行评估,确定关键业务、业务恢复时间及恢复策略,确定与建设业务持续性计划,设计开发持续性和灾备预案,预案演练,实现公司业务持续、稳定运营。

2014年10月,依据财政部《企业会计准则》《上海市国资委委管企业资产减值准备财务核销工作办法》等有关规定及公司实际情况,申能集团制定《申能(集团)有限公司资产减值准备财务核销管理暂行办法》,阐明财务核销管理的总体原则是:谨慎性、客观性、合规性和事实性。明确集团公司财务部、资产管理部负责日常管理工作;同时,对财务核销审批程序(包括核销申报、核销审核和核销批准)予以规范;此外,还规定核销资产的处置流程,以及财务核销的审计、备案与信息披露等事项,不仅如此,还附有《资产减值准备财务核销证据及依据》。《申能(集团)有限公司资产减值准备财务核销管理暂行办法》为集团公司的财务工作指明方向,也给财务工作的日常化、正规化提供依据。

2015年8月5日,申能财务获批开展成员单位产品的消费信贷、买方信贷及融资租赁业务资格。至此,公司获得《企业集团财务公司管理办法》的全部业务范围,成为拥有全牌照的财务公司之一。2017年9月,在首届"中国(上海)自由贸易试验区制度创新十大经典样本企业"发布会上,申能财务公司作为唯一的财务公司入选"制度创新样本企业"。

第二节 会 计 制 度

1993年2月,刚刚完成股份制转制的申能股份有限公司,依照财政部《印发股份制试点企业执行新会计制度若干问题规定的通知》和《关于股份制试点企业执行〈企业财务通则〉和分行业财务制度有关问题的通知》,放弃电力开发公司的会计制度,执行股份制企业会计制度。此后,公司的财务报表便包含下述重要会计政策:内部单位核算体制(独立核算还是非独立核算)、指标的会计期间;主要税费的交纳情况;外币的核算原则;存货的计价原则;固定资产的折旧原则及分类折旧率的确定;递延费用和无形资产的摊销期限;长期投资的记账方法及控股公司投资权益的变动;债权债务增减变化情况;利润分配的原则,公积金、公益金及股利的分配比率;会计核算和会计方法的变更。

1996年11月,申能股份有限公司颁行《申能股份有限公司子公司财务管理规定》,明确会计核算工作,下属子公司设置会计科目、会计凭证、账簿和内部会计报表,依据会计流程,办理会计事务。

2000年3月21日,为加强公司财务资金的管理,提高经济效益,公司颁发《集团公司总会计师岗位职责》的通知,明确总会计师在总经理领导下工作,对总经理室负责。总会计师负责组织实施集团公司的资金管理,组织领导集团公司的财务管理和会计核算与会计监督工作,提出公司本部和系统所属企业财会机构的设置意见,审核会计人员上岗聘任,组织实施内部会计人员业务培训和定期业务考核。此外,总会计师还可以参与集团公司重大投资项目可行性研究决策,负责组织对重大投资项目的财务评估,制订集团公司的业务经营计划,参与签署对外重要经济合同,参与制订集团公司的工资奖金分配计划和公司战略计划。

至2001年年底,申能集团建立一系列以控制财务风险为主线的财务管控制度,包括《申能集团财务管理办法》《申能集团资金管理暂行办法》《申能(集团)有限公司内部会计控制暂行规定》等。特别是《申能(集团)有限公司内部会计控制暂行规定》,明确会计人员的选任条件、岗位责任制、回避制度、轮换制度、会计资料和会计档案的处理制度、出纳工作和印章的管理、票据发票和收据的管理、计量验收和财产清查制度以及对外担保的管理制度等,进一步规范公司的经济行为和会计核算,保证公司会计工作的有序进行,较充分发挥会计工作在公司管理中的作用,此项工作得到市审计部门及受聘的会计师事务所的肯定和认同。

2001年国家颁布《企业会计制度》,同时废止此前颁行数年的《股份有限公司会计制度——会计科目和会计报表》,上海市财政局要求上海市实行新企业会计制度的推进工作在2005年内全面完成。在此之前申能集团内部各主要企业执行的会计制度不尽相同:申能集团参照股份制企业会计制度及其补充规定;申能房产执行房地产开发企业会计制度;申能科技执行旅游、饮食服务企业会计制度;石油天然气执行中国海洋石油总公司会计制度;星火热电则参照股份制企业会计制度及其补充规定。

为在公司范围内统一会计制度,申能集团在2001年7月向财政局申请在公司本部和集团成员企业中实施《企业会计制度》,上海市财政局批文同意。申能集团及系统所属上海申能房地产有限公司、上海申能资产管理有限公司、上海申能实业有限公司等9家企业,自2001年1月1日起执行一致的《企业会计制度》。

2006年2月15日,中华人民共和国财政部发文《财政部关于印发〈企业会计准则第1号—存货〉等38项具体准则的通知》,颁布一系列新的企业会计准则,要求从2007年1月1日起在上市公司范围内执行,鼓励其他企业执行。申能(集团)有限公司下属申能股份有限公司以及上海燃气(集团)有限公司下属上海大众燃气有限公司自2007年1月1日起最先执行新企业会计准则。

新企业会计准则所带来的部分理念和做法与《企业会计制度》的会计规定和实务有相当大的差异,表现在以下诸多方面:与国际财务报告准则趋同,财务报表亦趋近于国际准则编制的报表;引入公允价值计量的要求;提出新的会计分类,原有的表外项目纳入表内核算;实行资产减值核算;规范企业合并、合并财务报表等重要的会计事项;制定与重要的特殊行业有关的准则;披露要求更为严格具体。

2008年12月22日,申能以通信方式召开第一届董事会2008年第四次临时会议,审议《关于申能(集团)有限公司从2009年开始执行新企业会计准则的议案》,同意公司从2009年1月1日开始执行新企业会计准则。

与之相适应,2009年3月12日,集团颁布《申能(集团)有限公司会计核算办法(试行)》,自2009年1月1日起试行,同时要求系统各单位制定相应的会计核算办法。《会计核算办法》包含会计政策及会计科目体系、一般会计业务的处理、特殊会计业务的处理、会计调整、财务会计报告列报、合并会计报表列报等若干重要内容,不仅统一规范企业会计确认、计量和报告行为,保证会计信息质量,而且规范企业会计业务程序,强化集团内部控制。此外,确保编制定期报告的质量,奠定公司财务管理的基础。

2012年3月21日,上海市国资委转发《财政部关于地方国有大中型企业实施企业会计准则通用分类标准的通知》,根据上海市国资委、财政局的意见,申能集团下发《关于实施企业会计准则通用分类标准的通知》,确定申能股份有限公司自2012年1月1日起实施企业会计准则通用分类标准,每年按时向上海市财政局、上海市国有资产监督管理委员会上报商业报告语言格式(XBRL)财务报告。申能股份有限公司也成为上海市实施通用分类标准的14家地方国有大中型企业中的一员。执行企业会计准则通用分类标准,有助于促进企业会计信息标准化建设,全面提升企业会计管理水平。

2015年,为促进企业会计信息标准化建设,全面提升企业会计管理水平,上海市财政局、上海市国有资产监督管理委员会决定2015年在国有大中型企业继续实施通用分类标准,申能股份有限公司成为实施单位之一。遵循2015版通用分类标准及其指南和《企业会计准则通用分类标准编报规则》的相关要求,同时参考《企业会计准则通用分类标准讲解》,申能股份编制2014年度XBRL格式财务报告,将XBRL财务报告编制功能与企业会计信息化系统结合,形成自动化的嵌入式报送。此举进一步推动申能会计准则通用分类标准的实施。

第三节 预算管理

预算管理是集团财务监控体系的重要组成部分,直接影响着公司财务管理的有效推行。预算管理涉及预算管理制度的建设、预算管理领导机构的设置、预算编制原则、编制基础和编制流程、预算调整的依据和流程、超预算项目和预算外项目的管理、预算执行情况分析等核心内容,管理总体上经历着从无到有,从简单到复杂,从财务预算到全面预算的演变。

1996年集团成立到2000年之前,集团系统采用简明的财务预算,主要是编制3张财务报表。

2000—2001年,是集团预算管理的起步阶段。集团系统作为国资经营预算管理试编单位之一,经过两年的实践和探索,形成预算管理雏形。

2002—2003年是集团预算管理的形成阶段,标志性制度是2002年8月21日公司颁发的《申能(集团)有限公司全面预算管理暂行办法》(以下简称《申能预算办法》)。这是集团公司为加强财务管理,建立和健全公司内部的财务监控体系,规范预算管理行为,发挥预算管理在帮助和实现集团公司经营目标及提高经济效益中的作用而制定的。《申能预算办法》阐明全面预算的内容:集团公司本部及子公司应将企业的生产经营和投资活动全部纳入预算进行管理,预算则由业务预算、资本预算、筹资预算和财务预算四部分组成。《申能预算办法》规范全面预算管理的组织:以集团公司本部组织实施,分级归口管理为原则;集团董事会负责确定年度预算目标,审批和下达预算;集团公司建立由总经理室直接领导、财务总监、总会计师室、财务部及有关职能部室参加的预算管理组织体系,并由总经理室组织实施经董事会批准的预算。《申能预算办法》阐释全面预算编制的原则、分工、顺序和程序,总体要求以生产经营目标为基础,以经济效益为中心,贯彻先有预算、后有支出,严格控制成本费用这一总体要求,坚持效益优先、积极稳健、权责对等的基本原则。采取"上下结合、分级编制、逐级汇总"的编制流程,经各企业董事会或总经理室批准后下达。《申能预算办法》还规定全面预算的执行与控制、调整、分析和考核等关键环节,奠定申能集团预算管理的基础和制定年度预算的操作依据。

根据《申能预算办法》的规定,集团系统各企业相继成立预算管理的组织机构,并根据自身情况分别制定《综合计划管理办法》《全面预算管理制度》《财务预算管理制度》等相应制度。吴二发电作为试点单位,在财务预算管理的基础上,推行以全覆盖、全过程、全员化为特点的全面预算管理,"由下而上、由上而下、上下结合"的编制过程将企业生产经营的各项工作以量化的货币形式反映,并落实到各部门和各班组,予以过程控制和预算考核。其《全面预算管理制度》共计93页,包括各类报表58张、流程图25幅,具有很强的操作性、实用性和强制性。2005年,该公司又启动信息化系统建设,将全面预算管理融会贯通于信息化流程,使预算更加精细化、程序化、刚性化。

2004年以后,进入集团预算管理的推行阶段。集团在试行国资经营预算管理的同时,结合管理要求,在系统内推行预算管理。系统各企业根据自身特点,实行全面预算管理或财务预算管理。

2007年,根据上海市国资委对上海市国资营运机构监事会开展监督工作的要求,申能集团监事会在4月、5月对集团系统预算管理情况作专项检查(对下属企业的检查会同集团财务部进行)。结果予以高度评价,认为各企业不仅已全面开展预算管理工作,而且"制度建立、有章可循;职能落实,组建机构;预算执行,注重分析;预算调整,严格控制"。不过也提出系统各单位预算管理起点不同,进展不平衡的情况,建议集团应加强对二级子公司的预算管理和进一步在三层次企业中推行全面预算管理。

2011年6月,按照市国资委"三年基本完成全面预算管理的推进工作"的目标,遵循"积极性、重要性和综合性"原则,结合公司实际情况,申能集团制定《推进全面预算管理工作方案》,明确在未来3年中,进一步完善预算管理组织体系、优化经营预算、投资预算、筹资预算和财务预算体系以及健全对全面预算管理模式的考核和评价机制,强调完善预算管理制度,优化预算管理流程,突出预算的全过程管理,运用信息化手段,提高预算管理效率。

2014年,集团按照市国资委《关于推进市国资委管理企业全面预算管理工作的意见》,组织制定全面预算相关工作方案,对集团预算管理组织架构和实施流程进行补充和完善。方案强化集团在预算目标下达、预算审核以及预算考核环节的统筹作用。根据董事会试点单位法人治理结构的管理要求,集团董事会和专业委员会是公司预算管理的决策机构;公司建立由分管领导挂帅、集团职能部门参加的预算管理工作机构,由财务部负责预算的编制、审查、汇总、上报、报告等具体工作,跟踪监督预算的执行情况,分析预算与实际执行的差异及原因,提出改进管理的措施和建议;各子公司是落实集团公司预算目标的责任单位,在集团公司相关职能部门的指导下,负责本单位预算的编制、控制和分析工作,接受集团公司的检查和考核。

为做好年度预算编制工作,申能每年10月组织召开年度预算工作专题布置会议,下达预算编制目标,明确工作要求和各单位预算上报的时间节点,要求集团系统各单位在认真分析和总结上年预算执行情况的基础上,围绕各单位的战略要求和发展规划,充分考虑预算年度的情况变化,按照会计准则规定的要求,积极稳健、合理科学地编制企业年度预算;集团公司对系统单位上报的预算,重点从经营计划、人工成本、投资计划等专业预算以及预算编制基础、编制范围、预算目标的合理性等进行审核,并对系统单位的预算边界条件及预算目标进行统一和二次下达。经过"三下两上"的流程以及集团公司的综合平衡,稳妥和全面编制完成年度的财务预算。规范合理的全面预算编制办法和实施方案,保证集团年度经营计划得以顺利实施。

第四节 资 金 管 理

申能集团是一家大型投资管理型公司,企业资产规模大,资金进出流量也大,管理层历来非常注重资金稳健运作及有效监控。为保证有效筹措和使用资金,确保资金安全、完整,提高资金使用效率、效益，申能依据国家有关法规及集团公司财务管理办法有关规定，进行资金管理，并制定相关办法予以贯彻。

1993年申能股份有限公司成功改制上市，特别是申能（集团）有限公司授权行使申能股份有限公司国有股权以后，公司性质由投资型公司走向投资经营型公司转化。与之相适应，公司资金管理和监控的重点也产生变化。1996年前，公司资金流量并不富裕，政府有关部门交办的投资项目往往时间紧、任务重，公司的资金缺口较大，在这种资金条件下，公司资金管理和监控的重点主要是筹资。1996年后，公司经过上市公司配股、华能石洞口二厂股权转让、投资项目的良好回报以及2002年的增发，公司的资金状况得到改善。为确保国有资产增值保值，公司资金管理和监控的重点是：优先保证电力、能源项目用款，加强资金使用的安全性、效益性的管理；资金管理模式由投资资金的拨付与回收为主，逐步转变为对投资资金和生产经营资金的预算管理为主。

与公司的经营特点和发展相适应，公司的资金管理、监控的体系和制度建设也在不断加强和完善。

公司在1996—1997年对《费用支付报销暂行规定》等一些财务制度进行修订，针对经济活动日益显现的担保风险，增订《对外担保暂行规定》。1998年8月，根据强化对子公司进行管理的要求，公司制定《对非电力能源企业经营计划管理暂行办法》，其中为加强集团控股的资金集中统一管理，上收各子公司的银行贷款证，不再授权全资、控股子公司自行对外投资、对外担保。1999年下半年，随着电力项目公司设立的明朗化，公司制定《对电力、能源项目投资管理的规定（暂行）》《对电力、能源企业经营管理的规定（暂行）》，其中对电力项目公司的投资资金、经营资金的使用和监控按现代公司制运作增加要求。

2002年上半年，公司在总结建立各项制度以来执行情况的基础上，结合公司发展中出现的新业务，对已执行近5年的《对外担保暂行规定》《费用支付报销暂行规定》《公司财务管理办法》3项制度作进一步修订和完善，新增《公司资金管理办法》《预算管理办法》，以满足公司在"十五"期间对资金管理的要求。其中，《公司资金管理办法》规范尤为系统全面，明确公司财务部是履行集团公司资金管理职责的职能部门，具体负责集资金预算管理、资金筹措、资金日常使用等管理业务，并指导子公司资金管理工作。集团公司建立现金管理系统，作为公司现金集中管理的平台。集团公司可将资金管理的部分职能授权申能集团财务有限责任公司负责实施。《公司资金管理办法》规范集团公司、集团控股子公司及投资参股企业在资金预算、资金筹措和使用、资金日常管理、票据管理等方面的办法，同时，也对账户管理制度和公司资金管理信息系统的建立提出指导意见，奠定集团资金管理的重要基础。

2006年3月，为贯彻科教兴市主战略，落实市科技大会精神，申能集团出台《申能（集团）有限公司科研资金管理暂行办法》，同意公司按上年净利润的2％提取科研经费，保证专项用于能源领域的科研开发和技术创新，重点支持新能源、环保和节能项目的创新研究和开发应用。

2007年1月17日，为进一步加强集团资金管理，配合集团财务公司的组建，集团又对《申能（集团）有限公司资金管理暂行办法》进行修改，同时新增《申能（集团）有限公司账户管理暂行办法》《申能（集团）有限公司现金集中管理暂行办法》《申能（集团）有限公司现金收支测算反馈实施细则》等资金管理相关的制度或实施细则。其中，《申能（集团）有限公司账户管理暂行办法》对银行账户的开立和撤销、账户的日常管理、票据和结算凭证的管理、信用卡户的开立和管理、印章和贷款证的管理进行细致的规定。《申能（集团）有限公司现金集中管理暂行办法》要求集团公司对系统内企业实行现金集中管理，明确现金集中管理的实现方式、职责分工、实施管理的原则，以期有效利用集团公司内部存量资金、发挥集团公司整体优势和实现资金一体化。《申能(集团)有限公司现金收支测算反馈实施细则》是建立在《现金集中管理办法》和2002年8月颁行的《全面预算管理办法》的基础上,适用于加入集团公司现金管理系统的成员单位,要求各单位结合自身业务特点准确对公司现金收支情况进行预测,及时向公司反馈,以保证资金安全性、盈利性和流动性。

2011年12月26日,公司总经理会议研究决定,对《申能(集团)有限公司资金管理办法》《申能(集团)有限公司账户管理办法》《申能(集团)有限公司担保管理办法》进行修订,并制定《申能(集团)有限公司资金管理系统操作细则》,自发文之日起执行。同时,2007年颁布的《申能(集团)有限公司现金集中管理暂行办法》《申能(集团)有限公司现金收支测算反馈实施细则》即日起废止。修订后的《资金管理办法》在内容上出现显著变化:除原有资金预算和筹措管理内容外,将银行账户管理、现金及其他货币资金管理、资金归集管理、资金支付管理、资金担保管理、信息系统管理、考核评价管理等内容纳入其中并单独作节,以突出其重要地位,这使得公司资金管理体系更加清晰健全、完整有序。在资金运作流程中,《资金管理办法》秉承和贯彻申能一贯的资金管理原则,即强化重大资金投向的集体决策、分级审批、权限划分、原始凭证管理、会计记录和事后检查等环节相互牵制,特别突出公司审计室的职能,强调作为公司资金管理工作的检查部门,公司审计室负责对各公司的资金管理工作专项审计,对资金管理制度执行情况、资金管理效率等情况作出评价,这不仅健全和完善集团的资金管理制度,也成为衡量申能作为现代企业的重要指标。

2015年10月中旬,集团下发《关于开展集团系统企业专项拨付资金使用情况审计检查的通知》,要求系统各企业按照通知要求填写"2013—2014年度集团系统企业专项拨付资金情况统计表",并准备相关书面材料。同年11月,申能集团审计室联合投资管理部、财务部对系统企业专项拨付资金的管理和使用情况进行审计检查。11月上旬,集团审计室联合投资部和财务部对上海申欣环保实业有限公司、上海申能星火热电有限责任公司、上海吴淞煤气制气有限公司和上海申能能源科技有限公司等16家系统企业专项拨付经费的管理和使用情况进行现场检查。检查中采用凭证抽查、访谈、询问等方法,对资金闲置、资金未单独核算、资金用途不明确、资金的账务处理不及时、课题预算编制不完整等问题进行详细审核。最后给相关单位以建议,要求其完善相应制度,规范资金使用。资金专项审计检查方式,构成集团资金管理中的重要环节。

第五章 安全管理

申能集团重视安全生产,特别由于其所从事的行业性质,包括电力、燃气等在内的诸多产业同城乡居民的日常生活密切相关,又决定企业安全生产不仅关于企业自身的经营和发展,更关乎广大民众的生命和健康。在上海市安全生产监督管理委员会和上海市国资委等领导下,集团上下时刻牢记"安全第一"的宗旨和安全生产的使命,在制度建设、事故和灾害预防与处理、安全事故隐患排查等诸多方面历经多年摸索,取得较大成绩。

第一节 制度建设

2001年12月20日,申能集团颁发《申能(集团)有限公司消防安全管理规定》,对作为集团员工工作场所的办公楼的消防工作予以明确规范。同日,公司颁布《申能(集团)有限公司重要事项请示和报告的制度》,规定如重大火灾、工伤、发生停电、停气、环境污染等涉及公司和系统各公司生产经营活动的突发性重大事故,应归为紧急事务。明确紧急事务的请示和报告方法、紧急事项的处理方法和对有关责任人的处理方式。公司要求系统各单位,如遇重大突发事件立即上报公司,报告程序严格按照此制度执行。

2002年11月14日,申能集团下发《贯彻实施〈中华人民共和国安全生产法〉的意见》(以下简称《申能贯彻安全生产法意见》)的通知。《申能贯彻安全生产法意见》要求系统各单位、各部室开展学习宣传《安全生产法》、加强安全生产领导组织的建设、建立安全生产责任制和健全安全生产规章制度、把安全生产工作体现在企业精神文明建设中,在全系统内开展"安全生产知识竞赛""消防知识操作竞赛"等活动。在颁行《申能贯彻安全生产法意见》的同日,申能集团成立公司安全生产领导小组,并下设办公室。公司安全生产领导小组组长为杨祥海,安全生产领导小组办公室主任由吴建雄兼任。

2004年3月9日,国家电力监管委员会颁发《电力安全生产监管办法》,明确电力生产应坚持"安全第一,预防为主",涉及电力安全生产的监督管理、电力企业安全生产责任、电力系统安全、电力安全生产信息报送和电力事故调查处理的办法,为以电力为主业的申能集团处理电力生产事故提供依据。

2006年5月17日,申能集团转发上海市安监局《关于执行〈生产安全事故统计报表制度〉的通知》,要求系统各单位必须严格执行其中精神和相关要求,认真做好系统企业生产安全事故的统计工作,指定专人在每月4日前报送集团安委办,由安委办汇总后统一上报。

到2006年年底,在燃气管道安全管理方面,燃气集团已制定250套应急预案,实行4公斤级以上管网每日巡检等制度,并结合演习不断完善;在用气安全方面,通过建立安全用气社企协作网,调动社会各方力量保障用户用气安全。同年12月26日上海市国资委副书记马新生前来申能集团检查安全和稳定工作,给予高度肯定。市国资委秘书长蒋苏平指出,申能集团安全生产制度完备,预案细致,安全管理精细;对面临的问题有思考、有准备;稳定工作避免被动应付,积极主动从源头上开始做好基层工作,形成长效机制。

2007年3月21日,为及时、完整地反映公司系统内发生的各类安全生产活动、情况和事故、事件等信息,使上级部门和领导准确地了解、掌握安全生产信息的动态情况,保证公司正常的生产安全秩序,确保在发生重、特大事故及重大社会影响的突发事件时,能够得到迅速、正确、妥善的指挥和处置,公司制定和颁行《申能(集团)有限公司安全生产信息报送管理规定》,适用于公司系统范围内涉及生产安全方面工作计划、总结,召开安全生产的重要会议,开展的活动和统计,安全生产述职报告等信息,以及发生的人身伤害、火灾、爆炸、危险化学品、设备设施、交通事故及生产安全信息。

2009年3月25日,申能集团向下级单位转发上海市人民政府《关于印发〈上海市实施生产安全事故报告和调查处理条例〉的若干规定的通知》,明确事故分类、事故调查原则、处理事故相关组织及其工作和事故处理的原则、相关责任人的职责。集团层层予以贯彻执行。

2010年3月24日,为加强安全生产部门力量,申能集团对安全生产委员会和安全生产委员会办公室成员进行调整和扩充。其中,安全生产委员会主任由2002年时的安全生产领导小组组长1人变为2人,分别是杨祥海和吴建雄,成员由4人扩大为6人;安全生产委员会办公室设主任1人为葛维昌,副主任3人,成员共11人。

2011年5月25日,申能集团为落实《上海市人民政府贯彻国务院关于进一步加强企业安全生产工作通知的实施意见》(以下简称《上海市实施安全工作意见》),印发《申能(集团)有限公司落实市政府贯彻国务院关于进一步加强企业安全生产工作通知的实施意见的具体要求》(以下简称《要求》)。《要求》明确表达贯彻《上海市实施安全工作意见》的总体要求、落实安全生产主体责任和主要任务。将严格公司系统安全管理,建立健全公司系统技术保障体系;实施严格规范的监督管理;建设更加快速、高效的应急救援体系;严格行业安全准入制度,加大安全投入和人员培训;更加重视"创新驱动、转型发展";加强出租厂房场所安全管理;实行更加严格的考核和责任追究。

2011年10月26日,为落实《申能(集团)有限公司落实市政府贯彻国务院关于进一步加强企业安全生产工作通知的实施意见的具体要求》和上海市安监局《关于在上海市工贸企业开展安全生产标准化工作的实施意见》,申能集团制定《关于开展安全生产标准化工作的实施方案》,按照电力、燃气、石油开采、建筑、物业、工贸等行业类别,采用相应的评定标准,对尚未制定评定标准的领域,采用《企业安全生产标准化基本规范》及《企业安全生产标准化基本规范评定标准》,以此构建长效化安全生产管理机制。2012年9月燃气集团系统所有单位通过国家企业安全生产标准化管理二级标准,实现达标"全覆盖",安全标准化建设迈出坚实的一步;10月16日,上海吴泾第二发电有限责任公司被国家电力监管委员会授予电力安全生产标准化一级企业称号。

2012年5月11日,申能集团在听取生产单位意见并通过专家评审后,印发《申能集团生产安全事故综合应急预案》(以下简称《预案》)的通知,要求各级人员明确应急工作职责和应对流程。《预案》包含申能集团系统概况和危险性分析、应急组织体系、预防与预警、信息报告、应急响应及处置、保障措施、预案演练、奖惩规定等十余项核心要素,目的在于有效提高集团系统生产经营单位各级人员对重大突发事件的应急响应及处置能力。

2013年6月7日,申能集团根据《上海市安全生产事故隐患排查治理办法》和申能集团2013年安全生产工作计划,制定《申能集团落实〈上海市安全生产事故隐患排查治理办法〉的补充实施要求》,在上海市文件基础上,结合申能自身情况,补充"隐患治理责任"和"隐患分级监控"两项重要内容。

2015年1月29日,申能集团安委办下发关于贯彻落实《上海市建立党政同责一岗双责齐抓共管安全生产责任体系暂行规定》的通知,要求各单位对照其中要求,全面检查本单位履行党政7项安全生产职责,以及在落实责任签约、述职履职、情况通报、责任考核、失职追责、一票否决等制度方面的不足或缺陷,发现问题及时整改,确保安全生产主体责任体系职责清晰、运作有效、执行到位。

2015年7月1日,申能集团有限公司安全生产委员会办公室印发《申能(集团)有限公司安全管理手册(2015年版)》,同时废止2013年首版手册。明确申能集团安全管理体系遵循PDCA管理模式,即策划、实施、检查和改进。内容涵盖安全管理理念、体系模式、要素介绍、安全生产责任制等核心要素,便于携带和理解,最大限度地做到使集团和系统单位各级人员对安全管理耳熟能详。

2015年8月7日,根据习近平总书记关于安全生产工作的重要指示精神,为贯彻落实《中华人民共和国安全生产法》和《上海市建立党政同责一岗双责齐抓共管安全生产责任体系的暂行规定》,集团结合安全生产工作实际,制定和下发《申能(集团)有限公司落实党政同责一岗双责齐抓共管安全生产责任体系实施意见》(以下简称《申能安全实施意见》)。《申能安全实施意见》首先明确申能集团安全生产责任体系遵循四大原则,即主体责任原则、党政同责原则、一岗双责原则和齐抓共管原则。具体来讲,党委书记、董事长对本单位安全生产工作负总责,总经理是本单位安全生产工作第一责任人,对安全生产工作全面负责。各分管领导按照"一岗双责""谁主管谁负责"的要求,对分管范围内安全生产工作有直接领导责任。各级安全生产委员会具体研究、部署、指导、推进本单位安全生产工作,落实政府和上级安委会部署的安全生产重点任务。各职能部门履行本部门管理范围内的安全生产职责,协助分管领导贯彻落实管理范围内的安全工作要求。《申能安全实施意见》还指出要实行切实的安全年度责任签约、落实安全生产工作履职考核和健全安全生产年度述职报告制度。此外,《申能安全实施意见》要求实行安全生产情况通报制度和建立安全生产工作约谈警示制度,对于生产安全责任要追究,实施安全生产一票否决制度。《申能安全实施意见》在很大程度上标志着经历二十余年的探索,申能集团在安全生产制度建设层面走向成熟。

第二节 事故与灾害预防

申能集团始终将事故、灾害的预防作为安全工作的首位,坚持"安全第一,预防为主"。通过建立健全预防体系与机制、举办安全防范活动和及时总结经验教训等方式达到有效预防事故和灾害发生的目标。

一、事故预防

2005年8月,为提高处理突发事故(件)的响应速度,增强应急处置能力,公司应急处置电话与值班电话共号,并24小时开通,系统单位有突发事故(件)可随时拨打,报告情况。2006年4月4日,集团安委办组织举办《上海市危险化学品安全管理办法》讲座培训。特邀市安监局危化处邱国平高级工程师就《上海市危险化学品安全管理办法》制定的背景、必要性、立法特点并结合公司及系统单位的特点进行宣讲。集团安委办要求各单位负责人、安全生产管理人员及其从业人员都要高度重视和贯彻落实。同年4月20日,上海市应急联动中心和上海燃气集团在闵行区紫月路联合举行上海市首次高压天然气管道突发事故应急处置实战演练;6月6日,申能集团开展"安全生产月"活动,要求燃气集团以此为契机,大力宣传燃气管线保护和用气安全。认真做好化学危险品运输、储存、车辆、设备的维护、保养的管理。同时,进一步开展重点排摸和检查活动,确保"上海合作组织峰会"期间燃气安全供应。

2007年8月24日申能集团制定下发《关于开展公司系统范围内生产安全隐患排查治理专项行

动工作方案》,专项整治行动工作重点是燃气管道的占压,建设工地的高空坠落,特种设备,石油化工企业的危险化学品生产、使用、储存、运输和一氧化碳、硫化氢中毒事故的排查和防范,以及交通行车安全等方面。要求对隐患查找一处,整改一处;暂时不能整改的,要有整改计划和方案,制定控制和防范预案及措施,不留死角,坚决杜绝重、特大事故发生。市安委办常务副主任、市安监局党组书记、局长谢黎明于8月2日对申能集团安全生产及开展生产安全隐患排查治理专项行动工作情况进行检查,给予肯定。

2008年北京奥运会召开。为做好奥运安保反恐工作,申能集团抓住契机,颁布《关于"进一步加强系统企业安全保卫工作"的紧急通知》,从加强外来人员管理,强化车辆管理,加强重点区域监控和巡视,强化危化品、网络和通信安全管理四方面加以严格管理。同时,相继成立奥运反恐保障工作领导小组,公司及各单位主要领导亲自挂帅,以奥运安保反恐工作第一责任人主持工作。公司领导按照集团要求分别对口管理,每周亲临所对口企业进行指导、监督,从人防、技防工作上不断完善、细化安保方案工作。反恐举措的实施,不仅构筑起公司新的安保体系,而且为后来世博会的召开积累经验。

2009年5月19日,公司为贯彻落实国务院、上海市政府关于"安全生产年"的要求,印发《申能集团安全生产"三项行动"实施方案》,明确各单位结合实际部署安全生产执法行动、治理行动和宣传教育行动。在推进"三项行动"过程中,系统各单位要结合"安全月""安康杯"等活动,以行业为重点展开,统筹兼顾集团公司全年安全生产计划中三项重点工作(夯实安全管理基础、继续深化承发包管理、完善制度、抓本质安全,深化"反三违""抓班组"安全管理工作),做到"四个同步"(即同步部署、同步实施、同步检查、同步总结)。

2010年9月,为加强企业防范风险的能力、促进企业持续健康发展,根据市国资委下发的《关于做好2010年财务风险预警工作的通知》《关于进一步明确〈关于做好2010年财务风险预警工作的通知〉中有关事项的通知》要求,申能集团初步形成申能集团系统财务风险预警工作方案。此方案依照"系统性、层次性、效率性、渐进性、谨慎性"的工作原则,以关键财务风险为起点,以集团财务管理信息系统为平台,通过量化的预警指标和区间,设定相应的风险应对程序,实现对重大财务风险的预警管理,并形成长效运作机制,以达到及时发现并化解财务风险的目标。

2012年8月,为贯彻落实国务院安全检查组"五点意见"和市安委办、市国资委有关在中国共产党第十八次全国代表大会召开前期及期间,进一步加强生产安全管理,尤其重点加强危险化学品安全管理的指示精神,集团安全管理部对系统相关单位和企业在危险化学品生产、经营、存储、运输、使用和废弃危险化学品处置进行详细的排摸,全面掌握。同年9月5日召开集团系统危险化学品生产、经营、存储、运输、使用和废弃危险化学品处置安全管理的专题会议。会议要求从落实主体安全责任、建立健全危险化学品安全管理规章、强化安全教育培训、突出重大危险源管理、强化设备设施配置和管理、加强危险化学品运输车辆及驾驶员与押运员管理等诸多方面做好具体危险化学品安全管理工作。

2013年6月7日,申能集团印发《落实〈上海市安全生产事故隐患排查治理办法〉的补充实施要求》,确定申能集团隐患排查的重点范围是设备隐患、管理隐患和外来隐患,要求建立事故隐患信息档案和做好隐患信息逐级上报。

2014年5月,全国连续多地发生多起建筑施工事故,造成生命财产损失。5月26日,申能安委会转发《国务院安委会办公室关于深刻吸取近期事故教训进一步加强建筑施工安全工作的紧急通知》,要求一要将文件精神迅速传达到施工作业现场,到一线生产岗位;二要全面、细致地做好每个作业现场的隐患排查、"反三违"等自查自纠工作,严格落实建设、施工、监理三方责任;三要结合季节性安全工作特点,密切关注台汛、雷雨等极端气候影响。

2015年年初,申能集团开始对照检查和切实执行国家安全生产监管管理局公布的《企业安全生产风险公告六条规定》。这六条规定是:在企业醒目位置设置公告栏,在存在安全生产风险的岗位设置告知卡,分别标明本企业、本岗位主要危险因素、后果、事故预防及应急措施、报告电话等内容;在重大危险源、存在严重职业病危害的场所设置明显标志,标明风险内容、危险程度、安全距离、防控办法、应急措施等内容;在有重大事故隐患和较大危险的场所和设施设备上设置明显标志,标明治理责任、期限及应急措施;在工作岗位标明安全操作要点;及时向员工公开安全生产行政处罚决定、执行情况和整改结果;及时更新安全生产风险公告内容,建立档案。

二、灾害预防

【异常天气灾害预防】

2012年6月,按照申能集团安委会第二次会议关于做好防台汛、防雷暴等安全管理的要求,集团安管部及时修订完善并下发《申能集团2012年防台防汛应急预案》,对集团系统落实防台防汛责任、组织演练、物资保障、应急响应等各项措施都作了布置,并根据市安监局《关于切实加强本市汛期安全生产工作的通知》精神,在台汛季节来临前,开展专项自查自纠,落实相应准备工作。安管部还对"五一"检查中发现的大众燃气调压设施未配备避雷装置、接地未检测等隐患,作了整改闭环的专项复查。大众燃气下属8个高中压调压站,漕宝路、元江路、吴中路调压站均已安装了避雷针,并做了检测;同时,委托专业单位对曹行、康城、申南、放鹤、双柏路调压站进行评测,根据评测结果,落实措施。

2013年6月26—27日,由集团公司领导班子带队,对系统各有关单位迎峰度夏、防汛防台及防暑降温工作落实情况、隐患排查整治情况、应急方案落实等情况进行专项检查,重点是系统内沿江沿海各企业、电力、燃气生产一线、行业薄弱环节、重要工程项目作业现场,情况总体受控。检查组要求系统各责任单位要针对检查中提出的意见,落实责任部门、责任人员和时限节点,抓紧整改,并将落实情况书面反馈申能集团安管部。

2014年7月底,申能系统企业对厂区和码头范围内防汛墙、闸门等防汛设施进行全面检查,清理厂区所有雨落水管、雨水井和排水沟道,修复办公楼及厂房破损的窗户和漏水屋面,定期校验雨水泵和潜水泵等紧急排水设备,建立防台防汛物资清册,成立抢险救援队伍,高温季节防暑降温准备工作基本到位。经检查,各发电企业都已制定迎峰度夏期间机组运行专项措施,落实全厂对外停电、防台防汛、防人身事故等应急预案演练。各单位防汛抢险物资准备充足、摆放到位,应急抢险队伍安排到位。本次检查提出整改意见和建议共16条,针对检查中发现的问题和安全隐患,已向责任单位发出整改通知,并跟踪督促整改。同时要求各发电企业及时落实检修后系统图、运行规程、检修作业指导书的完善与补充,对运行岗位进行技术交底,对影响一次系统或可能造成停机的设备进一步落实隐患整治工作。

【火灾预防】

2001年12月20日,申能集团颁发《申能(集团)有限公司消防安全管理规定》主要针对集团的办公区域,明确规定让员工了解和掌握消防基本常识的方法,以及员工、清洁工和物业人员在日常工作中的防火职责。在2001年12月20日申能颁布的《申能(集团)有限公司重要事项请示和报告的制度》中,火灾明确被列为公司的紧急事务、重点预防对象。

2008年各单位在消防安全方面做大量工作,吴二发电根据2007年12月至2008年1月的4次消防安全事故隐患,有针对性地开展一系列消防安全培训教育工作,通过警示教育、宣传和切实有效的防范措施,扭转被动局面。浦煤制气认真吸取2007年"2·5"天台重大火灾事故教训,党政齐抓共管、全员动员在安全生产各个方面做大量实实在在的工作,取得一定的成效。2008年10月29日集团安委会召开消防工作专题会议,确定下一步重点工作是:开展"11·9"消防日活动、组织员工学习《消防法》和开展各类消防安全技能比赛深入生产一线;对所管辖范围内的消防设施设备、消防器械、消防车辆进行全面检查;对生产、办公、出租等场所消防安全隐患方面进行专业检查;根据"三同时"的要求,做好消防设施设备的验收工作。

2009年12月9日,上海浦东煤气制气有限公司发生火灾事故。集团总经理、安委会主任吴建雄要求各企业认真吸取浦煤制气"12·9"火灾事故教训,认真贯彻四方面要求:始终绷紧安全这根弦;再检查,再整改,构筑坚实的安全防线;进一步完善应急预案以满足实战要求;制定严密的安全防护措施。

2010年12月至2011年春,为吸取上海市静安高层住宅"11·15"特别重大火灾事故教训,申能集团要求系统各级企业切实组织力量开展全覆盖、地毯式的安全隐患自查自纠。加强危化品管理、动火作业审批、消防设施、现场安全监管力量配备等,特别要对临港电厂、能源中心、天然气管网、石洞口码头等在建项目重点关注。此外,严查办公区域消防器材、逃生通道等设施完好有效。

2015年11月6日,申能安委会《关于印发〈申能集团2015年今冬明春火灾防控工作实施方案〉的通知》,要求从即日起至2016年全国"两会"结束,在集团系统开展专项防控工作,坚决预防和遏制火灾事故发生。集团安委会是火灾防控工作的领导小组,安全管理部作为工作小组负责跟踪、督查。各单位主要领导按照"排查、整治工作亲自部署、重大隐患亲自过问"和"谁主管、谁负责"的原则,层层抓好工作落实。突出排查、重点防控,突出隐患区域、行业系统、高风险点、重大节日安全保卫管控等环节。同时,持续加强消防宣传教育培训,以"119消防周"活动为契机,广泛发动社会力量参加冬春火灾防控工作,切实形成全社会群防群治的良好氛围。

【爆炸预防】

2007年11月24日,因燃气集团液化气经营公司下属太平洋有限公司违规转发包,施工方操作不当,致中石油浦东新区浦三路加油站发生爆炸事故,造成4人死亡多人受伤的严重后果。事故发生后,公司要求吸取教训,举一反三,下发《关于开展申能集团系统隶属关系及承、发包工程建设项目调查疏理专项整治行动的紧急通知》,在系统内开展工程承发包的专项清理整治行动。由申能集团总的指导和监督,系统二级单位直接组织,系统三级单位负全面实施、清理落实责任。明确三级子公司总经理作为本单位安全生产第一责任人的职责。要求通过"地毯"式调查、清理、整治,做到横向到边,纵向到底,不留死角。

2008年5月22日,根据市安委办《关于印发〈易燃易爆危险场所检修作业安全专项整治方案〉的通知》,申能集团为防范易燃易爆场所安全事故的发生,制定《申能集团易燃易爆危险场所检修作业安全专项整治工作实施方案》,明确预防爆炸事故的工作目标、整治范围、职责分工、主要措施和任务、步骤和安排、工作要求。通过排查摸底、严格承发包管理、加强现场管理、加强监督检查、推广阻隔防爆技术等关键举措,实现"一个不突破、二个确保"的安全生产目标。

2014年8月1日,台湾地区高雄市发生易燃气体爆炸,次日江苏省昆山市发生粉尘爆炸事件。申能集团对外二发电、外三发电、星火热电等电厂使用低热值经济煤种存在的易自燃、多粉尘、环境粉尘超标等情况,进一步采取相应防范措施;同时下发《燃气集团关于进一步做好管道安全管理工作的通知》,要求系统各单位结合本单位实际做好燃气管线保护工作,包括:立即对所属或管理的燃气管道及相关设施进行一次全面检查,重点是与其他化工管线交叉或相邻等重要区域的燃气管道;严格执行本企业管道保护的规章制度和操作规程,配合施工绿卡办理,管道监护人员"到位不缺位";严格执行管道巡检制度;加强事故应急救援能力的建设,进一步完善应急预案的实战性和操作性;加强燃气管道施工现场安全监管,落实施工安全责任制。

第三节　事故与灾害管理

一、事故处理机制

2001年12月20日,公司颁布《申能(集团)有限公司颁布重要事项请示和报告的制度》,将公司重要事项分为紧急事务和日常事务两类。紧急事务是涉及公司和系统各公司生产经营活动中的突发性重大事故,如重大火灾、工伤、停电、停气、环境污染等。紧急事务的处理,要求总经理室在接到口头请示后,立即给予临时处理意见,在接到书面请示后的一个工作日内,应给予明确的进一步意见,并由承办部门拟书面意见,告知请示的部室或系统各公司。

2004年3月9日,国家电力监管委员会颁行《电力安全生产监管办法》,指出电力企业发生事故后,事故现场有关人员应当即报告本单位负责人,单位负责人接到事故报告后,应当迅速采取有效措施,组织抢救,防止事故扩大,并向有关单位报告。经调查确认为责任事故的,电监会将依照有关法律、法规的规定追究责任单位和责任人的责任。

2005年8月15日,申能集团出台《关于进一步健全应急联系网络的通知》,要求系统各单位高度重视突发事件的处置工作,建立和完善应急预案,健全应急联系网络,严格执行重大事件报告制度,在实践中不断提高应急处置能力;并要求系统各单位在8月18日前将应急事件处置分工情况、联系人、联系方式、应急处置电话、值班电话等信息,报集团公司办公室。

2006年6月,集团召开上海合作组织峰会期间安全、稳定专题工作会议。会议要求系统各单位主要领导不外出,领导要亲自带班,同时安排熟悉生产和稳定工作情况、有综合处置能力的同志值班,配备各类应急设备,并定时报告安全生产和稳定工作的情况。一旦发生突发事件,做到一小时内口头报告、两小时内书面报告、每隔一小时书面传真报告处置进展情况。

2007年3月21日,公司下发《申能(集团)有限公司安全生产信息报送管理规定》,要求对于发生的生产安全事故,无论何种原因及事故大小必须按"四不放过"(即事故原因不查清不放过;事故责任人没有受到严肃处理不放过;事故整改措施不落实不放过;员工没有受到教育不放过)原则进行调查处理。一般事故由主管单位组织或参与调查处理,重大或特大事故由主管单位配合政府有关部门组织调查处理。

2009年3月6日,为贯彻国务院颁布的《安全生产事故报告和调查处理条例》,规范上海市生产安全事故的报告和调查处理,上海市实施《生产安全事故报告和调查处理条例》,重大事故、较大事故由市政府授权市安全生产监管部门组织调查处理,一般事故的调查处理由事故发生地的区县政府负责。事故调查一般由安全生产监管部门、负有安全生产监管职责的有关部门、监察机关、公安机关及工会派人组成,并邀检察院派人参加。有关部门根据事故调查报告批复制作相关法律文书,对事发单位和人员作出处理,并督促事发单位落实整改。事发单位应抓紧整改并将有关情况报送安全生产监督管理部门和其他相关部门。

2012年5月11日,申能集团为应对和处置重大突发事故,依据自2006—2010年国务院、国家安全生产监督管理局或上海市政府出台的相关办法,编订出《申能集团生产安全事故综合应急预案》,根据国家对生产安全事故造成的人员伤亡或者直接经济损失划分的等级,结合集团公司各行业突发事件的性质、严重程度、可控性和影响范围等因素,将应急响应与处置分为Ⅰ级(特大)、Ⅱ级(重大)、Ⅲ级(较大)和Ⅳ级(一般),建立由集团安委会成员组成并由安委会主任担任组长的突发事件应急小组。

当集团公司启动应急预案时,突发事件应急小组根据需要成立包括综合协调组、后勤保障组、善后处理组、事故调查组等应急工作组。

当集团安委办接到系统单位事故预警后,即刻报告集团安委会,在集团安委会部署下,尽一切力量使用集团资源协助事故预警系统单位进行处置。同时,建立专业人员值班制和信息报告制,按要求向政府及有关部门报告相关情况,并及时将上级信息与要求向事故预警单位发布。当集团公司所属系统单位发生Ⅳ级(一般)突发事件时,由突发事件系统单位按照本单位应急预案进行应急处置,并将情况上报集团安委会办公室。集团安委会办公室按要求向政府及有关部门报告相关情况,并按照集团安委会要求,协助事发单位做好相关工作。当集团公司所属系统单位发生Ⅲ级(较大)及以上突发事件情况时,集团安委会主任发令启动集团公司生产安全事故综合应急预案、成立集团公司突发事件应急小组和应急工作组、指定事发系统单位突发事件处置总指挥和确定集团公司对外信息发言人、部署相关应急处置工作,按情况指挥调配集团系统应急资源。一般而言,Ⅲ级(较大)及以上事故应急处理应遵循以下步骤:根据信息报告核实确定该起事故的应急响应级别;启动集团公司生产安全事故综合应急预案;集团公司突发事件应急小组和应急工作组成员到位;根据情况求助政府救援力量,对人员伤亡、失踪等情况进行救助;对设备损坏、生产受损、影响范围、抢修或消防救助等情况进行密切跟踪和反馈;根据需求协调和调配集团系统应急力量及其应急物资;集外部、内部一切资源,全力救助伤员;做好动态伤亡信息和救援情况发布工作;配合做好事故调查和伤亡家属安抚工作。在Ⅲ级(较大)及以上突发事件应急工作结束后,事发系统单位对事故的应急处置工作进行汇总、评估、总结,并撰写书面的事故应急处置报告递交集团安委会办公室。

二、事故和灾害处理

2007年11月24日,因燃气集团液化气经营公司下属太平洋有限公司违规转发包,施工方操作不当,致中石油浦东新区浦三路加油站发生爆炸事故,造成4人死亡多人受伤的严重后果。事故发生后,集团安委会、纪委、监察室等相关部门采取积极措施,及时下发《关于开展申能集团系统隶属关系及承、发包工程建设项目调查疏理专项整治行动的紧急通知》,在系统内开展工程承发包的专项清理整治行动,对系统单位,特别是三级及下属单位就资产所有关系、行政隶属关系、工程承发包情况进行全面调查,并组织研究整治措施;组织召开2008年安全生产委员会(扩大)会议,集中观看2007年集团系统典型安全事故案例警示片,传达全国安全生产电视电话会议和上海分会场会议精神并部署2008年集团安全生产工作重点;拟定《申能(集团)有限公司党员在安全生产领域违纪行为处理规定(暂行)》和《申能(集团)有限公司安全生产奖惩规定》,进一步明确党员和职工在安全生产领域中发生违纪违规行为的责任追究。事故中有关责任人受到行政开除、行政记过、党纪处理等处分，相关工程项目予以严肃整改。

2008年6月3日和28日在外高桥三期项目施工中，上海电力安装第二工程公司外包队两名施工人员一伤一死。申能集团要求申能股份必须严格要求、严格管理，按照"四不放过"原则处理好这两起事故，要求系统各单位认真吸取事故教训，组织一线生产班组包括外包队伍进行安全教育，抓紧开展隐患排查及专项整治工作，从严从重处罚，决不姑息留情。

2008年11月21日，大众燃气公司由上煤管线一公司承包的工程发生事故，造成现场施工人员2死3伤。事发后，大众公司立即采取措施，防止事态扩大，淡化不良影响，积极配合事故善后。燃气集团于当日下午召开紧急会议，布置落实进一步强化发包项目管理和施工现场监管等措施和要求。申能集团11月24日召开总经理会议，要求深刻吸取"11·21"事故教训，引以为戒。11月27日申能安委办组织召开集团系统"11·21"事故通报会议，强调严格执行信息报送制度的必要性和工程项目安全管理任重道远。

2008年12月26日，宝山区三门路555弄78号、79号发生燃气爆炸事故，申能集团所属燃气集团积极配合宝山区政府随即成立"12·26"事故善后工作组，以较快的速度将受害居民安置在锦江之星宾馆暂住，同时开展一系列调查、分析、处理等善后工作。2009年1月7日安排宝冶房屋检测站专家与居民座谈答疑，详细宣传安置政策，挨家挨户耐心做解释工作，并明确1月8日为离开临时安置点的节点。之后，部分居民开始离开宾馆租房，但仍有大部分78号居民和少数79号居民不同意，情绪激动，其中35人于1月9日到市政府集访。集访事件发生后，宝山区政府和善后工作组按照市信访办的要求，连夜与宝冶检测站联系，于1月10日将检测报告和检测结论供每户传阅。经多次劝说，78号居民开始回搬。善后工作组及时安排修理队伍，加班加点帮助他们修理门窗。

2010年12月9日，上海浦东煤气制气有限公司发生火灾。当天，集团公司董事长杨祥海就此事件做出批示：各单位小心火烛，近期天冷干燥，安全以防火为主。次日，集团公司紧急组织召开浦煤制气火灾事故情况通报会。会上要求浦煤制气深刻吸取事故教训，积极配合浦东消防局查明火灾原因，并做好损坏设备的评估、修复善后工作。要求系统各单位在思想上始终将安全置于首位，隐患排查、治理上形成常态管理，立足于班组，落实到个人。最后，集团总经理吴建雄要求各企业汲取此次火灾事故教训，从本单位查找薄弱环节，不断整治。

第四节　安全风险和隐患排查治理

2006年1月5日，为贯彻落实市安监局、市国资委《关于转发国家安全生产监督管理总局和国务院国资委〈关于立即在国有重点企业中开展重大事故隐患排查整改工作的通知〉的通知》，申能集团在系统企业开展重大事故隐患排查整改工作。各企业结合本企业实际情况，在查规章制度、查责任落实、查"三违"现象、查劳动纪律、查设备管理、查"三同时"状况、查危险源监控的基础上，重点排查企业生产作业现场工艺流程中的重点环节、部位、设施、设备、装置等方面存在的事故隐患。同时，各单位对排查出的事故隐患进行分类，制定出整改方案，落实整改资金、整改责任人和整改期限，确保事故隐患得到及时有效的整改和消除。

2007年年初，申能（集团）有限公司根据市政府办公厅转发的《国务院办公厅关于在重点行业和领域开展生产安全隐患排查治理专项行动的通知》、市国资委《关于开展生产安全隐患排查治理专项行动工作方案》以及市质量技术监督局《关于进一步加强上海市特种设备安全管理和开展安全大检查的通知》等文件及参加市政府召开的一系列关于开展生产安全隐患排查治理专项行动动员、部署大会精神要求,制定下发《关于开展公司系统范围内生产安全隐患排查治理专项行动工作方案》,针对集团系统行业特点,认真组织开展安全生产专项整治行动。专项整治行动工作重点是燃气管道的占压,建设工地的高空坠落,特种设备,石油化工企业的危险化学品生产、使用、储存、运输和一氧化碳、硫化氢中毒事故的排查和防范,以及交通行车安全等方面。为加强信息沟通和跟踪宣传,完善占压整治基础信息管理,燃气集团建立"占压管整治管理系统",并编制专题简报7期。至8月份,申能集团系统内检查出生产安全重大隐患3处,2处已整改。燃气集团对上报全年"平安建设"的573处占压隐患的整治取得初步成效,累计发放整改通知单542份,制定整治方案320个,完成整治70处,松江、奉贤两区率先实现零占压。

2008年3月20日,为进一步强化申能集团安全生产的源头管理,防止重特大事故发生,全面落实"隐患治理年"的工作,特制定《2008年申能集团开展安全生产隐患排查治理工作方案》。目标在于不突破市安委会下达的生产安全事故责任分指标,确保不发生有严重社会影响的重特大事故,确保集团系统安全生产始终处于受控状态。排查重点在于:工程承发包安全管理;危险化学品的生产、经营、运输和储存安全管理;燃气管道占压、天然气承插式管道、高压容器、特种设备等隐患排查整治;反"习惯性"违章的查处;行车交通安全管理。

至2012年12月18日,作为年度市级督办重大事故隐患项目及重点协调推进项目的燃气隐患管网改造获得重大突破,超额完成149公里的改造目标,共计完成153公里的改造。各方通过完善计划、建立机制、加强沟通、严格管理等一系列举措,形成合力推进隐患管网整治工作,在整治期间,合理安排工期、狠抓文明施工,将施工对交通和市民生活影响降低到最低限度。

截至2014年12月22日,申能集团下属燃气集团顺利完成包括黄浦区、徐汇区等核心地带在内的56公里燃气隐患管网年度改造计划,标志着上海市3年改造338公里燃气隐患管网的任务基本完成,城市燃气管网安全运行水平和城市安全运行水平得到进一步提升。

2015年1月4日,中共上海市委副书记、市长杨雄和副市长周波到申能集团上海燃气调度中心现场检查,查看全市燃气管网运行和应急响应体系建设情况,强调确保本市燃气管网安全运行,坚决清除管线占压。申能集团董事长王坚、党委书记杨祥海、总经理吴建雄、副总经理王者洪参加。1月19日,国务院安委会安全生产第九综合督查组到申能集团检查指导"城市燃气管网安全"工作。

2016年3月31日,上海天然气管网有限公司完成所有122处高压管道占压点整治。其中63处被列入市级督办事故隐患的治理项目于2015年年底提前完成。

2017年4月21日,申能集团与腾讯公司举行《申能(集团)有限公司与深圳市腾讯计算机系统有限公司"互联网+能源战略合作协议"》签约仪式。协议规定双方将在建设能源创新中心、加快智慧燃气建设、确保城市能源安全等多个领域开展合作,落实安全混合云等具体合作内容。

第六章 审 计 管 理

1997年1月,公司即颁布《申能股份有限公司内部审计制度》。2001年制定《申能(集团)有限公司内部审计制度》和《申能(集团)有限公司经济责任审计规定》,初建公司的审计制度,实现集团公司审计工作有章可循的目标,审计机构和组织的运转与审计人员的职责亦得到明确规定。公司向来很重视经济责任审计工作,将其作为审计工作的重点予以制度规范和严肃执行。经营项目审计也走出一条成熟可行的道路。

第一节 管 理 体 系

一、制度建设

审计可以分为外部审计和内部审计两类,外部审计除会计事务所进行的常规审计外,还有来自上海市审计局、财政部上海专员办、审计署驻上海特派办和上海市总工会等政府机构的审计和检查监督。公司的内部审计制度从建立到完善,则是在近20年的历史过程中逐渐形成的。

1997年1月22日,经集团领导决定,颁发《申能股份有限公司内部审计制度》,明确规定公司本部设置审计机构和审计员,并详述公司审计机构的审计对象、审计职能、审计内容、监督权、工作程序和审计人员的条件等关键事项。

2001年对公司审计工作来讲是很重要的一年。同年12月,公司依据《中华人民共和国审计法》《审计署关于内部审计工作的规定》及《上海市企业内部审计制度规定》的有关规定,结合公司实际,制定《申能(集团)有限公司内部审计制度》,比较完整地规定公司内部审计授权的程序、方法和形式,从制度上解决审计的职责权限、义务和责任。明确公司审计内容、内部审计工作的组织程序、审计责任和风险防范等核心要素。比较完整地规定审计成果、审计报告的意见征询、审批、行文下发、后续检查、归档等程序、方法、形式,从制度上解决审计成果的严肃性、约束力和戒示作用。参照国际内部审计标准,有创新意识地制定内部审计人员免除责任条款,其本质解决内部审计人员忠于公司利益和不可抗拒审计风险的困难事项。同时,重视内部审计人员职业后续教育的重要性并形成制度条款。

2001年12月25日,为健全完善公司各级管理人员自我约束机制,严肃财经纪律,加强和改善经营管理,正确评价公司各所属全资、控股公司领导人员、高层管理人员或特定经济责任人员任期责任,公司制定和颁布《申能(集团)有限公司经济责任审计规定》,明确对离任、任期内经济责任审计、年度工作目标考核责任审计、专项责任审计的内容要求和具体办法。

2001年的《申能(集团)有限公司内部审计制度》和《申能(集团)有限公司经济责任审计规定》,实现公司审计有章可循的目标。

2007年公司修订《申能(集团)有限公司内部审计制度》。在制度修订中,充分征求系统各审计部门的意见,力求使新的审计制度更具有指导性、普遍适用性,使内部审计工作进一步制度化、规范化、程序化。同年,燃气集团审计室成立后,着手内部审计管理制度的建立健全工作,在广泛征求意见的基础上,初步形成内部审计制度和经济责任审计规定等制度。

2008年,集团下属燃气集团审计室根据《上海燃气集团内部审计制度》,制定《内部审计工作程序》和《审计质量控制暂行办法》,以求防范审计风险和提高审计工作的质量和效果。2009年为进一步规范内部审计工作,防范审计风险,提高审计工作的质量和效果,燃气集团审计室根据《上海燃气集团内部审计制度》,修订《内部审计工作程序》和《审计质量控制暂行办法》。

2010年,为加大审计问题的纠正、整改力度,规范审计整改行为,集团公司制定并下发《内部审计整改实施暂行办法》,对审计职责、审计整改程序、审计整改报告、审计整改跟踪提出明确要求。为进一步规范审计报告的撰写要求,集团审计室草拟《经济责任审计报告撰写基本要求》和《工程(项目)跟踪审计报告撰写基本要求》两个报告模板,并组织专题研讨,经进一步修改完善后将作为这两个报告撰写的参考标准下发。同时,集团审计室对《内部审计制度》《审计工作质量控制暂行办法》和《合同审计标准》等制度进行修订,新制定《货币资金审计标准》。此外,申能股份审计室则制定并试行《申能股份年度内部审计工作要点》,明确规范资金、采购、销售、工程等高风险环节的审计目标和审计步骤。燃气集团审计室形成《工程项目审价管理规定》并颁布。

2011年申能集团审计室对公司审计制度进行梳理,修订和完善《申能(集团)有限公司经济责任审计规定》、制定《申能(集团)有限公司企业改制和一般股权变动财务审计管理暂行办法》。燃气集团审计室为进一步加强和规范项目监理、工程造价管理工作,制定《监理管理工作暂行办法》和《建设工程造价咨询标准合同》。

2013年,为做好内部审计结果的有效运用,公司制订《申能(集团)有限公司内部审计结果使用暂行办法》,要求审计室根据审计结果的不同性质和类别(年度经营情况、企业主要领导任期经济责任、主要领导离任经济责任审计、专项审计报告、专项检查报告),决定是否将其全部或部分内容送相关部门和人员,并提请相关部门形成督办意见。

2014年公司审计室依照"详尽适用、简明清晰、易于操作"的原则进一步完善集团内部审计工作标准,对《集团内部审计工作手册》进一步细化,实现审计工作流程的信息化和标准化。

集团公司在履行审计职能作用时做到"两个转移":从传统的"问题审计"向关口前移、源头把关的防控审计转移;从传统财务收支审计向以建立内控制度为基础的规范化、多元化审计转移。不断拓展实务审计范围,丰富审计内涵,严格执行审计程序,不断提高审计质量,取得较好成效。

2015年申能进一步完善审计制度和相应工作。集团审计室共召集召开3次系统企业审计负责人会议,就阶段性审计成果和下阶段工作安排进行沟通、交流,对审计中发现的问题及其形成的原因进行挖掘和研究。同时对最新出台的相关法律法规、政策文件及其他专业知识进行通报和学习,保证审计人员专业知识的不断更新。每季度,审计室都会按照国资委的相关要求,汇总集团系统内部审计数据并填报"企业内部审计报表收集系统"。公司在审计工作中也发现部分企业尚未制定"三重一大"管理制度,部分企业未制定供应商管理制度,部分企业存在未书面授权或授权不明、授权制度中未明确经营班子成员的分工权限范围等问题,并将其作为2016年公司审计制度予以优先完善的方面。

二、审计机构和人员

1996年4月25日,根据《申能(集团)有限公司实施国有资产授权经营的方案》,在新组建的申能集团有限公司中,人事部暂归口管理集团内部的审计和监察。1999年11月,申能股份有限公司的公司章程中明确规定,公司配备专职审计人员,对公司财务收支和经营活动进行内部审计。公司内部审计人员的职责,应当经董事会批准后实施,审计负责人向董事会负责并报告工作。

2000年申能集团颁布《审计岗位说明、岗位职责及工作制度》,依照此制度,审计室中从主任(副主任)到见习审计员共有4个等次:(1)主任主持审计室工作,主要职责包括:拟定岗位设置和职责;制定本部门工作目标并组织实施,监督、检查执行情况;负责本部门职工队伍建设和思想政治工作,挑选、培养、指导财务审计主管、投资管理审计主管、法规材料管理员;审议部门各主管制定的审计项目工作方案,研究审计风险,确定审计重点等。(2)财务审计主管(副主管)主要职责是独立胜任财务收支类审计业务工作主审,主要有经营者责任审计、财务主管离任审计、年度财务决算报表鉴证审计、财务收支审计、法纪专项审计、资金审计等。(3)财务审计一级业务员主要是独立胜任财务审计项目中的业务分类。(4)项目审计主管(副主管),负责独立胜任建设项目工程造价审计,能担任建设单位、施工企业审计工作业务主审。此外,法规资料员负责较为完整、准确地提供依法审计的法规、制度等依据,主要有国家、地方的会计、财务、税收、国资管理、工商管理、工程建设、投资管理、房地产开发、金融管理及其他本集团系统审计必需法规。

2001年12月25日,《申能(集团)有限公司内部审计制度》颁行。其中明确规定公司设置审计室,所属全资、控股公司视审计业务工作的需要,设审计室或专职、兼职审计员,根据经公司总经理批准下达的年度审计工作计划或单项授权组织审计,向公司总经理直接报告审计工作情况。内部审计人员应具有《审计岗位说明、岗位职责及工作制度》所规定的从事职业岗位的素质和技能要求,每年安排接受职业再教育和培训。此外,内部审计人员应具备遵照法律、法规规定和公司章程有关要求,遵循审计授权、客观公正、实事求是、廉洁奉公、保守秘密的职业素质。内部审计人员聘用职位、职级按公司有关人事制度执行。任免所属全资、控股公司审计室负责人或专职、兼职审计员时,应当事前征求公司审计室负责人的意见。

在书面确认下达的审计授权后,审计机构和人员对被审计单位和经济责任人行使如下职权:要求公司内的有关部门配合提供所属合资、控股公司、投资项目的有关计划、预算、决算、企业报表以及与财务收支、资金运营有关的资料;被审计单位法定代表人和财务负责人对财务制度执行情况及提供财务报表、经济资料信息真实性作出诚信承诺;审核凭证、账表、决算,检查资金和财产,检测财务会计软件,查阅有关经营决策、投资、合同、协议等文件和资料;对审计涉及的有关事项进行深入查证了解,并索取有关文件、合同、资料等证明材料;提出改善经营管理的建议;建议抽调公司内部的人员或聘请外部的中介机构参与审计。

此外,审计人员需参加公司内与审计事项有关的财务工作、组织管理控制等会议,出席政府有关部门组织的审计专业会议,以及对公司职能部门、所属子公司董事会、公司派出董监事所在的公司独立委托社会中介组织进行的社会审计业务,可以了解委托审计目的、要求(含特殊要求)和受委托中介组织资质;委托审计后,可以要求取得审计报告等结论资料。

在2001年,公司在实践中还尝试"审计情况摘要"只报送主管领导的报告形式。通过此举,审计人员的审计视野从财务收支领域扩大到合同、制度、管理、经济活动领域,审计人员的业务学习从随心浏览提升到为选取有价值审计信息、审计法规动态向领导报告的自我逼迫式学习。

2002年4月25日,申能股份有限公司召开三届十三次董事会会议,同意成立审计委员会。2007年,燃气集团成立审计室,初步建立相关内部审计制度,为审计工作的正常开展奠定良好基础;三级子公司浦东销售公司也于年内成立独立的审计部门,负责公司内部审计监督工作。至此,集团系统共有内部审计机构8个,其中独立的专职机构7个,具备设立条件的系统企业均成立内审机构,基本形成集团三级审计网络体系。审计三级网络体系的形成,使集团系统所有所属公司都纳入每年的审计范围,保证集团审计工作在系统内全覆盖。

2009年申能有针对性地组织内部审计人员进行内部控制、固定资产投资、计算机审计等方面的专题培训,提高内审人员的职业水平。借助上海内部审计协会的力量,对取得《内部审计人员资格证书》的内审人员,进行后续教育,完成相关规定的培训要求。

2010年4月27日,申能集团召开二届一次董事会会议,宣布成立审计与风险控制委员会,审计机构设置走上新的台阶。同年9月20日,公司颁发《申能(集团)有限公司内部审计整改实施暂行办法》,不仅再次明确内部审计人员应具备的条件和任免方式,而且增加对审计人员的法律保护和对有突出成绩或玩忽职守的内审机构与个人进行奖惩的条文。

2012年,集团审计室组织系统企业内部审计人员参加上海市审计局举办的内部审计质量评估、审计案例精选和现代风险管理审计等培训。同时为了扩展内审人员的知识面,集团审计室参加集团财务部组织的信息系统内部控制、全面预算管理和企业财产保险等专题讲座,拓展审计人员的视野,提高审计人员的业务水平。

为加强集团内部审计队伍建设,不断提高内部审计人员的综合素质,2013年里,集团内部审计组织系统审计人员107人次,参加上海市审计局举办的内控制度与评审、审计质量控制与评审等培训。2014年,集团审计室组织系统企业内部审计人员106人次,参加上海市审计局举办的内部控制制度与评审、审计质量控制与评审等培训。通过一系列的培训,对提高审计人员的职业素养起到积极的促进作用。

在2015年,集团审计室组织系统企业内部审计人员94人次,参加上海市审计局举办的风险审计和审计质量控制等培训。同时对最新出台的相关法律法规、政策文件及其他专业知识进行了通报和学习,从而使审计人员能更为有效地开展审计工作,更好地为企业服务。

2016年,申能定期组织召开系统单位审计负责人例会,学习相关文件,交流审计实务经验。并组织集团系统内审人员参加相关多次的业务培训,审计人员的业务水平不断提升。

第二节　经济责任审计

经济责任审计是指离任、任期内经济责任审计,年度工作目标考核责任审计,专项责任审计等。离任、任期内经济责任审计是指经济责任人任期届满或任期内发生调任、免职、辞职、退休等职务变动,以及根据公司工作需要安排周期性的经济责任审计。年度工作目标考核责任审计,是指根据干部管理需要,在经济责任人任期内按照每年度下达考核的工作目标,在年度终进行的经济责任审计。专项责任审计是指根据公司授权,对特定事项、特定经济责任人员进行的经济责任审计。

申能历来很重视经济责任审计工作,将其作为审计工作的重点之一予以制度规范和严肃执行。2000年,公司主要对申能科发法定代表人仇伟国和星火热电法定代表人陆福兴进行离任审计。审计从现存财务报表出发,还原了已上缴利润因素,客观评价两位法定代表人领导公司所取得的业绩和产生的问题。2001年年底颁布的《申能(集团)有限公司内部审计制度》(简称《制度》)中包含对经济责任审计的规定,要求公司审计室实施经济责任审计时,应在实施审计工作任务前15天对被审计单位下达审计通知书,同时送达法定代表人、财务负责人各自独立的责任承诺书。经济责任审计的被审计责任人应向审计人员提交任期书面工作总结材料。《制度》要求公司经济责任审计须按照干部管理权限和审计授权范围组织实施;被审计单位收到审计通知书后,指定专人准备并完整提供材料；审计人员被认为与被审计单位经济责任人有利害关系的，应主动申请回避等。《制度》也提出实施离任或任期内经济责任审计报告的14项内容要求以及年度工作考核责任审计报告的12项内容要求。《制度》奠定申能集团经济责任审计的基础，成为公司经济责任审计工作的依据。

2001年，集团公司审计室按照公司新颁布的《制度》中关于任期经济责任审计报告内容的规范要求，分别对申能物业、申能房产两公司领导作离任审计报告。这种做法强化公司最高管理层对投资项目、公司委派主要经济责任人员授权、责任的严肃性和约束力。

2004年5月18日，申能集团审计室转发上海市经济责任审计工作联席会议办公室印发的《上海市国有及国有控股企业领导人员任期经济责任审计工作规范》（以下简称《国企审计规范》）。《国企审计规范》明确对上海市国有企业及国有控股企业领导人员任期经济责任审计实行"分级分层次组织实施"原则；审计要经历准备、实施、报告、结束四阶段程序，核心是审计的内容，它们包括：企业内部控制制度健全性有效性审计、企业会计资料真实性审计、企业绩效情况审计、企业重大经济决策情况审计及企业领导人员遵守财经法规和廉洁自律规定情况的审计五大类。《国企审计规范》也谈到诸如从分析审查财务会计报表入手、从测评内部控制制度入手、走访企业主进行必要的访谈3项有效审查方法。最后规范审计评价。这为申能企业经济责任审计，特别为对经济责任人的审计工作提供了具体可行的操作办法和流程。

2006年7—8月，申能集团审计室对上海申能资产管理有限公司2000年4月至2006年7月两届董事会及经营者任职期间的经济责任实施审计。此次审计主要是以公司历年的内审报告为基础，并参考安永大华的年度审计报告，对有关事宜和数据，询问相关人员。评价总体良好，但也提出该公司需严格控制投资规模以及尽快实施《会计工作人员轮岗制度》的建议。

2007年，根据领导干部离任的审计规定，经集团领导授权，集团审计室于4月至5月期间分别对上海申能资产管理有限公司董事长兼总经理、上海申能房地产有限公司董事长的离任进行经济责任审计。

2008年，集团审计室和申能股份内控部联合对安徽淮北平山电厂筹建处财务主管离职实施经济责任审计；申能股份内控部对星火热电原董事长离任实施经济责任审计；申能财务公司对会计结算部负责人离职实施经济责任审计；大众燃气对南通大众燃气原总经理也开展任期经济责任审计，大众燃气公司对下属4家企业实施歇业审计。同年8月，集团审计室对吴家骅在申能股份有限公司2005年4月至2008年4月任董事长（法定代表人）期间的经济责任实施离任审计。鉴于公司是上市公司，信息披露需规范；因此，本次审计以公司历年的审计报告、任期内各次董事会决议为基础，参考安永大华和上会会计师事务所的年度审计报告。同时，对有关事项和数据，询问相关人员。重点审计公司资产、负债、损益情况，任期工作业绩，任期前后对公司发展有重大影响的事项等。审计结果高度肯定吴家骅的工作业绩。

2009年7月至10月，上海市审计局对集团原董事长李关良2006年1月至2008年4月任期经济责任进行审计，除审计集团本部外还抽审部分全资和控股子公司。审计重点是企业经营发展状况、遵守国家法律法规和执行政策情况、重大经营决策情况、资产负债损益真实性及资产质量情况、内部管理情况以及被审计领导人员遵守廉政规定的情况。审计中发现遵守财经纪律方面和资产负债损益方面存在的部分问题。为确保市审计局审计工作的顺利开展和审计事项的及时有效沟通，集团审计室积极配合财务部做好审计协调工作，与现场审计人员沟通交流信息，与审计局有关领导做好相关事项的解释说明工作。申能集团依据审计报告进行长达近4个月的整改，于2010年3月11日向上海国资委详细汇报系统相关企业就遵守财经纪律和资产负债损益方面存在的问题所进行的整改成效和结果,并附多份说明材料。

为进一步加强出资企业领导人员经济责任审计整改工作,促进企业强化内部控制,提高管理水平,上海市国资委在2010年3月8日出台《关于进一步加强经济责任审计整改工作的通知》,就国资委出资监管企业审计整改的工作程序、上报整改方案的内容、整改报告结果的内容做出明确规范。对整改单位提出五点要求,即明确整改工作组织机构、建立有效工作机制、做好整改工作记录、建立健全长效管理机制和及时沟通工作进展,达到确保整改工作质量的目标。

2010年,申能集团审计室对大众燃气、市北销售、外二发电和申能燃料的领导班子进行3年任期经济责任审计。根据"有离必有审"的原则,集团系统各级审计机构对系统5家控股企业的主要领导班子成员离任进行经济责任审计,同时各级审计机构对重要部门和重要岗位负责人离任也进行经济责任审计。通过离任经济责任审计,对离任者任期内目标的完成情况做出客观公正的评价,使接任者清楚企业的经济情况和财务状况。通过对系统企业领导干部任期内经济责任审计,进一步规范企业的管理行为。

2010年4月23日,由上海市审计局、国资委、监察局、中共上海市委组织部和纪律检查委员会多部门组成的上海市经济责任审计工作联席会议审议通过《上海市单位内部管理的领导干部(人员)任期经济责任审计实施办法》,目的在于通过强化对单位内部管理的领导干部(人员)的管理和监督,促进勤政廉政建设。其中明确审计程序和方法、领导人经济责任和主要审计内容、审计整改方案和惩处办法,使对单位主要领导人经济责任审计制度化、常态化且更有力。2011年2月17日,上海市国资委颁发关于贯彻落实《关于印发〈上海市单位内部管理的领导干部(人员)任期经济责任审计实施办法〉的通知》的几点意见,要求规范经济责任审计的对象、明确经济责任审计的情形、完善经济责任审计的内容以及加强经济责任审计工作的组织管理。

根据《上海市单位内部管理的领导干部(人员)任期经济责任审计实施办法》和上海市国资委的相关意见,公司确立经济责任审计目标:成立由纪检监察部门、组织人事部门、内部审计部门及有关部门负责人组成的经济责任审计工作领导小组或联席会议,加强对系统单位经济责任审计工作的指导和监督;依据"有离必有审"的原则,对任期届满或任期内发生职务变动的领导人员开展经济责任审计。依据"三年一审"的原则,完善3年轮审制度,有计划有步骤地推行三级以上企业领导干部经济责任审计,3年内完成三级以上企业的全部审计。

2011年9月20日,申能集团颁布《申能(集团)有限公司经济责任审计规定的通知》,进一步明确公司经济责任审计的对象、适用范围、审计内容、审计实施、审计报告和审计整改等内容,这既是对《上海市单位内部管理的领导干部(人员)任期经济责任审计实施办法》的衔接和落实,也给公司经济责任审计工作提供指针。

这一年集团审计室对申能股份原董事长、久联集团原董事长的离任实施经济责任审计。申能股份内控部对吴二发电原总经理以及上海外高桥第二发电有限责任公司原总经理的离任实施经济责任审计。燃气集团审计室对市北销售原总经理、上海金山天然气有限公司原总经理和上海燃气崇明有限公司原总经理的离任实施经济责任审计。久联集团审计室组织对原上海汇金投资公司董事长离任实施经济责任审计。

集团审计室于2012年5月对沈懋松在上海申能房地产有限公司2000年6月至2011年8月任副总经理主持工作及总经理期间的经济责任实施离任审计,主要对公司资产、负债、损益情况,任期工作业绩,任期前后对公司发展有重大影响的事项等发表审计评价意见。审计意见认为沈懋松为公司步入良性持续发展起到关键性的作用。

2013年，申能股份内控部对上海申能燃料公司原总经理华士超以及上海嘉禾航运公司原总经理李少波的离任进行经济责任审计，对其任职期间企业发展、履行职责、任职单位内部控制制度的建立和执行情况进行评价。

2014年1月16日，申能（集团）有限公司收到市审计局《申能（集团）有限公司董事长杨祥海2010年1月至2012年12月任期经济责任审计报告》后，集团领导班子高度重视，集团党委书记杨祥海多次主持召开审计整改专题工作会，针对市审计局提出的企业经营发展、法律法规和国家其他规定国家政策的执行和内部管理三方面存在的问题，查找原因，研究整改举措，认真落实整改责任，并于2014年2月24日上报审计整改工作方案。针对落实审计整改，申能集团强调与实施集团发展战略相结合，与注重风险管控相结合，与深化国企改革相结合，建立和修订相关管理制度，把此次经济责任审计整改工作，作为优化运营、提升管理的抓手，做细做实，以进一步提高集团规范化管理水平，促进企业更健康的发展。同时，集团通过对审计整改落实情况的督促检查，加强对其他未审计企业制度执行情况的内部监督评价，进一步保证制度的有效执行。

2015年，申能加大对权力运行监督和制约的审计力度，促进领导干部守法、守纪、尽责。申能股份内控部对上海申能临港燃机发电有限公司原总经理的离任进行经济责任审计；燃气集团审计室对其两名二级企业领导干部在原任企业担任总经理职务期间的经济责任进行审计；申能集团财务公司审计机构根据授权，对其公司部门负责人离任实施经济责任审计。

第三节　项 目 审 计

一、经营审计

2000年，申能集团对申能房产、申能科发、星火热电在1999年的经营业绩进行审计，为集团了解真实情况，决策1999年度的免息提供依据。2001年，集团对申能房产、申能科发、星火热电等5家单位进行经营审计。到2007年，申能集团经营审计的范围更加扩大、内容更加全面、审计的标准也更加成熟。2007年，集团审计室对申能股份、燃气集团、上海液化天然气（LNG）、申能新能源、申能资产管理、申能房地产共6家单位进行2006年度财务收支和经营情况审计。审计重点包括：公司年度经营指标完成情况、内控制度建设、主要工作目标完成情况、资金使用及费用列支的合规性等。通过审计，共提出管理建议34条，主要涉及规章制度的执行和完善、分级审批权限、合同管理和企业发展等方面。此外，对上海外高桥第三发电有限责任公司基建项目、五号沟LNG事故气源备用站扩建项目等重大建设项目开展跟踪审计。

2008年集团审计室对燃气集团、申能财务公司、申能资产管理公司、申能房产、申能新能源共5家单位进行2007年度财务经营审计；和中海油气电审计人员联合对上海液化天然气公司开展年度审计；和燃气集团审计室联合对石洞口煤气制气公司、液化石油气经营公司及其下属公司共11家企业开展年度审计；和申能股份内控部联合对石油天然气公司开展年度审计。审计重点包括：公司年度经营指标完成情况、制度建设、主要工作目标完成情况、资金使用及费用列支的合规性等。通过审计，共提出管理建议22条，主要涉及制度的执行和完善、规范现金支付管理、加强成本费用的预算管理、完善合同管理等方面。

集团审计室对申能股份、燃气集团、申能资产管理公司、申能房产、申能新能源、申能财务公司共6家单位进行2008年度财务经营审计；和中海油气电审计人员联合对上海液化天然气公司开展年度审计;和申能股份内控部联合对星火热电公司开展年度审计;和燃气集团审计室联合对燃气浦东销售公司及其下属公司开展年度审计;集团、燃气集团、申能股份3家审计组织联合对天然气管网公司开展年度审计。审计重点包括:年度经营指标完成情况、公司制度建立和执行、项目投资、建设进展、上一年审计建议整改落实情况、需要关注的重大事项、资金使用及费用列支的合规性等。通过审计,共发现问题36个,提出管理建议31条,主要涉及制度的完善和执行、信息系统的安全、合同管理、招标采办业务的规范、对子公司的监管等方面。年度财务经营情况审计的开展,促进系统所属企业进一步规范管理。重大项目跟踪审计主要关注项目的建设进展、内控制度的建立健全和执行、资金管理的合理合规、工程管理、控制、进入经营期项目的调试运行和投入运营情况、上一年度审计建议整改落实情况等方面,共发现问题16个,提出管理建议19条,主要涉及制度的更新完善、内部的审批授权、招投标管理、合同管理、项目的建设进度控制和证照审批等方面。

  2010年根据"全面审计、突出重点"的审计工作原则,集团审计室对LNG项目、天然气管网二期项目进行跟踪审计;对申能能源中心的建设实施跟踪审计,参与该项目所有招标的开标;对申能房产五角场项目进行跟踪;对临港燃机电厂项目建设和石洞口能源储备中心建设实施全过程跟踪。在重大项目跟踪审计中,由于审计的提前介入,保证重大项目建设经济运行的安全、有序、合法、合规。集团系统各级内审计机构开展管道排管、技术改造、办站改造、固定资产维修等项目的工程审价,审价项目728项,委托中介机构工程审价,审价项目362项。2010年开展工程审价项目共计1 090项,送审金额66 577万元,核减金额9 207万元,核减率13.83%。

  2011年,根据"上审一年、普审二级、抽审三级"的原则,集团审计室对系统7家二级公司2010年度经营情况进行审计;对上海久联集团有限公司本部及下属的5家二级企业和1家三级企业2010年度经营情况进行延伸审计;联合申能股份内控部和燃气集团审计室分别对上海吴泾第二发电有限责任公司、上海浦东煤气制气有限公司和上海吴淞煤气制气有限公司2010年度经营情况开展三年一度的延伸审计。根据"全面审计、突出重点"的审计工作原则,集团审计室联合中海油气电审计部对上海LNG项目进行跟踪审计;继续对申能房产五角场项目进行跟踪检查。集团审计室牵头组织有关单位对五号沟LNG储备备用站工程竣工决算报告进行审计复核,剔除一笔重复计费102.63万元事项,避免可能发生的损失。同年牵头组织实施对申能能源中心大楼的竣工决算审计工作。

  2012年,集团审计室对系统8家企业进行2011年度经营情况审计;联合申能股份内控部对SPC和星火2011年度经营情况进行延伸审计;联合燃气集团审计室对石煤制气、LPG、金山燃气3家二级企业和液中油气、特种物流两家三级企业2011年度经营情况进行延伸审计;对久联集团下属4家二级企业和1家三级企业2011年度经营情况进行延伸审计。通过上述审计,共发现审计问题173个,在审计报告中提出问题57个,提出管理建议30条。集团审计室还联合中海油气审计部对上海LNG项目进行跟踪审计,发现上海LNG公司在货币资金、合同管理、物资管理等方面存在的问题或不足27个,在审计报告中提出问题11个,提出整改建议7条。

  2013年,根据集团系统审计全覆盖的要求,集团审计室对系统9家二级子公司2012年度经营情况进行审计;联合申能股份有限公司内控部、上海燃气(集团)有限公司审计室、上海久联集团有限公司审计室及其他单位内审机构(人员)先后对21家三级子公司和1家四级子公司2012年度经营情况进行延伸审计。对申能房产的祁连山保障房、浦东东沟保障房等项目进行跟踪检查。同时,着力关注工程结算审价,加强对工程项目决算审计。

  2014年,集团系统审计部门根据产权关系分别完成对各层级企业经营目标实现情况和经营业绩考核情况的审计评价工作。集团审计室对系统8家二级企业进行经营业绩考核审计；对系统9家二级子公司2013年度经营情况进行审计；联合申能股份有限公司内控部、上海燃气（集团）有限公司审计室、上海久联集团有限公司审计室及其他单位内审机构（人员）先后对22家三级子公司和1家四级子公司2013年度经营情况进行延伸审计。集团审计室对申能房产公司开发的祁连山保障房、浦东东沟保障房及成山路商品房等项目进行跟踪检查。联合申能股份内控部、燃气集团审计室对上海天然气管网有限公司管网二期项目及五号沟LNG事故备用站二期项目进行跟踪审计。此外，对系统几家燃气销售企业和发电企业的工程施工管理和工程审价情况进行现场核查和过程性资料复核工作，重点核查施工现场管理的原始台账记录，对业主方管理人员、施工人员和工程监理人员的到岗签到情况进行核查，发现一些施工管理漏洞和审价管理的薄弱环节，督促企业针对性地进行整改。为确保资产安全完整和资产价值的准确核算奠定基础。

2015年，集团审计室对系统8家二级企业进行经营业绩指标考核的鉴定；同时对系统33家企业进行2014年度经营情况审计，其中9家二级企业、23家三级企业、1家四级企业，对三级企业中的申欣环保单独出具审计报告。在审计中，联合申能股份内控部对吴二发电、崇明发电、申能燃料2014年度经营情况进行延伸审计；联合燃气集团审计室对金山燃气2014年度经营情况进行延伸审计；联合中海油气审计部对上海LNG公司2014年度经营情况进行审计；通过审计，共发现问题123个，在审计报告中提出问题50个，提出管理建议43条。同时，集团审计室结合年度经营情况审计，对各二级企业2013年度审计发现的问题和审计建议的整改落实情况进行跟踪核查了解，2013年度共发现的122个审计问题，到2015年落实整改112个，整改率达91.8%。

二、专项审计

1997年1月22日，申能股份有限公司关于颁发试行的《内部审计制度》中即规定专项审计是公司内审机构的重要审计内容。公司应开展专项审计，对影响企业经济效益的重大问题和带倾向性的问题开展专项审计，总结经验，分析原因，找出关键所在，提出建议，改进工作，为经营者决策服务。

2007年，根据集团规范薪酬管理的要求，集团审计室对二级企业进行薪酬管理的专项审计调查，重点审计二级企业在核定工资总额范围内的工资发放情况。集团审计室协助集团监事会对系统企业预算管理体系的建设和实际运行情况进行专项检查。报告作出3点评价和5条建议。集团审计室会同财务部和投资管理部对集团下拨给各科技创新项目的专项经费进行审计，重点检查经费预算的制定和执行情况、经费使用范围和核算情况等。就科技创新项目成果归属和结项申请等方面共提出6条审计建议。提议修改《科技创新基金管理暂行办法》，进一步明确资金列支范围及凭证原件处理等方面内容。此外，集团审计室组织系统审计人员和审计机构，对系统企业内部控制开展专项审计调查。重点关注内控制度的建立、执行的有效性等方面。此项审计调查共收到11家公司上报的审计调查报告。

根据申能集团年度审计工作计划和集团人力资源部的要求，2008年3月至5月审计室对燃气集团、申能房产、新能源公司、资产公司等公司2007年度的职工收入和领导班子的收入情况进行专项审计调查。此次专项审计调查的内容：薪酬总额，包括工资、奖金、各类津贴等发放；房贴、补充公积金和补充养老金的发放。未包括各公司董事会年终的一次性奖励。同年，根据市国资委《关于做好2008年度内部审计工作的通知》中要求对企业资产减值准备财务核销情况进行审计调查，集团审计室在2008年10月至11月对2007年度系统内企业资产减值准备财务核销情况开展专项审计调查。调查以自查和抽查相结合的形式，即先由集团系统各子公司内审机构或内审人员，开展调查并形成自查报告，后由集团审计室进行抽查和询问，重点是2007年度财务核销情况与相关的制度规定。审计结果认为，系统所属企业总体合规，但在程序上还尚有欠缺，如财务核销事项未经过会计事务所审计并出具专项审计报告。

2009年2月至5月根据集团人力资源部规范薪酬管理的要求，审计室继续对所有二级公司及部分三级公司2008年度的职工薪酬总额使用和领导班子收入情况进行专项审计调查。此次专项审计调查的内容是薪酬总额，包括工资、奖金、各类津贴等发放；房贴、补充公积金、补充养老金和商业保险的发放。同年7月至9月，为了解系统所属企业货币资金管理现状，发现货币资金管理中存在的问题，促进系统所属企业加强货币资金的关键环节的控制工作，集团审计室对系统所属企业2008年度货币资金管理情况进行专项审计。审计重点关注企业银行账户的管理情况、银行余额调节表的编制和审核情况以及长期未达款项管理等财务基础工作的开展情况，发现诸如资金审批权限不清晰、资金支付单据不统一不规范、现金盘点未留下书面记录、部分企业银行账户较多等问题，提出加强资金支付审批权限管理、书面记录现金盘点、依法依规进行资金收付和归并清理功能重复的银行账户。

2010年8月、9月，集团审计室会同申能股份有限公司内控部对股份系统企业ERP系统的实施情况进行专项检查，以了解ERP系统实施情况、投资情况、实施的成果及实施中存在的不足，促进ERP系统更好地在公司系统企业有序、有效实施。检查认为ERP系统奠定集团化管理的基础、提升公司的管理水平、实现业务层面内控规范、提高全面预算的质量、培养一支信息化人才队伍，但也存在缺少外部信息化方面的专家参与、主要业务流程在各实施单位之间未能实现高度统一和操作性不够好等问题。此外，申能财务公司审计稽核部对公司信贷业务流程和操作程序、反洗钱工作开展专项审计。燃气集团审计室对所属8家企业薪酬（含领导班子）执行情况进行专项审计；参与调度中心项目和石洞口项目的效能监察审计；配合其他职能部门共同开展产销差管理、金山和崇明公司的清产核资审计、"三重一大"执行情况等专项检查。大众燃气对车改费用使用情况进行专项审计；市北销售公司对预算执行情况进行专项审计。石油天然气公司对"863"项目经费使用情况进行专项审计。

2011年集团审计室组织开展4项专项审计：对所有二级公司2010年度职工薪酬总额使用和领导班子收入进行专项审计调查；对2009—2010年下拨给系统各企业的科研资金的使用情况进行专项检查；对集团系统部分企业银行账户、资金管理等情况进行专项检查；对系统企业工程项目管理开展专项检查。发现部分问题，并提出相应建议。

2012年根据集团规范薪酬管理的要求，集团审计室、申能股份内控部、燃气集团审计室分别对所属企业2011年度职工薪酬总额使用和领导班子收入情况进行专项审计调查。为配合集团加强对所属企业资金管理，集团审计室会同财务部对系统部分所属企业资金管理情况进行专项检查。为了解集团系统企业往来账的总体管理情况，集团审计室牵头组织对系统企业的往来账管理情况进行专项审计。为了解集团系统燃气销售企业物资管理现状，探索研究这些企业所需共性物资集中管理的可能性，集团审计室牵头组织集团系统燃气销售企业物资管理专项调查。此外，集团审计室配合集团监事会、集团纪委完成对集团系统企业资产处置管理的专项审计检查。

2013年集团审计室组织实施7项专项审计，分别是：对系统所有二级公司2012年度职工工资总额使用和领导班子收入进行专项审计调查；对集团系统部分企业的授权控制情况进行专项审计检查;对集团系统部分企业固定资产实物管理情况进行专项审计检查;对集团系统燃气销售公司信息系统建设情况进行专项调查;对集团系统燃气销售公司燃气排管工程进行专项调查;牵头并联合投资管理部、财务部对集团2011—2012年度下拨科研经费的使用情况进行专项审计检查;配合集团监事会和纪委,对集团系统企业供应商管理情况进行专项检查。

2014年集团审计室牵头组织几项专项审计或调查:职工薪酬总额使用和人工成本管理;对燃气制气公司职工转岗分流安置情况;燃气销售企业报警器安装工程管理;配合集团监事会和纪委,对集团系统企业合同管理情况进行专项检查。

为促进系统企业规范和加强专项拨付资金的管理,提高专项拨付资金的使用效率和效果,集团审计室联合投资部、财务部于2015年11月,对系统企业2013—2014年收到的专项拨付资金(政府补助科研经费、政府补助节能减排经费、政府补助产业结构调整经费和集团下拨科研经费等)的管理和使用情况进行审计检查。此次检查采用审前调查和现场抽查相结合的方式,主要内容是:各单位对专项拨付资金是否专款专用;专项拨付资金的列支是否合理、合法,财务处理是否规范以及与专项拨付资金相关项目的进展情况。检查了解到,系统各单位基本能够按照资金拨付方的要求及各自相关管理规定管理和使用专项拨付资金,但也存在诸如资金闲置、未单独核算、用途不明确、账务处理不及时以及课题预算编制不完整等问题。此外,还对系统所有二级公司2014年度人工成本管理、工资总额和领导班子薪酬情况进行审计,对燃气制气公司资产管理状况进行专项调查,对燃气集团6家系统单位上报的7笔应收款项坏账核销进行审核,配合集团纪委,对集团系统企业车辆管理情况进行专项检查。同时,对部分系统企业合同管理、授权管理及招投标管理等情况进行重点关注。

2015年,申能集团审计室对系统所有二级公司2014年度人工成本管理、工资总额和领导班子薪酬情况进行专项审计;对系统企业2013—2014年专项拨付资金管理与使用情况进行专项审计检查;对集团系统燃气制气公司资产管理状况进行专项调查;对燃气集团6家系统单位上报的7笔应收款项坏账核销进行审核,并出具审核报告;配合集团纪委,对集团系统企业车辆管理情况进行专项检查;集团审计室还对部分系统企业合同管理、授权管理及招投标管理等情况进行了重点关注。审计中发现部分企业存在工程项目招投标管理不规范,存在化整为零规避招投标、项目中新增工程量未及时进行确认、个别工程项目监理管理不到位等情况,及时责成相关企业进行整改。

2016年度,申能开展四项专项审计,包括薪酬管理情况、系统企业"十二五"规划指标完成情况、集团发行非公开定向债务融资工具所募资金在保障房项目中的投入使用情况、上海安亭煤气厂的资产管理现状。同时,集团审计室还继续对申能房产祁连基地项目、东沟项目两个保障房项目和成山路商品房项目进行跟踪审计,关注保障房项目的销售回款情况、工程竣工决算和商品房项目工程进展情况。

第七章 资产管理

资产管理是企业现代管理制度的重要一环。1996年,《申能(集团)有限公司章程》明确上海市国有资产管理委员会同申能集团的权责关系,申能集团董事会对授权范围内的国有资产保值增值负责。2001年12月,申能集团颁发《申能(集团)有限公司国有资产管理暂行办法》,阐明公司国有资产管理应遵循的三大原则,使集团的资产管理有据可循。申能集团在国家国资管理部门的指导下,逐渐建立起一套资产评估制度,2004年12月,《申能(集团)有限公司资产评估项目管理办法》奠定申能集团资产评估的基础,包括国有土地、机器设备、厂房、码头、仓库在内的固定资产管理有据可依,规范运作。

第一节 国资管理和经营

一、国资管理

申能集团国有资产的管理和经营,始终伴随着中国国企改革的推进而展开,其管理变革和经营业绩,深受国家经济体制改革和市场环境变化的影响。

1992年7月17日,上海市国有资产管理局确认并同意:截至1992年4月30日申能电力开发公司账面净资产总额为212 285.67万元,全部折成国家股,投入股份制企业。8月,申能股份有限公司公开发行A股240 273.67万元,每股面值10元,计24 027.367万股,其中申能电力开发公司以原国有资产折股21 228.567万股。

1994年4月7日,上海市国资办公室向包括申能在内的市属国有企业转发国家国有资产管理局颁布的《国有资产产权界定和产权纠纷处理暂行办法》。宗旨在于进一步规范产权归属,明确国有资产所有权界定、全民单位之间产权界定、产权界定的组织实施、产权纠纷处理程序、法律责任等关键问题。《国有资产产权界定和产权纠纷处理暂行办法》的实施,有力维护国有资产所有者和其他产权主体的合法权益,促进产权明晰的现代企业制度的建立。

为确保国资安全、完整和不断增值,提高国有资产的运营效益,上海市国资委根据国资管理局、财政部、劳动部联合发布的《国有资产保值考核试行办法》,在1996年5月4日,制发《关于国有控股公司国有资产保值增值考核暂行办法》,明确上海市国资委所属的国有控股公司保值增值的4项基本原则、3年考核期限、保值增值基数、保值增值目标、评价和监控指标、审计和确认、年薪和奖惩等问题。

1996年5月27日,上海市人民政府同意组建申能(集团)有限公司。同年6月4日,申能集团有限公司为增强集团公司综合经济实力、加快上海电力能源基础行业的建设、调整公司资产结构、增强筹资融资功能,建立符合现代企业制度的管理体制、确保国有资产投资主体和国有资产保值增值的目标,向上海市国资委提交《关于申请国有资产授权经营试点的请示》,内附《申能(集团)有限公司实施国有资产授权经营的方案》,详尽阐述申能获得国有资产授权经营的必要性,申能(集团)有限公司的性质、任务和注册资本,发展规划和措施,授权经营范围和方式,组织体制,母公司与子公司的关系等。7月23日,上海市国资委批复申能集团,原则同意公司所报实施国有资产授权经营的方案,决定授权申能(集团)有限公司依据产权关系,统一经营集团公司内各成员企业的国有资产。集团公司董事会对授权范围内的国有资产的保值增值负责。

同年颁布的《申能(集团)有限公司章程》更进一步明确集团授权经营双方的权责。作为授权方的上海市国资委负有确定董、监事会组成人员,任免董、监事长的职责,同时,对授权范围内的国有资产实施监督管理、考核保值增值、享受受益权、决定集团公司的合并、分立、解散、增减资本和发行债券,批准和修改公司章程。作为被授权方的申能集团公司,则负有相对应的主要义务。

1998年3月24日,根据《上海市国有资产授权经营公司管理暂行办法》第五十四条规定,上海市国资委印发《上海市国有资产授权经营公司管理暂行办法实施细则》。明确国有资产授权经营公司设立的具体操作程序、公司资产运营情况报告的程序和内容、公司投资行为向国资管理部门的申报程序、公司资产转让申报程序、国有资产保值增值考核指标及考核程序等核心问题。

2001年12月29日,申能集团颁发《申能(集团)有限公司国有资产管理暂行办法》(以下简称《申能国资管理办法》)。《申能国资管理办法》阐明公司国有资产管理应遵循的三大原则,即价值量与实物量相一致的基础管理体系、管资产与管人相结合的责任管理体系、以保值增值为核心的考核管理体系。公司策划部归口管理公司国有资产,实行"统一管理,分级经营"的管理方式。《申能国资管理办法》还明确国有资产保值增值的考核管理、国有资产的产权登记和年检的管理工作、国资年报工作和国资经营预算管理等工作。其中,对国有资产保值增值的管理工作由策划部牵头,相关职能部门为财务部、投资部和市场部。国有资产保值增值的申报遵循追求资本收益最大化原则,经济效益持续、稳定增长原则,量力而行和实事求是原则及考虑客观因素影响原则。国资保值增值考核期为一年,考核指标是保值增值额及保值增值率。此外,为全面、准确反映国有资产经营的状况,系统各公司应上报国有资产经营分析报告。国有资产经营分析报告分为:一般分析报告、专题报告和其他分析报告。分析报告的原则是全面、客观和真实。《申能国资管理办法》使申能集团国有管理工作做到有据可依,且具有很强的操作性。

2003年申能集团先后转发上海市国资委等单位的重要文件,诸如《关于进一步完善上海市国有资产清产核资工作的若干意见的实施细则》《关于对上海市国有产权转让中有关情况开展专项检查的通知》《上海市国有资产营运机构战略规划管理暂行办法》等,并予以认真贯彻执行。同年,对上海市国资委战略规划处草拟的《上海市国有资产营运机构投资监督管理暂行办法(征求意见稿)》提出基于申能特色的建设性意见。

2005年申能集团转发和贯彻上海市国资委《加强国有企业金融投资监管的紧急通知及部分资产核销中有关问题的补充通知》,依照相关要求,着重对本单位及所属企业参与的高风险金融投资情况(如股票、期货、基金、委托理财等)进行全面梳理。

2005年以来,申能集团每年向上海市国资委汇报年度国有资产经营预算,内容包括公司基本情况介绍、预算年度主要工作目标分析、预算年度主要工作内容等核心环节。不仅如此,公司还依据国资委的要求,每年进行集团企业产权的年检工作。在制定的《国有资产管理暂行办法》基础上,明确产权登记和年检工作的相关规定,确立专人负责制,及时办理系统企业新增、变更、注销等产权登记手续,建立公司及系统企业国有资产产权登记档案。至今,公司及系统企业产权登记表和产权登记证保管情况良好,无遗失现象;公司在为系统企业办理相关产权登记手续时,也将产权登记证复印留档,便于查考。公司产权登记工作的日常管理基本理顺并得到加强。

2017年,申能集团进行集团系统企业资产处置的专项检查,这是企业转型发展过程中,防止资产处置不当造成国资流失或发生违纪违规问题的一项重要工作,这次检查重点关注系统所属企业资产处置相关制度建设情况,资产处置的审批流程,报废资产的管理和废旧物资处置的执行情况。检查认为公司及所属各单位资产处置相关制度逐步完善,系统各单位建立健全资产处置的相关制度;授权审批、流程控制贯穿资产处置全过程;废旧物资出售遵循合法合理合规的原则;审计揭示的问题基本得到整改;资产处置过程中未发现存在廉洁从业方面的问题。

二、国资经营

依据《申能(集团)有限公司章程》,集团公司受上海市国资委的授权,经营市政府在电力、燃气及能源行业等方面的有关国有资产,并实现国有资产保值增值的目标。秉持这一目标,公司上下积极努力,力争将国有资产有效运营和保值增值落实到每一年里。

1996年,是"九五"的第一年,也是申能(集团)有限公司的启动年。集团公司的组建、电力建设资金的筹集、重点项目的建设等重大工作取得很大进展,在明晰产权关系、优化股份企业结构、加强内部管理等方面也取得一定的成效。主体企业申能股份有限公司实现净利润5.3亿元,增长4.35%,总资产从1995年年底的82.76亿增长到1996年年底的97.61亿元。其他实业投资收益增长近23%。

1999年,公司全面完成年度投资和经营利润目标,实现国有资产保值增值;完成国有法人股10亿股的回购工作,成为全国首宗回购案例;成立两个电力项目公司,进一步明晰产权;争取市政府对公司优惠政策的延续。

2000年,申能集团取得公司发展史上最好的业绩。国家所有者权益从97.68亿元增加到106.64亿元,超额完成市国资办要求增值5亿元的任务。这得益于前些年投资的东海天然气和电力项目进入收益期以及国际油价上涨和电力需求增长的外部环境。同年度,电力项目公司进入实质性运作,投资上海天然气行业的主体地位得到初步确立。此外,公司整合非电企业,调整公司机构,深化管理体制改革,进一步明确新一轮发展目标。

2001年,申能全面完成年度经营目标,超额完成增值6亿元的任务。完成"十五"规划的编制工作,电力资产重组获突破性进展,申能股份的市场再筹资准备工作就绪,按照市政府有关部门的统一安排,承担磁悬浮列车、农工商集团、正大广场等多项融资任务,共投入10多亿元,发挥作为政府投资公司的职能。

2005年,申能克服不利因素,全面完成全年各项经营指标,同年年底合并国家所有者权益179亿元;安全生产工作落到实处,形势总体平稳;重大项目建设按计划有序推进;申能股份改革和管理工作取得重要进展;燃气集团改革发展扎实推进,"三大硬仗"取得阶段性成果;新能源公司、资产管理公司和财务公司等取得经营管理良好成绩;"十一五"规划编制完成;党风廉政和精神文明建设呈现新面貌。

2006年,申能实现净利润较上年大幅增长,国有资产保值增值率105.8%,超预算约1个百分点,比上年提高约2个百分点。千方百计平衡天然气的安全供应、股份公司完成股权分置改革后首家增发、燃气"三大硬仗"较好完成、LNG项目获国家发改委核准、燃气调价方案获得批准并分步实施、申能财务公司获准筹建,科技创新工作扎实起步。这些成绩的取得,为公司"十一五"发展奠定坚实基础。

2007年,申能以保障全市能源安全供应为主线,围绕"推进重大项目建设,确保能源安全保障供应"等重点,紧扣加快发展和深化管理两大主题。主要经营指标优良,达到或超过年初计划,年末国家所有者权益达到205亿元,实现国有资产保值增值率106.7%;完成气、电保障供应任务,燃气供求形势基本平稳;重大能源项目建设成果显著,规划项目取得一定进展;节能减排及科技创新工作,取得良好成效;金融投资获得重要发展,房产多元板块运作良好;集团各级企业的内部管理工作进一步加强。

2008年,申能围绕"五个着力、两个确保"的全年工作要求,主要生产经营指标完成良好,实现国有资产保值增值率104.7%,完成预算的101.33%;战胜历史罕见的自然灾害和重大事件考验,电力、燃气保障任务圆满完成;重大能源项目建设成果显著,能源主业拓展取得进展;科技创新扎实推进,节能减排成效明显;金融投资主业地位确立;奥运安保等重大任务圆满完成;集团、燃气班子调整,股份班子换届,实现平稳过渡。公司的规划计划、资金财务、投资管理、人力资源、法律事务、审计监察、后勤保障等各项管理工作进一步得到强化。

2009年,申能紧紧围绕"促发展、保安全、强管理"的年度工作要求,全面铺开世博安保工作,进一步提升应急保障能力;建成LNG项目,五号沟完成LNG运转,上海步入使用国际、国内两个气源时代;开工建设临港燃机项目,漕泾电厂等项目投资股权得到落实,申能电力权益装机规模得以提高;公司市场化重组取得新进展。

2010年,申能圆满完成世博安保和电、气保障供应任务;全面完成年度和"十一五"各项经营目标,天然气供应量和发电量同比大幅增长;外三发电和SPC两项科技成果获上海科技进步一等奖。在国资委监管的44家企业中,本年公司资产总额和利润总额均排列第6位。

2011年,申能主要指标完成超出预期,电、气生产供应量同比增长20%;主业盈利能力表现稳定;项目建设取得重要突破,诸如临港燃气电厂3台机组完成建设并网发电;节能降耗指标连年下降;重点科技项目有序推进。

2012年,申能经营的电、气生产供应指标"稳中有进";节能降耗指标表现出色;利润指标超额完成年度计划,其中电力和金融板块增长明显,燃气板块亏损少于计划;重大能源项目取得重要进展。

2013年,申能电力、天然气等能源生产供应完成情况好于年初预期。利润指标完成创历史新高,除燃气集团大幅减亏外,其他企业均超出全年预算目标。能源项目建设取得实质性进展,公司控股项目投资完成年度计划93.4%,权益投资64.7亿元,完成计划91.6%。节能降耗指标有增有减,未发生重大安全生产事故。

2014年,申能主要经营指标完成较好,资产、利润指标创历史新高。申能集团克服本地市场需求疲乏、外来电大幅增长等一系列挑战,权益发电量256.7亿千瓦时,完成"三年行动规划目标"106.3%。天然气经营规模71.6亿立方米,完成"三年行动规划目标"105.3%,比2013年增长2.4%。节能降耗指标表现出色。在发电量和负荷率均下降的不利形势下,2014年公司供电煤耗288克/千瓦时,较"三年规划目标"低5克/千瓦时,比2013年下降2克/千瓦时,为近3年最低,保持行业领先水平。此外,资产负债率有所下降,比2013年下降3.5个百分比,财务杠杆运用稳健,金融投资收益稳步提升。

2015年,申能集团紧扣"两个确保、五个更加注重"中心任务,克服能源需求下降、环境约束加大、资本市场波动等一系列困难,基本实现"十二五"规划目标。主要表现在:全年生产经营业绩表现良好,归母净利润创历史新高;重大能源项目积极推进,平山电厂首台机组并网发电,"135"项目、奉贤热电等示范工程取得突破;燃气产业加快转型发展,上海市管道燃气实现全天然气化;一批重点改革措施顺利实施,新能源注入上市公司、申能燃料公司市场化改革成效明显;产业链延伸加快布局,节能环保、能源贸易、交通用能、能创中心等新兴业务进展良好。

2016年,申能集团在市委、市政府和国资委的领导下,围绕"两个确保、五个更加注重",紧紧抓住改革机遇,牢牢把握发展大势,全力做好安全保供、项目推进、改革落实、产融结合等重点工作。公司加快推进集团"改革发展33条"落实,特别是申能股份创建先锋企业、燃气集团专业市场化改革、集团直属企业领导班子任期制契约化改革、能创中心建设以及能源贸易板块整合等重点改革事项都取得实质性进展。

第二节 资产评估

为确保企业国有资产的安全运营和有效管理,申能集团在国家国资管理部门的引导下,逐渐建立起一套资产评估制度,并在实践中充分重视和利用资产评估的积极作用。

1992年4月,申能电力开发公司为改组成为股份有限公司,发行股票,委托上海投资咨询公司和上海会计师事务所,对公司准备作价入股的全部国有资产和负债进行重新评估。评估采用现价类比法和重置成本法,基准日确定为1992年4月30日。同年7月8日,上海投资咨询公司、上海会计师事务所做出关于申能电力开发公司资产评估的报告,结果确认评估前公司资产净值2 122 856 721元,评估后资产净值4 333 167 985元,增值金额2 210 311 264元,增值率104.12%。7月17日,上海市国资委确认立项。

1997年11月1日,国家国有资产管理局下发《在若干城市试行国有企业破产有关资产评估问题的暂行规定》的通知。12月31日,上海市国有资产管理委员会予以转发,并结合上海情况,增加5项具体补充规定。同年12月23日,上海市国资委下发《关于对资产评估报告实行注册资产评估师签署制度》的通知,通过严格签署制度,对企业资产评估负有重大责任的注册资产评估师进行规范化管理。

2004年12月7日,公司颁布《申能(集团)有限公司资产评估项目管理办法》,明确公司资产评估项目的适用范围,根据申能系统企业所涉及的不同经济活动进行国有资产评估、非国有资产评估或不对相关国有资产进行评估,此外,还规定资产评估受委托单位的资质要求、工作原则和认定方式,要求申能集团各系统企业对国有资产评估项目的管理试行核准制和备案制,作为集团系统国有资产评估管理的专门职能部门,集团公司综合管理部负责就国有资产评估项目向上海市国资委上报核准或备案的具体工作。国有资产占有单位有责任在申请资产评估过程中提供相关情况和资料,并对其真实性、合法性和完整性负责,否则评估结果无效,相关责任人应接受相应惩罚。《申能(集团)有限公司资产评估项目管理办法》奠定申能集团资产评估的基础,使公司资产评估工作走上有章可循、有律可依的道路。

2006年9月28日,为加强资产评估项目管理,规范资产评估的操作程序,提高评估报告审核质量,上海市国资委向各相关委、办、局和出资监管单位印发《上海市国有资产评估项目核准备案操作手册(2006版)》。其中包括评估项目核准备案程序及要求、评估报告审核注意事项两大部分,涉及需进行资产评估的经济行为类型、核准、备案项目范围、评估及核准备案程序、需报送的文件材料、市国资核准备案项目处理程序、评估报告的完整性、企业价值评估、长期投资评估等共14点内容,有力推动市属企业资产评估工作的规范化和制度化。

2010年3月4日,上海市国资委召开系统单位2010年企业资产评估管理工作座谈会。会议明确2010年的国资评估管理工作重点在于:加强国资监管企业信息的管理和汇总、完善评估中介机构的选聘、评价制度以及落实审核责任,坚持谁委托、谁负责。会议的一项重大内容是调整现行评估管理体制和制度,对公司推进资产评估项目备案审核权进行下放试点工作,即自当年6月30日以后,市国资委将不再受理各集团上报的二级及以下企业资产评估项目的审核备案,相应地,各集团二级及以下企业的资产评估项目此后均由各集团自行审核、备案。7月26日,上海市国资委根据《关于开展上海市出资企业国有资产评估管理办法调整试点工作的意见》精神,同意申能(集团)有限公司和上海良友(集团)有限公司两家单位开展国有资产评估管理办法调整试点工作。

根据上海市国资委2010年3月4日会议对公司推进资产评估项目备案审核权下放试点的要求和《关于开展上海市出资企业国有资产评估管理办法调整试点工作的意见》,申能集团在2010年8月2日最终颁布《申能(集团)有限公司国有资产评估管理办法》,突出强调系统二级企业在落实资产评估审核权下放工作中的作用,即建立健全企业内部资产评估项目管理的制度和流程、落实负责资产评估管理的职能部门和人员、履行资产评估项目预审核职能、确保评估报告质量,此外,还明确资产评估的范围、审核备案的权限、审核备案流程及要求、评估机构的选聘、审核备案的日常管理、信息公开和违规责任等关键内容。除《申能(集团)有限公司国有资产评估管理办法》外,公司还制定《申能集团国有资产评估项目审核备案工作指引》等具体规章及"申能(集团)有限公司国有资产评估审核表"等7个相关表式,更加确保公司国有资产评估备案工作规范有序,使申能集团资产评估管理工作进入更加成熟的新阶段。

至此,在评估备案管理体系方面,申能集团建立起符合实际的国有资产评估项目两级审核备案体系。在评估备案审核机构设置方面,申能成立由综合管理部牵头,财务部和审计室共同参与组成的资产评估备案审核小组,具体负责系统资产评估的备案审核工作。同时系统各二级企业也相应成立跨部门的国有资产评估项目审核小组,负责相关国有资产评估项目的预审核工作。在评估机构的管理方面,公司规定承接申能系统国有资产评估项目的评估机构必须具有证券期货从业资格,要求二级以下企业的评估项目必须由二级公司直接聘任评估机构。此外,公司资产评估备案审核小组还对每个项目的资产评估机构进行打分,将评估质量和诚信度不佳的评估机构列入黑名单,坚决杜绝质量不合格的资产评估机构承接系统企业的资产评估项目。

2011年,公司完成对上海久恒期货经纪有限公司整体资产评估项目等13项等国有资产评估备案,评估项目涉及的经济行为全部为国有股权(或部分资产)公开转让。这些项目的评估结果除上海九环汽车天然气发展公司评估项目1项出现减值外,其他项目均较账面值增值。13项评估项目,均经相关二级公司审核,报由公司国有资产评估备案审核小组备案,审核程序规范,资料完整。

2014年,上海市国资委为进一步提升上海市资产评估管理工作的信息化水平,根据国务院国资委产权局推进地方国资委资产评估管理信息系统建设的部署,组织开发"上海市企业国有资产评估管理信息系统"。申能集团随之启用这一线上管理系统。系统启用后,集团资产评估项目核准、备案编号及核准申请表、备案表通过评估管理信息系统统一生成。根据要求,公司指定专人负责,通过系统及时填报和审核,确保数据资料真实、准确、规范。公司高度重视评估管理信息系统的汇总分析功能,按季度、年度等分期进行汇总分析,为集团各单位经济决策提供服务,同时向市国资委及时报送相关信息。2015年以后,由于信息化水平的提升,申能集团的资产评估、项目审核工作的质量和效率大大提升,国资管理水平进入一个新阶段。

第三节 土地与固定资产管理

申能集团对企业固定资产的管理,伴随着国家投资体制改革的进程而不断完善和健全起来。

1996年为深化投资体制改革,建立投资风险约束机制,有效地控制投资规模、提高投资效益,国务院决定对固定资产投资项目试行资本金制度。规定在投资项目的总投资中,除项目法人从银行或资金市场筹措的债务性资金外,还必须拥有一定比例的资本金。投资项目的固定资产投资与垫底流动资金之和,共同作为计算资本金基数的总投资。

2002年11月25日,公司公布《申能(集团)有限公司财务管理办法》,为集团公司固定资产管理提供制度依据,明确规定集团公司及各控股子公司须制定固定资产管理制度。固定资产管理制度包括以下核心要素:固定资产目录,固定资产计价方法,固定资产构建及处置的程序和办法,固定资产实物管理办法,固定资产内部调拨办法,固定资产折旧计提方法,固定资产修理管理办法,固定资产减值准备计提办法。此外,固定资产的更新及大修理应按年度预算执行。超预算的固定资产更新及大修理应按预算管理办法规定办理。

2010年5月26日,申能集团召开系统企业土地监管专项检查工作部署会议,传达市国资委有关通知精神并就公司系统开展专项工作作出部署。申能集团总经理吴建雄在会上强调,本次专项检查工作要实现"摸清家底、建章立制、加强监管、提升管理"的目的,通过检查,逐步建立和完善土地和房产的资产长效管理体系,确保国有资产安全。此次国有土地清理专项工作取得较大成效:与推进公司产业结构调整、收缩管理层级相结合,防止国有土地在转制改制中游离在监管范围之外;与推进集团化管控模式相结合,通过专项检查进一步完善公司系统土地、房产资源的管理制度;与开展房产清理工作相结合,摸清各级次企业拥有的房产资源。集团细化土地、房产专项检查表,督促下属单位做好自身清理工作,同时,公司还组织力量进行抽查,加强专项工作督查。下属一些单位通过走访档案馆、寻找当事人、实地查看等途径获取信息资料,补充完善档案资料。

2011年11月18日,为进一步加强集团的土地监管工作,规范土地运作,提高土地效益,根据上海市国资委《关于推进国有企业土地集中管理的意见》精神和要求,公司向上海市国资委上报《申能(集团)有限公司土地集中管理工作方案》,明确公司土地集中管理的主要任务,即落实集团公司对下属企业土地集中监管的责任,建立与完善土地集中管理制度,以信息化为技术手段,从决策、管理和监管三方面入手,实现土地的"三个集中"管理(土地权证管理集中到上一级公司、土地重大事项管理集中到集团公司、土地收益管理集中到上一级公司)。为实现土地管理"三个集中"的目标,公司将加强土地的日常基础管理工作、完善重大土地事项的决策程序、建立土地监管信息化管理体系、建立健全土地管理的监督评价和考核机制以及解决土地相关历史遗留问题作为下一步工作的要点。

2012年11月23日,公司颁布《申能(集团)有限公司土地管理暂行办法》,阐明集团土地管理的核心在于集中管理,明确规定集团公司是土地管理工作的管理主体,集团公司资产管理部是集团土地管理的职能部门。此外,还明确土地事项管理、权证管理、土地收益管理、土地房屋信息管理、监督评价管理等关键事项。截至2017年年底,此项规定在申能集团持续贯彻执行。

第八章 其他管理

1999年申能集团建成局域网,通过《今日申能》《申能综合信息》等刊物的创办,充分挖掘信息交流的积极意义。借助信息化三年、五年规划和《信息化工作管理办法》《信息资产管理规定》《信息系统运维管理规定》等多项制度,提升集团信息化工作管理体系建设、基础设施建设、应用建设和信息化安全建设。2001年12月20日,申能集团颁发《申能(集团)有限公司信访工作的规定》,明确公司信访工作的基本原则、职责范围和处理办法。1996年申能集团建立后,公司便实行统一领导、分级管理的档案管理原则,2001年重新汇编一套档案管理制度,并建立起考核标准。2007年光典档案系统的全新应用,实现在线档案查询利用申请与审批。

第一节 法务管理

进入21世纪,伴随市场环境的日臻成熟和法治建设的加快推进,通过法律途径表达诉求、处理纠纷、维护权益、服务发展,日益成为企业经营发展的重要必备能力。为适应此种情况,2001年6月,申能集团有限公司同上海锦天城律师事务所签署常年法律顾问合同,聘请常年法律顾问,由专职律师参与公司的重大业务活动。同年6月21日,为规范内部法律事务管理,公司制定和颁发《法律咨询和法律服务(暂行)办法》,规定策划部是公司范围法律事务的归口管理部门,负责与常年法律顾问和律师事务所的联系。公司各职能部门是公司法律事务的相关部门,根据各自工作的要求,提出咨询和法律服务要求。另外还规定法律咨询和法律服务的工作内容、工作方式及工作流程。

2004年12月,申能集团制定和修订《申能集团法律事务管理办法》《法律意见书制度》和《合同管理办法》等法律管理规章制度,完善集团公司层面的法律事务管理制度,明确公司系统法律事务"集中管理和分级管理相结合"的基本框架,明确法律事务办公室(简称法务办)是集团公司法律事务管理的专业职能部门及法务办的主要职能,还涉及合同管理、诉讼、仲裁和纠纷调处、法人委托书管理、外聘律师管理、奖惩等重要内容。同时,在集团层面设立系统法务工作例会制度,加强对系统法务事务的统筹协调和集中管理。公司系统各级企业均根据《集团法律事务管理办法》的要求,分别制定各自企业的法律合同管理办法。各级企业在实际工作中较好地执行各项法律管理制度,没有发生重大违法违规情况。

公司在基层企业积极开展"法律进企业",通过举办法律讲座、在企业内刊《今日申能》和公司局域网上开设法律园地等方式,有效提高公司系统干部职工的守法、用法的意识。同时,集团采取多种形式对系统内各级企业法务人员进行业务培训,提高公司法务人员的业务能力。

2006年11月23日,申能集团召开普法领导小组工作会议。强调法制宣传教育要党政齐抓共管;要围绕企业中心工作,把加强法制建设与加强企业监管、促进企业发展紧密联系起来;要加强系统法律队伍建设;要进一步健全法律顾问机构;要充分利用宣传载体,全方位推进法制宣传教育。

2007年以来,公司在系统内深入开展法务工作"两覆盖、两提高"活动,即系统企业法律合同管理制度100%覆盖和合同法律审核100%覆盖,以及提高法务人员执业素质、提高企业应对诉讼的能力。通过定标、抽查、考核等方式,将"两覆盖两提高"的要求向基层企业和法务工作薄弱企业推进,公司系统整体法律风险防范水平有明显提高。在机构设置方面,各企业均已落实具体部门负责法务管理工作。在法务人员设置方面,到2009年7月,系统企业共有专职兼职法务人员28人,平均年龄在40岁左右。同时,公司也重视发挥外聘律师的"外脑"作用,系统各级企业通过不同形式聘请或依托有关师事务所作为常年法律顾问,参与重大疑难法律事务的处理,取得良好效果。

随着公司业务的不断扩大、国内外市场环境的变化,公司面临的各种经济法律风险不断增多,对公司法制工作提出更高的要求。2009年7月1日,根据《上海市国资委出资企业法制工作三年规划》的要求,结合公司实际,提出申能集团2009—2011年法制工作规划,争取到2011年公司实现三项目标:二级以上企业法务人员具有企业法律顾问执业资格的比例达到90%;系统各级合同管理体系进一步完善,对外合同法律审核率达到100%;"以事先防范和事中控制为主、事后补救为辅"的企业法律工作制度完善健全。同时,公司将努力创造条件,逐步探索建立企业总法律顾问制度的可行性。

2009年11月13日,申能集团近日下发《关于加强系统企业常年法律顾问管理的指导意见》的通知,要求系统各单位从企业常年法律顾问的选择和聘用、企业常年法律顾问的法律服务内容及对企业常年法律顾问的考核三方面加强对企业外聘常年法律顾问工作规范和管理。

2010年,公司加强对久联集团和上海诚毅投资管理公司等新进入集团或新成立的企业的法律体系建设和制度建设的督促和指导,要求其设立专职法律管理岗位,建立合同审核管理流程,确保将这些企业纳入公司整体法律风险防范体系中。2011年,公司结合与审计室联合开展的系统企业工程承发包合同检查,加强系统企业尤其是基层企业对外经营合同审核流程、归档管理和法律风险情况的检查力度,系统企业合同管理的制度化、规范化水平有进一步提高。2011年公司法务工作的一个显著特点是"法务工作的前台化",即由法务工作以后台风险防范为主,向法务工作风险防范和主动融入企业经营并重转变,为企业提供有效法律服务。

2013年5月27日,集团召开法务工作例会,确定重点工作是:系统各级企业经营中法律风险点排摸;继续推进法务服务前置;推进"六五"普法宣传;加强集团系统法务人才队伍的建设;总结系统企业合同标准化经验;加强系统企业重大法律纠纷案件管理。从工作实效看,这一年申能集团的法务工作主要落实到以下方面:系统各级企业普遍建立包含法律审核环节在内的合同审批流程,进一步梳理各项规章制度,优化合同范本和审批流程;围绕公司中心工作,主动融入企业经营,识别、监控和规避风险,为企业日常业务提供有效的法律服务保障;推进系统企业重大纠纷及法律风险排查和上报制度,完善系统法律风险防范体系;集团系统三级以上企业基本都聘请有关律师事务所担任企业常年法律顾问,为公司重要合同和法律文件把关,有效规避引发法律纠纷的潜在风险;围绕"诚信经营、依法治企"主体开展一系列普法工作。

2014年5月,申能集团召开2014年系统法务工作会议,综合管理部作《加强风险防范,服务经营大局》的集团法务工作报告,明确加强合同管理,重大纠纷调处,服务好国资国企改革,提升法务人员素质等重点工作。2014年公司的法务工作在五方面取得进展:妥善应对诉讼法律纠纷,有效保障公司合法权益;加强合同审核管理,夯实法律风险防范基础;全方位实施法务支持,服务企业经营和改革工作;加强新业务学习,服务公司转型升级;积极利用法治宣传,完善用户诚信机制。

2015年6月1日,上海市国资委下发《关于开展"六五"普法检查验收工作的通知》;7月15日,申能集团形成《"六五"普法自查报告》,认为公司在深入推进普法工作中取得显著成效,主要表现在:工作机制得以健全;围绕中心突出重点,将普法任务落到实处;营造法治文化氛围。

2016年，申能法务工作紧紧围绕"两个确保、五个更加注重"的中心任务，各项工作平稳有序推进。2017年集团法务部门全程参与公司重点改革任务的前期策划、方案设计、文件起草和具体实施等各个环节，推进实施能贸平台、能创平台等改革方案平稳落地，为改革护航、为发展助力；严格落实重大案件报备相关要求，确保信息的及时和准确。依法依规推进重大法律纠纷案件协调工作，积极维护企业的合法权益；做好案件的后续管理，认真开展案情分析，深入查找存在的漏洞和薄弱环节，有效堵塞漏洞；全年集团和各直属企业规章制度、经济合同以及重要决策的法律审核率基本达到100％，未发生因违法经营发生的重大法律纠纷案件；面对当前金融、能源等行业内控合规管理的压力和挑战，系统企业不断健全内控合规体系，夯实基础工程，实行管用的招法，持续提升内控合规管理的有效性；集团制定《申能集团关于开展法治宣传教育的第七个五年规划（2016—2020年）》，推动系统企业根据集团"七五"普法规划确定的目标任务和要求，健全普法培训和法律宣传工作机制。

第二节　信息化管理

申能集团向来重视信息化工作在企业建设和发展中的意义，注重信息化建设在公司管理和提高效益中的作用。申能集团信息化建设起步很早，1999年建成局域网。主要应用的是由专业公司编制的申能集团管理信息系统，包含生产数据报送、公文管理、行政事务管理、办公费用预算管理、移动短信等子系统以及公司规章制度、中长期规划、工作计划安排、期刊简报、各类常用资料、电子公告等信息发布模块，同时连接文档一体化、用友财务管理及人力资源管理等专业系统。经过几年推广，大多数员工在工作中能较熟练地应用管理信息系统，初步实现生产数据及时掌握、文件档案网上查阅、会计核算和财务资金管理规范、办公费用预算掌控、后勤保障设施使用合理调配、信息公开共享、待办事宜及时告知等功能，计算机及网络技术逐渐应用于公司管理工作的各个环节。

2006年5月18日，集团召开信息化建设专题会。会议要求各单位在公司"十一五"发展规划的基础上抓紧制订信息化发展规划。实际上，随着集团公司的发展、业务的拓展，以及新的信息技术的不断出现，1999年建立的信息系统不能适应发展的要求，存在应用覆盖面窄、技术手段陈旧、信息数据相关性差等明显问题。从2005年10月份，公司开始建设一个性能稳定、功能齐全、跨平台的管理信息系统。管理信息系统一期主要是建立和构建一个开放稳定的并具有一定前瞻性的系统平台，力争解决系统兼容性和扩展性问题。建设的功能模块有事务管理、预算管理、资产管理、生产经营管理、人事管理、内容管理等。2006年下半年，在公司管理信息系统一期建设的同时，着手进行办公自动化系统及档案管理系统应用的调研工作，并计划将档案软件升级列入二期项目中，目标是充分利用公司信息化建设契机，在已有的管理信息系统的基础上，增加和强化办公自动化的功能，并对原档案系统进行全面升级，真正实现文档一体化，提高工作效率。

2006年10月，申能集团以公司发展战略为依据，制定"十一五"信息化发展规划。目标是到2010年，综合运用自动化技术、通信技术、信息技术、计算机技术、生产加工技术和现代科学管理技术，将公司及系统单位过程控制系统、生产执行系统和管理决策系统等有机地集成起来，通过对生产经营活动所需各种信息的一体化集成、控制、监测、优化、调度、管理、经营和决策，建设一个能适应公司发展需求的、总体优秀、高质量、高效益和高扩展性的现代化综合信息系统。

2008年9月23日，申能集团组织并主持对"申能集团档案信息资源管理系统"的建设及应用进行评审。认为该系统采用开放结构，实现公文系统与档案系统数据的无缝连接，实现部门级的、实时在线的预立卷工作,能够对档案信息内容进行有效管理和利用,因此建议在集团系统中推广利用。集团主要二级公司燃气集团公司成立技术管理部,负责信息化管理推进工作,2009年,申能股份公司成立信息中心。各下属企业大多设立信息中心或配有专职IT管理和技术人员。在此基础上,2010年7月28日,申能集团有限公司成立信息化工作领导小组,由吴建雄任组长,副组长乔志刚、徐国宝,组员共9人,信息化工作领导小组下设办公室。领导小组实行例会制,每年至少召开一次会议,并形成会议纪要。领导小组在集团信息化工作中主要承担规划、计划和督促落实的职能,统一规划,统筹资源,协调解决信息化建设中出现的全局性问题。

2010年12月9日,公司印发《申能(集团)有限公司信息化工作三年专项规划(2011—2013)》,明确在未来的3年里,公司的信息化工作将以"管理驱动、资源整合、助推业务"为指导思想,以"统筹规划、协调发展,深化应用、集约共享,加强管理、保障安全"为发展原则,以"建设一个能适应公司发展需求的、符合监管要求的、总体优秀、高质量、高效益和高扩展性的现代化综合信息平台"为目标,着力于信息化工作管理体系建设、基础设施建设、应用建设和信息化安全建设。

2011年是"十二五"规划开局之年,集团信息化工作围绕集团"保安全、促发展、求创新、强管理"的中心任务,以集团信息化规划为指导,以建设申能能源中心信息化系统、集团城域网等项目为契机,进行有效的探索和实践。在信息化运行管理中,利用申能能源中心信息化项目建设的契机,信息人员由集团牵头密切配合,及时总结经验,将日常涉及的信息化工作逐步规范化、程序化、日志化,制定《申能能源中心计算机机房管理规定》以规范机房出入、机房安全、设备操作、设备运行、机房环境管理等各项行为,同时,还制定IP电话、无线局域网接入、VPN接入等日常操作的规程,并严格执行,有效地加强机房管理、降低运营风险、保障信息系统核心设备的安全。这一年以集团为主建设的项目有:申能能源中心信息化系统、集团城域网、集团资金管理系统、集团财务风险预警系统。2011年是项目建设实施的关键年,经过信息化管理部门、相关业务部门和合作单位的共同努力,较好地完成了任务。项目建成初步建立集团财务风险预警体系,构建集团财务风险预警平台,完善资金监管体系,集团整体管理得到提高。

2012年集团信息化工作紧紧围绕集团"保安全、促发展、求创新、强管理"的主基调,信息化管理体系进一步健全。集团《信息化工作管理办法》《信息安全管理办法》制度颁发,标志集团统领、统筹、规范、监督的职责进一步明确,管理更规范有效。起草完成集团信息化项目管理规定,包括项目生命周期管理、项目组织管理和项目控制管理等内容。系统各单位结合自身实际,制定和完善相应的信息化管理制度。如申能股份以内控体系建设为契机,梳理出与信息化工作相关的60多个控制活动,编写信息系统相关的内控手册,制定《信息化工作管理办法》《信息资产管理规定》和《信息系统运维管理规定》等多项制度。同年10月,申能集团部署开展系统单位信息系统和网络安全检查工作,主要检查内容包括组织和人员配备、管理制度、环境安全、安全域划分、访问控制、管理策略、应用系统等,重点检查信息安全制度建设、接入集团系统城域网企业的网络隔离情况。检查报告认为系统各单位均建立信息安全责任制、基本形成信息安全的制度保障,使信息系统和网络安全处于可控范围。

2012年,集团会同申能股份、燃气集团等单位在进一步整理和完善现有的各类应急预案的基础上,有针对性地开展以申能能源中心信息化系统为主线的应急演练,并将应急演练作为一项常态化的工作定期进行。申能集团还成立信息化技术小组,技术小组由集团公司牵头,由申能股份、燃气集团、液化天然气、申能财务公司等单位的信息化管理和技术人员组成,开展多项工作。

2013年集团信息化管理工作围绕着"保安全、构平台、升服务"的信息化管理思路,做多方面的工作。集团公司改造或新建多个基础服务平台,包括对集团短信服务平台的改造,对集团公司友情链接的调整,以及集团应用虚拟化平台和集团统一认证平台建设。5月30日,公司颁布《申能(集团)有限公司信息化项目管理规定》,规范信息化项目的确立和需求管理、实施管理、运行和验收、项目推广、变更和终止、项目文档和保密等核心内准则。同年8月,结合上海市重点领域信息系统安全检查行动举办集团系统信息安全培训,邀请信息安全专家作《信息安全威胁和信息安全检查》专题讲座。要求下属企业凡拥有关系国计民生重要信息系统的,应安排信息安全技术人员参加资格认证培训。截至2013年年底,集团公司及下属单位参加信息安全专业技术人员的资格认证培训,并获通过的为25人次。11月集团部署系统单位信息安全检查工作,推动等级保护和安全测评,信息项目建设扎实推进。

2014年集团公司在不断完善和优化各应用系统的基础上,从公司实际情况和需要出发,先后建设完成集团统一认证平台、申能能源中心无线访客系统,开展集团人力资源管理系统的建设工作,并对集团产权管理信息系统进行可行性研究工作。集团统一认证平台在集团各主要应用系统间实现统一登录,并为业务系统建设提供统一的账户资源,建立标准应用接口规范,信息安全性得以提升,避免系统建设的重复。同年2月,申能集团委托上海市信息安全测评认证中心对公司管理信息系统进行系统安全等级测评,公司管理信息系统定级为二级,测评项符合率为69.4%,无重大不符合项,但安全管理层面问题较集中,公司确定从制度制定和执行、平台开发和升级方面予以整改。5月,集团公司根据《市网安办关于做好近期网络与信息安全应急工作的通知》要求,向市网安办上报《申能集团网络与信息安全事件专项应急预案》,并向集团系统单位下发该预案,要求各单位要认真落实集团应急预案的要求,制定、完善网络与信息安全事件专项应急预案和相关处置方案及报备。9月,根据市经济信息化委与市互联网信息办公室发布的《关于印发〈2014年上海市网络安全检查实施方案〉的通知》要求,集团系统各相关单位结合自身实际情况,精心组织开展安全检查工作,落实检查要求。

2015年6月3日,申能集团召开信息化工作领导小组第五次会议,审议原则通过《申能(集团)有限公司信息化规划(2014—2016)》。会议要求结合"十三五"发展规划、改革转型要求,推进信息化工作上新台阶:一方面抓住"互联网+"给产业和业务发展带来的契机,树立并运用聚焦用户、细分需求、提早谋划、勇争第一的理念;另一方面从以生产、渠道为主,向以需求为主转变,推进安全、服务、客户价值挖掘等方面信息化工作。8月29日,"上海燃气微客服"公众号和手机微客服平台上线运行,由燃气集团、华期信息联合开发,实现燃气抄表、查询、付费、服务信息查询、液化气预约送瓶等传统燃气服务项目自助完成,这是公用事业服务企业借助移动互联网技术推出的便民举措。

2016年公司完成申能私有云平台基础构建,与华东理工大学合作共建能源大数据研究中心,启动集团综合办公系统(一期)建设,完成集团能源应急指挥平台建设方案,申能股份在新项目中升级实施ERP,燃气集团稳步推进智慧燃气建设,东方证券扎实推进核心系统建设并在金融行业取得多项荣誉,申能财务公司升级系统、拓展功能。根据市经济和信息化委员会印发的《关于开展2016年上海市重要工业控制系统信息安全检查工作的通知》的精神和要求,结合集团年度信息安全检查工作安排,组织开展工业控制系统信息安全专项自查工作,力求做好摸清家底、认清风险、找出漏洞、督促整改工作,并于2016年8月24日接受市经信委、公安、市等保办等单位组成的核查小组对集团下属重点单位进行的重要工业控制系统安全的现场核查。

2017年随着各个信息化项目陆续上线,一批重要的体系文件陆续编制完成,包括《集团信息安全体系文件》（共 4 级 72 个文件）、《集团信息安全配置基线》（共 5 类 22 个文件）、《集团综合办公系统管理和技术规范》和《集团地理信息系统数据规范》等，后续将集中进行审议和颁布。集团在第二季度启动 2017 年度上海市工程系列计算机专业高级和中级职称集中培训工作，共计 70 余名信息化专业人员接受培训，人均培训课程 6 门 12 天。为摸清家底、评估风险，根据市委网信办和市国资委对信息安全工作的新要求，集团于年初开展关键信息基础设施专项自查工作，于第二季度启动信息安全风险评估项目，对标 ISO27001 和《网络安全法》，对系统 22 家重点企业的信息化治理风险、管理风险和技术风险进行评估。新版集团综合办公系统、无纸化会议系统和移动办公系统密集上线；应急指挥和 GIS 平台框架搭建完成，内容日趋丰富；能源大数据研究逐步深入；各大业务板块持续发力。

第三节　档案管理

档案是企业的宝贵财富，反映公司在党、政、工、团和各项业务活动、课题研究、内部管理等实践活动中的历史真实记录。1987 年申能成立后，即有意识保留和收集文件档案等材料。1994 年申能股份有限公司制定和颁布《申能股份有限公司档案管理制度》《申能股份有限公司文件管理制度》和《申能股份有限公司档案借阅制度》3 份文件，它们成为申能档案管理制度化的起点。其中，《申能股份有限公司档案管理制度》明确规定办公室档案员的职责，档案的搜集工作、整理工作，档案部门的审核，档案和文件的鉴定工作，档案的保管工作、统计工作、利用工作等具体办法和详细规范。《申能股份有限公司文件管理制度》则要求建立立案归档制度，明确从 1995 年起申能全面推行部分预立卷工作，即办公室主管本机关的档案工作，集中统一制定文书档案、项目档案、合同档案的归档范围和保管期限。各部、室根据归档范围和保管期限的规定及时完成预立卷工作，按永久、长期、短期 3 种不同的保管期限装订成册，于第二年一季度内移交办公室。《申能股份有限公司档案借阅制度》规定档案一般不外借，确因工作需要外借时，须经部门经理同意，分管总经理批准，借阅时间不超 3 天。

1996 年申能集团建立后，公司实行统一领导、分级管理的原则。办公室负责集中统一管理集团公司和股份公司的文书档案、决策档案、项目档案、科技档案、会计档案、声像档案、荣誉档案七大类档案。各部室在职务活动中形成的不同载体的档案，由部室预立卷，定期移交办公室。1998 年年底，公司引进"文档一体化"管理软件，初步建立文件收发和档案管理的信息化管理系统，实现文件级和案卷级多种检索途径，档案管理现代化初见成效。

2001 年公司依照《国家档案法》和《上海市档案条例》，在原有档案制度的基础上进行修改和补充，重新汇编一套档案管理制度，包括：《档案管理制度》《档案管理分工职责》《会计档案管理》《声像档案管理》《荣誉档案管理》《档案借阅和利用》《档案统计管理》《档案保密管理》《档案鉴定和销毁管理》《档案库房管理》《档案业务督导》等。其中同年 12 月 21 日颁发的《申能（集团）有限公司档案管理制度》是关键文件，在 1994 年年初建的档案制度基础上，不仅增加"档案管理分工职责"，而且明确对会计档案、声像档案、荣誉档案等不同门类档案的管理方式，扩充"档案保密管理""档案统计管理""档案鉴定和销毁管理""档案库房管理""档案业务监督"等新内容。同样重要的是，新增《申能（集团）有限公司案卷类目及保管期限》，规定从集团党办到研究室等 15 个部门所属档案类目及不同类文件的保管期限（永久、长期、短期），档案管理具有更强的操作性。全面贯彻执行公司档案管理制度，使集团公司档案工作逐步做到制度化、规范化。

2001 年 6 月，申能集团向上海市档案局申请申能集团有限公司和申能股份有限公司按企业标准升级，按照企业模式进行考核、检查和评分，并获准同意。12 月 26 日，公司办公室用《企业档案工作目标管理考核标准》，对照集团公司档案管理现状，进行自查、自评，提出申报企业档案工作目标管理"市级先进"等级。2002年1月10日，上海市档案局批准申能集团有限公司等23家单位为市级档案工作目标管理企业，由市档案局颁发市级先进等级证书，并依照《中华人民共和国档案法》第九条规定，给予有关人员以表彰和奖励。

2002年集团公司领导对办公室档案工作提出更高要求，在市档案局和市计委的指导下，以"国家一级"的标准，对照35个台账，找差距、搞整改。集团领导将档案工作纳入公司发展规划，纳入公司议事日程，纳入各级领导的岗位责任制，并聘请具有馆员职称的专职档案员赵玉娣负责档案升级达标工作，建立健全由69名专、兼职档案员组成的集团系统二级档案管理网络。改善设施设备，做到库房、阅档、办公三分开。加强档案基础业务建设，引进"双杨软件"，将1987年公司成立之日起形成的档案的标题、封面内容、卷内目录、案卷目录、全引目录全部输入电脑。同时，做到各类档案数量统计、全宗介绍、档案室库藏简介、全引目录、案卷目录，大事记、干部任免、机构沿革、董监事总经理任免，投资项目五大汇编工作。2003年4月，上海市档案局评定和批准申能集团有限公司为国家二级档案工作目标管理达标企业。

2003年2月13日，申能集团建立档案室，隶属于办公室领导，档案室主任由办公室主任邱新平担任。这既是申能集团档案管理按企业标准升级的内在要求，也是国家二级档案单位的必要举措，标志着集团档案管理的更加专业化。2005年4月，申能集团将《上海市档案局转发〈国家档案局中央档案馆办公室关于确保馆藏档案安全的通知〉的通知》转发给各系统单位。要求为确保档案的完整和安全，系统各单位档案部门要严格执行档案库房管理制度，认真落实安全保管措施，各单位组织安全自查，三季度申能集团系统组织抽查。

进入2007年，公司办公室注意到在档案工作取得长足进展的同时，产生一些新问题，包括：工作中存在对档案工作重要性认识不足、部门预立卷人员变动大、收集整理质量有待提高等。4月26日发文要求从强化归档、依目录收集档案、各部门预立卷人员变动通知办公室、档案软件升级四方面进一步加强公司本部档案工作。这一年，申能集团也在系统内传达和开始落实档案局的几份新的重要文件，包括：国家档案局颁发的《机关文件材料归档范围和文书档案保管期限规定》和上海市档案局颁布的《关于2007年上海市档案教育培训工作的意见》《关于加强上海市国有改制企业档案鉴定和销毁工作的意见》《上海市公共信息系统工程（项目）档案管理办法》。

随着信息化技术的进步和公司信息化应用的深入，到2006年，公司逐渐发现2000年时引进的"双杨"软件应用技术已落后，在办公自动化应用中产生的需归档的电子文件不能导入档案管理系统，造成大量的重复性工作，文档一体化无法实现；原档案管理系统中档案数据无电子文件，员工无法在基于网络的档案管理信息系统的平台上直接查阅；不能通过档案管理系统使实体档案和电子档案依托网络来实现档案信息资源的共享。公司经研究决定对档案系统进行全面升级，选用中信信息公司的光典档案系统，将其纳入公司管理信息系统二期项目中。项目于2007年4月启动，公司项目组全程参与档案管理系统各项实施工作。同年年底起在公司本部范围试运行，次年11月12日，办公室会同开发单位对新系统实行运行技术鉴定，各项指标符合设计要求。一方面实现公文系统与档案系统数据的无缝连接，保证电子文件的真实性、有效性和安全性；另一方面实现部门级的、实时在线的预立卷工作，提升档案管理工作效率。同时，实现在线档案查询、利用申请与审批，能够对档案信息内容进行有效管理。

2009年2月11日，公司所属上海气主干管网工程项目档案，通过上海市档案局验收。这项工程建设历时7年，共形成档案2 834卷，其中纸质档案2 701卷、声像光盘材料133册（盘）。市档案局和城建档案馆专家组认为：该工程各类载体文件齐全，竣工图修改到位并标明依据，档案分类、组卷、编目、装帧规范，符合国家及地方有关档案验收标准。

2009年3月11日，上海市档案工作会议召开。会议将认清形势、找准定位，围绕中心、服务大局，查摆不足、明确目标，苦练内功、夯实基础四项工作要求作为未来一个时期的中心工作。随着系统单位新建工程项目的不断增加，面对数量庞大的建设工程档案，如何规范、高效地整理，确保后期竣工移交及方便后人查询和利用，成为系统各单位档案人员迫切希望掌握的一项实用技术。同年10月，集团办公室组织系统各单位30余名档案工作人员进行归档文件整理规则业务培训，邀请市档案局专家就规范归档文件的整理方法、提高档案整理工作的效率作专题辅导和讲解。此次培训为档案工作人员的归档文件整理工作提供技术依据。

2009年11月24日，国家档案局副局长段东生率档案事业综合评估检查组在市档案局局长吴辰等陪同下视察天然气管网公司。作为档案管理工作较为规范的基层单位，管网公司是上海市唯一被市档案局推荐接受国家档案局此次综合评估检查的基层企业。段东升在公司档案室库房实地检查并听取相关工作汇报后，对公司通过对档案的规范管理和有效运用来助推全市天然气"一张网"安全运行和有序管理的情况予以充分肯定。

2011年在档案"五五"普法期间，明确档案法制学习的主要内容、普法对象、教育方法、考核方式等，深入推进档案普法工作开展，使广大档案人员在本职岗位上，档案法制意识和法制观念进一步增强，在实际工作中自觉运用取得较好的效果。同年10月13日，申能集团获2006—2010年上海市档案法制宣传教育优秀宣传单位称号。

2012年12月17日，国家档案局颁布《企业文件材料归档范围和档案保管期限规定》，自2013年2月1日起执行。明确企业档案的保管期限定为永久和定期两种，定期一般分为30年、10年，并详细规定永久保管的企业管理档案和定期保管的企业管理类档案的范围（附企业管理类档案保管期限表）。2013年9月2日，上海市档案局发布《关于组织开展贯彻实施〈企业文件材料归档范围和档案保管期限规定〉试点工作的通知》，申能集团等10家企业作为试点名单。同年12月6日，申能集团出台关于落实《企业文件材料归档范围和档案保管期限规定》的工作计划，分学习阶段、布置和培训阶段、全面实施阶段3个时期。2014年5月26日，上海市档案局批复同意申能集团上报的《申能（集团）有限公司企业文件材料归档范围和管理类档案保管期限表（送审稿）》，申能集团各系统此后便依据此文件归类和制定新的档案管理期限。

2014年7月，根据上海市档案局《关于开展2014年度档案行政执法实地检查工作的通知》，申能集团办公室对公司档案管理工作情况进行自查，报告认为公司在开展档案普法工作、全面落实国家档案局令第10号各项要求、档案的开发利用和档案的保管等方面表现积极，工作突出。

2016年5月，在申能股份、上海市城建档案馆、浦东新区档案局和市建交委审查事务中心等多方协调支持下，外二发电根据国家有关工程档案编制、管理规范，和市、区两级城建档案馆要求，完成公司脱硝工程项目档案编制工作，并通过验收，成为申能股份系统发电企业中第一家完成脱硝档案竣工验收的企业。此次通过验收的脱硝工程建设档案，共有建设工程竣工档案33卷，文件档案12卷，图纸档案19卷，照片档案1卷，声像档案1卷。

第四节　信　访　管　理

1994年申能股份有限公司最早颁布《关于信访工作的暂行规定》，确立公司信访工作的3项基本原则,即群众来信来访反映情况和问题,是人民群众应有的民主权利,各级领导和各个部门必须保障;处理来信来访,根据实事求是、合情合理的原则,按照党和国家的方针政策和法律法规办事;"分级负责,归口办理"。

《关于信访工作的暂行规定》指出信访工作的职责范围和处理方法。第一类是呈送公司领导批阅的信访件,包括上级机关领导同志批示和交办的信访件;反映分公司、子公司及部、室领导同志的问题,以及中层领导班子的问题;对公司工作的重要批评和建议;长期得不到解决的重大疑难问题。第二类是转公司有关部门处理的信访件,包括公司领导有批示的信访件按批示转办、涉及党纪方面的信访件转党组织纪检部门处理、涉及工作人员问题的信访件转人事部门按干部管理规定分级处理、业务问题的信访件转有关业务管理部门处理、股民事宜的信访件转策划部处理。

2001年12月20日,申能集团颁发《申能(集团)有限公司信访工作的规定》,重申1994年《关于信访工作的暂行规定》的基本原则和职责范围,并明确公司信访工作归口办公室管理,须呈送公司总经理室阅批和可转有关部门处理两类未包括的信访件,由办公室酌情报、转处理。

《关于信访工作的暂行规定》明确来信来访的处理方法:来信来访由办公室指定专人负责拆封和接待,对来信来访要及时进行登记、编号、记录,以备查考。办公室根据来信来访的内容提出呈送总经理室或转系统各公司及公司有关各部(室)的拟办意见。来信来访件转办前应复印留存。系统各公司及公司各部室根据公司总经理室的批示或办公室拟办意见进行处理,不得扣压,不得拖欠不办,处理完毕后以书面形式(连同来信来访件)报公司办公室。系统各公司及公司各部室对来信来访件要认真处理,及时答复来信来访当事人。一般性问题应在15个工作日内处理完毕;比较复杂问题应在30个工作日内处理完毕;如遇特殊情况,不能按期办结的,应经办公室报总经理室,说明情况,获批准后可适当延期。来信来访处理结束,按公司档案管理规定,立卷归档。办公室定期对来信来访处理情况统计后报总经理室。

2008年上海市委、市政府信访办下发《关于应用上海市"网上信访"受理(投诉)中心网站工作平台做好信访事项转交办工作的通知》《关于电话信访实行网上办理的通知》,要求通过公共网络和政府公务网两条线进行信访处理,并提出具体的操作流程和时限。公司拟定贯彻意见:凡市委、市政府信访办,市人大及市国资委等上级单位从公共网络、政府公务网途径转公司办理的信访事宜(包括反映、举报领导干部的),由办公室登记、编号,按信访件的内容转相关部门或相关单位处理;上级单位通过机要、信函转办的和直接来信、来访的,一般信访事宜由办公室接待、登记、转办;反映、举报领导干部的,由纪检(党办)按规定办理。办公室由专人每天登录1~2次政府公务网和"网上信访"受理(投诉)中心网站,查阅是否有转公司处理的信访件,如有则必须立即下载处理。办公室拟转办意见时应包含受理部门或单位、办理时间要求等要素;受理部门或单位收到转办件,必须按规定时间办理,并及时上报办理情况,办理情况应包含基本情况、处理结果(依据)、信访人反馈意见等内容;受理部门或单位如通过"网上信访"受理(投诉)中心网站工作站告知信访人,必须同时将办理情况抄集团备案。

2008年8月6日,为贯彻中共上海市委、市政府办公厅《关于进一步加强当前上海市信访工作的意见》和《市国资委出资企业信访工作目标责任书》意见的通知精神,适应信访工作的新形势、新要求,集团公司制订和下发《关于切实做好系统信访工作的意见》(以下简称《意见》)。《意见》首先阐明工作责任,"企业党委书记、法人代表为信访工作第一责任人、对信访工作负总责";并依照"一岗双责",对系统内二级单位信访工作的联系分工也作明确,确保信访工作层层落实,逐级把关。《意见》明确集团本部负责信访接待与处理的部门是办公室和党办。办公室主要负责系统内外对涉及个人利益诉求方面的来信和来访,党办主要负责系统内外对公司领导、内部工作人员情况举报的来信和来访。系统各单位将明确的信访工作第一责任人、分管领导、分工联系领导及信访工作部门和信访工作人员名单报申能集团办公室汇总,最终形成集团系统负责信访工作全覆盖的工作网络。

关于信访工作机制,《意见》要求明确初信、初访、首问、首办责任制,建立信访复查、复核机制,建立案结事、源头预防、督查督办的长效工作机制。为达到初信、初访百分之百化解的目标,要求集团和系统各单位要加强在人力、物力和财力方面的投入和保障,加强对信访工作人员的队伍建设和相关业务的培训,加强重点单位信访机构的工作力量,明确对信访工作的奖惩规定,将信访工作列入集团和系统各单位及领导班子年度考核范围。

除制定并下发系统各单位有关信访工作的意见外,申能集团还提出着力贯彻信访工作要求的其他两项措施,即进一步明确信访工作责任和完善信访工作机制,包括明确信访处理机制初信、初访、首问、首办责任制,复查复核机制,内部沟通与办结机制及信访工作保障机制,要求集团信访部门要每月报告、集团领导要定期听取信访工作情况汇报并及时协调重点、难点信访案的处理和确定对重信重访案的接访、下访乃至包案工作。

2009年3月2日,申能集团提出做好全国"两会"期间信访稳定与安全保卫工作4项措施,要求系统各单位充分认识做好"两会"期间信访稳定工作的重要意义;加强排查和化解矛盾纠纷的工作力度;畅通信访渠道,做好源头防范工作。

2010年8月,申能集团在高邮市信访局的见证下,以帮困形式给予公司原职工女儿毛志琴一次性补助179 281.19元,妥善解决毛志琴的信访问题。2012年,公司将认真做好信访稳定工作作为构建和谐企业的重要基础。2014年4月,根据市领导、市国资委领导《关于办理国家信访局集中交办信访积案》批示精神及4月4日市国资委信访办紧急会议要求,申能集团及时将涉及石煤制气李后洲等4人积案交办的有关情况及相关要求报集团主要领导。集团领导高度重视,要求相关部门进一步弄清情况,主动与上级部门联系,积极争取支持和指导,并最终有效地解决相关问题。2015年随着集团产权管理信息系统正式上线,信访稳定的基础工作取得积极进展。2017年5月,集团召开第十一次党代会,会议对做好公司在中共十九大期间的信访稳定工作提出了更新和更高的要求,将信访工作作为保证公司持久稳定与和谐发展的重要环节。

第八篇

党群组织

概　　述

1987—2017年30年间，申能在系统各级企业和部门中建立中国共产党的各级组织，不断发现和培养入党积极分子，发展党员骨干，建设起一支政治上可靠、专业上过硬、作风上优良的党员干部队伍。截至2017年年底，申能系统建立党委29个，党总支10个，党支部253个，拥有党员4408名。申能各级党组织在企业改革、发展、调整、转型的各个阶段，始终坚持发挥领导核心和政治核心作用，加强党的政治建设、思想建设、组织建设、作风建设和纪律建设，狠抓党风廉政建设，不断增强党组织的创造力、战斗力和凝聚力，为公司顺利完成改革发展、稳定各项任务提供坚实的保障。

申能各级党组织按照中共中央、中共上海市委、上海市国资委党委等上级党组织的部署，积极组织系统党员参加"三讲"学习教育活动、"三个代表"重要思想学习教育活动、保持共产党员先进性教育活动、深入学习实践科学发展观教育活动、党的群众路线教育实践活动、"三严三实"专题教育活动、"两学一做"学习教育等专题学习教育活动，通过学习提高党员和党组织的思想政治觉悟，增加凝聚力和向心力，为企业发展提供坚实的保障。

30年来，申能作为上海市地方能源企业，承担城市电力、燃气等清洁能源保障供应责任，同时肩负城市安全、环境保护、节能减排、能源服务等方面的社会责任。申能党委及系统各级党组织充分发挥把方向、管大局、保落实的重要作用，努力将企业建设成为党和国家最可信赖的依靠力量；成为坚决贯彻执行党中央和上海市委决策部署的重要地方国有企业。申能党委积极贯彻新发展理念，全面深化改革，大力实施"走出去"战略，积极参与"一带一路"重要倡议；为提升综合国力、促进社会经济发展、保障和改善民生作出贡献。

30年来，申能各级党组织注重加强对工会、共青团组织的领导，全心全意依靠广大职工群众，集思广益，共同办好企业。公司各级工会、共青团组织依照国家有关法律、法规及各自章程规定，加强自身建设，认真履行自身职能，团结凝聚公司员工，促进员工和企业的同步发展。

第一章　党的组织和党的建设

　　1987年,申能电力开发公司成立中国共产党申能电力开发公司支部委员会,随着企业的不断发展壮大而不断扩展党的组织和党员队伍。30年来,申能党组织在企业中发挥政治核心作用,不断加强自身建设,坚决贯彻中央、市委、市综合经济党委和市国资委党委相关方针、政策和指示;支持公司董事会、经理班子依法依规开展工作;坚持"党要管党""党管人才"原则,加强企业党建工作和干部队伍建设;发挥纪检监督部门作用,加强党风廉政责任制建设;加强精神文明建设,支持和指导系统工会组织和共青团等群众组织活动,切实做好系统职工思想稳定工作,维护社会秩序和保障电气供应,在公司"锐意进取、稳健开拓"过程中积极发挥自身作用和影响。

第一节　党　的　组　织

　　1987年,申能电力开发公司成立之初建立党支部,1995年申能股份有限公司成立党的委员会;1996年申能集团成立后,中共申能集团委员会亦随之成立。30年来,申能党组织在市委和市计委党组、市综合经济委党委、市国资委党委领导下,始终坚持结合形势与自身实际,不断加强自身建设,发挥国有企业党组织的领导核心和政治核心作用,明确党组织在企业法人治理结构中的法定地位,为企业改革、发展、壮大与创新转型提供思想和组织保证。

一、党组织沿革

　　1987年12月26日,中共申能电力开发公司支部委员会成立,隶属于中共上海市计委机关委员会,秦子龙任支部书记。1988年年底,公司拥有中共党员11名,占公司全部在编员工15人的73%。1990年11月支部改选,由邹金宝、肖美琪、陈铭锡组成新支委,邹金宝任支部书记兼纪检委员,肖美琪为宣教委员,陈铭锡为组织委员。1991年3月增补周建为支部委员,并担任支部副书记。1992年6月,市计委批准申能电力开发公司转制为申能股份有限公司;同年12月,增补严成俊为支部委员,并担任支部书记。1995年1月,市委同意成立中共申能股份有限公司委员会,由仇伟国任党委书记,隶属于中共上海市计委机关委员会;同年3月,中共上海市计委机关委员会同意由仇伟国、陈光华、吴家骅、刘承泽4人组成中共申能股份有限公司委员会,陈光华兼任党委副书记。1996年5月,市政府批准以申能股份国有股为基础组建申能(集团)有限公司;同年7月,为加强申能集团有限公司党的工作,中共上海市综合经济委员会决定建立中共申能集团委员会,隶属于市综合经济党委,由许冠庠、仇伟国、陈光华、吴家骅、刘承泽、周建6人组成,许冠庠任书记,仇伟国为副书记。1999年市委决定杨祥海任集团党委副书记。2002年8月,市委决定李关良任集团党委书记;同年10月,增补宋振林为集团党委委员。2003年5月20日,中共申能(集团)有限公司党的关系从中共上海市计划委员会归口中共上海市国有资产管理办公室委员会。2008年4月,市委组织部宣布杨祥海任申能集团党委书记,吴建雄任集团党委副书记。2010年12月16日,中共申能(集团)有限公司第一次代表大会召开,差额选举杨祥海、吴建雄、仇伟国、葛维昌、周嘉琦、乔志刚、王知7人组成中共申能(集团)有限公司新一届委员会,其后举行的第一次党委会选举杨祥海为党委书记,选举吴建雄、仇伟国为党委副书记;2014年2月,市委组织部、市国资委宣布王坚担任申能集团党委副书记职务。2015年5月,王坚出任集团党委书记。2016年12月16日,中共申能(集团)有限公司召开代表大会,选举增补王者洪、宋雪枫、须伟泉为中共申能集团有限公司委员会委员。2017年8月,黄迪南出任申能集团党委副书记。

1990年,中共申能电力开发公司支部改选,邹金宝担任支部书记兼纪检委员。1996年7月,中共上海市综合经济工作委员会决定建立中共申能集团有限公司纪律检查委员会,由周建、孙剑亭任委员,周建任副书记。为加强纪委工作,1997年申能集团增补张光磊为纪委委员。2007年,集团纪委进行调整,充实王知、谈金龙、须伟泉、江豪维、邬跃舟5名纪委委员,其中集团党委委员王知担任纪委副书记。2008年12月,市国资委决定周嘉琦出任申能集团纪委书记。2010年12月16日,中共申能第一次党代会选举王鸿祥、邬跃舟、周嘉琦、须伟泉、谈金龙为中共申能集团纪委委员,其后举行的第一次纪委会选举周嘉琦为纪委书记。2016年2月,盛裕若出任集团纪委书记。2016年12月16日,集团党代表大会选举增补刘先军、李松华、徐任重为中共申能(集团)有限公司纪律检查委员会委员。

二、基层党组织

1987年12月,中共申能电力开发公司支部委员会成立。1988年,申能公司着力健全组织生活,发挥党员的先锋模范作用。随着申能事业范围和规模的不断扩大,员工队伍逐渐增加,党的组织也不断发展。1995年10月,申能党委制定《申能股份有限公司党的建设三年(1995—1997)规划》,要求加强系统企业党的基层组织建设,组建新企业时,要基本实现"三同步",即同步组建企业的党组织、配备党务工作人员、开展党的建设。同年,申能党委在下属5个公司和公司本部建立6个党支部,到年底又在新建立的申能科技发展公司建立党支部。1996年年初公司党委下属7个基层党支部,拥有党员82名,占职工总数的50%。

1996年8月,中共上海物产有限公司委员会归口申能(集团)党委管辖。1999年中共申能房产有限公司党总支成立,下辖3个党支部。2000年,中共申能集团有限公司离退休干部支部、本部第一支部、本部第二支部相继成立。2003年年初,集团党委下属基层党委2个,党总支3个,党支部20个,党小组35个。同年中共上海外高桥第二发电厂委员会、中共上海燃气(集团)有限公司委员会先后成立,归口集团党委领导。截至2005年12月31日,系统共有党组织173个,其中:党委18个,党总支9个,支部146个,党员共计2327名。2016年,东方证券股份有限公司党委归口申能集团党委管理。

到2017年年底,申能(集团)有限公司系统共有党组织292个,其中党委29个,党总支10个,党支部253个。

表8-1-1 1987—2017年若干年份申能集团党组织结构与数量情况表　　　　单位:个

年　份	党组织总数	党　委	党总支	支　部
1987	1			1
1995	8	1		7
1996	10	3		7

〔续表〕

年　份	党组织总数	党　委	党总支	支　部
1999	14	3	1	10
2000	17	3	1	13
2002	26	3	3	20
2005	173	18	9	146
2006	169	18	9	142
2007	169	18	9	142
2008	174	19	5	150
2009	184	19	7	158
2010	185	19	8	158
2011	186	19	8	159
2012	186	19	8	159
2013	185	19	9	157
2014	190	19	9	162
2015	187	20	9	158
2016	272	25	13	234
2017	292	29	10	253

三、党委办公室

1987年,中共申能电力开发公司支部委员会成立,支部办公室负责纪检、组织与宣传工作,与办公室合署办公。1995年1月,中共申能股份有限公司委员会成立后,于同年3月制定《申能党委工作若干意见》,规定公司设立党委办公室,与行政办公室合署办公。1995年4月,为加强党的组织机构建设,申能正式建立党委办公室,为党委的综合性职能机构,依然与办公室合署办公。党委办公室主要职能包括根据公司党委会的指示、要求,行使党委的组织、纪检、宣传等工作部门职能,指导、检查基层党支部开展党建工作,以及完成党委交办的其他工作。1996年申能集团成立后,集团党委会设立党委办公室,与人力资源部合署办公,配有专职组工人员,并兼纪检和精神文明建设等工作。其后,单独设立党委办公室,2014年公司制定《党委办公室职责》,规定其主要负责党委领导的日常政务、事务和服务工作,包括指导纪检监察、工会、共青团等组织日常工作的开展,具体包括办公室、组织、党风廉政、宣传与精神文明以及统战工作五方面的工作。到2017年年底,党委办公室工作内容和职责基本延续。

四、党员结构

申能是一个逐步成长起来的企业,早期员工人数较少,党员人数相应也少,随着企业的不断发展壮大,党员人数随之不断增加。1988年公司拥有11名党员,1990年12名;1996年集团拥有党员82名,占职工总数的50%。到2003年年初,公司有党员270名;随着2003年燃气集团整建制划入申能集团,燃气集团党委管辖的1816名党员关系转入申能集团党委,申能党员人数迅速增加,达到2000余人。2006年,集团党员人数为2439名,此后党员人数不断增加,到2012年突破3000人。2016年东方证券整建制转入申能集团,东方证券公司党员1110人转入申能集团党委管辖。2017年年底,集团系统党员人数为4408名。

表8-1-2 2002—2017年若干年份申能集团党员总数、性别和年龄段情况表   单位:人

年份	党员总数	女性	35岁及以下	36~45岁	46~54岁	55~59岁	60岁及以上
2002	270		50	73	98	49	
2006	2 439	392	503	585	944	308	99
2007	2 559	420	567	641	918	328	105
2008	2 636	443	584	682	903	367	100
2009	2 808	491	635	720	881	451	121
2010	2 884	533	658	760	855	462	149
2011	2 756	568	700	796	629	480	151
2012	3 042	606	694	897	744	551	156
2013	3 114	632	706	937	707	597	167
2014	3 075	646	684	948	798	493	152
2015	3 087	660	694	952	824	427	190
2016	4 229	1 176	1 482	1 228	989	369	161
2017	4 408	1 308	1 559	1 252	1 042	362	193

2006年以来,申能公司党员人数呈现直线上升趋势,从2006年的2439人增加到2017年的4408人,增加将近2000人,增长率超过80%。女党员数量增长更快,2006年申能公司有女党员392名,占申能全部党员人数的16%;2017年申能有女性党员1308名,占全部党员人数的30%,比2006年高出14个百分点。

2006年申能35岁及以下的年轻党员503名,占申能全部党员人数的21%,且此后呈明显增长态势;2017年35岁及以下党员1559名,占申能全部党员人数的35%,比2006年高出14个百分点。2006年,申能有36~45岁的党员585名,占公司全部党员人数的24%;该年龄段的党员人数呈稳定增长态势,2017年达到1252人,占全部党员人数的28%。46~54岁年龄段党员人数的变化相对较小,但其在申能全体党员中所占比重明显下降,2006年该年龄段的党员人数为944人,占公司全部党员人数的39%;2017年,该年龄段党员人数为1042名,约占全部党员人数的24%,比2006年低15个百分点。55~59岁年龄段党员人数先略增,然后明显减少,其比例则一直在递减,2006年,该年龄段党员人数为308名,占全部党员的13%;2017年该年龄段党员人数为362名,占全部党员人数的9%。60岁及以上党员绝对人数有所增加,其在公司党员中所占比例则基本稳定在4%左右。

表8-1-3　2002—2017年若干年份申能集团党员学历情况表

年　份	党员总数	研究生	本　科	专　科	中　专	高中、中技	初中及以下
2002	270	20	86	82		64	18
2006	2 439	91	497	751	415	304	381
2007	2 559	112	587	761	409	322	368
2008	2 636	115	677	808	387	307	342
2009	2 811	137	781	855	385	326	327
2010	2 884	135	864	908	360	319	298
2011	2 956	142	955	916	351	312	280
2012	3 042	154	1 034	945	332	326	251
2013	3 114	163	1 093	972	331	331	224
2014	3 075	176	1 168	950	289	312	180
2015	3 087	195	1 230	927	275	306	154
2016	4 229	867	1 690	943	307	286	136
2017	4 408	783	2 077	902	208	333	105

申能党员队伍中高学历党员人数越来越多、比重越来越高。2006年,申能党员中拥有研究生学历者91人,占全部党员人数的3.7%;2017年公司党员中拥有研究生学历者增加到783人,占全部党员人数的17.8%。拥有大学本科学历的党员人数从2006年的497人,增加到2017年的2 077人,其在申能党员中所占比重由20.4%增加到47.1%;2017年拥有大学本科及以上学历的党员占到公司党员总人数的65%。大学专科人数从2006年的751人增加到902人,所占比例则从30.8%降到20.5%。大学专科以下包括中专、高中、中技、初中及以下,无论是绝对人数还是所占比重,均大幅减少。

从上述两个表格可以比较清楚地看出,申能集团党员队伍呈现出比较明显的年轻化、知识化的发展趋势;女性在党员队伍中所占比例也明显增加。

五、党代表选举和党的代表大会

【党代表选举】

组织系统单位党员选举代表参加各级党的代表大会是集团党委工作的重要内容。1997年10月,根据市委《关于中共上海市第七次代表大会代表选举工作的通知》和市综合经济党委《关于市综合经济党委系统出席上海市第七次党代表大会代表名额分配和代表产生办法的实施意见》,在市综合经济党委领导下,申能(集团)有限公司与上海精文投资有限公司共同推选1名代表候选人,最终市综合经济党委根据推荐结果,确定许冠庠为中共上海市第七次代表大会代表候选人。同年10月9日,申能(集团)有限公司召开全体党员大会,应到党员人数79名,实到68人,采用无记名投票方式,选举许冠庠为出席上海市第七次党代会代表。

2002年2月,遵照市计委党委《关于市计委系统出席中共上海市第八次代表大会代表选举工作的通知》和《关于市计委系统推荐中共上海市第八届委员会委员、候补委员和市纪律检查委员会委员候选人初步人选工作的通知》精神，集团党委于月底召开系统各单位党组织负责人会议，部署选举工作。同年3月11日，根据市计委组织处《关于出席中共上海市发展计划委员会系统党代表会议代表候选人初步人选名单审查通过》的电话通知精神，集团公司党委于当日下午召开中共申能（集团）有限公司系统党代表会议，出席代表应到会55名，实到会52名，经过差额选举，从13名代表候选人中产生11名代表。经党委会表决通过，同意许冠岸等11人为出席中共上海市发展计划委员会系统党代表会议代表。经民主推荐，公司总经理杨祥海当选为中共上海市第八次代表大会的代表。

2006年11月，根据市委组织部、市国资党委中共十七大代表候选人推荐提名工作的有关要求，集团党委召开各单位分管书记、组织干部部门负责人会议，部署做好中共十七大代表推荐提名工作。各单位党组织向全体党员传达有关要求，经过自下而上、自上而下、反复酝酿，11月24日，由集团党委会决定推选3名党员为申能集团系统出席中国共产党第十七次全国代表大会代表候选人初步人选。系统144个党支部全部参加推荐提名，参与率100%；系统有2372名党员参与推荐提名，参与率99.2%。同年12月，集团党委部署中共十七大代表候选人初步人选第二轮推荐提名工作，在国资委反馈的37名初步人选中，推荐15名候选人初步人选，作为国资委党委系统出席中国共产党第十七次全国代表大会的代表候选人。系统144个党支部全部参加推荐提名，有2382名党员参与提名，参与率99%。

2007年3月，根据《中共上海市委关于市九次代表大会代表选举工作的通知》精神，集团党委制定《申能集团市第九次党员代表会议代表选举工作实施方案》和《关于召开系统党员代表会议的通知》，并召开系统各单位党组织分管领导和组织、干部部门负责人会议，部署市第九次党代表大会代表选举工作会议。申能系统市九大党代表选举分股份系统、燃气系统和其他单位三大板块，经过支部酝酿推荐，集团甄别，征求意见，候选人公示，确定预备人选。申能系统所有147个党支部全部参加推荐提名，有2401名党员参加推荐提名，参与率98.4%。同年4月26日，系统召开党员代表会议，选举产生仇伟国、高玉珍为申能集团系统出席中国共产党上海市第九次代表大会代表，顺利完成选举工作。

2012年3月5日，根据市委、市国资委的统一部署，申能集团召开选举市国资委系统参加中共上海市第十次党代会代表动员部署专题会议。会后，系统各单位按照工作要求有序推进各项工作，利用视频工作会议、书记例会、党员大会等形式，学习传达、动员部署市十大党代表选举工作。集团党办对系统各单位党组织推荐提名情况进行汇总，基层直接提名81人次，其中推荐提名13人。集团党支部总数159个，100%参与推荐提名；党员人数2956人，参加党员数2895人，参与率97.9%。经党委研究决定，推荐许峥、吴建雄、金东琦为代表候选人初步人选，并上报市国资委。同年4月11日，集团召开党代表会议，应到代表120人，实到代表109人，采用无记名投票方式，差额选举吴建雄和金东琦为市国资委系统出席上海市第十次党代表大会代表。

2017年3月2日，根据市委、市国资委要求，申能集团选举上海市第十一次党代会代表推荐提名工作启动。集团系统236个党支部100%参与推荐工作，党员的参与率为98%。经过自下而上、充分酝酿，推荐提名吴建雄、王海东、周萍、韩英杰为代表候选人初步人选。同年4月6日，集团召开党代表会议，采用无记名投票方式，差额选举吴建雄、王海东和韩英杰为申能集团参加市第十一次党代会的代表。

【召开党员代表大会】

2010年10月22日,根据党章和中央、市委有关规定以及集团实际情况,经市国资委党委批准,申能集团党委决定召开中共申能(集团)有限公司第一次代表大会(以下简称集团党代会),并下发《关于中共申能(集团)有限公司第一次代表大会代表选举工作的通知》(以下简称《通知》)。《通知》明确代表的条件、名额、构成及分配原则,并确定代表产生程序和时间。根据集团实际情况,党代会代表名额共计120名,分25个选举单位,根据各自党员数量分配代表名额。集团党委考虑到这是第一次举行集团代表大会的选举,随《通知》一起下发各类参考规范,以利各单位照章举行代表选举。

同年10月25日,集团党办召开党代会工作培训会,进一步明确党代会组织实施阶段的各项工作要求,特别是党代会代表的选举以及"两委"(党委和纪委)委员候选人的推荐酝酿工作。强调各单位要加强宣传,营造气氛,确保党代会的顺利召开。随后,系统各单位通过召开党支部书记例会、支部党员大会等,并运用公司OA网、宣传栏等载体,传达集团党委书记、董事长杨祥海在动员部署会上的讲话精神。各选举单位根据代表条件、分配名额、结构要求,组织全体党员酝酿提名,根据多数人的意见,以不少于20%的差额确定代表候选人名单,并于11月1日前报申能集团进行预审和准备公示。10月26日,集团召开党代会两委工作报告讨论会,组织起草"两委"工作报告。同时,新一届党委、纪委委员候选人第一轮推荐工作也同步展开。经过对党代会代表候选人的资格审查和公示后,各选举单位于11月12日前陆续召开党员代表大会或党员大会,以无记名投票方式,差额选举产生本单位出席集团党代会的代表。集团党代会代表120名,其中,党员领导干部28名,占23.3%;管理及生产(工作)一线党员、专业技术人员92名,占76.7%;市级以上劳模先进7名,占5.8%;女代表26名,占21.7%。

根据《上海市党的基层组织选举工作实施细则》和集团《关于新一届党委、纪委委员候选人推荐酝酿的办法》工作要求,集团新一届"两委"委员候选人严格按照"两上两下"的推荐程序进行推荐酝酿,各选举单位坚持自下而上、上下结合,广泛听取党员意见,充分发扬党内民主。候选人初步人选由党员推荐、党支部提名、逐级遴选产生,在此过程中,基层党支部的参与率达到100%,党员的参与率达到92%。同时,集团还组织110名群众代表对候选人初步人选进行推荐。11月15—17日,各代表团组分别召开第一次会议,代表团组会议应到党代表120名,实到115名。党代表认真研读"两委"工作报告,积极建言献策,并对"两委"候选人进行第二轮推荐。同期,集团领导分头前往基层单位召开党代表座谈会,广泛征求意见,听取党代会代表关于集团工作和"两委"工作报告的建议。11月22—26日,集团新一届党委、纪委候选人在系统各选举单位公示。11月29日,集团党委召开党代会文件专题修改会,对收集到的各方面意见进行分析、研究,对《党委工作报告》《纪委工作报告》《党代表常任制》3个党代会文件作进一步修改、完善,并确定主席团组成人员、秘书长建议名单等。

2010年12月16日,中共申能(集团)有限公司第一次代表大会在市国资委党校隆重举行。应出席大会的代表120名,列席代表7名,实到代表119名。市国资委党委副书记出席会议并讲话,市委组织部、市国资委党委有关处室领导、集团部分老领导出席会议。大会审议并通过党委书记杨祥海所作《加强党的建设,坚持科学发展,为实现集团"十二五"发展目标而奋斗》的党委工作报告和纪委书记周嘉琦所作《推进反腐倡廉建设,努力为集团改革发展提供保证》的纪委工作报告,审议并通过《党代表常任制》等文件;在大会监票人监督下,到会代表以无记名投票方式,选举产生中共申能(集团)有限公司新一届委员会7名委员和新一届纪律检查委员会5名委员。其后的第一次党委会、纪委会选出集团党委正、副书记和纪委书记。

2016年12月16日,经市国资委党委批复同意,申能(集团)有限公司召开党的代表大会,应到代表95人,实到代表85人。大会根据党章有关规定和选举办法,采取无记名投票方式和等额选举的办法,选举增补王者洪、宋雪枫、须伟泉为中共申能集团有限公司委员会委员。同时选举增补刘先军、李松华、徐任重为中共申能(集团)有限公司纪律检查委员会委员。

第二节　思想政治建设

中国共产党历来重视思想政治建设,企业党组织加强思想政治建设,更是保证党组织在企业中发挥政治核心作用的关键。申能党组织成立后,在市委和上级党组织的领导下,始终把思想政治建设作为党建工作的重要内容,不断学习党的基本理论、方针、政策,与时俱进,与中央和上级党委保持一致,努力维护企业发展的良好局面。

一、政治理论学习

1989年,中共申能电力开发公司党支部及时传达学习党中央和上海市委的有关指示,按照市委"稳定上海、稳定大局、坚持生存、保障生活"的要求,积极正确引导职工认清形势,统一认识,坚守工作岗位。1990年,党支部组织党员、职工学习社会主义基本理论,结合职工思想实际,进行国情教育,自力更生、艰苦奋斗教育,爱国主义、集体主义和共产主义思想教育。1991年,公司党支部确立"鼓实劲、办实事、走正路、团结协作,为上海人民多办实事"的指导思想,加强思想政治工作,努力提高职工队伍素质。

1994年,党支部制订学习计划:上半年主要学习中国特色社会主义理论,学习邓小平"南方谈话"和中共中央政治局全体会议精神,学习中共十四大文件;下半年主要抓学习社会主义市场经济理论,学习《邓小平文选》第三卷和中共十四届三中全会文件,采用自学、小组讨论、专题报告相结合的方法,引导党员和职工对现阶段党的任务、目标的认识,掌握社会主义市场经济的基本理论,从而激励职工鼓起投身改革、参与改革的热情。在学习方式上,主要抓中心组、各职能部门及各公司学习小组,分专题按不同的要求组织学习,并组织五次大课辅导,组织"干部看浦东""申能员工看公司新建电厂"等实地考察活动,组织参加市人事局组织的《社会主义市场经济基本理论》学习考试。

1996年,集团党委坚持以邓小平同志建设有中国特色的社会主义理论和党的基本路线为指导,全面贯彻中共十四届四中、五中、六中全会决定和市委六届四次全会精神,坚持"抓住机遇、深化改革、扩大开放,促进发展、保持稳定"的基本方针,坚持把思想政治建设放在首位,使党员干部认清形势,统一思想,增强贯彻执行党的基本路线的自觉性。公司党委以贯彻四中、六中全会文件精神为主导,着重开展"三大教育"(即形势教育、法制教育、反腐倡廉教育)。以形势教育系列活动为主要抓手,党委先后组织"国际形势报告会""当前经济形势和国有企业改革"辅导报告,观看录像《回顾展望浦东改革开放》的国内形势教育,"纪念七一形势教育知识竞赛"等形式多样的教育活动,提高党员对当年形势和任务的认识。

1997年,集团党委把"揽全局、议大事、抓队伍、搞协调"作为党委工作的指导思想,加强党委在企业发展中的政治核心地位。坚持抓好公司党委中心组学习,着力提高领导班子政治思想素质和理论修养,认真学习中共十五大文件,加强学习邓小平建设有中国特色社会主义理论。通过选举上海市第七次党代会代表,进一步在系统党员队伍中开展党的基本理论、党章等学习和教育活动。1998年,公司继续深入学习、贯彻中共十五大和上海市第七次党代会精神,以思想政治建设为重点,开展以"三讲"为主要内容的党性教育,进一步加强领导班子建设。1999年,集团党委重点组织学习中共十五届四中全会《关于国有企业改革和发展若干重大问题的决定》精神,并结合公司实际情况,制定工作目标,保持公司持续发展。

2000年,集团党委制定《关于加强和改进党的思想政治工作的意见》下发系统各单位,要求系统各级党组织和党政领导同志重视思想政治工作,组织干部职工开展理论学习,对党员干部进行党性教育和理想教育,并认真学习中央宣传部编的《毛泽东邓小平江泽民论思想政治工作》以及《中共中央关于加强和改进思想政治工作的若干意见》《抓紧新形势下党的思想政治工作》的《人民日报》评论员文章等。2001年,公司党委坚持理论报告会制度,全年安排4次理论学习辅导报告会,邀请著名学者、专家来公司上理论辅导课,讲解江泽民同志"三个代表"重要思想、江泽民同志《在庆祝中国共产党成立80周年大会上的讲话》和中共十五届六中全会《关于加强和改进党的作风建设的决定》等,为公司持续、健康发展提供坚强的政治保证。2002—2004年,系统党组织坚持学习邓小平理论和"三个代表"重要思想、中共十六大及各次全会、中央经济工作会议和市委八届二次、三次全会文件,把"三个代表"重要思想贯彻到企业发展的中心工作。2004年3月,公司党委邀请上海大学教授举行国际形势辅导报告会,加强全体党员和干部、职工对中央提出的战略机遇期的认识。2004年下半年,公司党委组织系统党组织和党员学习中共十六届四中全会《关于加强党的执政能力建设的决定》,并邀请市委党校教授作辅导报告。

2005年,集团党委组织、传达学习中共十六届五中全会和市委八届八次全会精神,在系统党员中开展保持共产党员先进性教育,要求广大党员树立发展意识、大局意识、责任意识和忧患意识,为公司持续繁荣健康发展提供坚实的思想保证。2006年4月,集团党委召开中心组学习扩大会,邀请市国资委同志作就《市委组织部、市国资委党委关于加强和改进国有及国有控股企业党建工作的意见》作专题报告。同年11月,公司邀请市委党校、上海行政学院教授作学习、贯彻十六届六中全会辅导报告。2007年集团组织学习贯彻市九大会议精神,要求切实加强党的建设,用党代会精神指导班子建设、队伍建设、党风廉政建设、基层党建、构建和谐企业等各项工作。同年年底邀请市委党校教授举行中共十七大精神辅导会。2008年,申能集团以学习、贯彻九届市委四次会议及俞正声书记讲话精神为动力,组织开展学习实践科学发展观活动。2009年,集团系统深入开展学习、实践科学发展观活动,并将科学发展观与公司发展及克服公司困难结合起来。通过党委中心组学习、领导班子下基层调研和务虚会等制度,弘扬理论联系实际的学风,认真学习、贯彻市委九届九次会议精神。

2010年是上海世博会年,集团党委注重学习型领导班子建设,认真抓理论学习,创新学习形式,落实中心组学习会、辅导报告会、务虚会等学习机制。2013年集团党委牢牢把握"创新驱动、转型发展"的总方针,以学习贯彻中共十八大精神为引领,加强领导班子思想作风建设,开展中共十八大报告、党章专题学习,深入领导中共十八大报告关于深化国资国企改革发展的新内涵。通过领导上党课、专题组织生活会、学习讲座等多种形式,在系统党员、干部和职工中广泛开展中共十八大精神宣传教育工作。2014年,集团党委通过重点领读、集体讨论、辅导报告等形式,深入学习贯彻中共十八大及十八届三中、四中全会和中央经济工作会议精神,深入学习贯彻习近平总书记系列重要讲话。

2015年,集团党委召开系统书记工作例会,深入学习贯彻市委十届八次、九次全会精神;通过上党课、专题学习研讨会等形式开展"三严三实"专题教育活动。党委中心组开展学习《中共中央、国务院关于深化国有企业改革的指导意见》,要求明确国企改革的布局和功能,确立国企主体地位、加强内部管理,严防国资流失,充分发挥党组织的作用。2016年,集团党委按照"基础在学、关键在做"的总要求,深入开展"学党章党规、学系列讲话,做合格党员"的"两学一做"学习教育活动。2017年,党委认真研读中共十九大报告和新党章,重点学习《习近平谈治国理政》第二卷;学习贯彻市第十一次党代会和市国企党建工作会议精神,统一思想,明确目标重点,落实工作责任,真抓实干,促进企业发展。

二、专项教育活动

为全面加强党的建设,申能集团党委积极贯彻中央和上海市委、市国资委等上级党组织安排和部署,积极参加各项专题教育和学习活动。

【"三讲"学习教育活动】

1996年,中共十四届六中全会作出决定,对县处级以上领导干部进行一次以"三讲"为主要内容的党性党风教育。2001年2月,中共中央办公厅发出《关于在国有大中型企业领导班子及成员中开展以"讲学习、讲政治、讲正气"为主要内容的学习教育活动的意见》;随后,上海市委组织部下发《上海市市管国有企业"三讲"学习教育活动实施意见》,要求在全市国有企业党组织中进行"三讲"学习教育活动。

2001年7月中旬,市委确定申能集团作为第一批"三讲"教育单位。8月8日,为加强对公司"三讲"学习教育活动的组织领导,申能集团成立"三讲"学习教育活动领导小组,由集团党委正副书记许冠庠、杨祥海和仇伟国组成,党委书记是第一责任人,对公司"三讲"学习教育活动负总责。设立"三讲"教育办公室作为办事机构,党委副书记仇伟国兼办公室主任,下设秘书组、联络组和保障组,具体负责集团系统"三讲"教育工作的开展。8月20日,集团党委制定《关于开展"三讲"学习教育活动的实施计划》,要求公司系统党组织开展为期一个月左右的集中学习。申能系统"三讲"学习分三阶段进行,先学习理论,提高思想认识;然后对照中央要求和群众意见,找准问题,开好领导班子民主生活会;最后制定整改方案,并落实整改措施。9月初,集团召开"三讲"学习教育活动动员大会,公司中层以上干部、系统各单位党政主要负责人、员工代表和公司部分离退休干部出席会议;市"三讲"指导检查组组长徐家树出席会议,并要求确保"三讲"教育活动稳妥有序进行并取得实效。9月3日,集团公司党委对公司"三讲"教育活动进行动员,"三讲"教育进入第一环节"学习理论、提高思想认识"阶段。9月17日转入第二环节"找准问题、开好民主生活会"阶段。9月25日转入第三环节"制定整改方案、落实整改措施"阶段。其间,通过3次召开不同层次的座谈会、发放45份征求意见表、指导检查组访谈42人,征求干部员工对领导班子及成员的意见建议;集中3天时间组织领导成员进行学习讨论,并召开"三讲"学习教育交流会;召开民主评议会,征求干部员工对领导及成员自我总结的意见建议;召开党政领导班子民主生活会;领导成员分别深入基层征求对"三讲"教育整改方案的意见建议等。9月28日,公司召开"三讲"学习教育活动总结大会,宣读整改方案,明确公司改革发展的目标和方向,完成中央和市委规定的各项工作。

2002年,申能集团落实"三讲教育"整改方案,改进企业各项工作,促进企业发展。在落实整改方案过程中,在中央和上级党委领导下,"三讲"教育转入"三个代表"学习教育活动。

【"三个代表"重要思想学习教育活动】

2000年2月25日,江泽民在广东考察工作时,首次明确提出中国共产党要始终代表中国先进生产力的发展要求、代表中国先进文化的前进方向、代表中国最广大人民的根本利益。此后,"三个代表"学习教育活动开始在全国铺开。2002年3月,根据全国国有大中型企业"三讲"教育联络小组办公室《关于进一步抓好当前企业"三讲"学习教育活动有关问题的通知》和上海市国有企业"三讲"学习教育活动领导小组办公室《关于在上海市国有企业开展以"三个代表"为主要内容的学习教育活动的实施意见》以及市计委有关通知精神,申能集团党委决定在系统内开展以"三个代表"为主要内容的学习教育活动。在集团党委领导下,由公司"三讲"办负责落实,申能股份有限公司、上海石油天然气总公司、上海天然气管网有限公司、上海申能房地产有限公司、上海申能科技发展有限公司、上海申能创业投资有限公司以及上海星火热电有限公司党政领导班子及成员参与学习。

2002年4月,集团党委成立申能(集团)有限公司"三个代表"学习教育活动领导小组,由党委正副书记许冠庠、杨祥海、仇伟国组成,许冠庠为组长,并设立学习教育活动办公室负责日常工作;下属各单位则成立"三个代表"学习教育活动办公室(或工作小组),负责本单位学习教育活动日常事务,各单位党的书记或公司总经理对教育活动负总责。此次教育活动历时3个月,根据系统各单位基本情况,决定整个学习教育活动分两批进行,制订详细学习、教育计划,编写学习材料,学习理论,重点学习江泽民"七一"讲话以及中共十五届四中、六中全会精神,结合事先制定的学习专题,认真准备,撰写发言提纲,在集中学习的专题讨论会上发言。发动群众,坦诚批评,先后召开14次中层干部座谈会以及职工代表座谈会,下发征求意见表3类543份,回收率达到100%;再针对各企业存在的问题提出整改方案。

2002年11月,中共十六大确定"三个代表"重要思想作为中国共产党的指导思想;同年12月,胡锦涛总书记在全国组织工作会议上强调认真贯彻"三个代表"重要思想,全面推进党的建设新的伟大工程,要求在全党开展学习贯彻"三个代表"重要思想的高潮。2003年集团公司党委组织相关人员对所属参加"三个代表"重要思想学习教育活动的7家单位进行整改措施落实情况的检查。同年7月,集团党委发出《关于贯彻市委八届三次全会精神,兴起学习贯彻"三个代表"重要思想新高潮的通知》,要求各单位认真研读江泽民的一系列重要著作和讲话,以及中共十六大报告、《十六大报告辅导读本》和《党章》;认真研读胡锦涛2003年7月1日在"三个代表"重要思想理论研讨会上的重要讲话,把《"三个代表"重要思想学习纲要》作为重要辅助材料,结合市委八届三次全会精神的学习领会,系统地把握"三个代表"重要思想这一科学体系。此次学习以领导干部为重点,然后覆盖到全体党员,并通过各种形式,向广大职工群众宣传"三个代表"重要思想。活动后期强调通过学习、掌握"三个代表"重要思想,关键是贯彻落实在实际工作中,为企业的发展、改革开创新局面。2005年年初,"三个代表"重要思想学习教育活动开始转向以实践"三个代表"重要思想为重要内容的"保持共产党员先进性教育"活动。

【保持共产党员先进性教育活动】

2004年11月7日,中共中央发布《关于在全党开展以实践"三个代表"重要思想为主要内容的保持共产党员先进性教育活动的意见》,开始部署在全党开展以实践"三个代表"重要思想为主要内容的保持共产党员先进性教育。2005年1月胡锦涛在新时期保持共产党员先进性专题报告会上的讲话中指出:党的先进性历来是随着形势和任务的变化而不断丰富和发展的。时代和实践的发展,要求全党不断学习,始终保持先进性,这是建设有中国特色社会主义坚强领导核心的基本要求。

同年1月20日,上海市国资委党委召开保持共产党员先进性教育活动动员大会。1月24日,根据中央和市委、市国资委党委要求,结合申能集团系统的实际情况,为加强对系统开展以实践"三个代表"重要思想为主要内容的保持共产党员先进性教育活动的组织领导,集团党委决定建立申能(集团)有限公司保持共产党员先进性教育活动领导小组,由党委书记李关良任组长,副书记杨祥海、仇伟国担任副组长,集团领导成员担任组员;申能(集团)有限公司党委保持共产党员先进性教育活动领导小组下设办公室,由仇伟国任办公室主任,负责教育活动日常工作。1月25日,申能集团党委制定《开展保持共产党员先进性教育活动的总体实施方案》,规定用一年的时间,在系统企业党组织分两批开展保持共产党员先进性教育。在集团党委统一部署下,每批党组织集中组织学习教育活动。活动分学习动员、分析评议、整改提高3个阶段13个环节。2005年6月,集团第一批参加保持先进性教育活动的集团党委和本部支部完成全部规定动作,全体党员集中学习52学时,参加党课辅导、专题报告、学习参观和学习讨论等活动,较为全面地学习马克思列宁主义、毛泽东思想、邓小平理论和"三个代表"重要思想。最终整理出23条整改措施,年内全部完成整改,其间还进行"回头看"等自查动作,确保整改措施落实到位并扩大整改成果。同年7月,集团党委决定向系统开展第二批先进性教育活动的单位党组织派出先进性教育活动督导组和巡回检查组,对各单位先进性教育活动进行督促、指导,确保教育活动收到实效。11月底,集团系统第二批先进性教育活动顺利结束,系统所属18家单位,163个基层党组织,其中党委16个、总支8个,党支部139个,党员总数2 222名参加教育活动。教育活动期间,系统各单位举办党课48次,举办专题报告会33次,开展主题实践活动123次,组织与组织结对114个,组织与困难职工结对202个,捐献钱物价值200 947元;召开各类座谈会171次,开展不同层面的谈心活动5 873人次,设立意见箱136只、专门网站14个,听取服务对象意见66家,通过各种渠道征集意见11 240条;经梳理整合共制定483条整改措施,其中立即整改130项,中期整改208项,长期整改145项。经群众满意度测评,18家单位满意率和基本满意率达98.36%。2006年,系统各单位以先进性教育"回头看"为工作重点,抓整改措施落实,抓长效机制落实,通过思想研讨会等形式全面推进先进性建设。

【深入学习实践科学发展观活动】
中共十六大以来,以胡锦涛同志为总书记的党中央立足社会主义初级阶段基本国情,总结中国发展实践,借鉴国外发展经验,适应新的发展要求,提出"坚持以人为本,树立全面、协调、可持续的发展观,促进社会经济和人的全面发展"的科学发展观。2007年,中国共产党第十七次全国代表大会将科学发展观写入党章。根据中共十七大部署,中共中央决定自2008年9月开始,在全党分批开展深入学习实践科学发展观活动(以下简称学习实践活动)。

申能集团是上海市第二批学习实践活动单位。2009年3月,根据中央、市委和市国资委党委的整体部署和要求,申能集团系统学习实践活动全面启动,集团先后召开党委中心组学习会、学习实践活动专题会、党委会等,传达学习市委、市国资党委深入学习实践科学发展观活动动员大会精神,研究部署集团系统深入学习实践活动相关工作。为加强对学习实践活动的领导,申能集团党委成立系统深入学习实践活动领导小组,党委书记杨祥海任组长,党委副书记吴建雄、仇伟国任副组长。设深入学习实践活动领导小组办公室,仇伟国任主任,处理学习活动日常事务;下设综合秘书组和联络组。同时制定《申能集团系统开展深入学习实践科学发展观活动的实施方案》及学习调研阶段的实施计划,明确申能集团的实践载体是"坚持科学发展,做强能源主业"。

深入学习实践活动总体上经过解放思想讨论、专题民主生活会、分析检查报告、整改落实方案等环节。在学习调研阶段,集团广大党员干部重点学习《毛泽东邓小平江泽民论科学发展》《科学发展观重要论述摘编》《深入学习实践科学发展观活动领导干部学习文件选编》等科学发展观教育读本。系统各级领导班子围绕企业发展面临的现实问题,共确定80个课题开展专题调研;集团领导班子成员每人带着调研课题深入基层单位和联系点进行调研。在分析检查阶段,集团领导班子根据调研成果,认真召开民主生活会,查找问题和原因;广泛听取意见,反复讨论修改分析检查报告,形成企业科学发展的目标思路。在整改落实阶段,集团制定整改落实方案,从电力燃气能源主业发展、金融产业和资本运作、新能源投资和科技创新、加强集团化管理、加强干部与人力资源管理、加强党建和关注民生6个方面制定41项整改事项,明确整改目标、责任领导、责任部门和时间节点。系统各单位按照"四明确一承诺"的要求,制定整改措施589项,将整改措施公开化、具体化、责任化。整改中,集团特别把LNG项目建成投产、股份公司再融资计划及项目落实、天然气市场平衡和拓展3项任务作为重中之重,切实体现学习实践活动的成效。通过实践活动,完善制度方案,将《上海LNG气价方案》等14项制度和方案固定下来,保证企业科学发展的正确导向。

2009年8月20日,历时5个多月的申能集团科学发展观学习实践活动结束。集团系统共23家单位、2 681名党员,以及300名群众代表参加活动,其中三级以上单位班子成员164人是此次活动的重点。集团定期召开学习实践活动领导小组办公室工作例会,听取联络组及股份、燃气和其他二级单位各阶段活动情况汇报,并就整改落实工作进行研究部署。为充分交流信息和加强对系统各单位学习活动的指导,学习实践活动领导小组办公室编辑50余期《申能集团系统深入学习实践科学发展观活动简报》。集团学习实践活动在注重理论学习、突出实践性、坚持群众路线和转变干部作风等方面下功夫,基本实现"党员干部受教育,科学发展上水平,人民群众得实惠"的总要求,得到上级领导和市委巡回检查组的肯定。此后,集团以落实整改措施,形成长效机制为主,将科学发展观作为指导企业发展的思想和方法,在企业发展、改革中进一步贯彻实践科学发展观。

【党的群众路线教育实践活动】

中共十八大提出要在全党深入开展以"为民、务实、清廉"为主要内容的党的群众路线教育实践活动。2013年4月19日,中共中央政治局召开会议决定用一年左右时间,在全党自上而下分批开展党的群众路线教育实践活动。同年5月9日,中共中央下发《关于在全党深入开展党的群众路线教育实践活动的意见》;6月18日,党的群众路线教育实践活动工作会议在北京召开,习近平总书记发表重要讲话,要求全党开展教育实践活动;7月2日,中共上海市委发布《关于深入开展党的群众路线教育实践活动的实施方案》,并印发《中共上海市委党的群众路线教育实践活动领导小组工作规则》等文件,启动上海市党的群众路线教育实践活动。

申能集团作为上海市国资委系统参加第一批教育实践活动的单位,于2013年8月9日成立以集团党委书记杨祥海为组长的党的群众路线教育实践活动领导小组,并开会组织学习上级指示和精神,审议《关于建立申能集团党委党的群众路线教育实践活动领导小组的通知》《申能集团党委深入开展党的群众路线教育实践活动的实施方案(初稿)》《关于党的群众路线教育实践活动准备工作中听取意见的工作方案》等文件,讨论教育实践活动相关工作,并就教育实践活动准备阶段具体工作进行部署。8月28日,集团党委召开党的群众路线教育实践活动动员大会,全面部署集团教育活动。国资委给申能集团派出督导组全程督导集团群众路线教育实践活动。

集团党委将开展党的群众路线教育实践活动作为首要政治任务,在市国资委第五督导组的指导下,结合系统实际,全面把握教育实践活动的指导思想、总体要求、基本原则和方法步骤,将反对

"四风"、领导带头、学习提高、查摆问题、开门纳谏、即知即改、制度建设贯穿始终,切实加强组织领导,强化督促检查,较好地落实教育实践活动的各项目标和任务。在活动前期,做好思想、组织和工作准备,制定完善《集团教育实践活动实施方案》。在学习教育、听取意见环节,集团党委和下属各单位党组织结合必读书目和集团汇编的《十八大以来党中央关于加强作风建设的重要文件》等学习材料,制订学习计划,组织领导班子集体学习,集团党委先后组织8次领导班子集中学习。各单位党组织通过专题座谈、个别访谈、书面征询多种形式广泛征求意见,集团党委先后召开19场座谈会,听取250余人次意见,发放回收征求意见函和测评表122份。集团教育实践活动领导小组综合各类意见,整理出"四风"方面存在的问题共180余条,归纳为21条"四风"主要表现,形成《申能集团党委查摆"四风"问题情况报告》。在查摆问题、开展批评环节,按照"照镜子、正衣冠、洗洗澡、治治病"的总要求,集团领导班子及成员认真撰写对照检查材料,针对"四风"问题进行党性分析和自我剖析。在开展谈心谈话基础上,召开专题民主生活会,以整风的精神开展批评和自我批评。在整改落实、建章立制环节,着力完善整改方案,制定整改的"任务书"和"时间表",形成专项整治和制度建设计划,使坚持群众路线成为组织要求、制度规范和党员干部的自觉行动。

2014年年初,集团所属各单位先后完成各自系统党的群众路线教育实践活动,并上报集团;集团党委结合自身和所属企业教育实践活动开展情况,认真总结,明确整改方案,并在此后的工作中逐项落实,形成长效机制,在企业改革、发展中自觉践行党的群众路线。

【"三严三实"专题教育】

2014年3月9日,习近平总书记在中华人民共和国第十二届全国人民代表大会第二次会议安徽代表团参加审议时,关于推进作风建设的讲话中,提到"既严以修身、严以用权、严以律己;又谋事要实、创业要实、做人要实"的重要论述,称为"三严三实"讲话。2015年4月10日,中共中央办公厅印发《关于在县处级以上领导干部中开展"三严三实"专题教育方案》,对2015年在县处级以上领导干部中开展"三严三实"专题教育作出安排。

2015年5月25日,根据中央、市委关于开展"三严三实"专题教育活动的要求,和《上海市国资委党委印发〈关于在市国资委系统处级和企业中层领导人员以上领导干部中开展"三严三实"专题教育的实施方案〉的通知》精神,申能集团党委制定《申能集团关于开展"三严三实"专题教育的实施方案》,并下发给系统企业,决定在集团和二级企业领导班子、集团中层以上管理人员以及三级企业党政正职领导中开展"三严三实"专题教育。"三严三实"专题教育与领导干部经常性学习教育相结合,不分批次、不划阶段、不设环节。5月下旬,以集团党委书记讲课为开始,系统各级同步推进。教育活动突出领导带头示范,聚焦重点学习内容,将专题教育与"三会一课"、党委中心组学习、班子年度民主生活会等结合起来,采取个人自学与专题讨论、集中活动与分散组织相结合的方式开展学习。坚持边学边查边改,学习教育活动与各项工作结合起来,坚持两手抓、两促进。

根据中央、市委部署和市国资委安排,2015年6月26日,申能集团举行党委中心组专题学习会,围绕"严以修身"的主题,进行学习研讨。集团党委书记王坚主持会议,集团党委委员、领导班子成员等党委中心组成员出席会议。8月28日,申能集团举行党委中心组专题学习会,围绕"严以律己"主题,进行学习研讨。在"严以律己"专题学习前,集团党委组织班子成员自学《习近平总书记近期关于"三严三实"的重要讲话及中央有关会议精神摘编》。在此基础上,通过面对面访谈、召开座谈会等形式,专题听取基层单位、部门中层和老同志对集团"不严不实"问题的意见,形成领导班子"不严不实"问题清单。10月23日,申能集团举行党委中心组专题学习会,围绕"严以用权"主题,开展深入学习研讨。集团党委书记王坚主持会议,集团党委中心组成员出席会议。集团党委带头进行专题学习后,集团各单位根据集团党委的统一部署,分别展开专题学习教育活动,并将教育活动与企业经营工作结合起来。

集团党委通过专题学习、调研、座谈、走访等形式,对照实际工作,形成《申能集团党委不严不实问题清单》《申能集团领导班子对照检查材料》以及《集团领导个人不严不实问题清单》。2016年1月,集团召开领导班子2015年"三严三实"专题民主生活会,党委主要领导带头开展自我批评,班子成员之间相互批评,最终形成整改清单,在一定范围内公开整改清单兑现情况,接受干部职工的监督。

【"两学一做"学习教育】

2015年2月,中共中央印发《关于在全体党员中开展"学党章党规、学系列讲话、做合格党员"学习教育方案》,部署深入开展"两学一做"学习教育,提出把思想教育放在首位,抓住"关键少数",抓实基层支部,突出日常教育,把"四个合格"党员标尺立起来,领导干部骨干带头作用、基层党组织战斗堡垒作用、党员先锋模范作用进一步发挥。

2015年5月25日,集团党委按照中央总体部署和市委、市国资党委要求,申能集团召开"两学一做"学习教育工作座谈会,部署集团系统学习教育工作。集团党委贯彻"基础在学、关键在做"的原则,紧密结合企业实际,制定学习教育实施方案,精心组织专题学习和党课教育;同年6月24日邀请市委巡视组组长作题为"制度治党的组合创新"的学习教育专题报告会。同时,在申能党建网开始"两学一做"学习教育专栏,在《今日申能》开展专题宣传,在《综合信息》编辑系列专刊,连续设计多期"两学一做"主题宣传栏,营造学习教育气氛。系统各单位根据集团党委统一部署,在各自党组织领导下,开展相关学习教育活动。

2016年8月2日,召开"两学一做"学习教育座谈会,通过领导班子领学、促学,带头开展专题学习,形成良好学习氛围。2017年,集团坚持推进"两学一做"常态化、制度化,组织党员学习贯彻习近平"7·26"讲话精神和"习近平在上海"系列报道;开展向廖俊波、黄大年学习等学习活动,通过系列讲座、"微党课"、知识竞赛等方式,创新党的组织生活。

三、维护社会稳定工作

作为上海市地方重要国企,申能通过积极的正面教育,深入细致地做好思想政治工作,正确引导广大干部和职工做好本职工作,维护企业安全运营,维持社会稳定。

公司党组织积极贯彻中央和上级党委规定,成立公司国家安全小组,负责系统企业安全稳定工作,并根据工作需要和形势发展,随时调整或增补小组成员和负责人,维持强有力的维稳工作领导机构。2003年,根据市国资委通知精神,成立集团社会治安综合治理委员会(暨维护企业和社会稳定工作领导小组);2008年成立申能集团维稳工作领导小组,进一步发挥企业在维护生产和社会稳定方面的积极作用。申能集团维稳工作在上级党委领导下,将安全稳定工作纳入日常生产工作中,并在每年五一劳动节、国庆节、春节等重大节假日以及奥运会、残奥会、世博会、APEC会议等重大国际活动或国际会议举行期间及前后重点推进,确保企业安全运营和维护上海社会稳定。

2008年北京奥运会及残奥会举办期间,申能集团实行24小时安全保卫值班和企业安全生产、稳定情况报告制度,集团领导亲自值班,申能股份和燃气集团也相应制定安保方案,确保系统企业生产安全和队伍稳定。2009年公司制定《申能集团系统2010年上海世博会安保反恐维稳工作方案》，成立申能集团世博安保反恐维稳工作领导小组，由集团主要领导和系统企业主要领导组成，统一领导和协调系统各单位世博安保工作，通过重点排查、重点保护、科技安防，明确责任，落实到人，确保迎世博以及世博会期间和世博善后阶段集团系统企业的安全和职工队伍稳定（详见《专记·四、安全保障》）。2017年，集团在能源保证、窗口服务、防范风险、维护稳定等方面，认真履行社会责任，加快电力示范工程建设，推进节能减排，着力打造"智慧燃气"、创新金融业务等。

第三节 组 织 建 设

加强党的组织建设是确保党在企业中发挥政治核心作用的重要保障。申能成立后，公司党组织注重自身建设，不断完善和加强基层组织和党员队伍建设，党组织规模不断扩大，党员数量不断增加，成为集团发展和改革、创新的重要支持力量。

一、领导班子建设

党的领导班子建设是党在企业中发挥政治核心作用的关键。申能党组织成立以来，在市委和上级党委的领导下，积极采取措施，努力建设一支政治素质过硬、专业能力突出、有强大经营能力，并且团结奋进、作风优良的干部队伍。

【思想建设】

思想建设是领导班子建设的重要组成部分。申能党组织通过中心组理论学习，邀请专家讲学、辅导以及组织班子成员进行讨论等方式，用理论知识武装领导干部头脑、指导实践工作，推动企业不断改革创新、转型升级和发展。

中心组理论学习 党委（党组）中心组学习制度是中国共产党理论学习的独特制度和政治优势，也是建立学习型、服务型、创新型马克思主义政党、提高企业中党的经营能力和领导水平的重要途径。集团党委坚持抓好党委中心组理论学习，通过深入学习邓小平理论、"三个代表"重要思想、科学发展观和习近平新时代中国特色社会主义思想，及时传达学习中央、市委、市计委、市综合经济委、市国资委有关重要会议、重要文件的精神，把领导干部统一到中央和上级党委的决策部署上来，不断增强领导干部的政治觉悟和思想素质，增强党的观念、全局观念、群众观念；同时要求领导干部学以致用，用最新的马克思主义理论成果更好地指导企业经营，切实解决好企业发展中遇到的实际问题，推动企业健康快速发展。

申能电力开发公司成立后就建立党的支部，领导班子成员采取自学和集中学习的方式，加强理论学习。1989年党支部及时传达、学习中央和市委有关指示，按照市委"稳定上海，稳定大局，坚持生产，保障生活"的要求做好工作，保证公司各项工作平稳推进。1990年支部领导带头学习社会主义基本理论，继续发扬团结协作精神，努力完成市政府交给的艰巨任务。1992年中共十四大召开后，党支部集中学习传达中共十四大报告，并逐渐形成党的主要领导坚持理论学习的制度。1997年中共十五大召开，集团党委中心组组织学习中共十五大报告和十五届一中全会精神。1998年中共中央下发《关于在全党深入学习邓小平理论的通知》，要求以领导干部为重点带动全党的学习，集团党委中心组以此为契机，形成每月一次或两月一次中心组学习会制度。2000年，中共中央组织部、中共中央宣传部联合发布《关于加强和改进党委(党组)中心组学习的意见》，要求充分认识党委中心组学习的重要性，并明确党委中心组学习的目的、内容、方式以及管理制度等问题。集团党委中心组坚决贯彻中央要求，进一步完善中心组学习制度，加强企业领导班子自身建设。2002年，中共十六大召开后，党委中心组集中学习江泽民在中共十六大上作的主题报告《全面建设小康社会，开创中国特色社会主义事业新局面》和中共十六届二中全会通过的《关于深化行政管理体制和机构改革的意见》，将中央精神融入企业改革、管理之中。

2006年，集团党委中心组组织集体学习《江泽民文选》，并要求系统各党组织中心组在学习中认真贯彻市委、市国资委的要求，进一步认识到"三个代表"重要思想是党必须长期坚持的指导思想。集团党委中心组在研读《江泽民文选》过程中，重点学习建立健全社会主义市场经济体制、关于建立现代企业制度和现代产权制度、关于国有经济战略调整和深化国有企业改革、关于加强领导班子思想政治建设等方面的理论阐述，并在实践中学以致用、指导公司的发展。党委中心组在学习中，积极探索进一步完善和在系统企业中推广中心组学习制度，同年制定《申能(集团)有限公司关于党委中心组学习的若干规定》，明确规定中心组学习是系统企业领导干部在职理论学习的基本形式之一。

2007年中共十七大召开后，党委中心组及时学习和传达中共十七大会议精神。2008年党委中心组集中学习《关于进一步推进上海国资国企改革发展的若干意见》精神，围绕公司改革发展的焦点问题，对照文件精神，进行研究讨论。2009年，集团党委领导班子积极贯彻学习落实科学发展观。2010年，集团党委坚持中心组学习制度，积极创新学习方法，自学为主与理论报告、专题讲座等方式相结合，确保学习效果，进一步提高班子成员思想政治素质。2011年，集团党委中心组学习传达中纪委、市纪委全会精神，要求班子成员自觉以身作则，并重点研究集团党风廉政建设反腐倡廉工作，提出"六个着力下功夫"，通过思想建设和制度建设来加强党风廉政建设。2012年，党委中心组召开扩大会议，提出保持党的纯洁性要做到"三有"，即"有奋发有为的精神状态、有联系群众的良好作风、有廉洁自律的从严要求"。2013年，领导班子成员通过自学和党委中心组学习会，重点选学中共十八大报告、胡锦涛在中央党校省部级主要领导干部专题研讨会开班式上的重要讲话精神、习近平在十八届中共中央政治局第一次集体学习时的讲话精神和国有企业领导人员廉洁从业若干规定、上海市国资委系统党风廉政责任制实施意见等。通过认真学习文件、深刻领会精神，提高认识，为更好指导企业经营和党建工作做好思想准备。2014年党委中心组重点学习《中共中央关于全面推进依法治国若干重大问题的决定》和习近平总书记对其所作的说明，提高班子成员依法办事的能力。2015年，集团党委中心组组织学习《中共中央、国务院关于深化国有企业改革的指导意见》《习近平总书记在中央政治局第二十六次集体学习时的讲话精神》，并对系统落实《中共中央、国务院关于深化国有企业改革的指导意见》提出具体要求。

专题讲座与辅导　对于一些重大的理论问题，集团领导班子经常组织和邀请一些相关领域专家、学者到集团开讲座，为党员和干部释疑解惑，增强学习能力。2004年下半年，公司党委组织系统党组织和党员学习中共十六届四中全会《关于加强党的执政能力建设的决定》，并邀请市委党校教授作辅导报告。2006年中共十六届六中全会召开以后，集团党委召开中心组学习扩大会，邀请上海市委党校、上海行政学院肖昌进教授作"学习贯彻六中全会《决定》，构建社会主义和谐社会"主题报告，深刻分析改革开放过程中出现的新问题、新情况，提出构建社会主义和谐社会的重要性和紧迫性，促进党员干部对六中全会精神的理解和把握。2007年集团举行学习贯彻中共十七大精神辅导报告会，邀请市委党校教授作讲座。2009年，集团党委邀请市委党校陈勇鸣教授作"学习实践科学发展观,确保社会经济平稳较快发展"的辅导报告,帮助党员干部全面掌握学习实践活动的目标要求,提高参与活动的能力。2016年举行"两学一做"学习教育专题辅导报告会。2017年,集团党委邀请市国资系统中共十九大代表张彦为集团系统党员干部作辅导报告;连续组织4期"学习贯彻党的十九大精神"专题培训班。

【作风建设】

抓好作风建设,是加强领导班子建设的重要环节。公司党委领导班子坚持通过民主生活会等方式,采用批评与自我批评相结合的办法,沟通思想,增强合力,为建设一个坚强的企业领导班子而努力。

民主生活会 民主生活会是中国共产党加强党的领导、加强自身建设的重要手段。1992年中共十四大修改通过的党章明确规定:"党员领导干部还必须参加党委、党组的民主生活会。"民主生活会因此成为党员领导干部政治生活和组织生活中不可替代的重要组成部分。申能成立以来,领导班子认真坚持和落实党员干部民主生活会制度,根据上级党委的安排,认真做好会前准备、会上讨论发言和会后上报材料等环节工作,确保民主生活会能够解决问题,达到预期效果。

集团党政领导班子民主生活会是集团领导层政治生活和组织生活中的例行大事,一般上半年和下半年各召开一次,有时候在年底召开一次,每次都在严肃紧张的气氛中,通过严格的程序进行,确保会议取得成效。一般程序包含五个环节:首先,集团党委根据上海市委、市计委或市综合经济党委或市国资委的要求进行安排,事先研读相关文件精神,制定开会方案,结合形势任务和集团自身发展现状确立会议主题,事先安排好会议时间。其次,由党委办公室、工会分别召开中层、系统各单位党政领导干部和部分员工代表参加的座谈会,征求对集团公司党政领导班子及成员的意见和建议,帮助领导班子及成员找出存在的主要问题。再次,领导班子成员通过学习,自行总结回顾半年或一年来的工作情况,结合员工所提意见和建议,围绕民主生活会主题,进行思考、分析,准备发言提纲。再次,党委书记分别与班子成员交换意见,相互交流思想,为民主生活会的顺利召开打下良好基础。最后,召开会议,党委办公室和工会分别通报座谈会收集的意见和建议,领导班子成员分别发言;领导班子成员对照文件和收集的意见自查,并展开批评和自我批评,认识到存在的问题和不足并提出解决问题的措施和方案。集团民主生活会开会时一般邀请上级党委领导参加,并在会后写出总结报告上报,自觉接受上级党委监督,确保会议反映的问题能解决,提出的措施能落实。

市委巡视监督 2010年6月至8月,市委第三巡视组对申能集团进行为期2个月的巡视检查。巡视组主要领导列席集团总经理会议等重要会议,并于同年9月2日向集团反馈巡视期间了解的情况和问题,并下发《关于对巡视有关问题落实整改的通知》,要求集团研究制定整改方案,切实整改。集团党委高度重视,针对巡视组提出的意见和建议,制定整改措施,落实责任人,并按时上报《关于巡视反馈意见整改方案的报告》。2011年集团党委认真落实整改方案,提出公司新的发展目标,编制《国资三年行动规划》;加大重点项目建设力度,加快推进科技创新和节能减排工作,推动产业创新转型,加大资本运作力度,进一步完善企业法人治理结构,进一步加强领导班子自身建设等。市委巡视意见指明集团发展的不足,为集团新一轮的发展指明方向和目标。2011年11月,集团党委向市委巡视工作领导小组报送《关于巡视反馈意见整改方案落实情况的报告》,认真落实整改方案,增强公司发展紧迫感,进一步强化集团化管理,加强领导班子自身建设和干部队伍建设,加强党风廉政责任制建设,反映出巡视意见对集团领导班子建设和集团发展的重要作用。2015年,集团积极配合市委巡视组开展巡视工作,协助弄清情况、查清问题,推进落实即知即改、立行立改。

【队伍建设】

公司党委坚持党管干部、党管人才的原则,关心集团中层干部和系统企业领导干部的成长,创造条件发现和培养后备干部,为优秀干部脱颖而出提供支持。公司成立之初,即强调以法人治理机构建设为抓手,加强系统所属公司领导体制建设,健全决策、执行、监督机构。1997年配备申能房产、星火热电和申能联合三家公司的董事会、监事会、总经理班子成员,充实重点企业领导班子力量。各单位基本实行党组织与法人治理结构相融合的企业领导机制,"双向进入""交叉任职",党的干部与企业干部一起参加重大问题研究讨论,为企业党组织发挥政治核心作用提供组织保证。党委坚持对系统企业领导班子和成员进行年度考核、任期考核和离任考核。集团成立考核工作领导小组,公司纪委、党办、工会、人事、审计等部门负责人参加,由人事部和党办牵头具体实施。民主推荐后备干部,集团党委建立后备干部跟踪考察制度,对政治表现、工作实绩、廉洁自律和发展潜力好的干部大胆提拔、推荐任用。

公司通过一系列活动,发现、培养人才,增强基层干部队伍建设。1992—1994年,一批年轻干部走上管理工作岗位,其中5名(35岁以下4名)年轻干部担任公司部门领导或下属公司领导职务。2002年,集团党委调研系统63名党务干部,平均年龄46.09岁,46岁以上的占61.9%;大学本科以上学历占33.3%。2004年,市委组织部和国资委党委的统一部署,在系统内认真开展"让人民高兴、让党放心"活动和"好班子、好干部"标准大讨论,提出符合自身实际的"好班子、好干部"标准,增强领导干部党的意识、大局意识、责任意识和机遇意识。2006年集团党委下发《关于在集团系统内开展"四好"领导班子创建活动的实施意见》,明确"4551""四好班子"创建思路,要求系统干部达到"政治素质好、经营业绩好、团结协作好、作风形象好"的"四好"要求;不断增强"政治意识、发展意识、大局意识、责任意识、忧患意识"的"五个"意识;着力提高"战略决策能力、经营管理能力、市场竞争能力、开拓创新能力、应对复杂局面能力"的"五种"能力;努力营造一种"锐意开拓、稳健运作、敬业规范、安全高效"的文化氛围。2007年,集团进一步深化"四好"班子创建活动,不断加强干部队伍建设,注重年轻干部和后备人才的考察、培养和使用,直属单位领导班子成员新增7位,4位具有硕士以上学历,平均年龄39.7岁。2008年7月,集团召开纪念建党87周年暨"两优双先"表彰大会,表彰4个"四好班子"创建活动先进单位。2015年,集团坚持"好中选优",严格按照《干部选拔任用条例》规范任免干部,提任领导干部6人次,推荐董、监事22人次,进一步优化部分直属企业领导班子结构。2017年,提拔领导干部27人,交流11人;开办申能集团系统第一期中青年干部培训班,组织37名系统优秀年轻后备干部参加为期两周的全脱产培训,提高青年干部的理论修养、专业能力和综合素质。

二、基层组织建设

加强基层党组织的建立、升格、换届选举,吸收优秀党员入党,加强党员队伍建设;加强基层组织班子建设,以制度建设为抓手,坚持党建工作制度化、长期化。

【组织建设】

建立基层组织,是党建工作的第一步。1987年申能电力开发公司党支部成立,1995年中共申能电力开发公司支部升格为中共申能股份有限公司委员会,同时在所属5个公司和公司本部建立6个党支部,并制定、下发《关于基层党支部工作的若干意见》,明确规定经公司党委批准,各单位党员

10人以上成立支部委员会。公司党建工作按照"同步建立党组织,同步配备党务工作人员,同步开展党的工作"的"三同步"要求,随着申能的不断发展,党员人数不断增加,基层党组织数量也不断增加,并且由于各单位情况处在变化之中,党组织的数量实际上也呈现动态变化,党组织的新建、合并、撤销、升格等情况经常发生。到2017年年底,申能系统党组织总数为292个,其中党委29个,党总支10个,支部253个。

公司不断完善基层党组织换届选举,推进党内民主建设,基层党组织换届选举工作正常化。基层党组织坚持按照中央文件精神和上级党委要求,定期进行换届选举,坚持实行民主集中制,保证党员的选举权和被选举权。浦东煤气制气公司所属15个党支部每两年换届选举,支委候选人实行由下而上,由上再下,上下结合,在广泛听取广大党员意见的基础上产生,并进行差额选举。2007年集团开展基层支部"公推直选"试点工作,外高桥第二发电公司发电部支部、吴淞煤气制气公司管二支部和煤制气车间支部等试点单位在同年10月底均顺利完成"公推直选",并总结经验加以推广。2008年,系统8家条件成熟的基层党组织,换届选举率达到60%以上。2009年集团扩大基层党组织"公推直选"试点范围,规范工作程序,系统39家基层党支部顺利完成"公推直选"工作,基层党支部"公推直选"换届率已达88.64%。同年,外三发电党委首次召开公司党代会,完成党委换届选举和纪委组建工作。2010年换届的基层党组织全部实行"公推直选",进一步推进党内民主建设。

表8-1-4 2010—2017年申能集团基层党组织领导班子公推直选情况表

年 份	党委(个)	党总支(个)	支部(个)	书记副书记差额选举(人)	书记副书记等额选举(人)
2010	3	0	13	14	2
2011	1	0	29	25	5
2012	12	3	69	42	42
2013	2	0	49	36	15
2014	1	0	29	22	8
2015	0	0	23	23	0
2016	10	3	68	22	59
2017	7	4	76	80	7

【制度建设】

党的基层组织是一切党的工作的基础与落脚点,申能历来重视党的基层组织建设,确立制度建党原则,推进党建工作标准化。1995年公司党委颁发《申能党委工作若干意见》,下发《关于基层党支部工作的若干意见》,规定公司基层党支部位置、职能和活动方式。同年10月公司党委制定《申能股份有限公司党的建设三年(1995—1997)规划》,着手完善党的基层组织建设,落实党建工作责任制,党委书记负全责,党委成员各自分工和分别联系各基层党支部,开展支部建设工作。制定基层党组织建设工作考核办法,保证基层党组织建设的正常开展。抓住各级党的基层组织的班子建设,抓好"三会一课"这一基层党组织基本工作,使之常态化。1996年党委建立《党委会制度》《基层党支部书记工作例会制度》等制度。2004年,为进一步落实党内民主,充分调动党员参与党内事务的积极性,真正做到党内重大事项党员"三先"(先知道、先讨论、先行动)原则,集团党委要求系统各单位党组织认真贯彻落实市委组织部《关于进一步落实党的基层委员会(总支委员会、支部委员会)定期向党员报告工作制度有关事宜的通知》。在基层组织建设中,公司逐渐形成召开系统党组织书记会议的习惯,2006年制定《申能(集团)有限公司党组织书记例会制度》,进一步将书记例会制度化。到2006年,集团公司及系统各单位共制定和形成关于基层党务工作、组织发展工作、支部升级达标、党员学习教育、"三会一课"等方面的制度37项。

2006年,公司党委制定《申能(集团)有限公司关于党委中心组学习的若干规定》,明确党委中心组学习是系统领导干部在职理论学习的基本形式,规定系统各级党组织学习的方式、内容以及学习管理和监督等。同年发布《申能(集团)有限公司领导干部民主生活会的若干规定》,指导系统各单位领导干部民主生活会的召开。2007年,为加强基层党内民主建设,切实保障党员的民主权利,增强企业党组织的生机和活力,充分发挥政治核心作用起到指导和保障作用。集团所属上海燃气集团浦东煤气制气有限公司和申能股份有限公司吴泾第二发电厂开始试行"党员代表大会代表常任制"。2009年,集团实行党代表任期制和党代表巡查员制度试点,发挥党员代表在基层党建工作中的桥梁作用和监督作用,切实保障党员的各项民主权利。

2011年,集团党委制定《关于在申能集团系统党组织实行党务公开的实施办法》,要求系统各单位发扬党内民主,加强党内监督,保障党员权利,密切党群关系,实行党务公开。集团以天然气管网和吴二发电作为党务公开试点单位,有序推进"六个一"党务公开工作。2012年,集团党委根据《中国共产党发展党员工作细则(试行)》,授予部分直属党总支发展党员审批权。同年,为进一步加强系统领导人员思想作风建设,教育引导各级领导勤勉敬业、廉洁从业,根据上级有关规定精神,公司颁发《领导人员谈话制度实施办法》,根据集团党委和系统各级党组织的要求,由党风廉政建设责任人、组织人事部门、纪检监察部门等按照不同范围、不同内容对领导人员进行的谈话,谈话分责任制谈话、任职谈话、信访谈话和诫勉谈话。2014年,集团党委编写《党支部工作实务指南》,促进党建工作标准化,进一步健全党员发展、公推直选、创先争优等工作机制;印发《2012年党建课题研究成果汇编》,促进基层党建科学化、规范化。

【创先争优活动】

公司党委成立之初,即将创建优秀支部作为基层党建工作的重要抓手。1996年,公司党委帮助各支部制订"达标创先"计划,年中组织抽查,并开展基层支部书记业务培训,召开工作交流会,年底对达标工作进行考核。1997年,系统7个支部中有6个党支部被评为"合格支部";1999年,公司各支部基本达标,房产支部和公司本部支部跨入先进党支部行列。党内"评比先进、发扬先进"活动常态化,坚持两次一评,到2003年,系统共评选出9个先进党支部、11名优秀党务工作者,并且有1个基层支部被评为市计委系统先进基层党支部,1名同志被评为市计委系统优秀党务工作者。2004年6月,集团党委召开系统"创先争优"评选表彰大会,命名上海吴泾第二发电有限公司发电部党支部等17个基层党支部为系统2003—2004年度先进党支部;授予陈红良等64名同志系统2003—2004年度优秀共产党员称号;授予赵国道等15名同志系统2003—2004年度优秀党务工作者称号,并予以表彰。此后,逐步形成两年一度的党内先进评选表彰机制。

2008年6月,因党建工作成效显著,申能所属中共上海天然气管网有限公司委员会被上海市国资委系统命名为"基层党建示范基地";同时,申能系统吴二发电支部、天然气管网有限公司党委和燃气集团抗震救灾突击队临时支部被评为市国资委系统优秀基层党组织。2009年,公司继续加大基层党组织建设力度,及时总结、推广"基层党建示范基地"和"基层党建示范点"的经验和做法,发挥党建工作典型示范作用和辐射效应。2011年建党节前,集团党委组织编纂《凝心聚力,共展风采》一书,并召开建党90周年暨"创先争优"活动表彰大会,表彰集团红旗党组织、党员先锋岗和优秀党务工作者的先进事迹。2012年,中共申能股份有限公司委员会被市国资委党委命名为"学习型党组织建设示范点"。2013年,集团继续推动创先争优常态化,按照市国资委党委"创新转型树优势,聚焦发展作表率"主题活动要求,围绕企业中心任务,党建目标和党员岗位职责,指导党支部建立创先争优长效机制,进一步完善公开承诺、亮牌上岗、领导点评、群众评议等制度。申能物业和浦东销售第一营业所开展党支部示范点结对共建,外二发电、外三发电、天然气管网等单位积极推进特色支部建设、支部升级达标等工作,收到较好的效果。2014年集团召开创先争优表彰大会,命名表彰19个先进基层党组织、82名优秀共产党员和24名优秀党务工作者。2016年7月1日,集团召开建党95周年暨"创先争优"表彰大会,命名表彰系统21个先进基层党组织、81名优秀共产党员和25名优秀党务工作者党建先进组织和个人。2017年,中共上海燃气浦东销售有限公司第一营业所支部被评为上海市"党支部建设示范点",中共申能股份有限公司委员会被评为上海市国资委系统"红旗党组织"。

【党务公开】

2011年3月,根据中央和市国资委党委部署,申能集团党委按照产业差异化的特点,选择天然气管网和吴二发电作为党务公开工作的试点单位,开展为期3个月的"党的基层组织党务公开"试点工作。集团党委在试点动员会上提出党务公开要体现"三个有利于",贯穿"三个结合",研究制定各试点单位党务公开推进方案。集团成立党务公开工作领导小组,并建立领导小组办公室,统一领导试点单位党务公开工作。试点工作主要活动概括为"六个一":建立一个组织机构,制定一份实施意见,形成一份公开目录,组建一支监督队伍,建立一个主要载体,召开一次专题组织生活会。

2011年9月,集团召开党务公开动员大会,在试点经验基础上,集团制定《党务公开指引目录》,明确8个方面27类60项公开内容,明确通过党务公开活动,发挥基层组织推动发展、服务群众、凝聚人心、促进和谐的作用。会议明确从2011年下半年开始,企业党务公开要实现全覆盖。系统各级单位根据上级精神和《实施办法》,制定各自的党务公开工作方案,在各自单位开展党务公开工作。2012年9月,为深入推进集团系统党组织党务公开工作,根据《中国共产党章程》《关于党的基层组织实行党务公开的意见》和《上海市党的基层组织党务公开工作若干保障制度》等有关党内法规和文件要求,结合集团系统实际情况,集团党委制定《申能集团系统党组织党务公开工作若干保障制度》,从制度上切实保障党务公开工作的推进。2013年,系统进一步完善党务公开机制,各单位按期上报党务公开季报、年报和自查表,定期通报党务公开事项。集团党务公开工作进入日常化、规范化、制度化阶段,进一步推动党内民主的发展。

【党建调研与党建督察】

1997年,根据上海市委和市综合经济工作党委的要求,集团党委对公司贯彻落实市委党建三年规划情况进行自查,对系统各基层党组织的党建工作进行抽查和专项检查,撰写《关于对贯彻落实市委党建三年规划情况的自查报告》,上报市综合经济工作党委。

2002年,集团党委成立党建工作调研组,制定系统党建工作调研计划,发放356份调研问卷,收回348份;分别召开石油天然气公司、管网公司、星火热电现场党建工作座谈会;并召开有申能房产等8家单位党组织负责人参加的党建工作调研座谈会,广泛听取各单位党建工作情况汇报和意见。调研组成员两次赴浦东发展集团和上海仪电控股集团学习取经。调研组历时3个多月,先后召开8次讨论会,最后集中在企业党组织的政治核心作用的发挥、企业党组织机构设置与党务干部队伍的建设、企业党的工作的制度建设、企业党员教育活动的有效开展等4个重点专题,撰写《申能集团系统党建工作调研情况报告》,下发系统各单位指导下一步党建工作。

2005年,上海市国有资产监督管理委员会党委在企业中设立党建督察员制度,由公司专职监事会主席担任党建督察员,对企业的经营行为依法履行监督职责,同时根据上级党组织的要求承担党建工作督察的职责,对企业党建工作特别是企业加强领导班子建设和基层党建工作的情况进行督促检查,并向企业上级党组织报告有关情况。市国资委党委制定《市国资委党委归口管理企业党建督察员工作暂行办法》和《党建督察报告的主要内容和格式》,要求所属企业进一步加强党建工作。同年,市国资委党委任命王寿芝为申能集团监事会主席兼任党建督察员,对系统单位开展党建督察工作。

2005年,党建督察员采用列席党委会会议、开展调研和检查、组织座谈和个别访谈、听取汇报和撰写党建基本情况报告等方式履行党建督察职责。通过与集团党委书记、专职副书记以及党办同志沟通党建督察员的工作,对集团公司本部和部分基层单位的党建工作进行调研,了解制度建设、组织建设、党风廉政建设、领导班子建设和领导人员薪酬等情况,撰写《关于申能集团有限公司党建基本情况的调研报告》,并上报市国资委和市委组织部。2006年上半年,督察员会同公司纪检监察部门,对系统申能房产、LNG、外三发电、大众燃气和管网公司的招投标工作进行专项调研,完成《关于招投标工作的专项调研报告》。下半年,党建督察员对系统燃气市北销售、浦东制气、吴二发电、星火热电、申能物业5家基层企业进行调研,听取党组织汇报,召开6次党员、群众座谈会,发放和回收调查问卷,对集团系统党建工作进行坚持和督促,并完成《申能集团2006年基层企业党建工作的调查报告》,上报市国资委党委。2007年,督察员对集团党建工作进行全面督察,完成《2007年申能(集团)有限公司党建工作督察情况报告》,肯定集团党建工作取得的成就,并对下一步发展提出明确建议。

【党员培养发展】

申能是一个不断发展壮大的企业,党员人数处于不断变化之中,随时有增减,也有发展党员和退党党员,因此人数变化比较大。1987年申能电力开发公司成立之时,公司4名员工中有3名中共党员,1988年公司党员增加到11名,1990年12名;1992年发展2名青年入党,1993年发展1名女党员,1994年发展3名党员。1996年集团拥有党员82名,占职工总数的50%。1995年,公司制定《申能股份有限公司党的建设三年(1995—1997)规划》,提出按照"坚持标准、保证质量、改善结构、慎重发展"的方针,做好党员发展工作;努力扩大入党积极分子队伍,认真做好入党积极分子的教育、培养和考察工作。1995—1997年公司新发展党员8名。2005年,系统共有党员2 327名,当年新发展党员85人,有106人列入发展计划对象,1 094名同志提交入党申请书,其中入党积极分子288人。到2017年,集团党员总数为4 408人。申能集团党员人数增加主要有两种情况,即发展新党员和党员组织关系转入;党员人数减少主要是组织关系转出和党员去世,另外有极少数被开除出党或自动脱党。

表8-1-5 2006—2017年申能集团党员人数变化情况表　　　　　　　　　　　　　　　　单位：人

年份	新增总数	发展	组织关系转入	减少总数	出党、停止党籍	死亡	关系转出
2006	232	91	141	120	0	3	117
2007	248	106	142	128	2	6	120
2008	234	98	136	157	3	4	150
2009	257	104	153	141	0	5	136
2010	190	91	99	119	1	4	114
2011	186	110	76	122	0	6	116
2012	203	97	106	130	0	8	122
2013	179	80	99	119	0	5	114
2014	145	62	83	185	1	10	174
2015	177	50	127	165	1	4	160
2016	1 460	60	1 400	318	7	7	304
2017	509	73	436	336	8	1	327

发展党员是党员人数增加、保持党组织活力、加强党员队伍建设的重要途径。集团严格把住党员队伍的"入口关"，按照质量第一、有计划发展的原则，慎重而积极地发展优秀员工入党，为党组织不断补充新鲜血液。

表8-1-6 2006—2017年申能集团发展党员情况表　　　　　　　　　　　　　　　　单位：人

年份	总数	女	研究生	本科	专科	中专	高中、中技	初中及以下	35岁及以下	36~59岁
2006	91	28	0	20	36	20	9	6	43	48
2007	106	30	2	24	39	16	18	7	56	50
2008	98	25	1	31	40	13	8	5	36	62
2009	104	26	1	28	38	18	15	4	53	51
2010	91	25	1	31	38	8	10	3	38	53
2011	110	26	1	52	34	12	9	2	66	44
2012	97	0	0	32	39	7	15	4	41	56
2013	80	23	4	24	31	7	11	3	38	42
2014	62	18	3	31	15	3	7	3	32	30
2015	50	14	3	17	22	5	5	0	16	34
2016	60	20	4	41	12	2	1	0	37	23
2017	79	31	6	50	20	2	1	0	45	34

根据党章和上级党委有关规定,集团发展党员经过严格的程序和严格考察,从提交入党申请书的员工中逐渐发现和培养积极分子,经过考察后再列入发展对象,进一步考察后吸收为预备党员,经过预备期考察后再吸收入党。入党积极分子、发展对象和预备党员的数量和质量,是党员队伍建设需要考察的重要方面。

预备党员经过一年左右的考察期,经所在党支部党员大会审议、表决,经上级党组织审核,能够认真履行党员义务,表现突出的,予以转正;需要延长考察期的,继续考察。

表 8-1-7 2006—2017 年申能集团预备党员转正情况表　　　　单位:人

年　份	预备期满人数	转　正	尚 未 讨 论
2006	98	98	0
2007	119	116	3
2008	115	115	0
2009	119	113	6
2010	130	114	16
2011	108	99	9
2012	131	118	13
2013	115	107	8
2014	90	77	13
2015	66	59	7
2016	64	63	1
2017	66	59	7

党员发展对象和入党积极分子的情况,是党员队伍建设的基础,决定党员队伍的质量和发展前景。公司党委在发展党员时积极贯彻"一线、一流、青年"的原则,从入党积极分子和发展对象的挑选和考察中就加以注意,确保发展年轻、优秀员工入党。

表 8-1-8 2006—2017 年党员发展对象情况表　　　　单位:人

年份	总数	女	少数民族	35 岁及以下	大专及以上	中专、高中、中技	生产第一线
2006	106	—	—	—	—	—	—
2007	108	33	—	50	65	35	104
2008	112	31	1	62	70	37	100
2009	96	33	0	45	66	30	83
2010	105	27	—	54	81	22	89
2011	98	25	—	48	69	25	89
2012	129	38	1	65	91	32	121

〔续表〕

年份	总数	女	少数民族	35岁及以下	大专及以上	中专、高中、中技	生产第一线
2013	64	17	1	36	48	13	64
2014	50	15	1	20	39	11	44
2015	45	14	0	29	40	4	44
2016	68	28	0	44	67	1	68
2017	78	18	0	46	75	1	67

表8-1-9　2006—2017年入党积极分子情况表　　单位：人

年份	总数	女	少数民族	35岁及以下	大专及以上	中专、高中、中技	生产第一线
2006	353	87	3	190	194	135	332
2007	300	79	2	141	179	105	281
2008	294	78	2	139	182	95	270
2009	288	78	2	151	185	88	251
2010	274	74	1	158	185	77	240
2011	258	70	1	126	169	75	234
2012	273	78	1	139	194	65	264
2013	253	80	2	135	186	52	236
2014	228	74	2	121	183	34	212
2015	205	68	2	121	177	21	196
2016	303	115	1	202	275	26	303
2017	264	82	1	150	243	16	241

第四节　党风廉政建设和纪检监察工作

申能党组织坚持"党要管党、从严治党"的要求，履行党风廉政建设责任主体职责，坚持从教育入手，制度先行，建立一整套党风廉政制度体系；支持纪委、监察部门积极开展监督工作，开展专项治理，为企业发展保驾护航。

一、制度建设

2010年，申能集团纪委下发《关于开展效能监察工作的意见》，同时建立"三本部"纪检工作例会制度，定期分析、研究系统纪检监察工作。同年3月，集团党委修订《申能(集团)有限公司党风廉政建设责任制实施办法》(简称《申能廉政建设实施办法》)，明确"三个不发生"的目标底线和系统各级领导承担"领导、建设、监督、自律"四项责任，集团党委书记与二级企业主要领导签订党风建设责任书,系统各级领导层层落实责任制,签订责任书,构建自上而下、三级以上企业150名领导班子成员"一级对一级负责"的党风建设责任网,明确集团反复倡廉建设的重点对象和落实"一岗双责"推进反腐倡廉建设的领导力量。2011年4月,集团党委下发《关于进一步完善党风廉政建设责任分解自查和党风状况职工问卷调查工作的实施意见》,将《申能廉政建设实施办法》中的"四项责任"分解为20项具体工作,组织系统各单位每半年进行自查,年终由职工代表进行无记名测评,结合年度考核,集团纪委牵头,集团人力资源部等部门配合开展检查,检查结果纳入领导班子薪酬考核体系,作为领导人员选拔、任用的依据。同年集团纪委下发《案件及重要案及件线索报告制度》、《三本部纪委协同办理重要信访件查处重大违纪违法案件制度》等文件,为纪检监察工作建规立制。

2011年,集团党委下发申能集团有限公司《进一步加强对重点部门、重点岗位、重点人员监督管理的意见》,要求系统各单位要建立健全廉洁风险较大部门内部审计制度,廉洁风险较大岗位人员定期轮岗制度,重点岗位人员在一定范围内述廉制度以及早发现早惩戒一般性违纪违规行为制度。2012年集团党委下发《领导人员谈话制度实施办法》,对党风廉政建设责任制谈话、领导人员任职谈话、信访谈话、诫勉谈话等作了明确界定,规范相关谈话操作流程。2014年2月,上海市委《关于落实党委主体责任进一步做实党风廉政建设责任制的意见》下发后,集团党委制定并下发《申能(集团)有限公司关于进一步做实党风廉政建设责任制的实施意见》,明确集团党委主体责任、纪委监督责任、党组织书记第一责任人责任和班子成员"一岗双责"。2015贯彻中央八项规定精神,集团党委制定了《申能集团关于规范领导人员履职待遇、业务支出的实施办法》。

二、党风廉政教育

1997年,公司组织党员干部学习"廉政准则"、《党纪处理条例》等廉政规定,定期开展正、反两方面例子学习,在广大干部中形成"管好自己,同时管好下属"的廉政自觉意识。

2000年7月,集团董事长、总经理参加上海市加强党风廉政干部建设大会;7月27—29日,申能集团举办为期3天的党风廉政建设学习班,集团党政领导、各部室负责人和系统各单位党政负责人参加,主要学习《中共中央关于国有企业改革和发展若干重大问题的决定》、江泽民在中央纪委第二、三、四次全体会议上的讲话,尉建行《关于加强国有企业党风廉政建设问题的讲话》等文件精神。2003年,集团党委先后召开会议,学习、贯彻上海市加强党风廉政建设干部大会精神和上海市监察会议精神。2004年2月,集团召开党风廉政建设干部会议,传达胡锦涛讲话和中纪委二次全会精神。同年4月,集团举行《中国共产党党内监督条例(试行)》和《中国共产党党纪处分条例》学习辅导报告会,邀请市纪委、市监察委宣教室王玉主任作报告。

2007年,公司党委召开会议,落实、贯彻《中共中央纪委关于严格禁止利用职务上的便利谋取不正当利益的若干规定》(以下简称《若干规定》)。在系统范围内,先后组织召开以学习《若干规定》为主要内容的领导班子中心组学习19次、专题组织生活会123次、专题集中学习103次、集中培训1191人次;燃气集团党委专门组织举办领导干部思想作风培训班。同年7月,集团党委组织开展警示教育,发布《关于在集团系统内中开展警示教育的通知》,组织收看警示教育片《贪欲之害》,提出开展警示教育活动具体步骤和要求,下发警示教育片《沉重的代价》和自编的《警示教育学习读本》,供领导干部学习。

2007年以来,集团党委坚持开展一年一度的"形势与廉政教育月"活动。活动一般安排在每年上半年,根据上一年度和当年中央和上级党委相关规定,认真组织学习当年中央和上海市有关领导讲话、大会精神,开展专题教育活动,每次活动规定具体教育内容、活动方式以及活动预期达到的目标,提高广大党员干部对宏观形势的正确判断,加强廉洁从政意识,筑牢拒腐防变的思想道德防线;增强广大党员对反腐败的信心和决心,调动其参与和支持反腐败工作的积极性,促进系统各单位党风廉政建设,营造共同关心和支持党风廉政工作的良好氛围。

2008年4月,集团党委布置各单位集中开展学习、宣传中央纪委提出的国有企业领导人员廉洁从业"七个不准"的要求的教育活动。同年5月,集团监管部门召开联席(扩大)会议,邀请市国资委政策法规处处长讲解《中华人民共和国国有资产法》有关情况。2009年,集团召开纪检监察工作会议,传达市纪委、市国资纪委和市金融纪工委联合召开的纪检工作会议精神,部署集团系统学习宣传贯彻《中国共产党巡视工作条例》(试行)、《关于实行党政领导干部问责的暂行规定》《国有企业领导人员廉洁从业若干规定》3项法规,并举办专题辅导报告会推进学习。2010年,组织系统领导人员学习《中国共产党党员领导干部廉洁从政若干准则》等文件,在熟读基础上进行自学测试,集团系统700余名企业领导和重点岗位管理人员参加自测。2011年,针对系统党员领导人员的思想实际,提出领导人员要做到"五要五不要"。2012年,结合保持党的先进性教育,要求领导人员要以"四有"要求自己,强调各级领导要坚守共产党人的精神家园,自觉克服"慵懒散奢"等不良风气。2013年,集团党委印发《十八大以来党中央关于党风建设反腐败工作讲话以及会议精神汇编》,传达学习中纪委、市计委二次全会精神,确定反腐倡廉"五个深化"工作思路。2014年集团纪委汇编党中央、市委反对"四风"的一系列新规。2015年汇编贯彻落实中央八项规定精神有关规定以及2014年以来市纪委通报本市违反中央八项规定精神的典型案例,下发各单位党组织上传至"申能党建网",组织系统各单位领导班子学习。2016年,申能集团召开纪检监察工作会议,邀请市纪委常委、上海廉政研究会原常务副会长赵增辉结合《准则》《条例》学习执行,解读《中国共产党问责条例》。

三、专项治理

1997年,集团党委推进廉政建设关口前移,在集团设立审计室。2002年,集团开展党风廉政建设和反腐败工作长效机制建设,提出"关口前移,把住源头,防止腐败"的工作思路,上海石油天然气总公司形成合同、采办管理制度,天然气管网公司实行"一合同、二协议"制度,申能房产实行现场签证制度,资产管理公司出台项目否决程序制度,这些制度的贯彻执行,有效防止腐败的发生。

【治理商业贿赂】

2006年下半年,集团党委根据中央《关于开展治理商业贿赂专项工作的意见》和市委、市政府以及其他上级部门的部署,成立治理商业贿赂领导小组和由党办(纪委监察室)负责日常工作的领导小组办公室,制定《申能(集团)有限公司开展治理商业贿赂专项工作实施方案》,在系统各单位开展为期半年的商业治理专项行动。围绕集团确定的工程建设、设备物资采购、产权交易、供气服务等重点内容进行自查自纠、整改提高。通过宣传教育、讲座报告、查找问题、交流检查等方式,针对突出问题,整章建制,修订、完善各类规章制度,为防止商业贿赂提供制度保障。此次专项治理中,领导小组定期研究治贿工作105次,制订各类计划方案18份,开展督促检查106次,召开各类动员和工作会议138次,编发学习资料34期,编发简报信息44期,举办专题培训13期,召开座谈会50个,发放自查表276份;查出薄弱环节和突出问题33个,还有11个方面的问题有待改善;最后通过整改,明确建立长效机制,达到治贿工作与推进管理的"双促进"目标。

【治理"小金库"】

2001年,上海市下发《关于开展清理"小金库"和银行账户工作的实施意见》,申能集团进行相关工作,报送申能集团"小金库"自查情况的报告。

2010年,根据中央和上海市国资委等部门的部署,申能集团党委开展"小金库"专项治理工作。集团党委成立系统"小金库"专项治理工作领导小组,各二级企业也成立相应领导小组,制定工作方案,通过自查自纠和重点检查,分5个阶段对系统所有单位"小金库"情况进行仔细摸查和处理,系统59家企业作"零"报告,1家有"小金库"的决定停止。集团结合专项治理行动,推进集团化管控模式,进一步强化预算管理,深化多经整合,加大对财务、资金的监管力度,加大对重要制度执行监督的力度,不断从源头上铲除"小金库"滋生的土壤。

【治理违规消费卡(券)】

2016年1月21日,市国资委党委发布《关于开展严禁违规购买发放消费卡(券)专项治理工作的通知》,要求各单位进一步落实中央八项规定精神,严禁违规购买发放消费卡(券)。同年2月4日,申能集团党委召开二级企业党组织负责人专题会议,转发市国资委通知,学习领会文件精神,部署自查整改工作。自查发现,集团系统二级以上单位2015年1—10月购买消费卡(券)共计294.321万元用于职工福利;10月以后未有此类情况。根据从严要求,严肃纪律的规定,集团党委在系统各单位主要领导中进行警示教育,系统各单位以书面形式作出回应,对巡视反馈意见揭示的个别违规现象进行调查,所在单位主要领导承担责任,并在民主生活会上作自我批评,领导班子成员主动退还2015年领用的消费卡(券)。集团党委发出通知,严格执行"四个不得"的纪律规定,严禁各级领导审批同意使用公款购买消费卡(券),严禁系统各单位、部门以任何理由、任何名义购买消费卡(券),要求切实做到"零购买、零发放、零报告"。

【专项检查】

2002年,申能集团纪委根据市纪委、市监委《关于2002年上海市国有企业领导人员廉洁自律工作意见》和市计委纪委《关于对贯彻落实党风廉政建设责任制工作进行自查的通知》精神,组织系统所属单位纪检负责人对各单位贯彻落实党风廉政建设责任制工作、领导干部廉洁自律工作和集团公司开展的"关口前移,把住源头,防止腐败"工作进行互查。通过互查,发现并推广好的长效反腐防腐机制,如合同采办管理、"一合同、二协议"制度等;同时找出薄弱环节,及时堵塞漏洞,加强党风廉政建设。2003年集团纪委继续开展党风廉政建设专项检查,巩固成果,补足短板,维护制度的有效性。

2009年,集团党委、纪委按照市国资委部署,在系统内开展近5年国有产权转让项目专项检查,对国有产权交易后资产回收、国有企业土地监管等情况进行专项检查,坚持摸清情况,自查自纠和排查监管相结合,建立和完善相关制度。2011年集团纪委、集团财务部、审计室、综合管理部等部门联手,开展银行账户清理专项工作,三级以上企业的银行账户得到清理,集团系统的资金归集率达到了70%,集团建立健全集团重大投融资管理制度和审批流程,三级以上企业重大投资以及融资、贷款全部纳入集团审批,"申能集团资金管理信息系统"正式上线运行,为加强三级以上企业大额度资金运行监管提供了技术支撑。2012年4—6月,集团党委根据市国资委《关于开展市国资委系统企业领导人员垂直兼职情况专项调查工作的通知》的文件精神,领导纪检监察和组织人事部门联合对集团和二级子公司领导人员在下属企业的兼职情况进行专项检查。同年,集团监事会结合集团实际，联合纪委监察、审计室，开展物资处置专项检查和领导人员廉洁从业专项检查。2013年开展重大工程项目专项检查和供应商专项检查。2014年开展合同专项检查。集团先后下发《关于开展供应商管理专项检查的通知》等文件，通过自查自纠、抽查、听取汇报，查阅相关制度、合格供应商目录和会议纪要等，对专项工作开展检查，防范经营风险，提升管理水平，推动企业降本增效。2015年7—9月，集团监督部门联席会议成员部门对系统各基层单位车辆管理情况进行专项检查。集团先下发《关于开展车辆管理专项检查的通知》，要求系统各单位进行自查，而后由集团纪委、审计室、股份内控部和燃气集团审计室等部门联手对临港燃机、外二发电、浦东销售、吴淞制气和管网公司5家系统企业进行抽查。专项检查报告肯定系统单位车辆管理好的制度和做法，也指出存在的问题，并提出改进建议。

申能集团纪委以问题为导向，以项目化推进方式，加大"制度加科技"工作推进力度。集团先后开展工程承发包、物资处置、合格供应商管理和合同管理等专项检查，在各单位自查发现问题，落实整改的基础上，集团审计室、综合管理、纪委等联手开展检查，分析查找管理薄弱环节，推进制度建设。组织系统各单位围绕重点领域、重点环节的风险防范，每年明确一个重点开展专项工作，针对发现的制度流程缺陷、监督执行不力等问题，完善制度，规范管理，运用信息化手段，构筑制度防线。2016—2017年，集团系统各单位围绕物资采购、合同管理、工程建设等重点领域，共完成63项专项工作，形成一批"制度加科技"的示范项目。

第五节　精神文明建设

一手抓物质文明建设，一手抓精神文明建设，坚持两手抓，两手都要硬，是中国共产党在改革开放以来提出的重要论断，也是指导中国社会发展、企业经营等方方面面工作的重要思想。申能党组织高度重视精神文明建设工作，专门成立公司精神文明建设委员会，制定系列规章制度，认真组织开展各项建设活动，在物质文明建设取得丰硕成果的同时，精神文明建设也取得丰厚回报。

一、精神文明建设委员会

1995年，根据市委、市政府关于创建上海市文明单位的精神，为加强公司精神文明建设，经公司党委研究决定，建立申能股份有限公司精神文明建设工作委员会，下设公司精神文明建设办公室，由党委办公室承担职能；下属各单位明确党政主要领导亲自抓，明确兼职参与精神文明建设工作人员。工作委员会由刘承泽、曹玲珠、周燕飞、柏茂森组成，股份公司副总经理刘承泽任主任。1997年，为加强公司精神文明建设，集团党委决定调整充实集团公司精神文明建设工作委员会，工作委员会由陈光华、仇伟国、刘承泽、张宏伟、曹玲珠、周燕飞、柏茂森组成，集团副董事长、副总经理陈光华担任精神文明建设工作委员会主任。1998年，再次调整充实精神文明建设工作委员会成员，增补杨立扬、邱新平、张芊为公司精神文明建设工作委员会委员；设立工作委员会办公室，邱新平、周燕飞兼办公室副主任。1999年，集团党委副书记、副总经理仇伟国任集团精神文明建设委员会主任，增补杨祥海为委员。2009年，经党委研究决定，杨祥海、吴建雄、仇伟国、谈金龙、须伟泉、王知、周燕飞、江豪维、宋丽霞、瞿佳担任申能(集团)有限公司精神文明建设委员会委员；集团副董事长、总经理杨祥海任委员会主任，仇伟国任委员会副主任。

二、创建活动

1996年10月,党委组织开展"五个一"(即参加一次辅导报告会、一次专题学习讨论会、一次学习交流会、一次专题研究会、一次文件学习考查)活动,使党员干部达到"三统一":统一对新形势下加强精神文明建设重要性和紧迫性的认识;统一对新形势下正确处理物质文明和精神文明关系的认识;统一对新形势下精神文明建设的指导思想、目标、任务、基本方针和重要措施的认识。1996年,申能机关开展文明处室评比活动,推动公司精神文明建设。1998年,努力推进创建文明单位、部室,争当文明员工的活动,充实调整公司精神文明委员会成员,对系统精神文明建设开展调研,加强分类指导;认真做好文明单位、文明部室自检申报工作。1999年,按照公司《"九五"期间精神文明建设实施意见》等4个文件精神要求,公司精神文明建设委员会开展申能集团系统第一次文明单位评选活动。此后,两年一次的系统文明单位、文明部室和文明员工评选活动成为惯例,结合上海市文明单位的评选进行,召开集团系统精神文明表彰大会进行表彰。系统各单位认真申报,精神文明委按照评选标准、条件、比例,严格程序,坚持公正、公开原则,评选出本单位文明单位、文明部室、文明员工,后调整为评选文明单位和优秀员工。

2001年,申能股份有限公司获1999—2000年度市级文明单位称号,这是系统第一个市级文明单位。此后,集团系统上海市文明单位不断增加。2009年,吴二发电等4家单位被评为第十四届上海市文明单位。2011年,外二发电、天然气管网等6家单位被评为第十五届上海市文明单位。2013年,外二发电、天然气管网等7家单位被评为第十六届上海市文明单位。2015年,申能财务公司、外二发电、天然气管网等9家单位被评为第十七届上海市文明单位。2017年,申能财务公司、吴泾二发电、天然气管网、东方证券长江西路证券营业部等12家单位被评为第十八届上海市文明单位。

三、凝聚力工程

根据上海市委精神,借鉴长宁区"华阳经验",1995年申能集团开始实行"凝聚力工程"建设。1996年集团出台《1995—1997精神文明建设实施意见》,将加强"凝聚力工程"建设作为公司精神文明建设的重点内容推进。1998年,集团党委提出深化"了解人、关心人、凝聚人"的凝聚力工程建设,形成一套完善的关心人的工作机制,使每一个职工都能感受到组织的温暖,有关职工的切身利益的事能得到关心和重视。各单位要把对职工的思想教育与关心职工生活,解决实际问题结合起来,把"凝聚力工程"建设列入党组织的日常工作,并注意积极发挥工会和团组织的作用,在新的一年中达到新的水平。1999年,集团党委要求各单位结合自身实际,开展有特色的"凝聚力工程"建设。2000年集团第一次系统单位党组织负责人会议,强调加强"凝聚力工程"建设。2001年,集团精神文明建设委员会要求加强以关心人、团结人为核心内容的"凝聚力工程"建设和思想政治工作,密切党群关系、干群关系,营造团结协调、积极向上的良好氛围。

2003年中央连续发出通知要在全党兴起学习贯彻"三个代表"重要思想新高潮的战略任务,市委八届三次全会对学习贯彻"三个代表"重要思想,进一步推进"凝聚力工程"建设、加强和改进基层党的建设作全面部署,并下发《关于进一步推进"凝聚力工程"、加强和改进基层党的建设的决定(征求意见稿)》。市国资办党委提出"以'凝聚力工程'为总抓手,加强和改进国有企业的党建工作"的总要求。同年7月,申能集团党委制定并下发《关于开展"凝聚力工程"建设的实施意见》,提出活动指导思想、具体实施计划和目标等,在系统各单位掀起"凝聚力工程"建设活动。《关于开展"凝聚力工程"建设的实施意见》指出,"凝聚力工程"建设是一项系统工程,其内容体现在基层党建工作的各个方面。从有利于工作推进的实际出发,可分解为核心工程、目标工程、形象工程、合力工程、人才工程和文化工程6个子工程。此后,系统各级党组织深入开展凝聚力工程建设,以开展实现企业发展目标为主要内容的目标工程激励和引导党员和职工投身事业,实现人生价值;以开展加强领导班子和党员队伍建设为主要内容的核心工程和人才工程,为实现企业发展目标提供组织保证;以开展加强党风廉政建设为主要内容的形象工程,为企业的改革发展保驾护航;以开展营造健康和谐的企业文化氛围为目的的文化工程,来树立正确的价值观和行为导向,努力将员工的发展愿望融入企业的发展战略中,形成企业关爱员工、员工热爱企业的团队精神。

第六节 制度建设

制度建设更带有根本性、全局性、稳定性和长期性。申能党组织在推进党的各项建设中,坚持把制度建设贯穿其中,将党建、党风廉政建设、精神文明建设要求体现到企业各项制度之中,将基层党建工作的实践经验用制度形式巩固下来,不断提高党建科学化、规范化水平。

一、党委会议事规则

申能党委在系统企业中处于政治核心地位,发挥政治核心作用,在上级党组织的领导下,围绕公司投资、经营与管理任务,坚持党要管党、从严治党,围绕公司中心工作,揽全局,议大事,抓队伍,搞协调。1995年公司制定《关于申能党委工作的若干意见》,明确规定党委的职能、党委班子构成和工作机构的设置、党委的办事方法和活动方式。公司党委会由党委委员参加,其他人员可以根据需要列席会议。通过党委班子成员与行政班子成员交叉兼职的方式,增强党委与董事会和行政之间的沟通、协调和互补作用,形成领导班子整体的合力。

2003年,公司党委制定试行《申能集团党委会议事规则》(以下简称《议事规则》),进一步规范党委会议事原则、内容、程序,提高党委会的工作效率。《议事规则》规定党委会坚持集体领导、民主集中、个别酝酿、会议决定的组织原则;具体明确集团需由党委会集体讨论决定的重大事项为贯彻党的路线、方针、政策以及上级党组织的工作部署,研究公司党建、思想政治工作、纪检监察及精神文明建设等,研究贯彻上级下达的重大任务,决定各级党组织建立、党委职能机构设置、党务干部任免、考核、奖惩;明确后备干部选拔、培养、考核并推荐使用规定,决定工会、共青团等群众组织中的重大问题。需由党委会集体讨论,形成建议,提交公司董事会或总经理会讨论决定的重大事项包括:公司发展战略、中长期发展规划、年度重点工作、重大投资项目、生产经营重大问题及重要规章制度,公司管理体制、组织机构设置,重大改革方案,行政系列中中层及以上干部的任免、考核、奖惩及前期工作的审议把关,参控股企业董监事、中高级管理人员的推荐、委派以及有关薪酬、福利、奖惩等涉及员工切身利益或事关公司员工思想问题的重要事项。其他一些重要事项应向党委会通报。《议事规则》还详细规定议事程序、方式、表决原则和议事纪律等。

公司党委根据形势发展变化和公司经营发展需要,适时调整党委会议事规则,确保党的政治核心作用的发挥。2016年,党委修订《议事规则》,加强党对企业各方面的领导。2017年,进一步健全党委议事规则,认真落实"党委研究讨论作为董事会、经理层决策重大问题的前置程序"的要求,切实履行国有企业党组织"把方向、管大局、保落实"的重要职责。支持董事会、监事会和总经理依法行使职权,通过发挥董事会、监事会和公司管理人员中党员领导干部的作用,发挥党委职能部门和基层党组织的作用,发挥工会和共青团等群众组织的作用,团结广大党员和群众,把党的各项方针政策落到实处。

2007年,集团党委制定《进一步贯彻落实"三重一大"事项集体决策规定的实施意见(试行)》,积极改革和完善领导权力机制,坚持集体讨论决策。同年出台《党政联系会议议事制度》,进一步规范权力运作机制。2010年公司修订、完善《贯彻落实"三重一大"事项集体决策规定的实施意见》,规定24项需要集体决策的事项,界定大额度资金使用的审批权限,明确党委会、董事会、总经理会议的决策程序,细化10项议事规则,以及集体决策的实施、监督、责任追究等相关规定,进一步完善集体决策制度。同年,股份公司还建立《"三重一大"决策分级定期报告制度》,在执行中加强制度建设。

二、党建工作规范化

2006年,公司党委制定《申能(集团)有限公司关于党委中心组学习的若干规定》,明确党委中心组学习是系统领导干部在职理论学习的基本形式,规定系统各级党组织学习的方式、内容以及学习管理和监督等。2006年发布《申能(集团)有限公司领导干部民主生活会的若干规定》,指导系统各单位领导干部民主生活会的召开。2009年,集团实行党代表任期制和党代表巡查员制度试点,发挥党员代表在基层党建工作中的桥梁作用和监督作用,切实保障党员的各项民主权利。

党的基层组织是一切党的工作的基础与落脚点,申能历来重视党的基层组织建设,确立制度建党原则,推进党建工作标准化。1995年公司党委颁发《申能党委工作若干意见》,下发《关于基层党支部工作的若干意见》,规定公司基层党支部位置、职能和活动方式。同年10月公司党委制定《申能股份有限公司党的建设三年(1995—1997)规划》,着手完善党的基层组织建设,落实党建工作责任制,党委书记负全责,党委成员各自分工和分别联系各基层党支部,开展支部建设工作。制定基层党组织建设工作考核办法,保证基层党组织建设的正常开展,抓住各级党的基层组织的班子建设,抓好"三会一课"这一基层党组织基本工作,使之常态化。1996年党委建立《基层党支部书记工作例会制度》等制度。2004年,组织系统单位党组织认真贯彻落实市委组织部《关于进一步落实党的基层委员会(总支委员会、支部委员会)定期向党员报告工作制度有关事宜的通知》。2006年制定《申能(集团)有限公司党组织书记例会制度》。到2006年年底,集团公司及系统各单位共制定和形成关于基层党务工作、组织发展工作、支部升级达标、党员学习教育、"三会一课"等方面的制度37项。

2011年,公司党委制定《关于在申能集团系统党组织实行党务公开的实施办法》,要求系统各单位发扬党内民主,加强党内监督,保障党员权利,密切党群关系,实行党务公开。以管网公司和吴二发电作为党务公开试点单位,有序推进"六个一"党务公开工作。2014年起,每年编写修订《党支部工作实务指南》,促进党建工作标准化、规范化,进一步健全党员发展、公推直选、创先争优等工作机制。

三、党风廉政建设责任制

1997年,公司党委制定《申能(集团)有限公司党风廉政建设责任制实施办法》,明确一级抓一级、一级管好一级,明确纪检部门与党政部门齐抓共管,健全群众监督;并把党风廉政建设列为支部

"达标创优"和领导干部考核内容之一。2002年,公司根据形势发展需要,修订实施办法,更加规范责任制的实施;同时加大落实检查力度,公司领导带队对系统企业开展落实责任制的检查和考核,更好地监督企业执行责任制。2003年,公司认真贯彻党风廉政责任制,全面落实责任签订工作。公司党政领导班子与系统各单位党政领导班子签订《党风廉政建设责任工作书》,明确责任人和应履行的责任内容。各单位根据集团纪委要求,制定相应的《党风廉政工作责任书》,层层签约,分解到人,落实责任。2007年,公司各级领导班子签订党风廉政责任书,通过细化目标和分解工作责任,形成党政"一把手"负总责,一级抓一级、一级对一级负责的管理机制。2008年,公司党委坚持与各单位党组织第一责任人重新签订《党风廉政建设工作责任书》,层层签订,做到"谁主管,谁负责",确保廉政建设落实到人。

2010年,公司再次修订《党风廉政建设责任制实施办法》,建立覆盖系统三级以上班子成员的党风廉政建设领导体制,定期开展党风廉政责任制的自查和互查,并将结果纳入班子考核处。2013年,公司党委开始探索党风廉政责任制项目化管理,根据问题导向,落实领导责任和部门分工,系统27家单位共立项完成35项重点工作。2014年,公司贯彻市委《关于落实党委主体责任,进一步做实党风廉政建设责任制的意见》,制定公司的实施意见;同时继续坚持"问题导向、需求导向、项目导向",组织系统单位申报28个党风廉政建设项目,指导各单位将纪检监察工作融入生产经营管理之中,进一步提升反腐倡廉工作的实效性。

2015年,公司党委进一步明确党委主体责任、党组织书记第一责任人责任和班子成员一岗双责。细化领导班子责任分工。结合领导班子职责分工,梳理28个重点领域和重要环节,将相关责任落实到班子每一名成员。落实系统各级党组织一级对一级负责的责任网,明确各级党组织履行主体责任的工作职责和工作流程。2016年,公司认真履行党委主体责任和纪委监督责任,形成党风廉政建设责任清单,进一步明确党委、纪委和领导班子各自的责任。党委主体责任清单涵盖15项领导班子集体责任、12项组织书记"第一责任"和8项班子成员"一岗双责",把党风廉政建设融入企业经营管理之中。初步形成纪委监督责任清单,指导系统纪检监察组织履行职责,协助党组织加强党风廉政建设和组织协调反腐倡廉工作。系统单位广泛开展党风廉政建设与风险管理责任承诺与签约,进一步落实党风廉政建设主体责任。2015年起,公司推进"制度加科技"工作,推进风险防控机制建设,构建集团财务风险预警平台、集团土地管理系统等,加强风险防控能力。

四、纪委工作制度

公司党委坚持加强党风廉政制度,坚持制度反腐,在多年实践中逐步形成集团党风廉政干部建设大会、监督部门联席会议、纪委书记工作例会等会议制度,以及领导干部重大事项报告、谈心谈话等一系列具有长效性和可操作性的制度。

2007年,公司纪委印发《纪律检查委员会工作例会制度》,规定系统公司纪委工作例会每季度召开一次,特殊情况可随时召开,公司纪委委员以及二、三级单位的纪委书记参加会议。会议的主要内容为学习、宣传、贯彻党的路线、方针、政策和纪检监察工作相关政策法规;传达上级党委和纪委决议、决定和有关安排;分析公司党风廉政建设和反腐败斗争状况,研究、讨论公司廉政制度、规定及年度纪检监察工作;听取各单位纪检监察工作、信访工作、廉政勤政建设汇报等。纪委工作例会制度遵循权责一致和民主集中制原则,为充分发挥党章赋予纪委的权力和履行纪委义务提供制度保障。

2012年,公司颁发《领导人员谈话制度实施办法》,根据集团党委和系统各级党组织的要求,由党风廉政建设责任人、组织人事部门、纪检监察部门等按照不同范围、不同内容对领导人员进行的谈话,谈话分责任制谈话、任职谈话、信访谈话和诫勉谈话。

2011年,公司党委提出反腐倡廉"五要五不要"原则,进一步推进制度反腐。2012年,集团建立监督部门联席会议制度,监事会、纪委、审计、财务、综合管理、工会、人事、监察等相关部门为监督部门联席会议成员部门,定期召开工作会议,分析情况,研究工作,协调相关部门协同开展监督检查工作。2015年,公司党委明确监督部门联席会议由纪委书记主持,整合审计、监察、财务、法务等部门的资源,依托工会、监事会等组织力量,联手开展监督工作,发挥纪委在党委领导下的组织协调作用,形成反腐倡廉工作合力。

五、精神文明评选表彰办法

公司党委重视精神文明建设,制定一系列规章制度,并在系统各单位认真组织实施,有效提升公司员工素质和公司文明形象。

1996年3月,申能集团有限公司召开精神文明建设委员会会议,讨论并修改《公司1995—1997年精神文明建设实施意见》,要求公司及系统各单位以"提高员工素质和公司文明程度"为目标,开展精神文明建设,开展学知识、学科学、学技术"三学"活动,培养良好的职业道德和专业素质。

1997年,公司党委印发《申能(集团)有限公司"九五"期间精神文明建设实施意见》《申能(集团)有限公司创建文明单位实施办法》《关于集团公司系统开展创建文明部室活动实施办法的指导意见》《关于在集团公司系统开展争当文明员工活动实施办法的指导意见》4个文件。

在公司推动系统精神文明建设过程中,各单位发挥主动性、积极性,根据公司精神文明建设委员会相关文件精神,结合各自实际,制定一些规章制度。2001年,集团本部制定《员工手册》,举办《礼仪规范讲座》,石油天然气总公司制定《员工行为手册》,申能房产制定《职工守则》《文明部室公约》和《文明职工言行规范》等制度。

2005年3月,根据上海市精神文明建设指导委员会的有关规定和要求,公司制定《申能(集团)有限公司精神文明建设委员会工作条例(暂行)》(以下简称《条例》),并在此基础上,结合申能集团的实际情况,制定《申能(集团)有限公司文明单位、文明部室(车间)、文明员工的评选标准办法(草案)》。《条例》明确规定,公司精神文明精神委员会是在党委领导下,负责申能系统精神文明建设工作的领导机构;其职责是对系统精神文明建设工作实行规划、指导、协商、监督、检查和领导决策,为公司改革发展提供精神动力、智力支持和思想保证,为构建和谐企业发挥积极作用,同时推进精神文明建设工作走向经常化、制度化和规范化。

2005年9月,公司下发《关于贯彻落实〈上海市文明单位创建管理规定〉的通知》,要求各单位建立文明创建活动长效机制,制定新一轮创建规划,及时总结经验、宣扬典型。2009年,集团精神文明建设委员会制定《申能集团系统优秀员工标准》,提出"思想政治好、学习技术业务好、生产工作好、道德风尚好、遵纪守法好、整洁安全好"的"五好"标准。

2015年,公司结合2015版《上海市文明单位创建管理规定》的颁布,对集团两年一度的精神文明评选表彰制度进行梳理完善,形成《申能(集团)有限公司文明单位、优秀员工评选表彰办法》,进一步完善集团系统文明单位、优秀员工的评选标准,细化评选、命名、管理和奖惩办法,明确一票否决等指标要求。

第二章 工　　会

申能根据《中华人民共和国工会法》和相关法律、法规的规定,建立起覆盖绝大部分员工的各级工会组织。在集团党委和上级工会组织的领导下,集团工会和系统各单位工会组织积极协助各单位领导班子完成各项工作任务,积极组织工人开展各项技术竞赛、劳动竞赛以及文娱、体育活动;开展民主管理工作,争取和维护职工权益,维护企业和社会稳定。

第一节　基本状况

自1993年申能成立工会组织以后,在申能党组织的领导下,工会经历申能电力开发公司工会、申能股份公司工会、申能集团公司工会的发展历程,工会在维护职工权益、促进公司发展、构建企业文化方面发挥重要作用。

一、组织架构

根据《中国工会章程》规定,企业职工人数达到25人时应成立工会。1987年12月申能电力开发公司成立,由于职工人数少,没有成立工会。随着公司的发展、人员的增加,1993年1月14日,经上海市计划委员会机关系统工会批复,同意申能电力开发公司成立基层工会,同时成立工会委员会和经审会。1995年,申能电力开发公司工会改称申能股份有限公司第一届工会。1997年6月,申能(集团)有限公司第一届工会委员会成立,隶属于上海市综合经济直属工会工作委员会。2003年12月1日,集团工会关系挂靠上海市总工会。到2017年,集团工会五次换届,加上电力开发公司和申能股份阶段的工会组织,公司工会历经7次换届。

表 8-2-1　1993—2017年申能集团历届工会委员会情况表

名　称	时　间	工会主席	工会副主席	工会委员
申能电力开发公司工会	1993年1月—1995年6月	严成俊	—	严成俊　曹玲珠　叶奕平
申能股份有限公司第一届工会	1995年6月—1999年7月(1995年6月—1997年6月直属计委工会,1997年6月后属集团工会)	周燕飞	—	周燕飞　王　知　周整华　卢为民　许佩佩
申能集团有限公司第一届工会	1997年6月—2000年6月	刘承泽	周燕飞	刘承泽　周燕飞　王　知　肖兆成

〔续表〕

名　称	时　间	工会主席	工会副主席	工 会 委 员
申能集团有限公司第二届工会	2000年6月—2004年6月	邹金宝（2000年6月—2004年2月）仇伟国（2004年2月—2004年6月）	周燕飞	邹金宝　周燕飞　石金柱　李松华　徐致丰　许佩佩　赵林贵
申能集团有限公司第三届工会	2004年6月—2011年12月	仇伟国	周燕飞　谈金龙	仇伟国　周燕飞　谈金龙　江豪维　石金柱　许　峥　赵国道　丁国桦　杨玉成　金振毅　何青儿
申能集团有限公司第四届工会	2011年12月—2016年9月	谈金龙	周燕飞　李松华	谈金龙　周燕飞　王　知　许　峥　胡志平　俞雪纯　许　芹　朱来齐　张兆琦　倪　静　刘　弦　李松华
申能集团有限公司第五届工会	2016年9月—	须伟泉	周燕飞（2016年9月—2018年4月）李松华　杜卫华　王偕勇　刘先军（2018年4月—）	王偕勇　朱来齐　刘　弦　许　峥　杜卫华　李松华　严艺敏　吴金宝　张　敏　张兆琦　陈　辉　周文武　周燕飞　须伟泉　俞雪纯　倪旭辉　雷　雯

二、工会建设

加强工会自身建设，提高工会委员会及工会会员的思想政治素质，完善工会组织架构，建立和完善工会工作制度等，是企业工会发挥维护职工权益、密切党群关系的重要基础。申能工会成立以来，在公司党组织和上级工会领导下，积极开展自身建设。

【组织建设】

申能电力开发公司工会和申能股份有限公司工会工作范围限于申能本部。随着公司不断发展壮大，公司下属企业随之成立工会组织。集团工会成立以后，积极指导、协助下属企业召开会员（代表）大会，成立工会组织，选举产生工会委员会和经审会；协助工会组织办理法人登记，2001年协助系统9家单位工会完成法人资格登记。组织和协助系统工会开展换届选举，增补工会委员，成立工会女工委员会，协助系统工会组建职工技术协会。组织劳务工加入工会，维护劳务工的正当权益。2002年，集团系统工会下属二级企业工会组织9个，共有工会会员842人，其中女会员266人；有兼职工会干部35名，专职工会干部1名。2003年，上海燃气集团划归申能集团管辖，申能系统员工和工会组织、会员迅速增加，截至2004年10月，集团工会辖有基层工会19个，总会员人数10 609人，其中女会员2 934人。2016年6月东方证券有限公司整建制划归申能集团管辖，工会组织和会员人数再次大增，截至2017年年底，申能集团系统工会辖有基层以上工会6个，基层工会46个，拥有会员15 218人，其中女会员4 676人。

表8-2-2 2002—2017年集团工会组织、会员变化情况表   单位：人

年份	组织数			会员数	
	总数	基层以上	基层工会	总数	女会员
2002	10	1	9	842	266
2003	10	1	9	1 400	347
2004	20	1	19	10 609	2 934
2005	21	2	19	10 811	2 683
2006	22	3	19	10 642	2 483
2007	27	5	22	10 588	2 404
2009	31	5	26	11 189	2 297
2010	33	6	27	11 665	2 423
2011	33	6	27	11 160	2 303
2012	39	6	33	11 115	2 265
2013	40	6	34	10 899	2 193
2014	40	6	34	10 076	2 150
2015	41	5	36	9 784	2 121
2016	48	6	42	13 845	3 592
2017	52	6	46	15 218	4 676

说明：2008年数据缺失。

集团工会会员人数和工会组织数有两次大的变化：一次是2003年12月上海燃气集团划归申能集团带来巨大会员人数和工会组织数的增加；另一次是2016年6月东方证券公司整体划归申能集团导致的会员人数和工会组织数的增加。其他年份工会会员的增减，大致有三方面的原因：一是新建企业或新筹建的企业会从集团抽调走部分员工，但新企业尚未成立工会组织，因而会出现工会会员人数减少的现象，随着这些企业工会组织的建立，会员人数则会出现相应增加。如2006年集团抽调部分人员组建外二发电和筹建外三发电，导致当年会员数减少。二是企业合并、重组、剥离或者裁撤，会导致相应工会会员人数和工会组织数的增减。三是员工分流、退休、离职或死亡导致会员人数减少。

【制度建设】

申能工会成立后，逐渐形成工会委员会例会制度和专题会议制度，通过定期召开会议，讨论和布置工会工作。2001年集团工会和系统各工会组织制定《申能集团公司职工代表大会制度》《申能股份有限公司企务公开制度》《申能集团工会女工委员会条例》《申能股份公司工会组织制度》及《组织工会条例》《宣传教育工作条例》《信息工作条例》《文体工作条例》等，同时还制定《申能集团工会财务管理制度》《申能集团财务工作考核办法》等规章制度，通过制定、贯彻、执行制度，规范工会工作，更好地发挥工会在企业中的作用。2002年集团工会编制《申能(集团)有限公司工会规章制度》，并下发至下属各单位工会。各公司在此基础上分别修订《职工代表大会工作管理制度》《工会

工作管理制度》《劳动争议调解委员会工作管理制度》。申能集团第五届工会成立以后,于2016年颁布《申能(集团)有限公司工会会议制度》《申能(集团)有限公司工会委员调查研究制度》和《申能(集团)有限公司工会委员联系点制度》。2017年,按照"项目化推进,菜单化选择"要求,实行工团联合项目招募制度。

第二节 民 主 管 理

组织职工参与本单位的民主决策、民主管理和民主监督,维护职工合法权益,发挥职工参政议政作用,是工会组织的基本功能。申能工会积极通过职工代表大会(简称职代会)制度和厂务公开工作,发挥工会组织民主管理与监督作用,促进企业发展。

一、职工代表大会

职工代表大会制度在推进基层民主政治建设,协调劳动关系,维护职工合法权益,促进上海和谐社会建设中具有一定作用,公司根据国家法律法规及有关政策文件精神,积极推行职工(代表)大会制度。

2001年6月,中共申能(集团)有限公司委员会向系统党组织转发市纪委《关于深入推行厂务公开的意见》,要求系统凡未建立职工(代表)大会制度的单位,均应在8月31日前完成职工(代表)大会组建工作。2002年,石油天然气公司、星火热电、管网公司等召开职代会;申能股份、申能房产、申能科发、申能资产管理、申能实业等公司召开职工大会。到2004年,集团系统单位星火热电、石油天然气公司、吴二发电和燃气系统的制气和销售各单位工会坚持职代会制度,把职代会作为基层民主管理的主要载体,其他单位则以职工大会的形式发挥职代会作用,对企业经营管理、改革的重大决策和涉及职工切身利益的重大方案广泛听取职工的意见和呼声,切实维护职工群众的知情权和审议、建议权。

公司工会在不断完善系统各单位职代会的同时,不断充实、丰富职代会内涵,提高职代会实效性。各公司通过职代会形式,报告企业生产,经营、重要工作目标、重大决策;民主评议干部;受理代表提案,审议企业重大决策。有的公司工会在职代会上对涉及企业重大人事制度改革、转制、改制等问题进行审议,依法行使管理企业的民主权利,充分表达职工的民主权益,沟通党组织、企业领导与群众的关系,为科学、民主、依法决策和管理提供前提与保证。

2008年,集团工会转发上海市总工会《关于进一步加强上海市职代会制度建设的指导意见》(以下简称《指导意见》),要求各单位结合实际认真执行,并在原有工作基础上进一步完善职代会的各项工作制度,切实提高职代会工作的整体水平,有效提升企业竞争力。《指导意见》要求国有、集体及其控股的企事业单位要在普遍建立职代会制度的基础上,重点推进多级民主管理建制工作,要积极推进集团、子公司以及拥有分配或用工自主权的事业部、分公司、分厂(车间、部门)的多级职代会制度建设,保证职工在不同层面有序参与民主管理,充分发挥各级民主管理的积极作用。进一步健全完善职代会工作制度建设、职代会提案工作制度建设、职代会议事规则制度建设、职工代表巡视检查工作制度建设、职代会质量评估工作制度建设以及职代会专门委员(小组)和日常民主管理工作制度建设等制度建设工作,充分发挥职代会制度的积极作用。2010年,系统各单位职代会建制数占系统单位的92%,职代会领导评议制度用制度的形式明确职代会民主评议领导班子与成员的内容、方法。2013年系统38家单位,建立职工(代表)大会制度的有33家,部分新建或新加入集团的单位尚未建立职代会(职工大会)制度,建制率为87%。2017年,系统基层工会43家建立职工(代表)大会制度,其中25家建立职工大会制度。

二、厂务公开

厂务公开是广大员工参与民主决策、民主管理、民主监督的一个有效途径。1998年,申能集团系统各级单位按照上级指示和要求,积极开展厂务公开工作,并建立厂务公开相关制度和厂务公开领导小组等领导机构,充分动员广大员工参与企业管理和推进企业发展。

2001年6月,中共申能(集团)有限公司委员会向系统党组织转发市纪委《关于深入推行厂务公开的意见》,要求各单位党组织认真学习领会,会同行政、工会组织根据国家法律法规,结合本单位实际情况,在7月31日前,就建立、健全职工(代表)大会工作制度、加强企业民主管理工作,向集团公司党委、行政和工会组织提出贯彻实施情况报告。2005年,申能集团成立集团厂务公开工作领导小组,由党委、行政、纪委、工会负责人组成,负责制定厂务公开的实施意见,审定重大公开事项,做好督导考核工作等。

2006年集团召开系统各单位厂务公开民主管理工作交流大会,总结交流各单位好的经验和做法,促进各单位的厂务公开工作。2010年,系统单位厂务公开建制数达到81%,厂务公开的内容也不断拓展,逐步向企业重大决策、职工切身利益、安全劳动卫生、企业领导班子建设和党风廉政建设问题等方面发展深化,厂务公开形式上呈现多样化、信息化的特点,有效地促进民主管理工作。2011年3月,上海燃气浦东销售有限公司、上海外高桥第三发电有限责任公司获2009—2010年度上海市厂务公开民主管理工作先进单位称号,受到市纪委等部门的表彰。

2013年11月,集团工会全体委员及部分基层工会干部组成6个调研组,分别到申能财务公司、浦东制气、外二发电、大众燃气、星火热电、申能房产等12家单位,通过问卷调查、实地走访、个别访谈、汇报交流、查看资料等形式,对集团系统开展厂务公开民主管理工作情况进行深入调研。调查组最后形成《关于申能集团系统厂务公开民主管理工作的调研报告》,提出从强化宣传、加强领导、融入中心、突出实践,完善制度、规范运作,创新载体、注重实效四方面加强厂务公开民主管理工作。集团38家单位,有35家实行厂务公开,其中26家建立厂务公开领导小组。领导小组由党委统一领导、党政共同负责,有关部门齐抓共管、职工群众广泛参与,有些还建立公司、车间、班组三级网络,形成横向到边、纵向到底的工作机制。浦东销售公司的"三规范、七环节"工作法,外二发电的"四纵五横一环网"厂务公开运行机制等,有效地提升厂务公开的程度和效率。2015年,根据上海市厂务公开领导办公室"关于开展第十三次厂务公开民主管理调研检查的通知"要求,在系统内开展厂务公开自查。申能临港燃机发电有限公司获2013—2014年度上海市厂务公开民主管理工作先进单位称号;石油天然气、大众燃气获2016年度上海市厂务公开民主管理工作先进单位称号。至2017年,共有43家系统单位实行厂务公开工作,申能集团也及时调整充实厂务公开工作领导小组及领导小组办公室人员。

第三节 职工权益

一、维持和改善职工生活

集团系统工会普遍推行集体协商机制,积极维护职工合法权益,采取各种措施改善工资和福利待遇、改善职工生活。2001年,星火热电经过职代会讨论,通过《职工医疗救助基金试行办法》,石油天然气总公司经过职代会审议通过《上海石油天然气总公司员工医疗制度改革方案》,增加员工在医疗方面的保障。2002年,星火热电职代会审议通过《关于进一步深化劳动制度改革,完善劳动合同的有关规定》,为职工生产生活提供更稳定的保障。2002年天然气管网在变更劳动合同、定员定岗工作中,认真听取职代会意见,并通过新出台的《工资方案》;集团本部和申能股份公司员工在听取职工分配方案、职工住房补贴办法后,分别组织工会组长及员工讨论,将讨论意见反馈给党委,公司领导采纳职工的合理建议。

保障职工生产和人身安全是企业生产的基本要求。2003年,为进一步贯彻《安全生产法》,配合集团抓好安全生产工作,集团工会建立各单位工会安全生产检查网络,要求安全员发挥工会职能,开展安全生产检查。各单位工会在集团工会领导下,积极开展安全生产专项活动。石油天然气公司开展"实施安全生产,人人事事保安全"主题活动;天然气管网开展5项安全活动;吴二发电工会开展安全"金点子"活动,取得良好效果。

2004年集团工会针对职工群众普遍关心的分流、安置和集体劳动合同的签订等焦点问题,要求各级工会把表达和维护职工利益体现在工会维权机制作用的有效发挥上,贯彻到关心职工生活的具体工作上。燃气集团下属公司和申能房产面对员工分流、安置的情况,工会积极配合行政耐心做职工的思想工作,倾听意见、反映要求,对有困难的职工采取补助措施,切实发挥公司心系职工的桥梁和纽带作用。吴二发电工会配合行政,推进集体劳动合同的签订工作,落实职工中有固定期限和无固定期限的劳动合同,规范企业用工制度,维护职工的合法权益。

2006年年初,集团工会提出系统集体合同签订率达到100%全覆盖的目标。8月3日集团工会召开签订集体合同推进工作现场会。管网公司工会介绍在签订集体合同工作中的经验和做法,集团工会主席仇伟国要求各单位在签订集体合同推进过程中要把职工利益与企业利益有机结合;要加强监督检查,把集体合同落到实处;要形成长效机制,寻找维护职工利益的协商沟通机制,建立相应的制度。同年年底,系统各单位基本全部签订集体合同,实现全覆盖目标,并获上海市总工会2006年度平等协商达标单位称号。

2010年,集团召开系统厂务公开民主管理工作会议,就系统工资集体协商提出阶段目标。2012年8月,申能集团第四届五次全委会审议通过申能集团2012年度厂务公开民主管理工作及《上海市职工代表大会条例》调研总结,确定系统各级工会要围绕集团新出台的工资增长方案,加强配合联动,在职工中广泛进行宣传,积极推进工资集体协商工作。2014年,集体协商签订集体合同23家,工资集体协商签订23家,部分新组建或新加入集团的单位正积极进行中。截至2017年年底,30家基层单位签订综合集体合同,24家单位签订工资专项集体合同,4家单位签订高危行业劳动安全卫生专项集体合同,21家单位签订女职工权益保护专项集体合同。

二、保障女工特殊权益

女员工是企业生存和发展的重要力量之源,申能重视女员工发展,切实维护女员工正当权益和保障女员工特殊权益。根据《工会法》要求和申能集团工会发展计划,1998年3月6日申能集团召开第一届第一次女职工代表大会,选举产生集团女职工工作委员会,许佩佩当选为女工委员会主任。2001年,上海市总工会女工部在申能集团召开部分女职工委员会主任会议,肯定申能集团女工工作。2005年,为有利于集团工会女工工作的有效开展,集团女工委员会增补4位委员,进一步充实女职工工作委员会,选举周燕飞为女工委员会主任。2012年集团工会召开第三次女职工代表大会,选举许峥为女工委员会主任。2017年,集团工会召开第四次女职工代表大会,选举产生新一届女职工委员会,选举雷雯为女工委员会主任。女职工工作委员会成为集团工会和系统各级企业工会的常设组织,定期举行换届选举,成为维护女职工权益的重要机制保障。

系统各级女工组织结合本单位、本行业实际情况,进一步增强系统女职工的责任感、使命感,提升女职工综合素质和能力;组织女工开展学习《妇女权益保障法》《工会法》《女职工劳动保护规定》等有关法律法规和政策文件,坚持依法维权,切实保障女职工权益。2005年,集团工会转发市总工会《关于开展签订女职工特殊利益专项集体合同工作的通知》,要求系统各单位通过开展签订女职工特殊利益专项集体合同工作,更好地维护女职工合法权益和特殊利益,促进工会女职工维权工作法制化和规范化。

女职工工作委员会在集团党委和工会领导下,积极开展各类有助于女工发展的活动,利用每年庆祝三八国际妇女节的机会,举行各类表彰活动,评选年度优秀女职工集体、年度优秀女职工个人、巾帼文明岗、三八红旗手、三八红旗集体、心系女职工好领导等;同时积极组织、申报上海市和全国级三八红旗手、三八红旗集体等荣誉称号,并多次斩获高级别荣誉。2006年,集团开展创建"女职工之家"活动,强化女职工组织的自身建设,重点解决女职工维权中的重点、难点、热点问题,通过联谊会、座谈会的形式,扩大女工组织的影响力和号召力。

集团工会组织女工委员会开展专题调研,摸清女职工现状,为女职工发展献计献策。2006年,按照市总工会和集团工会要求,集团女工委在系统内组织"女职工在企业发展中地位作用"的调研课题,为贯彻落实《妇女权益保障法》、维护女工权益提供依据。2007年,集团工会转发市总工会《关于开展上海市工会女职工问题调查研究的通知》,开展"女职工在企业发展中的地位作用"专题调研。2008年举行系统工会女职工课题调研优秀论文评选,3位女工获奖。2017年,集团工会切实维护女职工权益,系统21个单位签订女职工权益保护专项集体合同。

表8-2-3　2008—2017年申能集团获得上海市三八红旗手、红旗集体和巾帼建功标兵等荣誉情况表

年　份	单　位	集体/个人	荣　誉
2008	燃气浦东销售	第一营业所	上海市三八红旗集体 全国三八红旗集体
2009	燃气浦东销售	第三营业所业务组	"迎世博600天"市五一巾帼示范岗
2009	燃气浦东销售	市场发展部发展组	"迎世博600天"市五一巾帼示范岗
2009	上海燃气热线962777	—	"迎世博600天"市五一巾帼示范岗
2010	燃气浦东销售	第三营业所业务组	迎世博600天市巾帼文明示范岗
2010	申能物业	"小邴班组"	迎世博600天市巾帼文明岗
2010	上海燃气热线962777	—	迎世博600天市巾帼文明岗
2011	申能物业	世博大厦会务班组	全国巾帼文明岗
2011	临港燃机	陈伟庆	上海市三八红旗手
2011	大众燃气	徐汇办虹漕业务组	上海市三八红旗集体
2012	大众燃气	计财部	上海市巾帼文明岗

〔续表〕

年　份	单　位	集体/个人	荣　誉
2012	燃气市北销售	宝山办事处杨鑫业务组	上海市巾帼文明岗
2012	大众燃气	康蕾	上海市五一巾帼建功奖(个人)
2013	申能财务	计划财务部	上海市三八红旗集体
2013	管网公司	金东琦	上海市三八红旗手
2014	燃气浦东销售	第一营业税业务组	上海市巾帼文明岗
2014	申能物业	苏月珍	上海市巾帼建功标兵
2014	东方证券	马辉	上海市巾帼建功标兵
2015	外三发电	许峥	上海市三八红旗手
2015	市北销售	张畅敏	上海市巾帼建功标兵
2015	燃气热线962777	—	上海市三八红旗集体 全国五一巾帼标兵岗
2016	液化天然气公司	缪秀凤	上海市三八红旗手
2016	外三发电	于娟	上海市三八红旗手
2016	大众燃气	计划财务部	上海市三八红旗集体
2017	石油天然气公司	廖林燕	上海市巾帼建功标兵
2017	东方证券	"悦享品牌之美"团队	上海市巾帼文明岗
2017	燃气浦东销售	浦江管理所业务组	上海市巾帼文明岗

三、帮困送温暖

集团各级工会组织关心、了解职工切身利益和现实问题，努力开展各项有针对性的活动，为职工办好事、办实事，解决难题，解决困难；建立健全各种关心、服务和帮扶职工的工作体系，扩大职工保障工作覆盖面，努力构筑多层系的职工基本利益保障体系。

【关心关爱劳模】

各级劳动模范和先进个人为企业发展作出巨大贡献，也是企业发展的重要推动力和支柱。2005年，系统工会认真落实好市政府《关于提高上海市退休劳模待遇意见》，按照文件所规定，在详细调查摸底的基础上将本系统内符合提高待遇的3位退休劳模按程序上报，经市总工会核准2位劳模提高养老保险金，1位劳模改善住房条件。2005年集团党委书记与集团工会主席，对英年早逝的市原副秘书长、市委办公厅主任赵为民家属，石油天然气公司员工朱晓英及其父母进行慰问，并希望石油天然气公司继续关心好朱晓英家庭、生活。2010年4月，集团工会组织"庆五一，劳模看世博"活动，工会组织系统内退休、在职的市级及以上劳模和"五一"劳动奖章获得者参观世博试运行展览，集团工会副主席谈金龙亲自带队观展。

2013年，集团工会加强劳模数据库管理、汇总、更新、完善劳模信息资料。协助劳模申领"VIP

劳模卡"并及时发放,将"劳模三金"通过银行划拨至"VIP劳模卡"。组织开展劳模疗休养、困难劳模帮困慰问,为劳模订阅2013年《劳模》杂志。历年来,集团工会领导,会同系统劳模所在单位的工会领导,走访慰问退休劳模,给他们拜年,并送上组织的关心与祝福。集团工会每年均认真落实劳模"三金"发放,为患大病劳模申请特殊困难帮扶金,慰问患病住院退休劳模,为退休劳模办理"上海市劳动模范和先进工作者证明",申领一次性补充养老金。

【帮困基金】

集团工会和系统各级工会通过建立帮困基金,购买医疗健康保险,开展捐助活动等及时为员工排忧解难。

2002年管网公司工会成立公司帮困基金会,首批基金中:职工集资17 000元,行政和职工技协各资助20万元,制定基金会章程、实施细则和申请补助单,为特困职工解除后顾之忧。2003年,集团工会在调研中发现,职工普遍希望企业帮助弱势群体,建立帮困基金。2004年,集团工会发布《集团工会统计年报分析报告》,要求各单位进一步关心职工生活,有条件的单位要建立帮困基金,并形成帮困救助三级网络,更有利于公司稳定发展。2004年,燃气集团成立帮困基金会,为特困职工解除后顾之忧。

2005年,工会建立集团系统三级帮困网络及长效机制。为增强集团公司对系统的特困人群帮困求助力度,逐步建立帮困送温暖的长效机制,促进帮困送温暖工程的制度化、经常化,建立集团工会职工帮困资金,并制定《申能(集团)有限公司职工帮困专用资金管理章程》和《申能(集团)有限公司职工帮困专用资金管理(试行办法)》,明确规定资金来源、申请、发放等流程。集团系统广大职工在患重危疾病、发生意外突发事件,造成生活特殊困难,集团职工帮困基金可给予帮困救助。2006年,集团工会逐步建立爱心长效机制。年初开展摸底工作,建立台账,形成系统困难职工帮困救助的网络机制,及时帮扶集团特困职工解决与缓解特殊困难和后顾之忧。2007年,全系统工会慰问、帮困4 239人次,帮困总金额202.96万元;系统各单位工会为职工办理各类职工养老、住院、特种及女工特种参保互助保障的参保总人次有19 941人次,参保总金额有1 728.96万元。2009年,集团工会根据实际情况对帮困基金管理办法进行修订,使之能更有效地发挥作用。修订后的管理办法规定,公司设立总额100万元的帮困专用基金,通过公司行政拨款、集团工会出资、职工自愿捐助募集;集团公司根据使用情况,适时补充。截至2017年年底,系统15家基层工会建立帮困专用基金,总规模达到1 554万元。

【慰问与捐助】

集团工会和系统各级工会经常性实施对困难职工的帮困救助。2002年,天然气管网公司和申能股份开展帮困活动,分别筹得16 685元和26 900元,帮助患心脏病的浦东供气管理处职工做手术;星火热电在春节前,对特殊困难的4名职工和1名退休职工进行特别补助。2003年,集团本部工会为困难退休员工家庭捐款3万多元;星火热电为住院员工捐款6 415元,石油天然气工会为住院员工家属捐款13 650元;吴二发电工会开展"爱心一日捐",募集近3万元充实公司帮困基金。2005年,全系统慰问职工191人次,发放慰问金114 300元。

2012年,集团工会召开专题会议,研究讨论集团系统帮扶工作,形成《集团系统困难职工帮扶工作的调研报告》,其中梳理系统再帮扶工作体系建设、机制建设等方面好的经验,并提出制定适度帮困标准,作为系统各单位帮困基准;同时对劳务派遣工的帮扶,先从助学帮困等容易执行的项目试行。2014年,集团工会进一步扩大帮扶覆盖面,更多覆盖劳务派遣员工,扎实推进"面对面、心贴心、实打实,服务职工在基层"活动,做好元旦、春节、五一、国庆四大节日及日常帮困慰问,全年慰问各类困难职工5 620人次,发放慰问金453.45万元。2015年,集团系统各级工会通过"五帮一送"工作载体,组织落实"元旦春节送温暖""三定三助""金秋助学"等工作,不断提高帮困工作力度。元旦春节期间,系统各单位组织送温暖活动,发放慰问金104.49万元,惠及困难职工285人次。2016年元旦、春节期间,集团及集团系统各级单位共组织各类送温暖活动合计资金总额为75.2万元,惠及困难职工及劳模294人次。五一、十一等节假日做好定帮职工的帮扶慰问以及大病、单亲职工的"金秋助学"活动。为2名突发大病、医疗费用支出大的职工进行帮扶,支付帮困专用资金7万元。2017年,系统各级工会通过"五帮一送"工作载体,慰问各类困难职工3 071人次,发放慰问金267.05万元。6 743名员工参与"爱心一日捐",募集善款37.49万元,补充各级帮困基金。

第四节　劳动竞赛与专项竞赛

一、劳动竞赛

为充分发挥广大职工在实现公司战略目标与谋求公司发展中的主力军作用,各级工会积极搭建竞赛活动大舞台,开展以公司重点目标、重点工程、安全生产为主要内容的竞赛活动。2004年,石油天然气公司工会开展"安全生产百日安全竞赛"活动,形成强化安全管理,提高安全意识与安全技能,确保向上海市安全稳定持续供气为重要载体,有力促进油、气安全生产。燃气集团工会积极组织动员广大职工参加市重点工程立功竞赛活动,所属管网公司在天然气主干网的建设中,通过竞赛活动深入开展,激发广大职工工作热情与工作能力,优质安全完成目标任务,为确保西气平稳进沪作出贡献,公司集体被授予全国总工会"五一劳动"奖章;所属制气公司工会结合天然气改质及配套工程建设普遍开展竞赛活动,保证工程按期按质完成;大众燃气销售公司王德润燃气检修服务网络窗口,通过竞赛活动抓住自身工作特点争做名牌、树形象,提升文明行业与服务水平,分别被市总工会、团市委、市质量协会等单位评为"用户服务明星""文明窗口"。

2014年,集团工会发挥自身组织优势,依托安全部门专业优势,协同推进以"弘扬企业安全文化,加强班组安全管理"为主题的"安康杯"竞赛活动。参与节前安全大检查,夏季高温慰问。做好对"安康杯"竞赛参赛单位的中途检查、年底复查及先进推荐,天然气管网公司第四次获"全国安康杯竞赛优胜单位"荣誉,石油天然气公司天然气处理厂工艺操作班获"全国安康杯竞赛优秀班组"。在集团系统内开展安康杯"班组安全文化宣传展板"比赛活动,推荐优秀作品参与市级"班组安全文化宣传展板"和"班组安全建设与管理优秀成果展示"比赛。天然气管网公司LNG站操作组获市班组安全建设与成果展示一等奖,代表上海市参加全国"班组安全建设与成果展示"比赛,浦煤制气35KV总降压站获市班组安全文化宣传展板三等奖。

2017年,集团工会组织开展以"1+N"劳动竞赛为主题,以车间工团为载体的系列劳动竞赛。集团党政联合下发《关于开展"申能工匠"培养选树的实施意见》,系统各单位上报27名申能工匠候选人,最终命名陈文兆(燃气市北销售)、吕勇根(临港燃机)、王刚(东方证券)、徐耀忠(外三发电)、邵良(液化天然气公司)、王振宇(大众燃气)、张国祥(吴淞煤气制气)等7人为首届"申能工匠";燃气市北销售陈文兆被命名为2017年"上海工匠"。

【职工创新创造】

申能集团工会在开展各类劳动竞赛活动的同时,还开展围绕中心目标服务,为企业发展献计献策。发动职工开展合理化建议和献计献策活动,征集各类合理化建议 300 余条,其中有 1/3 建议被采纳;吴泾第二发电公司工会组织员工攻克环保科技项目"卸船的煤尘浓度达到环保要求",这一项目解决卸船机卸煤过程中引起煤尘飞扬污染黄浦江水域环境,又对现场操作人员的身体健康受到伤害的问题。石油天然气储运分公司职工在"学习许振超,争做金牌工人"活动中,针对石油码头区 3 号输油臂密封圈紧固螺母无法找到标准工具的问题,解决设备维修中的一个难题。燃气集团在降低产销差的过程中,充分发动群众加强管理,不断改善服务,提高抄见率,加强管道设备的维护,提高燃气计量的准确性,减少"跑、冒、滴、漏"初显成效。星火热电工会通过开展"节能降耗"经济运行小指标竞赛,对班组进行生产指标考核,降低劳动生产成本。

2015 年集团工会会同投资管理部开展职工合理化建议、项目创新活动,液化气公司"打饱和降压卸液工艺"获上海市职工合理化建议项目创新奖,大众燃气室内用户燃气表后管检漏分泵封堵件、吴二发电碎煤机楼抑尘优化获 2015 年度上海职工优秀创新项目。

2016 年系统单位广泛开展岗位建功、职工创新、技能登高、节能减排、劳动保护、团队创先等竞赛活动,申能股份系统围绕"节能减排"、燃气集团系统围绕"六型班组"开展竞赛活动,较好地推进企业各项工作。会同投资管理部开展职工合理化建议、项目创新活动,其中外二发电"900 兆瓦电站锅炉燃烧配风优化方案"获 2016 年度上海市职工先进操作法优秀成果奖,另有 5 家公司的 5 个项目获合理化建议项目创新奖,2 个项目获先进操作法创新奖。燃气市北销售技师工作室被命名为 2016 年度上海市技师工作室。

2017 年,集团工会进一步深化职工科技创新,结合板块、行业、企业特点,深入推进群众性劳动竞赛,立足岗位、创新实践,全面提升职工素质。股份系统围绕"技术创新、技术改造、节能减排",燃气集团围绕"上海燃气首届微笑服务大使"评选,东方证券围绕"业务创新、服务争优、技能提升",开展各类竞赛活动。申欣环保等单位的 4 个项目获市优秀发明选拔赛优秀发明奖金奖,创新成果奖金奖、银奖、入围奖;2 个项目获市合理化建议优秀成果、先进操作法创新奖。

二、专项竞赛

【同业务竞赛】

2012 年,集团工会下发《关于在系统工会汇总深入开展创先争优同业务竞赛活动的实施意见》,要求各单位工会深入贯彻落实全国总工会和市总工会《关于深入推进创先争优活动的实施意见》,紧紧围绕集团党委"稳中求进创一流、立足岗位建新功"创先争优主题活动,扎实推进党工共建创先争优活动。2013 年 4 月,集团首次发布竞赛评审结果,上海申能房地产有限公司工会和上海天然气管网有限公司工会分获集团系统工会创先争优同业务竞赛优胜单位一等奖和先进单位一等奖,另有 10 家单位分获二、三等奖。

2014 年,集团工会在系统内首次尝试开展工会创先争优同业务竞赛,为基层工会搭建"创争"平台,提升工会工作水平,竞赛成果与经验具有较好的启示性和引领性。2014 年 4 月,工会召开竞赛成果发布评审会,由集团党委代表、劳模先进代表、工代会代表及工会委员组成评审组,对集团直属二级单位 3 家工会和股份系统、燃气集团直属单位 14 家工会的竞赛成果进行综合考评,保证考评结果的公正、客观、全面。在中共十八大精神指导下,将"三型"工会作为发展方向,列入全年同业务竞赛特色创建课题,在调整竞赛内容、修改考评办法、完善考核评价机制的基础上,继续推进同业务竞赛活动。系统各单位结合实际,开展各具特点的同业务竞赛活动,不断促进基层工会向学习型、服务型、创新型转变。

【安康杯竞赛】

1999年以来,在中国全国总工会和国家安全生产监督管理总局等组织下,在全国开展"安康杯"安全生产管理竞赛。申能集团工会在全国总工会和市总工会领导下,积极组织系统企业参加"安康杯"安全生产竞赛活动,系统许多单位和个人获全国和上海市级"安康杯"优胜单位和先进个人。集团工会抓住竞赛契机,开展系统企业安全生产检查、管理和督促改进工作,有力推进系统企业安全生产,提高企业管理者安全生产责任感,增强员工安全生产防范意识和知识储备,保护劳动者身体健康和安全。系统燃气集团液化气经营有限公司、管网公司、外三发电等单位都多次获全国"安康杯"优胜奖;上海石油天然气处理厂工艺操作班、大众燃气工程质检部安监一室等先后获全国"安康杯"优胜班组称号,并涌现出一批全国"安康杯"先进个人。

在全国"安康杯"上海赛区比赛中,系统更多单位获市级荣誉,浦煤制气、管网公司、外二发电、吴二发电、石油天然气公司、外三发电、新能源公司等都先后多次获"安康杯"上海赛区优胜单位,数十个单位获"优胜班组",众多个人获市级先进个人称号。

2007年申能集团公司首次以独立赛区方式开展"安康杯"竞赛活动。按照二级赛区、三级网络的管理要求建立申能集团系统"安康杯"竞赛活动赛区及所属申能股份、燃气集团、液化天然气公司、申能房产4个分赛区。2008年4月,评出集团系统2007年度"安康杯"优胜单位4家,优秀班组46个,先进个人41人,优秀组织者14名。此后,集团系统各位单位都例行组织"安康杯"安全生产竞赛活动,成为集团工会和系统工会的日常工作之一。2017年,集团围绕"安全培训提素质,班组管理强基础"主题,组织35家单位794个班组计10 156名职工参与"安康杯"竞赛活动。"安康杯"竞赛有利于提高全体职工的安全意识,凝聚共识,增强活力,促进企业安全生产。

表8-2-4　2003—2017年申能集团获得全国"安康杯"竞赛优胜单位(企业)情况表

年　份	单　位　名　称
2003	上海液化石油气经营有限公司
2004	上海液化石油气经营有限公司
	上海天然气管网有限公司
2005	上海液化石油气经营有限公司
2006	上海液化石油气经营有限公司
2007	上海液化石油气经营有限公司
2009	上海天然气管网有限公司
2010	上海天然气管网有限公司
	上海燃气市北销售有限公司
2011	上海天然气管网有限公司
	上海大众燃气有限公司

〔续表〕

年　份	单　位　名　称
2012	上海天然气管网有限公司
	上海大众燃气有限公司
2013	上海天然气管网有限公司
	上海大众燃气有限公司
2014	上海天然气管网有限公司
	上海大众燃气有限公司
	上海外高桥第三发电有限责任公司
2015	上海天然气管网有限公司
	上海外高桥第三发电有限责任公司
2016—2017	上海燃气浦东销售有限公司
	上海外高桥第三发电有限责任公司

说明：2008年数据缺失。

【市重大工程立功竞赛】

2000年1月，上海吴泾电厂八期工程筹建处（上海吴泾第二发电有限责任公司前身）工程科被评为市级优秀集体；上海吴泾第二发电有限责任公司李昌强、须伟泉被评为市级建设功臣；徐岚、叶超、姜学忠、卢恩鹏、黄跃东、胡华、唐建明被评为市级记功个人；吴勇被评为市级优秀组织者。2003年，外二发电设备管理部李慧棣、2004年上海石油天然气公司陈国峰被评为市重点工程立功竞赛"记功个人"。2004年天然气管网公司张十金获国家西气东输工程建设先进个人称号。2010年2月，新能源公司项目二部经理刘勉因在世博太阳能项目建设过程中成绩突出，获2009年度上海市重大工程立功竞赛记功个人；同年4月，新能源公司获上海世博会重大工程建设建功立业劳动竞赛"七彩世博杯"先进集体荣誉称号。2010年，临港燃机发电有限公司获市重大工程立功竞赛优秀集体称号。

2013年1月，上海市重点工程实事立功竞赛领导小组授予上海申能崇明燃气电厂筹建处优秀集体荣誉称号。2014年1月，上海市重点工程实事立功竞赛领导小组授予上海吴泾第二发电有限责任公司脱硝项目部2013年度上海市重大工程立功竞赛优秀集体称号，授予公司总经理刘釭上海市重大工程立功竞赛先进个人称号；授予上海申能崇明发电有限公司优秀公司荣誉称号。2017年新能源公司投资的临港海上风力发电有限公司获上海市重点工程实事理工竞赛优秀团队称号。按照集团要求，为进一步加强系统重大工程建设与管理，经与市重大办协调，同意申能集团建立市重大工程分赛区，着力发挥立功竞赛鼓舞人、激励人、凝聚人的作用，实现"见人见物见精神"的竞赛目标。

第五节　员工文体活动

申能集团重视企业文化建设，重视员工身心健康，系统工会在集团党政领导支持下，建立各种文体协会，积极开展各种文体活动，提升员工身体健康和文化素养，努力营造积极上进的工作氛围。

一、组织机构

申能集团工会积极支持系统各类文体活动,组建和支持建立各种文体协会和职工技协。1999年,系统各下属公司工会积极开展职工技协等创收活动,上海石油天然气公司刚成立技协当年就创造较好的收益,改善职工待遇;集团公司技协电算化管理通过上级验收。2008年,申能系统有乒乓球协会、足球协会、桥牌协会、摄影协会4个协会。2009年,充实摄影协会组织人员,增加戏剧歌舞小品协会和大怪路子协会两个协会。2012年,集团工会调整职工文体协会,保留棋牌协会、摄影协会、足球协会、羽毛球协会、乒乓球协会,新增游泳协会、篮球协会、歌舞协会、读书协会和书画收藏协会,共计10个协会,有1695人次参加各协会。2017年,新增悦动申能协会,共计11个协会。系统工会和党政领导班子在经费、活动场所、时间安排和人员调配等各个方面全面支持系统各协会的活动。

二、文体活动

申能系统各级企业和单位在每年重大节庆日前后都会例行举办各种文体活动,欢庆节假日、慰劳员工,调节员工生活。1996年9月24日,申能机关工会组织机关全体员工参加中秋、国庆联欢会,集团领导和员工欢聚一堂,首次以联欢会这种自由、平等的活动方式拉近集团领导与员工的距离。2000年,集团工会组织"走进新时代"歌咏比赛,星火热电工会获冠军,并代表申能集团参加上海市企业职工"建设者风采"歌咏比赛比赛、上海市"好歌大家唱"歌咏交流会演、市综合经济"祖国颂"歌咏比赛、龙华烈士陵园纪念上海市解放50周年歌咏演唱会等活动。同时,集团工会还组织"庆澳门回归、迎接新世纪"演讲比赛及知识竞赛活动和几次桥牌比赛,各下属单位也举办各种文体活动。2004年,集团工会在国庆节前举办卡拉OK、大怪路子、桥牌3项文体活动和电影招待会;国庆节后举行乒乓球、羽毛球和足球比赛。2005年在上海天诚大酒店举行迎春晚会。2007年,为庆祝申能成立20周年,系统各工会和文体协会组织"申能的明天一定会更美好"系列文体活动,历时3个月,先后举办双人桥牌邀请赛、系统歌咏会、"申能风采"摄影赛、乒乓球赛、羽毛球赛、"申能成立20周年足球邀请赛"。2008年,集团工会举办"迎庆奥运"运动会,先后举办篮球赛、乒乓球赛、足球赛、羽毛球赛、大怪路子比赛、排舞比赛、拔河比赛和跳长绳等比赛活动,同时组队参加上海市相关比赛;作为上海世博会高级赞助商,组织43名运动员参加2008年世博运动会,获得较好成绩,并获2008年世博运动会道德风尚奖。2010年,由集团工会选送的徐秀芳、叶静芳分获上海市职工歌手大赛银奖和铜奖。2012年,集团工会联合集团团委举办"申飞扬、能无限"申能集团职工文化建设展示季,联合《今日申能》编辑部承办"申能企业文化探寻"为主题的征文活动。2014年,集团工会进一步规范各协会活动,决定羽毛球、篮球、乒乓球、游泳等比赛涉及人员多、组织周期长的活动每两年轮换举办,以便保证举办活动的质量。2015年,以庆祝上海燃气150周年为契机,集团工会举办"申燃杯"职工文体活动,开展游泳、足球、乒乓球、棋牌、摄影、篮球等比赛以及书画交流会等活动。

集团工会为促进员工身心健康、增加业余爱好,还邀请专家学者举办讲座、培训。2002年4月29日集团工会举办"心理健康讲座",邀请上海第二医科大学精神病学教授、上海心理康复协会会长、上海心理卫生学会理事长严和骏讲课。集团系统下属各单位工会组织参加听讲。2015,集团工团开办视频、微电影制作培训班,深受员工欢迎。集团工团联合党办等举行新闻与公文写作技巧讲座,围绕"深化企业改革发展""纪念上海燃气150周年"两个命题,开展撰写新闻稿竞赛;举办集团系统传统文化知识提升培训班,组织系统职工走进复旦校园,邀请名家讲座,接受传统文化熏陶。2017年,开展纪念申能创立30周年系列活动,3 000余名职工积极参与到"宣传回溯""悦动申能""共话成长""开创未来"四大系列的八项活动中,营造浓厚的企业文化氛围,激发员工作为申能人的自豪感和归属感。

第三章　共青团和青年工作

申能成立以后，申能党组织重视中国共产主义青年团组织的作用，积极支持系统各级团组织按照《中国共产主义青年团章程》的规定，独立自主地开展各项工作，提高青年团员和广大青年员工的思想政治觉悟和工作技能，为发挥青年在企业发展中的作用搭建重要平台。

第一节　共青团组织

1993年，共青团申能股份有限公司支部成立，挂靠上海市计划委员会团委。1997年申能集团有限公司召开集团第一次团员代表大会，成立共青团申能（集团）有限公司委员会。2004年，申能集团团委关系挂靠共青团市委。截至2017年年底，申能集团系统有基层团委12个，团总支15个，团支部123个；团员总数为2031人。

一、团组织沿革

1993年，为适应公司青年员工不断增加的需要，中共申能股份有限公司支部决定设立共青团申能股份有限公司支部，不设支委会，由柏茂森任团支部书记。1995年，团支部进行换届选举，成立申能股份有限公司团总支，柏茂森任团总支书记，姚志坚任团组织委员，方林增任宣传委员，三人组成团总支委员会。1996年设立申能（集团）有限公司团委（筹），实行"两块牌子，一套班子"，逐步健全公司系统所属各单位的团组织。

1997年共青团申能（集团）有限公司委员会召开第一次团员大会，选举王楠（女）、张芊、柏茂森、姚志坚、徐任重组成第一届团委会，张芊任团委书记；团组织关系挂靠上海市计划委员会团委。申能集团团委成立后，及时指导系统各单位成立相应团的基层组织，并根据团章和其他相关规定，指导团组织及时换届选举。基层组织团员人数达到一定规模后，及时指导支部升级等工作。2000年，共青团申能（集团）有限公司委员会召开第二次代表大会。2001年，增补崔剑刚、钟如明为集团团委委员，并增设4位团委干事，进一步充实团委班子，加强团委工作；同年，天然气管网有限公司成立团总支机构。到2003年，申能系统有青年员工691人，团员258名；同年，上海石油天然气有限公司团委成立。

2003年燃气集团划入申能集团，2004年共青团上海燃气（集团）有限公司委员会筹备委员会成立，申能系统青年员工达到3288名，其中团员1114名，团组织力量大大加强。2004年，集团团组织关系挂靠到团市委。燃气集团团员队伍的加入和团委挂靠团市委以后，申能集团团委一方面加强与团市委及相关部门的日常沟通和汇报机制，另一方面充分做好与所属团组织的工作联系机制。2007年6月，共青团燃气集团委员会召开第一次团员代表大会，选举产生第一届团委会。自此形成适应集团管理模式的"集团、股份、燃气"既分工明确、又相互合作的团委系统工作模式。2007年11月底，共青团申能（集团）有限公司委员会召开第三次代表大会，选举刘晓璐（女）、杨云（女）、吴晓凡、陈屹（女）、陈佳塑、徐任重、黄谷丰、瞿佳（女）8人为共青团申能（集团）有限公司第三届委员会委员,瞿佳当选为新一届团委书记。2010年,申能集团团委在世博园区成立燃气保障中心、燃气热线962777、非洲联合馆管理处和世博局行政中心物业管理处4个临时团支部,加强服务世博的组织保障。2012年,申能系统有团员1359名,直属团组织8个,各下属公司基本上建立团的支部组织,形成集团团委到基层支部组织的三级组织系统。同年12月,共青团申能(集团)有限公司委员会召开第四次代表大会,王丹杰、元颖斌、方艳、刘琦、刘晓璐、杨云、吴晓凡、顾建军、钱恺9人当选为新一届团委委员,顾建军当选为新一届团委书记。2016年,申能集团团委关系调整至国资委团工委,同年东方证券团委整建制归属集团团委,团组织更为扩充。

二、团的自身建设

【思想政治教育】

申能团组织成立后,结合申能党委每年的学习重点,积极组织团员和系统青年学习党《中国共产主义青年团章程》《中国共产党章程》以及党和国家的最新路线、方针、政策,自觉贯彻党的方针政策,围绕党的中心工作和公司的工作重点,紧跟时代步伐,增强理论素养。1995年,申能团总支成立青年党章学习小组,开展理论学习。同时,团总支要求各支部安排好《邓小平同志建设有中国特色社会主义理论学习纲要》的学习工作,组织团员学习《邓小平文选》一、二卷。1996年继续开展青年党章学习小组活动,认真开展有中国特色社会主义理论学习。

2000年,申能集团团委组织系统团员开展以"三个代表"重要思想为核心的理论学习。2002年,申能集团团委认真组织学习"三个代表"重要思想和中共十六大精神,扎实做好思想理论工作。2005年开展增强团员意识主题教育活动。2006年,集团团委开展"荧荧浪花——践行社会主义荣辱观实例"征集和特色教育实践活动。2007年,集团团委组织系统团员学习宣传贯彻中共十七大精神。2008年,申能集团团委举行"我的30年——改革开放30周年纪念活动",组织观看《复兴之路》大型政论片,开展"解放思想和青年发展"的讨论以史为鉴,开阔思路推动事业发展。2010年,申能团委围绕"保世博、谋发展、促转型、重管理"的中心工作,坚持"突出办博安全这一重点,抓住团的建设这一主线",组织各级团干部和团员通过双月学、学习交流论坛等方式提升理论素养和工作水平。

2012年,团委组织团员认真学习中共十八大精神,用党的先进理论武装青年,通过"感悟十八大·青年正能量"主题微博活动,自觉宣传和贯彻中共十八大精神。按照团市委要求,集团团委开展《企业青年思想引导大纲(试用版)》的转化运用工作,编写完成《申能青年思想引导手册》,明确思想引导的重点内容和工作路径载体。集团团委还与团市委、市委党校、社科院等共同承办"创新转型与青年责任——上海共青团学习贯彻市第十次党代会精神理论宣讲活动"申能集团专场主题讲座,邀请中科院院士、全国青联副主席、中科院上海微系统与信息技术研究所所长王曦作题为"对中国科技创新的思考"的主题讲座。2013年,团委开展"团萱漫画——感悟十八大"等活动,继续加深对中共十八大精神的理解和领会。

2014年,申能集团团委与工会联合推出"聚焦国资国企改革"系列讲座,通过整合资源,邀请系统内外专家、学者就国资国企改革进行深入解读,逐步提高系统工团干部对国资国企改革的认识,引导青年职工拥护和支持改革、参与和推进改革。

【团干部培训】

申能集团团委重视团干部培训工作,通过各种方式和措施提升团干部的理论素养和业务水平,并为团干部的晋升、发展提供机会。公司团组织成立以来,坚持"推优入党",积极培养和发展团员入党。1995年,申能团总支举行党史专题学习会,邀请专家讲座,开展学习和讨论,增加团员对党史的了解,当年有4位团员主动提交入党申请书。1996年,"推优入党"和"推优提干"工作取得实质性进展,3名青年入党积极分子被吸收为预备党员。2006年,申能系统60余名团干部参加集团团委组织的团训班,探讨企业团工作与企业中心工作相结合思路。2010年,申能集团团委和人力资源部共同起草《关于开展申能系统青年人才轮岗锻炼的实施意见》,探索建立系统团干部轮岗制度,挑选系统优秀团干部到集团相关部门或所属单位进行挂职锻炼,使团的工作岗位成为培养锻炼企业管理人才、党务干部等队伍的渠道之一。2013年,组织团干部到上汽集团团委学习,加强培训,提升团干部工作能力。2014年,集团团委与团市委、市团校紧密合作,通过"请进来、走出去"的培训方式,不断加强团干部队伍建设;扩大团干部交流、挂职工作平台,尝试选派团干部到相关区县团委挂职锻炼。

【信息交流载体】

1997年,申能团委创办《申能团讯》内部刊物,按季出版,每年4期,特殊情况下出特刊或增刊一期,是申能青年的宣传阵地。2001年,集团团委制定《〈申能团讯〉编稿试行办法》,在保持栏目特色、内容、结构等基本不变的前提下,将《申能团讯》的编稿分给下属的申能股份、申能房产、星火热电、石油天然气公司和申能科发5个基层团组织负责,申能房产和申能科发联合出一期,其他各负责一期。改革增加基层团组织参与团讯编辑工作的力度,也有利于更好地反映基层组织活动。2005年,《申能团讯》从季刊转版为双月刊,进一步扩大青年宣传阵地。

2009年《申能团讯》改版为《申能青年》,开设"领导讲话""理论学习""回顾与展望""管理沙龙"等栏目,刊登上级领导讲话和最新政策精神等,及时向青年团员传达相关信息;另外设有"主题活动""团委动态""活动看板""青年论坛"等栏目,刊登团委和基层团组织的活动信息和工作经验,作为团委指导下属组织开展活动和交流经验及传达信息的重要载体。

各单位团组织充分运用"板报""局域网"等各种信息媒介,为团员青年建立迅捷的沟通平台;利用公司OA网络平台,创办团青论坛。随着新式媒体的发达,集团团委及时开通官方微博、微信公众号等,发挥新式媒体宣传作用,更为便捷和及时地传递各类信息,加强舆论引导,及时掌握青年动态。2015年,"申飞扬能无限"微信公众号关注破万,成为新的宣传阵地,被市委宣传部命名为100个全市"群众喜爱的培育和践行社会主义核心价值观"项目。

三、创先评优

申能团组织把表彰先进,树立榜样,激励后进作为一项常规工作来抓,并作为推优工作的基础和团建工作的重要环节。每年五四青年节前夕,公司团组织系统基层团支部选送优秀团员和优秀基层团组织,择优评选优秀团员和先进团组织。1995、1996年,团总支每年评选出4名优秀团员,1995年一名系统优秀团员被评为上海市计委系统优秀团员,1996年有两名被评为计委系统优秀团员,公司团总支也被评为计委系统先进团组织。为进一步发挥集团公司团委在团结带领广大团员青年围绕公司中心工作中建工育人的作用,推进广大申能青年团员的成才,2001年开始,团委在申能系统团员青年内举行"共青团号"创建活动,并制定详细的创建管理办法,集团团委通过"共青团号"的申报、考评和表彰活动,每年在集团范围内评选出1~2个优秀青年集体,以此作为示范,带领系统广大团员青年更好地投身申能的两个文明建设当中,并逐步提高团员青年的自身素质、精神风貌和敬业意识,为申能的发展作贡献。此后,集团系统团组织评优成为年度例行工作,并形成"号、手、队"系列评比表彰活动,成为申能团建工作的重要活动形式和抓手。系统"青年文明号""青年突击队"等成为团员和青年员工学习的典范和榜样,为推动公司各项事业发挥重要带头示范作用。

公司团组织在开展系统内创先评优工作的同时,更重视创建市级和国家级先进团组织,培养和发掘市级和国家级先进个人,积极向上级部门推举优秀青年组织和个人。到2005年,集团系统有国家级共青团号1家,市级共青团号7家,集团级共青团号6家。2007年,申能系统有5家单位获上海市青年文明号,1家单位获全国青年文明号;2008年,上海大众燃气有限公司徐汇办事处虹漕营业部等两家单位获全国青年文明号,另有10家单位获上海市青年文明号。2008年,申能团委获上海青工工作先进团组织称号,上海大众燃气团委获上海市五四特色团委称号,外三发电工程部电气专业青年突击队获上海市青年突击队称号,天然气管网公司工程部顾华金获上海市优秀青年突击队员称号,大众燃气徐汇办事处虹漕营业部获全国青年文明号。2011年上海燃气浦东销售公司输配管理所管网信息科获全国青年文明号。2013年,系统获2011—2012年度上海市青年文明号9个,大众燃气输配部管网信息科获2012年度上海市青年五四奖章集体。另外获上海市青年突击队称号1个,2012年度上海市青年五四奖章个人1个,第12届上海市杰出青年岗位能手1名,第12届上海市青年岗位能手2名以及"振兴杯"全国青年职业技能大赛多媒体作品制作上海地区选拔赛第6名。2014年,申能财务公司金融部青年团队获上海市青年五四奖章集体称号;市北销售团委获上海市五四红旗团委称号;石油天然气公司团委获上海市五四特色团委称号;天然气管网五号沟LNG站团支部获上海市五四红旗团支部称号;申欣环保外高桥地区运营部严磊获上海市优秀共青团员称号。2015年大众燃气营业所虹漕业务组获上海市五四青年奖章集体荣誉称号。2016年,962777服务热线被评为全国住建部青年文明号;同年获9个上海市青年文明号。

第二节 主题活动

一、团员意识主题教育活动

申能集团团组织坚持党建带团建,在上级团组织和上级党委的领导下,坚持学习实践"三个代表"重要思想,通过保持共产党员先进性教育活动,树立团员意识,提高团员思想素质、道德素养、文化水平和生活品位。2005年7月,团中央发布《关于在全团开展以学习实践"三个代表"重要思想为主要内容的增强共青团员意识主题教育活动的意见》,要求各级团组织要从贯彻落实党中央保持共产党员先进性教育活动精神的高度,从新时期团的事业发展的高度,充分认识开展增强团员意识主题教育活动的重要性和必要性,统一思想,认真部署,切实把教育活动抓实抓好。团市委随即发布《关于开展以学习实践"三个代表"重要思想为主要内容的增强共青团员意识主题教育活动的指导性意见》,以及《上海市增强共青团员意识主题教育活动实施方案》,要求各级团组织认真组织实施。

2005年10月,申能集团团委下发《开展增强共青团员意识主题教育活动具体实施方案的通知》(以下简称《通知》),并成立以集团党委副书记为指导员,团委书记为组长的申能集团团委增强团员意识主题教育活动工作小组,系统各单位团组织相应成立工作小组(推进小组)。《通知》要求全体团员参加教育活动,通过宣传动员、学习教育和总结提高三阶段,至少学习一个月时间,建立增强团员意识的"五有"长效机制("党建带团建"有制度保证;"推优入党"数量和质量有明显增加;流动团员有全面覆盖;团支部活力有普遍增强;团干部素质有较大提高,确保增强共青团员意识主题教育活动取得实效)。

系统团组织按照集团团委和上级团组织的要求,结合自身企业发展和青年员工、团员现状,制定各自的实施方案。集团团委统一编印《团委工作手册》《团支部(总支)工作手册》,对系统各单位开展教育活动作出统一规范和具体指导;专门成立股份、燃气和多元3个督导组和1个联络组,分块进行督导。经过3个多月的动员、宣传和学习,系统团组织全部完成增强团员意识主题教育活动,并获得上级肯定。2006年,团市委授申能(集团)有限公司团委上海市增强共青团意识主题教育活动先进单位称号。

二、主题团日活动

1998年,集团团委组织"迎五四运动八十周年踏青活动",表彰系统优秀团组织、优秀团员,并组织直属支部团员和直属团总支委员参观、游览。

2004年,集团团委与团市委和市市政局团委共同筹划在全市举办"燃气安全连万家"主题系列活动,配合"西气东输"入沪,加强燃气安全使用知识的宣传,提高市民安全意识。团委特成立上海燃气青年百人志愿者团作为活动主体,每年从6月至12月共持续半年,举办燃气安全知识进百校、全市燃气安全知识竞赛、燃气安全夏令营、燃气志愿者进社区等数项主题活动。"燃气安全连万家"活动成为树立申能青年作为"上海能源青年"主体地位的有效载体,在社会上产生重要影响。2009年,团委整合"燃气安全进万家"品牌活动,统一对外服务的服饰,将"962777"服务平台纳入"燃气安全进万家"活动,使申能青年面向社会服务有整体健康的形象。

2006年,集团团委积极组织系统团组织参加团市委组织的"与祖国共奋进,和城市同发展"主题活动。以长征胜利70周年、纪念建党85周年、五四青年节等重要节庆为契机,通过仪式教育、主题辩论赛、文艺表演等形式,广泛开展主题活动,讴歌改革开放的光辉历程,教育引导青年全面了解社会主义现代化建设成就,引导青年坚定理想信念,增强责任感、使命感,在公司发展和建设中成长成才、建功立业。2008年,集团团委开展"我的30年——改革开放30周年纪念活动",通过举办各类纪念改革开放的主题活动,鼓励青年坚定信念、鼓舞干劲,积极投身申能各项建设事业。

2011年,系统团组织开展"雷锋精神代代传"系列活动,开展"绿色世博"植树活动,加强青年环保意识;开展迎五四摄影采风、"青春飞扬"野外战斗拓展训练等活动,增进团员之间的了解和交流。

2013年,根据团中央全团开展"我的中国梦"主题教育精神,集团团委确立"讲历史、讲愿景、讲理想、讲奋斗"的"四讲"主题,开展具有申能特点的团员青年思想教育活动,邀请专家、学者到集团作讲座。燃气集团团委以"心航向"为主题开展"聚集正能量"主题演讲、"格言新说"主题微博征集活动,加强青年团员思想引导工作。

2016年,抓住建党95周年等契机,通过"红色记忆、激扬青春"诗文朗诵会、"学党史、知党情、跟党走"主题教育活动形式,团结带领广大团员青年坚定跟党走的理想信念。结合中共十八大、十九大及共青团十八大等重大会议召开,组织系统全团广泛开展学习大讨论,牢固树立"全团抓思想政治引领"的意识,扎实开展"学总书记讲话、做合格共青团员"学习教育实践,明确青年使命,凝聚促改革、促发展的思想共识。

三、志愿服务

公司团委重视引导团员和青年员工关心社会,积极参加志愿服务活动,打造集团青年良好形象。1996年,集团工会和团总支动员员工为云南地震灾区捐献衣被485件。1997年团委组织青年参加长宁区八运会火炬接力仪式,并组织啦啦队到8万人体育场参加活动。2000年,集团团委号召系统团组织开展助学行动,申能星火热电团总支开展"学雷锋,省下5元钱,资助一名失学儿童"活动,募资资助4名内蒙古儿童上学;2001年,天然气公司团总支发起"大手牵小手"慈善活动。此后,集团团委每年举办"大手牵小手"活动,成为申能青年的品牌活动。2005年,集团工会和团委号召全体员工向印度洋海啸灾区捐款,集团系统共计10 758人次参与捐款。2007年,集团团委不断深化志愿者活动,倡导奉献与关爱的文明新风。系统各级团组织开展"申能希望小学"捐助活动、"大手牵小手"学习用品捐赠活动。深化团内"一助一"结对帮扶活动,继续开展燃气安全进社区、进学校等志愿服务,并参加"爱心上海"青年公益行动,组织青年参与上海造血干细胞捐献。2010年前后,为迎世博、保世博和世博善后等,申能集团团委组织系统内团员开展"青年文明号与世博同行""世博青年一线行动"等一系列志愿服务活动,并获得社会好评。世博会期间,有4个团队被评为世博青年文明号,4家团组织被评为世博先进组织、2支突击队被评为世博优秀青年突击队,5名团干部被评为世博优秀团干部,5名团员被评为世博优秀团员,30名青年被评为世博青年岗位能手(详见专记)。2012年,纪念雷锋牺牲50周年,集团团委开展"3·5学雷锋"集中志愿服务行动,进行雷锋精神大讨论、"寻找身边的雷锋"等活动,树立申能青年良好形象。2015年,系统26家单位参与"爱心一日捐"活动,募集资金508 569.50元,用于建设申能希望小学食堂生活楼。组织劳模和先进青年到希望小学志愿授课;开展第二批支教活动。

第三节 青年工作

一、青工教育

公司团组织重视对团员和青年员工的教育,通过各种方式提升青年员工的理论素养和技能水平,促进企业发展。通过集团系列安全生产专项活动,增强员工安全生产意识。2004年,集团团委积极安排青年员工和团员开展与能源主业相关的业务学习和"岗位能手"活动,以"安全生产在心中"为主题,集团团委指导、支持系统内的燃气集团、管网公司、外高桥发电、吴二发电、星火热电等主要单位的团组织举办与本职工作密切相关的"安全生产"学习活动,配合系统各级党组织提高一线青年员工的安全意识;以"岗位能手"活动为抓手,通过生产技术知识竞赛等方式,提高青年员工的综合业务技能和文化素质。2006年,团委邀请专家作主题讲座"今天我们怎样成长",引导团员和青工开阔视野,相互学习,思考改进工作方式等。

2007年,集团团委以"安全生产示范岗"等活动为抓手,在系统内的电力、燃气企业中开展以"安全生产"为主题的系列活动,增强团员青年安全生产意识,提高团员青年业务技术水平。各级团组织通过"青年技术联谊会""青年技术论坛",争当"金牌工人"活动、"节约每一度点、节约每一滴水"活动等,提高青年员工的综合业务技能,增强节能降耗意识。由燃气集团团委牵头,集团系统团委尝试开展"青年创智成才行动"。此项活动围绕加强企业科学管理、提升管理水平,从青年人的特点和需求出发,设计3个活动板块,包括以"小故事妙管理"为主题的演讲比赛,管理方案策划与发布以及"赢在管理"辩论赛。集团团委在同年6月为系统内团员青年开设多媒体应用培训班,授课内容包括幻灯文档制作、图像处理软件的应用等。另外申能股份团委组织"共上一堂课"、燃气集团团委组织"青年职业生涯管理"等讲座,受到团员青年的欢迎。

2009年,集团团委以育人为核心,实施青工技术比武,推动优秀青年人才脱颖而出。开展青年技术联谊会活动,发挥青年技术人员在科技攻关项目中的积极作用;开展调压工、抄表工、钳工、电工等专业性比赛,提高青年在安全供气、降低产销差方面的技术水平。集团团委主动与高校开展共建工作,举办"青年工作讲师团"等各种形式的活动,邀请上海远程教育集团团委在申能召开学历教育、非学历教育的说明会,网上优质教育资源,倡导实践终身学习理念。

集团团委积极组织参与《上海百万青年成长计划》,并根据企业实际,打造"申能之星""创智成才""金帆行动""五四讲堂"等具有申能特色的品牌活动,搭建青年岗位成长的舞台。

二、成长保障

为青年创造成长环境和脱颖而出的机会,是集团团委的重要职能。2000年,集团团委在系统团员青年中开展"2小时学习计划",培养青年团员发展潜力,建立"申能青年人才库",发掘、培养和向上级单位推荐优秀团员,为优秀人才打通出路。

为促进青年发展、保持青年良好的精神风貌,集团团委与系统团组织共同举办诸多问题活动,丰富青年员工业余生活。2001年,集团团委成立"申能青年健身俱乐部",引导青年强身健体,丰富青年的业余生活。俱乐部由喜爱运动的团员积极分子组织活动,激发广大团员的积极性,提高活动的组织效率。健身俱乐部基本每周举行乒乓球、羽毛球等活动。一年一度的"申能青年杯"足球联谊赛,由健身俱乐部发起,是系统各单位青年足球爱好者的盛事,2003年以来连续举办多届,并且获得系统内青年足球爱好者的普遍欢迎。2004年,集团团委策划"迎五四"团队拓展训练活动,集团下属各单位80余名团员参加活动,增进沟通与交流。2005年,不断充实"申能青年人才库",吸收燃气集团青年骨干加入,通过各种活动发掘有才艺的青年积极分子,作为企业文化活动骨干,并向各部门积极推荐优秀青年团员入党或担任业务骨干。2006年,申能股份有限公司工会和团委联合举办首届职工运动会,包含各类竞技及趣味性运动项目,调动青年职工的健身热情,展示申能青年积极向上的生活态度。2013年,团委联合工会,组织"活力申能杯"篮球赛,提升青年团员团队凝聚力。

2009年,集团团委向团员青年赠送以富有中秋文化特征的"花好月圆"为主题的"2008年上海民族民俗民间文化博览会"活动券;向未婚青年赠送中国(国际)婚博会的活动券,增强青年的艺术鉴赏力和社会交往能力。团委积极创新工作模式,建设网络平台,整合分散资源,通过搭建"申能青年论坛",拓展团组织活动平台,为青年提供更多舞台。

系统各级单位根据自身特色,开展丰富多彩的特色品牌建设活动。2012年,燃气系统继续开展"创智成才、职业绽放"青工技术技能登高活动,加强与行业协会、同行的合作,完善培训、练兵、比武、晋级"四位一体"的职业技能竞赛模式。股份系统继续推广"青年技术联谊会"平台,举行"申能之星"青年岗位技术能手评比活动,打造具有青春活力的青年技术骨干团队。此类活动成为两个系统的常规活动,为青年员工的快速成长提供良好环境。

第九篇

企业文化与社会责任

概　　述

　　申能集团重视企业文化建设，积极履行企业社会责任。集团专门成立企业文化建设工作小组，按照集团党委的总体部署，负责统筹、策划、协调与推进集团企业文化建设工作。在集团企业文化建设中，构建多层次的企业文化体系，完善企业文化标识系统，逐渐形成"锐意开拓，稳健运作"的经营理念。先后创办《今日申能》《申能工会简讯》《申能团讯》等刊物，创建微信公众号、微博等电子信息平台，使其成为申能企业文化载体和推动企业文化建设重要阵地。

　　申能集团主动承担国企社会责任，积极支持落后地区基础教育建设事业，先后捐建多所申能希望小学；积极推进城乡合作与发展，与奉贤区、崇明区建立对口支援合作关系，推动地方社会经济发展，构建和谐社会。

第一章　企业文化

申能集团成立后,重视企业文化建设,设计企业标识系统,提炼企业文化内涵;成立企业文化建设工作小组,指导和协调系统各企业开展企业文化建设,创建企业文化宣传平台,并通过各种途径进行广泛宣传,使得所有员工熟悉和理解申能的经营理念、文化内涵,同时在社会上树立良好的企业形象。

第一节　标识系统

1993年4月,申能股份有限公司挂牌上市,公司开始市场化运作。公司设立策划部,把企业形象设计(CI)作为策划部工作的重要内容。策划部约请专业市场咨询公司策划企业形象设计。设计图案初稿在公司内部广泛征求意见,经过多轮评选,选出申能司标。申能司标基本色采用红、黑、绿三种颜色。黑色象征煤炭、石油等一次能源,红色喻示火焰、燃烧,是一次能源向二次能源(电力等)的转化,绿色为背景色调,体现环保的主题。司标的方形组合显得稳重、扎实,给人以想象的空间。

1994年1月,在首届上市公司展览会上,以绿底相衬、红白相间的司标图案做成的申能资料袋,在众多公司资料袋中显得十分抢眼。1994年年底《今日申能》创刊,以司标为主体的封面设计大气、沉稳,受到读者的好评。

1995年2月14日,申能股份有限公司注册使用公司司标。1996年申能集团成立后,进一步完善司标内涵和使用,以"锐意开拓稳健运作"为经营理念。公司品牌标识以多维、多元的红黑不规则(椭)圆点有机组合,代表着鲜明的产业特征和能源行业特色;红、黑标准色搭配寓意着一次能源和二次能源的融合发展,通过由小变大渐变的红色圆点组成对称轴,象征着围绕企业价值体系的核心精神和团队凝聚力,凸显锐意进取之意,体现企业勇于开拓、不断创新的精神内涵和蓬勃发展的态势;圆点和椭圆点组合成规则的正方形,刚柔相济,浑然一体,代表稳健运作的核心经营理念。申能的英文简称SHENERGY是Shanghai和Energy二词的合成,是公司的自创,读音朗朗上口,也得到外界的认同。

随着企业的不断发展,申能司标的内涵和外延也在不断扩展。以最小的小红点为原点,其纵向和横向坐标的椭圆点由小到大往外延伸,象征着申能由小到大的发展历程;以红色圆点组成中分线,同样由小到大向外延伸,象征着公司积极进取、锐意开拓的精神。红的圆点和黑的椭圆点共同组成一个正方形,象征着稳重、稳定,寓意着申能"稳健运作"的经营理念。而密密麻麻的红黑圆点、椭圆点布满整个画面,寓意着申能遍地开花的格局,也预示着公司走出上海,走向全国、走向世界的雄心。

申能企业文化具有开放性、融合性、包容性,因而可以凝聚各类企业文化加入申能文化之中,团结职工,凝聚共识,共同发展,来自五湖四海的职工能够共同相处于申能,这是申能企业文化的成功之处。燃气企业关停并转、大量职工下岗分流,是事关上海市政建设、职工利益和社会稳定的大事,申能集团能够妥善处理,与其自身企业文化特色紧密相关。

图9-1-1 申能集团公司司标

第二节 企业文化体系

一、企业文化建设

申能成立后,秉持"锐意开拓,稳健运作"的经营理念,在电力、燃气、金融和能源服务与贸易等领域积极拓展业务,做大做强企业,努力建设良好的企业文化。

2012年4月24日,集团企业文化建设工作小组召开会议,就企业文化建设课题落实的有关工作进行讨论。会议由集团工会主席谈金龙主持,集团综合管理部、党办、办公室、工会、团委等部门以及申能股份、燃气集团有关人员出席会议。会议指出集团企业文化建设应注重方法,把握好"四个关系",即把握好继承和改革创新的关系,把握好企业文化和社会文化的关系,把握好文化建设的教育功能和愉悦功能的关系,把握好领导带头、顶层设计和职工群众广泛参与的关系。会议认为,集团企业文化建设应着力营造氛围,培育共同的价值观,逐步确立集团企业文化的基础、灵魂和根本。集团企业文化建设首先要开展调研,梳理集团及系统单位现有的企业文化元素及建设成果;要通过座谈、问卷调查等形式,了解股份、燃气、金融不同板块、不同年龄群体职工对于集团企业文化的不同诉求。会议确定起草《申能集团企业文化建设工作方案(初稿)》和企业文化调研的有关设想。

同年5月16日,集团企业文化建设工作小组召开部分青年员工座谈会,就《申能集团企业文化建设工作方案(初稿)》听取意见和建议。会议由集团团委书记瞿佳主持,集团工会主席谈金龙和系统有关人员出席会议。会上,青年代表一致认为,集团系统开展企业文化建设工作很有必要,是未来引领企业发展的重要基础,重视和做好企业文化建设将有利于企业管理的提升和员工素养的提高。与会同志建议集团核心价值观的提炼要在深入调研的基础上,准确定位集团发展的方位和方向,与时俱进地构建系统单位共同的价值取向。在企业文化建设过程中,要正视集团发展的历史特点和成员单位各自不同的特性,充分借鉴系统内外已有经验,并在与集团发展战略相匹配的基础上循序渐进,逐步落实,使系统单位和员工有一个广泛参与和充分认同的过程。在企业文化建设工作推进中,注重收集和编写一些恰当诠释企业文化的小故事,有利于系统员工更好地理解集团企业文化内涵。与会同志认为,已形成的《申能集团企业文化建设工作方案(初稿)》对集团企业文化建设的背景和意义判断较准确,但实施步骤要根据实际适当调整,对2012年度工作安排要突出重点,协调推进。

同年7月2日,申能集团召开企业文化建设专题会议,讨论《申能集团企业文化建设工作方案(初稿)》。会议由集团党委书记杨祥海主持,集团党委副书记仇伟国、纪委书记周嘉琦、工会主席谈金龙以及党办、综合管理部有关人员出席会议。会议认为,申能集团企业文化要做到"四个体现":体现集团能源、金融多元主业特征,寻找"最大公约数",明确基本理念与核心精神;体现集团的发展目标和社会责任,涵盖安全、环保、服务等工作要素;体现集团与系统单位的文化建设成果,处理好上下文化体系的关系;体现企业文化的时代特征与要求,借用外脑智慧,学习借鉴先进经验。杨祥海在会上强调:集团企业文化建设要切合企业发展实际,在现有基础上,整合、提升企业文化,使其更体系化;要重视企业精神、核心价值理念的提炼,形成书面成果,凝聚系统广大员工的共识;要结合当前工作,丰富企业文化活动,形成文化建设的良好氛围;要突出"人"的因素,着眼于人的全面发展,实现员工价值与企业价值的统一。会议确定,年底启动系统企业文化建设;2013年年底力争形成申能集团企业文化的价值理念和建设纲要。《申能集团企业文化建设工作方案》经修改后,报请集团党委会讨论。

2013年3月14日,集团召开企业文化建设工作小组会议,落实集团党委企业文化建设专题会精神,讨论完善集团2013年企业文化建设工作安排和招标询价相关事宜,会议由集团工会主席谈金龙主持。会议根据"文化建设以我为主,有形与无形联动,着力解决企业文化生命力"等工作要求,修改完善集团2013年企业文化建设的指导思想和工作安排。要求充分调动内部潜力,发挥工作组成员的作用,对各项工作加以落实。

2013年5月,申能集团企业文化建设工作小组发出《关于开展申能集团企业核心价值理念大讨论的通知》,要求讨论主要围绕申能的使命、申能的愿景、申能的核心价值观三个主题命题展开,并对讨论的进行具体安排。

同年5月15日,集团召开企业文化建设大会,会议由总经理吴建雄主持,集团领导班子成员、系统各级领导、企业文化建设部门负责人出席会议。会上,集团工会主席谈金龙介绍前阶段企业文化建设工作的开展情况;上海企业文化与品牌研究所所长周元祝作企业文化建设导入培训,讲解企业文化建设的内涵、特点及任务。杨祥海在动员讲话中要求,申能集团企业文化建设要以社会主义核心价值观为引领,进一步倡导危机文化,居安思危,开拓进取;进一步倡导责任文化,切实履行好保障全市电力、燃气供应的社会责任;进一步倡导绿色文化,清洁发展,为生态文明建设作贡献;进一步倡导创新文化,营造创新环境,培育创新人才;进一步倡导和谐文化,和谐包容,凝聚人心,使申能文化成为企业发展的力量源泉。

同年6—7月,集团企业文化建设小组和上海企业文化与品牌研究所统筹组织召开座谈会,系统各单位组织相关人员参与;集团企业文化建设小组和上海企业文化与品牌研究所统筹组织调查问卷,系统各单位组织各层面员工广泛参与,对集团企业文化建设的现状给出评价和意见、建议;由《今日申能》编辑部组织征稿活动,系统各单位积极组织、发动员工参与。集团系统上下充分互动,员工广泛参与讨论。在讨论中主要讨论以下问题:申能的使命是什么? 我们企业存在的价值体现在哪里? 什么是我们企业的根本责任? 申能的愿景是什么? 畅想未来5~10年,在你心目中申能应该发展成怎样的一个企业,申能应该朝着怎样的一个目标努力? 申能的核心价值观是什么? 我们应当倡导什么、反对什么? 我们申能人推崇、认同的组织行为基本准则和信条是什么?

通过大讨论激发广大员工更加关注、关心企业的发展,增强员工的主人翁意识和企业的凝聚力。

二、企业文化活动

【申能成立10周年】

1997年12月,申能成立10周年,中共中央政治局委员、上海市委书记黄菊,市委副书记孟建柱发来贺信;中央财经领导小组办公室副主任华建敏题词"锐意开拓、稳健运作",中共上海市委副书记、市长徐匡迪题词"发挥申能优势,促进能源建设";副市长蒋以任题词"加快电力建设、造福全市人民"。1997年12月29日,申能召开公司成立10周年座谈会暨举行向上海市老年基金会捐赠仪式,纪念活动结束。

【申能成立20周年】

2007年10月23日,国务委员兼国务院秘书长华建敏发来贺信祝贺申能成立20周年,他表示:20年来,申能发扬艰苦创业精神,坚持"锐意开拓、稳健运作"的经营理念,勇于实践,敢于创新,同舟共济,求真务实,为上海的能源发展和经济建设作出重要贡献。11月26日,徐匡迪为庆祝申能成立20周年题词"电气并举、加快发展、立足上海、走向全国"。12月27日,申能成立20周年歌咏会在上海音乐厅举行。12月,上海市市长韩正发来贺信,他表示:20年来,在市委、市政府的领导下,经过全体员工的共同努力,申能资产规模不断壮大,经营效益稳步提升,出色完成一大批与上海社会经济发展和人民群众生活密切相关的重大能源基础设施项目,为上海能源事业发展和保障上海城市能源安全供应发挥重要作用,取得经济效益和社会效益的双丰收。

【申能成立30周年】

2017年4月开始,申能集团组织开展纪念公司创立30周年系列纪念活动。活动共分"四大系列",包括:满誉三十年——宣传回溯系列;申生不息——悦动申能系列;能创未来——共话成长系列;不忘初心继续前行——开创未来系列。至12月,圆满结束。历时大半年的系列活动精彩纷呈、亮点迭显,职工超过3 000人次踊跃参与,为申能凝心聚力,助力企业发展。

2017年12月20日,申能集团举行纪念申能创立30周年座谈会,座谈会主题为"不忘初心、牢记使命、继续前行",申能老领导代表,来自申能股份、燃气集团、东方证券的先进代表,集团系统深化改革企业代表和集团系统青年员工代表分别进行交流发言,回顾申能创立30年来所取得的成就,追忆个人与企业共同成长的历程,畅谈对集团未来发展的信心和期望。

同日,申能集团展示馆举行启用剪彩仪式。新落成的申能展示馆位于申能能源中心一楼,整个展馆面积360平方米,采用新颖的多媒体形式,围绕着开拓、奋进和传承的主题,全方位展示申能30年的发展足迹和成就,绘就美好的发展蓝图,彰显集团系统广大党员、干部、职工不畏艰难、奋发进取的精神风貌。展示馆将成为展示申能集团改革发展成果、企业形象的重要窗口,以及传承申能企业精神和传播申能企业文化的重要载体。

【其他】

2005年,结合庆祝燃气进入申城140周年纪念活动,申能集团组织系列文体活动,举办大型文艺演出和运动会,邀请上海滑稽剧团为战高温、保供应的一线职工群众送上精彩纷呈的文艺汇演,使企业文化和精神文明相呼应,使燃气精神与申能文化相交融,增强企业活力,活跃企业氛围,加强员工凝聚力。

2006年7月,申能集团精神文明委员会主办、《今日申能》编辑部承办申能集团企业文化征文活动,活动历时一年,2007年7月30日圆满结束。系统20家单位参与征文活动,广大员工积极响应,共选送104篇作品。最后评出一等奖1篇,二等奖4篇,三等奖6篇,另有31篇作品获优秀奖和入围奖,6家单位获组织奖。2007年7月31日,申能集团召开系统精神文明创建活动总结表彰大会,会上表彰上海吴泾第二发电有限责任公司等9家集团系统文明单位、陈红良等120名集团系统文明员工以及周桓等11名"企业文化征文活动"获奖作者。

第三节　企业文化平台建设

申能集团创办内部刊物《今日申能》作为企业文化建设平台,同时积极开通网站、微博、微信公众号等,充分利用新媒体,推动企业文化建设。

一、《今日申能》杂志

【概况】

1994年10月23日,《今日申能》创刊,上海市计划委员会主任华建敏题词:审时度势,弄潮搏浪,申能要搞好第二次创业。《今日申能》开始为申能股份有限公司内部刊物;1998年起,由申能集团接办,成为集团内部刊物。2004年,办刊职能从集团研究室转到综合管理部。

《今日申能》为申能人自己的刊物,是申能对内对外交流信息、沟通情感、塑造企业形象的一个窗口,也是展现申能人奋斗、创新、开拓、求实风范的平台。随着申能自身的不断发展、壮大,《今日申能》的影响也越来越大,成为公司企业文化建设的主要阵地和平台。

自1994年10月创刊以来,每月发行一期,遇有重大事件或重要活动则专门发行增刊和特刊。截至2017年12月,《今日申能》杂志共发行285期。

发行数量方面,2004年5月之前,每期250本;之后,增加至500本。2006年,每期发行700本;2007年,每期发行1 250本;2008年,每期发行1 700本;2009年,每期发行1 800本;2011年起,每期发行2 000本。2004年以前,每期文字数约2.8万字;之后,增加至4.6万字左右;2011年起,每期6万字左右。

【发展历程】

第一阶段(1994—2003年)　申能以投资为主业,《今日申能》杂志定位为"信息和研究为主",主要栏目有"综合信息""电业传真""行业动态""股海拾贝"等。

第二阶段(2003—2010年)　随着燃气集团加入,申能从一个电力投资集团、下属职工不超过2 000人的企业发展成为拥有1.2万名职工的综合性能源产业集团,资产重组后的文化整合和统一对外宣传渠道的重要性日渐突出。《今日申能》逐步增加"燃气信息""安全生产""党建通讯""员工天地""员工艺苑""企业之声""科技创新""节能减排"等栏目。2005年,完成第一次改版,改版后杂志定位为综合性期刊,"反映企业发展,传播企业文化,展示员工形象",设有新闻报道、企业经营、行业研究、企业文化等板块。

第三阶段(2010—2015年)　以迎接中国2010年上海世界博览会(EXPO 2010)为契机,申能集团在企业文化建设以及对对外宣传等方面提出更高要求。2010年,《今日申能》完成第二次重大改版,从黑白改成全彩,封面主要体现公司"电、气并举,产融结合"的战略思想,逐步形成"综合信息""专题研究""企业文化"三大板块栏目,以及"发展论坛"等综合型栏目。栏目设置突出"多元、聚焦、开放",强化"综合报道""图片新闻"栏目,以反映公司系统重大事件、重要新闻为主,把握重要性和及时性。专题研究的范围涉及公司业务的各个方面,企业文化栏目面向基层企业和员工,内容更加丰富和广泛,杂志的文化属性更加突出。

第四阶段(2015年—) 2015年,申能集团提出"市场化、专业化、国际化"改革发展目标,《今日申能》要在办刊思路和设计风格上与之相适应。2015年1月,新版问世,《今日申能》完成第三次改版。之后,实现系统内发行电子化,杂志的影响力不断提升。杂志封面从一年固定到每期根据内容调整,封二刊登企业形象宣传广告,目录选取重点文章摘要,内页设计根据不同专题/栏目呈现不同风格,整体上追求"专业求精、文化融入"。2017年1月25日,《今日申能》编辑委员会成立,申能集团主要领导担任编委会主任,编辑部日常办刊和队伍建设等方面朝着更加制度化、专业化目标迈进。2017年,《今日申能》开设"战略研究""重点工程""电力项目""企业策划""简讯""申能专评""金融财经""关联企业""课题摘要"等栏目,有些栏目比较固定,有些则根据需要加以调整。刊物登载当月申能系统发生的重要事件,以及与电力、燃气、金融和能源贸易与服务相关的最新研究动态,企业内部举办的各类活动等内容。

【企业文化专项活动】

从2006年起,《今日申能》在申能集团企业文化建设方面开展一系列专项活动。

2006年8月,由申能集团精神文明委员会主办、《今日申能》编辑部承办的申能系统企业文化征文活动启动,为期近1年。申能系统20家单位全部参加征文活动,共征集104篇稿件。

为配合申能成立20周年庆祝活动的宣传,《今日申能》从2007年6月起开辟专栏,每月一期,特邀申能老领导、新老员工为专栏撰稿,回顾申能20年发展历程。2007年12月活动结束,专栏共发表25篇纪念文章和有关庆祝活动的报道。

2009年,《今日申能》"好文章、好图片"评选表彰活动举行。

2012年,由申能集团企业文化工作小组牵头,《今日申能》编辑部承办的"申能企业文化探寻"主题征文活动举行。

2014年,《今日申能》"文化季"系列活动举行,活动分为四大板块。

2015年,《今日申能》"金点子"征集活动举行,活动分为四大主题。

2017年,《今日申能》编辑部举办"读书,让生活更美好"读书征文活动,120篇佳作(超过20万字)编辑制作成增刊《知书》。以申能成立30周年为契机,通过专刊、专题、系列活动等策划报道,展现申能30年发展历程、文化建设成果以及未来发展前景。

【荣誉】

2000年5月27日,《今日申能》获由中国企业联合会企业管理工作委员会、中国企业报社、企业管理杂志社和中国企业新闻信息网4家单位联合举办的中国企业内部报刊(通讯)评选一等奖。

2006年4月26—28日,由中国企业文化研究会主办的首届中国企业文化传媒论坛在北京人民大会堂举行,《今日申能》获中国企业文化传媒优秀内刊评比二等奖。

二、网站

2005年,申能集团网站开通,网址为:www.shenergy.com.cn。网站以公司年报为主要内容,设置"集团公司介绍""股份公司之窗""系统成员公司""电力能源相关信息""公司主要投资项目一览表""主要经济指标与财务报表"6个板块。"股份公司之窗"设置链接直接跳转申能股份门户网站。

2013年3月公司网站升级改版。改版后的网站定位于对外形象宣传平台,主要介绍申能集团发展成果、业务拓展情况以及相关动态信息,为企业员工、合作伙伴及社会公众提供深入了解公司的途径。网站设置"企业概况""新闻中心""业务架构""科技与环保""社会责任""联系我们"6个板块,分别设计代表板块和产业特色的版头13个。6个板块下共含二级页面23个、三级页面96个。网站以介绍申能集团总体情况为主,也涵盖系统企业情况,通过"企业概况"中的"主要投资企业"栏目可点击进入系统40个企业的简介;"新闻中心"传递公司要闻;"业务架构"板块按电力、燃气、金融、节能服务和能源贸易等分类介绍申能集团产业概貌,并对各产业主要投资项目和投资企业链接介绍;"科技与环保""社会责任"板块以照片和数据为主,体现申能的科技优势和对社会负责的信念。网站建设是申能企业文化建设的重要部分,网站传递申能的经营情况、社会责任和未来发展,为关怀、关注申能的各方提供全方位的网络平台;网站在整体风格上追求大气、现代、简约,意图呈现公司积极创造绿色环境、推动清洁能源发展的追求与努力。

截至2017年年底,网站有中文版和英文版,设"企业概况""新闻中心""业务架构""科技与环保""社会责任""信息披露""联系我们"共7个栏目,7个栏目下设"公司简介""公司要闻""电力产业""燃气产业""金融投资""节能服务与能源贸易""节能减排""安全生产""情系社会"等17个子栏目。网站主要发布申能系统重要消息,宣传展示申能集团的发展历程,体现集团的发展目标和文化理念,推动集团文化建设工作。

三、微博

2011年10月10日,申能集团团委的微博号"申能青年"开通,并发布首篇微博。"申能青年"主要宣传申能集团青工形象,展现申能职工精神风貌,贴近青年,服务青年及集团职工。至2014年7月,共发布600多篇微博。

2011年10月12日,上海申能股份有限公司团委的微博号"申能股份团委"开通。至2013年7月,共发布40多篇微博。

四、微信公众号

2014年10月,申能集团微信公众号"申飞扬能无限"开通运营,其由申能集团工会、团委联合推出,申能临港燃机工会、团总支承办,为面向系统广大职工的社会主义核心价值观宣传平台。微信公众号设置"天天向上""风采展示""互动交流"3个菜单,每个菜单下分别包含3个栏目,共9个栏目。其主要宣传申能集团企业改革发展,展现申能职工精神风貌,传播正能量,贴近职工、服务职工,并与系统职工进行线上互动。

2015年5月25日,微信公众号2.0版全新上线,共设"生活百科""艺海拾贝""志愿公益""学习园地""新闻速递""热点话题""行业动态""劳动风采""活动看板""服务信箱""问卷调查""团讯速递"等栏目。

2017年年底,微信公众号设"申能之窗""员工天地""互动空间"三个栏目,下设"新闻速递""行业动态""学习园地""劳动风采""活动看板""志愿公益""热点话题""艺海拾贝""服务信箱""活动投票""生活百科""意见反馈"共12个子栏目。同时,申能集团下属企业开通"申能金融""申能财务""申能新能源"等微信公众号,共同打造企业文化建设新媒体平台。

第四节 下属公司企业文化建设选介

申能集团各下属企业根据集团要求,结合企业实际,推进企业文化建设。在实施中,做好企业文化建设调研和宣传工作,广泛征求职工意见,营造企业文化建设氛围,建立健全文化建设相关制度,认真提炼企业理念和企业精神,企业文化建设工作卓有成效。

一、上海外高桥第二发电有限责任公司

上海外高桥第二发电有限责任公司围绕建设"综合竞争能力最强的火电企业"的战略目标,紧密结合中心工作,按照企业文化实施纲要,从构建完善的企业文化体系入手,以丰富和发展企业文化为着力点,持续推进以"责任为本,感恩为魂"为核心价值观的企业文化在公司落地生根,培育形成优秀的企业精神和先进的经营管理理念,定位企业使命愿景,塑造优化企业对外形象,为公司长远发展提供强有力的文化支撑,为公司实现制度管理向文化管理跨越打下坚实基础。外二发电相继获全国电力行业企业文化成果优秀奖、上海市企业文化优秀成果奖、全国模范职工之家、上海市职工最满意企业、上海市文明单位、上海市劳模集体、上海市首届学习型企业、全国电力行业企业管理创新成果奖、上海市国资委党委先进基层党组织等荣誉称号。

外二发电始终坚持文化兴企战略,用文化引领企业前进发展,在公司党委的高度重视下,成立由公司领导、党政工团负责人、各部门主任等共同组成的企业文化建设专项工作组。工作组集中梳理整合文化资源,为公司量身定制企业文化建设实施纲要,并细化至各年度工作计划。公司上下协调一致,按照既定规划稳步推进各项企业文化建设工作。相继出版《视觉识别系统管理手册》《企业文化手册》《员工行为规范手册》,初步构建以企业视觉识别系统、企业理念识别系统和企业行为识别系统为主要内容的企业文化体系;培育出"点亮光明,服务社会"的公司宗旨,"责任为本,感恩为魂"的核心价值观,以及"敢为人先,追求卓越"的公司精神等理念;充分利用公司信息化平台,创新采用网络讨论、头脑风暴、书面征集、座谈会、网上评选、大家谈等形式,通过宣传、培训、活动推进等方法,持续推进企业文化建设,使企业文化成为广大员工自己的文化,得到员工的广泛认同。

【科学定位实现管理体系深化完善】

在企业文化建设过程中,外二发电始终站在全局的高度,科学制定发展目标,形成特色企业管理体系。公司着力建设以管理标准、技术标准、工作标准为主体的标准化管理体系;构建以ERP系统、SIS系统为核心的信息化管理体系,其中的ERP系统是国内发电行业首次成功实施的涵盖电厂主要业务模块的SAP全面解决方案,树立发电行业企业信息化建设的新标杆;深入开展内部控制

体系建设工作,完成内控风险点梳理、相关业务流程控制矩阵编制和《内控手册》制定、颁布等一系列基础建设工作;构建以"安健环"为核心的安全生产管理制度体系,并于2011年9月,顺利通过外审认证和注册,为公司安全生产长效提供保证机制。完善的企业管理体系为公司生产经营工作的顺利开展提供制度保障,公司也因此先后获全国电力行业企业管理创新成果奖、最佳企业资产管理(EAM)应用奖、上海市质量管理小组活动优秀企业等荣誉,是上海电力行业中唯一一家连续两年被评为上海市实施卓越绩效管理先进企业的单位。

【锐意进取实现效益领先】

外二发电秉承"敢为人先、追求卓越"的文化精神,在工作中锐意进取,开拓进口煤炭渠道、研究合理掺烧策略、探索市内发电权置换、节能降耗等方面走在前列,为企业保持良性发展,实现效益领先开辟多条全新的途径。

燃料成本是影响企业经营效益水平的关键因素。公司积极探索煤炭供应新渠道,并在保证安全运行的前提下对配煤掺烧工作进行大力推广,有效降低燃煤成本;同时着力开展节能降耗工作,实现良好的经济收益。公司率先开展市内电厂发电权置换工作,积极争取发电量,走出一条市场化运作交易电量和电价的新路。

【服务社会实现责任化担当】

外二发电积极履行企业的社会责任,以"点亮光明,服务社会"为己任,塑造起"稳定高效,环保友好"的良好社会形象。公司机组投运后,成为上海地区的骨干发电企业。在华东电监局组织的涉网电厂安全性评价中,外二发电成为所有参与查评的14家电厂中设备管理水平最好,得分率最高的电厂,连续7年被评为上海市迎峰度夏优胜单位,出色地完成抗冰救灾、奥运保电、世博保电等重大任务,并获世博保电先进单位荣誉称号。

外二发电积极带领广大员工一起履行社会责任,努力服务社会。坚持每年发布《社会责任报告》,对公司履行社会责任情况进行认真总结;号召广大员工"用创造光明之手播撒绿色",在陆家嘴中心绿地开展绿化认养工作;着力于构筑同兴共荣的良好社区关系,先后与浦东新区高东镇人民政府、浦东新区交警六大队实现双向共建,将企业所创造的社会价值与周边的群众和单位分享;坚持组织公司员工积极加入"文明在脚下"交通宣传整治志愿者行列中,在周边主要交通路口参与交通秩序维护工作;加强社会公益活动宣传力度,支持员工投身无偿献血活动、"爱心一日捐"慈善募捐活动、"冬衣暖人心"衣被募集活动等社会公益事业中,在公司员工中牢固树立"责任为本,感恩为魂"的奉献意识,令企业文化体现在每一名员工的自觉行动中。自2013年以来,公司认真贯彻中央和市委关于统筹城乡社会经济发展,加快社会主义新农村建设的要求,结合实际,真情帮扶,开展与崇明县竖新镇仙桥村党支部的结对帮扶工作,明确帮扶工作的主要目标,签署《帮扶结对(共建)协议》,并严格落实结对帮扶资金,扶持仙桥村公共基础建设,为完善硬件设施、改善农民生活环境奠定基础。

【感恩为魂 实现一家亲】

"感恩文化"是维系群体互助、理解、宽容的团结、和谐关系的纽带。外二发电感恩员工的辛勤付出,在企业文化建设中注重营造"大家""小家"和谐互动的企业大家庭氛围。举办员工"家庭日"主题活动,邀请员工家属参观企业、共同联欢,使员工家属全面地了解公司员工的工作环境和企业情况,增进他们对家人工作的理解和对企业发展的支持;开展"安全与幸福同行"员工家属安全叮嘱征集活动,以家属们的一点提醒、一封家书、一段寄语向公司员工嘱托安全,表达心声,并将这些文字和照片编印成册,作为"本土教材"为员工们敲响安全生产的警钟;在内网上开辟"大家谈"BBS讨论专区,围绕厂区"方便伞"等企业文化专题展开家庭会议式畅谈;开展"年末冲刺共加油短信互动"活动,为广大员工提供短信交流平台,共同为公司年末冲刺工作加油鼓劲;在网上开辟"年度电量每日新"栏目,将所有员工的竞猜数字与每日的累计电量进行动态对比排序,吸引员工每天关心公司年度电量指标的完成情况;搭建"'读书漂流'网上图书馆",在员工中营造良好的读书氛围;开展双月讲坛活动,为员工提供相互交流、共同学习的平台;举办运动会、新春联欢会并成立各类兴趣协会,丰富员工的文体生活;组织策划"指尖上的外二"厂庆活动,号召员工用双手为公司庆生;组织开展"记录·印象·我们的外高桥二发电"企业风采展和"怡养情致,传承文化"员工文化展等活动。在企业中营造出感恩和谐的良好氛围,"大家""小家"双兴双和,企业员工共同发展。

【转变思路和方法酝酿"开放式"企业文化新氛围】
外二发电党委一直致力于将网络打造成为企业舆情的"放大器"、员工思想的"根据地",以及干部考核评价、任用监督的"公平秤",在企业中培育起开放、多元、和谐的文化氛围。

让网络成为上传下达的"信息网"　依托公司内网,及时向员工公开企业年度工作指导思想、生产经营任务指标、各阶段核心工作等,把员工关注的热点、焦点、难点问题作为公开重点,把诸如职代会提案落实情况、职工薪酬调研情况、工资改革方案、"职工最满意企业"问卷调查结果情况等涉及员工根本利益的事项主动纳入公开范围。2016年,公司借鉴互联网+模式,建立"外二发电"微信公众号,进一步拓宽对内和对外信息发布渠道。

让网络成为党群互动的"工具网"　建立党建工作专项职能网站——"党群工作网"。网站共设置7大板块、28项专题栏目,集中整合党建、支部、工会、廉政、文化等多方面信息,使得各类企业文化建设活动、党建工作的最新动态、最新的工团活动信息以及党纪条规、工作标准、操作流程等一目了然。另外,"网上课堂"栏目通过不断优化在线学习课程、扩充在线教育资料库以及完善在线学习积分评比机制,不仅将每季度党课材料和班组学习资料、月度组织生活资料、廉政建设等材料提供给广大员工,而且依托学习积分制开展的排名评比活动,有效促进和提升职工的参与热情和学习效率。中共十八大以来,公司先后以网络视频、在线考试等形式组织员工学习"三严三实""两学一做"等资料,有力推进"学习型企业"的建设。

让网络成为干部管理工作的"监督网"　公司通过网络手段,创新干部考核评价体系、加大竞争性选拔力度、健全人才培养机制、强化干部选拔任用监督,着力构建"公开化"干部队伍建设制度。2017年,按照"民主、公开、竞争、择优"的方针,在物资供应部和财务部主管岗位上开展竞聘工作。竞聘采用公开演讲的方式,向员工阐述竞聘报告,邀请员工对竞聘人员进行打分测评,并在网上及时将打分情况、竞聘结果向全体员工公开,通过网络载体,提高群众在干部选拔工作中的参与率,为干部任用打下扎实的群众基础,对干部成长起到良好的示范和导向作用。

创造条件让员工"实话实说"　利用大家谈BBS讨论专区板块,先后围绕厂风建设、群众路线、廉政建设等专题,以无记名自由发言的形式开展"厂风之我见""读廉书、观廉片、抒廉感"等系列活动。员工在自由、宽容的氛围下畅所欲言,表达自己对企业文化层面的思考。公司还在网络讨论的基础上,征集形成以"责任为本,感恩为魂"为核心的价值理念,建立企业文化理念识别(MI)系统,为企业发展提供持续强大的精神动力。

二、上海外高桥第三发电有限责任公司

2008年5月,在研究机组投产后公司工作的党委会上,上海外高桥第三发电有限责任公司班子成员形成把企业文化建设工作抓紧抓好的共识。2008年7月、8月,公司投产不久,党委就组织召开3个座谈会,收集、整理员工对企业建设的各方面意见。座谈员工中对公司企业文化建设的关注和期盼,引发公司领导层共鸣,党委决定从一开始就大力注重公司企业文化建设。

外三发电开始向兄弟单位学习,并聘请专业咨询师指导企业文化建设。咨询师和企业部门和员工一起设计和确立企业标识,通过互相交错的"W"和"3"叠加的图形,既代表"外三"这个名字,同时也充满立体感和活力感,体现外三发电的稳定和团结,让人倍添一份力量。企业标识的确定是企业文化建设的开始。

2008年12月,外三发电举办首次企业文化建设讲座,包括公司领导在内的54名员工参加讲座,了解企业文化理论知识。与此同时,公司在员工中开展企业精神表述征集活动,公司超过一半的员工踊跃参与,征集到的有关企业文化理念的表述60余条。

2009年3月,外三发电党委颁布外三发电《企业文化建设规划》,确立公司企业文化建设总体思路:以三年工程建设的奋斗历程为基础,逐步培育、形成具有时代特征和鲜明特点的外三发电企业文化,以此作为支撑企业持续发展、和谐发展的"灵魂"。"以三年工程建设的奋斗历程为基础"是外三发电企业文化建设的根基;"具有时代特征和鲜明特点"是外三发电企业文化培育的着眼点;"支撑企业持续发展、和谐发展"是外三发电开展企业文化建设的最终目标。

随后,外三发电精心组织一系列活动,200多名员工参与。"企业精神你我议"211名员工参与、"情系外三企业文化知识竞赛"233名员工填写答卷、"聚焦外三年度新闻评选"235名员工进行在线投票、"感动外三演讲比赛"。

2009年10—12月,外三发电以企业文化知识竞赛和年度新闻评选活动中的样本为基础,通过归类、比较、分析等方法,对公司投产一年多的企业文化建设情况进行评估。员工对发电行业和公司本身有着很强的荣誉感和责任感,对外三发电取得的荣誉和成果有着很高的认同度。员工对企业精神的判断取向惊人地一致,"创新""奉献""团结"这些字眼在调研样本中反复出现。

以一届二次职代会的召开为契机,以40名职工代表和10名列席代表为对象,刚刚出炉的外三企业文化大纲文本经受一次严格的检验,先后召开多次座谈会和专题讨论会,并开展网上评选活动。最终经过前后四次修改和完善,2010年4月28日,外三发电《企业文化理念大纲》在职代会上获得一致通过。

三、上海石洞口煤气制气有限公司

上海石洞口煤气制气有限公司是上海市生产人工煤气气源厂之一,属上海燃气集团全资子公司。石煤制气位于宝山区,占地28万多平方米,职工386人;主体生产设备为3条轻油(天然气)制气生产线,拥有储运库区8.5万立方米的各类储槽和总容量为1.2万立方米的液化气球罐,拥有1座万吨级危险品专用码头。2010年,生产能力为日产城市人工煤气240万立方米。生产原料为石脑油(天然气),其生产特点是易燃易爆、高温高压,是上海市消防重点单位。

随着石煤制气安全管理水平的不断提升,公司各个层面充分认识到推进安全文化建设是企业

安全的根本所在。将"安全习惯"提升到"安全文化"上是安全建设的质的飞跃。为此,公司从提高职工的安全意识、安全技能和规范安全行为出发,把开展企业安全文化建设作为2009年管理创新课题,并设立公司安全文化建设课题组,以从公司在安全建设方面留下的"痕迹"中,提炼出具有石煤特色的安全文化。在课题组成立之初,公司按照权责对应的原则,组建以公司总经理为组长,副总经理、工会主席为副组长的企业安全文化建设领导小组。在课题推进过程中,及时调整、修正企业的安全管理制度和规定,完善三级安全生产责任,突出安全管理组织、安全管理理念、安全管理培训、安全管理活动、安全管理制度、安全管理警示等内容的提炼,认真有序地开展课题研究。在上海工会管理学院培训中心的指导、帮助下,公司举办"公司企业安全文化建设"项目课题开题报告,拟定课题行动方案和课题执行细则,明确工作内容、时间节点、采取措施、主责部门和责任人。并通过参观取经、专家授课、工作回顾、召开二级党政组织负责人座谈会和职工座谈会,对课题进展情况加以把握,突出重点、注重过程、防止偏差。

【企业安全文化建设内涵】

培育重视安全的态度,规范企业和员工的安全行为。为企业安全受控,实现安全生产"五零一控"(死亡事故为零,多人伤害事故为零,重大火灾、爆炸事故为零,重大操作事故为零,重大设备事故为零;控制轻伤率)目标提供支撑。为巩固危化行业二级企业标准,争创一级标准提供帮助。

【企业安全文化建设宣传】

安全文化建设氛围营造促成全员、全过程、全方位参与的格局,2010年,编制"企业安全文化建设相关知识",组织班组职工进行学习;举办"企业安全文化建设"安全知识竞赛;组织班组安全员及班组长以上管理人员70余人,参加"企业安全文化建设"专题培训;在厂门口、办公大楼、生产线等显著位置悬挂横幅;在生产岗位张贴安全宣传图片;共出版信息、简报、企业文化报专刊6期,对安全文化建设进展情况予以及时报道。

理念、目标、口号征集 根据课题执行细则,从2009年7月下旬起,公司在职工中开展征集公司、班组安全理念、安全目标(愿景)和班组安全口号活动。班组职工认真学习企业安全文化相关资料,集思广益,进行探讨、回顾、总结公司和班组的安全建设的经验和教训;各部门召开专题会议对班组的安全理念、目标、口号文字表述逐条进行推敲。公司将征集到的42条安全理念,38条安全目标(愿景),19条班组安全理念,19条班组安全目标(愿景)和19条班组安全口号,以班组为单位进行学习评选,最终各评选出优胜奖5名。

安全培训 2010年,公司在安全管理培训制度基础上,编制"三级安全教育培训流程及内容",将培训教育人员划分为管理人员、新员工、特种作业人员、转岗换岗人员及外来参观学习人员、承包商作业人员等,进一步界定安全教育范围,明确安全教育内容,清晰安全教育流程。共组织1 098人次参加各类安全教育培训,普及和提高职工的安全素质和安全技术知识。通过培训教育,全体员工能深刻理解和广泛认同企业所确立的安全承诺,提高安全操作技能,强化安全意识,防止不安全行为的产生。

安全告知、安全承诺和安全签约活动 在全公司范围,按管理层次,分别组织开展"安全告知"活动。全公司每一名职工,全部接受安全告知,告知率为100%。在活动中,把生产过程中涉及危险区域范围、危险点分布、危险化学品特性、制度执行规定以及岗位安全要求等作为重点内容进行告知,要求被告知人居安思危,警钟长鸣。涉及危险点班组的员工"A类危险点必须熟记,B类、C类危险点必须熟悉",绷紧安全防范这根弦。职工以签名形式认定告知内容,并对安全作出承诺,承诺率100%。每年年初,公司总经理还作为安全第一责任人与12个部门部室,各部门负责人与19个班组,各班组长与全体职工签订安全责任制协议,签约率达到100%。

【企业安全文化建设实施】

健全完善企业安全管理制度　2010年,公司按照国家新颁布的法律法规,从安全文化建设实际出发,对33个安全管理制度逐一进行审定,修订完善《工伤事故管理规定》《安全投入保障制度》《防火管理制度》等14个制度;新增《防爆电气设备管理制度》《生产安全督察实施细则》《废弃物处理制度》3个制度;并将OHS体系内审和外审制度、危化标准自评和考评制度纳入企业安全文化体系之中,增加《危险化学品从业单位安全标准化》《职业健康安全管理手册》《程序文件》《作业文件》等制度,还根据新颁布的《危险化学品从业单位安全标准化通用规范》,修订标准化管理手册。企业安全文化共收集汇总41个安全管理制度,逐步建立起安全生产常态管理的长效机制。

班组精神、安全理念、安全目标、安全口号提炼　2010年,公司将"二新"(立题创新,形象出新)活动,作为班组建设的工作重点,公司19个班组结合班组所承担的工作任务,围绕四目十一条要求开展班组建设,并从思想观念、精神风貌、组织行为、工作原则等方面挖掘班组建设和班组安全的内涵。如今,公司19个班组做到组组有班组精神,组组有班组安全理念,组组有班组安全目标,组组有班组安全口号,增强班组的凝聚力,提高班组职工的工作积极性,促进班组安全管理水平上新台阶。

与"安康杯"竞赛活动相结合,夯实安全文化建设基础　"安康杯"竞赛活动是响应市总工会、市安监局号召而组织开展的群众性安全劳动保护竞赛活动。企业安全文化建设的内容涵盖"安康杯"竞赛活动的内容。在开展安全文化建设课题活动中,将"安康杯"竞赛"五个一"(一次警示教育活动、一次先进典型活动、主要领导上一次党课、一次专题报告会、一次廉政文化活动)和"十个一"活动(学一本安全生产知识的书、提一条安全生产建议、查一起事故隐患或违章行为、写一条安全生产体会、做一件预防事故实事、看一场安全生产录像或电影、接受一次安全生产专知识培训、回忆一次自己的经验教训、当一天安全检查员、开展一次安全生产签名活动),作为企业安全文化建设的抓手之一,围绕竞赛目标、内容、节点和要求,认真扎实开展。同时,深化"安全在我心中"系列活动、"安全生产月"活动、"安全告知"活动、反"三违"、争当安全卫士"啄木鸟"、合理化建议活动以及安全属地化管理等。此外,公司还借助"安康杯"竞赛"三册"(管理手册、工作手册、班组手册)管理,记录公司、部门、班组三个层面的安全文化建设进展情况,留下痕迹,加强过程控制。

与安全专项检查相结合,做到督查与奖惩的统一　在安全文化课题建设中,通过公司、部门、班组多个层面,开展查思想、查纪律、查制度、查管理、查现场、查设备、查隐患、查措施落实为主要内容的安全检查,依靠职工,边检查边改进,不断充实企业安全文化内涵。同时,成立5个公司安全生产督查分组,由部门经理担任组长,支部书记担任副组长,部门管理人员及安全员、班组长任组员,对各部门安全、治安管理、施工(检修)作业管理等工作的落实情况进行自查和互查。此外,还从安全执行制度着手,建立安全行为激励机制,修订《安全生产责任制》和《安全生产责任制考核制度》,进一步明确各级安全职责,做到赏罚分明。

【企业安全文化建设效果】

企业安全文化体系通过长期的实践与经验的积累,公司逐步形成一套完整的、具有广泛指导意义的企业安全文化体系,做到将制度行为与意识观念有机结合,形成具有石煤特色的安全理念:要

"三严"不要"三违",要"三珍"不要"三失"(简称"二要二不要")。"三严",即严守操作制,严防违章事,严控危险源;"三违",即违章操作,违章指挥,违反劳动纪律;"三珍",即珍惜生命,珍重身体,珍爱生活;"三失",即失措莽撞,失防侥幸,失闪大意。将企业目标与个人目标有机结合,确立公司安全总体目标(愿景),即人人要安全,个个会安全;安全保供气,安全促发展。

从"要我安全"到"我要安全"向"我控安全"的转变。通过企业安全文化建设开展,公司的安全理念、安全目标、安全制度、安全体系以及与之相对应的安全管理、安全教育、安全警示、安全督查等,逐步渗透到公司管理的各个层面,渗透到职工的心中。2010年,公司加大安全投入共计458.8万元,查出安全事故隐患51条,开展15次应急预案演练,灭火器操作训练808人次,提合理化建议41条;积极认真参与OHS内外审,保证一次通过;针对10个一级要素53个二级要素开展安全标准化自查,并积极落实整改;针对生产工艺的变化,及时进行重大危险源辨识,设备设施危险源由103个增加到105个,作业活动危险源由112个增加到114个,并及时告知有关区域内职工。职工时刻牢记自身的安全,时刻关心身边的安全、时刻关注企业的安全。

《石煤制气公司企业安全文化手册》搜集、整理、汇总公司在安全建设方面留下的"痕迹",编制公司安全文化手册。手册分为安全文化寄语篇、安全管理组织篇、安全管理理念篇、安全管理培训篇、安全管理活动篇、安全管理制度篇、安全管理警示篇7个章节30项具体内容,将19个班组的班组精神(承诺)、安全理念、安全目标(愿景)、安全口号汇总在一起作为附件予以编录,体现公司安全文化的根基。

四、申能集团财务有限公司

根据申能集团财务有限公司党员年纪轻、学历高结构性特点,申能财务公司党总支从加强党员教育与政治思想学习入手,激励党员、鼓舞士气,形成一支有生命力、战斗力和创新能力的党员队伍。通过推动学习型党组织建设,在业务创新、项目攻坚、企业文化方面,充分发挥党员先锋模范作用和群众组织的纽带作用,为公司献计献策。

【客户经理导师制】

申能财务公司在"请进来、走出去"的培训模式上,试点开展"客户经理导师制",旨在打造一支具备专业高效对外服务能力的团队,帮助新客户经理迅速进入角色,提高业务技能,保持客户经理团队战斗力。从专业知识、市场经验、业务技能以及管理能力(包括创新意识)且热心帮助他人成长,能给出建设性的指导意见等诸多方面选拔导师,发扬"老帮新"的"传、帮、带"优良传统。

【建设学习型组织】

申能财务公司鼓励员工不断结合自身业务,加强学习和思考,就工作中遇到的问题、业务发展中碰到的障碍,甚至是行业领域比较前沿的问题进行深入研究,探索业务发展新道路。自2013年公司开展课题研究以来,成型课题数60个,其中"燃气大数据应用"等6项课题获市级以上奖项,多项课题研究转化为业务成果落地。

【"老总讲坛"】

申能财务公司坚持"以人为本"的管理理念,在集团"构建5个战略新优势"的背景下,申能财务公司策划推出"对话产业、聚焦发展"之"老总讲坛"系列活动,邀请集团和系统的领导讲解集团产业板块的历史、发展现状和未来发展趋势。讲坛使公司员工对集团产业板块有更深入的理解,对立足集团开展金融服务有更深刻的认识。

【"真财实料"】

一年一度的"真财实料"活动,工团联手,"带你跑,任你跳",以一场趣味运动会的形式,倡导健康每日、活力无限的绿色理念,是申能财务公司与系统兄弟公司申能燃料联手创办的品牌活动,员工参与度超过90%。经过这样趣味运动会的锻炼,在增进了解、加深友谊和提升团队协作精神的同时,也进一步探索双方在企业发展、经营管理上的交流学习。

【绿动申财】

申能财务公司自2015年推广"绿动申财"低碳健康行走比赛活动以来,倡导健康生活、低碳行动,活跃员工业余生活,增进团队合作精神,传达申能财务公司绿色企业文化理念。在集团2017年度先进职工之家评选活动中,以"申财月悦谈""绿动申财"品牌活动为代表,申能财务公司最终获申能集团先进职工之家称号。

【申财月悦谈】

2017年,申能财务公司工会联合行政创设"申财月悦谈"主题活动的平台,每月结合实事主题,组织全体员工活动,让员工有一个暂时卸下工作的压力,分解压力的渠道,在传递公司文化的同时,感恩员工的付出。

在中国财务公司协会"2016—2017年度中国财务公司行业社会责任优秀案例评选"活动中,"申能财务公司'申财月悦谈''绿动申财'活动关心员工健康"案例获最佳履行关爱员工责任奖。

第二章 社会责任

作为国有大型综合性能源企业，申能集团以确保为城市提供安全、优质、清洁能源为己任，坚持在电力、燃气行业为客户提供优质服务，保障民生需求，积极履行企业社会责任。同时，集团积极参与捐资助学、扶贫济困和与市郊经济薄弱村结对帮扶等社会公益活动，回报社会，奉献社会。

第一节 保障民生需求

申能电力开发公司成立于上海电力紧缺时期，以为上海提供安全、可靠的电力能源为起点；1992年参与组建上海石油天然气公司，开始涉足城市燃气供应，并在2003年投资组建上海燃气集团，成为上海城市电力、燃气能源主要供应商。积极投资电力、燃气等基础设施建设，保障上海城市能源安全供应等民生需求，成为申能集团的首要社会责任。

一、电力供应

1987年申能电力开发公司成立后，即充分发挥上海市电力总账房的作用，先后投资石洞口一厂、二厂和吴泾六期3个发电项目，到1992年3个电厂建成投产，短短6年时间，申能参与投资建设的电厂装机容量达到300万千瓦，为缓解上海城市电力供应发挥巨大作用。

1988年，申能开始投资清洁能源秦山核电站；同时开始投资浙江天荒坪抽水蓄能电站，利用用电低潮抽水蓄能，在用电高峰期放水发电，节约能源，又保障电力供应。1991年，为解决奉贤星火工业区集中供热的问题，同时也为缓解工业区电力供应紧张局面，申能投资建设星火热电；1992年申能积极帮助崇明电厂改造旧机组，并新建发电机组，明显改善崇明的供电情况。

进入21世纪后，随着上海城市电力供应紧张大体缓解，但电力高峰期保障发电和平稳调度成为重要任务。申能依靠控股和参股电厂，积极在冬夏之际保障电厂满负荷运营，确保高峰期电力供应。2007年吴泾发电有限责任公司为确保完成全年发电任务，通过"千言万语进行沟通；千方百计保证实施；千辛万苦取得实效"，充分调动职工争发电量积极性，做到稳发满发，为实现经营目标提供有力支撑。外高桥发电有限公司连续安全生产记录达到3 228天，创历史新高；华能上海燃机发电有限责任公司被《亚洲电力》杂志授予具有影响力的、亚洲唯一的、国内首次获得的亚洲最佳燃气电厂称号；漕泾热电有限责任公司全面进入生产管理，第一年即实现利润超亿元；华东桐柏抽水蓄能公司、华东天荒坪抽水蓄能公司和安徽九华发电公司，克服困难，努力应对挑战，各项工作均取得一定的成效。

2009年，集团全力确保冬夏电气高峰用能，出色完成城市电力保障供应任务。公司作为上海主要电力供应商，在上游一次能源成本大幅度上涨的情况下，自我加压，不计成本，千方百计保证全市电力安全、稳定供应。公司所属发电企业精心安排设备检修工作，保证机组安全可靠运行，夏季高峰时期没有发生一起故障跳机事故，圆满完成电力"迎峰度夏"保障任务。

2010年上海世博会期间，申能集团以世博园区的太阳能平稳供电以及保障全市电力等的安全运行为重点。严格按照市委、市政府、市国资委的一系列会议精神以及工作要求,建立常态化的管理机制,使安全、保卫、稳定工作有机结合、三位一体,突出重点、相辅相成,并要始终把握两个度,即从保世博全局的高度作出自身应有的贡献,以及从世博扩大效应的角度,在产业发展、管理水平上利用好特殊的机遇,做好世博电供应,进一步促进、提升集团系统总体实力。通过开展集团系统大型发电企业保障电力供应的应急预演,针对关键设备突发故障引起机组跳闸的及时正确处置,从信息报送、正确指挥、应急抢修队伍到现场、备品物资提取、恢复故障设备运行、发电机组短时间内重新向外供电等方面进行一系列演练,确保世博运行期间电力供应的稳定。

2012年年初,春节长假期间系统电力生产措施到位、供应平稳为确保春节期间安全生产及运营有序,集团提前对电力生产运营工作作出统筹安排,春节长假期间,各主要安全生产及服务供应保障部门15 000余人次节日在岗上班,集团系统各类安全生产工作正常,申能股份电力生产供应平稳。据统计,小年夜至大年初六,总发电量42 329.7万千瓦时,较2011年春节增长2.97%;日均发电量6 047万千瓦时,日最高发电量6 703万千瓦时,日最低发电量5 600万千瓦时;日最高负荷350万千瓦,日最低负荷200万千瓦。

2017年夏天,为保障机组能够经受住高温"烤"验,外二发电根据华东电网的负荷需求,一手抓牢安全生产"薄弱点"管控,一手抓实科学计划做好经济运行,全力打好迎峰度夏"主动仗"。同年4月初公司开始先后组织完成对主要发电场所、封闭煤场施工以及主要外包单位的全面检查,排水系统清理、防台防汛设施定期例行试验、室外电气设施防雨措施巩固、防台防汛集中演练,查漏补缺、杜绝隐患,暴雨和汛情的应对能力得到进一步夯实。高温天气下,生产区域开关室、MCC小室、集控室等重要中枢系统控制中心的空调设备都派驻维护人员24小时值班监视;变压器、重要辅机电动机等,安排工作人员加强测温和巡检,一旦发生温度异常升高及时采取冷却措施;各类生产施工现场设置清凉饮料供应点14个,方便外出作业人员按需取用。迎峰度夏期间,全厂严格落实低负荷、单机运行措施以及主要辅机专项测温等《2017迎峰度夏保电措施》,严格执行《迎峰度夏管理标准》,根据不同气温等级,增加巡检频次和值班力量,提升各项防范措施。多项举措齐抓共管,调整机组时刻处于最佳状态,关键时刻"调得起、稳得住"。公司通过各种措施确保电力迎峰度夏安全、稳定。

二、燃气供应与服务

1992年申能股份有限公司代替上海市公用事业局,与地矿部和中海油共同组建上海石油天然气公司,参与开发东海天然气资源。1999年东海天然气向上海市区供气,实现上海一次性能源生产零的突破,同时开启上海城市燃气天然气供应先河。2000年,为迎接国家"西气东输"天然气入沪以及适应上海城市燃气供应格局变动需要,申能与上海市市政资产管理公司联合成立上海天然气管网公司,深度介入城市燃气供应网络建设。2003年,申能开始参与进口液化天然气项目建设;同年按照市委、市政府要求,公司出资组建上海燃气集团,开启上海城市燃气供应新局面。

在申能集团领导下,上海燃气集团通过3年时间,着力"扭亏、降差、多经整合",有效控制亏损,理清产业结构和明晰产权,朝着实现"安全供气、科学管理、优化服务、良性发展"四大目标迈进。同时,根据市政府《进一步深化上海燃气行业改革方案》和《上海天然气主干管网系统规划》,燃气集团积极推进上海燃气供应"X+1+X"战略,上游形成东海平湖、西气东输(一线、二线)、川气东送、洋山液化天然气、西气东输江苏如东—海门—上海崇明岛管线和五号沟液化天然气应急储备站"6+

1"多气源安全供应保障格局,2017年上海天然气储备应急保障达到20天;完成城市燃气主干网一期、二期以及崇明岛主干网建设,实现中游"一张网"目标;下游建立燃气销售市场化、多元化格局,为全市民众和用气企业提供优质、清洁和高效天然气。

随着天然气供应量和供应线路的不断增加,以及五号沟应急天然气储备站的建设和扩建,上海燃气开启天然气化时代。自2000年起,上海开始逐步关停人工煤气生产企业,加大天然气引进力度,到2015年,上海燃气供应实现全天然气化,这是上海城市燃气供应史上的大事件,人工煤气就此退出,为实践"上海燃气,让天更蓝"的绿色理念迈出决定性的一步。

申能集团和燃气集团多年来建立起各种燃气保障供应机制,为应对天然气市场供需与价格变化、城市用气季节性变化以及突发事件等提供可靠保证。2009年,公司所属燃气企业克服天然气供应阶段性平衡困难、天然气价格机制不顺等突出矛盾,充分发挥洋山和五号沟LNG站的重要作用,确保稳定供气。五号沟LNG站有效落实转运案,顺利接卸11船国外天然气,调整供气方案,确保夏冬高峰燃气供应。11月初,强冷空气袭击上海,天然气用量急速攀升,上海液化天然气公司克服多重困难,调整调试方案,及时进行供气,并积极落实海外气源,主动采购两船约1.6亿立方米现货天然气,为全市的天然气稳定供应作出贡献。同时,燃气集团、管网公司、液化天然气公司通力合作,配合中石油转运8 000万立方米国外天然气资源,有力支援全国的天然气供应,体现大局意识和责任意识,得到国家能源局和中石油的高度评价。

2011年,燃气集团向社会作出公开承诺,努力以更优质的服务展示良好形象,以更扎实的举措方便人民群众,以更规范的标准提高服务质量,以更专业的工作践行社会责任。2012年年初,为确保春节期间安全生产及运营有序,集团提前对燃气生产运营工作作出统筹安排,春节长假期间,各主要安全生产及服务供应保障部门15 000余人次节日在岗上班,集团系统各类安全生产工作正常。2013年燃气市北销售公司普陀办事处积极响应政府部门"关爱、帮助残疾人"的号召,通过社企联动,与长期合作的东泉居委会,共同为小区内贫困及需要帮助的残疾人家庭奉献爱心,免费为他们进行用气设备的安全检查和零配件的调换。2017年夏天,上海打破百年高温纪录,为确保用户安全用气,大众燃气公司各个急抢修点24小时值守,随时应对突发事件的发生。

第二节 社 会 救 助

申能集团发挥国企社会责任,积极参与各类重大自然灾害救济,参加志愿者活动,参与希望小学捐助与建设;积极响应上级号召,参与城乡对口帮扶活动。

一、抗震救灾

2008年5月12日下午汶川特大地震后,申能集团认真贯彻落实党中央、国务院和上海市委的要求,号召系统各级党组织、单位和广大干部职工发扬"一方有难,八方支援"精神,以各种形式向灾区人民送温暖、献爱心,捐助人力、物力、财力,支援灾区抗震救灾。5月14日起,全系统广大干部职工掀起"真情系灾区,关爱汇暖流"的爱心捐助活动,先后有12 554人次参与活动,捐款总额1 947 065元。5月19日,申能(集团)有限公司向四川地震灾区捐款800万元;同日,集团公司为汶川大地震罹难同胞举行哀悼会,集团领导呼吁全体申能员工积极行动起来,以实际行动化悲痛为坚强,化同情为力量,化揪心为支持,为国分忧,为灾区同胞解难,为灾区重建家园尽力、尽责作贡献。

同时,申能集团各单位对家在灾区的员工及外来农民工,主动了解并关心,帮助他们解决面临的困难,根据不同情况做好抚慰工作。集团系统来自灾区的119名员工和外来务工人员家中都有房屋受损情况,但无人员伤亡。各相关公司除主要领导代表党组织进行慰问并给予现金补助外,基层党组织和工会还开展"个个关爱"谈心活动,关心他们的日常生活。

申能集团系统广大党员踊跃自愿交纳"特殊党费",据统计,截至6月16日,公司系统共有2367名党员自愿交纳"特殊党费"798 232元。

在抗震救灾中,申能所属的燃气集团接到为灾区提供8万套临时房的燃气设施配套任务,先期提供2万套。燃气集团通过紧急动员,下属液化气公司、表具公司、林内公司、管网公司和吴淞制气等有关单位派出人员组建燃气集团抗震救灾紧急救援队,赶赴灾区抗震救灾,以最快的速度、最好的质量完成援助任务。

二、捐资助学

【井冈山古田希望小学】

1996年,上海市煤气公司捐资建立井冈山古田希望小学,并一直坚持资助。燃气改革后,市北公司接手资助古田希望小学。2006年,市北公司联手井冈山市教育局,在希望小学设立"三个一"专项助学奖励基金,进一步扩大资助的力度和范围。每学期开学前,市北公司把职工捐助的助学款集中寄往学校,确保受助学生的正常学习;同年9月初,公司领导带队去学校慰问师生,并发放奖学金和奖教金。据不完全统计,至2011年,公司累计资助的学生达300多人,职工累计捐助20余万元,"三个一"专项助学奖励基金达30余万元。

【吉安市申能希望小学】

为支持和推动中国基础教育事业的发展,并以实际行动响应市文明办"支持希望工程,援建100所希望小学"的捐款活动,2001年,经上海市希望工程办牵线搭桥,申能集团捐款25万元改建江西省吉安市吉州区兴桥镇东塘村小学。该校始建于1951年,校舍年久失修,被定为一级危房,无法开展正常教学活动。在申能集团支持下,2002年10月28日,东塘村小学新教学楼竣工,同时更名为"吉安市申能希望小学"。申能集团原董事长许冠庠率队参加落成典礼,并代表申能集团行政和工会再捐助1万元,用于购置教具和图书。

吉安市申能希望小学占地7 000平方米,3层的教学大楼建筑面积695平方米,共有12个教室,是兴桥镇范围内最好的建筑。2002年有教师10名,学生160人(最多可容纳学生260人)。整个工程包括教学大楼及配套的厨房、厕所、围墙、校门、课桌凳,总投资约40万元,其中申能集团捐款25万元,地方配套资金20万元。2004年9月,申能集团向申能希望小学捐献电脑和其他物资以及部分现金,并派团员青年到学校支教。

【四川富顺县申能希望小学】

申能希望小学前身为友爱村小,位于四川省富顺县互助镇友爱村二组,创办于1953年。2010年10月,申能股份副总经理宋雪枫作为上海博士服务团的成员之一,到四川省自贡市挂职市长助理,在他挂职期间,集团和自贡市开展一系列交流活动,援建希望小学作为其中一项工作,在申能集团的统一安排下,决定由申能集团财务有限公司出资援建。

2011年3月17日,"托起希望、关爱留守"捐赠仪式在四川省自贡市举行,杨祥海等申能集团领导及自贡市有关领导参加仪式;5月19日,申能财务公司与四川省青少年发展基金会、四川省富顺县人民政府签署《希望小学援建项目协议书》;6月1日,申能财务公司通过四川省青少年发展基金会捐出100万元捐赠款。希望小学于2012年竣工并供投入使用,命名为富顺县互助镇"申能希望小学"。

申能希望小学建成后的2012—2013年间,集团委托申能财务公司进行管理,通过申能财务公司向希望小学捐赠电脑、书刊等资助小朋友。希望小学在集团的捐助下,成为自贡市富顺县硬件设施最好、规模最大的村小之一。

经申能集团工会、团委联合调研,向集团党委汇报后,计划将希望小学建设成为申能集团践行社会主义核心价值观、履行社会责任、年轻干部培养的实践基地。在集团党委、行政的支持下,集团工团共同开展助学活动。在集团捐赠10台电脑的基础上,2014年又捐赠打印机、路由器等一批电教设备,并通过支教老师进行调试安装并且搭建局域网。2015年,为改善学生用餐环境,工团组织发起建造生活楼的倡议,共有26家单位计10 210人积极响应,募集资金514 569.50元,在集团党政的支持下,申能财务公司赞助30万元,总计筹措81余万元用于希望小学食堂生活楼建设,解决近120余名学生和14名教师的午餐问题。每年集团工会向希望小学发放申能助学金、申能奖学金、申能奖教金,以及六一儿童节慰问品,同时出资选派希望小学优秀教师参加教育局系统培训外的社会培训,以便能够更好地提高教学质量。从2014年开始通过系统内招募和甄选,至2017年共派遣19名支教老师前往希望小学开展支教工作,为申能集团树立良好的企业形象,在系统内也掀起志愿服务的热潮,进一步提升企业与职工的社会责任感。

三、社会帮扶

【奉贤区青村镇帮扶】

申能集团积极参与市大口党委与奉贤区"城乡结对、共建新农村"结对帮扶活动。2007年6月19日,申能集团与奉贤区经济薄弱村——丁夏村签订《结对帮扶协议书》,双方决定在建立健全结对合作机制、增进村级经济造血功能及促进村级社会事业发展等方面开展合作,促进该村社会稳定,提高地区文明程度,共建和谐社会。2008年,申能集团向丁夏村捐赠50万元,用于帮助修建村级道路,改善村里的基础设施,解决村民出行难的实际问题,以及救助村里困难党员和群众。

【对口帮扶崇明县】

2013年,根据《中共上海市委、上海市人民政府印发〈关于上海市加强农村综合帮扶工作的若干意见〉的通知》,申能集团对口帮扶崇明县;申能集团与崇明县人民政府签订农村综合帮扶合作框架协议书,向崇明县提供帮扶资金,协助县政府选择帮扶项目,帮助发展县域经济。按照市里统一安排,2013—2017年,申能集团每年以捐赠形式,向崇明县财政局帮扶资金专户拨付500万元,5年共计2 500万元,为崇明经济发展作出重要贡献。

第十篇

员工队伍

概　　述

申能重视员工队伍建设,把人力资源发展作为企业发展的重要支柱,根据企业发展需要,不断引进和招聘适合岗位需求的高素质员工。同时注重职工教育和人才培养,不断提高职工待遇,稳定职工队伍,建设和谐企业。

1987年,申能电力开发公司成立之初,只有15名员工;随着企业逐步发展壮大,员工队伍随之壮大,到2017年年底,系统在册员工增加到14 893人。

申能电力公司员工早期主要从市里各部门抽调,此后随着市场经济的发展,新员工主要来自人才市场招聘;随着申能业务范围的扩大和归口管理企业的不断增加,尤其是上海石油天然气有限公司、上海燃气(集团)有限公司和东方证券股份有限公司等公司进入申能系统,员工队伍随之迅速壮大。依据《中华人民共和国劳动法》《上海市劳动合同条例》等法律法规的规定,公司制定相关用人规章制度,与员工订立劳动合同,全面保护员工和公司双方的合法权益。

申能在发展中不断调整、革新和完善工资、福利制度,制定《等薪级工资方案》,通过对员工进行定期考核、岗位变动与晋升、调整工资薪点值等动态管理方法调整员工的工资收入,达到员工的工资收入与其岗位(职位)的责任、权利、贡献及公司的经济效益相结合的目的,充分调动员工的积极性,发挥主人翁意识。为调动员工积极性,公司制定人才兴企战略,实行中层管理人员竞聘制度,增强经营者责任意识和使命感。

公司重视对员工的教育和培训,定期开展各类培训活动,并为员工的深造和再教育提供方便和保障。公司建立起完备的后备干部管理制度,为优秀人才脱颖而出创造条件。

第一章 员工概况

申能30年的发展历程,正是中国从计划经济体制向社会主义市场经济体制转变、发展的过程,公司员工队伍建设也经历由计划调配到市场招聘的转变。同时,由于公司不断发展、壮大以及国企改革的不断推进,多家企业先后被纳入管理,员工队伍数量不断增长,质量不断提升。

第一节 员工人数

1987年,申能电力开发公司成立之初,上海市政府给予公司15名员工编制。随着公司业务的迅速发展,人手严重不足。1989年,公司另外聘用3名编外人员;1990年,编制增加到20人;1992年编制增加到35人。1992年年底,公司实有在编员工25人。

1993年1月,申能电力开发公司改制为申能股份有限公司,先后控股上海物产有限公司、上海建设租赁有限公司,并成立上海申能房地产公司,股份公司本部和下属企业员工总数达到36人。1996年,申能集团组建,公司新进员工22名,本部及下属企业员工共计63人。1998年,申能股份控股上海星火热电有限责任公司,集团员工总数进一步增加,首次超过100人。

2003年,根据中共上海市委、市政府统一安排,上海各燃气企业组建上海(燃气)集团有限公司,划归申能集团管理。该年集团所属申能股份和申能房地产公司员工总数1 105人;燃气集团当年员工总数10 382名,申能集团员工数量剧增1万余人。此后,一方面随着燃气企业的改革和员工分流、转岗、退休;另一方面,随着新公司的成立和发展,以及企业新员工的招聘等,集团员工总人数一直处于变化之中,但员工总量始终保持在1万余名。2015年,东方证券整体划入申能集团,集团员工人数再次剧增4 000余人。到2017年年底,集团员工总数为14 893人。

表10-1-1 2003—2017年申能集团员工数量变化情况表　　　　单位:人

单位 年份	申能 股份	燃气 集团	上海LNG 公司	申能能创 (申能房产)	申能财务 公司	久联 集团	申能 能服	申能 诚毅	申欣 环保	东方 证券	总计
2003	1 082	10 382	—	23	—	—	—	—	—	—	11 487
2004	1 085	10 550	—	24	—	—	—	—	—	—	11 659
2005	1 085	10 363	33	28	—	—	—	—	—	—	11 509
2006	1 188	8 988	48	31	—	—	—	—	—	—	10 255
2007	1 268	9 199	57	33	28	—	—	—	—	—	10 585
2008	1 313	8 984	68	40	28	—	—	—	—	—	10 433
2009	1 363	8 903	64	41	29	134	10	—	—	—	10 544
2010	1 413	8 652	63	40	36	127	14	—	—	—	10 345
2011	1 413	8 554	60	45	35	116	26	19	—	—	10 268

〔续表〕

单位\年份	申能股份	燃气集团	上海LNG公司	申能能创(申能房产)	申能财务公司	久联集团	申能能服	申能诚毅	申欣环保	东方证券	总计
2012	1 328	9 437	60	57	37	91	34	20	—	—	11 064
2013	1 485	9 771	59	65	36	91	84	18	—	—	11 609
2014	1 581	8 210	63	69	39	89	89	15	—	—	10 155
2015	1 907	7 594	63	72	41	84	94	12	—	—	9 867
2016	1 995	7 482	88	73	47	76	97	11	162	4 194	14 225
2017	2 081	7 442	98	74	47	81	125	13	222	4 710	14 893

30年来,申能员工人数从1987年的15人发展到2017年的近1.5万人,增长迅速。其中,燃气集团员工从加入申能集团时的1万余人,通过转岗、分流、退休退职等方式,至2017年年底,已经减少3000余人;2012年和2013年随着崇明煤气和金山煤气公司先后加入燃气集团,使得这两年燃气集团员工人数一度改变下降的趋势,转为增长,但随着下岗、分流以及退休、退职等减员措施,燃气集团员工总人数继续呈现不断下降的趋势。申能股份随着企业的发展,员工人数从2005年以来,增加将近一倍;东方证券加入申能集团后,员工人数增长较快。其他企业员工人数相对较少,但各有特色:久联集团基本与燃气集团是同一类型,人数不断减少;LNG公司和申能房产员工人数10余年来增长2~3倍;申能能服员工增长率最高;申能财务公司和诚毅投资员工人数变化相对较小。

第二节　年龄结构

申能集团系统各公司行业性质和公司历史各不相同,其员工年龄结构存在一定差异性,本节主要展示集团2015—2017年间员工年龄结构情况以及系统几家主要公司员工年龄结构。

从整个申能集团来看,35岁及以下各年龄段员工在整个集团员工队伍中所占比重均逐年上升;36~40岁年龄段比重保持稳定;41岁及以上各年龄段所占比重基本上呈现逐年下降趋势。2015—2017年间,申能集团员工年龄结构整体上呈现出年轻化趋势,说明公司在人力资源建设方面,加大更新速度,吸引越来越多年轻人才加盟,为公司未来继续发展奠定良好基础。

表10-1-2　2015—2017年申能集团员工年龄段情况表

年份	项目	总数	25岁及以下	26~30岁	31~35岁	36~40岁	41~45岁	46~50岁	51~55岁	56岁及以上
2015	人数(人)	9 969	544	1 167	1 104	1 091	1 539	1 592	1 717	1 215
2015	百分比(%)	100%	5.5	11.7	11.1	10.9	15.4	16.0	17.2	12.2
2016	人数(人)	14 225	927	2 607	2 372	1 494	1 936	1 857	1 728	1 304
2016	百分比(%)	100%	6.5	18.3	16.7	10.5	13.6	13.1	12.1	9.2
2017	人数(人)	14 893	1 020	2 734	2 747	1 574	1 960	2 008	1 652	1 198
2017	百分比(%)	100%	6.8	18.4	18.4	10.6	13.2	13.5	11.1	8.0

申能股份有限公司自2005—2017年间,员工人数从1 085人增加到2 081人。员工队伍年龄结构相对稳定,平均年龄在40岁上下轻微浮动,大体各年龄段所占比例变化不大,只有36~40岁年龄段在全体员工队伍中所占比例呈现下降趋势,41~45岁和46~50岁两个年龄段则表现出总体上升趋势,其他各年龄段在公司全体员工中所占比例没有明显规律。

表10-1-3　2005—2017年若干年份申能股份有限公司员工年龄段情况表

年份	项目	员工总数	25岁及以下	26~30岁	31~35岁	36~40岁	41~45岁	46~50岁	51~55岁	56岁及以上	平均年龄
2005	人数(人)	1 085	85	174	155	316	105	94	101	55	39
	百分比(%)	100%	7.8	16.0	14.3	29.1	9.7	8.7	9.3	5.1	
2006	人数(人)	1 188	96	188	168	332	121	105	109	69	39
	百分比(%)	100%	8.1	15.8	14.1	27.9	10.2	8.8	9.2	5.8	
2007	人数(人)	1 268	100	196	175	348	140	115	116	78	39
	百分比(%)	100%	7.9	15.5	13.8	27.4	11.0	9.1	9.1	6.2	
2008	人数(人)	1 313	110	185	186	342	155	120	125	90	40
	百分比(%)	100%	8.4	14.1	14.2	26.0	11.8	9.1	9.5	6.9	
2009	人数(人)	1 363	105	196	197	354	170	125	130	86	40
	百分比(%)	100%	7.7	14.4	14.5	26.0	12.5	9.2	9.5	6.3	
2010	人数(人)	1 413	111	206	207	375	175	134	124	81	39
	百分比(%)	100%	7.9	14.6	14.6	26.5	12.4	9.5	8.8	5.7	
2012	人数(人)	1 328	62	221	146	279	325	109	96	90	40
	百分比(%)	100%	4.7	16.6	11.0	21.0	24.5	8.2	7.2	6.8	
2013	人数(人)	1 485	45	209	196	242	408	140	117	128	41
	百分比(%)	100%	3.0	14.1	13.2	16.3	27.5	9.4	7.9	8.6	
2014	人数(人)	1 581	81	210	232	252	441	152	115	98	40
	百分比(%)	100%	5.1	13.3	14.7	16.0	27.9	9.6	7.3	6.2	
2015	人数(人)	1 907	154	289	302	296	449	210	130	77	41
	百分比(%)	100%	8.1	15.2	15.8	15.5	23.5	11	6.8	4.0	
2016	人数(人)	1 995	108	314	351	253	429	306	134	100	39
	百分比(%)	100%	5.4	15.7	17.6	12.7	21.5	15.3	6.7	5.0	
2017	人数(人)	2 081	101	317	366	282	383	404	136	92	40
	百分比(%)	100%	4.9	15.2	17.6	13.6	18.4	19.4	6.5	4.4	

说明:2011年数据缺失。

根据上海燃气集团有限公司《十二五人力资源规划》中的统计数据,截至2011年5月末燃气集团共有员工8 887名,其中35岁及以下的1 623名,占全部员工人数的18.3%;36~45岁员工2 415

名,占全部员工人数的27.2%;46~50岁员工1903名,占21.4%;51~55岁员工1791名,占20.2%;56岁及以上员工1155名,占13%。2015年5月"十三五规划"末期的7693名员工中,35岁及以下的1904名,占全部员工总数的24.7%;36~45岁员工1772名,占23%;46~50岁员工1353名,占17.6%;51~55岁1552名,占20.2%;56岁及以上1112名,占14.5%。燃气集团在对制气企业等实行转岗、分流和内退等措施实现减员增效的同时,加大人才队伍建设,引进和招聘大学毕业生加盟集团员工队伍,因而整个集团员工队伍经过五年建设,35岁以下员工所占比重增加6个百分点。2015—2017年间,燃气集团员工队伍延续"十三五规划"末期趋势,35岁及以下员工所占比重逐年上升;集团员工平均年龄43.2岁,比2015年下降1.2岁,反映出燃气集团在转岗分流的同时,加快队伍年轻化建设步伐。

表10-1-4　2015—2017年燃气集团员工年龄段情况表

年份	项目	员工总数	25岁及以下	26~30岁	31~35岁	36~40岁	41~45岁	46~50岁	51~55岁	56岁及以上	平均年龄
2015	人数(人)	7 594	373	832	676	737	1 009	1 332	1 537	1 098	44.4
	百分比(%)	100%	4.9	11	8.9	9.7	13.3	17.5	20.2	14.5	
2016	人数(人)	7 482	327	912	820	714	907	1 265	1 415	1 122	43.9
	百分比(%)	100%	4.4	12.2	11	9.5	12.1	16.9	18.9	15	
2017	人数(人)	7 442	382	905	898	709	963	1 244	1 327	1 014	43.2
	百分比(%)	100%	5.1	12.2	12.1	9.5	12.9	16.7	17.8	13.6	

东方证券拥有一支朝气蓬勃的年轻队伍,平均年龄只有33.6~33.7岁,30岁及以下员工占到整个公司员工队伍的四成多;51岁及以上员工所占比例不到4%。

表10-1-5　2016—2017年东方证券员工年龄段情况表

年份	项目	员工总数	25岁及以下	26~30岁	31~35岁	36~40岁	41~45岁	46~50岁	51~55岁	56岁及以上	平均年龄
2016	人数(人)	4 194	477	1 335	1 015	461	512	234	124	36	33.6
	百分比(%)	100%	11.4	31.8	24.2	11	12.2	5.6	3	0.8	
2017	人数(人)	4 710	510	1 465	1 243	505	525	291	131	40	33.7
	百分比(%)	100%	10.8	31.1	26.4	10.7	11.1	6.2	2.8	0.8	

第三节　文化水平

申能集团坚持"人才强企"战略,积极引进知识型、技术型专业人才,不断更新人才队伍知识文化结构,提升员工队伍文化水平。2015—2017年间,集团员工中大学本科及以上学历拥有者绝对人数和所占比重不断上升,整个集团员工队伍中,超过一半的员工拥有大学本科及以上学历。中专、高中及以下学历员工人数和比重总体上均呈下降趋势。

表 10-1-6　2015—2017 年申能集团员工学历情况表

年份	项目	员工总数	博士	硕士	本科	大专	中专	高中	初中及以下
2015	人数（人）	9 949	15	302	2 728	2 301	895	1 532	2 176
	百分比（%）	100%	0.1	3	27.4	23.1	9	15.4	21.8
2016	人数（人）	14 240	83	1 609	5 511	2 901	1 593	1 053	1 490
	百分比（%）	100%	0.6	11.3	38.7	20.4	11.2	7.4	10.5
2017	人数（人）	14 909	85	1 867	6 100	2 901	1 113	1 011	1 832
	百分比（%）	100%	0.6	12.5	41	19.5	7.5	6.8	12.3

1998 年，申能股份本部 52 名员工中，拥有博士研究生学历者 1 人，硕士 4 人，大学本科 24 人，大学专科 14 人；拥有大学本科及以上学历者共计 29 人，占全部员工总数的 55.8%，拥有大专及以上学历者占全体员工的 83.7%。2005 年，申能股份系统员工 1 085 名，其中大学本科及以上学历者 294 名，占全体员工的 27.1%；随着公司持续发展，高学历员工呈现持续增长态势，与此同时，中专、高中及以下学历者无论是绝对人数还是所占比例，持续下降。到 2017 年，股份系统 2 081 名员工中，拥有博士学历者 9 人，拥有硕士学历者 222 人，拥有研究生学历者共计 231 人，占股份系统全体员工的 11.1%；大学本科学历者 1 156 名，占 55.6%。

表 10-1-7　2005—2017 年申能股份员工学历情况表　　　　单位：人

年份	员工总数	博士	硕士	本科	大专	中专	高中	初中及以下
2005	1 085	1	35	258	295		496	
2006	1 188	3	50	339	273		523	
2007	1 268	3	59	762		444		
2008	1 313	4	70	665	290	194	15	75
2009	1 464	5	75	535	442	285	20	102
2010	1 413	5	81	564	450	228	5	80
2011	1 452	5	99	575	350	359	2	62
2012	1 328	5	105	531	311	343	0	33
2013	1 485	5	147	639	431	202	2	59
2014	1 581	5	135	784	431	179	1	46
2015	1 907	9	161	1 036	494	173	3	31
2016	1 995	9	190	1 098	503	167	0	28
2017	2 081	9	222	1 156	494	177	0	23

燃气集团 2005 年 12 月有员工总数 10 106 人，其中拥有博士学历 1 名，硕士 31 名，本科 541 人，大专 1 162 人，中专 1 065 名，高中及以下 7 306 人；大学本科及以上学历拥有者 573 人，占全体

员工的5.7%;中专、高中及以下占82.8%。2011年5月,燃气员工减少到8887人,其中博士1人,硕士39人,大学本科907人,大专1578名,中专1346名,高中及以下4803名。大学本科及以上学历拥有者947名,占全体员工的10.7%;高中及以下员工所占比例为54%,明显下降。2015—2017年间,燃气集团员工总数不断减少,但学历水平整体明显提高,延续2005年以来的趋势。大学专科及以上各层次员工绝对数和所占比重持续增加。2017年,大学本科及以上员工2027人,占总数的27.2%,比2011年提高近10个百分点;高中及以下2761名,占总数的37.1%,比2011年降低17个百分点。2017年由于崇明煤气公司并入燃气集团,新增300多名初中及以下学历员工。

表10-1-8　2015—2017年燃气集团员工学历情况表　　　　单位:人

年份	员工总数	博士	硕士	本科	大专	中专	高中	初中及以下
2015	7 595	1	45	1 518	1 680	708	1 500	2 143
2016	7 482	1	74	1 829	1 804	1 309	1 008	1 457
2017	7 442	1	81	1 945	1 813	841	957	1 804

1993年申能房产成立之时只有3名员工,分别拥有大学本科、大学专科和中专学历。1996年引进一名拥有硕士学历的员工,到2017年,申能能创74名员工中,拥有硕士学历者6名,大学本科毕业39名,大专26名,高中3名;大学本科及以上学历拥有者占公司全体员工60%以上;约96%的员工拥有大专及以上学历。

表10-1-9　1993—2017年申能能创(房产)员工学历情况表　　　　单位:人

年份	员工总数	硕士	本科	大专	中专	高中	初中及以下
1993	3	0	1	1	1	0	0
1994	12	0	4	5	2	1	0
1995	15	0	6	6	2	1	0
1996	20	1	9	7	2	1	0
1997	24	1	9	11	2	1	0
1998	29	1	10	14	3	1	0
1999	31	0	12	15	2	2	0
2000	31	1	11	15	2	2	0
2001	29	1	9	15	2	2	0
2002	23	2	8	11	1	1	0
2003	23	2	8	11	1	1	0
2004	24	2	8	11	2	1	0
2005	28	1	10	13	3	1	0
2006	31	1	12	13	4	1	0

〔续表〕

年份	员工总数	硕士	本科	大专	中专	高中	初中及以下
2007	33	1	14	13	4	1	0
2008	40	1	15	18	5	1	0
2009	41	1	16	21	2	1	0
2010	40	1	20	16	2	1	0
2011	45	1	21	20	2	1	0
2012	57	1	24	26	3	2	0
2013	65	1	32	28	2	1	1
2014	69	1	36	28	1	2	1
2015	72	3	39	27	0	3	0
2016	73	3	38	29	0	3	0
2017	74	6	39	26	0	3	0

第四节　专业职务和技术等级

1989年申能18名员工中，有技术职称者13名，占员工总数的81.5%，其中有高级职称者共7名，约占40%。1993年，申能股份本部33名员工中，有高级职称10人，中级职称8人，一半以上员工拥有高、中级职称，其中高级职称者占30%。自2005年以来，申能股份各类职称和专业技能拥有者的数量呈同步上升趋势。2017年股份系统员工拥有各类职称1 120人，占全体职工总数的53.8%；拥有各类技能者805人，占总数的38.7%。

表10-1-10　2005—2017年申能股份系统员工各类职称、技能情况表　　　　单位：人

年份	员工总数	职称					技能					
		合计	教授级	高级	中级	初级	合计	高级技师	技师	高级工	中级工	初级工
2005	1 085	348	3	62	199	84	494	12	51	172	180	79
2006	1 188	376	3	68	210	95	544	15	55	191	208	75
2007	1 268	437		76	237	124	581	18	60	200	234	69
2008	1 313	506	3	85	258	160	589	27	75	210	222	55
2009	1 363	584	3	100	275	206	613	36	102	215	210	50
2010	1 413	660	2	112	298	248	639	46	121	219	209	44
2011	1 452	678	4	115	315	244	657	50	148	226	189	44
2012	1 328	615	2	99	291	223	668	58	174	233	162	41
2013	1 485	663	2	109	326	226	704	63	192	238	167	44
2014	1 581	752	2	126	396	228	748	66	204	257	173	48

〔续表〕

年份	员工总数	职 称					技 能					
		合计	教授级	高级	中级	初级	合计	高级技师	技师	高级工	中级工	初级工
2015	1 907	1 005	10	162	497	336	782	62	221	256	191	52
2016	1 995	1 048	10	167	530	341	772	68	269	255	125	55
2017	2 081	1 120	10	170	583	357	805	65	271	241	178	50

燃气集团员工中拥有职称者比例不高，2015—2017年间都在20％以下；拥有各级技能资格者占到公司员工的一半以上，可以反映出燃气集团的技术行业特色。另一个值得注意的特点是拥有中、高级职称人数和比例均有所上升。2015年中、高级职称者704人，占总数的9.3％；2017年为746人，占总数的10％。拥有初级职称者人数和比例均呈下降趋势。在技能方面，高级工人数和比重略有增加，其他变化不大。

表10－1－11　2015—2017年燃气集团员工职称、技能情况表　　　　　　　　　　　单位：人

年份	员工总数	职 称					技 能					
		合计	教授级	高级	中级	初级	合计	高级技师	技师	高级工	中级工	初级工
2015	7 594	1 372	7	127	570	668	3 618	18	99	693	1 736	1 072
2016	7 482	1 359	6	149	604	600	3 817	22	95	774	1 798	1 128
2017	7 442	1 316	6	148	592	570	3 684	18	84	798	1 732	1 052

申能房地产公司在系统企业中历史相对比较长，而且留下较为详细的关于职称方面的信息。可以列表如下：

表10－1－12　1993—2017年申能房产公司员工职称情况表　　　　　　　　　　　单位：人

年 份	员工总数	职 称			
		合 计	高 级	中 级	初 级
1993	3	—	—	—	—
1994	12	—	—	—	—
1995	15	4	1	3	—
1996	20	10	3	6	1
1997	24	13	3	9	1
1998	29	18	4	10	4
1999	31	24	4	14	6
2000	31	23	4	13	6
2001	29	21	3	12	6

〔续表〕

年　份	员工总数	职　称			
		合　计	高　级	中　级	初　级
2002	23	17	3	11	3
2003	23	17	4	10	3
2004	24	17	4	10	3
2005	28	20	4	13	3
2006	31	24	4	17	3
2007	33	26	4	18	4
2008	40	30	4	21	5
2009	41	31	3	22	6
2010	40	30	4	21	5
2011	45	32	3	23	6
2012	57	36	3	26	7
2013	65	44	5	29	10
2014	69	46	5	31	10
2015	72	50	5	35	10
2016	73	55	6	35	14
2017	74	54	5	38	11

第二章 劳动用工

申能最初从上海市计委等各单位抽调人员组成。随着企业的不断发展,员工队伍越来越壮大,员工来源也呈现多样化特征。申能集团根据《公司法》和公司章程以及相关法律法规的规定,健全劳动用工制度,加强员工队伍建设,完善考核机制,充分调动员工积极性,促进企业健康发展。

第一节 招聘录用

一、抽调、调配及内部招聘

申能电力开发公司成立之初,从市计委、经委、电力工业局、财政局和市建行等单位陆续抽调15人。随着申能的发展,由于编制限制,人手紧张的问题开始显现,1988年,申能电力开发公司出台《关于聘用离退休干部的若干规定》,聘用3名编外离退休人员。此后,上海市政府和市编制办不断增加申能公司编制,人员的调配和抽调成为申能成立前期的主要来源。

申能集团成立后,系统各单位之间的内部调配和招聘选拔,成为员工队伍内部流动的重要方式,集团本部和各单位通过内部网络和信息发布平台,刊登岗位需求信息,在系统企业内部招聘、选用员工。1997年,申能集团制定《申能(集团)有限公司人事调配规定》,规定公司人员调入、调出的原则、方法、条件、程序以及系统内和公司内部员工流动的相关事宜等,规范公司人员调动事宜。2002年,申能集团公司重新颁布新的《人事调配规定》,增加非上海市户籍优秀人才调配申能公司的机会。随着员工队伍壮大,集团系统内部招聘成为一种常见形式,内部招聘增加员工内部流动的机会,为员工更好地发挥自身才智提供机会和平台,如燃气集团经常从燃气系统内部招聘、录用人员,2016年录用4人,2017年录用、借调14人。申能股份系统2017年内部招聘70余人。集团内部员工调配也为系统企业员工的转岗、分流提供机会和岗位。

二、市场招聘

1995年,市计委组织10家单位举办人才招聘会。申能股份及下属申能房地产等3家公司推出29个岗位参加联合招聘,应聘人数多达300多名,公司择优录用30人,开启市场化人才招聘之门。

1998年,申能集团尝试与"猎头公司"——上海经营者人才公司合作引进副总经济师和副总会计师各1名,开辟人才引进新途径。2000年,申能集团在《解放日报》《新民晚报》《人才市场报》3家新闻媒介刊登招聘启事,公开向社会各界招聘18名优秀人才,担任部门副经理、业务主管等重要职位,进一步扩大员工队伍来源。

2004年,集团公司本部在系统内和社会上公开招聘部分岗位工作人员,并在《职场指南》和"前程无忧招聘网"等专业人才招聘媒体上刊登招聘广告,开启员工互联网招聘模式。借助前程无忧、智联招聘等网络招聘平台,向社会发布招聘信息,招聘优秀应届毕业生和社会精英人才,成为公司员工队伍扩张的主要来源之一。2017年,LNG公司组织外部招聘13场,新招聘15名员工,平均年龄31岁。其中,管理技术人员5人(其中1名拥有博士学位,4名拥有学士学位),本专业工作年限均超过9年,且在原单位担任主管或高级主管岗位;技能人才7人(3人取得高级工和技师技能等级),本专业工作年限均超过10年,部分人员在原单位已担任班长或生产管理岗位。

进入21世纪,校园宣讲招聘成为大企业选拔人才的重要形式。申能系统企业重视校园宣讲和招聘工作,每年提前做好系统单位人员岗位需求调研,主动对接高校,开展人才招聘宣讲和座谈,为企业发展招聘人才和储备人才。申能股份根据公司发展需要,持续开展高校毕业生招聘储备计划,为公司系统项目拓展和生产经营发展提供人才保障。自2014年起统一组织校园招聘工作以来,坚持不断总结经验,改进方式方法,提升整体工作质量和效率,建立良好的雇主形象。结合系统企业人才需求,统筹编制年度校园招聘计划,组织系统企业赴清华大学、上海交通大学、东南大学等985高校及上海电力学院、南京工程学院等行业重点院校开展校园宣讲和座谈,坚持高标准、严要求的选拔标准,累计招聘引进应届毕业生152人,其中博士研究生3人、硕士研究生71人、本科78人。

燃气集团为满足企业发展需要,不断补充高端、专业后备人才,2016年开始走上校园招聘之路。同年,燃气集团组织系统单位分赴同济大学、华东理工大学等5所高校开展校园宣讲;并与上海交通大学、上海财经大学、华东政法大学等高校就业办进行毕业生招聘联系,同时在智联网站、应届生网站、上海知名高校就业网站发布招聘信息,招募具有城市燃气、企业管理、财务管理等相关专业的优秀应届生。2017年,燃气集团系统各单位共录用华东理工大学、东华大学、上海理工大学等20名应届毕业生,其中本科生18人,硕士研究生2人。同年11月,燃气集团联合智联招聘启动2018年校园招聘工作,分别到同济大学、华东理工大学、南京理工大学、上海大学以及上海理工大学5所高校进行校园宣讲。

第二节 用 工 形 式

一、劳动合同制

1995年,《劳动法》开始实行,公司根据《劳动法》和市委、市政府等有关安排,为充分发挥劳动者的积极性、创造性,促进职工队伍、公司整体素质的提高,增强公司活力,变国家用工为公司用工,以法律形式保障公司和劳动者的合法权益,制定《申能股份有限公司实行全员劳动合同制的暂行规定》,开始在公司本部及下属单位与员工签署劳动合同。

2002年,集团公司颁发《申能(集团)有限公司实行全员劳动合同制的规定》,规定在册固定制职工以及本规定实施后新进公司的人员均实行全员劳动合同制;明确劳动合同的订立、续订、变更、延长、终止和解除的具体条件和程序,同时也规定员工的工资、福利待遇和劳动保险待遇以及相关争议的解决方式等。2003年,公司开展贯彻实施《上海市劳动合同条例》自查,确保公司和员工双方利益得到实际保障。

2008年,《劳动合同法》实施后,为进一步加强劳动用工管理,公司颁发《申能(集团)有限劳动合同管理规定(试行)》,适用于所有在册人员。签订劳动合同,确立劳动关系后,公司按照平等竞争、择优录用原则,实行岗位聘用,对未被聘用上岗的员工实行公司内部待聘制度,由人力资源部负责管理。《申能(集团)有限劳动合同管理规定(试行)》进一步详细规定劳动合同的签订程序、变更条件、待遇、组织管理等方面的事务。同时,公司还制定《劳动用工管理台帐(账)》制度,对劳动合同的管理作更为具体的规定。

二、劳务派遣

2007年,申能集团根据《劳动合同法》要求建立健全多种用工管理,依法建立规范的劳动关系。系统部分企业根据自身发展需要,使用部分劳务派遣工参加工作。2008年,公司要求系统企业完善从事劳务派遣岗位的薪酬体系和考核要求,建立相关的考核制度及退出机制,并保障企业和劳务工双方利益。2015年,集团开展规范劳务派遣用工专题工作,系统劳务派遣工数量从2014年6月末的888人下降到680人,主要分布在燃气对外服务、应急保障等辅助岗位。

三、转岗、分流与再就业

2003年以来,随着"西气东输"带来的能源结构调整和天然气市场化的发展;也为更好地保护环境,更多使用清洁能源,上海城市燃气向全天然气化转变。在此过程中,燃气集团按照市委、市政府和申能集团的统一部署,从2009年开始,逐步关停煤气制气企业和天然气置换,逐步实行员工转岗、分流、内退。到2015年,上海实现管道燃气天然气化,人工煤气全面退出,燃气集团所属浦东制气、吴淞制气、石煤制气及安亭煤气厂3 889名制气工人减少到2 099人,其中实现转岗1 483人,安置到停产装置巡检及处置214人,管理部门人员218人,后勤、内退、长病假183人。

2009年以来,燃气集团在申能集团、市委、市政府及各部门配合下,积极争取政策支持,尽量协助制气工人转到新的工作岗位再就业。转岗方式之一是通过"服务外包"形式,由制气公司承接销售公司的居民用户安检、户内安装、调表、抄表、催账并进一步拓展至调压器检修、LNG加气站操作等业务。吴煤制气、浦煤制气、石煤制气先后利用自身条件,设立燃气服务部、燃气服务中心或油品仓储业务,协助制气工人转到新的工作岗位。另外,燃气集团上下一盘棋,系统各企业尽量为制气工人提供岗位,清退部分劳务派遣工,收回外包业务,增加制气工人就业岗位。同时,为制气工人提供转岗培训,进行技能提升。燃气集团对协商解除劳动合同、内部退养政策进行修改完善,累计协商解除劳动合同953人,内部退养安置63人。到2015年年底,系统制气工人基本上实现转岗、分流、再就业或退养,平稳度过大规模职工集中再安置阶段,在保证城市燃气供应的同时,保持社会秩序稳定和员工队伍稳定。

第三节 员工考核

一、日常管理

申能为员工提供各种工作、生活便利,制定相应的规章制度,加强员工管理,并且随着形势的发展变化而不断更新和完善相关制度。

1988年,申能电力开发公司制定《职工考勤制度》,规定员工因故不能按时上班,需办理请假手续,并要求各部室确定一名考勤员,做好考勤工作,作为核发奖金及工资等的参考。1991年,公司修改考勤制度,补充规定请假程序、审批权限、缺勤处理等问题。2001年,集团颁发《申能(集团)有限公司职工考勤办法暂行规定》,进一步细化请假类别、假期时限,尤其对婚、丧、产假以及探亲假等时间、待遇等作详细规定，更体现公司制度化、人性化管理。

1994年，公司先后制定《集体宿舍管理规定》《职工浴室使用规定》《健身房、活动室使用规定》《关于建立部门兼职内勤制度的意见》等规章制度，对员工使用办公室和公司内部设施进行规定。1998年颁发《申能集团有限公司作息制度规定》，规定员工作息时间。2001年，为加强公司精神文明建设和培育积极向上的企业文化，公司制定《申能（集团）有限公司员工行为规范》，对员工的仪表礼仪、日常行为、工作行为和公务行为等进行详细规定，并制定相应的奖惩规则。

二、年度考核

申能的年度考核分为两部分，即对下属企业领导人员的考核和对公司本部中层（含）及以下干部和普通员工的年度考核。集团公司党政领导班子和领导干部的年度（绩效）考核工作主要由上海市委组织部、市国资委负责；集团公司国有产权代表每年的业绩考核和薪酬核定工作由上海市国资委负责。员工年度考核与岗位聘用密切相关，公司对建立劳动关系的员工，实行平等竞争、择优录用的原则，实行岗位聘用制，对未被聘用上岗的职工实行公司内部待聘制度。1993年，公司制定《待聘职工的管理办法》，明确待聘职工的权益、义务以及相关管理措施。1997年，公司实行全员劳动合同制，并制定《公司岗位聘用制度》，规定岗位聘用的对象、原则、条件、期限、聘用办法及解除聘约的相关程序等。《申能（集团）有限公司岗位聘用考核暂行办法》进一步明确各岗位的职责和相应要求，为员工考核提供具体的评价指标。

【集团董事会对经营班子的考核】

集团董事会每年对公司经营班子进行考核，确定考核指标，围绕经营班子在安全生产和保障供应、经营业绩、企业管理以及上级确定的重点工作和董事会确定的其他重点工作等方面进行考核。

【系统企业领导班子和领导成员考核】

集团公司对系统企业领导班子和领导成员进行年度考核、任期考核和综合考核。考核根据系统所属企业发展状况和集团党委的统一安排。

对系统所属公司领导班子和领导成员的考核一般由公司党委根据上级党委的统一安排进行。考核前成立考核工作小组，由集团纪委、工会、党委办公室、人事部、策划部、审计室、财务部、市场部等部门成员组成，集团党委书记任组长。公司人事部门制定每年度考核方案，并修改调整"系统企业领导班子年度考核测评表""领导班子年度考核民主测评表"以及"领导成员年度考核民主测评表"等规范性文件和标准化测评表格，保证考聘工作的公平、公正。参加考核小组的不同部门和部室分头负责对考核对象的不同方面的履职情况进行审计、核查、测评和评价。

考核对象为系统所属的独资、合资控股公司的党政领导班子和领导成员，主要考核班子贯彻执行党和国家方针、政策，遵守党纪和国家法律、法规，党建工作、党风廉政建设和精神文明建设，企业管理、经营业绩和企业发展及国有资产保值、增值以及领导班子和干部职工队伍建设等情况。对领导成员的考核主要根据干部各自职责进行考核。各单位按照程序完成测评、考核各环节工作后，由党办、人事部门形成考核总结报告，经党委审定后将考核结果反馈给被考核的领导班子和领导班子成员，完成年度考核工作。

【中层及以下员工考核】

本部中层及以下员工考核基本上每两年一次,考核与评聘工作结合进行。考核工作以绩效考核为中心,对员工的思想品德、工作能力、工作态度、业务水平、工作业绩等进行全面考核,并对其受聘岗位情况进行分析、评价,进行新一轮的聘任上岗,以达到开发员工能力、最大限度地发挥公司现有人力资源整体作用的目的。考聘前成立由公司分管领导、党办、人事部门、工会等参加的考聘工作小组,对考聘工作进行指导和监督。

中层管理人员自行撰写工作小结并填写考核测评表,在考评会上进行述职报告。考评会由考聘小组主持会议,公司领导、各部门正职、被考聘者所在部门员工代表出席会议,对被考评人进行考核测评。考核后,由人事部汇总公司领导、中层管理人员意见后提出聘任意见报党委审批。

其他员工撰写个人工作小结,在本部门员工参加的会上汇报考核期工作情况;部门经理对被考聘人进行谈话、测评,提出考核意见和聘任建议,人事部门汇总并听取公司分管领导意见后提出考聘意见,报总经理室审批;批准后,由部门经理找受聘人作上岗前谈话,人事部办理聘任手续。

公司通过经常性考聘工作,监督员工工作,调动员工工作积极性,并在考聘实践中不断调整和优化考聘方案,尽可能做到人尽其才,才尽其用。2004年,公司进一步细化考核目标和方法,制定各级参与测评人员的评分权重、考核结果评定等级及比例。2006年,调整各测评人对一般管理人员的测评权重,增加分管领导权值。

考核结果直接与岗位绩效、晋级升等和聘任更高职位挂钩。考评获"优""良"等较好评价结果,相应获得加薪或奖励。工作认真、敬业,具有相应工作能力和岗位需要的专业知识,得到部门领导认可,并且连续两年考核结果为"良"以上,在原岗位工作满一个聘期才可能晋级。

第四节 奖 惩

一、奖励

公司成立之初,建立月奖制度,根据员工每月考勤情况发放,从公司总经理到普通员工根据不同级别获得相应奖金。1988年,为进一步激励员工努力开拓进取,公司出台《奖金发放暂行规定》,设立季度奖金,按考勤计奖。1998年,公司探索调整奖金发放方式,使奖金的分配与岗位、业绩挂钩,并在系统企业实施考核激励,如在申能房产实行奖励与房屋销售量挂钩等方法,激励员工提升业绩。

2002年,公司制定《申能(集团)有限公司奖金考核及分配办法》。依据按劳分配原则,为调动员工工作积极性,提升公司整体效能,以实绩考核为主,实施逐级考核;奖金分配与公司经济效益、本部门工作业绩、岗位及个人工作实绩挂钩。奖金发放范围为实行全员劳动合同制的员工(下岗待聘人员除外)。办法详细规定部门考核和个人考核的具体内容包括完成任务、工作质量、劳动纪律和团结协作、内部管理、精神文明等;考核结果由个人自评、综合测评、分管经理测评三部分按权重大小算出考核总分,依据总分算出各自的考核系数;奖金的计算由岗位系数、考核系数和基数额等相乘得出。考核和奖金分配新办法考虑到不同员工不同岗位作出的不同业绩,相对更为科学、合理,能更好地起到激励员工锐意进取的作用。

二、惩罚

公司对违反管理制度、缺勤旷工、工作业绩不佳以及给公司造成重大损失的员工给予相应的惩罚。1988年,申能电力开发公司颁布《奖金发放暂行规定》,对请事假超过3天或病假超过6天或病事假累计超过6天的员工扣发季奖,每超过一天扣发5%;月度奖相应实行扣发政策。2002年,申能集团颁布《申能(集团)有限公司奖金考核及分配办法》,规定员工缺勤(病、事、医疗假等)每天扣当月奖金5%;下岗待聘人员和旷工者不发奖金;对工作严重失职给公司造成较大经济损失或不良影响的员工,取消1～3个月奖金,情节严重者取消半年至一年奖金;无理由不服从工作分配的员工,停发奖金。

第三章　薪酬、福利与社会保障

申能按照市委、市政府和市国资委等上级部门的相关规定,结合建立现代企业制度和公司适应市场化发展的需要,制定有吸引力的工资、薪酬制度,并建立健全员工福利制度,让员工能够安心工作,人才引得进、留得住,共同促进企业健康、可持续发展。

第一节　薪 酬 待 遇

申能电力开发公司成立之初,作为事业单位,按照国家和上海市统一规定,享受事业单位薪酬待遇。1993年电力开发公司改制为股份公司,公司开始实行薪酬制度改革,努力按照市场化要求,制定相关规章制度,建立既能留住人才、激励人才,又能保持公平、合理薪酬水平的收入分配制度。

一、薪酬制度

1987年申能电力开发公司成立,根据市机关、事业单位工资制度改革办公室和市人事局相关规定,上海市计划委员会同意申能按照《上海市事业单位行政人员基础工资、职务工资标准表》确定员工工资标准。1992年,市劳动局、市体制改革办公室颁布《上海市股份有限公司劳动工资管理暂行办法》,要求股份公司职工工资、奖金、津贴、补贴以及其他工资性收入全部列入成本;股份公司的工资制度、工资标准以及制约条件由董事会确定。

1993年,申能电力开发公司转制为股份公司后,市劳动局相关规定,股份制公司的工资标准由董事会确定,内部分配办法经过一定的民主程序。股份公司抓住企业转制的机遇,实施人事工资等配套改革,在公司内部建立起"岗位靠竞争,报酬靠贡献,管理靠合同"的新体制,增强企业和职工的风险、竞争意识,激发职工的积极性和创造性,实行体现按劳分配、竞争激烈、工资不断增长的多元结构工资制度;在公司内部分配方面,实行工效挂钩办法,以增强企业的激励机制和自我约束机制。同时,为规范工资管理,公司先后制定《工资管理暂行办法》《公司部分岗位(职务)设置的暂行办法》《公司奖励工资暂行办法》及《关于确定岗位等级的实施细则》等7个制度性文件,形成有章可循的人事工资管理制度。

1995年,公司出台措施,进一步加强人事工资等管理规定,明确系统子公司人事工资均按照集团相关办法进行管理,加强劳动计划,加强工资总额管理,严格子公司领导干部工资审批程序等。1995年,申能股份有限公司制定、1997年申能集团再次确认的《申能系统各公司工资管理若干规定》,进一步明确对系统各公司劳动工资管理的基本原则和办法。系统各公司按照董事会和申能要求,在确定企业利润基数的前提下,遵照"二不超"工资调控原则,即根据企业的经济效益和生产、经营状况在人均实际工资增长不超过人均实现税利和劳动生产率增长的前提下,自行编制工资计划,在规定时间内上报申能劳动人事部门审核;不具备上述条件的企业,只能在完成申能或董事会下达的任务后,适当提取目标效益工资;经营性亏损企业原则上不加工资。员工工资总量的增加主要依据为企业经济效益的提高、物价增长幅度和员工总数的变化等来确定。《申能系统各公司工资管理若干规定》对工资方案管理、企业负责人工资标准确定以及工资监管等问题作了具体规定。

1997年申能集团进一步实行薪酬分配制度改革,根据按劳分配的原则,在划定职位等级、确定岗位职责的基础上,通过对员工考核定等与聘用上岗等程序,在公司实行等薪级工资制。公司据此制定《等薪级工资方案》和《等薪级工资方案实施细则》,详细规定具体操作规则和流程,通过对员工进行定期考核、岗位变动与晋升、调整工资薪点值等动态管理方法调整员工的工资收入,达到员工的工资收入与其岗位(职位)的责任、权利、贡献及公司的经济效益相结合的目的。与此同时,公司制定详细的"评价因素体系权重表""职位等级分值表""专业职务资格分值表"等20个文件和表格,用来确定每个员工的等级和起点工资水平。申能系统等薪级工资制度将工资职位按照等级标准分11等,职位等级与工资等级——对应,职位等级评价因素占等薪级工资评价因素的62%。品位评价因素与员工学历、专业技术资格、连续工龄、本企业工龄、任现职年限、具有专业技术资格年限有关,并以此确定员工的工资薪级。作为申能系统一项基本薪酬制度,等薪级工资制度经过多年的实践和完善,在企业发展中发挥着积极作用。

公司不断探索建立适应现代企业发展和人才市场要求的分配制度,实行多种分配方式并存的激励机制。1998年,公司调整以岗位为主的分配比例关系,使工资奖金的分配与岗位承担的责任大小、业绩多少挂起钩来,适当拉开分配差距;系统各公司开展多种分配方式探索,申能科技发展公司设计分配与效益挂钩、与考核实际挂钩的分配方案;申能房产公司将房屋销售量与奖励挂钩,有效调动员工积极性。

2005年5月,为贯彻实施劳动和社会保障部、中华全国总工会、中国企业联合会、中国企业家协会联合发布的《关于进一步推进工资集体协商工作的通知》,市劳动和社会保障局、市财政局要求各企业集团公司等积极推进工资集体协商工作,重视培育和逐步完善工资集体协商机制。同年6月,两局下发《关于2005年上海市企业试行自主决定工资水平办法的通知》,要求在按《公司法》组建或进行公司制转制、改制、实现投资主体多元化、法人治理结构健全、正常生产经营且上半年不亏损的地方独立核算内资企业内试行自主决定工资水平。申能集团作为试点单位,开始在系统部分企业中推行自主决定工资方案。2007年,申能财务公司制定《员工薪酬及激励方案》,结合申能财务公司作为集团控股的非银行金融机构的特点,在薪酬体系方面采用市场化原则确定员工工资,迈出员工薪酬改革的重要步伐。集团公司全面推进企业集体协商工资制度,在不同企业中形成不同的工资增长和调整机制,保障职工取得合理劳动报酬权益和休息权。2017年以后,工资分配与经济效益进一步挂钩,全面规范工资外收入。

二、工资管理

申能电力开发公司成立后,劳动、工资关系归市编委管理,市计委负责对公司工资总额实行计划调控,每年根据公司人员变动、物价波动、全市平均工资水平等因素下达总额控制计划。

1993年,申能股份有限公司成立,工资总额、劳动编制计划从市编委划至市劳动局管理。股份公司先后组建和控股申能实业、申能房地产、申能金华实业、申能建设租赁等公司,员工迅速增加,工资总额也不断增长。1995年,为筹备向集团化发展,公司加大人才引进力度,增加工资总额。

1996年,申能集团成立后,集团公司与股份公司按照《公司法》和国家证监委"三分开""五分开"的要求,逐步规范各项相关制度。公司按照《等薪级工资方案》及其施行细则,根据员工岗位确定等级和薪点,并与考核结合来确定员工工资。2001年,集团本部与股份工资额度分开核算。集团公司每年根据上级下发的工资总额控制计划和工资增长线指导精神,汇总系统各单位制定的工资计划方案,结合集团公司经营效益和激励员工积极进取的需求,确定和上报本年度工资调整方案,由市劳动局和财政局批准执行。人均工资总额随着集团经济实力的不断增强而不断提高。

申能集团系统各单位规模、性质、技术水平、经济效益、发展历史和社会影响力等各不相同,各单位在集团人事部门统一规范管理下,根据各自企业的生产经营状况,制定适合自身企业特色的薪酬管理方案。集团公司所属电力、燃气、金融以及能源服务与贸易等多元产业四大板块之间由于业务不同,员工工资也存在一定的差异。

三、经营者收入

申能主要经营者作为国有资产产权代表,其薪酬与企业经营业绩挂钩,由上级主管部门考核后发放。申能主要经营者的薪酬标准和发放原则,先由市计委确定,后由市国资委管理。由上级主管部门确定企业经营各项指标及经营者的薪酬标准,第二年对公司及经营者进行考核,根据考核结果发放实绩绩效。

公司其他领导者的薪酬由公司董事会和上级管理部门确定。董事会薪酬与考核委员会根据公司经营业绩等因素,对领导班子成员薪酬标准及考核指标进行研究,向董事会提出建议。2003年,市国资委印发《关于规范上海市政府性投资、开发、建设企业收入分配的实施办法》,要求相关企业领导班子成员的收入水平应根据企业规模、成长性和市场风险等因素结合考虑、合理确定;按岗位责任不同,合理拉开差距。同时,应正确处理好法定代表人与班子其他成员、领导班子成员与职工群众之间的分配关系,充分调动各方面的积极性。领导班子成员年收入为税前总收入,包括考核年度内工资、奖金(风险收入)、津贴、住房补贴等各类补贴、各类保险等。企业领导班子成员除上述总收入外,不得从本企业或下属企业、参股企业取得任何其他薪酬或变相薪酬的收入。为充分体现激励和约束,企业领导班子成员的收入中应设置绩效薪,绩效薪与工作实绩挂钩,经主管部门或出资单位考核后兑现。

申能系统所属企业领导人薪酬标准和考核指标由各企业董事会和申能集团按照国家、上海市的有关政策确定。集团事先确定各企业年度生产经营任务、业绩目标以及其他重要事项安排,作为确定企业法人代表和领导班子成员薪酬的重要依据,考核指标方案由集团提出。2002年,申能控股企业申能星火热电有限公司开始实行经营者"年薪制"试点,集团人力资源部门协助星火热电公司制定年薪制分配方案,提交公司董事会决议实施。2004年中共十六届四中全会通过的《中共中央关于加强党的执政能力建设的决定》提出要"深化干部人事制度改革,建设一支善于治国理政的高素质干部队伍"。申能集团以此为契机,推进系统企业干部队伍建设,在星火热电公司试点基础上,进一步扩大到其他单位实行经营者年薪制试点。2005年,市劳保局和市财政局等发布《关于2005年上海市企业实行自主决定工资水平办法的通知》,要求企业必须建立经营者收入的激励和约束机制,经营者的收入水平应反映其所承担的责任和风险,与其经考核后的经营业绩紧密联系,并根据企业实际情况合理确定经营者与职工的工资分配关系。申能系统部分单位按照上级要求,进一步推进企业经营者年薪制改革。

2013年,申能集团制定《人力资源建设三年(2013—2015)行动计划》,提出建立完善领导人员综合考核评价体系,将领导人员年度业绩考核与任期综合评价相结合、结果考核与过程评价相统一,考核评价结果与任免相挂钩,并把综合考核评价结果作为薪酬激励的重要依据。建立健全"重业绩、讲回报、强激励、硬约束"的企业领导人员薪酬管理办法,扩大企业领导人员年薪制适用范围,规范不同类别企业领导人员薪酬标准;探索市场化激励的机制与办法。加强对重点岗位和专业技术人才的激励,探索绩效奖励、激励基金等即期奖励和股权激励等中长期激励办法。同年,集团发布《关于加强和完善直属企业领导人员薪酬管理的通知》,规定直属企业领导人员的年度薪酬标准由岗位薪、绩效薪构成。岗位薪是企业领导人员的年度基本收入,岗位薪为年薪的60%;绩效薪是与企业领导人员年度经营业绩挂钩的业绩报酬,绩效薪为年薪的40%。各直属企业按照集团下达的年度薪酬标准,每月发放岗位薪的1/12;按照集团下达的年度经营业绩考核指标,根据各直属企业年度综合考核结果,兑现绩效薪(年薪×40%)。并提出规范领导人员各类工资外收入,加强对直属企业的薪酬专项审计等。2017年开始实施《直属企业领导人员薪酬管理办法》,进一步加强领导人员收入的规范化管理。

四、津贴、补贴

申能员工根据国家、上海市有关规定,结合公司自身情况,享受各类工作补贴、津贴。1988年申能电力开发公司制定《关于职工加班、值班补助的规定》,对公司加班员工发放加班补助费、餐费,值班员工发放值班餐费。1991年,公司修改加班、值班管理办法,除发放加班费和加班、值班餐费外,规定加班、值班亦可调休。1992年,根据市人事局关于贯彻《国务院关于调整机关事业单位工作人员工龄津贴标准的通知》的实施意见的有关规定,公司员工每月增加工龄津贴。

公司对乘坐公共交通上下班的员工按照路程远近核发交通费补贴;对外派系统各单位的工作人员,1995年以前由公司发给交通补贴和饭贴,1995年1月1日以后由所在工作单位发放交通补贴和饭贴。2001年年底,公司为进一步加强劳动工资管理,清理各类补贴、津贴项目发放范围和标准,规范化、制度化各类补贴,制定《申能(集团)有限公司发放综合补贴的暂行规定》。其中规定申能集团员工享受国家规定的每月物价补贴、独生子女费、新区津贴等,同时可以享受公司规定的每月饭贴、房贴、洗理费、交通费补贴、书报费、劳防费、水电煤补贴费等补贴。集团各项津贴、补贴均纳入工资总额管理。

第二节 员工补充福利

申能成立之初,作为事业单位,按照国家和上海市有关职工福利制度的各项规定,执行职工福利分房、医疗待遇、法定节假日等福利制度;1993年改制为股份公司以及组建集团后,按照建立现代企业制度和市场化改革发展的需要,集团及下属各企业进行福利制度改革,对标市场建立具有竞争力的福利体系,在严格执行国家和上海市有关职工权益规定的同时,为职工提供补充公积金、补充医疗保障、补充养老保障等福利,强化职工队伍的凝聚力和向心力。

一、补充公积金

申能成立之初,按照上海市事业单位相关规定,缴纳住房公积金,发放住房补贴。

2000年,为调动员工工作积极性,吸引并留住优秀人才,促进公司经营业务发展和经济效益提高,申能集团制定《申能(集团)有限公司员工补充公积金规定》,决定对实行个人缴纳基本公积金并与公司签订劳动合同的员工缴纳补充公积金。补充公积金汇缴额由员工个人职务系数与当年补充公积金基数额相乘确定。

二、补充医疗

1996年，为保障员工的基本医疗需求，申能根据《上海市城镇医疗保险制度改革方案》及公司的具体情况制定《申能员工住院医疗保险暂行规定》。公司为员工缴纳住院医疗保险费，与公司签订劳动合同的在职员工及公司退休员工按规定享受住院医疗保险待遇。随着公司规模扩大，集团系统各单位根据自身经济效益和实际需要，在集团和集团工会指导下，建立各自的补充医疗保障机制，包括购买补充医疗保险，办理上海市职工保障互助会的"特种重病团体互助医疗保障计划"和"职工团体意外伤害互助保障计划"，购买总工会专项基本保障等，进一步提升公司补充医疗保障的水平和覆盖面。

三、补充养老

2002年1月，公司颁发《申能（集团）有限公司离退休人员养老保障的规定》，同时，为加强对离退休干部和退休员工的管理，公司决定建立退管会，由公司领导、集团工会、人事部和离退休干部代表组成。

2002年8月，根据《上海市企业补充养老保险试行意见》的精神，公司制定《申能（集团）有限公司员工补充养老保险试行办法》，为公司员工建立补充养老保险制度。规定公司每年在规定时间内，根据上年实发工资总额按规定比例向社会保险机构一次性缴纳年度职工补充养老保险金，为实行个人缴纳基本养老保险费并在公司工作满一年，与公司签订劳动合同的员工建立补充养老金保险个人账户；员工达到法定退休年龄，办理退休手续后，将历年养老保险金记账额本息一次性结算，发给退休员工本人；公司补充养老保险制度从1997年1月1日起实施。为加强对补充养老保险工作的领导和管理，公司成立主管领导、工会及人事部负责人组成的补充养老保险制度工作小组，负责制定详细的实施办法，并负责补充养老保险制度的运行。2008年，根据上海市劳动和社会保障局《企业年金试行办法》及有关规定，申能集团开始在系统公司逐步建立企业年金制度。

第四章 教育培训

申能重视对员工的培训和入职后教育,注重提高干部和员工的整体素质,重视员工队伍的建设,通过干部培训、新员工入职培训、海外专项培训、技能提升培训等诸多培训项目,鼓励员工主动学习,积极培训,提升业务技能和职业素质,适应公司发展的需要。

第一节 培训管理

申能电力开发公司和申能股份有限公司成立之初,员工较少,参加上海市计委组织的相关培训活动。1997年,申能集团制定《申能员工教育培训管理办法》,规定每年在公司年度计划(要点)基础上,经过调查研究,确定年度教育培训计划及实施方案。教育培训由总经理室领导,人事部门负责制定教育培训计划和实施方案,经总经理室批准后组织实施。

公司教育培训的途径与方法主要有岗位培训、继续教育、专业技术职务任职资格培训与考试、学历教育4种。本着"学以致用、统筹兼顾,有计划、有步骤地提高员工履行岗位职责能力"的原则,公司积极支持各类教育培训计划,并为员工的教育培训提供时间和经费支持。公司为员工参加岗位培训、继续教育和专业技术任职资格培训和考试报销学费,并给予一定学习公休假期。对参与学历教育的员工,根据不同情况予以奖励或帮助员工支付部分学费。《申能员工教育培训管理办法》还规定教育培训计划的审批程序,学习中止程序与责任,以及学习结束材料存档等,同时规定系统所属公司员工教育工作参照本办法执行。

第二节 培训计划制订

申能集团人力资源部按照上海市和国家的有关规定,结合集团自身情况,有针对性地制订培训计划,对员工进行专题培训。1994年,为实现公司集团化发展目标,申能股份有限公司办公室编制《1994年度申能员工培训计划》,为员工安排普及性培训、专业培训和重点培训。普及性培训主要安排时政学习、公司业务基本知识培训以及电脑应用和中级英语等基本技能培训;专业培训重点突出知识更新和岗位培训,包括公司各部门档案预立卷培训等;重点培训主要开展"领导科学基本概论"讲座,提高公司各部门经理助理、子公司领导和助理的领导能力;另外还安排出国专题培训等。

2002年申能集团制订培训计划,朝培养复合型人才方向努力,积极开发人力资源。调整员工岗位培训,紧密联系公司发展的需要,从加强公司法人治理结构建设、提高投资管理水平出发,先后举办董事、监事培训班、财务培训班。根据年度培训计划,除选送有关人员参加中共上海市委组织部、市委宣传部、市委党校组织的领导干部进修班、中青年干部培训班、企业党委书记研修班和董事研修班外,集团公司还分别举办现代企业管理、投资和证券业务、财会人员专业、行政管理等不同类型的培训班,发现、培养、使用干部。

第三节　员工培训实施

一、干部培训

申能集团每年根据世界局势和科学技术发展趋势,并结合系统企业自身实际情况,分期分批派遣干部和技术人员到世界各国参加学习、培训,学习世界各国先进管理经验和最新科学技术。1999年6月,申能集团派遣副总经济师、上海天然气项目筹备组负责人周慈铭赴法国参加为期19天的液体天然气技术培训;1999年10月,申能集团派遣集团董事、财务部经理陈铭锡赴加拿大参加高科技投资和企业重组培训。此后干部海外培训成为集团干部培训的常规项目。

2001年,申能集团结合发展战略,为培育核心竞争能力,构筑适应现代企业发展的现代化管理体制,提高企业的经济效益和综合竞争力,编制《申能(集团)有限公司2001年干部培训工作计划》,要求各单位按照要求落实培训计划。要求在抓好企业中层、后备干部和专业技术干部3支队伍基础上,重点加大对20世纪60年代出生、具有大学学历的中青年中层干部教育培训力度。培训主要通过参加市委组织部、宣传部和市委党校组织的中青年干部培训班、委托专业培训公司代训、公司组织短期培训班和干部在职自学等方式进行。

2002年6月,集团公司在计委培训中心举办集团本部和系统中层干部培训班,共有30多名中层干部参加现代企业管理知识培训。培训班邀请系统外专家、教授和外企业领导干部举行专题讲座,分别讲授"WTO与政府行政行为""以人为本,使人人成为经营者的管理模式""现代企业领导理念与企业文化"等专题。

2006年7月,申能集团与市委党校联合举办系统单位领导干部培训班,系统单位领导干部120人参加。培训班通过专题讲座、讨论交流、撰写培训小结、培训效果评估和培训情况反馈调查等形式,集中培训、学习国家和上海"十一五"发展规划解读、科学发展观与构建和谐社会、领导干部的创新思维与能力、干部心理素养和心理健康、现代领导科学与领导艺术、现代企业的文化建设等内容。

2006年11月,集团在上海市委党校举办首次系统中青年干部培训班,组织系统各单位44名中青年干部参加为期6天的集中培训。培训的主要内容包括中共十六届六中全会精神辅导、党风廉政建设、国际形势与中国的战略环境、申能集团"十一五"规划解读、企业文化、企业自主创新与科教兴国、战略思维、有效沟通的方法与艺术等专题。参加培训的学员还参观考察外高桥电厂建设工地、燃气集团浦东煤气制气公司和大众汽车公司等企业。

2010年,申能集团制定《关于教育培训工作的指导意见》,形成分级管理和重点集中相结合,培训内容与企业发展战略相结合,个人职业生涯发展与组织整体能力提升相结合,社会培训资源与企业培训资源相结合,个人自学与集中培训相结合的公司系统教育培训工作新格局。积极探索建立企业高级经营管理人员、基层党组织负责人、后备干部和纪检监察干部轮训机制。2010年申能集团举办各类培训共计5432人次。集团不断完善干部教育培训体系,实行分级培训和重点集中相结合,建立高级经营管理人员、基层党组织负责人、后备干部和纪检监察干部轮训制度,2008—2010年3年间组织各类培训15800多次。

2014年,集团组织2名领导接受短期外向型培训,组织本部中层以上管理人员培训24次;系统企业领导人员60余人次参加学习培训。

二、新员工入职培训

申能有例行新员工入职培训制度,每有新员工入职,则由公司人事部门制订新员工入职培训计划,确定培训内容,安排授课教师。随着人事制度改革和市场化招聘工作的常规化,集团系统单位每年从各高等院校招收应届毕业生,集团人力资源部集中安排新员工进行入职培训,讲解公司历史与企业文化,教授新员工基本的入职规范等。

1996年11月,申能举办系统新员工培训班,公司机关和下属公司20名新进员工参加培训。培训班通过授课和参观的方式,对申能的历史沿革、现状及发展目标,公司在上海电力建设中的地位、作用等进行介绍,并详细讲解公司内部的业务运作方式、机构设置和内部管理规章制度等,便于新员工尽快适应公司的发展和工作需要。

1997年《申能员工教育培训管理办法》颁发后,一般根据前一年度招聘和引进新员工数量,将入职培训列入年度教育培训计划。2000年年底,公司人事部为1999年以来先后引进、招聘进申能系统的新员工举办培训班,分4个专题介绍、讲解公司基本情况和业务运作方式等内容。

2004年,集团人力资源部举办为期3天的新员工培训班,为近年加入公司的新员工安排8个专题的学习和培训。此后,新员工入职培训成为集团人事工作的例行工作,定期举办新员工入职培训班,学习、了解政治形势,讲解公司历史、企业文化、业务运行以及公司规章制度等基本知识,帮助新员工更快适应岗位需求,更好融入申能集团。

三、岗位培训

1998年,公司加大员工教育培训力度,不断提高队伍素质。以岗位需求为目标,"以缺什么补什么"为原则,对员工队伍采取外学内培"两条腿齐步走"的方法,提高学历层次,提高专业资格等级,提高岗位技能。通过企业外渠道进行学历提高和岗位培训,共安排13名;另外集团公司为主组织系统各公司人员参加的岗位知识培训(造价管理知识、填报资金流量表),两期共43人。

集团根据国家、上海市相关政策、文件精神和企业自身发展需要,经常性组织针对特定岗位的技能培训。系统各公司根据各自企业行业性质和业务特征,在集团人力资源部门协助下也经常开展相应的岗位业务培训工作。公司从培训内容方面加强员工培训和管理,除各类专业培训外,全体员工参与的培训课程与企业发展紧密结合,涉及生产运行、资金筹措、法律事务、企业组织架构等多个方面,努力提升员工整体素质。

【政治理论与法律、法规培训】

2002年,为开发人力资源,积极培养复合型人才,公司安排两期经理政治理论培训班学习,组织系统经理人员集中学习思想政治理论。2005年,国务院颁布实施新的《信访条例》。9月,集团举办学习新《信访条例》辅导班,组织系统30多名信访干部参加学习和交流,消化新条例精神。2005年10月,集团举办新《公司法》《证券法》学习讲座,邀请集团法律顾问讲解相关法律的变化情况;系统70多名相关人员参加学习。2008年,集团工会与人力资源部共同组织系统工会、人事和法务人员参加新的《劳动合同法》培训,进一步宣传、普及《劳动合同法》。

【安全生产培训】

2007年,申能集团举办安全生产管理培训班。2009年年初,燃气集团所属浦煤制气根据市安监局相关规定,对持有效期即将结束的特种作业人员和实际生产岗位变化更新的人员进行两年一次的培训和复训工作,共培训低压电工95名、高压电工61名、起重机械驾驶人员27名,确保特种作业人员全部持证上岗,为实现公司安全目标和维护正常的生产秩序奠定基础。

2007年,申能集团安委会和安全管理部为贯彻国家安监总局关于生产经营单位配备注册安全工程师的要求,组织系统员工报考注册安全工程师,同时为报考员工提供学习和培训。2009年3月,部署落实集团年度注册安全工程师培训计划,第一阶段进行两个半月的前期培训;第二阶段进行考前强化辅导。为提升学习和培训效果,申能集团对系统获得注册安全工程师的员工进行公开表彰和奖励,以激励员工自觉参加培训和学习。2010年7月,申能集团再次举行注册安全工程师考前培训,并安排报考员工参加国家安监总局举办的考前辅导培训班。2011年集团举行安全上岗证培训,由市安监局相关培训机构授课;系统有企业主要负责人、主管副总、工会主席、安全部负责人及安全管理人员等227人分三期参加培训。2012年,集团安委会和安全管理部继续积极组织员工报考注册安全工程师,为集团打造一支理论知识和安全技能业务素质过硬的专业安全工作队伍。

【财务、审计培训】

2000年4月,集团举办学习新《会计法》培训班,组织集团财务部、申能房产、申能科发、石油天然气总公司、星火热电、外高桥发电厂、吴泾第二发电厂等单位34名财务人员参加培训。集团副总会计师主讲《会计法》,财务主管主讲集团公司固定资产管理等内部规章制度等。2002年集团加大财务培训工作力度,同年安排3期财务人员培训班,学习《财务管理相关知识》《企业会计准则》等知识和财务操作实务。

2004年,按照市内审协会关于加强内部审计人员后续教育培训的要求,为提高系统各公司内部专兼职审计人员的业务水平,更新专业知识,更好地为管理工作服务。集团公司人力资源部和审计室在2004年6月先后组织集团公司、申能股份、燃气集团及所属公司17家单位两批专兼职审计人员共47人,参加年度自选内容后续教育培训。集团邀请立信高等专科学校的老师,对实行企业会计制度(新版)后审计查证应该注意的差异和衔接,密切联系审计实务进行讲解,更新财会人员专业知识与技能。2008年,申能集团组织系统近300名财务、审计人员在上海国家会计学院参加培训,学习新会计准则和新企业所得税法。2009年,集团组织系统近400名财务、会计人员分两批参加新会计准则、内部控制基础规范及融资管理等教育培训。

【油气田专业技术和管理培训】

1999年,东海平湖油气田投产后,为尽快掌握油气井特性,加强油气井,特别是电泵井动态研究分析和油气生产系统的操作、分析和优化,合理分配油气井量、地层与井筒及地面管网的协调,集团所属上海石油天然气总公司利用亚洲开发银行专项贷款,组织员工赴英国开展为期14天的油气田专业技术和管理人员海外培训。2001年,石油天然气总公司又派员工到美国参加培训,学习海底管线技术等专业知识和技能。

【燃气技术与市场拓展培训】

燃气专业技术培训 2009—2015年,燃气集团先后组织4批26位技术骨干赴英、法等国接受燃气专业技术和管理培训。每批5~8人,在国外接受最短11周、最长20周的专业培训。26位学员经过课堂授课、企业参观交流、案例分析等培训,开阔眼界,提升燃气专业知识。回国后,26位学员大多进入更重要的工作岗位,助力燃气集团的改革发展。

燃气市场拓展培训　2009年5月,燃气集团组织各煤气销售公司相关业务人员开展市场拓展专题培训。培训主要针对同年起上海LNG项目、川气、西气二线等新增气源陆续抵沪、全市天然气供应量大幅增长、市场出现阶段性供大于求局面的形势,化解各销售公司一线工作人员信息不对称的矛盾,改变多年来形成的天然气供应紧张的思维定势,增强对拓展市场重要性和紧迫性的认识。另外,燃气集团邀请相关专家组织系列专业培训,通过技术营销引导用户科学使用天然气,扩大天然气应用领域,为用户提供分布式供能、燃煤燃油锅炉改造等能源解决方案等。

燃气内训师培训　2016年和2017年,燃气集团与法国ENGIE公司签订《培训咨询服务协议》,共同开发11项课程,并先后派送两批17位内训师前往学习。每期学员在法国集中学习3周,系统学习先进燃气管理、专业人才培训等课程,为燃气集团培训创新中心培养坚实的师资力量,完成课程开发,更好胜任内训师工作。

【出国(境)管理培训】

2004年,集团举办系统出国(境)管理工作培训班。系统各单位分管出国(境)管理工作的领导、职能部门负责人、专(兼)职工作人员共计39人参加培训。培训班邀请市外办、市委组织部、市国资委有关部门领导,围绕外事政策规定、业务操作流程、专业知识能力等专项内容进行授课;其间还专门讨论人力资源部修订的《申能系统出国(境)管理工作办法(征求意见稿)》,为集团规范出国(境)管理做好准备。

第五章 干部管理

申能集团成立后,建设一支政治素质可靠、业务素质过硬的干部队伍,是完成上海市委、市政府交办任务,保障上海电力、燃气等能源供应,同时实现企业发展和国有资产保值、增值任务的重要保障。根据中央和市里有关干部管理政策,申能集团制定干部培养、选拔、任用与考核相关政策,并在实践中贯彻执行。

第一节 干部管理制度

1997年,申能集团颁发《申能干部管理规定》,明确集团干部管理实行分级管理,公司各部(室)正、副经理(主任),系统所属公司正、副总经理及相当于这一职级的干部由公司管理;公司各部(室)、系统所属公司其他人员由公司各部室、系统所属公司管理,公司人事部门指导、协调。公司对干部的管理主要包括聘任和考核两大项内容,其他如干部选拔、考察和任用等,按照上级有关规定办理。

申能各部(室)正、副经理(主任)的聘任,由公司人事部门提出聘任、解聘意见及对辞聘的意见,报公司党政领导班子决定;系统所属公司正、副总经理的聘任,由人事部提出聘任、解聘及对辞聘的意见,报公司党政领导班子决定后,提请该公司董事会决定(全资子公司由公司聘任)。系统所属公司财务部经理的聘任,由人事部向公司财务部门征求意见并征得分管领导同意后,提请该公司董事会聘任(全资子公司由公司聘任)。公司派往参股公司担任公司级职务的人员聘任,由人事部提出聘任、解聘及对辞聘的意见,报公司党政领导班子决定后,提请该公司董事会聘任。集团三级企业的正职由各公司根据相关规定选聘,事先报集团备案。公司各部室其他人员聘任,由各部室经理(主任)提出意见,人事部审核,报公司批准后,由各部室经理(主任)聘任,人事部办理聘任手续。系统所属公司其他人员聘任,由该公司聘任。公司派往参股公司工作的其他员工,由人事部提出意见,报公司批准后,由人事部聘任。

申能对干部的考核,按照公司制定考核办法和公司颁发的《岗位(职务)考核暂行办法》《岗位(职务)聘用考核附则》《申能奖金发放暂行规定》等执行。根据相关规定,公司对各级干部进行考核,并根据考核结果,对表现优良的各级干部发放奖金;对表现特别优秀,或有较好潜质的干部予以晋升。因受聘人技术、业务水平及其他原因,经考核不能胜任岗位要求的干部,公司可对其进行解聘。

2002年,申能集团公司再次修订颁发《申能(集团)有限公司干部管理规定》,对1997年规定进行个别调整和修改,并在系统内贯彻实行。到2006年,集团在干部队伍建设方面,坚持干部任用体现"公开、公平、公正"原则,加大干部任用工作的透明化、民主化;部分企业建立干部交流机制和岗位竞争机制,进行岗位双向选择、推行竞争上岗。2009年,集团公司印发《关于进一步规范申能集团系统企业干部管理工作的若干意见》,规范干部管理工作,进一步加强集团系统企业干部选拔任用工作的科学化、民主化和制度化建设。

公司根据上海市委、市政府和市国资委等上级部门要求,坚持加强直属企业领导干部队伍建设,不断规范企业领导人员选拔任用的程序、优化企业领导班子的结构。按照党管干部和分级、分层管理原则,对申能集团直属企业纪委副书记、人事、资金财务、审计等部门主要负责人,申能股份、燃气集团直属企业党政主要负责人采取任前备案的方式进行管理;对不在任前备案管理范围内的直属企业党组织管理干部,采取任后备案的方式进行管理。

为更有效地充实干部队伍,集团上下积极探索市场化配置与组织配置相结合的干部人事制度,采取公开招聘、竞聘上岗、挂职锻炼、增设助理、轮岗、基层党组织负责人"公推直选"等形式,打破身份界限和条块限制,把政治素质好、工作能力强、发展比较全面、渐趋成熟的年轻干部放到重点部门、重点工程建设项目和重点工作中去锻炼,促进青年干部培养工作。

第二节　干部队伍建设

一、调整、充实集团部(室)和直属企业领导干部

集团公司干部管理和干部队伍建设的重点在集团本部各部(室)及直属企业领导班子,主要通过调整、充实和完善各部(室)主要领导和直属企业法人治理结构来实现。集团人事部门在集团党政领导下,完成对直属企业领导班子成员选任、董事会、监事会换届及领导人员选任工作。1997年,公司出台《申能(集团)有限公司人事调配规定》,坚持德才兼备、一专多能、任人唯贤、择优录用的原则;坚持双向选择、合理流动、相对稳定、能进能出的原则;坚持以岗择人,保证员工队伍专业结构合理,年龄结构形成梯次的原则。通过组织调动、系统内部调配、社会招聘和军队转业转干等方式,为管理岗位选拔干部。

1998年,申能集团实行干部岗位交流。同年内系统内各层各类人员作横向、纵向交流的有6名,通过交流,发挥各类人员的长处和优势,加强企业内部管理,提高工作效率。2008年,集团对申能股份、申能房产、液化天然气公司董事会、监事会和经营班子换届调整,并调整、充实燃气集团董事会、党委会及经营班子组成人员,共计充实、调整各类干部32人次。

2013年,集团调整充实8家直属企业领导班子,补充新领导成员9名。2014年,充实2家直属企业领导班子,选拔2名员工担任系统企业领导人员;为投资企业董监事换届调整推荐28名董事、监事。2015年,新提任领导干部6人次,推荐董、监事22人次,进一步优化部分直属企业领导班子结构,确保系统企业改革发展以及领导班子坚强有力以及部分企业转移的平稳过渡。2016年提任12名干部,交流或调整干部8人,完成集团2家直属企业党组织换届改选书记(副书记)候选人预备人选考察工作。进一步完善公司法人治理结构,2016年向有关投资企业推荐董、监事22人次,有效促进干部选任的科学化、制度化、市场化。2017年,经干部选拔任用程序提任的领导干部25人(其中三级单位党政主要领导提任前备案管理6人);经岗位调整或内外交流的干部有11人。通过干部选任,直属企业领导班子结构不断优化,合力明显提高,并逐步形成集团系统优秀年轻干部梯次结构。集团人事部门向有关直属企业推荐董、监事34人次,确保符合管控要求、运作高效、依法治企。

二、竞聘上岗

1995年,中共中央发布《关于抓紧培养选拔优秀年轻干部的通知》,要求大胆改革干部选拔任用制度,创造优秀年轻干部脱颖而出的环境和条件;贯彻公开、平等、竞争、择优的原则,拓宽识人视

野和选人渠道,广开进贤之路;要求在一定范围内贯彻干部能上能下,竞争上岗的原则。1998年,中央办公厅转发中组部、人事部《关于印发〈党政机关推行竞争上岗的意见〉的通知》;1999年,上海市开始实行在部分党政机关推行竞争上岗改革。同年,申能集团印发《上海市党政机关推行竞争上岗试行办法》的通知,酝酿在公司内部实行竞争上岗。2001年,集团制定《关于部分中层干部试行竞聘上岗实施意见》,在公司本部和股份公司员工中试行竞聘,根据公开、公平、择优聘用的原则,通过差额竞聘,选拔公司投资部副经理和股份公司财务部副经理。经过自荐、群众推荐、组织提名和人事部门资格审查,有8名员工入围竞聘,通过竞聘面试筛选,党委讨论后,有3名员工通过竞选,由总经理聘用。2002年,对集团、股份公司部门正、副职采取推荐上岗与竞争上岗相结合的办法,继续加大人事制度改革力度,将竞聘上岗推向本部和股份公司部门正职岗位。此后,集团中层干部和下属企业领导班子和中层管理人员越来越多通过竞聘上岗,为吸收优秀大学毕业生和其他单位优秀员工提供机会,开拓优秀员工脱颖而出的通道,有利促进公司人事工作的进展。

2003年,公司系统加大领导干部人事制度改革力度,系统各公司采取相应措施进行改革,取得一定进展。上海石油天然气有限公司形成中层干部能上能下、职工能进能出、收入分配能增能减的机制并采取一系列措施,如引进"末位淘汰制",按程序免去2名中层干部职务,4名中青年干部走上公司副总师岗位,3名后备干部提上中层干部岗位。上海申能星火热电有限公司对中层干部实行月度工作写实制度,年终实行综合考核,并将月度和年终的考核结果同奖金的分配和今后的任职聘用条件直接结合起来,加强对中层干部的管理。

2016年,LNG公司首次以公开竞聘方式选拔产生中层管理岗位,选拔出4名员工担任部门正职。同年,公司安排9场内部竞聘会,共有9名员工通过竞聘到新岗位工作。

2016年11月到2017年5月,东方证券公司开展总部总助级岗位的内部公开竞聘工作,为12个部门、14个岗位招聘优秀人才。通过自主报名,资格审查、选拔评审、任前考察、公示及发文等环节,从26名竞聘者中选拔9名员工为总部级总助。

第三节　后备干部管理

2000年,中共中央组织部先后制定《党政领导班子后备干部工作暂行规定》和《关于进一步做好培养选拔优秀年轻干部工作的意见》(以下简称《意见》)两份指导性文件下发各级党委,要求各级党委认真贯彻执行干部队伍革命化、年轻化、知识化、专业化的方针,建立科学规范的党政领导班子后备干部工作制度,培养造就一支素质优良、数量充足、门类齐全、结构合理,能够担当社会主义改革开放和现代化建设重任的、年轻优秀的党政领导班子后备干部队伍。《意见》要求国有重点大型企业和重点高等院校、科研院所,也要建立后备干部名单,并要求后备干部队伍建设工作制度化、规范化。

2001年,申能集团实行中层干部竞聘上岗,对竞聘中发现德、才素质优秀的人员,因受职数限制等因素未能上岗者,列为后备干部人选,实施后备干部队伍建设。2001年年底,公司出台《申能(集团)有限公司后备干部管理规定》,决定建立规范的公司后备干部的选拔、培养、使用等管理机制,以适应公司进一步的发展对各种层次干部需求。《申能(集团)有限公司后备干部管理规定》明确从具有基层和部门领导经历或工作经验、年龄在40岁以下,具有大专及以上学历、中级及以上专业技术职称资格的员工中选拔后备干部,并详细规定入选条件、选拔程序。公司每年对系统后备干部进行培训,坚持思想政治培训为主,每年有计划地安排1~2名后备干部到国(境)内、外高等院校、有关企业学习进修。公司对后备干部实行动态管理,每年考察,交流轮岗,及时汰劣补新;对培养成熟的后备干部,适时通过竞聘或任免,选拔充实到各级领导岗位;公司各层次的领导干部,包括委派到参股公司的领导干部,一般先从后备干部中挑选。

2006年,集团党委围绕"能力素质更优秀、队伍更精简、年龄结构更合理"的目标要求,不断优化企业领导班子机构,加快人才的培养、交流和引进。为贯彻落实市委九次党代会精神,实现会议提出的目标提供人才支持和组织保证,集团党委按照市国资党委要求,对集团公司领导人员后备人选进行调整和充实,共推荐7位后备人选,与上届推荐相比,增长幅度达40%,有5位同志新进入后备干部队伍,调整幅度达70%。

2013年,公司按照《人力资源三年行动计划》制定的目标与任务,加快年轻干部的培养和使用力度。同年5月启动集团年轻(后备)干部推荐,共有111人被推荐,其中45岁以下88人,占79.2%。同时集团加大后备干部选任力度,系统各企业按照正职1∶1、副职1∶2配备后备干部,企业正职后备年龄一般不超过45岁,副职后备年龄一般不超过40岁,并搭建后备干部管理、培养和使用平台,增加后备干部交流、使用机会。公司坚持备用结合、动态管理的原则,开展集团本部和系统直属企业后备干部补充调整工作,2013年共有7名年轻干部顺利走上新岗位,其中充实直属企业关键岗位(财务总监)2人,到集团重大项目锻炼1人,上下级企业相互间锻炼2人,打破身份界限和条块限制使用1人,交流使用1人。

2015年,集团人力资源部门配合市委年轻干部调研组工作,协助市国资委推进企业集团年轻干部双向交流挂职工作,推进后备干部系统内外轮岗锻炼。2016年集团党委组织3个专项调研组对集团本部及各直属二级、三级共32家企业,重点关注"70后""75后"的年轻干部,开展后备干部选拔推荐。经过对调研情况的汇总、分析和比选,形成"两个批次"共121人名单,重点发现一批对未来发展有积极推进作用的年轻干部人才。同时查找干部人才队伍建设体制机制上的短板和瓶颈,努力完善干部人才队伍建设体制机制,为集团发展与改革提供坚定的组织保障。

第十一篇

人　物

概　　述

申能30年发展历程中，在中共上海市委、市政府、市国资委等上级部门和历届集团党委和经营班子领导下，全体员工都为申能发展作出了贡献。人物篇主要收录集团领导人员和系统所属二级企业以及申能股份、燃气集团、东方证券3家二级公司的直属三级企业主要领导人员、各级党代会代表、市（区）人大代表、政协委员、正高级职称人员、市级及以上劳动模范，以及获市级及以上领导机构表彰的先进集体和个人的有关情况。

人物简介部分收录历届申能领导、正高级职称员工、市级及以上劳动模范等荣誉获得者。人物表收录申能集团下辖二级企业主要领导人名单、三级企业主要正职领导人员名单。先进集体和先进个人部分主要收录全国、省（市）部级及以上先进集体和先进个人名单。所收人物以人事关系转入申能开始算起，追记部分此前信息。

第一章 人物简介

人物简介排序依照以下原则排序：领导人员按照出任公司发展的3段时期领导职位的时间顺序排列；正高职称和劳动模范等人员按照出生年月排列。有多个身份者，按照集团领导、正高职称、劳动模范的顺序入志，每人只列一次，不重复列入。

第一节 公司领导

吴祥明 1938年9月生，江苏吴县人，大学学历，教授级高级工程师。1956年9月参加工作，1959年11月加入中国共产党。1987年7月兼任申能电力开发公司董事长，1989年9月免去该职务。

历任建工部苏州建工学校进修教师，华东第一建筑公司技术员，市建四公司项目组组长，市建七公司生产组技术员，市建工局施工组副组长，市建工局副局长，市计委副主任，市建委党委副书记、主任，上海市人民政府副秘书长。

华建敏 1940年1月生，江苏无锡人，硕士研究生学历，高级工程师。1963年10月参加工作，1961年5月加入中国共产党。1987年7月任申能电力开发公司总经理，1992年7月免去该职务。

历任上海汽轮机锅炉研究所自控室技术员、党支部副书记，上海汽轮机厂研究所技术员，上海汽轮机厂研究所副所长，上海发电设备成套设计研究所科研办公室主任，上海发电设备成套设计研究所副所长，上海市计委党组书记、主任，中央财经领导小组副秘书长、办公室主任，国务委员、国务院党组成员兼国务院秘书长、机关党组书记，十一届全国人大常委会副委员长、党组成员，中央国家机关工委书记，中国红十字会会长，国家行政学院院长。

明志澄 1938年10月生，江苏南通人，大学学历。1961年9月参加工作，1965年11月加入中国共产党。1987年7月兼任申能电力开发公司副董事长，1989年9月免去该职务。

历任上钢五厂八车间副主任、主任、党总支书记，上钢五厂副总工程师、技术科科长，上海市冶金局生产销售处副处长，上海市经济委员会副主任兼上海市机电产品出口办公室主任、上海市外国投资工作委员会委员。

陈松泉 1931年11月生，浙江宁波人，大学学历，教授级高级工程师。1950年9月参加工作，1979年10月加入中国共产党。1987年7月兼任申能电力开发公司副董事长，1989年9月免去该职务。

历任苏北行政公署农村处助理技术员，江苏南通棉产加工厂副课长，华东电建局二公司技术员、副主工、副经理，华东电管局副局长，上海市电力工业局局长，上海市经济委员会副主任。

阮福林 1931年7月生，浙江杭州人，高级经济师。1949年2月参加工作，1953年1月加入中国共产党。1987年7月任申能电力开发公司副总经理,1996年10月离休。

曾任上海市民政局工作队队长、教养所所长,上海市人民委员会第四办公室副科长,上海市经济计划委员会轻纺工业处副科长,上海市经济计划委员会综合计划处科长,上海市革命委员会综合计划统计组干部,上海市计划委员会工业一处副处长,上海市计划委员会物资能源处处长。

秦子龙 1928年10月生,江苏无锡人,高级经济师。1951年10月参加工作,1959年9月加入中国共产党。1987年12月任申能电力开发公司副总经理,1994年4月退休。

曾任建设银行上海分行科员,市计委主任室秘书、副科长,上海警备区支左办公室秘书处干部,市革委会综合计划统计组干部,市计委综合处副处长,市计委年度、长远计划综合处副处长、处长。

邹金宝 1943年2月生,浙江奉化人,高级经济师。1963年8月参加工作,1979年6月加入中国共产党。1990年3月起任申能电力开发公司副总经理、党支部书记,1999年8月起任申能(集团)有限公司副总经理、工会主席,2003年12月退休。

曾任上海机床厂工段长、车间副主任、副厂长,上海康华长江集团公司党委书记、常务副总经理,上海久事公司副总经理,上海外滩房屋置换公司党总支书记、总经理。

陈光华 1937年4月生,江苏常熟人,大学学历,教授级高级工程师。1958年10月参加工作,1965年11月加入中国共产党。1992年7月任申能电力开发公司总经理,1993年1月起任申能股份有限公司总经理、副董事长、党委副书记,1996年7月任申能(集团)有限公司副董事长、副总经理,1999年8月退休。

曾任一机部上海汽轮机锅炉研究所工程师,上海机电设计研究所工程师,上海机电设计研究院院长,上海投资咨询公司常务副总经理。

吴家骅 1948年3月生,上海人,大学学历,高级经济师。1968年11月参加工作,1986年5月加入中国共产党。1992年7月任申能电力开发公司副总经理,1993年4月任申能股份有限公司副总经理,1996年7月起任申能(集团)有限公司副总经理、副董事长,2008年8月退休。

曾任市计委工业一处干部,市计委物资能源处干部,市计委物资能源处主任科员,市计委物资能源处副处长。

严成俊 1934年1月生,江苏镇江人。1949年7月参加工作,1956年7月加入中国共产党。1992年11月起任申能电力开发公司副总经理、党支部书记,1993年1月起任申能股份有限公司工会主席、副总经理,1994年12月退休。

曾任中国人民解放军24军参谋,上海五四二厂组织干部,上海轻工业局统战处干部,上海工业党委统战处干部,上海工业党委统战处副调研员,上海市计划委员会纪检监察室副处长。

鲍友德 1931年8月生,浙江宁波人,大专学历,高级会计师。1950年4月参加工作,1981年6月加入中国共产党。1993年1月兼任申能股份有限公司董事长。

历任市税务局卢湾区第二分局副组长、副所长、所长,上海建设银行拨款一科科长,市财政局二分局二所副所长,市财政局二分局副科长、科长、副局长,市财政局副局长,财政局、税务局局长、党组书记,国际信托投资公司副董事长、总经理、党组书记,久事公司总经理。

郁子冲 1931年1月生,江苏启东人,大学学历,高级会计师。1961年9月参加工作,1987年5月加入中国共产党。1993年1月兼任申能股份有限公司副董事长。

历任长宁区财政局专管员,财政局第二分局科员、副科长、局长助理,财政局副局长,市经济研究中心办公室副主任,上海汽车工业(集团)总公司副总裁,上海广电(集团)副董事长。

曹 臻 1944年9月生,上海人,大学学历,教授级高级工程师。1965年8月参加工作,1979年3月加入中国共产党。1993年1月兼任申能股份有限公司监事长。

历任上海石油化工总厂副科长、副处长、党委副书记,市计委副主任,市科委副主任,市科技管理干部学院院长,上海科技投资公司党委书记。

仇伟国 1952年9月生,江苏扬州人,大学学历,高级经济师。1970年6月参加工作,1974年8月加入中国共产党。1995年1月起任申能股份有限公司党委书记、副总经理,1996年7月起任申能(集团)有限公司党委副书记、副总经理、工会主席,2013年4月退休。

曾任市委党风调查组驻三航局调查组副组长,市委人事安排工作小组组员,市委整党办公室党政组副组长,市委组织部宣教科技干部处副处长,市计划委员会干部处处长。

刘承泽 1937年12月生,四川成都人,大学学历,教授级高级工程师。1962年9月参加工作,1956年4月加入中国共产党。1995年4月任申能股份有限公司副总经理,1997年6月任申能(集团)有限公司工会主席,1999年12月退休。

曾任上海汽轮机锅炉研究所技术员,上海电机厂特种电机室主任,上海发电设备研究所副总工程师(其间受聘为国家科委超导电技术分组副组长、国家"863计划"能源领域专家组成员),上海投资咨询公司总工程师。

许冠庠 1937年3月生,江苏宜兴人,大专学历,高级经济师。1955年2月参加工作,1956年7月加入中国共产党。1996年6月起任申能(集团)有限公司党委书记、董事长,2002年7月退休。

曾任梅山工程指挥部计调处处长,上海经委综合计划处负责人,上海经委生产计划处副处长、处长,上海市物资局副局长、局长、党委书记,上海物资局党校校长,上海市经济委员会副主任,上海市计划委员会副主任。

李关良 1944年5月生,江苏江阴人,高级经济师。1963年10月参加工作,1965年11月加入中国共产党。2002年8月起任申能(集团)有限公司党委书记、董事长,2008年4月退休。

曾任上海市计划委员会计划经济研究所副处长、综合处副处长,上海市外资委项目审批部副处长,上海市计划委员会长远规划处处长、办公室主任、市计委主任助理,上海市政府办公厅副主任,上海市政府研究室主任,上海市政府副秘书长兼市政府研究室主任。

杨祥海 1952年2月生,江苏宜兴人,大专学历,高级经济师。1968年11月参加工作,1971年7月加入中国共产党。1999年3月任申能(集团)有限公司总经理、党委副书记、副董事长,2008年

4月任申能(集团)有限公司党委书记、董事长,2016年4月退休。

曾任市农场管理局保卫处副处长,市农场管理局计划财务处副处长,市计划委员会经济调节处副处长、处长,市计划委员会综合处处长,市计划委员会主任助理、副主任,上海市证券管理办公室主任,上海证券交易所总经理。

王　坚　1955年4月生,山东诸城人,硕士研究生学历,高级工程师。1971年1月参加工作,1974年7月加入中国共产党。2014年2月任申能(集团)有限公司董事长、党委副书记,2015年4月任申能(集团)有限公司党委书记、董事长,2018年5月退休。

曾任上海东风机械集团总公司总经理、党委副书记,上海电气(集团)总公司副总裁,上海物资(集团)总公司总裁、党委副书记,上海市经委副主任、党组副书记兼上海市国防科工办副主任,上海市经委主任、党组书记兼上海市国防科工办主任,上海市经信委党委副书记、主任,上海市国资委党委书记、主任。

黄迪南　1966年12月生,浙江余姚人,硕士研究生学历,教授级高级工程师。1989年12月参加工作,1992年6月加入中国共产党。2017年8月任申能(集团)有限公司董事长、党委副书记,2018年4月至今,任申能(集团)有限公司党委书记、董事长。

曾任上海汽轮机厂研究所科研员,上海汽轮机厂研究所科研三组副组长,上海汽轮机厂研究所所长助理,上海汽轮机厂研究所副所长,上海汽轮机厂有限责任公司总经理助理、副总经理、总经理,上海汽轮机有限公司总裁助理、总裁办主任、副总裁、总裁,上海电气(集团)总公司总裁、党委书记、董事长。

程静萍　1944年3月生,女,江苏无锡人,大专学历,高级经济师。1963年12月参加工作,1972年12月加入中国共产党。1997年1月兼任申能(集团)有限公司监事长,2003年8月退休。

曾任上海市财政局三分局专管员,上海市财政局办事员、副科长、副处长、处长、副局长,上海市计委副主任,上海市发展计划委员会副主任。

王寿芝　1945年7月生,江苏吴县人,高级经济师。1960年7月参加工作,1973年7月加入中国共产党。2005年2月任申能(集团)有限公司监事会主席,2008年6月免去该职务。

曾任市汽配供应公司仓库副主任,市机电设备供应公司仓库副主任、储运组支部副书记、交器站副组长,市汽配供应公司副科长、团委书记,市汽配供应公司经理,市物资局处长、局长助理、副局长,上海物资(集团)总公司副总裁,市机械设备成套(集团)有限公司党委书记、董事长。

茅明贵　1950年10月生,浙江绍兴人,硕士研究生学历,高级政工师。1968年12月参加工作,1971年5月加入中国共产党。2012年2月任申能(集团)有限公司监事会主席,2014年3月免去该职务。

曾任上海重型机器厂生产二科支部书记,上海重型机器厂团委书记、党办主任,市第一机电工业局团委书记,市标准件制造公司党委书记,市机电工业管理局党委副书记、书记,长宁区委常务副书记、书记,徐汇区委书记,徐汇区人大常委会主任。

陈士杰　2003年12月任申能(集团)有限公司副董事长,2006年11月免去该职务。曾任中共上海市建设工作委员会党委书记。

吴建雄　1965年12月生,上海人,硕士研究生学历,教授级高级工程师。1989年3月参加工作,1994年9月加入中国共产党。1989年3月起到申能电力开发公司工程部工作,2008年4月任申能(集团)有限公司党委副书记、总经理,2018年12月免去该职务。

曾任申能电力开发公司工程部工程师,申能股份有限公司策划部经理助理,申能房地产有限公司总经理助理、副总经理、总经理,申能股份有限公司总经理助理兼投资部经理,申能股份有限公司副总经理,申能(集团)有限公司总经理助理兼申能股份有限公司副总经理,申能(集团)有限公司副总经理。

盛裕若　1959年6月生,上海人,硕士研究生学历,高级政工师。1977年10月参加工作,1989年6月加入中国共产党。2016年2月任申能(集团)有限公司党委副书记、纪委书记,2016年8月至今,任申能(集团)有限公司党委副书记、纪委书记、监事会副主席。

曾任上海吉利食品厂团支部书记,共青团长宁区委办公室副主任,共青团长宁区委宣传部副部长,共青团长宁区委学校部副部长,市委组织部办公室副主任科员、主任科员,市委组织部经济干部处助理调研员,市金融工作党委干部人事处副处长、处长,市金融工作党委副巡视员、市金融工作党委秘书长。

宋振林　1946年3月生,江苏高邮人,大学学历,高级政工师。1964年8月参加工作,1969年5月加入中国共产党。2002年8月任申能(集团)有限公司副总经理,2006年9月退休。

曾任空军政治学校训练部正营职秘书,空军政治学校训练部办公室主任,空军政治学校第一学员大队大队长,空军政治学院第四学员大队政委,空军第八军政治部副主任,空军上海基地政治部副主任,上海市计委纪检组组长,上海市综合经济纪委书记,上海市计委纪委书记。

葛维昌　1954年4月生,江苏吴县人,高级经济师、高级政工师。1972年1月参加工作,1980年2月加入中国共产党。2003年12月任申能(集团)有限公司副总经理,2014年9月退休。

曾任上海煤气公司管线所二工区团支部书记,上海煤气管线所三工区工会主席,上海煤气公司团委副书记、书记,上海公用事业研究所党总支副书记、书记,上海煤气公司党委副书记、副总经理,上海煤气销售(集团)有限公司总经理、党委副书记,上海市燃气管理处党委书记、处长。

王敏文　1963年11月生,浙江东阳人,大学学历,工程师。1988年8月参加工作,1987年1月加入中国共产党。1988年8月起到申能电力开发公司财务部工作,2005年6月任申能(集团)有限公司副总经理,2007年4月免去该职务。

曾任申能股份有限公司投资部经理助理,申能股份有限公司策划部副经理,申能创业投资有限公司总经理,申能资产管理有限公司总经理兼党支部书记,申能(集团)有限公司总经理助理。

乔志刚　1967年4月生,内蒙古包头人,博士研究生学历,讲师、工程师。1989年9月参加工作,2003年7月加入中国共产党。2009年4月任申能(集团)有限公司副总经理,2013年5月免去该职务。

曾任包头钢铁设计研究院计算站助理工程师，复旦大学电子工程系讲师，上海复旦金仕达计算机有限公司董事长，市信息化委员会副主任，长宁区副区长。

王者洪　1962年10月生，上海人，硕士研究生学历，教授级高级工程师。1984年7月参加工作，1995年12月加入中国共产党。2011年10月至今，任申能（集团）有限公司副总经理。

曾任上海煤气公司规划设计室副主任、副科长、副总工程师，上海市公用事业管理局科技处副处长、上海天然气输配公司常务副总经理，上海燃气浦东销售有限公司总经理，上海燃气（集团）有限公司副总经理、总工程师，上海天然气管网公司总经理，申能（集团）有限公司总经理助理，上海燃气（集团）有限公司总经理。

孙　忞　1972年9月生，吉林通化人，硕士研究生学历。1994年7月参加工作，1993年4月加入中国共产党。2007年9月起到申能（集团）有限公司投资管理部任职，2011年9月任申能（集团）有限公司副总经理，2015年7月免去该职务。

曾任上海交通大学材料工程系教师，上海市政府办公厅人事处副主任科员，上海市政府办公厅综合处副主任科员、主任科员，上海市政府办公厅建议提案处助理调研员，上海市政府办公厅秘书处助理调研员、调研员，申能（集团）有限公司投资管理部经理，申能（集团）有限公司总经理助理。

宋雪枫　1970年2月生，江苏无锡人，博士研究生学历，高级经济师。1995年3月参加工作，1994年5月加入中国共产党。1995年3月起到申能股份有限公司投资部工作，2014年8月至今，任申能（集团）有限公司副总经理。

曾任申能股份有限公司财务部主管，申能股份有限公司计划财务部副经理、经理，申能股份有限公司总经理助理，申能股份有限公司总会计师，申能股份有限公司副总经理，四川省自贡市市长助理（挂职），申能股份有限公司监事长，申能（集团）有限公司总经理助理。

朱宗尧　1975年1月生，山东滕州人，博士研究生学历，高级工程师。1997年7月参加工作，1995年5月加入中国共产党。2015年9月任申能（集团）有限公司副总经理，2018年4月免去该职务。

曾任崇明县民政局办公室副主任，上海市信息化办公室信息产业管理处科员，上海市信息化办公室/委员会信息产业管理处副主任科员，上海市信息化委员会信息产业管理处主任科员，上海市信息化委员会信息产业管理处副处长，上海市信息化委员会软件和信息服务业管理处（行业协会指导办公室）副处长、处长，上海市经济和信息化委员会软件和信息服务业处处长，上海市经济和信息化委员会信息化推进处处长。

张　芊　1974年2月生，上海人，硕士研究生学历，经济师。1996年7月参加工作，1995年3月加入中国共产党。1996年7月起到申能（集团）有限公司策划部工作，2015年9月至今，任申能（集团）有限公司副总经理。

曾任申能（集团）有限公司综合管理部副主管、主管，上海申能资产管理公司金融资产部副经理、经理，申能集团财务有限公司筹备组副组长，申能（集团）有限公司团委书记，申能集团财务有限公司副总经理、工会主席,申能集团财务有限公司总经理、党支部书记。

周嘉琦 1955年10月生,江苏苏州人,高级政工师。1974年6月参加工作,1977年6月加入中国共产党。2009年12月起任申能(集团)有限公司纪委书记、监事会副主席,2016年5月退休。

曾任上海液压件一厂党支部书记,上海液压气动总公司团委书记,上海液压气动总公司宣传科科长、党委办公室主任、工会主席、党委副书记、纪委书记,上海电气(集团)总公司纪委副书记,上海市工业纪委副书记,上海国有资产监督管理委员会纪委副书记、监察室主任,上海国有资产监督管理委员会纪委副书记、监察室主任、稽查中心主任。

谈金龙 1956年4月生,江苏扬州人,大学学历,高级政工师。1974年5月参加工作,1982年4月加入中国共产党。2011年12月任申能(集团)有限公司工会主席,2016年11月退休。

曾任上海市煤气公司液化气管理所团总支副书记、党委秘书,上海市煤气公司党委办公室副主任,上海市煤气公司液化气管理所党委书记,上海市煤气公司党委副书记,上海煤气制气(集团)有限公司党委副书记,上海燃气浦东销售公司党委书记、董事长,上海燃气(集团)有限公司党委书记、纪委书记、工会主席,申能(集团)有限公司工会副主席。

须伟泉 1961年1月生,上海人,硕士研究生学历,高级工程师。1983年2月参加工作,1990年12月加入中国共产党。2016年9月至今,任申能(集团)有限公司工会主席。

曾任上海石洞口发电厂值长,上海外高桥发电厂值长,上海市电力公司生技处电厂运行主管,上海电力股份有限公司生产部高级主管,上海吴泾第二发电有限公司工程筹建处副主任,上海吴泾第二发电有限公司副总经理,上海市电力公司生产科技部副经理,上海吴泾第二发电有限公司党委书记、总经理,申能股份有限公司党委书记、副总经理、纪委书记。

第二节 正高级职称员工

廖谟圣 1935年3月生,重庆人,中共党员。1991年经地质矿产部审定评为首批教授级高级工程师,重庆市高级工业学校机械专业,曾任地质矿产部上海海洋地质调查局技术装备研究所副所长、上海石油天然气有限公司海工部总工程师等职。兼任中国石油和石化工程研究会海洋专业委员会主任10多年。主持设计的海洋地质钻井泥浆泵已投产超过2万台,主持设计的遥控海底取芯钻机、海洋工程钻探船、海洋浮式钻井水下设备等产品均先后投入生产运行,部分项目获部级科技成果奖。主要著作有:《海洋油气勘探开发工程技术概览》《海洋石油钻采工程技术与装备》《海洋石油开发》《海洋开发机器与液压技术》《地质勘探机械修理方法》,发表学术论文120余篇。

林 勇 1941年12月生,上海人,教授级高级工程师,西安交通大学动力机械系锅炉专业本科毕业。1964年8月参加工作,2001年12月在上海吴泾第二发电有限责任公司退休。曾任上海发电设备成套设计研究所火电成套设计室工程师,上海市电力工业局基建处热工专职、基建处发电工程高级主管。擅长锅炉及热控专业技术,曾在石洞口电厂,吴泾电厂六期、七期工程,上海杨树浦电厂改造等工程项目担任热控专业技术负责人。在1994年度获上海市重点工程实事立功竞赛中记功个人。

郭揆常 1942年3月生,上海人,中共党员,教授级高级工程师,北京石油学院开发系本科毕业。先后任职于石油工业部大庆石油设计院、江汉石油设计院等单位,曾任江汉石油设计院院长、高级工程师,中国石油天然气总公司昆山公司经理,上海石油天然气有限公司总工程师等职。长期从事石油天然气工程设计和建造,先后参加过大庆、江汉、河南、青海、新疆、辽河、广西、胜利、东海平湖等油气田的工程设计和建设,多次获国家级和石油工业部级科技成果、优秀设计和优质工程奖。在《油气储运》《石油与天然气化工》等专业杂志上发表文章数十篇,出版多本专著,其中作为高等学校教材的《油气集输》获华东地区大学出版社优秀教材奖一等奖。主持的平湖油气田开发高产稳产和轻烃综合利用技术研究获上海市科技进步奖二等奖。

李昌强 1942年11月生,上海人,中共党员,教授级高级工程师,武汉水利电力学院电厂化学专业本科毕业。曾任上海外高桥发电厂总工程师、副厂长,上海市电力公司基建处副处长,吴泾八期工程筹建处主任、吴二发电厂长、党委书记、总经理等职。长期从事专业技术管理工作,主持过上海电网大机组建设。作为多年电站基建技术负责人,组织协调工程招标、安装、调试、投运生产等全过程,不断推进技术研究和管理优化。多次获上海市重点工程实事立功竞赛记功个人。1999年、2000年分别获上海市重点工程实事立功竞赛建设功臣。2001年获上海市劳动模范称号。

冯伟忠 1954年12月生,上海人,中共党员,教授级高级工程师,毕业于上海电力学院热能动力工程专业。任淮北申能发电有限公司董事长,上海外高桥第三发电有限责任公司副董事长,上海申能电力科技有限公司总经理。先后获2010年度全国低碳经济突出贡献人物;国家科技进步奖二等奖;年度感动(全国)电力十大人物、2012年全国五一劳动奖章、2013年度何梁何利奖,2016年首届中国生态文明奖先进个人(全国电力系统及上海市唯一)、全国优秀科技工作者等;同年获ASME(美国机械工程师协会)颁发的电力最高荣誉奖"最佳创新者奖",成为该奖项自1954年设立以来第一位获奖的中国人。长期从事火电厂技术工作,在火电能效和节能型环保技术领域实现系列突破,取得数十项国内、国际科技创新成果,获66项国内、国际专利。主持外高桥第三电厂百万千瓦超超临界机组,创年平均供电煤耗达276克/千瓦时世界最好水平,获能源局颁发全国唯一国家煤电节能减排示范基地称号。主持建设的安徽平山电厂二期工程1×1350兆瓦高低位双轴布置的两次再热高效超超临界汽轮发电机组工程,被国家能源局列为国家示范工程,将以251克/千瓦时的供电煤耗再创世界最好水平。其应用的高低位布置设计技术获中国、美国和欧盟发明专利授权。

王鸿祥 1956年3月生,江苏无锡人,中共党员,正高级会计师,上海财经大学EMBA专业工商管理硕士。申能(集团)有限公司原副总会计师,兼任财务部经理,2016年10月退休。曾任上海财经大学会计系讲师,上海财经大学会计系副教授,申能集团财务有限公司董事长。任职期间围绕公司战略规划和改革发展,规划财务战略,建立完善财务管理制度,通过推进全面预算管理、资金集中管理、内控规范建设等工作,不断提升集团化管控能力,构建集团化财务管控体系。领导公司连续多年取得会计信用等级A类企业,所领导财务部门多次获市国资委财务工作先进集体等荣誉,所领导工会经审委获中华总工会授予的"全国经审工作先进集体"。

高建悦 1959年9月生,江苏江阴人,中共党员,教授级高级工程师,华东化工学院煤化工专业本科毕业。任上海液化天然气有限责任公司党委副书记、纪委书记。曾任上海煤气制气(集团)有限公司总工程师,上海石洞口煤气制气有限公司总经理、党委副书记,上海燃气(集团)有限公司副总工程师,上海液化天然气有限责任公司党总支书记等职。长期从事城市燃气和液化天然气工程建设、生产运行管理,直接参与过煤制气、液化石油气储运、轻油制气、代用天然气(SNG)、液化天然气(LNG)等多项重大工程建设。曾担任上海市化工学会有机化工专业委员会副主任、"市建设系统专业技术学科带头人";先后承担3项重大科研项目;获得2项专利;发表《催化富气工艺装置改产代用天然气》等文章。获上海市重大工程立功竞赛一等市级记功、上海市重点建设工程科技明星提名奖以及三次获上海市重大工程立功竞赛建设功臣称号等荣誉。

吕 伟 1961年6月生,上海人,中共党员,教授级高级工程师,华东理工大学煤化工专业毕业,工程硕士。任申能(集团)有限公司安全管理部经理,曾任上海吴淞煤气制气公司总工程师、副总经理,上海石洞口煤气制气公司总经理、董事长等。长期从事燃气行业技术开发和管理工作,十分重视推进科研成果和新工艺、新技术、新产品在燃气生产中的应用,多次参加并负责市重大工程燃气扩建改造项目的建设和管理,主要负责天然气改制工艺技术研究、改质催化剂开发应用和油气储存技术安全建设运营等关键技术,多项成果取得良好的经济和社会效益,为上海城市燃气发展作出较大贡献,获建设部和上海市科技进步奖。

高伟义 1962年1月生,浙江余姚人,教授级高级工程师,同济大学海洋地球物理专业大学本科。任上海石油天然气有限公司科技信息部经理。曾任上海石油天然气有限公司勘探开发部副经理。长期从事石油天然气勘探开发地球物理研究,参与多项上海市重点科研项目,并负责和主持其中的地球物理研究子课题项目,编写多项市科委课题科研报告和技术总结报告,发表论文十余篇,获上海市科技进步奖一、二、三等奖各一项。

陈原珍 1962年3月生,女,浙江嘉善人,教授级高级工程师,大庆石油学院(现东北石油大学)石油地质专业本科毕业。曾就职于江苏油田勘探开发研究院、滇黔桂石油勘探局(现中石化西南石油局),退休前为上海石油天然气有限公司勘探开发部地质主管。长期从事石油天然气勘探开发研究及实践工作,有多个油气田勘探开发经历,具有丰富的石油天然气勘探开发理论及实践水平。1993年1月调入上海石油天然气有限公司后,负责完成多项实际勘探开发研究工作及报告编写,多篇文章发表于行业期刊及核心期刊,在企业杂志《上海天然气》上发表十余篇石油天然气行业翻译文章。2001年、2004年分别获上海市科技进步二等奖、2010年获上海市科技进步一等奖,2011年获国土资源部全国油气探明储量优秀报告奖。

王卫龙 1962年9月生,上海人,中共党员,教授级高级工程师,华东石油学院石油矿场机械专业本科毕业。任申能股份有限公司副总工程师,上海石油天然气有限公司党委书记、总经理。曾任上海石油天然气有限公司总经理、党委书记等职。入选国家科技部海洋技术领域专家、国家能源局软科学评审专家、上海市人事局高级职称评审专家。长期从事海洋油气勘探开发技术创新及管理工作,主持完成中国东海首个油气田——东海平湖油气田的开发建设并实现上海市一次能源供应零的突破。承担并完成国家863重点项目"东海边际气田水下生产系统关键技术研究"。先后获上海市重点工程实事立功竞赛"记功个人",上海市重大实事"工程建设功臣",2008年"上海市市燃气行业领军人才"等荣誉。

梁连喜 1963年1月—2014年11月,安徽六安人,中共党员,教授级高级工程师,成都地质学院石油地质系本科毕业。曾任中石化上海海洋油气分公司科技处高级工程师、副处长,上海石油天然气有限公司副总地质师等职。长期从事海洋石油天然气勘探开发研究及科研管理工作,工作涉及东海的构造演化、构造地质、地震资料解释、储层研究、储量计算、油气资源评价等内容,具有丰富的海洋石油地质研究理论。负责和参与"东海陆架盆下第三系重点凹陷地质结构研究"等多项国家科技攻关课题,主持并参与的"东海平湖油气田薄油层开发关键技术研究"获上海市科技进步奖一等奖,"东海平湖油气田重点地区勘探评价研究与应用"获上海市科技进步奖三等奖。

徐建刚 1963年7月生,江苏常熟人,中共党员,教授级高级工程师,合肥工业大学材料与工程系全日制工程硕士,上海交通大学管理学院工商管理硕士。任上海申欣环保实业有限公司总经理,曾任上海电材技术公司总经理、申能新能源投资有限公司副总经理等职。致力于科技投资和创新、燃煤电厂环境污染第三方治理及在线监测领域技术管理工作。主持和参与多项部、市级科研项目,获得3项发明专利、36项实用新型专利。带队研发数据采集传输仪、数字粉尘测试仪和脱硫增效剂等系列环保产品,"火电厂环保智能化节能管理系统"等软件。参与编写《机械工程材料实用手册》,参与编制《环境保护设施运营单位运营服务能力要求》的部颁标准工作。1991年享受机电部中青年专家津贴,2003年获第一号上海市经营者职业资格证书。先后获上海市环境保护先进个人、机电部优秀科技青年、国家能源局软课题三等奖、中国绿色经济管理创新十大领军人物等荣誉。

沈金龙 1963年8月生,上海人,中共党员,教授级高级工程师,华东理工大学煤化工专业毕业。任上海浦东煤气制气有限公司执行董事、总经理。曾任上海浦东煤气制气有限公司党委书记、董事长、总工程师。长期专注煤气生产技术、科研、管理工作,主持开发多项市、局级重大科研项目,由他主持的"城市煤气中CO含量达标的可行性研究",获2001年上海市科学技术成果奖,个人获2004年度上海市建设功臣称号,2013年7月得1项人工燃气发明专利。浦煤制气转型转岗期间,作为公司领导,积极面对边生产、边转型、边服务的新挑战,带领全体职工齐心协力,稳步推进企业转型、职工转岗工作,取得显著的工作成效。

高玉珍 1963年10月生,女,上海人,中共党员,教授级高级工程师,华东化工学院煤化工专业工学学士。任上海天然气管网有限公司副总经理。曾任上海市天然气输配公司供气部主任,上海天然气管网有限公司浦东供气管理处主任、生产部经理、总经理助理等职。作为公司安全生产和运行工作负责人,引进和推行健康、安全、环境、质量(QHSE)管理体系。围绕天然气供需平衡、施工和检维修作业时的安全管理、输配管道设施安全保护和天然气主干管网系统非常态的应急管理,组织技术研究,使企业的生产运营管理和安全、环保水平全国领先。当选中共上海市第九届党代会代表。先后获2003—2004年度、2007—2008年度上海市三八红旗手,上海质量管理优秀领导者,上海市燃气行业"领军人才",2011年获国家安全生产监督总局第五届安全生产科技成果奖三等奖等荣誉。

昌　锋 1963年11月生,重庆人,中共党员,教授级高级工程师,中国石油大学油气田开发工程专业硕士研究生。任上海石油天然气有限公司副总经理,曾任中国海油东海石油公司研究所任工程师;上海石油天然气有限公司勘探开发部副经理、经理、总工程师等职。高度重视科技对生产力的引领作用,强调科研为生产服务,开创性地提出大位移井开发中山亭油气田、气井降压开采、气举自喷联合生产管柱等设想并组织成功实施,取得突出的生产成效。作为多项市科委课题的负责人,带领研发团队进行深层油气勘探、高温高压井钻完井技术、不动管柱选择性水力压裂等多项科技新技术、新工艺的攻关,积极推进平湖与西湖油气管线的互通互联,为公司融入东海大开发作出重要贡献。先后两次获上海市科技进步奖一等奖。

陈　明　1963年12月生,浙江宁波人,中共党员,教授级高级工程师,成都地质学院(成都理工大学)石油天然气勘探地质专业本科。任上海石油天然气有限公司副总地质师。长期从事东海平湖油气田的勘探开发研究及技术管理工作,曾主持和参与多项上海市和申能集团的科研课题,使平湖油气田的勘探开发水平处于国内先进水平,其中主持的研究课题先后获上海市科技成果奖一、二、三等奖。

刘胜国　1964年1月生,四川遂宁人,中共党员,教授级高级工程师,英国赫瑞-瓦特大学石油工程专业硕士研究生、上海交通大学工商管理硕士毕业,1984年7月参加工作,1996年1月加入中国共产党。任上海申能临港燃机发电有限公司副总经理(分管安全、生产)。曾任上海石油天然气有限公司副总工程师兼天然气处理厂厂长。长期从事石油天然气工程研发、建设、生产管理及电厂安全生产工作。完成科技部"863"项目"东海边际气田水下生产系统关键技术研究"以及其他多项市重点工程建设与科研项目。积极推进节能降耗与科技技改工作,实施多项科技创新与节能降耗项目。先后获上海市重点工程实事立功竞赛记功、上海科技进步奖三等奖等多项荣誉和奖项。

邹阿七　1964年4月生,江苏昆山人,中共党员,教授级高级工程师,成都理工大学探矿工程钻探专业本科。任上海石油天然气有限公司井下作业部经理。曾任中国海洋石油(中国)有限公司上海分公司作业部经理及项目组副经理等职,经历平湖油气田开发的全过程。主持和负责石油钻完井工艺技术应用科研项目19项,其中上海市重点科研项目三项,其"东海油气田薄油层开发关键技术研究"项目的研究成果达到国内领先水平,获上海市政府颁发的上海市科学技术奖一等奖证书。多次获中海石油(中国)有限公司上海分公司科技进步奖和申能股份有限公司科技进步奖等奖项。

张　明　1964年5月生,女,上海人,中共党员,教授级高级工程师,同济大学燃气热能供应专业工学学士。任上海天然气管网有限公司副总经理、总工程师。曾任上海天然气输配公司供气管理部副主任,上海天然气管网有限公司市场部主管、总工室主管、主任、副总工程师等职。全程组织或参与上海天然气主干网的规划、设计及建设。注重技术创新,将科研项目与天然气主干网建设、运行相结合,创建国内城市燃气行业内首个数字化主干网平台和套覆盖公司业务全流程的ERP企业资源管理系统等,为上海市天然气稳定供应提供安全可靠的保障。先后获2007—2008年度上海市"讲理想、比贡献"活动科技标兵,2013年第十一届中国土木工程詹天佑奖创新集体成员,2014年度上海市重点工程实事立功竞赛"建设功臣"等荣誉。

饶险峰　1964年7月生,江苏盱眙人,中共党员,教授级高级工程师,毕业于同济大学城市燃气热能供应工程专业。任上海市燃气调度中心副主任。曾任上海天然气管网有限公司副总经理。长期从事天然气主干管网建设,熟悉掌握天然气工程领域技术标准,承担和主持东海天然气早期开采供应上海城市燃气工程、上海市天然气主干管网一期、二期工程等大型城市天然气管网工程的建设。主持和参与的多个科研工程项目获国家部级奖和上海市级奖；在天然气工程建设的新材料、新技术、新工艺方面取得多项创新成果。2006年获上海市重大工程立功竞赛建设功臣称号，2011年获上海市重大工程立功竞赛优秀组织者称号。

严艺敏 1965年5月生，浙江诸暨人，中共党员，教授级高级工程师，同济大学城市燃气热能供应工程专业本科毕业，上海交通大学EMBA。任上海液化天然气有限责任公司副总经理。曾任上海市天然气输配公司项目负责人、总工程师，浦销总工程师，液化天然气公司总工程师等职。长期从事城市燃气，特别是天然气专业技术和项目建设、运行管理工作，先后主持、负责完成多个国家、上海市的大型项目和重点工程。曾担任国内第一个LNG项目五号沟事故气源备用站项目负责人，在大型LNG储罐选型、LNG气化器选型、输气管线系统工艺设计以及LNG储罐建造、取排水口设计施工、首船LNG预冷投产等核心技术方案和关键施工作业等方面创造多项国内第一乃至国际领先。先后获上海市青年岗位能手、上海市重点工程实事立功竞赛市级记功等荣誉。

李捷娣 1965年12月生，女，安徽芜湖人，中共党员，教授级高级工程师，上海大学电气工程专业硕士研究生。任上海燃气浦东销售有限公司信息管理部经理。长期从事计算机应用专业（包括计算机、通信、自动控制技术等专业）的研究、信息化项目的开发及应用推广工作。开发出一系列适用于燃气行业的信息系统和自动化监控系统，并参与燃气行业相关标准的编写工作。悉心指导高学历毕业生和中高级技术人员改进和提升技术能力，培养出一批责任心强、技术业务精的技术骨干。主持和承担完成30多项科研项目，科研成果得到推广和应用，取得较高的社会效益和经济效益。独立开发的"浦东燃气安全监测短信发送系统"获国家软件著作权，"便捷式燃气管网及设施信息管理装置"等多个项目获国家实用新型专利。

张　维 1966年2月生，女，浙江宁波人，教授级高级工程师，同济大学城市燃气专业本科，法国煤气公司研修生。任上海燃气浦东销售有限公司副总工程师、综合管理部经理。曾任上海市天然气输配公司东海天然气下游工程项目组负责人，上海燃气转换公司副经理，上海燃气浦东销售有限公司技术基建部负责人、技术设备部经理等职。长期关注燃气技术的研究和规划发展的制定，主持和参与天然气转换、发展规划和项目建设，为燃气事业的发展作出贡献。当选浦东新区第三、五届人大代表，新区五届人大常委城建环保工委咨询专家。2000年获上海市建设功臣称号，2009年无线IC卡远传控制项目获国家实用新型专利。

姚珉芳 1967年2月生，女，上海人，中共党员，教授级高级工程师，华中科技大学电厂热能动力及自动化专业本科，上海理工大学热能工程专业硕士研究生。任申能（集团）有限公司副总工程师、科创中心主任，曾任上海发电设备成套设计研究院技术质量经营处副处长、申能股份有限公司投资部副经理、申能（集团）有限公司投资管理部经理等职。长期专注能源技术、规划发展和政策研究，主持和参与多项国家和上海市级电力、石油天然气和可再生能源发展规划、项目建设和政策研究，组织推进技术研究和革新改造，使企业的技术、管理、能效和环保水平全国领先。先后获国家能源科技进步奖、国家能源局软科学研究优秀成果奖、上海市发展改革决策咨询研究成果奖等荣誉，2018年获"享受政府特殊津贴人员"。

刘　釭　1967年11月生,上海人,中共党员,教授级高级工程师,上海交通大学电力系统及自动化专业大学本科毕业,2002年7月获得复旦大学工商管理硕士学位。任吴泾第二发电有限责任公司党委书记、总经理。1990年7月参加工作,曾任吴二发电副厂长、总工程师,申能股份有限公司副总工程师,吴二发电总经理、党委副书记等职。曾主持大型电厂设计、安装、调试、生产运行与经营管理,关注管理机制创新和优化,推进技术研究和革新改造,使企业的技术管理、安全、环保和能效水平在同类机组中领先。多次被评为全国电力行业、上海市记功个人、先进个人、优秀组织者等先进称号。入选中国电力企业联合会专家库,参加上海市节能协会等学术社团。

王立群　1969年5月生,女,上海人,中共党员,教授级高级工程师,上海交通大学电力系统及其自动化专业大学本科毕业。任上海外高桥第三发电有限责任公司总经理助理兼副总工程师及设备管理部主任;兼任上海申能电力科技有限责任公司副总经理。长期致力于设备管理,探究设备及其系统的可靠性和经济性的提高,主持或组织、协调、参与实施诸多节能减排科研创新项目,使外三发电机组成为国内外节能减排标杆企业。组织相关专利和专项技术的对外推广,并参与创新技术的开发及研究实施。参与的课题与项目先后获国家科学技术进步奖二等奖、上海市科技进步奖二、三等奖等。

金　峰　1969年10月生,上海人,中共党员,教授级高级工程师,东南大学生产过程自动化专业本科毕业。任上海外高桥第三发电有限责任公司设备管理部党支部书记、副主任、研发中心首席工程师、热控专工。长期专注火电厂工程筹建、工程协调、系统设计、施工管理、系统调试、设备管理、检修维护、节能减排综合优化改造、技术创新、热控管理、AGC/一次调频优化等工作。作为主要专业负责人参与过国内首台百万千瓦级超临界燃煤机组外高桥二期 2×900 兆瓦工程、国内首批 $2\times1\,000$ 兆瓦超超临界燃煤机组外高桥三期工程的筹建和设备管理。参与的项目先后获上海市科技进步奖一等奖、国家科技进步奖二等奖、上海市企业管理现代化创新成果奖二等奖、中国电力建设企业协会的电力建设科学技术进步奖三等奖等奖项。

徐淑红　1971年9月生,女,黑龙江逊克人,中共党员,教授级高级工程师,东北林业大学生态学专业博士研究生。任上海申欣优达环保科技有限公司总经理。曾任哈尔滨师范大学生物系教师、东华大学环境学院博士后、上海东华凌云环境科技发展有限公司技术经理、上海申欣环保实业有限公司培训中心主任、研发中心主任、总经理助理。多年来致力于环境保护相关技术及研发工作,主持和参与多项国家级、上海市节能减排和环境保护相关项目的研究工作。主编论著1本,参编论著2本,获发明专利5项,实用新型专利35项。先后获黑龙江省高校科技进步奖二等奖、上海市发明奖二等奖、国家科技进步二等奖、国家能源局软科学研究优秀成果奖三等奖、上海市环境保护先进个人等奖项。

李海涛　1973年10月生,湖南祁东人,中共党员,教授级高级工程师,华东理工大学煤化工专业本科,华东理工大学高级工商管理硕士。任上海久联集团有限公司党委副书记、副总经理、上海石洞口煤气制气有限公司执行董事、总经理、党委副书记。参与、负责、管理轻油制气生产线设备安装、调试、轻油制气系统设备国产化应用、催化剂国产化应用、油改气项目、取消脱碳系统改造、石洞口燃气生产和能源储备项目建设等项目,为企业的安全生产、技术进步、降本增效、保障供应作出贡献。先后获上海市节能协会节能先进工作者、上海市"讲理想、比贡献"活动科技标兵、上海市重大工程立功竞赛建设功臣、上海市重大工程立功竞赛优秀组织者等荣誉。

第三节　市级及以上劳动模范、五一劳动奖章获得者

江从铨　1941年5月生,上海人,毕业于山东工学院电机工程系发电厂电力网及电力系统专业。1988年被评为1987年度上海市劳动模范。1965年8月参加工作,1983年6月加入中国共产党,先后在华东电管局、上海闸北发电厂、上海市电力工业局、上海外高桥发电厂、上海外高桥发电厂二期工程筹建处(现为上海外高桥第二发电有限责任公司)工作,任厂长、党委书记兼筹建处主任。在职期间,他锐意改革、狠抓管理、发扬民主,在保安全、降煤耗、控成本、多发电方面取得显著成绩,经济考核指标和安全记录始终处于上海电力局各主要发电厂前列,为缓和上海电力紧张局面作出贡献。

徐顺清　1944年5月生,江苏江阴人,中共党员。1969年8月毕业于上海海事大学水运技术管理专业,1993年9月被评为高级经济师;2001年4月被评为2000年度上海市劳动模范。曾任上海石油天然气有限公司副总经理,分管工程项目、安全生产。在其带领下,上海石油天然气有限公司从工程建设向生产经营顺利转轨,实现东海天然气工程胜利投产,保证油气生产的安全运营,较好地完成各项工作任务,有利于向上海市长期、稳定供应天然气。

陈国昌　1946年3月生,上海人,中共党员。毕业于东沟农业中学。1999年获全国建设系统劳动模范称号。1960年参加工作,作为浦煤制气备煤车间码头大组组长,技术过硬,对码头整个流水线的设备、型号、性能、规格等技术数据和生产特点了如指掌。他经常放弃休息,摸索安全操作的卸煤经验,通过反复实践,不断钻研,创出快速调档、清仓换岗、湿煤掺和等卸煤八大法,使卸煤数万吨无一事故,而且降低生产成本,从而保证码头安全生产和各项任务的顺利完成。

朱荣贵　1949年7月生,上海人,中共党员,毕业于华东理工大学经济学研究专业。2001年被评为2000年度上海市劳动模范。1970年11月参加工作,曾任上海浦东煤气制气有限公司总经理。受命于企业改革的攻坚阶段,他把困难当作挑战,在深化改革过程中,提出一系列有创意的改革方案,带领全体职工在生产调度、成本管理、科技创新、企业管理等方面积极作为。面对40万立方米/天天然气掺混平衡利用工程的任务,他身先士卒,日夜操劳,改造工程按期完成,为浦煤制气的生存和发展奠定基础。

施进兴　1949年12月生,上海人,毕业于上海市彭浦中学。1994年获建设部系统劳动模范荣誉称号。1968年9月参加工作,1987年6月加入中国共产党。作为炼焦车间热修组组长,他勤奋工作,练就一套修理焦炉的过硬技术,被誉为焦炉的"外科医生";他工作不分内外,团结协作,在班组管理中创造一套崭新的管理方法,使热修组屡获殊荣,成为班组建设名副其实的"领头羊",为广大煤气职工树立学习榜样。

朱扣虎 1950年7月生,上海人,毕业于上海闵行区新闵中学。1990年被江西省人民政府授予全省劳动模范称号。1966年7月参加工作,先后在新疆石河子市150团、江西国营九三三四厂、江西南昌南方电动工具厂、上海申能星火热电有限责任公司工作。热爱本职工作,严格要求自己,钻研专业技能;他从不计较个人得失,克服个人及家庭的种种困难,在工作中哪里需要他,他就出现在哪里;他一直是单位的技术骨干,善于解决各类疑难杂症;多年来,他用踏实的工作扎根基层一线,辛勤的汗水续写时代工人崭新的丰姿。

郑广学 1952年11月生,山东费县人,小学毕业。2007年被评为2004—2006年度上海市劳动模范。1970年参军,1972年8月加入中国共产党,先后在上煤液化所闵行分所兰坪路供应站,上海液化石油气经营有限公司西区销售部担任站长。他以"用户至上,质量为本"的服务宗旨,坚持改革创新,以"商业模式"为契机,强化服务管理;以诚信于民为准则,创新服务特色。在他的带领下,供应站送瓶及时率、规范服务执行率在行业中一直处于领先地位。多年来他以娴熟的技能、热情的服务态度,为企业树立对外服务的榜样,也为确保液化气安全平稳供应作出贡献。

万骊珠 1954年11月生,上海人,女,1996年4月被评为上海市劳动模范。1972年12月参加工作,1988年12月加入中国共产党。先后在上海市煤气公司、上海煤气销售(集团)有限公司、上海燃气市南销售有限公司、上海大众燃气有限公司黄浦、卢湾、徐汇等地区担任抄表员、抄表组长、业务组长等职务。尤其是在徐汇办事处担任抄表组长期间,主抓班组管理和个营个团燃气销售的营差工作,她不仅利用精准的抄算和科学的管理手段,还身先士卒带领班组员工活跃在各类营事团体抄表工作的第一线,为确保安全服务作出积极的贡献。1992—1998年间,万骊珠还先后被评为全国建设系统规范服务先进个人、上海市建委系统三学标兵、上海市我最佩服的共产党员、上海市三八红旗手等荣誉称号。

苏继荣 1955年2月生,上海人,中学毕业。2000年获上海市劳动模范称号,2002年获全国五一劳动奖章。1979年10月加入中国共产党,1980年3月参加工作,先后在上海市煤气公司营业所、上海煤气销售(集团)有限公司营业所、上海燃气市北销售有限公司工作,2002年担任市北公司虹口办事处燃气检修员。在20世纪末掀起的市场经济大潮中,他敢为人先,与办事处签约承包,实行"党员带头闯市场,个人搞承包"的新服务模式,成为当时煤气营业所第一个放弃"铁饭碗","下海"搏击闯市场的党员职工。他凭借过硬的技术、一流的服务和强烈的市场意识,不仅自己在市场中闯下一片天地,而且于2000年11月16日组建起上海市第一家全方位、全过程就近服务的社区燃气服务站——上海虹口燃气第一社区服务站,为广大用户提供安全规范、方便快捷的燃气服务,赢得行业内外的广泛赞扬。

吴建平 1955年5月生,上海人,毕业于南京陆军指挥学院经济管理专业,1980年被评为"1979年度上海市劳动模范"。1972年11月参加工作,1999年7月加入中国共产党。先后在上海吴泾热电厂、上海吴泾第二发电有限责任公司工作,曾任上海吴泾第二发电有限责任公司副总经理。他倡导"精管理、推技改、优运行、促减排"工作理念,坚持率先垂范,团结和带领广大员工在机组褐煤掺烧技术研究、发电企业厂用电优化管理、发电企业生产全过程管理体系构建与实施、企业环境保护等方面积极作为,为公司两台机组的顺利投产和经济运行作出积极贡献。

王德润 1958年4月生,上海人,毕业于海军航空工程学院经济信息管理专业。1997年、2000年获上海市劳动模范,2001年获全国"五一"劳动奖章。1976年3月参加工作,1997年11月加入中国共产党,先后在新海农场34连、上海市煤气公司、上海煤气销售(集团)有限公司、上海燃气市南销售有限公司营业所黄浦办事处任检修员、上海大众燃气有限公司营业所黄浦办事处任党支部书记。在几十年的燃气检修工作中刻苦钻研服务技能,摸索形成"三心三勤"工作法,推出"五个一"服务举措,凭着自己修理燃气具的一技之长,在社区挂起"为民服务箱"。以他名字命名组建的王德润燃气检修服务网络,作为上海燃气行业第一个服务品牌,2006年获"全国职工职业道德建设先进班组"集体荣誉,成为上海燃气行业职工职业道德建设和精神文明建设的排头兵。始终以服务燃气用户为己任,经常深入部队、学校、社区进行燃气安全服务,常年坚持参加南京路为民设摊服务,努力践行"用户安全在我心中,用户生命在我手中"的服务承诺,真正做到"用一片真情,呵护一份温暖",为上海燃气行业塑造良好的社会形象。

杨国良 1959年5月生,上海人,毕业于南京政治学员行政管理专业。2003年获国家建设部劳动模范称号,2006年获上海市五一劳动奖章。1979年12月加入中国共产党,1981年1月参加工作,先后在上海市煤气公司营业所、上海煤气销售(集团)有限公司营业所、上海燃气市北销售有限公司工作,曾任市北公司静安北办事处副主任。1998年当选为闸北区第十二届人大代表,同年10月13日,开通以其名字命名的燃气服务热线"56423767"。这条"杨代表热线"向彭浦地区广大居民和燃气用户做出"热线进我家,凡事全解决"的郑重承诺,并在此后的十数年间始终如一地贯彻执行。其间难免困难重重,有些来电求助甚至远超杨国良燃气职工的本职,但他凭借自身强烈的责任感、热忱的服务心和强大的行动力,坚持不懈为民办实事,赢得社会各界的广泛好评。通过多年努力,热线网络从彭浦地区扩容到当时整个闸北地区25余万户居民。

陈伟庆 1959年11月生,上海人,女,毕业于上海电力专科学校。2015年被评为"2010—2014年度上海市劳动模范"。1981年7月参加工作,1984年12月加入中国共产党,先后在上海电力股份有限公司吴泾热电厂、上海外高桥第二发电有限责任公司、上海外高桥第三发电有限责任公司、申能股份有限公司、上海申能临港燃机发电有限公司工作,担任上海申能临港燃机发电有限公司党总支书记、总经理。她带领团队确定20个设计优化项目和12个科技创新课题,使临港燃机一期工程节水、节能、节地、环保等措施效果明显;创新开发运用首个大型电力基建ERP管理系统,使项目做到事前、事中、事后全过程控制;对工程关键部位、重点工艺等严加控制,196个验收项目优良率100%,4号机组联合循环发电效率达到59年7%,为国内F级纯凝机组效率最高,处国际领先水平。在她的带领下,临港燃机一期工程获2012年亚洲电力奖年度最佳燃气发电项目金奖、2012—2013年度国家优质工程金奖等行业内最高荣誉。

吴金宝 1963年4月生,上海人,毕业于民生中学。2004年被评为2001—2003年度上海市劳动模范。1982年1月参加工作,1997年5月加入中国共产党。在焦炉炉顶班长的岗位上,他努力钻研业务,带头勇挑重担,积极改进技术工艺,提高焦炉的生产效率和管理水平。2012年浦煤制气转型发展后,人到中年的吴金宝毅然转岗到全新的工作领域:燃气安全检查。工作中,他改变工作思路、改进工作方法,吃苦在前、率先垂范,确保燃气用户的安全用气,为燃气营商服务环境的不断优化贡献自己的力量。

徐国宝 1964年3月生,浙江上虞人,毕业于浙江大学电力系统及其自动化专业,长江商学院高级管理人员工商管理硕士。2004年被评为2001—2003年度上海市劳动模范。1987年7月参加工作,1995年8月加入中国共产党,先后在上海吴泾热电厂、上海外高桥发电厂、上海外高桥第二发电有限责任公司、上海外高桥第三发电有限责任公司、申能股份有限公司工作。在担任申能股份有限公司副董事长、党委副书记、总经理期间,始终秉承申能"锐意开拓、稳健运作"的经营理念,带领团队在电力能源项目发展、科技创新方面取得重大突破,"电气并举、产融结合"的产业结构不断完善,市外、海外电力能源项目拓展稳步推进,所属发电企业能效和环保水平实现行业领先,企业盈利水平持续稳定增长。

张 威 1964年8月生,上海人,毕业于上海电力学院发电厂及电力系统专业。2010年被评为2007—2009年度上海市劳动模范。1983年9月参加工作,1996年11月加入中国共产党。任上海金山天然气有限公司党总支书记兼副总经理,曾任职上海石化公用事业公司工程科科长、液化气管理所所长。张威长期从事液化石油气、天然气管道等各种输送介质管道工程建设,具有丰富的燃气管网发展规划、工程建设、输配运行、应急调度处置经验。组织完成上海石化液化所转制后200公里液化气管网和7万户天然气转换改置工作,为金山区重大民生实事工程交上完美答卷;组织实现"金联热电、中芬热电、东冠分布式供能"等市、区重大能源替代工程项目的建设。

周卫东 1966年11月生,上海人,毕业于同济大学城市燃气工程专业。2010年被评为2007—2009年度上海市劳动模范。1989年9月参加工作,1999年1月加入中国共产党,先后在上海市煤气公司营业所、上海煤气销售(集团)有限公司、上海大众燃气有限公司工作,任上海燃气市北销售有限公司执行董事、总经理、党委副书记,曾任大众燃气营业所所长、党委副书记。工作中,以率先垂范的风格,提升服务水平;以永无止境的精神,推出创新成果;以安全供应的主题,保障世博用气。针对燃气行业的工作性质和特点,他一丝不苟抓业务,扎扎实实搞服务,真抓实干强管理,深入基层调查研究,解决实际问题,同全体干部、职工一起研究办法,采取措施,努力打开工作新局面。担任大众燃气营业所所长期间,他带领营业所以良好成绩完成每年主要经营管理指标,实现增效降差;带领营业所获"世博服务贡献奖"等诸多荣誉,其本人也获评2008年度上海市市政公路燃气行业领军人才。

苏杰斌 1967年8月生,上海人,毕业于同济大学城市燃气专业。2015年被评为2010—2014年度上海市劳动模范。1989年7月参加工作,1996年7月加入中国共产党,先后在上海市煤气公司、上海天然气管网有限公司工作,担任管网公司运行部经理。他以"科学管理、安全为先、细微入手"为工作宗旨,坚持身先士卒,带领部门员工在上海天然气主干管网日常运行管理、生产调度和工程建设等方面积极作为,他参与负责指挥9台天然气压缩机的联合调试,完成国内第一次大型天然气压缩机组在带气状态下的全设计范围性能测试,为实现公司"建管并举、安全发展",确保上海天然气安全平稳供应作出贡献。

陈光明 1974年8月生,浙江龙游人,硕士研究生毕业,中共党员,东方证券资产管理有限公司党委书记、总经理、东方证券股份有限公司总裁助理、中国证券业协会资产管理业务专业委员会副主任委员、上海市东方红公益基金会理事长。2011年入选上海市领军人才,享受政府特殊津贴,

2012年获上海市金融系统优秀共产党员称号,2015年被评为2010—2014年度上海市劳动模范。他带领团队抢抓机遇,锐意进取,其中,在业务资格获批方面,公司继2010年成立国内首家券商系资产管理公司后,2012年首批获得可受托管理保险资金投资管理人资格,2013年又成为国内首家获得公募基金管理业务资格的证券公司,奠定行业领跑者地位,公司综合投资管理能力居行业前例,整体业绩优异。

第二章 人物表

人物表主要收录申能系统中国共产党上海市代表大会代表和上海市人民代表大会代表名单，二级公司主要领导以及申能股份、燃气集团和东方证券直属公司董事长、党委书记和总经理三者正职姓名及任职年限。

第一节 市党代会代表和市人大代表

申能集团系统先后有5人当选为中国共产党上海市代表大会代表，4人当选为上海市人民代表大会代表。

表11－2－1　2005—2017年申能系统市党代会代表和市人大代表情况表

名称	届别	姓名	当选时间
中国共产党上海市代表大会代表	第九次	高玉珍	2007
	第十次	金东琦	2012
	第十一次	吴建雄、王海东、韩英杰	2017
上海市人民代表大会代表	第十二届	陈自怡	2005
	第十三届	杨祥海、王其芬	2007
	第十五届	潘鑫军	2017

第二节 二级企业负责人

表11－2－2　截至2017年年底申能集团二级企业负责人情况表

单位名称	职务	姓名	任职时间
申能股份有限公司	董事长	吴祥明	1987年6月—1989年8月
		鲍友德	1993年1月—1996年6月
		许冠庠	1996年6月—1999年6月
		杨祥海	1999年6月—2005年6月
		吴家骅	2005年4月—2008年5月
		仇伟国	2008年5月—2011年5月
		吴建雄	2011年5月—2018年5月
	党委书记	仇伟国	1995年1月—2012年3月
		须伟泉	2012年3月—

〔续表〕

单位名称	职务	姓名	任职时间
申能股份有限公司	副董事长	明志澄	1987年6月—1989年8月
		陈松泉	1987年6月—1989年8月
		郁子冲	1993年1月—1996年6月
		陈光华	1993年1月—1999年8月
		吴家骅	1999年6月—2005年6月
		徐国宝	2011年5月—2017年5月
	党委副书记	陈光华	1995年3月—1996年7月
		吴家骅	2005年3月—2008年5月
		徐国宝	2008年5月—2017年5月
		须伟泉	2008年2月—2012年3月
		奚力强	2017年5月—
	总经理	华建敏	1987年6月—1992年7月
		陈光华	1992年7月—1999年6月
		吴家骅	1999年6月—2008年5月
		徐国宝	2008年5月—2017年5月
		奚力强	2017年5月—
	副总经理	阮福林	1987年7月—1995年4月
		秦子龙	1987年12月—1990年3月
		邹金宝	1990年3月—1992年8月
		吴家骅	1992年7月—1998年6月
		严成俊	1992年11月—1993年1月
		刘承泽	1995年2月—2002年6月
		陈光华	1999年6月—2002年6月
		吴建雄	2001年2月—2005年6月
		陈铭锡	2001年2月—2008年5月
		徐国宝	2005年4月—2008年5月
		须伟泉	2008年5月—2017年3月
		宋雪枫	2008年5月—2011年5月
		奚力强	2008年5月—2017年5月
		余永林	2008年5月—
		华士超	2011年5月—2015年10月
		李伟艺	2015年4月—2017年2月
		谢 峰	2016年8月—
		王振宇	2017年3月—
		舒 彤	2017年3月—

〔续表〕

单位名称	职 务	姓 名	任 职 时 间
申能股份有限公司	监事长	曹　臻	1993年1月—1996年6月
		仇伟国	1996年6月—2008年5月
		陈铭锡	2008年5月—2011年5月
		宋雪枫	2011年5月—
	纪委书记	周　建	2009年2月—2011年2月
		须伟泉	2012年3月—2016年8月
		刘先军	2016年8月—
	总会计师	宋雪枫	2008年5月—2011年5月
		华士超	2011年5月—2015年10月
	总工程师	奚力强	2008年5月—2017年5月
	总经济师	余永林	2007年4月—2008年5月
上海燃气集团有限公司	董事长	杨祥海	2003年12月—2008年4月
		吴建雄	2008年5月—2011年1月
		葛维昌	2011年1月—2014年5月
		王者洪	2014年5月—
	党委书记	宋振林	2003年12月—2006年9月
		仇伟国	2006年9月—2008年11月
		谈金龙	2008年11月—2012年1月
		周嘉琦	2012年1月—2014年12月
		王者洪	2014年12月—
	副董事长	孟森刚	2003年12月—2008年4月
		顾金山	2008年5月—2009年5月
	党委副书记	谈金龙	2004年3月—2008年11月
		葛维昌	2004年3月—2011年6月
		王者洪	2011年6月—2014年12月
		李松华	2012年5月—
		崔忠毅	2015年5月—2017年4月
		臧　良	2017年4月—
	总经理	葛维昌	2003年12月—2011年1月
		王者洪	2011年1月—2014年5月
		崔忠毅	2014年5月—2017年4月
		臧　良	2017年4月—
	副总经理	陈铭锡	2003年12月—2007年4月
		王者洪	2004年4月—2011年1月

(续表)

单位名称	职务	姓名	任职时间
上海燃气集团有限公司	副总经理	崔忠毅	（2011年6月—2014年5月，任常务副总经理）2004年4月—2014年5月
		陈自怡	2005年12月—
		王其芬	2008年5月—2013年12月
		臧良	2012年5月—2017年4月
		赵志斌	2015年5月—2016年6月
		李颖	2015年5月—
		汪宝平	2015年5月—
		张新明	2017年4月—
		邵君	2017年4月—
		殷剑君	2017年11月—
	监事长	王鸿祥	2011年6月—2016年3月
	纪委书记	谈金龙	2005年5月—2012年1月
		李松华	2012年5月—2017年9月
		瞿佳	2017年9月—
	总会计师	金盛利	2004年4月—2010年3月
	总工程师	王者洪	2004年4月—2011年1月
	总经济师	徐君	2004年12月—2017年1月
东方证券股份有限公司	董事长	朱福涛	1998年3月—2002年2月
		肖时庆	2002年2月—2004年9月
		王益民	2004年9月—2010年1月
		潘鑫军	2010年1月—
	党委书记	朱福涛	1998年4月—2001年9月
		肖时庆	2001年9月—2004年9月
		王益民	2004年9月—2010年1月
		潘鑫军	2010年1月—
	副董事长	王敏文	2002年6月—2007年7月
		吴建雄	2014年10月—
	党委副书记	肖银涛	1998年4月—2014年10月
		黄建强	1998年4月—2000年2月
		肖时庆	2001年3月—2001年9月
		朱福涛	2001年9月—2002年4月
		潘鑫军	2003年1月—2010年1月

〔续表〕

单位名称	职　务	姓　名	任　职　时　间
东方证券股份有限公司	党委副书记	金文忠	2010年9月—
		李　宾	2014年3月—
	总经理(总裁)	黄建强	1998年3月—2000年2月
		肖时庆	2002年2月—2003年1月
		潘鑫军	2003年1月—2010年9月
		金文忠	2010年9月—
	副总经理	金文忠	1998年3月—2010年9月
		倪新贤	1998年3月—2003年3月
		桂水发	2001年12月—2010年12月
		王国斌	2006年7月—
		杨玉成	2006年7月6日—2007年2月
			2009年8月—
		舒　宏	2014年4月—
		张建辉	2015年7月—
		杜卫华	2015年8月—
	监事长(监事会主席)	肖银涛	1998年3月—2014年10月
		张　芊	2014年10月—
上海液化天然气有限公司	董事长	杨祥海	2004年12月—2008年10月
		吴建雄	2008年10月—2010年4月
		王者洪	2010年4月—2015年10月
		华士超	2015年10月—
	党(总支)委书记	黄晨钟	2010年12月—2012年1月
		谷　军	2012年1月—2013年8月
		高建悦	2013年8月—2015年10月
		华士超	2015年10月—
	总经理	黄晨钟	2004年12月—2012年1月
		赵德廷	2012年1月—2015年4月
		王海伟	2015年10月—2017年2月
		常　枫	2017年2月—
上海申能能源服务有限公司	董事长	孙　忞	2009年1月—2015年11月
		朱宗尧	2015年12月—
	党支部书记	高雄伟	2009年1月—
	总经理	高雄伟	2009年1月—

〔续表〕

单位名称	职　务	姓　名	任　职　时　间
申能集团财务有限公司	董事长	王鸿祥	2007年2月—2016年7月
		苗启新	2016年7月—
	党总支书记	杨玉成	2007年11月—2009年8月
		张　芊	2009年8月—2016年7月
		杜心红	2016年7月—
	总经理	杨玉成	2007年2月—2009年8月
		张　芊	2009年8月—2016年7月
		杜心红	2016年7月—
上海久联集团有限公司	董事长	何国庆	1999年10月—2007年1月
		陈铭锡	2010年3月—2011年2月
		乔志刚	2011年2月—2013年8月
		孙　焱	2013年8月—2015年10月
		张　芊	2015年10月—
	党委(总支)书记	何国庆	1999年10月—2007年1月
		茅荣来	1999年10月—2011年11月
		李庆丰	2011年11月—
	总经理	陈振平	2008年2月—2010年3月
		李庆丰	2011年2月—
上海申能诚毅股权投资有限公司	董事长	乔志刚	2010年3月—2013年7月
		张　芊	2013年7月—
	总经理	陈　波	2010年6月—2012年2月
		宋雪枫	2012年8月—2013年7月
		杨　波	2013年7月—
上海申能能创能源发展有限公司(上海申能房产公司)	董事长	陈虎华	1998年6月—2000年8月
		邹金宝	2000年8月—2004年3月
		王敏文	2004年3月—2007年5月
		沈懋松	2007年5月—2014年9月
		姚志坚	2014年9月—2017年11月
		宋雪枫	2017年11月—
	党委(支部、总支)书记	吴建雄	1995年4月—1998年6月
		陈虎华	1998年6月—2011年10月
		沈懋松	2011年10月—2014年9月
		姚志坚	2014年9月—

〔续表〕

单位名称	职 务	姓 名	任 职 时 间
上海申能能创能源发展有限公司（上海申能房产公司）	总经理	吴家骅	1993年10月—1998年6月
		吴建雄	1998年6月—1999年7月
		陈虎华	1999年7月—2001年9月
		沈懋松（副总经理主持工作）	2001年9月—2003年2月
		沈懋松	2003年2月—2011年9月
		姚志坚	2011年9月—2014年9月
		彭小农	2014年9月—2017年11月
		姚志坚	2017年11月—
上海申欣环保实业有限公司	董事长	李伟艺	2006年4月—2015年2月
		孙 忞	2015年3月—2015年10月
		朱宗尧	2015年10月—
	党总支书记	徐建刚	2015年11月—
	总经理	徐建刚	2006年4月—

第三节　部分三级企业负责人

表11－2－3　截至2017年年底申能集团部分三级企业主要负责人情况表

单位名称	职 务	姓 名	任 职 时 间
上海吴泾第二发电有限责任公司	董事长	刘承泽	1999年10月—2002年7月
		吴家骅	2002年7月—2006年4月
		徐国宝	2006年4月—2008年3月
		须伟泉	2008年3月—
	党委书记	李昌强	2001年9月—2002年12月
		吴家骅	2002年12月—2005年5月
		须伟泉	2005年5月—2008年7月
		胡 华（党委副书记主持工作）	2008年7月—2011年5月
		胡 华	2012年1月—
	总经理	李昌强	1999年10月—2002年12月
		须伟泉	2002年12月—2008年7月
		朱建跃	2008年7月—2011年5月
		刘 钉	2011年5月—

（续表）

单位名称	职务	姓名	任职时间
上海外高桥第二发电有限责任公司	董事长	胡寿佛	2000年5月—2001年5月
		吴 平	2001年5月—2002年4月
		朱永芃	2002年4月—2004年6月
		王凤华	2004年6月—2005年4月
		吴家骅	2005年4月—2008年4月
		高 嵩	2008年4月—2009年10月
		米树华	2009年10月—2011年5月
		徐国宝	2011年5月—2014年4月
		许 琦	2015年5月—2016年11月
		李忠军	2016年11月—2017年6月
		余永林	2017年6月—
	党委书记	徐国宝	2003年8月—2006年8月
		华士超	2006年8月—2011年5月
		朱建跃	2011年5月—
	总经理	陈光华	2000年5月—2002年4月
		徐国宝	2002年4月—2005年4月
		华士超（副总经理主持工作）	2005年4月—2006年8月
		华士超	2006年8月—2011年5月
		朱建跃	2011年5月—
上海外高桥第三发电有限责任公司	董事长	吴家骅	2005年1月—2008年4月
		徐国宝	2008年4月—2017年6月
		奚力强	2017年6月—
	党委书记	徐国宝	2007年11月—2009年11月
		冯伟忠	2009年11月—2016年8月
		许 峥	2017年1月—
	党总支书记	徐国宝	2005年6月—2007年11月
	总经理	徐国宝	2005年1月—2008年4月
		冯伟忠	2008年4月—2016年8月
		施 敏	2016年8月—
淮北申皖发电有限责任公司	董事长	奚力强	2014年7月—
	党支部书记	张京玉	2014年7月—2018年2月
	总经理	张京玉	2014年7月—2018年2月

〔续表〕

单 位 名 称	职 务	姓 名	任 职 时 间
上海申能临港燃机发电有限责任公司	董事长	余永林	2009年8月—2018年4月
	党总支(党委)书记	陈伟庆	2010年5月—2014年6月
		王振宇	2014年6月—
	总经理	陈伟庆	2009年8月—2014年6月
		王振宇	2014年6月—2018年4月
上海申能崇明发电有限责任公司	董事长	奚力强	2013年12月—2017年7月
	执行董事	陈模嘉	2017年7月—
	党总支书记	高国鸣	2013年12月—2015年4月
		陈模嘉	2015年4月—
	总经理	陈模嘉	2013年12月—
上海申能奉贤热电有限公司	董事长	奚力强	2015年8月—2017年7月
		王振宇	2017年7月—
	党支部书记	陈皓莹	2016年2月—2018年9月
	总经理	陈皓莹	2015年8月—
申能吴忠热电有限责任公司	董事长	余永林	2016年1月—
	党委副书记(主持工作)	李 忠	2016年2月—
	总经理	邵 华	2016年2月—
上海申能星火热电有限责任公司	董事长	严成俊	1993年3月—1995年7月
		刘承泽	1995年7月—2002年8月
		吴建雄	2002年8月—2004年4月
		吴 菖	2004年4月—2008年4月
		赵国道	2008年4月—2010年4月
		奚力强	2010年4月—2015年4月
		须伟泉	2015年4月—
	党委书记	吴 菖	2006年4月—2008年4月
		赵国道	2008年4月—2010年4月
		陈志和	2010年4月—2016年5月
		张智文	2016年5月—
	党总支书记	陆福兴	1995年3月—1996年2月
		刘其明	1996年2月—1997年4月
		孙灿禹	1997年4月—2000年10月
		吴 菖	2000年10月—2006年4月

〔续表〕

单位名称	职务	姓名	任职时间
上海申能星火热电有限责任公司	总经理	陆福兴	1993年3月—2000年2月
		平惠琛	2000年2月—2003年4月
		王继安（副总经理主持工作）	2003年4月—2003年11月
		王继安	2003年11月—2006年4月
		陈志和（副总经理主持工作）	2006年4月—2009年3月
		陈志和	2009年3月—2010年4月
		戴旭敏	2010年4月—2017年4月
		张智文	2017年4月—
上海申能新能源投资有限公司	董事长	吴家骅	2005年5月—2007年4月
		吴建雄	2007年4月—2009年5月
		孙忞	2009年5月—2015年3月
		徐国宝	2015年3月—2017年6月
		舒彤	2017年6月—
	党支部（总支）书记	李伟艺	2005年5月—2017年1月
		潘其炜	2017年5月—
	总经理	李伟艺	2005年5月—2017年4月
		赵国靖	2017年6月—
上海申能投资发展有限公司	总经理	楼炯	2014年5月—
	党支部书记	张岭	2017年6月—
	总经理	张岭	2017年4月—
上海吴淞煤气制气有限公司	董事长	柳百伦	2003年12月—2005年1月
		宣士云	2005年1月—2008年9月
		何青儿	2008年10月—2015年8月
	党委书记	柳百伦	2003年12月—2005年1月
		宣士云	2005年1月—2008年9月
		何青儿	2008年10月—2015年8月
	总经理	陈自怡	2003年12月—2006年12月
		殷剑君	2006年12月—
上海浦东煤气制气有限公司	董事长	李振琪	2003年12月—2011年6月
		沈金龙	2011年6月—2015年7月

〔续表〕

单位名称	职务	姓名	任职时间
上海浦东煤气制气有限公司	党委书记	李振琪	2003年12月—2011年3月
		沈金龙	2011年3月—2015年7月
		蔡国光	2015年7月—
	总经理	朱荣贵	2003年12月—2008年2月
		沈金龙	2008年2月—2013年12月
		蔡国光	2013年12月—2015年7月
		沈金龙	2015年7月—
上海石洞口煤气制气有限公司	董事长	王启华	2003年12月—2007年10月
	党委书记	王启华	2003年12月—2007年10月
		吕伟	2007年11月—2015年12月
	总经理	高建悦	2003年12月—2005年11月
		吕伟	2006年12月—2012年10月
		李海涛	2012年10月—
上海天然气管网有限公司	董事长	吴家骅	2000年9月—2004年12月
		陈铭锡	2004年12月—2006年7月
		金振毅	2009年10月—2015年8月
		金东琦	2015年8月—
	党委书记	吴家骅	2000年9月—2002年9月
		宋振林	2002年9月—2004年11月
		金振毅	2004年11月—2015年7月
		江豪维	2015年7月—
	总经理	王钰初	2000年9月—2004年12月
		王者洪	2005年1月—2006年7月
		张十金	2006年7月—2009年10月
		金东琦	2009年10月—
上海燃气浦东销售有限公司	董事长	谈金龙	2003年12月—2004年4月
		强敏勤	2004年4月—2009年11月
		江豪维	2009年12月—2015年7月
	党委书记	谈金龙	2003年12月—2004年4月
		强敏勤	2004年4月—2009年11月
		江豪维	2009年12月—2015年7月
		袁磊	2015年7月—

〔续表〕

单位名称	职　务	姓　名	任　职　时　间
上海燃气浦东销售有限公司	总经理	王者洪	2003年12月—2004年4月
		俞华康	2004年11月—2008年12月
		吴振芳	2008年12月—2015年7月
		孙剑勇	2015年7月—
上海燃气市北销售有限公司	董事长	崔忠毅	2003年12月—2004年4月
		汪宝平	2004年4月—2015年6月
	党委书记	崔忠毅	2003年12月—2004年4月
		汪宝平	2004年4月—2015年6月
		李红军	2015年7月—
	总经理	强敏勤	2003年12月—2004年4月
		汪宝平	2004年4月—2008年10月
		吴振芳	2008年10月—2008年12月
		张一翘	2008年12月—2011年5月
		汪宝平	2011年5月—2012年5月
		郑海旭	2012年5月—2017年11月
		周卫东	2017年11月—
上海大众燃气有限公司	董事长	杨国平	2003年12月—
	党委书记	王怀清	2004年4月—2008年12月
		俞华康	2009年1月—
	总经理	汪宝平	2003年12月—2004年3月
		张一翘	2004年4月—2008年12月
		俞华康	2009年1月—
上海液化石油气经营有限公司	董事长	徐鹤山	2003年12月—2008年1月
		袁磊	2009年12月—2015年7月
	党委书记	徐鹤山	2003年12月—2008年2月
		袁磊	2008年6月—2015年8月
		王岳俏	2015年7月—
	总经理	施展明	2003年12月—2008年1月
		丁勇	2008年1月—
上海燃气信息经营有限公司	董事长	孙剑勇	2004年11月—2015年7月
	党支部书记	孙剑勇	2004年5月—2016年12月
		傅晓峰	2016年12月—
	经理	傅晓峰	2004年11月—

〔续表〕

单 位 名 称	职　　务	姓　名	任　职　时　间
上海金山天然气有限公司	董事长	王者洪	2003年12月—2004年11月
		俞华康	2004年11月—2009年7月
	党支部（总支）书记	赵志斌	2010年11月—2015年7月
		张　威	2016年9月—
	总经理	季益发	2003年12月—2010年11月
		赵志斌	2010年11月—2015年7月
		蔡培康	2016年9月—
上海燃气崇明有限公司	董事长	莊自国	2004年3月—2010年1月
		王者洪	2010年1月—2012年4月
		臧　良	2012年4月—
	党总支书记	吴　琦	2004年3月—2005年10月
		龚国华	2005年10月—2017年9月
	总经理	吴　琦	2004年3月—2005年10月
		徐汶波	2005年10月—2010年11月
		周红斌	2010年11月—
上海安亭煤气厂	厂长	陆嘉范	2003年12月—2005年7月
		赵茂祥	2005年7月—
	党支部书记	施顺元	2003年12月—2005年7月
		张志强	2005年7月—2014年3月
		赵茂祥	2014年3月—
上海港口能源有限公司	董事长	方怀瑾	2015年7月—
	总经理	丁　勇	2015年7月—
上海石油天然气有限公司	董事长	杜元顺	1992年9月—1994年7月
		吴家骅	1994年7月—2009年2月
		徐国宝	2009年2月—2017年6月
		奚力强	2017年6月—
	党委书记	杜永林	1993年1月—1994年5月
		袁瑞民	1994年5月—1999年8月
		孙剑荸（党委副书记主持工作）	1999年8月—2003年8月
		周　建	2003年8月—2009年2月
		汪建华	2009年2月—2011年3月
		王卫龙	2011年3月—

(续表)

单位名称	职务	姓名	任职时间
上海石油天然气有限公司	总经理	杜永林	1992年9月—1994年5月
		袁瑞民	1994年5月—1999年8月
		吴家骅	1999年8月—2002年8月
		徐顺清	2002年8月—2005年12月
		汪建华	2005年12月—2009年2月
		王卫龙	2009年2月—
上海申能燃料有限公司	董事长	徐国宝	2008年4月—2013年4月
		华士超	2013年4月—2016年4月
		须伟泉	2016年4月—
	党支部书记	华士超	2010年12月—2013年4月
		金凤保党支部副书记主持工作	2017年8月—2018年2月
	总经理	华士超	2008年4月—2013年4月
		楼炯	2013年4月—
申能能源科技有限公司	董事长	徐国宝	2010年10月—2017年6月
		王振宇	2017年6月—
	总经理	冯伟忠	2010年10月—2017年1月
		施敏	2017年1月—
上海申能电力科技有限公司	董事长	舒彤	2017年1月—
	总经理	冯伟忠	2017年1月—
申能融资租赁有限公司	董事长	谢峰	2016年11月—
	党支部书记	赵恺	2016年11月—
	总经理	赵恺	2016年11月—
上海化工区电力销售有限责任公司	董事长	孙建国	2015年9月—
	总经理	舒彤	2015年9月—2018年1月
上海东方证券资产管理有限公司	董事长	王国斌	2010年11月—2016年3月
		陈光明	2016年7月—
	党委书记	陈光明	2014年7月—
	总经理	陈光明	2010年11月—2016年7月
		任莉	2016年7月—
东方花旗证券有限公司	董事长	潘鑫军	2012年6月—
	党委书记	马骥	2012年6月—
	总经理	马骥	2012年6月—

〔续表〕

单位名称	职务	姓名	任职时间
上海东证期货有限公司	董事长	王益民	2008年2月—2010年1月
		肖银涛	2010年9月—2014年11月
		金文忠	2014年12月—
	党委书记	金艳辰	2014年7月—
	总经理	党 剑	2008年2月—2012年11月
		卢大印	2012年11月—
上海东方证券资本投资有限公司	董事长	潘鑫军	2010年8月—2014年11月
		金文忠	2014年11月—
	总经理	陈 波	2010年8月—
东方金融控股(香港)有限公司	董事长	杨玉成	2010年8月—
	总经理	关 宁	2010年6月—
上海东方证券创新投资有限公司	董事长	金文忠	2012年8月—2014年11月
		齐 蕾	2014年11月—2016年7月
		张建辉	2016年7月—
	总经理	齐 蕾	2012年11月—2015年9月
		张国君	2017年3月—

第四节 先进集体和先进个人

一、全国性荣誉

表11-3-1 2004—2016年申能系统获全国性先进集体情况表

荣誉	获奖年份	单位(集体)
全国五一劳动奖状	2004年	上海天然气管网有限公司
全总模范职工之家	2005年	上海浦东煤气制气有限公司
全国五一巾帼奖集体	2006年	申能国际大厦管理处保安班
全国百家班组	2006年	大众王德润班组
全国职业道德百佳班组	2006年	大众王德润服务网络
全国三八红旗集体	2008年	上海燃气浦东销售有限公司第一营业所
全国五一劳动奖状	2008年	东方证券资产管理业务总部
全国青年文明号	2008年	上海石油天然气有限公司石油储运分公司库区作业班、上海大众燃气有限公司徐汇办事处虹漕营业部

(续表)

荣　誉	获奖年份	单位(集体)
全国巾帼文明岗	2010 年	上海申能物业管理有限公司世博大厦会务班组
全国工人先锋号	2011 年	上海外高桥第三发电有限公司设备管理部
全国模范职工之家	2011 年	上海液化石油气经营有限公司闵行储配管理中心工会、上海外高桥第二发电有限责任公司
全国青年文明号	2011 年	上海燃气浦东销售有限公司(输配管理所管网信息科)
全总工人先锋号	2013 年	上海吴淞煤气制气有限公司油煤车间改制炉班组、上海天然气管网有限公司白鹤首站操作组
全国模范职工之家	2013 年	上海燃气浦东销售有限公司工会、上海液化石油气经营有限公司闵行储配管理中心工会、上海申能星火热电有限责任公司发电工会
全国工会经审工作先进集体	2014 年	申能(集团)有限公司工会经费审查委员会
全总工人先锋号	2014 年	东方证券上海耀华路证券营业部
全国五一巾帼标兵岗	2015 年	上海燃气信息经营有限公司燃气热线
全国青年文明号	2016 年	燃气热线 962777

表 11-3-2　2006—2017 年申能系统获全国性先进个人情况表

荣 誉 称 号	获奖者姓名(单位)	表彰时间
全国五一巾帼奖个人	王其芬	2006 年 3 月
全国五一劳动奖章	杨国良(市北销售)	2006 年 4 月
全国女职工建功立业标兵	陈静(浦东销售)	2009 年 3 月
全国知识型职工先进个人	高儒立(吴煤制气)	2009 年 3 月
全国五一劳动奖章	冯伟忠(外三发电)	2012 年 4 月
全国工会经审工作优秀干部	周昌生	2015 年 11 月
全国用户满意服务明星个人	张畅敏(市北销售)	2017 年 2 月
国家优质工程奖突出贡献者	张京玉(申皖发电)	2017 年 11 月

表 11-3-3　1997—2015 年申能系统获全国性奖项情况表

奖 项 名 称	获奖年份	获奖公司(项目)
中国建筑工程鲁班奖(国家优质工程)	1997 年	申能国际大厦项目
	2003 年	上海电力建设有限责任公司(上海吴泾电厂八期工程)
国家优质工程金质奖	2009 年	上海外高桥第三发电有限责任公司
国家科学技术进步奖二等奖	2011 年	上海外高桥第三发电有限责任公司
中国土木工程詹天佑奖	2013 年	"西气东输"上海天然气主干管网系统工程

〔续表〕

奖 项 名 称	获奖年份	获奖公司(项目)
国家优质工程金质奖	2013年	上海申能临港燃机发电有限公司
2014年度中国分布式能源优秀项目奖	2014年	虹桥商务区集中供能项目一期
2015年度中国分布式能源优秀项目奖一等奖	2015年	仁济医院南院分布式供能项

二、市(省部)级先进集体和先进个人

表11-3-4 2001—2017年申能系统获市(省部)级先进集体情况表

荣誉称号	表 彰 单 位	表彰年份
上海市五一劳动奖状	上海石油天然气有限公司	2006年
	上海外高桥第三发电有限责任公司	2008年
	上海燃气浦东销售有限公司	2009年
	上海燃气浦东销售有限公司世博保障中心	2010年
	上海申能物业管理有限公司世博非洲联合馆服务团队	2010年
	申能集团财务有限公司	2011—2012年
	上海液化天然气有限责任公司运行部操作A班	2011年
	上海天然气管网有限公司白鹤首站操作组	2012年
	上海天然气管网有限公司	2014年
	上海申能临港燃机发电有限公司设备管理部	2014年
	上海石油天然气有限公司	2017年
	上海外高桥第二发电有限责任公司	2017年
上海市劳模集体	上海燃气市北销售有限公司调度车间真如煤气储配站	2001—2003年
	上海燃气市北销售有限公司宝山办事处杨鑫业务组	2010—2014年
	东方证券受托资产管理总部、上海外高桥第二发电有限责任公司	2007年
	上海外高桥第三发电有限责任公司	2015年
上海市先进基层党组织	东方证券股份有限公司	2006年
	上海申能物业管理有限公司	2011年
	上海天然气管网有限管网公司党委	2016年
学习型党组织建设示范点	申能股份有限公司党委	2012年
上海市三八红旗集体	东方证券客户中心	2003—2004年
	上海大众燃气有限公司营业所徐汇办虹漕业务组	2009—2010年

（续表）

荣誉称号	表彰单位	表彰年份
上海市三八红旗集体	申能集团财务有限公司	2011—2012年
	上海大众燃气有限公司计划财务部	2015—2016年
上海市五四青年奖章集体	上海大众燃气有限公司输配部管网信息科	2013年
	申能集团财务有限公司金工部	2014年
	上海大众燃气有限公司营业所虹漕业务组	2015年
上海市文明单位	上海浦东煤气制气有限公司、上海燃气市北销售有限公司、上海石油天然气有限公司	2003—2004年
	上海浦东煤气制气有限公司、上海天然气管网有限公司、上海大众燃气有限公司、东方证券巨鹿路营业部、上海吴泾第二发电有限责任公司	2005—2006年
	上海天然气管网有限公司、上海燃气浦东销售有限公司、东方证券张杨路营业部、上海吴泾第二发电有限责任公司、上海外高桥第二发电有限责任公司	2007—2008年
	上海天然气管网有限公司、上海大众燃气有限公司、东方证券张杨路营业部、东方证券肇嘉浜路营业部、上海吴泾第二发电有限责任公司、上海申能星火热电有限责任公司、上海石油天然气有限公司、上海外高桥第二发电有限责任公司	2009—2010年
	上海天然气管网有限公司、上海燃气浦东销售有限公司、上海燃气市北销售有限公司、上海大众燃气有限公司、上海申能星火热电有限责任公司、上海石油天然气有限公司、上海外高桥第二发电有限责任公司	2011—2012年
	上海天然气管网有限公司、上海燃气浦东销售有限公司、上海燃气市北销售有限公司、上海大众燃气有限公司、申能集团财务有限公司、东方证券遵义路营业部、东方证券长江西路营业部、东方证券长阳路营业部、东方证券汇添富基金公司、上海申能临港燃机发电有限公司、上海申能星火热电有限责任公司、上海石油天然气有限公司、上海外高桥第二发电有限责任公司	2013—2014年
	申能集团财务有限公司、上海天然气管网有限公司、上海燃气浦东销售有限公司、上海大众燃气有限公司、东方证券遵义路营业部、东方证券长江西路营业部、东方证券凤阳路营业部、上海吴泾第二发电有限责任公司、上海石油天然气有限公司、上海外高桥第二发电有限责任公司	2015—2016年
上海市工人先锋号	上海天然气管网有限公司白鹤首站、上海吴泾第二发电有限责任公司燃料部机械班	2008年
	上海燃气浦东销售有限公司（市场发展部业务发展组）、上海燃气浦东销售有限公司（第一营业所）、上海大众燃气有限公司卢湾办事处、上海申能物业管理有限公司	2009年
	上海大众燃气有限公司营业所长宁办事处芙蓉江业务组、上海大众燃气有限公司静安管线管理站、上海燃气市北销售有限公司调度车间、上海燃气浦东销售有限公司（输配管理所）、上海燃气浦东销售有限公司（世博保障中心）、上海燃气浦东销售有限公司（工程管理部世博项目组）、上海申能物业管理有限公司	2010年

（续表）

荣誉称号	表彰单位	表彰年份
上海市工人先锋号	上海大众燃气有限公司急抢修中心静安急修组、东方证券股份有限公司、上海申能燃料有限公司、上海申能临港燃机发电有限公司工程部	2011年
	上海燃气市北销售有限公司宝山办事处杨鑫业务组（交通系统工人先锋号）、上海外高桥第二发电有限责任公司发电部集控丙值、上海申能物业管理有限公司	2012年
	东方证券资金财务管理总部	2013年
	上海大众燃气有限公司天然气转换民用办	2014年
	东方证券固定收益业务总部	2015年
	上海申能临港燃机发电有限公司运行部	2016年
	上海燃气浦东销售有限公司（第一营业所）	2017年
宁夏回族自治区工人先锋号	申能吴忠热电有限责任公司	2017年
上海市模范职工之家	上海外高桥第二发电有限责任公司工会	2007年
	上海燃气市北销售有限公司调度车间、上海吴泾第二发电有限责任公司工会	2009年
	上海石油天然气有限公司石油储运分公司工会、上海申能星火热电有限责任公司工会、上海申能物业管理有限公司工会	2011年
	上海燃气市北销售有限公司工会、上海外高桥第三发电有限责任公司工会、上海申能物业管理有限公司工会	2013年
	上海申能临港燃机发电有限公司工会	2017年

表11-3-5　2001—2018年申能系统获市（省部）级先进个人情况表

荣誉称号	获表彰者姓名	表彰年份
上海市五一劳动奖章	张十金	2005年
	冯伟忠	2009年
	吴为民、金奕、吴振芳	2010年
	张畅敏	2016年
	陈文兆、刘毅、郭卫峰	2017年
	韩英杰	2018年
安徽省五一劳动奖章	孙飞	2017年
上海市三八红旗手标兵	杨凤玲	2009—2010年
上海市三八红旗手	雷雯	2001—2002年
	王海东	2001年

〔续表〕

荣 誉 称 号	获表彰者姓名	表 彰 年 份
上海市三八红旗手	高玉珍	2003—2004年
	许 峥	2005—2006年
	王 晶	2006年
	高玉珍	2007—2008年
	叶骥玲	2008年
	许 芹	2009—2010年
	金 奕	2010年
	金东琦	2011—2012年
	杨 佳	2012年
	张 媚	2014年
	陈 刚	2015年
	张国君	2016年
	缪秀凤	2016—2017年
上海工匠	陈文兆	2017年

表11-3-6 1997—2012年申能系统获市(省部)级奖项表

荣 誉 称 号	表彰单位(项目)或个人	表彰年份
上海市科学技术进步奖一等奖	上海石油天然气有限公司(东海平湖油气田开发工程研究)	1999年
	上海石油天然气有限公司(东海平湖油气田薄油层开发技术研究及应用)	2010年
上海市科学技术进步奖一等奖	上海市外高桥第三发电有限公司	2010年
上海市白玉兰奖	申能国际大厦项目	1997年
	申能能源中心项目	2010年
	五角丰达商务广场二期项目	2012年

专　记

申能集团服务上海世博会

上海世博会是继北京奥运会之后中国举办的又一次国际盛会。申能(集团)有限公司作为市属大型国有企业,将筹办好、服务好、保障好世博会列为公司的头等大事,在市委、市政府和市国资委的领导下,全力以赴、统筹规划、全面做好各项涉博工作,为世博会的"成功、精彩、难忘"作出自己的贡献。自1999年年底中国政府宣布支持上海市申办2010年世博会以来,申能集团即从人力、物力、财力等方面全力协助和亲身参与上海世博会的申办、筹建、迎博以及世博会的运行和后世博时代园区相关设施管理和场馆维护工作,充分展现市属国有大企业的社会担当和企业形象,也抓住世博契机推进企业的改革、发展和转型升级,实现城市发展与企业发展的双赢。

一、项目建设

2010年世博会园区选址在上海中心城区黄浦江两岸,位于南浦大桥与卢浦大桥之间,世博园区总体规划面积控制在6.68平方公里(浦西约1.96平方公里,浦东约4.72平方公里)。为适应世博会布展要求,园区需要兴建众多配套工程;而为体现上海世博"城市,让生活更美好"的主题,将科技创新与绿色环保的理念融入世博会中,园区能源建设方面必须采用绿色环保的清洁能源,申能集团充分发挥自身优势,在园区燃气和电力配套建设中作出积极贡献。

【世博园区燃气配套建设】

天然气作为清洁能源,是世博园区用气的唯一选择。为满足世博园区内商业、锅炉、空调和发电示范机组等方面的用气需求,需要在园区内兴建2座高中压调压站以及各类调压器50多台,修建配套管线约30公里。根据《中国2010上海世博会燃气管网规划》,浦东世博园区0.8兆帕的高压天然气双路气源来自高科西路和长清路,分别经由园区内2座高中压调压站(1座位于滨州路以北雪野路以东,1座位于西营路以东雪野路以北的)调压至0.4兆帕后供应园区。浦西世博园区由分别来自制造局路、蒙自路的两路0.4兆帕的燃气直接供应园区。

申能集团旗下的上海燃气集团积极参与园区燃气配套设施建设,浦东世博园区燃气配套工程由上海燃气浦东销售有限公司负责建设,浦西世博园区燃气配套工程由上海大众燃气有限公司负责建设。2006年11月,《中国2010上海世博会(浦东地区燃气管网(近期))工程可行性研究报告》通过评审;2007年5月23日,开工建设。浦东世博园区天然气排管工程分为三期实施,在园区内增设高中压调压站2座,敷设各种口径地下天然气管线近21公里。为确保世博场馆的燃气安全供应,上海燃气浦东销售有限公司提出要以"最优的服务质量、最快的反应速度、最好的材料设备、最强的施工队伍",体现"燃气精神、世博速度",落实"文明建设、廉政建设、科技创新"与工程建设"三同步",努力打造世博"文明工程、放心工程、精品工程"。2009年9月10日,浦东世博园区高压一路气源、2期高中压调压站及B、C标段道路中压管线顺利实现通气,浦东世博园区燃气道路管网排管工程基本建成。2010年1月14日,浦东世博园区4个标段、21公里管线全线通气,标志着浦东世博园区燃气配套工程基本结束。

2008年5月,《中国2010上海世博会(浦西地区燃气管网(近期))工程可行性研究报告》通过评审;2009年6月15日开工建设。浦西园区燃气配套工程新建中-中压调器7台,中低压调器10台,燃气道路排管总长度为8.7公里。2009年9月8日大众燃气从制造局路、蒙自路分别排0.4兆帕管道先予以通气,保证燃气供应。2009年9月11日浦西世博园区第1台空调机组通气点火成功,2010年4月19日随着最后一个项目顺利通气,世博园区浦西区域燃气配套工程全部竣工通气。

在浦东、浦西世博园区燃气配套工程推进的同时,燃气集团同时受理园区内各场馆、餐饮、锅炉等用户项目,保障世博会期间中国馆、世博中心、演艺中心、主题馆、世博轴及外国自建馆、租赁馆、临时场馆、展馆自建区、最佳城市实践区等场馆以及世博村的商业、空调、锅炉的安全供气,为"低碳世博"作出自己的贡献。

燃气集团坚持"科技办博"理念,为尽可能向世博会提供清洁、安全、高效的天然气,在兴建世博园区燃气配套工程中,积极开发和采用新技术,取得一系列新成就。

在工程建设方面,为实现节约用地,同时又方便应急抢修,燃气集团在工程设计之初,就对燃气阀门井提出新的设想,最后经过共同努力,完成可吊装分体式PE阀门井的自主设计。新型阀门井体的尺寸由1 800毫米×2 000毫米缩小为1 440毫米×1 300毫米,并且在实际运行过程中也取得很好的效果。另外,燃气公司在世博园区的地下燃气管网的管道、阀门、弯头、三通等重要部位,安装便于精确定位和准确识别的电子标识器,方便巡视和急抢修人员能以最快的速度准确找到燃气管线及设施。对于世博园区燃气表,燃气公司选用多种无线远传方式,从而实现园区燃气表数据100%远程采集。

在设备、设施方面,燃气集团在世博园区使用高精度调压器,更大程度地增强调压器的运行可靠性,很好地保障世博期间的燃气供应。同时,为保障世博期间世博场馆室内安全供气,燃气公司开发并实施"室内管线三维演示"系统,在WebGIS系统中新增室内管线三维透视展示功能,通过三维GIS的透视,展示楼宇周边进气管、室内管线走向及相应燃气设施、用气设备、计量表等详细信息,全面掌握重要场所室内管线的情况。

在设备、设施运行管理方面,为确保园区燃气聚乙烯管道的焊接质量,燃气公司在工程前期通过整合在用的各品牌燃气聚乙烯管道全自动焊机的管理软件,开发"燃气聚乙烯管道焊接工程管理系统"。系统对采集到的焊口信息及时进行数据保存、查询、分析、统计,加强过程控制、数据可追溯性。通过科技手段,为施工质量管理人员对焊口质量、工程进度的管理分析提供支持,确保管网的安全可靠运行。基于上述电子信息化设备和系统的应用,为保障世博园区的燃气供应,燃气集团利用公司现有的一系列信息化平台,包括管网地理信息、SCADA远传数据信息、报修系统信息、园区巡检信息、保障配备人员车辆备件信息、应急预案管理等,开发建立"上海燃气世博园区供应保障系统"。该系统以园区俯视图为底图,可全面反映及掌控世博园区的燃气供应状况,是世博期间燃气供应保障的坚强后盾。该系统已获得国家实用新型专利授权证书。

另外,世博园区所有场馆空调全部采用燃气空调,并采用世界领先的区域空调和合同能源管理模式,真正实现上海世博会"低碳世博"的目标。世博园区内共建设22座区域能源中心,其中浦东14座、浦西8座,分布于各个片区,燃气空调的总装机制冷量为19.2万千瓦。城市实践区的1台50千瓦的天然气发电示范机组展示天然气作为清洁能源在小型分布式发电方面的应用。

【世博园中国馆和主题馆太阳能光伏发电项目建设】

上海世博事务协调局规划利用世博园区5个永久性场馆建设7兆瓦太阳能光伏电站,申能集团获悉规划后,积极争取参与园区太阳能光伏发电项目建设。2007年11月20日,世博局主持召开世博太阳能应用专题会议,申能集团投资管理部和集团旗下的新能源公司与会。会后投资管理部和新能源公司建议集团积极争取参与世博太阳能发电项目。同年12月20日,集团副总经理吴建雄率领投资管理部和新能源公司团队赴上海世博局拜访,表达申能积极参与世博太阳能项目的愿望,并与世博局探讨发挥申能优势,在世博园区建设天然气供能系统的设想。2008年1月15日,集团董事长李关良与世博局副局长黄健之举行会谈,双方初步确定:申能集团积极支持上海世博会,争取成为上海世博会高级赞助商;世博局同意申能集团控股实施太阳能项目、园区燃气供能项目。双方商定由申能集团新能源公司控股建设世博园区中国馆1.3兆瓦和主题馆3兆瓦太阳能项目。2008年3月11日,世博局召开世博园区中国馆、主题馆太阳能项目建设及相关事宜专题会议,申能(集团)有限公司、世博集团公司主要领导和有关部门负责同志参加会议。会议明确中国馆、主题馆太阳能项目建设总规模约为3兆瓦~3.5兆瓦,建设资金由世博局和申能(集团)有限公司共同投入。世博局将利用申能(集团)有限公司作为世博会高级赞助商赞助款之金额,全部首先投入于中国馆、主题馆太阳能项目建设;申能(集团)有限公司将按照最终确定的中国馆和主题馆太阳能项目建设规模,补足缺额部分投资。申能(集团)有限公司下属企业申能新能源投资有限公司负责世博中国馆、主题馆太阳能项目建设、运营(包括世博结束后的后续运营)。

  2008年5月10日,申能集团与上海世博局签约成为上海世博会电力生产和燃气供应高级赞助商,为申能承接世博园区中国馆和主题馆太阳能发电项目奠定基础。2008年6月26日,上海市发改委批复同意开展世博园区中国馆和主题馆太阳能光伏发电项目规划;同年7月22日,上海市电力公司同意该项目发电并网申请;8月,申能新能源公司完成光伏组件和逆变器主设备招标工作。2008年11月20日,申能集团与上海世博局签署开发建设中国馆、主题馆太阳能并网发电项目协议书。2009年1月12日,上海市发改委批复同意该项目建设。

  为充分发挥新技术在世博会上的引领作用,申能集团组织申能新能源公司积极承担国家科技部支撑项目"世博中国馆、主题馆光伏建筑一体化关键应用技术研究"课题,并在2009年1月14日邀请上海市发改委、市科委、世博局相关处室以及集团相关部门和新能源公司课题组一起召开课题开题会。2010年8月27日,上海市科委召开课题验收会,充分肯定课题组成员在光伏建筑一体化理论研究与项目建设实践中取得的成果。课题组研制的新技术、新产品,如国内首次研制的500千瓦大功率逆变器和高效群控技术等都适时运用到项目建设之中,为实现"科技世博"作出重要贡献。

  2009年4月7日,世博太阳能项目开始安装施工,新能源公司事前制定详细的施工方案,并发动百日安装行动,全力推进项目建设。7支施工队、近400名施工人员冒着高温酷暑持续施工,到9月28日项目竣工,并于当天举行发电启动仪式。作为世博园区建设的一大亮点,中国馆和主题馆太阳能光伏建筑一体化发电项目总装机容量达3 127千瓦。电站建成投运后,每年可向国家电网发送284万度电,年均节约标煤约1 000吨,减排二氧化碳(CO_2)约2 500吨。

  2010年1月11日,世博园区中国馆和主题馆光伏发现项目并网运行;同年3月29日,上海世博局对项目进行验收,标志着该项目的顺利完成。作为中国乃至亚洲最大的光伏建筑一体化发电项目,世博主题馆、中国馆发电项目将光伏发电完美融入主题馆建筑设计,体现先进的生态建筑理念和最新的光伏建筑一体化设计水平。该项目不仅全部采用国产设备和产品,还研制应用大量光伏建筑一体化的新技术、新产品,在工程建设中研究采用大量轻质便捷的结构件和安装新工艺,展示中国可再生能源开发利用的先进技术和绿色环保的理念,体现"科技世博"和"生态世博"内涵,成功演绎世博会"城市,让生活更美好"的主题。

二、保障燃气与电力供应

庞大的世博园区中数以百计的展示场馆、数千万计的人流量以及前后持续近10年之久的世博园区建设、运营、维护和善后工作,需要大量清洁、高效能源、有保障的能源供应。申能集团充分发挥自身优势,在世博会期间及前后,不仅尽力保障城市能源供应,同时亦尽力保障世博园区的燃气供应和电力供应。

【保障世博园区燃气和电力供应】

在承建世博园区燃气配套工程的同时,申能集团向上海世博局提出在世博园区积极推进高效清洁天然气供能,尽力满足园区各类天然气用户需求,确保天然气稳定安全供应并提供优质服务。2009年7月3日,申能旗下燃气集团在浦东设立的上海燃气世博服务中心启动。该中心专门为世博园区燃气商业用户和世博园区周边区域居民用户提供一站式服务,包括燃气安检、报修、抄表、业务办理,并为世博会期间的一轴四馆、临时场馆、世博村以及燃气锅炉、空调、餐饮等所有燃气用户辟出绿色服务通道,提供特色服务。2009年10月,申能旗下液化石油气公司完成世博安保用房液化气设备安装及燃气配套工程任务。

为保障世博会运营期间园区燃气供应,燃气集团专门设置世博燃气专席、驻园专职保障小组和浦东、浦西世博燃气保障中心,与集团应急调度中心、962777燃气热线等组成强有力的"世博燃气应急处置网络"。集团还专门开发"上海燃气世博园区供应保障系统""webags管网辅助决策系统""园区重要场馆室内管道设施管理系统"等,借助先进的信息技术手段,强化世博燃气报修信息和应急处置平台功能。

2010年4月6日,为预防燃气突发事故并检验应对突发事件的能力,燃气集团在浦东世博园区举行应急处置实战演练,演练在情景设置上坚持高难度、高标准,共出动应急抢修人员20余人,特种车辆6部,圆满完成演练的各项程序,达到预期目标。通过演习,充分检验《世博安保反恐应急预案》《世博园区、世博场馆应急预案》《世博燃气保障方案》等各类预案的科学性和可行性;检验驻园燃气保障小组、世博保障中心应急处置队伍的应急响应、处置能力。上海燃气世博保障中心是燃气集团为保障世博园区燃气安全供应,确保世博园区燃气供应保障做到"快速响应、快速控制、快速处置、快速恢复"的重要举措,通过利用先进技术,中心能够实时监控和掌握园区燃气设备运行情况,一旦发现问题即能第一时间予以有效处置。

申能在保障世博园区电力供应方面主要确保中国馆和主题馆太阳能光伏发电站正常运转。世博园区太阳能光伏发电项目采用远程监控系统,无须现场值守,但为保障电站的正常运行,申能新能源公司坚持定期巡视,及时维护设备和系统,始终使电站处于安全可控和正常发电状态,为世博园区供电提供重要保障。

【保障全市电力和燃气供应】

保障世博会期间全市电力和燃气的安全供应,是申能集团工作的重中之重,为此,集团各单位开展长期而艰巨的工作。2008年9月,根据上海市委、市政府和世博局的相关精神,申能集团制订"迎世博600天行动计划",并成立由集团总经理为组长的领导小组,具体负责集团各项迎世博工作。行动计划明确规定申能集团迎世博工作以燃气集团、新能源公司为主体,以燃气安全供应保障、世博太阳能光伏发电项目建设为重点,统筹规划、分头组织、同步实施。除园区相关项目建设以外,行动计划要求加大燃气占压管整治力度,加快旧管网改造,确保燃气输配安全;落实用户安检工作,提高用气安全。完善燃气应急处置保障体系,加强应急演练和反恐演练,提高队伍应急处置实战能力,确保全市燃气供用气安全。在电力供应和保障方面,要紧密结合绿色世博主题,加快清洁能源项目建设,重点做好临港燃气电厂等清洁能源项目的相关推进工作;要贯彻节能环保理念,全面完成系统内电厂的脱硫脱硝工程;狠抓脱硫设施安全稳定运行,确保完成机组脱硫指标;要认真总结"迎峰度夏"、奥运保电等特殊时期的电力保障工作经验,努力排除机组隐患,有利于保障世博会期间的电力供应工作。

燃气集团根据世博接待服务礼仪和集团发布的《对外服务规范标准》内容,组织开展安检、抄表、电话检修、安装、业务和调送瓶等主要对外服务工种规范服务示范片的拍摄编制,并开展相关宣传工作。组织开展"迎世博规范服务"全员培训活动,系统共有2 002人参加培训,做到对外服务工种的全覆盖,参加培训的员工考核合格率达到100%。为用户提供更多便捷,燃气集团网站新增账单自动查询、检修信息查询等多项网上自助服务项目。同时,中心城区各服务窗口均配备窗口服务信息自助查询设备。为更好地服务世博,燃气集团设立"上海燃气世博服务中心",为世博园区燃气各类用户和世博周边区域燃气居民用户提供一站式服务。各营业站点、世博核心区域周边服务站点及中心城区主要涉外服务站点都设立业务接待人员双语(英语和普通话)接待岗位,有的窗口还提供手语和日语、韩语等语种接待服务。上海燃气962777服务热线开通英语受理专席。

2010年4月14日,申能集团专门召开世博会期间上海市燃气供应保障工作会议,邀请西气东输管道公司共同参加。会上决定成立燃气供应保障领导小组,并设立液化气供应保障操作平台、人工煤气供应保障平台和天然气供应保障操作平台,指定各单位领导专门负责。同时制定各项保障预案,建立例会制度,为世博期间燃气的保障供应提供制度基础。

世博会运营期间,西气供应一度发生困难,适逢夏季用电高峰,为确保全市燃气供应及配合燃气发电需求,公司积极与上游资源各方沟通协调,全力落实气源保障,实现西气通过洋山港转供要求,并积极落实川气增量,通过优化主干网多气源安全运行,加强气电联调等措施,全力做好调度平衡与生产安排。世博会期间,公司共供应人工煤气3亿立方米,天然气20.4亿立方米,其中单日最大电厂供应量618万立方米,创历史新高,确保全市燃气安全供应和电力"迎峰度夏"的用气保障。

为保障世博期间全市电力稳定供应,申能集团公司制定专项方案,印发特别措施,切实落实企业世博保电主体责任。所有电厂及重要单位和部门实施内外网物理隔离,建设身份识别系统,提高平安世博技术保障水平。集团要求强化电力安全信息报送流程,严格执行重要时段领导带班和24小时值班制度;切实加强设备运行维护和检修管理,全面保证世博会及迎峰度夏电力生产安全。2010年迎峰度夏期间,上海气温和用电屡创新高,上海用电最高负荷为2 621.2万千瓦,同比增长10.14%;最高日用电量达5.35亿千瓦时,同比增长16.58%。公司系统发电企业根据世博保电特别措施,克服机组长时期低负荷运行、持续高温日、极端恶劣天气等影响,精心维护设备、认真巡视操作、多方保障供应,总体保证迎峰度夏期间世博保电的高峰负荷,并严格执行调度指令,承担低谷最低负荷调峰甚至机组调停任务。动员一切力量,全力保证世博会期间发电燃煤供应,2010年3月,申能燃料租用中海5万吨级"安信山"号货船装运神木煤,固定往返于外二发电和装港之间,确保世博会期间上海电煤供应。4月24日,申能燃料又与内蒙古伊泰集团有限公司签订《世博会期间保障煤炭供应协议》,为公司确保世博会期间电煤供应提供有力的支撑。同时,有效应对市场急剧变化、突发性灾害天气等对煤炭调运造成的不利影响,切实保障2010年世博会期间的电煤供应。

三、物业管理与接待服务

2009年7月,申能集团旗下申能物业中标世博会非洲联合馆物业管理项目。非洲馆是世博会园区内规模最大的联合馆,预计将有43个国家和非盟组织将在非洲馆内进行展示。申能物业中标后,积极与世博局非洲馆管理部门进行深入沟通,根据该馆工程建设进度逐步介入前期管理。申能物业专门组建世博物业管理处,聘任总经理、副总经理以及各部门主管,建立一整套组织领导体系,组建一支坚强的员工队伍,包括专门配备多名中、英、法3语种客服接待人员,随时应对不同语种客户的需求。2010年4月20日,世博会试运行,申能物业为非洲馆提供接待服务;到2010年10月31日世博会结束,非洲馆总计接待游客近2 300万名,占入园参观人数的1/3,大大超出预计的10%。在服务实战中,贴合场馆特点和服务保障需求,申能物业创新管理服务模式,在提供基础物业服务基础上,不断探索实施高效的"零距离服务模式",即基于服务需求和客户感受,采取管理无缝隙、服务面对面、沟通无障碍的服务方式,保证服务接待的效率和满意度。

另外,公司还承担世博行政中心服务接待工作。为此,申能物业公司专门成立接待小组,围绕"大世博、大物业、大后勤"的功能定位,积极跟进服务保障,出色完成世博行政中心服务保障工作。公司接待小组对每批来宾,按照接待流程由世博接待服务工作小组制定详细方案,按照不同来宾级别,统一接待标准和接待流程,确保接待信息渠道畅通;精心组织,从来宾接机、接站开始,全程服务热情细致,大方得体,树立申能良好的企业形象,确保各位来宾满意。针对特殊来宾做好预案,依据来宾的不同身份,有针对性地制定个性化服务。据统计,世博会前后共计两年时间内,公司共接待世博园参观来访5 000余批次,接待10余万人次;会议接待29 500余次、578 800余人,其中6 200余次局级以上重大会议,400余次市级及以上重要会议,30余次国家元首级重大会务接待。完成信报收发数量超70万件,送件及时率100%;两年内供完成维保单9 764张,合格率100%;收集或清运生活垃圾10 000余桶、厨余垃圾6 000余桶。圆满完成接待任务。

四、安全保障

上海世博会持续时间长,人流量大,鱼龙混杂,而且整个国际国内形势相当复杂,因而安全保卫、反恐维稳工作任务十分繁重;申能集团作为上海市电力和燃气等重要民生保障物资的供应商,其所面临的形势更为复杂,任务也更为艰巨。为确保世博平安,中共上海市委、市国资委、市政府、世博局等作出一系列的指示和部署;申能集团根据上级指示精神,结合自身企业特点,有针对性地建立一整套安保维稳机制,为平安世博贡献自己的力量。

2009年7月,公司根据市国资委世博安保反恐维稳工会动员部署会议精神,对集团系统企业18处重要部位列入区(县)级重点保卫目标,到8月份增加到30处。同年8月,公司制定《申能集团系统2010年上海世博会安保反恐维稳工作方案》(以上简称《方案》),提出力争实现申能集团系统世博安保反恐维稳"四个确保"的工作目标(即确保集团系统安保反恐任务落实到位,严防外部对电力、燃气、出租厂房等要害部位破坏;确保集团系统安全生产工作井然有序,保障世博期间供电供气安全平稳,不发生较大安全事故;确保集团系统职工队伍和谐稳定,综合考虑多方面因素,保持维稳工作敏感性和预防性;确保世博园区服务供能平稳有效,保证世博太阳能项目、物业项目、气电供应工作顺利开展),并明确工作责任,建立由集团主要领导担任组长,系统主要企业领导成员组成的申能集团世博安保反恐维稳工作领导小组,统一领导和协调系统各单位世博安保工作。《方案》要求各单位在集团领导小组统一领导下,成立相应的世博会安全保卫工作组织机构,细化落实责任分工。

2009年8月5日,申能集团召开世博安保反恐维稳动员部署大会,集团主要领导分别与申能股份、燃气集团、LNG公司、申能房产、新能源公司等系统单位第一责任人签订世博安保反恐维稳工作责任书,并就全面开展集团系统世博安保反恐维稳工作作动员布置,明确工作目标、工作责任以及系统内30处重点目标,要求集团系统结合自身行业特点,分组织发动、全面推进、督察整改和巩固提高4个阶段逐步推进世博安保反恐维稳工作。会后,各单位积极贯彻会议精神,分别制定各自单位的安保反恐维稳工作方案,明确责任,落实到人。同时开展自查和接受上级抽查、暗查,排除安全隐患,完善技防设施,加强对电子围栏、摄像头和监控系统的检查。

2009年9月中下旬,集团领导带队赴系统部分重点单位进行安全生产和治安内保联合大检查,要求各单位建立安保工作长效机制,包括严格按照有关标准完善安保技防设施和安全督查制度,加强安保人员的管理,做好事故应急预案的编制、演练及危化品运输的管理等工作。集团安委会多次召开专题会议,推进世博安保反恐维稳工作。燃气集团建立世博燃气保障工作网络,层层签订安保工作责任书。并与市治安总队技防办、市反恐办联合编制针对燃气行业的技防标准和反恐防范指导性意见。同时,公司依照标准对"18＋17＋X"重要目标的技防设施进行全面自查,并投入1500余万元进行完善和改造。同时加大专项督查频次和力度,确保重要目标的技防标准执行率100%,技防设施完好率100%。

2010年,申能继续加大安保维稳力度,到3月份,公司在已有的30个总体应急预案以及364个专项预案基础上,继续推进完善7项总体预案和33项专项预案,并积极开展实战演练17次,切实增强应急队伍建设和快速响应能力。各单位反复进行安保反恐工作大检查,针对发现的问题及时整改,确保当月整改率达到95%以上。在落实"三防"措施方面,对900多位重要目标警卫人员进行安保技能培训,严格执行门卫制度;技防、物防累计投入3600多万元,确保各类监控设施有效运行。临近世博会开幕前,集团先后又召开集团安保领导小组扩大会议和系统迎世博临战动员大会,进一步明确系统保世博八项工作和任务,要求确保电、气供应和安全生产。

世博会期间,各单位全员动员,以保世博为中心任务,"迎世博、保安全",排查隐患,推进"平安世博双百日""安全月""安康杯""反三违"以及深化承发包队伍管理等一系列专项活动,并且取得实效。申能股份特别引进"出入口身份识别系统"加强门卫管理,燃气集团园区保障机制24小时运转,LNG公司紧紧围绕世博安全维稳工作层层落实,新能源公司认真落实"整治事故隐患,保障世博安全"各项措施,特别针对世博园区中国馆、主题馆太阳能电站等项目制定安全生产保障工作应急指导书和相应的专项应急预案6项,并进行演练,确保世博太阳能电站运行安全、平稳。

通过系统广大员工的共同不懈努力,申能集团圆满完成世博安保反恐维稳责任书各项任务,全力保障电力、燃气安全生产和集团系统安全稳定,实现"四个确保"的工作目标。申能集团世博园区保障有力、服务水平一流,得到市里的肯定和表扬;重要目标安保措施到位、安全生产工作扎实、迎峰度夏圆满完成,对系统员工安全意识全面提升、上下统筹联动体系全面加强、安全生产工作机制创新提高有积极的推动,进一步推动面上的整体工作。

五、服务世博与企业宣传

申能集团深刻认识到积极参与世博会，对于公司树立良好企业形象和体现社会责任是一个难得的机遇，将有力地促进企业进一步做大做强，推动公司正在实施的"走出去"发展战略。2008年年初，集团总经理会议决定积极申请成为上海世博会高级赞助商；2008年5月10日，申能集团与上海世博局签署协议，出资1.2亿元赞助上海世博会，成为上海世博会电力生产和燃气供应高级赞助商。另外，申能集团还出资2 000万，与上海其他企业共建"上海企业联合馆"，作为展示上海企业可持续发展能力的展台。

成为世博会高级赞助商以后，申能集团充分利用世博会这个平台，结合企业自身发展战略和实际，发挥主人翁精神，将宣传世博、服务世博与企业自身改革发展和形象提升等结合起来，做一系列事情。2008年9月，申能集团认真履行作为"2010年上海世博会电力生产与燃气供应高级赞助商"的责任，制订"迎世博600天行动计划"，明确规定公司要积极参加世博局组织的各项宣传推广活动，并以此为契机，展示企业风采，塑造企业形象，同时提出以燃气窗口服务为重点，加强服务队伍建设，提升对外服务水平，展示企业窗口形象。2010年公司以"保世博、谋发展、促转型、重管理"作为全年工作重心，进一步明确将世博会与公司发展转型结合起来推动各方面工作进展。在长达数百天的世博会筹备、运行及善后期间，申能集团及下属企业在迎世博、促发展等方面主要做以下几方面工作。

加强宣传引导，积极向社会推介企业。申能集团制订"迎世博600天行动计划"后，就在《解放日报》等有重要影响的报纸杂志上发布宣传稿，承担企业社会责任。2009年7月底，申能新能源公司投资建设的世博园区中国馆和主题馆太阳能光伏建筑一体化工程引起国内众多媒体高度关注，公司积极接待新华社、中央电视台、上海电视台、《新民晚报》等国内多家媒体到世博太阳能项目工地进行采访。公司还充分利用《今日申能》《申能集团综合信息》《集团工会简讯》《申能团讯》等平台，发布宣传和服务世博会的相关信息；同时专门编辑《申能集团迎世博600天行动工作简报》，介绍宣传和服务世博会工作情况。

利用各种场合，邀请领导参加公司举办的各项世博活动。2008年10月，公司举行世博园区燃气配套工程通气点火仪式，邀请上海世博局、市600办、市市政局等单位领导参加。2009年9月28日，公司举行世博会主题馆光伏发电项目竣工暨发电启动仪式，上海市常务副市长杨雄出席并亲手启动发电钥匙。2009年11月5日，全国政协副主席、科技部部长万钢在中国国际工业博览会世博科技展区，参观申能集团送展的"上海世博园区中国馆和主题馆太阳能光伏发电项目"。万钢部长对申能集团为世博会新能源应用、节能减排和科技创新所作出的成绩表示赞赏。2010年1月21日，在上海世博会倒计时100天之际，国务院副总理王岐山在上海世博会组委会领导和上海市政府领导的陪同下，亲切接见上海世博会各赞助商代表，并合影留念。公司总经理吴建雄代表申能集团出席本次接见活动。世博会运行期间，公司更是接待或参与接待众多国内外政要和重要国际组织领导人，向世界宣传和展示公司形象。

改善窗口服务，提升企业社会形象。城市燃气安全供应是保障民生的重要方面，也是申能展示企业社会形象的重要窗口。为改善窗口服务质量，2009年3月，燃气集团制订并实施主题为"文明服务奉献世博"对外服务窗口迎世博第3个百日活动计划，推进规范服务，拍摄示范专题片，编制迎世博服务礼仪教材；对燃气营业站点进行标准化改造，制定统一的窗口迎世博宣传标准，树立窗口服务的良好形象；启动业务接待人员双语（英语和普通话）教育培训，开通上海燃气962777服务热线英语受理专席，启动"燃气服务示范窗口"和"迎世博优质服务示范岗"的创建活动工作；与社区联手共同对中心城区100个社区和100所中小学校开展一次安全用气宣传活动，力争使"燃气安全示范社区"的数量由45个增至60个以上。2009年11月，燃气集团举行"迎世博、保供应、安全用气百日活动"启动，同时组织知名燃气热水器联合开展"关爱用户、免费安装"公益活动，对使用烟道式热水器用户通过公益补贴的形式鼓励淘汰更新。2010年年初，申能集团公司自觉要求切实做到"三保一服务"——保供应、保安全、保稳定和优化窗口服务。

开展主题活动，迎世博、促发展。公司充分意识到，"服务世博，也是提升自己"。因此积极开展各类主题活动，既宣传和服务世博，也促进企业自身发展。2009年3月，集团迎世博工作领导小组要求组织人员，加强策划，逐步将系统迎世博工作推向高潮。同年3月底，集团工会向系统内每一位在册职工发放一本《上海迎世博市民读本》。9月16日，申能集团"爱祖国、迎世博、建和谐、促发展"文体系列活动在浦煤制气职工之家启动。12月15日，"爱中华、迎世博、展风采"摄影比赛表彰暨座谈会，在吴淞煤气制气公司举行。10月12日申能集团工会、团委联合举办的"与世博同行"——申能职工迎世博知识竞赛。另外申能集团团委在系统内开展"迎世博——青年微笑大使"和"多语种零障碍服务青年志愿者"评选活动。燃气企业组织职工志愿服务队开展社区现场咨询服务，积极参与"上海职工迎世博学双语三年行动计划""百万职工学礼仪"活动，利用各自工作优势，为迎世博作贡献。集团各级党组织积极响应市委、市国资委号召，广泛开展"世博先锋行动"和"我是党员我带头，我是党员我奉献"主题活动，推进世博文明承诺、世博一线行动、党员志愿者、党建联建等各项工作，在保供应、保安全上落实责任，主动奉献。燃气浦东销售公司世博保障临时党支部、申能物业党支部等多家集体和个人获市级荣誉称号。

六、成就与收获

申能集团从上海申办世博会开始，即从人力、物力和行动上全面支持和参与到世博会的筹办、运营和后世博时代的场馆维护之中，付出巨大的努力，但获得丰厚的回报。

利用办博契机，推进企业改革发展，扩大企业社会影响力。申能集团抓住机会成为上海世博会的高级赞助商，积极参加世博局组织的一系列推介活动，同时也利用高级赞助商的身份，主动开展一系列与世博会相关的主题活动，将"锐意进取，奉献清洁能源"的申能企业形象推向上海世博会舞台。

燃气集团不仅确保世博园区燃气配套工程建设顺利竣工，更是采用各种新技术和新手段，确保世博期间园区燃气安全和保障供应；同时燃气集团完成全市燃气服务窗口标准建设；完成全员服务培训活动，提升服务质量；更新燃气服务网站功能，便利居民自助服务。新能源公司承建的世博太阳能项目，首次将光伏发电完美融入场馆建筑设计，体现生态建筑理念和光伏建筑一体化设计水平，完美地演绎"科技世博"和"绿色世博"的理念，实现中国太阳能光伏建筑一体化技术在城市中的推广应用，把节能减排和科技创新真正落到实处。世博会期间，公司系统发电企业安保反恐措施落实到位，供电安全生产工作正常，系统内未发生全厂停电事故、重伤及以上人身伤亡事故，圆满完成世博保电任务。申能物业公司中标世博非洲馆物业服务项目，兢兢业业完成接待工作，树立申能良好的企业形象，确保各位来宾满意。基于服务需求和客户感受，采取管理无缝隙、服务面对面、沟通无障碍的"零距离服务模式"，彰显现代物业管理服务应有的管理能力和专业价值。在圆满完成保障世博场馆优质物业服务要求的同时,也锤炼出申能物业服务的专业优势和服务特色,形成申能物业服务的核心竞争力。

加强党建活动,提高员工素质,锻造坚强的企业员工队伍。世博期间,公司根据市委、市国资党委的部署要求,深入开展以"世博先锋行动"为主题的创先争优活动,深入开展"我是党员我带头,我是党员我奉献"主题活动,着力将党组织打造成为服务世博、奉献世博的坚强堡垒,为世博工作提供思想组织保障。集团党委提出"确保世博就是确保全局、服务世博也是提升自己"的理念,各单位先后组织誓师动员会20余场,为服务世博凝聚共识、增强合力。本部党支部组织员工签订"和谐企业、平安世博"承诺书;进驻世博园区的申能服务团队成立3个临时支部,与园区临时党委对接,同时积极探索党团联动,开展平安志愿者活动等,实现园区各服务站点党建工作全覆盖。申能股份组织开展"率先垂范、奉献世博"主题活动;燃气集团开展保障世博供应、争当世博先锋相关活动;新能源公司开展争做世博宣传员、生力军、监督员活动;外三发电推出党员示范岗、党支部共建、党员责任区等党建"组合拳",进一步促进党组织和党员的作用发挥。申能物业世博临时党支部组织党员职工坚守工作岗位,完美履行职责,提升VIP服务水平,全力落实"服务尽善尽美、响应随时随地,保障无处不在,体验深刻难忘"的世博承诺。

收获荣誉和奖励。一分耕耘一份收获,公司上下为世博会在上海的举办作出巨大的奉献,也收获诸多荣誉和奖励。早在2002年,上海申博成功后,上海世博会申办工作领导小组办公室就给申能集团发来感谢信,感谢公司派出协助申博的杜心红为申博所作的重要贡献。2006年,申能集团被评为上海市以"服务,让世博更精彩"为主题的2006年上海服务业百强企业。2009年年初,公司获中国2010年上海世博会明星赞助企业评选主题实践明星奖。2009年7月,燃气集团系统多个单位和个人在上海职工迎世博窗口服务行业立功竞赛活动组委会办公室召开的表彰大会上分别获授世博服务卓越奖、世博服务品牌奖、世博服务明星奖和世博服务风采奖荣誉称号。2009年9月,上海燃气浦东销售公司获上海市精神文明建设委员会和迎世博行动3个指挥部共同颁发的迎世博贡献奖——优质服务贡献奖;同月,浦销公司还获"七彩世博杯(保障服务)"、公司世博项目组获上海市工人先锋号称号,技术设备部的郭颂华和工程管理部的袁士俊获上海世博会重大工程建设建功立业劳动竞赛上海世博赛区百佳建设者称号等。2010年1月,大众燃气营业所乐燕被评为迎世博"上海市微笑服务大使"。申能物业世博大厦会务班组先后获2008年度上海市物业管理协会"世博服务示范窗口"、浦东新区用户满意服务明星班组、第三届上海市五一巾帼奖等荣誉。2010年申能股份有限公司所属吴泾第二发电公司和外高桥第二发电公司分获世博保电先进单位奖。2010年1月19日,上海大众燃气有限公司营业所长宁办事处芙蓉江业务组、上海燃气市北销售有限公司调度车间等获上海市工人先锋号荣誉称号。2010年9月,申能系统上海燃气浦东销售有限公司世博保障中心、上海申能物业公司世博会非洲馆服务团队、上海申能物业管理有限公司世博局行政中心管理处、上海液化石油气经营有限公司储配管理中心维修组、上海申能物业管理有限公司世博大厦会务班组等6家单位获上海市"服务世博、奉献世博"立功竞赛先进集体、上海市工人先锋号。

附 录

申能(集团)有限公司章程

(2017年8月)

第一章 总 则

第一条 ［目的和效力］

为规范申能(集团)有限公司(以下简称公司)的组织和行为,保护公司、出资人和债权人的合法权益,上海市国有资产监督管理委员会(以下简称上海市国资委)根据《中华人民共和国公司法》(以下简称《公司法》)及其他有关的法律法规,制定本章程。

公司章程系规范公司组织与行为的法律文件,对于公司、出资人、董事、监事以及高级管理人员具有约束力。

第二条 ［公司的设立和开展经营活动］

公司系根据沪府〔1996〕24号文件于1996年11月18日正式成立的国有独资公司,根据《公司法》及其他有关法律、法规、规章、规范性文件、公司章程,在上海市国资委的监督管理下,依据上海市人民政府及上海市国资委的指导依法开展经营活动。

第三条 ［法人财产权和公司、出资人的有限责任］

公司是企业法人,自企业法人营业执照签发之日起取得法人资格,有独立的法人财产,享有法人财产权。

公司以其全部财产对公司的债务承担责任,出资人以其认缴的出资额为限对公司承担责任。

第四条 ［党组织的设立］

根据《公司法》和《中国共产党章程》的规定,设立公司党委。党委围绕企业生产经营开展工作,发挥领导核心和政治核心作用,把方向、管大局、保落实。公司建立党的工作机构,配备足够数量的党务工作人员,保障党组织的工作经费。

第五条 ［对外投资及限制］

公司可以向其他企业投资,但除法律另有规定外,不得成为对所投资企业的债务承担连带责任的出资人。

第六条 ［分公司的设立和责任承担］

公司可以设立分公司。分公司不具有法人资格,其民事责任由公司承担。

第二章 名称、住所和经营期限

第七条 ［公司名称］

公司名称为申能(集团)有限公司。

英文名称为 SHENERGY (GROUP) COMPANY,LTD。

第八条 ［公司住所］

公司住所为上海市闵行区虹井路159号。

第九条 ［公司经营期限］

公司的经营期限为无经营期限。

第三章　宗旨和经营范围

第十条 ［公司的宗旨］

公司的宗旨是：充分发挥公司资产管理核心和规模经济优势，以电力、燃气及能源国有资产的经营为中心，从事电力、燃气及能源基础产业的投资开发和经营管理。按照上海市政府能源发展的总体规划和整体要求，发挥国有资产实施功能优化战略的载体作用。完成涉及公用事业的任务及投资项目，协助上海市政府有关部门制定上海市电力、能源规划、节能政策以及电价、热价、天然气价格等，对公司所投资全资、控股和参股公司的股份进行管理，努力实现国有资产的保值增值。并通过投资、建设和经营管理电力、燃气等能源产业项目，在本市能源基础产业中发挥国有资产的战略性支撑和保障作用，促进上海市能源机构调整和可持续发展。

第十一条 ［公司的经营范围和经营方式］

公司的经营范围是：电力、能源基础产业的投资开发和经营管理；天然气资源的投资开发，城市燃气管网的投资；房地产、高科技产业投资管理；实业投资、资产经营、国内贸易（除专项规定）。

上述经营范围以经公司登记机关核准并记载于企业法人营业执照上的经营范围为准。

公司的经营方式：自主经营出资人投入公司的电力、燃气及能源行业方面的有关国有资产，包括电力建设资金（基金）、供电贴费、地方财政资金、部分能交资金等投资形成的电力、燃气及能源等国有资产。贯彻上海市政府的规划，结合市场运作，代表上海市政府在电力、燃气等能源产业方面进行投资、建设和运营管理。

第十二条 ［经营范围的变更程序］

经出资人同意，上述经营范围可以变更，但是应当办理变更登记，其中属法律、行政法规规定须经批准的项目，应当依法经过批准。

第四章　公司的注册资本、出资方式和出资时间

第十三条 ［注册资本及出资方式］

公司的注册资本为人民币壹佰亿元。

第十四条 ［验资］

出资人缴纳出资后，必须经依法设立的验资机构验资并出具证明。

第十五条 ［注册资本的缴纳］

公司注册资本已全部缴足。

第五章　出　资　人

第十六条 ［公司性质］

公司系由国家单独出资、由上海市人民政府授权上海市国资委履行出资人职责的国有独资公司。

第十七条 ［出资人享有权利、行使职权、履行义务的依据］

出资人根据《公司法》及其他相关法律、法规、规章、规范性文件、公司章程及出资人其他法律文件之规定,对公司享有权利、行使职权并履行义务。

第六章 公司的机构及其产生办法、职权、议事规则

第一节 出资人职权

第十八条 ［出资人的职权］

公司不设股东会,由出资人依法行使以下职权:

(一)制定和修改公司章程;审核批准董事会制订或修改的公司章程方案;

(二)审核批准董事会和监事会年度和任期工作报告,并对董事会和监事会年度和任期业绩进行考核评价;

(三)按照管理权限,委派和更换公司非由职工代表担任的董事、监事,对董事会、监事会和董事、监事履职情况进行评价;

(四)决定有关董事、监事的报酬事项;

(五)批准公司年度财务决算、利润分配方案和弥补亏损方案、增加或者减少注册资本方案、发行公司债券方案以及公司合并、分立、解散、清算或者变更公司形式的方案,其中,重要的公司合并、分立、解散、申请破产的,审核后报市政府批准;

(六)按照上海市国资布局和结构调整的总体要求,批准公司主业及调整方案;

(七)批准公司重大会计政策和会计估计变更方案;

(八)按照有关规定,对公司年度财务决算、重大事项等进行审计,并按照管理权限对公司负责人进行经济责任审计;

(九)法律、行政法规规定的其他职责。

第十九条 ［出资人职权的行使］

出资人依据法律、行政法规、规章、其他规范性文件及公司章程独立行使职权,不受公司、董事会、监事会及高级管理人员的干涉。出资人行使职权的程序及形式应符合法律、行政法规、规章、其他规范性文件及公司章程。

第二十条 ［出资人的决定及效力］

出资人可根据董事会的报告、应董事会的要求、监事会的报告或主动行使出资人的职权,决定公司的有关事项。出资人的决定具有最高效力。

第二十一条 ［出资人行使职权时要求董事会书面意见］

出资人在行使职权,决定有关事项时,可以要求董事会提供书面意见,董事会应根据出资人的要求提供书面意见。

第二节 董事会

第二十二条 ［董事会的组成］

公司设董事会,由五至九名董事组成,其中应包括职工代表。

董事由出资人委派,但董事中的职工代表由公司职工民主选举产生。

第二十三条 ［外部董事的委派及职责］

董事会成员中应包括由出资人委派的外部董事。

外部董事指由非公司员工的外部人员担任的董事,外部董事不在公司担任除董事和董事会专门委员会有关职务外的其他职务,不负责执行层的事务,不从公司领取工资或奖金。

外部董事应当独立履行职责,对公司事务作出自己的独立判断,不受其他董事、监事、高级管理人员及其他单位或个人的影响,并应保证有足够的时间和精力履行职责。外部董事除行使一般董事的职权外,应当应出资人的要求,对董事会职权范围内的有关事项发表独立意见。

第二十四条 ［董事的委派方式、考评和职务解除］

出资人应以书面形式委派董事,有权对董事进行考评并随时解除其委派董事的职务。

第二十五条 ［董事的任期］

董事每届任期为三年,获得连续委派或者连续当选可以连任。外部董事的任期根据有关法律、法规、规章及规范性文件的规定执行。

第二十六条 ［董事的任职要求］

董事应具有与董事职位相适合的教育背景,应具有在公司主要业务领域的经营或行业管理经验,或具有财务、法律等专业技能。

第二十七条 ［董事长和副董事长］

董事会设董事长一名,副董事长一名,由出资人在董事会成员中指定。

第二十八条 ［董事会的职权］

董事会对出资人负责,执行出资人的决定,接受出资人的指导和监督,董事会决策公司重大问题,应事先经党委讨论研究。董事会履行以下职责:

(一)向出资人报告年度工作;

(二)决定公司的发展战略和中长期发展规划,报出资人备案,并对其实施进行管控,审议批准主业投资计划与投资方案,并报出资人备案;非主业投资项目,报出资人核准;

(三)批准公司年度财务预算并报送出资人;

(四)制定公司利润分配方案和弥补亏损方案;

(五)制定公司增加或者减少注册资本的方案以及发行公司债券的方案;

(六)制定公司合并、分立、解散或者变更公司形式的方案;

(七)决定公司内部管理机构的设置,制定公司的基本管理制度;

(八)按照有关规定,聘任或者解聘公司总经理,根据总经理提名决定聘任或者解聘公司经理班子副职成员及其他高级管理人员;

(九)根据行业和企业特点,制定公司高级管理人员绩效考核和薪酬分配办法、年度(任期)考核分配结果,报出资人备案;

(十)决定人民币一亿元以下(含一亿元)公司资产处置、单笔融资金额占公司上年末净资产10%(约50亿元)以下的融资方案(发行债券除外)、单笔金额人民币1 000万元以下的对外捐赠或赞助等;

(十一)决定公司对外担保事项;

(十二)决定公司内部有关重大改革重组事项,包括:批准公司层级收缩的方案,批准公司内部业务结构调整(包括非主业资产剥离、重组)方案,批准公司劳动、人事、分配制度改革方案,对公司职工分流安置方案、辅业改制方案和分离公司办社会机构方案作出决议,其中,涉及公司职工切身利益的有关改革方案,须按照国家有关规定经职工代表大会或者其他民主形式审议通过后,董事会方可批准或者作出决议;

(十三)按照市国资委有关工资总额预算的规定,决定公司工资总额预算方案,报市国资委备案;

(十四)决定和完善公司风险管理体制机制,对公司风险管理的实施进行总体监控,制定公司重大会计政策和会计估计变更方案,审议批准公司内部审计报告,决定公司内部审计机构的负责人;

(十五)审议批准公司总经理工作报告,检查公司经理班子对董事会决议的执行情况,建立董事会对公司经理班子的问责制;

(十六)依法积极支持和配合监事会工作,接受监事会的监督检查;

(十七)法律、行政法规和公司章程规定的其他职责。

第二十九条 [董事会授权]

董事会可以根据公司具体情况,将主业范围内的一定金额的投融资权、一定金额的资产转让、对外捐赠或赞助等权限授予董事长、总经理。董事会应制定相应授权办法,明确授权范围和数量界限,规定被授权人的职权和行使职权的程序,被授权人须定期向董事会报告行使授权的情况。

第三十条 [担保事项决定权]

董事会应根据出资人颁布的有关规定及规范性文件决定公司的担保行为。

第三十一条 [不得越权]

董事会应在公司章程及出资人授予的职权范围内行事,不得越权。

第三十二条 [董事会专门委员会]

董事会可以根据需要,下设董事会战略与投资委员会、审计与风险控制委员会、薪酬与考核委员会、提名委员会等专门委员会。董事会制定各专门委员会的工作制度,决定各专门委员会的人员组成和职能。上述各专门委员会对董事会负责。

董事会可以根据情况制定上述各专门委员会的工作制度。各专门委员会的工作制度由董事会会议通过后生效,并向市国资委备案。

第三十三条 [董事会办公室]

公司设立董事会办公室作为董事会常设工作机构,负责筹备董事会会议,办理董事会日常事务,与董事沟通信息,为董事工作提供服务等事项。董事会秘书主持董事会办公室的工作。公司可以根据实际情况确定董事会办公室与其他部门合署办公。

第三十四条 [董事会会议]

董事会会议包括定期会议和临时会议。董事会每年度召开不少于四次会议。

第三十五条 [董事会会议的召开]

有以下情况之一时,应召开董事会会议:

(一)1/3以上董事提议时;

(二)监事会提议时;

(三)董事长或外部董事认为必要时;

(四)出资人认为必要时。

第三十六条 [董事会会议的召集和主持]

董事会会议由董事长召集和主持;董事长不能履行职务或者不履行职务的,由副董事长召集和主持;副董事长不能履行职务或者不履行职务的,由半数以上董事共同推举或由出资人指定一名董事召集和主持。

第三十七条 [董事会会议通知和资料提供]

董事长或董事会会议的其他召集者应在董事会会议召开十个工作日之前,将会议的时间、地点、期限、议程、事由、议题以及所议事项的详细资料(包括背景资料和有助于董事理解公司所议事项的信息和数据)通知全体董事以及其他与会及列席人员。对于紧急情况下召开的董事会会议,上述通知时限可以缩短,但必须保证在开会之前董事能够收到足以使其作出正确判断的所议事项的详细资料,并对上述资料进行阅读、理解以及研究的合理时间,原则上不迟于董事会召开之日前的两个工作日。

任何董事认为资料不充分的,可提出董事会延期至其获取了充分的资料,董事会应予准许,出资人作出相反决定的除外。

第三十八条 [董事会召开的条件]

董事会会议应由过半数董事(委托其他董事出席的,委托董事计算在内)出席方可召开。

第三十九条 [董事的出席和委托]

董事原则上应亲自出席董事会会议,不能亲自出席的,可以委托其他董事出席,但必须向受托人出具有效的委托书,委托书上必须载明对于各项列入表决程序议案的明确意见或授权受托人行使表决权,否则视为委托人对有关的议案未投票。

第四十条 [董事会会议召开的方式]

董事会会议召开形式及议程应保证给予所有董事充分发表意见和真实表达意思的机会。

董事会定期会议应该以现场会的形式举行。董事会临时会议在保证与会董事能充分发表意见并真实表达意思的前提下,也可以通讯方式举行。但董事会审议利润分配方案、重大投资、重大资产处置、重要人事任免等重大事项时,不应采用通讯方式表决。

第四十一条 [董事会会议议案的提出和表决]

任何董事均可在董事会会议上提出进行表决的议案,董事会会议应予以表决,但提出议案的董事应事先向其他所有董事提供足以使其作出正确判断的所议事项的详细资料,且确保给予其对上述资料进行阅读、理解以及研究的合理时间。

第四十二条 [董事会会议表决方式]

除非会议主持人另行决定,董事会会议表决程序应以记名方式进行。

第四十三条 [董事会会议的表决]

董事会会议进行表决时,实行一人一票,一事一决。董事会作出决议须经全体董事过半数同意通过。

董事会对公司章程第二十八条第(五)项、第(六)项所涉及事项进行表决时,或者外部董事认为必要时,议案经全体董事 2/3 以上同意方可通过。

其他议案经全体董事过半数同意即可通过。

第四十四条 [董事会会议记录]

无论是否采取现场会形式召开,董事会会议应对所议事项做成详细的书面会议记录。该记录至少应包括会议召开的日期、地点、主持人姓名、出席董事姓名、会议议程、董事发言要点、决议的表决方式和结果并载明赞成、反对或弃权的票数及投票人姓名。出席会议的董事和列席会议的董事会秘书应在会议记录上签名。会议记录应妥善保存于公司并与公司章程第四十六条规定的书面报告及董事会决议同时提交出资人,抄送监事会。

第四十五条 ［董事会议事细则］

董事会可以根据公司章程制定具体的董事会议事规则,董事会议事规则应报出资人备案。

第四十六条 ［董事会提交书面报告］

董事会需在以下情况发生之日起的五个工作日内向出资人就有关事项提交书面报告:

(一)任何董事会会议召开;

(二)董事会认为公司发生了任何超越其权限的事宜,需提请出资人决定;

(三)外部董事认为必要时;

(四)出资人要求时;

(五)公司章程其他条款规定的情况。

第四十七条 ［董事会建议和意见］

出资人行使职权时,董事会有权主动或应出资人的要求提出建议,但上述建议不妨碍出资人行使职权。出资人依据公司章程行使职权时,董事会或董事有不同意见的,可将不同意见以书面形式报送出资人并妥善保存于公司。

第三节　日常经营管理机构

第四十八条 ［高级管理人员的组成］

总经理、副总经理、财务负责人为公司高级管理人员。

董事会可以决定公司其他人员为高级管理人员。

第四十九条 ［任职要求和董事兼任高级管理人员］

高级管理人员应具有与其所担任职务相适应的专业知识和工作经验。经出资人同意,董事可以受聘兼任高级管理人员。

第五十条 ［总经理的聘任、解聘和任期］

总经理由董事会决定聘任或解聘,聘任期每届三年,获连续受聘可以连任。

第五十一条 ［总经理的职权］

总经理对董事会负责,行使以下职权:

(一)主持公司的生产经营管理工作,组织实施董事会决议;

(二)拟订公司的年度经营计划和投资方案;

(三)拟订公司的年度财务预算、决算方案;

(四)拟订公司内控制度和风险管理体系的实施方案;

(五)拟订公司内部的改革、重组方案;

(六)拟订公司的收入分配方案;

(七)拟订公司的投融资计划;

(八)拟订公司资产处置方案;

(九)根据董事会决定的公司经营计划和投资方案,批准一定额度的经常性项目费用和长期投资阶段性费用的支出;

(十)提请聘任或解聘公司经理班子副职成员及其他高级管理人员;

(十一)建立总经理办公会制度,召集和主持总经理办公会议,协调、检查和督促各部门、各下属公司的日常经营工作；

（十二）董事会授予的专项职权；

（十三）法律、行政法规、公司章程规定的其他职责。

第五十二条 ［总经理提交议案程序］

总经理将议案提交董事会前，应当召开总经理办公会议进行研究并形成意见，由总经理或委托公司高级管理人员向董事会会议报告。

第五十三条 ［副总经理的职权］

副总经理协助总经理工作并对总经理负责，其职权由公司管理制度确定。

第五十四条 ［财务负责人的职权］

财务负责人主管公司财务会计工作并对总经理负责，其履行职权时应遵守法律、行政法规和国务院财政部门的规定。

第五十五条 ［总法律顾问的职权］

公司设总法律顾问，主管公司法律事务并对总经理负责。

第五十六条 ［董事会秘书的聘任、解聘和职权］

公司设董事会秘书，由董事长提名，董事会决定聘任或解聘。董事会秘书主持董事会办公室工作。

第五十七条 ［高级管理人员的考核、奖惩及方案的制定］

董事会应对高级管理人员设定工作绩效目标并对高级管理人员进行考核和奖惩，具体绩效考核和奖惩由董事会决定。

第五十八条 ［总经理办公室］

公司可根据公司章程设立总经理办公室。总经理办公室人员由总经理聘任、解聘，对总经理负责。

第五十九条 ［总经理工作细则］

总经理应当制订总经理工作细则，报董事会批准后实施。

第四节 监事会

第六十条 ［监事会的组成］

公司设监事会，由五名监事组成，其中三名由出资人委派，两名由职工代表担任。

在监事会人数不足章程规定的情况下，已经委派或选举产生的监事会主席、监事单独或共同行使本节规定的监事会职权。

第六十一条 ［监事的委派方式］

出资人应以书面通知公司的形式委派监事。出资人有权对其委派的监事进行考评。出资人有权随时解除其委派监事的职务。

第六十二条 ［职工监事］

职工监事由公司职工通过民主方式选举产生及撤换。

第六十三条 ［监事的身份限制］

董事、高级管理人员及与其相关的人员（指与其相关的第八十六条中规定的自然人）不得兼任监事。

第六十四条 ［监事任期］

监事任期每届三年,获得连续委派或者连续当选可以连任。但法律、法规及规章另有规定的除外。

第六十五条 ［监事会主席］

监事会设监事会主席一名,由出资人在监事中指定,行使以下职权:

(一)召集、主持监事会会议,决定是否召开临时监事会会议;

(二)检查监事会决议的实施情况,并向监事会报告决议的执行结果;

(三)代表监事会向出资人报告工作;

(四)审定、签署监事会的决议、报告和其他重要文件;

(五)公司章程其他条款规定的职权。

第六十六条 ［监事会办事机构和监事会秘书］

监事会可以设办事机构或在不影响其行使监督职能的前提下与公司其他部门合署办公。可以设专职或兼职秘书,负责监事会日常事务,筹备监事会会议,与监事沟通信息提供服务等事项。监事会秘书由监事会任命,报出资人备案。

第六十七条 ［监事会职权］

监事会对市国资委负责,重点监督财务会计的真实性,经营过程的合法合规性,董事、经理等高级管理人员履职的责任心。

监事会依法履行以下职责:

(一)按有关规定,向市国资委报告工作;

(二)监督公司制度建立及执行情况,主要包括公司内部监督管理和风险控制制度的建立及落实执行情况;

(三)检查公司财务,查阅公司财务会计资料及与经营管理活动有关的其他资料,评价公司财务会计报告的真实性、合法性;

(四)监督董事、经理等高级管理人员执行职务行为情况,主要对其忠诚履职和勤勉尽责情况进行监督,对其职务消费、薪酬分配等情况进行检查,当董事、总经理等高级管理人员的行为损害公司利益时,要求其纠正,对违法违规董事、总经理等高级管理人员提出罢免建议;

(五)根据对公司进行监督检查的情况,可建议市国资委依法进行专项审计,并监督公司对审计结果整改落实情况;

(六)了解、掌握和跟踪公司重要经营活动,对董事会重大事项决策及决策执行的情况进行评价;

(七)完成市国资委交办的监督检查任务;

(八)法律法规和公司章程规定的其他职责。

第六十八条 ［监事会的知情权］

监事会在行使职权时,可以进行必要的调查工作,除有权向财政、工商、税务、审计、海关等有关部门和银行、重要客户调查了解公司的情况外,有权要求董事会、总经理及其他高级管理人员、公司业务部门向其提供必要的资料,董事会、总经理及其他高级管理人员、公司业务部门应当配合监事会工作,按照监事会的要求及时提供真实、充分的资料。除总经理外的其他高级管理人员或公司业务部门不予以配合的,监事会有权要求总经理责令其配合;总经理不予以配合的,监事会有权要求董事会责令其配合;董事会不予以配合的,监事会有权将有关情况提交出资人。

第六十九条 ［监事会汇报制度］

监事会就其行使职权情况向出资人以书面方式汇报。汇报包括：

（一）监事会需每年向出资人提交监事会工作报告，该报告应详细说明监事会在当年度的工作情况以及公司各方面运作的合法性；

（二）对于董事会对公司重大事项形成的董事会决议，监事会应主动、应出资人或董事会要求及时进行审核并向出资人提交审核报告；

（三）监事会在监督检查或行使职权过程中发现公司经营行为有可能危及国有资产安全、造成国有资产流失或者侵害国有资产所有者权益以及监事会认为应当立即报告的其他紧急情况，应及时向出资人提出专项报告，实行一事一报制度。出资人应根据监事会的意见决定是否根据公司章程第二十条的规定行使职权。

第七十条 ［监事会年度会议］

监事会每年应至少召开两次会议。

第七十一条 ［监事会会议的召开］

有以下情况之一时，应召开监事会会议：

（一）1/3以上监事提议时；

（二）监事会主席认为必要时；

（三）董事会召开并通过重大事项时；

（四）出资人认为必要时。

第七十二条 ［监事会会议的召开和主持］

监事会会议由监事会主席召集和主持；监事会主席不能履行职务或者不履行职务的，由半数以上监事共同推举一名监事或由出资人指定的监事召集和主持监事会会议。

第七十三条 ［监事会会议召开的条件］

监事会会议在过半数监事出席时方可召开。

第七十四条 ［委托其他监事出席］

监事原则上应亲自出席监事会会议，不能亲自出席的，可以委托其他监事出席，但必须向受托人出具有效的委托书，委托书上必须载明对于各项列入表决程序议案的明确意见或授权受托人行使表决权，否则视为委托人对有关的议案未投票。

第七十五条 ［监事会会议召开的方式］

监事会会议召开形式及议程应保证给予所有监事充分发表意见和真实表达意思的机会。

监事会会议原则上以现场会的形式举行，在保证与会监事能充分发表意见并真实表达意思的前提下，也可以通讯方式或者书面材料审议方式举行。但是，年度监事会议以及任何监事认为应当以现场会形式举行的其他监事会会议，必须以现场会形式举行。

第七十六条 ［监事会会议表决方式］

除非会议主持人另行决定，监事会会议表决程序应以记名方式进行。

第七十七条 ［监事会会议的表决］

监事会会议进行表决时，每名监事享有一票表决权，表决事项应得到全体监事过半数同意方可通过。

第七十八条 ［监事会会议记录］

无论是否采取现场会形式召开，监事会会议应对所议事项的决定做成会议记录。出席会议的监事应在会议记录上签名。会议记录应妥善保存于公司并提交出资人。

第七十九条 ［监事会议事规则的制定］

监事会可以根据公司章程制定具体的监事会议事规则，监事会议事规则应报出资人备案。

第七章 党 委

第八十条 ［党委的组成］

公司党委设党委书记一名，设专、兼职党委副书记，其他党委成员若干名。按照规定设立纪委，设纪委书记一名，按程序进入监事会并担任监事会副主席。董事长、党委书记原则上由一人担任，设分管企业党建工作的专职副书记。符合条件的党委委员可以通过法定程序进入董事会、监事会、经理层，董事会、监事会、经理层成员中符合条件的党员依照有关规定和程序进入党委。

第八十一条 ［党委的职权］

党委履行以下职权：

1. 保证党和国家的方针政策在企业贯彻执行，落实市委、市政府重大战略决策，市国资委党委及上级党组织有关重要工作部署。

2. 坚持党管干部原则，在选人用人中担负领导和把关作用，对董事会或总经理提名的人选进行酝酿并提出意见建议，或者向董事会、总经理推荐提名人选；会同董事会对拟任人选进行考察，集体研究提出意见建议。

3. 参与企业重大问题决策，研究讨论公司改革发展稳定、重大经营管理事项及涉及职工切身利益的重大问题，并提出意见建议。

4. 担负全面从严治党主体责任，领导公司思想政治工作、统战工作、精神文明建设、企业文化建设和工会、共青团等群团工作，支持职工代表大会开展工作。

5. 领导党风廉政建设，支持纪委履行监督执纪问责。

6. 其他应当由党委讨论和决定的重大问题。

第八章 董事、监事及高级管理人员的资格、义务及法律责任

第一节 任职资格以及忠实勤勉义务

第八十二条 ［董事、监事、高级管理人员的任职限制］

有下列情形之一的，不得担任公司的董事、监事、高级管理人员：

（一）无民事行为能力或者限制民事行为能力；

（二）因贪污、贿赂、侵占财产、挪用财产或者破坏社会主义市场经济秩序，被判处刑罚，执行期满未逾五年，或者因犯罪被剥夺政治权利，执行期满未逾五年；

（三）担任破产清算的公司、企业的董事或者厂长、经理，对该公司、企业的破产负有个人责任的，自该公司、企业破产清算完结之日起未逾三年；

（四）担任因违法被吊销企业法人营业执照，责令关闭的公司、企业的法定代表人，并负有个人责任的，自该公司、企业被吊销企业法人营业执照之日起未逾三年；

（五）个人所负数额较大的债务到期未清偿。

已获得委派或选举董事、监事或者聘任高级管理人员不符合上述规定的，对其委派、选举或者聘任的决定无效。

董事、监事、高级管理人员在任职期间出现本条第一款所列情形的，出资人或公司应当解除其职务。

第八十三条 ［外部董事的任职限制］

外部董事不得与公司存在任何可能影响其公正履行外部董事职务的关系。其本人及其直系亲属近两年内应未曾在公司和公司的全资、控股企业任职，未曾从事与公司有关的商业活动，不持有公司所投资企业的股权，不在与公司同行业的企业或与公司有业务关系的单位兼职。

第八十四条 ［忠实义务和诚信原则］

董事、监事和高级管理人员应当遵守法律、行政法规和公司章程，对公司负有忠实义务，不得利用职权收受贿赂或者其他非法收入，不得侵占或损害公司的财产、利益及对公司有利的商业机会。

董事、监事、高级管理人员在履行职责时，必须遵守诚信原则，不应当置自己于自身的利益与承担的义务可能发生冲突的处境，真诚地以公司最大利益为出发点行事，且应在其职权范围内行使权力，不得越权。

第八十五条 ［不得从事的行为］

董事、监事及高级管理人员不得有以下行为：

（一）挪用公司资金；

（二）将公司资金以其个人名义或者以其他个人名义开立账户存储；

（三）违反公司章程的规定，未经出资人或者董事会同意，将公司资金借贷给他人或者以公司财产为他人提供担保；

（四）未经出资人同意，与本公司订立合同或者进行交易；

（五）未经出资人同意，利用职务便利为自己或者他人谋取属于公司的商业机会，自营或者为他人经营与所任职公司同类的业务（经适当程序决定在由公司投资的控股、参股公司任职的除外）；

（六）接受他人与公司交易的佣金归为己有；

（七）擅自披露，或非以公司利益为目的使用公司秘密；

（八）违反对公司忠实义务的其他行为。

董事、监事及高级管理人员违反前款规定所得的收入应当归公司所有。

第八十六条 ［不得指使他人从事相关行为］

董事、监事及高级管理人员，不得指使下列人员或者机构从事公司章程第八十二条所禁止其本身从事的事宜：

（一）董事、监事及高级管理人员的配偶或者未成年子女；

（二）董事、监事及高级管理人员或者本条（一）项所述人员的受托人；

（三）董事、监事及高级管理人员或者本条（一）（二）项所述人员的合伙人；

（四）由董事、监事及高级管理人员在事实上单独控制的公司，或者与本条（一）（二）（三）项所提及的人员或者公司其他董事、监事及高级管理人员在事实上共同控制的公司；

（五）本条（四）项所指被控制的公司的董事、监事及高级管理人员。

董事、监事及高级管理人员违反本条规定，视同其本人违反了第八十四条。

第八十七条 ［勤勉义务］

董事、监事及高级管理人员对公司负有勤勉义务,应当投入足够的时间和精力,独立、谨慎地行使职权,且行使职权时,以一个合理的谨慎的人在相似情形下所应表现的谨慎、勤勉和技能为其所应为的行为。

第八十八条 ［容错条款］

公司建立鼓励改革创新的容错机制。在决策流程和项目实施符合法律法规和公司内控制度的前提下,改革创新项目虽然未能实现预期目标,但是相关人员勤勉尽责、未谋取私利的,在业绩考核和经济责任审计时不作负面评价,依法依规免除相关责任。公司董事会成员、经理层成员及其他高级管理人员适用上述容错机制。

第二节 法律责任及追究

第八十九条 ［赔偿责任］

董事、监事、高级管理人员执行公司职务时违反法律、行政法规或者公司章程的规定,给公司造成损失的,应当承担赔偿责任。

第九十条 ［公司内部处分］

当出资人发现董事、监事、高级管理人员违反第八十四条或有第八十五条规定的情形的,无论是否依据第八十九条的规定处理,其均可以对相关的董事、监事、高级管理人员提出警告、责令其限期停止相关行为或予以改正。

第九十一条 ［出资人要求诉讼和代表诉讼］

董事、高级管理人员有第八十九条规定的情形的,出资人可以书面要求监事会向人民法院提起诉讼;监事有第八十九条规定的情形的,出资人可以要求董事会向人民法院提起诉讼。

监事会或董事会收到前款规定的出资人书面请求后拒绝提起诉讼,或者自收到请求之日起三十日内未提起诉讼,或者情况紧急、不立即提起诉讼将会使公司利益受到难以弥补的损害的,出资人有权为了公司的利益以自己的名义直接向人民法院提起诉讼。

他人侵犯公司合法权益,给公司造成损失的,出资人可以依照前两款的规定向人民法院提起诉讼。

第九十二条 ［出资人直接诉讼］

董事、监事及高级管理人员违反法律、行政法规或者公司章程的规定,损害出资人利益的,出资人可以向人民法院提起诉讼。

第九十三条 ［其他责任］

如董事、监事、高级管理人员违反第八十四条或者出现第八十五条规定的情况或从事法律、行政法规及公司章程其他条款所禁止的行为,除按照公司章程的相关规定追究其民事赔偿责任外,出资人还有权:

(一) 在其认为董事、监事、高级管理人员的行为构成犯罪时,提请公安或检察机关进行调查;

(二) 立即撤销或建议其他机构撤销行为人的董事、监事职务或要求董事会解聘行为人的高级管理人员职务;

(三) 依照董事、监事、高级管理人员的行政、人事隶属关系对行为人进行相关处分;

(四) 依照董事、监事、高级管理人员党籍隶属关系,建议中国共产党相关组织对行为人进行党内处分。

第九章　公司的法定代表人

第九十四条　[法定代表人]

出资人可以指定董事长或总经理担任公司的法定代表人,在出资人未明确指定的情况下,董事长担任公司的法定代表人。

第九十五条　[法定代表人职权]

法定代表人对外代表公司签订合同等文件,进行民商事活动,参与诉讼和仲裁等程序。

第九十六条　[约束和管理]

法定代表人对外代表公司的行为受董事会及出资人的约束和管理。

第十章　财务制度

第九十七条　[财务会计制度的建立]

公司应当依照法律、行政法规和国务院财政部门的规定建立本公司的财务、会计制度。除法定的会计账簿外,不得另立会计账簿。对公司资产,不得以任何个人名义开立账户存储。

第九十八条　[财务负责人]

公司财务工作由财务负责人领导。

第九十九条　[财务会计报告、公司审计和聘用律师、会计师事务所]

公司应当在每一会计年度终了时编制符合法律、行政法规和国务院财政部门规定的财务会计报告,并依法经有相应从业资格的会计师事务所审计。公司应当向聘用的会计师事务所提供真实、完整的会计凭证、会计账簿、财务会计报告、出资人或董事会要求的有关报表及其他会计资料,不得拒绝、隐匿、谎报。

上述会计师事务所的聘用和解聘由出资人决定。出资人解聘会计师事务所前,应当允许会计师事务所陈述意见。

第一百条　[法定公积金的提取]

公司分配当年税后利润时,应当提取利润的10%列入公司法定公积金。公司法定公积金累计额为公司注册资本的50%以上的,可以不再提取。公司的法定公积金不足以弥补以前年度亏损的,在依照前款规定提取法定公积金之前,应当先用当年利润弥补亏损。

第一百零一条　[任意公积金的提取]

公司从税后利润中提取法定公积金后,出资人可以决定从税后利润中提取任意公积金。

第一百零二条　[财务风险控制制度]

公司应建立科学的财务风险控制制度,上述制度应包括需向出资人报告重大事项的财务指标。

第十一章　解散与清算

第一百零三条　[公司解散的事由]

公司因下列原因解散:

（一）公司章程规定的营业期限届满或者公司章程其他条款规定的解散事由出现；
（二）出资人决定并经上海市人民政府批准解散；
（三）因公司合并或者分立需要解散；
（四）依法被吊销企业法人营业执照、责令关闭或者被撤销。

第一百零四条 ［清算组的成立］

公司因第一百零三条第（一）项、第（二）项、第（四）项规定而解散的，应当在解散事由出现之日起十五日内成立成员不少于三人的清算组，开始清算。清算组由出资人指定。

第一百零五条 ［清算组的职权］

清算组在清算期间行使下列职权：

（一）清理公司财产，分别编制资产负债表和财产清单；
（二）通知、公告债权人；
（三）处理与清算有关的公司未了结的业务；
（四）清缴所欠税款以及清算过程中产生的税款；
（五）清理债权、债务；
（六）处理公司清偿债务后的剩余财产；
（七）代表公司参与民事诉讼活动。

第一百零六条 ［债权申报通知和公告］

清算组应当自成立之日起十日内通知债权人，并于六十日内在报纸上公告。债权人应当自接到通知书之日起三十日内，未接到通知书的自公告之日起四十五日内，向清算组申报其债权。

债权人申报债权，应当说明债权的有关事项，并提供证明材料。清算组应当对债权进行登记。

在申报债权期间，清算组不得对债权人进行清偿。

第一百零七条 ［清算方案、清算期间对公司财产分配的限制］

清算组在清理公司财产、编制资产负债表和财产清单后，应当制定清算方案，并报出资人及/或人民法院确认。

公司财产在分别支付清算费用、职工的工资、社会保险费用和法定补偿金，缴纳所欠税款，清偿公司债务后的剩余财产归出资人所有。

清算期间，公司存续，但不得开展与清算无关的经营活动。公司财产在未按前款规定清偿前，不得分配给出资人。

第一百零八条 ［清算报告和公司终止程序］

公司清算结束后，清算组应当制作清算报告，报出资人及/或人民法院确认，并报送公司登记机关，申请注销公司登记，公告公司终止。

第一百零九条 ［清算组成员的义务、责任］

清算组成员应当忠于职守，依法履行清算义务。

清算组成员不得利用职权收受贿赂或者其他非法收入，不得侵占公司财产。

清算组成员因故意或者重大过失给公司或者债权人造成损失的，应当承担赔偿责任。

第一百一十条 ［宣告破产］

清算组在清理公司财产、编制资产负债表和财产清单后，发现公司财产不足清偿债务的，应当依法向人民法院申请宣告破产。

公司经人民法院裁定宣告破产后，清算组应当将清算事务移交给人民法院。

公司被依法宣告破产的,依照有关企业破产的法律实施破产清算。

第十二章 劳 动 人 事

第一百一十一条 ［劳动合同制］

公司实行全员劳动合同制,根据《中华人民共和国劳动法》与职工建立劳动关系。

第一百一十二条 ［工资制度］

公司应依法建立健全的劳动工资制度。

第一百一十三条 ［设立工会］

公司根据《中华人民共和国工会法》设立工会。

第一百一十四条 ［听取工会、职工意见］

公司研究决定改制以及经营方面的重大问题、制定重要的规章制度及其他与职工切身利益有关的事宜时,应当听取公司工会的意见,并积极通过各种形式听取职工的意见和建议,实行民主管理。

第一百一十五条 ［社会保险的缴纳］

公司依法为职工缴纳社会保险。

第十三章 其 他 事 项

第一百一十六条 ［团组织的设立和活动］

根据《中国共产主义青年团章程》的规定,在公司中设立共青团组织,开展活动。公司应当为团组织的活动提供必要条件。

第一百一十七条 ［用语解释］

公司章程中"以上""以下"的表述均包含本数。

第一百一十八条 ［未尽事宜的执行］

公司章程未尽事宜根据相关法律法规执行。

第一百一十九条 ［章程的生效和解释］

公司章程由出资人修订,并经出资人签署后生效。公司章程生效后,原有公司章程由本公司章程替代。公司章程由出资人负责解释。

申能(集团)有限公司"十二五"发展规划

(2011年11月27日)

第一部分 公司"十一五"发展回顾与总结

一、公司基本情况

申能公司创建于1987年,1996年成立申能(集团)有限公司(以下简称公司),注册资本60亿元,是上海市国有资产监督管理委员会出资监管的国有独资有限公司。公司现有职工1.2万人,拥有下属控股企业9家,投资参股企业17家。连续9年位列中国企业500强。

公司成立以来,秉持"锐意开拓、稳健运作"的经营理念,主业明确,定位清晰,在产业结构、资产规模和企业效益等方面保持了健康向上的发展态势,基本形成了"电气并举、产融结合"的产业格局,兼具产业集团与投资公司双重企业特征。2008年,经市国资委核准,公司主业确定为:电力、燃气为主的能源产品生产与供应;投资与资产管理(能源及相关服务业、金融企业股权)。

到2010年年底,公司电力产业投资建成电力项目15个,其中权益装机容量622万千瓦,可控装机容量536.9万千瓦。公司可控装机发电量约占全市总发电量的30%。公司燃气产业具有相对完整的产业链。投资建成东海平湖油气田和液化天然气(以下简称LNG)一期项目,构建了健全的城市燃气管网体系,拥有地下管线近1.7万公里;天然气、人工煤气、液化气用户约570万户,占上海市场90%以上的份额。公司为东方证券股份有限公司(以下简称东方证券)和中国太平洋保险(集团)股份有限公司(以下简称中国太保)的第一大股东和第二大股东。

二、"十一五"规划指标完成情况

"十一五"期间,公司较好地完成预定的规划目标,在经营业绩、项目建设、金融投资、科技创新与节能减排等方面取得了长足进步。

1. 主要经营指标均超出规划目标

"十一五"末期,公司总资产1 069亿元,较规划目标600亿元大幅增长。归属母公司所有者权益518亿元。"十一五"年均利润总额达到29.7亿元,母公司年均净利润达到12亿元,大幅超过年均7亿元的规划目标。"十一五"期间,营业收入逐年稳步提升,"十一五"末期达到249亿元,比2005年增长一倍。

2. 重大能源项目建设成绩斐然

电力方面,2010年年底,公司电力权益装机容量达到622万千瓦,全面完成"十一五"确定的600万千瓦规划目标。其中,外高桥三期2007年年底建成投产。临港燃机一期2009年开工建设,一台机组2010年年底并网。"十一五"期间先后建成世博太阳能等一批新能源项目,建成风电权益装机8万千瓦,太阳能权益装机4.5兆瓦。燃气方面,上海LNG项目一期工程2009年建成投运。

天然气主干管网一期工程建成投运,二期工程基本完工,覆盖全市的管网体系不断完善,供气能力大大提升。五号沟应急备用LNG项目扩建工程、世博燃气配套等一批燃气项目也相继建成。公司能源产业链进一步延伸,2008年设立上海申能燃料有限公司,2009年成立上海申能能源服务有限公司(以下简称申能能服),2010年组建上海嘉禾电煤航运公司。

3. 金融股权投资效益较好

2008年,金融股权投资被市国资委确定为公司主业,公司能源与金融双主业格局基本确立。"十一五"期间,公司金融投资规模约60亿元,实现金融投资收益近22亿元。"十一五"末期,公司金融资产市值规模达到400亿元左右。公司金融产业布局不断优化,2007年成立申能集团财务有限公司(以下简称申能财务公司),同年增资中国太保28.86亿元,2009年出资17.6亿元认购8亿股中国光大银行股权,2010年发起设立上海诚毅新能源创业投资有限公司(以下简称新能源创投基金)。"十一五"期间,公司通过股权融资,发行中期票据、短期融资券等,共筹措资金约210亿元,有力支持了公司建设。

4. 科技创新和节能减排成效显著

"十一五"期间,公司成立了科技创新和节能减排领导小组,下属申能股份有限公司(以下简称申能股份)组建了申能能源科技有限公司(以下简称能源科技公司),上海燃气(集团)有限公司(以下简称燃气集团)成立了科培中心。公司科研和技改项目资金投入总量超过35亿元,获得各类专利授权40多项,共有13个科研课题获得上海市科委资助。其中,"东海边际气田水下生产系统关键技术"项目列入国家"863"计划,"世博中国馆、主题馆光伏建筑一体化"项目被国家科技部列为世博重大专项课题。上海石油天然气有限公司(以下简称石油天然气公司)、上海外高桥第三发电有限公司(以下简称外三发电)被评为"上海市高新技术企业"。公司控股电厂供电煤耗从2005年的319克/千瓦时下降到2010年的300克/千瓦时,控股电厂脱硫工程于2008年年底全部投运,每年减排二氧化硫约7.6万吨,脱硝示范工程已启动。"十一五"期间,公司天然气购销差指标逐步好转,能源转换效率累计平均比"十五"提高4个百分点,SO_2、COD、氨氮、废水排放指标显著下降。其中,外三发电通过多项自主创新,取得18项企业新纪录和9项国家专利,2010年供电煤耗279克/千瓦时,继续保持全国和世界领先水平。

附表1 公司"十一五"主要经营指标完成情况

主要指标	规划目标	2006年	2007年	2008年	2009年	2010年(预计数)
总资产(亿元)	600	437	524	602	932	1 069
归属于母公司所有者权益(亿元)	—	192	205	214	462	518
营业收入(亿元)	—	133	137	187	209	249
利润总额(亿元)	—	26.5	33.8	19.8	32.6	36
归属于母公司的净利润(亿元)	7(年均)	10.97	12.86	9.63	13.09	14.89
净资产收益率(%)	—	5.91	6.48	4.60	3.87	3.04
权益装机容量(万千瓦)	600	392	392	478	482	622
权益发电量(亿千瓦时)	330	175	185	212	213	262

〔续表〕

主要指标	规划目标	2006年	2007年	2008年	2009年	2010年（预计数）
天然气供应量（亿立方米）	60	23.7	27.8	29.8	33.4	44.8
人工煤气供应量（亿立方米）	15	21.1	20.2	19.2	15.6	13.4
燃气用户数（万户）	550	489	506	522	536	570

说明：公司自2009年起全面实行企业会计准则。

个别指标与规划目标有距离。"十一五"期间，由于受国际金融危机、本市产业结构调整、市外来电大量增加、上游气源供应延后、市场需求变化较大等因素影响，公司天然气供应量、权益发电量期末指标未能达到60亿立方米和330亿千瓦时的规划目标。

三、主要发展经验总结

1. 坚持聚焦能源主业，保障上海电、气安全稳定供应

在多年发展中，公司始终坚持能源主业，主动对接国家和上海能源发展战略，不断做大做强电、气产业，为上海能源保障供应和清洁能源的推广应用作出了积极贡献。公司建成了一批以外三发电为代表的技术领先、节能环保的大容量高效电力机组，清洁能源发电比重稳步提升。公司着力推进上海城市天然气化，气量规模大幅增长，多气源格局基本形成，管网体系不断完善，储备、调峰能力基本满足全市能源规划要求。与此同时，公司始终树立大局观念和履行社会责任，在保障能源供应确保城市安全、消化上游涨价、对接央企、保障世博等方面，充分发挥了地方国有企业骨干作用。

2. 坚持"锐意开拓、稳健运作"的经营理念，推进公司健康发展

将"锐意开拓、稳健运作"的经营理念，深入融合到公司经营风格与企业文化，推进公司的健康发展。主要体现在：公司决策科学，运营规范，注重风险控制，始终保持了较快的发展速度和较优的资产质量。资本运作和金融投资手笔大、思路新、操作稳。公司积极争取并实现将金融投资作为主业，金融产业布局与结构不断优化。通过兼并重组燃气集团和接收上海久联集团有限公司（以下简称久联集团），有力地增强了公司主业实力。充分利用资本市场，支持申能股份发展，在市场化筹融资方面取得了良好成绩。抓住天然气和电力发展机遇，围绕新能源建设、能源服务领域、电煤运输采购等领域，积极拓展主业产业链。

3. 坚持"电气并举、产融结合"战略方针，形成具有申能特色的产业格局

公司电力产业经过20多年的发展，形成了相当规模的优质资产，为公司长期发展打下了良好基础。随着燃气产业的进入，特别是天然气业务的快速发展，电气并举使公司能源主业的内涵与外延都得到拓展。公司通过连续多年主动的、高强度的、高效率的金融投资和运作，形成数百亿的优质金融资产和产融结合的产业结构，符合公司中长期发展的需要与趋势。申能产业格局所形成的独特性，是公司一直以来坚持科学发展、与时俱进的结果。

4. 加强管理创新，增强企业竞争力

强化管理，创新举措，公司整体实力得到明显提升。通过确立管理模式定位，集团本部明确了战略控股型的管理模式，股份公司从投资管理向产业管理稳步转型，燃气集团基础化和标准化管理

日渐夯实,公司上下管理合力逐步形成。公司重视科技创新与节能减排,积极培育产业核心技术,以外三发电为代表的科技创新工作成效明显。节能减排保持领先水平,正逐渐形成具有自身技术特色的竞争优势。同时,重视人才、鼓励创新,关心职工、注重和谐,公司整体呈现求真务实、健康向上的氛围。

第二部分　公司"十二五"发展环境

一、外部环境分析

1. 国内外经济社会发展的形势更趋复杂

一是全球经济复苏存在许多不确定因素,全球经济可能进入增速减缓、结构转型双重特征的并存时期。二是经济发展的制约性因素增多,同时国家将更加注重以改善民生为重点的社会建设。三是我国"十二五"发展的总体思路已确定,国家将更加重视经济结构战略性调整,培育发展战略性新兴产业,加快建设创新型国家和资源节约型、环境友好型社会。上海提出在"十二五"要创新驱动、转型发展,加快推进"四个率先"、加快建设"四个中心",努力形成服务经济为主的产业结构。

2. 发展方式转变要求能源结构调整

一是全球能源资源分配格局面临较大调整,主要经济体围绕能源资源、技术甚至能源金融的竞争将更加激烈,气候变化成为世界能源发展新的制约因素。二是国内能源需求总量继续适度增长,预计"十二五",全国与上海全社会能源消费总量年均分别增长约5.5%和4.5%。三是能源结构继续优化,全国天然气占一次能源比重将从"十一五"末期的3.9%提高至2015年的8.3%以上,上海从6.3%提高至11%以上,全国非化石能源占一次能源比重将从"十一五"末期的7.8%提升至2015年的11%,上海从8.5%提升至12.5%。四是能源价格总体震荡上升,波动幅度可能加大,天然气、电力等能源价格形成机制将逐步趋于市场化。五是能源安全保障面临更多挑战,能源对外依存度继续提高。

3. 电力供需继续稳步增长

一是电力供需依然保持增长态势,预计2015年,全国及上海电力装机年均分别增加约7 000万千瓦和80万千瓦,全社会用电量预计年均分别增长8%与6%左右,华东及上海全网最高负荷预计年均分别增长7.8%和6%左右。二是跨区电网规模不断扩大,"十二五"末期,市外通道输电能力达3 000万千瓦左右,年市外电量将增加到550亿~600亿千瓦时,占全社会用电量1/3以上。三是新兴能源发电比例大幅提高,核电、水电开发空间增大,"十二五"末期,上海燃气和可再生能源发电装机比例将分别达到31%和5%左右。

4. 天然气产业发展空间广阔

一是国内天然气产业规模快速壮大,2009年,我国天然气消费占一次能源比重不到4%,远低于23.8%的国际平均水平,预计"十二五"末期,国内天然气年消费总量达2 500亿立方米。二是天然气在本市能源供应中的地位逐步提高,预计2015年,天然气占本市一次能源的比重将达11%。三是本市天然气上游气源阶梯式增长和下游市场渐进式发展之间的矛盾将加剧,解决调峰的任务十分艰巨。

5. 电力、燃气体制改革渐趋深化

一是国家将稳步推进大用户直购电和双边交易、扩大输配分开等改革试点,继续完善上网电价、输配电价和销售电价的形成机制,逐步扩大节能发电调度的实施范围等。二是天然气市场化改革趋势显现,上游资源开发、下游市场开放以及价格体系改革等都将稳步推进,天然气贸易机制逐步孕育,国内多家燃气企业已通过资本市场实现改制,走上良性发展轨道,但国家天然气管理体制改革的步骤及影响尚较难估计。三是公司人工煤气企业转型和人员分流压力较大,"十二五"期间,燃气行业4 000多名员工面临转岗分流。

6. 金融产业发展的机遇和风险并存

一是多层次、开放式的金融市场体系逐步形成,"十二五"期间,我国金融市场规模预计年均增速超过20%,保险、私募基金等行业发展预期看好,资本市场面临良好发展机遇。二是金融改革稳步推进,直接融资比重进一步提高,民间资本和外资准入进一步放宽,传统金融市场竞争将趋于加剧。三是上海鼓励和推动本市金融企业上市,上海目前16家市属金融企业只有浦发、太保、海通、爱建4家上市,预计未来5年将有多家金融企业实现上市。四是金融市场的不确定性依然较高,金融投资业务高利润和高风险并存。

7. 国资国企改革向纵深推进

一是鼓励开放性、市场化重组联合,上海国资国企将大力推动跨地区、跨所有制整合重组。二是优化国资布局结构,进一步健全国资有序流动机制,引导国有资产向关键领域和优势产业集中,"十二五"期间,上海市属国企涉足行业从79个减少到50个左右,市属国企从50家左右减少至30~35家,其中95%以上经营性资产向前20大企业集团集中。三是提升经营性国资证券化水平,创造条件推动企业整体上市或核心业务资产上市,上海经营性国资证券化率的目标是2013年达到40%。

二、公司发展面临的困难和有利条件

(一) 公司发展面临的主要困难

1. 电力业务发展空间受限

公司在本地电源发展规模受限。上海市地域狭小,环境容量制约,市内新增装机空间非常有限,公司电力储备项目明显不足。发电利用小时数趋于下降。受外来电大规模增容等因素影响,预计"十二五"期间,本市机组发电利用小时数继续下降,公司大机组优势难以充分发挥。"走出去"发展存在较多变数。与能源央企和地方能源企业跨区合作、协调难度较大,在专业人才储备等方面也有不足,若要走出国门发展,面临的挑战更多。政府推进新兴能源发展的政策,对公司以传统能源为主的业务结构将带来一定冲击。

2. 燃气业务发展存在难点

天然气上下游价格难以同步联动,公司经营压力不断增大。天然气供应阶梯式增长与下游市场渐进性增长较难匹配,以及产业结构调整带来用气结构的不断变化,导致公司燃气供需平衡,尤其是调峰任务艰巨。掌握上游资源的央企强势向下游市场延伸业务,"一张网"管理模式面临挑战。中心城区管网改造的制约因素多,安全压力大。稳妥推进人工煤气转型和职工分流工作责任很重。

3. 上游业务比重偏小

公司电、气业务基本处于产业链中下游,上游控股投资的东海油气田和参股投资的内蒙古煤矿(中天合创项目),仅占公司总资产约4%。上游业务比重偏小,对公司能源安全保障供应和盈利能力形成制约。上海地区资源匮乏,作为地方性能源企业,大规模介入能源上游领域,难度也比较大。

4. 能源主业盈利前景较难估计

电力板块煤电价格联动不紧密,"市场煤、计划电"局面尚未改变,电力行业整体盈利能力呈下降趋势。燃气电厂盈利模式尚未建立,发电价格机制需要完善。燃气板块由于天然气价格联动滞后、民用气价联动困难等问题,上游涨价难以消化。政府相关低碳发展的鼓励政策不明朗,新能源产业与能源服务业政策配套等尚不健全,产业健康发展存在较多不确定因素。

5. 金融股权投资与集团产业关联度不紧密

公司约90亿元的金融股权投资分散于10家企业,除申能财务公司、东方证券和中国太保外,持股比例均低于5%。目前实行的金融监管体系,导致公司在持股金融企业中的话语权较弱,金融投资与集团能源产业关联度不够紧密。

(二) 公司发展的有利条件

"十二五"时期,公司发展的外部环境错综复杂,面临的挑战十分严峻,各种可预见与不可预见的困难客观存在,但同时也应该看到,公司发展仍然具有许多有利条件。除了宏观上我国经济社会发展长期向好的基本态势没有改变,上海发展仍处于可以大有作为的战略机遇期,公司经过多年健康的发展,自身也具备一定的竞争优势。

1. 公司资产质量总体良好

公司经营水平较高,主要经营指标名列前茅。2009年,公司总资产和利润总额在国有投资协会80多家地方投资公司中排在前位,在上海国资系统中分列第6位和第4位,处于较优水平。公司资产负债率为36%,现金流较充裕。

2. 公司产业结构独特优良

在多年经营和发展过程中,公司形成有限多元的产业结构。电力、燃气与金融三大主业板块各具特色,互为支撑,特别是金融主业良好的收益弥补了燃气、电力等板块的阶段性亏损,有限多元的互补产业结构有利于公司抵御市场波动和外部风险。

3. 电厂建设、管理具有一定优势

公司拥有煤电、水电、核电、燃气发电兼有的良好电力业务结构,目前建成控股电厂(除星火电厂外)均为60万千瓦以上大型机组,技术先进、性能优越,在电力市场有一定竞争优势。其中,外高桥第二发电有限责任公司已形成一套高效的管理模式与经验,力争创建国际一流火电企业,2008年年底建成的外三发电,各项经济与技术指标均位列同行较好水平,供电煤耗世界领先。

4. 天然气产业链相对完整

公司拥有集上中下游于一体的燃气产业链。公司形成多气源供应格局,控股管理东海平湖天然气和进口LNG两大气源点。上海天然气"一张网"基本建成,管网体系不断完善。天然气销售范围覆盖全市中心城区,并不断向郊区市场拓展。五号沟LNG事故气源和应急调峰站等安全保障设施建成,保障供应能力明显提高。

5. 公司战略管理能力较强

长期以来,公司形成了一套运作规范、科学有效的决策机制与体系,董事会治理结构健全,具体操作层面执行能力较强,各项战略举措得到有效落实。公司长期从事能源生产供应、投资,积累了丰富的战略管理经验。公司资本运作能力较强,资产规模和主业实力不断提升,保证了公司持续、健康发展。

第三部分 公司"十二五"发展战略、主要目标与重大任务

一、"十二五"发展战略

以科学发展观为指导,紧扣上海"十二五"创新驱动、转型发展的总体要求,坚持"锐意开拓、稳健运作"的经营理念,按照"电气并举、产融结合"的总体战略,以保障城市能源安全供应为己任,以发展方式转变为主线,以清洁能源和资本证券化为路径,以科技创新和体制机制创新为支撑,深化国资国企改革,积极寻找新的产业增长点,实现产业经营与资本运作双轮驱动,进一步做强做大主业,推动公司发展迈上新台阶。

二、"十二五"主要目标

(一)总体目标

"十二五"末期,电力建成权益装机容量1 000万千瓦,天然气经营规模达到100亿立方米,公司资本证券化率达到60%。力争实现电力、燃气、金融三大业务板块各有一家控股上市公司,公司主要经济指标位列市属国有企业前茅,继续成为一家主业突出、核心竞争力较强的能源与金融产业投资集团。

(二)经营目标

"十二五"末期,公司总资产达到1 500亿元左右,净资产850亿元左右,归属于母公司所有者权益600亿元左右。"十二五"末期实现营业收入350亿~380亿元,"十二五"年均利润总额40亿元左右,归属于母公司年均净利润15亿~18亿元。"十二五"期间总投资980亿元左右,权益投资480亿元左右。"十二五"末期,公司系统年综合能源消耗总量控制在75万~100万吨。

三、"十二五"重大任务

1. 确保全市电、气安全稳定供应,成为上海能源转型发展的主力军。围绕上海城市安全,将保障上海电、气供应作为公司的主要功能和发展的依托。根据政府导向,积极调整和优化能源结构,大力推广天然气、分布式供能的使用,着力提高清洁煤电、先进核能、风能等为主的新兴能源业务比重。进一步增强科技创新力度,逐步从追求规模扩大向注重节能降耗、环保低碳转型发展,构建企业可持续发展模式。

2. 市内市外并重,推动电力产业跨区域发展。继续巩固在本地市场的既有优势,积极推进临港、崇明等燃气电厂建设,加强吴泾、外高桥等控股电厂扩建可行性研究,积极参与本市陆上、近海风电项目建设。努力争取市外项目,控股、参股并举,通过资本、技术结合的方式参与市外项目投资和电力资产整合。力争安徽平山等项目早日核准开工,加快推进内蒙古等风电项目建设,结合上海援疆机会,按照互惠双赢原则,推动公司与新疆相关能源合作。

3. 优化气源供应,基本实现上海城市燃气的天然气化。继续完善和优化上游气源供应,建设

LNG项目扩建工程。进一步完善天然气管网系统,基本完成全市主干网建设,推进长三角管网互联互通。大力拓展天然气市场,做好调峰设施建设和市场供需平衡。安全有序实施人工煤气转型,做好人员安置工作。

4. 加强产业链拓展,促进产融结合。积极拓展能源产业链上下游业务,提高一次能源、能源服务等业务比重,提升产业链整体价值。加大能源与金融产业互动,着力建设上海石油交易所,构建区域性能源要素市场;运作好新能源创投基金,创出品牌;积极发挥申能财务公司作用,构建系统综合金融服务平台。

5. 推进开放性市场化重组,提升资本证券化率。根据市委市政府深化国资国企改革的要求,坚持产业经营与资本运作双轮驱动,积极发挥资本运作优势,开辟公司快速发展壮大的新路径。积极支持申能股份做大做强,推动东方证券上市,创造条件探索燃气经营性资产重组上市,实现公司资本证券化率明显上升。

6. 完善法人治理结构,建立科学管理体系。继续加强董事会建设,规范董事会运作,充分发挥董事会及其专业委员会的作用。推进企业管理创新,进一步完善战略控股型的集团化管理体系。高度重视安全生产管理工作,强化各项管理举措。加强人才培养和人力资源管理,进一步发挥人才对企业科学发展的智力保障和支撑作用。坚持民主管理,关爱职工,构建和谐企业,积极履行企业社会责任。

第四部分 公司"十二五"产业发展

一、电力产业发展思路、目标与主要任务

(一) 发展思路

巩固在本地电力市场的既有优势,重点发展燃气电厂,全面参与本市"5+X"电源规划格局的构建和完善。积极拓展市外市场,开展煤电一体化经营,"走出去"发展取得实质性进展。开发与并购相结合,核电、水电项目投资取得新进展。拓展一次能源,延伸电力产业链,形成对常规发电的有力支撑和补充。采用资本与技术相结合的输出方式,参与国内电力资产整合。坚持发电技术的持续创新,实现精益化发展。参与风电等新能源项目投资建设。

(二) 发展目标

"十二五"末期,公司建成电力权益装机容量1 000万千瓦,风电权益装机容量50万千瓦,太阳能光伏累计完成5兆瓦,公司新兴能源发电(核电、水电、风电、太阳能等)装机容量比重达20%左右。公司年权益发电量350亿千瓦时左右,电煤自给率约1/3,电煤自有运力达到80%。"十二五"末期,系统电厂供电煤耗298克/千瓦时。完成政府下达的公司所属电厂脱硝工程。"十二五"期间,电力主要项目总投资约650亿元,权益投资约240亿元,新能源主要项目总投资约60亿元,权益投资约30亿元。

(三) 主要任务

1. 加大电力项目投资开发力度

(1) 重点建设本市燃气电厂。临港燃气电厂一期项目(164万千瓦)2011年全面建成。建成崇

明燃气电厂一期（84万千瓦），首台机组2012年投运。积极争取吴泾九期84万千瓦燃气电厂项目。参股投资的闵行燃气电厂（84万千瓦）2012年建成。做好漕泾IGCC示范工程建设。（2）积极做好市外电力项目。淮北平山煤电一体化项目2台60万千瓦级超超临界机组，争取"十二五"前期开工建设。积极配合芜湖核电项目核准，一期2台机组"十二五"期内开工建设。（3）积极做好市内外规划项目储备。做好临港燃气电厂二期（160万千瓦）、崇明燃气电厂二期（84万千瓦）、外高桥电厂四期（135万千瓦）、大漕泾二期（200万千瓦）等潜在项目的前期规划。（4）积极参与本市陆上和近海风电项目建设。重点是"三岛"（崇明、长兴、横沙岛）和"两海"（临港、奉贤近海海域）风电项目的建设，力争控股2～3个项目。加强市外风电项目投资的可行性研究，条件成熟的适时推进。积极开发太阳能光伏发电项目。

2. 多种模式开发电力项目

参股与控股并举，创新合作模式。积极寻找电力项目投资机会，参与市外煤电一体化、核电和水电等项目投资和建设。把握好电力资产并购机会，采取资本与技术结合的输出方式，参与国内电力资产整合，包括地方电力能源集团存量资产整合及扩股、五大集团潜在项目合作开发、二级市场收购等。积极开展与中央能源企业、地方能源企业的合作或形成战略联盟，探索在核电、水电等领域共同投资。研究境外电力市场投资机会。

3. 重点实现煤炭投资项目的实质性突破，培育新的增长点

做好内蒙古煤矿（中天合创项目）、安徽杨柳煤矿等项目的投资和建设，积极寻求煤炭资源开发的新渠道。以嘉禾航运公司为载体，适时扩大运力规模。动态研究燃料供应链相关仓储等物流环节发展机会。

4. 坚持发电技术持续创新与推广应用，构建电力板块核心竞争力

开展高效超临界发电技术示范项目应用研究，推动技术与资本输出相结合。加强燃气发电、风电、太阳能光伏发电、节能环保等领域的应用研究，探索新型除尘装置等新技术应用。进一步开展节能技术改造，继续保持公司供电煤耗、厂用电率等指标在国内乃至国际领先水平。能源科技公司要积极拓展市场，加快科研成果的转化利用。根据全市规划，完成政府下达的公司所属电厂脱硝工程，上海吴泾第二发电有限公司2台机组脱硝工程2011年建成投运。

5. 大力争取市内外电源的合理配置，优化发电运营方式

积极争取上海市能源规划对本地电源建设和市外来电的合理配置。合理确立燃气发电的功能定位，优化燃气发电和燃煤发电经济运行方式。大力争取高效、低耗燃煤机组的节能调度。

6. 积极配合政府做好电价机制改革

促进煤电联动、气电联动机制的完善和实施，配合政府做好相关工作，争取理顺燃气电厂价格机制。探索建立风电、太阳能光伏发电的盈利模式。

二、燃气产业发展思路、目标与主要任务

（一）发展思路

以"基本实现上海城市燃气天然气化"作为公司"十二五"燃气产业发展的主基调。完善多气源供应结构，加大天然气等上游资源拓展力度。重点完善本市天然气管网系统，推进长三角管网互通。全力开拓天然气销售市场。加强安全保障供应储备设施建设及研究，确保安全稳定供气。燃气产业由单一的燃气生产供应向燃气能源服务转型。

(二) 发展目标

"十二五"末期基本实现上海城市燃气的天然气化,公司天然气经营规模力争达到100亿立方米,液化气经营规模达到12万吨以上。"十二五"末期,天然气购销差在5%以内。"十二五"期间,燃气主要项目总投资约160亿元,权益投资约140亿元。

(三) 主要任务

1. 优化上海多气源供应格局

完善上海多气源供应体系,确保各路气源顺利达产。2011年平稳接收西气东输二线,形成由进口LNG、西气一线二线、川气、东气构成的多气源供气格局,合理用好天然气国内和国际两种资源。"十二五"末期,公司天然气经营规模达到100亿立方米,人工煤气实现安全、有序、平稳转型,液化气经营规模达到12万吨以上。

2. 开拓与挖潜并举,积极拓展天然气上游资源

充分发挥上海石油天然气有限公司技术优势,加大平湖油气田挖潜力度。积极争取中石化和中海油支持,合作开展周边地区扩区勘探。研究国际LNG市场,落实LNG扩建工程后续资源供应,探寻海外油气资源投资机会,尝试参与开发海外中小型油气田或向海外油气田提供技术服务。关注国内非常规气开发,研究参与投资的可能性。

3. 完善天然气"一张网"建设

(1) 加快天然气主干管网建设。基本实现天然气管网覆盖全市,2011年完成管网二期(2009—2010)工程,2015年建成崇明岛、长兴岛天然气过江管线。加强电气联动,做好闵行电厂等大用户的管网配套建设与服务。完善主干管网系统(超高压)改造建设工作。(2) 加快天然气次干管网建设。全力配合市政重大项目实施,精心组织"虹桥商务区"等项目配套管线敷设。参与城乡一体化建设,及时为崇明、金山等新城新镇建设做好公用管线配套工作。加大旧区天然气基础设施和管网建设的资金投入,加快改造进度,稳步推进天然气置换工作,基本实现中心城区全部置换的目标,为城市天然气化打下坚实基础。(3) 全力推进长三角管网互通。完善国家级天然气主干管网与本市管网的互联互通,在崇明过江管增加苏北接口,宝山罗泾预留江苏昆山接口,金山预留浙江接口,积极推动省市间管网互通,实现安全互保互供。

4. 加大储备和调峰设施建设力度,提升气源保障供应能力

发挥进口液化天然气在气源调节和保障供应中的积极作用,建设洋山LNG扩建工程。扩大油气能源应急与储备设施建设,2013年建成石洞口燃气生产和能源安全储备基地和五号沟LNG扩建工程二期,推动新的天然气应急储备基地项目前期工作。充分利用人工煤气设施,增加调峰储备能力。提升多气源调度管理能力,推进安全标准化建设,提高管网本质安全。"十二五"末期,上海天然气事故应急保障天数满足上海市能源规划要求。

5. 积极开拓天然气下游市场

围绕节能减排,大力拓展天然气市场,扩大应用领域。为本市燃气电厂做好管线配套工作,提供充足气源供应,并建立完善的气电联调沟通机制。积极开拓郊区用气市场,探索尝试非管道运输业务,为各类用户做好配套与服务。大力实施燃煤(油)锅炉的天然气替代工作,推广分布式供能、燃气空调及热电联产,普及新型燃气灶具,开展天然气汽车应用的可行性研究等。

6. 人工煤气安全有序转型

2015年年底前,人工煤气安全、有序、平稳转型。转型过程中注意区域分布,充分考虑制气厂

安全生产供应、经济调度以及节能减排等因素,科学制订转型计划,稳妥实施。

7. 提升燃气产业科技创新与节能减排水平

围绕平湖油气田勘探挖潜,深化"东海边际气田水下生产系统关键技术"等相关科研项目研究,争取早日取得成果。通过科技创新,优化"一张网"的天然气生产、储存、调峰、输配、服务,形成特色鲜明、安全可靠、经济合理的天然气供应体系。以市场、安全和生产服务为导向开展燃气技术创新,探索天然气压差发电、燃气计量等新技术的研究。探索试点天然气热值计量。

8. 理顺天然气价格机制,探索建立盈利模式

逐步理顺天然气价格,推动构建联动及时的燃气价格体系,充分发挥价格在调节供需和能源优化利用等方面的杠杆作用。进一步完善服务价格标准,积极争取相关政策支持,探索建立燃气产业盈利模式。加大产销差管理的力度,通过技术改进和转变管理方式,力争"十二五"末期,天然气购销差控制在5%以内。

三、金融产业发展思路、目标与主要任务

(一) 发展思路

以市场化手段为主,主动配合市属国有金融资产整合工作,调整公司金融资产布局,充分发挥公司作为主要股东的作用,提升对所投资金融企业的影响力。运作好新能源创投基金,保持集团财务公司稳健发展,进一步加大能源和金融产业的互动融合。开展金融投资管理业务,形成和培育一支资本市场投资管理团队。

(二) 发展目标

到2015年,金融资产市值规模达到700亿元左右。公司牵头组建的诚毅投资管理有限公司管理基金规模力争达到40亿元,新能源创投基金投资项目至少有3家企业在创业板、中小板上市或进入申报程序。申能财务公司资产规模达到120亿元左右,内部资金归集率70%以上。

(三) 主要任务

1. 优化整合金融资产布局,形成公司金融产业框架

把握市场节奏和交易机会,以及国家金融准入政策改革趋势,坚持有退有进,适时增持公司战略性持股金融资产,科学管理财务投资性金融资产。进一步发挥公司作为东方证券第一大股东的作用和影响力,做强做优东方证券。积极寻求其他金融股权投资机会。争取到"十二五"末期基本形成覆盖保险、银行和证券的公司金融产业基本框架。

2. 积极发展新能源创投基金

充分依托公司在新能源、能源服务领域的经验,推进新能源创投基金的健康发展。"十二五"末期,诚毅投资管理公司要形成一支熟悉股权投资和能源产业的核心经营团队。通过发起设立新能源产业基金以及和地方政府合作设立投资基金,基金管理规模达到40亿元,专业投资于新兴能源及节能减排领域,成为公司产业链延伸和产融结合的重要平台。"十二五"期间完成首轮投资布局,逐步进入收获期,至少有3家企业在创业板、中小板上市或进入申报程序。

3. 充分发挥申能财务公司作用

努力将申能财务公司打造成为集团系统综合金融服务平台,进一步降低集团综合财务成本,提

高集团资金使用效率。"十二五"期间,申能财务公司要着力做大系统内部资金结算业务,构建安全高效的结算中心。积极拓展满足系统企业需要的创新业务品种,开拓内外部融资渠道,降低企业融资成本。稳健开展投资业务,不断增强投资管理能力。到"十二五"末期,申能财务公司资产规模达到 120 亿元左右,内部资金归集率达到 70% 以上,年资金结算量 2 500 亿元,净资产收益率在 11% 左右,跻身银监会财务公司分类评级"优秀"行列。

4. 积极稳妥开展金融资产投资管理业务

通过对持有的部分金融资产开展动态市值管理,丰富公司对金融资产的管理方式和手段,有效规避或降低证券市场波动所带来的风险,为公司创造更多收益,实现保值增值。与公司投资的金融企业合作,培育公司的资本市场投资和分析队伍。

5. 推动所投资金融企业上市

全力支持公司持股的东方证券等金融企业上市,实现公司所持有金融企业股权的基本证券化。

6. 完善公司金融产业管控机制

适应公司金融产业的发展要求,进一步完善公司金融产业管理模式。加强对公司金融业务的集中化、专业化管理,建立适应金融行业特点的金融投资业务管理架构和考核指标体系,逐步形成申能特色的金融投资管理核心竞争力。探索研究成立专业金融投资公司作为集团公司金融投资平台的可行性。逐步加强对系统企业持有的证券化资产和金融资产的统筹管理。

四、主业延伸产业发展思路、目标与主要任务

(一) 发展思路

以上海石油交易所为平台,充分整合系统相关资源并联合各方,探索能源要素市场建设,加快久联集团业务转型。做大做强能源服务公司,创新并构建具有竞争优势的业务能力,推进企业市场化运作。按照"以开发集团存量土地资产为主、以参与本市保障型住房项目为主、以服务集团为主"推进主业配套房地产业务发展。

(二) 发展目标

建设上海石油交易所,以现货竞买交易为突破口,新增液化天然气(LNG)和液化石油气(LPG)交易品种,"十二五"末期力争成为华东地区 LNG 等能源产品的主要交易中心。"十二五"期间建成天然气分布式供能项目总装机容量 150 兆瓦以上。完成系统外脱硫项目 100 万～200 万千瓦,脱硝项目 100 万～120 万千瓦。房地产开发建筑面积达到 100 万平方米以上。

(三) 主要任务

1. 以上海石油交易所为平台,探索建立能源要素市场

分阶段推进能源交易市场建设,初期在原基础上,增加 LNG 和 LPG 现货交易,中远期在丰富交易品种和增加交易量的基础上,探索建立价格发现功能。"十二五"初期将公司掌握的部分资源投入交易市场,同时争取国家油气公司和民营燃气企业进入市场交易。调整石油交易所股权结构,在公司保持相对控股前提下,推动其他股东提升股权比例,从而做大市场。参与上海环境能源交易所改制,在环境能源权益交易领域迈出探索性步伐。

2. 做大做强能源服务公司，推进企业市场化运作

(1) 继续做好燃气分布式供能项目。"十二五"期间，公司燃气分布式供能项目总装机容量达到150兆瓦以上，权益投资8亿元。在公共建筑领域，实施6～8个医院分布式供能项目，总装机规模达到3 000千瓦以上。在区域供能领域，建设3～5个项目，总装机规模约140兆瓦。在工业领域，建设1～2个分布式供能项目，总装机规模达到1 500千瓦。同时，积极开展锅炉改造、低温余热利用、楼宇空调改造等项目建设。(2) 构建具有竞争优势的业务能力。从能源需求侧管理出发，通过提供节能改造方案设计、设备采购与运行维护、项目融资等资源优化集成服务，形成具有竞争优势的合同能源管理商务模式，成为能够提供集成化服务的能源服务公司。(3) 创新体制机制。以促进能源服务公司快速、健康发展为目标，构建灵活的、市场化的激励机制，探索引入具有较强技术实力的战略投资者，提升企业管理水平和市场竞争能力，在适当时机，争取在资本市场上市。

3. 内外并举推进节能环保业务发展

继续巩固并发挥申欣环保在电力脱硫、脱硝等领域的先进优势，节能业务在立足系统基础上，逐步走向市场。到2015年，累计完成公司系统市内电厂500万千瓦脱硫运营承包项目。"十二五"期间积极参与上海地区现有电厂脱硫运营工作，并承接系统外能源企业的脱硫运营项目。

4. 适度发展房地产业务

(1) 平稳推进项目建设。"十二五"期间，房地产商业开发和参与全市保障型住房项目开发规模约118万平方米，权益投资额约57亿元。结转3个项目，分别是五角场商办楼一期和二期、浦江1号地块Ⅰ和Ⅱ标段、浦江5号地块，在"十二五"前期竣工。新开5个项目，东沟、成山路、安亭、金沙江路8号西、祁连基地经济适用房项目，在"十二五"期间陆续开工、竣工。在保障能源安全供应的前提下，深化研究集团内土地资源的充分有效利用。(2) 打造申能物业品牌。继续发挥物业管理公司在参与世博场馆服务中积累的成功经验，做精物业品牌，提升市场知名度。根据市场环境和自身实际，逐步调整物业管理方向，提升中高档市场份额。"十二五"期间，物业管理面积保持在200万平方米左右，中高档住宅和办公楼物业占到60%以上，做好集团系统的物业服务。

第五部分　公司资本运作与国资国企改革

一、基本思路

充分利用资本市场，继续支持申能股份做大做强，继续保持在资本市场的良好形象，进一步提升影响力。创造条件探索燃气经营性资产整合重组上市，提高公司资本证券化率。利用集团优良资信，继续发挥好集团公司的融资平台功能，支撑各项业务发展，有效降低集团总体融资成本。推进开放性、市场化重组，探索通过股权置换、股权合作等方式，在核心子公司层面引入战略投资者，带动公司相关产业向市外发展。积极稳妥做好人工煤气转型和人员分流工作。

二、主要任务

1. 创新资本运作手段，支持申能股份壮大电力产业规模

在保证公司相对控股前提下，支持申能股份充分利用资本市场的融资功能，通过增发、配股、发债等资本运作手段，筹集投资电力能源项目建设资金、推进与电力能源产业链相关的收购兼并活

动。研究将公司持有的与电力产业链相关的电力、新能源项目注入申能股份的方式,支持申能股份进一步拓展电力能源产业链,实现集团电力能源产业的归并整合。

2. 创造条件探索公司燃气经营性资产整合重组上市,加快燃气产业发展

在适当时机对公司系统以天然气产业链为主的经营性资产和股权进行重组,争取引进具有资源或管理优势的国内外大型能源企业作为战略性投资者,实现优势互补。通过公司燃气经营性资产的重组改制上市,进一步理顺燃气产业管理体系,提高燃气产业市场化、精细化管理水平。推动构建适应燃气市场化运营的价格体系,形成燃气产业盈利机制。稳妥做好非上市部分燃气资产的管理。

3. 发挥集团融资平台作用,支持重大能源项目发展

充分利用集团优良资信,统筹进行债务性融资,为能源、金融等项目投资筹措资金。择机发行1~2期长期企业债券,筹资规模30亿~50亿元。根据公司资金需求情况,发行若干期银行间债务融资工具。对与公司主业关联度不紧密的股权投资,按阶段持有的理念,择机退出,回笼资金。

4. 平稳推进人工煤气转型,稳妥做好员工转岗分流工作

全力做好人工煤气转型,本着原有资源继续服务于能源行业,转型方向有利于产业持续发展的原则,围绕能源储备、燃气销售产业链延伸、新能源发展等,科学合理用好原厂区资源。统筹平稳推进员工分流安置,做好总体计划与部署,走好民主程序,分年实施,掌握好推进节奏。加强集团系统内统筹,燃气安检、抄表、"退二进三"、房产项目等,都要尽力为人员分流创造岗位。

5. 基本完成非主业调整工作

久联集团在大力推进能源要素市场发展的同时,做好原有优势业务的规范发展和相关业务整合工作。集团择机退出相关非主业投资企业,系统各级企业继续做好非主业企业的调整清理工作。严格控制二级以下企业的对外投资权,公司层级基本控制在三级以内。

6. 探索建立适应公司创新发展的体制机制

依托科技创新项目,培养以领军人才引领的若干个科技创新团队。探索建立与公司"走出去"发展战略相适应的人才激励和干部交流机制,注重开拓型、外向型人才队伍的引进和培养。探索推进上市公司股权激励和系统企业领导人员的薪酬激励办法。根据股权投资基金行业特点,在新能源创投基金和产业基金中试点推行管理人员跟投机制。适应燃气市场供求关系的变化,建立并完善面向市场的燃气市场营销机制。

第六部分 公 司 管 理

一、基本思路

加强董事会建设,健全公司法人治理结构。继续完善战略控股型管理模式,集团与各级公司良性互动,形成合力。强化集团本部战略规划、资源统筹、风险控制、重大投资决策和资本运营等为核心的战略管控职能,深化下属核心企业对电力业务和城市燃气业务的专业化管理。探索集团化管控和二级公司自身法人治理运作相结合的管理方式。强化安全生产各项具体管理举措,形成长效机制。继续加强科技创新与节能减排、信息化、人力资源等各项日常管理工作,提升整体管理水平。保障和维护职工权益,构建和谐企业。

二、主要任务

1. 进一步完善公司现代企业法人治理结构

明确和完善公司董事会、监事会及经营班子之间的工作界面和运作制度。在加强董事会决策职能的同时,完善董事会决策机制,充分发挥外部董事的作用。通过董事会各专门委员会有效运作,推动董事会在重大投资、重大人事任免及内控机制建立等方面发挥作用。加强对公司外派董事、监事的管理和培训,逐步建立完整、有效的外派董、监事报告制度,通过完善子公司法人治理机构,实现对子公司的有效控制和管理。

2. 强化战略控股型的集团化管理

集团公司加强对子公司战略发展规划、年度计划、重大项目、财务审计、资本运作、重要人事任免、国有产权等方面的管理。集团本部按照战略控股职能要求,组建、加强相关职能部门,完善和制定相关工作制度和工作流程。落实上海市国资委相关要求,通过加强资金集中度,建立财务监管平台,加强内控制度建设,进一步强化系统风险防范体系,构建风险防控预警机制。不断丰富企业文化内涵,加大各产业板块文化的融合,增强集团发展战略的整体性和发展目标的一致性。

3. 深化专业化的产业管理

申能股份、燃气集团等二级子公司根据集团总体战略,主要负责电力、燃气等产业的投资、建设和运营,完成集团制定的业务发展目标。二级公司要突出专业化经营,加强对下属企业的日常生产经营管理,加强管理整合和管理标准的统一,形成各自的管理特色和核心竞争力。三级企业作为面对市场的主体,在二级公司的指导和管理下,主要负责安全运行、市场开拓、客户服务、科技创新和节能减排等日常生产经营活动。

4. 强化安全生产管理各项措施

认真总结世博会行之有效的做法与经验,形成长效机制,重点加强电、气企业生产运行安全及项目施工安全,确保不发生重大事故。深化各类基础管理,定期开展专项检查,抓好安全隐患的排查和整改,集团加强指导与监督。注重发挥先进技术应用在查漏、监控、报警和应急调度等方面的积极作用,完善各类应急处置预案。加大安全教育培训和宣传工作,落实各级安全责任,全面提升职工安全意识和安全生产素质。加大和保障安全投入,公司本质安全得到明显提升,"十二五"前期,系统企业达到安全生产标准化二级以上水平。

5. 完善有利于推进科技创新与节能减排工作的体制机制

健全公司系统科技创新与节能减排工作体制机制,进一步加强相关管理体系与规章制度的建立,完善考核与激励机制。发挥两年一次的科技创新与节能减排表彰大会的积极作用,鼓励创新、弘扬先进,营造良好氛围。加大科技创新成果的推广应用,尽快做大能源科技公司平台。"十二五"期间,公司系统取得科研专利20项以上。

6. 加快推进公司信息化建设

组建集团信息中心,全面落实集团信息化工作三年专项规划,构建"适应集团化管理模式、分合有序、实用高效、全覆盖"的集团统一管理信息系统。信息化管理模式实行分级管理,集团承担统领、统筹、规范、监督的职责。二级公司担当更多信息化管控职能,强化业务管理职责,统筹协同能力。加快以中心主机房、网络平台等为核心的信息化基础设施建设。积极推进以安全生产管理信息系统、应急指挥系统、财务信息管理系统、二级公司经营生产服务信息系统等为主的信息化应用建设。支持反腐倡廉"制度加科技"的信息化建设与运用。

7. 加强人才培养和人力资源管理

坚持用备结合、动态管理,不断加强人才队伍建设。以创新领军人才为重点,做好中高级人才、复合型人才的充实和结构优化。电力、燃气等企业加大一线专业技术员工培养,金融业务采用外部引进和自身培育相结合的方式,形成专业金融管理人才队伍。扩大全员覆盖的教育培训体系,深化职工素质提升工程,围绕能源、金融等关键领域加大专业人才培养力度,通过岗位交流、挂职锻炼等多种形式,促进青年人才成长。在体现公平和效率的基础上,逐步建立与各类企业、不同岗位相适应的薪酬体系,加大激励力度。

8. 保障和维护好职工权益

深入推进厂务公开民主管理,探索基层工会"公推直选"制度,维护职工合法权益。构建和谐企业,推进工资集体协商机制,建立工资正常增长机制,保持职工收入持续增长。稳妥推进人工煤气转型与人员分流,充分听取群众意见,完善方案确保平稳有序实施。关心生活困难职工群体,积极发挥系统三级帮困救助体系的作用,加大帮困力度和范围。

9. 争取政府相关政策支持

"十二五"期间,上海能源结构性变化较大,体制性改革继续深化,公司将在立足自身发展的基础上,积极争取政府加大支持和政策扶持力度。一是在本市电源项目方面给予更多支持,以充分发挥公司在建设、完善本市能源基础设施方面的骨干作用。二是希望加快理顺燃气价格体系,完善燃气电厂价格机制,并尽早实施能源替代政策,加快燃煤、燃油锅炉的改造,支持能源要素市场建设。三是进一步明确政府与企业在应急储备设施投资、启用和运行模式等方面的职能界面,保留相关燃气土地资源用于储备调峰设施建设,政府继续给予必要的财政资金支持。四是公司在人工煤气转型过程中承担着较大的维稳任务与压力,希望在职工下岗分流方面给予一定政策支持。五是积极鼓励公司绿色低碳发展,新能源、能源服务等项目符合上海转型发展的要求,争取在电价、税收等方面能给予政策扶持。六是鼓励公司做强做大,在与有关央企的合作上,按市场化和互惠互利的原则进行,支持企业"走出去"发展。

实现"十二五"规划确定的目标和任务,任重道远。公司系统各级组织、党员干部和职工群众要进一步凝聚力量,以科学发展观为指导,按照上海"十二五"创新驱动、转型发展的总体要求,开拓进取,扎实工作,为实现公司"十二五"发展目标而努力奋斗。

申能(集团)有限公司"十三五"发展规划

(2016 年 4 月)

第一部分 "十二五"发展回顾与总结

一、公司发展总体概况

申能创建于 1987 年,1996 年成立集团公司(以下简称公司),注册资本 100 亿元,是上海市国资委出资监管的国有独资企业集团,2015 年经市国资委批准,公司功能定位优化调整为竞争类企业。目前,公司系统拥有全资和控股企业 68 家,其中二级企业 10 家,员工 1 万余人,连续 14 年入选中国企业 500 强。

公司秉持"锐意开拓、稳健运作"的经营理念,按照"电气并举、产融结合"的总体战略,逐步构建形成电力、燃气、金融投资与资产管理三大业务板块,近年在产业链延伸方面进行了积极探索,公司能源供应量占到上海一次能源消费近 20%,成为上海城市能源安全保障供应和能源转型发展的主力军。"十二五"末期,公司投资建成电力项目 29 个,权益装机容量 834 万千瓦,其中清洁能源装机占比超过 40%,控股发电量占上海本地发电市场约 30%。公司构建了与上海特大型城市发展相适应的燃气综合保障供应体系,形成集多气源供应、输配"一张网"、多元销售于一体的"X+1+X"业务模式,拥有高、中、低压燃气管网 2.2 万多公里,服务燃气用户 657 万户,年管道供气规模 72 亿立方米,占上海市场 90%以上。公司作为东方证券(600958)、中国太保(601601)等金融企业主要股东,积极支持投资企业做大做强;着力推动申能财务公司金融创新;设立新能源创投基金,投资战略性新兴产业。公司依托申能能源服务公司、申能科技公司、申欣环保公司等创新业务平台,大力拓展分布式供能和区域能源综合服务、电厂节能技术服务和技术推广、环境污染第三方治理,积极介入煤炭和天然气贸易等领域。

二、"十二五"规划指标和任务完成情况

"十二五"期间,面对能源需求增速放缓、外来电大幅增加等复杂严峻的外部形势,公司全力推进改革发展,在确保能源安全保障供应的同时,主要经济指标较快增长,重点任务圆满收官。2015 年年底公司总资产 1 458 亿元,较 2010 年年末增长 39%;年营业收入 328 亿元,较 2010 年增长 29%;"十二五"年均归属母公司净利润 21 亿元,较"十一五"平均水平高 70%。

1. 能源供应保障有力,本质安全基础夯实

公司聚焦安全保障供应和清洁能源生产,"十二五"累计投入 220 多亿元用于重大能源基础设施建设,本市电、气安全保供能力大幅提升,连续 5 年获上海市安全生产优胜奖。(1)燃气供应充足稳定。优化形成"6+1"多气源联保格局,洋山 LNG 达产,顺利接收西气二线,建成入沪北通道,天然气应急储备能力达 15 天。完善上海燃气"一张网",新增 180 公里主干管网和 2 000 余公里中低压管网,上海主干网二期和崇明岛主干网建成投运,实现全市区县燃气主干网全覆盖。(2)电力

生产安全可靠。临港燃气电厂竣工并网,崇明燃气电厂完工,上海清洁电力供应和电、气调峰能力大大增强。公司控股电厂安全可靠性指标表现良好,2015年故障跳机发生2起,明显下降。(3)本质安全显著提升。公司建立了"党政同责、一岗双责、齐抓共管"安全生产责任体系和安委会双主任运行机制,构建形成较为完备的安全生产标准化和应急响应体系。"十二五"排查整改各类安全隐患5 000余处,改造旧管网1 000余公里,其中改造市区隐患管网338公里,完成燃气高压管占压隐患整治,实现了主干管线"零占压"。

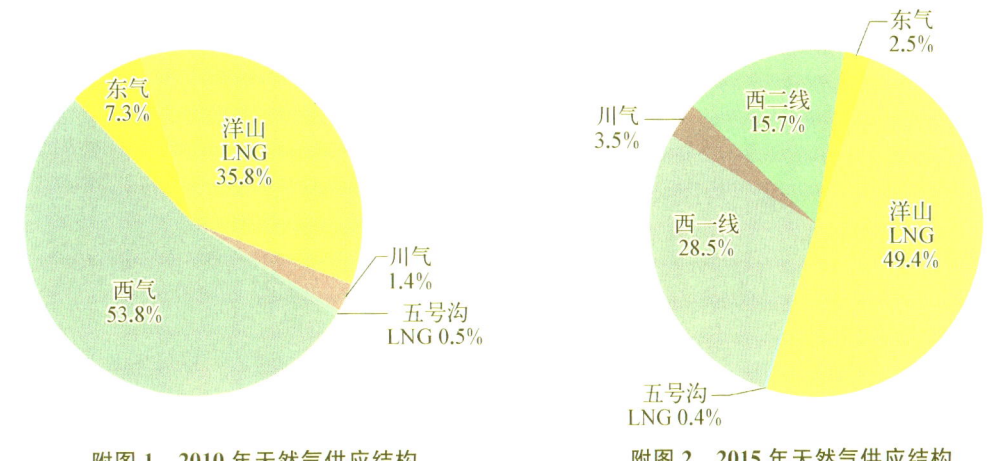

附图1　2010年天然气供应结构　　　附图2　2015年天然气供应结构

2. 科技创新成果突出,节能减排保持领先

公司高度重视科技创新和节能减排,"十二五"加大工作力度,各项指标优于行业平均水平和控制标准,再创历史最好水平。(1)能源创新成果丰硕。公司着力完善创新管理体系,充分发挥集团科技创新与节能减排领导小组作用,坚持两年一度创新评比表彰,大力营造良好创新氛围。"十二五"公司投入科技资金55亿元,累计获得知识产权数量达到115件,较2010年年底翻番,两项成果获上海市科技进步奖一等奖,一项获国家科技进步奖二等奖,四家企业获评"上海市高新技术企业"。(2)节能环保全面达标。公司切实履行社会责任,"十二五"期间综合能耗远低于规划值,

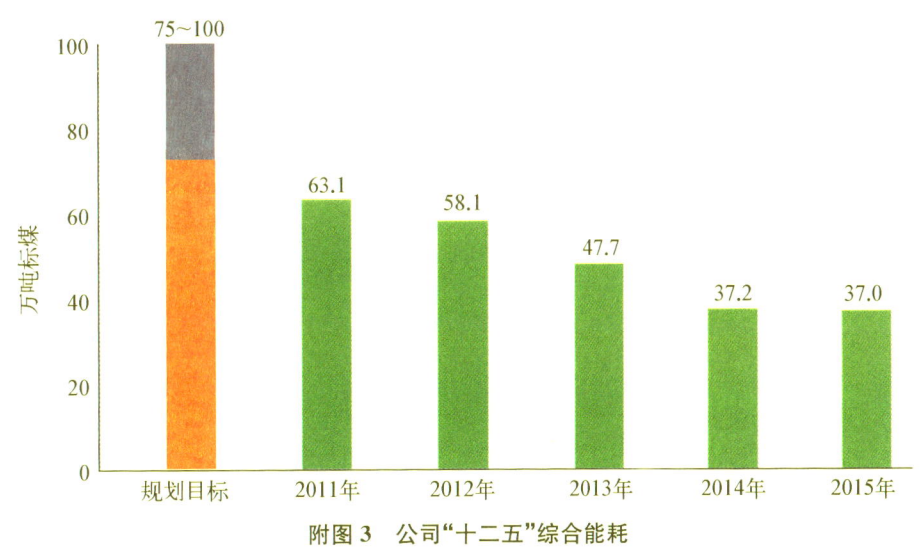

附图3　公司"十二五"综合能耗

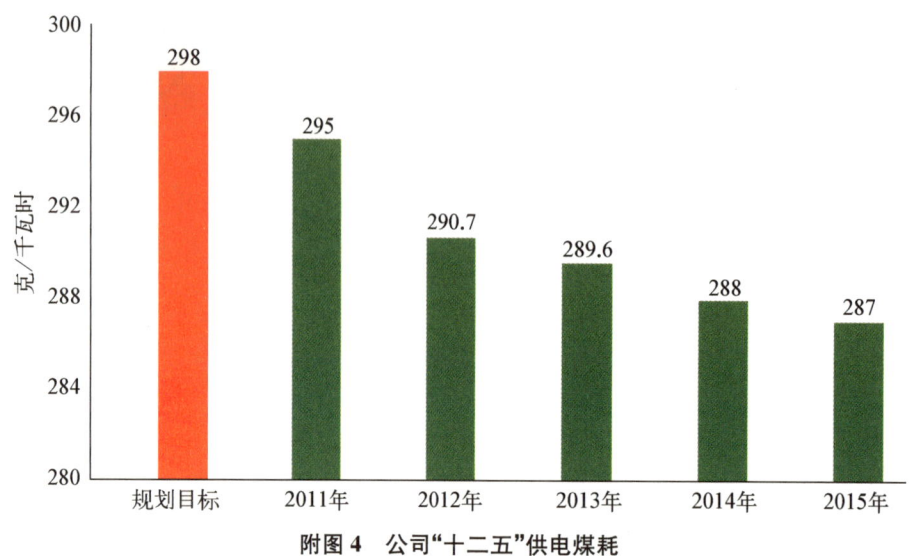

附图4　公司"十二五"供电煤耗

2015年控股电厂平均供电煤耗287克/千瓦时,较全国平均水平低28克/千瓦时,天然气购销差4.9%,低于规划控制目标。系统电厂全面完成脱硫脱硝改造,2015年燃煤电厂平均脱硫综合效率达到96%,脱硝综合效率85%,均优于国标,实现超量减排。(3)服务上海能源结构优化。"十二五"公司大力推动天然气和新能源发展,在上海清洁能源增量中,公司贡献约1/3,年减排二氧化碳约550万吨。同时,通过节能降耗、关停制气、清洁替代以及优化电量结构等举措,公司年直接和间接减少原煤消耗300余万吨,占到"十二五"全市原煤减量近1/3。

3. 电力产业务实精进,打造清洁发电标杆

公司坚持创新和绿色低碳发展,建成一批国际声誉良好、技术水平先进的高效清洁发电项目,覆盖沪、浙、苏、皖、内蒙古等多地。(1)电源结构加速优化。截至"十二五"末期,公司清洁能源电力权益装机占比42.8%(含天然气发电、核电、水电、风电、太阳能),较"十一五"末期高10个百分点,较五大发电集团平均水平高10个百分点。(2)建成一批精品电站工程。公司建成电力项目8个,收购1个,新增权益装机204万千瓦,其中临港燃气电厂获"亚洲燃气发电金奖",安徽平山电厂首台机组并网,青草沙、长兴等风电投运。通过持续创新,上海外高桥第三发电有限公司(以下简称外三发电)被国家能源局授予全国唯一"国家煤电节能减排示范基地"。(3)项目储备打开新局面。新型高效洁净燃煤发电国家示范项目(以下简称"135项目")实质启动,完成技术认证。配合国家重型燃机国产化,奉贤热电项目奠基开工。临港海上风电二期开工建设。积极争取与国电等央企合作,收购宁夏吴忠热电,启动河北围场和北大港风电等多个市外项目。与上海化工区合资组建售电公司。

附表2　"十二五"期间公司新建电力控股项目

序号	项目名称	装机容量(万千瓦)	权益装机(万千瓦)	总投资(亿元)	申能投资比例(%)
1	上海临港燃气电厂一期工程	164.6	107	40	65
2	上海申能崇明燃气电厂项目	80	80	27.2	100
3	安徽淮北平山电厂一期工程	132	67.3	57.9	51
4	青草沙风电项目	4.8	4.8	5	100

〔续表〕

序号	项 目 名 称	装机容量 （万千瓦）	权益装机 （万千瓦）	总投资 （亿元）	申能投资 比例(%)
5	长兴风电项目	2	2	2.2	100
6	达茂风电一期项目	4.8	4.8	4.6	100
7	达茂风电二期项目	4.95	4.95	4.0	100
8	老港风电二期项目	4.8	4.8	4.6	100
	合　计	398	275.7	145.4	—

4. 燃气产业转型发展，实现城市燃气全天然气化

"十三五"公司全面完成上海城区天然气转换任务，市场拓展、服务水平和经营业绩明显提升，推动行业发展跨入了一个新的阶段。（1）圆满完成全天然气化任务。"十二五"公司完成中心城区124万人工煤气用户的天然气转换，吴淞、石洞口、浦东和安亭4家制气企业安全关停退出，形成了以天然气为主、液化石油气为辅的燃气供应新格局。2 500多名制气职工平稳转岗分流，确立了向能源服务转型方向，制气企业广大干部职工立足大局，为支持全市能源结构调整和燃气转型发展作出突出贡献。同时，天然气市场快速拓展，全面完成本市分散燃煤锅炉（重油）清洁能源替代，成立上海港口能源公司，积极拓展天然气交通用能，"十二五"公司天然气经营规模年均复合增长11%。（2）服务水平持续提升。公司完成新一轮燃气服务窗口标准化升级改造，统一服务人员形象识别和行为规范。962777燃气热线新平台全面升级，与12345市民热线等公共服务平台实现对接。客户服务中心组建成立，燃气"微客服"平台上线，服务管理体系和规范服务水平持续提升。（3）燃气实现良性发展。公司积极配合政府完成非居民燃气价格联动，出台居民阶梯气价，非居民用户基本实现顺价销售，实现燃气上下游价格的合理传导。结合税收筹划、降本增效等措施，燃气经营业绩逐步好转。

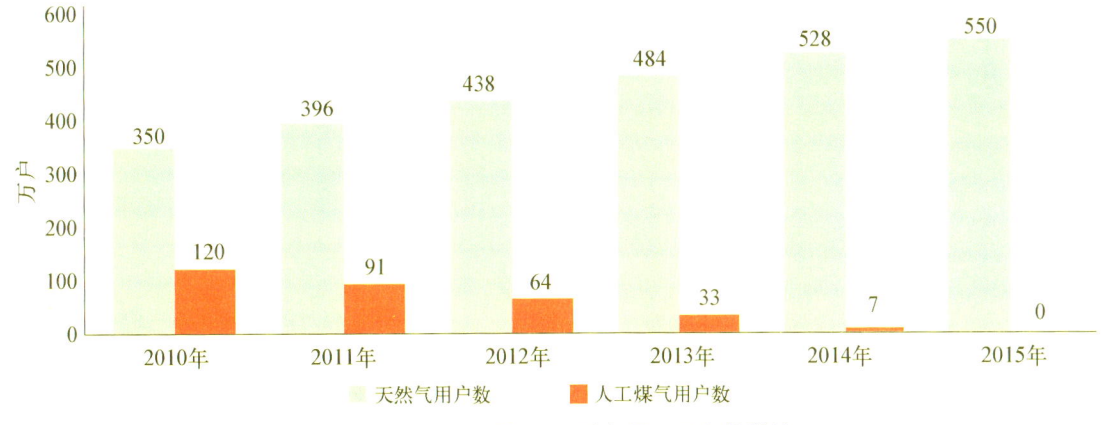

附图5　"十二五"公司天然气居民用户数增长

5. 金融投资成绩斐然，产融结合深入推进

公司把握住金融行业快速发展机遇，积极推动产融融合发展，"十二五"末期金融资产市值达到868亿元，累计获得金融投资分红收益45.9亿元，有力支撑了能源主业发展。（1）东方证券成功上

市。2015年3月东方证券成功登陆上交所,公司投资的重点金融企业全部实现上市。"十二五"末期公司金融资产市值规模超过规划预期目标,资产证券化率超过80%。公司稳健开展市值动态管理。积极响应政府号召,在二级市场增持申能股份,积极开展股份回购,在资本市场树立良好形象。(2)构建形成内部综合金融服务平台。围绕服务公司能源主业,申能财务公司建成行业领先的系统资金管理和结算平台,年结算量从909亿元上升至6 000亿元,资金归集率达到70%。配套重点项目,"十二五"累计向系统企业发放贷款近360亿元。积极拓展产业链金融、绿色金融和跨境融资业务,实现上海首单借碳交易试点,在全国同行业获A类评级。(3)探索建立国资创投基金运作新模式。"十二五"公司设立诚毅新能源和成都新申创投基金,聚焦新能源和节能环保产业,完成全部基金投资布局,实现上海国资PE经自贸区海外投资第一单,基金收益总体稳健。打造了一支专业队伍,初步形成一套国有资本股权投资的完整制度及强制跟投制度,成为全市首批创新优化评估管理试点单位。

附表3 "十二五"期间公司金融资产市值规模和分红情况

指 标 名 称	2011年	2012年	2013年	2014年	2015年
年末金融资产市值(亿元)	425.5	466.6	317.0	560.3	868.0
金融分红收益(亿元)	7.9	8.3	7.5	9.1	13.1

6. 产业链延伸加快拓展,新兴业态渐趋成型

公司积极延伸能源主业产业链,在能源服务领域培育形成一批新业态、新平台。(1)电厂节能创新技术走出申能。2011年公司成立申能科技公司,大力推广外三发电先进节能技术,完成系统煤电厂的综合节能改造,与神华、大唐、华润等能源央企签订战略合作协议,成功实施华润铜山改造项目,启动罗源湾、安庆等4个项目,成效显著,反响良好。(2)分布式供能业务打造行业标杆。"十二五"公司建成4个医院分布式供能和15个节能改造项目,其中仁济医院南院分布式供能项目获2015年度全国分布式能源优秀项目一等奖。战略布局"西虹桥、东张江"区域供能项目,供能面积上海市场占有率超过50%,成为全市能源服务领域的领军企业。(3)环境污染第三方治理加快改革发展。公司将申欣环保公司提升为二级企业,加快脱硫脱硝运营、烟气监测运维等业务拓展,"十二五"成为国家环保部"燃煤电厂氮氧化物减排核查核算"定点培训基地,并成长为本市环保第三方治理的骨干企业。(4)能源贸易明确专业化发展方向。"十二五"公司在国内第一家推出天然气现货交易,通过"气态交易、液态交割"等模式创新,累计对外交易天然气11亿立方米,为支持上海石油天然气交易中心建设作出了积极贡献。同期,公司建成石洞口能源储备基地,仓储业务投入商运,油品贸易积极推进。申能燃料公司在确保系统电厂燃煤供应基础上,内外并举,2015年煤炭销售规模突破1 300万吨,其中系统外销售400万吨。(5)房地产业务提速发展。公司抓住"退二进三"机遇,依托申能房产,启动浦江、东沟、祁连山3个保障房项目建设,建成申能能源中心和五角丰达商业项目,开工建设成山路项目,开发规模达到88万平方米。物业公司完成混合所有制改造,企业活力进一步提升。

7. 国企改革扎实推进,公司管控能力显著提升

公司深入贯彻中央和上海国资国企改革精神,立足企业中长期发展,全面启动新一轮改革发展。(1)出台"申能改革发展33条"。按照市场化、专业化、国际化导向,公司2014年出台"申能改

革发展33条"意见,结合各板块发展需要,明确了申能股份创建"先锋企业"、上海燃气打造公众公司、"一司一策"和任期制契约化管理等改革方向。(2) 一批重点改革事项落地并显现成效。公司以钉钉子精神逐项推进改革,形成年度部署、季度推进的工作机制,新能源资产注入上市公司、申能物业改制和申能燃料市场化改革等一批重点事项落地实施,申能股份成立海外部加快"走出去",申欣环保混合所有制改革、申能科技公司科技人员及专利发明者持股等明确基本方向,企业发展活力和市场拓展动力显著提升。(3) 企业管理不断优化。作为市国资委第二批试点,公司建立了外部董事占多数的董事会,建立健全各项规章,充分发挥4个专业委员会在重大决策中的重要作用。完善了年度计划、财务预算和经营考核评价体系,构建了内部审计网络、财务风险预警、资金管理以及产权管理信息系统等,集团化管控效率明显提升。

8. 从严管党治党,党建工作成效明显

公司围绕改革转型,深入推进企业党建各项工作,有力促进了"十二五"发展。(1) 不断加强思想作风建设。学习贯彻中共十八大和十八届三中、四中、五中全会精神,不断把各级领导思想统一到中央、市委对形势的判断和决策上来。扎实开展党的群众路线教育实践活动和"三严三实"专题教育,领导班子和领导人员的理想信念、宗旨意识不断加强,工作作风不断改进。(2) 全面落实管党治党政治责任。公司认真落实党建工作和党风廉政建设主体责任,坚持党建工作与改革发展同步推进、同步加强,健全组织体系工作制度,党组织的政治核心作用不断发挥。自觉执行"中央八项规定"精神,健全"制度加科技"风险防控机制,项目推进反腐倡廉建设融入经营管理之中。(3) 深入开展党内主题活动。以"改革当先锋,为民作表率"为主题,深入开展各类改革攻坚、岗位建功、党建联建、服务群众等活动,完善党支部工作规范,基层党组织战斗堡垒作用、党员先锋模范作用不断显现。(4) 人才建设基础夯实。严格执行干部选拔任用条例,落实人力资源三年行动计划,加大年轻后备干部培养使用力度,集团及系统企业领导人员队伍的梯次结构逐步建立。(5) 企业文化蓬勃开展。公司大力弘扬社会主义核心价值观和正能量,积极营造鼓励创新、精益求精的文化氛围,开展了一系列职工广泛参与的工团联合项目,务实节俭纪念上海燃气成立150周年,培育了一批先进示范群体,精神文明建设整体水平进一步提升。

三、"十二五"主要发展经验总结

(1) 坚持立足全市发展大局,实现社会效益与经济效益的有机统一。作为地方国有能源骨干企业,公司始终牢记自身根本使命和责任,坚定不移把确保上海能源安全、保障能源需求、优化能源结构作为工作重中之重,"十二五"紧扣国家节能优先战略,大力投资和布局关系国计民生的重要能源基础设施项目,以高度责任感守好上海电力、燃气安全运行的生命线,企业规模同步拓展,经济效益稳步提升,实现了企业的持续健康发展。

(2) 坚持电气并举、产融结合的发展战略,为公司持续发展提供了重要支撑。"十二五"公司坚定不移推动高效清洁电力、天然气和新能源的专业化发展,深化产融互动融合,基本构建形成了能源核心主业清晰、传统能源和清洁能源有序衔接、能源与金融产业互为支撑的良性互动发展格局,打造了一批体现核心竞争力的示范工程,在产业链优势环节积累了一批优质资产和领先技术成果,形成了集团品牌,提升了企业整体竞争力。

(3) 坚持不懈推进改革创新,为公司快速发展夯实了必要基础。围绕企业发展需要,"十二五"公司主动顺应形势变化,坚定不移深化国资国企改革,出台"申能改革发展33条",着力推动一批重点改革事项落地实施,企业发展的内生动力和活力不断增强。同时,公司积极把握新常态的本质特征和能源行业科技进步大方向,主动应对经济转型和结构升级,创新思维提前谋划布局新一轮重大创新工程,为企业持续发展打下了良好基础。

(4)坚持党建和经营两手抓,为公司健康良性发展提供了有力保障。"十二五"期间,公司始终注重发挥党组织在企业治理结构中的政治核心作用。坚决贯彻"三重一大"事项集体决策,董事会运作规范高效,经营班子团结务实,确保了企业决策科学民主。不断建立健全企业内控体系,有效控制企业经营风险。积极稳妥推进人工煤气转型转岗和企业改革,干部职工队伍保持稳定。多年来,"锐意开拓、稳健运作"的经营理念深入人心,广大干部职工奋发努力,为公司良性发展提供了重要保障。

第二部分 "十三五"发展面临的环境

展望未来5年,全球政治、经济格局深度调整,我国经济发展进入新常态,统筹推进"四个全面"战略布局,中央倡导"创新、协调、绿色、开放、共享"五大发展新理念,推进供给侧结构性改革,战略机遇期与诸多矛盾叠加、风险隐患增多的严峻挑战交织并存,能源供需、金融市场、改革创新等面临更为复杂多变的新形势,对公司"十三五"发展提出了新要求和新任务,需要我们认清形势,厘清思路,科学谋划公司新一轮发展。

一、"十三五"发展的外部形势

1. 国家大力推动绿色发展,能源供求相对宽松

从全球看,受经济复苏缓慢、应对气候变化以及能源技术革新等影响,"十三五"国际能源市场将呈现需求增速放缓、结构更趋清洁、价格低位震荡的新格局。从全国看,经济发展进入新常态,中央提出力争2020年碳强度降低40%～45%、2030年二氧化碳达峰值的目标,实施能源消费和主要污染物总量、强度双控行动。深入推进能源"四个革命、一个合作",实施节约优先、立足国内、绿色低碳、创新驱动四大战略,建设清洁低碳、安全高效的现代能源体系。改革能源体制,形成有效竞争的市场机制,上下游及替代能源间比价关系有望逐步理顺。从上海看,把绿色作为城市核心竞争力的关键要素,"十三五"深入推进节能低碳。能源供求相对宽松,2020年能源消费总量控制在1.25亿吨标煤以内,二氧化碳排放总量控制在2.5亿吨以内,服务业和交通用能保持较快增长,但工业用能总体下降,煤炭消费负增长。能源结构进一步优化,推进传统化石能源节能减排升级改造,加大天然气清洁能源和非化石能源发展力度。

2. 电力消费增速换档回落,加快清洁低碳发展

电力行业面临增速减档、结构优化、改革加快的新形势。增长方面,"十三五"全国用电量中低速增长,上海能源规划预期2020年本市全社会用电量1 600亿千瓦时左右,年均增长2.6%左右。电力产能过剩苗头明显,火电利用小时数将下降,发电市场竞争加剧。用电负荷峰谷差加大,调峰需求增加。结构方面,"十三五"末期全国非化石能源消费比重提升至15%,规划风电装机超过2亿千瓦,光伏装机超过1亿千瓦,规模均较"十二五"末期翻倍。上海煤炭占一次能源比重下降到35%,本地可再生能源装机比重上升至10%。国家全面实施煤电超低排放和节能改造,规划未来5年煤电超低排放改造规模5.8亿千瓦、节能改造规模3.4亿千瓦,东部地区要求2017年前总体完成,对达标企业给予电价、电量、排污费等政策奖励。

3. "控煤增气"政策导向明确,鼓励天然气清洁替代

"十三五"国家加大天然气等清洁能源推广力度,天然气将成为优化能源结构的重要替代能源。增长方面,按照2020年规划目标,全国天然气占一次能源消费比重提升至10%以上,政府支持和鼓励天然气消费较快增长。但同时,在上海城市经济转型、加快产业结构调整的背景下,本市天然气需求空间受限、增幅趋缓。结构方面,供给侧鼓励积极天然气、煤层气、页岩气开发,扩大天然气进口,加快天然气管网和储备调峰设施建设。消费侧提升天然气消费比重,实施气化城市民生工程,支持天然气发电发展,鼓励天然气交通运输发展,上海出台《绿色港口三年行动计划(2015—2017)》,推进内河货运船舶LNG动力试点等,天然气在发电、交通运输以及分散燃煤替代等领域,仍有较大增长潜力。

4. 金融领域改革提速,上海自贸区金改率先试点

"十三五"国家加快金融体制改革,上海自贸区"金改40条"出台,率先探索金融开放、国际化、市场化、法制化成为大方向。扩大金融业双向开放,有序实现人民币资本项目可兑换,扩大人民币跨境使用,企业筹融资"走出去"步伐将加快。增加金融供给和竞争,放宽准入限制,放松混业管制,鼓励绿色金融等产品创新,传统金融业务竞争继续加剧。提高直接融资比重,创造条件实施股票发行注册制,推进资本市场双向开放,企业融资渠道进一步多样化。推进利率市场化,"稳增长"背景下货币政策趋于宽松,企业融资成本有望逐步降低。上海以自贸区金融改革创新为突破口,加快推进国际金融中心建设,提升金融机构体系活力,支持互联网金融规范发展,新金融业态不断涌现。

5. 国家实施网络强国战略,上海推进科创中心建设

国家大力推进创新发展,"十三五"将实施网络强国战略,加快构建高速、移动、安全、泛在的新一代信息基础设施,实施"互联网+"重大工程、国家大数据等战略,积极构建智慧能源系统,加快推进能源全领域、全环节智慧化发展,推进能源与信息等领域新技术深度融合。结合转型发展需要和国家战略要求,"十三五"上海在全面提升"四个中心"整体水平的同时,积极建设具有全球影响力的科技创新中心,目前已出台"上海科创中心建设22条",在体制机制、人才机制、创新环境和重大项目布局等方面将推出一系列配套举措,本市创新创业环境将进一步改善。

6. 国企改革路线图基本明确,能源领域改革加快推进

国企改革方面,"中央深化国企改革30条"和"上海国资国企改革20条"均已出台,按照市场化、现代化、国际化方向,改革将以提高国有资本效率、增强国有企业活力为中心,加强和改进党的领导,坚定不移做强做优做大国企,增强国有经济活力、控制力、影响力和抗风险能力,商业类国企将按照市场化要求实行商业化运作,积极稳妥发展混合所有制经济,"十三五"将迎来国资整合重组的高峰期。能源改革方面,中央下发部分能源项目审批权限,不同地区差异化管理,能源项目拓展面临新的管制环境变化。"新电改9号文"出台实施,输配电价改革、售电侧改革等6个配套文件颁布,按照"管住中间,放开两头"的架构,电价形成、电量分配、配售电的业务市场化程度将不断提高。同时,随着油气行业改革方案出台,油气基础设施向第三方开放,推进定价机制市场化,近年天然气比价优势不足和运输瓶颈的问题有望得到解决。

二、面临的主要机遇和挑战

(一) 主要机遇

(1) 五大发展新理念为公司主业优化升级提供战略机遇。"十三五"国家经济基本面稳定,中

央落实"创新、协调、绿色、开放、共享"五大发展新理念,推进供给侧结构性改革,包括低碳循环、最严格环保制度、网络强国、扩大有效供给等具体战略的实施,为公司优化产业结构,特别是发展可再生能源、天然气、高效煤电、节能环保产业、智慧能源以及绿色金融等,提供了战略空间。

(2) 城乡一体化发展为公司提供新空间。围绕协调发展和共享发展,未来5年上海将推进实现更高水平城乡一体化发展,公共服务资源配置、基础设施建设和执法管理力量都将向郊区倾斜,特别是将加快区域管网和配套设施向新农村延伸和覆盖,实现天然气管网"镇镇通",具备通气条件的新型农村社区确保同期,为公司天然气、电力等产业发展提供了基础增量空间。

(3) 公司"走出去"发展面临有利时机。"十三五"国家全力落实"一带一路"、孟中印缅经济走廊、中巴经济走廊等开放合作战略,强化对能源央企资产负债率等指标的考核,长三角城市群、"长江经济带"加快一体化发展,跨国能源资源合作和国内能源行业开放发展,为公司输出资本、资源、技术和标准,加快"走出去"提供了良好机遇。

(4) 公司能源科技创新具有良好政策环境。围绕"十三五"末期形成科技创新中心基本框架体系的目标,上海将进一步加大对研发创新、成果转化、重大战略项目、创新集聚区等的支持力度。本市能源规划也提出将提升能源科技创新功能,实现能源要素输出。这些为公司实施新一轮重大能源创新工程、高起点建设好上海(国际)能源创新中心等提供了重要支撑。

(5) 公司发展能源贸易和能源金融存在重要政策机遇。按照使市场在资源配置中起决定性作用的改革大方向,"十三五"将建立主要由市场决定的能源价格机制,逐步放开能源领域包括上游勘探开采、中游输送网络、下游销售等环节,同时推动全国性碳交易市场建设等,为公司做大做强能源贸易和能源金融业务,由单一能源生产向综合能源服务转型提供了政策机遇。

(6) 国资国企改革总体框架基本确定。中央和上海深化国企改革方案均已落地,相关配套文件陆续出台,国资国企改革基本原则、总体思路、操作边界进一步明确,混合所有制改革、完善公司治理等改革将加快推进,有利于破除国资国企改革方面的障碍和阻力,为公司加快探索市场化、专业化改革,全面实现改革发展目标指明了方向。

(二) 主要挑战

(1) 确保能源安全供应的压力不断增大。保障城市生产和运行安全是上海"十三五"坚守的4条底线之一,也是申能首要职责。随着国家推进供给侧结构性改革和上海特大型城市转型发展,能源安全生产涉及的深度、广度不断延展,政府对安全生产的要求更加严格,新常态、新形势下的油气管网和大机组运行安全、能源供需平衡、应急响应以及基建安全都面临新的挑战。如何抓紧消除各类风险隐患,确保生产设施安全、能源供应稳定,面临着更大压力。

(2) 上海能源市场空间与环保约束同步加强。生态环境是上海"十三五"坚守的另一条底线,随着政府实施能源消费和污染物总量、强度"双控",经济结构持续轻型化,预计"十三五"本市碳排放可能达峰值,电、气消费量都将进入降速增长的"新常态",加上市外来电高位增加的竞争、规划产能释放等,本地传统能源增长空间阶段性见顶,短期快速做大公司能源主业规模受限,节能减排要求进一步提升。

(3) 各产业板块面临整体加快转型的紧迫要求。新常态下,市场需求、政策环境、技术条件以及自身定位都发生重大变化,公司电力业务区域布局和产业结构亟待调整,燃气业务加快从保供应向提升服务、满足个性化需求并行转变,节能环保和能源贸易等新兴业务如何抓住短暂机遇期、保持先发优势、实现规模化发展面临挑战,产融结合和资源优化有待进一步加强,制气企业转型攻坚收尾等,各产业板块面临整体加快转型的紧迫要求。

（4）人才队伍建设需要加大力度。未来5年,公司将大力推动专业化、市场化、国际化发展,市内外、国内外项目同步推进,一批重大能源创新工程、创新转型业务、上海国际能源创新中心建设、智慧能源等战略举措将集中实施,现有的人才储备、人才梯队、人才结构以及激励约束机制等,与加快推进改革创新的任务要求还有一定差距。

三、公司发展的有利条件

（1）公司资产结构健康优良。经过近30年努力,公司构建形成"电气并举、产融结合"的产业结构,企业盈利能力较好,资产负债率较低,筹融资和资本运作能力较强,区位优势明显,具备进一步提速发展的基础条件。

（2）公司电力运营技术和管理水平行业领先。公司依靠持续创新,先后建成外二发电、外三发电、临港燃机等一批发电领域的标杆电厂,积累了一批行业领先的自主创新成果,培养了一批创新人才,并在新型高效洁净燃煤发电技术方面进行了前沿探索和储备,形成较强的技术竞争力和品牌知名度。

（3）公司拥有完整的能源产业链资源。公司油气板块拥有集勘探开发、多气源、"一张网"输配、销售服务于一体的全产业链以及制气土地和上海燃气客户数据资源。电力板块正培育形成集节能环保技术改造、电力生产销售以及电煤生产运输为一体的全产业链雏形,为公司加快开放合作提供了良好的资源条件。

（4）公司上下加快改革发展的共识进一步增强。立足企业竞争力和活力提升,公司广泛凝聚共识,出台了"申能改革发展33条意见",一批重点改革事项已经实施并取得良好成效,申能股份"先锋企业"、燃气集团市场化等改革方案落地实施,为公司下一步加快发展创造了积极条件。

总体而言,"十三五"挑战与机遇并存,经济下行压力更大,环保约束更加严格,创新转型更趋紧迫等,面临形势复杂严峻;同时五大新理念引领创新转型、深化改革释放新红利等,也提供新的机遇和空间。我们要准确把握外部环境的深刻变化,立足自身实际,坚持改革创新,加快补齐发展短板,不断提升既有优势,以更加奋发有为的精神状态,合力开拓公司发展新格局。

第三部分 "十三五"发展总体思路

一、"十三五"发展战略

主动适应、把握经济发展新常态,围绕"十三五"国家"创新、协调、绿色、开放、共享"的发展理念和上海"创新驱动发展、经济转型升级"的总体要求,按照"锐意开拓、稳健运作"的经营理念和"电气并举、产融结合、创新引领、转型提升"的总体战略,立足竞争类企业定位,以本市能源安全保障为首要职责,以创新转型发展为工作主线,以深化国企改革为重要保障,全力推动市场化、专业化、国际化发展,重点实施安全发展、绿色低碳、创新驱动、服务拓展、产融协同、开放合作六大子战略,扬长补短,提质增效,防范风险,进一步做强做优做大能源主业,打造新形势下申能发展的升级版,努力把公司建设成为一家立足上海、走向全国、面向海外发展的综合性能源企业集团,成为上海能源发展转型、生态文明建设和打造具有全球影响力科创中心的排头兵。

二、"十三五"主要目标

经过未来5年努力,公司创新转型发展取得重要突破,国资国企改革目标任务基本完成,基本构建形成电力、燃气、金融投资、能源服务四大板块协调融合发展的产业新格局,打造形成满足多样化市场需求的综合能源服务新体系,健全形成规范化的公司治理和现代化企业管理新模式,全力实现公司创新发展、开放发展、内涵发展、和谐发展和提升发展。

(1)经营发展。到2020年,公司总资产达到2 000亿元左右,年营业收入420亿元左右,年均归属母公司净利润30亿元左右,"十三五"累计投资规模700亿元左右。

(2)创新转型。到2020年,公司创新转型业务保持"四个明显快于",即能源服务业收入增长明显快于传统主业,市外业务收入增长明显快于市内业务,可再生能源装机增长明显快于化石能源,天然气和电煤贸易规模增长明显快于能源生产供应。

(3)资本运作。到2020年,力争公司核心业务实现上市,积极推动完成燃气经营性资产证券化,推动创新型企业上市发展,力争资产证券化率提升至90%以上。

(4)社会责任。到2020年,公司节能环保、安全控制和成本规制指标稳中有降,控股燃煤电厂供电煤耗≤290克/千瓦时,天然气购销差率≤4.7%。

三、"十三五"重大任务

(1)全面升级能源安全体系。坚守城市能源安全底线,强化本质安全与全力消除隐患并举,适应上海特大型城市发展要求,着力打造坚强气网,构建隐患防治长效机制,推进应急响应体系网格化管理,提升供能设备可靠性水平,扎实落实安全生产责任制。"十三五"公司本质安全水平进一步提升,燃气应急抢险到场时间提升至30分钟以内,发电机组可靠性评价排名行业前列。

(2)大力发展绿色低碳能源。主动融入生态文明建设和能源革命战略,高效清洁利用与绿色低碳发展并举,大力提升清洁发电装机比重,推动煤电高效清洁发展,大力提升天然气消费比重,交通用气市场占有率明显提升,加大天然气清洁替代等。到2020年年底,形成电力权益装机1 500万千瓦左右,天然气经营规模100亿立方米左右,城市燃气应急保障能力达到20天以上。

(3)打造能源科技创新高地。对接和助力上海科创中心建设,加快能源自主创新与打造能源创新平台并举,高标准建设"135项目"、重型燃机国产化示范项目、"智慧燃气"等一批重大创新项目,高起点推进上海(国际)能源创新中心、"互联网+"融合等一批重大创新工程。"十三五"期间,公司科技投入不低于50亿元,40个重大创新项目和创新工程取得重要突破,主要能耗指标国内领先,成为上海科创中心重要能源创新基地。

(4)加快转型综合能源服务。做大业务规模与深化服务内涵并举,加快拓展区域能源综合服务,打造上海环境污染第三方治理骨干企业,创新电厂节能技术服务规模化发展的商业模式,推动能源贸易专业化发展,大力拓展售电和燃气销售延伸服务。到2020年,力争区域供能上海市场占有率领先,新增环境污染第三方治理运营装机超过1 000万千瓦,系统外电厂累计节能改造装机1 500万千瓦,天然气和电煤贸易规模实现倍增发展。

(5)深入推进产融协同发展。优化存量与发展增量并举,充分发挥金融板块的融资支撑和创新引领效应,着力优化金融资产布局,开展融资租赁业务,研究设立创新投资公司,着力深化与主要金融企业的融合互动发展,"一地一策"统筹推进土地资源综合开发利用。到 2020 年,力争资产证券化率提升至 90%以上。

(6) 加大"走出去"发展力度。输出项目与技术并举,立足市内、加快市外、开拓海外,加快推动与国电"4+3"合作项目落地,把握有利时机,积极开拓海外煤电、油气能源项目投资机会,积极参与长三角能源基础设施一体化、东海开发和页岩气开发,全面深化与国内外能源企业、上下游以及本市兄弟单位的战略合作,开辟发展新空间。到 2020 年,力争公司市外业务明显增长,境外开工及建成电力权益装机 200 万千瓦左右。

(7) 完善落实"申能改革发展 33 条"。按照竞争类企业定位要求,大力推动市场化改革发展,全力落实申能股份创建"先锋企业"、上海燃气专业化和市场化改革、市场化业务混合所有制发展、"一司一策"激励约束机制等改革任务。到 2020 年,重点改革事项落地见效,企业活力和竞争力进一步提升。

(8) 大力强化干部和人才队伍建设。加强领导班子和干部队伍建设,加大人才引进和复合型人才培养力度,加强干部交流,创新人力资源工作体制机制,积极营造各类人才成长的良好氛围,充分发挥人才第一资源作用。到 2020 年年底,构建形成匹配公司市场化、专业化、国际化发展的人力资源保障体系。

附表4 公司"十三五"主要规划指标

序 号	指 标	2020 年
1	总资产(亿元)	2 000
2	营业收入(亿元)	420
3	利润总额(亿元)	年均 50
4	归属于母公司净利润(亿元)	年均 30
5	电力权益装机容量(万千瓦)	1 500
6	天然气经营规模(亿立方米)	100
7	金融资产市值规模(亿元)	1 000
8	资产证券化率(%)	>90
9	燃煤电厂供电煤耗(克/千瓦时)	≤290
10	天然气购销差率(%)	≤4.7

说明:控股燃煤电厂供电煤耗统计含市外煤电项目,不含"135项目"。

第四部分 "十三五"六大重点战略

一、实施安全发展战略,全面升级能源安全体系

(一) 工作思路
牢固树立安全是最大民生、安全是企业发展根本的理念,坚持将安全生产放在各项工作首位,

用最严标准、最严要求、最严措施,筑牢城市能源安全底线,大力推动管网运行现代化、隐患排查治理长效化和应急响应网格化,落实新安全生产法,通过技术、制度以及工作机制的创新,及时化解隐患,强化预防治本,着力构筑适应上海特大型城市发展要求的能源安全体系。

(二) 重点任务

(1) 大力打造天然气坚强气网。优化本市天然气主干网布局,建设崇明—长兴—浦东主干网工程。提高管网安全输送能力,启动临港—上海化工区、五号沟LNG站—临港首站天然气主管网建设,适时启动洋山LNG海底管道复线工程,建设奉贤热电等大用户燃气配套项目。结合本市重点区域、重点项目建设,抓紧实施城区次级管网建设和改造,进一步完善气源点布局,增强管网连通性。结合"智慧燃气"建设,加快构建智慧"一张网",系统运用卫星定位导航、大数据等信息化手段,实现管网运行监控、安全评估、巡线辅助和检修维护等的智能化,增强用户响应。

附表5 公司"十三五"燃气管网重点建设改造项目

项目名称	工程规模	总投资(亿元)	规划建设节点
崇明—长兴—浦东主干网工程	规划6.0兆帕、DN800管道24.55公里及配套场站	17.7	规划2016年开工,2020年完工
临港—上海化工区天然气管道工程	规划6.0兆帕、DN800管道42.9公里及配套场站	11.5	规划2016年开工,2018年完工
五号沟LNG站—临港首站管道工程	规划6.0兆帕、DN800管道52公里及配套场站	14.1	规划2017年开工,2019年完工
区域管网规划项目	销售公司规划排管、场站建设及其他基建项目	23.6	2020年前基本完成项目建设
设施更新改造项目	含地下管线、内管及智能化更新改造	30.6	2020年前基本完成项目建设

(2) 全力消除油气重大安全隐患。实施管网完整性管理,加快管道占压隐患整治,强化常态化巡检管控,2017年前基本实现管道零占压、新增占压零增长;抓紧落实高压天然气管道受轨交杂散电流干扰等新型隐患整治;积极推进户内管隐患治理。加强海底油气管道和海上作业平台保护,保障SPC生产运行安全。优化液化气站点布局,转变传统供应方式,实现钢瓶全配送服务,消除安全隐患。强化运行管理,确保天然气区域供能和医院分布式供能项目运行安全。巩固安全生产标准化达标成果,构建长效机制,按照公司油气管道运行安全管理要求,强化一线班组建设,完善操作规程,健全工作机制,加大监管力度,确保全过程、全环节依法合规。

(3) 大力提升应急响应处置能力。健全预警应急机制,按照"属地管理、先前处置"原则,完善应急处置管理体系,积极融入全市应急救援网格化联动体系,确保各类突发事件快速、高效、可控处置。建立应急抢修及用气事故数据库,利用大数据提高系统安全风险辨识、评估和预警能力,提升应急处置的自动化水平。根据城市发展变化,优化应急站点布局,强化应急力量配置。

(4) 提升机组运行可靠性水平。高度重视大机组稳定运行对电力保障供应的影响,做好日常检修维护与设备消缺,确保电力安全稳定供应。主动适应持续低负荷、长期单机运行与频繁启动等新工况条件,优化生产运行和检修模式,积极争取调度支持,提高设备可靠性水平。优化燃料管理,科学推进经济煤种掺烧。"十三五"期间,公司发电机组平均等效可用系数、非停次数等安全运行技术指标持续改善,综合可靠性评价排名行业前列。

(5)强化落实安全生产责任体系。坚决落实安全生产责任制,切实做到党政同责、一岗双责、失职追责。三级以上企业成立由党政领导、相关职能部门、工会等共同参与的安全生产委员会,部署推进本单位安全生产工作。实施安全生产责任年度签约,落实安全生产工作履职考核,健全安全生产年度述职报告制度。实行安全生产情况通报制度,建立约谈警示制度。对安全生产监管实行失职追责,实施安全生产一票否决制度。加强员工本质安全理念及合规操作培训,不断提升安全意识。

二、实施绿色低碳战略,优化升级传统能源主业

(一)工作思路

坚持高效清洁利用与低碳绿色发展并举,充分发挥能源技术创新和产业链资源优势,大力拓展天然气市场、可再生能源和天然气发电、高效清洁煤电,进一步优化供能结构,全面推动能源主业优化升级发展。"十三五"期间,公司能源项目投资500亿元左右,清洁能源项目占比2/3以上。

(二)重点任务

(1)大力提升中长期天然气供应能力。丰富优化上游多气源,巩固优化现有五大气源供应能力,争取东海天然气入沪,引进中俄东线天然气,积极参与国内非常规天然气开发,进一步优化气源结构,降低供应风险。强化天然气应急储备,建设洋山LNG储罐扩建和五号沟LNG扩建二期工程,积极参与周边省市储气库系统建设。拓展调峰调节手段,推动长三角管网互联互通,积极参与国家天然气交易中心运作,研究实施LNG反输装船等基础设施建设。在综合考虑安全保障供应情况下,优化合同执行,灵活运用"两种市场、两种资源"降低采购成本。

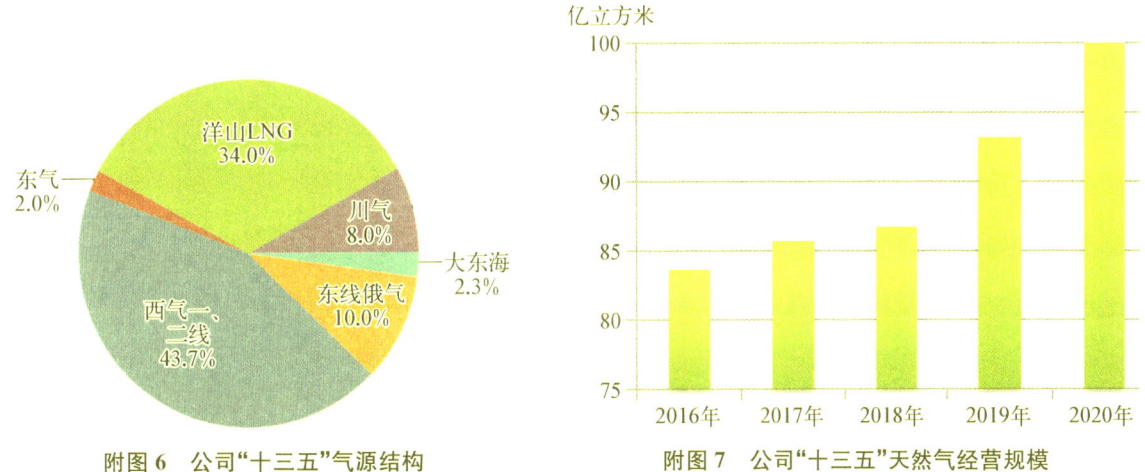

附图6　公司"十三五"气源结构　　　附图7　公司"十三五"天然气经营规模

(2)加快做大清洁低碳电源规模。积极参与临港、奉贤等海上风电基地建设,开工建设横沙东滩风电、临港海上风电和南汇东滩风电等项目,大力争取郊县滩涂、潮间带风电开发机会,全力拓展市外风电项目,积极跟踪推进太阳能、水能、生物质能等其他可再生能源投资机会,力争2020年年底公司可再生能源权益装机达到150万千瓦左右。研究特大型城市电源建设更新规律,加快本市

燃机建设布局,建设奉贤热电、闵行燃机等清洁电源,积极寻找气代煤热电联供改造工程投资机会。积极参与核电项目投资合作。

附表6　公司"十三五"部分可再生能源电站规划项目

项　目　名　称	装机规模(万千瓦)	预计股权占比(%)
横沙东滩Ⅰ～Ⅲ期风电	30	60
南汇东滩一期风电	10	60
临港海上Ⅰ～Ⅲ期风电	20	54
内蒙古达茂三期风电	10	100
内蒙古百灵庙一期风电	10	100
内蒙古锡盟风电	10	100
河北围场风电	20	34
天津北大港风电	15	49
广东湛江Ⅰ～Ⅱ期风电	15	51

(3)多措并举推动煤电高效清洁发展。放大外三发电行业标杆效应,努力打造"135项目"绿色煤电新标杆,围绕"十三五"国家重点煤电一体化基地,大力推动高效洁净燃煤发电项目的复制发展,努力拓展本市新型煤电机组发展空间。全面推进节能减排改造升级,大力推动公司自主节能减排创新成果应用,按照政府工作要求,全面完成吴二发电、外二发电和外三发电超净排放综合改造,机组大气污染物排放浓度达到燃气轮机排放限值要求。统筹吴二发电中长期发展,有序实施综合节能改造。

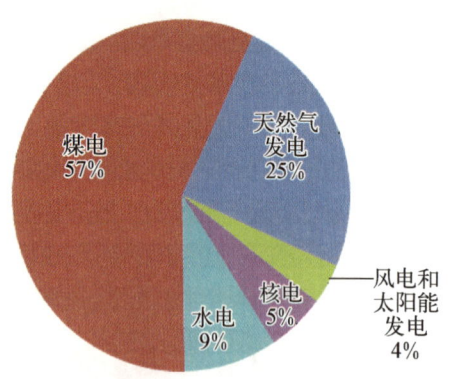

附图8　公司"十二五"末期电源结构

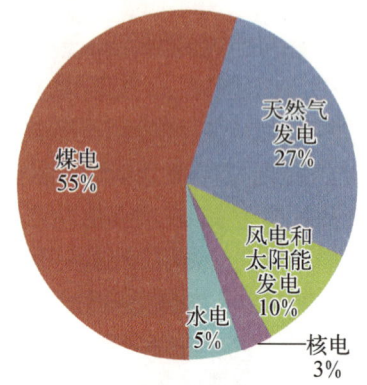

附图9　公司"十三五"末期电源结构

(4)加大新兴天然气市场拓展力度。抓住"气化长江"战略实施和上海"绿色港口"建设等机遇,充分利用港口能源公司平台,以港区集卡、港口机械、船舶动力的LNG替代为突破口,港区、本市、长三角同步推进,力争"十三五"末期基本实现长江流域战略布局,交通用能市场占有率明显提升。完善区域管网与供应方案,积极主动对接政府2017年完成市内热电联产机组和集中供热锅炉等燃煤的清洁能源替代。结合能源价格体制改革,完善形成有利于市场拓展、调节供需的天然气销售及服务价格形成机制,构建市场化营销机制,积极引导家庭采暖、天然气空调等市场拓展。

(5)积极推进燃气区域市场整合。积极跟踪本市"十三五"规划安排,做好虹桥商务区、后世博园区、大型居住社区、燃气电厂等重点区域和重点项目的天然气配套。主动适应和争取特许经营,通过资产和股权收购、合营合作等方式,力争解决部分区域历史遗留的市场分割。主动融入上海城乡一体化进程,适度超前规划建设郊区门站、城镇管网及配套设施,积极推动天然气管网"镇镇通",结合非管输供应等多种形式,进一步扩大郊区市场份额。主动配合政府做好燃气中长期专项规划编制,为天然气中长期发展创造条件。

三、实施创新驱动战略,打造能源科技创新高地

(一)工作思路

对接和助力上海科创中心建设,把握能源行业科技进步大方向、产业变革大趋势,完善科技创新体系,营造良好创新生态环境,集聚和用好各类人才,大力推进科技创新,重点实施"两个一批",即实施一批重大创新项目(34个项目)、布局一批重大创新工程(6大工程),全力打造能源领域创新引领的示范企业。

(二)重点任务

(1)全力推动清洁高效电力技术创新升级。按照"创新引领、高端示范"的原则,实施具有自主知识产权的"135项目",力争供电煤耗降至260克/千瓦时左右。落实国家重型燃机发展战略,将奉贤热电建成国内首个应用上海电气AE94.3A国产化F级燃机示范项目,跟踪研发和应用燃机前沿技术。实施超大容量海上风机关键技术研究,建设"智慧"风电信息化管理系统。积极推进临港燃机天然气差压余能利用技术研究和示范应用、外三发电8号机组新型电能转换装置示范应用、吴二发电汽轮机改造和超低排放改造、外二发电全负荷脱硝和超低排放改造、电厂煤场封闭改造等节能环保改造项目。

(2)加快构建"智慧燃气"体系。建设智能管网系统,构建数据智能采集平台,推广应用北斗高精度定位系统,整合管网GIS平台,建设管网运行监测系统。建设智能调度系统,整合气源、管网、客户端等供应链数据,构建辅助决策综合管理平台,提高对输配、应急的智能辅助决策能力,实现全网智能监测和平衡。建设智慧服务系统,构建智能客户服务管理平台,完善燃气微客服平台,全面推进用户终端智能计量,力争2018年居民无线智能表覆盖率超80%,非居民用户超90%,"十三五"末期基本实现远程自动集中抄表,通过归集利用燃气大数据,线上、线下互动,挖掘用户潜在需求,改善用户体验和服务效率,塑造上海燃气智慧服务形象。

(3)加大节能环保技术创新力度。积极推进重大油气开采、储存、调峰以及管道安全保护等项目关键技术研究和应用,开展上海LNG接收站冷能利用及储罐大型化关键技术研究和示范应用。建立适应分布式能源发展的智慧能源生产管理系统,研究推进LNG分布式发电在船舶岸电领域的应用,结合"互联网+"和云技术,推进大型能源站管理模式创新,研究张江供热综合方案。开展火电厂环保智能节能管理系统、能源站储能技术应用、脱硫石膏附加值提升、硫酸氢氨对脱硝反应影响、环境空气监测系统、建筑领域节能环保技术创新、申能财务公司新一代信息化平台、集团碳资产综合管理系统等重点项目的研发和应用。

(4) 布局实施一批重大创新工程。以制气企业转型土地为载体,集展示交易、创新服务、研发孵化、论坛交流、金融对接等功能为一体,高起点规划建设上海(国际)能源创新中心,努力打造成为上海科创中心的重要能源创新基地和申能能源产业培育基地。统筹内外部资源,推进产学研合作,在更大范围、更广领域、更高层次上组织和参与国家和上海重大基础创新项目,加快推进创新成果的有效转化。配套实施人才保障、金融支撑和创投基金引导工程。到2020年,上海(国际)能源创新中心吴淞和水电路园区建设取得阶段性成效,形成产学研项目10～15项,组织或参与产业联盟2～3个。

(5) 着力提升公司信息化水平。主动融入中国制造2025、上海市智慧城市和能源互联网建设,加强顶层设计,构建"纵向贯通、横向协同、深化应用、资源共享、安全可靠"的信息化平台。建设覆盖集团各层级的经营管理信息系统,制定相关标准。构建供应商关系管理系统和客户关系管理系统。积极推进两化融合贯标工作。构建集团云计算平台,提供应用、计算和存储的共享服务体系。进一步加强基础设施、网络、应用、数据等领域的安全。完善信息化治理机制。到2020年,初步建成集团信息中心和数据中心,形成较完备的信息化管理制度标准体系。

附表7 公司"十三五"科技创新与节能减排主要规划指标

项 目 名 称	"十三五"规划目标
科技投入	不低于50亿元
控股燃煤机组供电煤耗	290克/千瓦时
天然气购销差率	4.7%

四、实施服务拓展战略,加快转型综合性能源服务

(一) 工作思路

坚持各产业板块协调发展,抓住政府鼓励服务业发展的战略机遇,主动服务"长江经济带"战略,做大服务规模与深化服务内涵并举,强化系统设计、功能集成、资源共享与资本运作,大力推动能源产业链向"微笑曲线"两端延伸,加快推动节能环保、能源贸易和能源销售服务市场化发展,加快提升满足多样化需求、一站式服务的专业化能力,加快构建综合能源服务规模与效益并重、有利于持续健康发展的运营模式,培育形成一批有较强行业影响力的"专精特新"企业。

(二) 重点任务

(1) 加快拓展区域能源综合服务。立足"西虹桥、东张江",充分利用融资租赁等金融工具,加快区域供能市场拓展步伐,完成虹桥商务区一期和二期、西虹桥、新虹桥国际医学中心以及张江中区等重点项目建设,树立专业品牌。主动融入国家新电改、智慧能源建设以及上海城市转型进程,积极跟踪争取吴淞工业区转型发展、本市产业园等新的区供项目投资机会,实现向区域性综合能源服务公司转型,引领行业发展。投资与管理并行,着力提升系统设计、综合服务、安全运行的专业能力,优化完善商务模式和经营模式,降低投资和运营成本,实现自我持续发展。结合产业发展特点,积极参与行业和全市分布式供能产业政策制定,推动政策支持更加柔性化、更具针对性。

附表 8　公司"十三五"区域分布式供能重点规划项目

项　目　名　称	建设规模(兆瓦)	总投资(亿元)	"十三五"权益投资(亿元)	规　划　目　标
张江中区供能项目	—	4.2	0.8	完成项目一期建设
新虹桥医学中心供能项目	装机容量 4 兆瓦	2.6	0.5	能源站建成并供能
虹桥商务核心区(一期)集中供能项目	装机容量 11.2 兆瓦	8.5	—	建成"五站两网"的区域集中供能系统
虹桥商务核心区(二期)集中供能项目	装机容量 23 兆瓦	9.1	3.4	
合　计	—	25.1	5.2	—

(2) 加快环境污染第三方治理市场化发展。按照"设计研发＋产品制造＋技术服务"的发展思路,增强申欣环保公司系统技术核心竞争力,抓紧具备设计资质,打造一体化服务平台,实现技术和管理的专业化。以资本运作为手段,推动第三方检测、合同环境服务、智能化运营管理系统、脱硫脱硝节能诊断等业务快速发展,提升市场获取订单的能力,基本完成经营模式转变。构建适应业务发展需要的企业管控模式,努力成为跨行业、跨区域的环保产业专业公司,实现上市发展。力争"十三五"期间,公司新增第三方治理运营装机规模超过 1 000 万千瓦。

附表 9　公司环保产业"十三五"发展设想

第一阶段(2015—2016 年)	第二阶段(2017—2019 年)	第三阶段(2020 年及以后)
技术和管理的专业化	业务升级和转型	资本与产业运作并重
优化资源配置,打造一体化服务平台,完善内部管理,成为主业清晰、业务多元的企业	运用资本运作等手段,加快业务发展,基本完成业务布局和经营模式转变	企业管控模式成熟,成为跨行业、跨区域多业务运作的环保企业,完成创业板上市

(3) 加快做大系统外电厂节能技术服务规模。充分发挥外三发电"国家节能减排示范基地"品牌效应和华润铜山项目成功改造的示范效应,抓住国家大力推进煤电超净改造的战略机遇,全面推进与华润、神华、大唐、华电等央企的战略合作,抓紧做大业务规模,加快推广煤电节能环保技术。综合考虑业务规模与业务能力的匹配,大力强化体制机制、合作模式和商务模式创新,推动技术改造、技术转移、技术合作等多方式"走出去",努力实现技术服务效果和收益最大化。加强产权保护,积极与主管部门、行业协会等沟通交流,争取政策支持。到 2020 年,公司电厂节能技术服务市场份额排名行业前列,其中系统外累计改造装机规模力争达到 1 500 万千瓦左右,与公司建成电力权益装机规模相当。

(4) 加快能源贸易专业化发展。抓住国家能源体制市场化改革机遇,整合系统能源产业链资源,加快能源贸易专业化发展,整合建立集团能源贸易平台。油气贸易方面,充分发挥港口能源公司、久联集团等作用,积极参与国家天然气交易中心建设,大力拓展天然气贸易市场;依托石洞口能源储备基地,开展油品仓储、水上加油、零售和贸易等业务;研究推动洋山综合能源供应模式落地。煤炭贸易方面,加快扩大系统外市场份额,进一步提升对电煤资源的战略掌控力,2020 年公司系统外煤炭贸易规模超过 1 000 万吨,成为国内乃至东亚市场的活跃贸易商。

(5) 加快拓展燃气销售延伸服务。着力提升用户满意度,构建专业化、标准化、一体化服务运行和管理平台,优化服务流程,提高窗口服务水平。丰富服务内涵,打破传统服务和业务框架,充分利用燃气用户资源和大数据手段,在居民用气、大用户用能综合服务等领域,探索拓展增值延伸服务,推出"绿色通道"和"个性化"可选服务,满足不同层次客户需求。研究燃气业务跨界融合发展的可行性,积极创造新的商业机会。

(6) 加快开拓配售电业务与直供电交易。跟踪国家和上海电力体制改革后续配套政策动向,紧紧把握住电力市场化改革机遇,加强系统服务资源的优化协同,积极争取各方支持,提早布局区域配售电业务。加强与电网合作,抓紧研究推进直供电试点,积极参与大用户和自备电厂改革。主动参与新电改政策下的电力交易平台建设。积极研究全系统交易和营销模式,抓紧培育提升售电服务和市场营销能力,努力降低发电成本。

五、实施产融协同战略,深入推进资源优化整合

(一) 工作思路

坚持产业投资与资本运作双轮驱动发展,优化存量与发展增量并举,综合运用自贸区金融、融资租赁、创新投资或并购基金等多种金融工具,充分发挥金融板块的产业支撑效应和融资放大效应,加快能源主业创新转型。

(二) 重点任务

(1) 着力优化公司金融资产布局。坚持有进有退,适时增持公司战略性持股金融资产,科学管理财务投资性金融资产。启动实施新一轮金融投资布局,积极跟踪以"互联网+"为代表的金融创新业务和民营金融机构,统筹考虑久联等企业创新转型发展,寻求新的金融产业投资机会。加强对系统金融资产的统筹管理,进一步提升金融资产市值管理规模和能力,建立和完善适应金融行业特点的管理构架和风控体系。力争"十三五"期间,公司新增金融股权投资 80 亿元左右,年均金融投资收益 15 亿元左右。

(2) 大力推动能源金融产品创新。以财务公司 FT 账户体系为基础,构建跨境结算平台和融资渠道,探索建立国际金融合作关系,服务能源主业"走出去"。试点碳金融及碳交易,创新绿色金融产品,进一步引入低成本资金,服务清洁能源发展。深化产业链金融服务,大力争取集团外源资金,支持能源产业发展。力争到"十三五"末期,财务公司绿色信贷占比 50%,外部融资占吸收存款比重达到 20%,成为能源金融行业具有一定影响力的专业金融机构。

(3) 打造能源创新投资新平台。服务公司创新转型,设立创新投资公司或并购基金,聚焦重点方向、薄弱环节和前沿技术,充分发挥市场化体制机制优势,努力成为公司创新投资和产业孵化先锋队。充分结合公司能源产业链资源综合优势,加强与系统企业的业务协同,积极探索创新技术产业化新模式,开拓国企创新发展新路径。积极推动创新型企业上市发展。

(4) 开展融资租赁等产融结合新业务。围绕能源主业转型,积极通过信用、股权、咨询等多种连接方式,探索产融协同发展新路径。设立融资租赁公司,合理利用金融杠杆加快创新业务发展。积极推动创新企业在海内外多层次资本市场上市发展,充分利用上市公司平台,为业务规模化发展提供良好支撑。更加注重资源优化整合,通过完善的法人治理结构,强化与主要投资金融企业的业务对接,增强话语权,提升互动发展能力。

(5) 统筹推进土地资源综合开发利用。坚持"围绕主业用足用好、谋划发展适当储备、综合利用发挥效益"的指导思想,建立统一专业的集团存量土地综合利用投资管理平台,努力构建政府引导、市场运作、企业主体、社会参与的运作机制和运营模式。兼顾短、中、长期发展,"一地一策"统筹规划系统土地综合利用,积极对接区域发展规划,努力争取政府政策及配套支持,稳步推进项目建设。力争"十三五"末期,厂、站土地规划落地并启动建设,形成完善成熟的存量土地综合利用管理及运作模式。

(6) 积极推动申能房产专业化发展。抓住公司新一轮创新转型机遇,积极参与集团土地资源综合开发利用,充分融入系统资源优化整合机会,着力提升专业化、市场化运作能力,进一步做强做优业务规模。充分发挥物业公司改制后灵活的机制优势,贴近市场需求,着力提升物业综合实力,巩固提升市场份额和品牌知名度。力争"十三五"期间,房产竣工面积超过100万平方米,打造形成住宅、办公、园区开发管理服务领域的品牌特色,盈利水平实现新突破,成为集团转型发展过程中土地综合开发利用和园区建设的专业平台。

附表10 公司"十三五"金融板块主要规划指标

项 目 名 称	"十三五"规划目标
金融资产市值规模	2020年年底1 000亿元左右
金融股权投资规模	累计80亿元左右
金融投资收益	年均15亿元左右

六、实施开放合作战略,加大"走出去"拓展力度

(一) 工作思路

坚持以开放促发展,积极研判形势变化,抓住国家"一带一路""长江经济带"等重大机遇,立足市内、加快市外、开拓海外,加快与兄弟单位、产业链上下游和系统资源协同"走出去",择机介入国内外能源产业链上下游资源,着力开拓新形势下合作共赢发展新空间,实现提速发展。

(二) 重点任务

(1) 全力争取国内电力项目。围绕国家"十三五"能源基地规划、长三角"三省一市"能源合作、能源央企改革调整等战略机遇,在市外建成一批、开工一批、储备一批优质能源项目。在高质量完成安徽平山电厂一期工程建设基础上,抓紧启动安徽平山二期工程。加快推动与国电"4+3"合作项目落地,建成宁夏吴忠、大连普兰店等热电联产和京津冀风电项目。立足国家规划的9个大型现代风电基地,大力推动市外风电项目规模化发展,抓紧落实启动内蒙达茂等重点区域的后续风电项目。

(2) 积极开拓海外能源市场。借力"一带一路"倡议,坚持市场导向和商业运作,统筹考虑东道国中长期发展潜力,全方位评估海外投资系统风险,明确重点投资国别。加强产业链上下游和产融协同"走出去",积极寻求海外煤电、油气资源项目合作开发机会,争取有实质性突破。适时建立海外投资平台,坚持互利共赢,主动融入东道国地方发展,注重地方公益,依法合规经营,打造地方能

源企业"走出去"的国际样板。

（3）稳步推动油气对外投资合作。抓紧落实与上港、中石油、中石化等的战略合作，大力发展沿江、沿高速公路交通加气合作。在确保上海安全供应基础上，按照国家油气管网公平开放要求，探索对外提供管输服务。积极推动长三角天然气管网互联互通互保，探索在储气库开发上的机会，争取形成异地储气和输气能力。积极参与油气合作开发，全力融入东海开发，建设东海集输枢纽，配合实施东海西湖凹陷天然气联络线建设，同时做好新疆等常规油气田、页岩气的开发投标。

（4）大力推动能源服务走向全国。主动融入国家煤电升级改造、鼓励分布式能源发展等政策机遇，充分发挥公司既有的技术、品牌和资源优势，利用市场化的体制机制改革，加快推动申能能源服务公司、申欣环保公司和申能科技公司"走出去"发展。把握国际能源市场的趋势性变化，以能源领域体制机制改革为契机，积极开拓海内外能源资源贸易市场，加快做大系统外天然气、电力、电煤、油品等贸易规模，积极构建可持续的盈利模式。加强市场信息、营销资源等方面的协同，逐步培育形成综合性能源产品整体推广的市场化拓展能力。

（5）全面深化对外战略合作关系。加强与五大发电集团、三大油气央企等的战略合作，巩固提升合作能级。加强与上海兄弟单位、"双三角"能源企业以及中企联、国投委等行业平台交流联系，多渠道建立业务合作网络。加强与互联网等新兴企业的交流合作，探索在新业务、新业态上的合作机会。加强与国际大型能源企业、第三方专业服务机构的合作，维护海外投资网络联系，挖掘共赢合作空间。加强与金融领域的沟通合作，积极参与和利用相关产业基金和政策基金，支持能源项目"走出去"发展。

附表11　公司"十三五"市外重点能源规划项目

项目名称	业务规模	预计股权占比（%）	规划建设节点
安徽平山二期	135万千瓦	51	2018年投产
宁夏吴忠热电	2×35万千瓦	95	2016年投产
大连普兰店热电	2×35万千瓦	51	2018年投产
辽宁朝阳热电	2×35万千瓦	30	2017年投产
河北邯郸热电	2×35万千瓦	30	2018年投产

第五部分　国资国企改革与企业管理

一、完善国资国企改革

认真贯彻中央和上海国资国企改革精神，立足竞争类企业定位和申能实际，坚持市场化、专业化、国际化导向，坚持以改革促发展，坚持依法办事，深化落实"申能改革发展33条"，积极有序推动各产业板块改革转型、混合所有制发展、完善激励约束机制等改革事项落地见效，企业持续发展的活力和竞争力显著提升，为公司创新转型发展提供动力保障。

（1）实施申能股份创建"先锋企业"改革。按照"一个使命、两个战略、三个导向、四个一流"的内涵要求，推进申能股份"先锋企业"改革。利用上市公司平台，创新开展再融资、股份回购、引进战略投资者、大股东或高管增持等资本运作,参与公司优质资产整合重组,优化资源配置。开展市值管理,提升主业规模和经营业绩,市值增长率排名力争提升至同行可比上市公司前1/3。优化完善激励约束机制,建立以业绩为导向的工资管理和收入分配机制,适时实施股权激励或员工持股方案。

(2) 推进燃气产业专业化和市场化改革。按照"专业化整合、市场化混改、证券化发展"三步走思路,积极稳妥推进燃气产业改革。加强内部整合,认真履行成本规制监管要求,加快推进六大专业运营管理中心建设,稳步推进管理扁平化和天然气产业链上下游资源整合,深化制气企业转型发展,打造全产业链的天然气产业公司。加快建设上海燃气"X+1+X"升级版,以产业链资源、市场化机制和先进管理为导向,遴选合作伙伴,实施混合所有制改造。推进燃气经营性资产上市,上海燃气成为一家保障有力、服务优质、专业高效的具有互联网精神的新型清洁能源服务商,重塑行业排头兵地位。

(3) 推动市场化业务混合所有制改革。积极创造条件,完善实施细节,推进申欣环保公司市场化体制机制改革,积极培育上市发展。探索优化能源服务公司股权结构,引入国内外拥有先进管理、领先技术和互补资源优势的战略投资者,提升业务创新和市场拓展能力。统筹推动能源贸易、交通用能等业务竞争性较强的企业混合所有制改造,增强市场化发展活力。按照业务拓展需要,推动久联集团市场化企业混合所有制改革。积极研究推动市场潜力较大的三级企业混合所有制改革,条件成熟的在境内外分拆上市或单独上市。

(4) 建立"一司一策"激励约束机制。全面推进系统企业任期制契约化管理,树立分类思想,对系统内处于培育期、成长期、稳定期等不同阶段的企业分类设置考核目标,体现"一司一策",体现集团对各企业不同的发展要求。实行与领导人员选任方式相匹配、与企业功能性质相适应、与经营业绩相挂钩的差异化薪酬体系。探索长效激励约束机制,积极稳妥推进企业领导人员和骨干人才中长期激励改革。规范系统企业内部分配,建立与任期目标相匹配的工资总额管理办法和调整机制,形成领导人员与职工间合理的收入分配体系。

二、加强人才队伍建设

高度重视人才在企业创新转型中的核心作用,用好用活人才第一资源,紧紧围绕创新转型发展要求和改革导向,实施重大人才工程,引进与培养并重,着力加强领导干部、创新人才和专业人才队伍建设,创新人力资源管理机制,积极营造良好氛围,充分激发各类人才的创造活力和动力,加快建设人才强企,为公司"十三五"创新转型发展提供组织和人才保障。

(1) 加强企业领导干部队伍建设。结合"十三五"发展要求,优化直属企业班子结构,选优配强系统企业领导班子。完善领导人员选拔任用程序,促进干部选任的科学化、制度化、市场化。坚持党管干部和市场化导向相结合,探索市场化选聘职业经理人制度。完善集团系统干部交流机制。贯彻中央及市委关于年轻干部培养选拔要求,提拔使用一批、轮岗锻炼一批、储备培养一批,建设一支能力强、素质好、敢于开拓、敢于担当的优秀年轻干部队伍,形成集团系统优秀年轻干部梯次结构。

(2) 加大创新人才培养引进力度。创新人才选拔机制,强化职业技能培训,围绕新兴能源、节能环保、能源贸易、金融、信息化等重点领域,努力打造一支与创新转型发展相适应的专业人才队伍。鼓励和推动系统企业组建专业技术创新团队,探索企业首席技师和大师工作室。加快建立健全企业集聚人才的体制机制,加强国际化、复合型人才培养,加大高层次尖端人才引进力度。加强与国际知名培训机构合作,筹建专业培训创新中心。到2020年,新培育科技创新领军人物2~3名,创新团队8~10个。

(3)完善人力资源管理体制。加强人力资源集团化管理,完善公司系统人才培养、引进和储备机制,建立健全符合人才成长发展使用规律的体制机制。创新人才评价和激励机制,建立行政、技术"双通道"晋升机制。依法规范企业用工管理,建立健全以合同管理为核心、以岗位管理为基础的市场化用工制度,形成企业各类管理人员能上能下、员工能进能出的合理流动机制。大力推进人力资源信息化管理建设,实现业务流程信息化管理。

(4)积极营造各类人才成长的良好氛围。结合形势变化和企业发展需要,积极创造良好工作条件,建立人才交流机制,加大选拔使用力度,搭建各类人才成长的阶梯。完善职称专家评审机制。研究利用自有存量土地,建设单位租赁房或人才公寓。加强创新考核激励,探索重大创新工程和项目容错机制,大力营造勇于、勤于、善于、乐于创新的氛围,大力营造唯才是举、开放用才的氛围,创造有利于各类人才脱颖而出的环境。积极研究用好各类优惠政策,制定完善人才培养、创新体制机制等配套制度。

三、优化企业组织管理

围绕持续增长和创新转型,进一步完善公司法人治理,优化集团管控模式,加强经营风险控制,努力构建形成治理规范高效、战略执行有力、市场响应快速、经营风险可控的组织管理体系,以更好地适应商业环境变化,匹配企业战略需要,为公司"十三五"发展提供重要保障。

(1)优化完善公司法人治理结构。在总结经验和结合申能实际基础上,进一步推进董事会试点工作,优化集团法人治理结构。建立健全权责对等、运转协调、有效制衡的决策执行监督机制,充分发挥董事会的决策作用、监事会的监督作用、经理层的经营管理作用、党组织的政治核心作用,进一步发挥外部董、监事的作用。根据系统不同企业功能定位,加强系统企业法人治理结构建设,确保符合管控要求、运作高效,建立完整、有效的外派董、监事报告制度。

(2)加强集团战略管控。立足集团整体利益最大化,强化系统资源优化统筹。强化集团战略管理职能,完善集团化管控模式。适应公司转型发展需要,梳理重要管理事项,调整优化集团组织结构、业务流程和工作流程,提升管理现代化水平。根据不同产业和企业特点,在整体加强集团化管控的同时,对特定企业实施差异化管理。

(3)强化专业化管理。二级子公司按照集团确定的产业方向和发展战略,承担相应产业板块专业化发展职能。按照专业化管理要求,构建符合本产业发展特点的管理模式,强化利润中心职能,加强财务预算、人力资源、安全生产等方面的集约管理。推动企业管理扁平化,加快燃气专业化运营管理中心建设,三级企业原则上为分公司。加强产权管理,优化资产的整合,控制三级以下企业数量增长。

(4)提高风险控制能力。围绕公司发展战略要求,提升系统性、趋势性风险的识别和研判能力。认真落实"三重一大"决策制度,努力提高廉洁风险防控水平。以董事会审计与风险控制委员会、金融资产决策管理委员会为载体,加强重大风险全过程管理,强化重大风险监控预警机制、常态化风险评估机制建设。加强日常经营风险管控,完善流程控制,建立健全公司法律合同风险管理体系。积极探索建立风险管理评价与考核制度。

四、加强和改进党的领导

贯彻中央和市委关于全面从严治党的部署要求，坚持把从严管党治党贯穿企业党建工作的全过程，充分发挥党组织的政治核心作用，认真落实党建和党风廉政建设的主体责任，用改革创新精神、从严从实作风不断加强思想建设、组织建设、作风建设、反腐倡廉建设和制度建设，营造和谐发展的良好氛围，为企业改革发展提供坚强的思想组织保证。

（1）坚持党对国企的领导。在深化改革发展中坚持党的领导、加强党的建设，把加强党的领导与完善公司治理有机统一，创新党组织发挥政治核心作用的途径和方式。把握企业的政治方向，进一步提高引领改革发展的决策水平和统筹协调能力。加强思想作风建设，用"三严三实"武装各级领导班子和干部队伍的思想，坚定理想信念和宗旨意识。围绕中心抓党建，积极探索服务中心、服务发展的工作机制，发挥基层党组织战斗堡垒作用和党员先锋模范作用。关心支持工会和共青团工作，进一步增强做群众工作的本领，为企业改革发展和创新转型凝聚强大动力。

（2）落实党风廉政建设责任制。把加强党风廉政建设作为重要政治责任，坚持问题导向，强化责任担当，进一步落实党风廉政建设党委主体责任、书记第一责任、领导班子成员"一岗双责"和各级纪委监督责任。加强监督检查，推进党风廉政建设责任制的具体化、程序化、制度化。根据严肃教育、严明纪律、严格管理、严惩腐败的要求，坚持抓早抓小，着力在提升管理的科学化水平和健全公开透明监督制度上下功夫，加大源头预防工作的力度，形成长效工作机制，营造风清气正的良好氛围。

（3）加强企业文化建设。推动物质文明和精神文明协调发展，形成《申能集团企业文化纲领》，全面宣贯企业使命、愿景和核心价值观，建立体现申能特色、匹配发展战略、融入经营管理、获得广泛认同的申能文化体系。加强企业形象建设，规范集团标识，提升公司品牌知名度。充分发挥《今日申能》、公司网站、微信等宣传作用，增强企业归属感和向心力。

（4）坚持共享改革发展成果。按照人人参与、人人尽力、人人享有，充分调动广大干部群众的积极性、创造力和主人翁精神，共同参与和推进企业改革发展，企业与员工共享改革发展成果。充分发挥工会组织的优势和作用，积极构建和谐劳动关系，推进厂务公开民主管理制度化和规范化建设，充分发挥职代会民主参与、民主管理、民主监督作用。健全劳动争议调解机制，完善工资集体协商机制，健全工资正常增长机制，加强基层工会劳动争议调解组织的实体化建设。关爱困难企业和职工，加大帮扶力度。关心离退休老同志。认真做好企业稳定工作。

未来5年是国家全面建成小康社会决胜阶段，是上海基本建成"五个中心"的决定性时期，也是申能迈入创立30周年、开启新一轮创新转型发展的关键时期，全面完成公司"十三五"规划目标任务，使命光荣而艰巨。公司上下要始终坚持问题导向，牢牢把握发展机遇，坚定信心，奋发有为，推动公司发展再上一个新台阶，努力为国家和上海经济社会创新转型发展多贡献力量。

索 引

说明：
一、本索引采用主题词分析索引法，按主题词首字的汉语拼音字母顺序排列（同音字按声调）；首字相同，按第二字音序排列，以此类推。
二、索引主题词后面的数字表示词条所在页码。
三、表格索引按在正文出现顺序排列并置于本索引末尾。

主题词索引

X+1+X　11,41,101,270,545,697

500强　3,9,12,19,36,37,40,43,45,48,53,57,105,552,558,561,563,802,818

863计划　49,73,200,269,517,553,737

962777　40,41,44,65,74,102,263,275,313,341,342,387,395,398,399,401,402,662,663,672,674,675,768,777,778,782,821

LNG　4,10—15,37—40,42,44—47,49—55,57,58,62—65,68,71,72,74,75,78,101,104,105,110,153,154,206,218,245,257,263,264,270,277—279,282,283,285,290—292,294—297,300—303,310,314,315,318,319,322,323,332,333,335,345,351,369—371,374—377,407—409,413,462,464,465,469,485—488,492,497,510,519,520,531,548,553,555,562,596—598,603,604,633,643,665,674,698,703,704,712,714,727,730,743,746,780,802,803,807,808,811,813,818,825,830—833

安全管理部　80,90—92,231,378,583,585,726,743

安全生产　18,43,48,56,63,65,69,71,91,92,98,100,102,112,116,119,120,122,124,125,134,159,177,180—183,187,202,209,231—235,237,238,263,267,270—272,277,301,319,345,377—381,386,410,468,483,506,547,548,551,553—555,563,580—589,603,604,635,661,665,667,676,685,687,689,690,692,693,696—698,715,726,744,745,747,748,779,780,782,809,811,815,816,818,819,826,828—831,840

财务部　17,23,26,80,84,86,90—92,105,109,112,209,215,233,276,390,409,413,424,432,440,448,464,466,468,482,496,498,563,565,570,572—574,576—579,593,594,598—600,602,606,649,663,690,715,724,726,728,730,739,740,742,770

财务管理　18,88,109,315,419,424,469,542,544,572—576,578,583,607,610,658,713,726,742,771

产融结合　3,4,11—13,76,96,98,99,109,111,417,435,439,440,446,447,450—458,476,478,484,510,546,547,549—552,554,555,557,570,605,686,751,802,804,808,809,812,818,821,823,826,827,836

长江养老保险股份有限公司　430

超超临界　18,58,62,68,72,75,116,120—122,141—144,148,149,169,170,187,189,194—197,199,231,236,240,256,424,443,504,510,512,513,526—531,536,742,747,810

超临界　5,6,8,25,34,52,65,116,119,120,124,137,138,150,193—195,198,199,219,231,256,512,513,529,747,810

成都新申基金　434,436,437

诚毅投资　14,78,110,111,416,417,434—437,439,445,454,459,460,547,566,609,704,812

诚毅新能源创投基金　60,110,434,566

崇明发电　6,13,159,598,761

抽水蓄能　6—8,23—26,29,33—35,96,97,100,117,169,172,173,256,258,428,544,558,696

川气东送　11,13,45,46,55,64,101,263,270,280,283,285,298,324,351,374,409,487,697

党建督察员　41,85,87,643

党群组织　　619
电力技术　　184,185,551,833
调度系统　　299,301,312—314,472,833
调峰　　15,63,66,105,123,153,154,157,158,172,173,178,198,206,207,257,258,265,270,292,295—297,300,310,317,332,333,343,351,369,373,375—377,408,467,486,487,514,517,519,520,545,551,554,555,778,804—807,809,811,812,817,819,824,825,831,833
顶级火力发电厂　　72
东方证券　　3,9,12,14,15,30,31,33—37,40,54,56,57,60,62,64—66,69,70,74,78,80,103,104,110,416—420,422,434,436,437,445—447,450—455,476,478,497,507,532,533,539,540,551,554,558,566,612,624,651,657,658,663,665,666,672,684,703,704,706,730,734,751,753,766—771,802,807,809,812,813,818,821,822
东方证券股份有限公司　　3,30,37,40,41,45,48,54,73,78,103,104,417,418,622,702,751,756,757,769,771,802
东海天然气　　11,14,25,26,28,31,71,98,262,263,269,270,281,282,285,291,292,294,302,303,306,309,310,315,317,322,335,336,342,343,346,347,351,354,355,369,374—377,557,561,603,697,745,746,748,831
董事会　　8,17,18,25—47,49,50,54—57,59—61,63,65,67,69,72,76,77,80—87,89—92,101,105,109,118,119,121—126,130,132,135,138,169—174,265,270,274,288,409,412,413,416,419,423,424,435,436,438,446—448,454,465,468,483,496,543—547,550,551,555,559—564,566—573,575—577,592—594,598,601,602,621,639,652,653,715,718,720,728,729,788—799,807,809,815,816,823,824,840
发明专利　　102,112,123,154,164,188,205,273,408,411,519,528,529,532,533,556,742,744,747
废水治理　　248,249
分布式供能　　3,15,60,72,73,106—108,264,278,285,304,306,307,377,407,408,456,462,471—475,512,520—522,529—532,550,554,555,558,727,751,769,808,811,813,814,818,822,830,834,835
风险防控　　16,93,452,654,816,823,840

风险管理　　84,93,123,234,419,420,424,440,447,452,459,515,593,654,790,792,840
奉贤热电　　13,74,97,100,117,125,126,160,161,169,171,205,260,328,349,604,820,830,832,833
固废处置　　250
管网工程　　11,37,291—294,296,439,471,517,548,614,745
光大银行　　3,416,417,431,438,445,447,450,553,803
国家股　　7,25,26,29,32,35,42,98,601
国泰君安投资管理股份有限公司　　441
国泰君安证券股份有限公司　　3,35,42,442
海通证券　　3,9,33,98,416,417,431,445—447,450
海通证券股份有限公司　　3,431
核能发电　　169,173,258
互联网＋　　76,409,519,589,612,690
淮北申能发电有限公司　　76,97,99,116,118,122,742
淮北申皖发电有限公司　　13,67,68,73,77,97,99,112,116,118,121,178,190,197,198,428,497
激励　　17,18,61,109,187,419,445,483,507—510,544,551,628,652,668,673,693,694,716,718—721,726,814—817,827,829,838—840
集中收付　　426,458,459
技术改造　　18,19,118,177,184,187,188,202,204,205,208,219,220,380,506,513,527,528,597,666,810,827,835
监察室　　80,86,93,101,419,587,648,736,741
监事会　　18,26—28,30,31,36,41,42,46,49,59,62,63,67,69,72,74,76,77,80,81,84—87,90,93,101,118,119,121—125,169—174,265,270,413,419,423,424,435,436,438,544,559,566,569,571,573,577,598—600,602,639,643,649,653,655,729,738,739,741,757,788,790,792—796,798,816,840
健康管理　　254
江苏长江石油化工有限公司　　103
奖励　　17,116,129,135,177,180,188,220,409,475,507,509,555,598,614,699,716,718,719,721,723,726,783,824
交通银行　　3,6,25,98,417,429,433,445,450,459,464,486,487
交通银行股份有限公司　　3,433
交易所　　7,15,19,26,34,40,41,48,49,59,66,69,70,74,85,95,96,98,109,124,150,173,418,426,

432,433,450,454,460,464,465,486,487,499,500,738,813
今日申能　27,33,44,48,608,635,669,680,681,683,685,686,781,841
金融创新　14,68,426,447,451,453,456,458,459,504,818,836
金融管理部　80,90,92,109,430,431,435,446—448,450,452
久联集团　15,54,58,78,109,110,345,432,442,450,454,462,464,465,485,486,490,498—501,532,540,547,557,595,597,609,704,804,813,815,835,839
久联物业　500,501
考核　16—18,35,55,56,60,61,81,84,89,91,93,109,116,120,129,131,132,134,135,146,147,163,164,177,180,184,203,209,218,220,231,234,239,255,351,352,378—381,419,445,488,489,501,507—510,555,559,560,563—565,568,569,571—573,575—577,579,581,582,590,593,594,597,598,601,602,607—609,613—615,617,639—641,647,652—654,658,660,666,667,690,693,702,712,714—717,719—721,728,730,748,778,788—790,793,798,813,816,823,826,831,839,840
科技创新　4,16,18,19,45,46,51,52,55—57,71,77,87,91,93,94,102,107,112,116,123,127,144,155,177,187,188,193,202,219,231,244,266,269,271,279,425,463,471,473,476,477,497,504—510,513,519,527,529,530,546—548,550—556,598,603,604,633,638,666,672,685,742,745,748,750,751,774,781,782,802,803,805,808,812,815,816,819,826,828,833,834,840
科技创新中心　18,80,93,94,476—478,506,508,825,826
科技进步一等奖　510,604,743
理论学习　16,628,629,633,636,637,641,653,672,673
临港燃机　48,50,63,116,122,123,127,132,134,155—157,187,205—207,217—220,222,223,225—233,235,238,241,245,246,250,257,324,428,513,514,529,531,532,548,553,597,604,650,660,662,665,668,687,750,761,802,827,833
绿色金融　447,451,456,459,822,825,826,836

能服公司　454,471,474
能耗　18,53,56,107,121,132,154,180,185,196,198,202—204,206,218—221,223—229,231,287,354,472,504,512,513,523,527,528,555,819,820,828
能源科技　15,52,57,59,61,62,66,68,70,98,99,112,127,189,198,308,428,439,476,512,515,527,528,553,579,746,766,803,810,816
培训　16,17,45,58,68,70,72,77,92,93,101,107,112,116,134,138,184,208,231,232,234,236,254,275,307,345,380,387,401,402,405,406,452,454,455,457,473,483,487,489,510,569,572,575,581—583,585,592,593,608,610,612—615,617,627,638,639,641,647,648,667,669,670,672,673,677,683,688,692—694,700,702,714,723—727,730,747,778,780,782,816,817,822,831,839,840
浦发银行　3,6,25,98,416,417,432,433,445,450
气源　3,8,10—14,36,37,40,45,47,49,51,54,63,64,70,98,101,105,159,245,257,262,263,265,266,270,277,278,280—283,285,291,292,294—296,298,300—304,310,316—319,323,332,333,336,343,344,346—348,351,354,355,363,369—377,408,516,518,519,544—546,548,554,596,604,691,698,727,746,774,778,804,805,807,808,810,811,818,827,830,831,833
企业法人治理结构　80,81,551,621,638,729,816,840
企业文化　16,41,43,44,48,59,108,120,123,266,273,277,544,545,652,656,668—670,677,679—692,694,695,715,724,725,796,804,816,823,841
青浦热电　126,257,260
全配送　74,275,278,341,342,381,384,394—399,403,519,830
全天然气化　9,10,14,61,69,70,263,265—268,271—273,303,304,320,342—347,351,373,381,467,554,555,604,698,714,821
燃煤发电　6,18,45,55,59,68,75,97,116,118,119,121,122,129,135,137,138,141,144,148,169,170,177,178,181—183,198,202—204,209,218,231,239—244,246,250,252,256,257,480,509,512,523,524,529,534,810,820,827,832
燃气发电　3,35,46,63,97,116,118,123,129,153,157,169,172,178,181—183,197,218,240,245,257,

258,369,529,750,778,807,810,820
燃气集团　　3,10－13,15,19,37－50,52－54,56－
　　60,62－69,71－73,75－78,100－103,106,111,126,
　　263－272,274－278,297,305,312,313,317－319,
　　332,341,343－353,365,366,368－373,376－388,
　　390,391,395,399,400,402,403,405－407,411,412,
　　425,428,433,452－455,457,476,477,488,494,500,
　　504,508,510,518,531－535,537－539,545,552,
　　553,562,580－582,585－592,595－600,603－605,
　　611,612,624,635,641,647,650,657,658,661,664－
　　667,671,675－677,682,684,685,691,696－699,
　　703－708,710,712－714,724,726,727,729,734,
　　753,755,756,774,775,777,778,780－783,803,804,
　　816,827
人力资源部　　80,84,86,90,93,109,276,496,598,
　　599,623,647,673,713,720,723,725－727,731
三年规划　　188,202,409,555,556,604,609,642
三年行动计划　　13,113,166,220,244,506,507,509,
　　549,731,782,823,825
商品房　　71,493,495,496,598,600
上大压小　　10,14,47,57,123,150,157,170
上海安亭煤气厂　　102,268,600,765
上海宝鼎投资股份有限公司　　433
上海诚毅投资管理有限公司　　56,70,80,95,110,
　　434,437,438,566
上海诚毅新能源创投基金　　110,435－439
上海诚毅新能源创业投资有限公司　　60,67,77,417,
　　434,437,553,566,803
上海大众公用事业(集团)股份公司　　103
上海大众燃气有限公司　　11,39,102,273,329,343,
　　348,352,379,393,407,409,410,516,558,575,667,
　　668,674,749－751,764,767,769－771,774,783
上海电气集团股份有限公司　　118,443
上海东吉加气站有限公司　　103
上海奉贤燃气股份有限公司　　103,410
上海富士工器有限公司　　102,407,412
上海国际信托有限公司　　432
上海航天能源有限公司　　103,307
上海华期信息技术有限责任公司　　71,498－500
上海化学工业区申能电力销售有限公司　　72,99,
　　467,468
上海嘉禾航运有限公司　　4,15,55,98,100,462,468,
　　469,491
上海金山天然气有限公司　　102,276,331,393,595,
　　751,765
上海经怡实业有限公司　　444
上海久联集团经济发展有限公司　　498
上海久联集团有限公司　　15,54,59,78,80,102,109,
　　110,464,485,499,500,557,597,598,747,758,804
上海久联物业管理有限公司　　109,498,500
上海久联证券经纪有限责任公司　　442
上海林内有限公司　　43,65,102,407,411
上海美华液化气有限公司　　103
上海浦东发展银行股份有限公司　　3,432
上海浦东煤气制气有限公司　　11,36,40,42,50,64,
　　70,102,266,281,309,378,380,558,585,588,597,
　　744,748,762,763,767,770
上海燃气(集团)有限公司　　3,10,38,41,44,45,47,
　　51,57,60,69,70,74,76,80,87,100,102,126,218,
　　265,266,268,273－277,303,310,312,328,332,344,
　　350,352,354,366,378,400－402,405,411,467,516,
　　557,558,575,597,598,622,671,702,740,741,803
上海燃气崇明有限公司　　102,277,332,394,395,
　　397,398,595,765
上海燃气工程设计研究有限公司　　103,273,298,
　　299,301－303,407
上海燃气浦东销售有限公司　　11,39,50,53,55,67,
　　78,102,271,328,378,379,382,391,392,407,516,
　　558,642,660,668,740,746,763,764,767－771,
　　774,783
上海燃气市北销售有限公司　　11,39,44,61,69,71,
　　75,102,268,272,330,342,378,379,392,407,516,
　　558,667,749－751,764,769－771,783
上海燃气信息经营有限公司　　102,275,401,764,768
上海申能诚毅股权投资有限公司　　75,80,95,110,
　　111,439,446,507,566,758
上海申能崇明发电有限公司　　66,97,99,118,123,
　　178,192,197,198,349,668
上海申能创业投资有限公司　　9,33,36,441,631
上海申能奉贤热电有限公司　　71,97,99,118,125,
　　161,178,349,761
上海申能临港燃机发电有限公司　　56,63,66,73,97,
　　99,116,118,122,178,189,190,196－198,324,349,
　　596,745,750,769－771

上海申能能创能源发展有限公司　15,74,77,80,
　102,111,476,758,759
上海申能能源服务有限公司　15,80,102,106,308,
　462,553,757,803
上海申能青浦热电有限公司　76,97,99,118,126
上海申能燃料有限公司　12,50,56,57,61,65,98,
　99,197,462,465,466,485,491,553,766,771,803
上海申能融资租赁有限公司　15,75,98,99,440
上海申能投资发展有限公司　15,99,469,762
上海申能物业管理有限公司　9,29,32,41,58,67,
　112,496,768—771,783
上海申能新能源投资有限公司　10,28,42,44,48,
　51,53,56,60,61,63,65,68,70,97,99,112,116,118,
　126,179,183,198,208,209,558,762
上海申能星火热电有限责任公司　31,97,99,118,
　124,125,178,193—197,465,482,579,749,761,762,
　768,770,771
上海申能资产管理有限公司　9,55,441,558,575,594
上海申泰物业管理有限公司　103,496
上海申欣环保实业有限公司　12,44,61,69,70,73,
　77,80,112,557,579,744,747,759
上海石洞口煤气制气有限公司　11,53,64,70,102,
　267,281,309,310,378,379,462,467,485,558,691,
　743,747,763
上海石洞口燃气生产与能源储备基地　467,488
上海石油交易所　15,58,63,64,66,109,110,275,
　332,369,371,462,464,465,485—488,498,500,501,
　520,547,809,813
上海市虹口区申燃进修学校　103
上海松江燃气有限公司　103,273,407,409
上海天然气管网有限公司　8,33,35,37,38,40,41,
　43,45,48—50,55,61,73,78,97,99,102,158,218,
　263,269,270,283,293,294,299,302,303,313,316,
　318,319,323,327,332,348,351,369,370,374,378,
　379,381,383,388,407,516,517,557,558,589,598,
　631,641,666—668,744,745,751,763,767—770
上海外高桥第二发电有限责任公司　8,32,38,39,
　47,52,58,59,62,64,65,72,75,97,99,116,118—
　120,130,178,190,193—198,465,482,490,595,688,
　748,750,751,760,768—771
上海外高桥第三发电有限责任公司　10,41,52,53,
　55—64,66,71—73,97,99,116,118,120,178,189—
　192,194—198,465,482,490,528,596,660,668,691,
　742,747,750,751,760,768,769,771
上海吴泾第二发电有限责任公司　32,36—39,45,
　50,56—58,63,64,66,72,96,97,99,116,118,178,
　188,193—198,482,581,597,668,685,741,749,759,
　770,771
上海吴淞煤气制气有限公司　11,40,52,68,102,
　265,309,378,380,558,579,597,762,768
上海新世纪资信评估投资服务有限公司　433
上海信托　432,433
上海液化石油气经营有限公司　71,102,274,284,
　558,667,749,764,768,783
上海液化石油气特种物流有限公司　103
上海液化天然气海运有限公司　469,492
上海液化天然气有限责任公司　11,40,41,45,47,
　72,75,80,104,263,265,283,314,319,376,516,519,
　742,743,746,769
上海液中油气有限公司　103
上海医药集团股份有限公司　443,444
上海银行　25,417,433,438,445,447,450
上海银行股份有限公司　433
上海真南油气经营有限公司　103
社会责任　10,108,119,120,245,267,269—271,
　273,473,620,636,679,680,683,687,689,695,696,
　698,700,781,804,809,819,828
申财通　14,60,424—426,454,531
申能财务公司　3,10,14,45,46,52,54,55,61,63—
　65,68,69,71,73—75,77,108,109,403,416,423—
　426,428,445—447,450—452,454,456—459,531,
　532,550,555,562,573,574,594,596,599,603,611,
　612,651,660,674,694,695,700,704,719,803,807,
　809,812,813,818,822,833
申能诚毅　3,111,416,417,439,440,447,451—453
申能股份　3,4,7—15,17,23,25—33,35,37—39,
　41,42,45,47—52,54,55,57—60,66,69,70,72,73,
　76—78,80,81,85,87,90—92,95—100,106,116—
　127,129—135,137,141,144,148—151,153,157,
　159—162,169—174,176—178,180—185,187,188,
　193—198,202,205,209,210,213,218—220,230—
　235,239,242,243,246,247,250,253,254,256—260,
　263,270,417,423,426,428,431—433,441,442,445,
　446,448—450,452—454,466,468,470,480,482—

484,508,509,523,533—540,544,545,547,553,554,
557,562,565,573,576,588,591,594—599,603,605,
611,612,615,621,635,656,658,659,661,664,666,
667,673,677,682,684,687,697,699,703,704,707,
709,712,713,726,729,734,753,780,783,803,804,
809,814—816,822,823,827,829,838
申能股份有限公司　3,6—8,10,17,23—29,31—37,
39,41,42,44—47,49—52,54—59,62,64—68,71,
72,74—77,80—83,85,88,89,95,96,98,108,111,
125,127,130,132—134,146,148,152,180,188,190,
204,236,262,268,270,424,440,441,465,468,470,
491,512,524,528,542,543,553,557,558,561,565,
568,572—576,578,590—592,594,597—599,601,
603,613,615,621—623,631,639—643,650,651,
653,656—658,671,677,681,685,687,697,703,705,
713,718,719,723,736,737,739—741,743,745—
747,750,751,753—755,769,783,803
申能集团财务公司　56,60,78,417,596
申能能创　15,78,111,112,463,476—479,494,703,
704,708
申能融资租赁　3,440,451,766
申能吴忠热电有限责任公司　13,72,75,97,99,116,
118,124,150,178,198,761,771
申能物业　9,58,496,497,500,594,642,643,662,
663,779,782,783,814,823
申皖发电　15,116,121,122,186,187,210—213,
215—217,220,240,242,243,245—248,250,251,
253,256,440,532,760,768
申欣环保　12,15,67,78,112,113,453,504,523—
525,529—540,598,666,674,814,818,822,823,835,
838,839
申银万国证券股份有限公司　3,34,441,443
审计报告　87,90,560,572,590—592,594—599,790
审计室　80,84,86,87,90,92,101,579,590—600,
606,609,648—650,715,726
实用新型专利　102,112,123,164,188,190—192,
412,528,529,532,534,744,746,747,775
事故处理　178,180,385,387,581,586
收费管理　92,353,365
太保产险　417,430,445,446,452
太保寿险　9,417,430,431,445,446
碳排放　66,107,456,457,463,474,477,522,824,826

天然气主干网　8,11,13,42,46,53,95,98,293—
295,297,299,301,303,315—318,334,336,375,377,
409,517,539,555,665,745,830
投资管理部　80,90—92,424,435,441,563,570,
571,579,598,600,666,740,746,776
外部董事　55,82—84,789—792,797,816,823
外二发电　8,39,65,69,73,116,119,120,127,130,
139,186,198,203—205,210—217,219,221—233,
235,236,238,240,242—248,251—253,255,256,
260,426,482,509,523,525,527,528,531,532,586,
595,615,642,650,651,658,660,666—668,688—
690,697,778,827,832,833
外三发电　10,68—70,116,120,121,127,143,144,
148,186,187,199,200,203,204,210—217,219—
233,235,236,238,240,242—249,251—254,256,
259,260,425,426,443,482,510,512,513,524,525,
527,530—532,554,555,586,604,640,642,643,658,
663,665,667,674,691,747,768,783,803—805,807,
820,822,827,832,833,835
吴二发电　8,29,32,69,116,118,119,127,170,185,
187,202—204,210—217,219—230,232,233,235,
236,238,240,242—254,256,426,468,482,484,509,
523,525,527,528,531,532,576,585,595,598,641—
643,651,653,659,661,664,666,667,676,742,747,
832,833
吴忠热电　13,72,73,116,124,127,150,178,187,
210—213,215,235,240—243,245—248,250—252,
254,256,260,426,820,838
五号沟　3,11,42,45,47,49,51,53,65,68,72,78,
101,263,270,282,285,295,296,300—303,310,332,
351,369—371,374—376,492,548,553,596—598,
604,674,697,698,746,803,807,811,830,831
五年规划　187,188,552,608,610
西气东输　8,11,13,14,33,34,37,38,40,43,48,63,
64,70,101,171,257,263,270,271,280—283,285,
287,292—295,297,302,304,306,309,310,315,321,
323,324,336,343,344,347,351,354,369,370,372,
374,409,413,487,516,557,668,675,697,714,768,
778,811
现代企业制度　6—8,17,18,27,80,81,109,435,
496,544,553,601,637,718,721
项目管理　107,116,131,168,177,187,188,296,

301,496,559,565,568—570,588,599,601,605,606,611,612
项目建设　7,10—13,15,24,34,35,42,50,51,71,75,87,106,107,116,129,130,132,133,144,161,163,164,167,239,249,253,254,257,285,289,295,298,302,303,305,306,310,312,314,402,459,467,472—474,477,488,495,500,506,510,522,545,548,550,553,554,565,566,568,569,571,597,603,604,611,612,638,668,697,746,747,774—776,778,802,808,810,814,822,830,834,837
欣梦酒家　54,353
新能源公司　12,13,15,28,42,51,60,116,127,162,164—167,179,504,514,515,523,530,531,562,598,603,667,668,776,777,780—783
薪酬　35,56,60,61,83,84,87,419,420,423,424,507,509,511,539,598—600,643,647,652,690,714,715,718—721,789,790,794,815,817,839
信息化管理系统　198,200,208,515,516,613,833
星火热电　6—8,24,31,96,124,125,127,151—153,160,161,210—213,215—217,221—230,232,233,235,236,238,240,242—249,251,253,256,260,428,482,490,509,558,569,575,586,593,594,596,597,631,639,643,659—661,664,666,669,673,676,696,703,720,726,730
学习活动　630,632,633,635,676
烟尘治理　242
一参一控　57,59,417,418,442,445
议事规则　57,63,84—86,169,652,653,659,788,792,796
应急管理　43,236,237,277,317,385—387,744
应急网络　64,388
迎世博　51,52,54,56,383,636,662,676,777,778,780—783
油气技术　123,516,517,550
运行模式　141,208,221,316,318,488,521,817
灾害预防　580,582,584
战略规划　18,91,416,441,445,505,507,543,547,548,563,564,602,742,815
职工董事　55,59,67,76,82—84,424
指数样本　47,65,67,69
制度建设　4,16,17,82,85,93,109,232,390,419,434,504,505,507,542,565,570—573,578,580,582,590,596,603,609,611,634,637,639,640,643,646,650,652,653,658,659,816,841
智慧燃气　3,19,73,74,76,77,101,102,272,278,352,372,402,453,477,478,504,509,519,589,612,636,828,830,833
中国馆　13,51,56,126,165,166,258,271,347,514,515,530,553,775—777,780,781,803
中国光大银行股份有限公司　3,431
中国太保　3,9,12,32,47,416,417,428—431,445—448,450,451,454,455,553,802,803,807,818
中国太平洋保险(集团)股份有限公司　9,32,428,802
中国太平洋财产保险股份有限公司　9,430
中国太平洋人寿保险股份有限公司　9,430
专项调研　73,87,643,731
转岗　13,14,54,61,73,266—268,344,345,477,551,555,600,692,703,704,706,712,714,744,750,806,815,821,824
资产管理部　80,90—92,109,441,531,563,568,574,607
资金管理　18,43,44,54,91,92,419,420,422,423,451,458,508,532,542,545,565,568,569,572,574,575,578,579,597,599,600,610,611,649,664,822,823
紫气东来　455
总经理办公会议　89,90,435,792,793
总经理室　8,18,26,81,87,88,90,466,563,564,567—569,574,576,586,616,716,723
综合管理部　80,84,86,90,91,101,109,276,424,435,440,441,466,468,482,499,563,605,606,609,649,682,683,685,740,746
组织建设　16,17,82,620,622,636,639—643,653,657,694,769,841

人名索引

Arthur Dixon　34
Bizhan N. Zanganeh　40
Chris Huang　62
Cliver Brown　36

Dato'Shamsul Azhar Abbas	57
Datuk Anuar Ahmad	60
Don Voelte	41
Filip Dierckx	45,423,573
Gerard Mestrallet	57,72
Gonzalo Garcia	37
Jean Lemierre	57
Mike Evans	41
Scott M. Smouse	70
Wolfgang Dehen	53
白荣春	38
鲍友德	26,81,82,736,753
蔡威	71
曹臻	26,85,737,755
柴松岳	36,39,68,70
昌锋	510,744
陈光华	25—31,39,81,82,88,129,621,650,736,754,760
陈光明	73,751,766
陈国昌	748
陈明	745
陈士杰	82,739
陈松泉	81,82,735,754
陈伟庆	73,662,750,761
陈永坚	66,76,478
陈原珍	743
陈远慰	39
陈正兴	29
程静萍	29,81,82,85,738
仇伟国	27—29,31,36,40—42,45,47,49,51,55,57,58,60,82,84,85,88,593,621,622,626,630—632,650,657,661,683,737,753,755
戴维·莫勒	56
邓建平	69
丁志敏	59
杜占元	51,144
杜志淳	49,72
范德官	37
冯国勤	37,43,47,48,51,296
冯伟忠	52,62,74,202,510,528,530,742,760,766,768,771
福克斯	34
傅成玉	41
高建悦	742,757,763
高伟义	743
高玉珍	47,626,744,753,772
葛红林	59
葛维昌	38,39,41—43,48,49,51,57—59,83,88,581,621,739,755
顾越	76
关育才	66
郭鹤年	37
郭揆常	742
哈桑	37,45,47,54
韩正	28,30,31,33—46,48—52,61,62,68,70,75,105,129,139,148,263,270,285,289,506,684
洪浩	37,38,44
洪民荣	75
胡立教	23
胡延照	39,43,47,59
华建敏	23—25,27,28,30,36,48,53,60,63,65,81,82,88,684,685,735,754
华玛雅	65
黄岱	66
黄迪南	68,77,78,82,622,738
黄健之	51,776
黄菊	23,30,33,34,684
黄融	67,71,77
黄润秋	75
黄卫	50
黄跃金	31
加德班	40
江从铨	748
姜平	47
姜斯宪	40
蒋苏平	55,57,580
蒋以任	27,30,32,33,36,39,684
蒋应时	35,37,43
蒋卓庆	67,71,72,343
金峰	747
金埔	66
卡马特	71
卡兹别科夫	71
克里斯·莫瑞	66

冷伟青	77	孙贵璋	29
李昌强	668,742,759	孙恣	49,59,61,65—68,89,435,740,757—759,762
李关良	36—44,48,82,83,432,506,594,621,632,737,776	孙永福	34
		塔尔米兹·阿哈米德	42
李海涛	510,747,763	谈金龙	40,51,61,622,650,657,663,682,683,741,755,756,763
李捷娣	746		
李礼辉	46	汤志平	69
李良园	31,42,44,46	唐登杰	37,39
李逸平	69	唐茂思	41
李肇基	23	唐元	59
梁连喜	744	万钢	51,54,144,781
廖谟圣	741	万骊珠	749
林勇	741	王安顺	37,38
刘承泽	27—31,82,88,621,650,656,737,754,759,761	王德润	665,750,767
		王鸿祥	90,431,622,742,756,758
刘釭	668,747,759	王基铭	39
刘靖基	23	王坚	47,62,65,67—72,75—78,82,430,478,506,589,622,634,635,738
刘胜国	745		
刘云耕	44,51	王力平	33
吕伟	743,763	王立群	747
茅明贵	62,63,67,85,738	王敏文	31,36,41,42,45,88,423,573,739,756,758
孟建柱	30,684	王寿芝	41,85,643,738
明志澄	81,82,735,754	王卫龙	202,510,743,765,766
齐峻	69	王依群	75
乔志刚	52,57—59,88,435,611,621,739,758	王永明	46
秦子龙	23,24,88,621,736,754	王者洪	59—63,66—69,72,75,77,78,89,435,478,589,622,628,740,755—757,763—765
饶险峰	745		
阮福林	23—26,81,82,88,735,754	王中安	69
萨博·巴加瓦	66	威博丹	37
沙麟	33	吴邦国	33
沈红光	51,55,59	吴家骅	25—29,31,33—36,38—42,45,48,75,81—83,88,129,509,594,621,736,753,754,759,760,762,763,765,766
沈金龙	744,762,763		
沈骏	42,46,64		
盛裕若	73,74,78,622,739	吴建平	749
施进兴	748	吴建雄	25,36,39,40,43,49—60,62,63,65—72,75—77,82—84,88,435,580,581,585,588,589,607,611,621,622,626,632,650,683,739,753—759,761,762,776,781
施罗德	35		
史大桢	29		
宋雪枫	49,59,63,66—70,74—77,89,432,478,622,628,699,740,754,755,758		
		吴金宝	657,750
宋振林	36,38,40,41,88,621,739,755,763	吴祥明	23,81,82,735,753
苏继荣	749	吴新雄	68,70
苏杰斌	73,751	吴志明	62,65,71

武大伟	44
夏克强	25,28,29,291
向海平	76
肖贵玉	61
肖健	50
须伟泉	49,59,62,67,74—76,622,628,650,657,668,741,753—755,759,761,766
徐冠华	34
徐国宝	42,49,50,59,67,73,435,611,751,754,759,760,762,765,766
徐建刚	530,744,759
徐建国	34,44
徐匡迪	27,30—34,48,684
徐淑红	747
徐顺清	748,766
徐逸波	67—70
许冠庠	28,30,31,33—36,82,621,625,626,630,631,699,737,753
许昆林	77
薛潮	77
严成俊	25,26,88,621,656,736,754,761
严艺敏	657,746
杨定华	42,65
杨国良	44,750,768
杨国雄	47
杨祥海	31,33—41,43—50,54,55,57,58,60,62,63,66—69,82,84,88,422,430,432,573,580,581,588,589,596,621,622,626,627,630—633,650,683,700,737,753,755,757
杨雄	27,28,30,35,37,38,40,41,43,46,48,50—53,57,60,63,69,129,139,166,289,589,781
杨英明	65
姚珉芳	443,530,746

应勇	70,75,77
俞正声	51,52,629
郁子冲	26,81,82,737,754
岳冉·约翰松	50
张飞飞	68
张国宝	33,34,38,44,45,54,59
张宏仁	25
张明	510,745
张芊	30,72,89,650,671,740,757,758
张全	72
张威	751,765
张维	746
张祥	34
赵华林	62
郑广学	749
钟一鸣	25
周波	47,54,60,61,63,65,68—71,75—77,589
周鹤龄	36
周嘉琦	55,57,58,62,85,621,622,627,683,741,755
周太彤	65,71
周卫东	751,764
周禹鹏	36—44,46,51,139,289,296
朱扣虎	749
朱荣贵	748,763
朱镕基	35
朱永芃	54,760
朱宗尧	72,75,76,89,740,757,759
祝宪	71
庄晓天	25
邹阿七	745
邹金宝	24,26,32—35,81,82,88,621,622,657,736,754,758

表格索引

表1-1-1　1987—2017年申能董事会人员变化情况表　82

表1-1-2　1987—2017年申能历任总经理、副总经理情况表　88

表1-2-1　2017年年底申能股份控股企业情况表　99

表1-2-2　2017年年底申能股份参股企业情况表　100

表1-2-3　2017年上海燃气(集团)有限公司(含下属公司)控股、参股企业情况表　102

表1-2-4　2012—2017年申能能服总体经营情况表　107

表1-2-5 2010—2017年上海久联集团有限公司主要经济指标完成情况表　110
表2-1-1 2000—2017年申能股份控股发电企业权益利润情况表　128
表2-2-1 2000年、2001年吴泾八期1号、2号机组性能测试结果汇总情况表　136
表2-2-2 2003年、2004年外二工程5号、6号锅炉性能试验结果汇总情况表　139
表2-2-3 2003年、2004年外二工程5号、6号汽轮机组性能试验结果汇总情况表　140
表2-2-4 2008年外三工程7号、8号锅炉性能试验结果汇总情况表　143
表2-2-5 2008年7号、8号汽轮机性能试验结果汇总情况表　144
表2-2-6 2016年平一工程1号、2号机组性能试验结果汇总情况表　147
表2-2-7 星火热电热网管参数情况表　153
表2-2-8 2011年临港燃机工程1号、2号机组性能试验结果汇总情况表　156
表2-2-9 2011年、2012年临港燃机工程3号、4号机组性能试验结果汇总情况表　156
表2-3-1 2000—2017年申能股份参股20％及以上发电项目权益收益情况表　175
表2-3-2 2006—2017年申能股份参股秦山项目分红利润情况表　176
表2-4-1 2008—2017年申能股份系统（含SPC）获得专利授权汇总情况表　188
表2-4-2 2005年度申能股份科技进步奖、合理化建议奖获奖项目名单情况表　193
表2-4-3 2006年度申能股份科技进步奖、合理化建议奖获奖项目名单情况表　193
表2-4-4 2007年度申能股份科技进步奖、合理化建议奖获奖项目名单情况表　194
表2-4-5 2008年度申能股份科技进步奖获奖项目名单情况表　195
表2-4-6 2009年度申能股份科技进步奖获奖项目名单情况表　196
表2-4-7 2010年度申能股份科技进步获奖项目名单情况表　196
表2-4-8 2011年度申能股份科技进步奖获奖项目名单情况表　196
表2-4-9 2012—2013年度申能股份科技进步奖获奖项目名单情况表　197
表2-4-10 2014—2015年度申能股份科技进步奖获奖项目名单情况表　197
表2-4-11 2017—2018年度申能股份科技进步奖获奖项目名单情况表　198
表2-4-12 1995—2017年申能各发电企业历年原煤采购量情况表　210
表2-4-13 1993—2017年各煤电企业历年原煤消耗量情况表　212
表2-4-14 1995—2017年各煤电企业历年燃油采购量情况表　215
表2-4-15 1993—2017年各煤电企业历年燃油消耗量情况表　216
表2-4-16 2012—2017年临港燃机历年燃气消耗量情况表　218
表2-4-17 2008年各发电企业能耗指标完成情况表　223
表2-4-18 2009年各发电企业能耗指标完成情况表　224
表2-4-19 2010年各发电企业能耗指标完成情况表　224
表2-4-20 2011年各发电企业能耗指标完成情况表　225
表2-4-21 2012年各发电企业能耗指标完成情况表　226
表2-4-22 2013年各发电企业能耗指标完成情况表　226
表2-4-23 2014年各发电企业能耗指标完成情况表　227
表2-4-24 2015年各发电企业能耗指标完成情况表　228
表2-4-25 2016年各发电企业能耗指标完成情况表　229
表2-4-26 2017年各发电企业能耗指标完成情况表　229
表2-5-1 2011—2017年各燃煤电企业的烟尘排放量和除尘效率情况表　243
表2-5-2 2011—2017年各发电企业脱硝情况表　245
表2-5-3 2011—2017年各煤电企业脱硫情况表　247
表2-6-1 2008年、2011年、2014年及2017年申能股

份上海电力市场份额情况表　259
表2-6-2　2002—2017年申能股份控股企业供热量情况表　260
表3-3-1　2000年上海市燃煤锅炉分布情况表　305
表3-3-2　2017年上海天然气分布式供能项目情况表　307
表3-4-1　2017年上海天然气管网有限公司无人计量（调压）站情况表　327
表3-4-2　2017年上海燃气浦东销售有限公司主要调压站情况表　328
表3-4-3　2017年上海大众燃气有限公司主要调压站情况表　329
表3-4-4　2017年上海燃气市北销售有限公司主要调压站情况表　330
表3-4-5　2017年上海金山天然气有限公司主要调压站情况表　331
表3-4-6　2017年上海燃气崇明有限公司主要调压站情况表　332
表3-4-7　2017年上海天然气输配管网系统主要压力级制情况表　333
表3-4-8　2017年东海平湖油气田到上海的油气分离海底输气管线技术参数情况表　334
表3-4-9　2017年上海天然气主干管网技术参数情况表　336
表3-4-10　2017年上海天然气次高压管线分布情况表　337
表3-4-11　2017年上海中压天然气管道分布及技术参数情况表　338
表3-4-12　2017年上海低压天然气管道分布及技术参数情况表　339
表3-5-1　2001—2015年上海人工煤气用户情况表　346
表3-5-2　1999—2017年上海天然气用户情况表　347
表3-5-3　2004—2017年燃气集团与首供大型工业用户及燃机电厂用户签署《天然气销售协议》情况表　349
表3-5-4　上海燃气集团非居用户计量器具选型情况表　350
表3-5-5　2017年上海燃气集团计量设备使用情况表　351

表3-5-6　2015—2017年上海燃气集团智能表覆盖情况表　353
表3-5-7　1999年7月1日起居民煤气价格情况表　355
表3-5-8　1999年9月9日起居民天然气价格情况表　355
表3-5-9　2003年3月25日起居民煤气价格情况表　356
表3-5-10　2008年11月10日起居民燃气价格情况表　356
表3-5-11　2014年9月1日起居民管道天然气阶梯价格情况表　356
表3-5-12　2014年9月1日起居民人工煤气价格情况表　357
表3-5-13　1999年9月9日起非民用天然气价格情况表　357
表3-5-14　2003年3月25日起非居民用户人工煤气价格情况表　357
表3-5-15　2005年4月8日起化工区天然气价格情况表　358
表3-5-16　2005年10月28日起非居民用户天然气价格情况表　358
表3-5-17　2006年12月8日起非居民用户人工煤气价格情况表　358
表3-5-18　2007年11月10日起工业用和车用天然气价格情况表　359
表3-5-19　2008年11月10日起非居民用户人工煤气价格情况表　359
表3-5-20　2010年7月1日起各类非居民用户天然气销售（基准）价格情况表　360
表3-5-21　2010年7月1日起各类非居民用户人工煤气销售（基准）价格情况表　360
表3-5-22　2013年8月1日起各类非居民用户天然气销售（基准）价格情况表　361
表3-5-23　2013年8月1日起各类非居民用户人工煤气销售（基准）价格情况表　361
表3-5-24　2014年10月1日起非居民用户天然气销售价格情况表　361
表3-5-25　2015年12月1日起非居民用户天然气销售（基准）价格情况表　362
表3-5-26　2017年4月10日起化学工业区工业天然气销售（基准）价格情况表　362

表3-5-27　2017年10月1日起非居民天然气用户销售(基准)价格情况表　363

表3-5-28　1999年7月1日起液化石油气价格情况表　363

表3-5-29　2002年8月20日起瓶装液化石油气价格情况表　363

表3-5-30　2004年11月8日起民用瓶装液化石油气价格情况表　363

表3-5-31　2005年10月15日起民用瓶装液化石油气(中准价)价格情况表　364

表3-5-32　2007年11月19日起民用瓶装液化石油气价格情况表　364

表3-5-33　2009年1月1日起民用瓶装液化石油气价格情况表　364

表3-5-34　2013年3月1日起民用瓶装液化石油气价格情况表　365

表3-5-35　2017年6—12月民用瓶装液化石油气价格情况表　365

表3-5-36　2017年版管道燃气居民客户服务收费(不锈钢软管安装)收费标准情况表　366

表3-5-37　2017年版管道燃气居民客户服务收费(镀锌钢管安装)收费标准情况表　366

表3-5-38　2017年版管道燃气居民客户服务收费(燃气管道拆除)收费标准情况表　367

表3-5-39　2017年版管道燃气居民客户服务收费(其他服务)标准情况表　367

表3-5-40　2017年版管道燃气非居民客户服务收费标准情况表(摘要)　368

表3-6-1　2000—2015年人工煤气、天然气、液化气的供应量情况表　373

表3-6-2　2017年上海燃气集团及所属各单位应急处置职责情况表　386

表3-6-3　2017年上海燃气集团各抢修站站点情况表　388

表3-6-4　2017年上海燃气浦东销售有限公司营业网点分布情况表　391

表3-6-5　2017年上海燃气市北销售有限公司营业网点分布情况表　392

表3-6-6　2017年上海大众燃气有限公司营业网点分布情况表　393

表3-6-7　2017年上海金山天然气有限公司营业网点分布情况表　393

表3-6-8　2017年上海燃气崇明有限公司营业网点分布情况表　394

表3-6-9　2017年液化石油气营业网点分布情况表　396

表3-6-10　2014—2017年燃气行业公众满意度指数总分情况表　405

表3-6-11　2014—2017年上海燃气神秘顾客调查评价指数得分情况表　406

表4-1-1　2017年东方证券前5名股东持股情况表　419

表4-1-2　2008—2017年东方证券经营业绩情况表　421

表4-1-3　2007—2017年申能集团财务有限公司经营业绩情况表　427

表4-1-4　2007—2017年申能集团财务有限公司信贷业务"第一"项目情况表　428

表4-1-5　2007—2017年申能集团投资中国太保相关情况表　429

表4-1-6　2000—2017年申能集团人员出任中国太保职务情况表　430

表4-1-7　1999—2017年申能集团人员担任浦发银行职务情况表　432

表4-1-8　2011—2016年上海诚毅新能源创投基金投资情况表　438

表4-1-9　2011—2016年上海诚毅新能源创投基金投资项目情况表　438

表4-1-10　2011—2017年上海诚毅新能源创投基金退出项目情况表　439

表4-1-11　2005—2017年申能集团投资上海电气情况表　443

表4-1-12　2009—2017年申能集团投资上海医药情况表　444

表4-2-1　2007—2017年申能集团主要金融投资企业净利润情况表　446

表4-3-1　2013—2017年申能集团金融资产市值规模和分红情况表　451

表5-1-1　2011—2017年上海石油交易所经营业绩情况表　465

表5-1-2　2008—2017年上海申能燃料有限公司经营情况表　466

表5-1-3　2010—2017年上海嘉禾航运有限公司收益情况表　469

表5-2-1　2011—2017年上海申能能服有限公司区域集中供能项目情况表　472

表5-2-2　2013—2017年上海申能能服有限公司建成分布式供能项目情况表　474

表5-2-3　2010—2017年上海申能能服有限公司节能改造项目情况表　475

表5-3-1　2015—2017年上海申能燃料有限公司系统外煤炭市场销售情况表　485

表5-4-1　2017年申能物业主要管理项目情况表　497

表5-4-2　2007—2017年上海期晟储运管理有限公司期货交割仓储业务经营情况表　499

表6-4-1　2011—2012年度申能集团科创大会获奖优秀科技项目情况表　530

表6-4-2　2013—2014年度申能集团科创大会获奖优秀科技项目情况表　531

表6-4-3　2015—2016年度申能集团科创大会获奖优秀科技项目情况表　532

表6-4-4　2007—2017年申能集团发明专利情况表　533

表6-4-5　2007—2017年申能集团实用新型专利情况表　534

表6-4-6　2004—2017年申能集团软件著作权情况表　539

表8-1-1　1987—2017年若干年份申能集团党组织结构与数量情况表　622

表8-1-2　2002—2017年若干年份申能集团党员总数、性别和年龄段情况表　624

表8-1-3　2002—2017年若干年份申能集团党员学历情况表　625

表8-1-4　2010—2017年申能集团基层党组织领导班子公推直选情况表　640

表8-1-5　2006—2017年申能集团党员人数变化情况表　644

表8-1-6　2006—2017年申能集团发展党员情况表　644

表8-1-7　2006—2017年申能集团预备党员转正情况表　645

表8-1-8　2006—2017年党员发展对象情况表　645

表8-1-9　2006—2017年入党积极分子情况表　646

表8-2-1　1993—2017年申能集团历届工会委员会情况表　656

表8-2-2　2002—2017年集团工会组织、会员变化情况表　658

表8-2-3　2008—2017年申能集团获得上海市三八红旗手、红旗集体和巾帼建功标兵等荣誉情况表　662

表8-2-4　2003—2017年申能集团获得全国"安康杯"竞赛优胜单位（企业）情况表　667

表10-1-1　2003—2017年申能集团员工数量变化情况表　703

表10-1-2　2015—2017年申能集团员工年龄段情况表　704

表10-1-3　2005—2017年若干年份申能股份有限公司员工年龄段情况表　705

表10-1-4　2015—2017年燃气集团员工年龄段情况表　706

表10-1-5　2016—2017年东方证券员工年龄段情况表　706

表10-1-6　2015—2017年申能集团员工学历情况表　707

表10-1-7　2005—2017年申能股份员工学历情况表　707

表10-1-8　2015—2017年燃气集团员工学历情况表　708

表10-1-9　1993—2017年申能能创（房产）员工学历情况表　708

表10-1-10　2005—2017年申能股份系统员工各类职称、技能情况表　709

表10-1-11　2015—2017年燃气集团员工职称、技能情况表　710

表10-1-12　1993—2017年申能房产公司员工职称情况表　710

表11-2-1　2005—2017年申能系统市党代会代表和市人大代表情况表　753

表11-2-2　截至2017年年底申能集团二级企业负责人情况表　753

表11-2-3　截至2017年年底申能集团部分三级企业主要负责人情况表　759

表11-3-1　2004—2016年申能系统获全国性先进集体情况表　767

表11-3-2　2006—2017年申能系统获全国性先进个

人情况表 768

表11-3-3　1997—2015年申能系统获全国性奖项情况表　768

表11-3-4　2001—2017年申能系统获市(省部)级先进集体情况表　769

表11-3-5　2001—2018年申能系统获市(省部)级先进个人情况表　771

表11-3-6　1997—2012年申能系统获市(省部)级奖项表　772

附表1　公司"十一五"主要经营指标完成情况　803

附表2　"十二五"期间公司新建电力控股项目　820

附表3　"十二五"期间公司金融资产市值规模和分红情况　822

附表4　公司"十三五"主要规划指标　829

附表5　公司"十三五"燃气管网重点建设改造项目　830

附表6　公司"十三五"部分可再生能源电站规划项目　832

附表7　公司"十三五"科技创新与节能减排主要规划指标　834

附表8　公司"十三五"区域分布式供能重点规划项目　835

附表9　公司环保产业"十三五"发展设想　835

附表10　公司"十三五"金融板块主要规划指标　837

附表11　公司"十三五"市外重点能源规划项目　838

编 后 记

2016年7月,根据《上海市第二轮新编地方志编纂规划》,上海市地方志办公室通知申能(集团)有限公司启动《上海市级专志·申能(集团)有限公司志》(简称《申能志》)编纂工作。集团领导高度重视,成立由集团董事长任主任的《申能志》编纂委员会,集团副总经理宋雪峰、苗启新任执行副主任,具体分管志书编纂工作,敦请集团原副董事长吴家骅担任编委会执行副主任,领导志书编纂工作,邀请多位集团退休老领导担任顾问。同时,编委会在集团综合管理部设《申能志》编纂办公室,抽调人员组建编纂队伍;集团下属企业申能股份有限公司(简称申能股份)和上海燃气(集团)有限公司(简称燃气集团),分别组织团队,承担"电力产业"和"燃气产业"两个篇章的撰写工作。编委会特邀华东师范大学历史学系副教授阮清华担任全志总纂,组织协调志书编纂工作,并组建项目团队,承担志书其他部分撰写任务。同年11月24日,申能集团召开系统企业《申能志》编纂动员部署大会,正式启动申能志编纂工作。2018年年底志书初稿基本完成。通过2018年11月、2019年4月和2019年10月3次系统内部审查,编委会广泛征求意见,认真修改完善。《申能志》于2020年4月通过上海市地方志办公室组织的评议,2020年6月通过上海市地方志办公室组织的审定。经过再次充分吸收市方志办和各位审定专家的意见,《申能志》编纂人员进行认真修改,于2020年8月提交验收稿,2020年9月《申能志》通过上海市地方志办公室组织的验收。历时4年多的《申能志》编纂工作终于完成。

《申能志》详细梳理申能公司自成立以来30年的发展、改革与创新,既是对申能30年历史的回顾与总结,也是一项重要而浩大的企业文化建设工程。在此4年多时间内,《申能志》编纂工作得到了上海市各级领导、集团内部各基层单位的有力支持;各特约编辑克服困难,在本职工作之外协助提供丰富而翔实的原始资料;3个编纂团队,分工协作,通力完成志稿撰写;熟悉公司历史的老领导组成的顾问团队,认真审读志稿,提出修改意见,严格把关,确保质量。众人拾柴火焰高,在各方参与和努力下,《申能志》编纂工作终于得以按时保质保量完成,为申能集团留下一笔宝贵的精神财富。

在《申能志》编纂过程中,上海市地方志办公室领导始终给予认真指导和真诚帮助。市方志办主任洪民荣、副主任王依群多次到集团指导志书编纂,听取汇报;特别是市方志办专志工作处处长过文瀚多次参加集团组织的志书编纂工作培训会,提供指导意见和专业培训。参与评审工作的各位专家亦提出诸多宝贵的修改意见和建议。在方志办领导和各位专家的关心和指导下,《申能志》自启动以来进展顺畅,各项工作有序推进,最终顺利成稿。

4年多来,《申能志》编纂会领导对编纂工作始终给予高度重视和关心。编委会主任黄迪南,副主任宋雪枫、苗启新等领导对编纂《申能志》的指导思想、篇目内容、进度安排等提出明确要求,并对编纂办公室在人员抽调、经费安排、档案资料调取、办公场所协调等方面给予大力支持,确保编纂工作平稳进行。

4年多来,集团各职能部门、各下属公司对《申能志》编纂工作始终给予积极支持和配合。根据集团编纂办公室的部署,申能股份和燃气集团承担了两个专业篇章的撰写工作,其他部门和单位指定特约编辑专门负责协助志书编纂事宜,积极提供资料、提出意见和建议。集团办公室和档案室工作人员,为资料收集工作提供巨大帮助;信息办刘寅为协助华东师范大学项目团队的网上工作提供技术支持;人力资源部为"人物"篇第一章提供部分初稿。

4年多来,《申能志》编纂办公室的各位同志更是花费大量心血,为志稿的完成付出巨大努力。编纂办人员都是从各单位抽调组成,并且只是在原有工作之外兼职编纂志书,但他们无怨无悔地完成所有工作。接受任务后,编纂办同志积极参加培训,学习、了解志书编纂的基本要求、流程和各个工作环节,在实践中不断提升编纂水平。《申能志》的每一个编纂环节,都历经多次打磨。篇章目录的制订和修改,就曾十易其稿;2017年突击完成的、以志书大事记为蓝本的《申能三十年回顾》前后增删数次。申能股份、燃气集团各自组织编纂团队,收集资料、制作卡片、撰写初稿、内部审查,为志书的完成付出艰辛劳动。华东师范大学项目团队先后有7位教师和数十位研究生参加,他们走访、调研了大部分集团下属主要企业,到集团档案室查阅资料百余人次;并利用大学数据库,查阅收集《解放日报》《新闻晚报》《文汇报》以及其他一些报纸杂志的相关报道和资料,为志书奠定坚实的资料基础。据不完全统计,《申能志》共计收集资料数亿字,制作卡片数千张,编辑资料长编500多万字,撰写志书初稿上百万字,前后历经15次修改,最终志书为150多万字。

《申能志》具体编纂工作由编委会执行副主任吴家骅领导,编纂办主任苗启新、俞雪纯负责日常组织,编纂办副主任沈寒秋、于文新具体组织协调。全志由阮清华总纂,负责全志篇目设计、部分篇章撰写、志稿整合和修订;其他各篇章志稿撰写分工如下:周燕飞、姚进负责"电力产业"篇,林雯婷、张理成具体协调;顾忠德、梅峰负责"燃气产业"篇,周良、赵跂具体协调;华东师范大学思勉人文图书馆罗燕撰写"金融产业""企业文化与社会责任"和"员工队伍"篇,华东师范大学当代文献史料中心杨芳撰写"能源服务与其他产业"篇,华东师范大学当代文献史料中心岳伟撰写"科技与环保"篇,华东师范大学历史学系赵晋撰写"企业管理"篇,阮清华撰写"机构与企业""党群组织""人物"和"专记·申能集团服务上海世博会"诸篇。最后由阮清华对全志进行统稿和校订。

修志是一门合作的事业,众手成志是中国的传统。《申能志》即在各方努力下,在众多人的参与下,编纂而成。值此志书即将付梓之际,特向所有关心、支持、帮助和参与《申能志》编纂工作的各级领导、评审专家和同志们致以崇高的敬意和由衷的感谢!

在修志过程中,我们深刻意识到,在改革开放背景下,申能集团30年来始终坚持党的领导,坚持走社会主义市场经济道路,坚持以民生为重,为上海城市发展提供优质、绿色和可持续的能源供应,并积极参与上海城市各方面建设,积极回报社会。我们相信,《申能志》客观、真实地记载申能30年发展历程,足以让一代又一代的申能人引以为豪,也为申能创造更为辉煌灿烂的明天提供历史借鉴。

《申能志》编纂时间紧,任务重,要求高,难度大,而参加编纂的人员都是临时抽调,并在兼任本职工作的基础上参与志书的编纂,加之缺乏经验和思想认识不足,水平有限,志书中难免有各种疏漏、缺点,敬请新老申能人和广大读者见谅,并请批评、指正。

《上海市级专志·申能(集团)有限公司志》编纂办
2020年9月

图书在版编目(CIP)数据

上海市级专志·申能(集团)有限公司志 / 上海市地方志编纂委员会编 . — 上海：上海社会科学院出版社，2020

ISBN 978 - 7 - 5520 - 3356 - 4

Ⅰ.①上… Ⅱ.①上… Ⅲ.①上海—地方志②电力工业—工业企业—概况—上海 Ⅳ.①K295.1②F426.61

中国版本图书馆 CIP 数据核字(2020)第 210000 号

上海市级专志·申能(集团)有限公司志

编　　者：	上海市地方志编纂委员会
责任编辑：	温　欣
封面设计：	严克勤
美术设计：	璞茜设计
出版发行：	上海社会科学院出版社
	上海顺昌路 622 号　邮编 200025
	电话总机 021 - 63315947　销售热线 021 - 53063735
	http://www.sassp.cn　E-mail:sassp@sassp.cn
排　　版：	南京展望文化发展有限公司
印　　刷：	上海中华商务联合印刷有限公司
开　　本：	889 毫米×1194 毫米　1/16
印　　张：	55.5
插　　页：	21
字　　数：	1580 千字
版　　次：	2020 年 12 月第 1 版　2020 年 12 月第 1 次印刷

ISBN 978 - 7 - 5520 - 3356 - 4/K · 581　　　　定价：700.00 元

版权所有　翻印必究